Oeuvres Complètes D'ambroise Paré: Revues Et Collationnées Sur Toutes Les Éditions, Avec Les Variantes, Volume 3...

Ambroise Paré

85 - 7 - 8

ŒUVRES

COMPLÈTES

D'AMBROISE PARÉ.

III.

PARIS. — IMPRIMERIE DE BOURGOGNE ET MARTINET,
rue Jacob, 30.

OEUVRES

COMPLÈTES

D'AMBROISE PARÉ

REVUES ET COLLATIONNÉES SUR TOUTES LES ÉDITIONS,

AVEC LES VARIANTES;

ORNÉES DE 217 PLANCHES ET DU PORTRAIT DE L'AUTEUR;

ACCOMPAGNÉES DE NOTES HISTORIQUES ET CRITIQUES,

ET

PRÉCÉDÉES D'UNE INTRODUCTION

SUR L'ORIGINE ET LES PROGRÈS
DE LA CHIRURGIE EN OCCIDENT DU SIXIÈME AU SEIZIÈME SIÈCLE,
ET SUR LA VIE ET LES OUVRAGES D'AMBROISE PARÉ,

PAR

J.-F. MALGAIGNE.

Labor improbus omnia vincit.
A. PARÉ.

TOME TROISIÈME.

A PARIS,

CHEZ J.-B. BAILLIÈRE,

LIBRAIRE DE L'ACADÉMIE ROYALE DE MÉDECINE,
RUE DE L'ÉCOLE-DE-MÉDECINE, 17.
A LONDRES CHEZ H. BAILLIÈRE, 219, REGENT STREET.

—

1841.

PRÉFACE

DU TROISIÈME VOLUME.

Voici le dernier volume de cette nouvelle édition, et, si cette expression m'était permise, la dernière pierre du monument littéraire que j'ai voulu élever à la mémoire et au génie d'Ambroise Paré. Le piédestal aurait pu être plus digne de la statue ; le seul témoignage que je veuille me rendre, c'est que pendant deux années d'un travail assidu et opiniâtre, je n'y ai point épargné mes efforts. J'ai tâché autant qu'il était en moi, et dans mon introduction, et dans mes notes, de peindre ce grand homme au milieu de son époque, de mettre ses doctrines en regard des doctrines rivales, afin que les lecteurs, embrassant d'un coup d'œil le point de départ et le point d'arrivée, pussent mieux mesurer le chemin qu'il avait fait. A l'égard du texte, je n'ai rien négligé pour le rendre complet, exact, purgé des additions et des altérations étrangères ; et j'ose le dire avec confiance, c'est par là surtout que cette édition l'emportera sur toutes les autres. Il n'est pas inutile de rappeler que la quatrième édition, publiée encore par Ambroise Paré lui-même, offre des lacunes notables ;

que la cinquième, plus complète, présente déjà quelques altérations provenant des éditeurs posthumes; que ces altérations
ont été toujours en augmentant jusqu'à la huitième, plus complète que les précédentes, et bien moins complète encore que
la nôtre. Quant aux éditions de Lyon, qui avaient, je ne sais
comment, usurpé une certaine réputation dans la librairie, elles
peuvent être mises sur le même rang que les plus honteuses
contrefaçons.

J'ajouterai pour les chirurgiens qui citent Paré sur la foi
des traductions étrangères, que ces traductions ne méritent
qu'une médiocre confiance. Elles ont toutes été calquées sur la
version latine, faite elle-même d'après la deuxième édition française, et ne contiennent en conséquence que vingt-huit livres, y
compris l'introduction; quelques unes seulement y ont ajouté
l'apologie et les voyages. Mais ce qui est plus grave, la comparaison habituelle du texte français et du texte latin m'a fait voir
qu'en un très grand nombre d'endroits, le traducteur avait pris
des licences hors de toute mesure, sautant des phrases, des paragraphes et jusqu'à des chapitres entiers, et glissant en revanche
de temps à autre de petites intercalations de sa fabrique; j'en ai
cité dans mes notes de nombreux exemples.

Le texte de Paré paraît donc véritablement ici pur et complet
pour la première fois; complet dans sa rédaction définitive,
plus complet encore par l'addition des variantes fournies par les
quatorze éditions originales. Ces variantes ont offert quelquefois
tant d'intérêt et d'étendue, qu'elles ne pouvaient rester dans les
notes; c'est ainsi qu'on trouvera insérés dans le cours de l'ouvrage, la dédicace du discours de la mumie, le fameux chapitre
de l'*Antimoine*, et surtout *La maniere de extraire les enfuns tant
mors que viuans hors le ventre de la mere*, qui ne tient pas moins
de dix pages dans le second volume.

S'il m'est permis cependant de dire un mot sur mes propres
additions, sans parler de mon introduction, qui prend à elle
seule près d'un demi-volume, un exemple mettra à même d'en

apprécier l'étendue. Les livres huitième, neuvième et dixième, qui commencent le second volume, occupent 239 pages, sur lesquelles les notes ont pris environ 105 colonnes. En faisant la juste part de la différence apportée par le caractère employé pour les notes, on trouvera qu'elles équivalent en réalité aux deux cinquièmes du texte qu'elles accompagnent. Je n'ai assurément déployé un pareil luxe d'annotations que pour les livres consacrés aux matières chirurgicales ; et si j'ai fait ce calcul, c'est bien moins par une vaine ostentation que pour me préparer une excuse contre ce reproche d'ailleurs mérité, de n'avoir point épuisé la matière, et d'avoir laissé en arrière des faits et des idées qui auraient pu aussi être cités avec avantage dans cette revue générale de la chirurgie du xvi° siècle.

Du reste, si le soin d'amasser et de mettre en ordre les matériaux nécessaires à une telle entreprise avait un peu retardé l'apparition du premier volume, le second et le troisième ont suivi avec assez de rapidité pour que le premier seulement ait pu jusqu'à présent passer à l'examen de la presse médicale. Comme il ne renferme que très peu des livres chirurgicaux, c'est mon introduction surtout qui a attiré les regards ; et je ne saurais témoigner ici assez de reconnaissance pour la bienveillance unanime et les encouragements dont on m'a comblé. On n'a voulu voir en quelque sorte que le but que je m'étais proposé, et l'on a épargné les critiques à l'exécution. Quelques remarques utiles m'ont cependant été adressées. J'avais moi-même quelques faits notables à ajouter à mon premier travail ; et afin de mettre quelque ordre dans ces additions, je les diviserai en quatre parties, qui se rattachent, suivant la marche de l'introduction même, 1° à l'histoire de la chirurgie au moyen-âge ; 2° à la biographie de Paré ; 3° à ses écrits ; 4° et enfin je consacrerai le dernier article au récit de l'inauguration de sa statue sur l'une des places publiques de Laval.

§ I. — Additions à l'histoire de la chirurgie au moyen âge.

M. Dezeimeris a relevé d'abord deux assertions émises dans mon introduction, pages XXIV et XXV, au sujet de Constantin l'Africain. Suivant lui, le *Pantegni*, qui est en vingt livres au lieu de dix, ne serait point un extrait de l'ouvrage d'Ali-Abbas, mais une traduction très complète et même plus longue que l'original. N'ayant pu me procurer alors le *Pantegni*, j'avais copié ces deux assertions, sous toutes réserves, dans le *Dictionnaire historique* de M. Dezeimeris lui-même. Aujourd'hui qu'il revient sur ce qu'il avait écrit, je m'en fie volontiers encore à sa rectification ; cependant il y a une difficulté que je lui ai soumise et qu'il n'a point résolue ; c'est que dans le supplément de Gruner à l'*Aphrodisiacus* de Luisini, le texte du *Pantegni* qui a rapport aux affections vénériennes non seulement diffère de celui d'Ali-Abbas, mais est notablement plus court, attendu qu'il n'occupe que trente-six lignes là où l'autre en absorbe soixante-une. La question a donc besoin de nouveaux éclaircissements.

A la page XXII, d'après Reinesius, j'avais rapporté à Gariopontus le premier emploi de ces mots nouveaux adoptés plus tard par la langue médicale, *cauterizare*, *gargarizare*, etc. ; M. Dezeimeris les a retrouvés dans Théodore Priscien, que Gariopontus a copié en ceci comme en bien d'autres choses, ainsi qu'il a été dit.

Une discussion plus intéressante est celle qui concerne la personne et les ouvrages d'Albucasis. J'avais dit, page LIX, que l'auteur du *Liber Servitoris*, *id est liber xxviij Bulcasim Benabenazerim*, était Espagnol, et n'avait rien de commun avec le chirurgien Albucasis, dont nous possédons une *Chirurgie* en trois livres, plus une *Médecine* en quarante-huit traités (et non en trente ou trente-deux livres), attendu que le vingt-huitième livre en question n'a rien de commun avec le vingt-huitième

traité de ce dernier ouvrage. M. Dezeimeris m'a fait observer
d'abord que, depuis les recherches de Casiri, on savait qu'Albucasis était né à Alzahara, près de Cordoue, ce que je ne saurais accorder; car j'avais lu fort attentivement Casiri, et n'y
avais pas même trouvé l'apparence d'une démonstration. Mais
M. Dezeimeris ajoute que mes deux Albucasis n'en font qu'un;
que ce vingt-huitième livre du *Serviteur* est la dernière partie
d'un grand ouvrage comprenant ainsi tout l'art de guérir, médecine, chirurgie, pharmacie; et il a montré par un certain
nombre de citations un rapport réel entre cette troisième partie
et les deux précédentes. Bien qu'il reste à résoudre plusieurs
difficultés, il faut avouer que cette hypothèse, si c'est une hypothèse, a quelque chose de séduisant; et, sans être acceptée
encore d'une façon définitive, elle appelle certainement toute
l'attention des érudits.

A la page LVIII, à propos de Richard et de Gilbert l'Anglais,
j'avais dit qu'il y a moins de chirurgie dans ce qui nous reste de
ces deux auteurs que dans le *Lilium* de Bernard de Gordon, qui
n'était certes pas un chirurgien. M. Dezeimeris assure au contraire que l'ouvrage de Gilbert *n'est rien moins qu'un traité
complet de médecine et de chirurgie, et même le plus complet
que nous ait légué ce siècle*. Je crains que M. Dezeimeris ne se
soit ici laissé emporter un peu trop loin par un enthousiasme,
d'ailleurs assez naturel, pour un auteur dont il a fait une
étude approfondie. Il a montré que Gilbert avait parlé des hernies de la ligne blanche et des carnosités de l'urètre, ce qui fait
remonter au XIII° siècle les premières notions de ces affections,
auxquelles j'avais assigné une date bien postérieure[1]. Gilbert,
d'après les mêmes recherches, aurait pratiqué de sa main le
cathétérisme, le taxis et l'incision des hernies, la suture des
plaies, etc. Malgré cela je n'ai pu me ranger cette fois de l'avis

---

[1] J'ai retrouvé depuis la mention des carnosités urétrales dans les Arabes
et jusque dans Rhasès.

de M. Dezeimeris. Je n'ai pu en aucune manière retrouver dans
Gilbert un traité complet de chirurgie. J'ai accordé facilement
que Gilbert avait abordé plusieurs questions chirurgicales,
comme Gordon, comme Arculanus, et bien d'autres ; mais,
comme ces deux écrivains par exemple, il ne saurait être
classé que parmi les médecins de son temps.

Je ne veux pas omettre de dire que M. Dezeimeris a fixé l'é-
poque où avait vécu Gilbert, et sur laquelle on n'avait aucune
certitude. Gilbert avait entendu, à Salerne, au plus tard vers le
milieu du xIIIᵉ siècle, les leçons de Platearius (le jeune), de
Jean de Saint-Paul, de Ferrari et de Maurus ; et c'est lui-même
qui nous l'apprend.

Au xvᵉ siècle, M. Dezeimeris m'a averti que j'avais donné à
Arculanus deux procédés pour l'ectropion qui ne lui appartenaient pas (voyez page LXXXVIII). Cette critique est parfaitement
juste pour le deuxième procédé, qui remonte à Celse ; mais pour
le premier, qu'Arculanus donne comme sien, il lui appartient
en réalité, bien que se rattachant à une méthode générale indiquée également dans Celse.

Nous arrivons à Jean de Vigo, sur qui M. Dezeimeris avait
donné, dans son *Dictionnaire historique*, des détails dont il
n'avait pas indiqué la source. Il nous la donne aujourd'hui, et
je ne saurais mieux faire que de transcrire tout ce passage. —
« Ils sont pris d'une histoire du siége de Saluces, écrite par un
témoin oculaire, Bernardino Orsello, l'ami intime de Battista de
Rapallo, dans laquelle se trouvent des détails sur l'organisation
du service médical et chirurgical de la ville assiégée. On y voit
que Battista de Rapallo, chef du service chirurgical, avait sous
ses ordres quatre chirurgiens, dont un *était son propre fils*, Jean
de Vigo. » Voilà pour la paternité de Battista et pour la date
de 1485. Quant à celle de 1495, c'est l'époque où écrivait Orsello ; or, dans le passage qui vient d'être cité, rendant hommage à l'habileté incomparable de Battista de Rapallo, il ajoute
entre parenthèses : « La ville de Saluces regrette aujourd'hui

l'absence de ce grand homme, bien qu'elle ait le bonheur de posséder son fils, praticien aussi supérieur à ses contemporains par son habileté qu'il l'est par l'étendue et la variété de ses connaissances.»

M. Dezeimeris a fait voir aussi que le mode d'extirpation du cancer avec l'instrument tranchant et le fer rouge, dont j'avais fait honneur à de Vigo, se retrouvait très exactement dans Gilbert, au XIII° siècle.

Ici se terminent les remarques dont je suis redevable à M. Dezeimeris; il y avait joint quelques autres critiques, mais qui, ne me paraissant pas aussi bien justifiées, seraient inutilement rappelées ici. On pourra consulter à cet égard ses *Remarques sur quelques points de l'histoire de la chirurgie au moyen âge*, dans *l'Expérience*, numéro du 20 février 1840, et ma réponse dans le numéro suivant du même journal.

Mon excellent maître, M. Gama, a bien voulu me communiquer une note sur Gersdorf, insérée, avec un discours prononcé en 1817 à l'hôpital militaire de Strasbourg, dans le troisième volume du *Journal de Médecine militaire*; on la lira avec un grand intérêt.

« Je m'arrête avec plaisir un moment sur Gersdorf, disait M. Gama, pour lui rendre, devant ses compatriotes, l'hommage qu'il a mérité de la part des chirurgiens militaires. Il nous apprend lui-même qu'il fut d'abord élève de Maître Nicolas, surnommé *le Dentiste*, chirurgien du duc Sigismond d'Autriche, et avec lequel il s'est trouvé à trois batailles pendant les guerres de Bourgogne. Il se fixa à Strasbourg à son retour de l'armée. Son livre renferme plusieurs bons préceptes sur l'extraction des balles et autres corps étrangers engagés dans les plaies; on y trouve des tire-balles fort ingénieux et bien faits. Une chose assez remarquable, c'est que, au lieu de la suture alors en usage après les amputations, il avait déjà indiqué la réunion immédiate, sur laquelle on a tant disserté depuis quelques années. Je ne puis m'empêcher de relever ici une erreur dans laquelle Haller est tombé au sujet de ce chirurgien ; il le dit élève de Mulhart, et n'a pas vu que le terme allemand *maul-artz*, c'est-à-dire *dentiste*, est un surnom qu'on donnait communément dans ce temps aux chirurgiens qui excellaient dans leur profession, comme d'autres surnoms étaient donnés aux individus de toute autre classe qui se faisaient remarquer par quelque chose de particulier ; par exemple, Gersdorf avait le sobriquet de *Schylhans*, ou *Schiel hans*, c'est-à-dire *le louche*. »

Moi-même aussi, comme on peut le présumer, je pourrais ajouter ici d'autres remarques ; car c'est à la fois le regret et la joie des hommes qui s'adonnent aux études sérieuses, d'apprendre toujours quelque chose, et, par une inévitable conséquence, de trouver toujours quelque chose à reprendre dans leurs travaux antérieurs. D'ailleurs, même à l'instant où je tenais la plume, j'étais obligé de faire un choix parmi mes documents ; et bien vain serait celui qui, avec plus d'espace que je n'en avais à ma disposition, faisant l'inventaire scientifique de cette époque en apparence si déshéritée du moyen âge, s'imaginerait n'avoir rien laissé en arrière, et croirait sa moisson si complète, qu'il ne resterait plus à glaner. Toutefois, sauf quelques rectifications de détails semées à l'occasion dans ces trois volumes, et qui portent essentiellement sur des questions de priorité, je n'ai rien vu jusqu'ici qui vînt contrarier les faits historiques qui ont servi de matériaux à cette œuvre, et les conséquences que j'en ai fait découler.

J'avais dessein de rectifier quelques fautes échappées à l'impression ; ainsi à la page LX, ligne 4, il faut lire *Armengandus Blasius* : page LXXIII, ligne 4, au lieu de *les mesures*, corriger *les menaces ;* mais ce sont là les plus essentielles, et les autres seront faciles à rectifier par le lecteur.

Il est cependant une partie de mon Introduction où les moindres détails demandaient à trouver place, et pour laquelle il est urgent de mettre en lumière ceux qui m'avaient alors échappé ; je veux parler de la biographie d'A. Paré.

§ II. — Additions à l'histoire d'Ambroise Paré.

J'ai dit qu'il était né à Laval en 1517. Le hasard m'avait fait tomber depuis sur une traduction de la *Jérusalem délivrée*, publiée à Paris en 1839, par M. Bourlier. L'auteur signait ainsi sa Préface :

« LOUIS BOURLIER,

de Laval, Département de la Mayenne,
un des descendans d'Ambroise Paré, à
qui la science médicale est redevable de la
découverte de la circulation du sang. »

Ceci, et quelques détails ajoutés plus bas sur la vie de Paré, témoignaient suffisamment que M. Louis Bourlier n'avait pas beaucoup ouvert les œuvres de son illustre aïeul ; mais il ajoutait enfin :

« Il était né au commencement du XVI⁰ siècle, dans le bourg Hersent, contigu au bourg d'Avenières, où je suis né, moi..... »

Ce renseignement curieux était exact : je l'ai trouvé confirmé dans ce passage d'une lettre adressée à M. David par les notables de la ville de Laval, réunis en commission centrale pour l'érection d'un monument à la mémoire du grand chirurgien [1].

« Vous serez curieux d'apprendre que la reconnaissance populaire a élevé depuis long-temps sa statue à Ambroise Paré au lieu même où il naquit, dans le petit village du Bourg-Hersent, qui forme presque un des faubourgs de Laval. Nous avons tous le souvenir d'avoir vu long-temps, dans l'âtre de la cheminée du premier étage d'une maison en ruine, un buste placé en la mémoire d'Ambroise Paré ; et on voit encore aujourd'hui dans ce village, sur la façade d'une maison construite sur l'emplacement de la maison du seigneur au service duquel paraît avoir été attaché le père d'Ambroise Paré,

---

[1] *Notice sur le monument élevé à la mémoire d'Ambroise Paré, en la ville de Laval, publiée par les soins de la Commission. —* Laval, 1840.

on voit encore, disons-nous, un portrait qui paraît l'œuvre d'un peintre d'enseignes, et au bas duquel on lit cette inscription :

DANS CETTE MAISON EST NÉ AMBROISE PARÉ.

Quant à la date de sa naissance, il ne paraît pas qu'on ait dans le pays même aucun moyen de la fixer ; mais il y a une tradition perpétuée, dit M. le docteur Hubert, par de vieux manuscrits, qui à la vérité n'ont pas une authenticité bien constatée. Il eût été à désirer peut-être que la commission de Laval s'expliquât mieux sur ces manuscrits ; mais elle se borne à la simple mention qu'on vient de lire, et s'en tient ensuite à la tradition.

« Suivant cette tradition, poursuit M. Hubert, Ambroise Paré serait né vers l'année 1509 au petit village du Bourg-Hersent, près Laval, dans une dépendance de la maison seigneuriale du comte de Laval, et dans la domesticité de ce seigneur, dont son père aurait été le valet de chambre-barbier. »

Le narrateur passe sous silence les autres détails donnés par Percy ; mais il conjecture que ce fut sans doute quand le comte de Laval, remarié en troisièmes noces en 1525, conduisit, dans une des années suivantes, sa femme à la cour, que la famille de Paré suivit ce seigneur à Paris. J'ai dit, et ne veux pas y revenir, ce qui paraissait le plus certain. Une fois Paré loin de Laval, ses compatriotes le perdent de vue et n'ajoutent rien à ce que nous en savons ; je ne veux pas omettre cependant une note curieuse de la notice déjà citée.

« La Commission avait espéré un moment pouvoir publier des renseignements inédits sur la famille d'Ambroise Paré, et sur les premières années de sa vie ; elle avait découvert à Amsterdam un sieur Paré, ferblantier, qui se dit descendant direct d'Ambroise Paré, et possesseur de tous les papiers de famille ; mais comme il a refusé d'y laisser fouiller sans recevoir par avance une somme d'argent, nous n'avons pas cru pouvoir engager les fonds de la souscription sans savoir ce que pourraient amener ces recherches, et nous n'avons pas donné de suites à sa proposition. »

De ce peu de détails nouvellement recueillis, on ne saurait

tirer grande lumière. On voit pourtant qu'en réalité des membres de la famille de Paré ont émigré en Hollande ; mais est-il bien vrai de dire que la révocation de l'édit de Nantes fut la cause de cet exil ? Dans tous les cas, l'exil n'aurait point frappé la famille entière ; car outre M. Louis Bourlier, que nous avons vu tout-à-l'heure réclamer cette parenté glorieuse, je trouve inscrit sur la liste des souscripteurs, le nom de mademoiselle Bourlier d'Avesnières, sans doute de la même famille, et celui d'une dame de Laval qui porte encore ce beau nom de Paré. M. le docteur Hubert, dans la notice déjà citée, nous apprend qu'on retrouve à Laval, depuis 1740, une famille du même nom dont les descendants portent pour prénom habituel le nom d'Ambroise, sans pouvoir établir aujourd'hui une filiation plus directe ; et que cette famille, avant la révolution de 1789, était exempte de capitation et de l'impôt de gabelle, comme issue de notre grand chirurgien. Comment donc M. Villaume, en parlant de la mission donnée à Lassus (et non à M. de Lasuse, comme il l'avait imprimé par erreur) de rechercher à Laval les descendants de Paré, ajoute-t-il qu'il ne s'y en trouva point ? M. Hubert rapporte à cet égard « qu'en 1804, lorsque le professeur Lassus vint présider le jury de médecine à Laval, il était porteur d'une lettre du cabinet de l'Empereur qui lui enjoignait de rechercher à Laval les descendants de Paré, qu'il voulait honorer de ses bienfaits ; » mais il ne dit rien des résultats de cette recherche.

Avant d'abandonner ce qui regarde la famille, je dois dire que Claude Viart, beau-frère de Paré suivant M. E. Bégin (voir mon Introd., page ccxxvii), est cité à plusieurs reprises dans les œuvres de Paré, notamment dans la grande Apologie, à la date de 1585, et toujours sans aucun titre de parenté.

Nous avons vu que Paré avait d'abord été reçu maître barbier chirurgien ; et aux documents que nous avons réunis sur l'état des barbiers à cette époque est venue s'ajouter depuis une curieuse planche, insérée par M. Dusommerard dans sa grande et belle publication, *l'Album des Arts au moyen âge*, et calquée sur un vitrage colorié du XVIᵉ siècle, représentant la boutique d'un barbier. Nous avons pu, grâce à l'obligeance de M. Dusommerard, étudier à la fois la planche et le vitrage ; en voici une description succincte.

Le sujet principal représente l'intérieur de la boutique ; sur une chaise est assis un patient que l'on vient de saigner. La manche gauche de la chemise est retroussée jusqu'au coude, et repliée là de façon à faire office de ligature ; d'autre ligature il n'y en a point. La piqûre a été faite vers le milieu de l'avant-bras ; le sang sort en un jet magnifique ; mais, par un singulier oubli, le peintre a oublié de le colorier. Le malade embrasse de la main gauche un long bâton, dont le bout pose à terre ; procédé qui remplace avantageusement la bande ou le lancetier que l'on fait aujourd'hui tourner dans la main ; du reste, le procédé était déjà indiqué par Guy de Chauliac au XIVᵉ siècle ; on le retrouve figuré par Scultet au XVIIᵉ ; et enfin je l'ai encore vu mettre en usage par les barbiers de Pologne durant la campagne de 1831. Le barbier, debout à droite, reçoit le sang dans un bassin de cuivre ; la barbière, à gauche, tient un gobelet probablement rempli d'eau, pour donner à boire ou pour asperger la figure en cas de syncope. Du reste, barbier et barbière sont en grande toilette, la tête coiffée du béret noir avec double panache de plumes blanches.

La salle est éclairée par une fenêtre cintrée à six comparti-ments, garnie de carreaux arrondis maintenus par des bandes de plomb. Au-dessus de la fenêtre, pendent à la muraille cinq bassins de cuivre de différentes grandeurs ; au-dessus des bassins, dix poëlettes beaucoup plus petites et d'une grandeur uniforme. Sur un pan de la muraille à droite, tout-à-fait en haut, un bassin et une aiguière ; au-dessous, retenues par une bande de cuivre horizontale, trois paires de ciseaux et deux paires de rasoirs à lame pointue, à dos de cimeterre, comme ils étaient au moyen âge, servant à la fois à faire le poil et les incisions ; au-dessous, trois ustensiles peints en noir, qui me paraissent être des boîtes ou *pennaroles* suivant le terme de Guy, destinés à recevoir les instruments. Seulement, tandis que dans la trousse moderne les instruments ont leurs cases disposées sur le même plan, l'une à côté de l'autre, ici les cases sont superposées l'une à l'autre, de manière à donner à la boîte une notable épaisseur, et une forme comparable à celle des fontes où les cavaliers plongent leurs pistolets. Du reste je me hâte d'ajouter que ce que je viens de dire de ces boîtes est pure conjecture ; car toutes les trois sont vides ; et Guy en parlant du *pennarole* n'a rien dit qui pût servir à en déterminer la forme. Enfin, tout-à-fait au-dessous, trois peignes également fixés à la muraille.

Sur le pan de mur de gauche se voient en haut cinq bocaux rangés côte à côte, et certainement destinés à contenir les onguents. Au-dessous, et comme pour faire pendant à ceux de l'autre côté, cinq rasoirs entr'ouverts. Madame la barbière nous cache le reste.

Le compartiment supérieur représente une autre salle éclairée par deux fenêtres à carreaux arrondis, et tout autour de laquelle règne une large banquette adossée aux trois murailles visibles. A droite sur une chaise, est assis un client auquel on vient de faire la barbe, car le rasoir est encore sur la banquette ; le garçon barbier est occupé maintenant à lui couper les cheveux. A gauche est un autre client qui a subi, à ce qu'il paraît, la double cérémonie ; car j'aperçois sur la banquette le rasoir, les ciseaux, un peigne simple et un peigne double ; je ne sais donc quel reste de toilette lui fait le garçon encore occupé à sa tête ; peut-être la lui lave-t-il avec une éponge. Ce qui me suggère cette conjecture, c'est que le client est à genoux sur un espèce de prie-dieu, la tête au-dessous d'un vase suspendu au plafond, d'où pourrait bien suinter quelque liqueur odoriférante ; et le garçon a les bras nus jusqu'aux coudes, tandis que son camarade a gardé son haut-de-chausses. Tous deux ont le béret noir, mais sans panache ; et enfin celui de droite, chose assez curieuse, a une poêlette pendue au côté gauche de la ceinture, comme une arme qui ne devait pas le quitter.

Le vitrage porte en bas la date de 1559; et en caractères gothiques, la signature de *Jose Richwiller*.

Je reviens maintenant à Paré.

En 1536 il partit pour l'Italie, et j'avais avancé, malgré les assertions hasardeuses de Devaux, que Thierry de Héry avait fait les mêmes campagnes. J'en ai trouvé depuis la preuve directe dans un passage du livre publié par Thierry en 1552, page 185. Thierry raconte qu'il passa les monts en 1537, et parle des *gelures* des soldats à peu près dans les mêmes termes que Paré.

Rien à ajouter à l'histoire de Paré jusqu'au siège de Rouen, en 1562. Mais là vient se placer un fait d'une haute importance, resté en oubli jusqu'à ce jour, et pour lequel nous avons le témoignage de Paré lui-même. Après la prise de Rouen, il faillit être empoisonné dans un dîner, *en quelque compaignie*, dit-il, *où en auoit quelques vns qui me hayoyent à mort pour la religion*; et il n'échappa que par une présence d'esprit remarquable. Il avait raconté assez longuement cette histoire dans le livre *des Rapports* de l'édition de 1575, mais il l'avait effacée de toutes les autres éditions postérieures; nous avons soigneusement reproduit cette précieuse variante, tome III, page 662. Quels étaient ces fanatiques qui faisaient venir ainsi le poison en aide à leurs opinions religieuses? Paré ne les nomme point. Toutefois, le mot unique qu'il a laissé tomber de sa plume sur *la religion*, en prenant ce mot dans l'acception du XVIᵉ siècle, semble indiquer que les empoisonneurs étaient catholiques, et que Paré, alors du moins, était passé au calvinisme. Mais ceci admis, il faut donc qu'il soit retourné plus tard à ses croyances primitives, et je répéterai ce que je disais à la page CCLXXXI : *Il me paraît incontestable que, du moins après la Saint-Barthélemy, A. Paré faisait profession de la foi catholique.*

Ici se terminerait ce que j'avais à dire de cette partie de l'Introduction, si je n'avais à rectifier un *lapsus plumæ* à peine concevable. A la page CCLXIII, on lit que François II était le *deuxième* fils de Catherine; c'est le *fils aîné* qu'il fallait dire.

§ III. — Additions relatives aux écrits de Paré.

Je n'ai rien à ajouter à la bibliographie que j'ai donnée de ses ouvrages et de leurs éditions. J'ai bien vu indiquée dans l'*Histoire de l'anatomie* de Portal, tome VI, page 817, une édition du *Traité des playes d'hacquebutes*, qui aurait paru à Lyon, in-4°, en 1572; j'ignore où Portal a retrouvé cette date, mais il ne paraît pas avoir vu cette édition par lui-même; et très probablement il s'agit des *Cinq livres de chirurgie* publiés à la même date, mais à Paris et in-8° suivant Haller, édition sur laquelle je n'ai encore pu mettre la main, malgré toutes mes recherches.

J'ai oublié de dire que l'édition de 1552, de *la Maniere de traiter les playes d'hacquebutes*, se trouve à la Bibliothèque royale, à celle de l'Arsenal et à la Faculté de médecine.

Pour le *Traité de la peste* de 1568, je n'en connais qu'un exemplaire unique fort bien conservé; il est à la bibliothèque Sainte-Geneviève, T., 940.

Relativement au texte de Paré, je commencerai par relever quatre fautes d'impression un peu plus graves que celles qui ne consistent que dans une lettre soustraite ou surajoutée, ou mise en la place d'une autre.

Dans le tome II, page 219, on lit à plusieurs reprises : *le capital des cauteres;* le mot propre est *capitel*, du latin *capitellum*.

Page 514, deuxième colonne, ligne 29 : *liure troisième, des maladies traitant;* lisez : *liure troisième des maladies, traitant,* etc.

Au tome III, page 541, deuxième colonne, sixième ligne, quatre lettres ont sauté; lisez : *sont tousiours chancreux.*

Accident semblable à la page 710, première colonne, dernière ligne; lisez : *beaucoup de soldats.*

Mais la plus grave de toutes ces fautes, celle que j'ai gardée à dessein pour la dernière, parce qu'elle donnerait lieu à un fâcheux anachronisme dans l'histoire de la chirurgie, se trouve à la page 230 du tome II. On y lit l'histoire de Pirou Garbier, *auquel fut coupée la iambe dextre quatre doigts au-dessus du genoüil*; c'est *quatre doigts au-dessous* qu'il faut lire. A la vérité, l'erreur aurait été rectifiée par ceux qui auraient lu, deux pages plus loin, la grande note où je montre qu'au XVIe siècle on n'osait faire l'amputation de la cuisse, ni même peut-être celle du bras. La première mention que je connaisse de l'amputation de la cuisse ne remonte qu'à Fabrice de Hilden.

Quelques autres rectifications m'ont été imposées par une circonstance dont je n'ai pas été le maître. En commençant mon édition, j'avais trouvé dans la bibliothèque de feu M. Richerand un exemplaire assez mal en ordre de la quatrième édition des œuvres complètes; mais quand j'eus appris à M. Richerand la rareté et le prix de cette édition, comme dernière édition originale, il se sentit pris tout d'un coup d'une telle tendresse pour son volume, qu'il ne voulut plus me le confier. Il en est résulté que, pour mon premier tome et le commencement du deuxième jusqu'au livre *des Playes d'harquebuses*, je n'ai pu indiquer que rarement si tel passage manquant dans la deuxième édition française, datait de la quatrième ou de la cinquième. Je vais rectifier à cet égard les notes qui en ont besoin.

NOTES DU TOME PREMIER.

Page 26, corrigez ainsi la note : *Tout ce qui suit manque dans les deux premières éditions.*

Page 28, lisez : *Ici, dans la* quatrième *édition et les suivantes.*

Page 30, première note : *On lit dans toutes les éditions originales.*

Page 36 : *Dans* la quatrième édition *et les éditions posthumes.*

Page 46 : même correction à la note.

Page 53 : *Et le onzième* de la quatrième édition *et des éditions posthumes.*

Page 55, ajoutez à la note : *Le paragraphe en question est de 1585.*

Page 76 : *Dans les deux premières éditions et l'édition latine.*

Même correction à la page suivante, et en général, excepté dans les notes que je rectifie ici, les *premières éditions* doivent toujours s'entendre des deux premières éditions françaises et de l'édition latine.

Page 266, j'ai signalé en note une amplification ajoutée au texte dans les éditions postérieures à la cinquième. Il faut dire de plus que ces mots mêmes, *comme vne lozange à quatre cornes*, ne se lisent pas encore dans la quatrième édition.

Page 391, notes 2 et 3 : le paragraphe en question date de la quatrième édition ; et alors, comme plus tard, on y lisait le mot *inferieure*, que je regarde comme une faute d'impression.

Page 400, première colonne : *Cette citation se lit pour la première fois dans la cinquième édition.*

Page 419, ajoutez à la dernière note : *Le titre du chapitre en 1585 portait seulement : de la Tumeur du fondement.*

Page 446, note de la première colonne : *Il n'est fait mention des sangsues qu'à la cinquième édition.*

NOTES DU DEUXIÈME VOLUME.

Page 5, dernière note : *Ce paragraphe manque jusqu'à la quatrième édition.*

Page 9 : *Ce paragraphe date de 1585.*

Page 10, note 3 : les dix figures se voient également dans la quatrième édition.

Page 11, première colonne : *Ce paragraphe date de 1585.*

Page 60, ajoutez : *Elle date de 1585.*

Page 70, deuxième colonne, note 2 : la phrase en question se lisait encore dans la quatrième édition.

Page 80 : le paragraphe sur l'épilepsie a été ajouté en 1585.

Page 81, deuxième colonne : *Ce paragraphe date de 1585.*

Page 91 : *Ces deux histoires ont été ajoutées à la quatrième édition.*

Page 108, note 1 : *La date exacte de ce paragraphe est de 1585.*

Page 129 : Ces mots : *Ce qu'on n'auoit encores fait*, n'ont été ajoutés qu'à la première édition posthume.

Page 138, première colonne : *Cette histoire a été ajoutée en 1585.*

Plus loin les notes sont exactes ; j'avais alors plusieurs exemplaires de la quatrième édition entre mes mains.

J'ai un mot à dire de l'ordre que j'ai suivi dans l'arrangement des livres de la collection. Et d'abord il convient d'avertir le lecteur que l'article consacré à cette question et à plusieurs autres, dans mon Introduction, a été sauté dans la table des matières du premier volume. Il forme le § XX et commence à la page cccxxx. Or, on fera bien, pour compléter cet article, de recourir aux notes que j'ai placées au commencement de chacun des livres de la collection, et qui exposent avec plus de détail et les sources où Paré a puisé, et les motifs de l'arrangement que j'ai adopté.

Il y avait cependant un travail général à faire sur les auteurs cités dans tout l'ouvrage; au-devant de chacune de ses grandes éditions, Paré n'avait pas manqué d'en donner la liste, et elle comprenait 175 noms en 1585. Ces noms étant jetés au hasard les uns à côté des autres, il n'en ressortait rien pour l'intelligence du lecteur, et j'ai cru qu'on pouvait faire mieux. Laurent Joubert, dans sa traduction de Guy de Chauliac, rechercha et fit rechercher par plusieurs élèves et docteurs de Montpellier toutes les citations alléguées par son auteur, et en dressa une table merveilleusement significative pour ceux qui la savent lire. On voit en effet que pour édifier son œuvre, Guy a eu recours à cent autorités, citées ensemble jusqu'au chiffre de 3,299 fois. Cela suffit certes pour démontrer que l'autorité était alors la base principale de la philosophie chirurgicale; que si vous voulez savoir quelle était l'autorité dominante, réunissez les citations des anciens, elles s'élèvent à 1117, tandis que celles des Arabes vont à 1404. Ainsi, malgré la prépondérance de Galien, le plus souvent cité de tous, c'étaient les Arabes qui faisaient loi, et c'est à juste raison que les chirurgiens d'alors étaient nommés arabistes.

Or, ce que Joubert avait fait pour Guy, j'ai voulu l'imiter pour Paré, et je ne m'en suis rapporté qu'à moi seul. J'ai donc parcouru ligne par ligne toute cette vaste collection, notant avec soin chaque auteur cité en témoignage, et le nombre de fois qu'il se trouvait cité. Le résultat donne au total 265 noms d'auteurs et 2,168 citations; démonstration suffisante de l'influence encore puissante de l'autorité, mais qui laisse entrevoir cependant sa décadence prochaine et déjà commencée. De plus, le règne des Arabes et des arabistes est passé; ils n'obtiennent pas tous ensemble

200 citations, tandis qu'Hippocrate seul en a près de 400 et Galien encore davantage. Galien même a perdu de son pouvoir ; si on lui ôte le chiffre juste de 100 citations parsemées dans les deux livres des médicaments et des fièvres, qui ne touchent pas à la chirurgie, et plus de 150 pour les livres d'anatomie, parties de l'art à peine touchées par Hippocrate, celui-ci reprend le dessus, et c'est avec juste raison que la chirurgie de cet âge peut être appelée hippocratique. J'ai supputé séparément pour Hippocrate et Galien les citations du deuxième volume, uniquement consacré à des matières chirurgicales; il y en a 223 pour le premier, 218 seulement pour le second. Rappelez-vous, pour mieux apprécier encore ce résultat, la masse immense des écrits de Galien; et enfin, si vous ouvrez le volume au hasard, vous serez frappé de cette circonstance, que Galien est surtout cité pour les définitions et les théories, Hippocrate presque uniquement pour les doctrines d'application.

Pour rendre l'étude de cette table plus facile, j'ai séparé les auteurs en cinq grandes catégories, en suivant généralement les époques auxquelles ils appartiennent. Dans chaque époque j'ai essayé aussi de rapprocher ou par les dates ou d'après le caractère de leurs écrits, les chirurgiens, les médecins, les philosophes, les poëtes, mais sans m'attacher à une exactitude qui eût exigé trop de travail pour trop peu de fruit.

LISTE DES AUTEURS CITÉS PAR A. PARÉ.

Écriture Sainte, auteurs juifs, et pères de l'Église.

	Nombre de fois.
Ecriture sainte en général...	8
Moïse et les livres du Pentateuque...	23
Josué...	1
Job...	4
Samuel...	1
Livre des Rois...	4
David, Psaumes...	14
Salomon...	2
Jésus, fils de Sirach, et l'Ecclésiaste...	5
Jérémie...	3
Isaïe...	3
Ezéchiel...	1
Amos...	1
Esdras...	2
Nouveau-Testament en général...	1
Saint Matthieu...	2
Saint Marc...	4
Saint Luc...	2
Saint Jean...	4
Actes des Apôtres...	1
Saint Paul...	8
Livre des Ephèses (probablement Epître aux Ephésiens)...	1
Epître de saint Jacques...	1
Josèphe...	1
Eusèbe...	1
Lactance...	1
Saint Augustin...	12
Total...	**109**

Auteurs anciens.

	Nombre de fois.
Hippocrate...	390
Celse...	61
Galien...	553
Aétius...	56
Paul d'Egine...	51
Aristote...	57
Pline...	58
Dioscoride...	17
Théophraste...	4
Plutarque...	19
Nicandre...	6
Hérophile...	4
Erasistrate...	3
Asclépiades...	2
Antonius Musa...	1
Rufus...	2
Philoxène...	1
Soranus...	2
Archigène...	1
Coelius Aurelianus...	4
Arétée...	1
Alexandre de Tralles (Trallian)...	1
Oribase...	1
Léonides...	1
Apollonius...	2
Philotinus...	1
Mithridates...	1
Actuarius...	1
Serenus...	1
Empédocle...	5
Pythagore...	2
Socrate...	4
Platon...	5
Cicéron...	3
Sénèque...	3
Marc Aurèle...	1
Les Stoïques...	1
Sextus de Chéronée...	2
Pausanias...	1
Philostrate...	1
Marc Varron...	2
Strabon...	1
Ptolomée...	2
Aulugelle...	2
La loi des 12 tables...	1
Aristomachus...	1
Chrysippus...	1
Crinitus...	1
Adrianus...	1
Stobée...	1
Vitruve...	1
Festus...	1
Héliodore...	1
Solinus...	2
Macrobe...	1
OEphadius...	1
Cassianus...	1
Hérodote...	6
Ctésias...	1
Diodore de Sicile...	1
Justin...	1
Tite-Live...	1
Elien (Ælian)...	7
Valère l'historien...	4
Hérodien...	1
Homère...	2
Hésiode...	1
Euripide...	1
Lucrèce...	1
Horace...	2
Catulle...	1
Ovide...	4
Lucain...	1
Perse...	1
Claudien...	1
Oppien...	1
Total...	**1391**

Auteurs arabes.

	Nombre de fois.
Les Arabes en général par opposition aux Grecs, dans le livre des Fièvres...	7
Rhasès...	3
Idem à Almansor...	2
Ati-Abbas...	2
Isaac...	1
Mesué...	10
Sérapion...	1
Avicenne...	51
Averrhoès...	3
Avenzoar...	1
Albucasis...	14
Abdanalarach...	1
Total...	**96**

Auteurs arabistes ou du moyen âge.

Constantin...	1
Platearius...	1
Theodoric...	2
Lanfranc...	1
Arnaud...	4

	Nombre de fois.
Gilbert l'Anglais.....	1
Gourdon............	10
Guido ou Guy de Chau-liac............	26
Nicolas de Florence...	2
Valescus de Tarente...	5
Pierre d'Apono, ou le Conciliateur......	10
Philonius (probable-ment le Philonium de Valescus).........	1
Pierre d'Argelata.....	1
Arculanus...........	1
Total........	66

Auteurs de la Renaissance.

Jean de Vigo........	25
Marianus Sanctus.....	2
Antonius Benivenius...	9
Alexander Benedictus.	4
Symphorianus......	1
Nicolas Godin.......	1
Paracelse..........	2
Tagaut............	4
Fuchsius...........	3
Langius...........	4
Maggius...........	1
Cornarius....	1
Vidus Vidius........	1
Nicolas Massa.......	2
Amatus Lusitanus....	1
Cardan............	13
Fernel............	15
Jacques Sylvius.......	18
Columbus..........	13
Vésale............	9
Fallopius...........	14
Rondelet...........	25
Ingrassius..........	2
Houlier...........	16
Duret.............	2
Manardus..........	3
Montanus..........	1
Delacorde..........	1
Gorroeus...........	2
Léonellus Faventinus.	1
Valleriola	4
Estienne de la Rivière..	1
Gesnerus...........	7
Lecoq.............	1
Thierry de Héry......	2
Franco............	3
Botal.............	3
Calméthée (Chaumette).	1
Joubert............	13
Dalechamps........	4
Andréas della Cruce...	

	Nombre de fois.
Rousset............	9
Jean Wier ou Vierus..	4
Philippe Forestus.....	
Rembert Dodoens (qu'il appelle *Dodonay* et de *Douay*)............	3
Cornelius Gemma.....	1
Savonarola.........	1
Jordanus.......	1
Vassée.............	2
Castellan...........	1
Gourmelin (sans le nom-mer, dans l'Apologie).	11
Courtin............	3
Fier-à-Bras..........	1
Christophe Landré....	6
Lepaulmier (sans le nommer)..........	1
Simon de Valembert..	2
Wolff (Liber gynoecio-rum).............	1
Jacques Rueff.......	3
Nicole du Haut-Pas..	3
Simon de Provanchie-res...............	1
Liébaut............	1
Jacques Grevin.......	2
Belon.............	2
André Bacey........	3
André Marin........	1
Albert.............	2
Sébastien Munster ...	2
Nicole Nancel.......	2
Volaterran..........	3
Antoine Mizault......	1
Claude Tesserant.....	1
Lycosthènes........	8
Coelius Rhodiginus ...	3
Jovianus Pontanus....	1
Loys Lavater........	1
Jean de Marconville...	3
Duhaillan..........	1
Lopez, Espagnol....	1
Benzo, Milanais.....	1
Martinus Cromerus...	1
Franciscus Picus Miran-dula.............	1
Damascène..........	1
Diphile.	1
Mathias Cornax......	1
Egidius Hertages.....	1
Paul Grillant........	1
Pierre de la Palude....	1
Martin d'Arles.......	1
Facellus............	2
Abraham Ortelius.....	1
Melchior Guillandin Be-ruce...............	1

	Nombre de fois.
Jean de Léry........	2
Lucio Maggio........	1
Julius Obsequens....	1
Milichius...........	1
Egnatius...........	1
Baptiste Léon.......	1
Loys Colléc.........	1
Levinus Levinius.....	5
Matt. Sylvius.......	1
Jean Léon ou Léon l'A-fricain.............	6
Jean Papon.........	1
Jacques de Fouilloux..	?
Pierre Boaistuau.....	11
Alexander ab Alexan-dro..............	2
Pierre Gilie.........	1
P. Rhodien..........	1
Bodin.............	4
Julius Pollux........	1
J.-B. Théodose......	2
Pierre Messie.......	2
George Agricola.....	1
Lapopelinière.......	1
Apollonius Menabenus.	1
Olaus Magnus........	3
André Thévet.......	29
Mathiole............	33
Massarius..........	1
Nonus............	2
Gabriel du Préau.....	1
Philippe de Mornay...	1
Erasme............	2
Claude Paradin......	1
Philippe Ulstade.....	1
Ferrand Pouzet......	1
Loys de Berthame....	2
Garcias ab Horto ou du Jardin............	2
Metrius............	1
Aloysius Cadamustus..	1
Aeneas Sylvius Piccolo-nimi..............	1
Polydore Virgile......	1
Otho..............	1
Hector Boétius......	1
Marc Paul..........	2
Moustrelet..........	1
Philippe de Comines.	5
Saxon l'historien.....	2
Fulgose............	1
Alvarez............	1
Dubartas...........	7
Ronsard............	1
Total........	505
Total général.	2168

Enfin, je terminerai cet article par le sonnet que Paré avait placé lui-même en avant de ses éditions complètes; le texte actuel est de 1579 et n'a pas été changé depuis; mais je donnerai en note les variantes de l'édition de 1575.

SONNET DE L'AVTEVR.

Ce liure maintenant que ie mets en lumiere,
De mon art l'heritier, contient tous les secrets
Que iadis bien au long les Arabes et Grecs
Ont laissé par escrit à la race derniere [1].

Plein d'exemples il est de diuerse maniere,
Ainsi que nous voyons de mille beaux portraits
Les prez se bigarrer, eschauffés par les rais
Du Soleil, lorsqu'il fait sa course printaniere [2].

Or sus donc maintenant, va-t'en, mon fils tres-cher [3],
Que depuis quarante ans n'ay cessé de lecher :
Va, priant vn chacun qu'il leur plaise d'ensuiure

Lysippe, qui reprint Appelles doucement.
Mais arriere, enuieux : car eternellement
On verra maugré vous ce mien ouurage viure.

§ IV. — Inauguration de la statue d'Ambroise Paré.

Nous avions annoncé en terminant qu'une statue en bronze allait être érigée en l'honneur de Paré sur l'une des places publiques de Laval, dernier hommage de la reconnaissance populaire. Paré avait été oublié dans cette large hospitalité que la munificence royale offrait à Versailles à toutes les gloires de la

---

[1] Variante de 1575 : *à nostre aage derniere.*

[2] Ces trois vers se lisaient ainsi en 1775 :

Ainsi que nous voyons de mille et mille raiz
Reluire le paon, quand par vn grand progres
Sa plume va monstrant plein d'arrogance fiere.

[3] Variante : *Va-t'en, mon fruict tres cher.*

France ; et non pas lui seulement, mais avec lui plus d'une autre grande gloire scientifique. Il aura désormais, dans un plus large espace, en face du ciel et du soleil, un piédestal et une statue dignes de lui.

Dès 1835, le conseil-général de la Mayenne avait exprimé le vœu qu'un monument fût érigé à A. Paré dans sa ville natale. Le préfet répondit à ce vœu, en 1836, en proposant de faire les premiers frais par une allocation de 2,000 francs au budget départemental ; le gouvernement et les souscripteurs devaient faire le reste. Une commission s'organisa immédiatement sous la présidence de M. Queruau Lamerie, maire de Laval ; elle se composait de MM. Guédon, Lelièvre, Meslay, et de deux de nos honorables confrères, MM. Bucquet et Hubert, tous deux correspondants de l'Académie royale de médecine. Déjà, dès le 22 mars 1836, M. David avait proposé, dans le même but, une souscription où seraient reçus les dons même les plus modiques, s'engageant, pour sa part, à faire gratis le modèle de la statue. Cette offre magnifique fut acceptée avec reconnaissance, et un programme de souscription ayant été arrêté, le roi, le ministre de l'intérieur, le conseil municipal de Laval, l'Académie et la Faculté de médecine de Paris, plusieurs sociétés savantes et un grand nombre de souscripteurs y répondirent, et le succès du projet fut assuré. Nous vîmes s'élever dans l'atelier de M. David le modèle de la statue, achevé dès le 1er novembre 1839 ; nous la vîmes couler en bronze, le 12 mars 1840, par les soins de MM. Soyer et Ingé, et dès le 9 juillet elle était arrivée à Laval.

Alors s'élevèrent avec rapidité de magnifiques blocs de granit bleu, préparés pour le piédestal d'après les dessins de M. Moll, inspecteur des travaux du gouvernement, qui, lui aussi, refusa de mettre à prix d'argent son concours pour cette œuvre patriotique ; et enfin le 29 juillet fut fixé pour la solennité.

Un ciel sans nuages semblait avoir voulu favoriser la fête ; des villes et des communes voisines était accourue une foule inouïe de spectateurs. Sur la place de la mairie, autour de la statue encore voilée, la garde nationale et la troupe de ligne, auxquelles s'étaient jointes des députations de tous les corps de métiers de Laval, musique en tête et enseignes déployées, formaient un carré immense. A toutes les croisées et jusque sur les combles de l'Hôtel-de-Ville, des dames élégamment parées; le peuple dans toutes les rues adjacentes; au centre de la place, sur une estrade élevée en face de la statue, les autorités civiles et militaires, les chefs des administrations publiques, les députés des sociétés savantes; et au milieu de ce grand cortége d'hommes, une seule femme, mademoiselle Renée Ambroise Paré, descendante de notre grand chirurgien et la dernière héritière de son nom. A quatre heures et demie, un coup de canon donna le signal, et la statue fut découverte au bruit des tambours battant aux champs, des troupes présentant les armes, et des applaudissements et des acclamations de la multitude.

Après que ces puissantes manifestations eurent fait silence, un chœur de musiciens salua l'image triomphante; puis M. le docteur Hubert, au nom de la commission de Laval, M. Pariset, au nom de l'Académie royale de médecine, M. le docteur Perdrix, délégué de l'association des médecins de Paris, M. Leterrier, principal du collége du Mans, prononcèrent des discours où se répétait, mais toujours sous un aspect différent, l'éloge du grand homme que Laval a donné à la France. M. Naudet lut un dithyrambe dans lequel Paré se trouve merveilleusement peint d'un seul trait par ce vers :

Humble de cœur, grand de génie.

Et enfin une salve d'artillerie annonça que la cérémonie de l'inauguration était terminée. Ce n'était point encore la fin de la fête; un magnifique banquet, présidé par les autorités, réunit dans la salle d'honneur de la mairie toutes les députations des sociétés savantes, et dans la soirée la ville tout entière couronna dignement cette belle journée par une illumination générale.

La statue s'élève sur la place de la mairie ; elle est en deux morceaux, le corps et la tête, en outre des accessoires qui ont été fondus à part ; elle a 2 mètres 60 centimètres de haut, et pèse 1,200 kilogrammes. La figure que nous en avons donnée au frontispice du premier volume, nous dispense de la décrire en détail ; disons seulement qu'en arrière des volumes placés à la droite, et dont les titres annoncent les éditions françaises et les versions étrangères, se déroulent quelques feuilles manuscrites sur lesquelles sont gravés les canons suivants de Paré :

Vn remede experimenté
Vaut mieux qu'vn nouveau inuenté.

—

Le nauré doit faire abstinence,
S'il veut auoir prompte allegeance.

—

Celui qui pour auoir, et non pas pour sçauoir,
Se fait Chirurgien, manquera de pouuoir.

La gangrene qui est ja grande,
Rien que le cousteau ne demande.

—

Le Chirurgien à la face piteuse
Rend à son malade la playe venimeuse.

Le piédestal sur lequel la statue repose est composé de 9 blocs de granit bleu du pays, pesant ensemble 32,900 kilogrammes, et offrant 3 mètres 60 centimètres de hauteur. Il est élevé sur deux marches en granit et asphalte, dont la plus élevée supporte une grille de fer formée de 144 barreaux.

Sur le premier socle en granit, dans une cavité creusée au milieu de la pierre, a été placée et soudée une boîte en plomb contenant : 1° une notice sur la statue même ; 2° le programme de la commission ; 3° la liste des souscripteurs ; 4° une lithographie représentant A. Paré d'après le portrait de l'édition de 1628 ; 5° six pièces de monnaie à l'effigie de Louis-Philippe ; 6° et enfin une plaque en cuivre sur laquelle a été gravée cette inscription :

Monument élevé en la ville de Laval, dans l'année 1840,
A la mémoire d'Ambroise Paré, créateur de la Chirurgie,
Conseiller et premier Chirurgien des rois de France Henri II,
François II, Charles IX et Henri III, né au village du
Bourg Hersent, près Laval, vers l'année 1509, décédé à
Paris le 20 décembre 1590, et inhumé le 22 dans l'église
Saint-André-des-Arcs.

    La statue en bronze qui couronne ce monument est l'œuvre
du célèbre statuaire David d'Angers.

Et enfin, sous la plinthe en bronze de la statue, il a été déposé une autre boîte en plomb contenant la notice sur A. Paré, par M. Villaume, et la copie sur parchemin du procès-verbal de la pose de la première boîte.

Je regrette de ne pouvoir reproduire tous les discours prononcés dans cette solennité imposante, mais je ne saurais passer sous silence celui de M. Pariset.

« MESSIEURS,

» Quelle noble émulation s'allume entre les villes de France! Je vois partout, au milieu d'elles, s'élever des monuments aux gloires contemporaines et aux gloires des temps passés. Voltaire et Buffon ont eu des statues; et ces statues sont, avec celles des conquérants et des rois, l'ornement de la capitale. Aujourd'hui Montbéliard, Rouen, Strasbourg, en consacrent à la mémoire de Gutenberg, au prodigieux savoir de Cuvier, au mâle génie de Corneille, à l'aimable muse de Boyeldieu; et Boyeldieu et Corneille attendent Fontenelle, comme Voltaire et Buffon attendent l'inimitable Molière. Grenoble a son héroïque Bayard; La Ferté-Milon, son sublime et harmonieux Racine; Château-Thierry, son naïf et profond La Fontaine. Bientôt sans doute l'auguste image de Bossuet couvrira Dijon de sa lumière. Bordeaux ne sera plus veuve de son Montaigne et de son Montesquieu; ni

Marseille de son Pythéas et de son Belzunce ; ni Angers de son Bodin, et de tant d'autres que je ne puis nommer ; ni Agen de son Bernard de Palissy ; ni Dunkerque de son Jean Bart ; ni même l'humble hameau de Poy de son Vincent de Paul. Massillon reviendra émouvoir et charmer sa ville natale, comme il a charmé toute la France ; et reçu dans le château modeste de la Motte, comme dans un sanctuaire, le divin Fénelon y appellera les adorateurs de son talent et de ses vertus. Quels noms, quelles vertus, en effet ! quels talents et quelles gloires ! En est-il une seule que ne voie fleurir l'heureuse terre que nous habitons ? Que si toutes nos villes suivaient un si bel exemple ; si chacune d'elles s'empressait de tirer de l'oubli les hommes qui l'ont honorée ; si, par des récits et des tableaux, elle rendait encore une fois vivantes, pour ainsi dire, leurs actions et leurs personnes ; quelle merveilleuse géographie, Messieurs ! ou plutôt quel unanime concert de voix éloquentes pour réchauffer dans nos âmes l'amour du beau, la passion du bien, deux sentiments qui se produisent, se nourrissent, se fortifient l'un par l'autre, et font le ciment et le bonheur de la société parmi les hommes ! N'est-ce point par là que l'ancienne Grèce jetait comme un enchantement dans les étrangers qui la visitaient ? Et n'est-ce point par là que notre nation deviendrait elle-même le modèle de toutes les autres ?

» Cet exemple, Messieurs, c'est le donner que de l'imiter comme vous le faites. Un homme est venu parmi vous, qui par la puissance de son esprit, par l'habileté de ses mains, par la générosité de son cœur, par l'élévation de ses principes, et j'ajouterai par sa constante pitié pour les malheureux, peut soutenir le parallèle avec les plus grands et les meilleurs hommes qu'ait portés la terre : Ambroise Paré, qu'un souvenir aussi vif que le souvenir attaché au nom de Henri IV rend encore, après trois siècles, aussi présent au milieu de nous que l'est lui-même cet excellent roi. Et ce souvenir empreint dans vos esprits, vous avez voulu qu'il prît un corps ; vous avez voulu qu'Ambroise Paré fût en réalité sous vos yeux : le voilà. Il respire dans ce bronze que David a vivifié de son génie.

» Parlerai-je ici de ses premières années ? Ce qui résulte des contradictions de ses historiens, c'est que, né pauvre, ne sachant que lire, ne sachant qu'écrire, et dépourvu de toute littérature, il vint à Paris, fut reçu dans l'officine d'un barbier, entra à l'Hôtel-Dieu et y étudia trois années, n'ayant pour guides que quelques livres, la nature et lui-même ; lui, dis-je, car, de même que le potier de Saintonge, il avait cette trempe d'intelligence qui, saisissant les faits et les multipliant par l'étendue et la sûreté des inductions, sait tirer, comme Scarpa, d'une expérience bornée une expérience sans limites, et crée elle-même l'art qu'elle veut connaître. La guerre était alors partout, fomentée par la politique et la religion ; source intarissable de calamités pour les peuples, et d'enseignements pour Ambroise Paré. A dix-neuf ans, il court sur les champs de bataille ; il y rencontre des préjugés bizarres, et des pratiques plus meurtrières que la guerre elle-même. Une seule observation lui ouvre les yeux sur tant d'absurdités et de barbarie. Sur-le-champ sa raison les rejette, pour y substituer des idées plus saines, et des pratiques plus faciles et plus simples, et tout ensemble plus humaines et plus sûres ; car c'est épargner la vie des hommes que de leur épargner la douleur. Ses heureuses innovations deviennent le texte de son premier ouvrage ; et cet ouvrage, bien que très court, commence en Europe et achève sa renommée. L'Allemagne et l'Italie adoptent sans hésiter une doctrine à laquelle le temps n'a rien changé. A vingt ans, Paré avait donné des lois à la chirurgie.

» Suivez-le aux siéges de Boulogne, aux siéges de Damvilliers, de Metz, de Hesdin ; suivez-le dans dix autres expéditions militaires, au cœur de la France, et jusqu'aux confins de l'Espagne et de la Flandre : partout même courage, même activité d'esprit, même soin de recueillir des faits et d'agrandir ses connaissances ; partout même justesse de vues, même sagacité, mêmes succès ; à ce point qu'il est l'idole de l'armée, et que, raffermi par sa présence, le soldat se sent plus intrépide , et ne craint ni les dangers ni la mort. Une foi si vive, Paré l'inspirait par ses découvertes, par son habileté , par l'ardeur de son zèle à servir les hommes. Dans les grandes amputations, où l'ouverture des artères rend les hémorrhagies si dangereuses, quelle soudaine inspiration le porte à fermer les vaisseaux par la ligature, au lieu de les fermer, comme on le faisait, par la cruelle application du feu ! D'un trait de sa lumière, il change encore sur ce point toute la face de la chirurgie. Dans le traitement du Balafré, que de hardiesse, de prudence et de fermeté ! et dans le traitement de ce soldat blessé de douze grands coups d'épée, que Paré prend moribond sous sa garde, et qu'il rend à la vie en se faisant son médecin, son chirurgien, son apothicaire et son cuisinier : quelle patience, quel dévouement et quelle humanité ! Personne, dans nos temps modernes, si j'en excepte l'illustre Larrey, qui l'avait pris pour modèle, personne n'a porté plus loin l'oubli, l'abnégation, le sacrifice de soi-même, et les nobles et touchantes vertus du chirurgien.

» Dans le tumulte d'une vie si agitée, au milieu des déplacements qu'exigent la guerre et les fonctions qui l'attachaient à ses rois, une belle et noble pensée préoccupait ce grand homme. Frappé du vide de la chirurgie française , il voulait qu'après lui un corps de doctrine rendît plus facile aux hommes de sa nation, l'étude d'un art si nécessaire. Il voulait que ce corps de doctrine fût son ouvrage, parce qu'il se sentait seul en état de l'exécuter ; et de là sont nés tant d'écrits si divers, qui, accrus d'année en année, et perfectionnés par le travail le plus opiniâtre, composent la riche collection qu'il a léguée à la postérité. Tout n'est pas de lui dans ce grand ouvrage, mais le nombre et l'excellence de ses propres vues et de ses découvertes en sont l'âme, pour ainsi dire ; elles en forment la partie essentielle, capitale et dominante ; elles seront la leçon de tous les siècles. .

» A l'égard de ses rivaux et de ses envieux critiques, l'intérêt de sa propre gloire, je me trompe, l'intérêt de la vérité seule fit qu'il prévint les uns par sa diligence, et qu'il soumit les autres par la seule autorité de sa raison. Il eut surtout contre lui les ombrages de la Faculté ; la Faculté ne souffrait pas qu'il entrât dans des matières dont elle s'était fait comme un domaine exclusif. Singulier temps, où, faute de vains titres, faute de grec et de latin, l'homme qui pouvait le mieux écrire sur la médecine, n'en avait pas le droit ! N'est-ce pas renverser tous les termes, mettre les mots au-dessus des choses, et préférer l'accessoire au principal ? Le génie, en quoi que ce soit, ne saurait dépendre d'un idiome éteint et muet. Bessarion, avec tout son savoir, n'était qu'un pédant ridicule ; et, pour prendre un exemple plus élevé, lorsque le plus sage et le plus brave roi qu'ait eu la France, songeait, en faveur des peuples, à établir en Europe un équilibre d'indépendance et de liberté, il n'avait pour appui dans ce grand dessein que les conseils d'un chancelier sans lettres, et l'épée d'un connétable qui ne savait pas lire. Tels étaient les auxiliaires ; mais il y avait là un sens si parfait, une raison si droite et si ferme, que le roi n'en voulait pas d'autres. Avec toutes ses lumières, la Faculté ne voyait pas qu'uniquement formé par lui-même, disciple et maître tout ensemble, Paré n'en était que plus admirable et plus digne de respects.

» J'ai parlé de guerre, Messieurs, et mes paroles ont pu réveiller dans vos esprits ces dissensions funestes qui, au nom d'une religion de paix et de charité, ont si long-temps déchiré la France. Placé par sa profession même entre deux partis acharnés l'un contre l'autre, Ambroise Paré, plus sage que ne l'avait été le Milanais Lanfranc, plus sage que les Italiens fugitifs qui venaient peupler Paris du temps de Pitard, et qui tous avaient trempé dans les guerres civiles, Ambroise Paré, environné des mêmes excès, des mêmes périls et des mêmes séductions, sut maintenir son indépendance et sa liberté. Comme il ne se livrait à aucune faction, sa réserve rendit sa foi suspecte. On le crut, on le dit engagé dans la réforme, et c'est là l'opinion qui a prévalu jusqu'ici. Mais, ainsi que l'a démontré en dernier lieu M. Malgaigne, cette présomption s'accorderait mal avec les dates que fournit l'histoire. Elle serait même démentie par quelques actes publics de la vie de Paré, par son second mariage, et par sa sépulture dans une église catholique. Mais quoi ! il est des temps d'aveuglement et de fureur où la modération, ce frein ou plutôt cette règle de tous nos sentiments, est comme la perle de l'Evangile ; c'est elle surtout qui aigrit les caractères violents et passionnés ; et le fanatisme s'irrite moins de ce qui lui résiste, que de ce qui le condamne.

» Quels qu'aient été, du reste, sur des questions si délicates, les secrets sentiments de Paré, il est certain qu'il avait l'âme pénétrée d'une piété profonde. Il reconnaissait, il admirait, il adorait partout l'intelligente, la bienfaisante main du Créateur. Il osait se réserver l'humble mérite de panser les malades, mais c'est à Dieu qu'il rapportait la gloire de la guérison. Tout le monde connaît sa maxime favorite : *le le pansay, Dieu le guarist;* sainte maxime qui renferme Paré tout entier, son âme, son esprit, sa simplicité, sa modestie, et l'invariable principe de ses volontés et de ses actions, je veux dire l'amour de Dieu et des hommes. Il le savait en effet mieux que personne : un art tout divin préexiste en nous, un art tout divin nous anime et conduit nos mouvements intérieurs avec une sagesse à laquelle doit toujours se subordonner la faible sagesse du médecin, de l'homme qui ose intervenir dans cette combinaison de merveilles. Ambroise Paré était donc souverainement religieux ; mais il l'était à sa manière, à la manière de Fénelon, à la manière des plus rares esprits qui aient honoré notre espèce. Il pensait comme eux, ou plutôt il sentait qu'une religion n'est toute divine qu'autant qu'elle est tout humaine, et que nous n'adorons Dieu qu'en servant nos semblables. Si l'âme de l'homme est immortelle, et s'il était possible que l'âme de Paré m'entendît, ou que ce bronze prît pour lui la parole, une secrète voix m'avertit qu'il applaudirait à la mienne, et que, peu touché des éloges qu'on donne à son talent, il accepterait du moins ce dernier hommage que je rends à sa mémoire.

» C'est au nom de l'Académie royale de médecine que j'ai osé paraître en cette solennité. Puisse cette compagnie, et puissiez-vous, comme elle, ne pas désavouer le langage que je vous ai fait entendre ! Souffrez maintenant que je vous félicite en mon propre nom du triple choix que vous avez fait, et de l'homme que vous avez voulu célébrer, et de l'artiste qui vous a secondés de son talent, et du lieu charmant où vous élevez son chef-d'œuvre : lieu découvert, accessible, où les aimables pompes d'une riante nature viennent se marier comme d'elles-mêmes aux pompes de l'art et aux embellissements que vous leur préparez. Appelé, retenu aux pieds de l'image d'Ambroise Paré, par l'attrait de ce nouvel Élysée, le voyageur ému contemplera ce bronze ; et pour peu qu'il ait un cœur d'homme, il en entendra sortir ces paroles : « Tu vois qu'il est des hommes qui savent faire le bien, et qu'il » en est qui savent le reconnaître. Que les uns et les autres soient » toute ta vie tes modèles ! » Ces paroles, je les entends, Messieurs ; et c'est l'âme remplie d'un si beau précepte, que je vais me séparer de vous, avec le regret de ne pas être un des vôtres, de ne pas vous appartenir, à vous qui montrez des sentiments si humains, et qui m'avez comblé de vos bontés. Puissiez-vous, du moins, ne pas me refuser la seule grâce à laquelle il me soit permis d'aspirer ! puissiez-vous me donner dans vos souvenirs une place, quelque petite qu'elle soit, à côté de votre glorieux compatriote, l'immortel fondateur de la chirurgie française ! »

LE DIX-NEVFIÉME LIVRE

TRAITANT

DES MONSTRES ET PRODIGES

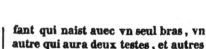

PREFACE.

Monstres sont choses qui apparoissent outre le cours de Nature (et sont le plus souuent signes de quelque malheur à aduenir) comme vn enfant qui naist auec vn seul bras, vn autre qui aura deux testes, et autres membres outre l'ordinaire.

Prodiges, ce sont choses qui viennent du tout contre Nature, comme vne femme qui enfantera vn serpent,

¹ Voici, de toute la collection de Paré, le livre dont ses admirateurs ont cru avoir le plus à rougir, et Percy entre autres s'écriait : *Plût à Dieu qu'il n'eût jamais vu le jour!* Ces jugements un peu précipités viennent d'une étude très superficielle de l'œuvre et de l'époque ; peut-être aussi certains esprits se sont-ils laissés effaroucher par la forme, sans pénétrer jusqu'au fond ; et je suis si loin de partager une pareille opinion, que je n'hésite pas à donner ce livre comme un des plus curieux et des plus intéressants du xviᵉ siècle. Peut-être la forme sous laquelle je l'ai présenté ralliera-t-elle plus d'un lecteur à mon avis.

Il avait paru pour la première fois en 1573, dans les *Deux liures de chirurgie*, à la suite du Livre *de la generation*, dont il peut, en effet, en bonne partie passer pour le complément. Il se composait alors de 31 chapitres traitant des monstruosités naturelles et des cas rares de chirurgie, avec une digression assez malheureuse sur les démons et

l'art magique, mais jusque là sans sortir de la pathologie; et il se terminait par un 32ᵉ chapitre, sans liaison aucune avec les précédents ni avec le plan du livre, intitulé : *Des monstres marins*. En 1579, à l'époque même où la lecture de Thévet avait inspiré à Paré son livre des animaux, il compléta celui des monstres par trois chapitres consacrés aux *monstres volatiles*, aux *monstres terrestres* et aux *monstres celestes*. Or je le répète, et on s'en assurera par la préface de Paré même, tout cela était hors du plan du livre, plan régulier, logique, et qui créait dans la pathologie chirurgicale une branche toute nouvelle, ainsi qu'avait fait le livre de la prothèse. Long-temps balancé entre le respect que je devais au texte et à l'arrangement de l'auteur, et le désir de restaurer son ouvrage suivant le plan qu'il avait tracé lui-même, enfin je me suis décidé pour ce qui m'a paru le plus favorable à l'illustration de son livre; j'ai retranché hardiment tout ce qui concerne l'histoire

ou vn chien, ou autre chose du tout contre Nature, comme nous monstrerons cy apres par plusieurs exemples d'iceux monstres et prodiges : lesquels i'ay recueillis auec les figures de plusieurs autheurs : comme des *Histoires prodigieuses* de Pierre Boistuau, et de Claude Tesserand, de sainct Paul, sainct Augustin, Esdras le Prophete : et des anciens philosophes, à sçauoir d'Hippocrates, Galien, Empedocles, Aristote, Pline, Lycosthene, et autres qui seront cottés selon qu'il viendra à propos.

Les mutilés [1], ce sont aueugles, borgnes, bossus, boiteux, ou ayans six doigts à la main ou aux pieds, ou moins de cinq, ou ioints ensemble : ou les bras trop courts, ou le nez trop enfoncé, comme ont les camus : ou auoir les léures grosses et renuersées, ou closture de la partie genitale des filles pour cause de l'hymen, ou chair supernaturelle, ou qu'elles soient hermaphrodites : ou ayans quelques taches ou verrues, ou loupes, ou autre chose contre Nature.

---

des animaux et des prodiges météoriques, que j'ai reportée à la fin de la collection, immédiatement après le livre des animaux, où était vraiment sa place naturelle. Ce n'était pas assez, et dans ce qui restait se trouvaient des figures de monstres tellement hors de nature, qu'il ne faut pas s'étonner si leur simple aspect a suffi pour frapper beaucoup de lecteurs de nausée et de dégoût. J'ai d'autant moins hésité à effacer ces figures que pas une seule n'appartient à Paré, et qu'il les a copiées dans des recueils de prodiges publiés de son temps, et où l'on est bien loin de trouver le bon sens, la saine observation et la science qui frappent dans son livre. Du reste, j'ai respecté scrupuleusement celles qui lui appartenaient à lui-même ; et j'en ai même conservé beaucoup d'autres qui ont encore aujourd'hui leur intérêt pour la tératologie, ou même qui, mal faites et défigurées, sont essentielles cependant à l'intelligence des doctrines du xvie siècle.

On voit par la liste des auteurs que Paré a consultés et qu'il énumère dans sa préface, qu'il ne cherche pas à s'attribuer plus qu'il ne lui revient dans la composition de son œuvre ; et l'on peut dire qu'il y a excès de modestie dans ses aveux. Percy a prétendu que Grévin l'avait aidé dans la rédaction ; cela n'a pas l'ombre de fondement. Il est probable toutefois qu'il a eu un collaborateur, ne fût-ce que pour lui traduire les endroits des auteurs latins qu'il cite ; et il y a quelque probabilité que ce fut son ami Hau-

tin. D'ailleurs, l'auteur dans lequel il fouille le plus communément est Lycosthènes, qu'il a mis parmi les anciens philosophes, sans doute à cause de son nom grec, et qui est tout simplement un écrivain du xvie siècle. L'ouvrage de Lycosthènes que Paré a mis à contribution avait paru à Bâle, en 1557, sous ce titre : *Prodigiorum ac ostentorum chronicon*, etc., *per Conradum Lycosthenem Rubeaquensem* ; c'est un petit in-folio de 678 pages, contenant par ordre de dates tous les prodiges que l'auteur a pu recueillir dans les auteurs depuis le commencement du monde jusqu'à l'an 1554, avec une innombrable quantité de figures ; livre indigeste, mais d'une érudition étonnante, et source précieuse où l'on peut encore puiser après Paré pour l'histoire de la tératologie. Viennent ensuite les *histoires prodigieuses* de Pierre Boaistuau, qu'il écrit *Boistuau*, publiées en 1560, réimprimées avec des augmentations en 1575 ; c'est cette dernière édition que j'ai suivie ; et enfin un livre du même titre de Claude de Tesscrand, qu'il appelait par erreur *Claude Desserand*, dans ses premières éditions ; mais je n'ai pu me procurer ce dernier ouvrage.

[1] Ce paragraphe ne date que de 1579, et on lisait alors par une faute d'impression facile à comprendre : *les inutiles*.

On voit par là que l'auteur se propose de traiter de trois sortes de monstruosités ; tandis qu'en 1573 il se bornait aux deux premières, savoir, aux *monstres* et aux *prodiges*, dont le nom est resté dans le titre du livre.

CHAPITRE I.

DES CAUSES DES MONSTRES.

Les causes des monstres sont plusieurs.

La premiere est la gloire de Dieu.

La seconde, son ire.

La troisiéme, la trop grande quantité de semence.

La quatriéme, la trop petite quantité.

La cinquiéme, l'imagination.

La sixiéme, l'angustie ou petitesse de la matrice.

La septiéme, l'assiete indecente de la mere, comme, estant grosse, s'est tenue trop longuement assise les cuisses croisées, ou serrées contre le ventre.

La huitiéme, par cheute, ou coups donnés contre le ventre de la mere estant grosse d'enfant.

La neufiéme, par maladies hereditaires, ou accidentales.

La dixiéme, par pourriture ou corruption de la semence.

L'onziéme, par mixtion, ou meslange de semence.

La douziéme, par l'artifice des meschans belistres de l'ostiare [1].

La treiziéme, par les Demons ou Diables [2].

[1] *Des mendiants.* La traduction latine a pris d'étranges licences dans tout ce livre ; et par exemple, elle a laissé de côté toute cette énumération des causes. Mais au chapitre 16, répondant au chapitre 21 du texte français, elle donne pour équivalent *mendicantes.* Voyez ce chapitre 21.

[2] L'édition de 1573 ajoutait ici le paragraphe suivant, qui a été retranché en 1579.

« Il y a d'autres causes que ie laisse pour le present, parce qu'outre toutes les raisons humaines, l'on n'en peut donner de suffisantes et probables : comme, pourquoy sont

CHAPITRE II.

EXEMPLE DE LA GLOIRE DE DIEV.

Il est escrit en S. Iean [1] d'vn homme qui estoit nay aueugle, lequel ayant recouuert la veüe par la grace de Iesus-Christ, fut interrogué de ses disciples, si le peché de luy ou de ses parens estoit cause qu'il eust esté ainsi produit aueugle dés le iour de sa natiuité. Et Iesus-Christ leur respondit : Que luy, ne son pere, ne sa mere n'auoient peché, mais que c'estoit à fin que les œuures de Dieu fussent magnifiées en luy.

CHAPITRE III.

EXEMPLE DE L'IRE DE DIEV.

Il y a d'autres causes qui nous estonnent doublement, parce qu'ils ne procedent des causes susdites, mais vne confusion d'estranges especes, qui rendent la creature non seulement monstrueuse, mais prodigieuse, c'est-à-dire qui est du tout abhorrente et contre nature : comme pourquoy sont faits ceux qui ont la figure d'vn chien, et la teste d'vne volaille, vn autre ayant quatre cornes à la teste, vn autre ayant quatre pieds de bœuf, et les cuisses dechiquetées : vn autre ayant la teste d'vn perroquet, et deux panaches sur la teste,

faicts ceux qui n'ont qu'vn seul œil au milieu du front, ou le nombril, ou vne corne à la teste, ou le foye s'en dessus dessous : Autres naissent aians pieds de griffon, comme les oiseaux, et certains monstres qui s'engendrent dans la mer ; bref, une infinité d'autres qui seroient trop longs à d'escripre. »

[1] Cap. 9. — A. P. — 1573.

et quatre griffes : autres d'autres formes et figures , que tu pourras voir par plusieurs et diuerses figures , cy-apres depeintes sur leur figure [1].

Il est certain que le plus souuent ces creatures monstrueuses et prodigieuses procedent du iugement de Dieu , lequel permet que les peres et meres produisent telles abominations au desordre qu'ils font en la copulation comme bestes brutes, où leur appetit les guide, sans respecter le temps , ou autres lois ordonnées de Dieu et de Nature : comme il est escrit en Esdras le Prophete , que les femmes souillées de sang menstruel engendreront des monstres [2].

Pareillement Moyse defend telle conionction au Leuitique , chap. 16. Aussi les anciens ont obserué par longues experiences , que la femme qui aura conceu durant ses fleurs , engendrera enfans lepreux , tigneux , goutteux , escrouëlleurs , et autres , ou sujets à mille maladies : d'autant que l'enfant conceu durant le flux menstrual prend nourriture et accroissement, estant au ventre de la mere, d'vn sang vicieux , sale et corrompu , lequel auec le temps ayant enraciné son infection, se manifeste et fait apparoistre sa malignité : aucuns seront tigneux, autres goutteux, autres lepreux, autres auront la petite verolle ou rougeolle , et autres infinités de maladies. Conclusion, c'est vne chose salle et brutale d'auoir affaire à vne femme pendant qu'elle se purge [3].

Lesdits anciens estimoient tels prodiges venir souuent de la pure volonté de Dieu , pour nous aduertir des malheurs dont nous sommes menacés, de quelque grand desordre, ainsi que le cours ordinaire de Nature sembloit estre peruerti en vne si malheureuse engeance. L'Italie en fit preuue assez suffisante, pour les trauaux qu'elle endura en la guerre qui fut entre les Florentins et les Pisans, apres auoir veu à Veronne, l'an 1254, vne iument qui poulina vn poulain qui auoit vne teste d'homme bien formée, et le reste d'vn cheual [1].

Autre preuue. Du temps que le Pape Iules second suscita tant de malheurs en Italie , et qu'il eut la guerre contre le Roy Louys douziéme (1512), laquelle fut suiuie d'vne sanglante bataille donnée prés de Rauenne : peu de temps aprés on veit naistre en la mesme ville vn monstre ayant vne corne à la teste, deux ailes, et vn seul pied semblable à celuy d'vn oiseau de proye : à la iointure du genoüil vn œil : et participant de la nature de masle et de femelle [2].

---

[1] Ce paragraphe a été ajouté en 1579.

[2] Esdras, ch. 5. liv. 4. — A. P. — Ici finissait le chapitre dans les deux éditions de 1573 et 1575, d'où l'on voit qu'il était fort court, ne consistant qu'en cet unique paragraphe. Le reste a été ajouté à diverses dates.

[3] Ce paragraphe est de 1585.

[1] Toutes les éditions, à partir de celle de 1579, ajoutent ici : *comme tu vois par ceste figure ;* après quoi vient une figure parfaitement caractérisée par son titre : *Figure d'vn poulain ayant la teste d'homme.* C'est une de ces imaginations absurdes qu'admettait la crédulité du XVIᵉ siècle, et qui a même trouvé des partisans beaucoup plus tard. Paré a emprunté cette histoire et cette figure à Lycosthènes, ouvr. cité, page 438.

[2] Ce paragraphe a été ajouté en cet endroit en 1579, mais il existait déjà en 1573, du moins en substance, à la fin du chapitre 6. Là, comme ici, il était suivi du *Portrait d'vn monstre merueilleux,* de tout point en accord avec la description fantastique qu'on vient de lire. Si à toute force on peut présumer que l'histoire précédente aurait

CHAPITRE IV.

EXEMPLE DE LA TROP GRANDE QUANTITÉ DE SEMENCE.

Hippocrates sus la generation des monstres dit, que s'il y a trop grande abondance de matiere, il se fera grand nombre de portées, ou vn enfant monstrueux ayant des parties superflues et inutiles, comme deux testes, quatre bras, quatre iambes, six doigts és mains et pieds, ou autres choses : au contraire si la semence defaut en quantité, quelque membre defaudra, comme n'auoir qu'vne main, point de bras, ou de pieds, ou de teste, ou autre partie defaillante.

Sainct Augustin [1] dit que de son temps il nasquit en Orient vn enfant qui auoit le ventre en haut, toutes les parties superieures doubles, et les inferieures simples : car il auoit deux testes et quatre yeux, deux poitrines et quatre mains, et la teste comme vn autre homme, lequel vesquit assez long-temps.

Cælius Rhodiginus a escrit au liure de ses *antiques leçons* [2], auoir veu en Italie deux monstres, l'vn masle et l'autre femelle, leurs corps bien parfaits et proportionnés, reste la duplication de la teste : le masle mourut peu de iours apres sa natiuité, et

pris son origine dans un fait réel de quelque monstruosité mal observée, il est certain, au contraire, que celle-ci est une pure fable et n'a jamais eu le moindre fondement. L'histoire et la figure sont également copiées de Lycosthènes, ouvrage cité, page 517, qui lui-même l'avait pris de Rueff, *De conceptu et generatione*, 1554, fol. 51.

[1] Chap. 8 de la Cité de Dieu. — A. P.
[2] Ch. 3, 24 liu. — A. P.

la femelle, de laquelle tu vois ici le pourtrait, vesquit vingt-cinq ans apres : qui est contre le naturel des monstres, lesquels ordinairement ne viuent gueres, pource qu'ils se desplaisent et melancholient de se voir ainsi en opprobre de tout le monde, si bien que leur vie est briefue.

Figure d'vne fille ayant deux testes [1].

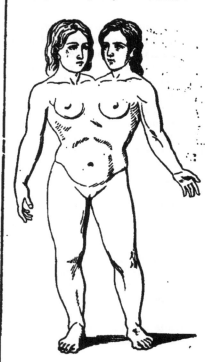

[1] Nous sortons cette fois du domaine de l'imagination pour entrer dans celui de la réalité; aussi ai-je fait soigneusement copier les figures qui suivent. Celle que l'on voit ici se rapproche beaucoup de la fameuse Rita Christina, si bien étudiée par M. Geoffroy Saint-Hilaire. (*Hist. des anomalies de l'organisation*, Paris, 1836, t. III, p. 166.) J'ai rétabli le titre de la planche d'après l'édition de 1573.

Du reste, Paré a probablement emprunté

Or il faut icy noter que Lycosthene escrit vne chose merueilleuse de ce monstre femelle : car reserué la duplicatiou de la teste , Nature n'y auoit rien omis ! ces deux testes (dit-il) auoient mesme desir de boire , manger , et dormir , et la parolle semblable , comme estoient mesmes toutes leurs affections. Ceste fille alloit d'huis en huis chercher sa vie, et luy donnoit-on volontiers pour la nouueauté d'vn si estrange et nouueau spectacle : toutesfois elle fut dechassée à la longue de la duché de Bauiere, parce (disoit - on) qu'elle pourroit gaster le fruict des femmes grosses, pour l'apprehension et idées qui pourroient demeurer en la vertu imaginatiue , de la figure de ceste creature ainsi monstrueuse [2].

L'an de grace 1475 , furent engendrées pareillement en Italie , en la ville de Veronne, deux filles conioictes par les reins , depuis les espaules iusques aux fesses : et parce que leurs parens estoient pauures , elles furent portées par plusieurs villes d'Italie , pour amasser argent du peuple, qui estoit fort ardent de voir ce nouueau spectacle de nature.

l'histoire et la figure de ce monstre à Boaistuau, ouv. cité, folio 128, verso; lequel avait à son tour copié Lycosthénes, ouv. cité, page 565.

[1] En 1573, Paré écrivait : *que Licosthene, grand philosophe,* etc. Il effaça cet éloge dès 1575.

[2] *Il n'est bon que les monstres cohabitent entre nous.* — A. P. — Cette remarque est de 1579.

Figure de deux filles gemelles , ioinctes et vnies par les parties posterieures [1].

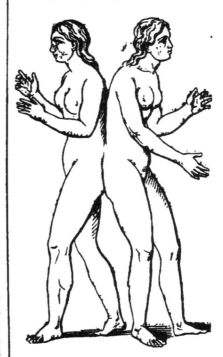

L'an 1530, on a véu vn homme en ceste ville de Paris, du ventre duquel sortoit vn autre homme bien formé de tous ses membres, reserué la teste, et cest homme estoit aagé de qua-

[1] Cette figure appartient encore à Lycosthènes, p. 490, et se trouve reproduite à divers endroits de son livre ; du reste, comme la précédente, elle représente une monstruosité exactement observée. On peut remarquer que les deux sujets sont accolés par leurs parties semblables, suivant la loi établie par M. Serres. Voyez son ouvrage *Recherches d'anatomie transcendante et pathologique,* Paris , 1832, in-4° et atlas in-folio, et mon *Anatomie chirurgicale,* Paris, 1838, t. 1, p. 54. — On trouve une figure pareille dans Rueff, *De concept. et generatione,* 1554, fol. 48.

rante ans ou enuiron, et portoit ainsi ce corps entre ses bras; auec si grande merueille, que le monde s'assembloit à grandes troupes pour le voir : la figure duquel l'est icy representée au vif.

Figure d'vn homme, du ventre duquel sortoit un autre homme [1].

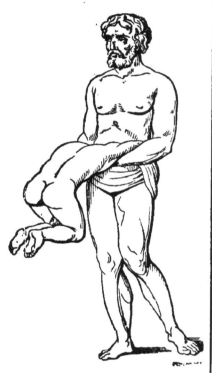

En Piedmont en la ville de Quiers, distante de Thurin enuiron de cinq lieuës, vne honneste dame accoucha d'vn monstre le dix-septiéme iour de ianuier à huit heures du soir, ceste presente année 1578, la face estant

bien proportionnée en toutes ses parties. Il a esté monstrueux au reste de la teste, en ce qu'il en sortoit cinq cornes approchantes à celles d'vn belier, rengées les vnes contre les autres au haut du front : et au derriere vne longue piece de chair pendante le long du dos, en maniere d'vn chaperon de damoiselle. Il auoit autour de son col vne piece de chair double couchée en la maniere d'vn collet de chemise tout vni, les extremités des doigts ressemblans aux griffes de quelque oiseau de proye, les genoux aux iarrets. Le pied et la jambe droite estoient d'vn rouge fort haut en couleur : le reste du corps estoit de la couleur d'vn gris enfumé. On dit qu'à la naissance de ce monstre qu'il ietta vn grand cry, qui estonna tellement la sage-femme et toute la compagnie, que l'effroy qu'ils en eurent leur fit quitter le logis. Dont la nouuelle estant venue iusques à monsieur le prince de Piedmont, pour le desir qu'il auoit de le voir, l'enuoya querir, en la presence duquel plusieurs en firent diuers iugemens [1].

Ce present monstre que voyez cy depeint a esté trouué dedans vn œuf, ayant la face et visage d'vn homme, tous les cheueux de petits serpen-

[1] Paré ne dit pas qu'il ait vu lui-même ce monstre; il l'a manifestement copié de Boaistuau, qui dit l'avoir vu à Valence en 1530, et qui conséquemment le décrivait de mémoire après un long temps écoulé; ouv.

cité, fol. 86. Dans tous les cas il est infiniment probable que l'enfant parasite, s'il émergeait du ventre, n'avait que l'abdomen et les membres inférieurs. Le monstre de Benais, que M. Lisfranc avait eu l'idée d'opérer, était presque en tout semblable à celui-ci. Voyez mon *Anatomie chir.*, t. 1, p. 52.

Lycosthènes, ouv. cité, p. 524, donne une figure toute pareille, comme la representation d'un homme qui fut vu en Savoie en 1519.

[1] Cette histoire, comme on aurait pu le présumer d'après sa date, a été ajoutée par l'auteur dans son édition de 1579. Il est pro-

teaux tous vifs, et la barbe à la mode et façon de trois serpens qui luy sor-

toient hors du menton : et fut trouué le quinziéme iour du mois de mars dernier passé. 1569, chez vn aduocat nommé Baucheron, à Authun en Bourgongne, par vne chambriere qui cassoit des œufs pour les mettre au beurre, entre lesquels cestuy-ci es-toit : lequel estant cassé par elle, veit sortir ledit monstre, ayant face hu-maine, les cheueux et barbe de ser-pens, dont elle fut merueilleusement espouuentée. Et fut baillé de la glaire dudit œuf à vn chat, qui en mourut subitement. De quoy estant aduerti monsieur le baron de Senecey cheua-lier de l'ordre, a esté de sa part en-uoyé ledit monstre au roi Charles, qui pour lors estoit à Metz [1].

bable qu'il s'agissait d'une encéphalocèle pos-térieure ; pour les autres phénomènes, ils ont été certainement grossis ou défigurés par la peur ou la crédulité. Paré ajoutait : *La figure t'est icy representée apres le naturel ;* mais, malgré cette annonce fastueuse, la pré-tendue figure d'après nature était si mani-festement imaginaire et ridicule que je n'ai pas hésité à la supprimer. J'ignore du reste à quel auteur il a pu l'emprunter.

[1] Malgré la date de cette histoire, elle ne

L'an 1546, à Paris vne femme grosse de six mois enfanta vn enfant ayant deux testes, deux bras, et quatre iambes, lequel i'ouuris, et n'y trou-vay qu'vn cœur (lequel monstre est en ma maison, et le garde comme chose monstrueuse [1]) : partant l'on peut dire n'estre qu'vn enfant.

Figure d'un enfant ayant deux testes, deux bras et quatre iambes.

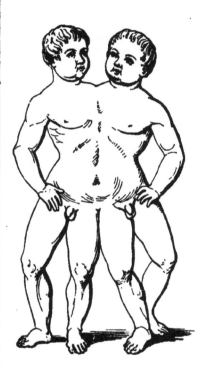

se trouve pas dans l'édition de 1573, et a été ajoutée seulement en 1579. Elle est fon-dée sur quelque chose de réel, sans doute, et l'on a trouvé quelquefois dans des œufs des figures bizarres. Mais évidemment l'ima-gination la plus crédule a pu seule inventer cette tête d'homme avec des cheveux et une barbe de serpents.

[1] Cette parenthèse manque dans toutes

Aristote dit [1], qu'vn monstre ayant deux corps ioints ensemble, s'il est trouué auoir deux cœurs, on peut veritablement dire estre deux hommes ou femmes : autrement s'il est trouué n'auoir qu'vn cœur auec deux corps, ce n'est qu'vn. La cause de ce monstre pouuoit estre faute de matiere en quantité, ou vice de la matrice qui estoit trop petite, parce que nature voulant créer deux enfans, la trouuant trop estroitte, se trouue manque, de façon que la semence estant contrainte et serrée, se vient lors à coaguler en vn globe, dont se formeront deux enfans ainsi ioints et vnis ensemble.

L'an 1569, vne femme de Tours enfanta deux enfans gemeaux, n'ayans qu'vne teste, lesquels s'entre-embrassoient : et me furent donnés secs et anatomisés par maistre René Ciret, maistre barbier et chirurgien, duquel le renom est assez celebre par tout le pays de Touraine, sans que je luy donne autre loüange [2].

les éditions du vivant de Paré, et se lit pour la première fois en 1598. Toutefois on peut la regarder comme authentique, d'après la note marginale que nous reproduisons plus bas.

[1] Aristote en ses *Probl.*, et 4 chap. du liu. 4, *de Gener. animal.* — A. P.

[2] *Ces deux monstres derniers sont en la possession de l'autheur.* — A. P. — Cette note existe déjà dans l'édition de 1573.

On peut remarquer, à l'occasion de cette figure et de la précédente, que quand A. Paré a lui-même observé les sujets, ses descriptions n'accordent rien à l'imagination, et que ses figures pourraient encore être reproduites parmi les plus exactes dans les ouvrages les plus modernes.

Figure de deux gemeaux n'ayant qu'une seule teste.

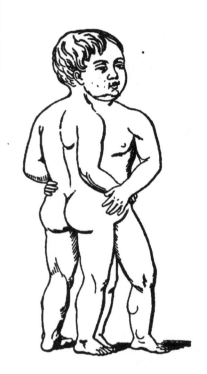

Sebastien Munster escrit auoir veu deux filles l'an 1495, au mois de septembre, prés de Wormes, au village nommé Bristant, lesquelles auoient les corps entiers et bien formés, mais leurs fronts s'entretenoient ensemble, sans que par artifice humain on les peust separer, et s'entre-touchoient presque du nez : et vesquirent iusques à dix ans, et lors en mourut vne, laquelle fut ostée et separée de l'autre : et celle qui demoura viue mourut tost aprés, quand on separa sa sœur morte d'auec elle, pour la playe

qu'elle auoit receuë de la separation :
la figure desquelles t'est icy representée [1].

Figure de deux filles gemelles, lesquelles s'en-
tretenoient par le front.

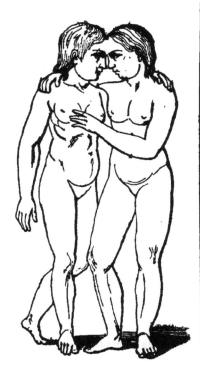

L'an 1570, le 20. iour de iuillet, à
Paris, rue des Grauelliers, à l'enseigne de la Cloche, nasquirent ces

[1] Toutes les éditions complètes, à partir
de celle de 1679, portent : *t'est icy dessus re-*
presentee; et en effet la figure est avant le
texte comme la plupart des précédentes. J'ai
préféré la rédaction et l'arrangement des
figures de l'édition primitive de 1573. Du
reste, malgré la citation ambitieuse de Sé-
bastien Munster, l'histoire et la figure sont
prises de Lycosthènes, ouvr. cité, p. 504.

deux enfans ainsi figurés, remarqués
par les chirurgiens pour masle et femelle, et furent baptisés à S. Nicolas des Champs, et nommés Loys et
Loyse. Leur pere auoit nom Pierre
Germain, dit Petit-Dieu, de son mestier aide à maçon, et leur mere
Matthée Pernelle.

Figure de deux enfans monstrueux, n'agueres
nés à Paris.

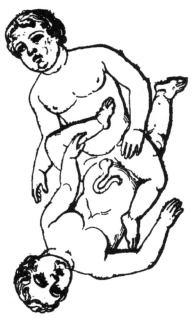

Le lundy dixiéme iour de iuillet
mil cinq cens soixante et douze, en la
ville du Pont de Sée, prés d'Angers,
nasquirent deux enfans femelles, lesquels vesquirent demie heure, et receurent baptesme : et estoient bien
formés, fors qu'vne main senestre
n'auoit seulement que quatre doigts :
et estoient conioints ensemble en leurs
parties anterieures, à sçauoir, depuis
le menton iusques à l'ombilic, et n'a-
uoient qu'un seul nombril, et un seul
cœur, le foye diuisé en quatre lobes.

Figure de deux filles ioinies ensemble, n'a-
gueres nées en la ville du Pont de Sée, prés
Angers [1].

Portrait d'vn monstre ayant deux testes,
l'vne de masle et l'autre de femelle [1].

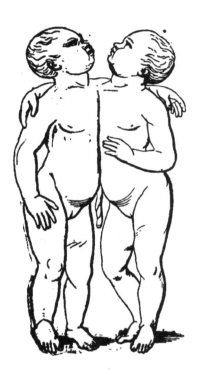

Cælius Rhodiginus, chapitre troisiéme, liure vingt-quatriéme de ses
Antiques leçons, escrit qu'il fut produit un monstre à Ferrare en Italie,
l'an de grace mil cinq cens quarante,
le dix-neuuiéme iour de Mars, lequel
lors qu'il fut enfanté, estoit aussi
grand et bien formé que s'il eust eu
quatre mois accomplis, ayant le sexe
feminin et masculin, et deux testes,
l'vne de masle, et l'autre de femelle.

[1] Rueff, ouvrage cité, folio 44 et 45, donne
deux figures presque semblables, comme la
représentation de monstres observés à Schaf-
fouse et à Einsidlen en 1543 et 1563.

Ioulanus Pontanus escrit que l'an
mil cinq cens vingt-neuf, le neufiéme
de ianuier, il fut veu en Allemagne
un enfant masle ayant quatre bras
et quatre iambes, duquel tu vois icy
le portrait.

[1] Voici certainement une de ces monstruosités réellement observées, mais défigurées par l'ignorance. On sait que la plupart des monstres sont du sexe féminin; on
sait aussi que chez les fœtus peu avancés,
avec ou sans monstruosité, le clitoris proé-
mine de manière à simuler assez bien la
verge. Un observateur superficiel aura cru
voir une verge et une vulve à la fois, conséquemment un hermaphrodite; et plus tard

Figure d'vn enfant masle ayant quatre bras et quatre iambes.

Figure d'vn homme ayant vne teste au milieu du ventre.

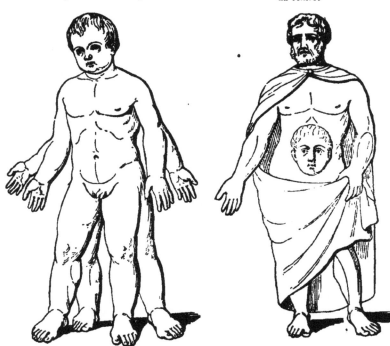

La mesme année que le grand roy François fit la paix auec les Soüisses, nasquit en Allemagne vn monstre ayant vne teste au milieu du ventre : iceluy vesquit iusques en l'aage d'homme : icelle teste prenoit aliment comme l'autre [1].

le dessinateur, faisant son esquisse d'après le texte, n'a trouvé rien de mieux que de figurer la vulve d'un côté, la verge et les testicules de l'autre. J'ai dû cependant me conformer à la figure de Paré, et j'en ai toujours agi ainsi à l'égard des figures que j'ai conservées.

[1] Cette histoire est empruntée à Lycosthènes, qui la rapporte à l'année 1516 (ouvr. cité, page 521), et il l'avait probablement copiée d'après Rueff, *De conceptu et generatione*, etc., 1554, page 44. La seule différence est que dans Rueff la face de l'individu entier est celle d'un enfant, tandis que dans

Le dernier iour de Feburier 1572, en la paroisse de Viaban, sur le chemin de Paris à Chartres, au lieu des petites Bordes, une femme nommée Cypriane Girande, femme de Jacques Marchant laboureur, accoucha de ce monstre, lequel vesquit iusques au dimanche ensuiuant [1].

Lycosthènes et Paré elle est d'un homme. Du reste, l'histoire et la figure sont très probablement imaginaires. Il n'existe pas d'observation authentique d'une pareille monstruosité, et l'on peut tout au plus présumer qu'il s'agissait d'un monstre analogue à celui de la page 7.

[1] Rueff a une figure presque absolument semblable, ouv. cité, fol. 47, qu'il rapporte à un individu observé en Angleterre en 1552. Lycosthène a copié l'histoire et la figure de Rueff à la p. 619 de son livre.

Portrait de deux enfans bien monstrueux, auxquels vn seul sexe feminin se manifeste.

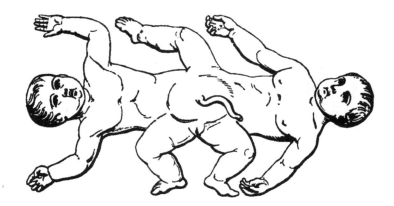

L'an 1572, le lendemain de Pasques, à Mets en Lorraine, dans l'hostellerie du Sainct-Esprit, vne truye cochonna vn cochon ayant huict iambes, quatre oreilles, la teste d'vn vray chien, les derrieres des corps separés iusques à l'estomac, et depuis ioints en vn, ayant deux langues situées au trauers de la gueule, et auoit quatre grandes dents, sçauoir est autant dessus que dessous, de chacun costé : leurs sexes estoient mal distingués, de façon qu'on ne pouuoit connoistre s'ils estoient masles ou femelles : ils n'auoient chacun qu'vn conduit sous la queuë : la figure duquel t'est demonstrée par ce portrait. lequel puis n'agueres m'a esté ennoyé par monsieur Bourgeois, Docteur en Medecine, homme de bon sçauoir et bien experimenté en icelle, demeurant en ladite ville de Mets.

Figure d'un cochon monstrueux, nay à Mets en Lorraine.

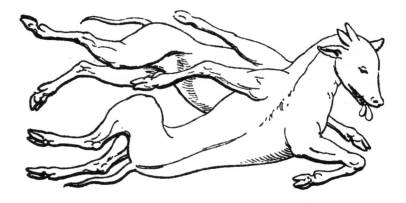

A cest endroit me semble n'estre hors de propos d'escrire des femmes qui portent plusieurs enfans d'vne ventrée [1].

CHAPITRE V.

DES FEMMES QVI PORTENT PLVSIEVRS ENFANS D'VNE VENTRÉE.

Le commun accouchement des femmes est vn enfant, toutesfois on voit (comme le nombre des femmes est grand) qu'elles accouchent de deux, que l'on appelle gemeaux, ou bessons : il y en a qui en accouchent de trois, quatre, cinq, six, et plus.

Empedocles dit que lors qu'il y a grande quantité de semence, il se fait pluralité d'enfans. Autres, comme les Stoïques, disent qu'ils s'engendrent pour ce qu'en la matrice il y a plusieurs cellules, separations et cauités, et quand la semence est espandue en icelles, il se fait plusieurs enfans. Toutesfois cela est faux, car en la matrice de la femme il ne se trouue qu'vne seule cauité : mais aux bestes, comme chiennes, pourceaux, et autres, il y a plusieurs cellules, qui est cause, qu'elles portent plusieurs petits.

Aristote a escrit que la femme ne pouuoit enfanter d'vne portée plus de

cinq enfans : toutesfois cela est aduenu en la seruante d'Auguste Cesar, que d'vne portée elle accoucha de cinq enfans, lesquels (non plus que la mere) ne vesquirent que bien peu de temps.

L'an 1551, à Berne en Soüisse, la femme de Iean Gislinger, Docteur, enfanta pareillement d'vne portée cinq enfans, trois masles et deux femelles [1].

Albucrasis dit estre certain d'vne dame qui en auoit fait sept : et d'une autre, laquelle s'estant blessée, auorta de quinze bien formés. Pline, ch. 11, liv. 7, fait mention d'une qui en auorta de douze. Le mesme autheur dit que l'on a veu à Peloponnese vne femme qui accoucha quatre fois, et à chaque portée de cinq enfans, desquels la pluspart vesquirent.

Dalechamps, en sa *Chirurgie Françoise*, ch. LXXIV, feuil. 448, dit qu'vn gentilhomme nommé Bonauenture Sauelli, Siennois, luy a affermé qu'une sienne esclaue, qu'il entretenoit, fit sept enfans d'une portée, desquels quatre furent baptisés. Et de notre temps, entre Sarte et Maine, parroisse de Seaux, près Chambellay, il y a une maison de gentilhomme appellée la Maldemeure, duquel la femme eut la premiere année qu'elle fut mariée, deux enfans, la seconde année trois, la troisiéme quatre, la quatriéme cinq, la cinquiéme six, dont elle mourut : il y a vn desdits six enfans viuant, qui est auiourd'huy sieur dudit lieu de Maldemeure.

A Beaufort en vallée, pays d'Anjou, vne ieune femme, fille de feu Macé Chauniere, accoucha d'un enfant, et

---

[1] Cette phrase se lit dans l'édition de 1573 ; dans celle de 1575 elle devint le titre du chapitre suivant, bien que le titre actuel existât déjà dès 1573 ; et enfin elle a été effacée dans toutes les autres. Je l'ai rétablie ici, parce qu'elle fournit au moins une apparence de transition entre ce chapitre et le suivant. La succession est d'ailleurs assez logique, puisque la plupart des monstruosités décrites dans ce chapitre sont des fusions de deux jumeaux.

[1] Cette histoire est empruntée à Lycosthènes, p. 644, d'après lequel j'ai rectifié le nom de *Gislinger* dont les imprimeurs de Paré avaient fait *Gelinger*.

huict ou dix iours apres d'vn autre, qu'il luy fallut tirer hors le ventre, dont elle en mourut.

Martinus Cromerus au liure 9. de l'histoire de Poulongne, escrit qu'en la province de Cracouie, Marguerite, dame fort vertueuse et de grande et ancienne maison, femme d'vn comte dit Virboslaüs, accoucha le xx. iour de Ianuier 1269, d'vne ventrée de trente six enfans vifs.

Franciscus Picus Mirandula escrit qu'vne femme en Italie, nommée Dorothéa, accoucha en deux fois de vingt enfans, à sçauoir, de neuf en vne fois, et d'onze à l'autre : laquelle portant vn si grand fardeau, estoit si grosse qu'elle soustenoit son ventre, qui luy descendoit iusques aux genoüils, auec vne grande bande, qui luy prenoit au col et aux espaules [1].

Or quant à la raison de la multitude des enfans, quelques-vns du tout ignares de l'anatomie ont voulu persuader qu'en la matrice de la femme il y auoit plusieurs cellules et sinus, à sçauoir sept : trois au costé droit pour les masles, trois au gauche pour les femelles, et le septiéme

[1] Toutes les éditions ajoutent : *comme tu vois par ce portrait*; et elles donnent en effet la figure d'une femme avec un ventre énormément grossi et soutenu par la bande indiquée. Paré a copié cette figure dans Lycosthènes, où elle est reproduite au moins cinq ou six fois; je l'ai retranchée comme étant de pure fantaisie et d'ailleurs inutile pour l'intelligence du texte. C'est aussi d'après Lycosthènes, p. 644, qu'il rapporte l'histoire de Dorothea. J'ajouterai qu'immédiatement après cette figure, dans les éditions de 1573 et 1575, venait l'histoire de l'épitaphe de Yolande Bailly, reportée depuis au chapitre 41 du livre *de la Generation.* Voy. t. II, p. 736.

droit au milieu pour les hermafrodites : mesme que ce mensonge a esté authorisé iusques là, que quelquesvns par aprés ont affermé vne chacune de ces sept caultés estre derechef diuisée en dix autres : et de là ils ont tiré la multitude des enfans d'vne ventrée, de ce que diuerses portions de la semence estoient escartées et receuës en plusieurs cellules [1]. Mais telle chose n'est appuyée d'aucune raison et authorité, ains est contraire au sens et à la veuë, bien que Hippocrates semble auoir esté de ceste opinion au liure *De natura pueri :* mais Aristote, liure 4, chapitre 4, *De generatione animal.*, pense qu'il se fait des iumeaux, ou plusieurs enfans d'une ventrée, de mesme sorte qu'vn sixième doigt en la main, à sçauoir, pour la redondance de la matiere, laquelle estant en grande abondance, si elle vient à se diuiser en deux, il se fait des iumeaux.

Il m'a semblé bon qu'à cest endroit ic descriue des hermafrodites, à cause qu'ils viennent aussi de superabondance de matiere.

CHAPITRE VI.

DES HERMAFRODITES OU ANDROGYNES, C'EST-A-DIRE, QUI EN VN MESME CORPS ONT DEUX SEXES.

Les hermafrodites ou androgynes sont des enfans qui naissent auec double membre genital, l'vn masculin, l'autre feminin, et partant sont

[1] Il a déjà parlé de cette opinion, mais avec moins de détails au commencement du chapitre; du reste, ce paragraphe a été ajouté en 1575.

appelés en notre langue françoise, hommes et femmes [1].

Or quant à la cause, c'est que la femme fournit autant de semence que l'homme proportionnément, et pour-ce la vertu formatrice, qui tousiours tasche à faire son semblable, à sçauoir de la matiere masculine vn masle, et de la feminine vne femelle, fait qu'en vn mesme corps est trouué quelquesfois deux sexes, nommés hermafrodites. Desquels il y a quatre differences, à sçauoir, hermafrodite masle, qui est celuy qui a le sexe de l'homme parfait, et qui peut engendrer, et a au perinæum (qui est le lieu entre le scrotum et le siege [2]) vn trou en forme de vulue, toutesfois non penetrant au dedans du corps, et d'iceluy ne sort vrine ne semence. La femme hermafrodite, outre sa vulue qui est bien composée, par laquelle iette la semence et ses mois, a vn membre viril, situé au-dessus de ladite vulue, pres le penil, sans prepuce : mais vne peau deliée, laquelle ne se peut renuerser ne retourner, et sans aucune erection, et d'iceluy n'en sort vrine ny semence, et ne s'y trouue vestige de scrotum ne testicules. Les hermafrodites qui ne sont ne l'vn ne l'autre, sont ceux qui sont du tout forclos et exempts de generation, et leurs sexes du tout imparfaits, et sont situés à costé l'vn de l'autre, et quelquesfois l'vn dessus et l'autre dessous, et ne s'en peuuent seruir que pour ietter l'vrine. Hermafrodites masles et femelles, ce sont ceux qui ont les deux sexes bien formés, et s'en peuuent aider et seruir à la generation : et à ceux-cy les lois anciennes et modernes ont fait et font encore eslire duquel sexe ils veulent vser, auec defense, sur peine de perdre la vie, de ne se seruir que de celuy duquel ils auront fait election, pour les inconueniens qui en pourroient aduenir. Car aucuns en ont abusé de telle sorte, que par vn vsage mutuel et reciproque, paillardient de l'vn et de l'autre sexe : tantost d'homme, tantost de femme, à cause qu'ils auoient nature d'homme et femme, proportionnée à tel acte, voire comme descrit Aristote, leur tetin droit est ainsi comme celuy d'vn homme, et le gauche comme celuy d'vne femme [1].

Les medecins et chirurgiens bien experts et auisés peuuent connoistre si les hermafrodites sont plus aptes à tenir et vser de l'vn que de l'autre sexe, ou des deux, ou du tout rien. Et telle chose se connoistra aux parties genitales, à sçauoir si le sexe feminin est propre en ses dimensions pour receuoir la verge virile, et si par iceluy fluent les menstrues : pareillement par le visage, et si les cheueux sont deliés ou gros : si la parole est virile ou gresle, si les tetins sont semblables à ceux des hommes ou des femmes : semblablement si toute l'habitude du corps est robuste ou effeminée, s'ils sont hardis ou craintifs, et autres actions semblables aux masles ou aux femelles. Et quant aux parties genitales qui appartiennent à l'homme, faut examiner et

---

[1] Androgyne en grec signifie homme et femme, et femme et homme. — A. P.

[2] Cette définition est exacte; malheureusement Paré en a ajouté en marge une autre qui l'est moins et que voici : *Perinæum, c'est-à-dire l'entrefesson.*

[1] Arist. en ses *Probl.*, sect. *des Hermafrodites*, pro. 3 et 4. — Paul, liure 6, chap. 69. — Plin. liu. 7, chap. 2. — A. P. — 1579.

J'ai fait voir ci-devant, page 11, comment a pu venir cette idée absurde d'hermaphrodites ayant la vulve à côté de la verge.

voir s'il y a grande quantité de poil au penil et autour du siege : car communément et quasi tousiours, les femmes n'en ont point au siege : Semblablement faut bien examiner si la verge virile est bien proportionnée en grosseur et longueur, et si elle se dresse . et d'icelle sort semence : qui se fera par la confession de l'hermafrodite, lorsqu'il aura eu la compagnie de femme : et par cest examen on pourra veritablement discerner et connoistre l'hermafrodite masle ou femelle, ou qu'ils seront l'vn et l'autre, ou qu'ils ne seront ny l'vn ny l'autre. Et si le sexe de l'hermafrodite tient plus de l'homme que de la femme, doit estre appelé homme : et ainsi sera-il de la femme. Et si l'hermafrodite tient autant de l'vn que de l'autre, il sera appelé hermafrodite homme et femme [1].

L'an mil quatre cens quatre vingts et six, on veit naistre au Palatinat, assez pres de Heidelberg, en vn bourg nommé Rorbarchie, deux enfans gemeaux s'entretenans, et ioints ensemble dos à dos, qui estoient hermafrodites, comme on les peut voir par ce portrait [2].

[1] Toutes les éditions ajoutent : *comme tu peux voir par ce portrait* ; et en effet, on voit une figure humaine portant une vulve du côté droit, une verge et des testicules au côté gauche, avec ce titre : *Pourtraict d'vn hermafrodite homme et femme.* C'est là une de ces figures qui déshonoraient ce livre, et j'ai d'autant moins hésité à la supprimer, qu'on n'en retrouve que trop fidèlement le trait principal dans la figure de la page 11 empruntée à Cælius Rhodiginus, et dans celle qui va suivre.

[2] Il s'agit ici tout simplement de deux fœtus femelles joints ensemble, jugés hermaphrodites à raison de la longueur du clitoris, et défigurés par l'ignorance des compi-

III.

Le iour que les Venitiens et Genevuois furent reconciliés, nasquit en Italie (comme raconte Boistuau) un monstre qui auoit quatre bras et quatre iambes, et n'auoit qu'vne teste, auec la proportion gardée en tout le reste du corps, et fut baptisé, et vesquit quelque temps apres.

Jacques Rueff, chirurgien de Surich, escrit en avoir veu vn semblable, lequel auoit deux natures de femme, comme tu peux voir par ce portrait.

lateurs. Voyez la note 2 de la page 11.—Cette histoire et cette figure sont prises de Lycosthènes, ouvrage cité, page 496. Lycosthènes dit, *in Rorbachio*, qu'on pourrait traduire tout au plus par *Rorbach* ; mais toutes les éditions de Paré portent *Rorbarchie*.

Figure d'vn monstre ayant quatre bras et quatre pieds, et deux natures de femme [1].

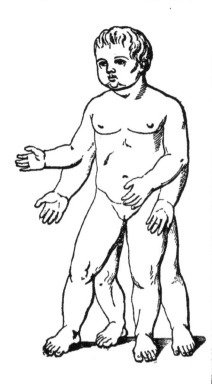

[1] Ce monstre est en effet fidèlement copié d'après la figure de Rueff, édit. citée, fol. — Quant aux deux valves, stupidement placées dans cette figure à côté l'une de l'autre, il est probable qu'elles appartenaient, l'une au bassin antérieur, l'autre au bassin postérieur.

Le chapitre ne se terminait point là dans les premières éditions.

D'abord l'édition de 1573 offrait ici le paragraphe relatif au monstre imaginaire qui a été ajouté depuis au chapitre 3 (voy. ci-devant la dernière note de la page 4); ce changement de place a eu lieu en 1575.

Après quoi la même édition de 1573 contenait un assez long passage sur les nymphes, augmenté encore en 1575, réduit en 1579, et enfin tout-à-fait supprimé en 1585, ou,

CHAPITRE VII.

HISTOIRES MÉMORABLES DE CERTAINES FEMMES QVI SONT DEGENERÉES EN HOMMES.

Amatus Lusitanus recite qu'il y eut en vn bourg nommé Esgueira, vne fille appelée Marie Pacheca, la-

pour parler plus exactement, reporté alors à la fin du chapitre 34 du Ier livre de l'*Anatomie*. On peut lire tout ce passage aux pages 168 et 169 du tome Ier de notre édition; il commence par ces mots : *D'abondant au commencement du col de la matrice*, etc., au haut de la 2e colonne de la page 168; et toute cette colonne jusqu'aux mots *goutte à goutte* représente exactement le passage de l'édition de 1573; le reste du paragraphe, jusqu'aux mots : *aux operations de chirurgie*, représente la fin du passage dans l'édition de 1579; et c'est en ce sens qu'il convient de rectifier la première note de la page 169.

Mais pour revenir au texte bien plus étendu de l'édition de 1575, Paré y citait tout au long le texte de Léon l'Africain, qu'il a jugé à propos de supprimer depuis.

« Entre les deuineurs qui sont à Féz, ville principale de Mauritanie en Afrique, il y a certaines femmes (dit-il liure 3.) qui faisans entendre au peuple qu'elles ont familiarité aux demons, se parfument auec quelques odeurs, feignants l'esprit leur entrer au corps, et par le changement de leur voix donnent à entendre que ce soit l'esprit qui parle par leur gorge : lors on leur laisse en grande reuerence vn don pour le demon. Les doctes africains appellent telles femmes *Sahacat*, qui vaut en latin *Fricatrices*, parce qu'elles se frottent l'vne l'autre par plaisir, et veritablement elles sont atteintes de ce meschant vice d'vser charnellement les vnes auec les autres. Parquoy si quelque femme belle les va interroger, pour payement au nom de l'esprit, luy demandent les copulations charnelles. Or il s'en trouue

quelle estant sus le temps que les filles commencent à auoir leurs fleurs, au lieu desdites fleurs luy sortit un membre viril, lequel estoit caché dedans auparauant, et ainsi de femelle deuint masle : parquoy elle fut vestué de robbe d'homme, et son nom de Marie fut changé en Manuel. Iceluy traffiqua long temps és Indes, où ayant acquis grand bruit et grandes richesses, à son retour se maria : toutesfois cest autheur ne sçait s'il eut enfans ; vray est (dit-il) qu'il demeura tousiours sans barbe [1].

Antoine Loqueneux, receueur des tailles pour le roy à sainct Quentin, n'agueres m'a affirmé [1] auoir veu vn homme au logis du Cygne à Rheims, l'an soixante, lequel semblablement on auoit estimé estre fille iusques en l'aage de quatorze ans : mais se iouant et folastrant, estant couché auec vne chambriere, ses parties genitales d'homme se vindrent à deuelopper : le pere et la mere le connoissant estre tel, luy firent par authorité de l'Église changer le nom de Ieanne à Iean, et luy furent baillés habillemens d'homme.

Aussi estant à la suite du roy [2], à Vitry le François en Champagne, i'y vis vn certain personnage [3] nommé Germain Garnier : aucuns le nommoient Germain Marie, par-ce qu'estant fille estoit appellé Marie : jeune homme de taille moyenne, trappe, et bien amassé, portant barbe rousse assez espaisse, lequel iusqu'au quinziéme an de son aage auoit esté tenu pour fille, attendu qu'en luy ne se monstroit aucune marque de virilité, et mesme qu'il se tenoit auec les filles en habit de femme. Or ayant atteint l'aage susdit, comme il estoit aux champs, et poursuiuoit assez viue-

quelques vnes qui, ayants pris goust à ce lieu, allechees par le doux plaisir qu'elles en reçoyuent, feignent estre malades, et enuoyent querir ces diuineresses, et le plus souuent font faire le message par leur mary mesme : mais pour mieux couurir leur meschanceté, font accroire au mary qu'vn esprit est entré dedans le corps de leur femme : la santé de laquelle ayant en recommandation, il faut qu'il luy donne congé de se pouuoir mettre au rang des diuineresses : parquoy le bon Iean y consentant, prepare vn somptueux festin à toute ceste venerable bande, à la fin duquel on se met au bal, puis la femme à congé de s'en aller où bon luy semble. Mais il s'en trouue quelques vns, lesquels finement s'apperceuants de ceste ruse, font sortir l'esprit du corps de leurs femmes à beaux coups de bastonnades. D'autres aussi donnants à entendre aux diuineresses qu'ils sont detenus par les esprits, les deçoyuent par mesme moyen qu'elles ont fait leurs femmes : Voylà ce qu'en escrit Leon l'Africain. Asseurant en autre lieu qu'il y a gens en Affrique qui vont par la ville à la mode de nos Chastreux, et font mestier de couper telles caruncules, comme auons monstré cy deuant aux operations de Chirurgie. »

On voit aussi par ce texte que la citation de l'Arrest de Iean Papon est une addition de 1579.

[1] C'est la trente-neuviéme histoire de la centurie deuxiéme d'Amatus Lusitanus. J'ai

rectifié d'après l'auteur le nom du bourg *Esguetra*, dont les imprimeurs de Paré avaient fait *Esgucina*; le nom de *Pacheca*, qu'ils avaient changé en *Paieca*; et enfin le nom de *Manuel*, devenu sous leurs mains *Emanuel*.

[1] *N'agueres* : Paré écrivait ceci en 1573.

[2] L'édition de 1573 porte : *Aussi estant dernierement à la suite du Roy*, avec cette note marginale : *le Roy à present regnant*. Dès 1575, Paré avait mis en marge : *Le Roy Charles regnant*; et le mot *dernierement* a été retranché en 1579.

[3] Éditions de 1573 et 1575 : *vn certain pastre*.

ment ses pourceaux qui alloient dedans vn blé, trouuant vn fossé le voulut affranchir : et l'ayant sauté, à l'instant se viennent à luy deuelopper les genitoires et la verge virile, s'estans rompus les ligamens par lesquels au-parauant estoient tenus clos et enserrés (ce qui ne luy aduint sans douleur) et s'en retourna larmoyant en la maison de sa mere, disant que ses trippes luy estoient sorties hors du ventre : laquelle fut fort estonnée de ce spectacle. Et ayant assemblé des Medecins et Chirurgiens, pour là dessus auoir aduis, on trouua qu'elle estoit homme, et non plus fille : et tantost apres auoir rapporté à l'Euesque, qui estoit le defunt Cardinal de Lenoncourt, par son autorité et assemblée du peuple, il receut le nom d'homme : et au lieu de Marie (car il estoit ainsi nommé au-parauant) il fut appellé Germain, et luy fut baillé habit d'homme : et croy que luy et sa mere sont encore viuans.

Pline, liu. 7 ch. 4., dit semblablement qu'vne fille deuint garçon, et fut confiné pour ceste cause en vne isle deserte et inhabitée, par arrest des Aruspices [1]. Il me sembl'' que ces deuineurs n'auoient occasion de ce faire, pour les raisons cy dessus alleguées : toutesfois ils estimoient que telle monstrueuse chose leur estoit mauuais augure et presage, qui estoit la cause de les chasser et exiler [2].

La raison pourquoy les femmes se peuuent degenerer en hommes, c'est que les femmes ont autant de caché dedans le corps, que les hommes descouurent dehors : reste seulement qu'elles n'ont pas tant de chaleur, ny suffisance pour pousser dehors ce

que par la froidure de leur temperature est tenu comme lié au dedans. Parquoy si auec le temps, l'humidité de l'enfance qui empeschoit la chaleur de faire son plein deuoir estant pour la plus part exhalée, la chaleur est rendue plus robuste, acre et actiue, ce n'est chose incredible qu'icelle, principalement aidée de quelque mouvement violent, ne puisse pousser dehors ce qui estoit caché dedans. Or comme telle metamorphose a lieu en nature par les raisons et exemples alleguées : aussi nous ne trouuons iamais en histoire veritable que d'homme aucun soit deuenu femme, pour-ce que Nature tend tousiours à ce qui est le plus parfait, et non au contraire faire que ce qui est parfait deuienne imparfait.

CHAPITRE VIII.

EXEMPLE DV DEFAVT DE LA QVANTITÉ DE LA SEMENCE.

Si la quantité de la semence (comme nous auons par cy deuant dit) manque, pareillement quelque membre defaudra aussi, plus ou moins. De là aduiendra que l'enfant aura deux testes et vn bras, l'autre n'aura point de bras : vn autre n'aura ny bras ny iambes, ou autres parties defaillantes, comme nous auons dit cy dessus : l'autre aura deux testes et vn seul bras, et le reste du corps bien accompli, comme tu vois par cette figure [1].

[1] Je suis ici le texte de 1573. Toutes les éditions complètes, à partir de celle de 1575, ont omis ces mots : *comme tu vois par ceste figure*, et rejeté la figure après les deux suivantes : changement qui n'était d'accord ni

---

[1] *Aruspices ou deuineurs.* — A. P.
[2] Le chapitre se terminait ici en 1573; le reste est de 1575.

Figure d'vn monstre ayant deux testes, deux iambes, et vn seul bras [1].

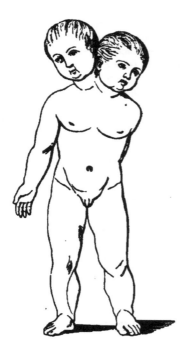

qu'aux deux doigts estoit fort difforme. Il estoit sans iambes : toutesfois luy sortoit hors de la fesse dextre vne figure incomplete d'vn pied, apparence de quatre orteils : de l'autre fesse senestre en sortoit du milieu deux doigts, l'vn desquels ressembloit presque à la verge virile. Lequel t'est demonstré au vray par ceste presente figure [1].

Figure d'vn enfant monstrueux, du defaut de la semence en deuë quantité.

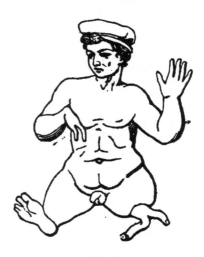

L'an 1573, ie veis à Paris, à la porte de sainct André des Arts, vn enfant aagé de neuf ans, natif de Parpeuille, village trois lieuës pres de Guise : son pere se nommait Pierre Renard, et sa mere qui le portoit, Marquette. Ce monstre n'auoit que deux doigts à la main dextre, et le bras estoit assez bien formé depuis l'espaule iusqu'au coude, mais depuis le coude ius-

L'an 1562, premier iour de Nouembre, nasquit à Ville-franche de Beyran en Gascongne, ce present monstre sans teste, lequel m'a esté donné par monsieur Hautin, docteur regent en la faculté de medecine à Paris, duquel monstre as icy la figure tant anterieure que posterieure, et m'a affirmé l'auoir veu.

avec le texte, ni avec la logique. Seulement j'ai gardé à la figure son titre de 1575, le primitif ayant été alors transporté à la figure suivante.

[1] On trouve une figure presque semblable dans Rueff, ouvr. cité fol. 49, verso, et dans Lycosthènes, qui paraît l'avoir copiée de Rueff.

[1] Ce paragraphe et la figure qui le suit ont été ajoutés en 1575. L'auteur transporta alors à cette figure le titre qu'il avait d'abord attribué à la précédente; voyez la dernière note de la page 20.

Figure d'vn monstre femelle sans teste [1].

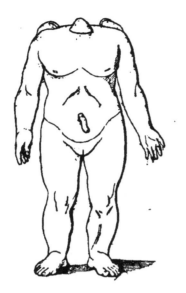

On a veu depuis quelque temps

en çà à Paris vn homme sans bras, aagé de quarante ans ou enuiron, fort et robuste, lequel faisoit presque toutes les actions qu'vn autre pouuoit faire de ses mains : à sçauoir, auec son moignon d'espaule et la teste, ruoit vne coignée contre vne piece de bois aussi ferme qu'vn autre homme eust sceu faire auec ses bras. Pareillement faisoit cliqueter vn foüet de chartier, et faisoit plusieurs autres actions : et auec ses pieds mangeoit, beuuoit, et ioüoit aux cartes et aux dez, ce qui t'est demonstré par ce portrait. A la fin fut larron, voleur et meurtrier, et executé en Gueldre, à sçauoir pendu, puis mis sus la roüe.

[1] Cette figure, avec le texte qui s'y rapporte, a été ajoutée en 1575, et l'auteur avait mis en marge cette naïve exclamation : *Chose fort monstrueuse, voir vne femme sqns teste !*

Il est à remarquer que le texte français semble dire d'abord que le monstre luimême a été donné à Paré par Hautin, et qu'ensuite il est manifeste que c'était seulement la figure. De plus, Paré dit nettement que Hautin avait vu le monstre, et cela n'était pas, ainsi que nous allons le voir.

On lit en effet dans la traduction latine :

Anno Domini 1562 calendis novembris, Villæ-Francæ in Vasconiâ, natum est quod appictum hic vides monstrum, fœmina acephalon, cujus imaginem A FONTANO AGENENSI MEDICO QUI SE ID VIDISSE SANCTE AFFIRMABAT *acceptam, mihi hanc de monstris commentationem paranti obtulit Joannes Altinus doctor medicus.*

Or, ce texte fait naître plus d'une réflexion. Qu'était-ce donc que ce traducteur,

si bien instruit de l'affaire, qu'il rectifie complètement son auteur, apporte une autre autorité, et rejette soigneusement loin de Hautin l'idée que celui-ci ait vu le prétendu monstre? Il est presque impossible que ce soit un autre que Hautin lui-même; et c'est là une preuve à peu près décisive de l'opinion que nous avions avancée comme probable touchant le traducteur latin de Paré. Voyez mon Introduction, pages cccxxvij et cccxxxij.

On voit aussi que cette figure, venue à Paré de troisième main, et certifiée seulement par un médecin de province, ne mérite pas confiance pour tous ses détails. Il faut dire que Paré avait donné deux figures de ce monstre; l'une, que j'ai retranchée, le représentait par derrière avec une espèce de trompe au milieu du dos, et sur les omoplates deux spirales situées à l'égard de la trompe comme les yeux le sont au-dessus du nez. Enfin, les deux saillies que l'on aperçoit sur les épaules, comparées dans l'une et l'autre figure, avaient quelque ressemblance éloignée avec les oreilles. Assurément le médecin d'Agen a pu observer un acéphale, et cette monstruosité n'est pas bien rare; mais le dessin qu'il en a tracé fait plus d'honneur à son imagination qu'à son esprit observateur.

Figure d'vn homme sans bras [1].

Semblablement, de recente memoire, on a veu à Paris vne femme sans bras, qui tailloit et cousoit, et faisoit plusieurs autres actions.

[1] Rueff donne exactement la figure de l'homme, mais sans les instruments dont il se servait, ouvr. cité, fol. 43 ; et il dit l'avoir vu se servir des pieds comme il aurait pu faire des mains. Lycosthènes a copié la figure, en y ajoutant le fouet, la hache, les dés, etc. (ouvr. cité, p. 536); en conséquence l'histoire est un peu amplifiée ; il la rapporte à l'an 1528. On peut conjecturer que Paré en copiant la figure a cependant voulu parler d'un autre individu ; il disait dans son édition de 1573 : *on a veu n'agueres à Paris*, etc.; Il a remis, *depuis quelque temps en ça*, dès l'édition de 1579.

Hippocrates au liure 2 *des Epidemies* escrit, que la femme d'Antigenes accoucha d'vn enfant tout de chair, n'ayant aucuns os, neantmoins auoit toutes les parties bien formées.

CHAPITRE IX.

EXEMPLE DES MONSTRES QUI SE FONT PAR IMAGINATION.

Les anciens qui ont recherché les secrets de Nature [1], ont enseigné d'autres causes des enfans monstrueux, et les ont referés à vne ardente et obstinée imagination que peut auoir la femme ce pendant qu'elle conçoit, par quelque obiet, ou songe fantastique, de quelques visions nocturnes, que l'homme ou la femme ont sus l'heure de la conception. Cecy mesme est verifié par l'authorité de Moyse, où il monstre comme Iacob deceut son beau-pere Laban, et s'enrichit de son bestial, ayant fait peler des verges, les mettant à l'abreuoir, à fin que les chéures et brebis regardans ces verges de couleurs diuerses, formassent leurs petits marquetés de diuerses taches [2]: par-ce que l'imagination a tant de puissance sus la semence et geniture, que le rayon et charactere en demeure sus la chose enfantée.

Qu'il soit vray, Heliodore escrit que Persina, royne d'Ethiopie, conceut du roy Hydustes, tous deux Ethiopiens, vne fille qui estoit blanche, et ce par l'imagination qu'elle attira de la semblance de la belle Andromeda, dont elle auoit la pein-

[1] *Aristote, Hippocrates et Empedocle.* — A. P.

[2] *Moyse, 30 chap.* — A. P.

ture deuant ses yeux pendant les embrassemens desquels elle deuint grosse [1].

Damascene, auteur graue, atteste auoir veu vne fille veluë comme vn ours, laquelle la mere auoit enfantée ainsi difforme et hideuse, pour auoir trop ententiuement regardé la figure d'vn sainct Iean vestu de peau auec son poil, laquelle estoit attachée au pied de son lit, pendant qu'elle conceuoit.

Par semblable raison Hippocrates sauua vne princesse accusée d'adultere, par-ce qu'elle auoit enfanté vn enfant noir comme vn more, son mary et elle ayans la chair blanche : laquelle à la suasion d'Hippocrates fut absoute, pour le portrait d'vn more semblable à l'enfant, lequel coustumierement estoit attaché à son lit [2].

D'auantage, on voit que les connins et paons qui sont enfermés en des lieux blancs, par vertu imaginatiue engendrent leurs petits blancs [3].

Et partant faut que les femmes, à l'heure de la conception, et lorsque l'enfant n'est encore formé (qui est de trente ou trente-cinq iours aux masles, et de quarante ou quarante-deux, comme dit Hippocrates, liure *De natura pueri*, aux femelles) n'ayent à regarder ny imaginer choses monstrueuses : mais la formation de l'enfant estant faite, iaçoit que la femme regarde ou imagine attentiuement choses monstrueuses, toutesfois alors l'imagination n'aura aucun lieu, pour-ce qu'il ne se fait point de transformation depuis que l'enfant est du tout formé.

En Saxe, en vn village nommé Stecquer, fut né vn monstre ayant quatre pieds de bœuf, les yeux, la bouche, et le nez semblables à vn veau, ayant dessus la teste vne chair rouge, en façon ronde : vne autre par derriere, semblable à vn capuchon de moyne, ayant les cuisses dechiquetées [1].

L'an mil cinq cent dix-sept, en la paroisse de Bois le Roy, dans la forest de Biere, sur le chemin de Fontaine-Bleau, nasquit vn enfant ayant la face d'vne grenoüille, qui a esté veu et visité par maistre Iean Bellanger, chirurgien en la suite de l'Artillerie du roy, és presences de messieurs de la iustice de Harmois : à sçauoir honorable homme Iacques Bribon, procureur du roy dudit lieu, et Estienne Lardot, bourgeois de Melun, et Iean de Vircy, notaire royal à Melun, et autres : le pere s'appelle Esme Petit,

---

[1] Heliodore, liu. 10 de son *Histoire Æthiopique.* — A. P. — 1572.

[2] Ces deux histoires ont été empruntées à Boaistuau, ouvrage cité, fol. 14, ainsi que deux figures qui suivaient sous ce titre :
Figure d'vne fille velue et d'vn enfant noir faits par la vertu imaginatiue.
J'ai retranché sans scrupule ces figures, fort inutiles et d'ailleurs tout-à-fait fantastiques. J'ignore du reste où Boaistuau a été chercher cette histoire d'Hippocrate, qui est absolument apocryphe.

[3] Cette phrase manque jusqu'à l'édition de 1585.

[1] Toutes les éditions ajoutaient : *comme tu vois par ceste figure ;* et faisaient suivre en effet le texte d'une figure intitulée :
Figure d'vn monstre fort hideux ayant les mains et pieds de bœuf, et autres choses fort monstrueuses.
Cette figure monstrueuse, qui a pu avoir cependant un original réel, mais défiguré par le dessinateur, dans quelque anencéphale, a été donnée d'abord par Rueff, ouvr. cité, fol. 46, verso, et copiée par Lycosthènes, ouvr. cité, p. 530.
Le chapitre se terminait ici en 1573; l'histoire qui suit a été ajoutée en 1579.

et la mere Magdaleine Sarboucat. Ledit Bellanger, homme de bon esprit, desirant sçauoir la cause de ce monstre, s'enquit au pere d'où cela pouuoit proceder : luy dist qu'il estimoit que sa femme ayant la fléure, vne de ses voisines luy conseilla pour guarir sa fléure, qu'elle print vne grenoüille viue en sa main, et qu'elle la tint iusques à ce que ladite grenoüille fust morte : la nuit elle s'en alla coucher auec son mary, ayant tousiours ladite grenoüille en sa main : son mary et elle s'embrasserent, et conceut, et par la vertu imaginatiue ce monstre auoit esté ainsi produit[1].

CHAPITRE X.

EXEMPLE DE L'ANGUSTIE OU PETITESSE DE LA MATRICE.

Il se fait aussi des monstres pour la detresse du corps de la matrice : comme l'on voit que lors qu'vne poire attachée à l'arbre, posée en vn vaisseau estroit deuant qu'elle soit accreuë, ne peut prendre croissance complette : ce qui est conneu aussi aux dames qui nourrissent des ieunes chiens en petits paniers, ou autres vaisseaux estroits, pour garder de croistre. Pareillement la plante nais-

[1] Toutes les éditions ajoutent ici : *comme tu vois par ceste figure*; et donnaient en effet une *Figure prodigieuse d'vn enfant ayant la face d'vne grenouille.*

On peut aisément se la représenter d'après la description; et elle était trop absurde pour être reproduite. Il s'agissait probablement encore de quelque anencéphale; du reste Paré avait copié cette figure d'après un placard que l'on criait par les rues de Paris, *auec priuilege*, comme il nous l'apprend lui-même au chapitre 21.

sant de terre, trouuant vne pierre ou autre chose solide à l'endroit où elle vient, fait que la plante sera tortue, et engrossie en vne partie, et gresle en l'autre : semblablement les enfans sortent du ventre de leurs meres monstrueux et difformes. Car il dit[1] qu'il est necessaire qu'vn corps qui se meut en lieu estroit, deuienne mutile et manque.

Empedocle et Diphile ont attribué semblablement cela à la superabondance, ou defaut et corruption de la semence, ou à l'indisposition de la matrice : ce qui peut estre veritable, par la similitude des choses fusibles, esquelles si la matiere qu'on veut fondre n'est bien cuitte, purifiée et preparée, ou que le moule soit raboteux, ou autrement mal-ordonné, la medaille ou effigie qui en sort est defectueuse, hideuse et difforme.

CHAPITRE XI.

EXEMPLE DES MONSTRES QVI SE FONT, LA MERE S'ESTANT TENVE TROP LONGVEMENT ASSISE, AYANT EV LES CVISSES CROISÉES, OV POVR S'ESTRE BANDÉ ET SERRÉ TROP LE VENTRE DVRANT QV'ELLE ESTOIT GROSSE.

Or quelquefois aussi il aduient, par accident, que la matrice est assez ample naturellement, toutesfois la femme estant grosse, pour s'estre tenue quasi tousiours assise pendant sa grossesse, et les cuisses croisées, comme volontiers font les cousturieres ou celles qui besognent en tapisseries sus leurs genoüils, ou s'estre

[1] Ce mot *il dit* se rapporte à Hippocrate que Paré cite en marge. *Hipp.*, *liu. de la Geniture.*

bandé et trop serré le ventre, les enfans naissent courbés, bossus, et contrefaits, aucuns ayans les mains et les pieds tortus, comme tu vois par ceste figure.

Figure d'vn enfant qui a esté pressé au ventre de sa mere, ayant les mains et pieds tortus [1].

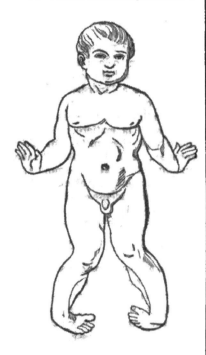

Portrait d'un prodige et enfant putrefié, lequel a esté trouué au cada-

[1] Rueff a vne figure semblable, ouvrage cité, fol. 45, verso.

Il s'agit ici des difformités connues sous les noms de *pieds bots* et de *mains botes* ; et l'on voit que la théorie qui les attribue à une pression subie par l'enfant dans la matrice remonte assez haut.

Le chapitre se termine ici dans les premières éditions. Ce n'est qu'en 1585 que Paré y a ajouté tout ce qui suit.

uer d'vne femme en la ville de Sens' le seiziéme de May mil cinq cens octante deux, elle estant aagée de soixante huit ans, et l'ayant porté en son ventre par l'espace de vingt huit ans. Ledit enfant estoit quasi tout ramassé en vn globe : mais il est icy peint de son long, pour mieux faire voir l'entiere figure de ses membres, hors mis vne main qui estoit defectueuse.

Ceci se peut confirmer par Matthias Cornax, medecin de Maximilian, roy des Romains, lequel recite que luymesme assista à la dissection du ventre d'vne femme, laquelle auoit porté en sa matrice son enfant, l'espace de quatre ans. Aussi Egidius Hertages, medecin à Bruxelles, fait mention d'une femme qui a porté en ses flancs, treize ans reuolus, le scelete d'vn enfant mort. Joannes Langius, en l'epistre qu'il escrit à Achilles Bassarus, tesmoigne aussi d'vne femme, qui estoit d'vn bourg appellé Eberbach, laquelle rendit les os d'vn enfant qui estoit mort en son ventre dix ans au-parauant.

CHAPITRE XII.

EXEMPLE DES MONSTRES QVI SONT ENGENDRÉS, LA MERE AYANT REÇV QVELQVE COVP, OV CHEVTE, ESTANT GROSSE D'ENFANT.

D'auantage quand la mere reçoit quelque coup sus le ventre, ou qu'elle tombe de haut en bas, les enfans en peuuent auoir les os rompus, desboités et torturés, ou receuoir autre vice, comme estre boiteux, bossus et contrefaits : ou pour cause que l'enfant deuient malade au ventre de sa mere, ou que le nourrissement dont il deuoit croistre soit escoulé hors la matrice[1]. Pareillement aucuns ont attribué les monstres estre procréés de la corruption des viandes ordes et sales que les femmes mangent, ou

[1] Toutes les éditions, à partir de la cinquième, portent ici simplement : *ou pour cause que l'enfant deuient malade au ventre de sa mere, ou que les femmes mangent*, etc. C'est une lacune qui résulte de deux lignes sautées dans la cinquième édition et qui existent dans toutes les précédentes; aussi cette cinquième édition porte : *ou que le les femmes mangent*, ce qui accusait la lacune; ce sont les éditeurs suivants qui, pour donner plus de suite à la phrase, ont retranché l'article *le* sans s'inquiéter du sens.

desirent manger, ou qu'elles abhorrent de voir tost apres qu'elles ont conceu : ou que l'on aura jetté quelque chose entre leurs tetins, comme vne cerise, prune, grenoüille, vne souris, ou autres choses qui peuuent rendre les enfans monstrueux.

CHAPITRE XIII.

EXEMPLE DES MONSTRES QVI SE FONT PAR LES MALADIES HEREDITAIRES.

Aussi pour les indispositions ou compositions hereditaires des peres et meres, les enfans sont faits monstrueux et difformes : car il est assez manifeste qu'vn bossu fait naistre son enfant bossu, voire tellement bossu, que les deux bosses deuant et derrière à quelques vns sont si fort esleuées que la teste est à moitié cachée entre les espaules, ainsi que la teste d'yne tortue dans sa coquille. Vne femme boiteuse d'vn costé fait ses enfants boiteux semblables à elle : autres estans boiteuses des deux hanches, font enfans qui le sont semblablement, et qui cheminent cane-tant : les camus font leurs enfans camus : autres balbutient : autres parlent en bredoüillant, semblablement leurs enfans bredoüillent[1]. Et où les peres et meres sont petits, les enfans en naissent le plus souuent nains, sans nulle autre deformité, à sçauoir quand le corps du père et de la mere n'ont aucun vice en leur conformation. Autres font leurs en-

[1] *Balbutier*, c'est-à-dire begayer, ne pouuant bien proferer la parole. — *Bredoüiller*, c'est dire deux ou trois fois vne parole sans estre bien proferée. — A. P.

fants bien maigres, à cause que le pere et la mere le sont : autres sont ventrus et fort fessus, quasi plus gros que longs , parce qu'ils ont esté engendrés du pere ou de la mere, ou de tous les deux , qui seront gros et grands, ventrus et fessus. Les goutteux engendrent leurs enfans goutteux, et les lapidaires, suiets à la pierre : aussi si le pere et la mere sont fols , le plus souuent les enfans ne sont gueres sages : pareillement les epileptiques engendrent des enfans qui sont suiets à l'epilepsie [1].

Or, toutes ces manieres de gens se trouuent ordinairement, qui est chose qu'vn chacun peut voir, et connoistre à l'œil la verité de mon dire: partant ie n'ay que faire d'en parler d'auantage. Aussi ie ne veux escrire que les ladres engendrent des enfans ladres, car tout le monde le sçait. Il y a vne infinité d'autres dispositions des peres et meres, ausquelles les enfans sont suiets , voire des mœurs, de la parole [2], de leurs mines et trongnes, contenances et gestes, iusques au marcher et cracher. Toutesfois de ce ne faut faire reigle certaine : car nous voyons les peres et meres auoir toutes ces indispositions, et neanmoins les enfans n'en retiennent rien : parce que la vertu formatrice a corrigé ce vice.

[1] Cette dernière phrase, relative à l'épilepsie, manque dans toutes les éditions du vivant de l'auteur, et n'a été ajoutée qu'à la première édition posthume.

[2] L'édition de 1573 et toutes les autres jusqu'en 1585 finissaient le chapitre plus brusquement. Après ces mots : *des mœurs, de la parole*, elles ajoutaient simplement : *iusques au marcher et cracher, non pas tousiours, mais le plus souuent*. La nouvelle rédaction est de 1585.

CHAPITRE XIV.

EXEMPLE DE CHOSES MONSTRVEVSES QVI SONT ADVENVES EN MALADIES ACCIDENTALES [1].

Deuant Sainct Iean d'Angelic , vn soldat nommé Francisque, de la compagnie du capitaine Muret, fut blessé d'vn coup d'harquebuse au ventre , entre l'ombilic et les Isles : la balle ne luy fut tirée , parce que l'on ne la pouuoit trouuer, au moyen de quoy il eut de grandes et extremes douleurs : neuf iours apres sa blessure, ietta la balle par le siege, et trois semaines apres fut guari : il fut traité par maistre Simon Crinay, chirurgien des bandes Françoises.

Iacques Pape, seigneur de Sainct Aubam aux Baronniers en Dauphiné, fut blessé à l'escarmouche de Chasenay de trois coups d'harquebuse penetrans en son corps, dont il y en auoit vn au dessous du nœud de la gorge, tout proche la canne du poulmon , passant pres la nucque du col , et la balle y est encore à present : au moyen dequoy lui suruindrent plusieurs grands et cruels accidens, comme fiéure , grande tumeur à l'entour du col , de sorte qu'il fut dix iours sans pouuoir rien aualer, fors quelques boüillons liquides: et neantmoins toutes ces choses a recouuert santé, et est à present encore viuant : et fut pensé par maistre Iacques Dalam, chirurgien fort expert , demeurant en la ville de Montelimar en Dauphiné.

[1] L'édition latine a beaucoup changé en cet endroit l'ordre du livre, et renvoyé ce chapitre et les trois suivants après l'histoire des démons et des magiciens, et immédiatement avant celle des monstres marins.

Alexandre Benedict [1] escrit d'vn villageois qui fut blessé d'vn coup de traict au dos, et fut tiré : mais le fer demeura dedans le corps, lequel estoit long de deux doigts en trauers, et estoit barbelé aux costés. Le chirurgien l'ayant long temps cherché sans le pouuoir trouuer, ferma la playe, et deux mois apres ce fer sortit semblablement par le siege.

D'auantage, audit chapitre, dit qu'à Venise vne fille aualla vne aiguille, laquelle deux ans apres la ietta en vrinant, couuerte d'vne matiere pierreuse, amassée à l'entour de quelques humeurs gluans.

Ainsi que Catherine Parlan, femme de Guillaume Guerrier, marchand drapier, bonneste homme, demeurant rue de la Iuifuerie à Paris, allait aux champs en trousse sus vn cheual, vne aiguille de son tabouret entra dedans sa fesse dextre, de sorte que l'on ne la peust tirer hors. Ladite Parlan fut deux mois qu'elle ne pouuoit se tenir assise, à cause qu'elle sentoit l'aiguille la piquer [2]. Quatre mois après m'enuoya querir, se plaignant que lorsque son mary l'embrassoit, sentoit en l'aine dextre vne grande douleur piquante, à raison qu'il pressoit dessus. Ayant mis la main sus la douleur, trouuay vne asperité et dureté, et fis en sorte que luy tiray ladite aiguille toute enroüil-

[1] Liu. 3 de son *Histoire anatom.*, ch. 5. — A. P.

[2] Cette phrase tout entière manque au texte dans toutes les éditions, et l'on n'en trouve même aucune trace dans les notes marginales à partir de l'édition de 1575. Il n'y a donc que la seule édition de 1573 qui contienne cette phrase en marge, et comme elle fait partie intégrante de l'observation, je n'ai pas hésité à la joindre au texte, sauf à en avertir le lecteur.

lée. Cecy doit bien estre mis au rang des choses monstrueuses, veu que l'acier qui est pesant monta contremont, et passa au trauers des muscles de la cuisse, sans faire aposteme.

CHAPITRE XV.

DES PIERRES QVI S'ENGENDRENT AV CORPS HVMAIN.

L'an mil cinq cens soixante et six, les enfans de maistre Laurens Collo [1], hommes bien experimentés en l'extraction des pierres, en tirerent vne de grosseur d'vne noix, au milieu de laquelle fut trouuée une aiguille dequoy coustumierement les cousturiers cousent. Le malade se nommait Pierre Cocquin, demeurant en la rue Gallande, pres la place Maubert à Paris, et est encore à present viuant. La pierre fut presentée au Roy en ma presence, avec ladite aiguille que les-

[1] Je respecte ici l'orthographe que Paré a donnée à ce nom de *Collo*, et qui est restée la même en cet endroit dans toutes les éditions. Dans celle de 1564, à l'occasion de la taille des femmes, Paré avait écrit *Collot*; mais il a ensuite corrigé *Collo* dans toutes les éditions postérieures, et l'édition latine a également admis cette dernière orthographe. Toutefois ni l'une ni l'autre n'a prévalu, et dans l'ouvrage posthume de François Colot, publié par Sénac en 1725, on trouve le nom écrit avec un *t* et une seule *l*. Peut-être cependant, si l'on considère l'amitié qui unissait Paré à Laurent Collo et à ses fils, la première manière dont il avait écrit ce nom, corrigée uniformément dans toutes les éditions suivantes, et enfin le consentement du traducteur latin; peut-être, dis je, y aurait-il quelque présomption que l'orthographe de Paré était la véritable, et c'est pourquoi je l'ai conservée, au moins en cet endroit.

dits Collos m'ont donnée pour mettre en mon cabinet, laquelle ie garde et ay encores de present en ma possession, pour memoire de chose si monstrueuse.

L'an mil cinq cens septante, madame la duchesse de Ferrare enuoya querir en ceste ville Iean Collo, pour extraire vne pierre de la vessie d'vn pauure patissier, demeurant à Montargis [1], laquelle poise neuf onces, de grosseur d'vn poing, et de figure comme tu vois icy le portrait : et fut tirée en la presence de monsieur maistre François Rousset, et maistre Ioseph Iauelle, hommes sçauans et bien experimentés en la medecine, medecins ordinaires de ladite dame. Et fut si heureusement tirée, que ledit patissier guerit : toutesfois peu de temps apres luy vint vne suppression d'vrine, au moyen de deux petites pierres qui descendirent des reins, qui bouchèrent les pores vreteres, et furent cause de sa mort.

Figure d'vne pierre extraite à vn patissier de Montargis.

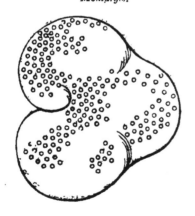

L'an mil cinq cens soixante et six, le frere dudit Iean Collo, nommé Laurens [1], fit pareillement en ceste ville de Paris extraction de trois pierres estans en la vessie, de grosseur chacune d'vn bien gros œuf de poulle, de couleur blanche, pesans les trois douze onces et plus, à vn surnommé Tire-vit, demeurant à Marly [2] : lequel pour-ce qu'il auoit dés l'aage de dix ans quelque commencement desdites pierres en la vessie, tiroit ordinairement sa verge, dont fut nommé Tire-vit : car la vertu expultrice de la vessie, voire de tout le corps, s'efforçoit à ietter hors ce qui luy nuisoit, et pour-ce luy causoit vn certain esguillonnement à l'extremité d'icelle verge (comme se fait ordinairement à ceux qui ont quelque sable, ou pierre aux parties dediées à l'vrine, ce que i'ay escrit plus amplement en mon liure *des pierres* [3].) Icelles furent presentées au roy, estant pour lors à Sainct Maur des fossés : on en cassa vne auec vn marteau de tapissier, au milieu de laquelle fut trouuée vne autre, ressemblante à vn noyau de pesche, et de couleur tannée. Lesdits Collos m'ont donné les susdites pierres pour

[1] *Lesdits Collos, chirurgiens ordinaires du Roy, sont tres expers à l'extraction des pierres, et en plusieurs autres operations de la chirurgie.* — A. P. 1573.

[2] *Ledit, subit que sa playe fut consolidée, s'en retourna en sa maison, où à present est encore viuant.* — A. P.

Cette note, comme la précédente, est reproduite d'après l'édition de 1573 ; toutes deux avaient été ou retranchées ou omises dans l'édition suivante.

[3] *Ceux qui ont vne pierre à la vessie ont tousiours vn prurit et punction à l'extremité de la verge.* — A. P. Le livre *des Pierres* auquel il renvoie est celui de 1564, qui fait partie aujourd'hui du *Livre des Operations.*

mettre à mon cabinet, comme choses monstrueuses, et les ay fait portraire au plus prés du vif, ainsi que tu peux voir par ces figures [1].

Figures de trois pierres extraites à vne fois sans interualle de temps, de la vessie d'un appelé Tire-vit, l'vne desquelles est brisée.

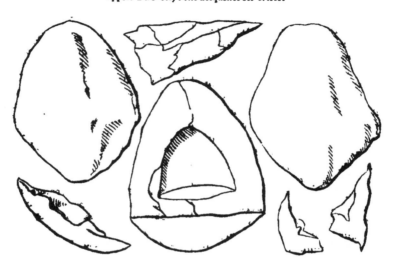

D'auantage ie puis icy attester que i'en ay trouué dedans les reins des corps morts, de plusieurs figures, comme de cochons, de chiens, et autres diuerses figures, ce qui nous a esté laissé par escrit des anciens [2].

Monsieur Dalechamps recite en sa chirurgie, qu'il a veu vn homme auoir vne aposteme sus les lombes, dont apres la suppuration icelle degenera en fistule, par laquelle ietta en diuerses fois plusieurs pierres venans du rein : et enduroit le trauail du cheual et des chariots.

Hippocrates escrit [3] de la cham-

[1] On troüve dans l'*Introduction* d'A. Paré, chapitre 2 (tome 1er de cette édition, page 28), l'histoire de ce *Tire-Vit* racontée d'une manière toute différente, de telle sorte qu'il faut nécessairement admettre, ou bien que Collo opéra deux indivídus du nom de *Tire-vit*, ce qui est peu probable, et ce qui aurait dû au moins être noté ; ou bien que Paré a pris un malade pour l'autre, et mis sous le nom de *Tire-vit* une observation qui ne le concernait pas ; ou enfin que les deux observations n'en constituent qu'une seule, qui aurait été incomplétement racontée dans l'un et l'autre endroit. Ce qu'il y a de plus certain, c'est que Paré, ici comme en beaucoup d'autres occasions, s'en fiait à sa mémoire pour se rappeler des faits écoulés depuis long-temps : et que cette malheureuse habitude est ce qui a le plus encombré la chirurgie d'observations douteuses, vagues, sans certitude et presque sans valeur.

[2] Cette attestation si légèrement donnée d'un homme tel que Paré est bien propre à nous faire connaître que les meilleurs esprits fléchissent quelquefois sous les préjugés de leur siècle, en même temps qu'elle explique l'origine de tant de monstres admis par la crédulité de ce temps.

[3] Liure 5 des *Epidemies.* — A. P.

briere de Dysere , aagée de soixante ans , qui auoit des douleurs comme elle si eust deu accoucher : dont vne femme luy tira de la matrice vne pierre aspre et dure, de la grandeur, grosseur , et figure d'vn peson de fuseau.

Iacques Hollier, Docteur regent en la faculté de Medecine à Paris, escrit[1] qu'vne femme, aprés auoir esté tourmentée d'vne difficulté d'vrine par l'espace de quatre mois , en fin mourut : laquelle ayant esté ouuerte, furent trouuées en la substance du cœur deux assez grosses pierres, auec plusieurs petites apostemes : estans les reins et les pores vreteres et la vessie sains et entiers.

L'an mil cinq cens cinquante-huit, fus appelé de Iean Bourlier , maistre tailleur d'habits, demeurant rue sainct Honoré , pour luy ouurir vne aposteme aqueuse qu'il auoit au genoüil : en laquelle trouuay vne pierre de la grosseur d'vne amende, fort blanche, dure , et polie , et guerit , et encores est à present viuant [2].

Une dame de nostre cour fut longuement et extremement malade , sentant douleur au ventre, auec grandes espreintes : estant pensée par plusieurs medecins, lesquels ignoroient le lieu de la douleur. On m'enuoya querir, pour sçauoir si ie pourrois connoistre la cause de son mal. Par l'ordonnance des medecins, luy regarday au siege et à la matrice, auec instrumens propres à ce faire, et pour tout cela ne pus connoistre son mal. Monsieur Le Grand luy ordonna vn clystere, et en le rendant ietta vne

pierre par le siege , de la grosseur d'vne grosse noix : et tout subit ses douleurs et autres accidens cesserent, et depuis s'est bien portée [1].

Semblable chose est arriuée à la dame de Sainct Eustache, demeurant au carrefour de la rue de la Harpe [2].

Le capitaine Augustin, Ingenieux du Roy, m'enuoya querir auec monsieur Violaine , docteur regent en la faculté de Medecine, et Claude Viard, Chirurgien Iuré à Paris, pour luy extraire vne pierre qu'il auoit sous la langue, de longueur de demy doigt , et grosse d'vn tuyau de plume. Il en a encore vne, qu'on ne peut bien encore destacher [3].

---

[1] Dans l'édition de 1573 et encore en 1575, cette histoire était rapportée après celle de Dalechamps, et la rédaction en était un peu différente :

« Monsieur le Grand , Docteur regent en la faculté de Medecine, et medecin ordinaire du Roy, homme sçauant et grandement experimenté, lequel fait autant bien la medecine qu'homme que i'aye iamais cogneu, fus appelé auec luy pour appliquer vn *speculum ani* à vne dame d'honneur qui estoit tourmentee d'extremes douleurs au ventre et au siege , toutefois sans nulle apparence à la veuë d'aucun mal : il luy ordonna certaines potions et clisteres, auec l'vn desquels ietta vne pierre de grosseur d'vn esteuf, et subit ses douleurs furent cessees, et guerit.»

En 1579, Paré modifia la rédaction de l'observation, qui était peu correcte, mais en conservant à Legrand à peu près les mêmes éloges, que l'on retrouve encore dans la traduction latine. C'est en 1585 qu'il changea définitivement le texte et le plan de l'histoire, comme on la lit aujourd'hui.

[2] Cette observation a été ajoutée en 1585.

[3] Cette observation , de même que la précédente, a été ajoutée en 1585. On trouvera une autre observation de calcul sous la langue dans la grande *Apologie*, au titre : *Voyage de Bayonne*, 1564.

---

[1] Liu. 1, ch. *de la Palpitation du Cœur.*
— A. P.

[2] C'est là le premier cas connu d'un corps étranger développé dans le genou, et extrait heureusement par l'incision.

Or pour le dire en vn mot, les pieres se peuuent engendrer en toutes les parties de nostre corps, tant interieures qu'exterieures. Qu'il soit vray, on en voit estre engendrées aux iointures des goutteux [1]. Antonius Beniuenius, medecin florentin, au liure 1, chapitre 24, dit qu'vn nommé Henry Alleman ietta vne pierre de grosseur d'vne auelaine en toussant.

CHAPITRE XVI.

DE CERTAINS ANIMAVX MONSTRVEVX QVI NAISSENT CONTRE NATVRE AVX CORPS DES HOMMES, FEMMES, ET PETITS ENFANS [2].

Tout ainsi qu'au grand monde il y a deux grandes lumieres, à sçauoir le soleil et la lune, aussi au corps humain il y a deux yeux qui l'illuminent : lequel est appelé *Microcosme*, ou petit portrait du grand monde accourci. Qui est composé de quatre elemens, comme le grand monde, auquel se font des vents, tonnerres, tremblemens de terre, pluye, rosée, vapeurs, exhalations, gresles, eclipses, inondations d'eaux, sterilité, fertilité, pierres, montagnes, fruits, et plusieurs et diuerses especes d'animaux : aussi se fait-il le semblable au petit monde, qui est le corps humain. Exemple des vents : ils se voyent estre enclos és apostemes venteuses, et aux boyaux de ceux qui ont la colique venteuse, et pareillement en aucunes femmes, ausquelles on oit le ventre bruire de telle sorte qu'il semble y auoir vne grenoüillere : lesquels sortans par le siege rendent bruits comme coups de canonnades. Et encore que la piece soit braquée vers la terre, neantmoins tousiours

---

[1] C'est par cette phrase que se terminait le chapitre dans les trois éditions de 1573, 1575 et 1579; la citation de Benivenius a été ajoutée en 1585.

[2] Ce chapitre n'existe pas en cet endroit dans la plupart des éditions complètes; il est donc nécessaire de dire pourquoi nous l'avons rétabli.

L'édition de 1573 avait un 16ᵉ chapitre intitulé *des Verms*, reproduit par celle de 1575 sous ce titre plus correct, *des Vers*. Il était assez court, et composé de quatre histoires que l'on retrouve dans le courant du chapitre actuel. En 1579, le texte en fut considérablement amplifié; l'auteur y ajouta quelques histoires qu'il détacha du chap. 19 (voir les notes suivantes), et il le transporta dans son livre *De la petite Verolle*, entre le chapitre 3 qui termine l'histoire de la variole, et le chapitre 4 qui commence l'histoire des vers intestinaux. Sans doute qu'il avait dessein de réunir ainsi tout ce qui concerne les vers engendrés dans le corps humain; et cependant le titre même montre bien qu'il ne s'agissait pas des vers proprement dits, et que le chapitre était déplacé dans le lieu nouveau qu'on lui avait assigné, en même temps qu'il laissait une lacune dans le livre *des Monstres*. Du reste, ce changement de place avait été opéré si négligemment, que dans toutes les éditions du vivant de l'auteur la table du livre *des Monstres* accusait toujours un *chapitre 16, des Vers*, qui n'existait plus à partir de 1579, tandis que la table du livre *de la petite Verolle* n'indiquait en rien l'adjonction du chapitre nouveau; et celui-ci, ne comptant pas même dans le livre comme un chapitre spécial, semblait une suite du chapitre troisième intitulé : *Quelles parties faut preseruer de la verolle*. En pesant toutes ces considérations, je me suis déterminé à restituer à ce chapitre la place qu'il avait eue d'abord, et qui est de beaucoup la plus naturelle et la plus logique.

Le texte général du chapitre est donc de 1579, sauf les parties qui seront signalées dans les notes comme d'une date différente.

la fumée du canon donne contre le nez du canonnier, et de ceux qui sont proches de luy.

Exemple des pluyes et inondations d'eaux : cela se voit aux apostemes aqueuses et au ventre des hydropiques. Exemple du tremblement de terre : telle chose se voit au commencement des accés des fiéures, où les pauures febricitans ont vn tremblement vniuersel du corps. Exemple de l'eclipse : cela se voit aux syncopes ou defaillances du cœur, et aux suffocations de la matrice. Exemple des pierres : on les voit à ceux ausquels on en extrait de la vessie, et autres parties du corps.

Exemple des fruits : combien en voit-on qui au visage ou autres parties exterieures du corps ont la figure d'vne cerise, d'vne prune, d'vne corme, d'vne figue, d'vne meure ? la cause de quoy a esté tousiours referée à la forte imagination de la femme conceuante ou enceinte, esmeuë de l'appetit vehement, ou de l'aspect, ou d'vn attouchement d'iceluy à l'improuiste : comme mesme ce qu'on en voit naistre d'aucuns ayans en quelque endroit du corps la figuré et substance d'vne coinne de lard, d'autres d'vne souris, d'autres d'vne escreuisse, d'autres d'vne solle, et d'autres semblables. Ce qui n'est point hors de raison, entendu la force de l'imagination se ioignant auec la vertu conformatrice, la mollesse de l'embrion prompte, et comme vne ciré molle, à receuoir toute forme : et que quand on voudra esplucher tous ceux qui sont ainsi marqués, il se trouuera que leurs meres auront esté esmeuës durant leur grossesse de quelque tel appetit ou accident. Où nous remarquerons en passant, combien est dangereux d'offenser vne femme grosse, de lui monstrer et ra-

menteuoir quelque viande, de laquelle elle ne puisse auoir la iouïssance promptement, voire et de leur faire voir des animaux ou portraits d'iceux difformes et monstrueux. En quoy i'attens que quelqu'vn m'obiecte que ie ne deuois donc rien inferer de semblable en mon liure de la generation. Mais ie luy respons en vn mot, que ie n'escris point pour les femmes. Retournons à nostre propos.

Exemple des montagnes : on les voit aux bossus, et à ceux qui ont des loupes grosses et enormes. Exemple de sterilité et seicheresse : on le voit aux hectiques, qui ont la chair de leur corps presque toute consommée. Exemple de fertilité : on la connoist à ceux qui sont fort gras, fessus, et ventrus, tant qu'ils creuent en leur peau, force leur est de demeurer tousiours couchés ou assis, pour ne pouuoir porter la grosse masse de leur corps. Exemple des animaux qui se procréent en nos corps, à sçauoir, poulx, punaises, et morpions, et autres que descrirons à present [1].

Monsieur Houlier escrit en sa pratique qu'il traitoit vn Italien tourmenté d'vne extreme douleur de teste, dont il mourut. Et l'ayant fait ouurir, luy fut trouué en la substance du cerueau vn animal semblable à vn scorpion [2], lequel, comme pense ledit Houlier, s'estoit engendré pour

---

[1] Ces deux dernières lignes sont de 1585.

[2] L'auteur ajoutait : *Comme tu vois par ceste figure*, et on voyait ici une figure de scorpion, que j'ai retranchée.

Du reste, cette histoire se lisait déjà au chapitre 16 du livre des *Monstres* de l'édition de 1578, mais avec une rédaction un peu différente.

Jacques Hollier escript en sa Practique des Maladies internes qu'il s'engendra au cerueau d'vn Italien vn scorpion pour auoir continuellement senti du basilic, lequel scorpion lui causa

auoit continuellement senti du basilic. Ce qui est fort vray-semblable, veu que Chrysippus, Diophanes, et Pline ont escrit, que si le basilic est broyé entre deux pierres et exposé au soleil, d'iceluy naistra un scorpion.

Monsieur Fernel escrit d'vn soldat, lequel estoit fort camus, tellement qu'il ne se pouuoit moucher aucunement : si bien que de l'excrement retenu et pourri, s'engendrerent deux vers velus et cornus de la grosseur d'vn demy doigt, lesquels le rendirent furieux par l'espace de vingt iours, et furent cause de sa mort [1].

Depuis n'agueres vn ieune homme auoit vn aposteme au milieu de la cuisse partie externe, de laquelle sortit cest animal, lequel me fut apporté par Iacques Guillemeau, Chirurgien ordinaire du Roy, qui disoit l'auoir tiré : et l'ay mis dans vne phiole de verre, et à demeuré vif plus d'vn mois sans aucun aliment. La figure t'est icy representée [2].

Monsieur Duret m'a affirmé auoir ietté par la verge, apres vne longue maladie, vne beste viuante semblable à un clouporte, que les Italiens appellent *Porceleti*, qui estoit de couleur rouge [1].

Monsieur le comte Charles de Mansfeld, n'agueres estant malade d'vne grande fiéure continue à l'hostel de Guise, a ietté par la verge vne certaine matiere semblable à vn animal : dont la figure t'est icy representée [2].

Il se fait pareillement en la matrice des femmes beaucoup de for-

serues sur sa véritable origine; et il faut assurément que Guillemeau ou Paré s'en soient laissé imposer, et que le dessinateur ait beaucoup ajouté à la forme réelle de l'objet.

On peut remarquer que Guillemeau est appelé ici *Chirurgien ordinaire du Roy*; mais cette histoire ne date que de l'édition de 1585. Voyez, t. II, la note de la page 799.

[1] Il y avait encore ici : *comme tu vois par ce portrait*; et de plus une figure fort mal faite de cloporte. Je l'ai supprimée. Il n'est pas besoin de dire que *monsieur Duret* avait raconté là une histoire absurde; mais on voit par cette réunion des grands noms de la médecine du XVIe siècle, Houllier, Fernel, Duret, tous si crédules en fait de prodiges, qu'il était bien difficile à un chirurgien de ne pas se laisser entraîner par le torrent; et cependant il faut rendre cette justice à Paré, qu'aucune des observations où il a figuré comme témoin ne porte l'empreinte d'une si facile crédulité.

[2] Cette observation peut servir de preuve à ce que j'ai dit dans la note précédente. Si pareille chose se fût présentée aux médecins éminents cités plus haut, nul doute qu'ils n'en eussent fait un animal; Paré dit seulement : *vne certaine matiere semblable à vn animal*; et rien n'empêche, en effet, qu'un caillot sanguin puisse offrir une forme plus ou moins approchant de celle-ci, qui a sans doute été exagérée par le dessinateur.

si grande douleur de teste qu'il en mourut. Ce qui est fort vraisemblable, etc.

La figure du scorpion n'avait été ajoutée par Paré qu'en 1579.

[1] Paré ajoutait : *Tu en vois la figure*, et présentait en effet au lecteur la figure d'un *ver velu et cornu*. Je l'ai retranchée sans hésiter. Du reste, cette histoire se lisait déjà au chapitre 16 du livre *des Monstres* de l'édition de 1573; seulement la figure n'y a été accolée qu'en 1579.

[2] J'ai gardé cette figure parce que Paré dit l'avoir vue, bien qu'il fasse toutes ré-

mes d'animaux (qui souuent se treuuent auec les moles et enfans bien formés) comme grenoüilles, crapaux, serpens, lezars, harpies [1]. Nicole Florentin les compare à chats-huans, et dit deuoir estre appelées bestes sauuages. Les harpies ont esté appelées des anciens, *freres Lombars*, par-ce que telles choses aduenoient aux femmes de Lombardie, et qu'elles naissoient en vne mesme matrice comme les enfans bien formés, qui a donné occasion de les nommer freres vterins, par une mesdisance d'vne personne que l'on hait [2]. Or les femmes du royaume de Naples y sont fort suiettes, à cause de la mauuaise nourriture qu'elles prennent, lesquelles de tous temps ont mieux aimé auoir le ventre de bureau que de velours [1], c'est à dire manger fruits, herbages, et autres choses de mauuais suc qui engendrent tels animaux par putrefaction, que manger viande de bonne nourriture, pour espargner, estre braues et bien accoustrées.

Monsieur Ioubert [2] escrit de deux Italiennes : l'vne femme d'vn frippier, et l'autre damoiselle, dans vn mesme mois accoucherent chacune d'vn part monstrueux : celuy de la frippiere estoit petit, ressemblant à vn rat sans queuë, l'autre de la demoiselle estoit gros comme un chat : ils estoient de couleur noire : et au partir de leurs matrices, tels monstres grimperent en haut contre la paroy de la ruelle du lict, et s'y attacherent fermement.

Lycosthenes escrit, que l'an 1494, vne femme de Cracouie, en vne place nommée Sainct Esprit, enfanta vn enfant mort, qui auoit un serpent vif attaché à son dos, qui rongeoit ceste petite creature morte [3].

Leuinus en raconte vne merveilleuse histoire en ceste façon [4]. Ces années passées vne femme vint vers moy pour me demander conseil : laquelle ayant conceu d'vn marinier, le ventre lui commença à enfler de telle sorte, qu'on pensoit qu'elle ne

---

[1] La question traitée dans ce paragraphe l'avait déjà été dans le livre *des Monstres*, édition de 1573 et 1575, chapitre 19. Ce texte primitif mérite d'être reproduit.

« Il s'est veu des femmes auoir ietté par leurs matrices des serpens et autres bestes, ce qui peut aduenir par la corruption de certains excrements estans reteous en leur matrice, comme l'on voit se faire és intestins, et autres parties de notre corps, de gros et longs vers, voire pelus et cornus (comme nous demonstrerons cy après) : Quelques vns ont voulu fredonner que telle chose peut venir quand vne femme se baigne, si par cas fortuit quelque beste venimeuse comme serpens et autres ont frayé, et rendu semence en leau, à l'endroict de laquelle il soit aduenu quon aye espuisé auec leau vne telle ordure, et que puis apres la femme se soit baignée en icelle, veu principalement qu'à cause de la sueur et chaleur, tous ses pores sont dauantage ouuerts : mais telle raison ne peut auoir lieu, attendu que la vertu generatrice de ceste semence est suffoquee et esteinte par la grande quantité deau chaude, ioinct pareillement que la bouche de la matrice ne s'ouure point, si ce n'est à l'heure du coït, ou que les mois coulent. »

[2] Gourdon, liv. 7, chap 18. — A. P.

[1] *Ventre de bureau que de velours*, façon de parler proverbiale pour dire qu'elles soignaient mal leur ventre. *Bureau* était le nom d'une étoffe grossière dont nous avons fait *bure* ; on trouve encore ce mot dans Boileau Despréaux :

Et qui n'étant vêtu que de simple bureau.

[2] Au liure *des Erreurs populaires*. — A. P.

[3] Paré ajoutait : *comme tu vois par ceste figure*, et donnait en effet une misérable figure copiée de Lycosthènes, ouv. cité, page 503. Au reste, cette histoire et cette figure se trouvaient déjà au livre *des Monstres* en 1573 et 1575, chapitre 19, mais après l'histoire qui va suivre.

[4] Liu. 1 de *occult. natur.*, chap. 8.—A. P.

deust iamais porter à terme. Le neufiéme mois passé, elle enuoye querir la sage-femme : et auec grands
efforts, premierement accoucha d'une
masse de chair sans forme, ayant à
chacun costé deux anses longues d'vn
bras, qui remuoit et auoit vie comme
les esponges. Apres luy sortit de la
matrice vn monstre ayant lé nez
crochu, le col long, les yeux estincelans, une queuë aiguë, les pieds
fort agiles. Si tost que ledit monstre
fut sorti, il commença de bruire, et
remplir toute la chambre de sifffle-
mens, courant çà-et-là pour se cacher : sur lequel les femmes se ietterent, et le suffoquerent auec des
oreillers. A la fin la pauure femme
toute lasse et rompue, accoucha d'un
enfant masle, tant bourrelé et tourmenté par ce monstre, qu'il mourut
si tost qu'il eust receu baptesme. Ladite patiente, apres auoir esté longue
espace de temps à se r'auoir, luy ra-
conta le tout fidelement [1].

Çornelius Gemma, medecin de Lou-
uain, en vn liure qu'il a fait depuis peu
de temps, intitulé *De naturæ diuinis
characterismis*, raconte vne histoire
admirable d'vne ieune fille de ladite
ville, aagée de quinze ans, du corps
de laquelle, apres douleurs infinies,
sortirent plusieurs choses estranges
par haut et par bas. Entre lesquelles
elle rendit par le siege auec les excremens, vn animal vif, long d'un pied et
demy, plus gros que le pouce, representant si bien vne vraye et naturelle
anguille, qu'il n'y auoit rien à redire,

fors qu'il auoit la queuë fort pelue [1].

Maistre Pierre Barque, chirurgien
des bandes Françoises, et Claude le
Grand chirurgien, demeurans à Verdun, n'agueres m'ont affirmé auoir
pensé la femme d'un nommé Gras
bonnet, demeurant audit Verdun,
laquelle auoit vne aposteme au ventre : de laquelle ouuerte sortit auec
le pus grand nombre de vers, gros
comme les doigts, ayans la teste aiguë, lesquels lui auoient rongé les
intestins, en sorte qu'elle fut long
temps qu'elle iettoit ses excremens fe-
caux par l'vlcere, et à present est du
tout guerie [2].

Antonius Beniuenius, medecin de
Florence, escrit qu'vn quidam nommé
Iean, menusier, aagé de quarante ans,
auoit presque vne assiduelle douleur
de cœur, pour laquelle auoit esté en
danger de mort. Et pour y obuier,
eut l'opinion de plusieurs medecins
de son temps, sans toutesfois en
auoir receu aucun allegement. Quelque temps apres s'adressa vers luy :
ayant consideré sa douleur, luy
donna vn vomitoire, par lequel ietta
grande quantité de matiere pourrie
et corrompue, sans toutesfois appaiser sa douleur. Derechef luy ordonna
vn autre vomitoire, au moyen duquel il vomit grande quantité de matiere, ensemble un ver de grandeur
de quatre doigts, la teste rouge,
ronde, et de grosseur d'vn gros pois,
ayant le corps plein de poil follet,
la queuë fourchue en forme de crois-

[1] Cette histoire se lisait déjà dans le livre
des Monstres de 1573 et 1575, après le long
passage reproduit dans la note de la page
précédente, et avant l'histoire de Lycosthénes. C'est d'après le texte de ces deux éditions primitives que j'ai restitué la dernière
phrase, qui manque dans toutes les autres.

[1] Paré ajoutait : *Comme tu peux voir par le
portrait cy-dessous, semblable à celuy que
Gemma a mis en son liure.* J'ai retranché
cette absurde figure, que Paré eût bien fait
de laisser à Gemma

[2] C'est par cette histoire, reproduite ici
textuellement, que commençait le chapitre
16 du livre *des Monstres* en 1573.

sant, ensemble quatre pieds, deux
au deuant, et deux au derriere [1].

Ie dis encore qu'aux apostemes il
se trouue des corps fort estranges,
comme pierre, croye, sablon, charbon, coquilles de limaçon, espics,
foin, cornes, poil, et autres choses,
ensemble plusieurs et diuers animaux, tant morts que viuans [2]. Desquelles choses la generation (faite
par corruption et diuerse alteration)
ne nous doit estonner beaucoup, si
nous considerons que, comme Nature
feconde a mis proportionnément en
l'excellent Microcosme toute sorte de
matiere, pour le faire ressembler et
estre comme image viue de ce grand
monde : aussi elle s'esbat à y representer toutes ses actions et mouuemens, n'estant iamais oisiue quand la
matiere ne luy defaut point [3].

[1] Ici encore revenait la phrase habituelle,
comme tu vois par ceste figure, suivie en effet
de la figure annoncée, que j'ai supprimée
comme les autres. Cette suppression m'a
d'autant moins coûté que Beniuieni n'avait
pas donné de figure, et que c'est Paré qui
l'avait fait faire d'après la description. Du
reste, cette histoire avait été ajoutée en
chapitre en 1575, et la figure seulement
en 1579.

[2] Il a déjà dit quelque chose de semblable
au livre des *Tumeurs en general,* ch. 4. —
Voyez t. I, p. 324.

[3] Dans l'édition de 1573, le chapitre se
terminait ainsi :

I'ay escript en mon Traicté de la Peste
*auoir veu vne femme qui auoit ietté vn ver par
le siege de longueur plus d'vne toise, de figure
d'vn serpent : qui voudra sçauoir la generation,
les especes et differences, leurs diuersités de
couleurs, figures d'iceux, les trouuera audict
chapitre.*

Cette citation se rapporte au Traité de
la Peste de 1568, qui a été depuis divisé en
deux livres, celui de *la Peste,* et celui de la
petite Verolle et Lepre; c'est dans ce dernier, chapitre 4, que l'on trouvera l'histoire
et les détails annoncés par l'auteur.

CHAPITRE XVII.

DE CERTAINES CHOSES ESTRANGES QVE NATVRE REPOVSSE PAR SON INCOMPREHENSIBLE PROVIDENCE [1].

Antonius Beniuenius, medecin de
Florence, escrit qu'vne certaine femelle aualla vne aiguille d'airain,

[1] Ce chapitre, qui est bien le 17e de l'é-
dition primitive et de celle de 1575, est le
16e de toutes les autres éditions complètes.
Voyez la note 2 de la page 33.

Mais dans le principe il ne commençait
pas comme aujourd'hui. L'auteur débutait
sans préambule par raconter l'histoire de
monsieur Sarret, qu'on lit aujourd'hui au
chapitre 52 du livre des *Operations de Chirurgie* (voyez tome II, page 500, le texte et la
note), et il ajoutait : *Ce que i'ay veu semblablement aduenir à monsieur le comte de
Mansfelt, de sa blessure de pistole qu'il eut
au bras senestre le iour de la bataille de
Montcontour.* On trouvera l'histoire du comte
de Mansfelt rapportée fort au long au chapitre 14 du livre des *playes d'harquebuses*
(tome II, page 169); seulement il est bien
remarquable qu'en 1573 Paré dise que la
blessure était *au bras senestre,* et en 1575,
au bras dextre; nouvel exemple du danger
pour l'observateur de s'en fier à sa mémoire.
—Ensuite venait l'histoire de *monsieur de la
Croix,* qui plus tard a suivi le sort de celle
de *monsieur Sarret* (voyez tome II, page 500);
il faut dire pourtant que l'édition de 1573
ajoute ce document qui manque dans toutes
les autres, que la blessure était à *la ioincture du coude;* mais quelle confiance accorder à ce renseignement donné de mémoire
plus de neuf ans après l'accident? et ne se
peut-il pas que Paré ait attribué à M. de la
Croix les conditions de la blessure de M. de
Mansfelt, pour lequel nous venons de voir
qu'il avait commis une autre erreur?

Quoi qu'il en soit, notre auteur ne manquait pas, après ces histoires, de raconter
sa discussion sur le trajet de la sanie à travers les vaisseaux, appuyée de la comparai-

sans auoir senti aucune douleur l'espace d'vn an : lequel estant passé, luy suruint grande douleur au ventre, et pour-ce eut l'opinion de plusieurs medecins touchant ceste douleur, sans leur faire mention de ceste aiguille qu'elle auoit auallée : toutesfois aucun ne luy sceut donner allegement : et vesquit ainsi l'espace de dix ans [1] : lors tout à coup par vn petit trou prés du nombril, ladite aiguille sort, et fut guarie en peu de temps.

Vn escolier nommé Chambellant, natif de Bourges, estudiant à Paris au college de Presle, aualla vn espy d'herbe nommé gramen, lequel sortit quelque temps apres entre les costes tout entier, dont il en cuida mourir : et fut pensé par defunt monsieur Fernel, et monsieur Huguet, Docteurs en la faculté de Medecine. Il me semble c'estoit fort fait à Nature d'auoir expulsé ledit espy de la substance des poumons, auoir fait ouuerture à la membrane pleuretique, et aux muscles qui sont entre les costes : et neantmoins receut guerison ; et croy qu'il soit encore viuant.

Cabrolle [1], chirurgien de monsieur le Mareschal d'Anuille, n'agueres m'a certifié que François Guillemet, chirurgien de Sommieres, petite ville qui est à quatre lieuës prés de Montpellier, auoit pensé et gueri vn berger auquel des voleurs auoient fait aualler vn cousteau de longueur d'vn demy-pied, et le manche estoit de corne, de grosseur d'vn pouce : qui fut l'espace de six mois en son corps, se plaignant grandement, et deuint etique, sec et emacié : en fin luy suruint vne aposteme au-dessous de l'aine, iettant grande quantité de pus fort puant et infect, par laquelle en presence de la iustice fut tiré ledit cousteau, lequel monsieur Ioubert, medecin celebre à Montpellier, garde en son cabinet, et l'a monstré à plusieurs, comme vne chose admirable, digne de grande memoire, et monstrueuse. Ce que pareillement Iacques Guillemeau, Chirurgien Iuré à Paris, m'a affermé auoir veu au cabinet de monsieur Ioubert, pour lors estant à Montpellier [2].

Monsieur de Rohan auoit vn fol nommé Guion, qui aualla la pointe d'vne espée tranchante, de longueur de trois doigts ou enuiron, et douze iours apres la ietta par le siege : et ne fut sans luy aduenir de grands accidens, toutesfois rechappa : il y a des gen-

---

son des *monte-vins*, de celle du lait des femmes nouuellement accouchées qui s'écoule par la matrice ; en alléguant également l'exemple du chyle attiré par le foie, de la semence parcourant les vaisseaux du testicule. On peut retrouver toute cette discussion, avec des changements insignifiants de rédaction, aux pages 501 et 502 de notre tome deuxième.

Après tout cela venait ensuite l'histoire de l'*escolier Chambellant*, qui est la seconde du chapitre actuel. Quant à celle de Benivieni, elle a été ajoutée en 1575, en même temps que toutes les précédentes étaient supprimées.

[1] Paré avait mis par erreur, *deux ans* ; le texte de Benivieni porte, *decem annis*.

[1] L'édition de 1573 disait *monsieur Cabrolle* ; le *monsieur* a été retranché dès 1579, probablement parce que c'était trop d'honneur pour un chirurgien. Cabrol vivait encore en 1595.

[2] Cette dernière phrase, dans laquelle Paré appelle Guillemeau en témoignage, a été ajoutée en 1579, et n'a pas été changée depuis. On voit que Guillemeau n'y est pas encore nommé chirurgien du roi. Voyez tome II, page 799, la note 1 de la deuxième colonne.

tils-hommes de Bretagne encore viuans qui la luy virent aualler.

On a veu aussi à certaines femmes, l'enfant estant mort dans leur
matrice, les os sortir par l'ombilic,
et la chair par pourriture estre iettée
par le col de leur matrice, et par le
siege, s'estant fait abcés: ce que deux
chirurgiens celebres et dignes de foy
m'ont certifié auoir veu à deux diuerses femmes.

Pareillement monsieur Dalechamps
en sa Chirurgie Françoise, recite
qu'Albucrasis auoit traité vne dame
de mesme chose, dont l'issue fut
bonne, ayant recouuert sa santé,
toutesfois sans porter enfans depuis.

Semblablement est vne chose bien
monstrueuse de voir vne femme,
d'vne suffocation de matrice estre
trois iours sans se mouuoir, sans apparence de respirer, sans apparente
pulsation d'artere : dont quelques
vnes ont esté enterrées viues, pensans
leurs amis qu'elles fussent mortes.

Monsieur Fernel escrit d'vn certain
adolescent, lequel apres auoir pris
grand exercice, commença à toussir
iusques à tant qu'il eust ietté vne
aposteme entiere de la grosseur d'vn
œuf, laquelle estant ouuerte fut trouuée pleine de bouë blanche, enueloppée en vne membrane. Iceluy
ayant craché le sang par deux iours,
auec vne grande fiéure, toutesfois
rechappa [1].

L'enfant d'un marchand drapier,
nommé de-Pleurs, demeurant au coin
de la rue neufue nostre Dame de Paris, aagé de vingt deux mois, aualla
vne piece d'vn miroir d'acier, qui
descendit en la bourse, et fut cause
de sa mort. Estant decedé, fut ou-

uert en la presence de monsieur le
Gros, docteur regent en la faculté de
Medecine à Paris, et l'ouuerture
faite par maistre Balthazar, chirurgien pour lors 'de l'Hostel-Dieu. Curieux de la verité, m'en allay parler
à la femme dudit de-Pleurs, laquelle
m'affirma la chose estre vraye, et me
monstra la piece de miroir qu'elle
portoit en sa bourse : qui estoit de
telle figure et grandeur [1].

Figure d'vne piece de miroir, qu'avalla vn en-
fant aagé de vingt deux mois, qui fut cause
de sa mort.

Valescus de Tarante medecin, en
ses Obseruations medicinales et exemples rares, dit qu'vne ieune fille Ve-
nitienne aualla vne aiguille en dormant, de la longueur de quatre doigts,
et dix mois après la ietta par la vessie
auec l'vrine [2].

L'an 1578, au mois d'octobre, Tiennette Chartier, demeurant à sainct
Maur les Fossés, femme vefue aagée
de quarante ans, estant malade d'vne
fiéure tierce, vomit au commencement de son accés grande quantité
d'humeur bilieux, auec lequel elle

---

[1] Le chapitre se terminait là en 1573 et
1575 ; le reste est de diverses dates.

[1] Cette histoire a été ajoutée en 1585, de
même que l'observation suivante de Valescus.

[2] Valescus de Tarante n'a point écrit
d'*Observations medicinales* ; Paré cite par
mégarde le titre d'un livre de Rembert Dodoens, *Medicinalium Observationum Exem-*
pla rara, à la suite duquel Dodoens a publié
quelques faits extraits du *Philonium* de Valescus.

reietta trois vers qui estoient velus, et du tout semblables en figure,
couleur, longueur et grosseur à chenilles, sinon qu'ils estoient plus noirs:
lesquels depuis vesquirent huit iours
et plus, sans aucun aliment. Et furent
iceux apportés par le barbier dudit
sainct Maur à monsieur Milot, docteur
et lecteur des escoles en Medecine,
qui pensoit lors ladite Chartier, lequel
me les monstra. Messieurs le Féure,
le Gros, Marescot, et Courtin Docteurs
en Medecine, les ont aussi veus [1].

Ie ne puis encore passer que ne
recite ceste histoire prise aux Chroniques de Monstrelet, d'vn franc-archer de Meudon pres Paris, qui estoit
prisonnier au Chastelet pour plusieurs larcins, dont il fut condamné
d'estre pendu et estranglé : il en appella en la cour de Parlement, et par
icelle cour fut declaré estre bien iugé
et mal appellé. En mesme iour fut
remonstré au roy par les medecins
de la ville, que plusieurs estoient fort
trauaillés et molestés de pierre, colique, passion et maladie de costé,
dont estoit fort molesté ledit franc-
archer, et aussi desdites maladies estoit fort molesté monseigneur de
Boscage, et qu'il seroit fort requis de
voir les lieux où lesdites maladies
sont concreées dedans les corps humains, laquelle chose ne pouuoit estre mieux sceuë qu'en incisant le
corps d'un homme viuant : ce qui

pouuoit estre bien fait en la personne
d'iceluy franc-archer, qui aussi bien
estoit prest de souffrir la mort : laquelle ouuerture fut faite au corps
dudit franc-archer, et dedans iceluy
quis et regardé le lieu desdites maladies, et aprés qu'ils eurent esté
veus, fut recousu, et ses entrailles
remises de lans : et par l'ordonnance
du roy fut bien pensé, tellement que
dedans quelques iours il fut bien
guari : et eut sa remission, et luy fut
donné auec ce argent [1].

CHAPITRE XVIII.

DE PLVSIEVRS AVTRES CHOSES ES-
TRANGES.

Alexandre Benedict recite en sa
Pratique, auoir veu vne femme
nommée Victoire, laquelle auoit perdu
toutes ses dents : et estant deuenue
chauue, autres dents luy reuinrent
toutes en l'aage de quatre vingts ans.

Antonius Beniuenius medecin, au
liure 1. chap. 83, fait mention d'vn
nommé Iacques le larron, lequel estant decedé, luy fut trouué le cœur
tout couuert de poil [2].

Le fils de Bermon, Baille demeurant en la ville de S. Didier, au païs
de Vellay, auoit vne loupe sur le
sourcil de l'œil dextre, laquelle commençoit desia à l'offusquer et couurir, et partant voulut que i'en fisse
amputation (ce que ie fis il n'y a pas
long-temps, et trouuay la loupe pleine

---

[1] Cette histoire a été ajoutée en 1575, en
même temps que la suivante. La place
qu'elles occupent est une nouvelle preuve
du peu de soin avec lequel Paré faisait ces
additions; car évidemment cette histoire de
vers rejetés par le vomissement revenait de
droit au chapitre qui précède; et l'anecdote
du franc archer de Meudon convenait beaucoup mieux au chapitre *des pierres qui s'engendrent au corps humain.*

[1] On peut comparer cette citation avec le
texte original de Jean de Troyes, que j'ai
donné dans mon Introduction, tome I, page
cv. C'est à Jean de Troyes que Monstrelet
avait emprunté cette anecdote.

[2] Cette citation de Benivenius ne date que
de 1585.

de poil, auec vne matiere mucilagineuse : et en huit iours la playe fut totalement consolidée [1].

Estienne Tessier, maistre barbier chirurgien demeurant à Orleans, homme de bien, et experimenté en son art, m'a recité que depuis peu de temps auoit pensé et medicamenté Charles Verignel, sergent demeurant à Orleans, d'vne playe qu'il auoit receuë au iarret, partie dextre, auec incision totale des deux tendons qui flechissent le iarret : et pour l'habiller luy fit flechir la iambe, en sorte qu'il cousit les deux tendons bout à bout l'vn de l'autre, et la situa et traita si bien, que la playe fut consolidée sans estre demeuré boiteux : chose digne d'estre bien notée au ieune chirurgien, à fin que lorsqu'il luy viendra entre ses mains telle chose, il en face le semblable.

Que diray-ie d'auantage? C'est que i'ay veu plusieurs guaris, ayans des coups d'espées, de fleches, d'harquebuse au trauers du corps : d'autres des playes à la teste, auec deperdition de la substance du cerueau : autres auoir les bras et les iambes emportées de coups de canon, neantmoins receuoir guarison : et d'autres qui n'auoient que des petites playes superficielles, que l'on estimoit n'estre rien, toutesfois mouroient auec grands et cruels accidens. Hippocrates au cinquiéme *des epidemies*, dit auoir arraché six ans apres vn

fer de fleche qui estoit demeuré au plus profond de l'aine, et n'en rend autre cause de ceste longue demeure, sinon qu'il estoit demeuré entre les nerfs, veines, et arteres sans en blesser vne seule [1]. Et pour conclusion ie diray auec Hippocrates (pere et autheur de la medecine) qu'aux maladies il y a quelque chose de diuin, dont l'homme n'en sçauroit donner raison. Ie ferois icy mention de plusieurs autres choses monstrueuses qui se font aux maladies, n'estoit que ie crains d'estre trop prolixe, et repeter vne chose trop de fois.

CHAPITRE XIX.

EXEMPLE DES MONSTRES QVI SE FONT PAR CORRVPTION ET POVRRITVRE [2].

Boistuau en ses *Histoires prodigieuses* escrit, que luy estant en Auignon, vn artisan ouurant vn cercueil de plomb d'vn mort, bien couuert et soudé, de façon qu'il n'y auoit aucun air, fut mordu d'un serpent qui estoit enclos dedans, la morsure duquel estoit si veneneuse, qu'il en cuida mourir. L'on peut bien donner raison de la naissance et de la vie de cest animal : c'est qu'il fut engendré de la pourriture du corps mort.

[1] J'ai rétabli cette observation dans le texte d'après l'édition de 1573. Elle avait été retranchée dès 1575, et il est difficile d'en comprendre la raison, à moins que l'auteur ne l'ait effacée par erreur avec une phrase qui suivait concernant les corps étrangers dans les loupes et apostèmes, et qu'il voulait transporter au livre des Tumeurs, ch. 4. Voyez la note 1 de la page 39.

[1] Cette histoire, empruntée d'Hippocrate, n'a été insérée en cet endroit qu'en 1579.

[2] Ce chapitre était bien plus étendu dans les deux éditions de 1578 et 1575. Il commençait par une discussion sur les serpents contenus dans la matrice des femmes, puis par deux autres histoires tirées de Levinus et de Lycosthènes. Tout cela a été reporté en 1579 dans un appendice au chapitre 8 du livre *de la petite Verolle*, que j'ai remis à sa place naturelle comme chap. 16 du présent livre. Voyez les notes des pages 33 et 36.

Baptiste Leon escrit pareillement, que du temps du Pape Martin cinquiéme, fut trouué en vne grande pierre solide vn serpent vif enclos, n'y ayant aucune apparence de vestige par lequel il deust respirer.

En cest endroit ie veux reciter vne semblable histoire. Estant en vne mienne vigne prés le village de Meudon [1], où ie faisois rompre de bien grandes et grosses pierres solides, on trouua au milieu de l'vne d'icelles vn gros crapaud vif, et n'y auoit aucune apparence d'ouuerture : et m'esmeruueillay comme cest animal auoit peu naistre, croistre et auoir vie. Lors le carrier me dit qu'il ne s'en falloit esmerueiller, par-ce que plusieurs fois il auoit trouué de tels et autres animaux au profond des pierres, sans apparence d'aucune ouuerture. On peut aussi donner raison de la naissance et vie de ces animaux : c'est qu'ils sont engendrés de quelque substance humide des pierres, laquelle humidité putrefiée produit telles bestes.

CHAPITRE XX.

EXEMPLE DE LA COMMISTION ET MESLANGE DE SEMENCE.

Il y a des monstres qui naissent moitié de figure de bestes, et l'autre humaine, ou du tout retenans des animaux, qui sont produits des sodomites et des atheistes, qui se ioignent et desbordent contre nature auec les bestes, et de là s'engendrent plu-

sieurs monstres hideux et grandement honteux à voir et à en parler. Toutesfois la deshonnesteté gist en effet, et non en paroles : et est lors que cela se fait vne chose fort malheureuse et abominable, et grande horreur à l'homme ou à la femme se mesler et accoupler auec les bestes brutes : et partant aucuns naissent demy hommes et demy bestes.

Le semblable se fait, si bestes de diuerses especes cohabitent les vnes auec les autres, à cause que Nature tasche tousiours à faire son semblable : comme il s'est vu vn aigneau ayant la teste d'un porc, parce qu'vn verrat auoit couuert la brebis : car nous voyons mesme aux choses inanimées, comme d'vn grain de froment, venir non l'orge, mais le froment : et du noyau d'abricot venir vn abricotier, et non le pommier, par-ce que Nature garde tousiours son genre et espece.

L'an 1493, vn enfant fut conceu et engendré d'vne femme et d'vn chien, ayant depuis le nombril les parties superieures semblables à la forme et figure de la mere, et estoit bien accompli, sans que Nature y eust rien obmis : et depuis le nombril auoit toutes les parties inferieures semblables aussi à la forme et figure de l'animal qui estoit le pere : lequel (ainsi que Volateranus escrit) fut enuoyé au pape qui regnoit en ce temps-là. Cardan, liure 14. chap. 64. *de la varieté des choses*, en fait mention [1].

Cœlius Rhodiginus en ses *antiques*

---

[1] Nous avons dit dans notre introduction, d'aprés M. E. Bégin, que Paré avait une campagne à Meudon ; lui-même nous donne ici la preuve qu'il y possédait en effet quelques propriétés.

[1] Ici Paré donnait la *figure d'vn enfant demychien* que, malgré ses savantes citations, il avait tout simplement copiée de Lycosthènes, son guide ordinaire, ouv. cité, p. 502 et 656.

Leçons [1], dit qu'vn pasteur nommé Cratain en Cybare, ayant exercé auec vne de ses chéures son desir brutal, la chéure chéureta quelque temps apres vn chéureau qui auoit la teste de figure humaine, et semblable au pasteur : mais le reste du corps sembloit à la chéure.

L'an onze cens et dix, vne truye en vn bourg du Liege cochonna vn cochon ayant la teste et le visage d'homme, semblablement les mains et les pieds, et le reste comme vn cochon [2].

L'an 1564 à Bruxelles, au logis d'un nommée Ioest Dickpert, demeurant rue Warmoesbroeck, vne truye cochonna six cochons, desquels le premier estoit vn monstre ayant face d'homme, ensemble bras et mains, representant l'humanité generalement depuis les espaules : et les deux iambes et train de derriere de pourceau, ayant la nature de truye : il tetoit comme les autres, et vesquit deux iours : puis fut tué auec la truye, pour l'horreur qu'en auoit le peuple [3].

L'an 1571 à Anuers, la femme d'vn compagnon imprimeur nommé Michel, demeurant au logis de Iean Mollin, tailleur d'histoires, à l'enseigne du pied d'or, à la Camerstrate, le propre iour sainct Thomas, sur les dix heures du matin, accoucha d'vn monstre representant la figure d'vn vray chien, excepté qu'il auoit le col fort court, et la teste ne plus ne moins qu'vne volaille, toutesfois sans poil : et n'eut point de vie, parce que ladite femme accoucha auant terme : et à l'heure mesme de son enfantement, iettant vn horrible cry (chose esmerueillable) la cheminée du logis cheut par terre, sans aucunement offenser quatre petits enfans qui estoient à l'entour du foyer [1].

L'an 1224, prés de Verone, vne iument poulena vn poulain qui auoit vne teste d'homme bien formée, et le reste d'vn cheual. Le monstre auoit la voix d'homme, au cry duquel vn villageois du païs accourut, et s'estonnant de voir vn monstre si horrible, le tua : à raison de quoy estant mis en iustice, et interrogué tant sur la naissance de ce monstre que de la raison qui le luy auoit fait tuer, dit que l'horreur et espouuentement qu'il en auoit eu le luy auoit fait faire, et partant fut absout [2].

[1] Lib. 25, ch. 32. — A. P. — 1573.

[2] Ici se trouvait la *figure d'vn cochon ayant la teste, pieds et mains d'homme, et le reste d'vn cochon*. Paré citait en marge *Lycosthenes*; et en effet on trouve cette figure répétée en de nombreux endroits de l'ouvrage de cet auteur, pages 124, 136, 371, 374, etc., etc.

[3] Toutes les éditions ajoutent : *dont tu as icy le portrait qui t'est representé le plus naturellement possible;* puis venait une figure absurde, dont on peut se faire une idée d'après le texte. Je ne sais où Paré a emprunté cette histoire, non plus que la suivante, à moins que ce ne soit à Cornelius Gemma, déjà cité plus haut, page 38.

[1] L'auteur ajoutait en 1573 : *Et parceque c'est vne chose recente, il m'a semblé bon pour la posterité d'en donner icy le portrait.* Plus tard il effaça ces mots ambitieux : *pour la posterité,* et j'ai supprimé tout le reste.

[2] Cette histoire ne se lit ici que dans les éditions de 1573 et 1575; plus tard elle fut transportée au chapitre 3 (voyez ci-devant, page 4, la note 1 de la 2e colonne). Mais elle avait été étrangement écourtée, et c'est pourquoi j'ai cru devoir la rétablir ici avec le texte complet primitif.

Loys Cellée escrit auoir leu en vn autheur approuué, qu'vne brebis conceut et aignela d'vn lyon, chose monstrueuse en nature [1].

Le 13. iour d'auril 1573, vn aigneau nasquit en vn lieu nommé Chambenoist, faux-bourg de Sezanne, en la maison de Iean Poulet, mesureur de sel : et ne fut conneu en cest aigneau vie, sinon qu'il fut veu remuer bien peu : sous les oreilles y auoit vne emboucheure approchant de la forme d'vne lamproye [2].

Ceste année presente mil cinq cens soixante et dix sept, nasquit vn aigneau au village nommé Blandy, vne lieuë et demie prés Melun, ayant trois testes en vne : celle du milieu estoit plus grosse que les deux autres, et quand vne desdites testes belloit, les autres faisoient le semblable. Maistre Iean Bellanger, chirurgien demeurant en la ville de Melun, affirme l'auoir veu, et en a fait portraire la figure, laquelle a esté criée et vendue par ceste ville de Paris, auec priuilege, auec deux autres monstres, l'vn de deux filles iumelles, et vn autre ayant la face d'vne grenoüille, qui a esté cy deuant figuré [3].

[1] Cette citation de Louis Cellée a été ajoutée en 1585.

[2] *La figure duquel est telle que tu vois ;* encore une figure absurde que j'ai retranchée, et dont on peut d'ailleurs se faire une suffisante idée d'après le texte. Cette histoire a été ajoutée en 1579.

[3] *La date de cette histoire indique assez* qu'elle n'a pu être insérée ici qu'en 1579. On voit cependant par ces deux dates que Paré n'attendait pas la réimpression de ses Œuvres pour y ajouter et corriger.

La figure à laquelle il renvoie a été supprimée ; mais on peut en voir l'histoire ci-devant, pages 24 et 25.

La figure d'vn aigneau ayant trois testes.

Il y a des choses diuines cachées et admirables aux monstres, principalement à ceux qui aduiennent du tout contre nature : car à iceux les principes de philosophie faillent, partant on n'y peut asseoir certain iugement. Aristote en ses problemes dit qu'il se fait des monstres en nature, à cause de la mauuaise disposition de la matrice, et cours de certaines constellations. Ce qui aduint du temps d'Albert, en vne metairie, qu'vne vache fit vn veau demy-homme : dequoy les villageois se doutans du pasteur, l'accuserent en iugement, pretendans le faire brusler auec ladite vache : mais Albert, pour auoir fait plusieurs experiences en astronomie, connoissoit (disoit-il) la verité du fait, et dit cela estre aduenu par vne speciale constellation : de sorte que le pasteur fut deliuré et purgé de l'imposition de tel execrable crime. Ie doute fort si le iugement du seigneur Albert estoit bon [1].

[1] Les éditions de 1573 et 1575 ajoutent : *parce que Dieu n'est point lié ny subiect de suyure l'ordre qu'il a establi en nature, ny en mouuement des astres et planettes.* En même temps on lisait cette note marginale : *Le iugement des astrologues est fort douteux, que ie*

Or ie delaisse icy à escrire plusieurs autres monstres engendrés de ceste farine, ensemble leurs portraits, lesquels sont si hideux et abominables, non seulement à voir, mais aussi d'en ouyr parler, que pour leur grande detestation ne les ay voulu reciter ne faire portraire. Car (comme dit Boistuau, apres auoir recité plusieurs histoires sacrées et profanes, qui sont toutes remplies de griefues peines sus les paillards) que doiuent esperer les atheïstes et sodomites, qui se foignent contre Dieu et Nature (comme i'ay dit cy-dessus) auec les bestes brutes? A ce propos saint Augustin dit, la peine des paillards estre de tomber en aueuglement, et deuenir enragés apres qu'ils sont delaissés de Dieu, et ne voir point leur aueuglement, ne pouuans escouter bon conseil, prouoquans l'ire de Dieu contre eux.

CHAPITRE XXI.

EXEMPLE DE L'ARTIFICE DES MESCHANS GVEVX DE L'OSTIERE [1].

I'ay souuenance estant à Angers, mil cinq cens vingt cinq, qu'vn meschant coquin auoit coupé le bras d'vn pendu, encores puant et infect, lequel il auoit attaché à son pourpoint, estant appuyé d'vne fourchette contre son costé, et cachoit son bras

naturel derriere son dos, couuert de son manteau, à fin qu'on estimast que le bras du pendu estoit le sien propre: et crioit à la porte du temple qu'on lui donnast l'aumosne en l'honneur de sainct Antoine. Vn iour du Vendredy sainct, le monde voyant ainsi le bras pourri, luy faisoit aumosne, pensant qu'il fust vray. Le coquin ayant par long espace de temps rémué ce bras, en fin se destacha et tomba en terre, où tout subit le releuant, fut apperceu de quelques-vns auoir deux bons bras, sans celuy du pendu : alors fut mené prisonnier, puis condamné à auoir le fouët, par l'ordonnance du magistrat, ayant le bras pourri pendu à son col, deuant son estomach, et banni à iamais hors du pays.

CHAPITRE XXII.

L'IMPOSTVRE D'VNE BELISTRESSE FEIGNANT AVOIR VN CHANCRE A LA MAMMELLE.

Vn mien frere nommé Iehan Paré[1], chirurgien demeurant à Vitré, ville de Bretagne, vit vne grosse et potelée cagnardiere demandant l'aumosne à la porte d'vn temple vn dimanche, laquelle feignoit auoir vn chancre à la mammelle, qui estoit vne chose fort hideuse à voir, à cause d'une grande quantité de boué qui

---

leur laisse à disputer et à prouuer. Ieremie, 10. *Dieu n'est point subiet aux astres, car il est autheur de toutes choses. Liure des Epheses.* — Les derniers membres de ces deux phrases : *que ie leur laisse,* etc. ; *car il est autheur,* etc. furent retranchés en 1558.

[1] *Gueux de l'Ostiere* ou *de l'hostiere*, mendiants ; le traducteur latin traduit ce mot par *mendicantes. Le Rabelaisiana* donne comme synonymes : *gueux de l'hopital,* ou suivant d'autres, *gueux de l'ost,* qui demande à la porte des maisons.

[1] Toutes les éditions du vivant de l'auteur portent *Iehan,* les autres *Iean* ; j'ai conservé l'orthographe primitive, qui peut être regardée à la fois comme celle de l'auteur et celle de l'époque dont il parle.

sembloit en decouler sus vn linge qu'elle auoit deuant soy. Mondit frere contemplant sa face, qui estoit d'vne viue couleur, monstrant estre bien saine, et les parties d'autour son chancre vlceré blanches et de bonne couleur, et le reste de son corps bien habitué, iugea en soy-mesme que ceste garce ne pouuoit auoir vn chancre estant ainsi grasse, potelée et goujue, s'asseurant que c'estoit vne imposture : ce qu'il de-nonça au magistrat (dit en ce pays-là l'Aloüé [1]), lequel permit à mondit frere la faire mener en son logis pour connoistre plus certainement l'imposture. Laquelle y estant arriuée, luy descouurit toute sa poitrine, et trouua qu'elle auoit sous son aisselle vne esponge trempée et imbuë de sang de beste et de laict meslés ensemble, et vn petit tuyau de sureau par lequel ceste mixtion estoit conduite par des faux trous de son chancre vlceré, decoulant sus le linge qu'elle auoit deuant soy : et par cela conneut pour certain que le chancre estoit artificiel. Alors print de l'eau chaude, et fomenta la mammelle, et l'ayant humectée, leua plusieurs peaux de grenoüilles noires, vertes, et iaunastres, mises les vnes sus les autres, colées auec bol armene et blanc d'œuf et farine, ce que l'on sceut par sa confession : et les ayant toutes leuées, on trouua le tetin sain et entier, et en aussi bonne disposition que l'autre. Ceste imposture descouuerte, ledit Aloüé la fit constituer prisonniere, et estant inter-

rogée, confessa l'imposture, et dit que ç'auoit esté son gueux qui l'auoit ainsi accoustrée : lequel semblablement feignoit d'auoir vne vlcere grande et enorme à la iambe ; ce qui sembloit estre vray par le moyen d'vne ratte de bœuf qu'il posoit le long et autour de sa iambe, attachée et fenestrée bien proprement, auec vieux drapeaux aux deux extremités : de façon qu'elle sembloit estre plus grosse deux fois que la naturelle : et pour faire la chose plus monstrueuse et hideuse à voir, faisoit plusieurs cauités en ladite ratte, et par dessus iettoit de ceste mixtion faite de sang et de lait, et sus tous ses drapeaux. Ledit Aloüé fit chercher ce maistre gueux, larron, imposteur, lequel ne put estre trouué, et condamna la pute à auoir le foüet, et bannie hors du pays : qui ne fut sans estre auparauant bien estrillée à coups de foüet de cordes noüées, ainsi qu'on faisoit en ce temps-là.

CHAPITRE XXIII.

L'IMPOSTVRE D'VN CERTAIN MARAVT QVI CONTREFAISOIT LE LADRE.

Vn an après vint vn gros maraut qui contrefaisoit le ladre, se mit à la porte du temple, desployant son Oriflan [1], qui estoit vn couurechef, sus lequel posa son baril et plusieurs especes de petite monnoye, tenant en sa main dextre des cliquettes, les faisant cliqueter assez haut : la face couuerte de gros boutons, faits de cer-

---

[1] L'édition de 1573 porte : *Laloüé*, ce qui est une faute d'impression, puisqu'un peu plus tard elle dit : *ledict Aloüé*.

Du reste, toutes les autres éditions ont corrigé dans ce sens.

[1] *Oriflan*, oriflant, oriflambe, pour oriflamme, bannière, enseigne. Il est pris ici au figuré ; le latin dit : *merces suas explicuit.*

taine colle forte, et peinte d'vne façon rougeastre et liuide, approchant
à la couleur des ladres, et estoit fort
hideux à voir : ainsi par compassion
chacun luy faisoit aumosne. Mondit
frere s'approcha de luy, et luy demanda depuis quel temps il estoit
ainsi malade : luy respondit d'vne
voix cassée et rauque, qu'il estoit
ladre dés le ventre de sa mere, et que
ses pere et mere en estoient morts, et
que leurs membres leur en estoient
tombés par pieces. Ce ladre auoit certaine lisiere de drap entortillée autour de son col : et par dessous son
manteau de sa main senestre se ser-
roit la gorge, à fin de se faire monter
le sang à la face, pour la rendre encore plus hideuse et defigurée, et
aussi pour faire sa voix enroüée, qui
se faisoit par l'angustie et stricture de
la trachée artere, serrée par la lisiere. Mondit frere estant ainsi à deuiser auec luy, le ladre ne put si
long temps demeurer qu'il ne deser-
rast sa lisiere, pour reprendre vn peu
son haleine : ce que mondit frere apperceut, et par ainsi eut soupçon
que ce fust quelque fausseté et imposture. Parquoy s'en alla vers le
Magistrat, le priant luy vouloir tenir
la main pour en sçauoir la verité :
ce que volontiers luy accorda, com-
mandant qu'il fust mené en sa maison pour esprouuer s'il estoit ladre.
La premiere chose qu'il fit,, ce fut de
luy oster la ligature d'autour du col,
puis luy lauer la face auec de l'eau
chaude, et par icelle tous ses boutons
se destacherent et tomberent, et la
face demeura viue et naturelle, sans
nul vice. Cela fait, le fit despoüiller
nud, et ne trouua sus son corps aucun signe de lepre, tant vniuoque
qu'equiuoque. Le Magistrat estant
aduerti de ce, le fit constituer pri-

sonnier, et trois iours aprés fut interrogué : où il confessa la verité
(qu'il ne pouuoit nier) aprés vne longue remontrance que luy fit le magistrat, luy mettant deuant les yeux
qu'il estoit vn larron du peuple, estant sain et entier pour trauailler.
Ce ladre luy dit qu'il ne sçauoit mestier autre que de contrefaire ceux qui
sont trauaillés du mal S. Iean,
S. Fiacre, S. Main : bref qu'il sçauoit
contrefaire plusieurs maladies, et
qu'il n'en auoit iamais trouué de plus
grand reuenu que de contrefaire le
ladre : alors fut condamné d'auoir le
foüet par trois diuers samedis, ayant
son baril pendu au col deuant sa poitrine, et ses cliquettes derriere son
dos, et banni à iamais hors du pays sus
peine de la hart. Quand ce vint au
dernier samedy, le peuple crioit à
haute voix au bourreau : *Boute, boute,
monsieur l'ufficier, il n'en sent rien,
c'est vn ladre* : dont à la voix du peuple monsieur le bourreau s'acharna
tellement à le foüetter, que peu de
temps aprés il mourut, tant pour le
foüet dernier, que pour luy auoir renouuellé ses playes par trois diuerses
fois : chose qui ne fut grandement
dommageable pour le pays [1].

Les vns demandent à loger, et estre à couuert au soir : et les ayant
par pitié mis au dedans, ouurent les
portes, et donnent entrée à leurs compagnons, lesquels pillent, et souuent
tuent ceux qui les auront hebergés :
ainsi vn homme de bien sous bonne
foy souuent sera tué et pillé de tels
meschans, ce qu'on a veu plusieurs
fois.

Autres s'enueloppent la teste de
quelque meschant drapeau, et se

[1] Ici se terminait ce chapitre en 1573 et
1575 ; le reste est de 1579.

couchent dedans le fient en certains lieux où le monde passe, demandans l'aumosne auec vne voix basse et tremblante, comme ceux qui ont vn commencement de fiéure : et ainsi contrefaisans estre bien malades, le monde en ayant pitié leur donne, et cependant n'ont aucun mal.

Ils ont vn certain iargon par lequel ils se connoissent et entendent les vns les autres, pour mieux deceuoir le monde, et sous ombre de compassion on leur donne l'aumosne, qui les entretient en leur meschanceté et imposture.

Les femmes feignent estre grosses, voire prestes d'accoucher, posans vn oreiller de plume sus le ventre, demandant du linge et autres choses necessaires pour leurs couches : ce qu'encores nagueres i'ay descouuert en ceste ville de Paris.

Autres se disent icteriques et auoir la iaunisse, se barboüillant tout le visage, bras, iambes et poitrine, auec de la suye delayée en eau : mais telle imposture est aisée à descouurir, regardant seulement le blanc de leurs yeux : car c'est la partie du corps où ladite iaunisse se monstre premierement : autrement leur frottant le visage auec vn linge trempé en eau, leur fallace est descouuerte. Certes, tels larrons, belistres, et imposteurs, pour viure en oysiueté, ne veulent iamais apprendre autre art que telle mendicité, qui à la verité est vne escole de toute meschanceté : car quels personnages sçauroit-on trouuer plus propres pour exercer macquerellages, semer poisons par les villages et villes, pour estre boutefeux, pour faire trahisons, et seruir d'espions, pour desrober, brigander, et toute autre meschanceté pratique? Car outre ceux qui ont esté meur-

triers d'eux-mesmes, et qui ont cauterisé et stigmatisé leurs corps, ou qui ont vsé d'herbes et drogues pour rendre les playes et corps plus hideux, il s'en est trouué qui ont desrobé des petits enfans, et leur ont rompu les bras et iambes, creué les yeux, coupé la langue, pressé et enfoncé la poitrine, disans que la foudre les auoit ainsi meurtris, pour (les portant parmy le monde) auoir couleur de mendier et attrapper deniers.

Autres prennent deux petits enfans, et les mettent en deux panniers sur vn asne, crians qu'ils ont esté expoliés, et leur maison bruslée. Autres prennent vne pance de mouton, l'appoprians sur le bas du ventre, disans estre rompus et greués, et qu'il les conuient tailler, et amputer leurs testicules. Autres cheminent sur deux petites tablettes, qui peuuent voltiger et faire soubresauts autant bien qu'vn basteleur. Autres feignent venir de Ierusalem, rapportans quelques bagatelles pour reliques, et les vendent aux bonnes gens de village. Autres ont vne iambe pendue à leur col : autres contrefont estre aueugles, sourds, impotens, cheminans à deux potences [1], au demeurant bons compagnons.

Que diray-je plus? C'est qu'ils departent les prouinces, pour en certain temps rapporter tout au commun butin, feignans faire voyage à sainct Claude, sainct Main, sainct Maturin, sainct Hubert, à nostre dame de Lorette, en Ierusalem, et sont ainsi enuoyés pour voir le monde, et apprendre : par lesquels mandent de ville en ville aux gueux leurs compagnons, en leur iargon, ce qu'ils sça-

[1] A deux béquilles; voyez la figure des *potences* au liv. 17, ch. 13, t. II, page 621.

uent de nouueau et qui concerne leur fait, comme de quelque maniere de faire nouuellement inuentée pour attrapper monnoye.

Puis n'agueres vn gros maraut feignoit estre sourd, muet, et boiteux: toutesfois par le moyen d'vn instrument d'argent qu'il disoit auoir eu en Barbarie (marqué toutesfois de la marque de Paris) il parloit de façon qu'on le pouuoit entendre. Il fut apperceu estre imposteur, et fut mis és prisons de sainct Benoist, et par la priere de monsieur le Baillif des pauures, i'allay ausdites prisons pour visiter ledit maraut auec compagnie, et feismes rapport à messieurs du Bureau des pauures de Paris, comme s'ensuit.

Nous Ambroise Paré, Conseiller, et premier Chirurgien du Roy, Pierre Pigray, Chirurgien ordinaire de sa Maiesté, et Claude Viard, Chirurgien à Paris [1], certifions ce iourd'huy, par la priere du Procureur des pauures, auoir veu et visité és prisons de S. Benoist vn quidam lequel n'a voulu dire son nom, aagé de quarante ans ou enuiron: sur lequel auons trouué vne tierce partie de l'oreille dextre perdue, qui luy a esté coupée. Semblablement vne marque sus l'espaule dextre, qu'estimons auoir esté faite par vn fer chaud. D'auantage contrefaisoit vn grand tremblement de iambe, iceluy disant prouenir par vne deperdition de l'os de la cuisse, qui est chose fausse, d'autant que ledit os y est tout entier: et ne paroist aucun signe parquoy puissions dire iceluy tremble-

[1] J'ai dit dans mon Introduction, page ccxxvij, que je n'avais trouvé qu'une seule fois le nom de *Claude Viart* ou *Viard* cité par Paré, à la date de 1585; le voici en 1579, et j'ai depuis retrouvé deux ou trois endroits où il est également nommé. Voyez l'Apologie.

ment venir d'aucune maladie qui auroit precedé, mais prouenir d'vn mouuement volontaire. Item auons visité sa bouche (à raison qu'il nous voulait suader sa langue luy auoir esté tirée par la nucque du col, imposture grande et qui ne se peut faire), mais auons trouué sa langue entiere sans aucune lesion d'icelle, ny des instrumens seruans à son mouuement: toutesfois quand il veut parler, il vse d'vn instrument d'argent, lequel ne peut en rien y seruir, ains plustost nuire à la prolation. Item dit estre sourd, ce que n'est pas, à raison que l'auons interrogué sçauoir qui luy auoit coupé l'oreille: il nous a respondu par signes, qu'on luy auoit coupé auec les dents.

Aprés que lesdits seigneurs du Bureau eurent receu ledit rapport par vn crocheteur, feirent apporter le venerable imposteur à l'hospital sainct Germain des Prés, et luy fut osté son instrument d'argent. La nuict passa par dessus la muraille qui est assez haute, et de là s'en alla à Roüan, où il voulut vser de son imposture: laquelle fut descouuerte, et estant apprehendé, fut foüetté, et banni hors de la duché de Normandie, sur peine de la hart: et de ce m'en a asseuré monsieur le Bailly des pauures de ceste dite ville.

CHAPITRE XXIV.

D'VNE CAGNARDIERE FEIGNANT ESTRE MALADE DV MAL SAINCT FIACRE, ET LVY SORTOIT DV CVL VN LONG ET GROS BOYAV, FAIT PAR ARTIFICE.

Monsieur Fiecelle, Docteur en la faculté de Medecine, homme sçauant et bien experimenté[1], me pria vn iour l'accompagner au village de Champigny, deux lieuës pres de Paris, où il auoit vne petite maison. Où estant arriué, ce pendant qu'il se promenoit en sa cour, vint vne grosse garce, en bon poinct, luy demandant l'aumosne en l'honneur de monsieur sainct Fiacre, leuant sa cotte et chemise, monstrant vn gros boyau de longueur d'vn demy-pied et plus qui luy sortoit du cul, duquel decouloit vne liqueur semblable à de la boüe d'aposteme, qui lui auoit teint et barboüillé toutes ses cuisses, ensemble sa chemise deuant et derriere, de façon que cela estoit fort vilain et deshonneste à voir. L'ayant interroguée combien il y auoit de temps qu'elle auoit ce mal, luy fit response qu'il y auoit enuiron quatre ans : alors ledit Flecelle contemplant le visage et l'habitude de tout son corps, conneut qu'il estoit impossible (estant ainsi grasse et fessue) qu'il peust sortir telle quantité d'excremens, qu'elle ne deuint emaciée, seiche et hectique : et alors d'vn plein saut se ietta de grande cholere sus ceste garce, luy donnant plusieurs coups de pied sous le ventre, tellement qu'il l'atterra, et luy fit sortir le boyau hors de son siege, auec son et bruit, et autre chose : et la contraignit luy declarer l'imposture : ce qu'elle fit, disant que c'estoit un boyau de bœuf noüé en deux lieux, dont l'vn des nœuds estoit dans le cul, et ledit boyau estoit rempli de sang et de laict meslés

ensemble, auquel auoit fait plusieurs trous, à fin que ceste mixtion decoulast. Et de rechef connoissant ceste imposture, luy donna plusieurs autres coups de pied dessus le ventre, de sorte qu'elle feignoit estre morte. Lors estant entré en sa maison pour appeler quelqu'vn de ses gens, feignant enuoyer querir des sergens pour la constituer prisonniere : elle voyant la porte de la cour ouuerte, se leua subit en sursaut, ainsi que si elle n'eust point esté battue, et se print à courir, et iamais plus ne fut veuë audit Champigny.

Et encore de fraische memoire vint vne vilaine cagnardiere, priant messieurs du Bureau des pauures de Paris qu'elle fust mise à l'aumosne, disant que par vn mauuais enfantement sa matrice luy estoit tombée, qui estoit cause qu'elle ne pouuoit gaigner sa vie. Alors messieurs la feirent visiter par les Chirurgiens commis à ceste charge, et trouuerent que c'estoit vne vessie de bœuf, qui estoit demie pleine de vent, et barboüillée de sang, ayant attaché le col d'icelle vessie profondément au conduit de sa matrice bien proprement, par le moyen d'une esponge qu'elle auoit mise à l'extremité d'icelle vessie, laquelle estant imbuë s'enfle et grossit, qui estoit cause de la faire tenir, de façon qu'on ne luy pouuoit tirer que par force : et ainsi marchoit sans que ladite vessie peust tomber. Ayant descouuert l'imposture, messieurs la feirent constituer prisonniere : et ne sortit des prisons que premierement le bourreau n'eust bien carillonné sus son dos, et apres fut bannie à iamais hors de la ville de Paris.

CHAPITRE XXV.

D'VNE GROSSE GARCE DE NORMANDIE,
QVI FEIGNOIT AVOIR VN SERPENT
DANS LE VENTRE.

L'an 1561, vint en ceste ville vne
grosse garce fessue, potelée et en bon
poinct, aagée de trente ans ou enuiron, laquelle disoit estre de Normandie, qui s'en alloit par les bonnes
maisons des dames et damoiselles,
leur demandant l'aumosne, disant
qu'elle auoit un serpent dans le ventre, qui luy estoit entré estant endormie en vne cheneuiere : et leur faisoit
mettre la main sus son ventre pour
leur faire sentir le mouuement du
serpent, qui la rongeoit et tourmentoit iour et nuict, comme elle disoit :
ainsi tout le monde luy faisoit aumosne par vne grande compassion
qu'on auoit de la voir, ioinct qu'elle
faisoit bonne pipée. Or il y eut vne
damoiselle honorable et grande au-
mosniere, qui la print en son logis, et
me fit appeler (ensemble monsieur
Hollier Docteur Regent en la faculté
de Medecine, et Germain Cheual, Chirurgien iuré à Paris) pour sçauoir s'il
y auroit moyen de chasser ce dragon
hors le corps de ceste pauure femme :
et l'ayant veuë, monsieur Hollier luy
ordonna vne medecine qui estoit assez gaillarde (laquelle luy fit faire
plusieurs selles) tendant à fin de faire
sortir ceste beste : neantmoins ne sortit point. Estans derechef r'assemblés,
conclusmes que ie luy mettrois vn
speculum au col de la matrice : et
partant fut posée sur vne table, où
son enseigne fut desployée, pour luy
appliquer le speculum, par lequel ie
feis assez bonne et ample dilatation,

pour sçauoir si on pourroit apperceuoir queuë ou teste de ceste beste :
mais il ne fut rien apperceu, excepté
vn mouuement volontaire que faisoit
ladite garce, par le moyen des muscles de l'epigastre : et ayant conneu
son imposture, nous retirasmes à part,
où il fut resolu que ce mouuement ne
venoit d'aucune beste, mais qu'elle le
faisoit par l'action desdits muscles.
Et pour l'espouuanter et connoistre
plus amplement la verité, on luy dist
qu'on reïtereroit à luy donner encore
vne autre medecine beaucoup plus
forte, à fin de lui faire confesser la
verité du fait : et elle craignant reprendre vne si forte medecine, estant
asseurée qu'elle n'auoit point de serpent, le soir mesme s'en alla sans dire
adieu à sa damoiselle, n'oubliant à
serrer ses hardes, et quelques vnes de
ladite damoiselle : et voila comme
l'imposture fut descouuerte. Six iours
après ie la trouuay hors la porte de
Montmartre, sus vn cheual de bast,
iambe deçà, iambe delà, qui rioit à
gorge desployée, et s'en alloit auec
les chassemarées, pour auec eux
(comme ie croy) faire voler son dragon [1], et retourner en son pays.

Ceux qui contrefont les muets, re-
plient et retirent leur langue en la
bouche : aussi ceux qui contrefont le
mal sainct Iean se font mettre des me-
nottes aux mains, se veautrent et plongent en la fange, et mettent du sang de
quelques bestes sus leur teste, disans
qu'en leur debattant se sont ainsi blessés et meurtris : estans tombés par

---

[1] *Faire voler son dragon;* c'est probablement une expression proverbiale de l'époque pour gazer quelque chose de plus cru ;
toutefois je ne l'ai point trouvée dans les divers glossaires de Rabelais. Le traducteur
latin l'a passée sous silence.

terre, remuent les bras et les iambes, et debattent tout le corps, et mettent du sauon en leur bouche pour se faire escumer, ainsi que font les epileptiques en leur accés. Autres font vne certaine colle auec farine delayée, et la posent sus tout leur corps, crians qu'ils sont malades du mal sainct Main. Or long temps y a que ces larrons imposteurs ont commencé le train d'abuser le peuple, car ils estoient jà dés le temps d'Hippocrates en l'Asie, comme il est escrit au liure de l'Air et des eaux [1] : partant il les faut descouurir tant qu'il sera possible, et les deferer au magistrat, à ce que punition en soit faite ainsi que l'enormité du cas le requiert.

CHAPITRE XXVI.

EXEMPLE DES CHOSES MONSTRVEVSES FAITES PAR LES DÉMONS ET SORCIERS [2].

Il y a des sorciers et enchanteurs, empoisonneurs, venefiques, meschans, rusés, trompeurs, lesquels font leur sort par la paction qu'ils ont faite aux Démons, qui leurs sont esclaues et vassaux. Et nul ne peut estre sorcier que premierement n'aye renoncé Dieu son createur et sauueur, et prins volontairement l'alliance et amitié du diable, pour le reconnoistre et aduouër, au lieu du Dieu viuant, et s'estre donné à luy. Et ces manieres de gens qui deuiennent sorciers, c'est par vne

infidelité et defiance des promesses et assistance de Dieu, ou par mespris, ou par vne curiosité de sçauoir choses secretes et futures : ou estans pressés d'vne grande pauureté, aspirans d'estre riches.

Or nul ne peut nier, et n'en faut douter, qu'il n'y ait des sorciers : car cela se preuue par authorité de plusieurs Docteurs et expositeurs tant vieux que modernes, lesquels tiennent pour chose resoluë qu'il y a des sorciers et enchanteurs, qui par moyens subtils, diaboliques et inconneus, corrompent le corps, l'entendement, la vie, et la santé des hommes, et autres creatures, comme animaux, arbres, herbes, l'air, la terre et les eaux. D'auantage l'experience et la raison nous contraignent le confesser, par-ce que les loix ont establi des peines contre telles manieres de gens. Or on ne fait point de loy d'vne chose qui iamais ne fut veuë, ny conneuë : car les droits tiennent les cas et crimes qui ne furent iamais veus ny apperçeus pour choses impossibles, et qui ne sont point du tout. Deuant la natiuité de Iesus Christ il s'en est trouué, et bien long temps auparauant, tesmoin Moyse, qui les a condamnés par le commandement expres de Dieu, en Exode chap. 22. au Leuitique 19. Ochosias receut sentence de mort par le Prophete, pour auoir eu recours aux sorciers et enchanteurs.

Les diables troublent l'entendement aux sorciers par diuerses et estranges illusions [1], de sorte qu'ils cuident auoir veu, ouy, dit et fait ce que le diable leur represente en leur fanta-

[1] Ici se terminait la phrase et le chapitre dans les premières éditions ; le reste a été ajouté en 1579.

[2] Dans les éditions de 1573 et 1575, le titre de ce chapitre ne fait pas mention des sorciers ; aussi le chapitre ne parlait que des démons ; et les deux premiers paragraphes n'ont été ajoutés qu'en 1579.

[1] *Bodin en sa Republique.* — A. P.
Tout ce paragraphe, qui est à la fois relatif aux sorciers et aux diables, ne date que de 1585.

sie, et qu'ils seront allés à cent lieuës loin, voire mesme autres choses qui sont du tout imposaibles , non seulement aux hommes, mais aussi aux diables : ce neantmoins ils ne seront bougés de leur lict ou autre place. Mais le diable , puis qu'il a puissance sur eux , leur imprime tellement en la fantasie les images des choses qu'il leur represente, et qu'il leur veut faire accroire comme vrayes, qu'ils ne peuuent penser autrement qu'il ne soit ainsi, et ne les ayent faites, et n'ayent veillé ce pendant qu'ils dormoient. Telle chose se fait aux sorciers pour leur infidelité et meschanceté, qu'ils se sont donnés au diable, et ont renoncé Dieu leur createur.

Nous sommes enseignés par l'Escriture sainte [1], qu'il y a des esprits bons et mauuais : les bons sont appellés Anges, et les mauuais, Démons ou Diables. Qu'il soit vray, la loy est baillée par le ministere des Anges. D'auantage il est escrit : Nos corps ressusciteront au son de la trompette et à la voix de l'Archange. Christ dit, que Dieu enuoyera ses anges qui recueilleront les esleus des bouts du ciel. Il se peut pareillement prouuer qu'il y a des esprits malins appellés Diables. Qu'il soit ainsi, en l'histoire de Iob [2], le diable fit descendre le feu du ciel, tua le bestial, suscita les vents qui esbranlerent les quatre coins de la maison , et accablerent les enfans de Iob. En l'histoire d'Achab il y auoit vn esprit de mensonge en la bouche des faux prophetes [3]. Le diable mit au cœur de Iudas de trahir

Iesus Christ. Les diables qui estoient en grand nombre dedans le corps d'vn seul homme, s'appelloient Legion , et obtindrent permission de Dieu d'entrer és pourceaux, lesquels ils precipiterent en la mer [1]. Il y a plusieurs autres tesmoignages de la sainte Escriture, qu'il y a des anges et des diables. Dés le commencement Dieu crea vne grande multitude d'anges pour citoyens du ciel, qui sont appellés Esprits diuins, et sans corps demeurent, et sont messagers à executer la volonté de Dieu leur createur, soit en iustice ou misericorde, toutesfois ils s'estudient au salut des hommes : au contraire au malins anges, appellés Démons ou diables, qui de leur nature taschent tousiours à nuire au genre humain par machinations, fausses illusions, tromperies et mensonges : et s'il leur estoit permis d'exercer leur cruauté à leur volonté et plaisir, veritablement en bref le genre humain seroit perdu et ruïné : mais ils ne peuuent faire qu'entant qu'il plaist à Dieu leur lascher la main. Lesquels pour leur grand orgueil furent chassés et deiettés hors de Paradis et de la presence de Dieu : dont les vns sont en l'air, les autres en l'eau, qui apparaissent dessus et aux riues, les autres sus la terre, les autres au profond d'icelle, et demeureront iusques à ce que Dieu vienne iuger le monde : aucuns habitent aux maisons ruïnées et se transforment en tout ce qui leur plaist. Ainsi qu'on voit aux nuées se former plusieurs et diuers animaux, et autres choses diuerses, à sçauoir centaures, serpens, rochers, chasteaux, hommes et femmes, oiseaux, poissons et autres choses : ainsi les

---

[1] *S. Paul aux Hebr.* 1, 14. — *Gal.*, 3, 19, 1. — *Thess.*, 1, 16. — A. P.

C'est par ce paragraphe que commençait le chapitre en 1573 et 1575.

[2] *Iob*, 1, 6. — A. P.

[3] 1 *Rois*, 22. — A. P.

[1] *Ioan*, 13. — *Marc*, 1, 26, 34. — A. P.

demons se forment tout subit en ce qui leur plaist, et souuent on les voit transformer en bestes, comme serpens, crapaux, chats-huants, huppes, corbeaux, boucs, asnes, chiens, chats, loups, toreaux et autres : voire ils prennent des corps humains vifs ou morts, les manient, tourmentent, et empeschent leurs œuures naturelles : non seulement ils se transmuent en hommes, mais aussi en Anges de lumiere : ils font semblant d'estre contraints, et qu'on les tient attachés à des anneaux, mais vne telle contrainte est volontaire et pleine de trahison. Iceux demons desirent et craignent, aiment et desdaignent : ils ont charge et office de Dieu pour exiger les peines des malefices et pechés des meschans, comme il se peut prouuer que Dieu enuoya en Egypte exploit par mauuais anges [1]. Ils hurlent la nuit, et font bruit comme s'ils estoient enchaisnés : ils remuent bancs, tables, traiteaux, bercent les enfans, iouent au tablier, fueillettent liures, comptent argent, et les oit-on promener par la chambre, ouurent portes et fenestres, iettent vaisselle par terre, cassent pots et verres, et font autre tintamarre : neantmoins on ne voit rien au matin hors de sa place, ny rien cassé, ny portes ou fenestres ouuertes. Ils ont plusieurs noms, comme demons, cacodemons, incubes, succubes, coquemares, gobelins, lutins, mauuais anges, Satan, Lucifer, pere de mensonge, prince des tenebres, legion [2], et vne infinité d'autres noms, qui sont escrits au liure de l'imposture des diables, selon les differences des maux qu'ils font, et és lieux où ils sont le plus souuent.

[1] Nomb., 22, 28. — A. P.
[2] Psalm. 78. — Pierre de Ronsard en ses Hymnes. — A. P.

CHAPITRE XXVII.

DE CEVX QVI SONT POSSEDÉS DES DEMONS, QVI PARLENT EN DIVERSES PARTIES DE LEVRS CORPS [1].

Ceux qui sont possedés des demons, parlent la langue tirée hors la bouche, par le ventre, par les parties naturelles, et parlent diuers langages inconneus. Ils font trembler la terre, tonner, esclairer, venter : desracinent et arrachent les arbres, tant gros et forts soient-ils : ils font marcher vne montagne d'vn lieu en autre, sousleuent en l'air vn chasteau, et le remettent en sa place : fascinent les yeux et les esblouïssent, en sorte qu'ils font voir souuent ce qui n'est point. Ce que i'atteste auoir veu faire à vn sorcier, en la presence du defunct Roy Charles neufiéme, et autres grands Seigneurs.

Paul Grillant escrit de son temps auoir veu à Rome brusler vne femme sorciere, qui faisoit parler vn chien. Ils font encores autres choses que dirons cy apres. Satan pour enseigner aux plus grands sorciers la sorcellerie, entremesle propos de la saincte Escriture et des saincts Docteurs, pour faire du poison auec du miel, qui a tousiours esté et sera l'astuce de Satan. Les sorciers de Pharaon contrefaisoient les œuures de Dieu.

Les actions de Satan sont supernaturelles et incomprehensibles, passans l'esprit humain, n'en pouuant rendre raison non plus que de l'aimant qui attire le fer et fait tourner l'aiguille. Et ne se faut opiniastrer contre la verité, quand on voit les

[1] Ce chapitre a été ajouté en entier dans l'édition de 1585.

effets, et qu'on ne sçait la cause : et confessons la faiblesse de nostre esprit, sans nous arrester aux principes et raisons des choses naturelles, qui nous manquent, lors que nous voulons examiner les actions des demons et enchanteurs. Les malins esprits sont les executeurs et bourreaux de la haute iustice de Dieu, et ne font rien que par sa permission. Parquoy il nous faut prier Dieu, qu'il ne permette point que soyons induits aux tentations de Satan. Dieu a menacé par sa loy d'exterminer les peuples qui souffroient viure les sorciers et enchanteurs [1]. C'est pourquoy sainct Augustin au liure *de la cité de Dieu* [2] dit que toutes les sectes qui iamais ont esté, ont decerné peine contre les sorciers, excepté les Epicuriens. La royne Iesabel, pour-ce qu'elle estoit sorciere, Iehu la fit ietter par les fenestres de son chasteau, et la fit manger aux chiens.

CHAPITRE XXVIII.

COMME LES DEMONS HABITENT ÉS CARRIERES.

Loys Lauater escrit que les Metalliers affirment que l'on voit en ceraines mines des esprits vestus comme ceux qui besongnent aux mines, courans çà et là, et semble qu'ils trauaillent, encores qu'ils ne bougent : aussi dient qu'ils ne font mal à personne, si on ne se mocque d'eux : ce qu'aduenant, ils ietteront quelque chose contre le mocqueur, ou l'endommageront de quelque autre chose.

Aussi n'agueres que i'estois en la

[1] *Leuit.* 2. — A. P.
[2] *Chap.* 20. — A. P.

maison du duc d'Ascot, vn sien gentilhomme nommé l'Heister [1], homme d'honneur, et qui a la plus grande part de la charge de sa maison, m'asseura qu'en certaines mines d'Allemagne (ioint aussi que d'autres l'ont escrit) on oyoit des cris fort estranges et espouuentables, comme vne personne qui parleroit dedans vn pot, trainant chaisne aux pieds, toussant et souspirant, tantost lamentant comme vn homme que l'on gesne : autresfois vn bruit d'vn grand feu qui claquette; autresfois coups d'artilleries laschées de bien loing, tabourins, clerons et trompettes, bruit de chariots et cheuaux, cliquets de foüets, cliquetis de harnois, piques, espées, hallebardes, et autres bruits comme il se fait aux grands combats : aussi vn bruit comme lorsqu'on veut bastir vne maison, oyant esbaucher le bois, bruire le cordeau, tailler la pierre, faire les murailles et autres manœuures, et cependant l'on ne voit rien de tout cela.

Ledit Lauater escrit qu'en Dauans, païs des Grisons, il y a vne mine d'argent, en laquelle Pierre Briot, homme notable et consul de ce lieu là, a fait trauailler ces années passées, et en a tiré de grandes richesses. Il y auoit en icelles vn esprit, lequel principalement le iour du vendredy, et souuent lors que les metalliers versoient ce qu'ils auoient tiré dedans des cuues, faisoit fort de l'empesché, changeant à sa fantasie les metaux des cuues en autres. Ce consul ne s'en soucioit pas autrement, quand il vouloit descendre à sa mine, se fiant que cest esprit ne luy pouuoit faire aucun mal, si ce n'estoit par la volonté de Dieu. Or aduint vn iour

[1] Ces deux mots, *nommé l'Heister*, n'ont été ajoutés qu'en 1579.

que cest esprit fit beaucoup plus de bruit que de coustume, tellement qu'vn metallier commença à l'iniurier, et luy commander d'aller au gibet et en son enfer, auec maudissons : lors cest esprit print ce metallier par la teste, laquelle il luy tordit en telle sorte, que le deuant estoit droitement derriere. et n'en mourut pas toutesfois, mais vesquit longuement depuis, ayant le col tors, conneu familierement de plusieurs qui viuent encore, et quelques années aprés mourut.

Il escrit beaucoup d'autres choses des esprits, que chacun peut lire en son liure.

Ledit Loys Lauater au liure susdit, dit auoir ouy dire à vn homme prudent et honorable, baillif d'vne seigneurie dependante de Surich, qui affirmoit qu'vn iour d'esté, de grand matin, allant se promener par les prés, accompagné de son seruiteur, il vit vn homme qu'il connoissoit bien se meslant meschamment auec vne iument, dequoy il fut grandement estonné : retourna soudainement, et vint frapper à la porte de celuy qu'il pensoit auoir veu. Or il trouua pour certain que l'autre n'auoit bougé de son lit : et si ce baillif n'eust diligemment sceu la verité, vn bon et honneste personnage eust esté emprisonné et gesné. Il recite ceste histoire, à fin que les iuges soient bien aduisés en tel cas.

CHAPITRE XXIX.

COMME LES DEMONS NOVS PEVVENT DECEVOIR.

Or iceux demons peuuent en beaucoup de manieres et façons tromper

nostre terrienne lourdesse, à raison de la subtilité de leur essence, et malice de leur volonté : car ils obscurcissent les yeux des hommes, auec espaisses nuées qui brouïllent nostre esprit fantastiquement, et nous trompent par impostures sataniques, corrompans nostre imagination par leurs bouffonneries et impietés. Ils sont docteurs de mensonges, racines de malice, et de toutes meschancetés à nous seduire et tromper, et preuaricateurs de la verité : et pour le dire en vn mot, ils ont vn incomparable artifice de tromperies, car ils se transmuent en mille façons, et entassent aux corps des personnes viuantes mille choses estranges, comme vieux panneaux, des os, des ferremens, des clous, des espines, du fil, des cheueux entortillés, des morceaux de bois, des serpens, et autres choses monstrueuses, lesquelles ils font souuentesfois sortir par le conduit de la matrice des femmes : ce qui se fait apres auoir esbloüi et alteré nostre imagination, comme nous auons dit.

D'aucuns sont nommés *Incubes* et *Succubes* : Incubes, ce sont demons qui se transforment en guise d'hommes, et ont copulation auec les femmes sorcieres : Succubes, ce sont demons qui se transmuent en guise de femmes. Et telle habitation ne se fait pas seulement en dormant, mais aussi en veillant : ce que les sorciers et sorcieres ont confessé et maintenu plusieurs fois, quand on les executoit à mort [1].

[1] Ce paragraphe a été modifié et amplifié en 1585. Les éditions précédentes portaient simplement :

« D'aucuns sont nommés incubes et succubes, comme nous auons dict : iceux sont nommés Incubes qui par fausse imagination deçoiuent les femmes en dormant, et succubes ceux qui deçoiuent les hommes. »

Sainct Augustin n'a pas du tout nié que les diables transformés en forme d'homme ou de femme puissent exercer les œuures de Nature, et auoir affaire auec les hommes et femmes pour les allecher à luxure, tromper et deceuoir [1] : ce que les anciens n'ont point seulement experimenté : mesme de nostre temps, cecy est arriué en plusieurs prouinces, à diuerses personnes auec lesquelles les diables ont eu affaire, transfigurés en homme et femme.

Iacobus Rueff en ses liures *De conceptu et generatione hominis* [2], tesmoigne que de son temps vne femme perdue eut affaire auec vn esprit malin la nuit, ayant face d'homme, et que subit le ventre luy enfla, et pensant estre grosse, tomba en vne si estrange maladie, que toutes ses entrailles tomberent, sans que par aucun artifice de medecin ny de chirurgien peust estre secourue.

Il est escrit le semblable d'vn seruiteur boucher, lequel estant profondément plongé en vaines cogitations de luxure, fut estonné qu'il apperceut subit deuant luy vn diable en figure de belle femme, auec lequel ayant eu affaire, ses parties genitales commencerent à s'enflamber, de façon qu'il luy sembloit auoir le feu ardent dedans le corps, et mourut miserablement [3].

Or c'est vne chose absurde à Pierre de la Pallude, et Martin d'Arles, soustenir qu'au giron de la femme les diables laissent couler de la semence d'vn homme mort, dont vn enfant peut estre engendré, ce qui est manifestement faux : et pour reprouuer ceste vaine opinion, ie diray seulement que la semence qui est faite de sang et esprit, laquelle est apte pour la generation, estant peu ou rien transportée, est incontinent corrompue et alterée, et par consequent sa vertu du tout esteinte, par-ce que la chaleur et esprit du cœur et de tout le corps en est absente, si bien qu'elle n'est plus temperée, ny en qualité, ny en quantité. Pour ceste raison, les medecins ont iugé l'homme qui auroit la verge virile trop longue, estre sterile, à cause que la semence estant escoulée par vn si long chemin, est ia refroidie auant qu'elle soit receuë en la matrice. Aussi quand l'homme se desioint de sa compagne trop subit, ayant ietté sa semence, elle peut estre alterée en l'air qui entre en la matrice, qui cause qu'elle ne produit aucun fruit. Ainsi donc l'on peut connoistre combien Albert le Scoliaste a lourdement failli, lequel a escrit, que si la semence tombée en terre estoit remise en la matrice, il seroit possible qu'elle conceuroit. Autant en peut-on dire de la voisine d'Auerroïs, laquelle (comme il dit) l'auoit asseuré par serment, qu'elle auoit conceu vn enfant de la semence d'vn homme qu'il auoit iettée dans vn baing, et s'estant baignée en iceluy elle en deuint grosse. Aussi il ne vous faut nullement croire que les demons ou diables qui sont de nature spirituelle, puissent connoistre charnellement les femmes : car à l'execution de cet acte, la chair et le sang sont requis, ce que les esprits n'ont pas. D'auantage, comme seroit-il possible que les esprits qui n'ont point de

---

[1] En *la Cité de Dieu*, au 22, 23. chapitre, 15. liure. — A. P.

[2] Chap. dernier, liu. 5. — A. P.

[3] Ici se terminait le chapitre dans les éditions de 1573 et 1575. Le long paragraphe qui suit et qui a été placé ici en 1579, faisait auparavant la fin du chapitre 31 ; et en effet sa place est bien plus logique ici qu'à l'autre endroit.

corps, puissent estre espris de l'amour des femmes, et qu'ils puissent engendrer en icelles ? et aussi où il n'y a point de parties generantes, il n'y a aussi point de conionction : et où il n'y a viande ne breuuage, il n'y a point de semence : aussi là où il n'a esté necessaire auoir succession et repeuplement, la Nature n'a point baillé le desir d'engendrer. D'auantage, les demons sont immortels et eternels : qu'ont-ils donc necessité de ceste generation, puis qu'ils n'ont affaire de successeurs, d'autant qu'ils seront tousiours ? Encore n'est-il en la puissance de Satan, ny à ses anges, d'en creer de nouuelles : et si ainsi estoit, depuis que les demons sont creés, qu'ils eussent peu en engendrer d'autres, il y auroit bien de la diablerie sus les champs.

Or quant à moy, ie croy que ceste pretendue cohabitation est imaginaire, procedante d'vne impression illusoire de Satan [1].

CHAPITRE XXX.

EXEMPLE DE PLVSIEVRS ILLVSIONS DIABOLIQVES.

Et à fin qu'on ne pense que l'artifice du Diable soit ancien, il a encores pratiqué de nostre temps en semblables sortes, comme plusieurs ont veu, et beaucoup d'hommes doctes ont escrit, d'vne fort belle ieune fille à

[1] Cette dernière phrase est de 1585 ; on peut remarquer qu'elle insiste sur ce que l'auteur avait déjà dit dans le paragraphe précédent, mais que cette conclusion est tout-à-fait en désaccord avec ce qu'il semblait avoir eu intention d'établir au commencement du chapitre.

Constance, laquelle auoit nom Magdaleine, seruante d'vn fort riche citoyen de ladite ville, laquelle publioit par tout que le diable vne nuit l'auoit engrossie : et pour ce regard les Potestats de la ville la firent mettre en prison, pour entendre l'issue de cest enfantement. L'heure venue de ses couches, elle sentit des tranchées et douleurs accoutumées des femmes qui veulent accoucher : et quand les matrones furent prestes de receuoir le fruit, et qu'elles pensoient que la matrice se deust ouurir, il commença à sortir du corps d'icelle fille, des clous de fer, des petits tronçons de bois, de voire, des os, pierres, et cheueux, des estoupes, et plusieurs autres choses fantastiques et estranges, lesquelles le diable par son artifice y auoit appliquées, pour deceuoir et embaboüiner le vulgaire populace, qui adiouste legerement foy en prestiges et tromperies.

Boistuau affirme qu'il produiroit plusieurs autres histoires semblables, recitées non seulement des philosophes, mais aussi des ecclesiastiques, lesquels confessent que les diables par la permission de Dieu, ou pour punition de nos pechés, peuuent ainsi abuser des hommes et des femmes : mais que de telle conionction il se puisse engendrer quelque creature humaine, cela n'est pas seulement faux, mais contraire à nostre religion, laquelle croit qu'il n'y eut oncques homme engendré sans semence humaine, reserué le fils de Dieu. Mesmes, comme disoit Cassianus, quelle absurdité, repugnance, et confusion seroit-ce en Nature, s'il estoit licite aux diables de conceuoir d'hommes, et les femmes d'eux : combien, de la creation du monde iusques à present, les diables eussent produit de monstres par tout le genre humain, iettans leur semence dans les matrices des bestes, creans ainsi par les perturbations de semence vne infinité de monstres et prodiges?

CHAPITRE XXXI.

DE L'ART MAGIQVE.

D'auantage l'art magique se fait par le meschant artifice des diables. Or il y a de plusieurs sortes de magiciens : aucuns font venir à eux les diables, et interroguent les morts, lesquels sont nommés *necromanciens:* autres *cheiromanciens*, parce qu'ils deuinent par certains lineamens qui sont és mains : autres *hydromanciens*, par-ce qu'ils deuinent par l'eau : autres *geomanciens*, par-ce qu'ils deuinent par la terre : autres *pyromanciens*, qui deuinent par le feu : autres *aëromanciens*, ou augures, ou prognostiqueurs de la disposition future, par-ce qu'ils deuinent par l'air, sçauoir est par le vol des oiseaux, ou par tourmentes, orages, tempestes et vents. Tous lesquels ne font que tromper et abuser les incredules, qui vont au recours à ces deuins, prophetes, malefiques, enchanteurs : lesquels sus tous autres sont coustumierement opprimés de perpetuelle pauureté et disette, par-ce que les diables les engouffrent en vn abysme d'obscurité, leur faisans accroire mensonge estre verité, par illusions et fausses promesses interturbées et insensées, qui est vne folie et insupportable bourbier d'erreur, et facetie. Il faut du tout fuir ces hommes, et les chasser loin par ceux qui connoissent la vraye religion, comme

fist anciennement Moyse par commandement de Dieu.

Iean de Marconuille en son liure, *Du recueil memorable d'aucuns cas merueilleux aduenus de nos ans*, escrit d'vne deuineresse, sorciere de Boulongne la Grasse en Italie, laquelle aprés auoir long temps exercé son art diabolique, tomba en vne griefue maladie, dont elle fina ses iours. Quoy voyant vn magicien, qui ne l'auoit iamais voulu desaccompagner pour le profit qu'il tiroit du vivant d'elle de son art : il luy mit vn certain poison venefique sous les aiscelles, tellement que par la vertu de ce poison, elle sembloit estre viuante, et se trouuoît aux compagnies comme elle auoit accoustumé, ne semblant en rien differer d'vne personne en vie, fors la couleur qui estoit excessiuement palle et blesme. Quelque temps apres il se trouua vn autre magicien à Boulongne, auquel il prit fantasie d'aller voir ceste femme, pource qu'elle auoit grand bruit, à raison de son art : lequel estant arriué à ce spectacle comme les autres pour la voir iouër, tout subit s'escria disant : Que faites-vous icy, messieurs? ceste femme que vous estimez qui face ces beaux soubre-sauts et ieux de passe-passe deuant vous, c'est vne puante et orde charongne morte : et tout soudain elle tomba en terre morte, de sorte que le prestige de Satan et l'abus de l'enchanteur fut manifesté à tous les assistans.

Langius en ses *Epistres Medicinales* [1], raconte d'vne femme possedée d'vn mauuais esprit, laquelle aprés auoir esté affligée d'vne cruelle douleur d'estomach, estant delaissée par

[1] Epistre 41. — A. P.

les Medecins, subitement vomit des clous fort longs et courbés, et des aiguilles d'airain empaquetées auec de la cire, et des cheueux. Et en la mesme Epistre escrit, que l'an mil cinq cens trente neuf, au village nommé Tuguestag, vn certain laboureur nommé Vlrich Nenzesser, aprés auoir enduré vne cruelle douleur au flanc, luy ayant esté faite ouuerture d'vn rasoir, sortit vn clou d'airain : toutesfois les douleurs s'augmenterent de plus en plus, et d'impatience se coupa la gorge : et ayant esté ouuert, on luy trouua dans l'estomach vn morceau de bois, long et rond, quatre cousteaux d'acier, desquels aucuns estoient aigus, les autres dentelés en maniere de scie, et ensemble deux ferremens aspres, lesquels surmontoient la longueur d'vne demie coudée, auec vne grosse pelote de cheueux. Il est vray-semblable que toutes ces choses se sont faites par l'astuce du diable, qui deceuoit les assistans par leur veue.

Encor depuis n'agueres i'ay veu faire à vn imposteur et enchanteur, en la presence du Roy Charles IX, et de Messeigneurs les Mareschaux de Montmorency, de Rets, et le seigneur de Lansac, et de monsieur de Mazille premier Medecin du Roy, et de monsieur de sainct Pris, valet de chambre ordinaire du Roy, plusieurs autres choses qui sont impossibles aux hommes de faire sans l'astuce du diable, qui deçoit nostre veuë, et nous fait apparoistre chose fausse et fantastique : ce que librement ledit imposteur confessa au Roy, que ce qu'il faisoit estoit par l'astuce d'vn esprit, lequel auoit encor temps de trois ans à estre en ses liens, et qu'il le tourmentoit fort : et promit au Roy, son temps venu et accompli, qu'il seroit

homme de bien. Dieu luy en veuille donner la grace : car il est escrit : *Tu n'endureras point viure la sorciere.* Le Roy Saül fut cruellement puni, pour s'estre addressé à la femme enchanteresse. Moyse pareillement a commandé à ses Hebrieux, qu'ils missent toute peine d'exterminer d'autour d'eux les enchanteurs [1].

CHAPITRE XXXII.

DE CERTAINES MALADIES ESTRANGES [2].

Or pour encore contenter l'esprit du liseur, de l'imposture des diables et de leurs esclaues magiciens, malefiques, enchanteurs et sorciers, i'ay recueilli ces histoires de Fernel, telles qu'il s'ensuit [3].

[1] *Exode* 20, ch. —*Leuit.* 19.— 1 *des Rois*, 28. — *Deuteron.* — A. P.

Le chapitre ne se terminait pas là en 1573 et 1575. — On lisait d'abord l'histoire suivante :

« En la ville Charanti, les hommes ayants appelé les femmes à coucher auec eux, auoient coustume de s'attacher auec elles en la maniere des chiens, et ne s'en pouuoient de longtemps detacher : et les ayants quelquesfois trouuez, ont esté condamnez par iustice d'estre penduz en vne perche au rebours, et attachez par vn lien inaccoustumé, et seruoient au peuple d'vn spectacle ridicule : et telle chose se faisoit par l'astuce du diable satanique, qui estoit vne detestable risee. »

Cette histoire absurde a été retranchée dès 1579 ; elle était suivie d'un très long paragraphe qui a été transporté depuis au chapitre 28. Voyez la note 3 de la page 58.

[2] Ce chapitre tout entier est une addition de 1579.

[3] Ex cap. 16, liu. 2, *De abditis rerum causis*, Fernel. — A. P.

Il y a des maladies lesquelles sont enuoyées aux hommes par la permission de Dieu, et ne peuuent estre guaries par les remedes ordinaires, lesquelles pour ceste raison sont dites outre-passer le cours ordinaire des maladies desquelles les hommes ont accoustumé d'estre tourmentés. Ce qui se peut aisément prouuer par l'Escriture saincte mesme, laquelle nous fait foy, que pour le peché de Dauid il suruint vne telle corruption d'air, que la peste trencha le filet de la vie à plus de soixante mille personnes. Nous lisons aussi en la mesme Escriture, qu'Ezechias fut tourmenté d'une tres-grande et tres-griefue maladie. Iob receut tant d'vlceres sur son corps, qu'il en estoit tout couuert : ce qui leur aduint par la permission de ce grand Dieu, lequel gouuerne à son vueil ce monde inferieur, et tout ce qui est contenu en iceluy.

Or tout ainsi que le Diable, capital et iuré ennemy de l'homme, souuent (par la permission de Dieu toutesfois) nous afflige de grandes et diuerses maladies : ainsi les sorciers, trompeurs et meschans, par ruses et finesses diaboliques, tourmentent et abusent vne infinité d'hommes : les vns inuoquent et adiurent ie ne sçay quels esprits par murmures, exorcismes, imprecations, enchantemens et sorcelleries : les autres lient à l'entour du col, ou bien portent sur eux par autre façon quelques escritures, quelques characteres, quelques anneaux, quelques images, et autres tels fatras : les autres vsent de quelques chants harmonieux, et danses. Quelquesfois ils vsent de certaines potions, ou plustost poisons, suffumigations, senteurs, fascinations, et enchantemens. Il s'en trouue

lesquels ayans brassé l'image et representation de quelqu'vn absent, la transpercent auecques certains instrumens, et se vantent d'affliger de telle maladie qu'il leur plaira, celuy dont ils transpercent la representation, encore qu'il soit bien eslongné d'eux, et disent que cela se fait par la vertu des estoiles, et de certaines paroles qu'ils bourdonnent en perçant telle image ou representation faite de cire. Il y a encore vne infinité de telles forfanteries qui ont esté inuentées par les forfantes, pour affliger et tourmenter les hommes, mais il me fasche d'en parler d'auantage.

Il y en a qui vsent de tels sortileges qui empeschent l'homme et la femme de consommer le mariage, ce qu'on appelle vulgairement *noüer l'aiguillette*. Il y en a qui empeschent que l'homme n'a rendu son vrine, ce qu'ils appellent *cheuiller*. Il y en a aussi qui rendent par leurs sorcelleries les hommes si mal-habiles à sacrifier à madame Venus, que les pauures femmes qui en ont bien affaire pensent qu'ils soyent chastrés, et plus que chastrés.

Telle quanaille n'afflige pas seulement les hommes de plusieurs et diuerses sortes de maladies : mais aussi tels pendars et sorciers qu'ils sont lancent des diables dedans les corps des hommes et des femmes. Ceux qui sont ainsi tourmentés des diables par les sorcelleries de ces forfantes, ne different en rien des simples maniaques, sinon qu'ils disent des choses merueilleusement grandes. Ils racontent tout ce qui s'est passé parauant, encore qu'il fust bien fort caché et inconneu, fors qu'à bien peu de gens. Ils descouurent le secret de ceux qui sont presens, les iniurians et blasonnans si viuement, qu'ils seroient plus que ladres s'ils ne le sentoient : mais incontinent qu'on parle de la saincte Escriture, ils sont tous espouuentés, ils tremblent, et sont fort faschés.

N'agueres vn quidam, par les grandes chaleurs de l'esté, se leua de nuit pour boire, lequel ne trouuant aucune liqueur pour estancher sa soif, prend vne pomme qu'il aduise : lequel incontinent qu'il eust mordu dedans, il luy sembla qu'on l'estrangloit : et desia comme assiegé d'vn malin esprit caché en ceste pomme, il luy sembloit au milieu des tenebres voir vn grand chien fort noir qui le deuoroit : lequel estant puis après guari, nous conta de fil en aiguille tout ce qui luy estoit arriué. Plusieurs medecins luy ayans touché le pouls, ayans reconneu la chaleur extraordinaire qui estoit en luy, auec vne seicheresse et noirceur, de laquelle iugerent qu'il auoit la fléure, et d'autant qu'il ne reposoit aucunement et qu'il ne cessoit de resuer, le iugerent hors du sens.

Il y a quelques années qu'vn ieune Gentil-homme par interualle de temps tomboit en certaine conuulsion, tantost ayant le bras gauche seulement, tantost le droit, tantost un seul doigt, tantost vne cuisse, tantost toutes deux, tantost l'espine du dos et tout le corps si soudainement remué et tourmenté par ceste conuulsion, qu'à grande difficulté quatre valets le pouuoient tenir au lict. Or est-il qu'il n'auoit aucunement le cerueau agité ni tourmenté : il auoit la parole libre, l'esprit nullement troublé, et tous les sens entiers, mesmes au plus fort de telle conuulsion. Il estoit trauaillé deux fois par iour pour le moins de telle conuulsion, de laquelle estant sorti il se portoit bien, hors-mis qu'il se trouuoit fort las et corrompu, à

cause du tourment qu'il auoit souffert. Tout Medecin bien aduisé eust peu iuger que c'estoit vne vraye epilepsie, si auec cela les sens et l'esprit eussent esté troublés. Tous les plus braues Medecins y estans appellés, iugerent que c'estoit vne conuulsion de fort pres approchante à l'epilepsie, qui estoit excitée d'vne vapeur maligne, enclose dedans l'espine du dos, d'où telle vapeur s'espanchoit seulement aux nerfs qui ont leur origine d'icelle espine, sans en rien offenser le cerueau. Tel iugement ayant esté assis de la cause de ceste maladie, il ne fut rien oublié de tout ce que commande l'art, pour soulager ce pauure malade. Mais en vain nous fismes tous nos efforts, estans plus de cent lieuës eslongnés de la cause de telle maladie. Car le troisiéme mois suiuant, on descouurit que c'estoit vn diable qui estoit autheur de ce mal, lequel se declara luy-mesme, parlant par la bouche du malade du Grec et du Latin à foison, encores que ledit malade ne sceust rien en Grec. Il descouuroit le secret de ceux qui estoient presens, et principalement des Medecins, se mocquant d'eux, pource qu'auec grand danger il les auoit circonuenus, et qu'auecques des medecines inutiles ils auoient presque fait mourir le malade. Toutes et quantes fois que son pere le venoit voir, incontinent que de loin il l'apperceuoit, il crioit, *Faites le retirer, empeschez qu'il n'entre, ou bien luy ostez la chaisne qu'il a au col* : car comme Cheuallier qu'il estoit, suiuant la coustume des Cheualiers françois, il portoit le collier de l'ordre, au bout duquel estoit l'image de sainct Michel. Quand on lisoit quelque chose de la saincte Escriture deuant luy, il se herissonnoit, se sousleuoit, et se tourmentoit bien plus qu'auparauant. Quand le paroxysme estoit passé, il se souuenoit de tout ce qu'il auoit dit ou fait, s'en repentant, et disant que contre son vueil il auoit ou fait ou dit cela. Ce demon contraint par les ceremonies et exorcismes, disoit qu'il estoit un esprit, et qu'il n'estoit point damné pour aucun forfait. Estant interrogué quel il estoit, ou par quel moyen et par la puissance de qui il tourmentoit ainsi ce gentilhomme, il respondit qu'il y auoit beaucoup de domiciles au dedans où il se cachoit, et qu'au temps qu'il laissoit reposer le malade, il en alloit tourmenter d'autres. Au reste qu'il auoit esté ietté au corps de ce gentilhomme par vn quidam qu'il ne vouloit nommer, et qu'il y auoit entré par les pieds, se rampant iusques au cerueau, et qu'il sortiroit par les pieds quand le iour pactionné entre eux seroit venu. Il discouroit de beaucoup d'autres choses, selon la coustume des demoniacles, vous asseuràut que ie ne mets cecy en ieu comme vne chose nouuelle : mais afin qu'on connoisse que quelquesfois les diables entrent dedans nos corps, et qu'ils les bourellent par tourmens inaudits.

Quelquesfois aussi ils n'entrent point dedans, mais agitent les bonnes humeurs du corps, ou bien enuoyent les meschantes aux principales parties, ou bien remplissent les veines de ces meschantes humeurs, ou en bouchent les conduits du corps, ou bien changent le bastiment des instrumens, d'où il arriue vne infinité de maladies. Les diables sont cause de toutes ces choses, mais les sorciers et meschans hommes sont serfs et ministres des diables. Pline escrit que Neron de son temps a trouué les plus fausses magies et sorcelleries qui ayent point es-

té. Mais qu'est-il de besoin mettre en auant les Ethniques, attendu que l'Escriture tesmoigne, comme il appert de ce qui est escrit de la Pythonisse, de la femme ventriloque, de Nabuchodonosor roy, des sorciers et enchanteurs de Pharaon, et mesme de Simon Magus du temps des Apostres ? Le mesme Pline escrit qu'vn nommé Demarchus se changea en vn loup, ayant mangé les entrailles d'vn enfant sacrifié. Homere escrit que Circé changea les compagnons d'Vlysse en pourceaux. Plusieurs poëtes anciens escriuent que tels sorciers faisoient passer les fruits de champ en champ et de iardin en iardin. Ce qui ne semble estre fabuleux, d'autant que la loy des douze tables constitue et ordonne certains supplices à tels charlatans et forfantes.

Or tout ainsi que le diable ne peut bailler les choses vrayes, lesquelles il ne pourroit nullement creer, ains baille seulement quelques vaines especes d'icelles, par lesquelles il offusque l'esprit des hommes : ainsi aux maladies ne peut-il donner vne vraye et entiere guerison, ains vse seulement d'vne fausse et palliatiue cure.

I'ai veu aussi la iaunisse disparoir de la superficie du corps en vne seule nuit, par le moyen d'vn certain petit breuet qui fut pendu au col de l'icterique. I'ai veu pareillement les fléures estre guaries par oraisons, et certaines ceremonies, mais elles retournoient après bien plus mauuaises.

Il y en a encore bien d'vn autre tonneau : car il y a des façons de faire que nous appellons superstitions, d'autant qu'elle ne sont fondées sur aucune raison ou authorité, soit diuine ou humaine : ains sur quelque resuerie des vieilles. Ie vous prie, n'est-ce pas vne vraye superstition de dire que celuy qui porte le nom des trois roys qui vindrent adorer nostre Dieu, à sçauoir, Gaspar, Melchior et Balthasar, est guari de l'epilepsie? Ce que toutesfois les remedes bien approuués ne font pas ordinairement, comme peut estre l'essence de succinum ou ambre meslé auec conserue de piuoine, donnée au malade tous les matins la grosseur d'vne noisette. Que les dents sont guaries, si ce pendant qu'on dit la messe, on profere ces paroles: *Os non comminuetis ex eo?* Qu'on appaise les vomissemens par certaines ceremonies, sçachant seulement le nom du patient?

I'ay veu quelqu'vn qui arrestoit le sang de quelque partie du corps que ce fust, bourdonnant ie ne sçay quelles paroles. Il y en a qui disent ces mots: *De latere eius exiuit sanguis et aqua.*

Combien y a-il de telles manieres de guarir les fiéures? Les vns tenans la main du febricitant disent: *Aequè facilis tibi febris hæc sit, atque Mariæ virgini Christi partus.* Les autres disent en secret ce beau psaume: *Exaltabo te Deus meus rex.* Si quelqu'vn (dit Pline) a esté mordu d'vn scorpion, et qu'en passant il le die en l'oreille d'vn asne, il est incontinent guari. Voila de belles manieres de guarir. Or tout ainsi que par telles paroles ils guarissent, aussi par de semblables et superstitieux escrits guarissent-ils. Comme pour guarir le mal des yeux, il y en a qui escriuent ces deux lettres grecques, π. α. et les enueloppent en vn linge, puis les pendent au col. Pour le mal des dents ils escriuent: *Strigiles falcesque dentatæ, dentium dolorem persanate.*

Il se trouue aussi de grandes superstitions aux applications externes. Comme cestuy-cy d'Apollonius, à sçauoir se scarifier les genciues auecques la dent d'vn homme qui a esté tué, pour guarir le mal des dents: comme faire des pillules du crane d'vn homme pendu, contre la morsure d'vn chien enragé. Comme ils disent que l'epilepsie est guarie pour manger de la chair d'vne beste sauuage qui aura esté tuée du mesme fer qu'aura esté tué vn homme. Comme ils disent aussi que la fiéure quarte est guarie, si on boit du vin où aura trempé vne espée de laquelle on a coupé le col d'vn homme. Si cela estoit vray, l'estat du bourreau de Paris luy vaudroit mieux qu'il ne fait. Ils disent aussi, que pour guarir la mesme fiéure quarte, il ne faut que mettre les rogneures de ses ongles dedans vn linge, les lier au col d'vn anguille viue, et la ietter incontinent en l'eau. Pour guarir la ratelle (disent-ils) il ne faut que mettre dessus icelle la ratte d'vne beste, et que le medecin dise qu'il fait la medecine à la ratte. Pour guarir de la toux, il ne faut que cracher dedans le bec d'vne grenoüille rouge, et la laisser incontinent aller. La corde de quoy on a pendu quelqu'vn, liée à l'entour des temples, guarit le mal de teste. C'est vn plaisir que d'entendre telle maniere de faire la medecine: mais entre autres ceste-cy est gentille, qui est de mettre ce beau mot, *Abracadabra* en vne certaine figure qu'escrit Serenus, pour guarir de la fiéure. C'est vn autre beau trait de dire que la feuille de Cataputia, tirée par haut, fait vomir, et tirée par bas, fait descharger le ventre. Et qui plus est, ils ont esté si impudens que de feindre qu'il y auoit quelques herbes dediées et consacrées aux diables, comme recite

Galien d'vn certain André, et Pamphile[1].

Ie n'aurois iamais fait si ie voulois m'amuser à rapsodier vne milliace de telles superstitieuses sornettes, et n'en eusse tant mis en auant, sinon pour donner aduis à beaucoup qui s'y abusent de plus n'y croire, et les prier de reietter toutes telles sotteries, et s'arrester à ce qui est asseuré, et par tant d'habiles et gallans hommes approuué et receu en la medecine, ce que faisant, il en reüssira vn bien infini au public : d'autant qu'après l'honneur de Dieu, il n'y a rien qui doiue estre plus precieux à l'homme que sa santé. Et ne se faut aucunement fier aux hommes qui ont laissé les naturels moyens et vertus données que Dieu a mises aux plantes, animaux et mineraux, pour la curation des maladies, et se sont iettés dans les filets des esprits malins, qui les attendent au passage : car il ne faut point douter que, puisqu'ils ne se fient aux moyens que Dieu a ordonné, et qu'ils abandonnent ceste reigle vniuersellement establie dés la creation du monde, il ne faut ignorer que les esprits malins ne se soyent mis en peine de les y tenir, leur donnant entre deux vertes vne meure, et se fier par ce moyen à la vertu des paroles et characteres, et autres badinages et piperies, ainsi que les sorciers en sont venus iusques à dire qu'ils ne se soucient qui les guarisse, et fust le diable d'enfer, qui est vn prouerbe indigne d'vn chrestien : car l'Escriture saincte le defend expressément. Il est certain que les sorciers ne peuuent guarir les maladies naturelles, ny les medecins les maladies venues par sortileges. Et quant à

quelques empiriques qui curent les playes simples par seule application de linges secs ou trempés en eau pure, et quelquesfois les guarissent, pour cela ne faut croire que ce soit enchantement ny miracle, comme pensent les idiots et populace, mais par le seul benefice de Nature, laquelle guarit les playes, vlceres, fractures, et autres maladies : car le chirurgien ne fait que luy aider en quelque chose, et oster ce qui empescheroit, comme douleur, fluxion, inflammation, aposteme, gangrene : et autres choses qu'elle ne peut faire, comme reduire les os fracturés et luxés, boucher vn grand vaisseau pour estancher un flux de sang, extirper vne loupe, extraire vne grosse pierre en la vessie, oster une chair superflue, abattre vne cataracte, et vne infinité d'autres choses que Nature de soy ne peut faire.

CHAPITRE XXXIII.

DES INCVBES ET SVCCVBES SELON LES MEDECINS.

Les medecins tiennent que *Incubus* est vn mal où la personne pense estre opprimée et suffoquée de quelque pesante charge sur son corps, et vient principalement la nuit : le vulgaire dit que c'est vne vieille qui charge et comprime le corps, le vulgaire l'appelle *Chauche-poulet*[1].

La cause est le plus souuent pour auoir beu et mangé viandes par trop vaporeuses, qui ont causé vne crudité, desquelles se sont esleuées au cer-

---

[1] Galien, au 6. liure des *Simples.* — A. P.

[1] Ces derniers mots, *le vulgaire l'appelle chauche-poulet*, manquent en 1573.

DES MONSTRES ET PRODIGES.

ueau grosses vapeurs qui remplissent ses ventricules, à raison de quoy la faculté animale qui fait sentir et mouuoir, est empeschée de reluire par les nerfs, dont s'ensuit vne suffocation imaginaire, par la lesion qui se fait tant au diephragme qu'aux poulmons et autres parties qui seruent à la respiration. Et alors la voix est empeschée, tellement que si peu qui leur en demeure, c'est en mugiant et balbutiant, et requerant aide et secours, s'ils pouuoient parler. Pour la curation, faut euiter les viandes vaporeuses et vins forts, et generalement toutes choses qui sont cause de faire esleuer les fumées au cerueau [1].

CHAPITRE XXXIV.

DES NOVEVRS D'ESGVILLETTE [2].

Noüer l'esguillette, et les paroles ne font rien, mais c'est l'astuce du diable : et ceux qui la noüent ne le peuuent faire sans auoir eu conuention auec le diable, qui est vne meschanceté damnable Car celuy qui en vse ne peut nier qu'il ne soit violateur de la loy de Dieu et de nature, d'empescher la loy de mariage ordonné de Dieu. De cela il aduient qu'ils font rompre les mariages, ou pour le moins les tenir en sterilité, qui est vn sacrilege [3]. D'auantage, ils ostent l'amitié mutuelle du mariage et la societé humaine, et mettent vne haine capitale entre les deux conioints: pareillement sont cause des adulteres

[1] Ce chapitre est suivi en 1575 des *autres histoires non hors de propos*.
[2] Ce chapitre a été ajouté en 1585.
[3] Bodin en son liur. *des sorciers.* — A. P.

et paillardises qui s'en ensuiuent : car ceux qui sont liés bruslent de cupidité l'vn auprés de l'autre. D'abondant il en aduient souuent plusieurs meurtres, commis aux personnes de ceux qu'on soupçonne auoir noüé l'esguillette, qui bien souuent n'y auoient pas pensé. Aussi comme auons dit cy-dessus, les sorciers et empoisonneurs, par moyens subtils, diaboliques et inconneus corrompent le corps, la vie, la santé et le bon entendement des hommes. Parquoy il n'y a peine si cruelle qui peust suffire à punir les sorciers: d'autant que toute leur meschanceté et tous leurs desseins se dressent contre la maiesté de Dieu, pour le despiter, et offenser le genre humain par mille moyens.

CHAPITRE XXXV.

AVTRES HISTOIRES NON HORS DE PROPOS [1].

Aucuns estiment que ce soit vne chose monstrueuse de se lauer les mains de plomb fondu : mesme Boistuau en ses *Histoires prodigieuses*, chapitre huitiéme, recite que Hierosme Cardan, liure sixiéme *De subtilitate*, en escrit ceste histoire comme prodigieuse.

Lors, dit-il, que i'escriuois mon liure des subtiles inuentions, ie vis un quidam à Milan lequel lauoit ses mains de plomb fondu, et prenoit un

[1] Ce chapitre existait déjà en 1573, non comme chapitre, mais comme appendice à celui *des incubes et succubes*. En 1585 il fut reporté après celui *des noüeurs d'aiguillettes*; et comme il avait un titre spécial, il m'a paru plus naturel d'en faire un chapitre spécial.

escu de chacun spectateur. Cardan taschant à rechercher ce secret en nature, dit que par necessité il falloit que l'eau de laquelle il se lauoit premierement les mains, fust extremement froide, et qu'elle eust une vertu obscure et crasse : toutesfois ne la descrit point.

Or depuis n'agueres i'ay sceu quelle elle estoit, d'vn gentil-homme qui la tenoit pour vn grand secret, et laua ses mains de plomb fondu en ma presence et de plusieurs autres, dont ie fus fort esmerueillé, et luy priay affectueusement de me dire le secret : ce que volontiers m'accorda, pour quelque seruice que luy auois fait : ladite eau n'estoit autre chose que son vrine, de laquelle se lauoit premierement les mains, ce que i'ay trouué estre veritable, pour en auoir fait l'experience depuis. Ledit gentil-homme en lieu de son vrine se frottoit les mains d'*onguentum aureum*, ou d'vn autre semblable, ce que i'ay pareillement

experimenté : et en peut-on donner raison, par-ce que leur substance crasse empesche que le plomb n'adhere aux mains, et le chasse de costé et d'autres en petites papillotes. Et pour l'amour de moy fit d'auantage : il print vne pelle de fer toute rouge, et ietta dessus des trenches de lard et le fit fondre, et tout flambant du degoust s'en laua les mains : ce qu'il me dit faire au moyen de ius d'oignon duquel auparauant s'estoit laué les mains.

I'ay bien voulu reciter ces deux histoires (encore qu'elles ne soyent du tout à propos) à fin que quelque bon compagnon par ce moyen puisse gaigner la passade entre ceux qui ne sçauroient ce secret [1].

---

[1] Ce chapitre est suivi, dans les éditions anciennes, des histoires des *Monstres marins* et autres ; j'ai expliqué dans la première note de ce livre pour quelles raisons j'ai cru devoir les rejeter après le livre des *Animaux*. Voyez ci-devant, page 1.

LE VINGTIÉME LIVRE,

TRAITANT

DES FIÉVRES EN GENERAL

ET EN PARTICVLIER [1].

PREFACE AU LECTEUR.

Amy lecteur, i'auois bien preueu que le traité des Fiéures dont i'auois

autresfois fait voir quelque eschantillon, donneroit occasion à plusieurs de reprendre et blasmer mon dessein: en ce que ie taschois d'instruire les

[1] La chirurgie proprement dite est terminée; nous entrons dans la médecine, et je n'ai pas cru pouvoir mieux commencer que par le livre *des Fiéures*, qui, composé pour les chirurgiens et pour servir en quelque sorte de complément à leurs études, forme une transition naturelle aux autres livres purement médicaux.

Paré avait inséré un premier traité sur ce sujet dans la première édition de ses OEuvres complètes; il l'avait mis entre l'Anatomie et le livre *des Tumeurs en general*; et nous avons vu dans notre Introduction, et il va rappeler tout-à-l'heure dans sa Préface les démêlés que cette hardiesse lui fit avoir avec la Faculté de Paris. Je dis hardiesse, et c'était en effet une innovation bien remarquable alors et trop peu remarquée depuis, que cette première tentative pour rallier la chirurgie et la médecine.

Dès l'édition de 1579, ce premier livre des fièvres avait disparu; il n'en restait que quelques chapitres rattachés tant bien que mal à d'autres Livres; et cette fausse indica-

tion du catalogue, qu'on retrouve même encore dans la huitième édition :

Quant au liure des Fiéures, il a esté transporté et accommodé au liure des Tumeurs contre nature, pour mieux instruire le ieune chirurgien.

Et enfin ce ne fut que dans la huitième édition, en 1628, que parut pour la première fois *le Traicté de toutes sortes de Fiebures, tant en general qu'en particulier, auec les remedes et curations d'icelles, treuué dans les manuscrits de l'autheur par ses enfans.* Ceci est le titre du catalogue; le titre placé en tête du livre même est celui-ci : *Le trentiesme liure traictant des fiebures en general et en particulier : par Ambroise Paré de Laual, conseiller et premier chirurgien du Roy, treuué dans les manuscrits de l'autheur, et adiousté en ceste nouuelle edition.*

C'est ce livre que nous allons reproduire.

Le premier, ou celui de 1575, était beaucoup plus court et ne traitait pas non plus de tant de matières. J'avais pensé d'abord à le réimprimer en entier, comme j'avais fait

Chirurgiens en vne maladie qui n'est point de leur gibier, qui ne touche en aucune façon l'obiet de la Chirurgie, qui est hors l'estendue d'icelle, et qui appartient proprement au Medecin. On sçait assez ce qui est arriué sur ce suiet, sans que ie m'estende dauantage, ou à respondre à leurs raisons, ou à m'excuser de mon des-

pour *La maniere de extraire les enfans* ; mais, outre l'intérêt beaucoup moindre de cette reproduction, j'ai bien vite reconnu qu'elle ferait double emploi , presque tout le texte primitif ayant passé dans le livre nouveau. Là où la rédaction différera sensiblement, je donnerai les variantes dans mes notes; pour le reste, j'indiquerai exactement les passages correspondants du texte actuel ; en sorte qu'au besoin on pourrait reconstruire en entier ce premier livre. Il convient seulement ici d'en indiquer la distribution générale. Il avait pour titre :

LIVRE DES FIEVRES
recueilli de Galien, Fernel, et autres autheurs,

et il se composait de 15 chapitres dont voici les titres :

CH. Ier.—*Que c'est que fieure, et de ses causes.* Ce chapitre a été disséminé par morceaux dans la préface et les chapitres 1er et 2 de la première partie du livre actuel.

CH. II. — *De la fieure ephemere.* — Il répond au ch. 7 de la première partie du livre actuel.

CH. III.—*Des fieures putrides, premierement de leurs causes et especes en general.* — Répond aux chapitres 12 et 13 du livre actuel.

CH. IV. — *Les signes des fieures putrides en general.* — Se retrouve tout entier dans un paragraphe du ch. 13 du livre actuel.

CH. V. — *La curation des fieures putrides en general.* — Correspond au ch. 14.

CH. VI. — *Des fieures d'accez, et premierement de la quotidiane intermittente.* — On en retrouve un court fragment au ch. 17, et le reste au ch. 25.

CH. VII. — *Des fieures tierces d'accés ou intermittentes.* — Disséminé dans les chapitres 19, 20 et 21 du livre actuel.

sein. l'ai trouué bon [1] la censure de l'escole de Medecine de Paris, comme estant celle qui nourrit et esleue les plus beaux esprits qui soient en la medecine, qui distribue la pure et la vraye doctrine d'Hippocrates et de Galien, et pour mon particulier, qui

CH. VIII. — *Des fieures quartes.* — Correspond au chapitre 28.

CH. IX. — *Des fieures continues, de leurs especes et de leurs signes.* — Correspond au chapitre 17.

CH. X. — *Cure de la fieure synoche putride.* — Correspond au chapitre 16.

CH. XI. — *De la fieure ardente , espece de tierce continue.* — Correspond au chapitre 23.

CH. XII. — *Cure de la fieure quotidiane continue.* — Correspond au chap. 26.

CH. XIII. — *Cure de la fieure quarte continue.* — Correspond au chap. 31.

CH. XIV. — *De la fieure hectique, et de ses differences , causes, signes et cure.* — Correspond au chap. 35.

CH. XV. — *Pourquoy les accez des fieures intermittentes retournent à certains iours, sçauoir des quotidianes tous les iours, des tierces de trois en trois, des quartes de quatre en quatre iours.* — Fait actuellement le chap. 18.

De ces quinze chapitres, sept seulement avaient été conservés en tout ou en partie dans l'édition de 1579 et les suivantes; savoir, le 2e, le 3e et le 10e fondus dans le chapitre II du livre *des Tumeurs en general;* les 7e, 6e et 8e constituant les 15e 24e et 35e du même livre (Voyez t. Ier, pages 336, 341, 360 et 371) ; et enfin le 14e avait passé dans le livre *des Playes en particulier,* où il faisait le chapitre 34. (Voyez t. II, page 103.) Mais dans cette édition de 1579, il y avait eu dans ces chapitres conservés des modifications et des additions souvent importantes, dont Paré ne s'est plus souvenu en composant le livre actuel; j'aurai soin de les signaler en temps et lieu.

[1] Ceci est le texte de l'édition originale; celles qui viennent après ont mis : *j'ay trouvé bonne.*

m'a enseigné et donné ce peu de sçauoir que ie desire communiquer aux autres. Mais ie n'ay peu iamais gouster la reprimande de quelquesvns, qui pour auoir plus d'enuie à ma reputation que de bonne volonté de seruir au public, m'ont chargé de calomnie, accusé de plagiaire, et sans oüir mes raisons et prendre en bonne part mes desseins, condamné d'ignorance et de temerité. Pour la premiere, ie ne suis point si amateur de moy-mesme et si esclaue de mes perfections, que ie ne confesse ignorer beaucoup de choses en la medecine, que pour beaucoup de difficultés ie n'aye pris l'aduis de quelques medecins plus sçauans que ie ne suis, que ie ne me sois serui de leur conseil et de leur labeur, et que ie n'aye profité beaucoup en leur conference et communication. Mais pour la temerité, ie leur prie de croire que ie n'en suis non plus coupable, qu'eux ne le croyent estre en la censure qu'ils font de mes intentions.

Car pour dire la verité, ce n'est ny l'ambition de paroistre docte, ny l'enuie que i'ay de ietter de la poussiere aux yeux des medecins, que i'ay entrepris ce discours des fiéures. Ç'a esté seulement le desir de profiter au public, de deraciner beaucoup d'abus qui se sont glissés dans la pratique des chirurgiens qui sont hors des grandes villes, et de rendre vniuersellement le chirurgien plus propre et plus instruit de seruir et soulager les medecins presens, et d'aduertir les absens plus soigneusement et exactement des accidens qui arriuent aux malades. Car il est tres asseuré que le chirurgien ayant quelque legere et superficielle connoissance des fiéures, peut plus commodément que ne le sçauroient faire les gardes et assistans des malades, aduertir le medecin de l'espece de la fiéure, et des accidens qui peuuent suruenir. Mesme en l'absence du medecin, et en cas de necessité pressante et vrgente, il peut donner quelque allegement, empescher les inflammations des parties nobles, et destourner par quelque remede fait à propos et tiré par l'indication des effets et des causes des fiéures, les symptomes qui iettent bien souuent les malades dans le peril de la mort. Et veritablement les fiéures estans des accidens qui accompagnent ordinairement ou le plus souuent les dispositions contre nature que la Chirurgie entreprend de guerir, comme sont les tumeurs, les playes, les vlceres, les fractures et les luxations : voire mesme que les fiéures entretiennent lesdites maladies et les empeschent de guerir, et que pareillement le plus souuent lesdites fiéures ne suruiennent que par la douleur et autres accidens desdites maladies qui entretiennent les fiéures tandis qu'elles subsistent : on peut par là reconnoistre que la connoissance des fiéures et de leurs causes est tres necessaire au chirurgien [1].

---

[1] Ce debut a remplacé celui du premier livre des Fièvres, dont on peut cependant connaître aisément les idées. En voici le texte :

Ch. I. — *Que c'est que Fieure et de ses causes.*

« Apres auoir discouru des indications que doit tousiours auoir le chirurgien methodique et rationel deuant les yeux, ensemble de l'anatomie, il m'a semblé estre necessaire faire vn petit discours des Fieures : tant à fin qu'il ne manquast rien en ce nostre liure, dont le chirurgien peust receuoir instruction, tant aussi qu'ayant quelque legiere et superficielle cognoissance d'icelles, il peust plus commodément que ne sçauroient faire les gardes et autres assistans ignares de l'art, aduertir le medecin de l'espece de la fieure

Ie demanderois volontiers à ceux qui blasment si opiniastrement mon dessein, que deuiendra vn chirurgien, lequel sera appellé à vn malade febricitant qui aura esté blessé à la teste, et qu'il trouuera en de grands vomissemens et en vn saignement de nez ? Comment connoistra-il le-dit vomissement et saignement de nez viennent de la fiéure et non de la playe, s'il ignore tout à fait la nature de la fiéure, et qu'il ne sache que ces accidens peuuent aussi bien venir de la fiéure que de la blesseure ? Il ne sçauroit iamais s'esclaircir de ceste difficulté sans ceste connoissance, et ne pourra en asseurance traiter la playe et en faire son prognostic sans ceste lumiere.

C'est ce qui m'a induit à reuoir de nouueau mon premier traité des fié-ures, et à l'accommoder à la capacité des chirurgiens. Ie pretens pas par iceluy de les rendre capables d'en-treprendre leur curation : elle doit

et des accidens qui seroient suruenus au malade : et mesmes à iceux en son absence, en cas qui requist prompt secours et sans delay, donner quelque allegement, contra-riant tousiours tant qu'il sera possible , non seulement aux effects, mais aussi aux causes desdites fieures. Et veritablement les fieures sont accidens qui accompagnent ordinaire-ment, ou le plus souuent, les dispositions qui seront cy apres traictees : et les entre-tiennent et gardent qu'elles ne se peuuent guarir : semblablement souuent sont causes que les fieures interuiennent, pour la dou-leur et autres accidens, lesquels conuient corriger par leurs contraires, premierement que pouuoir oster la fieure. Par quoy il est bien necessaire au chirurgien cognoistre les fieures et leurs causes, qui seront icy som-mairement traictees. »

C'était là alors tout le préambule, après quoi l'auteur entrait immédiatement en ma-tière. Voyez ci-après la note de la page 74.

estre entierement reseruée aux Me-decins nos Maistres : mais ie desire faire en sorte qu'vn chirurgien ne soit point surpris pour les accidens qu'elles apportent, et qu'il puisse estre capable de seruir le medecin qui ne peut estre present à la cura-tion. Et de fait, que l'on remarquera que ie ne donne icy aucuns preceptes ny enseignemens du pouls ou batte-ment des arteres, des signes et indi-cations qui sont prises des vrines et des excremens du ventre, des vomis-semens , rigueurs , frissons , tremble-mens, et autres changemens qui ac-compagnent les fiéures , sans la con-noissance desquels il est impossible de les guerir seurement, promptement et doucement. Mais ie laisse cela aux medecins, me reseruant simplement à traiter ce qui est de la Nature, Diffe-rence, Signes, Curation, et Mitigation des symptomes des fiéures , ce que i'estendray vn peu plus au long que ie n'ay fait par cy-deuant, ma brief-ueté ayant esté cause que les nouices en la chirurgie n'ont peu receuoir le profit de mon œuure tel qu'ils se le proposoient.

Or à fin que nous gardions quelque methode en ce discours, qui oste l'obscurité et la difficulté du suiet que nous traitons, nous le diuiserons en deux parties : dont la premiere parlera de la nature , difference , causes, signes, et curation des fiéures, tant en general qu'en particulier : l'autre donnera quelques aduis sur les symptomes et accidens d'icelles , tant à fin d'adoucir leur fascherie et importunité, que pour en soulager le malade qui se trouue quelquesfois plus incommodé des symptomes que des fiéures mesmes. Mais deuant que passer outre, ie veux que l'on voye tout mon dessein racourci dans la

figure suiuante, pour seruir non seulement d'indice à tout l'ouurage,
mais aussy pour aider la memoire et
le iugement de ceux qui voudront
lire mon discours.

TABLE

ov indice

DE TOUT CE DISCOVRS DES FIÉVRES.

Ce discours des fiéures a deux parties

La premiere parle

En general touchant leur

- Définition. ch. 1.
- Causes. chap. 2.
- Signes. chap. 3.
- Curation en general. chap. 4.
- Moyens pour les guerir. chap. 5.

En particulier [Des differences. chap. 6.

La seconde parle des symptomes des fiéures. Voy. le second Discours.

PREMIÉRE PARTIE.

DES FIÉVRES EN GENERAL ET EN PARTICULIER.

CHAPITRE I.

LA DEFINITION DE FIÉVRE.

C'est chose tres-asseurée qu'entre toutes les maladies les fiéures sont les plus communes et les plus fascheuses. Il n'y a si petit mal, pour peu de temps qu'il dure, qui ne soit accompagné de la fiéure, et si nous voulons croire à quelques-vns, personne ne meurt sans fiéure, non pas mesme ceux qui meurent de mort violente. Elle est quelquesfois si naturelle qu'elle accompagne quelques-vns toute leur vie, comme qu'il on dit arriue aux lions : les autres vne fois tous les ans, et ce au iour de leur naissance, comme on raconte d'vn certain poëte nommé Antipater, et d'vn autre appellé Iean l'Architecte. C'est vn mal tres-importun, pource que par iceluy toutes les parties de nostre corps exterieures et interieures sont affligées, d'où s'ensuit lesion et deprauation de toutes les operations. Outre que par la vehemence d'iceluy les esprits qui sont communs instrumens de toutes nos actions sont manifestement offensés, ou en leur qualité pour estre trop eschauffés et subtiliés, ou en leur quantité pour estre promptement dissipés par l'ardeur de la fiéure, ou en leur substance pour estre corrompus par l'infection des vapeurs pourries qui sortent des humeurs que font les fiéures putrides [1]. En sorte que c'est vn mal tres-pernicieux, veu mesme qu'il a son siege en la partie la plus noble que nous ayons, qui est le cœur. Ie diray toutesfois que, comme la nature n'a point donné à la vipere de venin qu'elle ne luy ait donné pareillement son antidote, aussi que la fiéure n'a point tant eu d'incommodité qu'elle n'aye eu aussi auec soy quelque fruict

[1] Ce début du chapitre premier est imité et amplifié du deuxième paragraphe du premier chapitre de l'ancien livre.

« C'est chose toute asseuree, qu'entre toutes les maladies les Fieures sont les plus fascheuses, pource que par icelles toutes les parties tant internes qu'externes sont affligees : dont s'ensuit lesion et depreciation de toutes les operations : entendu en outre que par la vehemence d'icelles les esprits, qui sont communs instruments de toutes nos actions, sont manifestement offensez, ou en leur qualité, pour estre trop eschauffez et subtiliez, et aussi corrompus par l'infection des vapeurs suscitez des humeurs putrefiez és fieures putrides : ou en leur quantité, pour estre promptement dissipez en l'ardeur d'icelles, dont s'ensuit que de tant que le mal est grand et pernicieux, de tant faut-il trauailler à le cognoistre : pour à quoy paruenir, il sera bon de commencer par la definition. »

et quelque douceur. Car nous obseruons aprés Hippocrates et Galien,
qu'il est quelquesfois à souhaiter d'a-
uoir la fiéure, qu'elle guerit de plusieurs maladies, qu'elle vient par voye
de crise et de soulagement, et qu'elle
oste les incommodités que peut-estre
l'art de la medecine ne pourroit desraciner. Mais certes ce bien icy est si
rare et si peu ordinaire, que quand il
arriue il donne mesme de l'apprehension, et feroit-on volontiers des sacrifices comme ancienhement à Rome
à la fiéure, à fin qu'elle n'eust point
à venir, ou à s'en retourner prompte-
tament.

Or en quelque façon que la fiéure
arriue, sa connoissance est tres-necessaire : c'est pourquoy nous deuons
trauailler diligemment en ceste estude, et nous efforcer à son esclaircissement, à fin que le ieune chirurgien en
tire profit. Nous auons dit que ceste
doctrine a deux parties, l'vne qui explique l'essence et la nature de la fiéure, et l'autre qui regarde les accidens.
La premiere est double, generale et
particuliere. Pour la generale, elle
consiste à expliquer la definition de
la fiéure, ses causes, ses signes et sa
curation. Pour la particuliere, elle
sera expliquée cy-aprés. C'est vne
maxime des philosophes, que les
choses generales et vniuerselles vont
tousiours deuant les particulieres, et
que la connoissance de celles-cy depend immediatement de celles-là : ne
plus ne moins que les indiuidus dependent des especes, et celles-cy des
genres. C'est pourquoy il est tres à
propos, pour esclaircir ce Traité, de
commencer au general des fiéures, et
voir auant que passer outre quelle
est sa definition.

Ie ne veux point ici rechercher curieusement les noms de la fiéure grecs
et latins, veu qu'ils seruent fort peu
à l'intelligence de la fiéure, et point
du tout à l'instruction du chirurgien.
Ie me contenteray d'apporter sa definition ou description la plus propre
et exacte que i'ay peu tirer des meilleurs auteurs. La fiéure donc n'est
autre chose qu'vne intemperie chaude
et seiche, excitée et enflammée au
cœur, et du cœur communiquée à
tout le corps par les veines et arteres [1]. En ceste definition le mot d'in-

[1] Cette définition ne diffère pas de celle de
l'ancien livre; cependant la disposition du
texte n'est pas tout-à-fait la même. Voici
donc la suite du passage cité dans la note
précédente.

« Fieure est une intemperature chaude et
seiche, excitee et enflammee au cueur, et
d'iceluy communiquee par tout le corps par
les conduits des arteres En ceste definition
le genre est (intemperature) dont nous entendons que fieure est maladie des parties
similaires, et non des organiques. Les differences sont (chaude et seiche) pour distinguer la fieure des autres intemperatures
froides et humides, dont nous apprenons
la maniere de viure des fieures en general
deuoir tendre à refrigeration et humectation. L'autre difference (excitee au cueur)
pour monstrer le subiet et siege de telle maladie. Et de vray, si la fieure (comme nous
auons touché par cy-deuant, et comme aussi
cognoissent par experience ceux qui sont attaints de tel mal) est vne maladie non particuliere et resserree en vne partie, comme
l'ophthalmie, ains generale et vniuerselle à
tout le corps, il est bien raisonnable que le
siege d'icelle soit en partie noble, principale,
et qui ait sympathie et intelligence manifeste
auec tout le corps.

» La definition de fieure ainsi expliquee,
nous viendrons maintenant à la diuision.
Galien au commencement du premier liure
des differences des fieures fait plusieurs diuisions d'icelles, prises tant de leurs accidens que de leur essence. Or d'icelles nous
choisirons et poursuiurons seulement celles

temperie est mis pour le genre, à fin que nous conceuions que la fiéure estant vne intemperie, par consequent que c'est vne maladie des parties similaires, et non point des organiques : outre aussi que par ce mot d'intemperie on distingue la fiéure des maladies qui sont appellées communes, pour être propres des parties similaires et organiques. Pour la premiere difference, nous auons dit que c'est vne intemperie *chaude et seiche*, afin de distinguer la fiéure des autres intemperatures, soit simples, soit composées, qui ont leur nature diuerse de celle de la fiéure. Ie sçay que quelques-vns ont estimé que l'intemperature qui fait la fiéure, est seulement *chaude* et non *seiche*, fondés sur quelques passages d'Hippocrates et de Galien mal entendus. Mais il n'y a point d'apparence de les croire, veu que ces deux grands personnages ont escrit le contraire, et qu'il est impossible qu'vne notable chaleur, telle que l'on voit aux fiéures, soit sans seicheresse. L'autre difference est comprise en ces mots, *excitée au cœur*, par lesquels on donne à entendre quel est le siege et le lieu de la fiéure. Il est tres certain que l'idée ou espece du mal consiste en la partie affectée, et en la

qui sont prises des causes essentieles, pource que les autres n'estant d'aucun prouffit pour la pratique et vsage de medecine : de celles cy pouuons tirer quelques indications propres pour la guarison des fieures, comme nous monstrons par le discours d'vne chacune espece en particulier. »

Ce dernier paragraphe a été laissé de côté dans le nouveau livre, où Paré s'est beaucoup plus étendu sur les différences des fièvres. Voyez ci-après le chap. 6.

disposition qui est contre nature : mais c'est la partie affectée principalement qui fait distinguer les maladies les vnes des autres. Par exemple, par où pensons-nous que la phrenesie, la pleuresie et l'ophthalmie soient distinguées les vnes des autres? Ce n'est pas par l'inflammation, car toutes ces trois sont inflammations, mais par la partie malade : car la phrenesie est vne inflammation des membranes du cerueau, la pleuresie est aussi vne inflammation de la membrane qui enueloppe les costes : et l'ophthalmie pareillement est vne inflammation, mais de la membrane de l'œil qui s'appelle conionctiue. La fiéure donc est bien vne intemperie chaude et seiche, mais qui n'est pas resserrée et attachée à une seule partie, ains qui est excitée premierement *au cœur*, et de là communique à *tout le reste du corps*. Par où nous apprenons premierement, que la fiéure n'est pas vne maladie particuliere et propre d'vne seule partie, mais *generale* et *vniuerselle* à tout le corps : et en second lieu, qu'elle ne pourroit estre communiquée à tout le corps, si elle n'estoit allumée en vne partie noble et principale, comme est le cœur, qui a vne sympathie et communication manifeste auec tout le corps, tant par les *arteres* qui naissent de luy, que par les *veines* qui luy sont enuoyées du foye.

Voila ce qu'on peut briefuement dire pour l'explication et intelligence de la definition de la fiéure, n'estant point besoin de s'amuser à une quantité de questions que l'on fait sur ce suiet, lesquelles sont bonnes pour l'escole, mais ne seruent de rien en la pratique.

CHAPITRE II.

DES CAVSES GENERALES DE LA FIÉVRE.

Bien que l'on ait accoustumé de mettre quatre genres de causes lors qu'il est question d'examiner l'essence des choses : si est-ce qu'en l'exposition des maladies, on obmet tousiours la cause *formelle* et la *finale*, d'autant qu'elles seruent de peu à leur connoissance. On se contente donc de parler de *l'efficiente*, et de la *materielle*.

Pour l'efficiente, c'est celle qui a presque tout pouuoir, et par laquelle l'intemperie chaude et seiche, qui est le genre de la fiéure, est engendrée. Or on peut dire generalement que tout ce qui augmente la chaleur de nostre corps, iusques à ce point qu'elle puisse empescher les operations d'iceluy, est la cause efficiente de la fiéure. Galien au liure premier *Des differences des fiéures* chapitre troisiéme, rapporte ceste cause à cinq chefs principaux, au mouuement, à la pourriture, à la retention et suppression des excremens, à l'attouchement et voisinage d'vne chaleur externe et estrangere, au meslange de quelquesubstance chaude parmy la nostre interieure[1].

[1] Nous retrouvons ici le texte de l'ancien livre, faisant suite au passage reproduit dans la note précédente.

« Doncques les causes des fieures en premiere diuision sont de deux sortes, sçauoir efficientes, ou materielles. Les causes efficientes sont de cinq especes.

» La premiere est le mouuement excessif ou violent, tant du corps que de l'esprit. Celuy du corps est ou actif volontaire, etc. »

En cet endroit l'auteur suit tellement son ancien texte, qu'à peine trouve-t-on çà et là un mot de changé, sans que rien soit changé au sens , et que ce serait véritablement faire un double emploi que de le reproduire. Il expose donc ainsi les cinq causes efficientes ; seulement, dans les exemples qu'il donne de la cinquième, après les *autres choses aromatiques, ameres, acres ou salees,* il avait omis *les vins forts et puissans.* A partir de là aussi la rédaction devient assez différente pour qu'il devienne utile de la mettre en regard ; la voici donc :

« Telles sont les cinq choses efficientes, desquelles toutes sortes de fieures sont excitees : faut maintenant parler des materielles.

» Les causes materielles des fieures sont celles esquelles consiste, est placee et fondee comme en son propre subiet , l'essence de la fieure, sçauoir, l'intempérie chaude, ou chaleur contre nature. Icelles causes materielles sont de trois sortes, comme ainsi soit que la substance de nostre corps soit triple, la spiritueuse ou aëree, l'humide et la solide : en l'vne desquelles la chaleur contre nature estant vne fois allumee , sont excitees ces trois especes de fieures tant renommees entre les medecins, esquelles toutes les autres se peuuent reuoquer. La premiere est la Diaire ou Ephemere, de laquelle la chaleur est allumee és seuls esprits ou substances spiritueuses. La seconde est la putride , de laquelle la chaleur est allumee és humeurs. La troisieme est hectique, de laquelle la chaleur est allumee és parties solides de notre corps. De chacune d'icelles nous parlerons par ordre , de telle sorte que premierement nous expliquerons leurs causes, puis leurs signes , enfin toucherons en bref la curation. »

Là finit le premier chapitre du livre primitif. Il serait curieux de comparer ces doctrines du seizième siècle à celles qui tendent à reprendre vie parmi nous ; mais je laisse cela aux médecins qui, par hasard ou autrement, en viendront enfin à jeter un coup d'œil sur ce livre trop dédaigné.

l'esprit que du corps. Celuy du corps est ou actif, volontaire et prouenant de nous, comme luitter, courir, ioüer à la paume : ou passif, et qui nous est donné par vne cause externe, comme pour auoir esté en carrosse, ou auoir piqué vn cheual fascheux et violent. Celuy de l'esprit est soin, vehemente apprehension, fascherie, courroux, et autres semblables passions de l'ame, lorsqu'elles nous tiennent fort souuent et fort long temps. Mais il ne faut pas icy s'abuser, et penser que le seul mouuement excite la fiéure : car nous voyons par experience que le repos, qui est son contraire, apporte souuent la fiéure : car ceux qui auoient de coustume de s'exercer, s'ils viennent à s'adonner à l'oisiueté, par accident tombent en fiéure, tant parce que les excremens qu'ils souloient dissiper par l'exercice, retenus dans le corps, se pourrissans aisément, l'eschauffent outre mesure : qu'aussi pource que leur chaleur naturelle se fait contre nature, pour n'estre plus esuentée par l'exercice moderé, ainsi qu'elle souloit auparauant.

La seconde cause efficiente des fiéures est la pourriture ou putrefaction, qui n'est autre chose qu'vne corruption causée par vne chaleur estrange et externe en vn humeur enfermé et non esuenté, comme nous voyons souuent aduenir aux phlegmons et erysipeles, ausquels par consequent les fiéures sont annexées et coniointes. Cette cause est propre des fiéures putrides : c'est pourquoy nous remettons en ce lieu là à en parler plus particulierement et amplement.

La troisiéme est la retention et suppression des excremens, qui ont de coustume d'estre vuidés et poussés hors de nos corps, non seulement par vne euacuation manifeste et sensible à

la veuë, comme sont les mois des femmes et les hemorrhoïdes des hommes, mais aussi par vne euacuation qui ne se voit point, et que nous appellons insensible transpiration, qui se fait par les pores du cuir : car tel excrement, principalement s'il est acre et fuligineux, comme des hommes bilieux, retenu et entassé dans le corps, ne pouuant expirer pour la densité du cuir, ou pour la constipation des pores d'iceluy, excite promptement des fiéures ou ephemeres ou putrides.

La quatriéme est l'attouchement ou voisinage d'vne chaleur externe, comme du feu, des medicamens caustiques, des rayons du soleil, d'vn corps febricitant auec lequel nous auons couché, et principalement s'il est d'vn temperament picrochole ou atrabilaire.

La cinquiéme cause des fiéures est la prise ou meslange de quelque substance chaude parmy la nostre interieure, soit qu'icelle substance chaude soit medicamenteuse, soit qu'elle soit alimenteuse. Ainsi voyons-nous souuent qu'vne medecine de scamonée ou de rheubarbe donne la fiéure, à celuy principalement qui a le foye chaud. Le semblable fait l'vsage du miel et du sucre és corps des ieunes hommes, d'autant qu'en iceux les choses douces s'enflamment aisément et se tournent en bile : ce que plus euidemment font les espices, et autres choses aromatiques, ameres, acres, ou salées : comme aussi les vins qui sont forts et puissans.

Voila les cinq causes efficientes des fiéures, qui ont esté tres-doctement expliquées et traitées par Galien, et du depuis confirmées par tous les medecins qui l'ont suiui. Reste à parler des causes materielles, esquelles consiste la nature de la fiéure, et sur lesquelles elle est placée et fondée, comme en son propre suiet. Ces causes icy sont de trois sortes, comme estant rapportées à nostre corps, qui est basti et constitué de trois diuerses substances, de la *spiritueuse* ou *aërée*, de la *liquide* ou *humoralle*, et de la *solide*. Car l'intemperie chaude et seiche qui fait la fiéure, venant à s'attacher à l'vne de ces trois substances, fait vne fiéure differente et conforme à la nature de la substance qui reçoit cette intemperie, et à laquelle elle sert comme de matiere et de propre suiet. Par exemple, si l'intemperie s'attache à la substance spirituelle ou aërée, il s'engendre une fiéure vrayement *spirituelle*, c'est-à-dire, qui est propre des esprits de notre corps, et qui, pour ne durer qu'un iour naturel, est appellée *Ephemere* ou *Diaire*. Si le feu s'enflamme en la substance humoralle la fiéure sera vrayement *humoralle*, comme ayant pour matiere et suiet les humeurs du corps. Que si la chaleur s'allume en la substance solide du corps, il se fera vne fiéure *hectique*, ainsi nommée pource qu'elle est stable et difficile à guerir, comme les choses qui ont pris leurs habitudes. C'est pourquoy nous concluons, que comme il y a cinq causes efficientes des fiéures cy-dessus specifiées, aussi y a-il trois causes materielles, à sçauoir, les esprits, les humeurs, et les parties solides de nostre corps.

CHAPITRE III.

DES SIGNES DES FIÉVRES EN GENERAL

Encore que la connoissance des fiéures appartienne au seul medecin, et qu'il n'y ait rien de plus difficile en la medecine que le traité des signes, si est-ce que ie ne laisseray pas d'en parler vn petit mot en passant : et tascheray d'en dire quelque chose si vulgairement et grossierement, que le chirurgien pourra s'en informer mediocrement, et en tant qu'il en a besoin, pour le soulagement des malades qui se trouueront pressés en l'absence du medecin.

Or le signe n'estant rien qu'vne marque euidente et manifeste, qui nous conduit en la connoissance d'vne chose obscure et cachée, il est à croire qu'en la recherche des signes nous deuons trouuer quelque chose qui soit plus euidente et plus manifeste que la fiéure : autrement nous ne pourrions pas bien nous instruire en sa connoissance. Donnons donc quelques marques qui soient plus aisées à descouurir que la fiéure, et qui nous puissent donner certitude, les ayant apperceuës en quelque corps, que la fiéure y est par necessité. Mais deuant que ce faire, il faut se ressouuenir qu'il y a deux sortes de signes, les vns appellés *Diagnostiques*, qui seruent à reconnoistre la fiéure presente, les autres *Prognostiques*, qui declarent l'euenement de fiéure, quelle elle doit estre, mortelle ou salutaire, longue ou briefue, et quand et comment elle doit et se peut terminer.

Quant aux diagnostiques, il y en a de certains propres et inseparables : il y en a d'autres qui sont trompeurs, douteux, equiuoques et moins asseurés. A ceux-cy nous ne deuons pas beaucoup nous arrester : si fait bien aux autres, qui ne trompent gueres le iugement du medecin docte et experimenté. Quand ie dis qu'il y a en la fiéure et aux maladies des signes diagnostiques certains, asseurés, propres et inseparables, ie n'entens pas dire que chaque maladie ait vn tel signe qui soit seul, ainsi que l'on dit en philosophie que le rire est vn signe seul propre et asseuré de l'homme : mais ie veux dire que toute maladie a vn amas de quatre ou cinq signes, plus ou moins, qui se rencontrans ensemble valent vn signe propre, tel qu'on l'appelle en philosophie. Par exemple, si ie vois vn malade qui ait vne douleur poignante au costé, difficulté de respirer, auec la toux et la fiéure, ie puis dire en asseurance qu'il a le signe propre et inseparable de la pleuresie, et par consequent qu'il en est malade. De mesme est-il de la fiéure, laquelle n'a pas vn seul signe pour sa connoissance, mais plusieurs qui concourans ensemble nous la font asseurément reconnoistre.

Le premier de ces signes, c'est la chaleur : car comme enseigne Galien au premier commentaire qu'il a fait sur le sixiéme liure *des Epidemies*, article 28. si le goust est l'indice des saueurs, de mesme la chaleur receuë par le toucher est indice et signe de la fiéure, puisque la fiéure n'est qu'vne chaleur. Or ceste chaleur n'est pas simple, naturelle et douce, mais acre, piquante, et surpassant la naturelle : et au reste diffuse et estendue par tout le corps, si ce n'est qu'elle soit empeschée de s'espandre par tout. Ce qui arriue en trois manieres. Premierement, au commencement des accés des fiéures qui ont des frissons, par le reflux et concours du sang et des esprits aux parties interieures : car en ce faisant les parties exterieures demeurent comme priuées de chaleur. Secondement, és fiéures que l'on appelle *epiales*, esquelles à cause de la multitude des humeurs crues

amassées dans le corps, les parties qui ont les humeurs plus subtiles et ténues s'eschauffent, cependant que celles qui sont les plus grossieres demeurent froides et sans chaleur. Tiercement és fiéures nommées *lypiries*, esquelles quelque partie noble interieure estant assiegée de quelque inflammation ou erysipele, il arriue que le sang et les esprits sont arriués des parties externes aux internes, comme par vne ventouse, en sorte que la partie interieure affectée brusle, tandis que celles de debors demeurent sans chaleur. Mais quoy que ce soit, la chaleur surpassant l'ordinaire, soit qu'elle soit espandue par tout le corps, soit qu'elle soit attachée à quelques parties principales, est vn des signes de la fiéure. Ie dis vn des signes, car il y a des fiéures qui ont, comme enseigne Hippocrates aux Epidemies, vne chaleur qui paroist douce au toucher : et c'est pourquoy Galien a adiousté d'autres signes pour la connoissance de la fiéure, c'est à sçauoir le pouls, les vrines, la soif, et les veilles.

Pour le pouls il est tousiours frequent en la fiéure, et plus la fiéure est grande, et plus le pouls est viste et frequent. Mais pour sçauoir ce que c'est qu'vn pouls frequent, il faudroit prendre ce discours de plus loing, ce qui n'est point necessaire icy, ayant dessein d'instruire seulement le chirurgien, qui n'a que voir en ce traité. Non plus qu'en celuy des vrines, qui seruent quelquefois à la connoissance de la fiéure : mais si peu seurement, que les medecins les plus experimentés sont contraints de confesser que c'est vn signe tres fallacieux. Toutesfois si auec vne chaleur acre, vn pouls frequent, on apperçoit des vrines crues, ou grandement teintes de bile, on peut comme en asseurance prononcer qu'il y a de la fiéure. Et encore bien d'auantage, si auec les signes susdits le malade est trauaillé de quelque soif extraordinaire, et de veilles desreglées et non accoustumées, et dont on ne sçauroit en reietter la cause sur quelque chose euidente et manifeste. Voila les cinq signes comme propres et inseparables de la fiéure, du premier desquels Galien parle au commentaire cité du sixiéme *des Epidemies*, du second et troisiéme au liure second *à Glaucon*, au premier liure *des Presages des pouls*, chapitre premier, et au troisiéme *des Crises* chap. troisiéme: du quatriéme et cinquiéme au Commentaire troisiéme du troisiéme *des Epidemies*, art. 34.

le viens aux signes prognostiques, qui sont ceux qui font plus paroistre le iugement et l'experience du Medecin. Car par iceux non seulement il se confirme és remedes qu'il faut faire au malade : mais aussi il s'acquiert vne telle authorité sur luy, et prend vn credit si grand, que quoy qu'il puisse proposer, il y trouue le malade tres obeïssant Mais ces signes icy estans en tres grand nombre, et de tres difficile intelligence à ceux qui ne sont consommés en l'art de Medecine, ils m'obligent de les passer sous silence, et d'aduertir le chirurgien de n'entreprendre iamais le prognostic des fiéures, estant choses au de là de sa capacité et de son art. Qu'il en laisse la charge au prudent medecin, n'estant pas petite loüange à vn homme de sçauoir se taire en temps et lieu.

III.

CHAPITRE IV.

DE LA CVRATION DES FIÉVRES EN GENERAL.

Il n'y a maladie plus commune que la fiéure, mais il n'y en a point de plus difficile à guerir. Anciennement autant qu'il y auoit de medecins, autant y auoit-il de sortes de remedes pour la traiter. Prodicus et Erodicus auoient leur façon, Herophilus et Erasistratus la leur, Asclepiades vne autre, Themison vne autre : bref, autant de testes, autant d'opinions. Et en ce siecle icy où nous sommes, nous voyons que les alchymistes tiennent vne autre forme de traiter les fiéures, que ne font pas les medecins qui suiuent la doctrine de Galien, qui a esté celuy lequel a plus diligemment recherché les remedes propres et essentiels à la fiéure, et a si bien parlé de toutes les indications, qu'il nous a osté les difficultés où ont accoustumé de nous precipiter les diuerses opinions et iugemens des autheurs.

Nous auons dit au chapitre 3. et 22. de nostre Introduction à la Chirurgie, qu'il y auoit des indications necessaires au chirurgien methodique et rationnel qui veut entreprendre la guerison de quelque maladie : là i'ay discouru amplement de la nature des indications, combien de sortes il y en auoit, d'où elles estoient prises et puisées, et que par icelles seules on distinguoit le chirurgien qui trauaille par methode et raison, d'auec celuy qui trauaille par hazard à l'aduenture, tels que sont les empiriques, charlatans, et autres imposteurs. Cela mis et posé pour fondement, nous disons que pour guerir la fléure par raison, puisque c'est vne maladie, que le chirurgien le doit faire par les indications prises des choses *naturelles, non naturelles* et *contre nature.* Lesquelles choses toutesfois, à fin de les racourcir, se peuuent et se doiuent rapporter à trois indications principales, sçauoir à celle qui est prise de la maladie, à celle qui est puisée de sa cause, et à celle qui est prise des forces du malade.

Par la premiere, nous apprenons que la fléure ainsi que les autres maladies, se doit guerir par son contraire, estant vn axiome tres certain en la doctrine d'Hippocrates et de Galien, que tout contraire se guerit par son contraire. Or est-il que nous auons escrit cy-dessus que la fléure estoit vne intemperie chaude et seiche, par consequent il faut pour guerir la fléure vser de remedes rafraichissans et humectans. Donc la premiere indication nous apprend, que le chirurgien qui voudra entreprendre à guerir la fléure, generalement parlant, ne doit se seruir que des remedes qui rafraichissent et qui humectent, estant impossible d'oster la chaleur que par les choses rafraichissantes, et de corriger la seicheresse que par celles qui moüillent et humectent.

Pour la seconde indication, elle est prise des causes du mal, lequel ne peut estre gueri si ce n'est en retranchant la cause, estant tres veritable l'axiome des philosophes, que l'effet cesse, sa cause estant ostée. Il faut toutesfois icy obseruer qu'il y a des fléures, telle qu'est l'ephemere et diaire, qui persistent encores que leurs causes soient ostées : et c'est pourquoy ceste indication n'a lieu qu'aux fléures qui ont leurs causes presentes et qui sont en mouuement,

qui fomentent et entretiennent le mal par leur presence et par leur action, et qui donnent commencement, progrés et entretien par leur effet reel et actuel ausdites fléures. Lors que telles causes se presentent, alors le chirurgien par ceste seconde indication doit recourir à leur retranchement, à fin de couper le mal en sa racine : veu que ce seroit vn abus de le vouloir oster tandis qu'on laisseroit en force et en vigueur le principe et l'agent de sa generation. Partant toutesfois et quantes qu'il y aura vne cause presente, faut commencer la curation de la fléure par le retranchement de ceste cause, quoy faisant on ostera tout ensemble et la cause de la fléure, et la fléure mesme, sans autre plus grand appareil. Que s'il n'y a point de cause presente en la fléure, comme il arriue à l'ephemere causée par l'ardeur du soleil, laquelle persiste hors la presence d'iceluy, alors il ne faut point s'amuser à ceste indication, mais il faudra seulement combattre par remedes rafraichissans et humectans l'intemperie chaude et seiche de la fléure. Mais s'il arriue qu'en partie la fléure soit faite, en partie qu'elle se fasse, c'est à dire que si la cause de la fléure n'y est plus, mais qu'vne autre pareille cause vienne à entretenir la mesme fléure, il faut premierement oster ceste derniere cause, et puis il faudra combattre la fléure faite de la premiere cause absente par la voye de la premiere indication, ie veux dire par les remedes qui rafraichissent et humectent.

Passons à la troisième indication, laquelle se prend des forces du malade : icelle n'estant rien que le dessein qu'a le chirurgien de maintenir la vertu du febricitant, et luy donner la force de resister au mal iusques à la fin, par le moyen de la bonne nourriture. Par ceste indication on ordonne vn regime de viure contraire à la fiéure et à ses causes, mais qui est conforme et proportionné au temperament, à l'aage, et à la coustume du febricitant : et souuent nous faisons tel estat de ceste indication, que nous laissons là les deux autres pour embrasser ceste-cy : car comme nous auons dit ailleurs, le plus souuent nous laissons la propre cure et principale de la fiéure, qui est le retranchement de la cause, pour suiure ceste indication, et nous employer à la conseruation de la force et vertu du febricitant. Par exemple, au commencement des accés de la fiéure, en prenant indication de la maladie, il n'y a rien si contraire que le manger, veu qu'il augmente la matiere de la fiéure : toutesfois s'il aduenoit que les forces du malade fussent si debiles, que le malade ne peust resister à l'effort de l'accés, alors prenant indication des forces, et non d'autre chose, il faudroit nourrir le malade et luy donner à manger, encore bien que la matiere de la fiéure s'en deust augmenter.

Devant que finir ce chapitre, il faut obseruer deux choses : la premiere, que les deux premieres indications quelquesfois s'accordent ensemble, quelquesfois elles sont contraires entr'elles : si bien que l'indication qui oste la cause de la fiéure, augmente l'intemperie de la fiéure. Au premier cas la chose est bien aisée, car il ne faut rien faire que rafraichir et humecter, comme il arriue aux fiéures bilieuses : car eu esgard à l'intemperie de la fiéure qui est chaude et sei-che, il faut rafraichir et humecter : eu pareillement esgard à la cause materielle de la fiéure, qui est la bile aussi chaude et seiche, il ne faut faire autre chose que rafraichir et humecter. Mais lorsque deux indications ne s'accordent pas, comme és fiéures pituiteuses et melancholiques, alors il faut prendre indication de la chose qui presse le plus et qui apporte plus de peine ou de peril au malade ; ne negligeant pas tout à fait neantmoins l'autre indication. En vn mot, il faut s'adresser premierement et principalement au plus necessaire et plus vrgent, et puis après à ce qui presse le moins. L'autre chose à obseruer est pour la seconde indication, que nous auons dit estre prise du retranchement de la cause. Or ce retranchement ne se peut faire par vn seul remede, mais par diuers moyens, à cause qu'il n'est pas question d'vne seule cause en la fiéure, mais de plusieurs, comme nous auons donné à entendre cy-dessus. Par exemple l'estoupement des pores et conduits du cuir, et la suppression de l'excrement acre et fuligineux qui se fait par ces pores, sont ostés par les medicamens relaschans, resolutifs et digestifs : la pourriture par ceux qui euacuent, cuisent, contemperent, attenuent, incisent et ouurent : l'obstruction des vaisseaux, si elle est faite par humeurs crasses, lentes et froides, par ceux qui eschauffent puissamment et qui incisent et attenuent : si elle est causée d'humeurs bilieuses, par ceux qui rafraichissent : et ainsi des autres, comme nous dirons au progrés de ce Traité, en la cure de chaque fiéure en particulier.

CHAPITRE V.

DES MOYENS DESQVELS ON SE SERT A GVERIR LES FIÉVRES.

Il faut parler en ce chapitre des instrumens ou remedes qui peuuent seruir à obtenir la fin des trois indications que nous auons expliquées au chapitre precedent. Car ce n'est pas tout de dire qu'il faut se seruir de remedes froids pour esteindre la fiéure, qu'il faut couper la cause de la fiéure par son contraire, et qu'il est necessaire de restablir et conseruer les forces du malade : il faut sçauoir par quels instrumens ou moyens nous pouuons venir à la fin de ces desseins. Or ces instrumens sont trois, autant qu'il y a de sortes de remedes en la partie de medecine qu'on appelle therapeutique, sçauoir la *diete*, la *chirurgie*, et la *pharmacie*.

La *diete* n'est autre chose que l'ordre et la reigle qu'on doit garder, non seulement au boire et manger, mais aussi en l'vsage des six choses que les medecins appellent *non naturelles*, qui sont *l'air*, le *boire* et le *manger*, le *dormir* et le *veiller*, *l'exercice* et le *repos*, la *moderation* aux affections et passions de l'ame, et *l'excretion et retention*, ou *repletion* et *inanition*. Par la *chirurgie*, nous entendons les operations de la main qui seruent à la guerison des fiéures. Et par la *pharmacie* l'vsage des medicamens, soit purgatifs, soit alteratifs, qui doiuent estre employés à la cure des mesmes fiéures.

Pour ce qui est de la diete des fiéures, nous pouuons definir en general qu'elle doit estre rafraichissante et humectante tant que faire se pourra, ayant esgard à la nature du malade, à son aage, à sa coustume, et au païs où il est. Et à fin de particulariser ceste regle, et rendre nostre doctrine plus claire et intelligible, nous disons que l'air que hument les malades doit estre froid et humide : que si la saison ne le permet, il faut le preparer par l'art de medecine, arrousant la chambre du malade d'eau fraiche, semant par icelle des fueilles de violiers de Mars, de vigne, de laictues, des fleurs de nenuphar et de roses, et choses semblables : d'autant que par ce moyen l'air estant rendu froid et humide, imprime à tout le corps les mesmes qualités, et bien d'auantage au poulmon et au cœur, ausquels il est porté directement par la respiration : ce faisant on modere l'intemperie chaude et seiche de la fiéure par la premiere indication, qui est de guerir le mal par son contraire. Pareillement la qualité des viandes doit estre froide et humide, pour les mesmes raisons, prenant garde que telles viandes soient aisées à cuire, et de bon suc, et qu'on en donne en telle quantité qu'elle suffise à entretenir les forces et la vertu du malade, et en temps où elles puissent tousiours profiter, et ne nuire iamais. Les meilleures viandes et plus communes des febricitans sont boüillons, iaunes d'œufs, gelées, pruneaux cuits, pommes cuittes, orges mondés, et autres viandes legeres faciles à digerer, et qui ne chargent point l'estomach. Le boire des febricitans doit estre de l'eau boüillie, de la ptisane faite auec reglisse, orge et choses semblables, et quelquefois de l'eau meslée auec quelque syrop rafraichissant et humectant, comme est le violat, et de nenuphar. Galien, au neufiéme de *la Methode*, recommande l'eau froide pour la fiéure, mais auec certains diorismes et precautions qu'on peut aller voir à loisir dans le mesme auteur. Pour le vin, il leur doit estre defendu, sur tout s'il est puissant, genereux, fort, fumeux et grossier. Pour ce qui est des veilles et du sommeil, elles doiuent estre moderées, en sorte toutesfois que le sommeil soit plus long que les veilles : car combien que les veilles rafraichissent d'auantage les parties interieures, et le sommeil les exterieures, à cause que par les veilles la chaleur s'espand au dehors, et par le sommeil se retire au dedans : si est-ce toutesfois qu'à cause de beaucoup de biens et commodités que le sommeil apporte à l'esprit et au corps, comme d'aider la coction, restablir les esprits, fortifier les puissances de l'ame et du corps, esteindre la soif, arrester les vomissemens, la toux et le flux de ventre, humecter le cerueau et tout le corps : à cause, dis-ie, d'vn plus grand bien, le sommeil des febricitans doit estre plus long que les veilles. Quant à ce qui est de l'exercice du corps ou du repos, il est tres-asseuré que l'exercice eschauffant et les humeurs et les esprits, que le repos est à preferer, et qu'il doit estre recommandé aux febricitans, puis qu'il rafraischit et humecte, blasmant la façon de faire de Prodicus et Herodicus et de leurs sectateurs, lesquels par l'exercice de luiter et de courir, qu'ils faisoient faire aux febricitans, les tuoient plustost que de les guerir.

Les passions et perturbations de l'ame ne sont aucunement vtiles aux febricitans : au contraire le repos et la tranquillité de l'esprit leur est necessaire, ostant par ce moyen le trouble des humeurs et des esprits, qui suruient par l'excés des passions,

telles que sont la cholere, la ialousie, le chagrin, la tristesse et le desespoir : la ioye moderée par accident, car par icelle le sang se retirant du cœur, qui est le siege de la fiéure, és autres parties du corps, et principalement aux exterieures, elle est cause que le cœur se rafraichit aucunement, et par consequent diminue l'intemperie chaude de la fiéure. Il n'y a point de passion qui fust plus propre aux fiéures que la crainte, laquelle rafraichit les humeurs et les esprits, si ce n'est qu'elle apporte beaucoup de plus grands accidens auec elle : et de fait nous lisons que plusieurs personnes, par crainte et frayeur subite et non preueuë, ont perdu tout à fait la fiéure, par vn extraordinaire rafraichissement du cœur et des parties contenues en iceluy, causé de l'excés de ceste frayeur. Ce que i'adiouste pour donner à entendre qu'il ne faut pas pour esteindre la fiéure vne petite crainte, et telle qu'elle arriue communément : mais qu'il faut vne frayeur extraordinaire et excessiue, qui ait non seulement le pouuoir de faire retirer le sang, les esprits et la chaleur des parties exterieures vers le cœur, mais aussi de rafraichir la chaleur du cœur sans l'esteindre neantmoins tout à fait : en quoy on descouure la difficulté et le peril de ce remede.

Le dernier article des choses non naturelles qu'on doit obseruer pour la fiéure est la retention et euacuation, la retention des choses vtiles et profitables au corps, et l'euacuation des excremens et superfluités nuisibles. Ie ne m'estens point d'auantage au denombrement de telles choses : ie diray seulement que si les excremens du ventre, les vrines, les sueurs, etc., sont retenus trop longtemps au corps du febricitant, qu'ils augmentent la fiéure, et la diminuent quand ils sont euacués en temps et lieu et en quantité suffisante : comme au contraire , s'il suruient au febricitant vne euacuation d'humeurs froides au lieu des chaudes, il sent la fiéure s'en augmenter : et trouue que ses forces s'abbattent, s'il luy arriue vne euacuation des choses qui doiuent estre retenues au corps, et qui luy sont vtiles et necessaires. I'ay rapporté en mon Introduction de chirurgie, chap. 17. ce sixiéme chef des choses naturelles à la repletion et à l'inanition, et ay particularisé les especes et differences, lesquelles peuuent estre rapportées en ce lieu , et accommodées à nostre intention. C'est pourquoy ie n'en diray rien d'auantage, et passeray à l'autre instrument de la therapeutique, qui est la chirurgie.

Quand nous parlons icy de la chirurgie , nous n'entendons pas parler de toutes les operations de la main qui luy appartiennent, mais de celles seulement qui peuuent seruir à combattre et guerir la fiéure, telle qu'est principalement la saignée. Non pas que la saignée conuienne directement et proprement à la fiéure , mais indirectement seulement , par accident. Le propre de la saignée n'est pas de rafraichir et d'humecter, mais de vuider le corps et d'euacuer le sang , à quoy à la verité succede le rafraichissement, par la diminution qu'on fait du sang et de la chaleur qui l'accompagne. Elle peut toutesfois conuenir à la fiéure , par le moyen d'vne de ses causes, qui est la plenitude, laquelle ne peut estre ostée plus promptement et seurement que par la saignée. Pour toutes ces raisons, et pour destourner quelquesfois les fluxions qui se font sur les parties nobles en la pluspart des fiéures , et aussi pour donner air et vent à la chaleur qui est estouffée dans le corps, comme pareillement pour desgager les obstructions , et pour beaucoup d'autres commodités qu'apporte la saignée au corps, elle est tres-propre et tres-necessaire aux fiéures, en sorte qu'il serait presque impossible de les guerir, si ce n'estoit par son moyen. Et voila principalement l'operation pour laquelle la chirurgie est vtile aux fiéures : bien qu'on se serue encore de quelques autres , mais moins puissantes et moins profitables, comme sont l'application des sangsues, les scarifications faites aux jambes, vsuelle en Egypte, Espagne , et quelques lieux d'Italie : les ventouses et les cornets appliqués sur les espaules, et presque sur tout le corps, auec ou sans scarifications et mouchetures : les sinapismes , vesicatoires et cauteres, et autres choses semblables , lesquelles sont employées à la guerison des fiéures , mais auec bien peu de succés.

I'aurois beaucoup à discourir sur le troisiéme instrument qui conuient aux fiéures, qui est la Pharmacie, sinon que ie me reserue au particulier des fiéures. Nous dirons toutesfois en general que la Pharmacie a beaucoup de moyens à employer pour la guerison, qu'elle prend des medicamens tant purgatifs qu'alteratifs, qu'elle donne ou interieurement ou exterieurement, soit pour tout le corps, soit pour quelqu'vne de ses parties. Les lauemens ou clysteres, les breuuages purgatifs, les emetiques ou vomitoires, les bolus , les pillules , seruent à oster la cacochymie , et à purger le corps de beaucoup de superfluités qui nourrissent et entretiennent la fiéure. Les juleps et apozemes rafraichissens et

humectans, les epithemes, fomentations, linimens, bains, onguens,
cõbattent directement les causes
de la fiéure et intemperie chaude et
seiche. Les alexipharmaques et cordiaux corrigent la malignité des humeurs, donnent de la force et de la
vigueur au cœur et par les nobles, et
resistent à la pourriture qui se mesle
d'ordinaire parmy les fiéures. Bref, il
n'y a rien en la pharmacie qui ne
puisse aider à la guerison des fiéures,
s'il est bien mesnagé par un docte et
iudicieux medecin, qui sait mesme
tirer profit des poisons et venins pour
l'vtilité et salut des malades.

CHAPITRE VI.

LA DIFFERENCE DES FIÉVRES.

Encore bien que les philosophes
ayent accoustumé de faire suiure la
diuision des choses aprés leur definition : si est-ce toutesfois que ie me
suis reserué à parler de la difference
des fiéures en ce lieu, et en apporter
toutes les especes, à fin d'auoir l'occasion et le moyen de parler de chaque espece de fiéure tout d'vne suite,
et sans interruption d'autre matiere.
Or les medecins n'ont pas tousiours
esté bien d'accord lors qu'il a fallu
assigner les especes et differences des
fiéures : c'est pourquoy Galien reprend les anciens pour auoir grandement erré en ce suiet : les vns pour
auoir mis moins de differences de
fiéures qu'il y en a, les autres pour
auoir rapporté celles qui sont acci-
dentelles au lieu des essentielles : et
les autres pour auoir supposé, au lieu
des differences vtiles et necessaires,
celles qui sont purement inutiles et

sans profit. De fait, que nous apprenons que les vns ont pris la difference
des fiéures de leur inuasion, disans
que les vnes prennent sans frisson,
les autres auec frisson : quelques-vns
les ont prises en l'essence ou condition de la nature de la fiéure, asseurant que des fiéures les vnes ont vne
chaleur aiguë et mordante au toucher,
les autres vne chaleur douce : quelques-vnes qui paroissent douces, et
qui se font sentir peu aprés aigres et
mordantes : et quelques autres enfin
qui semblent aigres et aiguës, et qui
deuiennent douces à la main. Il y
en a qui prennent la difference des
fiéures de l'intension de leur chaleur,
appellant les vnes *bruslantes*, et les
autres *tiedes* et debiles : ou bien les
diuisent selon les accidens et qualités
qui accompagnent ladite chaleur. Par
exemple, ils appellent les vnes *seiches* et *salées*, les autres *venteuses* et
horribles à voir, ils en nomment quelques autres *humides*, *rouges*, *pasles*,
liuides, *malignes*, *veneneuses*, *pestilentes*, *populaires*, *lentes*, *aiguës*, *contagieuses*, et ainsi des autres. Bref, plusieurs croyent que la distinction des
fiéures doit estre prise des humeurs
dont elles sont faites, et par consequent que les vnes sont *sanguines*,
les autres *bilieuses*, les autres *pituiteuses* ou *phlegmatiques*, et quelques
autres *melancholiques*. Mais pour dire
la verité de toutes ces differences, il
n'y en a pas vne qui soit sans repre-
hension, veu qu'elles sont en partie
ou superflues, ou defectueuses, ou
inutiles, ou de peu de consideration.

Nous auons dit cy-dessus que la
difference des fiéures, selon Galien,
doit estre prise du suiet ou matiere
où elles s'allument dans nostre corps,
qui sont les esprits, les humeurs, et
les parties solides, d'où il resulte

trois genres de fiéures, que l'on appelle *spirituelle* ou *ephemere*, *humorale*, et *hectique*; la premiere desquelles s'allume aux esprits, la seconde aux humeurs, la troisiéme aux parties solides : et il n'y a aucune autre difference de fiéures qui ne puisse estre rapportée à l'vne de ces trois, comme nous verrons en la suite de ce discours.

J'adiousteray toutesfois pour plus grand esclaircissement de ceste doctrine, et pour nous accommoder à la capacité des ieunes chirurgiens, pour l'instruction desquels nous auons ramassé ces preceptes des œuures des meilleurs autheurs de la medecine, que toutes·les fiéures sont *ordinaires* ou *extraordinaires*. J'appelle *ordinaires* celles qui sont communes et vulgaires, et n'ont rien que les accidens communs qui les accompagnent souuent et frequemment, sans soupçon d'vne cause plus cachée, ou d'effets prodigieux et estranges. Les *extraordinaires* sont celles qui ont quelque chose par de-là les communes, soit en leur cause, ou en leurs effets, ou en leurs accidens, ou en quelque autre chose qui les accompagne, comme sont les fiéures pestilentes, les epidemiques, la sueur d'Angleterre, etc. Pour les ordinaires elles sont *essentielles* ou *symptomatiques* : les *essentielles* sont ainsi appellées à cause de leur origine qui vient d'elles mesmes, et non en suite d'vn autre mal, comme d'vne inflammation de quelque partie, ainsi que font les *symptomatiques*. Or ces fiéures essentielles sont de trois especes, *ephemeres*, *humorales*, et *hectiques*, desquelles nous allons parler particulierement, commençant aux ephemeres.

Les fiéures sont, ou
- Ordinaires, et c'est ou
  - Essentielles, et sont trois.
    - Ephemeres. chap. 7.
    - Humorales. chap. 8.
    - Hectiques. chap. 34.
  - Symptomatiques. chap. 35.
- Extraordinaires. chap. 36.

CHAPITRE VII.

DES FIÉVRES EN PARTICVLIER, ET PREMIEREMENT DE LA FIÉVRE EPHEMERE[1].

Aprés auoir parlé des fiéures en general, il faut descendre au particu-

[1] Ce chapitre répond au chapitre deuxième du livre primitif, et ce chapitre deuxième avait lui-même passé en très grande partie dans le onzième chapitre du livre *des Tumeurs en general* dès l'édition de 1579. Nous aurons donc à instituer dans ces notes une double collation, pour indiquer les portions du texte qui ont varié ou qui sont restées les mêmes dans ces diverses publications.

lier d'icelles, et commencer à celle qui est la moins perilleuse et de moindre durée. C'est l'*ephemere*, ou iournaliere, ainsi appellée pource que de sa nature elle parfait son cours et son temps en vn seul accés, qui ne dure pas d'auantage que vingt-quatre heures, qui est l'espace d'vn iour naturel, ce qui a pareillement fait qu'elle a esté nommée *diaire*, qui vaut autant à dire chez les Latins qu'*ephemere* chez les Grecs, et *iournaliere* aux François. Cy-deuant nous l'auons appellée *spirituelle* ou *spiritueuse*, d'autant qu'elle s'allume aux esprits du cœur, qui luy seruent de suiet et de matiere. On peut donc la definir, *vne intempe-*

rature chaude et seiche allumée aux esprits vitaux, par l'espace de vingt-quatre heures seulement. Son temps est fort court, parce qu'estant allumée aux esprits, comme en vne matiere ténue, subtile et fort aisée à dissiper, elle ne peut subsister d'auantage : ne plus ne moins que nous voyons que le feu qui se prend à la paille, ou à quelque autre matiere deliée et subtile, s'esteint incontinent et est de fort peu de durée.

Sa cause est tousiours externe, et vient de dehors, appelée pour ce suiet des medecins *Procathartique* : c'est pourquoy elle est fort diuerse, bien qu'elle se puisse rapporter à quatre chefs principaux, sçauoir : premierement aux choses de dehors qui touchent le corps exterieurement : secondement aux choses qui entrent dans le corps : tiercement aux choses qui apportent passion et alteration à l'esprit ou au corps, ou ensemble à l'vn et à l'autre : en quatriéme lieu aux symptomes et accidens contre nature. Au premier point se rapporte l'air chaud et estouffant, l'air trop froid et trop sec, les bains d'eau froide ou alumineuse, qui pour estouper les pores du cuir eschauffent les esprits par accident. Au second appartiennent les alimens et les medicamens chauds et acres, le vin, les espices et choses semblables, mesme les alimens bien temperés, mais pris en trop grande quantité et sans mesure. Le troisiéme comprend tous les mouuemens et changemens naturels, comme la faim, la soif, la lassitude, ire, fureur, tristesse, longues veilles, etc. Le quatriéme regarde principalement la douleur, qui pour estre vn symptome tres-ordinaire, ne laisse pas pour cela d'eschauffer grandement les esprits, et introduire en

iceux une intemperie chaude et seiche. En vn mot, toutes les causes nommées cy-deuant, communes à toutes les especes de fiéures, peuuent exciter la fiéure ephemere, excepté la pourriture ou putrefaction qui est reseruée seulement pour la generation des fiéures putrides [1]. Le bubon

[1] Tout ce début ressemble pour les idées au début du chapitre 2 du livre primitif; mais le texte en est un peu différent, ainsi qu'on va en juger.

« Cu. II. — *De la fieure ephemere.*

» Fieure ephemere ou diaire, est vne intemperature chaude et seiche allumee és esprits vitaux, ainsi nommee quasi comme iournaliere, du vocable latin *dies*, qui signifie iour : parce que de sa nature elle parfait son cours en vn accez, qui ne dure pas d'auantage que vingt quatre heures, qui est l'espace d'un iour naturel, et ce à cause qu'elle est allumee en un subiet ténu, aisément et en peu de temps dissipable, sçauoir, és esprits.

» Les causes des fieures ephemeres sont, lassitude, ebrieté, ire, fureur, tristesse, longues veilles, grande refrigeration, adustion, baings, mutation de vie declinant à chaleur par application ou prise de medicaments acres, comme venins ou alimens chauds : bref toutes les causes nommees cy deuant causes efficientes, communes à toutes les autres especes de fieures, peuuent exciter la fieure diaire, excepté la seconde appelee pourriture ou putrefaction : car icelle nous auons dit estre propre seulement pour la generation des fieures putrides. »

Le texte est ensuite presque absolument le même jusqu'aux endroits signalés dans les notes suivantes.

Dans le livre des Tumeurs, il avait bien fallu rattacher au phlegmon l'histoire de ces fièvres ; en conséquence le chapitre commençait ainsi :

« Cu. XI. — *Des especes des fiéures qui suruiennent au phlegmon, et curation d'icelles.*

» Entre les accidens qui plus communé-

mesme , c'est-à-dire l'inflammation et
phlegmon des glandules , ioint auec
vne vlcere manifeste, et prouenant
d'vne cause manifeste, excite ceste
fiéure diaire : comme au contraire ,
s'il est sans vlcere, prouenant de cause
latente et interieure , comme inflammation et autre vice de partie noble,
cerueau , cœur et foye, excite vne
autre espece de fiéure , et pire que
la diaire , comme escrit Hippocrate
en l'Aphorisme 55. du liure 4. où
il dit : *Les fiéures qui suruiennent
aux tumeurs des glandules sont toutes
malignes , excepté les diaires.* Lequel
aphorisme toutesfois n'est pas vray
en tout et par tout : comme il est
aisé à connoistre par les bubons qui
suruiennent aux enfans, et par les
bubons veneriens, lesquels , bien
qu'ils soient sans vlcere manifeste ,

sont toutesfois ordinairement sans
fiéure dangereuse : aduertissement
que doit bien noter le ieune chirurgien.

Les signes communs de la fiéure
ephemere sont , chaleur douce , hali-
teuse et suaue à l'attouchement : le
pouls viste et frequent, quelquesfois
grand et fort, quand la diaire est
causée de courroux et de fureur, autres fois petit lors qu'elle est causée
de fascherie, tristesse, faim, froid,
crudité , au reste egal et bien reglé.
Les signes tres-certains et pathognomoniques sont , si la fiéure est suruenue non lentement et peu à peu,
mais subitement et inopinément de
quelque cause externe et euidente,
sans que le malade aye esté premierement degousté , sans auoir senti
vne lassitude spontanée, sans pro-

---

ment accompagnent les phlegmons , et plus
generalement affligent les malades, sont les
fiéures, c'est à dire, intemperatures chaudes et seiches , excitees et allumees au
cœur, et d'iceluy departies à tout le corps ,
par les conduits des arteres. Icelles au phlegmon sont ou diaires, ou synoches non putrides, ou synoches putrides. Fiéure est vne
ebullition de ferueur et d'inflammation,
que les Grecs appellent Feu : car de quelque
espece que ce soit, est tousiours fondee en
chaleur contre nature. De la nature et eu-
ration desquelles ie diray icy briefuement
ce que i'en ay apprins de messieurs nos
maistres les Docteurs en medecine, auec lesquels i'ay hanté et pratiqué.

« Fieure ephemere ou diaire, etc. »

A partir de cet endroit, le texte suivait à
très peu près celui de l'édition primitive ;
seulement, à la fin du premier paragraphe,
après ces mots, *es esprits*, l'auteur ajoutait :
*et ne gist point en pourriture , mais en vn es-
prit exhalatif embrasé.* De même au deuxième
paragraphe, parmi les causes de ces fièvres,
il ajoutait : *la faim, densation ou astriction de
cuir.* Et enfin , là même où le texte primitif

et le texte posthume se rejoignent , à l'occasion du *bubon*, le texte intermédiaire était
un peu différent :

« Le bubon mesme, c'est à dire l'inflammation et phlegmon des glandules , excite
cette fiéure, selon l'aphorisme qui dit , que
les fiéures qui suruiennent aux tumeurs des
glandules sont toutes malignes , excepté les
diaires. Lequel aphorisme doit estre bien
entendu, et pris auec la distinction de Galien , disant cela s'entend seulement des
tumeurs qui viennent aux glandules sans
cause manifeste. Car autrement , les fiéures
qui en suruiennent ne sont tousiours dangereuses : comme nous voyons par les bubons qui suruiennent souuent aux enfans,
et par les bubons veneriens , qui sont sans
inflammation , ou corruption de foye : car
tels sont ordinairement sans fiéure dangereuse : aduertissement que doit bien noter
le ieune chirurgien. »

Et enfin un peu plus loin, cette phrase du
texte actuel qui se retrouve aussi dans le
texte primitif : *ie ne fais mention des vrines,*
se trouvait supprimée.

fond sommeil, oscitation et baillement, sans grande douleur, sans iactation du corps et inquietude, sans horreur et grand frisson, bref sans aucun autre fascheux symptome. Ie ne fais point icy mention des vrines, pour les causes que i'ay dites cy-deuant, et aussi à raison que le plus souuent en ces fiéures icy les vrines sont semblables à celles des sains : outre qu'en si peu de temps que lesdites fiéures durent, il ne se peut faire grand changement de la masse du sang, de laquelle l'yrine donne connoissance, et non des esprits qui sont les propres suiets des fiéures ephemeres. Cy-dessus i'ay dit que ceste fiéure n'a qu'vn accés, lequel dure vn iour de sa propre nature, combien qu'il s'estende quelquefois iusques à trois ou quatre iours : et alors elle se change facilement et degenere en fiéure putride, si quelque erreur suruient, ou par le defaut du malade, ou par quelque autre chose exterieure. Elle desine et se termine ou par insensible transpiration, ou par vne moiteur et sueur naturelle, douce et non fetide ou puante [1] : en sorte qu'elle ne laisse aprés elle aucun symptome ny accident de ceux qui ont accoustumé d'accompagner les fiéures, ou de leur suruiure.

L'ordre de la cure de ces fiéures est double, general ou commun, et particulier à chaque fiéure. La cure generale consiste és six choses non naturelles, qu'on doit ordonner par la voye de contrarieté à la cause desdites fiéures. En premier lieu, les bains d'eau tiede et naturelle sont tresvtiles, pourueu que le malade ne soit point plethorique, plein d'excremens, ou autrement suiet à catarrhes et defluxions : pource qu'en fondant et liquefiant les humeurs, et en relaschant les parties, on seroit cause d'exciter ou augmenter le catarrhe : c'est aussi pourquoy en tel accident on doit euiter les frictions et onctions faites auec les huiles tiedes, qui d'ailleurs sont fort vtiles à ces fiéures, principalement quand elles sont causées par trauail excessif, par adstriction des pores, et par les bubons [1]. Que la nourriture soit rafraichissante et humectante, faite de viandes legeres, de bon suc, et aisées à cuire et à distribuer. Pour le boire on peut donner de petit vin, et bien trempé, d'autant qu'il rafraichit, prouoque les vrines et les sueurs, humecte et fortifie l'estomach, et recrée les esprits. Qu'on se donne toutesfois bien garde de le donner lorsqu'il y aura douleur de teste, et quand la fiéure sera excitée

---

[1] Le paragraphe s'arrêtait ici à la fois dans l'édition de 1575 et dans celle de 1579 ; et de même aussi le suivant reprenait directement par ces mots : *La cure generale*, etc. Mais il faut ajouter que dans le chapitre de 1579 ces deux paragraphes se trouvaient séparés par une description de la fièvre synoque non putride, que nous retrouverons plus loin au chapitre 9.

---

[1] Le texte variait ici en 1575 et en 1579. On lisait :

« Au reste que ceste regle te soit generale, d'opposer à chaque cause dont ceste fieure aura esté excitée, son contraire pour remede, comme au trauail le repos, aux veilles le dormir, à la colere et fascherie toutes choses plaisantes, propos ioyeux et recreatifs : au bubon la curation de l'vlcere dont il aura esté excité, en apres celle du bubon, enfin de la fieure. Le vin mediocrement trempé, selon la coustume du malade, est vtile en toutes les causes de la fieure diaire, excepté quand il y aura douleur de teste, quand elle est excitée de courroux, et d'vn bubon, etc. »

Dans son nouveau traité, il a réservé cette régle générale pour la conclusion du chapitre.

de courroux et d'vn bubon : car, principalement en ces derniers cas, il faut retrancher tout à fait le vin, iusques à tant que l'inflammation ayant passé son estat vienne en sa declinaison [1].

Pour la cure particuliere, il faut tenir pour regle asseurée qu'à chaque cause qui aura excité la fiéure, il est necessaire d'opposer son contraire pour remede, comme au trauail le repos, aux veilles le dormir, à la cholere et fascherie, toutes choses plaisantes et agreables, propos ioyeux et recreatifs : au bubon la curation de l'vlcere dont il aura esté excité, en aprés celle du bubon, et enfin celle de la fiéure. Ie ne parle point icy ny de la saignée, ny de la purgation, d'autant que la fiéure estant courte, sans peril, et sans l'impureté du sang et des humeurs, tels remedes genereux seroient icy hors de saison.

CHAPITRE VIII.

DE LA FIÉVRE HVMORALE, ET DE SES DIFFERENCES.

Pour esclaircir les differences des fiéures, il est besoin de s'arrester au

[1] Ici se terminait le chapitre 2 du livre primitif. Le chapitre 11 du livre *des Tumeurs en general* n'étant pas uniquement consacré aux fièvres diaires, se terminait par un long article sur les *fiéures synoches putrides* ; mais auparavant il contenait ce court paragraphe qui a encore rapport à la fièvre diaire, et qui n'a pas été reproduit dans le livre posthume :

« Ceste sorte de fiéure trauaille assez souuent les petits enfans. Lors donc leurs nourrices doiuent estre pensees comme si elles

precepte de Galien, qui nous aduertit que la fiéure ayant son siege dans le cœur, elle ne peut auoir plus de differences qu'il y a de parties dans iceluy. Or est-il que dans le cœur nous n'y considerons que trois parties, scauoir le corps et la substance du cœur, les humeurs qui sont contenus dans iceluy, et qui seruent à le nourrir : et enfin les esprits vitaux, qui sont continuellement engendrés en iceluy. Partant il ne peut y auoir plus de trois genres de fiéures, dont la premiere est allumée comme il a esté dit dans la propre substance du cœur : la seconde aux humeurs d'iceluy : et la troisiéme aux esprits. Nous auons parlé de ceste derniere en premier lieu, comme la moins perilleuse et la plus seure. Il faut parler maintenant de celle qui s'allume aux humeurs, et qui pour ce suiet est nommée *humorale* : qui à vray dire n'est autre chose qu'vne intemperie chaude et seiche introduite dans les humeurs du cœur. Or nous ne parlons point du moyen que ceste intemperie s'introduit, scauoir si c'est par simple alteration, ou par putrefaction et pourriture. Car lors que nous viendrons à parler des causes de chaque espece de fiéure humorale, ceste difficulté sera esclaircie. Il faut donc parler de toutes les especes de ceste fiéure, et en faire vn denombrement le plus methodique que faire se pourra, estant vne chose tellement obscure et embroüillée dans les autheurs, que si ie n'y apporte de l'ordre, il sera impossible au ieune

mesmes auoyent la fiéure, à fin de rendre leur laict medicamenteux. Il sera aussi bon de baigner l'enfant, et apres le bain, l'oindre d'huile violat le long de l'espine du dos et poictrine. »

chirurgien d'entrer en la connoissance d'vn si grand nombre de fiéures qui sont rapportées à cette espece.

Or i'estime que ceste fiéure estant nommée du nom des humeurs, elle peut estre premierement diuisée en autant de differences qu'il y a d'humeurs. C'est pourquoy ayant quatre humeurs en nostre corps, le sang, la bile, la pituite et la melancholie, il y aura par consequent quatre genres de fiéures humorales, la *sanguine*, la *bilieuse*, la *pituiteuse*, et la *melancholique*. Que si ladite fiéure est seule et simple, sans estre meslée auec vne autre fiéure, alors ceste fiéure s'appellera *simple humorale* generalement parlant, et en particulier se fera nommer d'vn nom propre et conuenable à sa nature. Que si elle se mesle auec deux ou plusieurs fiéures ensemble, pour lors elle sera *compliquée* ou *composée*, et sera appellée des noms qui seront rapportés cy-dessous.

Voila en general la diuision des fiéures humorales. Pour le particulier, la fiéure qui vient du sang est appellée *synoque*, et est tousiours continue, n'ayant qu'vn accés depuis son commencement iusques à sa fin : mais quelques fois elle a des exacerbations, c'est à dire que sa violence redouble par certains periodes, et se fait sentir auec plus de vehemence et de chaleur. Que si le sang dont elle se fait est seulement eschauffé contre nature, sans qu'il se pourrisse, alors ceste fiéure est nommée *simple synoque* : mais si elle se fait par pourriture et putrefaction, pour lors elle s'appelle *synoque pourrie*, laquelle toutesfois et quantes

qu'elle a des exacerbations qui vont en croissant et deuançant, s'appelle *Epacmastique* et *Anauatique*, c'est à dire croissante et deuançante. Que si elle en a qui aillent en diminuant, elle est nommée *Paracmastique*. Que si elle garde vn mesme degré de chaleur et de vehemence depuis le commencement iusques à la fin, elle est appellée *Homotone* et *Acmastique*. Voila pour la fiéure du sang

La bilieuse est continue ou intermittente, c'est à dire, ou qu'elle n'a jamais interruption depuis le commencement iusques à la fin, ou bien qu'elle cesse tout à fait par certains interualles. La continue est double, *l'ardente* ou *causonide*, et la *tierce continue*. L'intermittente pareillement est double, la *tierce vraye* et la tierce *bastarde*.

La fiéure pituiteuse a trois especes, la *quotidiane*, *l'epiale* et la *lypirie*. La quotidiane est *intermittente* ou *continue* : celle-là est la quotidiane *vraye*, ou la quotidiane *bastarde* : celle-cy est appellée quotidiane *continue*.

La melancholique est *continue* ou *intermittente* : celle-là se nomme *quarte continue* : celle-cy est ou *quartaine*, ou *quintaine* ou *sextaine*, etc., desquelles la quartaine est ou *vraye* ou *bastarde*.

Voila pour ce qui est des fiéures humorales simples. Les composées sont plusieurs, la *demy tierce*, ou *hemitritée*, les *doubles tierces*, les *doubles* et *triples quartes*, et les fiéures appelées *confuses*, desquelles nous parlerons amplement, aprés que nous aurons expliqué par le menu chaque espece de fiéure humorale, que nous auons racourcies en ce tableau.

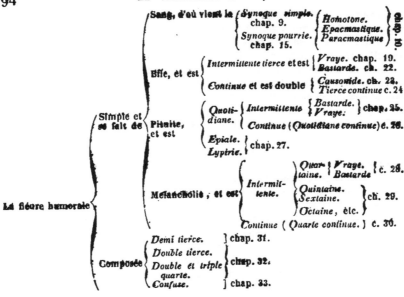

CHAPITRE IX.

DE LA FIÉVRE SYNOQUE SIMPLE [1].

Entre les fiéures qui se font de la masse du sang, ou du sang le plus pur qui soit dans les humeurs, est la fiéure synoque simple, ainsi appellée à la difference de la synoque pourrie : celle-là se faisant seulement par l'in- flammation et eschauffement du sang, et celle-cy par la putrefaction qui s'introduit en iceluy. Quelques-vns confondent la premiere auec l'ephemere qui dure plusieurs jours, et qui pour ce suiet est improprement appellée diaire. Or se faisant du plus pur sang du corps, qui est grandement vaporeux, elle fait paroistre face enflambée, les yeux rouges et ardans, l'expiration chaude, toute l'habitude du corps humide : le tout à raison de l'ebullition du sang et desdites vapeurs, qui est cause que telle fiéure quelquesfois est appellee humorale. Les petits enfans y sont subiets, comme aussi toute personne sanguine sans cacochymie. La façon de guarir telle fiéure est semblable à la cure de la fiéure diaire. Parquoy ce que nous dirons de l'vne se pourra accommoder à l'autre, sinon que la saignee est icy bien requise. »

Ce paragraphe était placé avant celui qui traitait de la curation de la fièvre diaire. Voyez la note 1 de la page 91.

[1] Le livre primitif ne parlait pas de cette fièvre, sinon dans une courte parenthèse placée à la fin du chapitre 3 (voyez ci-après la note 1 de la page 102); mais l'auteur y avait consacré un paragraphe spécial dans le chapitre 11 du livre des Tumeurs.

« Les fiéures synoches non putrides, s'engendrent de sang non corrompu, mais seulement eschauffé outre mesure, faisant grande euaporation par tout le corps. D'où vient que les veines se monstrent enflees, la

les veines et tout le corps comme bouffi et enflé, ce qui a donné occasion à quelques medecins arabes de l'appeller *sinocus inflatiua*, synoque enflante et bouffante. Ce genre de fiéure, pour n'auoir qu'vn accés depuis le commencement iusques à sa fin, et pour auoir vn mesme degré de chaleur en tout le temps qu'elle dure, sans accroissement, sans diminution, est mis au rang des fiéures que l'on appelle *continues*, c'est à dire, qui durent sans cesser, depuis le premier point de leur inuasion iusques au dernier point qu'elles finissent, sans aucune interruption ou relasche, ainsi qu'il arriue aux fiéures que l'on nomme *intermittentes*. Ie ne m'arreste point à expliquer les differences que l'on apporte entre les fiéures *continues* et *continentes*, que l'on dit *continuas* et *continentes*, et par les Grecs συνεχος et συνιχης. Ie me contenteray d'aduertir le ieune chirurgien qu'il y a deux sortes de continues, l'vne qui garde tousiours vn mesme estat et degré de chaleur depuis son commencement iusques à sa fin, telle que l'on peut dire estre la fiéure synoque simple : et l'autre qui ne garde pas tousiours vn mesme estat, mais quelquesfois augmente de chaleur, autresfois diminue, par fois a des exacerbations et redoublemens, et par fois a des remissions et diminutions : et telles sont toutes les fiéures putrides.

De tout ce discours, nous tirons ceste conclusion pour l'intelligence de la fiéure synoque simple, que c'est *vne fiéure continue d'vn seul accés, allumée dans les esprits et dans la partie la plus ténue et subtile du sang*. Elle est *continue*, à cause que le sang allumé dans toutes les veines et arteres du corps, ou à tout le moins dans les plus grandes, communique continuellement la feruer au sang du cœur : ce qui ne se feroit pas si ce sang n'estoit contenu que dans les petites veines, ou en celles qui sont grandement esloignées du cœur. I'ay dit qu'elle n'auoit qu'vn *accés*, d'autant qu'elle est tousiours en mesme estat depuis son commencement iusques à sa fin, encore bien que quelques-vns la diuisent en *Homotone* ou *Acmastique*, *Epacmastique* ou *Anabatique*, et en *Paracmastique*, que les Latins disent *Æquales, Crescentes, Decrescentes*. Car si la chaleur demeure tousiours egale du commencement iusques à la fin, c'est à dire si ce qui transpire et sort par les pores du corps, qui sont vapeurs et fumées esleuées du sang eschauffé et boüillant dans les veines, est proportionné iustement à ce qui est allumé dans les vaisseaux du sang, elle sera *homotons* ou *egale* : ie veux dire qu'elle demeurera tousiours en mesme et pareil estat tandis qu'elle durera. Mais si les fumées qui s'euaporent sont en moindre quantité et proportion que ce qui est allumé dans les vaisseaux, alors elle sera *epacmastique* ou *croissante* : i'entens que sa chaleur ne sera pas tousiours egale, mais redoublera et augmentera continuellement iusques à sa fin. Que si enfin les vapeurs s'exhalent en plus grande quantité qu'il ne s'allume de sang dans les vaisseaux, pour lors elle sera *paracmastique* ou *decroissante*, et reconnoistra-on que sa chaleur ira tousiours en s'abaissant et diminuant du commencement iusques à sa fin. Et de là aussi on remarquera en quels corps et en quel estat elle sera moins ou plus perilleuse. Car aux corps rares, poreux et maigres qui s'euaporent aisément, elle est moins dangereuse et beaucoup plus courte : aux gras, pleins, charneux et espais, qui n'ont que peu ou point de transpiration, elle est plus longue et dangereuse. Aussi si elle est paracmastique, elle est plus courte et plus douce : si elle est homotone, elle l'est moins que la premiere, mais plus que l'epacmastique, laquelle est la plus longue de toutes et la plus dangereuse, d'autant qu'elle degenere souuent en la synoque putride, qui n'est gueres sans peril.

CHAPITRE X.

DES CAVSES ET SIGNES DE LA SYNOQVE SIMPLE.

La cause de ceste fiéure que l'on appelle *coniointe* et *inseparable*, qui est celle laquelle par sa presence fait et conserue la fiéure, et par son absence l'oste et fait cesser : telle cause, dis-ie, de ceste fiéure n'est autre chose que la ferueur des esprits et du sang retenu dans tous les vaisseaux, ou à tout le moins dans les plus grands qui sont contenus entre les aisselles et les aisnes, laquelle venant à se communiquer au cœur, luy imprime ses propres qualités, qui sont la chaleur et la seicheresse : ou pour le dire en vn mot, vne intemperie chaude et seiche. Ceste ferueur est introduite au corps, comme veulent quelques-vns, par les mesmes causes qui font la fiéure Ephemere : ou pour mieux dire par la constipation et obstruction des pores qui sont au cuir, et ensuite par l'estouffement de la chaleur naturelle, lors que la transpiration est empeschée, en sorte qu'elle ne reçoit pas de l'air qui nous enuironne le rafrai-

chissement accoustumé que nous en retirons. Ce rafraichissement icy defaillant, les fumées qui s'exhalent continuellement du sang demeurent enfermées, par consequent remplissent les vaisseaux, rendent le sang pesant, lourd et moins fluide, estoupent pareillement les petits trous dont le cuir est plein : et enfin à la longue apportent la pourriture au sang, comme il arriue aux synoques putrides. Mais en ceste fiéure icy l'estoupement vient particulierement de la trop grande abondance du sang, que l'on appelle *plethore*, qui auec la *cacochymie* fait les deux causes antecedentes de toutes les maladies. Il est donc necessaire, pour produire ceste fiéure, que le sang surabonde dans les veines : car cela estant il s'esleue d'iceluy vne grande quantité de vapeurs chaudes et boüillantes, lesquelles ne pouuant aisément ny suffisamment s'euaporer (car elles ne sont iamais supprimées tout à fait) s'eschauffent peu à peu et si bien, qu'elles eschauffent les humeurs et introduisent la fiéure. D'icy nous remarquerons que ceux qui abondent en sang, et qui ont le corps bien charnu et nourri, dense et espais, sont plus suiets à cette fiéure que les autres. Pareillement elle arriue d'ordinaire au printemps, aux ieunes hommes, à ceux qui se remplissent de bonnes viandes, et boiuent bien du vin : comme aussi à ceux qui souloient auoir quelque descharge de sang par le nez, hemorrhoïdes, ou autres vaisseaux. Là où ceux qui sont d'vn temperament froid, qui ont peu de sang, qui ont le corps rare, maigre et perspirable, qui se nourrissent peu et qui boiuent de l'eau, y sont fort peu suiets.

Il semble que ceste fiéure doiue

auoir les mesmes signes que la diaire. Elle les a toutesfois plus clairs et plus euidens. Car bien que la chaleur soit douce, si est-ce qu'elle est plus grande et vn peu plus acre qu'en la diaire. Le cuir est comme moite : l'vrine vn peu plus espaisse et rouge que la naturelle : le pouls est vehement, leger, frequent, plein, grand et egal. Tout le corps et le visage principalement est comme bouffi et plein de rougeur. Les veines sont grosses et enflées de sang : on a par tout le corps tension et lassitude, la teste pesante, la respiration vn peu empeschée, des enuies de dormir, et en dormant des illusions toutes rouges et de sang. Au reste, ceste fiéure n'est point perilleuse, et se termine ordinairement ou par sueur ou par flux de sang vers le quatriéme ou le septiéme iour. Que si toutesfois elle estoit negligée ou mal traitée, principalement en ceux qui abondent en sang, il y auroit à craindre qu'elle ne degenerast en phrenesie, squinance, pleuresie, ou autre maladie qui vient de la plethore, ou bien enfin qu'elle ne se conuertit en vne synoque putride, ou alors elle ne seroit sans danger de la vie.

CHAPITRE XI.

DE LA CVRE DE LA SYNOQVE SIMPLE.

La therapeutique ayant trois parties, la *diete*, la *Chirurgie* et la *Pharmacie*, il faut qu'en la guerison de toutes les maladies on ait recours à vn ou à plusieurs de ces chefs : comme nous ferons d'ores-en-auant en la cure de toutes les fiéures, les remedes desquels seront pris de ces trois chefs ensemble.

Et pour commencer à la Synoque simple, ie dis que le genre de viure doit estre rafraichissant et humectant, ténu et leger, à fin de ne surcharger les malades qui ont plus de sang qu'il n'en faut. C'est pourquoy on doit se contenter de boüillons faits au veau et à la volaille, assaisonnés d'herbes rafraichissantes, comme laictue, pourpié, ozeille, buglosse, concombre en la saison. On peut aussi donner des œufs frais bien mollets, des ius de pruneaux, de la gelée faite auec le ius de citron, et non auec le vin, sans beaucoup de canelle. Pour le boire, on ne donnera point de vin, mais de la ptisane seulement, ou de l'eau boüillie auec orge et chiendent. Galien au neufiéme *de la Methode*, chap. 4, conseille de donner de l'eau froide et crue tant que les malades en voudront et pourront boire. A laquelle opinion plusieurs medecins ne s'accordent pas, pour les accidens qu'on en a veu arriuer. Car on a reconneu que l'eau froide estoit grandement contraire à ceux qui ont peu de sang et de chair, qui ont les visceres bouffis ou enflés, ou pleins d'obstructions causées par des humeurs crasses, visqueuses ou pituiteuses, et qui ont l'estomach et les parties nerueuses grandement foibles et delicates. A ces personnes icy l'eau froide donnée sans mesure et sans regle apporte l'hydropisie, difficulté de respirer, tremblement des membres, conuulsions, lethargies, et autres violens accidens, surtout quand telles gens ne sont pas accoustumés à boire de l'eau. Que s'il s'en trouue qui ayent accoustumé ce breuuage, et qui ayent les entrailles bonnes et vigoureuses, l'estomach bon et fort, et grande quantité de sang dans les veines, à ceux-cy on peut leur laisser boire de l'eau froide, pourueu que ce ne soit point au commencement ny en l'accroissement de la fiéure, mais en sa vigueur, et lors que les signes de coction apparoissent. Car pour lors l'eau froide fortifie tellement les parties solides, et recrée tellement la chaleur naturelle, qu'elle en cuit mieux les humeurs, retenant les bonnes et chassant les mauuaises et superfluës, soit par le vomissement, soit par les selles, soit par les sueurs.

Pour les remedes pris de la Chirurgie, la saignée tient le premier lieu, sur tout en ceste fiéure où il est question de plenitude. Or est-il que par la voye des contraires, la plenitude du sang ne se peut mieux guerir que par l'euacuation d'iceluy, à quoy la saignée a esté inuentée par l'art de medecine : outre que par accident elle profite grandement à rafraichir le sang et les esprits, et à rendre la liberté aux conduits qui sont estoupés ou bouchés. Voila pourquoy le but principal en ceste fiéure estant destiné à oster premierement la plenitude du corps et à diminuer le sang, et puis aprés à ouurir les passages, à attenuer les choses espaisses, à inciser les gluantes, à prouoquer la transpiration, à esteindre la ferueur de la fiéure, et à fortifier les parties du corps foibles et abbattues par l'oppression des humeurs : on a reconneu qu'il n'y auoit rien de plus excellent à tous ces effets que de tirer promptement du sang en ceste maladie, non vne fois seulement, mais deux ou trois fois, selon la vehemence du mal, la force du malade, et le degré de la plenitude que l'on observe en luy. Galien, au lieu cy-dessus allegué, ordonne la saignée iusques à defaillance de cœur, et presque iusques à l'esuanoüissement, pour

quelque nombre de raisons qu'il propose tres-iudicieusement. Toutesfois cela est si perilleux et apporte telle espouuante au malade et aux assistans, outre beaucoup d'accidens qui en peuuent suruenir, et desquels Galien mesme fait mention, que le plus seur est de conseruer tousiours les forces du malade, et tirer plustot du sang cinq et six fois par interualle que d'en oster vne seule fois si profusement. L'on a obserué en ceste fiéure que ceux qui n'ont pas tiré du sang hardiment ont precipité quelquesfois les malades à des flux de sang par le nez si desmesurés et excessifs, qu'ils en ont pensé perdre la vie. Car la nature se trouuant par fois grandement irritée, soit par l'abondance, soit par l'acrimonie des humeurs, ou autrement, s'oublie tellement, qu'au lieu d'vne crise elle fait vne hypercrisie, et au lieu d'vne euacuation iuste et moderée, fait vn desbordement desreglé et pernicieux.

Quant aux remedes Pharmaceutiques, il est de besoin, premier que de saigner, si le ventre estoit serré, de donner vn lauement emollient, lequel on pourra continuer tous les iours, à fin de rabattre beaucoup de fumées, rafraichir le dedans, et vuider beaucoup d'ordures qui s'amassent tous les iours de la nourriture que l'on prend. Plusieurs prescriuent des iuleps et apozemes rafraichissans et aperitifs, preparés auec vne decoction de chiendent, de cichorée sauuage, d'ozeille, endiue, laictue, pimpernelle, buglosse, bourache, capillaire, orge, semences froides, fleurs cordiales, et de nenupar, en y adioustant les syrops violat, de nenuphar, de limons, de cichorée simple, aceteux simple, de pommes simple, et autres de pareille qualité.

On ordonne aussi des epithemes, partie sur le cœur, partie sur les hypochondres, à fin d'esteindre la ferueur du sang, et empescher que pareille intemperie ne s'attache trop fixement au cœur, et autres visceres.

On se doit donner garde de purger au commencement de ceste fiéure : mais on doit attendre que les signes de coction apparoissent aux vrines et aux excremens, et pour lors on peut donner des medicamens doux et benins, comme est la casse, les tamarins, et le sené de Leuant, auec les syrops de cichorée ou de pommes composés : ou bien on donnera le lénitif, ou le catholicon double de rheubarbe, fuyant tant qu'il sera possible les purgatifs ou il y entre du diagrede et scammonée. Ie n'approuue point les vomitifs en ceste fiéure, et n'en ay iamais veu aucun bon effet [1] : ils ne seruent qu'à troubler la nature et tourmenter le malade, et ne vuident rien de la cause coniointe.

Ie ne mets point icy en ligne de compte beaucoup d'autres medicamens, comme les orges mondés, les iuleps pour dormir, les opiates, tablettes et poudres cordiales, les linimens, frontaux, et pastes confortatiues, auec vn nombre infiny d'alexiteres et alexipharmaques, desquels on a de coustume d'amuser les malades : car la fiéure n'estant pas perilleuse d'elle-mesme, elle n'a pas besoin de tant d'appareils, qui en outre ont quelquefois plus de monstre que d'effet.

Il y a quelques recens [2], qui après Nicolas de Florence constituent vne

---

[1] Voici un des endroits où l'auteur parle en son nom et d'après son expérience ; j'aurai toujours soin de les signaler.

[2] Il entend parler de Fernel. — Cette note est des éditeurs de 1625.

fiéure synoque simple, engendrée de la bile et de l'agitation des plus chaudes humeurs du corps, sans toutesfois aucune pourriture. Ce que ie ne crois pas neantmoins trop aisément, veu que si ceste fiéure se fait de la bile, il est necessaire qu'elle ait pareils redoublemens qu'ont les autres qui en sont faites, et qu'elle ait des periodes de trois en trois iours. Il est plus vraysemblable que telle fiéure se fait du sang le plus subtil, qui quelquefois est appellé de quelques-vns bile, à cause de sa subtilité, et de son escume : mais à n'en mentir point ce n'est que pur sang, et qui partant ne peut faire de fiéure autre que synoque simple sanguine.

CHAPITRE XII.

DES FIÉVRES PVTRIDES EN GENERAL, ET DE LEVRS DIFFERENCES.

Avant que de parler des Synoques putrides, il nous faut esclaircir quelques difficultés, sans lesquelles on ne sauroit comprendre ce que c'est que fiéure putride, ny comment elle se fait, ny mesme en quelle façon elle differe des autres. Voila pourquoy nous dirons quelque chose d'elles en general, de leurs causes, signes et curation, à fin puis après de l'appliquer au particulier de la synoque putride.

Il y a eu grand debat entre quelques autheurs anciens et modernes, touchant l'existence de ces fiéures : les vns asseurans qu'il n'y auoit aucunes fiéures putrides, les autres tenans le contraire : et ceux cy ont tellement fortifié leur party de fortes raisons et de bonnes experiences, que pour maintenant on ne reuoque plus en doute ceste verité : si bien que l'on tient pour constant et asseuré qu'il y a des fiéures putrides, soit continues, soit intermittentes. Mais s'il y a eu du debat touchant cest article, il y en a bien vn plus grand touchant la nature de la pourriture, pour sçauoir si la definition qu'en donne Aristote s'accorde à celle de Galien, et s'il y en a vne naturelle, vne autre contre nature : vne generale et vne particuliere : vne du tout, et vne de partie : et finalement s'il y a difference entre pourriture et putrefaction. Ie renuoye l'esclaircissement de toutes ces difficultés aux philosophes et aux medecins, me reseruant à expliquer aux chirurgiens ce que c'est que fiéure putride, et les causes pourquoy les humeurs se pourrissent au corps.

Fiéure putride n'est autre chose qu'*vne intemperie chaude et seiche, allumée dans le cœur par le moyen de quelque humeur qui se pourrit dans le corps.* Or l'humeur qui se pourrit, ou immediatement elle est contenue dans le cœur, ou hors du cœur : si c'est au cœur, c'est l'humeur mesme qui excite la fiéure : si elle est hors du cœur, ce n'est que sa vapeur et sa fumée. D'auantage, si ceste humeur est contenue au cœur, ou dans les grands vaisseaux qui sont entre les aisnes et les aisselles, la fiéure est rendue continue à cause que sa vapeur est portée au cœur sans aucune intermission, iusques à ce que l'humeur cesse de se pourrir. Mais si l'humeur est hors des grandes veines, releguée aux parties eslongnées du cœur, la fiéure ne se fait qu'intermittente, à cause que sa vapeur ne peut pas estre continuellement portée au cœur, pour les raisons que nous dirons cy-apres. Si bien que par ce discours nous apprenons qu'il y a deux sortes de fiéures : l'vne qui est continue, qui n'a qu'vn accés depuis le commencement iusques à la fin, encore bien qu'il dure quelquesfois non seulement plusieurs iours, mais aussi plusieurs semaines et plusieurs mois, selon que la fiéure est courte ou longue, et qu'elle se rencontre en vn corps bien ou mal fait, chargé de peu ou de beaucoup d'humeurs, et vsant de bon ou de mauuais regime de vie : et l'autre sorte de fiéure est intermittente.

Que si l'on veut vne particuliere distinction des fiéures putrides, disons que ses especes et ses differences sont prises, ou bien des lieux où les humeurs se pourrissent, ou bien de la varieté des humeurs qui reçoiuent et endurent pourriture [1]. Pour le regard et la varieté des lieux, i'ay dit qu'elles estoient distinguées en continues et intermittentes, et que les continues estoient celles desquelles la matiere et l'humeur putride est contenue et enfermée és grands vaisseaux qui sont entre les aisnes et les aisselles. Car de

---

[1] Toute la fin de ce paragraphe et même du chapitre se retrouve au chapitre 3 du livre primitif de 1575. Celui-ci commençait par exposer les causes des fièvres putrides (voyez les deux premières notes du chapitre suivant), après quoi il continuait :

« Les causes de pourriture et des fieures putrides ainsi expliquees, faut maintenant passer à la diuision d'icelles. La diuision des fieures putrides en certaines et differentes especes, est prise de la difference et diuersité des lieux où les humeurs se pourrissent, ou de la distinction et varieté des humeurs qui reçoiuent et endurent pourriture. Pour le regard et varieté des lieux, etc. »

Le texte se suit alors presque mot pour mot jusqu'à la fin du paragraphe.

ces lieux là, tant à cause de l'abondance de l'humeur pourri destiné à la nourriture de tout le corps, que pour le voisinage qu'ils ont auec le cœur, qu'aussi à cause de l'amplitude et capacité des conduits et canaux, il arriue continuellement et sans intermission que quelque portion de la substance de l'humeur qui se pourrit, ou à tout le moins sa vapeur et exhalaison putride est portée au cœur, seul et vray siege de la fiéure, et où elle l'entretient tant et si long temps, que par la force et action de la chaleur tout cest humeur pourri soit en vn coup resout et digeré, ou cuit, euacué et chassé hors du corps. C'est pourquoy les fiéures continues, dés leur commencement iusques à la fin, n'ont qu'vn accés sans aucune intermission franche et absoluë : ie dis franche et absoluë, parce que ceux qui sont tourmentés de fiéures continues peuuent bien auoir quelque relasche de l'ardeur de leur fiéure, de sorte qu'ils ne la sentent si fascheuse qu'auparauant, mais non pas qu'ils en soient tellement quittes comme ceux qui, ayans enduré vn accés de fiéure quarte intermittente, peuuent cheminer et faire leurs affaires, comme s'ils estoient sains, iusques à ce qu'ils soient assaillis d'vn autre nouueau accés : par consequent telle relasche se doit plustost appeler *remission* qu'*intermission*. Les fiéures intermittentes au contraire, sont celles desquelles la matiere hors des veines est contenue et reserrée en la premiére region du corps enuiron les entrailles, sçauoir le ventricule, le diaphragme, la cauité du foye, la ratte, le pancreas, l'omentum et mesentere, parties qui sont quasi comme vn esgout commun de tout le corps, dans lequel toute l'ordure et sentine des humeurs

flue et s'arreste. Telle matiere n'estant contenue és veines, n'est point humeur alimentaire ou suc propre de sa nature à la nourriture du corps, mais plustost vne humeur superflue et excrementeuse, qui deuant que de passer de la vouste du foye en sa partie gibbeuse, est retirée et sequestrée par la prouidence de Nature en ses propres receptacles, à fin de rendre plus pur le reste du bon sang et alimentaire : mais ceste humeur icy superflue, venant enfin par quelque accident, et par quelque vne des cinq causes efficientes des fiéures cy deuant declarées, à se corrompre et pourrir, elle fait la fiéure intermittente, c'est à dire qui a remission franche et absoluë, que les Grecs appellent *apyrexie*, et les Latins *infebricitation*, quittant et reprenant le patient par interualles et secousses manifestes, tant pource que la matiere et humeur qui fait telle fiéure est plus eslongnée du cœur qu'elle puisse trafiquer auec iceluy par les conduits manifestes des vaisseaux hors desquels elle est arrestée : et aussi parce qu'elle est enfermée et cachée dans la cauité des parties cy dessus nommées, lesquelles estans de substance membraneuse, dense, et espaisse, ne donnent libre issue à quelque portion ou vapeur de ladite humeur pour estre portée continuellement au cœur, et par ce moyen entretenir tousiours la fiéure : laquelle ne peut estre sans que le cœur soit eschauffé et affecté, comme nous auons montré au commencement de la definition d'icelle.

Voilà la diuision des fiéures prise des lieux où les humeurs se pourrissent : l'autre diuision est prise de la diuersité des humeurs qui reçoiuent pourriture. Or n'y ayant point au-

cune humeur qui ne se puisse pourrir , il faut qu'il y ait autant d'especes
de fiéures putrides qu'il y a d'humeurs. Par cy deuant nous auons
arresté qu'il y auoit quatre humeurs,
le *sang*, la *bile* , la *pituite*, la *melancholie* : par consequent il y aura quatre
differences de fiéures putrides , la
sanguine que nous appellons synoque
putride , la *bilieuse*, la *pituiteuse* et
melancholique , lesquelles trois dernieres sont ou continues, ou intermittentes, selon que les humeurs qui les
font se pourrissent dans les veines ou
hors des veines [1].

[1] Ce dernier paragraphe se retrouve bien
en idée dans le dernier paragraphe du chapitre 3 de 1575 ; mais le texte diffère assez
pour mériter d'être reproduit.

« Maintenant pour le regard de la diuersité des humeurs, desquels vn chacun en soy
est capable de pourriture , les fieures putrides sont distinguees en bilieuses (ausquelles
si elles sont continues, est rapportee l'espece de fieure qu'on appele synoche, c'est
à dire continente, causee de la pourriture
de toute la masse du sang egalement temperé de la meslange des quatre humeurs :
comme l'autre espece de synoche, causee
par vne simple ebullition d'icelle masse sanguinaire, sans aucune pourriture, est rapportee aux fieures diaires, comme enseigne
Galien au liure neufieme et onzieme de la
Methode, et au deuxieme des fieures chapitre douzieme), pituiteuses et melancholiques : et icelles ou continues, ou intermittentes, selon que la bile ou melancholie qui
pourrist est contenue dans les veines ou hors
des veines. »

J'ai déjà dit que cette parenthèse est
la seule mention qui soit faite dans le livre
de 1575 des fièvres synoches simples , mentionnées avec un peu plus de détails au
chapitre 2 du livre des Tumeurs de 1579,
et qui ont enfin été traitées au chapitre 9 du
livre actuel. Voyez ci-devant la note de la
page 91.

CHAPITRE XIII.

DES CAVSES ET SIGNES DES FIÉVRES PVTRIDES [1]

Apres auoir donné la definition et
diuision des fiéures putrides , il faut
venir à leurs causes et signes, expliquant la façon que les humeurs se
pourrissent au corps.

Et desia nous auons enseigné que
la cause materielle des fiéures putrides , est la pourriture de l'vn des
humeurs desquels nostre corps est
composé, ou de plusieurs d'iceux, ou
de tous ensemble. La cause efficiente
est l'vne des cinq cy deuant expliquées, mais principalement celle que

Le début de ce chapitre répond presque
exactement au début du ch. 3 du livre primitif. Il n'y a guere que les premières lignes
qui diffèrent.

« Сн. III. — *Des fieures putrides , premierement de leurs causes et especes en general.*

« La cause materielle des fieures putrides est la pourriture de l'vn des humeurs,
desquels est composé nostre corps, ou de
plusieurs d'iceux, ou de tous ensemble. La
cause efficiente est l'vne des cinq cy deuant
expliquees, mais principalement la seconde
appelee putrefaction , de laquelle pour ce il
faut maintenant parler vn peu plus amplement.

» La putrefaction est excitee en nos corps,
et tous autres qui sont mixtes et composez
des quatre elements , quand la chaleur qui
deust regir les humeurs est au contraire
maistrisee par iceux, par faute de competente euentilation. Ainsi voyons-nous iournellement les chairs gardees, etc. »

A partir de cet endroit, le texte se suit
presque mot pour mot jusqu'à la fin du paragraphe.

nous auons appelée putrefaction, qui n'est autre qu'*vne corruption qui arriue aux corps mixtes composés des quatre elemens, par le moyen de la chaleur, laquelle au lieu de regir les humeurs se laisse maistriser par iceux, à faute d'vne suffisante euentilation et euaporation.* Ainsi voyons-nous iournellement les chairs gardées pour l'vtilité du mesnage, se pourrir tant en hyuer qu'en esté, lorsque l'air est chaud et humide, espais et non euentilé : ou bien lors qu'elles sont enfermées en vn lieu remugle [1] et estroit. De là vient que les hommes sanguins, pour l'abondance du sang qui est chaud et humide, sont plus suiets à pourriture que le reste des hommes, si pour la moindre occasion du monde ils sont priués du benefice de l'euentilation, tant insensible qui se fait par les pores du cuir, que sensible et manifeste qui se fait par la contraction et dilatation des arteres semées par tout le corps, et par l'inspiration et expiration instituée pour le cœur, principalement à celle fin d'attirer vn air frais et nouueau en nous, et chasser de nous celuy qui est fuligineux. C'est pourquoy nous pouuons à bon droit dire que la mere de pourriture, s'il faut ainsi parler, est l'humidité, et le pere la chaleur, non pas toute sorte de chaleur, mais celle qui est infectée des vapeurs fuligineuses retenues dans le corps par faute de leur euentilation. De là nous apprenons que toutes choses qui empeschent la liberté de la transpiration peuuent exciter en nous la pourriture, et par consequent engendrer les fiéures putrides.

Or ces causes sont ou internes ou externes. Externes, comme densité et constriction du cuir causée par l'application de choses astringentes, refroidissantes, desseichantes et emplastiques, laquelle cause proprement et en vn mot est appelée *constipation.* Les internes sont plusieurs. premierement la plethore, c'est à dire plenitude et excessiue abondance d'humeurs, tant à l'esgard des vaisseaux, qui est nommée *plenitudo ad vasa,* que pour le regard des forces, laquelle est appelée *plenitudo ad vires.* En second lieu, la lenteur, crassitie, viscosité et glutinosité des humeurs, lesquelles ou occupent et empeschent toute la capacité des vaisseaux, ou bouchent et estoupent les orifices d'iceux, en sorte que l'entrée de l'air qui nous enuironne est defendue, et l'issue des vapeurs fuligineuses empeschée, d'où s'ensuit que la transpiration n'estant pas libre, mais fort contrainte, amaine la pourriture dans les humeurs, et ceste cause en vn mot est nommée *obstruction* [1].

Aprés auoir ainsi succinctement expliqué les causes principales des fiéures putrides, il faut venir à leurs signes [2]. Entre lesquels premierement

---

[1] Après l'étude des causes, le reste du chapitre de l'édition de 1573 était consacré à celle des différences ; celles-ci au contraire ont été traitées dans le texte posthume au chapitre qui précède celui-ci. Voyez la note de la page 101.

[2] Ce paragraphe est constitué en grande partie par le chapitre 4 tout entier du livre primitif. Voici comment débutait ce chapitre :

« CH. IIII. — *Les signes des fiéures putrides en general.*

« Les fieures putrides sont distinguees et cogneues en cecy d'auec les ephemeres, c'est qu'elles ne suruiennent point', etc. »

Et le texte suiuait à peu près mot pour mot jusqu'à la fin du paragraphe, à l'ex-

---

[1] *Remugle,* humide.

nous mettrons cestuy-cy : c'est que ces fiéures sont distinguées des ephemeres, en ce qu'elles ne suruiennent point subitement d'vne cause externe et euidente, comme font les ephemeres, mais viennent peu à peu, ayans pour auant-coureur vne inegalité et lassitude spontanée (c'est à dire qui nous tient sans auoir trauaillé) vne paresse et pesanteur de tout le corps, vn sommeil turbulent, et souuent vne inquietude du corps et de l'esprit qui empesche de dormir, vne distension et boufement des hypochondres, vne respiration penible, repletion, tension et tumeur des veines, douleur pesante de la teste et des tempes, accompagnée quelquesfois d'vne forte pulsation, degoust, alteration, nausée, vomissement. Mais quand la fiéure est tout à fait formée, elle se reconnoist à ce qu'elle donne vne chaleur bien plus acre, piquante et mordante que l'ephemere ou la synoque simple, principalement en l'augmentation et estat de ses accés. Elle est accompagnée d'inegalité de pouls et de respiration, car la contraction de l'artere qui fait le pouls se sent bien plus legere que la dilatation. Car comme ainsi soit que plusieurs fumées et vapeurs s'excitent et s'esleuent de l'humeur enflammé par putrefaction ou chaleur pourrissante, Nature par la contraction du pouls deprimant l'artere, se haste à les chasser dehors, n'estant au reste si pressée d'attirer l'air froid par la dilatation. Ie dis le mesme de la respiration, dont l'expiration est bien plus courte que l'inspiration, à cause de la necessité qu'a le cœur et le poulmon de mettre hors l'air fuligi-

ception de l'avant-dernière phrase du texte actuel : *Ie dis le mesme de la respiration*, etc., qui manquait en 1575.

neux, acre et piquant qui est à l'entour d'eux. L'vrine n'est pas semblable à celle des sains : mais ou bien elle est crue, ou elle est trouble, ou bien acre, ou accompagnée des signes de pourriture d'humeurs, ou d'vne odeur puante et fetide.

Ces fiéures-cy sont tousiours pires que les ephemeres et les synoques simples : il est vray qu'entre icelles, celles qui sont intermittentes ne sont pas si mauuaises que les continues, lesquelles ne sont iamais exemptes de peril, estans presque tousiours accompagnées de tres sinistres et mauuais accidens, lesquels plus ils sont fascheux, plus ils demonstrent que la fiéure est perilleuse. Elles sont pareillement bien plus dangereuses és corps cacochymes qu'aux autres, comme aussi à ceux qui se nourrissent de mauuaises viandes et mal saines, et qui vsent de quelque grand desreglement en leur façon de viure. Enfin ceux qui ont les entrailles mal faites et mal habituées, ou qui ont quelque partie noble interessée et vicieuse, c'est à dire mal constituée et disposée, sont bien en plus grand danger lors qu'ils tombent en ceste fiéure que ne sont ceux qui ont les visceres bien sains, forts, robustes, et doüé d'vn bon temperament.

Il y a finalement des signes pour connoistre les fiéures putrides les vnes d'auec les autres : par exemple si l'on obserue vne chaleur ardente, et vne soif insupportable, non seulement on colligera que c'est vne fiéure putride, mais que c'est celle que nous appellons *fiéure chaude* : de mesme si elle ne prend que de deux iours l'vn, ou de trois l'vn, on s'asseure que la premiere est faite de bile, et l'autre de melancholie, et ainsi des autres desquelles nous parlerons en leur lieu.

CHAPITRE XIV.

DE LA CVRE DES FIÉVRES PVTRIDES EN GENERAL.

Comme ainsi soit qu'il y a beaucoup de causes concurrentes en la fiéure putride, aussi y a-il en sa cure beaucoup d'indications à prendre, veu que chaque cause doit estre ostée par la deuë administration de son contraire. C'est pourquoy nous disons qu'en general, il n'est pas seulement besoin d'alteration par les choses rafraichissantes, à fin de corriger l'intemperie chaude de tout le corps, comme aux ephemeres : mais qu'il faut en outre vser de coction et euacuation de l'humeur pourri, qui est la matiere de la fiéure [1]. En vn mot, quelquesfois il est besoin de tirer du sang, vne autre fois de purger les humeurs vicieuses et peccantes : tantost il faut esuentiler la matiere qui se pourrit et qui fait les obstructions, aussi faut-il par fois rafraichir, desseicher, inciser, deterger, fortifier. Mais comme toutes ces choses ne peuuent estre

---

[1] Ce début répond presque exactement à celui du chap. 5 du livre primitif. Le lecteur peut en juger.

« Cɪ. V. — *La curation des fieures putrides en general.*

» Les fieures putrides, pour leur curation en general, n'ont besoin de simple alteration par choses refrigerantes, pour corriger l'intemperie chaude de tout le corps, comme és diaires : mais en oultre de concoction et euacuation de l'humeur pourry, qui est matiere de fieure. »

Mais après ceci le texte posthume a ajouté des détails assez longs, et nous ne retrouverons la fin du chapitre primitif qu'au 3ᵉ paragraphe du chapitre actuel.

faites toutes à la fois, il faut suiure le conseil que Galien donne à l'onziéme de la *Methode* chap. 16, qui est qu'en la resolution et analyse des causes, ce qui est le dernier trouué doit estre mis le premier en execution, lors qu'il est question de la cure des maladies. C'est donc ce qu'il faut faire en la cure des fiéures putrides : il faut commencer à oster la cause qui a esté trouuée la derniere en ordre de la generation d'icelles : par exemple, il faut euacuer la matiere qui fait obstruction. Car si la fiéure ne peut estre ostée tandis que la pourriture demeure, qui est la vraye et propre cause, et si la pourriture ne peut cesser tandis que l'esuentilation est empeschée, et si l'esuentilation ne peut estre libre tandis que l'obstruction perseuere, il faut conclure qu'auant toutes choses, il faut oster les causes qui empeschent la transpiration, qui est l'obstruction ou constipation. Or l'obstruction estant en partie faite, en partie se faisant tous les iours, ce seroit trauailler en vain qui voudroit oster l'obstruction qui est desia faite, deuant que d'empescher celle qui se doit faire tous les iours. Car encore bien qu'on tasche de vuider les humeurs qui font l'obstruction, mesme quand on osteroit tout à fait l'obstruction, ce n'est toutesfois rien d'auancé, puis que l'on n'empesche pas que les humeurs n'affluent derechef pour continuer l'obstruction. C'est pourquoy il faut s'arrester à ceste maxime, que pour commencer la guerison des fiéures putrides, il faut deuant toutes choses oster l'humeur superflue qui est propre à faire l'obstruction : car ce faisant on empesche qu'il ne se face aucune obstruction dans le corps.

Voicy donc six ou sept chefs qu'il

faut obseruer en la cure des fléures putrides. Le premier, est qu'il faut oster les causes euidentes et manifestes, s'il s'en trouue quelqu'vne qui puisse augmenter le mai. En second lieu, il faut prescrire vn regime de viure propre et conuenable, suffisant d'entretenir les forces, et ne fomenter pas le mal. Tiercement, il faut retrancher la cause antecedente en euacuant les humeurs superflues et vicieuses par les voyes conuenables, sçauoir par la saignée, ou par la purgation, ou par les deux ensemble. Quatriémement, il faut degager les obstructions s'il y en a, et procurer par toutes sortes de remedes propres et conuenables, la transpiration et l'euentilation des humeurs. En cinquiéme lieu, il faut corriger les indispositions du corps et des parties nobles, qui engendrent tous les iours de nouuelles humeurs vicieuses, ou qui corrompent les bonnes. En sixiéme lieu, si la matiere d'elle-mesme ne chasse les mauuaises humeurs, il faut les euacuer, ou bien, si faire se peut, les corriger et les ramener à quelque meilleure trempe. Enfin, il faut corriger l'intemperie du corps et des humeurs, oster la pourriture, restablir les parties en leur premier estat, et rendre à celles qui sont debilitées et affoiblies leur premiere force et vigueur.

Mais il faut icy obseruer, deuant que venir à l'euacuation des humeurs vitieuses, qu'il faut preparer tant le corps que les humeurs[1]. La prepara-tion des humeurs se fait en attenuant et subtiliant ceux qui sont espais, detergeant ceux qui sont lents, et incisant ceux qui sont viscides et gluans. Ie ne mets point icy en controuerse, s'il faut espaissir ceux qui sont trop liquides et ténus : i'en laisse la decision à ceux qui en ont fait des liures entiers[1]. La preparation du corps se fait en ostant et ouurant les obstructions, et rendant tous les conduits du corps, tant manifestes qu'insensibles, tant internes qu'externes, ouuerts, libres et transpirables. C'est pourquoy en vain en vne fiéure causée d'obstruction interne, ordonne-t-on choses qui esmeuuent les sueurs et les vrines. Car par ce moyen on euacue l'humeur crud de la cauité des veines et entrailles en l'habitude et superficie du corps, auquel lieu, par defaut de chaleur suffisante, il ne se peut iamais cuire qu'à tres-grande peine et en fort longtemps : là où si on l'eust laissé à l'entour des entrailles il eut peu se cuire aisément, facilement et en peu de temps, à cause de la chaleur puissante qui reside en ces lieux-là : qui est l'occasion pour laquelle Galien au liure quatriéme *de la conseruation de la santé*, et au liure premier *à Glaucon*, defend fort sagement de tirer du sang à ceux qui ont des crudités au ventricule et veines de la premiere region du corps[2], d'autant que par telle euacuation le sang qui souuent est bon et loüable tant en quantité qu'en qualité, des grandes veines est euacué et tiré, et iceluy qui est crud, corrompu et pourri, est attiré du ventricule dans

---

[1] Nous revenons ici au texte de 1575, chap. 5 :

« *Deuant que proceder à l'euacuation, il faut preparer le corps et les humeurs.* »

C'est bien là le début de notre paragraphe actuel. Le reste suit jusqu'à la fin, sauf quelques modifications, et nous signalerons dans les notes suivantes celles qui ont quelque peu d'importance.

[1] Cette phrase manque en 1575.

[2] L'édition de 1575 ajoute : *comme és veines mesaraïques.*

les grandes veines et vers les parties nobles. Que si la fiéure putride estoit causée, non d'obstruction interne, mais de la constipation du cuir, pour lors les medicamens qui purgent sont inutiles, d'autant qu'ils attirent l'humeur peccante de la superficie au dedans et centre du corps : en ce cas-là il faut donc se seruir des sudorifiques et diuretiques [1]. Toutesfois il faut noter que si l'euacuation que nous taschons faire par digerens et sudorifiques n'est suffisante pour euacuer toute l'humeur, qu'en tel cas il sera vtile d'vser de medicamens purgatifs et diuretiques : comme au contraire lors que la crudité des humeurs qui sont en la premiere region du corps, sera cuitte, digerée et mitifiée, il sera tres-necessaire non seulement de purger par en bas, auec potions et clysteres, mais aussi de prouoquer les sueurs et les vrines [2].

Quiconque voudroit icy specifier par le menu tous les remedes qui sont necessaires et vtiles aux fiéures putrides, auroit besoin de faire vn discours plus long que celuy que nous auons entrepris pour toutes les fiéures : d'autant qu'il n'y a sorte de medicament qui ne puisse y estre approprié, à cause de la grande diuersité d'indications que nous auons dit deuoir estre prises en la cure de ces fiéures. Il eust esté aussi bien à propos de mettre icy en question si la saignée

[1] Cette fin de phrase : *en ce cas là il faut donc se seruir des sudorifiques et diuretiques*, manque dans le texte de 1575.

[2] Ici se terminait en réalité le chapitre 5 de l'édition de 1575; toutefois, elle ajoutait une phrase finale pour servir de transition au chapitre suivant :

« Apres auoir ainsi descrit les causes et especes en general, reste maintenant de parler de chacune en particulier. »

est necessaire à toutes les fiéures pourries : car comme il est tres-certain qu'elle conuient à celles qui se font du sang pourri, et aussi à celles qui se font des autres humeurs, et qui sont continues : de mesme peut-on douter si elle est vtile aux fiéures intermittentes, qui ont leur siege non dans le sang ny dans les grands vaisseaux, mais dans les autres humeurs non alimenteuses, et dans les petites veines esparses par la premiere region. Mais ie remets cette difficulté lors que nous parlerons de la cure des fiéures intermittentes en particulier.

CHAPITRE XV.

DE LA FIÉVRE SYNOQVE.

Cy dessus nous auons rapporté la difference qu'il y auoit entre la synoque simple et la synoque putride, et auons dit que celle-cy estoit *vne fiéure continue, excitée de la pourriture du sang qui est contenu dans les grands vaisseaux situés entre les aisnes et les aisselles.* Or ce sang qui se pourrit est moderé, temperé, et composé d'vne egale permistion et meslange des quatre humeurs : ce que ie dis à fin qu'on la reconnoisse des autres fiéures continues, lesquelles ont cela de propre, que si le sang n'est moderé et egalement meslé des autres humeurs, ont des sensibles redoublemens et exacerbations, ou tous les iours, ou de deux l'vn, ou de trois l'vn, selon qu'il y a en la masse du sang vne humeur qui excede et surabonde, ainsi que nous dirons cy aprés. Mais lors que le sang est proportionné d'vne egale partie des autres humeurs, pour lors ceste fiéure n'a aucuns redoublemens sensibles, si ce n'est lors que les vapeurs putrides qui s'esleuent de ce sang s'euaporent plus ou moins : ce qui fait et produit trois degrés de fiéure, qui sont comme autant de differences d'icelle, sçauoir, l'*homotone* ou *acmastique*, l'*epacmastique*, et *la paracmastique*, desquels nous auons parlé cy-dessus au chapitre de la synoque simple. Quelques autheurs ont voulu nier qu'il y ait aucune fiéure synoque putride, d'autant (disent-ils) que le sang ne se peut enflammer et pourrir qu'il ne se tourne incontinent et degenere ou en bile, ou en atrabile, ce qui fait indubitablement changer l'espece de la fiéure Mais pour toute response, ie les renuoye à Galien au huitiéme de *la Methode*, chap. 3, au second *des Differences des fiéures*, chapitre 2 et 11, et au troisiéme *des Crises* chap. 4, ausquels lieux ils pourront voir que Galien admet ceste fiéure pour deux ou trois raisons qui n'ont point de repartie.

Les causes de ceste fiéure ont esté expliquées cy-dessus au chapitre 13, là où nous auons dit que c'estoit ou la constipation, ou l'obstruction, lesquelles estoient cause que la pourriture se mettoit dans le sang, principalement en iceluy qui est moins pur et net. On pourroit icy s'enquerir s'il est possible de subsister auec la pourriture du sang, qui nous sert de nourriture, et comment il se peut faire qu'estant vne fois pourri, il puisse se corriger et reuenir en grace et en faueur auec la nature. A cecy ie respons que iamais tout le sang ne se pourrit, si ce n'est par vne extreme ou insigne pourriture, de laquelle il n'y a point d'appel, pour estre icelle tout à fait ennemie de nostre vie : mais toutesfois et quand que la pourriture se met dans les veines, elle pourrit à

la verité tout le sang, mais non pa toutes les parties du sang. Car iceluy estant composé de trois autres humeurs, et en outre d'vne certaine serosité : en premier lieu, la partie plus prompte et plus preste à se pourrir reçoit la pourriture, et puis ensuite les autres parties les vnes après les autres, selon qu'elles ont plus ou moins de disposition : et ainsi la pourriture s'introduit au sang et y demeure, iusques à ce que toutes les parties du sang plus disposées à pourrir ayent esté consommées et dissipées, et la fiéure entierement esteinte : cependant la partie du sang la meilleure, et qui pour n'auoir pas eu disposition à la pourriture ne s'est point infectée auec les autres, demeure et perseuere en son entier pour la conseruation et entretien de la vie[1]. C'est pourquoy nous respondrons aux difficultés proposées, que toutes les parties du sang ne se pourrissant pas, il en reste quelqu'vne saine et entiere qui sert de nourriture à nostre corps.

Pour les signes de cette fiéure, ce sont les mesmes qui se trouuent en la synoque simple, mais en vn degré plus eminent et excellent. La chaleur est plus acre, le pouls plus grand, vehement, viste et frequent qu'en la simple synoque, outre qu'il est inegal et dereglé, à cause, comme nous auons dit au chapitre 13, que sa contraction est plus legere que sa dilatation. Les vrines en ceste fiéure sont rouges, espaisses, troubles, sans sediment, et puantes. Bref tous les accidens et symptomes sont plus violens qu'en la simple synoque. Aussi est elle bien plus perilleuse, sur tout lors que dés le commencement il suruient vn cours de ventre, car il abbat tellement les

[1] *Voyez Fernel*, au liv. 4 de la *Patho.*, ch. 6. — A. P.

forces, que la nature ne se peut rendre la maistresse du mal. Il est vray que si ce cours de ventre venoit à cause d'vn grand amas d'humeurs, il pourroit accourcir la fiéure, pourueu qu'il ne fust de longue durée: mais s'il vient de la malignité des humeurs, pour l'ordinaire il apporte la mort [1].

Au reste ceste fiéure quelquesfois se termine au quatriéme iour, bien que rarement: le plus souuent c'est au septiéme, et ce, ou par cours de ventre, ou par flux d'vrines, ou par sueurs, ou par vomissemens, ou par flux de sang: mais cela n'arriue point que dés le quatriéme iour on n'ait apperceu des signes de coction dans les selles et dans les vrines. Que si aprés auoir veu les signes de coction au quatriéme iour, il suruenoit quelque crise au sixiéme, il faut la tenir pour suspecte et pour imparfaite, qui ameine apres elle, ou la recidiue, ou la mort [1].

[1] L'édition de 1575 ne contient aucune description de la *fieure synoche putride*, chose d'autant plus singulière, qu'elle a un chapitre exprés consacré à la cure de cette fièvre, comme nous le verrons au chapitre suivant. Tout au plus rencontre-t-on au chapitre 9 quelques mots qui y ont rapport, et qui se retrouvent d'ailleurs dans ce livre nouveau au chapitre 17. Mais dans l'édition de 1579, au chapitre déjà cité du livre *des Tumeurs*, Paré avait essayé de donner une idée de la *synoche putride* qu'il rattachait alors au phlegmon; voici ce texte:

« Que si le phlegmon est en vne partie interne, ou fort grand, ou voisin de quelque partie noble, de sorte qu'il puisse enuoyer de soy continuellement au cœur quelque portion et vapeur de sa substance pourrie, et non par la seule qualité de chaleur contre nature, par continuation des parties de l'vne l'autre, il fera l'espece de fieure que nous disons Synoche putride, si le sang, qui par contagion se pourrit dans les grands vaisseaux, est composé d'egale meslange et permistion des quatre humeurs.

» Ceste fieure se connoist à ce qu'elle n'a aucune remission ou exacerbation, encores moins d'intermission. Elle tient le febricitant oultre les vingt-quatre heures, ne finissant point lors à la mode des intermittentes par vomissemens, sueurs, ou moiteurs, ou peu à peu insensiblement, mais perseuerant dure iusques à ce qu'elle se termine et quite du tout le malade. Elle ne surprend sinon ceux qui sont de bonne nature, en temperament et complexion, abondans en beaucoup de sang, et iceluy iustement meslé des quatre humeurs. Ceste fieure est de peu de duree: d'autant que le sang par sa pourriture degenerant en bile ou melancholie, fait incontinent vne autre espece de fieure, sçauoir tierce ou quarte continues. »

Cette description diffère beaucoup de celle du livre actuel; mais on en retrouvera les principaux traits au chapitre 17, lequel, ainsi qu'il a été dit, correspond au chapitre 9 de l'édition de 1575.

[1] Ce paragraphe semble correspondre à un passage du chapitre 10 du livre primitif; toutefois la doctrine n'en est pas exactement la même. Voici le texte de 1575:

« Sur tout il faudra espier le quatrieme iour: car si lors apparaissent quelques signes de concoction, la crise se fera le septieme iour, et ce par flux de ventre, ou vomissement, ou vrines, ou sueurs, et principalement par hæmorrhagie: et lors ne faudra rien remuer d'auantage, ains laisser faire Nature son deuoir, selon son chemin qu'elle aura pris. Que si au contraire il n'apparoist aucun signe de concoction ny de crise, il ne faut rien entreprendre dauantage, de tant que tel malade est deploré: quelle maniere de gens Galien defend d'attoucher. »

La première de ces deux phrases avait été reproduite dans le chapitre 11 du livre *des Tumeurs*; mais la deuxième y est supprimée; et on voit enfin comme s'explique le texte définitif.

Nous voyons quelquefois que ceste fiéure se termine par vne quantité de macules et de taches rouges qui apparoissent par tout le corps, et sont cause que l'on l'appelle pour lors *pemphygodes*, *purpurée*, ou *fiéure de pourpre*, qui est ordinairement fort perilleuse, et qui ne se termine gueres que dans la seconde ou troisiéme sepmaine. Aux enfans ceste fiéure est souuent accompagnée de rougeolles et verolles.

CHAPÍTRE XVI.

DE LA CVRE DE LA SYNOQVE PUTRIDE [1].

Nous auons dit vne partie de ce qu'il faut faire pour la cure de ceste fiéure en celle de la synoque simple, et au chap. 14 : qui est que la principale intention consiste à oster la cause, et à moderer l'excés de la chaleur.

Premierement donc, à cause que c'est le sang qui peche icy, il faut l'euacuer et le diminuer, et en suite combattre les causes par leurs contraires. Par exemple, la constipation des pores du cuir doit estre degagée par les medicamens qui ouurent, qui debouchent et qui rarefient : semblablement on doit oster l'obstruction, sçauoir celle qui se fait de l'abondance des humeurs par leur euacuation, et celle qui se fait par la crassitie d'iceux par les remedes qui attenuent.

En somme le viure doit estre tout'à

---

[1] Ce chapitre est en grande partie la reproduction du chapitre 10 du livre primitif, mais avec des changemens tels que la fin de celui-ci se retrouve au commencement de l'autre; et la doctrine même a notablement varié. Le lecteur en fera aisément la comparaison à l'aide des notes suivantes.

fait refrigerant et humectant, au reste fort ténu, et qui pour la plus part consiste en boüillons de poulets et de chair de veau, que mesme nous altererons auec herbes d'ozeille, de laictue et de pourpié : car la chaleur naturelle estant affoiblie, et par la violence de la fiéure, et par les remedes qu'il conuient faire, ne pourroit cuire beaucoup de viandes. La boisson sera d'eau d'orge, de sirop violat trempé de beaucoup d'eau, de iulep alexandrin, si principalement il suruient quelque grand flux de ventre, comme il aduient souuent en ceste fiéure[1] : fuyant

---

[1] Ce paragraphe répond à la fin du chapitre 10 de 1575; et le texte est le même jusqu'en cet endroit; mais alors l'édition primitive intercalait un court paragraphe sur l'observation du quatrième jour, que nous avons reproduit dans la dernière note du chapitre précédent. Puis le chapitre se terminait par cette phrase sur l'usage de l'eau fraiche et du vin :

« Quant à l'eau fraische de laquelle Galien fait si grand cas en ceste maladie, il ne faudra en donner à boire, qu'il n'apparoisse premierement signes de concoction : mesmes sur la declinaison sera bon donner du vin pour esmouuoir les sueurs. »

Cette phrase avait d'abord été copiée dans le livre des *Tumeurs* en 1579; mais en 1585 elle fut modifiée ainsi qu'il suit :

« Gal. liu. 9. *de la Methode*, chap. 5. ordonne de boire grande quantité d'eau froide au plus fort de la fiéure ardante, et des fiéures synoches : telle chose profite, et amollist la chaleur febrile, comme quand on iette force eau au feu pour l'esteindre : toutesfois il n'en faudra donner au malade, que premierement on ne voye les signes de concoction : mesme sur la declinaison, ne sera hors de propos donner du vin pour esmouuoir les sueurs. »

Et enfin dans le livre actuel, mieux instruit par l'expérience, Paré rejette absolument l'usage du vin, qu'il avait d'abord

tant que faire se pourra le vin, que ie ne conseille mesmes pas de boire au declin de la fiéure, de peur de reschauffer le foye et le sang, qui n'est pas encore bien remis de la premiere chaleur. Quelques-vns trouuent bon d'en donner sur le declin, à fin d'emouuoir les sueurs : mais ie le trouue vn peu dangereux, à cause qu'en ces violentes fiéures continues, on n'est pas sans soupçon d'inflammation aux parties nobles. Ie trouue meilleur auec Galien de donner l'eau froide librement et liberalement, mais auec les cautions cy-deuant obseruées.

Mais la curation principale de ceste fiéure, selon l'opinion de Galien en l'onziéme de *la Methode*, consiste en la phlebotomie : car le sang estant tiré, la plenitude est ostée, d'où il s'en suit que l'obstruction est degagée, et par consequent la pourriture[1]. Or comme ainsi soit qu'en ceste fiéure, il n'y a pas seulement vice de la matiere par la pourriture du sang, mais aussi excés en la temperature par la vehe-

donné comme *bon*, puis comme *non hors de propos*. Nous trouuerons par la suite plus d'une rétractation de ce genre, qu'il me paraît fort intéressant de signaler.

[1] Le commencement de ce long paragraphe répond exactement au début du chapitre 10 de l'édition de 1575, et on le retrouve également au chapitre 2 du livre des *Tumeurs* des éditions postérieures. Seulement ce dernier texte porte : *la curation de ceste fiéure (selon ce que i'ay appris des bons medecins),* etc.; tandis que le livre primitif et le livre posthume portent également : *selon l'opinion de Galien.* De même tous deux s'accordent à dire un peu plus bas : *ce qui a esmeu Galien à dire qu'il falloit icy saigner iusques à lipothymie;* tandis que le livre des *Tumeurs* corrige : *ce qui a esmeu quelques vns,* etc. Mais à partir de cette derniere phrase, le texte a beaucoup changé; j'y reviendrai dans la note suivante.

mence de la chaleur : de là vient que la phlebotomie ne remedie pas seulement à la pourriture, comme nous auons dit, mais aussi à l'intemperie chaude : car le sang (auquel consiste toute nostre chaleur) estant euacué, fait exhaler auec luy les excremens acres et fuligineux, qui pour estre supprimés et retenus au corps, augmentoient fort l'ardeur de la fiéure. En outre en la place du sang euacué, les veines attirent beaucoup d'air froid pour euiter le vuide que la nature abhorre : d'où vient le rafraichissement de toute l'habitude du corps : mesme à plusieurs par le moyen de la phlebotomie il suruient vn benefice de ventre, ou bien les sueurs sortent en abondance, choses fort souhaitables en ceste espece de fiéure. Ce qui a esmeu Galien à dire qu'il falloit icy saigner iusques à lipothymie[1], ce que nous n'auons pas toutesfois approuué cy-dessus, loüant d'auantage l'opinion de ceux qui, aduenant le cas que le malade eust besoin de grande euacuation de sang, departent par *epaphœrese* icelle vacuation, ostant du sang par interualles, tant de fois

[1] Là finit la ressemblance entre le commencement du chapitre 10 de 1575 et le texte posthume; je reproduis ici le premier, qui est fort court, et qui avait été reproduit à peu près littéralement au livre des *Tumeurs* :

« Toutesfois d'autant que plusieurs par ce moyen ont auec le sang rendu l'ame entre les mains des Medecins, ie serois plustost d'auis, aduenant le cas que le malade eust besoing de grande euacuation de sang, de partir par epicrase icelle euacuation, repetant icelle, et ostant du sang par interualles, tant que les forces du malade le pourront aisément porter. »

Voilà ce qui, dans le livre primitif, correspond à toute la fin du paragraphe actuel.

que les forces du malade le peuuent souffrir aisément, et que la grandeur du mal le desire. Il est à la verité impossible de dire la quantité du sang qu'il faut tirer, et le nombre de fois qu'il faut saigner : il faut toutes fois bien s'empescher de suiure l'opinion de ceux qui, après auoir saigné deux ou trois fois, et quatre ou cinq au plus, laissent plustost mourir le malade que de le saigner d'auantage. Il faut tousiours s'arrester à ces deux maximes, qui sont d'auoir esgard à la grandeur et violence du mal, et aux forces du malade. Tant que les forces le permettent, il faut saigner si la violence du mal vous y conuie, ne regardant point si c'est de iour ou de nuit, si c'est le matin ou le soir, si c'est l'hyuer ou l'esté, si c'est en plaine ou nouuelle lune, en quelque conionction que se puissent trouuer les astres, n'espargnant mesme pas ny les enfans, ny les vieillards, ny les femmes grosses, ny les femmes accouchées : bref n'ayant aucune exception, ny des lieux, ny du temps, ny des personnes. C'est pourquoy cette reigle doit estre obseruée ailleurs comme à Paris, en Italie, Espagne, Allemagne, Poloigne, Angleterre, comme en France : en l'Afrique et Amerique, comme en l'Europe : estant toutesfois de la prudence du Medecin de moderer l'euacuation du sang selon les circonstances, lesquelles ne peuuent pas empescher tout à fait les remedes indiqués par le mal, mais les moderer seulement et les modifier : ne plus ne moins que pour ta vie, il est necessaire de prendre de la nourriture, estant toutesfois besoin de la changer, augmenter, diminuer, aduancer, retarder selon les circonstances de l'aage, du sexe, du temperament, du lieu, du temps et de la saison. Ie me suis icy

voulu estendre sur la saignée, pour desraciner l'opinion de ceux qui la blasment, et pour encourager ceux qui sont trop craintifs à la faire. Cecy en outre seruira non seulement pour la cure de la fiéure synoque putride, mais aussi pour la cure des autres fiéures, et de toutes les maladies qui ont besoin de la phlebotomie.

Auant que faire la saignée, ou après la premiere saignée faite, si le ventre est dur et paresseux, il faudroit le lascher auec un clystere remollient et rafraichissant, de peur que les veines espuisées et vuidées par la phlebotomie n'attirent à elles l'impureté des humeurs qui croupissent dans les intestins. Mais il faut que le clystere soit moderément rafraichissant : car ceux qui rafraichissent trop adstreignent et serrent plustost le ventre que de le lascher. En la premiere impression de ce discours, ie conseillois après la premiere saignée de donner vn leger medicament, comme le bol de casse, ou de catholicon, pour faire minoration de la matiere. Mais i'en ay veu de si mauuais effets, et des redoublemens de fiéure si furieux, et autres accidens si estranges, que i'ay esté contraint de changer d'aduis, et remettre la purgation après le septiéme iour. C'est pourquoy à mon exemple, ie conuie ceux qui ont la mesme pratique que i'auois d'estre plus circonspects à donner les purgatifs, et peser deux ou r ois fois, auparauant que de les bailler, si la violence de la chaleur et la grandeur de la pourriture contenue dedans le sang le peuuent permettre [1]. Il faut à la verité minorer la

---

[1] Voici une nouvelle rétractation de Paré, d'où l'on voit qu'après avoir suivi une pratique qui se rapprochait du brownisme mo-

matiere, et nettoyer la premiere region du corps : mais cela se peut bien faire plus commodément et seurement par les clysteres qui ne troublent point la nature, que par les purgatifs qui remuent, troublent, esbranlent et agitent toutes les humeurs, et ne vuident rien de ce qui fait le mal, d'autant qu'au commencement des maladies, il n'y a encore rien de cuit ny de preparé. At-

derne, il en était revenu presque au régime antiphlogistique ; il est curieux de reproduire à cette occasion ses diverses rédactions. Dans son premier livre, en 1575, il s'expliquait ainsi :

« La phlebotomie ainsi deuëment celebree, il faudra incontinent donner vn clystere qui soit remolliens, et moderément refraischissant : car ceux qui refraischissent trop, adstreignent plustost le ventre qu'ils ne le laschent. Or incontinent apres la saignee, ou peu deuant, il faut lascher le ventre, de peur que les veines inaniees par la phlebotomie n'attirent en leur capacité l'impurité des intestins. Le lendemain faudra par vn legier medicament, comme de bol de Casse ou de Catholicum, faire minoration de la matiere : et apres ordonnerez syrops qui non seulement ayent force de refraischir, mais aussi d'empescher la pourriture, quels sont les syrops de limons, de berberis, l'aceteus, de acetositate citri, de grenatis, oxysaccara simples, ausquels il faudra mesler des eaux de pareille vertu, comme l'eau d'aceteuse, de roses, et autres semblables. »

Aprés quoi il passait à la prescription du viure, que nous avons retrouvée au commencement de ce chapitre. En 1579, il s'était à peu près borné à copier ce passage, sauf la phrase si remarquable relative à l'absorption des veines, qu'il a d'ailleurs reproduite dans le texte actuel. Je ne sais d'ailleurs par quel fâcheux oubli, ayant ainsi changé tout-à-fait de pratique, il laissait subsister dans son livre des *Tumeurs* des préceptes reconnus mauvais par lui-même, et auxquels il avait renoncé.

III.

tendant donc le huitiéme iour à purger le corps, on se seruira cependant des clysteres, tant pour rafraichir que pour nettoyer les impuretés des intestins, et fera-on vser aux malades de iuleps, apozemes et syrops, qui non seulement ayent la force de rafraichir, mais aussi d'empescher la pourriture, tels que sont les syrops de limons, de berberis, l'aceteux, *de acetositate citri*, de grenade, oxymel, oxysacchara simple, ausquels il faudra mesler les eaux ou les decoctions des herbes de pareille vertu. Ayant ainsi preparé les humeurs et adouci la chaleur de la fiéure, vers le huitiéme iour on pourra purger le corps auec infusion de casse, de tamarins, de sené de Leuant, et le syrop de cichorée composé auec rheubarbe, ou auec tels autres purgatifs que le medecin iugera estre propres, tant au naturel du malade et à la condition de l'humeur qui domine plus en son corps, qu'à la partie du corps qui est plus chargée d'humeurs.

CHAPITRE XVII

DES FIÉVRES INTERMITTENTES, DE LEVRS ESPECES, ET COMMENT ELLES SONT DISTINGVÉES DES CONTINVES.

Aprés auoir parlé de la fiéure putride qui se fait du sang, il faut passer à celle qui s'engendre de la bile iaune, laquelle nous auons dit estre intermittente ou continue. Nous auons dit desia ce que c'estoit que la fiéure continue, et comme elle differoit de l'intermittente [1]. Il est neantmoins à

[1] Il en a déjà parlé en effet en divers endroits, notamment aux chapitres 8 et 12

propos deuant que de passer outre d'expliquer encore cela plus amplement, à fin d'en informer le foible esprit du ieune chirurgien, et qu'il apprenne par quels signes il cognoistra vne fiéure intermittente d'auec vne continue.

Il a donc esté dit cy-deuant ¹ que la matiere des fiéures continues venant à se pourrir aux grands vaisseaux, en-

---

mais nulle part peut-être si nettement qu'au commencement du chapitre 8 de 1575, intitulé : *Des fieures d'acces, et premierement de la quotidiane intermittente.* Voici ce premier texte :

« Ayant parlé de la cure des fiéures putrides en général, faut maintenant en parler en particulier, commençant par les intermittentes, ou d'accez. Doncques fieure d'accez est celle qui à certaines heures déterminees en certains iours, comme tous les iours, si elle est quotidiane : ou de trois iours l'vn, si elle est tierce : ou de quatre iours l'vn, si elle est quarte, surprend le malade. »

On retrouvera la suite de ce texte au chapitre 25 du livre actuel.

¹ *Cydeuant :* voyez au chapitre 12. Du reste le chapitre 12 n'en avait parlé qu'en passant, car l'auteur avait traité ce sujet dans le chapitre 9 de son premier livre de 1575, et il ne voulait pas perdre sa rédaction. Ce chapitre 9 est intitulé : *Des fieures continues, de leurs especes, et de leurs signes,* et il peut paraître assez étrange de le voir fondu tout entier dans un autre qui a pour titre : *Des fieures intermittentes.* Il en est cependant ainsi, et Paré nous a accoutumés à bien d'autres disparates. Ainsi tout le paragraphe actuel n'est que la reproduction du commencement du chapitre 9 de 1575, à part les premiers mots qui se lisaient ainsi :

« *La matiere des fieures continues est placée ès grands vaisseaux, où venant à pourrir, enuoye de soy continuellement au cœur, etc.* »

Nous retrouverons le reste de ce chapitre dans les notes suivantes.

uoye de soy continuellement au cœur, où quelque portion de la substance pourrie, ou bien quelque vapeur ; ce qui fait que le cœur estant ainsi continuellement combattu et eschauffé, enuoye par tout le corps vne chaleur immoderée et contre nature, que nous appellons fiéure continue. Que si ceste matiere est enfermée en l'aine ou en autre lieu plus eslongné, alors pour la distance des lieux, pour l'angustie des vaisseaux, pour la petite quantité de la matiere, elle ne peut enuoyer au cœur aucune substance putride ny aucune exhalaison, mais la seule quantité de chaleur contre nature, par continuation des parties l'vne à l'autre, comme nous enseigne Galien au premier *des fieures,* dont est excitée simplement ou la fiéure diaré, ou la symptomatique.

Mais lors que la matiere est reserrée dans les veines et conduits de la premiere region du corps, laquelle pour parler nettement est comme sa sentine et son esgout, pour receuoir les excremens de la premiere et seconde coction : et après qu'elle y a demeuré et croupi fort long-temps, si elle vient à s'y pourrir, par son ebullition elle enuoye des vapeurs au cœur par les veines et arteres, qui se communiquent les vnes aux autres par les rameaux de la veine porte qui sont inserés en la vouste du foye, et par ceux de la veine caue qui sortent de la partie gibbe d'iceluy. Ces rameaux icy se ioignans ensemble dans la substance du foye par leurs embouchieures ou anastomoses, font que les vapeurs putrides sont facilement portées iusques au cœur : mesme que les rameaux de la grande artere, qui sont enuoyés à l'estomach, aux intestins, à la rate et au mesentere, portent aussi lesdites vapeurs qui sortent des humeurs pourries de la premiere region du corps iusques au cœur où la fléure est allumée, tant et si long-temps que la matiere qui se pourrit dure et s'entretient. Ladite fléure cesse aussi lors que ladite matiere se dissipe et se resout, soit insensiblement par la chaleur de la fléure, ou insensiblement par les vomissemens, flux de ventre, flux d'vrine, ou sueurs. Or d'autant que ladite matiere, pour estre dans des conduits estroits et petits, ne peut pas estre amassée en grande quantité : de là vient que les accés de la fléure, qui est excitée par ceste matiere, ne peuuent pas estre longs ny de durée : et par ce moyen il arriue que ceste fléure a de *l'intermission* et disparoist tout à fait, iusques à ce que pareille matiere soit rengendrée et ramassée de nouueau par l'indisposition des parties, et qu'elle vienne de rechef à se pourrir : car pour lors l'accés aussi de la fléure retourne de nouueau, et dure iusques à ce que ladite matiere soit dissipée et resoute : et ainsi par periodes la fléure a des reprises et des intermissions, qui font que pour ce suiet elle est nommée *fléure intermittente.*

Par ce discours nous apprenons que les fléures continues doiuent estre distinguées des intermittentes par deux ou trois signes. Premierement en ce que depuis leur commencement iusques à la fin et guerison entiere, elle tiennent constamment le malade sans aucun relasche : là où les intermittentes, aprés auoir fait vn accés de douze ou de quinze heures, plus ou moins, donnent vne intermission manifeste de quelques heures sans tenir aucunement le malade. Secondement, la continue est distinguée de l'intermittente par la diuerse façon de surprendre le malade. Car la continue

surprend subitement le febricitant, sans enuoyer deuant ny frisson, ny horreur, ny rigueur, sinon peut estre qu'au premier commencement il peut y auoir quelque inegalité au corps. Mais l'intermittente vient peu à peu, et enuoye tousiours pour messagers et auant-coureurs, ou vn frisson ou vn tremblement, auec des pandiculations, baaillemens, restrecissemens des parties, pasleur au visage, liuidité ou ternisseure aux ongles, et autres tels accidens. Bref, la continue presse et tient son homme outre les vingt-quatre heures, et perseuere iusques à ce qu'elle se termine et quitte du tout le malade. là où l'intermittente aprés quelques heures comme i'ay dit, finit son accés ou insensiblement, ou sensiblement et manifestement par vomissemens, sueurs ou autres euacuations [1].

[1] Ce paragraphe se retrouve en germe dans le chapitre 9 de 1575. Voici le passage, qui se lit, non point aprés celui de la note précédente, mais immédiatement aprés celui de la note suivante :

« Venons maintenant aux signes. Il te sera aisé de distinguer vne continué d'auec vne intermittente par ces marques. La continué subitement surprend le febricitant sans qu'aucun frisson, horreur ou rigueur marche et le tienne deuant, sinon peut estre pour le premier commencement il y a inequalité : le pouls plus grand que la vehemence de la chaleur ne porte : elle pousse et tient son homme outre les vingt-quatre heures, ne finissant point lors à la mode des intermittentes par vomissements, sueurs manifestes, ou par moiteurs, ou peu à peu insensiblement, mais perseuerant dure iusques à ce qu'elle se termine, et quitte du tout le malade. Tellement sont distinguées les continues d'auec les intermittentes... »

Voyez la suite à la derniere note de ce chapitre.

Auant que finir ce chapitre, ie veux donner les especes des fiéures continues et des intermittentes, et dire les marques par lesquelles on les peut distinguer les vnes d'auec les autres. Pour les continues nous en auons de quatre especes, la *synoque*, la *tierce* continue, la *quotidiane* continue, et la *quarte* continue. La synoque se fait quand le sang se pourrit, comme nous auons demontré cy-dessus. La tierce continue se fait quand la masse du sang qui se pourrit a en soy plus de bile que des autres humeurs. La quotidiane continue s'engendre quand il y a en la masse du sang plus de pituite que des autres humeurs. La quarte continue vient quand en la masse du sang la melancholie surmonte. Mais, me direz-vous, si telles fiéures sont continues, pourquoy les nommez-vous tierce, quotidiane, quarte, à la mode des intermittentes? Elles sont appellées continues, parce que pour le voisinage et commerce qu'a la matiere dont elles sont excitées auec le cœur, elles continuent tousiours sans aucune intermission, iusques à la fin et terminaison generale de toute la maladie. Mais elles sont aussi appelées l'vne tierce, l'autre quarte, l'autre quotidiane, pource qu'estant excitées d'vn sang ou plus bilieux, ou plus melancholique, ou plus pituiteux, elles donnent quelques redoublemens et exacerbations, et se montrent plus violentes et ardentes, ou de trois en trois, ou de quatre en quatre iours, ou de iour en autre, donnant au reste quelque relasche et remission, mais non pas intermission absolue, és iours et heures d'entre-deux. En quoy elles semblent retenir quelque chose du mouuement des intermittentes, selon qu'en la matiere pourrie qui les fait,

il y a plus de bile, ou melancholie, ou pituite[1].

Or à fin que tu reconnoisses ces quatre sortes de fiéures continues les vnes d'auec les autres, tu te ressouuiendras que la synoque ne surprend sinon ceux qui sont de bonne nature et d'vn temperament bien reiglé et moderé, qui ont abondance de bon sang, et qui ont vne bonne habitude de corps. Au reste, elle tient tousiours egalement son homme, non seulement sans intermission, mais aussi sans remission et exacerbation manifeste. Les tierces, quartes, et quotidianes continues, se connoissent par les causes qui peuuent accumuler et engendrer bile, melancholie, ou pituite en la masse du sang, ou bien par les effets de telles humeurs et par leurs exacerbations[2],

[1] Tout ce paragraphe est copié presque littéralement du chapitre 9 de 1575, qui présente même quelque chose de plus au commencement et à la fin. Ainsi immédiatement après le passage noté dans la première note, on lisait:

« Or pour retourner aux fieures continuës, leur matiere contenue és grands vaisseaux, veines et arteres, qui sont entre les aisselles et les aisnes, est le sang, ou masse sanguinaire : lequel venant à se pourrir par quelqu'vne des cinq causes efficientes parauant mentionnees, nous fait quatre especes de fieures continuës, synoche, etc. »

Et après les derniers mots du paragraphe actuel : *il y a plus de bile, ou melancholie, ou pituite*, l'édition de 1575 ajoutait :

« Comme ainsi soit que le propre de la bile soit de se mouuoir de trois en trois, de la melancholie de quatre en quatre iours, et de la pituite tous les iours : de quoy Dieu aidant nous tascherons à rendre raison à la fin de ce liure. »

Il renvoyait ainsi à son chapitre 15, qui va faire tout à l'heure le chapitre 18 du livre actuel.

[2] Ce paragraphe faisait la fin du chapitre 9

qui sont que les tierces continues les ont de deux iours l'vn, les quartes de trois l'vn, et les quotidianes tous les iours.

Quant aux fiéures intermittentes, il y en a de trois especes, la tierce qui se fait de la bile, la quarte qui vient de l'humeur melancholique ou atrabilaire, et la quotidiane de la pituite. Elles sont distinguées entr'elles, en ce que la tierce ne prend que de deux iours l'vn, la quarte de trois l'vn, et la quotidiane tous les iours. Nous allons tascher d'apporter les raisons de ces intermissions periodiques au chapitre suiuant.

CHAPITRE XVIII.

POVRQVOY LES ACCÉS DES FIÉVRES INTERMITTENTES RETOVRNENT A CERTAINS IOVRS, SÇAVOIR DES QVOTIDIANES TOVS LES IOVRS, DES TIERCES DE TROIS EN TROIS, DES QVARTES DE QVATRE EN QVATRE IOVRS [1].

I'entreprens en ce chapitre l'explication d'vne question non moins profitable que plaisante : ce que ie fais d'autant plus volontiers que ie con-

en 1595 ; seulement, à l'endroit de cette note, le texte primitif portait : « ...et par leurs exacerbations et remissions : toutes lesquelles choses ont esté cy deuant expliquées assez au long. »

[1] Ce chapitre porte le même titre que le chapitre 15 et dernier du livre des Fieures de 1575 ; et à part la courte phrase qui le termine et quelques mots au commencement, il en est presque littéralement copié. Il suffira donc de rétablir le début du texte primitif.

« Ayant exposé assez amplement, non,

nois la cause d'icelle n'estre moins obscure et controuersée en l'esprit des Medecins, que son effet est manifeste et sensible és corps des pauures febricitans qui en endurent les accés. Car à commencer par Galien le premier de tous, luy-mesme a confessé plainement et apertement, qu'il ignoroit la cause de la certitude des accés des fiéures intermittentes. Ses paroles sont couchées à ce propos au chap. 8 du liure 3 des iours Critiques. « Quelle » est la cause (dit-il) que des maladies » aiguës les accés se font de trois en » trois iours, et des longues de quatre » en quatre, ou tous les iours, il n'est » pas aisé à trouuer, et n'est pas » maintenant necessaire de le dire. » Quelques-vns qui sont venus depuis Galien ont dit que cela procedoit d'vne certaine qualité inconneuë et proprieté occulte qui est en chaque humeur, et qui la fait mouuoir en tel et en tel iour, ny plustost, ny plus tard. Mais de recourir à vne proprieté occulte, c'est plustot fuyr le trauail d'vne curieuse industrie, que de rechercher la verité du fait. Car qui est-ce qui ne pourra par ce moyen soudre toutes sortes de questions les plus difficiles ? mais pour cela nous ne serons pas eclaircis, ny resouts de ce

peut estre, comme la dignité de la chose le requeroit, mais tant que besoin estoit pour l'instruction d'vn Chirurgien, les differences et especes des fieures, les causes dont elles dependent et viennent, les signes par lesquels on les cognoist quand elles sont venues, et les moyens de les curer et guarir, l'ay bien voulu adiouster et reseruer pour le dernier mets l'explication de ceste question, non moins profitable que de plaisant discours : et que i'ay entrepris de tant plus volontiers que ie cognoissois la cause d'icelle n'estre moins obscure et controuersée en l'esprit des Medecins, etc... »

que nous auons à tenir de telles pro-
positions. C'est pourquoy pour paruc-
nir à la resolution de celle qui se presente, prenons vn autre chemin. Nous
dirons premierement que c'est qu'accés, et quelles causes font l'accés,
pour de là tirer des principes propres
pour l'intelligence et conclusion de ce
que nous pretendons.

Accés donc n'est autre chose sinon
vn effort de nature irritée pour se de-
faire et despestrer de l'humeur qui luy
est fascheux et moleste. Car l'humeur
chaud et pourri, reclus en quelque lieu
que ce soit hors des veines, tant qu'il
est à recoy et de repos n'agite et ne
trouble le corps aucunement : mais
lors que quasi comme forcené, il vient
à s'esmouuoir de là par impetuosité de
nature irritée, il l'esbranle diuersement. Car pour accommoder cecy aux
fléures intermittentes, posons le cas,
comme il peut aduenir, que le mesentere soit le foyer de la fiéure : l'humeur bilieux là enuoyé ou accumulé
peu à peu, se pourrit au bout de quelque temps, tant à cause de l'obstruction que de l'impression de la pourriture laissée en ce lieu par le premier
et precedent accés : dont eschauffé et
comme fomenté par la chaleur putredineuse, se gonfle et enfle, de sorte
que ne pouuant plus tenir en son lieu
et tas accoustumé, il s'espand par les
parties membraneuses et sensibles du
mesentere, donnant vn effroy et horreur à tout le corps, pour le consentement et sympathie qu'ont toutes
les membranes les vnes auec les autres. De cest humeur ainsi enflammé
en ceste sentine et foyer du mesentere, s'esleue vne fumée chaude et
caligineuse, qui portée au cœur vient
de là à se repandre par tout le corps,
premierement auec vn sentiment de
froideur, puis de chaleur, faisant en

vn mot ce que nous appellons *accés*.
Donc deuant qu'vn accés se fasse,
trois choses sont requises : le foyer
ou le lieu où s'amasse et se pourrit
l'humeur : la faculté excretrice irritée par cest humeur : puis l'humeur
proportionné en quantité et qualité
pour irriter la faculté excretrice du
mesentere, ou de quelque autre partie hors des veines, qui sera le siege
et foyer de la fléure intermittente. Il
faut donc, premier que l'humeur
puisse irriter Nature à en faire excretion par la violence d'vn accés,
qu'iceluy humeur excede en quantité,
autrement il ne la chargera point
de son faix : et qu'il pesche aussi en
qualité putredineuse, autrement il ne
l'esguillonnera point, et ne fera rien
en icelle d'auantage qu'vne seule
plethore et repetition : qui sont les
deux points en somme desquels dependent les principes de la certitude
de la repetition des accés, et qui liés
et concurrens ensemble en vn mesme
humeur, sont cause que la pituite en
la fléure quotidiane repete son accés
tous les iours, que la bile ou cholere
ameine la tierce de trois en trois, et
que l'humeur melancholique fait la
quarte intermittente de quatre en
quatre iours.

Car pour commencer par le premier
de tous les humeurs que nous auons,
il n'y en a point qui soit en plus grande
quantité aprés le sang que la pituite,
il n'y en a point aussi qui prenne
pourriture aprés ledit sang plus aisément, d'autant qu'estant espaisse et
visqueuse, elle reçoit aisément obstruction par faute de libre transpiration : et en outre elle conuient par
vne de ses qualités auec la pourriture,
c'est à sçauoir par l'humidité, qui est
la mere de putrefaction. Parquoy faisant son accés de la longueur de dix-

huit heures, elle peut en l'espace de six heures qui restent du iour, s'accumuler et s'amasser en iuste quantité dans la partie qui sera le siege et foyer de la fiéure quotidiane, et pourra pareillement receuoir promptement pourriture en icelle, à fin que pour les raisons cy-dessus alleguées, elle irrite par sa quantité et qualité ladite partie à faire excretion de ceste humeur, comme inutile et ennuyeuse, et qu'elle donne par ce moyen vn nouueau accés pour la iournée suiuante. Ce qui se continuera tousiours par vne reigle et ordre asseuré, tant que par l'effort et violence de plusieurs accés s'entre-suiuans de iour en autre, toute la pituite qui estoit propre à conceuoir pourriture dedans le corps, soit euacuée et vuidée hors d'iceluy par les vrines, sueurs, vomissemens, et autres euacuations qui accompagnent et terminent les accés : en outre que l'intemperature de la partie où estoit le foyer de l'inflammation, par le benefice de nature, ou des medicamens refrigeratifs, soit tellement corrigée et esteinte, que la cause efficiente et materielle des accés cessante, la fiéure ensemble cesse de tout en tout.

Pour pareille et semblable raison, on conclud et infere pour la certitude de l'accés de la fiéure tierce de trois en trois iours. Car aprés le sang et la pituite, il y a plus d'humeur cholerique et bilieux en nous que d'autre humeur que ce soit, tant pour remplir la capacité du cystis fellis qui est la fiole du fiel, que pour procurer les excretions iournalieres qui se font par en bas, lors que le fiel vient à regorger de sa fiole ou vessie dans l'ecphysis et ieiunum intestinum. Il n'y en a point aussi aprés le sang et pituite, qui plus aisément reçoiue l'impression de la pourriture que l'humeur bilieux, tant

pour sa tenuité, estant ce principe et maxime receu en Medecine : Que toute substance ténue est plus facilement et promptement alterée qu'vne dense et espaisse : qu'aussi pour ce qu'il est enclin et disposé à pourriture par vne de ses qualités, qui est la chaleur. C'est pourquoy faisant son accés de la longueur de douze heures, il luy est requis plus de temps qu'à la pituite pour s'amasser en iuste quantité dans le foyer de la fiéure, et pour acquerir la qualité de pourriture competente pour donner les eslancemens et assauts d'vn nouueau accés : ce temps donc naturellement et par raison est d'vn iour et demy, c'est à dire trente-six heures, temps qui est plus long que celuy de la fiéure quotidiane, d'autant que l'humeur bilieux cede et en quantité, et en promptitude de receuoir pourriture à la pituite, et surpasse la melancholie. Car la melancholie n'estant presque d'aucun ysage en nostre corps, est en quantité beaucoup moindre que toutes les autres humeurs, et si d'auantage elle resiste de toutes ses deux qualités, froideur et siccité, à la pourriture : estant au reste difficile à s'enflammer et alterer, pour la densité et terrestreté de sa substance. Voila pourquoy Nature faisant dissipation de la matiere accumulée en son foyer, par l'impetuosité de son accés, qui est de la longueur de douze ou dix-huit heures au plus, a besoin de l'espace d'vn iour entier et vn quart, deuant qu'elle puisse ramasser en iuste quantité ladite humeur, et qu'icelle puisse receuoir l'inflammation et pourriture, comme il est requis pour l'appareil d'vn second accés : lequel derechef s'estant expedié et liberé de l'humeur nuisible et amassée, retournera d'vn pas reglé à certain iour, tant que les causes, sçauoir la quantité et la qualité de l'humeur qui effectuent ceste constance de retour, demeureront en leur entier et perfection. Mais si par vne maniere de viure dereglée vous le corrompez, comme si vous remplissez vn quartenaire de viandes melancholiques, telles que sont les chairs des oiseaux de riuiere, de cerf vieil, et de bœuf, et en outre de salines, espiceries et moustardes, l'accés anticipera et viendra deuant le iour nommé, d'autant que vous áurez augmenté la quantité et aiguisé la qualité de l'humeur, à ce qu'il s'esmeust plustost qu'il ne deuoit faire naturellement : qui est bien signe que la certitude de ces accés ne depend que de la varieté de la quantité et qualité des humeurs, puis qu'icelles estant changées, l'effet pareillement se change, anticipant ou retardant.

Pour plus ample preuue de cecy, considerons, ie vous prie, le cours de fiéure synoque putride : icelle dure continuant depuis le commencement iusques à la fin et issue totale, ne faisant qu'vn accés sans interruption. D'où vient cela? de ce qu'elle est excitée d'vn sang pourri, dúquel la quantité estant plus grande en nous que celle de toutes les autres humeurs, et en outre iceluy sang estant plus prompt à receuoir pourriture, à raison qu'il est chaud et humide en ses qualités naturelles, que toutes les autres humeurs : de là vient que le sang fournit continuité de matiere deuëment qualifiée de pourriture, pour faire pareillement continuité de fiéure. C'est pourquoy, telle qu'est la cause de la continuité de la fiéure synoque pourrie, telle est aussi la cause

de la certitude de la repetition des accés des fiéures intermittentes. Voire mais, dira quelqu'vn, l'on voit quelquesfois des fiéures quintaines et septaines. Mais ne voit-on pas aussi des monstres et hommes à deux testes? et pour cela la proposition ne sera pas fausse, qui dit que l'homme n'a naturellement qu'vne teste. Ce sont choses rares, et esquelles, d'autant qu'elles se voyent rarement, il est aisé au medecin moins rusé de s'y abuser, estimant que ce ne soit qu'vne fiéure, ce qui est compliqué de trois tierces, quatre ephemeres, ou autre confusion ou complication de plusieurs fiéures.

Voila mon aduis touchant la certitude des accés des fiéures intermittentes : desquelles le lecteur doüé de tant soit peu de iugement, pourra colliger les causes de toutes les questions qui se peuuent former sur l'accés des fiéures, comme d'où vient que les vns anticipent, les autres retardent, les vns sont plus longs, les autres plus courts : les vns viennent auec frissons, les autres auec horreur, autres auec rigueur, les autres viennent confusément et sans ordre. Car tous les effets ne dependent d'autres causes que de la diuersité de la quantité et qualité en tenuité, crassitie, viscosité, habilité et difficulté à receuoir pourriture de ces trois humeurs[1]. Et cecy suffise pour le general des fiéures intermittentes, le particulier estant reserué és chapitres suiuans.

[1] Ici finissaient à la fois le chapitre 15 et le livre des Fièvres de 1575 ; la phrase qui suit sert seulement de transition aux chapitres suivants.

CHAPITRE XIX.

DES FIÉVRES FAITES DE LA BILE, ET PREMIEREMENT DE LA TIERCE INTERMITTENTE, VRAYE ET LEGITIME.

Selon nostre diuision cy-dessus rapportée, aprés les fiéures pourries qui se font du sang, viennent celles qui s'engendrent de la bile ou de la cholere, desquelles nous auons dit que les vnes estoient intermittentes, et les autres continues. Entre les intermittentes sont la vraye tierce, et la tierce bastarde : entre les continues, la causonide et la tierce continue. Partant selon cet ordre, il faut parler en ce chapitre de la tierce qu'ils appellent *veram* et *exquisitam*, non pas à cause qu'elle prend de trois iours l'vn, car la bastarde fait le mesme, mais à cause qu'elle est faite de l'humeur bilieuse pure et simple, sans mixtion ou meslange d'aucun autre.

Donc la fiéure tierce vraye legitime est celle qui se fait de deux iours l'vn, à cause d'vn amas de bile qui se pourrit hors des grands vaisseaux[1]. En quoy nous remarquerons premierement, que ceste fiéure est intermittente : secondement, qu'elle vient de deux iours l'vn ; tiercement, qu'elle se fait d'vne bile pourrie : et finalement, que la cause materielle de ceste humeur est hors des grands vaisseaux.

Or elle se fait intermittente pour trois raisons, par le *synathrisme*, ainsi que parlent les Grecs, par la pourriture, et par le mouuement de la matiere. Le synathrisme est vn amas d'humeurs contre nature qui se fait en la partie, laquelle est le foyer de la pourriture : et cest amas ne vient qu'à cause que ladite partie se remplit, ou en receuant des autres parties ce qui leur est nuisible par sa debilité, ou en attirant à elle par quelque douleur ou chaleur estrangere qui luy suruient. Cest amas estant ainsi fait, il vient à se pourrir : estant pourri, la nature vient à le mouuoir, pour estre excitée et esguillonnée à le chasser, soit par sa quantité, soit par sa qualité : de sorte qu'vne

---

[1] Dans l'édition de 1575, Paré traitait de cette fièvre au chapitre 7, intitulé : *Des fiévres tierces d'accés, ou intermittentes*. La définition était brève, et consistait simplement en cette phrase :

« Fievre tierce d'accez, est celle qui a son accez vn iour, et l'autre non. »

Après quoi il passait immédiatement à l'exposition des causes. Ce chapitre 7 de 1575 avait été reproduit en entier au livre des *Tumeurs* en 1579, chapitre 15, avec ce titre :

Des fiévres qui suruiennent aux tumeurs erysipelateuses.

Le commencement avait dû être mis nécessairement d'accord avec ce titre. On lisait donc :

« Comme aux tumeurs phlegmoneuses, aussi aux erysipelateuses suruiennent fiéures quelquefois, qui retiennent et se ressentent de l'humeur duquel elles sont excitees, sçauoir de la bile ou cholere. Laquelle pource qu'elle a cela de propre d'auoir des mouuemens de trois en trois iours : pour cela aussi aux grands erysipeles excite souvent fiéures tierces, qui ont leurs accés de deux iours l'vn. »

Je ne dirai rien de cette bizarre idée de rattacher la fièvre tierce aux tumeurs érysipélateuses, sinon que Paré voulant absolument parler des fièvres et n'osant conserver un livre spécial sur ce sujet, s'était efforcé d'en rattacher les principaux chapitres à un autre livre comme il avait pu, et qu'il n'avait pas rencontré le meilleur moyen à beaucoup près,

de ces conditions manquant , iamais
la fiéure ne se fait intermittente.
Quand donc la bile s'amasse en quelque partie , qu'elle s'y pourrit, et que
la nature vient à s'efforcer à l'expulser hors de là comme vne chose nuisible , la fiéure intermittente s'engendre, laquelle ne prend que de deux
iours l'vn , à cause que comme nous
auons dit cy-dessus, il n'y a pas si
grande quantité de bile en nostre
corps que de sang et de pituite. Laquelle raison doit suffire, si ce n'est
qu'on vueille recourir aux proprietés
occultes , et dire que le propre de la
bile est de se mouuoir de deux iours
l'vn , comme le propre de l'aymant
est d'attirer le fer : et que de ce mouuement l'on n'en peut pas rendre
raison non plus que du flux et reflux
de la mer, du mouuement de l'es-
guille marine vers le Nord, et de la
vertu des medicaments purgatifs ,
qui purgent par election certaines humeurs plustost que les autres : ou
bien de la propriété de quelques venins qui blessent certaines parties , et
non pas d'autres , comme le liéure
marin le poulmon , et les cantharides
la vessie, selon que discourt l'auteur de la Theriaque. Soit donc que
nous referions la cause du mouuement de la bile , qui se fait de deux
iours l'vn , à vne propriété occulte et
inconneuë, soit que nous la rappor-
tions à la quantité de l'humeur, il est
certain que lorsque nous voyons vne
fiéure intermittente qui prend de
deux iours l'vn, que nous pouuons asseurer qu'elle se fait de la bile. Mais
comme ainsi soit qu'il y a deux sortes
de bile, l'vne naturelle et l'autre
contre nature. il faut examiner laquelle des deux fait la vraye fiéure
tierce intermittente.

Nous appellons la bile naturelle ,
non le sang bilieux, mais ceste quatriéme humeur de la masse du sang,
qui pour sa tenuité, chaleur et seicheresse, et pour la ressemblance
qu'elle a auec la bile excrementeuse,
s'appelle vulgairement *bile* ou *humeur bilieuse*, laquelle s'engendre
dans le foye de la partie du chyle la
plus chaude et la plus subtile, estant de sa nature amere, et iaune en
couleur : c'est pourquoy on l'appelle
bile iaune. La meilleure portion et la
plus vtile de ceste humeur se mesle
auec le sang dans les grandes et petites veines: l'autre portion est portée
dans la vessie du fiel , et de là enuoyée dans l'intestin duodenum par
les conduits choledoques, pour aider
à chasser les gros excremens des intestins. Pour ce qui est de la bile non
naturelle , il y en a de quatre sortes,
lesquelles ie passe sous silence , pour
n'estre pas celles qui font la fiéure
tierce legitime, mais seulement celle
que nous auons appellée non naturelle. Ceste bile icy venant à s'amasser en quantité à l'entour du foye, du
mesentere, pancreas, et autres parties voisines qui sont dans la premiere
region du corps, par trait de temps
elle vient à s'eschauffer et à se pourrir, et enfin à exciter la fiéure tierce
intermittente. Que si ladite bile n'estoit pas seulement contenue dans les
petites veines de la premiere region,
mais aussi dans les grandes veines de
la seconde region du corps , alors la
fiéure qu'elle exciteroit ne seroit pas
intermittente , mais continue, pour
les raisons que nous auons rapportées
cy-dessus au chap. 17. Il est vray que
Galien n'a pas esté de nostre aduis
touchant le siege de ceste fiéure intermittente, ne voulant pas que l'humeur fust amassée dans les petites
veines de la premiere region, mais

dans les petits vaisseaux de la troisiéme region, ou habitude du corps : pour quelques raisons qu'il en apporte, lesquelles toutefois se trouuent legeres, mises en comparaison auec celles qui combattent pour mon opinion, que l'on peut voire deduites dans les œuures des bons medecins de nostre temps [1] : n'estant pas à propos que je les transcriue icy, d'autant que nous n'auons que des chirurgiens à enseigner, pour lesquels ce que j'ay rapporté peut suffire.

Pour les causes efficientes de ceste fiéure, nous disons en general que ce sont toutes celles qui peuuent engendrer, augmenter, ou eschauffer l'humeur bilieuse : comme sont la ieunesse, l'esté chaud et bouillant, la constitution de l'air chaude et seiche, les veilles, les grands exercices, le long vsage des choses calefactiues et desiccatiues, soit de medicamens, soit d'alimens : excessiue abstinence de manger, auec trauail, soin, et fascheries : lesquelles causes proprement sont dites primitiues. Les antecedentes sont grande abondance de bile ou cholere, la temperature de tout le corps ou du foye seulement tendant à chaud et sec. Les conioinctes sont le synathrisme, conculcation ou amas, et putrefaction d'humeurs choleriques dans les petits vaisseaux de la premiere region du corps, et aussi selon Galien hors des grands vaisseaux en toute l'habitude du corps [2].

[1] Voyez *Fernel* et *Houlier.* — A. P.

[2] Cette exposition des causes se retrouue presque exactement dans le chapitre 7 de 1575. Voici ce texte primitif.

« Les causes primitiues sont grands exercices, principalement en temps chaud, long vsage des choses calefactiues et desiccatiues, soient des medicamens, soient d'alimens : excessiue abstinence de man-

CHAPITRE XX.

DES SIGNES DE LA FIÉVRE TIERCE, OV IL S'AGIT DE LA RIGVEVR ET DE L'HORREVR.

Entre les signes des fiéures intermittentes, l'horreur, la rigueur ou le frissonnement, auec la froideur ou refroidissement, tiennent le premier lieu. C'est pourquoy il est bon auant que de passer outre, de dire vn petit mot de ces signes icy, à fin d'instruire le chirurgien à ne se troubler point de ces accidens, qui le plus souuent suruiennent aux playes dangereuses et mortelles. Comme les fiéures intermittentes ne se font point sans la pourriture des humeurs, aussi n'attaquent elles point sans que les humeurs pourries s'esmeuuent, et se iettent sur les parties sensibles du corps, comme sont les membraneuses et nerueuses : ce mouuement icy se faisant sur des parties grandement sensibles, et par vne humeur acre, piquante, et eschauffée, donne le ressentiment, ou de *l'horreur*, ou de la *rigueur*, ou du simple *refroidissement*, estant tres-veritable que ces trois choses ne different entr'elles que selon le plus et le

ger, auec trauail, soing, veilles, et fascheries. Les causes antecedentes sont grande abondance de cholere : la temperature de tout le corps, ou du foye seulement, tendant à chaud et sec. Les causes conioinctes sont conculcation ou amas, et putrefaction d'humeurs choleriques, hors des grands vaisseaux en toute l'habitude du corps. »

Le chapitre 15 du livre *des Tumeurs* s'exprime à peu près de la même manière ; seulement il ajoutait à la dernière phrase ces mots, qui ne se retrouvent pas dans le texte actuel : *communiquee et espandue iusques au cœur.*

moins. Car le refroidissement se fait lors que l'humeur est en moindre quantité, qu'elle est moins acre et mordante, et qu'elle se meut assez legerement. L'horreur au contraire est excitée par vne grande abondance d'humeurs assez acres et piquantes, et agitées ou esmeuës assez fermement. Pour la rigueur, elle suruient par vne grande quantité d'humeurs grandement eschauffées et poignantes, et violemment esmeuës. La rigueur n'est donc autre chose qu'vne concussion ou esbranlement inegal de tout le corps, et principalement de tous les muscles, avec vn ressentiment de froid douloureux, qui est excité par la vertu expultrice, laquelle tasche à se degager d'vne quantité de matiere acre, mordante et violemment esmeuë par les parties du corps les plus sensibles, cependant que la chaleur naturelle fait vn reflux des parties exterieures et interieures. L'horreur est moindre que la rigueur : aussi elle n'esbranle que la peau et le cuir, et ne donne qu'vn ressentiment de froid sans douleur, pour estre excitée par vne humeur moins piquante et plus legerement agitée. En vn mot, la rigueur semble estre propre des fiéures bilieuses, pour ce que la bile pour estre acre, piquante et aisée à esmouuoir, irrite la nature plus violemment que les autres humeurs. L'horreur est propre des fiéures melancholiques : et le refroidissement des pituiteuses, à cause que c'est vne humeur plus douce, et plus pesante ou difficile à esmouuoir. Par ce discours on remarquera que, selon la quantité, la qualité et le mouuement de l'humeur qui fait la fiéure, on a les ressentimens differens, longs ou courts, doux ou violens, encore que quelques-vns ne rapportent pas cela aux humeurs, mais aux fumées et vapeurs qui s'esleuent des humeurs pourries et qui vont frapper et attaquer le cœur.

Cecy presupposé, disons que les signes de la fiéure tierce intermittente vraye et legitime sont horreur, comme quand en hyuer aprés auoir vriné on tressaut [1] : rigueur forte et poignante, comme si l'on sentoit quelque chose aiguë qui poignist par tout le corps, à cause de l'acrimonie de la bile poussée et portée violemment au commencement de l'accés par les membranes et corps sensibles : la chaleur deuient acre dés le commencement, pour estre le feu allumé comme en bois sec. Le pouls est grand, subit et egal : la langue est seiche, l'vrine rouge, enflammée, ténue ou subtile. Les accidens sont veilles continuelles, soif demesurée, fureur ou delire, promptitude à se cholerer pour la moindre occasion, comme pour oüyr parler, ou autre petit bruit : iactation et agitation de tout le corps, que les Grecs appellent *Alisme* : inquietudes, maux de cœur et d'estomach, nausées, vomissemens d'humeurs iaunes et ameres, tranchées par fois dans le ventre et douleurs importunes, à cause du mouuement de la bile. Telles fiéures se terminent auec grandes sueurs. Elles viennent à gens choleriques et bi-

[1] Tout ce long paragraphe est copié, à part quelques modifications de pure rédaction, du chapitre 7 du livre de 1575, où il venait immédiatement après le paragraphe signalé dans la dernière note du chapitre précédent. Déjà il avait été reproduit au livre *des Tumeurs* en 1579 ; seulement, dans le livre *des Tumeurs*, l'auteur rappelait deux aphorismes d'Hippocrate dont il n'avait pas fait mention en 1575, et qu'il a depuis cités tout au long dans le paragraphe suivant du texte actuel.

lieux, aux ieunes, aux maigres, et en Esté. L'intermission d'icelles est pure, et sans aucun reliquat de fiéure, iusques à tant que l'accés suiuant reprenne, à cause que la matiere bilieuse qui donnoit l'accés a esté par la vehemence et concussion d'iceluy toute dissipée, à cause de sa tenuité et subtilité : ce qui n'aduient aux fiéures quotidianes, d'autant qu'elles laissent aprés l'accés tousiours quelque inegalité, molestie et pesanteur du corps, à cause de la pesanteur et tardiueté de la pituite, qui n'a peu estre tout à fait resoulte et euaporée. Les accés de ceste fiéure durent quatre, cinq, six, huit, onze, douze, quinze, dix-huit heures, et prennent en sorte que le premier et le second accés sont plus doux, le trois et le quatre tres-violens, et les autres qui suiuent vont tousiours en diminuant, soit de violence, soit de durée. Le septiéme accés est la fin de ceste fiéure, laquelle est sans peril et danger. pourueu qu'il ne soit commis aucun erreur, ny du costé du Medecin, ny de la part du malade. Celle qui suruient en esté est tres-courte : celle qui vient en hyuer est plus longue, d'autant qu'en ceste saison la bile ne peut point estre si pure qu'elle n'ait quelque meslange d'vne autre humeur : outre que la transpiration ne se fait pas si bien en hyuer qu'en esté, à cause que les pores du cuir sont reserrés par la rigueur du froid. Le commencement de ceste fiéure est auec rigueur, l'estat auec sueur. Que s'il suruient des vlceres au nez, à la bouche, ou aux léures, c'est signe que la fiéure se termine : car par cet accident on descouure et on apperçoit la force de la nature, qui peut ietter la matiere morbifique du centre et interieur du corps à l'exterieur et à la superficie : outre qu'en

cest effort il se fait euacuation de la cause coniointe. Or telles vlceres n'apparoissent pas en la declinaison de toute fiéure tierce, mais seulement en celles esquelles la bile, cause de ceste fiéure, est contenue ou poussée de quelqu'autre partie de la premiere region du corps dans le ventricule : car de là la plus ténue et sereuse portion d'icelle, portée par la continuité de la tunique interieure à la bouche et aux léures, excite aisément des vlceres en ces parties là.

Bref, nous auons deux aphorismes d'Hippocrates, qui seruent au prognostique de ceste fiéure. Le premier est le 43 du 4. liure, où il dit que les fiéures qui ne sont pas intermittentes, et qui ont des redoublemens de trois en trois iours, sont dangereuses : mais celles qui sont intermittentes, sont sans peril. L'autre apborisme est le 59. de la mesme section, où il asseure que les fiéures tierces exquises cessent pour le plus au septiéme accés. Il dit pour le plus, d'autant que selon que la matiere est plus subtile et en moindre quantité, il arriue que ceste fiéure se termine au troisiéme ou au quatriéme accés. Au reste il faut prendre ces deux aphorismes d'Hippocrates auec vn grain de sel, c'est à dire auec ceste distinction, que ce qu'il dit est vray, pourueu, comme nous auons dit cy-deuant, qu'il ne se face aucune faute, ny de la part du malade, ny de la part de ceux qui le traitent et le sollicitent.

Ie diray vn mot en passant contre les Apothicaires, lesquels ne se lassent iamais de donner des remedes aux malades, qu'ils traitent en tout temps et à toutes les heures, sans se soucier de ce que dit ou ordonne le Medecin. Pourueu qu'ils debitent leurs drogues, et qu'ils fassent aualler force iuleps aux malades, et qu'ils leur trempent bien les hypochondres auec leurs epithemes, cela leur suffit, sans se soucier si c'est en temps et en saison : mais que tels Apothicaires apprennent la leçon que leur fait Galien, qui les appelle au premier liure *des iours Critiques* chap. 11, et ennemis de la nature, et ennemis du malade ! Galien ayant obserué au premier *ad Glauconem* chap. 9, qu'vn malade de la fiéure tierce estoit mort tabide, pour auoir vsé du bain hors de saison, par l'aduis de quelqu'vn qui se seruoit d'vn mestier qu'il ne sçauoit pas. Ce que ie dis, à fin que les Chirurgiens que ie tasche d'instruire ne fassent iamais rien à l'estourdie et sans raison, et qu'aux choses douteuses et de consequence, ils prennent tousiours l'aduis des Medecins.

CHAPITRE XXI.

DE LA CVRE DE LA FIÉVRE TIERCE LÉGITIME.

Ie ne veux point icy m'embroüiller d'vn nombre infiny de remedes, tant externes qu'internes, qui ont esté mis en auant par les Medecins qui ont suiui la methode des Arabes, estant chose si confuse et si difficile à pratiquer, qu'il y a plus de peril en ceste grande varieté de remedes qu'en la grandeur du mal. C'est pourquoy ie traiteray de la guerison de ceste fiéure et des autres le plus simplement qu'il me sera possible, à fin de ne troubler point le iugement du ieune Chirurgien, et de ne fatiguer point les malades d'vn nombre presque infiny de remedes, que l'on leur ordonne communément au grand detriment de leur corps et de leur bourse.

Il faut en premier lieu ordonner le regime de viure sur les six choses non naturelles [1], qui seront establies pour rafraichir et humecter le plus qu'il sera possible, à cause que l'humeur billieuse qui fait ceste fiéure, est la plus chaude et seiche de tout ce qui est en nostre corps. C'est pourquoy il faudra faire que le malade respire un air froid et humide : ce qui se fera en esté arrosant la chambre d'eau fraiche, et la parsemant d'herbes et de fleurs rafraichissantes [2]. Il faut luy donner pour nourriture toutes choses refrigerantes et humectantes, en tant qu'il les pourra cuire, comme laictue, ozeille, courge, concombre, poirée, maulue, orges mondés, boüillons clairs, et non pressés, assaisonnés de verjus ou de jus de citron. Il vsera de vin bien trempé, petit, tenu et en petite quantité, et ce lors seulement que l'humeur aura commencé d'estre cuite : car au commencement il n'en faut aucunement vser, mais en la declinaison il sera permis d'en vser plus liberalement, pourueu toutesfois qu'il ne soit ny fort ny vieil [3]. En quoy on peut reprendre l'erreur de ceux qui croyent que le vin vieil est

[1] Nous rentrons ici dans le texte de 1575 ; et à partir de cet endroit jusqu'à la fin du chapitre, l'auteur suit presque pas à pas le 20 du chapitre 7 de cette édition. Ce n'est pas cependant qu'il n'y ait de notables changements ; ils seront signalés dans les notes suivantes.

[2] Cette phrase : *ce qui se fera en esté*, etc., constitue un précepte nouveau qui ne se lisait ni dans le livre de 1575, ni dans le chapitre 15 du livre *des Tumeurs* des éditions suivantes.

[3] Jusqu'ici le texte est à peu près le même que celui de 1575 et 1579 ; mais la fin du paragraphe est une addition qui appartient tout entière au livre posthume.

plus sain, et qui pour ce suiet le recommandent aux malades febricitans. Mais ils deuroient se mettre deuant les yeux que le vin vieil est tout vineux, qu'il a fort peu de parties aqueuses et sereuses, qu'il est pesant, de parties crasses et difficiles à distribuer, et qui par consequent peut faire plus de sang, peut eschauffer d'auantage les entrailles par la longue demeure qu'il y fait, et a de coustume de reserrer le ventre et le rendre paresseux. Mais pour le dire sainement, il serait tres à propos de defendre toutes sortes de vins tandis que ceste fiéure continue, de peur d'entretenir son foyer : et cependant faire vser au malade de quelque boisson rafraichissante et aperitiue, preparée auec quelque racine, ou syrops violat, de limons, de pommes simples, de capillaires, de cerises, et autres de semblables effets.

Quant au temps propre pour nourrir le malade, il se faut donner garde, le iour de l'accés, de luy bailler à manger plus tard que trois ou quatre heures auparauant ledit accés [1] : de peur que la chaleur de la fiéure (le propre de laquelle est de corrompre toutes choses, comme le propre de la chaleur naturelle est de cuire et conseruer) rencontrant les viandes encore crues en l'estomach, ne les corrompe, putrefie, et tourne en suc bilieux : augmentant par ce moyen la matiere de la fiéure, prolongeant l'accés, et en outre retroquant la nature, qui est occupée à la concoction et expulsion de l'humeur morbifique, pour s'employer à la concoction des viandes prises. Pour lesquelles raisons on s'abs-

tiendra aussi de donner aucune nourriture audit febricitant durant tout son accés, et attendra-on à le nourrir qu'il soit tout à fait hors de fiéure. Toutesfois, ceste regle se doit entendre lors que la vertu du malade est forte et vigoureuse : autrement si la nature estoit debile, et qu'il prist des foiblesses au malade, il faut non seulement le nourrir deuant l'accés, mais aussi en l'accés : mais il faudroit que ce fust legerement, et que ce qu'on luy donneroit fust en petite quantité [1]. Pour le breuuage, il faut luy defendre tandis que dure le frisson : en la chaleur on ne luy doit point defendre : au contraire, il faut inuiter ceux qui boiuent peu à prendre quelque grand traict de ce qui luy aura esté ordonné pour son breuuage.

Pour ce qui est des remedes pris tant de la Pharmacie que de la Chirurgie, il est bon à la sortie de chaque accés de donner quelque lauement en partie rafraichissant, en partie laxatif, à fin d'esteindre les restes de la chaleur allumée dans les reins et dans le ventre, et aussi à fin d'euacuer l'humeur qui aura esté esbranlée par la violence de l'accés : ayant obserué plusieurs fois qu'il sort par le moyen de tels lauemens, des bassinées entieres de bile iaune et escumante dés les seconds et troisiémes accés, ce qui adoucit grandement la furie de ceste fiéure, et accourcit ses accés. On fait vn lauement auec decoction de maulues, guymauues, violiers de Mars, apparitoire, laictues, pourpié, concombres mis par tranches et ruelles, fueilles de vignes en la saison, fleurs

---

[1] En 1575 et dans toutes les éditions de son vivant, Paré disait : *plus tard que trois heures auparauant ledit accés.*

[1] Tous ces préceptes se retrouuent dans les éditions du vivant de l'auteur ; seulement ce qu'il va ajouter pour le *breuuage*, ne se lit que dans le livre posthume.

de nenuphar, vn peu de fenoüil verd : on delaye dedans vne liure trois onces de miel violat, et autánt d'huile violat ou de beurre frais, vne once de sucre rouge et de lenitif : et donne-on ce clystere à la sortie de l'accés, comme dit est. Que si les malades se trouuoient trop lasches et fatigués apres leur fléure, on peut remettre ledit lauement au iour de l'intermission, ou le matin si la saignée ne l'empesche, ou sur l'apres-dinée. Souuent on fait les clysteres auec vne decoction de prunes, iuiubes, violes, orge, son, et choses semblables, quelques-fois auec le petit laict seulement [1].

[1] Il est curieux de suivre dans les trois rédactions de Paré la marche de ses idées relativement au traitement. Pour ne parler d'abord que des médicaments à administrer, voici comme il s'exprimait en 1575 :

« Quant aux medicaments, faut preuoir si la vertu du malade est suffisante, et si les humeurs sont furieux et mobiles, alors faut ordonner du diprunis simple, casse fistulaire mondee, decoctions de violles, mirabolans citrins, syrops violat, rosat, de grenades, oxyzaccara. Semblablement soit fait clistere de decoction de prunes, iuiubes, violles, son, orge. Si le malade par siccité de teste deuient en phrenesie, soit procure sternutation auec huille viollat, ou rosat, et laict de femme. Les pieds et cuisses soient mis en eau tiede, et douce. La plante des pieds soit oincte auec huille viollat ou semblable. En la declinaison est bon faire bain d'eau douce auec fueilles de vigne, de sauls, de laictues, et semblables refrigerans. Et mesme apres les purgations generales prouoquer les sueurs par l'vsage de vin blanc et tenu, bien trempé : et les vrines par decoction d'ache et d'aneth. »

Le reste est relatif à la saignée ; nous y reviendrons dans la note suivante. En 1579, dans le chapitre cité du livre des *Tumeurs*, Paré commençait également par les laxatifs ; mais il ajoutait aussitôt :

« Autrement si les forces du malade sont

Il y a vne grande controuerse entre les auteurs, sçauoir s'il faut saigner ou purger dés le commencement : pour moy i'ay veu en mon ieune aage,

petites, ne faut purger ni saigner que bien petitement : de peur que la dissipation des esprits (à laquelle les bilieux sont subiets) n'induise syncope. »

Puis venait l'indication des clystères ; puis cette phrase, calquée sur la première édition, et dont le sens est cependant tout différent :

« Si le malade par resiccation du cerueau tomboit en delire, qu'on luy rafreschisse la teste avec huile violat, rosat, et autres semblables. »

Ainsi dans le texte primitif il s'agit de *sternutation*, dans le second de fomentations rafraichissantes. Toutefois il est probable que le mot de *sternutation* provient d'une faute d'impression, car une note marginale porte : *Fomentation*. Les autres prescriptions sont les mêmes ; mais à l'occasion des sueurs, la rédaction de 1579 offre un long passage qui ne se retrouve ni dans le texte primitif ni dans le livre posthume. Voici tout ce qui a trait à cet objet.

« Mesme l'humeur ja cuit et mitifié, les purgations generales ayant precedé, sera bon prouoquer les sueurs par l'vsage de vin blanc, bien tenu et trampé. Vrayement les sueurs en toute fieure putride sont bonnes, quand elles viennent en temps et lieu : pource qu'elles euacuent les matieres conioinctes de la maladie. Mais surtout en la fieure tierce : d'autant que tel humeur se resoult aisément en sueurs pour sa tenuité. Pour aider à la sueur, sera bon auecques le vin blanc mentionné, prendre decoction de figues, raisins de damas mondés, chiendent, et autres racines aperitiues. Par dehors on prend esponges imbues en la decoction d'herbes chaudes, comme romarin, thym, lauande, marjolaine et autres, espreintes et appliquees chaudement aux ainnes, aisselles, entr'espaule du malade, tenu couuert en son lit. Autres remplissent à demy des vessies de porc de ceste decoction, les appliquent aux costez et entre les iambes, comme aux

et i'ay remarqué en mon premier traité des fiéures [1], que dés le com-

pieds des bouteilles de terre remplies de mesme. On doit cesser de faire suer lorsque la sueur commence à se refroidir sur le malade. »

Dans le texte actuel, il s'occupe d'abord des lavements, et précise mieux l'époque de leur administration. Tout-à-l'heure, quand il aura parlé de la saignée, il établira aussi une plus grande réserve, appuyée sur sa propre expérience, touchant l'emploi des purgatifs. Les bains, le vin blanc et les diurétiques demeurent recommandés; mais plus de fomentations à la tête, plus de bains ni d'onctions aux pieds, et enfin plus de ces moyens sudorifiques que l'on trouvait signalés dans toutes les éditions à partir de 1579.

[1] Je reproduirai ici comme terme de comparaison le texte exact du premier traité.

« La saignee doit estre faite non apres le tiers accez, comme commande Galien, mais dés le commencement de la fieure. Car comme ainsi soit que ceste fieure au plus tard se termine en sept accez, certes si vous attendez que le tiers accez soit passé, la fieure sera en son estat. Or Hippocrates defend de rien mouuoir en l'estat par l'aphorisme 29 de la 2. section, de crainte que Nature, qui lors seulement trauaille à la concoction de la maladie, ne soit retiree et desbauchee de son entreprise. Or cela se doit entendre s'il y a plethore au corps et plenitude des vaisseaux, pour euentiler et refraichir la masse des humeurs : car autrement ne sera bon de faire vacuation de sang, de tant qu'iceluy est le frein de la cholere : c'est-à-dire ce qui l'adoucit, et qui meslée auec icelle par sa douceur et vaporeuse benignité et humidité empesche qu'elle ne se monstre si furieuse et violente. »

Ainsi se termine le chapitre 7. Au livre des Tumeurs de 1579, on lit à peu près la même chose, sauf la dernière phrase, qui est supprimée. La première phrase avait été aussi singulièrement changée : « La saignee doit estre faicte, non apres le tiers accés, mais dés le commencement, comme le commande Galien. »

III.

mencement de la fiéure, après auoir consideré si les forces du malade le permettoient, qu'on le purgeoit, principalement quand les humeurs estoient furieux et mobiles, et ce auec diaprunis simple, casse fistulaire mondée, decoctions de violes, mirabolans citrins, syrops violat, rosat, de grenades, oxysaccara : et on ne saignoit, selon le precepte de Galien, qu'après le troisiéme accés. Et encore n'estoit-ce que ceux où il y auoit plethore au corps et plenitude des vaisseaux, pour euentiler et rafraichir la masse des humeurs : autrement il n'estoit loisible de faire vacuation de sang, d'autant qu'on croyoit que c'est luy qui est le frein de la cholere, c'est à dire, ce qui l'adoucit, et qui meslé auec icelle, par sa douceur et vaporeuse benignité, empesche qu'elle ne se monstre si furieuse et violente. Mais maintenant ie voy que les plus celebres Medecins, soit qu'ils ayent esté faits sages par l'erreur des autres, soit par leur propre experience, et par les beaux effets qu'ils ont veu reüssir de la saignée, saignent dés le commencement, non vne seule fois, mais après les trois premiers accés aux trois iours de l'intermission, et ne purgent leurs malades qu'après le quatriéme accés : et de fait, que c'estoit mal ordonné que de differer la premiere saignée après le troisiéme accés. Car comme ainsi soit que ceste fiéure au plus tard se termine en sept accés : certes si on attend que le troisiéme accés soit passé, la fiéure sera en son estat. Or Hippocrates defend de rien mouuoir en l'estat par l'Aphor. 29. de la 2. sect., de crainte que la nature, qui lors seulement trauaille à la concoction de la maladie, ne soit retirée et desbauchée de son entreprise.

Donc selon la violence du mal et le

9

temperament du malade, on pourra saigner deux ou trois fois dés les premiers accés aux iours d'intermission, et aprés le quatriéme on purgera doucement et benignement auec casse, tamarins , rheubarbe, sené de Leuant, mirabolans citrins, et syrops violat , de pommes composé , et de cichorée aussi composé, reiterant le mesme medicament aprés le cinq ou sixiéme accés, à fin d'espuiser le ventre d'vne quantité d'humeurs qui y regorgent. l'ay obserué que ceux qui purgeoient auant le quatriéme accés, ou qui vsoient de remedes vn peu forts et violens , d'vne fiéure tierce simple faisoient vne double tierce : c'est pourquoy il se faut faire sage, et estre vn peu plus retenu à la purgation que n'estoient pas nos anciens.

Sur le declin de la fiéure, il est bon de faire vn bain d'eau douce auec fueilles de vigne, de sauls, de laitues, et semblables refrigerans. Et mesme aprés les purgations generales, prouoquer les sueurs par l'vsage du vin blanc et ténu bien trempé : et les vrines par decoction d'ache et d'anet.

CHAPITRE XXII.

DE LA FIÉVRE TIERCE BASTARDE , DE SES CAVSES, SIGNES ET CVRE.

L'autre fiéure intermittente qui se fait de bile est la tierce bastarde, ainsi appellée à cause qu'elle ne se fait pas comme la precedente de bile pure et simple , mais de bile meslée auec quelque autre humeur : et aussi à cause qu'elle ne garde pas toutes les qualités, representation et idée de la tierce legitime. Elle en a bien quelque chose, en ce que l'vne et l'autre ont leurs redoublemens de

deux iours l'vn : mais chacune d'elles a certains signes, par lesquels elles semblent constituer diuerses especes de fiéure, de sorte qu'elles ne different pas entre elles par l'ordre et par le temps de leurs accés et periodes, mais par quelques autres accidens qui viennent de la condition de la matiere qui fait ces deux sortes de fiéures. Or ayant discouru de la condition de la tierce legitime, il faut parler icy de la bastarde, à fin d'apprendre quelle sera leur difference, et comme selon icelle il faudra traiter les malades qui seront atteints de ceste tierce bastarde.

L'vne et l'autre fiéure à la verité se font de bile, mais la legitime se fait de bile pure et simple : et la bastarde se fait de bile meslée auec quelque autre humeur, en sorte toutesfois qu'elle excede et surmonte l'humeur auec laquelle elle est meslée : autrement la fiéure ne seroit pas tierce, mais garderoit le mouuement de l'humeur qui y predomineroit. Or ceste mixtion se fait ou de la bile auec la pituite ténue ou crasse, ou auec la melancholie : si c'est avec la pituite, il se fait vne fiéure que les Arabes appellent *choleram maioris famæ*, cholere plus ordinaire et plus remarquable : si c'est auec la melancholie, il s'en fait vne autre que les mesmes Arabes nomment *choleram minoris famæ*, cholere moins ordinaire et moins remarquable, d'autant que la premiere arriue fort-souuent, et la derniere fort rarement. Les susdits medecins arabes enseignent que ceste premiere fiéure bastarde *maioris famæ*, comme ils appellent , se fait ou lors que la bile citrine ou pasle est meslée auec la pituite aqueuse et ténue , ou lorsque la bile vitelline est meslée auec la pituite crasse : semblablement ils disent que la derniere fiéure bastarde s'engendre, ou quand la bile est meslée auec l'humeur melancholique naturelle, ou quand elle est meslée auec l'humeur melancholique atrabilaire : et selon toutes ces diuisions, ils iugent de la longueur ou briefueté, de la violence ou de la douceur de la fiéure. Mais certes ceste doctrine est tellement embrouillée, et il est si difficile de iuger de toutes les differences de ces causes, que ie ne veux y engager l'esprit du ieune chirurgien, de peur de luy donner plus de trouble que de lumiere. C'est pourquoy ie me contenteray de parler de la fiéure tierce bastarde, appellée *maioris famæ*, comme plus ordinaire, et qui se fait du meslange de l'humeur bilieuse auec la pituiteuse : et qui pour ce subet peut estre definie : *fiéure qui a des accés et intermissions de deux iours l'vn, pour estre engendrée d'humeur bilieuse meslée auec la pituite, qui se pourrit hors des grands vaisseaux;*

Il n'est point question de sçauoir si ceste bile est citrine, vitelline, porracée, ou ærugineuse, et en quelle partie du corps ces diuerses sortes de bile se peuuent engendrer. Il faut tenir pour constant que c'est bile contre nature, laquelle plus elle acquiert de degrés de chaleur, plus elle se rend maligne, et apporte de plus sinistres accidens : si bien que si la fiéure a vne mediocre vehemence et violence, ce sera vn signe que l'humeur bilieuse qui la fait a acquis vn degré de chaleur contre nature mediocre : que si les symptomes sont violens, ce sera la marque d'vn degré de chaleur excessif. Pour ce qui est de la pituite qui est meslée auec la bile, on la reconnoistra si le

febricitant, auec vn temperament chaud et sec, et en son ieune aage, aura demeuré en oysiueté, se sera rempli de beaucoup de viandes, de fruits cruds, et en vn mot aura amassé beaucoup d'excremens et de crudités. Et par la longueur de la fiéure, on remarquera aisément si ladite pituite est en grande ou petite quantité, et aussi par la longueur et lenteur des frissons. Car si la fiéure n'a ses accés que seize ou dix-huit heures, et que les frissons soient violens et aigus, c'est sans doute qu'il y aura peu de pituite, d'autant que la fiéure approche fort prés de la condition de la tierce legitime : mais si les accés sont de vingt-quatre, trente ou trente-six heures, et que le frisson soit long et lent, c'est signe qu'il y a beaucoup de pituite, d'autant que la fiéure s'eslongne fort de la nature de la tierce legitime.

En quoy nous remarquerons que la fiéure bastarde qui a ses accés plus longs que dix-huit heures s'appelle *Tertiana extensa*, tierce estendue, plus ou moins selon que l'accés s'estend ou à vingt, ou à vingt-cinq, ou à trente, ou à trente-six heures. Car il est tres assuré que ceste fiéure a des accés quelquesfois de trente, de trente-six, ou de quarante, mesme de d'auantage, selon la quantité et la crassitie de la pituite qui y est meslée. Or ceste fiéure commence plustost auec horreur qu'auec vn frisson violent : sa chaleur est plus douce et moins mordicante, et qui s'espand plus difficilement par tout le corps qu'en la tierce legitime : le malade n'est point tant alteré, ny ne vomit point des matieres si ameres. Il sent vne pesanteur de corps, douleur à l'espine du dos, bouffement à l'estomach auec degoust. L'accés passe douze heures, et s'estend quelquesfois iusques à trente, et d'auantage, comme enseigne Galien au commentaire troisiéme du premier *des Epidemies*, et au commentaire 2. du sixiéme liure. Les accés se terminent non par de grandes sueurs, mais par des moiteurs. Elle est plus frequente en automne qu'en autre saison, et attaque les ieunes hommes qui, par vne vie desreglée, amassent grande quantité d'excremens et de crudités : elle surprend aussi ceux qui viuent en oysiueté, les hommes gras et replets, ceux qui crapulent et qui vsent des bains mal à propos. Rarement se termine-elle au septiéme accés, mais va iusques au quatorziéme, voire mesme dure quarante iours, tantost deux mois, tantost trois mois, quelquesfois six mois : et lorsqu'elle dure si long-temps, elle apporte enfin ou vne dureté de ratte, ou vne hydropisie, ou quelque vice notable des entrailles. Souuent elle ameine des coliques furieuses, lesquelles degenerent en quelque paralysie imparfaite, ou des bras ou des cuisses, mal à ce que l'on dit familier et commun à quelques prouinces de ce royaume.

Ceste fiéure est de difficile guerison, mais toutesfois sans peril, puis qu'elle est intermittente, s'il n'arriue quelque faute en la traitant. Toutesfois elle est plus dangereuse que la tierce legitime, à cause de la diuersité des humeurs qui la font, lesquels rendent les maladies fascheuses et contumaces, comme enseigne Hippocrates, et Galien au premier *des Epidemies*, Comment. 3. article 21.

Pour la cure de ceste fiéure, elle n'est point autre que celle qui conuient à la tierce legitime, sinon qu'il ne faut pas tant rafraichir, mais au contraire eschauffer doucement et moderément, inciser puissamment l'humeur peccante, attenuer, cuire, vuider et fortifier les entrailles. Les clysteres detersifs tous les iours sont tres-vtiles, dans lesquels on doit mesler les simples qui dissipent les vents et flatuosités qui remplissent les intestins de ceux qui sont trauaillés de ceste fiéure, s'engendrans de la pituite qui est attenuée par l'ardeur de la fiéure. Dés le commencement il faut aussi saigner pour esteindre l'empireume des entrailles, et ce plusieurs fois pour aller au deuant de la pourriture, et empescher la continuelle generation des mauuaises humeurs. Il ne faut pas se persuader que la pituite empesche ce remede : elle le modere bien, mais de l'empescher tout à fait, nullement, veu que le feu qui est en la pituite est aussi bien feu que celuy qui est en la bile. En quelque suiet que se met la pourriture, l'intemperie chaude l'accompagne, laquelle s'esteint par l'euaporation, qui se fait fort commodément par la saignée. Ayant osté tout soupçon d'inflammation aux parties nobles, on viendra à purger le corps doucement et souuent, auec apozemes aperitifs et relaxatifs de sené, agaric, rheubarbe, electuaire lenitif, et autres medicamens benins.

Il y en a qui trouuent bon de donner des vomitifs au commencement des accés : mais il faut premierement que ce soient vomitifs doux et benins, et non violens tels que sont les metalliques : et en second lieu il les faut donner lors que la coction paroist dans les vrines, autrement i'ay tousiours trouué qu'ils ne profitoient de rien, et qu'ils debilitoient grandement l'estomach, qui aprés cuisoit moins bien les viandes, et par consequent engendroit quantité de mauuaises humeurs, et donnoit occasion au foye d'en faire de mesme : puis que c'est vne maxime en Medecine que la seconde coction ne corrige iamais la premiere.

Ie donnerois icy des formules d'apozemes aperitifs, incisifs et laxatifs, desquels il faut entretenir le malade durant vne si grande longueur de temps : mais d'autant que cette longueur de temps donne assez de loisir au Chirurgien de consulter les Medecins sur les diuers incidens de ceste fiéure, ie les remets ausdits Medecins : aussi qu'il est impossible qu'vn Chirurgien puisse auoir la connoissance et la science d'vne si grande diuersité de remedes, telle qu'elle est necessaire d'estre pratiquée en ce mal, à fin de n'ennuyer point le malade d'vn seul genre de medicament. Que le Chirurgien ait soin seulement de bien nourrir le febricitant, et vn peu plus largement qu'en la tierce legitime : à fin qu'il ait des forces de resister iusques à la fin du mal. Apres donc les premiers accés (durant lesquels on ne nourrira les malades que de viandes legeres et liquides) on pourra donner les iours de l'intermission quelque viande solide, aisée à digerer, vne fois le iour seulement, comme sont les poulets, chapons, perdris, veau, mouton : ayant tousiours pour maxime de ne nourrir point le malade durant l'accés (s'il n'auoit quelque foiblesse extraordinaire), mais trois ou quatre heures auant l'accés, et à la fin de l'accés.

Les anciens donnoient pour breuuage l'eau miellée, qu'ils appelloient *mulsam*, qu'ils aromatisoient d'hysope ou de spicnar : les recens se seruent de l'eau sucrée ou de l'oxysaccara, quelquesfois d'eau d'orge

assaisonnée de racine de fenoüil et de semence d'anis. Les plus delicats se seruent d'hippocras d'eau, les autres de decoction de reglisse, racine d'ozeille et de cichorée sauuage : bref on peut s'accommoder aucunement au goust des malades, et leur faire changer de boisson lorsqu'ils seront ennuyés de quelque vne. Il ne faut pas leur permettre toutesfois de boire du vin iusques au declin de la fléure, et que les signes de coction apparoissent. Aprés les purgations, on n'oubliera pas ny les sudorifiques ny les diuretiques, et à la fin de tout le bain d'eau douce.

CHAPITRE XXIII.

DE LA FIÉVRE ARDENTE, ESPECE DE FIÉVRE TIERCE CONTINVE [1].

Aprés les fléures de bile intermittentes viennent les continues, entre lesquelles est l'ardente bilieuse, que les Grecs appellent *Causon* [2], excitée de bile, mais bien plus ardente que celle qui fait la tierce continue commune, de laquelle nous parlerons au chapitre suiuant. Parquoy si la masse sanguinaire bilieuse, c'est à dire qui a en soy plus de bile que d'autre humeur, conçoit en soy si grande inflammation qu'elle tienne tousiours le

[1] Ce chapitre porte le même titre que le chapitre 11 de l'édition de 1575, auquel il répond d'ailleurs exactement presque mot pour mot, sauf quelques changements que nous signalerons en leur lieu.

[2] Le chapitre 11 de 1575 commence autrement :

« Ceste fléure est vne sorte de continuë ardente bilieuse, que les Grecs appellent *Causus*, etc.

cœur assiegé, elle fait la vraye *Causo-nide* [1], c'est à dire fléure ardente, qui differe en cecy seulement de la fléure tierce continue commune, qu'elle n'a point de trois en trois iours d'exacerbation manifeste, ains marche tous-iours d'vne perpetuelle constance et egale ardeur. Au reste elle est aussi quelquesfois excitée de phlegme salé, et fait vne espece de causus moins propre, qu'on appelle causus bastard, ou non legitime, qui n'est pas si vehement que le premier.

Ceste fléure suruient aux ieunes en esté, et à ceux qui sont de temperament chaud et sec, et qui font mestier de trauailler excessiuement.

Les signes du causus pathognomoniques, c'est à dire propres et perpetuels, sont fléure vehemente (à cause qu'il est excité de l'humeur bilieuse, qui d'ordinaire s'enflamme le plus aisément et furieusement) et lassitude vlcereuse, comme si on estoit piqué d'aiguillons partout le corps : ce qui vient à cause de l'acrimonie de l'humeur bilieuse et ténue, qui pique les parties sensibles de nostre corps. Les signes accompagnans ceste maladie que l'on appelle assidens et non perpetuels, sont la langue seiche, et pour ce fort aspre, noire à raison de l'adustion, douleur de ventre mordicante et tormineuse, prouenante d'vne fluxion de bile ténuë, sanieuse et ichoreuse, deiection souuent pasle et liquide pour l'abondance de la matiere crue, acre et ténue, là poussée par la vehemence de la maladie. Lors que le siege du causus est le foye ou le ventricule, alors la soif est grande et excessiue, à cause de l'ardeur et siccité de tout le corps, si principalement la bile qui fait le causus est

amassée en lieu et partie d'où se peut proprement exciter la soif, comme en la bouche et orifice superieur du ventricule, au ventricule mesme, ou aux poulmons, quelquesfois au pilore ou orifice inferieur de l'estomach, et dans l'intestin appellé ieiunum. Les veilles sont grandes, par le defaut d'humidité benigne et vaporeuse qui cause le sommeil : delires à cause du mouuement de la bile vers le chef, si principalement le siege d'icelle est au poulmon : et lors sans doute la langue est aspre et noire, ils ne respirent qu'à peine, et halenent vn esprit chaud et bruslant, haletans tousiours à bouche ouuerte.

La bouche est incessamment amere, pour la continuité de la tunique interieure du ventricule qui est commune à la langue.

Cette maladie est fort aiguë, et qui tue en peu de temps, d'où vient qu'à bon droit elle est appellée à Montpellier *Trousse-galand* : partant dés le commencement il faut que le Chirurgien, pour son honneur, et pour s'exempter de calomnie, exposé aux assistans le danger où est le malade : car si les accidens susnommés se monstrent grands dés le commencement de ceste maladie, s'il suruient vne petite sueur au front ou aux clauicules, si le malade amasse les floccons de sa couuerture vers luy, s'il iouë fort des doigts, si les extremités luy deuiennent froides, si la maladie a ses exacerbations et redoublemens à iours pairs, si les vrines sont ténues, noires, crues et en petite quantité, si le ventre est retenu, ou bien si és deiections il y a indice de colliquation, si la soif n'est si grande qu'elle doit estre, eu esgard à l'ardeur de la fléure, si goutte à goutte il luy flue vn peu de sang par le nez, on peut

---

[1] Edition de 1575 : *fait le vray causus.*

asseurément predire la mort, sans autrement entreprendre à guerir tel malade.

Toutesfois s'il y a esperance de santé, il faut que la curation consiste en deux choses, sçauoir est en la diete, et és medicamens.

Pour la diete faut considerer trois choses, c'est à sçauoir, la quantité des alimens et la vertu du malade, le temps de la maladie, et la qualité de la fiéure. Il faut connoistre la vertu du malade pour la garder et conseruer, car c'est elle qui chasse la maladie : partant il ne conuient donner si grande quantité d'alimens qu'elle ne les puisse cuire, ny pareillement en donner si peu qu'elle defaille, et qu'elle ne soit assez forte. Et quant au temps de la maladie, si elle est en sa vigueur ou prés d'icelle, il faut donner peu d'alimens ou rien du tout, pource que c'est diuertir Nature de son intention : car elle ne peut cuire les alimens, et ensemble contrarier à la maladie. Outre plus faut considerer la qualité de la maladie : car la fiéure, veu que c'est vne maladie chaude et seiche, requiert alimens froids et humides, non enclins à putrefaction, comme laictue, pourpié, ozeille, orge-mondé, et autres semblables. Le boire doit estre d'eau, d'orge mondé, auec syrop violat ou de limons, eau boüillie, d'hippocras d'eau, ou eau pannée, donnant à boire au malade tout son saoul et à son plaisir : et quand à la chair et viandes solides, ie ne suis pas d'aduis qu'on en donne, ou bien que ce soit en tres-petite quantité, et que la chair soit cuite auec herbes refrigerantes cy-dessus mentionnées, et prise auec ius d'oranges, limons, citrons, grenades, ou verjus de grain. Qué si pour le soustenir on est contraint de luy

donner de la gelée, qu'elle soit faite sans expression et distillation, et outre sans canelle et vin, euitant les salines et espiceries, et autres choses contraires. Il faut faire en sorte que le malade respire l'air le plus frais qu'il sera possible, si ce n'est en hyuer, brassant et versant de l'eau de puits d'vn verre en autre : car de là il sera rafraichi, et en outre endormi par le doux murmure de l'eau : que le paué de la chambre soit semé de roses, de fueilles de vignes, de laictue, de nenuphar, pourpié, et autres trempées en eau rose, vinaigre, ou eau de puits tres-froide : arrangeant d'auantage par la chambre des branches de saules verds qu'il faudra changer souuent : qu'il aye tousiours en sa main des fueilles de laictues ou de vigne, ou des pieces de courge ou concombre, mesme à la plante des pieds : qu'on luy plonge les pieds et les mains dans de l'eau froide en laquelle il y ait vn peu de vin pour faire penetrer l'eau : qu'on le remue de lit et de draps, d'heure en heure, pourueu toutesfois que la crise ne soit proche : car lors on luy nuiroit grandement en le rafraichissant et remuant.

La saignée doit estre faite souuent et en bonne quantité, non seulement des bras, mais aussi des pieds quand le malade est en delire, ou qu'il est proche d'y tomber : comme aussi és femmes qui n'ont pas leurs reglemens ordinaires, ou qui ne les ont pas suffisamment : et aux hommes pareillement qui ont hemorrhoïdes arrestées, pourueu que la vertu, l'aage, et autres circonstances desquelles nous auons parlé en la phlebotomie le permettent [1].

[1] L'édition de 1575 dit seulement :

« La saignée doit estre faite en bonne

Les epithemes sur la region du foye seront faits auec huile rosat, de coings, de nenuphar , et autres refrigerans , et ce en la vigueur ou declinaison de la maladie. On n'obmettra pas les fronteaux, faits d'oxyrhodinum , huile de nenuphar, aubins d'œufs et oxycrat,et leurs semblables: et que le malade tienne souuent en la bouche eau froide, ou eau d'orge, ou des fueilles d'ozeille trempées en eau froide, ou bien des cerises seiches aigrettes aussi trempées en eau. Il conuient aussi euacuer la matiere auec clysteres emolliens et rafraichissans, tels que sont ceux que l'on prepare auec le *serum lactis*, auec decoction de violes , maulues et autres semblables. En tels clysteres dissoudras plustost du sucre que du miel, et de l'huile violat plustost que du commun , pour tousiours euiter la chaleur.

Pour les purgatifs, on donnera casse nouuellement mondée, tamarins , diaprunis simple, decoction de roses et violes, syrops de *capilli veneris*, de violes , de nenuphar, de cichorée , d'endiues , et leurs semblables (ayant esgard aux obstructions du foye): les autres purgations faites de rheubarbe infusée en decoction de tamarins, endiue, laictue, scariole, et autres qui rafraichissent sans adstriction sont fort vtiles : combien qu'il faille prescrire le moins de medicamens purgatifs qu'on pourra, à cause qu'ils sont tous chauds et acres,

quantité, si la vertu, l'aage, et autres circonstances que dirons cy apres en la phlebotomie le permettent. »

Ce renuoi à la *phlebotomie* s'explique facilement, parce que le livre *des Fiéures* était placé alors avant tous les autres. La phlébotomie est traitée , comme on sait, au livre *des Operations*.

et par consequent contraires à la fiéure ardente. Parquoy en lieu d'iceux, il seroit fort bon de purger le malade auec laict d'anesse cuit, ou pour le mieux auec le *serum* de laict : car l'vn et l'autre a proprieté de purger les serosités bilieuses, et est fort humide, sans aucune acrimonie , et sans flatuosité par le benefice de la cuisson [1].

CHAPITRE XXIV.

DE LA FIÉVRE TIERCE CONTINVE.

Voicy la derniere des fiéures qui se font de la bile, de laquelle nous auons peu de choses à dire , à cause de ce qui a esté dit de la nature et curation du *causus* : on peut comprendre ce qui est de l'essence et de la curation de ceste fiéure tierce continue, yayant peu de difference entre l'vne et l'autre, en sorte que Galien mesme à peine les distingue-il au liure second *des Crises*, chapitre 6. Ceste fiéure donc n'est autre chose , qu'*vne fiéure continue qui a des redoublemens manifestes et des sensibles remissions de deux iours l'vn, produite d'vne bile pure qui se pourrit dans les vaisseaux eslongnés du cœur.*

Lors donc que la bile contenue dans

[1] L'édition de 1575 ajoutait ici cette phrase, par laquelle se terminait le chapitre:

« Au reste de ce qui est icy dit de la curation du causus, tu peux comprendre les choses requises à la curation de la fieure tierce continuë, de tant qu'ils ne different rien l'vne de l'autre que de vehemente ardeur et inflammation. »

Dans le livre actuel, l'auteur a jugé à propos de parler plus au long de la fiéure tierce continue, et c'est l'objet du chapitre suivant.

ces vaisseaux vient à se pourrir, si la Nature ne peut la chasser en l'habitude du corps, elle la vomit et dans les grands vaisseaux, et au cœur mesme : d'où il arriue qu'il se fait vne fiéure continue periodique, laquelle a deux accés ou redoublemens d'autant plus sensibles, comme aussi des remissions d'autant plus aisées à remarquer, que l'humeur qui se pourrit est eslongné du cœur. Lors donc que ceste bile, de deux iours l'vn, accòurt au foyer où la pourriture s'attache, elle s'eschauffe aisément, et allume vne chaleur remarquable, laquelle vient à se diminuer vu peu à mesure que ceste bile qui accourt se consomme, mais elle ne cesse point tout à fait que ladite bile ne soit tout à fait consommée : c'est pourquoy la fiéure est continue : et à cause du lieu où la bile se pourrit eslongnée du cœur, ladite fiéure a des redoublemens et des remissions manifestes. Pour la bile qui fait ceste fiéure, elle est moins acre et en moindre quantité que celle qui fait la fiéure ardente, et au reste n'est pas si proche du cœur, estant tres veritable que tant plus l'humeur qui se pourrit est proche du cœur, plus donne-il de chaleur et de violence de fiéure.

Que si l'on me demande comment ie reconnoistray vne fiéure ardente d'auec la fiéure continue, ie respons que la fiéure ardente brusle assiduellement les febricitans d'vne pareille chaleur, sans auoir de sensibles redoublemens ou remissions de deux iours l'vn : là où la tierce continue a des remises bien douces, et a des redoublemens remarquables de iour à autre, par consequent ne garde pas vne pareille chaleur de son commencement iusques à la fin. Au reste tous les accidens et symptomes sont moins violens en la tierce continue qu'en la fiéure ardente, la soif et les veilles moindres : elle est plus longue et moins perilleuse, et ne se termine que vers le 14. iour.

Elle s'attache à ceux mesmes qui sont suiets au *causus*, sçauoir aux ieunes, bilieux, d'vn temperament chaud et sec, en l'esté plustost qu'en autre temps, à ceux qui trauaillent beaucoup, qui veillent, qui ont beaucoup de soin, qui se laissent transporter à la cholere, qui s'exposent à l'ardeur du soleil, et qui vsent de viandes chaudes et acres, boiuent des vins forts, ieusnent beaucoup, ou ont amassé de la bile de longue main qu'ils auoient accoustumé de vuider en certaines saisons.

La cure de ceste fiéure est presque mesme qu'au *causus* : le viure ne doit pas estre si rafraichissant et humectant : l'on peut nourrir le malade plus liberalement aux iours de remission. Les remedes doiuent estre mesurés à proportion que ce mal approche plus ou moins de la fiéure ardente. Il ne faut point espargner la saignée, les lauemens, les purgatifs, les alteratifs, les corroborans, les epithemes, frontaux, et autres remedes se rapportans à ceux que nous auons specifiés au chapitre precedent. Bref, le *causus* et la tierce continue differans seulement du plus et du moins, doiuent aussi estre traités par remedes qui soient differens du plus et du moins seulement.

Ie diray pour conclusion, que la fiéure que les autheurs appellent synoque bilieuse se rapporte à ceste fiéure icy continue, d'autant qu'elle se fait du sang qui se change et se tourne en bile : elle a neantmoins vne chaleur vn peu plus douce que les fiéures qui sont faites de la bile pure qui se pourrit. Et voila ce que nous auons à dire des fiéures bilieuses.

CHAPITRE XXV.

DES FIÉVRES PITVITEVSES. ET PREMIE-REMENT DE LA QVOTIDIANE INTER-MITTENTE, LEGITIME ET ILLEGITIME[1].

Nous parlerons icy des fiéures faites de pituite, qui semblent estre oppo-sées aux precedentes, en tant que la pituite est froide et humide, et la bile chaude et seiche. Or de ces fiéures, il y en a quatre especes, la quotidiane intermittente, la quotidiane continue, l'*epiale*, et la *lypirie*. Pour la quoti-diane intermittente, elle a esté ainsi appellée, non de l'humeur qui la fait, mais du temps et que l'humeur qui

[1] Ce chapitre répond d'une part au cha-pitre 6 de l'édition de 1575, et d'autre part au chapitre 24 du livre *des Tumeurs* de 1579 et des éditions suivantes, intitulé : *De la fiéure qui suruient aux tumeurs œdemateuses.* Comment Paré avait-il eu l'idée bizarre de rattacher la fièvre quotidienne à l'œdème, c'est ce qu'il explique lui-même au début de ce dernier chapitre :

« Toutes les especes et differences des tu-meurs œdemateuses expliquées, reste à par-ler briefuement de la fiéure accidentaire, qui assez souuent leur suruient. Icelle rete-nant du mouuement de l'humeur pituiteux dont elle est excitee, est ordinairement de l'espece de celles que les Medecins appel-lent quotidiennes intermittentes. »

Le chapitre de 1575 a lui-même un autre commencement, que nous avons reproduit ci-dessus à l'occasion du chapitre 17 ; et de même aussi le premier paragraphe du texte actuel ne ressemble à rien de ce qu'on lit dans les autres éditions. C'est au deuxième paragraphe que les rédactions se rappro-chent.

la fait a ses mouuemens, et que la-dite fiéure a ses accés ou exacerba-tions, qui est tous les iours : c'est pourquoy elle est appelée des Grecs *Amphimerinos*, et est definie *fiéu e pourrie, qui a tous les iours des accés et intermissions, faite d'vne pituite douce ou insipide qui se pourrit hors des grands vaisseaux.*

Elle fait donc tous les iours son ac-cés de la longueur de dix-huit heures, donnant intermission et relasche ma-nifeste le reste du iour[1]. C'est vne fié-ure qui arriue fort rarement, à cause que la pituite se pourrit fort difficile-ment, d'autant qu'estant familiere à la Nature, elle se la reserue pour la tourner en aliment et nourriture, en cas qu'elle ait faute de sang : comme enseigne Galien au commentaire deuxiéme du liure d'Hippocrate *du re-gime de viure és maladies aiguës*, par-tie 44.

Les causes primitiues d'icelle sont, froideur et humidité de l'air qui nous enuironne, long vsage des choses froides et humides qui aisément se corrompent et pourrissent, comme fruicts nouueaux et poissons : inter-mission d'exercice accoustumé. Les causes antecedentes sont grande re-pletion d'humeurs, principalement phlegmatiques et pituiteuses. Les cau-ses dispositiues sont la froideur et de-bilité de l'estomach et du foye, qui au lieu d'humeurs cuites en font de crues et mal digerées[2]. La cause coniointe est le phlegme putrefié hors des

[1] Le texte de 1575 et celui de 1579 se bornent à donner cette définition ; le reste du paragraphe est une addition propre au livre posthume.

[2] L'édition de 1575 ne parle pas de ces cau-ses *dispositiues*, et elle se borne aussi à l'indi-cation de la cause *coniointe* ; le reste du para-graphe, depuis ces mots: *Or ce phlegme*, etc.,

grands vaisseaux, ou en l'habitude et espace de tout le corps, ou pour mieux dire en la premiere region d'iceluy. Or ce phlegme ou pituite est doux ou insipide, et non salé ny acide, estant vray que ce premier là fait la fiéure quotidiane intermittente *exquisite* ou *legitime*, là où les autres especes de pituite font l'intermittente *bastarde*. C'est pourquoy l'on peut auec raison appeler ceste icy legitime, à cause de l'humeur qui la fait : qui est la vraye et naturelle pituite pure et simple, et non estrangere ou meslée auec quelque autre humeur, d'où se font les quotidianes intermittentes bastardes.

Les signes de ceste fiéure quotidiane intermittente sont pris de trois choses, sçauoir des naturelles, des non naturelles, et de celles qui sont contre nature. Des choses naturelles, car le plus souuent ceste fiéure prend ceux qui sont de nature ou temperament froids et humides, comme gens vieils, femmes, petits enfans, et hommes eunuques, pour l'abondance du phlegme qui est en eux. Ladite fiéure prend les vieils naturellement, pource qu'en iceux la chaleur naturelle est foible, debile, et ne peut cuire les alimens en quelque petite quantité qu'ils puissent estre pris : mais elle prend les enfans par accident, et non naturellement, car ils sont chauds et humides : mais pour la quantité des alimens qu'ils prennent, et l'inconstance et mouuement desordonné, ils engendrent grande abondance d'humeurs crues, qui est la cause materielle de la fiéure quotidiane. Des choses non naturelles : car telle fiéure prend plus souuent en hyuer qu'au prin-

temps, aux pays froids et humides, par vne maniere de viure oiseuse et sedentaire : par l'vsage des viandes non seulement froides et humides, mais aussi chaudes et seiches, si elles sont prises en telle et si excessiue quantité qu'elles debilitent et suffoquent la chaleur naturelle : car le vin, bien qu'il soit de faculté chaude et seiche, toutesfois, pris trop abondamment, il engendre de la pituite et des maladies froides ; ainsi l'ebrieté et yurongnerie : la crapule, la crudité, le bain, l'exercice et trauail pris incontinent aprés le repas, rauissant les viandes deuant qu'elles ayent eu le loisir d'estre cuites pour estre distribuées à l'habitude du corps : bref toutes les autres causes qui peuuent engendrer en nous abondance de pituite, peuuent exciter la fiéure quotidiane. Le troisiéme chef d'où sont pris les signes de ceste fiéure, sont les choses contre nature, pource que ceste fiéure suit le froid, en tant que tout le corps est refroidi, et principalement les extremités [1].

Les accidens de telle fiéure sont douleur d'estomach, pource que le phlegme pour la plus part s'engendre en iceluy, d'où s'ensuit vomissement pituiteux ; en outre la face apparoist toute pasle, mesme durant l'estat de l'accés ; et la bouche est humide sans soif, à cause que l'estomach estant rempli de pituite, la bouche et la langue s'en resentent, pour la continuité de la tunique interieure qui leur est commune auec le ventricule. La fiéure donc quotidiane faite de phlegme doux, commence par le froid

est vne addition du livre posthume. Le texte de 1579 suit celui de 1575.

[1] Ce paragraphe est presque textuellement copié sur le texte de 1575 ; celui de 1579 n'en diffère que parce qu'il a subi plusieurs suppressions.

aux extremités, par pouls petit et profond, qui toutesfois en l'estat de l'accès se monstre plus fort, plus grand et humide, et plus leger, pour mesme raison que la chaleur de ceste fiéure semble au premier attouchement douce, vaporeuse et humide, mais enfin y tenant plus long-temps la main elle se sent acre, tout ainsi que le feu allumé en bois verd se monstre du commencement petit, languide et fumeux : mais enfin ardent et violent, lors que le bois estant eschauffé et reseiché, l'action et l'ardeur du feu n'est plus empeschée par la presence de l'humidité contraire. L'accés se termine par petites sueurs, lesquelles aucunes fois ne se montrent point du commencement, mais approchant la crise elles suruiennent en plus grande abondance. L'vrine est pasle du commencement et espaisse, et aucunes fois ténue là où il y a obstruction : mais là où la matiere est cuite comme elle est en l'estat de la fiéure, l'vrine se monstre rousse. Si au commencement de la fiéure il suruient vn vomissement pituiteux, cela signifie qu'elle sera en peu de temps terminée, tant pour la tenuité de sa matiere, que pour ce que par telle euacuation est faite excretion de la cause coniointe de la fiéure [1].

La fiéure quotidiane le plus souuent

[1] Tout ce paragraphe se lit de même dans toutes les éditions ; c'est ce qui m'a autorisé à corriger ces derniers mots, *la cause coniointe de la matiere*, qui se lisent dans le livre posthume, par ceux-ci : *la cause coniointe de la fiéure*, qu'on trouve dans toutes les éditions du vivant de l'auteur.

Au reste, tout ce qui suit jusqu'au dernier paragraphe, à part des modifications insignifiantes de rédaction, est copié sur le texte de 1575, suivi lui-même par celui de 1579.

est longue, pour ce que l'humeur pituiteux estant de sa nature froid et humide, est lourd, pesant et tardif à se mouuoir : et outre non sans danger de plus grande maladie, pour ce que le plus souuent elle se change en fiéure ardente ou en quarte, par ainsi il se fait complication de maladies. Car comme ainsi soit que la saueur salée soit propre entre toutes les humeurs à la seule pituite, et que telle saueur est fort proche de la saueur amere, en laquelle mesme aisément elle se change et degenere par adustion, il ne faut s'esmerueiller si la pituite par telle adustion se change en bile rousse et noire.

Tous ceux qui releuent de fiéure quotidiane, ont la faculté concoctrice fort debile, et partant ne leur conuient bailler abondance d'alimens et difficiles à cuire. En la fiéure quotidiane, tout le corps est plein d'humeurs cruds.

Toute ceste fiéure dure le plus souuent soixante iours. Si dés le commencement de l'accés on vient à vomir, et si à la fin il suruient de grandes sueurs, ce sont signes qu'icelle sera tost terminée, pource que la matiere est obeïssante, et la vertu naturelle forte, au moyen que la vertu expultrice iette hors la matiere d'icelle fiéure.

Au reste, donne-toy garde d'estre trompé, prenant vne fiéure double tierce pour vne quotidiane, pource qu'elle repete et donne tous les iours vn accés comme la quotidiane. Or il sera aisé de les distinguer, si tu consideres l'espece et forme essentielle de l'vne et de l'autre. Les causes sont contraires, et pareillement les symptomes. D'auantage les quotidianes prennent tousiours aprés midy, sur le soir et commencement de la nuict, lors que par l'absence du Soleil l'air estant refroidi, tout nostre corps est pareillement refroidi : d'où vient que les humeurs froides ont leur mouuement en iceluy, lesquelles auparauant estoient aucunement retenues par la chaleur : les doubles tierces au contraire commencent et surprennent le matin, et deuant midy.

La brieueté et douceur de l'accés et grande sueur, sont signes que la fléure est briefue et salutaire, si cela aduient l'humeur estant ja cuit.

La curation consiste en deux choses, sçauoir est, en regime et medicamens. Le regime doit estre ténu et incisif, l'air clair, chaud et sec moderément. Les alimens soient pain bien cuit, chaudeaux faits de poulailles cuites auec racines de persil, ozeille, petit houx, semences froides, et autres semblables. On peut manger poulets, mouton, perdris, et petits oyselets, poissons d'eau douce rostis, œufs mollets. Les fruits soient raisins, pruneaux, amandes, dactes. Le breuuage soit petit vin blanc, trempé auec eau cuite : l'exercice moderé est tresbon, comme aussi les frictions de tout le corps : le dormir est commode s'il est fait aux heures deuës, et qu'il soit proportionné aux veilles. Quant aux affections de l'ame, il faut que le malade se resioüisse, et qu'il prenne tousiours bonne esperance de sa santé.

A l'heure de l'accés les pieds et les iambes du malade soient mises en eau tiede, en laquelle aura cuit camomille, anet, melilot, marjolaine, sauge, rosmarin. Les medicamens alteratifs sont syrops digestifs, aperitifs, oxymel : tels que sont les syrops d'absinthe, de menthe, des deux et cinq racines, auec decoctions de camomille, calamente, melilot, anet, et leurs semblables, ou auec decoctions communes. Les medicamens purgatifs soient diaphœnicum, electuaire diacarthami, hiera picra, pillules aurées, agaric, turbith, desquels on fera potion auec eau de menthe, melisse, hyssope, sauge, fenoüil, scariole : aucuns seront donnés en forme de bolus auec sucre, selon que le docte Medecin considerera estre moins moleste et fascheux au malade. Enuiron l'estat de la maladie, il faudra auoir esgard au ventricule, et principalement à l'orifice d'iceluy, d'autant qu'il est le siege principal de la pituite, qui fait ceste fleure quotidiane. Parquoy de deux iours l'vn, il sera bon de l'oindre d'huile de camomille auec vn peu de vin blanc. Il sera bon aussi de le decharger par vomissement, auec le suc de raue, et force oxymel, ou auec decoction de semence ou racine d'azarum, ou de camomille, auec syrop aceteux, et sur le commencement de l'accés, lors que Nature commence à s'esmouuoir. Pour vne quotidiane inueterée, que l'on n'aura peu guerir par remedes communs et vsités, il n'y a rien si propre que de donner demie drachme, ou vne drachme entiere de theriaque vieille, auec sucre en forme de bolus, ou bien dissoute auec vn peu d'eau de vie [1].

Que dirons-nous de la saignée ? est-elle necessaire en la cure des quotidianes ? Les autheurs grecs n'en font aucune mention, ne semblant pas estre à propos de rafraichir vn corps par la saignée, qui tombe malade pour estre trop rafraichi. Les Arabes sont d'vn autre aduis, et estiment

[1] Ici se termine le chapitre dans l'édition de 1575, et de même aussi celui du livre *des Tumeurs* de 1579. Le reste est donc une addition propre au livre posthume.

qu'il est à propos quelquesfois, lorsqu'on s'apperçoit quelque plenitude, de tirer vn peu de sang, tantost du bras droit, lors que le temps et la saison est chaude et boüillante, tantost du bras gauche quand le temps est froid. Pour moy i'ay appris des meilleurs medecins de Paris, qu'à cause de la pourriture, et de ceste chaleur estrangere qui s'introduit dans les humeurs, que ce n'est pas mal fait d'esuenter par fois la veine, principalement lors que nous obseruons que les vrines sont espaisses et rouges, que nous voyons que la fiéure s'augmente et s'aigrit, et que nous craignons quelques grands et violens symptomes qui peuuent estre cause de quelque sinistre accident à la vie du malade. En cecy il faut s'en rapporter à la prudence du sage medecin, qui après auoir bien pesé et balancé toutes les circonstances qui se trouuent et au temperament naturel du malade, et aux conditions de la fiéure, peut ou prescrire, ou obmettre ce remede.

Pource qui est de la quotidiane bastarde, nous en dirons vn mot au Chapitre vingt-sept.

<hr>

CHAPITRE XXVI.

DE LA FIÉVRE QVOTIDIANE CONTINVE [1].

La fieure quotidiane continue est vn peu plus frequente que n'est pas l'intermittente : et quant au reste elle ne differe point d'auec elle, soit en sa connoissance, soit en sa curation. Toute la difference qu'il y a entre ces deux fiéures, c'est en leur foyer, celuy de la continue estant dans les grands vaisseaux, et celuy de l'intermittente dans les petits vaisseaux, au fond du ventricule, aux intestins, mesentere, et autres parties adjacentes de l'abdomen : d'où il arriue que la chaleur de l'intermittente est moindre que celle de la continue [1].

Au reste tu connoistras la continue par les mesmes indices que l'intermittente, te resouuenant tousiours qu'elle n'a ny accés, ny frisson, ny intermission [2], et qu'entre toutes les fiéures continues, il n'y en a point qui ait plus de ressemblance auec son intermittente que ceste-cy : d'autant que l'intermittente a si peu d'interualle et d'intermission, que durant ce repos mesme il semble que la fiéure perseuere tousiours, si bien que Galien mesme auec tous les anciens Grecs ont douté si ceste fiéure intermittente n'estoit point continue, comme tu pourras apprendre du Chap. 4 du

---

[1] Ce chapitre répond essentiellement au chapitre 12 de 1575, intitulé : *Cure de la fieure quotidiane continuë*. Toutefois il y a quelques différences, que j'aurai soin de signaler.

[1] Le premier paragraphe du chapitre de 1575 est fort différent quant à la rédaction, et plus encore peut-être relativement à l'une des idées principales. Tandis que le texte actuel déclare la fièvre quotidienne continue plus fréquente que l'intermittente, le texte primitif dit :

« Ceste fieure est *fort rare*, de tant que bien difficilement aduient-il que la pituite pourrisse dans les veines, et grands vaisseaux, comme ainsi soit que nature la garde comme sang à demy cuit, pour la tourner en vray sang en cas de nécessité. »

[2] Là s'arrête tout ce que l'édition de 1575 contient sur le diagnostic ; le reste du paragraphe appartient en entier au livre posthume.

liu. 2 *des Differences des fiéures* de Galien.

La façon de guerir ceste fiéure continue est diuerse, selon la diuersité des temps de la maladie. C'est pourquoy au commencement il sera tres à propos de lascher le ventre auec vn clystere, ou quelque medecine douce, bien que ie voye la pluspart des Medecins d'à present reculer la purgation iusques après la saignée [1]. Doncques après le clystere, il faut penser à la saignée, s'il y a iuste occasion de ce faire, comme si la fiéure est grande, si le pouls est haut et esleué, si les vrines sont espaisses et rouges, s'il y a quelque estouffement, si les forces le peuuent porter : toutesfois quoy que ce soit, il ne faut pas beaucoup tirer de sang à la fois, mais partir et diuiser l'euacuation à deux ou à trois fois [2]. Deux iours après la saignée, il faut donner vn minoratif pour tousiours soulager la nature, la deschargeant d'vne partie de son faix : ce qui se fait à commandement auec vne decoction propre contre la pituite, en laquelle on dissoudra du catholicon (et non de la casse, qui est ennemie du ventricule et de ceste maladie, à cause de son humidité) et quelque peu de diaphœnicum. Car le catholicon, bien qu'il soit propre à purger la bile, si est-ce que dissout en quelque decoction attenuante et incidente, purge aussi la pituite. En après il faudra cuire la masse de l'humeur pituiteux par detersifs, incidens et aperitifs : le

miel rosat coulé et l'hydromel detergent, incisent et ouurent : l'oxymel tant simple que composé, le syrop aceteux, *de byzantiis, capilli veneris, de duabus et quinque radicibus.* En fin faut donner vne bonne et passablement forte purgation pour purger la matiere, ainsi comme dit est preparée [1]. On obseruera toutesfois, que si la chaleur de la fiéure est vehemente et acre, on doit contemperer les syrops cy-dessus nommés auec de plus benins et moins eschauffans, tels que sont les syrops d'endiue simple et composé, l'eau d'endiue, de borrache, des capillaires, et autres de mesme faculté.

Au reste, souuienne-toy en ceste fiéure tousiours de roborer le ventricule, ce qui se fera commodément auec le mithridat. En ceste fiéure il faut fuyr l'vsage immoderé des potages, coullis, et choses semblables, d'autant qu'elles humectent trop le ventricule, et emplissent la teste de vapeurs : pour laquelle mesme raison il faut nourrir le malade de chair solide, de bestes de moyen aage : car celle des ieunes est pleine d'humidité muqueuse et excrementitielle.

CHAPITRE XXVII.

DE LA FIÉVRE EPIALE, ET DE LA LYERIE.

Nous auons remarqué cy-deuant, ce me semble, que la pituite natu-

---

[1] Ceci est le texte presque par de 1575; seulement cette fin de phrase : *bien que ie voye la pluspart des Medecins,* etc., est une addition du livre posthume.

[2] Ces mots : *mais partir et diuiser l'euacuation,* etc., sont encore une addition du livre posthume.

[1] Là s'arrête le paragraphe dans le texte primitif; la phrase qui suit appartient au livre posthume : après quoi le dernier paragraphe est copié presque exactement sur l'édition de 1575, où, comme dans celle-ci, il termine le chapitre.

relle, douce ou insipide, estoit cause de la fiéure quotidiane intermittente exquisite et legitime, laquelle nous auons expliquée au Chapitre 25 : il reste maintenant à demonstrer que les autres especes de pituite non naturelle, telles que sont la salée, l'acide et la vitrée, font l'autre espece de fiéure quotidiane illegitime ou bastarde. Mais nous auons deux sortes de ceste fiéure bastarde : l'vne plus douce et moins fascheuse, qui est engendrée de la pituite salée ou acide, l'autre plus importune et fascheuse, qui se fait de la pituite vitrée. Pour la premiere qui se fait de la salée ou acide, nous n'en dirons autre chose, à cause qu'icelle approche fort de la condition et nature de la quotidiane legitime, c'est pourquoy il faut fort peu d'indications et de remedes. Qu'on se remette seulement deuant les yeux que la pituite acide se fait par vne vehemente froideur, la salée par vne chaleur estrangere, la douce et insipide par vne froideur mediocre : que l'acide excite la faim, la salée la soif, et la douce le sommeil : et que l'acide demande des medicamens qui la puissent cuire et adoucir, et la salée des purgatifs qui la chassent hors du corps. Ce faisant, il sera aisé d'appliquer les remedes de la quotidiane legitime à la quotidiane bastarde, qui sera faite ou de la pituite acide, ou de la salée.

Pour l'autre fiéure bastarde qui se fait de la pituite vitrée, elle est nommée *Epiale* d'vn nom grec qui signifie chez les Latins *Algorem*, c'est à dire froideur vehemente, telle qu'on la ressent en ceste fiéure. Or elle est definie fiéure quotidiane bastarde, laquelle apporte au corps vn ressentiment de grande froideur, et de peu de chaleur, engendrée de la pituite

vitrée qui se pourrit en partie. Par ceste definition nous apprenons premierement, qu'il y a en ceste fiéure vn inegal sentiment, d'autant que les parties tout ensemble ont froid et chaud : mais ce froid est violent, et la chaleur est douce et moderée. Car ceste fiéure estant engendrée de la pituite vitrée, laquelle est l'humeur la plus froide et la plus humide de tout le corps, il aduient qu'à cause de ceste grande froideur les parties du corps ressentent le froid : et à cause que ladite humeur se pourrit, les mesmes parties ressentent du chaud : mais le chaud est moindre que le froid, à cause qu'il n'y a qu'vne petite portion de l'humeur vitrée qui se pourrit : le reste estant sans pourriture demeure froid et humide, d'où vient ce grand ressentiment de froid. Nous dirons en second lieu, que l'humeur vitrée s'engendre en nostre corps, ou à cause des alimens qui sont grandement froids et pituiteux, ou à cause de la chaleur naturelle qui est foible et languide : mais ceste humeur ne peut s'y engendrer en grande quantité, pource qu'vne froideur telle qu'il en faudroit pour amasser vne grande quantité de ceste humeur vitrée, esteindroit tout à fait la chaleur naturelle. Or tandis que ceste humeur ainsi amassée dans le corps ne se remue point, et ne s'esmeut point, elle n'apporte point de grande froideur aux parties, d'autant que les parties sont accoustumées à la sentir : mais lors qu'elle vient à se porter et à se mouuoir par les parties sensibles, c'est lors qu'elle apporte le ressentiment de froideur insupportable, sans aucune fiéure, si cela aduient sans qu'elle se pourrisse : mais si elle se vient à pourrir, alors elle excite la fiéure. Finalement nous pouuons apprendre par la definition susdite , que ceste humeur se peut pourrir ou en partie , ou totalement et entierement. Que si elle se pourrit entierement, elle apporte vne fiéure vrayment quotidiane, dont la guerison est fort peu differente de celle que nous auons apportée cy-deuant. Si elle se pourrit en partie, elle engendre la fiéure *Epiale*, et voila la cause du sentiment inegal qui est au corps durant l'accés de ceste fiéure : car la portion d'humeur qui n'est pas pourrie cause le froid , la portion qui est pourrie enuoye des vapeurs chaudes par tout le corps, qui donnent la connoissance de la fiéure. Elle arriue à la verité tres-rarement , et le commencement de son accés est par des baaillemens, frisson violent, petit pouls et tardif, vrines crues et aqueuses : l'accés arriue tous les iours, s'estend quelquesfois iusques à vingt quatre heures , quelquesfois moins : mais tousiours il est plus rude que celuy des quotidianes legitimes , et apporte des symptomes et accidens plus violens.

Pour la cure , il faut mesme regime de viure qu'aux legitimes, sinon qu'il faut qu'il soit vn peu plus eschauffant, attenuatif et incisif. Il ne faut nullement parler icy de la saignée, de peur que la pituite se rendant plus tenace et visqueuse, n'apporte vne fiéure tres-longue et tres-difficile à guerir. Il se faut seruir de medicamens qui eschauffent et qui incisent, commençant toutesfois par les plus legers, pour puis aprés venir aux plus forts. Du commencement donc on donnera le syrop aceteux, l'oxymel, auec les decoctions de bourrache, buglosse , betoine, les cinq racines aperitiues, calament, origan , et autres. En aprés on donnera l'oxymel composé et scillitique, le syrop d'hys-

sope, de bizance, des deux et des cinq racines, qu'on dissoudra dans vn apozeme preparé auec hyssope, calament, origan, thym, stœchas, absinthe, racines d'enula campana, d'ireos, et autres de pareille vertu. Ayant ainsi preparé les matieres , il faudra venir à la purgation, à fin de vuider ce qui aura esté bien cuit et preparé , et ce auec diaphœnic, diacarthami, les deux hieres, ou pillules conuenables. Cela fait , derechef il faut recourir aux alteratifs, à fin d'eschauffer et d'inciser, et puis aprés aux purgatifs, n'obmettant pas par interualle l'vsage des clysteres ou suppositoires vn peu acres. Bref on recommande les estuues seiches, lors que les signes de coction apparoissent , lesquelles on peut preparer auec menthe, origan, rosmarin, calament, sarriette, thym , stœchas et autres, qu'on fera boüillir dans quatre portions d'eau de riuiere, et vne de vin blanc. Par le moyen de ce remede, la pituite crasse et espaisse est attenuée, et puis aprés euacuée par les sueurs, mais que le malade ne s'en serue qu'à ieun, et aprés auoir purgé le ventre, ou auec vn purgatif le iour precedent, ou auec quelque clystere. Il sera bon sortant des estuues de frotter le corps assez doucement, et principalement le long de l'espine du dos, que l'on frottera auec huile, de iasmin, de camomille , d'aneth, de nard , de noix muscade , et autres semblables. Aprés cela qu'on donne au malade vne dragme de trium piperum, ou diacalamenthe, ou mithridat, ou theriaque, ou de quelque opiate vsuelle qu'il prendra en bol , ou bien delayée auec vn peu de vin blanc.

Deuant que de finir ce Chapitre , ie diray vn mot de la fiéure que les Grecs ont appellée *Lypirie*, pource qu'il semble que la chaleur defaille en icelle. A la verité ie me trouue bien empesché à quelle sorte de fiéures ie la dois rapporter, voyant les Arabes estre contraires tout à fait aux autheurs grecs, ceux-cy la rapportant à vne grande inflammation, ceux-là à vne pituite crasse et visqueuse. Pour moy, aprés auoir bien espluché les raisons des vns et des autres, ie trouue qu'il y a deux sortes de fiéure Lypirie, l'vne proprement ainsi appellée, et l'autre appellée improprement et par ressemblance. Celle qui est proprement appellée Lypirie, est celle des Grecs, qui est vne fiéure continue, causée par l'inflammation vehemente de quelque partie intérieure, ou par vne feruer desmesurée d'humeurs chaudes, boüillantes et malignes, en laquelle les parties interieures bruslent, cependant que les exterieures demeurent toutes froides : ce qui arriue pource que la chaleur du dedans attire à soy comme vne ventouse la chaleur des parties éxternes. Or telle fiéure n'appartient nullement aux fiéures pituiteuses : c'est pourquoy il n'est point besoin d'en donner icy la guerison : il faut les reseruer pour les symptomatiques, qui suiuent l'inflammation de quelque partie noble. Il faut seulement parler de celle que nous auons dit estre improprement appellée Lypirie, et ce pour ressemblance qu'elle a auec la precedente, qui est en ce que le dehors demeure froid, tandis que le dedans brusle. Car estant engendrée d'vne pituite espaisse et visqueuse, la chaleur et les vapeurs sont tellement retenues et suffoquées, qu'elles ne peuuent s'estendre à l'exterieur : d'où il arriue qu'on sent de la chaleur au dedans du corps, mais au dehors on y sent du froid. Les autres veulent

qu'elle se fasse d'vne pituite moins espaisse, qui se pourrissant au centre du corps y allume le feu, mais qui enuoye à l'exterieur si peu de fumées et de vapeurs, qu'elles n'ont pas la force d'eschauffer beaucoup ni longtemps les parties : c'est pourquoy elles demeurent tousiours froides.

A ceste fiéure icy ie ne connois point d'autre curation que celle de l'Epiale et des autres quotidianes. Le regime de viure est de mesme façon, les purgations pareilles, les alteratifs de mesme vertu. Les autheurs qui en ont traité ordonnent le syrop aceteux et l'oxymel, pour preparer la matiere, y meslant toutesfois les choses qui fortifient et corroborent l'estomach, comme le syrop de roses seiches et de berberis. Aprés cela ils purgent le corps auec l'aloë, la hiere et la rheubarbe. Par fois ils ordonnent le vomissement, vne autre fois les diuretiques, le plus souuent des clysteres acres et forts. Bref, ils gardent le mesme ordre qu'en l'epiale, et font prendre au malade les estuues seiches, les sueurs, les frictions, onctions, opiates et antidotes qui ont esté specifiés cy dessus.

Ce qui doit suffire pour la conclusion des fiéures pituiteuses.

CHAPITRE XXVIII.

DES FIÉVRES FAITES DE L'HVMEVR MELANCHOLIQVE, ET PREMIEREMENT DE LA QVARTE INTERMITTENTE VRAYE [1].

Les dernieres fiéures humorales sont celles qui se font de l'humeur

[1] Ce chapitre répond au chapitre 8 de l'édition de 1575, intitulé : *Des fiéures quar-*

melancholique, lesquelles sont diuerses selon que ladite humeur est diuerse, estant vray qu'il y en a vne qui est naturelle, froide et seiche, et l'autre contre nature, chaude et seiche, appellée communément atrabile. Quoy que ce soit, les fiéures melancholiques sont, ou intermittentes, ou continues : les intermittentes viennent de quatre en quatre iours, ou de cinq en cinq, de six en six, de sept en sept, ou autre tel interualle. Celles qui viennent de quatre en quatre iours sont appellées *quartes intermittentes* : celles qui viennent de cinq en cinq, de six en six, etc., sont appellées du nom du iour qu'elles arriuent, sçauoir *quintaines, sextaines, octaines, nonaines*, qu'on dit en latin *quintanas, sextanas, septanas, octanas, nonanas*, etc., desquelles nous dirons vn mot cy aprés. Parlons des vrayes fiéures melancholiques intermittentes que l'on appelle quartes; et en premier lieu de celle qui est vraye et legitime, et puis au chapitre suiuant nous parlerons de la bastarde ou illegitime.

La fiéure quarte intermittente legitime a son accés le quatriéme iour, et

ici; et au chapitre 32 du livre des *Tumeurs* de 1579, ayant pour titre : *De la fiéure qui suruient aux tumeurs schirreuses.* Le début de ce dernier chapitre a pour objet de justifier ce singulier rapport :

« Telle fiéure ordinairement est quarte, ou retirant à la nature de quarte : à raison de l'humeur melancholic d'où elle est excitée, qui enfermé en certain lieu où il fait tumeur, par communication de vapeurs putrides, eschauffe le cœur et altere les humeurs contenus en iceluy, dont se fait fiéure. »

Il faut ajouter que le premier paragraphe du chapitre actuel appartient exclusivement au livre posthume.

a deux iours de remission, ou plustost d'intermission [1] : et s'engendre de l'humeur melancholique naturel qui se pourrit dans les petites veines, où il s'amasse peu à peu et de longue main. Chacun sçait que la masse du sang est composée de quatre diuers humeurs, qui se rapportent aux conditions et qualités des quatre Elemens, sçauoir de la bile, qui pour estre chaude et seiche represente le feu : du sang, qui se rapporte à l'air pour estre chaud et humide : de la pituite, qui conuient à l'eau par sa froideur et humidité : et de l'humeur melancholique, qui par sa seicheresse et froideur represente la terre. Or comme de ces quatre humeurs il n'y a que le sang qui soit grandement familier à nostre nature, et tres-propre à la nourrir et fomenter, aussi il semble que les veines ayent esté faites exprés pour le receuoir et le retenir : et qu'il y a eu des receptacles pour retirer les autres humeurs, de peur qu'ils ne se rendissent les plus puissans dans les veines. Et de fait que quelques-vns ont voulu dire que l'estomach estoit le receptacle de la pituite : mais passant celle-cy sous silence, à cause qu'elle ne s'eslongne pas beaucoup de la douceur et de la trempe du sang, nous dirons que la vessie du fiel a esté faite pour receuoir la bile et en descharger les veines, comme nous auons discouru cy-deuant parlant des fiéures bilieuses : et que la ratte a esté mise au corps pour retirer l'humeur melancholique, pour en purger, nettoyer et purifier le sang, et pour empescher en fin qu'il

[1] Le texte de 1575 et celui de 1579 donnent cette définition, mais ils s'arrêtent là; et le reste du paragraphe actuel appartient exclusivement au livre posthume.

ne vint trop à s'augmenter dans les veines. C'est humeur donc ainsi attiré à la ratte, par la foiblesse de la chaleur naturelle, ou par la quantité des viandes propres à engendrer vn tel suc, vient quelquesfois à s'amasser et croupir à l'entour de ladite partie, dans les petites veines mesaraïques, dans le pancreas, l'omentum, et autres parties voisines : où en fin se pourrissant il vient à exciter ceste fiéure icy de quatre en quatre iours, soit par vne proprieté occulte ou secrette, soit pour les causes et raisons que nous en auons rapportées cy-deuant, parlant des accés et periodes des fiéures intermittentes.

Doncques la cause conioincte de ceste fiéure est l'humeur melancholique naturel, qui se pourrit hors des grands vaisseaux, dans les petits qui sont ou en la première egion du corps, comme dit est, ou en l'habitude d'iceluy comme a voulu Galien. Les causes antecedentes sont abondance d'humeurs melancholiques, regorgeantes et redondantes par tout le corps. Pour les primitiues, ce sont les choses qui multiplient et engendrent le suc melancholique, comme le long vsage des legumes, pain bis et bruslé, chairs salées, comme de bœuf, chéure, cerfs, vieils liéures, vieil fromage, choux, gros vins, bref les viandes terrestres et de gros suc, froides et seiches, comme propres à engendrer l'humeur melancholique[1].

Les signes de la vraye quarte sont pris de trois choses, sçauoir est, des naturelles, non naturelles, et contre nature. Des naturelles, pource que la temperature froide et seiche, l'aage

de la vieillesse, ceux aussi qui sont froids et grassets, ayans les veines petites et cachées, et la ratte imbecille et enflée, sont affligés de telle fiéure. Des choses non naturelles, pource qu'en temps d'automne ceste espece de fiéure est fort frequente, non seulement pource que l'automne est froid et sec, et par consequent propre à faire amas de l'humeur melancholique : mais aussi à cause que par l'adustion de l'esté passé, les humeurs les plus ténues et liquides ayans esté consommées, le reste demeure espaissi, desseiché, et reduit à vne consistance terrestre. Bref, en tout temps froid et sec, aux regions froides et seiches, aux corps froids et secs ordinairement, ceste fiéure s'engendre, si principalement à cela est conioincte vne façon et condition de viure triste, penible et fascheuse, pleine de crainte et anxieté[1]. Et veritablement entre les passions de l'ame, la tristesse et la crainte sont tres-propres à engendrer ceste fiéure, veu mesme qu'Hippocrates nous a laissé par escrit en l'aphorisme 23. du 6. liure, que la tristesse et la crainte estoient signes asseurés des maladies melancholiques. Quant aux signes pris des choses contre nature, premierement, c'est qu'au commencement de l'accés, quand la matiere se putrefie, il suruient horreur ou rigueur tres-laborieuse, tout ainsi que si l'on auoit les os froissés : secondement, c'est que la maladie se fait reconnoistre par son inuasion, qui reuient le quatriéme iour, et que le mal est chaud et sec[2] :

---

[1] Cette exposition des causes est à peu de chose près la même dans le livre primitif.

[1] Tout ce paragraphe est copié presque littéralement sur l'édition primitive. Toutefois la phrase qui suit : *et veritablement*, etc., est une intercalation du livre posthume.

[2] L'édition de 1628, et toutes les autres

car combien que la matiere dont il est fait et excité soit de sa nature froidé et seiche, si est-ce que par accident elle est chaude et seiche, à raison de la pourriture et putrefaction qui s'est introduite dedans. D'auantage, on ressent le pouls au commencement petit, tardif, profond, comme retiré au dedans, ainsi que celuy des vieilles gens [1] : en après il s'explique et se dilate à mesure que la chaleur de l'accés s'augmente. L'vrine est blanche et aqueuse au commencement, inclinante à liuidité et noirceur. En la declinaison, estant la matiere cuite, l'vrine deuient noire, non point par la suruenue de quelque mauuais accident, non point par l'excés de la chaleur naturelle, ou par son extinction, car par ce moyen elle seroit funeste et mortelle : mais par l'euacuation de la matiere coniointe, sçauoir est le suc melancholique, qui de sa nature tend sur le noir. L'accés des fiéures quartes peut durer vingt-quatre heures, et alors donne quarante-huit heures d'intermission.

Le plus souuent telle fiéure prouient de l'obstruction, douleur et dureté de la ratte, et retention des menstrues et hemorrhoïdes [2].

Les fiéures quartes en esté sont briefues et courtes, selon l'aphorisme d'Hippocrates 25. de la seconde section : mais en automne elles sont bien longues, principalement si elles prennent sur la fin d'iceluy, vers le commencement de l'hyuer. Celle qui prouient par les mauuaises dispositions et par les maladies du foye, de la ratte, ou par autre maladie prece-

pas fait usage pour son livre posthume *des Fiéures*. Le voici :

« Esdites fiéures suruiennent au commencement des accés, rigueurs, horripilation, baaillement, grande froideur et tremblement, iusques à claqueter les dents, qui sont les precurseurs ou trompettes qui annoncent la venue de la fiéure. Telles choses se font à cause de la qualité et matiere fiéureuse qui altere et corrompt les humeurs contenus dedans les veines et arteres : de façon que Nature les a en horreur, et les veines et arteres les iettent hors d'vne grande secousse, et les respandent parmy la chair, nerfs et membranes iusques au pannicule charneux. Ceste qualité febrile est si cuisante et se meut si rudement, que les parties par où elle passe en ont telle douleur qu'il semble qu'on les pique et deschire. Parquoy il ne faut trouver estrange si ceste matiere fiéureuse, soit froide ou chaude, cause frisson : car l'eau boüillante iettée a l'improueu sur vn corps nud, le fait trembler aussi bien que la froide : toutesfois la fiéure, de quelque espece que ce soit, est tousiours fondee en chaleur. Ainsi les parties sensibles irritees d'humeur febrile secoüent toute la personne, lors que la vertu expulsiue tasche à ietter ce qui luy nuist. De là vient le tremblement, qui demonstre l'accés, lequel dure iusques à ce que la matiere febrile soit consommee et dissipee sensiblement et insensiblement. Sensiblement, comme par sueurs, vomissemens, flux de ventre, flux de sang, flux d'vrine et autres. Insensiblement, par resolution, qui se fait par insensible transpiration, par le benefice des forces et chaleur naturelle de notre corps. »

après elle, portent : *froid et sec*, ce qui est en contradiction avec la suite de la phrase. J'ai suivi le texte du livre primitif, qui est également celui du livre *des Tumeurs* de 1579.

[1] La phrase s'arrête ici dans les éditions primitives; le reste, *en après il s'explique*, etc., est une addition du livre posthume.

[2] Ce paragraphe précède immédiatement le suivant dans le texte primitif de 1575, et même encore dans le livre *des Tumeurs* de 1579. Mais en 1585 Paré en avait intercalé un autre, qui est resté dans toutes les éditions suivantes, et dont cependant il n'a

dente est pire, et souuent se termine en hydropisie[1]. Si elle prouient sans aucune mauuaise habitude du foye, ou d'autres maladies, pourueu que le malade se gouuerne bien, elle n'ameine point d'autresdangers: au contraire elle empesche d'autres maladies plus mauuaises, et garantit de melancholie, epilepsie, spasme, manie: d'autant que la matiere melancholique dont telles maladies pourroient estre excitées, est de quatre en quatre iours euacuée par l'effort de l'accés.

La fiéure quarte, pourueu qu'il n'y ait faute du malade, ny du medecin, ne dure qu'vn an. Car ainsi que les maladies aiguës sont iugées faisans leur crise par le mouuement de la lune : ainsi les maladies longues, comme fiéures quartes et autres, sont iugées faisans crises selon le cours du soleil, lequel est fait par l'espace d'vn an entier: toutesfois, selon Auicenne, quelquesfois elle dure douze ans[2]: on en voit assez qui d'ordinaire durent dix-huit mois, deux ans, et trois ans : celles qui durent quatre ans et d'auantage sont plus rares, et sont ainsi prolongées pour la pluspart, partie pour le mauuais regime de viure que l'on garde, partie pour se seruir de quelques remedes mal à propos et hors de saison, lesquels on prend par l'aduis du premier venu, et non des medecins, n'y ayant maladie pour laquelle le peuple sçache plus de remedes, et pour laquelle on en fasse

aussi d'auantage, à cause de sa grande longueur.

La quarte qui commence en automne, d'ordinaire se termine au printemps suiuant. Celle qui est faite par l'adustion du sang, ou de la cholere, ou phlegme salé, est plus facile et briefue à curer que celle qui est faite de l'humeur melancholique aduste[1], pour ce que tel humeur melancholique estant de sa nature terrestre, et difficile à esmouuoir et discuter ou resoudre plus que nul autre humeur, il est encore rendu d'auantage tel par l'adustion, par laquelle les plus ténues parties d'iceluy estant dissipées, et les autres restantes plus crasses et terrestres, il est rendu plus opiniastre, rebelle et malin.

La cure consiste en la diete, et aux medicamens. La diete doit estre ordonnée sur les six choses non naturelles contrariantes à la cause. Le malade n'vsera de chair de pourceau, ny de choses flatueuses, visqueuses, gluantes: fuyra la chair des oiseaux aquatiques, les poissons salé, la grosse venaison, et autres viandes grossieres et de difficile concoction. L'vsage du vin blanc mediocrement

---

[1] Tout ceci est repris du livre primitif de 1575; déjà Paré avait reproduit ce paragraphe avec les autres au livre *des Tumeurs* de 1579; mais, je ne sais pourquoi, il avait alors supprimé la phrase qui suit : *si elle prouient sans aucune mauuaise habitude du foye*, etc.

[2] Là s'arrête ce paragraphe dans le texte de 1575 et de 1579 ; le reste appartient donc au livre posthume.

---

[1] Ce paragraphe est encore emprunté à la rédaction primitive; mais, dans le livre *des Tumeurs* de 1579, le texte était un peu différent. On y lisait seulement :

« Celle qui est faite par adustion du sang ou phlegme salé est de plus facile et briefue curation, que celle qui est faite par adustion d'humeur melancholic ou bilieux. L'vn est plus furieux et penetrant, l'autre est plus pesant et difficile à discuter. »

En 1585, Paré y ajouta cette autre phrase, qui n'a point passé dans le livre actuel :

« Feruel, liure quatriesme *des fiéures*, chapitre neufiesme, dit que les fiéures se guarissent plus souuent par nature que par les remedes, parce que la cause en est ignorée. »

chaud et ténu luy est bon, et mesme pris au commencement de l'accés excite le vomissement, lequel a tant de vertu en la fiéure quarte, que d'iceluy seul plusieurs ont esté gueris[1]. Ce n'est pas que ie vueille que l'on ordonne au commencement de ceste fiéure les vomitifs, lorsque toutes choses sont crues : car en ce temps là ilsne seruent à proprement parler qu'à irriter la nature, desbaucher l'estomach, et attirer dans iceluy vne quantité de mauuaises humeurs : et si ils ne tirent rien de la cause conioincte. Il faut donc attendre la mitification des humeurs, et obseruer sur tout, lors que l'on les ordonne, qu'il n'y ait point de dureté sensible aux deux visceres nourriciers, le foye et la ratte : outre qu'ils ne profitent nullement, si ce n'est aprés auoir vsé de remedes aperitifs qui ayent degagé quantité d'obstructions qui se font dans les petites veines, et qui entretiennent le leuain de la fiéure. Cela estant, et ne restant que les humeurs melancholiques qui s'amassent iournellement en la ratte, si l'on vient à donner quelque vomitif il profite grandement, d'autant qu'il irrite la ratte à se desgorger de ses humeurs melancholiques dans l'estomach, par le conduit que l'on appelle *vas breue*. qui va de la ratte audit estomach.

[1] Jusqu'ici ce paragraphe est calqué sur le texte de 1575; je dois dire cependant qu'en 1579 il y avait eu un petit changement qu'il est bon de reproduire :

« L'vsage du vin blanc ténu, et mediocrement chaud, est bon *pour attenuer et inciser l'humeur melancholic, prouoquer les vrines et sueurs*. Et mesmes pris au commencement de l'accés, etc. »

Quant au reste du paragraphe : *Ce n'est pas que ie vueille*, etc., il appartient exclusivement au liure posthume.

Outre tout cecy, les exercices, les frictions auant le repas, et autres choses accoustumées prises et faites auec mediocrité, sont loüables et vtiles au febricitant. Les actions de l'ame contraires à la cause dont ceste fiéure aura esté excitée, luy doiuent estre permises, comme tous ieux, sons d'instrumens de musique, discours agreables et recreatifs, et autres choses resioüissantes. Dés le commencement il faut doucement traiter le malade, et ne faut vser d'aucun fort et violent medicament, si ce n'est quelque temps aprés : car du commencement ceste humeur opiniastre est rendue plus rebelle et reseichée par la chaleur des violens medicamens. Et si le sang est abondant, il en faut tirer de la mediane ou basilique du bras senestre ou de la veine splenique[1] : auec ceste caution, que s'il se monstre noirastre et espais, il le faut laisser couler : et au contraire, s'il se monstre ténu et bien coloré, il faudra promptement l'arrester[2].

Quelquesfois le sang n'est pas seulement noirastre, mais aussi corrompu et pourri : pour lors il faut en tirer vn peu plus largement, et plus d'vne fois. On a obserué que saignant deux heures deuant l'accés, cela non seulement adoucit les accés, mais retranche tout d'vn coup la fiéure : bien qu'à vray dire cela arriue fort rarement. L'ouuerture des veines hemorrhoïdes, soit par la lancette,

[1] *Veine splenique, splenitique* ou *splenetique*, c'est la salvatelle de la main gauche; voyez tome I, page 274. Le traducteur latin ne parle pas de la saignée de cette veine; et l'on va voir Paré lui-même en faire une critique vigoureuse.

[2] Ce paragraphe se lisait déjà dans les éditions de 1575 et 1579; mais le suivant est une addition du liure posthume.

soit par les sangsues, à ceux qui en sont trauaillés et ausquels elles paroissent, est fort souueraine : et ce remede est non seulement vacuatif, mais deriuatif, ostant la cause coniointe que la nature souuent depose et met dans ces veines, qui ont grande communication auec la ratte, comme nous auons enseigné en l'anatomie. Ie diray encore vn mot de la saignée faite en la veine splenique ou saluatelle : c'est qu'il y a quelques-vns si scrupuleux et si superstitieux, qu'ils croyent qu'il ne faut ouurir autre veine que celle là en ceste fiéure, et qu'indubitablement elle la guerit, quand bien même on n'en tireroit que peu de sang. Mais il faut que ces gens desracinent ceste mauuaise opinion de leur esprit, et qu'ils croyent que la saignée faite de la mediane ou basilique est mille fois meilleure sans comparaison que de la saluatelle. Il est vray qu'elle se peut faire de ceste veine icy toutesfois et quand que nous craignons quelque foiblesse au malade, et que nous redoutons en vne longue et penible maladie, telle qu'est la fiéure quarte, vne trop grande dissipation d'esprits : mais autrement la saignée de ceste veine me semble inutile. Car à quel propos, si nous voulons vuider et euacuer le sang grossier et noirastre, prendronsnous vn filet de veine telle qu'est la saluatelle, et laisserons-nous vn gros tuyau, duquel en faisant bonne ouuerture nous pouuons tirer le sang terrestre et grossier, qui pour sa pesanteur et sa consistance ne sçauroit iamais sortir d'vne petite veine, qui ne peut souffrir qu'vne bien petite ouuerture ? Que l'on pese vn peu ces raisons, et que l'on ne s'aheurte point tant à certaines opinions preoccupées, qui n'ont point d'autre fondement

que la fantasie de quelques ignorans empiriques, qui iugent par vn euenement particulier de tout en general.

Pour les medicamens pharmaceutiques, il faut digerer et diminuer la matiere par syrops d'epithyme, de scolopendre, *de capilli veneris*, *de eupatorio*, auec eaux ou decoctions de houblon, bourrache, buglosse, et leurs semblables [1]. On peut faire quelque syrop magistral de pommes de reinette, ou court-pendu, de buglosse, bourrache, capillaires, et autres, et le rendre purgatif auec bon sené de Leuant, qui est comme l'alexipharmaque de l'humeur melancholique, et en purger le malade deux fois la sepmaine : ce qu'il faut continuer opiniastrement, pour auoir raison de ce mal opiniastre. Ie proteste auoir esté cause de la guerison de plusieurs [2], qui auoient esté longtemps vexés et trauaillés de ladite fiéure, donnant à boire au commencement de leur accés, et à la declinaison de la maladie trois doigts d'eau de vie, auec vn peu de theriaque dissoute en icelle [3] : lesquels remedes estoient baillés selon les forces du malade, et les indications cy dessus mentionnées, le tout aprés auoir vsé des remedes generaux et particuliers,

---

[1] Ce paragraphe se lit déjà dans lé texte primitif de 1575 et au livre *des Tumeurs* de 1579, mais avec quelques changements qu'il importe de noter. Ainsi toute la phrase qui suit : *On peut faire quelque syrop magistral*, etc., se lit pour la première fois dans le livre posthume.

[2] Ceci est le texte pur de 1575 ; celui de 1579 porte : *Ie proteste auoir esté cause, auec l'aide de Dieu, de la guarison de plusieurs*, etc.

[3] Paré suit encore ici son texte primitif ; en 1579 il avait ajouté : *ou deux et trois grains de musc, dissouls en maluoisie.*

pour la preparation de l'humeur melancholique. Car pour en parler à la
verité, l : fiéure quarte inueterée ne
peut estre guerie, si le corps n'est
grandement eschauffé par alimens et
medicamens. Parquoy en tel cas, ie
trouue bon [1] ce que plusieurs disent
auoir heureusement pratiqué : sçauoir de donner au matin du vin blanc
à boire, dans lequel par l'espace
d'vne nuit auront trempé fueilles de
sauge.

C'est aussi chose vtile, sur le commencement de l'accés, d'oindre toute
l'espine du dos d'huiles propres à eschauffer les nerfs, telles que sont
l'huile de ruë, de noix muscade, de
poiure, de vers, y mettant quelque
peu d'eau de vie : car telles onctions
valent non seulement à mitiger la
vehemence de l'horreur, mais aussi
à esmouuoir les sueurs [2].

[1] Correction de 1579 : *ie ne trouue hors
de raison.*

[2] Ce dernier paragraphe appartient encore au texte de 1575; il ne terminait cependant pas alors le chapitre, et l'auteur
ajoutait :

« Telle est la curation des fiéures intermittentes vrayes et legitimes, c'est à-dire
de celles qui sont d'vn seul, pur et legitime
humeur, de laquelle se pourra aisément
comprendre la curation de celles qu'on appelle intermittentes bastardes, de tant qu'es-
tants excitees d'vn humeur non pur et simple, mais adulteré et meslé de deux (comme
pour exemple la fieure intermittente bastarde de l'humeur bilieux, qui a en soy
quelque meslange et admixion de l'humeur
pituiteux), il faudra pour la curation d'icelles, mesler les medicaments propres à la
tierce et à la quotidiane, de tant que les
causes de telles fieures sont meslees, faisant
vne sorte de fieure confuse de toutes les
deux. Faut maintenant parler des fieures continuës. »

On comprend que dans son nouveau

CHAPITRE XXIX.

DE LA FIÉVRE QVARTE INTERMITTENTE BASTARDE.

Entre les fiéures de l'humeur melancholique, est la fiéure quarte intermittente illegitime et bastarde,
ainsi appellée à cause qu'elle ne se
fait pas comme la precedente de l'humeur melancholique naturelle, pure
et simple : mais bien ou d'icelle humeur meslée et adulterée de quelque
autre humeur, telle qu'est la pituite
ou la bile, ou de l'humeur melancholique contre nature, qui s'appelle
Atrebile. De quelque façon qu'on la
prenne, elle a ses accés comme la
precedente de quatre iours l'vn, c'est
à sçauoir, après deux iours d'inter-

Traité, Paré voulant parler des fièvres intermittentes bâtardes, ce qu'il va faire dans le
chapitre suivant, tout ce paragraphe devenait inutile. Il ne l'était pas moins au chapitre 30 du livre *des Tumeurs*, où il s'agissait seulement *de la fièure qui suruient aux
tumeurs schirrheuses*; mais là, le dernier paragraphe s'était beaucoup étendu, et c'est
par oubli sans doute que Paré n'a pas transporté dans son Traité posthume cette rédaction nouvelle. Ce qu'on va lire est entièrement de la date de 1579.

« C'est aussi chose vtile, vn peu deuant
l'accés, oindre toute l'espine du dos d'huil-
les propres à eschauffer les nerfs, comme
sont l'huille de rue, de poiure, auec vn peu
d'eau-de-vie, ou huile de castoree qui aura
cuit sur les charbons dans vne pomme de
colocynthe vuidée de ses grains, auec poiure, pyrethre et euphorbe puluerisez, et ce
iusques à la consumption de la moitié de
l'huile : le tout en apres exprimé. Telles
onctions valent non seulement à mitiger
la vehemence de l'horreur ou frisson : mais
aussi à esmouuoir les sueurs. Car tels me-

mission vn iour d'accés : et ce d'autant que quelque mixtion qu'il y puisse auoir, l'humeur melancholique y predomine tousiours.

Or on obseruera diligemment que la fiéure quarte legitime est tousiours plus longue que la bastarde, d'autant qu'entre toutes les humeurs, il n'y en a point de plus rebelle, de plus difficile à preparer et mitiger que l'humeur melancholique : si bien que là où ceste humeur se trouue pure et simple, et sans meslange d'aucune autre humeur, il y a plus de peine à la dompter et à la preparer : là où s'il y a quelque autre humeur meslée parmy, ceste humeur là l'adoucit et l'empesche d'estre si rebelle. Doncques si la pituite se trouue meslée parmy l'humeur melancholique, la fiéure n'en sera pas si longue : mais elle sera aussi plus longue que si ladite humeur melancholique

dicamens par leur chaleur et humidité esmeuuent et esbranlent cest humeur pesant, et non obeïssant à la faculté expultrice : n'estant l'humeur melancholic autre chose que comme la lie de toute la masse du sang. Mais si au contraire la fiéure quarte estoit excitée d'adustion d'humeur bilieux, il la faudroit traiter par remedes refrigerans et humectans, vsant de potages, d'oseilles, letue, pourpié, concombres, citrouilles, melons, et semblables. Autrement qui voudroit vser de remedes eschauffans, il rendroit tel humeur plus rebelle par dissipation de ce qui luy resteroit d'humidité. Ainsi Traillian (liu. 12, chap. 9.) raconte auoir guary plusieurs qui auoient telles fiéures, pour auoir vsé en temps commode et au partauant l'accés, d'epithemes mediocrement refrigerans. Quant aux médicamens purgatifs qu'il faudra vsurper deuant que venir à ses particuliers, le sené, l'agaric, rhabarbe, diaphœnicum, sont recommandez pardessus les autres. Aussi est le *diacartami*, duquel Rondelet se dit auoir guary plusieurs fiéures quartes.»

estoit adulterée de l'humeur bilieuse : à raison que la pituite est bien plus difficile à cuire, mitiger et adoucir que la bile, laquelle fait des maladies bien plus courtes que ne fait pas la pituite.

On peut en outre reconnoistre la qualité et condition de l'humeur qui est meslée auec la melancholique, par les signes que nous auons rapportés en la fiéure tierce et en la fiéure quotidiane. Car si parmy les signes de la fiéure quarte, nous en reconnoissons quelques vns qui soient propres, ou de la fiéure tierce, ou de la fiéure quotidiane, nous pouuons dire en asseurance que c'est la bile ou la pituite qui est meslée auec la melancholie : outre qu'auec cela nous pouuons reconnoistre, et par le temperament du malade, et par son genre de viure, et par la saison, et par la constitution de l'air, et par l'aage mesme du malade, si c'est bile ou pituite qui se mesle auec la melancholie. Certes quand ie songe qu'Hippocrates dit au liure 2. des Aphorismes, aphor. 25, que les fiéures quartes qui arriuent l'esté sont courtes, que celles qui viennent l'automne sont longues, et celles qui viennent proche de l'hyuer sont encore plus longues : ie me persuade qu'il a voulu donner à entendre que les fiéures quartes qui se font de la mixtion de la bile qui regne en esté, sont plus courtes que les autres : que celles qui se font en automne tiennent du meslange de la pituite, et par consequent qu'elles sont plus longues que celles qui se font en esté, mais aussi plus courtes que celles qui se font en hyuer, auquel temps le suc melancholique domine d'auantage. Ce qui soit dit pour plus claire intelligence de tout ce que nous auons apporté cy-dessus des fiéures quartes bastardes intermittentes ; qui s'engendrent de la mixtion de quelques humeurs auec la melancholique.

Resté à parler de celle qui se fait de l'atrebile ou humeur melancholique contre nature. Or ceste humeur se fait doublement, premierement du suc melancholique qui se bruslant et pourrissant outre mesure, deuient mordant, acre, malin et grandement noirastre : secondement de la bile iaune ou vitelline, qui venant à se brusler, se conuertit premierement en bile porracée, puis après en erugineuse, et en fin en bile acre et noire. Ceste humeur ainsi bruslée acquiert vne grande et insigne acrimonie, et vne vertu corrosiue si remarquable, que versée et espandue sur terre, elle la fermente et la fait comme boüillir et esleuer. Galien compare ceste humeur à la lie de vin bruslée, ou à vn fer rouge et ardent de feu : et le suc melancholique au fer qui n'est chaud ny ardent, et à la lie de vin qui n'est point bruslée. Toutesfois et quantes donc que ceste humeur atrabilaire s'amasse en trop grande quantité hors des grands vaisseaux, et qu'elle vient à se pourrir, elle excite vne fiéure quarte intermittente bastarde bien plus violente et ardente, bien plus maligne et perilleuse que toutes celles que nous auons escrit cy-dessus. Tous les accidens qu'elles apportent sont plus violens, et ses accés approchent fort en vehemence de la fiéure causonide : la langue est seiche, aride et noire, l'alteration grande et demesurée, l'esprit extrauague ordinairement, le ventre est bouffi et douloureux, les veilles sont importunes, et le peu de sommeil qui vient est accompagné de grandes resueries et de

songes espouuantables : les entrailles sont eschauffées outre mesure, le foye et la ratte bruslans et ardens : bref, tous les symptomes sont grands et considerables, et donnent apprehension ou que quelque inflammation interieure se face, ou que le foye et la ratte se desseichent ou s'endurcissent, en sorte qu'ils causent vne hydropisie ou dysenterie mortelle.

Pour ce qui est de la cure de la fiéure quarte bastarde, si elle se fait du meslange du suc melancholique auec l'humeur bilieuse ou pituiteuse, il faudra la traiter comme la vraye et legitime, ayant toutesfois esgard à l'humeur qui sera meslée auec la melancholique, y appropriant les remedes propres et conuenables : sçauoir à la bile, ceux que nous auons specifiés en la cure de la tierce, et à la pituite ceux dont nous auons parlé en la cure de la fiéure quotidienne. Mais quant à ce qui est de la quarte faite de l'humeur atrabilaire, il faut presque vne contraire curation, s'empeschant tant qu'il est possible d'vser ny d'alimens ny de medicamens chauds. Toutes choses doiuent estre rafraichissantes et humectantes : la saignée doit estre frequente et des bras et des pieds : les purgatifs doiuent estre doux et benins : les iuleps et apozemes aperitifs doiuent estre sans chaleur manifeste : les epithemes sont grandement vtiles pour rafraichir et humecter, et detremper ceste mauuaise humeur, et la rendre plus souple et obeissante aux medicamens purgatifs : les demy bains d'eau tiede aux iours d'intermission sont tres-excellens : le petit laict pris en grande quantité est vn remede souuerain, principalement si on fait boüillir dedans vn peu de fumeterre. Bref, il faut vne grande prudence à traiter les malades de ceste fiéure, laquelle, de mesme que les carcinomes, demande plustost à estre flattée qu'irritée.

CHAPITRE XXX.

DES FIÉVRES QVINTAINE, SEXTAINE, OCTAINE, ETC.

Ie me trouue bien empesché touchant la connoissance de ces fiéures icy intermittentes, pour ne sçauoir presque à quel genre de fiéure ie les deis rapporter : estans au reste si rares et si peu vsitées que peu de Medecins les rencontrent. Le premier toutesfois qui les a obseruées, et qui nous en a laissé quelque chose par escrit, c'est Hippocrates au liure *des Epidemies :* et en suite quelques Medecins sont venus, dont les vns ont dit qu'ils auoient veu des fiéures quintaines, les autres des sextaines, les autres des septaines, octaines, nonaines, et ainsi de quelques autres pareilles, dont toutesfois ils ont parlé si legerement, qu'ils ne nous ont rien laissé d'asseuré par escrit, soit de leurs causes, soit de leur curation. Quelques vns d'eux se sont persuadés que ce n'estoit point vn genre de fiéure distinct et separé des autres, mais que c'estoient fiéures erratiques, tantost ephemeres, tantost quotidianes, tantost tierces, selon la condition de l'humeur qui les faisoit, et qui estant amassé en petite quantité n'apportoit que peu d'accés. D'autres ont voulu dire que c'estoient fiéures compliquées, tantost d'vne ephemere auec vne quarte, tantost d'vne tierce auec vne quotidiane, dont l'on n'obseruoit pas bien les accés ni les periodes. Bref, il y en a qui ont creu que tout ainsi qu'aux choses naturelles il y a des monstres et des prodiges, aussi parmy les maladies et les fiéures il y en a de monstrueuses et prodigieuses, desquelles on ne sçauroit rendre raison, si ce n'est qu'on recourust aux causes vniuerselles, et aux constellations du Ciel, qui selon ses diuerses influences, produit diuersités d'effets, lesquels les hommes admirent sans en connoistre la raison.

Pour moy i'ay trouué bon de rapporter ces fiéures icy aux melancholiques, à cause des estranges effets que produit ceste humeur, laquelle comme vn Protée se change en mille et mille façons, et produit des accidens si diuers et si prodigieux, que quelques vns n'ont point fait de difficulté de dire qu'il y auoit quelque chose de diuin en icelles : mesme qu'Aristote en ses *problemes*, et au liure *de la diuination par les songes*, asseure que tous les grands personnages qui ont paru et esclaté, soit en la guerre, soit en la poësie, soit aux sciences, soit aux diuinations, ont esté touchés de ceste humeur melancholique. Et veritablement nous voyons vne si grande difference et varieté entre ceux que nous appellons hypochondriaques, bien qu'ils soient affligés d'vne mesme maladie de melancholie, qu'il faut croire et confesser qu'il y a quelque chose d'extraordinaire en ceste humeur. Ie me suis mille fois estonné comment vn melancholique s'estime roy, empereur, riche, heureux, sçauant, qui ne l'est pas, et vn autre qui l'est s'estime ignorant, pauure, malheureux, et de basse condition. Tel croit auoir les forces de soustenir le Ciel auec le doigt, et vn autre se persuadera qu'il n'aura pas la force de se mouuoir. Toutes ces merueilles font que i'ay creu pouuoir rapporter toutes ces fiéures periodiques extraordinaires au mouuement de l'humeur melancholique ou atrabilaire, qui ne s'amassant pas tousiours en suffisante quantité, et n'acquerant pas pareillement vne suffisante qualité putredinale pour exciter la fiéure de quatre en quatre iours, quelquesfois elle le fait de cinq en cinq, tantost de six en six, tantost de sept en sept, plus ou moins, selon que le corps se trouue disposé à engendrer peu ou point de ceste humeur, et selon que l'humeur se trouue disposée et preste à receuoir pourriture. Que s'il y a quelqu'vn qui n'approuue mes raisons, il luy sera loisible de remettre ces fiéures icy au rang des erratiques et inconstantes, desquelles Galien a tres-doctement et tres-iudicieusement parlé à la fin du second liure *des differences des fiéures*, les paroles duquel ie veux rapporter pour esclaircissement de ceste matiere.

» Les fiéures, dit-il, qui n'ont point » d'ordre, acquierent ce desreglement » par l'erreur qu'on commet au regi- » me de viure. Aussi le sang quand il » se pourrit, se change grandement » et passe en vne autre nature : car, » comme nous auons expliqué cy-de- » uant, vne portion du sang se change » en bile iaune, vne autre en la bile » noire. Or est-il que selon que les hu- » meurs se changent dans le corps » des malades, à mesme temps aussi » les accés et les periodes des fiéures » se changent, comme pareillement à » cause des fautes que l'on commet au » boire et au manger, lesquelles fautes » changent les accés. Partant à tous les » changemens et fautes notables que » le malade fait, il est necessaire ou » que les accés anticipent, ou qu'il s'en » fasse de nouueaux tous differens des » autres, d'où vient la varieté des » periodes. Voicy encore vne autre » raison de ce changement, c'est qu'à » mesme temps qu'il y a vne humeu r » en quelque partie du corps qui » commence à se pourrir, à mesme » temps il y a vne autre humeur dif- » ferente qui regorge ou en quelque » autre partie du corps, ou bien » mesme en tout le corps : d'où le » plus souuent à cause de la compli- » cation ou confusion des accés et re- » doublemens inconneus au Medecin, » il semble que les periodes sont sans » ordre et reglement : ce qui n'est pas » toutesfois, l'ordre ne se changeant » iamais que lors que les humeurs » qui font la fiéure changent de na- » ture et sont conuertis en d'autres » humeurs, ou bien lors qu'il arriue » que l'on commet des fautes au re- » gime de viure. »

Voila à peu prés ce qu'a dit Galien pour le changement des accés, que nous pouuons approprier à ces fiéures cy-dessus nommées. Bien qu'à vray dire, il n'est besoin de se mettre tant en peine pour leur intelligence, veu qu'elles arriuent si rarement, et qu'elles donnent en outre le loisir de consulter les medecins sur leur guerison.

Or pour l'ordre qu'il faut y apporter lors qu'elles arriuent, ie desire que l'on considere seulement si elles se font ou de suc melancholique naturel, ou de l'humeur atrabilaire : si c'est du premier, il faudra les traiter comme les fiéures quartes intermittentes legitimes : si c'est du dernier, elles seront traitées comme la quarte intermittente qui se fait de l'atrebile : c'est pourquoy il leur faudra des remedes rafraichissans et humectans. Au reste, Hippocrates dit qu'entre les fiéures qui auoient cours en Thasos, durant la troisiéme constitution de l'air qu'il raconte au premier *des Epidemies*, il n'y en auoit point de pire que les quintaines : car soit qu'elles arriuassent auant la phtisie, soit qu'elles vinssent aprés, elles apportoient la mort. Ceux qui voudront sçauoir quelle opinion a eue Galien de ces fiéures, qu'ils aillent voir son commentaire troisiéme sur le premier des *Épidemies*, article deux, neuf, et dix-sept.

CHAPITRE XXXI.

DE LA FIÉVRE QVARTE CONTINVE [1].

Aprés les fiéures quartes intermittentes, vient la quarte continue, laquelle est fort rare, pour le peu de melancholie qui s'amasse dans les veines au regard des autres humeurs. Elle se connoist par les mesmes signes que l'intermittente, sinon qu'elle a son exacerbation de quatre en quatre iours, sans frisson ny horreur, et sa remission sans sueur. On peut bien remarquer en ceste fiéure quelques signes de pourriture, mais fort obscurément : ny le pouls mesme n'est si leger, frequent et inegal qu'és autres fiéures : ny l'vrine n'est si rouge ny enflammée, bien qu'elle se monstre plus espaisse.

La cause d'icelle est l'abondance du suc melancholique en la masse du sang, laquelle prouient de l'infirmité de la ratte, qui ne fait pas deuëment son deuoir d'attirer suffisamment ledit suc melancholique, deuant que le sang passe dans la veine caue.

Il faut icy saigner comme és autres fiéures, aprés auoir donné vn clystere auparauant. Pour laquelle chose artificiellement executer, il faut choisir

et ouurir la veine du bras gauche qui a plus de communication auec la ratte, à l'entour de laquelle la pluspart de la matiere de ceste fiéure est souuent amassée. Quoy fait, trois ou quatre iours aprés, sans se haster d'auantage (d'autant que ceste fiéure est longue, et non si aiguë que les autres continues) il faudra donner quelque doux medicament et lenitif, comme de casse et de catholicon, auec decoction de mercuriale, ou de laict clair, ou de passules, polypode et sené. Que si l'ardeur est grande, aprés auoir encor saigné vne fois, nous yserons des sirops de fumeterre, de *acetositate citri*, mesme nous y adiousterons les eaux de pareille faculté, comme de violes, de pourpié, de courges, de buglosse, bourrache : et en ceux qui ont vn temperament bilieux, de cichorée et d'endiue [1].

Or il faut noter que ceste fiéure, comme elle est rare, aussi est-elle tres-dangereuse, au contraire de la quarte intermittente : si bien que peu en rechappent, et principalement les vieilles gens. C'est pourquoy il faut par tous moyens regarder à entretenir les forces du malade, ce qui se fera en permettant l'vsage du bon vin tenu et odoriferant, comme vin de maluoisie, vsant de restaurans et condits, qui se font de conserue de buglosse, de bourrache, de violes, de capillaires, de cichorée, auec pou-

---

[1] Ce chapitre est en grande partie copié du chapitre 17 du liure primitif.

[1] Aprés ce paragraphe, l'édition de 1575 en contenait un autre que voici :

« Que si ceste fieure est engendrée, non de melancholie simple, mais aduste et bruslée, le syrop d'endiue simple et composé, le syrop composé de fumeterre, d'epithymo y sera propre : toutesfois il ne faut point vser de syrops composés que premierement la matiere ne soit aucunement cuitte et preparée. »

dres de *diamargaritum frigidum*, et
de *gemmis*. On peut aussi donner des
potions cordiales, qui se feront de
confection d'alkermes, auec eau de
violes, de bourrache, sirop de violes, ou bien sirop de nenuphar et de
pauot, si le malade ne peut dormir.
Les confitures de cerises, de pesches,
et autres fruits que nous auons accoustumé de confire en esté, sont fort
propres à telle maladie. Au reste sur
l'estat et declinaison de ce mal, plusieurs loüent l'vsage des choses acres,
comme moustarde, poiure et viandes
sallées, d'autant que le sel incise et attenue les excremens, qu'il deseiche,
ramasse et fortifie les facultés : ce que
toutesfois ie n'approuue pas beaucoup [1].

Ceste fiéure fort heureusement se
peut terminer par vomissement d'humeurs noires, non en toutes personnes, mais en ceux ausquels le vaisseau appellé *vas breue* (qui va de la
cauité de la ratte à l'orifice de l'estomach, pour en repurgeant la ratte exciter l'appetit, et roborer le ventricule par le moyen de l'acidité du suc
melancholique) est fort grand et ample. Autrement la ratte se purge
mieux par embas, la matiere estant
portée de la veine splenique au tronc
de la veine porte, et de là incontinent
en la veine mesenterique. Elle se
purge aussi par les veines hemorrhoïdes, qui naissent de la veine splenir-
que, et aussi par les reins et vrines
par le moyen de l'artere mesenterique.

I'ay oublié vn point qu'il faut toutesfois bien noter pour la curation
generale de toutes les fiéures continues : c'est qu'en icelles, il faut que la

façon de viure soit bien plus exquisite
et ténue qu'és intermittentes, et principalement si auec ce qu'elles sont
continues, elles sont aiguës. c'est à
dire qu'elles doiuent auoir leur estat
et crise au septiéme iour : iusques-
là que sur le point de l'estat et de la
crise, il ne faut que tres peu ou point
nourrir le malade, de peur de reuoquer la Nature de son mouuement et
excretion des humeurs morbifiques,
pour l'occuper et l'empescher en la
cuisson des viandes. Si que peu à peu
du commencement iusques à l'estat,
nous diminuions tousiours l'ordinaire
de la nourriture : et au contraire l'estat passé, nous l'augmentions tousiours peu à peu comme nous l'auions
auparauant diminué. Souuienne-toy
aussi de ne donner eau froide aux fiéures continues, si la fiéure n'est fort
ardente, et si les signes de concoction
n'ont precedé, et si les parties ne
sont exemptes de phlegmon ou inflammation : autrement tu permettras
au malade d'en prendre tant qu'il en
pourra porter. Voila ce que i'auois
oublié pour le general des fiéures continues [1].

le reuiens à la quarte continue, et
dis qu'outre celle que nous venons
d'expliquer, il y en a vne autre qui
se fait de l'atrebile, laquelle est tres-
perilleuse et tres-dangereuse, estant

[1] Le chapitre de 1575 se terminait avec
ce paragraphe ; seulement on n'y trouvait
pas ces derniers mots : *voila ce que i'auois
oublié*, etc., et en leur place on lisait cette
phrase :

« Telle est la curation des fiéures continuës en general et en particulier, i'entens
de celles qui ne sont accompagnees de fascheux, pestilens et pernicieux symptomes :
car des fiéures pestilentes et de leur curation, nous en auons amplement traitté en
nostre liure *de la Peste*. »

[1] Ces mots : *ce que toutesfois ie n'approuue
pas beaucoup*, sont une addition du traité
posthume.

presque impossible qu'vne humeur si chaude et maligne puisse s'amasser au corps sans l'inflammation de la ratte ou de quelque autre partie. A ceste fiéure icy, il faut saigner hardiment des bras et des pieds, pour empescher qu'il ne se face quelque phlegmon : faut fuir la purgation au commencement comme vn poison, mais la faudra remettre au temps que la matiere sera cuite et preparée. Qu'on se donne garde d'vser de remedes chauds, mais de toutes choses refrigérantes et humectantes. Le laict clair, les epithemes et fomentations, les bains et demy bains d'eau tiede sont excellens. Bref, on traite les malades de ce mal comme ceux qui sont affligés d'vne maladie grandement chaude, et qui est produite par des humeurs grandement acres et violens.

Et cecy suffise pour la curation des fiéures melancholiques, ensemble de toutes les fiéures humoralles simples, tant intermittentes que continues.

CHAPITRE XXXII.

DES FIÉVRES HVMORALLES COMPOSÉES, ET PREMIEREMENT DE L'HEMITRITÉE.

Nous auons cy deuant diuisé les fiéures humoralles en simples et composées : pour les simples, elles ont esté expliquées assez copieusement et prolixement : il reste donc à parler des composées.

Or par les composées ie n'entens pas seulement celles qui sont composées, mais aussi les confuses. I'appelle composées, celles qui concourent tellement ensemble, et sont en sorte assemblées, que la nature de chaque fiéure, les signes et les symptomes peuuent estre aisément distingués et reconneus. Mais les confuses sont tellement meslées ensemble, qu'elles commencent à mesme temps, finissent à mesme temps, et ont leurs signes si confus qu'on ne les peut presque reconnoistre. Or la complication (car il faut parler de celle-là, deuant que parler de la confusion) se fait en diuerses façons : premierement lors qu'vne fiéure putride se mesle auec vne fiéure non putride, comme quand l'ephemere se mesle auec la synoque pourrie, ou vne fiéure pourrie auec l'hectique : secondement, lors qu'vne fiéure pourrie se mesle auec vne autre pourrie, et ce auec des fiéures qui soient de mesme espece, ou qui soient de diuerses especes. Quand vne fiéure tierce intermittente se mesle auec vne autre tierce intermittente, ou une quarte intermittente, auec vne autre quarte aussi intermittente, pour lors il se fait complication de deux fiéures de mesme genre et espece. Mais quand vne tierce vient à se ioindre et à se mesler auec vne quotidiane ou auec vne quarte, alors il se fait vne composition de fiéures de diuerses especes : d'autant que la tierce estant faite de bile, est d'vne autre espece que n'est pas la quotidiane qui se fait de pituite, eu la quarte qui se fait de l'humeur melancholique. Qui voudroit icy rechercher exactement toutes les complications des fiéures qui se peuuent former et figurer par l'entendement, et qui voudroit s'estendre sur chaque complication, auroit vn grand chemin à faire, et trouueroit assez de matiere pour faire vn grand discours : mais pour moy i'ay deliberé de me retrancher et de demeurer dans les termes des fiéures compliquées qui se rencontrent plus ordinairement, et qui sont de la pratique de la Medecine, entre lesquelles ie n'en trouue point de plus grande importance et de plus difficile à traiter que celle que l'on nomme *hemitritée*. C'est pourquoy nous parlerons, d'elle en ce chapitre icy, et reseruerons les autres au suiuant.

Ce que les Grecs appellent *hemitritæum*, les Latins l'appellent *semitertianam*, par vne forme de parler fort impropre, veu que ces mots là signifient vne fiéure qui retient la nature d'vne demie tierce seulement : et toutesfois c'est vne fiéure qui a la nature et les accidens beaucoup pires qu'vne fiéure tierce, et de la moitié plus dangereux. Aussi n'est-ce pas ce que les autheurs grecs et latins ont voulu entendre par ces appellations, mais ils nous ont voulu donner à connoistre que ceste tierce tient en partie de la nature de la fiéure tierce, et en partie de la quotidiane, d'autant qu'elle est composée de ces deux fiéures là. Ils ont dit *semitertianam*, comme qui diroit qu'vn mulet est *semiasinus*, et le minotaure *semiuir*, à cause que le mulet est en partie engendré d'vne asnesse, et en partie d'vn cheval, et que le minotaure est partie homme, partie taureau, pour auoir esté engendré d'vne femme et d'vn taureau. Pour autant donc que la demie tierce est composée d'vne fiéure tierce et d'vne quotidiane, elle a obtenu sa denomination des Grecs et des Latins, et nous n'auons point en françois de plus propre nom pour l'appeller.

Or nous la pouuons definir *fiéure continue qui a des exacerbations de tierce et de quotidiane tous les iours, engendrée partie de la bile, partie de la pituite qui se pourrit en diuers foyers.*

III.

Ie dis qu'elle est continue : car l'accés de la fiéure tierce suruenant deuant que l'accés de la quotidiane soit passé, ou bien l'accés de la quotidiane surprenant deuant que celuy de la tierce soit tout à fait esteint, le malade ne se trouue iamais sans accés : c'est pourquoy ceste fiéure est continue. Quelques vns demandent icy si elle se fait continue, à cause que l'humeur pourrie est contenue dans les grands vaisseaux, ce qui est cause des fiéures continues, ou à cause de sa complication. A quoy ie respons, que c'est quelquesfois à cause de l'vn et de l'autre. Car bien souuent il y a tel empyreume, chaleur, et disposition inflammatoire aux parties nobles, que pour ce suiet la fiéure s'en rend continue : autresfois c'est seulement à cause de sa complication, ses deux foyers estans hors des grands vaisseaux dans les petites veines du mesentere. Or quoy que c'en soit, elle a des exacerbations et des redoublemens de tierce et de quotidiane, à cause que la matiere de sa generation est partie la bile, partie la pituite. Quand ie dis la bile, ie n'entens pas la naturelle et celle qui fait la fiéure tierce et legitime, mais i'entens celle qui est contre nature, et qui fait la tierce bastarde : autrement ceste fiéure ne serait pas longue comme elle est, et ses accés ne seroient pas de si longue durée. Au reste, il est necessaire qu'il se trouue en ceste fiéure diuers foyers et sieges de sa generation. Car s'il n'y auoit qu'vn foyer, il faudroit de necessité que la bile et la pituite fussent meslées ensemble : ce qu'estant il n'y auroit qu'vne sorte de fiéure. Car ou la bile predomineroit, et lors ce seroit vne fiéure tierce : ou la pituite seroit en plus grande abondance, et pour lors il se produiroit vne fiéure quotidiane. Mais d'autant que la bile se pourrit en vn lieu, par exemple, à l'entour du foye, et que la pituite se pourrit en vn autre, comme qui diroit à l'entour de l'estomach, de là il arriue qu'il y a deux sortes et especes de fiéures, qui ont separément et distinctement leurs accés et redoublemens, leurs accidens et symptomes, leur declin et leur remission, leurs effets et leurs proprietés : dont l'vne est tierce, à cause de la bile, et l'autre quotidiane, à cause de la pituite. Mais ie veux bien que l'on se resouuienne que le plus souuent la fiéure tierce est intermittente, et que la quotidiane est continue, de sorte qu'il faut admettre que le foyer de la tierce est hors des grands vaisseaux, et celuy de la quotidiane est dans iceux. Toutesfois tout cecy s'entendra mieux après que nous aurons apporté toutes les differences et especes de la demie tierce.

Galien au chap. 4 du liure *de Typis*, met deux sortes de demie tierce, l'vne continue, et l'autre intermittente : pour l'intermittente, il en fait de trois façons, l'vne qu'il appelle petite, qui a ses accés de vingt-quatre heures, l'autre mediocre, qui dure enuiron de trente-six heures, et la troisième grande, qui a grande affinité auec la continue, qui a ses accés d'enuiron de quarante-huit heures. Mais à vray dire ie ne sçay comme il se peut faire qu'vne fiéure qui a 48 heures d'accés, peut estre intermittente : c'est pourquoy il faut dire que Galien appelle improprement telles hemitritées intermittentes, et que telles intermittentes sont ainsi nommées à cause qu'elles prennent presque à la façon des hemitritées. Les Arabes qui ont calculé plus par le menu toutes les differences des fiéures, font trois sortes et especes de demi-tierces : l'vne moindre, l'autre moyenne, et la troisiéme grande et excessiue. Pour la premiere, ils veulent qu'elle se fasse d'vne quotidiane continue et d'vne tierce intermittente, à cause de la pituite qui se pourrit dans les grands vaisseaux, et de la bile qui se pourrit hors d'iceux dans les petits, si bien que son accés et redoublement est de dix-huit heures, et sa fausse intermission, ou pour mieux dire sa remission, de six heures. La seconde se produit et se compose d'vne tierce continue et d'vne quotidiane intermittente, à cause de la bile qui prend et reçoit pourriture dans les grands vaisseaux, et de la pituite qui ne se pourrit que dans les petits : au reste son redoublement est de trente-six heures, et son repos ou remission manifeste de douze. La derniere est composée, ou d'vne quarte continue auec vne tierce intermittente, ou d'vne quarte intermittente auec vne tierce continue : et ce à cause, ou bien que l'atrebile se pourrit dans les grands vaisseaux, et la bile dans les petits, ou bien au contraire à cause que l'atrebile se pourrit dans les petits, et la bile dans les grands, d'où il arriue que les redoublemens sont de plus de 60 heures, et sa remission de 10 ou 12. Or de toutes ces differences, il n'y a que la premiere qui soit proprement appellée demie tierce : les autres le sont improprement, à cause, comme dit Galien, qu'elles ont leurs redoublemens à la façon et à la maniere des hemitritées.

Quant aux signes de ceste fiéure, il est assez aisé à les connoistre, veu qu'elle a ceux qui apparoissent et en la quotidiane continue, et en la tierce intermittente, desquelles elle est composée. De fait que nous obseruons que l'humeur pituiteuse, ayant ses accés tous les iours, et la bile de deux iours l'vn , il arriue qu'en ceste fiéure à certain iour, il n'y a qu'vn accés causé de la pituite, mais au iour suiuant il y a deux redoublemens, l'vn fait par la pituite, et l'autre par la bile. Par exemple qu'auiourd'huy vers les quatre heures d'aprés midy, quelqu'vn tombe en fiéure , auec vn grand refroidissement de tout le corps mesié de ie ne sçay quelle horreur qui face connoistre que c'est vn accés d'vne fiéure pituiteuse, lequel doit durer en sa violence iusques à dix heures du matin du iour suiuant, qu'il commencera à entrer en son declin : qu'à mesme heure du lendemain dix heures , il suruienne vn frisson vehement auec vomissemens, qui se face sentir comme auant-coureur d'vn accés de tierce qui doiue durer 15 ou 16. heures : sans doute le mesme iour vers les quatre heures l'accés de la quotidiane reuiendra, et par ainsi ce iour là le malade aura deux redoublemens : l'vn de tierce sur le matin, l'autre de quotidiane sur le soir : mais aussi le iour suiuant il n'aura sur le soir que l'accés de la quotidiane, à cause que la tierce donne trefue d'vn iour , et que son accés ne doit reuenir que le 4. iour de la maladie de ce malade, auquel sur le matin il aura ledit accés de tierce, et sur le soir celuy de quotidiane , le propre de laquelle est de reuenir tous les iours. Et voila l'ordre que tient ceste fiéure hemitritée, si ce n'est que les accés peuuent anticiper ou retarder de quelques heures, comme nous auons dit que font les accés des fiéures intermittentes : voire mesme que les redoublemens de ces deux fiéures peuuent tellement l'vn anticiper et l'autre retarder, qu'ils se rencontrent

en mesme temps et en mesme heure , ce qu'arriuant , à cause de ceste confusion il est difficile de les bien distinguer l'vne d'auec l'autre, ce que tu peux voir ingenieusement expliqué dans Galien au liu. 2. *des Differences des fiéures* , chap. 7.

Au demeurant, tu remarqueras qu'Hippocrates et Galien ont appellé ceste fiéure horrifique, à cause des rigueurs et horreurs qu'elle apporte en ses redoublemens, ce qui aduient d'autant qu'elle n'est pas composée de deux fiéures continues : car si elle en estoit composée, elle n'auroit pas de si sensibles exacerbations : elle n'est pas aussi meslée de deux intermittentes, veu que si cela estoit , elle ne seroit pas continue, mais auroit necessairement quelque sensible et manifeste intermission. Le iour que la seule quotidiane apparoist, il ne suruient en ceste fiéure aucune horreur, mais seulement au iour que la tierce et quotidiane viennent : auquel iour le malade est grandement trauaillé, tant à cause de ce double accés, que de ce que la nature est desia lassée et fatiguée de l'accés precedent.

Ie n'oublieray pas à remarquer que la demie tierce, proprement appellée, est double, l'vne vraye et legitime, l'autre illegitime et bastarde. En la legitime il y a egale portion des humeurs qui se pourrissent, à sçauoir, bilieuse et pituiteuse. En la bastarde, la portion de ces deux humeurs est inegale, car ou la bile est en plus grande quantité , ce qui fait que les accidens et signes de la tierce sont plus apparens et sensibles : ou bien elle est la moindre et en plus petite dose, et pour lors la fiéure quotidiane se fait bien mieux remarquer que ne fait pas la tierce.

Par ce discours nous apprenons que la cause materielle de ceste fiéure est en partie la pituite qui se pourrit dans les grands vaisseaux, et en partie la bile qui se pourrit dans les petits : l'vne et l'autre humeur, au reste, à cause qu'elles ont des qualités contraires, s'amassent dans le corps par des causes contraires : la bile, par ce qui est chaud et sec, et la pituite, par ce qui est froid et humide. Partant ceste fiéure arriue principalement durant l'automne, et aux hommes qui viuent en oisiueté, et qui vsent d'alimens pituiteux, comme aussi à ceux qui sont d'vn temperament froid et humide, et qui vsent de nourriture grandement chaude et seiche. Elle arriue ordinairement aux regions qui sont chaudes et humides, et dit-on qu'elle est fort commune et ordinaire à Rome et en la coste d'Afrique.

Elle s'accompagne tousiours de tres-mauuais et sinistres accidens, car outre ces mouuemens horrifiques et inegaux, elle apporte de grandes incommodités à l'estomach et aux parties nerueuses : souuent elle iette les malades dans de profonds assoupissemens, qui sont comme lethargiques : vne autre fois elle donne des veilles importunes, des resueries, des nausées, des vomissemens, des foiblesses de cœur, vne langue seiche et aride, vne soif desmesurée.

L'on reconnoist ceste fiéure d'auec les autres, en ce qu'elle est continue, pleine d'horreurs, de diuers redoublemens, et de tres-violens symptomes : vn iour elle est sans horreur, auec le seul refroidissement des extremités, l'autre iour elle est auec horreur et autres mauuais acccidens, si bien qu'elle a vn iour meilleur l'vn que l'autre. Quand il arriue des sueurs en ceste fléure, d'ordinaire elles n'apportent rien de bon, soit à cause que les forces sont debilitées et abbatues, soit à cause de la quantité d'humeurs crues qui se rencontrent au febricitant. Les vrines sont crues, ténues, vne fois sans couleur, vne autre fois fort troubles, et tousiours sans sediment, ou auec vn sediment mauuais : le pouls est frequent et inegal : bref elle n'est point sans donner ou de la douleur, ou vne pesanteur de teste, ou vn assoupissement, ou autres accidens dangereux.

Hippocrates met ceste fiéure entre les maladies aiguës et longues : entre les longues, à cause ou qu'elle apporte bien tost la mort, ou que la tierce dont elle est composée se finit bien tost, si bien qu'il ne demeure plus que la fiéure continue quotidiane, qui dure encore quelque temps : aprés il la met pareillement entre les maladies longues et chroniques, d'autant qu'elle dure iusques à vn mois, voiremesme iusques à deux et à trois : si elle passe outre, elle apporte d'ordinaire la fiéure hectique, qui est sans remede et sans espoir de salut. Il est vray que pour l'ordinaire elle est plus longue que la tierce, et plus courte que la quotidiane, de laquelle toutesfois elle approche fort lors qu'elle est produite par vne grande quantité de pituite : car selon qu'elle a plus ou moins de ceste humeur, aussi elle est plus ou moins longue.

Tu obserueras que quand il y a egale portion en ceste fiéure de bile et de pituite, elle saisit auec peu d'horreur, qui semble estre moyenne entre la rigueur et le refroidissement : mais lors qu'il y a plus de bile que de pituite, alors l'horreur est violente, non sans estre meslée de rigueur, laquelle est incontinent suiuie d'vne chaleur ardente, de soif, de veilles, de vomissemens bilieux, de cours de ventre, et autres signes qui accompagnent les fiéures tierces. Que si la pituite est en plus grande quantité que la bile, l'horreur est douce, le refroidissement des extremités sensible, la chaleur tarde à venir, les accés sont longs, et accompagnés des signes des fiéures quotidianes : finalement, quoy que c'en soit, c'est vne fiéure tres-perilleuse, et pour la plus part du temps mortelle, tant à cause de la violence de la maladie et des symptomes qui abbattent les forces du febricitant, qu'à cause que ces fiéures cy ne sont presque iamais exemptes de quelque inflammation des parties nobles, ou à tout le moins de quelque disposition inflammatoire, comme remarque Galien aux *Epidemies*.

La cure de ceste fiéure semble estre double, pour estre composée de celle qui conuient à la quotidiane, et de celle qui est propre à la tierce. A celle-cy l'vsage des medicamens rafraichissans et humectans est plus profitable que des attenuatifs, incisifs, et aperitifs : tout au contraire à l'autre en laquelle il faut plustot attenuer, inciser, ouurir, deterger et euacuer les mauuaises humeurs, que rafraichir et humecter. En sorte que selon ceste regle, lors qu'il y a autant de bile que de pituite, il faut auoir esgard esgalement et à la tierce, et à la quotidiane, par des medicamens qui ayent la force et la vertu de remedier à l'vne et à l'autre : mais si la bile surpasse, il faut auoir plus d'esgard à la tierce qu'à la quotidiane : au contraire s'il y a plus de pituite que de bile, il faut songer plustost à la quotidiane qu'à la tierce. Partant pour ce qui concerne le regime de vi-

ure, il faut qu'il soit refrigerant' humectant, detersif, attenuatif, par alimens de bon suc et de bonne nourriture, prenant garde que le iour que la seule quotidiane arriue, on peut nourrir vn peu plus liberalement, mais plus escharcement le iour que la tierce et la quotidiane suruiennent. Il faut aussi bien prendre garde que l'on ne donne pas la nourriture sur l'heure de l'accés, pour les raisons que nous auons dites cy deuant. Il n'est pas à propos que ces alimens soient solides, mais liquides, à fin qu'ils en soient plus aisément cuits, digerés et distribués. Toutesfois sur le declin de la fiéure, on pourra vn peu se licentier, et donner quelque chose de solide au febricitant. Il ne faut point icy parler de donner de vin, à cause qu'il aide à augmenter la ferueur des entrailles, et donne à bon escient à la teste, qui n'est que trop chargée d'excremens en ceste maladie. On fera donc vser au malade de quelque decoction de racines pour son boire ordinaire, en y meslant le syrop aceteux simple, le iulep rosat, le suc de limons, syrop d'escorce de citron, de cerises aigrettes, de berberis, et autres.

Quant aux medicamens, les clysteres sont tres-vtiles, qu'on preparera auec maulues, mercuriale, laictue, apparitoire, espinars, fleurs de chamomille, melilot, semence de fenoüil et de cumin, et dissoudra-on dedans miel, sucre rouge, lenitif, catholicum, et choses semblables : selon la chaleur que le febricitant sentira aux lombes et aux reins, on pourra faire plus ou moins rafraichissans lesdits clysteres. Ayant ainsi'preparé le corps, il faudra venir à la saignée, laquelle quoy qu'on en die, ne doit point estre icy espargnée, à fin d'empescher l'inflammation des parties nobles et diminuer la pourriture. C'est pourquoy elle sera faite plusieurs fois des deux bras et des deux pieds, par remises toutesfois et interualles, à fin de n'abbatre les forces du malade et esteindre la chaleur naturelle. Durant ces interualles là, il faudra purger le corps, car c'est sans doute qu'il y a grande quantité d'excremens dans la première region du corps, qui a besoin qu'on les chasse par purgatifs benins et souuent reïterés. Il faudra donc, tantost recourir à la saignée pour esteindre le feu et la flamme de la fiéure, tantost à la purgation pour expulser les charbons qui entretiennent ce feu. Mais qu'on se souuienne de donner les purgatifs és iours où il y a moins d'accés, et aux autres iours on donnera des alteratifs, comme iuleps, apozemes, et potus, sans oublier les fomentations, epithemes, onguens, linimens, huiles, et cataplasmes.

Il y en a qui approuuent les vomitifs en ceste fiéure, mais il faut y apporter vne grande precaution : car s'il y a quelque disposition inflammatoire aux entrailles, ils ne peuuent estre que tres-pernicieux. Que s'il n'y a aucun soupçon d'inflammation, on en peut bailler quelque benin, principalement à ceux qui vomissent, ou qui ont sans cesse des enuies de vomir : et ce le iour où le malade est trauaillé de l'accés de la tierce. Et cecy suffise pour ce qui est des fiéures hemitritées.

CHAPITRE XXXIII.

DE LA DOVBLE ET TRIPLE TIERCE, DOVBLE QVOTIDIANE, DOVBLE ET TRIPLE QVARTE.

Nous allons expliquer en ce Chapitre les fiéures composées de fiéures de mesme nature et espece, qui suiuent celles qui sont composées de fiéures de diuerses especes, telle qu'est l'hemitritée. Or en la composition de ces fiéures de mesme espece, quelquesfois il ne s'y en rencontre que deux, quelquesfois il y en a trois : par exemple en la double tierce il n'y en a que deux, en la triple tierce il y en a trois : comme pareillement en la double et triple quarte. Nous auons donc icy à expliquer trois fiéures doubles, sçauoir : la *double tierce*, la *double quotidiane*, et la *double quarte*, et puis après deux fiéures triples, qui sont la *triple tierce*, et la *triple quarte*. Nous appellons *double tierce* vne fiéure composée de deux tierces, qui se font d'vne bile qui se pourrit en deux diuers lieux hors des grands vaisseaux. Toutesfois et quand doncques qu'il y a deux foyers de bile au mesentere qui prennent feu l'vn après l'autre, pour lors il arriue deux fiéures, lesquelles, à cause qu'elles prennent de deux iours l'vn, on appelle double tierce : par exemple, qu'auiourd'huy vn des foyers de la bile excite vne fiéure sur les dix heures du matin, laquelle ne doiue finir que sur les dix heures du soir, si le mesme iour l'autre foyer s'allume sur les trois ou quatre heures du soir, ou bien le lendemain à quelque heure que ce soit, sans doute on obseruera vne fiéure composée de deux tierces, laquelle peut auoir deux redoublemens en vn iour, par exemple, si l'vne prend le matin à dix heures, et l'autre le soir à quatre heures: ou bien vn seul redoublement tous les iours, si la seconde fiéure par exemple ne prend pas le mesme iour que l'autre, mais seulement le lendemain. Il est vray qu'il y a quelques autheurs qui apportent en cecy quelque distinction, et disent que si ces deux fiéures tierces prennent à mesme iour, on ne les doit pas appeler double tierce, mais deux tierces simplement, que si elles prennent à diuers iours, c'est alors que l'on les doit nommer double tierce. Combien au reste que la double tierce prenne tous les iours, à la façon de la quotidiane, si y a-il bien de la difference, d'autant qu'elle a tous les signes qui accompagnent vne fiéure bilieuse: elle vient auec rigueur, elle se termine par sueur, les accidens qu'elle apporte sont seicheresse et amertume de bouche, grande alteration, veilles, vomissemens de matieres bilieuses et ameres, agitations, inquietudes, et les autres que nous auons specifiés en la fiéure tierce intermittente. Ie ne m'estens pas d'auantage à rapporter les signes de la double tierce, veu que celuy qui reconnoistra la simple tierce intermittente, connoistra incontinent la nature de ceste-cy, Ie diray seulement que la double tierce qui afflige deux fois tous les iours est fort rare, et que celle qui vient tous les iours est assez frequente et commune, bien que les accés n'arriuent pas tousiours, ny à mesme temps, ny à mesme heure.

Pour la double quotidiane elle arriue tres-rarement, et ne l'ay peu encore iamais obseruer: elle se fait au reste de la pituite qui se pourrit en deux diuers foyers, qui fait qu'elle prend deux fois en vingt-quatre heu-

res. Car si par exemple la premiere fiéure s'allume à quatre heures du soir, et l'autre à quatre heures du matin, on a deux accés en vingt-quatre heures: et si il arriue ce faisant que le malade ne se trouue point sans fiéure, la seconde surprenant deuant que la premiere quitte, et la premiere reuenant pour la seconde fois deuant que la seconde ait quitté. Ce que ie desire qu'on entende de la fiéure quotidiane qui a ses accés estendus et prolongés iusques à dix-huit heures, comme il arriue le plus souuent, non de celle qui auroit tant seulement sept ou huit heures d'accés. Quant aux signes de la double quotidiane, ils sont les mesmes que ceux de la quotidiane intermittente, c'est pourquoy ie n'en diray rien d'auantage.

Reste la double quarte, qui se fait de l'humeur melancholique, laquelle se pourrit dans deux diuers endroits du corps hors de grands vaisseaux. Ceste fiéure icy est assez ordinaire, et trauaille le malade deux iours consecutifs, ne lui en laissant qu'vn de bon. Car si la premiere quarte prend ce iourd'huy à six heures du soir, la seconde prendra le lendemain peut estre à mesme heure, si bien qu'on aura deux iours consecutifs mauuais: le troisiéme suiuant sera bon, et sans fiéure, et puis en suite il en viendra deux mauuais. Ces signes au reste ne sont point autres que ceux de la simple quarte intermittente.

Voila pour les fiéures composées doubles de mesme espece. Entre les triples est premierement la triple tierce, laquelle est produite et engendrée de la bile qui se pourrit en trois foyers aux lieux diuers du corps, hors des grands vaisseaux toutesfois. Or ceste fiéure icy a trois redoublemens en l'espace de deux iours; c'est à sçauoir vn seul redoublement en vn iour, et deux redoublemens l'autre iour. Galien au liure 2. *des Crises* chapitre 9. fait mention d'vn ieune adolescent qui estoit trauaillé de ceste sorte de fiéure :

« Il commença, dit-il, à auoir la » fiéure vers les cinq heures du ma- » tin auec un frisson fort court, sur » le vespre il sua vn peu : vers les sept » heures de nuit, deuant que la pre- » miere fiéure fust tout à fait esteinte, » vne autre fiéure le reprit, auec vn » frisson aussi fort court, en aprés il » sua vn peu : le lendemain vers les » dix heures il eut vn nouueau redou- » blement, et puis sua la nuit sui- » uante. Derechef le troisiéme iour la » fiéure le prit par anticipation à » deux heures du matin, auec vn » frisson, deuant que l'accés du iour » precedent fust tout à fait esteint. »

Voila ce qu'en dit Galien, lequel s'estend bien au long pour desmon- trer que c'estoit vne fiéure composée de trois tierces, et que ce n'estoit point vne hemitritée, comme quel- ques-vns pensoient. Ce qu'il remar- qua si exactement, qu'il prit garde que tous les accés de ceste triple tierce anticipoient iusques au septiéme periode, et que de là en auant ils commencerent à retarder, et puis à diminuer grandement : si bien que le malade qui n'auoit point esté iusques à ce temps là sans fiéure, commença à auoir deux heures entieres d'inter- mission. Tu peux voir ce chapitre là de Galien pour plus grande intelli- gence des fiéures composées et com- pliquées, par lequel aussi tu ap- prendras par quels signes on peut ve- nir à la connoissance de la triple tierce, et laquelle des trois fiéures doit finir la premiere.

Reste la triple quarte, laquelle se fait toutesfois et quand que l'humeur melancholique se pourrit en trois di- uers endroits du corps hors des grands vaisseaux. Les signes de ceste fiéure sont de prendre tous les iours, mais auec les marques qui sont propres de la fiéure quarte simple, par lesquelles elle est aisément distinguée et de la quotidiane, et de la double tierce. Or ce qui est cause que ceste fiéure se multiplie ainsi, c'est quelquesfois aussi l'vsage desreiglé des choses qui aug- mentent l'humeur melancholique : quelquefois aussi l'vsage des medica- mens trop chauds, comme de la the- riaque, que l'on donne au commence- ment des fiéures quartes. Car ces medicamens icy n'ayant pas faculté de cuire ou d'euacuer l'humeur mor- bifique, ils l'agitent seulement et la iettent d'vn lieu en l'autre, d'où vien- nent les diuers foyers. Ainsi Galien remarque au liure *des Predictions* ch. 2. qu'vn certain philosophe peri- pateticien, nommé Eudemus, estant trauaillé d'vne simple quarte inter- mittente, par l'aduis de quelque me- decin prit de la theriaque auant que la matiere fust cuite et preparée, la- quelle fit qu'il tomba en vne triple quarte : laquelle par aprés Galien guerit par l'vsage mesme de la the- riaque, qu'il donna à propos lors que la matiere fut preparée. Lors donc que toutes choses sont crues, si on donne des medicamens qui eschauf- fent beaucoup, d'autant qu'ils ne peuuent resoudre les humeurs par les sueurs, ils l'agitent simplement et en transportent vne partie qui çà qui là, si bien qu'il arriue qu'au lieu d'vn seul foyer qu'il y auoit, il s'en fait et deux et trois, d'où puis aprés il s'en- gendre autant de fiéures.

Si nous n'auions parlé de la cura- tion des fiéures en particulier, il faudroit icy faire vn grand discours pour la cure de ces fiéures composées. Mais qui entendra bien ce que nous auons dit iusques icy, il n'aura pas beaucoup de peine de trouuer les indications necessaires à la guerison de celles que nous traitons en ce Chapitre, veu que la composition ne change ny les indications ni les remedes, mais les modifie seulement : en tant qu'il faut auoir plus d'esgard à conseruer les forces du malade en ces fiéures composées, que non pas aux simples, d'autant qu'il n'a pas esté relasché, et qu'il est plus aigrement et violemment trauaillé. Quiconque donc voudra guerir les doubles et les triples tierces, qu'il recoure aux remedes prescrits à la simple tierce intermittente : qui voudra guerir les doubles quotidianes, aille chercher les remedes ordonnés à la simple quotidiane intermittente : bref, qu'on ait recours aux remedes de la simple quarte intermittente, si on veut guerir les doubles et les triples quartes. Neantmoins ie donneray cest aduertissement, qu'il faut auant que de songer aux remedes, connoistre si la double et la triple tierce, si la double quotidiane, si la double et triple quarte se font de la bile naturelle ou contre nature, de la pituite naturelle ou contre nature, du suc melancholique naturel ou de l'humeur atrabilaire : car selon ceste diuersité, il faudra recourir aux remedes de la tierce vraye ou bastarde, de la quotidiane vraye ou bastarde, de la quarte vraye ou bastarde : veu que nous auons appris par cy-deuant que la curation des fiéures vrayes est grandement eslongnée en quelques-vnes de la curation des bastardes.

CHAPITRE XXXIV.

DES FIÉVRES CONFVSES.

Ie n'ay que trois mots à dire en ce Chapitre, veu que la doctrine des fiéures confuses depend de celle des composées, que nous auons expliquées assez copieusement au Chapitre precedent.

Nous appelons fiéure confuse, celle qui est engendrée de la pourriture de diuerses humeurs ensemble pesle-meslées et confuses en vn mesme lieu, mais qui ne laissent pas de garder leur propre nature. Les composées se font bien de la pourriture de diuerses humeurs : mais ny ces humeurs là ne sont point confuses et pesle-meslées ensemble, ny ne se pourrissent point en vn seul lieu, mais en diuers foyers : d'où il arriue aussi que les signes et les symptomes des composées sont aisément conneus et distingués, là où ceux des confuses sont confus, et tellement ioints et liés par ensemble, qu'on ne les sçauroit ny reconnoistre ny distinguer. I'ay dit au reste, que telles humeurs, encore bien qu'elles soient retenues en vn mesme lieu, ne laissent pas que de conseruer leur propre nature, qui est par exemple, de la pituite, de s'esmouuoir tous les iours, et de donner des refroidissemens au commencement de la fiéure qu'elle produit : de la bile, de s'esmouuoir tous les trois iours, et de donner des frissons : de la melancholie, de se mouuoir le quatriéme iour, et d'apporter des horreurs. Ce que i'ay bien voulu adiouster, à fin de donner la difference qu'il y a entre les fiéures confuses et les fiéures intermittentes bastardes, que quelques vns ont voulu mettre au rang des confuses, veu qu'elles s'engendrent de deux diuerses humeurs qui se pourrissent et en mesme temps et en mesme lieu. Mais comme i'ay dit, les humeurs qui font les confuses gardent chacune leur naturel, d'autant qu'elles ne sont pas si bien meslées qu'elles ne facent qu'vne nature, ains seulement sont confusément mises en mesme lieu : de sorte que cela n'empesche pas qu'elles ne gardent tousiours et leur nature et leurs proprietés : mais les humeurs qui font les fiéures bastardes, sont si exactement meslées et mixtionnées entr'elles, qu'elles ne font qu'vne nature, et ne reçoiuent qu'vne forme : c'est pourquoy aussi elles ne font qu'vne seule fiéure.

Quelques autres veulent que les fiéures confuses soient produites de deux occasions, comme de l'inflammation de deux diuerses parties, laquelle fait deux fiéures continues. Que si pareillement le poulmon par exemple est trauaillé d'vn erysipele, et le foye d'vn phlegmon, ils disent qu'alors il suruient deux fiéures confuses, l'vne bilieuse causée par l'erysipele du poulmon, et l'autre sanguine engendrée par le phlegmon du foye. Mais tout cela est de peu d'importance pour la pratique : car soit que ce soient fiéures confuses, ou fiéures composées, pourueu qu'on reconnoisse la qualité de l'humeur qui se pourrit, il est aisé d'inuenter et de trouuer les remedes propres à les guerir.

CHAPITRE XXXV.

DE LA FIÉVRE HECTIQVE, DE SES DIFFERENCES, CAVSES, SIGNES ET CVRE [1].

En nostre diuision des fiéures, nous auons dit qu'il y en auoit de trois sortes, l'ephemere, l'humorale, et l'hectique. Nous auons expliqué iusques icy l'ephemere et les humorales : partant il ne nous reste plus que la fiéure hectique, laquelle est ainsi appellée, ou pource qu'elle est stable et difficile à guerir et oster, comme les choses qui ont pris leur habitude : car le mot Grec ἕξις signifie habitude : ou pource qu'elle occupe les parties solides de nostre corps, lesquelles les Grecs appellent ἕξις, mesme que le mot Latin *habitus* se prend en l'vne et l'autre signification.

L'on fait trois sortes de fiéures hectiques, qui pour en parler à la verité,

[1] Ce chapitre porte le même titre et a gardé presque absolument la même rédaction que le chapitre 14 du Traité de 1575. La seule différence un peu notable consiste dans la manière dont celui-ci débutait : *La fieure hectique est ainsi appellee, ou parce qu'elle est stable*, etc. ; ainsi le nouveau texte a ajouté deux lignes fort insignifiantes, après quoi il n'y a plus aucun changement.

C'est le dernier chapitre dont le Traité nouveau ait hérité de l'ancien ; mais il faut ajouter que ce chapitre tout entier, à partir de l'édition de 1579, avait passé avec le même titre au livre des *Playes en particulier*, où il constituait le chapitre 34. *Voy.* tome II, page 103, la dernière note. Cette note a besoin d'être rectifiée en ce sens, qu'en effet e texte actuel contient un très long passage qui avait été retranché au livre des *Playes*, mais en revanche celui-ci en contenait d'autres qui manquent au livre des *Fiéures*, et que nous aurons soin de reproduire.

sont plustost degrés qu'especes d'icelle. Le premier degré donc, est quand la chaleur hectique consomme l'humidité des parties solides. Le second, quand il deuore la substance charneuse d'icelles. Le troisiéme et dernier qui est incurable, quand il s'attache aux parties solides, et les destruit et consomme : tout ainsi que la flamme d'vne lampe consomme premierement l'huile, en aprés la propre humidité du lumignon, et en fin le corps du lumignon mesme : ce qu'estant, il n'y a plus de moyen ny d'esperance de le pouuoir r'allumer, bien que vous luy donniez l'huile à regorger.

Ceste fiéure ne prend que bien rarement, et à peine commence-elle d'elle-mesme : c'est pourquoy elle suit tousiours quelque autre fiéure.

Les causes doncques de la fiéure hectique sont fiéures aiguës et ardentes mal pensées, et principalement ausquelles on n'a donné refrigeration competente par epithemes sur le cœur et hypocondres, ny eau froide à boire en temps et saison requise. Elle peut aussi estre causée d'vne fiéure diaire, qui aura eu son commencement de quelque grande et longue fascherie ou cholere, la cause et impression d'icelle perseuerant long temps en nous : elle peut aussi venir de quelque trauail excessif en lieu et en temps chaud et ardent, et en vn corps fioüet, qui a peu de sang et d'humidité. Pareillement elle est souuent causée d'vne vlcere et inflammation des poulmons, empyeme du thorax, d'vn grand et long phlegmon de foye, ventricule, mesentere, matrice, reins, vessie, intestins ieiunum et colon : voire mesme des autres, s'ils sont enflammés d'vne longue et vehemente diarrhée, lienterie, ou dysenterie,

dont aussi s'ensuit inflammation, resiccation, emaciation de tout le corps, et par consequent fiéure hectique. Car l'humidité estant consommée et espuisée, la chaleur se fait plus acre et ardente.

Ceste fiéure de tant est-elle plus aisée à connoistre, qu'elle est difficile à guerir. Le pouls donc en icelle est dur, à cause de la siccité de l'artere qui est partie solide, et debile pour l'infirmité de la faculté vitale, le cœur estant en toute sa substance assailli : au reste petit et frequent, à cause de l'intemperature et ardeur du cœur, qui ne pouuant faire grand pouls pour se refrigerer, à cause de son imbecillité, tasche à se reuanger et rafraichir (mais en vain) par sa frequence et vitesse d'iceluy. Le propre signe de telle fiéure, pour le respect du pouls, est qu'vne heure ou deux aprés le repas le pouls se monstre plus grand et leger, et mesme la chaleur qui est au corps du malade pour lors se monstre plus grande : ce qui dure tant que la distribution de l'aliment se fait, et iusques à tant que la siccité du cœur soit aucunement corrigée et sa substance humectée par la suruenue de l'aliment, qui est cause que la chaleur s'augmente : ne plus ne moins que la chaux auparauant froide à l'attouchement, s'eschauffe iusques à fumer et boüillir quand elle est arrousée d'eau. Au reste, la chaleur et le pouls demeurent tousiours egaux en leur petitesse, langueur, obscurité, dureté, frequence, sans aucune exacerbation : si bien que le malade mesme ne pense pas auoir la fiéure, et ne sent aucun mal et douleur, qui est vn autre signe propre de la fiéure hectique. La raison vient de ce que la chaleur ne se monstre point, n'estant placée en la superficie des esprits et humeurs, comme en la diaire et putride, ains est comme cachée et plongée au plus profond de la substance des parties solides : combien que toutesfois si vous tenez long temps vostre main sur son corps, la chaleur en fin se fait sentir acre et mordicante, le passage luy estant ouuert par le cuir rarefié par l'attouchement doux et benin d'vne main bien temperée. Que si le malade en ceste fléure sent quelque douleur, et que par l'inegalité et exacerbations de la chaleur, il se iuge et sente luymesme auoir la fléure, c'est signe que telle hectique n'est pas simple, mais compliquée auec vne fléure putride, qui apporte telle inegalité. Au reste si la face Hippocratique a lieu en quelque maladie, certes elle paroist clairement és hectiques, à cause de la colliquation de tout le corps.

Pour la cure de ceste fléure, il faut curieusement considerer auec quelles maladies elle est compliquée, et de quelle cause elle aura esté excitée. Premierement, il faut sçauoir si elle est maladie ou symptome : car si elle est symptomatique, elle ne pourra estre guerie tandis que la maladie persistera et perseuerera : comme, si elle est causée d'vne fistule au thorax, à raison d'vne playe receuë en ce lieu, ou d'vne vlcere dysenterique d'intestins, elle ne pourra guerir que premierement la fistule ou vlcere ne soit guerie, d'autant que la maladie entretient tel symptome, comme la cause son effet. Mais si elle est maladie simple premiere : d'autant que son essence consiste en vne intemperie chaude et seiche, qui est placée non és humeurs, mais és parties solides, toute l'intention et conseil du Medecin se doit rapporter à alterer et corriger, et non à purger : car

les seuls humeurs sont capables de purgation, et non les parties solides. Reste donc maintenant de rafraichir et humecter les parties solides : ce qui se fait par choses prises au dedans, et apposées par dehors.

Les choses qui se peuuent fort heureusement prendre au dedans du corps, sont les alimens medicamenteux, qui profitent sans comparaison plus que les choses qui peuuent simplement alterer, c'est-à-dire rafraichir et humecter sans donner nourriture : car par le respect de la portion alimenteuse qui est en eux, estans attirés et apposés à la partie, et tournés en la substance d'icelle, ils viennent à l'humecter et rafraichir, non superficiellement comme les choses qui alterent simplement, mais interieurement. Nous auons de ces choses icy entre les herbes, entre les fruits, entre les racines, entre les semences, entre les choses que nous prenons ordinairement pour la nourriture de nostre corps : l'on recommande fort entre les herbes pour cest effet la viole, le pourpié, la buglosse, l'endiue et la lentille pallustre, la maulue aussi quand il y a adstriction de ventre. Les fruits sont de courge, de concombres, pommes, pruneaux, la passebille, amandes douces et recentes, et les pignons : des semences nous auons les quatre semences froides, grandes et petites, et icelles recentes à cause de leur humidité, les semences de pauot, de berberis, de coings, les fleurs de buglosse, de violes, de nenuphar : desquelles choses l'on fait des condits auec vn poulet pour prendre au matin, la premiere concoction estant accomplie, ce que l'on continuera par l'espace de neuf iours.

Quant aux viandes, pour le commencement, lors que les facultés ne sont encore fort debiles, que le febricitant prenne alimens qui à la verité soient difficiles à cuire, mais qui nourrissent fort et longtemps, telles que sont les extremités des animaux, comme pieds de veau et de pourceau non salés, chair de tortue qui premierement aura esté nourrie en quelque jardin, pour se gourmer et purger de ses humidités excrementitielles, la chair de limaçons, la semoule, et autres semblables [1] : car telles choses ayant vn suc visqueux s'agglutinent aisément aux parties de notre corps, et ne peuuent estre dissipées si aisément par l'ardeur de la chaleur. Mais lorsque la fiévre hectique aura ja longtemps traisné dans le corps, de sorte que les facultés semblent fort affoiblies, il faudra donner viandes aisées à cuire, et ce icelles plustost boüillies que roties : d'autant que les boüillies humectent d'auantage, et que les rosties se tournent plus aisément en bile [2].

[1] Ceci est le texte de 1575; mais en 1579 au chapitre 34 du livre *des Playes en particulier*, après *la chair de tortue*, on lisait :

« ... La chair de limaçons blancs pris és vignes, les grenoüilles, escreuices de riuiere, anguilles prises en eau pure et bien assaisonnees, œufs durs mangez auec jus d'ozeille sans espice, le stocphis et merlu bien detrampez et dessalez, des anons et poncepieds, la semoule, et autres semblables. »

On retrouvera une partie de ces aliments, mais non pas tous, indiqués plus bas dans le texte actuel, comme déjà en 1575.

[2] Le chapitre 35 du livre *des Playes* de 1579, avait intercalé en cet endroit un paragraphe que l'auteur a oublié de reporter dans son nouveau Traité :

« Les viandes seront veau, chéureau, chappons, poulets, cuittes en herbes, et semences qui rafraichissent et humectent, les

Que si toutesfois le malade est degousté des viandes boüillies, que la chair qu'on luy donnera ne soit guere rostie, et qu'on luy donne non de la superficie de la chair qui est plus seiche et bruslée, mais de l'interieure qui est plus humide, et qu'elle soit en outre temperée encore d'eau rose, de suc de citrons, d'orenges, ou de grenades. Qu'il s'abstienne de poissons sallés et durs : les meilleurs sont les saxatiles, pour l'exercice qu'ils font estans continuellement heurtés entre lss rochers : ceux aussi qui ont la chair glutineuse [1] et visqueuse, comme les anguilles prises en eau pure et bien assaisonnées, les tortues, les escreuisses, les limaçons et grenoüilles. Le laict d'asnesse pris chaudement, et corrigé auec vn peu de sel, de sucre rosat, miel, fenoüil, ou anis, de peur qu'il se corrompe ou aigrisse en l'estomach, ou bien le laict de femme succé de la mamelle, sont fort recommandés en ceste maladie, le tout pris iusques à demie liure [2]. Qu'il

orges mondez, les amendes leur sont propres : comme aussi la panade faite de mie de pain blanc arrousée d'eau de rose, puis cuitte en la de coction des quatres semences froides, auec du sucre rosat en forme de boulie : telle panade refraichit le foye et l'habilude de tout le corps, et nourrit grandement, comme aussi les testicules, les foyes, aillerons, de ieunes coqs, les figues et raisins de Damas. »

[1] Le livre *des Playes en particulier* disait ici : *comme ceux que nous auons cy deuant nommez.*

[2] Il y avait encore ici une intercalation assez étendue dans le chapitre 35 du livre *des Playes* de 1579; la voici :

« Mais celuy de la femme est plus vtile, parce qu'il est plus doux et nourrissant, et approchant de plus pres de nostre naturel, moyennant qu'il soit pris d'vne nourrice bien temperee et habituee, mesme qu'il est sin-

trempe son vin auec quelque peu d'eau de laictue, de pourpié, ou de nenuphar, et auec beaucoup de celle de buglosse, tant pource qu'elle humecte grandement, qu'aussi qu'elle a la vertu speciale de resioüyr et recreer le cœur, la substance duquel est fort affligée en ceste maladie. Et telles sont les choses qu'il conuient prendre au dedans.

Celles qui se doiuent appliquer par dehors sont les onctions, les bains, les epithemes, les clysteres. Les onctions sont diuerses, selon la diuersité de l'indication, prise des parties sur lesquelles il les faut appliquer. Car sur le dos et sur toute l'espine, Galien y fait des onctions de choses froides et astringentes moderément, c'est à dire qui puissent roborer les parties et empescher la colliquation d'icelles, et non boucher le passage à l'insensible transpiration, ce qui rendroit la chaleur beaucoup plus acre. Tels sont les linimens qu'on peut faire d'huile rosat, de nenuphar, de coings auec vn peu de cire, s'il vient à propos. Les parties pectorales au contraire doiuent estre ointes de choses moyennement rafraichissantes et relaschantes: ie dis moyennement ra-

gulier aux erosions de l'estomach et vlceres des poulmons, dont s'ensuit emaciation et phtisie. Quant au laict d'asnesse, il le faudra choisir qu'elle soit nourrie d'orge et auoine, fueilles de chesne, à fin que par le benefice de telle nourriture, il soit plus profitable et moins subiet à corruption. Et où le malade auroit le ventre trop lasche, on fera vn peu bouillir le laict, et y esteindre des cailloux tous rouges et ardens. Et noteras que si ledit laict pris, le malade auoit rots aigres, difficulté d'allaine, chaleur non accoustumee, enflure et fluctuation du ventre, douleur de teste, comme il aduient à plusieurs, il faudra desister à prendre ledit laict. »

fraichissantes, d'autant que le froid est tout à fait leur ennemy: ie dis aussi relaschantes, à raison que les astringentes apporteroient vne difficulté de respirer, et de mouuoir librement les muscles du thorax. Telles sont les onctions qui se peuuent faire d'huile violat, de saules, d'huile de semence de laictue, de pauot, de nenuphar, y meslant de l'huile d'amendes douces, pour temperer l'adstriction et frigidité qu'ils pourroient auoir. Sur tout que l'on se garde que l'Apothicaire par auarice, au lieu de ces huiles recentement tirées, ne vous en suppose de vieilles, rancides et sallées: car au lieu de rafraichir vous eschaufferiez, comme ainsi soit que le vin, le miel, et l'huile par l'aage acquierent vne chaleur excessiue. Au defaut de bonnes huiles, nous les oindrons de beurre premierement laué diligemment en eau de violes et de morelle. L'vsage de telles onctions est de rafraichir, humecter et conforter les parties: et se doiuent faire matin et soir, quand le malade s'ira coucher, deuant et après le bain.

Quant aux bains, nous les ordonnons, ou pour simplement humecter, et lors suffira le bain d'eau tiede, dans laquelle on pourra ietter fleurs de violes, de nenuphar, fueilles de saules, et orge mondé: ou pour non seulement humecter, mais aussi relascher les parties qui sont tendues de siccité et aridité hectique, et outre leur apporter quelque meilleure habitude, à ce qu'elles doiuennent mieux refaites et nourries, et lors on y pourra aussi mesler la decoction d'vne teste et tripes de mouton, et ensemble quelque quantité de beurre.

Au reste, l'appareil d'vn bain pour

les hectiques doit estre de plus grand artifice que le vulgaire des praticiens ne pense. L'artifice est tel. Il faut auoir trois baignoires : la premiere sera d'eau douce moderément chaude, et ce pour ouurir les pores du cuir : la seconde sera d'eau tiede, pour simplement humecter, l'eau penetrant aisément par les pores du cuir : la troisiéme d'eau froide, pour rafraichir, fortifier et adstraindre les parties, et leur faire garder l'humidité receuë, de peur qu'elle n'exhale : il faut demeurer quelque peu de temps dans le second, et fort peu dans le troisiéme. Toutesfois ceux qui n'auront les moyens, ou qui se fascheront de transporter leurs corps ainsi successiuement de baignoire en autre, pourront accomplir toutes ces trois intentions en vn mesme bain, luy donnant l'eau plus chaude au commencement, puis y mettant tant d'eau froide qu'il y en ait suffisamment pour rendre le tout tiede : en fin vuidant par vne fontaine qu'il y aura au dehors de la baignoire, tant de ceste eau tiede, qu'emplissant le reste d'eau froide le tout soit rendu entierement froid. Ie trouuerois bon que deuant de plonger le malade dans le premier bain, qu'on luy fist receuoir, non par la bouche, mais par le reste de tout le corps, la vapeur de l'eau chaude. Le moyen seroit que, tenu sur la gueule de la baignoire par trois ou quatre hommes, et au dessus enueloppé et couuert de toutes parts d'vn linge horsmis la teste, il receut ladite vapeur, pour estre plus pleinement par aprés dans le bain humecté, le corps estant estant ainsi rarefié et laxé[1].

[1] Ce curieux paragraphe sur l'administration des bains est copié textuellement de

Or il faut qu'il ait pris et cuit quelques viandes deuant que d'entrer dans ce bain, à fin que par la chaleur dudit bain l'aliment ia cuit soit attiré aux parties et en toute l'habitude du corps : car d'y entrer l'estomach vuide et à jeun, il se feroit trop grande dissolution des forces du corps. Le regime donc qu'il conuiendra tenir deuant que d'entrer dedans, doit estre tel : que le iour de deuant sur le matin on lui donne vn clystere remollient, à fin que les excremens qui ont coustume d'estre retenus dans les intestins par l'intemperie seiche soient euacués : qu'on le fasse disner par aprés sur les neuf heures, luy donnant viande de solide nourriture : qu'il souppe sur les quatre heures, mais moins, et de viandes aisées à cuire : vne heure aprés minuict qu'il prenne la decoction d'vn poulet, ou vn orge mondé, ou deux œufs mollets, dans lesquels on mettra vn peu d'eau rose et de sucre au lieu de sel : quatre ou cinq heures aprés qu'il entre dans le bain, à la façon que dit est. En aprés au sortir du bain, qu'on le nettoye et frotte doucement auec linges mols et deliés : aprés qu'il soit oinct à la mode cy-deuant descrite : puis qu'il repose et dorme dans le lict deux ou trois heures, si possible est : à son resueil qu'il boiue de la ptisane, et qu'il prenne des potages de facile digestion : à son souper qu'il boiue du vin, et qu'il se nourrisse de viandes plus solides. Le matin qu'on luy donne vn orge mondé, ou autre viande de pareille estoffe : en aprés qu'il r'entre dans le bain à la mode susdite. Ce luy sera chose tres-profi-

l'édition de 1575 ; il est assez singulier que le livre des *Playes* de 1579 l'ait passé sous silence.

table qu'il vse ainsi artificiellement du bain de dix en dix iours, et ce par l'espace de trois iours continus. Que si le malade est suiet à quelque crudité d'estomach, de sorte qu'il ne puisse endurer le bain sans danger et de syncope et d'autres accidens, il luy conuiendra roborer et fortifier le ventricule auec linimens d'huile de coings, d'absinthe et de mastic, ou bien luy apposer vne crouste de pain aspergée de poudre de roses, de sandal, et de girofle, et de vin odoriferant, sur la region du ventricule, et par derriere enuiron la treiziéme vertebre du dos, où par l'intelligence de l'Anatomie nous entendons respondre la bouche de l'estomach.

Les epithemes luy doiuent estre apposés sur le foye et sur le cœur, à fin de temperer l'ardeur acre d'icelles parties, et corriger leur siccité par vne humidité raisonnable : c'est pourquoy tels epithemes se preparent auec choses froides et humectantes, mais plus humectantes que froides, d'autant que ce qui est fort froid coupe et ferme passage à l'humidité : à cela sont propres les eaux de buglosse et de violles iusques à vn quarteron, auec quelques gouttes de vin blanc. Mais ceux qui se font d'orge mondé, de semence de courge, de pompons, ou de concombres, iusques à trois drachmes de chacune en la decoction, en y meslant par forte agitation de l'huile de violles ou d'amendes douces, sont plus excellens que tous les autres. Le moyen d'appliquer ces epithemes, est de plonger des drapeaux dedans, et les appliquer sur le cœur et sur les hypochondres, les changeant d'heure à autre à mesure qu'ils s'eschaufferont sur la partie.

Quant aux clysteres, d'autant que

pour l'imbecillité de la faculté concoctrice, plusieurs excremens s'amassent és corps des hectiques, il sera vtile d'en vser souuent tout le long de la maladie : on les preparera de la decoction d'herbes, fleurs et semences refrigerantes et humectantes, sans y dissoudre autre medicament que la casse auec le sucre, huile violat, ou de nenuphar, et autres semblables. Mais aussi de tant qu'à la fléure hectique, quand elle est fort aduancée, suruiennent des flux de ventre fort pernicieux, qui sont signes et marques de l'imbecillité de toutes les facultés, et de la colliquation de toute la substance du corps, il faudra remedier par choses refrigerantes et adstringentes, par alimens de grosse substance, comme de riz, de pois chiches, appliquant par dehors choses qui adstreignent et roborent, donnant en outre à boire au malade eau en laquelle de l'auoine ou de l'orge rosti auront cuit.

Quant au reste, il faudra traiter le febricitant le plus doucement que l'on pourra, le tenant en perpetuel repos, et le faisant le plus dormir qu'il sera possible [1].

CHAPITRE XXXVI.

DES FIÉVRES SYMPTOMATIQVES, DE LEVR DIFFERENCE ET CVRATION.

Aux fléures essentielles sont opposées les symptomatiques, qui ne sont

---

[1] Là finissait aussi le chapitre de 1575 ; mais le livre *des Playes* de 1579 ajoutait les trois paragraphes suivants, qui peut-être ne méritaient pas l'oubli où ensuite l'auteur les a laissés :

« L'on dit que la liqueur des limaces

pas des maladies premieres, mais des accidens qui suruiennent à cause de quelque maladie qui les precede et deuance. Car encore bien que la fiéure telle qu'elle soit, soit vne maladie, c'est à sçauoir vne intemperie chaude et seiche, si est-ce toutesfois qu'on a accoustumé de diuiser la fiéure en celle qui est maladie, et en celle qui est symptome. La fiéure *maladie*, ou comme nous auons dit, la fiéure *essentielle* suruient sans qu'vne autre maladie l'ameine et l'excite: mais la fiéure qui est *symptome* est excitée par vne autre maladie, ne plus ne moins que les autres accidens, tels que sont la douleur, les veilles, la soif, et choses semblables. Doncques, tout ainsi que quelque symptome ou accident de maladie suit ladite maladie tant qu'elle dure, et s'esuanoüit à mesme temps que la maladie cesse : tout de

blanches, prises et nourries és vignes, des tortues nourries à la façon parauant expliquee, au reste pillees et distillees en l'allambic de verre *in balneo Mariæ*, baillee auec s, rop de pauot, de nenuphar ou eau de decoction de laictues et de poullet, est singulierement bonne en la fiéure hectique.

» Telle fiéure peut assaillir les petits enfans, ou pour quelque despit ou longue crainte en laquelle ils auroient esté tenus, ou auoir vne nourrice cholerique de nature et de façon de viure, de laquelle pertant le laict est trop chault et ardent : ou pour estre nourris de vin, ou pour estre tenus continuellement au soleil : en ce cas il leur faudra changer de laict de nourrice et façon de viure en autre toute contraire, les tenant en air chaud et humide temperément : les oindre d'huille violat, et faire à peu pres les choses cy deuant expliquees pour les refroidir et humecter.

» Que si la fiéure est compliquee d'hectique et putride, il faudra pareillement compliquer et accoupler les remedes pour l'vne et l'autre intention, par bonne methode. »

III.

mesme la fiéure symptomatique ne vient qu'en suite de quelque maladie, et s'en va aussi à mesme heure que ladite maladie. C'est pourquoy ceste fiéure icy n'a point de propres indications, comme a l'essentielle, les indications de laquelle sont prises de sa nature et de ses causes. Mais celles de la symptomatique sont prises de la maladie qui la produit, et de là vient aussi que l'on nomme ceste fiéure du nom de sa maladie, et non de son nom propre, comme enseigne Galien sur l'aphorisme septante-deux de la quatriéme section.

« Les anciens, dit-il, disoient que » ceux estoient malades de la fiéure, » qui sans aucune inflammation, sans » abcés, sans douleur, sans érysipele, » et pour le dire en vn mot, qui sans » aucune autre maladie remarquable » se trouuoient affligés de fiéure. » Mais s'ils se trouuoient auoir la fié-» ure, ou à cause de la douleur de » costé, ou de poulmon, ou à cause de » l'inflammation de quelque autre par-» tie, ils ne les appeloient pas febrici-» tans, mais pleuretiques, peripneu-» moniques, hepatiques, et de pareil-» les et semblables appellations. »

Ce n'est pas toutesfois que toutes les fiéures symptomatiques viennent de nécessité de quelque inflammation : il y en a encore d'autres : c'est pourquoy ie m'en vais apporter toutes leurs differences et especes. Les fiéures donc symptomatiques sont prises de trois chefs, ou de l'inflammation de quelque partie, ou de l'obstruction, ou de la pourriture et corruption de quelque partie noble.

Celle qui vient de l'inflammation est double : car ou elle vient de l'inflammation de quelque partie noble, et voisine du cœur, ou de quelque partie ignoble, et qui est eslongnée du cœur. Celle-cy est ephemere et ne dure qu'vn iour, d'autant que la partie pour estre eslongnée du cœur ne peut rien eschauffer en luy, si ce n'est les esprits qui se portent plus aisément par les conduits destournés que ne font pas les humeurs. L'autre fiéure qui vient de l'inflammation des parties nobles et voisines du cœur est aussi double : car elle est ou phlegmoneuse, que les Grecs disent φλεγμονώδης, ou erysipelateuse, que les mesmes Grecs appellent ἐρυσιπελατώδης ou τυφώδις. Celle là se fait par vn vray phlegmon de quelque partie, et celle-cy par l'erysipele de la mesme partie. Par exemple, si les membranes du cerueau s'enflamment par la corruption du sang qui est au cerueau, il se fera vne fiéure symptomatique phlegmoneuse : mais s'il se fait vne inflammation ausdites membranes par la corruption de la bile, la fiéure symptomatique qui en sera excitée sera appellée ou *typhodes* ou erysipelateuse. Au reste ces fiéures icy d'autant plus sont-elles grandes, violentes, dangereuses et perilleuses, que la partie qui reçoit inflammation est noble et voisine du cœur : car le cœur en reçoit plus aisément et promptement les mauuaises fumées et vapeurs qui s'en esleuent continuellement.

La seconde fiéure symptomatique vient de l'obstruction qui est viuement attachée à quelqu'vne des entrailles, et telle fiéure d'ordinaire est lente : car c'est vn feu caché, et vne pourriture secrette qui se glisse lentement dans les veines, et à peine se peut elle communiquer au cœur : c'est pourquoy ceste fiéure est si douce et a des accidens si legers qu'à peine le malade se persuade-il auoir de la fiéure : bien qu'il soit assez aisé au medecin prudent et aduisé de la

reconnoistre, par quelques signes de pourriture qui apparoissent, et aux vrines et au pouls. Quelques-vns rapportent à ce genre de fiéure celles dont les cachectiques et les filles qui ont les pasles couleurs sont trauaillées, lesquelles sont engendrées et produites d'vne certaine pituite sereuse, qui se pourrit lentement dans toutes les parties du corps où elle est diffuse et espandue. D'autres aussi mettent entre ces fiéures icy, celles qui sont produites par les vers, bien qu'elles ayent des symptomes beaucoup plus violens que les fiéures lentes.

La troisiéme et derniere espece de fiéures symptomatiques, est prise de la pourriture et corruption de quelque partie de nostre corps qui est noble et necessaire à la vie. Par exemple, toutesfois et quantes que le poulmon, le foye, la ratte se pourrissent et se corrompent en leur substance, par la continuité des vaisseaux qui sont inserés en ces parties là, il y a de mauuaises vapeurs qui sont portées au cœur, où ils allument vne fiéure lente continue, qui consomme peu à peu le malade et le debilité de iour en iour, et l'extenue tellement qu'il en meurt à la fin : et ceste fiéure icy n'est point autre que symptomatique, encore bien que quelques vns la vueillent appeller hectique : mais en l'hectique, il n'y a point de pourriture, si a bien en celle-cy : c'est pourquoy elle constitue la troisiéme espece des symptomatiques.

Or la connoissance des fiéures symptomatiques despend de leurs propres signes. Celles qui se font à cause de l'inflammation de quelque partie, se reconnoissent par l'inflammation mesme, qui se donne assez à connoistre, tant par la douleur que par la tion et affliction qu'elle donne à la partie malade : d'auantage ces fléures n'ont aucuns accès periodiques, et ne tiennent aucune signification de pourriture dans les vrines, si ce n'est qu'il subtile de la partie enflammee quelque petite portion de pourriture qui se mesle parmy le sang, et qui le corrompt. Bref telles fléures ne recoiuent point de crises, ny au septiéme iour, ny au quatorziéme, mais se guerissent peu à peu à mesure que l'inflammation se diminue.

Pour la fléure lente qui se fait de l'obstruction, elle se reconnoist par la tumeur ou dureté de visceres qui sont estouppés : elle n'apporte aucun grief accident, si ce n'est que peu à peu elle oste les forces du malade, luy fond le corps, et le rend maigre encore qu'il se nourrisse bien. Elle dure quelquefois bien longtemps, vn mois, deux mois, plus ou moins, selon que l'obstruction est plus ou moins opiniastre : le pouls du malade est petit, foible, frequent, leger et inegal.

Reste la fléure qui suit la corruption des parties : celle-cy se reconnoist, parce qu'elle ne diminue nullement, ny par aucune purgation, ny par aucune saignée : ains au contraire elle s'aigrit et augmente à veuë d'œil. Elle donne des defaillances de cœur, et peu à peu elle amaigrit tellement le malade et le debilite, qu'elle l'oste hors de ce monde. Il faut au reste prendre garde quelle est la partie qui se corrompt, si c'est le poulmon, le foye, la ratte, l'estomach, les reins, le mesentere, la matrice : car par ce moyen vous entrez en sa connoissance.

Cecy establi, venons à la cure de ces fléures symptomatiques. Celle qui suit les inflammations se doit traiter comme l'inflammation mesme,

et comme les autres fléures que nous auons dit estre des intemperies chaudes et seiches. C'est pourquoy le regime de viure doit estre rafraichissant et humectant, en s'abstenant tout à fait de vin et des choses qui peuuent augmenter l'inflammation. Il faut commencer les remedes par la saignée, laquelle est si necessaire en ce mal icy, que si elle n'est faite et promptement et competemment, ou le malade meurt bien tost, ou il se fait vn abcés, qui quelquefois est mortel, quelquefois est de tres-longue durée. Cependant on fera vser au malade de juleps et apozemes refrigerans, qui ont la force et la vertu de reprimer la ferueur de la bile, et autres humeurs ardentes et boüillantes qui fomentent le mal. Il se faut bien donner de garde de purger le malade du commencement, voire mesme tant qu'il y aura soupçon d'inflammation : car il faut craindre d'irriter la partie malade, de l'eschauffer, et de luy transporter de nouueau de mauuaises humeurs. Lors mesme qu'il sera temps de purger, il faut se seruir de purgatifs doux et benins, et fuir les violens, et ceux qui reçoiuent la scammonée. Il ne faut nullement parler de vomitifs, d'autant qu'ils sont tres-pernicieux aux inflammations. En vn mot on se doit contenter presque durant toute la maladie de clysteres, de la saignée, et remedes alteratifs rafraichissans et humectans : ayant toutesfois tousiours esgard à la partie enflammée pour luy appliquer les remedes propres, comme les bechiques au poulmon, les epithemes au foye et à la ratte, et ainsi des autres.

Pour les fléures lentes symptomatiques qui viennent de l'obstruction ou du foye, de la ratte, il faut se seruir d'vn regime de viure qui soit incisif et attenuatif, preparant des boüillons de poullets auec racines de persil, de fenoüil, de capres, d'orge, et autres diuretiques : il faut euiter les alimens visqueux et grossiers, toutes sortes de legumes, et autres viandes flatulentes et terrestres. La boisson ordinaire doit estre preparée auec orge, chiendent, racines d'ozeille et de cichorée sauuage, de dent de lion, meslant quelquesfois vn peu de vin blanc qui est aperitif et diuretique. Entre les remedes la saignée tient le premier lieu, qui oste et desgage puissamment les obstructions, et en outre descharge la nature d'vne portion des humeurs qui l'affoiblissent, et qui diminuent la chaleur naturelle. Les clysteres detersifs doiuent estre souuent vsités, cependant que l'on prepare les humeurs auec juleps et apozemes qui ouurent, desbouchent, incisent et attenuent sans excessiue chaleur, et que par interualle on corrobore les entrailles, tantost auec l'electuaire de triasantali, tantost auec les trochisques d'aigremoine, ou bien auec poudres, condits, tablettes, et opiates conuenables. Aprés cela il faudra purger doucement et frequemment le corps, ayant tousiours esgard à la partie qui est estouppée, comme au foye ou à la ratte : pour selon ceste indication mesler les medicamens qui ont plus de familiarité auec la partie affectée. Bref il ne faut rien obmettre des choses qui ont la force de desboucher, d'ouurir, d'inciser, d'attenuer, et de desgager les obstructions.

En fin les fiéures symptomatiques qui viennent de la corruption des parties nobles reçoiuent assez de remedes palliatifs, mais elles n'en peuuent auoir qui les puissent entierement guerir. Il en faut mourir tost ou tard, veu qu'il est impossible de restituer vne partie noble qui aura esté vne fois corrompue : l'axiome du philosophe estant tres-vray, qui dit qu'il n'y a point de retour de la priuation à l'habitude. Il faudra donc se contenter du prognostic, et prescrire au malade le meilleur regime de viure que faire se pourra : que s'il estoit trauaillé de quelques violens symptomes, il faut tascher à les adoucir les mieux qu'il sera possible, et du reste n'esperer autre issue de la maladie que la mort.

CHAPITRE XXXVII.

DES FIÉVRES EXTRAORDINAIRES.

Nostre premiere diuision des fiéures a esté en ordinaires et extraordinaires, dont les premieres ont esté exposées iusques icy. Restent donc les extraordinaires seulement, qui pour le dire sainement, ne sont point nouuelles differences et especes de fiéures, ains sont les mesmes que nous auons expliquées, mais qui ne sont pas seulement accompagnées de leurs symptomes et accidens ordinaires, mais aussi d'autres qui sont plus estranges et plus extraordinaires, et pour la pluspart tous dangereux et mortels. A ces fiéures icy ie rapporte toutes celles que l'on appelle *malignes, pestilentielles, contagieuses, purpurées,* les tierces quotidianes et quartes pestilentielles, l'*ephemere des Anglois,* que l'on appelle ἰδρονοῦσον, les fiéures epidemiques accompagnées de coqueluche, de pleuresie, peripneumonie, dysenterie pestilentielles et contagieuses : bref toutes celles qui ont quelque malignité extraordinaire, desquelles toutesfois ie pretens point en ce discours parler plus amplement, d'autant qu'icelles fiéures se peuuent commodément rapporter à la peste, de laquelle nous auons fait vn liure particulier [1]. C'est pourquoy

ce seroit chose superflue que de vouloir derechef m'estendre sur ce suiet : qu'on ait recours à mon discours particulier, et on trouuera dedans assez de matiere pour contenter l'esprit curieux du chirurgien. Et que cecy suffise pour la premiere partie du discours des fiéures, l'ordre nous appellant à la seconde partie.

[1] Il renvoyait déjà pour le même objet à son livre *de la Peste* dans le traité *des Fiéures* de 1575. Voyez ci-devant la dernière note du chapitre 13.

SECONDE PARTIE

CHAPITRE I.

DE LA DIVISION DES SYMPTOMES, ET SVITE DE CE DISCOVRS.

Il n'y a point de maladies qui ne soient suiuies et accompagnées de quelques symptomes, tout ainsi que le corps est suiui de son ombre. Mais entre toutes les maladies, il n'y en a point qui en ayent de plus frequens, de plus violens et de moins supportables que les fiéures, d'autant qu'estant maladies vniuerselles et communes à tout le corps, elles peuuent en tous endroits d'iceluy produire de mauuais accidens. C'est pourquoy ce n'a pas esté sans raison que nous auons diuisé le traité des fiéures en deux parties, la seconde desquelles nous auons destinée à l'explication de leurs symptomes. Car encore bien qu'iceux n'ayent aucune propre indication, et qu'ils se dissipent et s'esuanoüissent à mesure que les fiéures cessent et finissent, ce qui semble nous persuader qu'il ne leur faut autres remedes que ceux qui sont ordonnés aux fié-

---

[1] Toute cette deuxième partie est neuve, c'est-à-dire qu'il n'en avait rien paru dans les œuvres publiées par l'auteur lui-même. Nous n'aurons donc qu'à suivre scrupuleusement le texte de l'édition posthume de 1628.

ures : si est-ce toutesfois qu'ils sont quelquesfois si violens, si fascheux et insupportables aux febricitans, qu'ils obligent les malades à demander quelque soulagement, et forcent le medecin de leur trouuer et appliquer des remedes. Outre qu'il est tres-constant et asseuré que les symptomes quelquesfois sont causes de nouuelles maladies, bien qu'ils ne soient que les effets d'icelles : mais ils sont effets des premieres maladies, et sont causes de quelques maladies secondes qu'ils excitent : par exemple, le delire n'est qu'vn effet de l'intemperie chaude et seiche de tout le corps : mais si ce delire perseuere, il apporte la phrenesie, et est cause d'une inflammation qui se fait au cerueau, qui est vne nouuelle maladie. D'autant doncques que les febricitans se plaignent plustost des symptomes que de la maladie, et aussi à fin d'empescher leurs mauuais effets, i'ay trouué à propos de donner quelques remedes pour leur soulagement, que toutesfois ie modereray tellement, qu'ayant esgard aux symptomes, ie ne laisseray pas tousiours de buter premierement et principalement à la cure et guerison des fiéures dont ils sont accidens et effest.

Or à fin de garder quelque ordre en ce discours, nous prendrons celuy des symptomes, que les medecins apportent en la pathologie, qui est qu'ils diuisent les symptomes en trois chefs, sçauoir :

1. En ceux qui appartiennent à l'action lesée :

2. En ceux qui dependent de l'ametrie des excremens :

3. En ceux qui suiuent la simple affection du corps.

Nous pareillement, et à leur exemple, parlerons des symptomes des fiéures qui appartiennent à l'action lesée, tels que sont la douleur, les veilles, l'assoupissement et sommeil profond, le delire, la conuulsion, la paralysie, l'esblouissement de la veuë, la surdité, la difficulté de respirer, la toux, la difficulté d'aualler, le de-

goust, la nausée, le sanglot, le vomissement, la soif desreglée, la lipothymie et syncope. En second lieu nous ferons mention des symptomes qui suiuent l'ametrie des excremens : comme sont, le flux de ventre, la dureté de ventre, la suppression d'vrine, le flux excessif d'vrine, les sueurs immoderées, et le flux de sang. En troisiéme lieu nous rencontrerons les symptomes qui appartiennent à la simple affection du corps, telle qu'est la iaunisse, la seicheresse et noirceur de la langue, la froideur des extremités du corps, l'excessiue chaleur, la tension des hypochondres. Voila l'ordre que nous tiendrons, duquel tu vois le racourcissement en la table suiuante.

		La douleur.	chap. 2.
		Les veilles.	chap. 3.
		L'assoupissement et sommeil profond.	chap. 4.
		Le delire.	chap. 5.
		La conuulsion.	chap. 6.
		La paralysie.	chap. 7.
		L'esblouissement de la veuë.	chap. 8.
	De l'action lesée, tels que sont	La surdité.	chap. 9.
		La difficulté de respirer.	chap. 10.
		La toux.	chap. 11.
		La difficulté d'aualler.	chap. 12.
		Le degoust.	chap. 13.
		La nausée.	chap. 14.
		Le sanglot.	chap. 15.
		Le vomissement.	chap. 16.
		La soif desreglée.	chap. 17.
Les symptomes des fiéures sont pris ou		La lipothymie et syncope.	chap. 18.
		Le flux de ventre.	chap. 19.
		La dureté de ventre.	chap. 20.
	De l'ametrie des excremens, tels que sont	La suppression d'vrine.	chap. 21.
		Le flux excessif d'vrine.	chap. 22.
		Les sueurs immoderées.	chap. 23.
		Le flux de sang.	chap. 24.
		La iaunisse.	chap. 25.
	De la simple affection du corps, tels que sont	La seicheresse et noirceur de la langue.	chap. 26.
		La froideur des extremités.	chap. 27.
		L'excessiue chaleur.	chap. 28.
		La tension des hypochondres.	chap. 29.

CHAPITRE II.

DES SYMPTOMES DE L'ACTION LESÉE : ET PREMIEREMENT DE LA DOVLEVR.

Entre tous les symptomes des fiéures, il n'y a point de si frequent et de plus importun que la douleur : c'est pourquoy nous la mettons icy au premier rang. Or la douleur qu'apporte la fiéure est principalement, ou à la teste, ou à l'estomach, ou au ventre, ou aux lombes, ou aux cuisses et aux iambes.

Pour la douleur de teste, peu de febricitans en sont exempts, et s'attache particulierement aux temples, au front, et au deuant de la teste : celle qui vient au sommet et derriere de la teste ou à l'entour des oreilles venant plutost d'autre cause que non pas de la fiéure. Au reste, la fiéure donne la douleur de teste, par le moyen des fumées et vapeurs qui sortans du foyer de la fiéure contenu dans la premiere ou deuxiéme region du corps, sont portées au cerueau par les veines et arteres et autres conduits. Quand ceste douleur est legere, elle ne merite pas que l'on fasse autres remedes que ceux que l'on donne pour la fiéure : mais si elle est importune et violente, aprés les clysteres et les saignées, on pourra faire quelques remedes topiques, frottant les temps et le front d'oxyrhodinum preparé auec huile rosat, et la 7. ou 8. partie de vinaigre : ou bien on prendra quatre onces d'eau rose, vne once de fueilles de saule ou de fleurs de violles et de nenuphar, six drachmes de vinaigre rosat, le blanc d'vn œuf, qu'on agitera et meslera ensemble, pour faire vn frontal à mettre sur lesdites parties.

Que si ces choses ne suffisent à appaiser la douleur, on peut raser la teste et la frotter souuent dudit oxyrhodinum, ou mettre dessus vn linge trempé en eau de rose, de plantain, de betoine, de morelle, et autres de pareilles vertus. Quelques vns aiment mieux se seruir de cest onguent, preparé auec deux onces d'huile violat et de nenuphar, vne once et demie d'huile tirée de la semence de courge, vne once de suc de laictue et de morelle, auec vn peu de cire pour luy donner corps. Que si le malade ne peut endurer les choses liquides ny moüillées, on luy fera ce frontal sec, prenant :

℞. Fleurs de nenuphar et violles, de chacune deux drachmes :
    Vne drachme et demie de fleurs de chamomille et de melilot :
    Vne drachme et demie de graine d'ozeille, de pourpié et de laictues :
    Deux scrupules de graine de pauot blanc et de psyllium :
    Fleurs de roses de Prouins 3. drachmes.

Qu'on mesle le tout en poudre pour enfermer en vn sachet de tafetas de iuste grandeur bien piqué, à mettre sur le front et sur les temples, aprés qu'on l'aura arrousé du costé qu'il doit toucher la chair d'eaux de pourpié, de laictues, d'ozeille, de violles, de nenuphar, de morelles et autres semblables, le liant fermement, à fin d'empescher d'autant plus les fumées de monter au cerueau.

D'autres prennent :

Fueilles seichées de marjolaine, de sauge, de melisse, et de betoine, de chacune 2. ou 3. drachmes.
Du calamus aromatique, souchet et galanga menu, de chacun vne drachme.
Noix muscade, macis, schœnanthe, graine d'alkermes, et roses rouges, de chacune demie drachme.

Ils reduisent le tout en poudre, dont ils font vn frontal : qui sert à digerer et resoudre les fumées qui ne viennent pas d'humeurs si boüillantes et eschauffées.

La douleur est quelquesfois si opiniastre qu'il faut venir aux ventouses scarifiées et sans scarification, qu'on applique sur les espaules, et qu'on reitere plusieurs fois : ou bien aux vesicatoires, qui par l'attraction qu'ils font, donnent air aux fumées enfermées dans le cerueau, et en tirent en outre bonne quantité de serosités. Si cela n'y fait rien, les iuleps somniferes sont excellens, veu que par le sommeil qu'ils apportent ils rafraichissent puissamment le cerueau, et hebetent la chaleur et furie des vapeurs les plus boüillantes : de ces iuleps icy nous en parlerons cy aprés, au chapitre des veilles immoderées.

Ie viens à la douleur d'estomach, que les Grecs appellent *Cardialgiam*, qui est excitée de quelque humeur acre et piquante, laquelle blesse et offense l'orifice supperieur de l'estomach, que les Medecins appellent καρδίαν. Cette douleur est grandement sensible, et apporte quelquesfois auec elle la nausée, le sanglot, le vomissement, à cause que la partie affligée est grandement nerueuse : c'est pourquoy les febricitans se plaignent souuent au medecin de ceste douleur. Il faut à cest accident icy les choses qui peuuent hebeter l'acrimonie de l'humeur, et qui peuuent la rafraichir, tels que sont les syrops violat, de limons, de grenades, de berberis, de agresta, qu'on prendra seuls ou delayés en eau ou decoction d'endiue, de scariole, d'ozeille, de cichorée sauuage, de pourpié, de laictue : ou bien dans l'eau de decoction d'orge, des quatre semences froides, grandes ou petites, de fleurs de violles, de buglosse, de bourrache, de nenuphar. On peut aussi ordonner les conserues de nenuphar, de violles, de roses, de buglosse : comme pareillement quelques poudres qui puissent boire les serosités bilieuses qui sont dans le ventricule, sans toutesfois eschauffer, comme sont la poudre des coraux, de perles preparées, de racleure de corne de cerf et d'yuoire, de coriandre, de spodium, et autres de pareilles vertus, desquelles on pourra mesme preparer des tablettes auec sucre dissout en eau de buglosse et de laictue, ou des opiates stomachales. Nous en dirons d'auantage aux chapitres du vomissement et de la syncope.

Souuent il suruient aux febricitans des douleurs de coliques, qui sont excitées ou par humeurs acres et eschauffées, ou bien de quelques vents et flatuosités qui errent et vaguent par les intestins. A ces premiers, il faut toutes choses refrigerantes, comme clysteres, iuleps, apozemes, epithemes, linimens. On prepare les clysteres auec le lait clair, fueilles de vignes, de laictue, de pourpié, de fleurs de nenuphar, de concombre coupé par tranches, de semence, froides : on delaye dedans le miel violat, l'huile violat, casse mondée : quelquesfois quand les douleurs sont violentes, syrop de pauot, pilules de cynoglosse, theriaque recente, camphre, et autres. Les iuleps et apozemes sont faits d'herbes, de fleurs et de semences rafraichissantes : on delaye dedans les syrops de limons, de violles, de nenuphar, de pauot appellé diacodion. On donne aussi par fois le petit laict en grande quantité cuit et clarifié, ou bien quelques emulsions rafraichissantes. Les epithemes doiuent continuellement estre appliqués sur le ventre, faits d'eaux de morelle, d'ozeille, de buglosse, de plantain, de roses, meslées auec vinaigre rosat et quelques poudres astringentes, pour conseruer les forces du foye et de la ratte. Les linimens se font d'huiles de nenuphar, rosat, violat, omphacin, cerat santalin, onguent rosat de Mesué, auec vn peu de vinaigre rosat. Que si cela ne profite, on donne le demy-bain matin et soir, qui est vn excellent remede contre ces coliques d'humeurs bilieuses.

Que si ces douleurs sont excitées par des ventosités, on fera des clysteres detersifs et resolutifs preparés auec maulues, aigremoine, son, orge, betoine, fleurs de chamomille et de melilot, semence de lin, de fœnugrec, de fenouil, d'anis, de figues grasses : delayant dedans miel mercurial ou d'anthos, electuaire lenitif, diaphœnic, sucre rouge, auec huiles de chamomille, de noix, de rue et autres. On applique aussi sur le ventre fomentations faites de decoction des quatre emollientes, de betoine, de marjolaine, de calament, de fleurs de chamomille et melilot, de semence d'aneth et de fenouil, qu'on fait cuire dans moitié eau et moitié vin blanc. On fait aussi des sachets de millet, d'auoine fricassée, de son, de paritoire aussi fricassée auec beurre frais. Les huiles de rue, de iasmin, de chamomille, de lin, de noix muscade seruent à faire les linimens. On fait aussi des poudres à prendre par la bouche auec coriandre, fenoüil, perles preparées, canelle, poudres de l'electuaire *de gemmis* et *diarhodon abbatis*, que le malade prend à certaines heures du iour.

Les douleurs des lombes et de la region renale prouiennent de la grande chaleur qui est contenue dans la grande artere, et la veine caue descendante, à cause du sang qui bout dedans : à ces douleurs on ordonne l'oxyrhodinum pour frotter les lombes, l'oxycrat appliqué auec des linges, les linimens de suc de laictue et de blanc d'œuf, de populeum, et de cerat de Galien, auec les sucs de morelle, de ioubarbe, et vn peu de camphre. On fait fomentations auec eaux de laictue, plantain, morelle, roses, pourpié, vinaigre rosat, et camphre. On met sous le malade vne piece ou de marroquin, ou de camelot, ou de bougran, estoffes qui ne retiennent que bien peu la chaleur. Autres font mettre sur les lombes, ou fueilles de vigne, ou tranches de melons et de concombres. On donne des iuleps ou emulsions rafraichissantes, et des orges mondés. Vn grand remede, ce sont les clysteres emolliens et rafraichissans et doucement purgatifs, à fin d'oster d'alentour des reins vne quantité d'ordures qui croupissent ordinairement dans le ventre, et qui estant vne fois eschauffées apportent ces importunes douleurs de reins.

La douleur de cuisses et de iambes est souuent bien importune aux febricitans, qui se sentent auoir les os comme brisés : à peine peuuent-ils se remuer, et mesme endurer que la couuerture du lit les touche : autresfois ils ont des iactations et agitations fascheuses, pour ne pouuoir trouuer aucune bonne place. Or ces douleurs viennent quelquesfois de l'ardeur de la fièure, qui enflamme les esprits et les humeurs qui sont esparses parmy les parties cutanées et musculeuses : autresfois elles arriuent par l'effusion d'vne humeur sereuse, acre et bilieuse, qui se iette ou dans les espaces vuides des muscles, ou sur le perioste, qui est la membrane qui enueloppe les os. Pour les agitations, iactations et *alysme*, elles prouiennent ou des esprits enflammés qui se iettent çà et là, selon qu'ils sont poussés et chassés par l'ardeur de la fiéure, ou bien d'vne quantité d'humeurs bilieuses, chaudes et acres, qui pour estre dans les veines ou à l'entour des entrailles toutes boüillantes et furieuses, cherchent vn plus grand lieu que celuy où elles sont enfermées et trop serrées, d'où vient qu'elles pressent le diaphragme, le cœur et les poulmons, ce qui fait que le malade estouffe et ne peut trouuer de place à son aise.

A ces iactations, ie ne trouue point meilleurs remedes que ceux qui sont ordonnés à la fiéure, les saignées frequentes, les clysteres reïterés, les fomentations, les iuleps : et quand le mal le permet, les purgations, vomitifs et autres.

Aux douleurs de membres, principalement des cuisses et des iambes, on fait des frictions douces, des linimens auec huile d'amandes douces, de nenuphar, rosat, violat, y adioustant tant soit peu de celle de lis et de chamomille, pour resoudre et ouurir. On fait des decoctions partie refrigerantes, partie resolutiues, pour fomenter auec bons linges les parties dolentes. On fait des lauemens de pieds et de iambes auec eau tiede simplement, ou auec decoctions de chamomille, de melilot et nenuphar, de fueilles de vignes, de laictue, et autres semblables. On descharge aussi les iambes par l'application d'vne quantité de sangsues : bref on fait sachets, linimens, bains, onguens, fomentations, lesquels n'ont pas quelquesfois tant de force qu'aura quelque iulep somnifere, qui par le sommeil qu'il apportera, appaisera tout d'vn coup telles douleurs.

CHAPITRE III,

DES VEILLES IMMODEREES.

S'il y a chose qui aprés la douleur abbatte les forces d'vn febricitant, ce sont les longues veilles et immoderées, qui quelquesfois viennent de la violence des douleurs, quelquesfois d'vne grande seicheresse du cerueau, qui est causée par des humeurs ou vapeurs chaudes et seiches.

Les veilles que la douleur apporte sont ostées par les mesmes remedes qui assoupissent la douleur : celles qui viennent de seicheresse du cerueau doiuent estre empeschées par remedes contraires, c'est à dire par ceux qui rafraichissent et humectent. On fera donc des frontaux auec huile rosat, eau rose, vinaigre rosat, et vn blanc d'œuf meslés ensemble : ou bien auec conserue de betoine, de nenuphar, de violes, de roses, et l'onguent populeum. Il faudra rafraichir la chambre du malade auec herbes rafraichissantes, et l'arroser d'eau froide : il faudra faire tomber de l'eau de haut en vn bassin, à fin que le petit bruit et murmure qu'elle fera induise le malade à dormir. Que les iuleps et apozemes soient rafraichissans et humectans, et pour ce on les preparera auec decoction de laictue, pourpié, ozeille, buglosse, bourrache, semences froides grandes et petites, fleurs de violles et de nenuphar, delayant dedans les syrops de nymphea, de pauot, pourpié, de courge : dans trois ou quatre onces de decoction on pourra mettre vne once, dix drachmes, ou vne once et demie de diacodion, pour chaque dose qu'on donnera sur les dix heures du soir.

Lors qu'on donnera des iuleps hypnotiques, on ne mettra pas des topiques à l'entour de la teste : il se faut contenter des vns ou des autres, de peur de trop assoupir le malade. Les topiques plus doux sont huile violat, de nenuphar, de courge, les sucs de laictue, de cichorée, d'ombilic de Venus, de morelle. L'huile de pauot, le suc de iusquiame ou de mandragore, l'opium, sont plus dangereux. On prepare des boüillons somniferes auec force laictues qu'on fait bouillir dedans, et quatre, cinq, six, huit testes de pauot blanc, plus ou moins selon les forces du malade et la continuité des veilles : et tels boüillons sont excellens et de grand profit. Galien confesse que l'usage des laictues luy ostoit les douleurs de teste et luy apportoit le sommeil.

Quelques vns preparent vne esponge hypnotique, comme remede tres-aisé et souuerain : ils font boüillir des fueilles de laictues, de pourpié, de morelle, de lentille aquatique, d'ombilic de Venus, de chacune deux poignées : fueilles de saule et de vigne, de iusquiame, de mandragore, et de pauot blanc, vne poignée de chacune. Ils prennent vne liure de ladite decoction, et y adioustent dix onces de suc de laictue, et vne drachme d'opium. Cela fait, ils font tremper et macerer deux ou trois fois vne esponge qu'ils font seicher à l'ombre. Quant ils s'en veulent seruir, ils la trempent dans ladite decoction, et la font sentir toute tiede au febricitant, ou bien luy appliquent aux temples et sur le deuant de la teste.

Ils font aussi grand estat d'vne emplastre hypnotique, qu'ils font auec :

Vne once et demie de racine de mandragore :

Vne demie once de graine de psyllium et de coriandre preparée :
Deux drachmes de testes de pauot blanc :
Demie drachme d'opium :

Et meslent et amollissent le tout auec huile de nenuphar, et de pauot, et en font vne emplastre. Mais pour dire la verité, ie ne trouue pas beaucoup de seureté à ces remedes exterieurs, et ne les voudrois ordonner qu'à ceux qui abhorrent les iuleps, lesquels ie prefere aux autres remedes pour contrarier non seulement aux veilles, mais aussi à la fieure qui excite les veilles. Mais d'autant qu'il n'est pas à propos de donner tousiours des hypnotiques, il faut recourir souuent aux bains des pieds et des iambes, qu'on peut faire ou auec l'eau tiede seulement, ou auec la decoction de fueilles de saule, laictue, nenuphar, maulues, violes, testes de pauot blanc, pourpié, morelle, chair et semence de courge, dans laquelle quelquesfois on peut adiouster vn peu de vinaigre blanc.

CHAPITRE IV.

DE L'ASSOVPISSEMENT ET SOMMEIL PROFOND.

L'assoupissement est contraire aux grandes veilles, et tous deux sont contre nature : voire mesme que l'assoupissement quelquesfois suruient aux febricitans en suite des grandes veilles, aprés leur auoir ordonné trop inconsiderément les narcotiques et somniferes : mais nous ne parlons point de cest assoupissement là, ne croyant pas qu'il y ait aucun sage et prudent medecin qui face ceste faute : il n'y a que les empiriques et ignorans qui, pour n'auoir aucune connoissance, ny de la maladie, ny du temperament et des forces du malade, peuuent ietter les febricitans en ce danger. Nous parlerons donc de l'assoupissement qui suruient aux fiéures, qui se reconnoist en ce que les malades se resueillent à peine, et estans resueillés retombent au sommeil tout incontinent.

Tel sommeil contre nature est excité de quelques mauuaises et malignes vapeurs qui se congelent aucunement dans le cerueau, et s'y espaississent en partie : cependant que celles qui sont les plus ténues, desliées et legeres se dissipent tout à fait. Il y a des fiéures qu'on appelle *soporeuses*, à cause qu'elles apportent tousiours auec elles de grands assoupissemens : et cela vient de ce que y ayant quantité de pituite à l'entour des entrailles, l'ardeur de la fiéure venant à la fondre et liquefier, enuoye grande abondance de vapeurs crasses et espaisses au cerueau, lesquelles par après se resoudent et conuertissent en humeurs qui apportent l'assoupissement.

Quand on voit ces grands assoupissemens, il faut resueiller le febricitant, tantost auec les choses qui puissent eschauffer les esprits animaux engourdis et gelés, tantost auec celles qui resueillent la paresse de la vertu expultrice, tantost auec celles qui attenuent, incisent et euacuent la pituite qui abreuue le cerueau. C'est pourquoy on agitera le malade çà et là, on luy fera des frictions fortes et dures, que l'on continuera longtemps, on parlera souuent à luy, on luy fera des ligatures douloureuses aux bras et au dessus des genoüils, on le pincera, on luy tirera les cheueux, on le ventousera auec scarifications profondes, on luy met-

tra des vesicatoires en diuers endroits, entre les espaules, derriere les oreilles, et au sommet de la teste. On luy donnera des clysteres acres et piquans. On luy mettra du castoreum dissout auec fort vinaigre dans les narines, sans oublier les sternutatoires et masticatoires. L'on louë fort en ceste extremité la confection dite *anacardina*, dissoute auec vinaigre scillitique. Si tout cela ne profite, à peine trouuera-on d'autres remedes.

CHAPITRE V.

DV DELIRE OV RESVERIE.

Il y a deux sortes de delire et de resuerie : l'vne qui est essentielle, et qui vient de l'inflammation des membranes du cerueau, et l'autre n'est que symptomatique. Nous n'entendons point parler de la premiere, mais seulement de la seconde, qui est excitée par des vapeurs et fumées chaudes et acres, qui sont enuoyées au cerueau des parties inferieures où est allumée la fiéure. Ce delire icy quelquefois n'est que passager, et paroist durant la vigueur des accés des fiéures intermittentes : autresfois il est fixe et permanent, et pour lors il est à craindre qu'il n'ameine la phrenesie. Au reste, il est parfois gay et ioyeux : quelquefois serieux et seuere, et pour lors il est plus à craindre : car c'est signe qu'il se fait de vapeurs beaucoup plus noires et plus acres.

Quand nous voyons la resuerie des febricitans perseuerer, il faut promptement recourir aux remedes. On aura donc recours aux clysteres acres, aux frictions, aux ligatures des cuisses , aux bains des pieds et des iambes , à la saignée le pied en l'eau , que les Arabes recommandent comme vn remede tres-propre à ce mal. Cependant on ne negligera point les topiques , comme frontaux rafraichissans et humectans, embrocations auec oxyrhodinum sur toute la teste qu'on rasera auparauant, les ventouses sur les lombes et sur les espaules auec scarification, les sangsues; la saignée des veines des temples ; l'ouuerture de l'artere qui est tout contre les oreilles , les cochets ou ieunes coqs blancs fendus en deux par le dos, et appliqués tous chauds sur la teste trois heures durant : les poulmons tous chauds des ieunes aigneaux ou chéureaux tués sur l'heure, pareillement appliqués sur la teste, et infinité d'autres remedes. Ie loüe grandement entre les principaux les choses qui font dormir; tant à cause que d'ordinaire les veilles accompagnent le delire, que pour autant que le sommeil est souuerain refrigeratif du cerueau.

CHAPITRE VI.

DE LA CONVVLSION ET IECTIGATION.

La iectigation qui vient aux fléurés est vn tremblement et tressaillement que l'on sent au pouls du malade , qui monstre que le cerueau qui est l'origine des nerfs est attaqué , et en outre menacé de quelque conuulsion. Or cest accident, aussi bien que la conuulsion qui suruient aux fléurés, ne vient pas à cause de quelques ventositéz ou humeurs crues et pituiteuses qui occupent les parties nerueuses, mais de l'ardeur et trop grande sei-

cheresse desdites parties ; qui est introduite par la fléure et les humeurs mesmes acres et mordantes qui sont cause de la fléure. Mais il faut remarquer qu'à proprement parler, ceste conuulsion icy n'est qu'vne image de la vraye conuulsion; autrement nous y chercherions des remedes en vain : veu que la vraye conuulsion qui vient de la desiccation des parties nerueuses est tout à fait mortelle. Cest accident icy donc, parlant proprement, n'est qu'vn tressaillement et tremblottement des parties nerueuses, causé et excité par la seicheresse que la fléure apporte.

C'est pourquoy premierement il faut tascher à vuider vne partie des humeurs morbifiques qui entretiennent la fléure; et empescher qu'elles ne soient transportées au cerueau : or cela se fait commodément auec clystères vn peu acres, tels que nous en auons ordonné au delire, ensemble la saignée des pieds , après celle des bras qu'on aura faite à raison de la fléure En second lieu ; il faut rafraichir et humecter le cerueau, qui est la source et l'origine des parties nerueuses : à cela conuiennent les frontaux , les embrocations , les linimens et onguens sur la teste après estre rasée , les iuleps rafraichissans et humectans, les orges mondés ; les hypnotiques , mais doux et non violens, de peur de quelque sinistre accident. Bref, il faudra venir aux remedes qui destournent et seruent de reuulsion, et qui peuuent fortifier le cerueau. A ceux-cy se rapportent les frictions ; les ligatures , les ventouses et scarifications , les vesicatoires, les poulets et les poulmons des animaux frais tués appliqués sur la teste. Quelquesfois ces conuulsions icy representent les epileptiques ; et pour lors ou elles sont mortelles pour la pluspart, ou elles durent tout du long de la vie. l'ay veu des malades qui pour auoir eu des conuulsions dans les fiéures pestilentes, ont esté suiets toute leur vie aux conuulsions epileptiques, nonobstant toute sorte de remedes internes et externes, iusques aux cauteres des bras, et à la nuque du col.

CHAPITRE VII.

DE LA PARALYSIE.

Cest accident icy est rare, mais qui arriue toutesfois comme i'ay ouy dire en quelques prouinces de la France et de l'Allemagne, où il est assez familier. Il ne suruient pas aux fieures violentes et aiguës, mais aux longues et chroniques : et si il ne vient pas directement de la fiéure, mais de là colique qui suruient ausdites fiéures longues. Car vne quantité de bile eschauffée et ardente s'amassant dans les veines du mesentere, et à l'entour de la vessie du fiel, si elle n'est euacuée par le benefice de la nature ou des medicamens, et qu'elle ne puisse estre consommée par la longueur de la fiéure, elle croupit dans les petites veines, où peu à peu s'eschauffant et se bruslant, elle tasche à trouuer quelque issue, ce que ne pouuant faire par les veines du mesentere, à cause des grandes obstructions qui y sont, elle se iette de furie sur les membranes de l'abdomen, qui sont parties grandement sensibles, là où elle excite des douleurs intolerables qui respondent au bas ventre, et qui apportent par interualles tantost des vomissemens bilieux, tantost des descharges de ventre poirracées et

erugineuses. En fin par trait de temps, après plusieurs remedes alteratifs et purgatifs ces douleurs s'appaisent : mais il arriue qu'vne portion de l'humeur est portée par la continuité des membranes iusques à l'espine du dos, laquelle doucement et peu à peu se coule et s'insinue iusques à la moëlle par les petits trous des vertebres, où elle bouche les nerfs et les estoupe, empeschant que les esprits animaux n'y puissent auoir accés, d'où il s'ensuit vne paralysie, imparfaite toutesfois, d'autant qu'il n'y a que le seul mouuement qui est empesché, le sentiment demeurant en son entier.

A cest accident icy, il ne faut des remedes qui soient grandement eschauffans : il faut doucement et benignement purger le corps, et auec clysteres et auec purgatifs. On peut faire des linimens le long de l'espine du dos, auec huiles qui rarefient et dissipent sans beaucoup de chaleur, de peur de faire fondre quelque humeur crasse et pituiteuse, ou l'attirer en ces parties là des lieux plus eslongnés, qui feroit une vraye et parfaite paralysie. En se contentant de ces petits remedes là, on trouue que quelque temps après la nature trouue moyen de se deffaire de ses mauuaises humeurs, et redonne le mouuement au malade.

CHAPITRE VIII.

DE L'ESBLOVISSEMENT DES YEVX.

Il y a trois symptomes de la veuë, l'esbloüissement, que les Grecs appellent ἀμβλυώπιαν, l'aueuglement ou cecité qu'ils nomment τύφλωσιν : et la tromperie de la veuë, quand elle prend vn obiet pour vn autre, qu'ils appellent καρόρασιν : la premiere diminue la veuë, la seconde l'oste tout à fait, et la troisiéme la depraue et rend autre qu'elle ne deuroit. Or l'esbloüissement est assez familier durant et aprés les fiéures. Il en suruient quelquefois vn critique durant la fiéure, qu'ils appellent σκοτοδίνια, et est auant-coureur d'vn vomissement ou d'vne hemorrhagie critique. Aprés les fiéures, la veuë demeure quelquefois trouble, particulierement lors que le febricitant a esté atteint au cerueau ou de resuerie, ou de veilles importunes, ou de grande douleur de teste : souuent aussi cela arriue à cause des grandes euacuations de sang ou d'autres matieres.

Quoy que ce soit, le plus souuerain remede en cecy est le bon regime de viure et les bonnes viandes que l'on donne aux febricitans : car c'est le moyen de faire bons esprits, de les augmenter, et de fortifier mesme les yeux ainsi que les autres parties. Le bon vin repare les esprits, et les resueille et clarifie quand ils sont assoupis, paresseux ou obscurcis : il faut donc attendre que le temps, aidé de ces bonnes viandes, fortifie le cerueau et restablisse les esprits animaux. Il ne sera pas cependant hors de propos de faire quelques collyres pour les yeux, auec decoction ou les eaux distillées de fenoüil, de rue, de chelidoine, d'euphraise, de verueine, d'asperges, de betoine, de raues, de pimprenelle, d'ache, de marjolaine, de paritoire, de rosmarin, de canelle, de bois d'aloés, de santaux, y adioustant vn peu de miel, d'aloés, de tutie, de saffran, et choses semblables.

CHAPITRE IX.

DE LA SVRDITÉ.

Des trois symptomes qui suruiennent à l'oüye, il n'y en a point qui vienne plus ordinairement durant les fiéures que la surdité imparfaite, que les Grecs nomment βαρυηκοΐα, les Latins surdastritatem, qui est proprement entendre dur. Or cela vient d'vne vapeur bilieuse, qui estant portée au cerueau se iette souuent sur les organes de l'oüye, par lesquelles la bile a accoustumé de se descharger, comme tesmoignent les saletés qui viennent aux oreilles. Cest accident icy quelquefois est passager, quelquesfois il est permanent : et souuent il est accompagné de quelque tintoüin des oreilles qui incommode fort les malades.

A ce mal icy, il n'y a rien de meilleur que prouoquer, s'il y a moyen, le cours de ventre, puis qu'Hippocrates a dit aux Aphorismes, que les flux de ventre bilieux estoient arrestés par la surdité qui suruient, et qu'au contraire la surdité est ostée toutesfois et quand qu'il suruient vn flux de ventre bilieux. Ce qui nous donne assez à connoistre que quand l'humeur bilieuse est arrestée, il s'en fait vn transport au cerueau : ce qui n'arriue pas quand ladite humeur prend son cours par le ventre.

Au reste, si auec la surdité il y a douleur d'oreille grande et violente, il faut souuent attendre quelque suppuration : par fois la douleur se resoult auec medicamens, comme sachets et fomentations qu'on fait auec herbes emollientes, chamomille, melilot, aneth, semence de fenoüil, qu'on fait boüillir dans le laict. On se contente aussi de mettre dans l'oreille vn peu d'huile d'amandes douces ou ameres, vn peu de laict, vne decoction de peu de coloquinte, du coton musqué, et autres telles choses qui en partie sont anodynes, en partie resolutiues.

CHAPITRE X.

DE LA DIFFICVLTÉ DE RESPIRER.

Ce n'est pas de la dispnœe ou difficulté de respirer que nous parlerons, qui est excitée ou par vne humeur crasse et visqueuse qui occupe la trachée artere et le poulmon, ou qui vient de l'inflammation des parties qui seruent à la respiration : mais de celle qui arriue ordinairement de quelque matiere qui petille à l'entour du foye et de la ratte, et qui par ce moyen presse le diaphragme et les poulmons : ou bien de celle qui vient de la chaleur du cœur, que les poulmons ne peuuent suffisamment esuenter ny rafraichir, tant il y a de fumées enfermées et reserrées à l'entour de luy.

En ceste premiere, il faut recourir aux clysteres emolliens, refrigerans, et vn peu laxatifs, à fin de rafraichir les humeurs qui boüillent, et en vuider tousiours quelque partie, l'attirant vers les parties basses : il se faut aussi seruir d'epithemes et linimens refrigeratifs sur les deux hypochondres. On se seruira pareillement de iuleps et apozemes refrigerans et humectans, à fin par toutes sortes de moyens d'oster la ferueur de ces humeurs, et brider leur furie.

A la dispnœe qui vient de la cha-

III.

leur du cœur des parties thorachiques, il faut mettre des epithemes sur le cœur auec eaux de morelle, de roses, d'endiue, de charbon benist, de scabieuse, d'ozeille, de plantin, et pareilles autres. On fera des linimens sur toute la poitrine auec huile de nenuphar, violat, de pauot : ou de peur que ces huiles ne s'enflamment si on les mettoit toutes seules, on pourra les mesler auec les sucs depurés de pourpié, de laictue, d'ombilic de Venus, et vn peu de camphre. Il est besoin que le malade respire vn air froid : pourquoy s'il n'est tel, on le preparera auec aspersion d'eau froide, ou de roses, d'herbes et fleurs refrigerantes et de bonne odeur : nourrissant cependant le malade de viandes legeres, et luy donnant à boire frais. Au reste, c'est tousiours vn tresmauuais accident des fiéures, quand la respiration est empeschée et que le febricitant se sent estouffer, surtout quand ce symptome vient de l'imbecillité des forces : car c'est signe que la vertu animale ne peut mouuoir et esleuer les muscles du thorax, à cause de la penurie et paucité de la chaleur naturelle et des esprits : aussi ne suruient-il qu'à ceux qui sont proches de la mort.

CHAPITRE XI.

DE LA TOVX.

Il y a vne sorte de toux qui arriue vn peu deuant les accés des fiéures intermittentes, qui prouient des vapeurs de la matiere morbifique qui commence à s'esmouuoir, mais qui se passe à mesure que par l'ardeur de l'accés lesdites vapeurs sont consommées : c'est pourquoy il ne faut point s'arrester à ceste toux là, mais seulement à celle qui dure aprés les accés, et qui trauaille ceux qui ont des fiéures continues. Or ceste toux icy est fort fascheuse et incommode, pource qu'elle apporte la douleur de teste telle qu'il semble qu'on la fende, qu'elle empesche le sommeil, qu'elle trauaille le poulmon et apporte oppression et difficulté de respirer, et d'auantage qu'elle fait redoubler la fiéure, aiguisant la chaleur des poulmons par l'effort continuel qu'elle apporte.

La cause de ceste toux icy, ou c'est l'intemperie chaude et seiche des organes qui seruent à la respiration, ou quelque refroidissement qu'a ressenti le malade, soit à la teste, soit à la poitrine, qu'il decouure quelquesfois mal à propos. C'est pourquoy ceste toux icy est aride et fascheuse, sur tout quand elle est frequente : car si elle ne vient que par interualle, et qu'elle ne soit pas si aigre, elle peut seruir à quelque chose, comme dit Hippocrates à l'aphorisme 54. du quatriéme liure : c'est à sçauoir, à la soif des malades qu'elle adoucit : car comme dit Galien, par l'effort et le mouuement qu'elle apporte, elle attire l'humidité des parties voisines, qui sert à arrouser et la bouche et les parties qui sont à l'entour de la trachée artere.

Mais si la toux est aigre, il faut y pouruoir par quelques remedes, c'est à sçauoir par ceux qui humectent et rafraichissent, soit qu'on les tienne à la bouche, soit qu'on les aualle doucement et lentement, soit qu'on les prenne en forme de breuuage. On se peut donc seruir des syrops violat, de pauot, nenuphar, de pommes simples, de reglisse, de iuiubes, ou pris à part,

ou meslés ensemble, ou delayés dans quelque decoction de violes, de laictue, de pourpié, semences froides grandes et petites, reglisse, orge et autres. On fait aussi des tablettes de sucre rosat, de tragacanthe, de racines de guymauues. On donne des conserues de roses, de violettes, de nenuphar, de pas d'asne, de pauot rouge, et semblables. Il y a quantité d'autres remedes à la toux, mais c'est à celle qui est excitée de la pituite du cerueau qui distille dans la poitrine : de laquelle nous ne faisons point icy mention.

CHAPITRE XII.

DE LA DIFFICVLTÉ D'AVALLER.

Voicy vn accident qui estonne grandement les malades, quand ils sentent que les viures ne peuuent presque passer, et qu'ils se persuadent qu'il y a quelque chose en l'œsophage qui les veut suffoquer et estouffer. C'est pourquoy il faut auoir quelques remedes pour les soulager promptement.

Ce symptome icy arriue par vne vapeur espaisse ou humeur pituiteuse, qui tombant du cerueau, ou esleuée de l'estomach, s'attache à l'œsophage, et peu à peu par l'ardeur de la fiéure s'y endurcit : si bien que partie à cause de sa viscosité, partie à cause de sa grande seicheresse, elle estoupe et estrecit en sorte le passage, que le febricitant a peine d'aualler.

Il faut donc à ce mal partie deterger et nettoyer, partie humecter et amollir. Ce qui se fait auec les syrops violat, de iuiube, sucré candi, suc de reglisse, vinaigre, verjus : on peut faire vn gargarisme auec reglisse recente, orge, betoine, sauge, hyssope, marjolaine, figues grasses, semence d'anis, dans lequel on delaye vne once de syrop aceteux simple pour quatre ou cinq onces de decoction. Quelques vns en font vn plus aisé, auec decoction d'orge seulement, et syrop de grenade, miel rosat, ou oxymel.

Au reste il y a vne difficulté de respirer qui suruient aux fiéures, où il n'y a point de remede : elle vient de la luxation des vertebres du col excitée par la conuulsion des nerfs desdites vertebres, ou d'vne grande foiblesse et imbecillité du malade : en ce cas il ne faut esperer que la mort, veu que la conuulsion qui vient de la seicheresse est mortelle : et lors que les forces du malade manquent, les remedes n'ont plus de lieu.

CHAPITRE XIII.

DV DEGOVST ET APPETIT PERDV.

Il y a deux accidens touchant le goust : l'vn est le goust depraué, lors que la langue iuge autrement des saueurs qu'elle ne deuroit : l'autre est l'appetit perdu ou inappetence, par laquelle le malade perd tout à fait la volonté de manger.

Pour le premier, quand il n'est point accompagné du degoust, c'est vn vice de la langue seulement, ou de sa tunique qui l'enueloppe, pour estre imbeuë et arrosée ou de quelque mauuaise vapeur, ou de quelque humeur corrompue. Ceste humeur icy estant esmeuë par l'humidité des viandes et du breuuage, penetre iusques au nerf qui est espandu par la chair et par la membrane de la langue, et communique sa qualité et sa saueur à la viande : sçauoir, l'amertume quand l'humeur est bilieuse, la fadeur et saueur insipide quand elle est pituiteuse, la saline quand c'est vne pituite sallée, et ainsi des autres : ce qui trompe le malade, d'autant qu'il pense que telles saueurs viennent des viandes, et non pas des humeurs dont sa langue est abbreuuée. A cest accident icy, il faut souuent lauer la bouche auec eau et vin, ou auec du vinaigre ou verjus, suc de limon, d'orange, decoction d'orge, et autres semblables.

Mais quand le goust est depraué auec vn grand degoust et inappetence, alors le vice n'est pas seulement à la langue et au palais de la bouche, mais aussi s'estend iusques au ventricule, qui est abbreuué de quelque humeur peccante laquelle assoupit tout à fait l'appetit, ou est alteré de quelque chaleur estrangere et extraordinaire. A ceux cy on doit permettre l'vsage des choses qu'ils demanderont à manger, pourueu qu'elles ne leur soient point tout à fait contraires, suiuant en cela le conseil d'Hippocrate, qui en l'aphorisme 38. du 2. liure dit que les alimens desirés, bien que pires à la santé, sont à preferer à ceux qui sont meilleurs, mais qui sont en degoust au malade.

Au reste, si ceste inappetence vient de quelques mauuaises humeurs contenues au ventricule, il faut les purger doucement et nettoyer l'estomach de telles ordures : autrement il ne faut pas esperer que l'appetit reuienne. Mais si ce n'est qu'à cause de la chaleur estrangere du ventricule, il faut se seruir de remedes rafraichissans et qui soient acides, à fin que lesdits medicamens penetrent mieux : tels sont le jus de citron, d'orange et de grenades, le verjus, les cerises aigrettes, le vinaigre rosat, et autres.

Cependant attendant que l'appetit vienne, il faudra nourrir le malade de viandes liquides et aisées à prendre et à aualler, comme iaunes d'œufs mollets, boüillons, jus de chair de perdris, de veau, et de volaille, et de la gelée.

CHAPITRE XIV.

DES NAVSÉES ET ENVIES DE VOMIR.

· L'enuie de vomir quelquesfois suit le grand degoust, c'est à sçauoir quand le malade a telle horreur des viandes, que si tost qu'il les sent le cœur luy sousleue : quelquesfois elle est sans grand degoust : seulement après auoir pris quelque chose, il suruient des efforts de vomir, sans toutesfois rien vuider et reietter. Cest accident est excité par quelque humeur vitieuse, qui pour sa quantité ou qualité picote l'estomach, l'irrite, et le force à se descharger de ce qui lui est nuisible. Ceste humeur vitieuse quelquesfois nage dans la cauité du ventricule : quelquesfois elle est fixement attachée à ses tuniques, et c'est pour lors que l'estomach s'efforce si souuent sans aucun effet de la mettre hors. La pourriture est quelquesfois si grande dans le corps, comme par les fiéures pestilentielles et malignes, qu'il arriue des nausées perpetuelles, à cause des vapeurs putrides qui vont frapper l'orifice superieur de l'estomach.

A ceste nausée icy maligne, il faut les choses acides rafraichissantes, qui puissent empescher ou corriger la pourriture. Quelques-vns recourent à la Theriaque, et autres medicamens chauds, que ie n'approuue point, d'autant qu'ils augmentent la fiéure, et par consequent entretiennent la pourriture. Pour l'autre nausée qui vient des humeurs attachées au ventricule, il faut les nettoyer et les euacuer, ou bien par vomitifs, ou bien par purgatifs. Que si l'estat de la fiéure ne le permet, on peut donner quelques poudres, tablettes ou opiates, pour ebiber, absorber et consommer les humidités superflues du ventricule. On prend :

De la coriandre macerée plusieurs fois dans le vinaigre, vne once et demie :
Vne once de semence d'anis et de fenoüil :
De l'escorce de citron confit, trois drachmes :
Deux drachmes de coral rouge bruslé et laué neuf fois auec eau rose :
Vn scrupule de canelle et de mastich :
Perles preparées demie drachme :
Crouste de pain bruslé vne once :

Auec quantité suffisante de sucre rosat, on fait vne poudre dont le malade prend vne bonne cuillerée auant le repas. Que si le malade l'aime mieux en tablettes qu'en poudre, il sera aisé de le contenter, ou luy en faisant exprés, ou luy faisant vser de celles de sentaux, ou diarhodon.

CHAPITRE XV.

DV SANGLOT ET HOCQVET.

Il n'y a pas grande difference entre la nausée et le sanglot, veu que c'est aussi vn effort sans effet de l'expultrice du ventricule : mais le sanglot est vn mouuement conuulsif, et qui trauaille bien plus le ventricule que ne fait la nausée : d'auantage par le sanglot et hocquet le ventricule se resserre en soy-mesme, et tire en bas l'œsophage : au contraire en la nausée le ventricule se relasche et se renuerse, comme pour monter vers l'œsophage.

La cause du hocquet est double, la

repletion et l'inanition. La repletion, quand il y a vn humeur acre et mordant attaché fixement aux tuniques du ventricule, que la nature tasche de chasser et mettre hors. L'inanition, lors que les tuniques du ventricule toutes desseichées par l'ardeur de la fiéure, se retirent et font ce mouuement de conuulsion.

Si le hocquet vient de la premiere cause, il faut premierement hebeter l'acrimonie de ces humeurs auec iuleps et apozemes rafraichissans, preparés auec decoction de nenuphar, de buglosse, de violettes, de roses, de pourpié, ou auec emulsions faites des quatre semences froides grandes et petites, dissoudant dedans syrops violat, de nenuphar, de grenade, de agresta, de pourpié et de pauot, faisant cependant des fomentations auec herbes, fleurs et semences de pareille vertu. En second lieu, il faut tascher de vuider ces mauuaises humeurs, ou auec vomitifs, ou auec purgatifs. Quelquesfois il n'est pas hors de propos, si le hocquet perseuere, d'appliquer vne ventouse sur la region de l'estomach, ou bien anterieurement, ou posterieurement vers l'onziéme, douziéme, ou treiziéme vertebre. Quant au hocquet qui vient de l'inanition, encore bien qu'il soit incurable, si ne faut-il pas laisser de donner au malade des remedes humectans, et des alimens de pareille vertu.

Les fiéures malignes et pestilentielles, par les vapeurs putrides qu'elles enuoyent à l'orifice superieur de l'estomach, apportent aussi le sanglot, auquel pour remedes conuiennent ceux que nous auons rapportés à la nausée qui vient pareillement des fiéures malignes.

Il y a vne autre espece de sanglot qui vient de l'inflammation du cerueau, ou du foye, et ce par le consentement et sympathie qu'il y a entre toutes ces parties par le benefice des nerfs : et pour lors il ne faut pas tant auoir esgard à l'estomach, qu'au cerueau et au foye, leur ordonnant des remedes qui seruent à guerir l'inflammation desdites parties.

CHAPITRE XVI.

DV VOMISSEMENT.

La nausée et le vomissement ne different que du plus ou du moins, selon leur cause, et non pas selon leur effet, veu qu'vn petit vomissement n'est pas vne grande nausée. Il est certain qu'il y a telle cause qui peut faire la nausée, qui ne peut faire le vomissement, parce qu'elle n'est pas assez forte : c'est pourquoy la nausée est moindre que le vomissement. Ie ne veux point m'estendre à expliquer les causes du vomissement, veu qu'elles se peuuent assez entendre par ce qui a esté dit au Chapitre de la nausée : ie diray seulement que les humeurs qui causent le vomissement, quelquesfois sont chaudes et fluides, quelquesfois froides, lentes et pituiteuses.

Pour les chaudes, elles peuuent estre aisément euacuées par le vomissement, qu'il n'est pas besoin d'arrester dés son commencement, de peur de faire ietter l'humeur sur quelque partie noble : mais s'il perseuere trop long temps, de peur qu'il n'affoiblisse trop le malade, et n'empesche qu'il ne puisse prendre nourriture, et par ainsi qu'il ne le precipite à la mort, il faut apporter tous les artifices qu'on pourra à fin de l'arrester. Les syrops propres à cest effet sont de ber-

beris, de grenade, de coings, *de ace-*
tositate citri , de coral , de agresta :
on fera des poudres auec les perles
preparées, le spodion, les coraux, les
cinq fragmens precieux , le bol armene , la terre sigillée , l'escorce de
citron, le mastich, le sang de dragon,
et autres. Le suc de ribes et de berberis , le suc de grenade , la chair de
coings et de nefles, la conserue de roses rouges sont de grand effet. Exterieurement les linimens d'huile rosat, de cerat santalin, d'huile de mastich, de coings, sont vtiles. Quelques
vns font des sachets de poudres astringentes qu'ils appliquent sur l'estomach, d'autres se contentent d'vne
rostie de pain , ou d'vne esponge arrosée de vin ou de vinaigre.

Si le vomissement est excité par
des humeurs pituiteuses , il faut premierement les inciser et attenuer ,
que de tascher à les euacuer par
vomitifs ou purgatifs. Cependant interieurement on donnera oxymel et
le syrop aceteux , auec decoction de
menthe, d'absinthe, de roses, d'aneth,
d'escorce de citron et de semence de
coriandre. Exterieurement on fera
vne fomentation auec sachets garnis
de fleurs de rosmarin, de stœchas, de
fueilles de menthe , d'absinthe , de
clous de girofle, de noix muscade, d'escorce de citron sec. On frottera l'estomach d'huile rosat , d'absinthe , et de
myrtilles : on mettra dessus en forme
d'emplastre de la conserue de roses
meslée auec du vieil cotignat , et de la
poudre de mastich et d'absinthe : ou
bien on se seruira de l'emplastre de
leuain, qui se prepare auec vne liure de leuain , deux manipules de
fueilles de menthe desseichées , vne
once de mastich, incorporés ensemble
auec huile de mastich. Quelques vns
font estat d'vn cataplasme fait de

fueilles de menthe et d'absinthe , de
fleurs de chamomille, melilot et roses,
d'aneth, de racines de souchet, de
cloux de girofle, de zedoaria , et des
bayes de geniéure. Il ne faut pas negliger, ny de faire flairer au febrici-
citant du vin, du vinaigre, de l'eau
rose, du pain rosti, ny de luy tremper les mains en eau froide, et luy
appliquer par interualle quelque ventouse seiche sur l'estomach.

CHAPITRE XVII.

DE LA SOIF DESREGLÉE.

Vn des propres signes et indiuiduels
des fiéures, c'est la soif inextinguible,
laquelle ne s'en va point à force de
boire, mais perseuere tousiours auec
si grande seicheresse de bouche, qu'à
peine le febricitant peut-il parler ou
aualler. Ce symptome arriue principalement pour deux raisons : l'vne pour
l'ardeur de la fiéure qui desseiche la
tunique interieure du ventricule :
l'autre pour quelque humeur chaude,
acre , bilieuse , qui est enfermée long
temps entre les tuniques de ladite
partie.

Quand la soif vient de la chaleur
de la fiéure seulement, il ne faut que
rafraichir et humecter : mais quand
elle vient des humeurs, il les faut
euacuer, autrement là soif ne cesse
point, quelque rafraichissement que
vous puissiez donner : c'est pourquoy
il faut recourir et aux clysteres, et
aux vomitifs, et aux purgations, si la
fiéure le peut permettre.

Or ce qu'il faut en premier lieu
obseruer en la cure de la soif, c'est le
temps qu'il faut donner à boire : qui
n'est pas le commencement du froid

et de l'accés, car ce serait faire comme les forgerons, qui voulans allumer leurs fournaises y iettent de l'eau : mais c'est principalement vers le declin de la fiéure, auquel temps il ne faut pas craindre de donner à boire librement, tant à fin d'esteindre la chaleur, que pour prouoquer la sueur qui suruient pour lors. Cependant en l'augmentation de l'accés, on taschera de tromper la soif, tantost auec des fueilles de pourpié ou d'ozeille trempées en eau ou vinaigre, et mises sur la langue, tantost auec des cerises seiches et aigrettes, pareillement trempées dans l'eau : vne autre fois en gargarisant la bouche, soit d'eau fraiche auec vn peu de vin ou de vinaigre, soit auec vn gargarisme fait expres de reglisse, de raisins de Damas, de sebestes, de fleurs de nenuphar et de violettes, d'orge, auec les syrops violat et de grenades. Ce n'est pas toutesfois que durant la force et la vigueur de la fiéure, il ne faille donner à boire au febricitant : mais il faut moderer la quantité. Qu'on luy donne à boire de la ptisane vulgaire faite auec reglisse, ou de l'eau battus auec quelque syrop, comme seroit l'aceteux simple, de limons, de agresta, le violat, celuy de grenades, ou le potus diuin fait de ius de limons et d'oranges, de sucre et d'eau.

Il y en a qui pour tromper la soif preparent ce linctus : ils prennent,

Deux onces de conserue de roses ou de viollettes :
Fleurs de casse, demie once :
De mucilage de semence de psyllium, deux drachmes :

et en font vn linctus. D'autres prennent,

Demie once de mucilage de semence de psyllium :

Deux drachmes de mucilage de semence de coings :
Elect. de tragacanthe vne drachme :

Et sucre candi suffisante quantité, et en font vn linctus. Quelques vns aiment mieux faire des pillules à mettre sous la langue, faites auec semence de concombre et gomme adragant dissoute auec vn blanc d'œuf. Mais le plus souuerain remede contre toute sorte de soif, est le sommeil, lequel de sa propre nature esteint la soif et corrige la seicheresse : s'il ne vient donc de luy mesme, il faudra le prouoquer ou par lauemens de pieds et de iambes, ou par frontaux, ou par iuleps hypnotiques, desquels nous auons parlé au chapitre des veilles. On peut voir aussi au traité des fiéures ce que nous auons dit de l'eau froide, et quand et à qui il la conuient donner largement. Au reste, il faut obseruer que les febricitans quelquesfois ne sont point alterés, ou à cause qu'il tombe quelque humeur du cerueau dans l'œsophage et dans l'estomach, ou quand le iugement du febricitant est tellement peruerti qu'il ne connoist pas qu'il a soif, ou en fin à cause que le sentiment de l'estomach est perdu : laquelle cause est tres-pernicieuse aux fiéures ardentes.

CHAPITRE XVIII.

DE LA LIPOTHYMIE ET SYNCOPE.

Il suruient trois symptomes aux fiéures qui ont grande affinité les vns auec les autres, et qui ne different presque que du plus ou du moins : sçauoir le mal de cœur, que les Grecs appellent ἔκλυσιν, la defaillance qu'ils nomment λειποθυμίαν ou λειποψυχίαν, et l'esuanoüissement qu'ils appellent σνγχοπήν, qui est le plus grand de tous, et qui estonne grandement, quand il suruient, le malade et le Medecin.

La cause de l'esuanoüissement (car de l'explication de celuy-cy, on entendra facilement la nature des autres) c'est tout ce qui peut alterer les esprits vitaux, les corrompre et les dissiper, comme sont les longues veilles, les douleurs externes, toutes les grandes et subites euacuations, les douleurs d'estomach excitées par quelques humeurs malignes et veneneuses, les vapeurs mauuaises et putrides qui sortent de quelque abcés formé aux parties nobles : bref la corruption de quelque partie.

Pour apporter les remedes conuenables, il faut auoir esgard aux causes, pour leur opposer remedes contraires si faire se peut : comme aux veilles, il faut ordonner le dormir : aux douleurs, il faut les anodins : aux esprits dissipés, il faut ce qui les reuoque et les engendre : aux vapeurs malignes, les cardiaques : à la cacochymie, la purgation. Or de quelque cause que puisse estre excitée la syncope, elle fait quitter au Medecin le dessein de guerir la fléure, pour luy trouuer des remedes, à cause que c'est vn mal si pressant et si vrgent, que si l'on laissoit longuement le malade en defaillance, il y auroit crainte qu'il ne mourust subitement. C'est pourquoy dés qu'on apperçoit la syncope, il faut tascher à reuoquer les esprits et à faire reuenir le malade en luy iettant de l'eau froide sur le visage, luy mettant les mains dans de l'eau fraische, luy frappant dans les mains : luy frottant le nez, les temples, et le pouls auec bon vinaigre : lui faisant aualler du vin, lequel est vn tres-souuerain cardiaque. Ceux

qui voudront voir Galien, et comme il remedie à ce mal, qu'ils lisent le premier liure *ad Glauconem*. Pour moy ie n'en veux pas dire d'auantage : d'autant que la syncope est traitée tres-amplement par tous les praticiens qui ont escrit des maladies en particulier.

CHAPITRE XIX.

DES SYMPTOMES QVI SVIVENT L'AMETRIE DES EXCREMENS : ET PREMIEREMENT DV FLVX DE VENTRE.

Aprés les symptomes de l'action lesée, viennent ceux qui appartiennent à l'ametrie des excremens. Entre lesquels est le flux de ventre, qui est vn accident fort commun des fléures, quelquefois vtile et profitable, quelquesfois tres-mauuais et pernicieux. Celuy qui est tousiours mauuais est le lienterique, qui vient de boire trop, ou de quelque malignité qui par les fléures pestilentielles et malignes dissout les forces de l'estomach et des intestins

A ce flux de ventre icy, il faut tant qu'on peut fortifier l'estomach et les intestins, tant par les remedes interieurs qu'exterieurs. On fait des poudres auec les choses qui astreignent et fortifient, comme spodium, santaux, bol armene, sang de dragon, perles preparées, coraux, et autres. On donne des opiates auec la conserue de roses, le mastich, la chair de coings, le rhapontic, les mirabolans : exterieurement on fait des linimens auec huiles de myrtilles, de mastich, de coings : on applique des emplastres de mastich et de cotignac à l'estomach : on fait des sachets et fomentations de choses adstringentes et corroborati̇-ues. Que si tout cela ne profite, on recourt aux choses qui prouoquent le sommeil , lequel, comme dit Hippocrates au liure *de Victu in acutis* , arreste toutes sortes de fluxions.

L'autre flux de ventre qui est vtile est humoral , ou diarrhoïque , par lequel les mauuaises humeurs sont euacuées. Mais à fin qu'il soit profitable, premierement , il faut qu'il suruienne à la fin des fiéures , lors que les humeurs sont cuites et domptées par la nature : secondement , il faut qu'il soit moderé, veu que toutes choses qui sont sans mesure sont ennemies de la Nature. De là nous apprenons qu'il ne faut pas tousiours arrester le cours de ventre : car ce seroit bien souuent enfermer le loup dans la bergerie, comme l'on dit. En outre nous apprenons que le cours de ventre moderé nous montre le dessein de la nature, qui est de chasser hors les humeurs nuisibles. C'est pourquoy il ne faut point faire de difficulté, lorsqu'on voit tel flux de ventre, de donner quelque doux purgatif, à fin d'aider à la nature, qui bien souuent ne vuide que le plus clair : le terrestre ou limonneux demeurant au corps, qui est bien souuent cause de recidiues. C'est pourquoy il est bon de donner les purgatifs qui puissent entraisner, auec ce qui sort volontairement, les humeurs plus grossieres et limonneuses. Que si le flux deuient immoderé , alors il faudra temperer les humeurs chaudes auec medicamens rafraichissans, fortifier l'estomach auec des corroboratifs , adoucir les boyaux auec quelques clysteres detersifs et anodins : purger doucement les humeurs auec le catholicum doublé de rheubarbe, ou auec la rheubarbe en infusion, ou bien meslée en tablettes ou opiates.

On peut pareillement prouoquer le sommeil , qui arreste les fluxions, comme dit est , contempere les humeurs, et fortifie les parties.

Il y a deux autres sortes de flux de ventre , l'vn qui vient de l'imbecillité ou corruption des parties nobles, qui est tout à fait mortel : et l'autre qui est colliquatif , à cause du grand feu qui fond la substance propre du corps, et celuy-cy n'est gueres moins perilleux. Toutesfois il faut tascher à moderer ceste grande chaleur par toutes sortes d'artifices, ce qui reüssit quelquesfois assez heurcusement.

CHAPITRE XX.

DE LA DVRETÉ DV VENTRE.

Au commencement des fiéures, le ventre deuient paresseux, à cause du repos que l'on prend dans le lict, et aussi à cause que le febricitant demeurant long-temps couché sur le dos, il s'eschauffe le ventre , qui par aprés endurcit les humeurs qui sont contenues dans les intestins. Car la cause ordinaire de la dureté du ventre vient de la chaleur , qui desseiche les excremens, qui pour estre ainsi espuisés de toute humidité resistent à la vertu expultrice des intestins.

En cest accident, il faut recourir aux clysteres emolliens et refrigeratifs, et aux suppositoires. Il faut donner quantité de boüillons au veau, et assaisonnés de bourrache, buglosse, cichorée, laictue, ozeille, endiue, sommités de maulues, au febricitant : on luy fera vser de pommes cuites, et de pruneaux auec leur ius, en attendant qu'on le puisse purger auec quelque bol de casse et autres doux purgatifs.

Il y a vne autre cause de la dureté du ventre, c'est à sçauoir l'estoupement et obstruction du conduit choledoque qui porte la bile dans les intestins, laquelle sert à irriter la vertu expultrice. Quand donc la bile ne coule pas aux intestins, ladite vertu expultrice deuient paresseuse, et par consequent le ventre deuient dur. A ceste cause icy il faut des remedes particuliers, lesquels nous particulariserons au chapitre de la iaunisse.

CHAPITRE XXI.

DE LA SVPPRESSION D'VRINE.

Des trois empeschemens qu'il y a à l'vrine, sçauoir de la dysurie, quand on a douleur en pissant, de la strangurie, quand on pisse goutte à goutte, et de l'ischurie, quand l'vrine est supprimée et arrestée, la derniere est la pire, et celle aussi qui vient plus ordinairement aux febricitans. Or telle suppression est ou critique, ou symptomatique. La critique, comme enseigne Galien, vient deuant les rigueurs, et est comme vn auant-coureur d'vne crise qui se doit faire par les sueurs : les sueurs et les vrines ayans vne mesme matiere. Pour la symptomatique, elle arriue ou la vessie estant vuide, ou la vessie estant pleine.

Quand on reconnoist en la suppression de l'vrine que la vessie est pleine, s'il n'y a tres-grande inflammation au col de la vessie, il n'y a rien de plus prompt pour soulager le febricitant que la sonde creuse, laquelle si tost qu'elle est introduite, vuide l'vrine qui est retenue en la vessie. Que s'il y a inflammation et obstruction, ou à la vessie, ou aux vreteres, ou aux reins, il faut recourir aux remedes particuliers de ces maladies, desquelles tous les praticiens ont parlé fort amplement : c'est pourquoy il faut auoir recours à leurs liures.

CHAPITRE XXII.

DV FLVX EXCESSIF D'VRINE.

La Nature cherche quelquesfois diuerses descharges pour guerir les maladies, tantost par le ventre, par les diarrhées, tantost par les sueurs, tantost par vn flux d'urines que les Grecs appellent *perirrhée* : et ce flux icy est critique, d'autant qu'il se fait par le benefice de la Nature au soulagement du malade. Quelquesfois on prouoque l'vrine auec des medicamens diuretiques si puissamment, qu'il sort vne grande quantité d'eaux du corps : mais tel flux est plustost nuisible que profitable, d'autant que cela vient de la malignité de tels medicamens, qui pour estre grandement chauds, et de parties ténues, fondent le sang et le font tourner en eau et serosité. A cest accident icy, il faut donner les medicamens rafraichissans, qui puissent pareillement espaissir et incrasser le sang, et arrester les fluxions, comme sont les decoctions de plantin, de pourpié, laictue, bource de pasteur, iouharbe, auec les syrops de pauot et de pourpié.

Il y a vn autre flux d'vrine excessif, que l'on appelle *diabetes*, lorsque les febricitans pissent beaucoup et souuent, et rendent leur vrine aqueuse et ténue si tost qu'ils ont beu. La cause de ce symptome est triple, sçauoir l'intemperie chaude et seiche des reins, l'humeur bilieuse acre et sallée dont les reins sont abbreuués et incessamment irrités, et quelque venin pernicieux. On obserue qu'aux fiéures ardentes le diabetes suruient par la colliquation des reins et dissolution de tout le corps, ce qui fait qu'ordinairement il est mortel. Ces accidens sont de telle importance qu'ils meritent bien qu'on aille fueilleter les liures des bons autheurs, pour leur trouuer des remedes : c'est pourquoy ie n'en diray rien autre chose. Il me suffit d'indiquer ces symptomes, comme effets pernicieux des fiéures.

CHAPITRE XXIII.

DES SVEVRS IMMODERÉES.

Ie ne m'estens point icy sur la difference des sueurs et leur signification, veu que cela appartient à la semiotique : ie m'arreste seulement à la sueur immoderée : laquelle, soit qu'elle vienne par voye de crise ou autrement, precipite le malade en de grandes foiblesses, et en suite, si on n'y remedie, à la mort.

C'est pourquoy lors qu'on voit telle sueur immoderée, il faut recourir aux medicamens qui repercutent et qui bouchent les pores du cuir. On fera donc des fomentations d'eau de rose, de plantain, de morelle, y adioustant la sixiéme partie de vinaigre rosat : ou bien on fera vne decoction dans l'eau des mareschaux, de roses rouges, de balaustes, de noix de cyprés, d'escorce de grenade, de morelle, de plantain, de ioubarbe, d'absinthe, de pentaphyllum, de centinode, de tapsus barbatus et autres.

On aura aussi recours à ces medicamens que les Grecs appellent *diapasmata* et *alispasmata*, faits de poudres de roses rouges, de bol armene, de terre sigillée, de croye, d'alun, de plomb bruslé, de plastre laué, lesquels on seme sur le corps du malade, à fin que par leur vertu emplastique ils empeschent la sueur de sortir. On donnera aussi cependant au malade des iuleps et apozemes adstringens et incrassans pour le mesme effet, les nourrissant bien au reste de viandes aisées à cuire, mais qui ne puissent nullement eschauffer.

CHAPITRE XXIV.

DV FLVX DE SANG IMMODERÉ.

Encore bien qu'il se puisse faire durant les fiéures des flux de sang immoderés, tant par les veines hemorrhoidales, que par celles de la matrice aux femmes : bien qu'il suruienne des dysenteries, et que quelquefois on pisse le sang aux fiéures malignes, si est-ce qu'en ce chapitre icy nous ne deliberons parler que du flux de sang qui vient par le nez, estant vn accident assez commun presque à toutes les fiéures, principalement aux synoques.

Or ce flux de sang est ou critique ou symptomatique : le symptomatique doit tousiours estre arresté, puisqu'il ne fait qu'affoiblir le malade sans diminuer la maladie. Pour le critique, il est ou petit, ou mediocre, ou excessif. Le petit ne doit point estre arresté : au contraire il doit estre excité, si faire se peut, en grattant et frottant le nez, et en y mettant dedans quelque paille ou quelque plume, à fin d'irriter les veines et les ouurir. Au mediocre, il ne faut rien faire. L'excessif et immoderé, pour empescher qu'il n'oste les forces et la vie tout ensemble, doit estre promptement arresté : veu qu'il prend la qualité et la condition du symptomatique.

. Il faut donc en premier lieu tirer vn peu de sang et à diuerses fois des bras pour seruir de reuulsion. En aprés il faut se seruir de remedes adstringens et glutinatifs pour appliquer sur le front et sur les temples, delayant auec de l'eau rose et vinaigre et vn blanc d'œuf, du plastre, du poil de liéure et du bol armene : on met dans les narines quelques poudres adstringentes, ou du cotton trempé en quelque decoction adstringente. On met alentour du malade des linges trempés en oxycrat : mesme si le flux est grandement excessif, on luy enueloppe tout le corps en pareils linges, on en met pareillement sur la bource des testicules. On oste le malade de dessus la plume, et le met-on sur la paille. On luy applique des ventouses sur la region du foye : on lui frotte l'espine et les lombes de cerat de Galien rafraichissant, d'oxyrhodinum, ou de mucilage de semence de psyllium tirée auec l'eau de pourpié. On luy donne à boire de l'oxycrat auec le bol armene et la terre sigillée. On luy pend au col du coral rouge et du iaspe, que l'on croit auoir la force d'arrester toutes sortes de flux de sang.

CHAPITRE XXV.

DES SYMPTOMES DES FIÉVRES QVI APPARTIENNENT A LA SIMPLE AFFECTION DV CORPS : ET PREMIEREMENT DE LA IAVNISSE.

La iaunisse qui apparoist aux fiéures aiguës vient, ou de l'inflammation et scirrhe du foye, ou de l'obstruction du conduit cholidoque, par lequel la bile a accoustumé de se descharger dans les boyaux pour les irriter à l'excretion des excremens. Lors donc que ce conduit et passage est estouppé, la bile au lieu d'aller aux intestins se porte dans les grandes veines, et des grandes aux petites, et des petites dans toute la superficie et habitude du corps, ce qui le fait paroistre tout iaune.

Or il y a grande difficulté de reconnoistre si c'est accident, quand il suruient aux fiéures aiguës, est critique ou symptomatique. Hippocrates a des exemples si contraires entre eux, qu'il est difficile d'en tirer quelque reigle assurée. Au reste, si la iaunisse vient de l'inflammation du foye, elle n'a point d'autres remedes que ceux que l'on fait à l'inflammation. Quand elle vient d'obstruction, il faut se seruir des medicamens qui destouppent et qui ouurent, desquels nous avons rapporté grand nombre cy-deuant. On se seruira pareillement de purgations frequentes, d'epithemes, de clysteres, iuleps, apozemes, et autres. Le corps ayant esté ainsi preparé, lors qu'il ne reste plus que l'humeur qui est esparse par la superficie du corps, on mettra le malade dans le bain d'eau tiede, à fin de resoudre le tout, et remettre le corps à sa propre couleur.

CHAPITRE XXVI.

DE LA SEICHERESSE, NOIRCEVR, ET AV-TRES ACCIDENS DE LA LANGVE.

D'autant que la langue a sa tunique commune qui l'enueloppe auec toute la bouche, l'œsophage et le ventricule, et qu'elle a de petites veines par lesquelles elle a communication auec les visceres, il arriue de là que de la couleur de la langue nous iugeons de la disposition des entrailles, et des humeurs qui sont contenues dans les veines. Aussi voyons-nous durant les fiéures que la langue prend diuerses qualités et affections, selon la condition, violence, et malignité de la fiéure. Cela arriue volontiers à la langue, pource que les vapeurs qui s'esleuent de bas en haut, lors qu'elles sont paruenues iusques à la langue, pour ne pouuoir passer outre et pour trouuer la langue molle et spongieuse, elles s'y attachent et la rendent telle qu'elles sont, tantost aspre et rude, tantost noire, tantost fendue, tantost seiche, et ainsi des autres. Doncques tous ces accidens icy sont produits par les fumées bruslées qui s'esleuent de tout le corps, et font le mesme effet que les fumées qui s'esleuent du bois qui brusle, lesquelles noircissent la cheminée, et y font croistre vne suye qui la couure comme vne grosse crouste.

Or l'aspreté de la langue venant d'vne grande seicheresse doit estre corrigée par les remedes qui humectent, lenissent et adoucissent, comme par le syrop violat, de iuiubes, de sucre candi, sucre de reglisse tenu en la bouche. A mesme effet on prepare vn gargarisme de decoction d'orge, de racine et semence de guimauues, de semence de lin, de fueilles de laictue et de pourpié, de fleurs de violettes, auec quelque syrop conuenable. Les mesmes medicamens sont bons à la noirceur de la langue, ensemble les frictions que l'on y fait auec vn linge rude ou auec vne cuilliere d'argent, lauant aussi la bouche auec verjus, vinaigre, vin blanc, syrop aceteux, miel rosat, suc de limons, d'orange et autres.

Quand la langue est fendue et comme decoupée en diuers lieux, pour l'adoucir on prepare le mucilage de semence de coings et de psyllium : on la laue auec le laict clair, ou mesme auec le laict : on fait vn gargarisme de feuilles de laictue, de pourpier, de plantin, de langue de chien, semence de coings et de psyllium, auec le miel rosat ou violat, et le syrop violat. Pour les ordures qui s'attachent à la langue, aux dents et au palais de la bouche, on les gratte auec vne cuilliere d'argent, et on laue la bouche auec les mesmes remedes cy dessus specifiés.

CHAPITRE XXVII.

DE LA FROIDEVR DES EXTREMITÉS DV CORPS.

Quand les frissons et les horreurs des fiéures intermittentes arriuent, ils sont quelquesfois tellement violens, qu'on est contraint d'y apporter quelques remedes. Le plus ordinaire est d'éschauffer bien le lict des febricitans, les enuelopper de bonnes alaises chaudes, mettre des linges chauds sur la poitrine, à l'entour du col, sur le ventre, sur les genoux, et autres parties. Quelquesfois on leur fait prendre quelque chose par la bouche, comme deux doigts d'eau de vie, d'eau rose, de cannelle et de sucre meslés ensemble, et infusés par l'espace de vingt-quatre heures D'autres donnent simplement de l'hippocras ou du vin d'Espagne, ou de la theriaque dissoute dans de bon vin.

Il y a des fiéures continues où les malades ont presque tousiours les extremités froides : à ceux cy, outre les linges chauds, on fait des douces frictions auec linges mollets, on frotte les cuisses et les iambes auec huiles d'amendes douces, de chamomille, de lis, de iasmin, à fin de rappeller des bouteilles d'eau tiede à l'entour du febricitant, on lui met des grés chauds aux pieds, et à l'entour de luy. Quelques-vns les enueloppent auec des fourrures bien douces et mollettes, qui peu à peu font reuenir la chaleur.

_____

CHAPITRE XXVIII.

DE L'EXCESSIVE CHALEVR.

Ce n'est pas la moindre incommodité des febricitans que la grande chaleur et ardeur de tout le corps : c'est vn symptome qui leur apporte de grandes impatiences. C'est pourquoy il faut donner au malade quelque consolation. Ce qui se fera premierement rafraichissant le plus qu'on pourra l'air de la chambre, changeant le febricitant de lict en autre, lui donnant à boire frais, mettant sur ses mains et bras des fueilles de vigne rafraichies en l'eau, luy donnant à tenir dans les mains des boules de marbre et de iaspe, des laictues pommées, des citrons trempés en l'eau, et autres telles choses. On luy mettra sous les reins vne peau de marroquin, ou vne piece de camelot, ou de bougran, mettant en son lict des linceux neufs, et vn peu rudes. Quelques-vns trempent des linges en oxycrat, dont on enueloppe les parties honteuses. Le reste gist à donner au malade des iuleps et apozemes que nous auons ordonnés à la soif.

_____

CHAPITRE XXIX.

DE LA TENSION DES HYPOCHONDRES.

La tension, esleuation et meteorisme des hypochondres vient, ou de l'inflammation des entrailles, ou de quelques humeurs boüillantes et qui sont comme en leuain, lesquelles sont contenues à l'entour des visceres, ou bien de quelques flatuosités qui sont dans l'abdomen. A celle qui vient de l'inflammation, il faut mesmes remedes qu'à l'inflammation. Aux humeurs boüillantes, il faut donner quantité de lauemens emolliens, refrigerans et laxatifs : il faut faire vser de iuleps et apozemes refrigerans et humectans. Il faut faire des linimens et fomentations de pareille vertu : attendant qu'on puisse auec de doux purgatifs euacuer lesdites humeurs. Quand le meteorisme vient des vents et flatuosités enfermées, on recourt pareillement aux clysteres detersifs, ou, comme l'on dit, carminatifs. On fait des fomentations aussi resolutiues auec fleurs de chamomille, mellilot, sauge, marjolaine, maulues, paritoires boüillies en eau et vin : on fait sachets auec mesmes herbes, ou auec le son, l'auoine ou millet fricassé. Bref on purge le corps, à fin de vuider les humeurs crasses et pituiteuses, d'où se forment les vents.

Voila tout ce que nous auions à dire touchant les symptomes des fiéures, qui seruira grandement à l'instruction du ieune chirurgien, que ie prie de prendre en bonne part, comme n'ayant esté dressé qu'à sa seule occasion, et au soulagement des malades.

Ie proteste icy que ce n'a point esté par ambition de paroistre docte ny sçauant, sçachant tres-bien que tout ce qu'il y a de bon dans tout ce Traité des fiéures a esté compilé par moy des bons medecins, ausquels, aprés Dieu, ie suis tenu de ce peu de connoissance que i'ay en la medecine et en la chirurgie.

LE VINGT-VNIÉME LIVRE,

TRAITANT

DE LA MALADIE ARTHRITIQVE,

VVLGAIREMENT APPELÉE GOVTE[1].

CHAPITRE I.

DESCRIPTION DE LA MALADIE ARTICVLAIRE, DITE VVLGAIREMENT GOVTE.

Arthritis, ou Goute, est vne maladie qui afflige et gaste principalement la substance des articles d'vne matiere virulente, accompagnée de quatre humeurs : et pour ceste cause est nommée des Grecs *Arthritis*, et des Latins, *Morbus articularis* : et ce nom est general pour toutes les iointures. Mais le vocable de Goute, qui est françois, luy peut auoir esté attribué par-ce que les humeurs distillent goute à goute sur les iointures : ou pour-ce que quelquesfois vne seule goute de cest humeur fait douleur tres-grande. Et peut venir à toutes les iointures du corps, et selon les lieux où la fluxion se fait, prend diuers noms.

Parquoy nous dirons qu'elle a autant d'especes et differences qu'il y a de iointures. Comme si la fluxion se fait sur la iointure des mandibules, elle pourra estre nommée *Siagonagra*, par-ce que les Grecs appellent la mandibule *Siagon*. Si elle vient au col, se peut appeller *Trachelagra*, pour-ce que les Grecs nomment le col *Trachelos*. Si elle vient sur l'espine du dos, on la pourra nommer *Rachisagra*, par-ce que les Grecs nomment l'espine *Rachis*. Aux es-

[1] Je ne connais pas d'édition séparée de ce livre, qui a paru pour la première fois dans la grande édition de 1575. Il formait alors le dix-septième livre, et se trouvait placé entre celui *des Operations* et celui *de la grosse Verolle*, place qu'il a toujours conservée, bien qu'en 1585 il ait pris le titre de *dix-huitiesme Liure*. Après le livre *des Fièures*, c'est le premier dans l'ordre de la collection qui soit à peu près purement médical, et je n'ai pas vu de raisons suffisantes pour changer cet ordre. Il se composait en 1575 de 25 chapitres ; on en compte aujourd'hui 20 ; mais cette augmentation est plus apparente que réelle. En effet, elle résulte seulement de la division des chapitres 2 et 9 chacun en deux, et du chapitre 11 en trois chapitres.

J'ai à ajouter un mot touchant l'orthographe du mot *goute* : bien que dans quelques endroits des livres de Paré on trouve écrit *goutte*, cependant toutes les éditions de ce livre n'y mettant qu'un seul *t*, je m'en suis tenu à cette orthographe.

paules, *Omagra*, à cause que la ioincture de l'espaule et du bras est dite des Grecs *Omos*. Aux ioinctures des clauicules, *Cleisagra*, par-ce que la clauicule est appellée en grec *Cleis*. Au conde, se peut nommer *Pechyagra*, du nom grec *Pechys*, qui signifie le coude. Si elle vient aux mains, elle est communément appellée *Chiragra*, à cause du nom grec *Cheir*, qui signifie la main. Et à la hanche *Ischias*, pour-ce qu'elle est appellée en grec *Ischion*. Au genoüil, *Gonagra*, du nom grec *Gony*, qui signifie le genoüil. Aux pieds l'*Podagra*, du grec *Pous*, c'est à dire, le pied.

Lors qu'il y a trop grande quantité d'humeur, et que le malade vit en oisiueté, quelquesfois le mal occupe toutes les ioinctures vniuersellement [1].

Aucuns l'appellent *descente, rheume*, ou *catarre*, par-ce que le nom de goute est odieux, principalement aux ieunes gens. Autres le nomment *goute naturelle*, à la difference des goutes de la grosse verole.

CHAPITRE II.

DES CAVSES OCCVLTES DES GOVTES.

L'humeur qui cause les goutes ne se peut bien expliquer, non plus que celuy qui fait la peste, ou qui est cause de la verole ou de l'epilepsie : et est totalement d'autre nature que celuy qui fait vn phlegmon, ou vn œdeme, ou crysipele, ou scirrhe : et iamais ne se suppure (comme dit Aëce, chapitre 12. du 12. liure [2]) comme font les autres humeurs : ioint aussi que les ioinctures qui en sont affligées sont desnuées de chair, et de temperature froide et seiche : et lors que lesdits humeurs defluent en quelque partie iusques à s'apostumer, ne causent telles douleurs que celuy qui fait la goute, ny mesme vn chancre apostumeux. Outre plus, lesdits humeurs ne font des nœuds aux ioinctures comme fait celuy qui cause la goute, lequel laisse vne matiere gypsée incurable, ainsi que nous declarerons cy après.

Sur ce faut noter, que cest humeur fluant ne fait pas nuisance par la voye où il passe (non plus que celuy qui cause l'epilepsie, montant des parties inferieures iusqu'au cerueau sans leur faire aucune nuisance), mais subit qu'il est tombé aux ioinctures, cause extremes douleurs, et autres diuers accidens. en eschauffant ou refroidissant. Car on voit aucuns malades qui se disent brusler, et ne leur peut-on appliquer remedes assez froids : autres disent sentir vne froidure glacée, lesquels on ne peut assez aussi eschauffer : et mesmement en vn mesme corps se voit que la partie dextre est intemperée de chaleur, et la senestre de froidure. Aussi on voit des gouteux, lesquels ont la goute chaude au genoüil, et au mesme pied froide : ou aux pieds chaude, et au genoüil froide. Ie diray plus : on voit souuent vne tres-grande chaleur estre vn iour en vne partie, et l'autre vne froideur : et partant en vn mesme membre faut vser de remedes contraires. Et quelquesfois ceste matiere virulente est si peruerse et maligne, qu'elle repugne, et ne cede à nuls remedes : et disent les malades sentir plus de mal y appliquant quelque chose, que lors qu'ils n'y font rien. Et bon gré mal gré de

---

[1] Le chapitre se terminait ici en 1575; le reste est de 1585.

[2] Cette citation a été ajoutée en 1579.

III.

1 ⁴⁄₄

toutes choses faites par raison et methode, ceste matiere a son periode et
paroxysme : qui demonstre apertement la mesconnoissance et malice
de la cause.

Pareillement on voit que les goutes
ne se peuuent iamais parfaitement
guarir (principalement celles qui sont
hereditaires) quelque diligence qu'on
y puisse faire : dont cela est venu en
prouerbe, mesmes aux poëtes latins,
entre lesquels Horace dit :

Qui cupit, aut metuit, iuuat illum sic domus,
aut res,
Ut lippum pictæ tabulæ, fomenta podagram.

Voulant dire, que les medicamens
et fomentations donnent autant d'al-
legemens aux podagres, que font
les richesses à celuy qui est vexé
d'auarice infatigable, desirant tousiours d'amasser : ou comme les peintures et tableaux donnent recreation
à vn homme qui a mal aux yeux. Sur
quoy aussi Ouide dit :

Soluere nodosam nescit medicina podagram :

Qui signifie que la medecine ne
peut guarir la goute des pieds estant
noueuse [1]. Donc en ce on ne doit accu-
ser les Medecins et Chirurgiens, ny
aussi les Apoticaires et leurs drogues.
Car i'ose affermer, qu'aux goutes il y a
vn certain virus inconneu et indicible : ce qu'Auicenne semble confesser, liure troisiéme, fen. 22. traité 2.
chapitre 5. et 7. quand il dit qu'il y a
vne espece de goute qui est d'vne
matiere si aiguë et maligne, que si
elle vient à s'esmouuoir par quelque
courroux d'esprit, elle cause vne
mort subite. Aussi Galien au liure *de*

Theriaca ad Pisonem, chap. 15. dit
que le theriaque profite aux podagres, et à toutes maladies articulai-
res, parce-qu'il obtond, consomme et
seiche la matiere virulente des goutes. D'auantage, Gourdon au chapitre des goutes, semble auoir entendu
qu'en icelles y a quelque venenosité,
quand il dit qu'en telle maladie l'v-
sage du theriaque est fort à loüer, et
principalement aprés que le corps est
mondifié et purgé. Or pour le dire en
vn mot, les goutes participent de
quelque matiere virulente, tres-subtile et veneneuse, non toutesfois contagieuse, laquelle peche plus en qualité qu'en quantité : qui cause vne
douleur extreme en la partie où elle
tombe, et est cause d'y faire fluer les
humeurs, principalement ceux qui
sont aptes et preparés à descendre :
et non seulement les humeurs, mais
aussi les esprits flatueux : ainsi qu'on
voit és morsures et piqueures de bestes
venimeuses, comme des mousches à
miel, freslons, et autres, qui par leur
venin causent douleur aiguë, auec
chaleur, enfleure et vessies : qui se fait
par l'ebullition des humeurs causée
par le venin. Le virus arthritique
fait pareils accidens, lesquels ne cessent iusques à ce qu'il soit resoult et
consommé, soit par Nature, ou par
medicamens, ou par les deux ensemble.

Or il faut icy entendre que les accidens des morsures et piqueures
des bestes venimeuses ne viennent
pas seulement pour la solution de
continuité : car on voit souuent les
cousturiers, et autres artisans, se piquer profondément de leurs aiguilles
aux extremités des doigts, mesmes
entre l'ongle et la chair : neantmoins
ne sentent pareille douleur, et n'y
voit-on suruenir le plus souuent

---

[1] L'édition de 1575 ajoutait : *si ce n'est*
pour pallier. Ceci a été effacé en 1579.

aucun mauuais accident. Parquoy ie conclus que les accidens prouenans à cause de la morsure d'vne vipere, ou piqueure d'vn scorpion, iettant vne bien petite quantité de venin, et qui est cause en peu de temps de faire vne intemperature à la partie et grande mutation au corps, se doiuent attribuer non à la playe, mais à la qualité du venin principalement. Aussi la cause de la douleur et des autres acci·lens qui aduiennent aux goutes, est vne virulence et venenosité, laquelle (comme nous auons dit) peche plus en qualité qu'en quantité : ce qu'on connoist en ce qu'aucuns ont des douleurs áux iointures sans aucune apparence de defluxion d'humeurs, mais par vne seule intemperature indicible : laquelle chose peut estre encores illustrée et entendue par ceste histoire.

CHAPITRE III.

HISTOIRES MEMORABLES [1].

Le Roy estant à Bordeaux, ie fus appelé auec messieurs Chapelain, Conseiller et premier Medecin du Roy, Castellan, Conseiller et Medecin du Roy, et premier de la Royne, auec monsieur de la Taste, Medecin demeurant à Bordeaux, et maistre Nicole Lambert, Chirurgien ordinaire du Roy, pour visiter et donner conseil à vne damoiselle, aagée de quarante ans ou enuiron, malade d'une tumeur de la grosseur d'vn petit pois, située au dessous de la ioin-

[1] Ce chapitre existait déjà en 1575, mais confondu avec le précédent; il en a été séparé en 1579.

ture de la hanche senestre, partie externe : et sur ladite tumeur et parties voisines, sentoit par interualle de temps vne extreme douleur, comme ie declareray cy aprés : et pour l'appaiser on auoit cherché tous moyens, appellant pour ce faire plusieurs Medecins et Chirurgiens, voire mesme des sorciers et sorcieres : tous lesquels ne luy sceurent donner aucun allegement de sa douleur. Or ayans tous entendu ceste histoire, ie desiray fort sçauoir quels accidens suiuoient en l'accés de sa douleur : dont ie m'en allay au logis de ladite damoiselle, accompagné dudit de la Taste : où bien tost aprés estans arriués, sa douleur luy print : et alors elle commença à crier, se iettant çà et là, faisant des mouuemens incroyables. Car elle mettoit sa teste entre ses iambes, et les pieds sur les espaules, auec plusieurs autres mouuemens merueilleux. Cest accés luy dura prés d'vn quart d'heure : pendant lequel ie m'efforçay à prendre garde s'il suruenoit tumeur, ou quelque inflammation au lieu de la douleur : mais ie puis acertener qu'il n'en y auoit aucune, ny au sens du tact, ny de la veuë. Vray est que lors que i'y touchois, elle crioit d'auantage. L'accés passé, elle demeuroit en vne grande chaleur et sueur vniuerselle, et lassitude de tous ses membres, ne se pouuant aucunement remuer. Or aprés auoir veu telle chose, ie demeuray grandement esmerueillé, comme aussi ledit de la Taste : auquel ie demanday ce qui luy en sembloit : il me fit response, qu'il estimoit que c'estoit vn demon qui tourmentoit ceste pauure creature. En quoy ie ne luy voulus contredire pour l'heure, attendu que iamais n'auois veu ny ouy parler de tel accident. Car si c'eust esté vne maladie epileptique, il se fust ensuiui perdition de tous les sens, auec conuulsion : mais ceste demoiselle ratiocinoit bien, et parloit encores mieux. Aprés qu'eusmes fait rapport de ce spectacle à messieurs Chapelain et Castellan, ils furent grandement estonnés : et fut conclu de nous tous (attendu qu'on auoit procedé auparauant par plusieurs moyens, lesquels ne luy auoient aucunement osté sa douleur) qu'on luy appliqueroit sur la tumeur vn cautere potentiel, lequel i'appliquay : et l'escarre cheute, tomba vne sanie virulente de couleur fort noire : et fut veuë depuis n'auoir aucune douleur.

Parquoy ie veux conclure par ceste histoire, que la cause de sa douleur estoit vn virus venimeux, lequel pechoit plus en qualité qu'en quantité, qui eut issue par le moyen de l'ouuerture faite par le cautere.

Vn semblable fait est aduenu à la femme du cocher de la Royne, demeurant à Amboise, au milieu du bras droit, ayant par certains iours semblables douleurs que la susdite damoiselle : laquelle nous vint trouuer, messieurs Chapelain, Castellan et moy, à Orleans, nous suppliant que nous eussions à luy vouloir donner secours à sa douleur [1], qui estoit si vehemente qu'elle se vouloit ietter par les fenestres, ayant pour ceste occasion garde auec elle. Nous conclusmes qu'on luy appliqueroit vn cautere potentiel sur la partie mesme, ainsi qu'auions fait à la susdite damoiselle, ce que ie fis : et l'ouuerture faite, sa douleur cessa, et l'a depuis du tout perdue.

Or pour retourner à nostre propos, le vice des humeurs n'est pas seulement cause des goutes, par-ce que le mal ne seroit pas seulement aux iointures, mais aussi aux parties musculeuses : et ne causeroit telles douleurs, comme i'ay dit. Aussi on peut dire à la verité que le mal ne vient pas de l'imbecillité des iointures (comme plusieurs estiment) laquelle seule aussi ne peut causer telles douleurs. Car s'il estoit ainsi, les douleurs ne cesseroient iamais pendant que l'homme vit, d'autant que l'imbecillité est tousiours aux articles : ains les deux ensemble, c'est à sçauoir, la redondance vicieuse de l'humeur, et l'imbecillité des articles.

Que diray-ie plus pour demonstrer l'incertitude de la cause des goutes? C'est qu'elles sont comme vne rente constituée : pource qu'elles reuiennent tous les ans à certains termes, principalement en automne et au printemps [1], quelque diligence que l'on y sçache faire : de quoy l'experience fait foy. Et qui plus est, celles mesmement qui viennent de naissance, c'est à dire, par heritage du pere et de la mere, ne peuuent iamais guarir vrayement, comme i'ay dit : ains seulement reçoiuent cure palliatiue. Et pour y proceder, les Medecins et Chirurgiens doiuent auoir bon pied, bon œil, et qu'ils soient munis de bon iugement, et de plusieurs et diuers remedes, à fin qu'on en puisse choisir selon qu'on verra les accidens aduenir, pour seder les douleurs tant chaudes que froides, ou mistionnées ensemble, tant qu'il sera possible.

---

[1] La phrase s'arrêtait là en 1575; le reste a été ajouté en 1579.

[1] *Selon Hippocrates Aph.* 55. *li.* 6. —A. P. Cette citation date seulement de l'édition posthume de 1598.

CHAPITRE IV.

DES CAVSES ACQVISES ET MANIFESTES DES GOVTES.

Combien que nous ayons demonstré la cause des goutes estre inconneuë, toutesfois communément on luy assigne des causes dont le Medecin peut donner quelques raisons. Or tout ainsi qu'il y a trois causes aux autres maladies, à sçauoir, primitiue, antecedente et coniointe, aussi y a-il aux goutes.

Quant à la primitiue, elle est double : l'vne vient de la premiere generation, comme celuy qui aura esté procreé de pere et mere gouteux : principalement quand la matiere virulente est en rut, c'est à dire en mouuement, et que l'homme se ioint auec sa compagne, et qu'il engendre, il est bien difficile que les enfans ne soient gouteux, à cause que ceste matiere virulente se mesle auec la semence : d'autant que la matiere de la semence vient de tout le corps, comme monstre Aristote au liure *De generatione animalium* [1] : pareillement Hippocrates au liure *de l'air, des regions et des eaux*. L'autre prouient par intemperature, tant de la maniere de viure que de trop frequent exercice, de l'acte venerien, et autres choses que declarerons cy aprés.

Celle qui prouient des parens gouteux peut estre appellée maladie hereditaire, pour-ce qu'elle vient de pere en fils : ce que toutesfois n'aduient pas tousiours, comme l'experience le monstre. Car on voit plusieurs estre vexés des goutes, desquels les pere et mere iamais n'en auoient esté malades : et d'autres n'en estre aucunement affligés, et toutesfois leurs pere et mere en estoient grandement tourmentés : laquelle chose se fait par la bonté de la semence de la femme, et par la bonne temperature de la matrice d'icelle, corrigeant l'intemperature de la semence virile : tout ainsi que celle de l'homme peut corriger celle de la femme : comme on voit souuent par experience des enfans n'estre point gouteux, lepreux, teigneux, epileptiques, encore que leurs pere ou mere fussent suiets à telles maladies. Laquelle correction si elle defaut au pere ou à la mere, les enfans ne peuuent eschapper qu'ils ne soient suiets ausdites maladies : lesquelles ne se peuuent parfaitement curer, quelque diligence qu'on y puisse faire. Parquoy on ne doit (comme nous auons dit) calomnier la Medecine ny la Chirurgie, ny moins les drogues de l'Apoticaire : pour-ce que la semence suit la complexion et temperament de celuy qui engendre : en sorte qu'vn homme et vne femme bien temperés produiront vne semence bien complexionnée : au contraire, s'ils sont intemperés, produiront vne semence mal complexionnée, et non propre pour engendrer vn enfant bien complexionné, comme le dit Auicenne [1]. Parquoy celuy qui sera gouteux, s'il fait vn enfant, à grande peine pourra-il euader qu'il ne soit gouteux, si ce n'est par la rectification de la semence de la mere ou du pere, ainsi qu'auons declaré.

La seconde cause vient des superfluités de nostre corps, qui s'alterent et se conuertissent en cest humeur virulent. Or ces superfluités produites

---

[1] *Au 1. liure, chap. 17.* —A. P.

[1] *Auicenne liu. 3. fen. 22. traité 2. chap. 5.* — A. P. Cette citation est de 1579.

par vne grande plenitude ou obstruction des vaisseaux (qui se fait principalement par la mauuaise maniere de viure, et pour auoir crapulé et beu des vins forts) font esleuer au cerueau plusieurs vapeurs, qui remplissent la teste : puis les membranes, nerfs et tendons en sont rendus laxes et imbecilles, et par consequent les iointures. Aussi cela aduient pour auoir mangé plusieurs et diuerses viandes à chacun repas, en trop grande quantité : lesquelles engendrent vne cacochymie. Aussi dormir tost aprés le repas et longuement, et prendre peu d'exercice, telles choses corrompent la faculté digestiue. Car lors qu'elle defaut, s'ensuiuent crudités, obstructions et serosités, qui tombent sur les iointures : lesquelles, sur toutes autres parties, sont debiles naturellement, ou par accident : naturellement, comme en ceux qui les ont dés leur premiere generation laxes et foibles : par accident, comme en ceux qui ont beaucoup cheminé à pied, ou se sont tenus debout, ou ont enduré le froid : pour-ce que par la longue intemperature, les iointures sont rendues imbecilles. Aussi cela peut aduenir par cheute, ou coups, ou pour auoir esté estendu sur la gesne, ou auoir enduré l'astrapade : pareillement à ceux qui sont excessifs au coït, et principalement tost aprés le repas, d'autant que tout le corps est refrigeré : par-ce que la chaleur naturelle s'amoindrit, pour la grande quantité d'esprits qui sont iettés au coït, et que la faculté digestiue en est affoiblie[1] : et partant s'ensuiuent crudités sereuses qui defluent sur les iointures, à cause des-

quelles, et aussi de ladite refrigeration, lesdites iointures sont debilitées, qui est cause des goutes. Or veu que ladite faculté digestiue defaut aux vieilles gens, il ne se faut esmerueiller s'ils sont gouteux.

Outre-plus, les euacuations accoustumées retenues, comme le vomissement, flux menstruel, hemorrhoïdal, flux de ventre et autres, souuent sont cause de la goute : partant les femmes ne sont suiettes aux goutes pendant qu'elles ont leur flux, mais bien aprés l'auoir perdu. Ce que dit Hippocrates[1] : par-ce que les superfluités sont retenues, lesquelles auoient accoustumé de se purger. D'auantage, ceux à qui vieilles vlceres ou fistules auront coulé par longues années, et puis sont closes et consolidées, s'ils ne tiennent aprés bon regime, et ne se purgent par fois, sont en danger d'estre gouteux : comme au contraire, les varices des cuisses et iambes, et les hemorrhoïdes, flux dysenterique et vieilles vlceres, empeschent la generation des goutes. Plus, ceux qui releuent de quelque grande maladie, lesquels n'ont point bien esté purgés par medecine, ou par Nature, souuent deuiennent gouteux. Ceux qui ont le cerueau fort froid et humide, sont pareillement suiets aux goutes.

Or pour conclure en peu de paroles, les causes manifestes de ceste maladie sont, mauuaise maniere de viure, qui engendre crudités et serosités : le coït superflu, cheminer trop hastiuement ou plus longuement que Nature ne le peut porter, demeurer trop longuement debout, equitations de trop longue durée, euacua-

---

[1] Gallen *au* 1. *liu. De semine.* — A. P.

[1] *Apho.* 29. *liure* 6. — A. P.

tions accoustumées retenues, le vice des parens, lequel les enfans sont contraints de sentir, quasi par droit hereditaire.

Quant aux causes internes, entre les principales sont, redondance des humeurs crus, et l'amplitude des vaisseaux : la force des principales parties mandantes, et l'imbecillité des recevantes, auec laxe capacité des conduits .et inanités d'icelles, et la situation inferieure de la partie affligée [1].

Or le ieune Chirurgien doit sçauoir qu'il y a quatre facultés naturelles, par lesquelles les plantes et animaux se gouuernent. La premiere est qui attire l'aliment : la seconde, qui le retient : la tierce, qui le change et digere : la quarte, qui reiette le superflu, par-ce qu'il peche en quantité ou en qualité, ou tous les deux ensemble : aussi le virus et les humeurs sont iettés par la vertu expultrice aux iointures. Quant à ce que ledit humeur s'arreste plustost aux iointures qu'aux parties musculeuses, cela se fait pour-ce que les iointures sont exangues et froides, c'est à dire auec vn peu de sang, et de substance dense et serrée, et que les parties qui sont entre icelles sont charneuses, laxes et molles, et la grande astriction du cuir (qui est ordinairement aux vieux pour la siccité) fait que la transpiration est empeschée et les superfluités retenues : dont souuent s'ensuit la goute, ou quelque grand prurit par tout le corps, ou gratelles, ou rongnes, et leurs vrines acres.

Or la douleur qui se fait en ceste maladie vient pour l'acrimonie de la qualité virulente, quelquefois toute seule sans nul autre humeur : et aussi le plus souuent la douleur faite

du virus est cause d'attirer des esprit[s] flatueux et humeurs ja preparés à fluer : comme le sang, et alors la fluxion sera phlegmoneuse : si c'est la cholere, erysipelateuse : si c'est le phlegme, œdemateuse : si c'est l'humeur melancholique, scirrheuse. Et s'il y a deux humeurs meslés ensemble, celuy qui sera en plus grande quantité prendra la denomination : comme si le sang domine la cholere, on pourra dire *phlegmon erysipelateux* : au contraire si c'est la cholere, sera nommé *erysipelas phlegmoneux* : et ainsi des autres humeurs. Et ceste matiere virulente accompagnée des humeurs et esprits flatueux, estant aux iointures, les remplit et fait distension aux parties, comme membranes, aponeuroses, tendons, et autres parties qui lient les iointures.

CHAPITRE V.

DE L'ORIGINE DE LA DEFLVXION DES GOVTES.

L'origine de la defluxion et matiere des goutes vient du cerueau, ou du foye [1]. Lors qu'elle vient du cerueau, on peut dire que c'est la pituite sereuse, claire et subtile, telle qu'on voit le plus souuent distiller et couler par le nez et par la bouche, accompagnée du virus indicible, laquelle difflue par les tuniques des nerfs et tendons par dessous le cuir musculeux qui couure le crane, et par dedans le grand trou par lequel la nuque passe : et telle fluxion est tousiours froide. Lors qu'elle vient du foye, elle court et flue par les veines

---

[1] *Voy. Guidon au chap. des goutes.* —A. P.

[1] *Fernel.* —A. P.

et arteres chargées d'abondance d'humeurs qu'elles ne peuuent contenir pour la quantité, ou pour la qualité vicieuse. Et peut-on lors dire que ce sont les quatre humeurs contenus en la masse sanguinaire, simples ou composés, accompagnés pareillement du virus arthritique : et sont plustost chauds que froids, au contraire de ce qui aduient lors que la fluxion se fait du cerueau.

Or ceste matiere de laquelle sont faites les goutes, que nous auons maintenant declarée, est la fluxion qui se fait des autres parties : outre laquelle il y a vne autre cause, appellée congestion : à sçauoir, quand quelque partie ne peut faire concoction de ce qui luy est baillé par Nature pour sa nourriture. Et quant à moy, il me semble (sauf meilleur iugement que le mien) que la matiere virulente des goutes est en la masse sanguinaire, voire en toute l'habitude du corps : et que ceste serosité virulente se meut par certaines causes qu'auons cy dessus mentionnées [1].

Encore outre ces raisons naturelles, il y a quelque chose qu'on ne peut expliquer, ainsi qu'à l'epilepsie, fiéure quarte, et à vne infinité d'autres maladies, ce qu'Hippocrates a dit au liure premier *des Prognostiques*,

---

[1] Le chapitre se termine ici dans les éditions de 1579 et 1585. Dans la première édition posthume, Paré, ou son éditeur, a rétabli la dernière phrase qui se lisait déjà dans l'édition de 1575 ; mais cette première édition ajoutait en outre cette autre phrase, qui est demeurée absolument supprimée :

« Ce qui est venu en proverbe,

Qu'en la fiéure quarte et la goute
Le medecin n'y voit goute :

principalement en celle qui est hereditaire ou inueterée. »

qu'aux maladies il y a quelque chose de diuin.

CHAPITRE VI.

SIGNES QVE LA FLVXION VIENT DV CERVEAV.

Les malades, lors que la fluxion se veut faire, se sentent appesantis, endormis, et hebetés, auec grand sentiment de douleur aux parties externes de la teste, et principalement quand on leur renuerse leurs cheueux : et souuentesfois on leur trouue vne tumeur œdemateuse au cuir qui couure le crane : et leur semble qu'ils ayent changé leur nature à vne autre presque toute estrange, de sorte qu'il leur est aduis qu'ils ne sont plus eux mesmes, pource que la virulence de la matiere a renuersé et changé les fonctions et toute l'œconomie du corps. Aussi ils sentent grandes crudités en l'estomach, et routemens aigres. Et mesme l'humeur qui cause la migraine a similitude, pour sa malice et virulence, à celuy qui cause les goutes : laquelle pource qu'alors elle communique sa douleur à toute la moitié de la teste, a esté appellée des anciens *Hemicrania*. A aucuns la fluxion descend du cerueau entre cuir et chair aux iointures, voire iusques à celles des doigts des pieds : et telle defluxion procede lentement, au contraire de l'humeur qui est chaud, duquel la fluxion se fait promptement et auec sentiment de douleur.

CHAPITRE VII.

LES SIGNES QVE LA FLVXION VIENT DV FOYE ET DE LA MASSE SANGVI- NAIRE.

Les malades sentent chaleur au foye, et aux parties interieures de leur corps, et sont communément de temperature sanguine et cholerique, ayans les veines larges et grosses, ioint que la fluxion se fait promptement : dont se fait fluxion de sang et de la cholere auec les autres humeurs. Mais quelquesfois le sang peut degenerer de sa qualité chaude, et deuenir pituiteux et sereux par multiplication de crudités, et autres choses qui causent et engendrent la pituite : et alors peut aduenir que de la masse sanguinaire, comme du cerueau, tombe et decoule sur les iointures vn humeur pituiteux auecques le virus : tout ainsi que si l'humeur melancholique est en grande abondance, il y peut aussi decouler : ce que toutesfois est rare, comme nous demonstrerons en son lieu. Partant pour mieux distinguer la difference desdits humeurs, nous les descrirons particulierement.

CHAPITRE VIII.

LES SIGNES POVR CONNOISTRE QVEL HV- MEVR ACCOMPAGNE LE VIRVS AR- THRITIQVE.

Premierement pour connoistre si le sang domine, faut considerer l'aage, comme la ieunesse du malade, sa temperature sanguine, le temps de l'année, qui est le printemps, la region temperée : aussi s'il a vsé de maniere de viure chaude et humide, multipliante le sang : et qu'au matin la douleur est plus grande et plus pulsatile et tensiue, auec vne pesanteur, et la couleur de la partie rouge et vermeille : ioint qu'il y a grande tumeur, non seulement des veines, mais aussi de toute la partie malade : et y a grande distension en la partie, tellement qu'il semble qu'elle se rompt. Les vrines sont rouges et espaisses : d'auantage, ils ne peuuent endurer l'application des remedes chauds, ains par l'application d'iceux la douleur s'aigrit d'auantage. Plus, les exacerbations, ou accés, se font et repetent tous les iours, et principalement au matin. De toutes ces choses tu peux conclure que le sang domine.

CHAPITRE IX.

LES SIGNES DE LA CHOLERE.

Aussi les signes de la cholere sont, que la couleur de la partie sera trouuée blaffarde, auec grande chaleur ignée et peu de tumeur, douleur poignante et extremement aiguë : et le malade sent plustost chaleur que distension et pesanteur : et combien que la partie apparoisse rouge, toutesfois elle tend plus à citrinité, c'est à dire couleur iaunastre, qu'à la couleur sanguine : et si elle est pressée du doigt, le sang cholerique (à cause qu'il est fort subtil) fuit facilement, puis subit retourne, et reuient plus rougeastre qu'auparauant. Car deuant qu'on comprimast la partie, l'humeur plus vicieux et flaue occupoit la superficie du cuir, et par la compression du doigt, le sang qui estoit caché sous le cuir fait monstre et parade de soy, iusques à ce que l'effet de la compression cesse, l'humeur bilieux retourne en son premier lieu [1] : dont iceluy apparoist plus blaffard qu'en vn phlegmon fait de sang pur, comme nous auons dit : ioint que la partie est plus aidée par medicamens refrigerans et humectatifs, que par ceux qui eschauffent et seichent. Le patient a le pouls fort viste et frequent, et est de temperament cholerique. Aussi la douleur sera trouuée plus grande sur le midy, iusques à quatre heures du iour, qu'à autres heures, parce que la cholere se meut en tel temps. D'auantage les patiens ont des exacerbations, c'est à dire renouuellemens de douleur, de trois iours en trois iours, comme on voit aux fiéures tierces. Aussi la chaleur du temps donne indice, comme l'esté. Outre-plus la qualité des viandes est à considerer, comme si le malade a vsé de viandes qui multiplient et engendrent la cholere. Ses vrines seront trouuées fort subtiles et de couleur citrine, et quelquefois tellement acres, qu'elles offensent le conduit vrinal.

CHAPITRE X.

SIGNES DE L'HVMEVR PITVITEVX.

L'humeur pituiteux, qui cause les goutes, est sereux, et quasi tousiours semblable à celuy qu'on voit distiller

[1] Ceci est le texte tel qu'il a été corrigé en 1579 ; l'édition de 1575 portait :

« Et par la compression du doigt le sang qui estoit caché sous le cuir s'enfuit, puis cessant de comprimer retourne auec l'humeur flaue. »

du cerueau en temps froid par le nez, comme auons dit. Lors qu'il deflue sur quelque iointure, il faut qu'elle apparoisse enflée, et de la couleur du cuir : et ne differe pas grandement en couleur de la partie saine, c'est à dire qu'elle n'est ny rouge ny chaude, mais on sent froideur au sens du tact : et l'application des choses froides nuit grandement au patient, mais les chaudes luy sont profitables.

Or pour engendrer tel humeur, la vieillesse y fait beaucoup, et aussi le temperament froid et humide, et l'air ambiens de mesme : pareillement le temps d'Hyuer, l'oisiueté, les viandes froides et humides, fruits, legumes, et generalement toutes choses qui engendrent la pituite : et la douleur est en temps d'hyuer plus grande la nuict que le iour, pour ce que la pituite a ses exacerbations ou mouuemens tous les iours, et principalement la nuict. La tumeur sera trouuée molle, en laquelle après auoir pressé du doigt dessus, la fosse y demeure quelque temps après, comme on voit aux œdemes. Les vrines seront trouuées crues et espaisses, et de couleur blanchastre, comme toutes les autres superfluités phlegmatiques, muqueuses, et glaireuses. Si la pituite est salée, le patient sentira vn grand prurit et mordacité à la partie. Le pouls au toucher sera trouué mol, lent, et diuers. Aussi on prend garde que le malade n'a fait exercice. Et cest humeur cause le plus souuent les goutes, principalement quand il est cru : et pour abreger, d'autant que les susdits humeurs seront esloignés de leurs temperamens, et auront acquis vne qualité acre et virulente, d'autant aussi en seront les douleurs et accidens plus grands.

CHAPITRE XI.

SIGNES DE L'HVMEVR MELANCHOLIQVE [1].

En la partie y aura peu de tumeur et douleur, et sera comme endormie en vn sentiment de pesanteur. La couleur sera aucunement liuide et plombine : et le plus souuent on sent la partie froide quand on la touche. Aussi peut estre que le malade est de temperature melancholique, et attenué : pareillement qu'il aura vsé de viandes qui multiplient l'humeur melancholique. La cause aussi de tel humeur est la region froide et seiche, et les alimens qui engendrent suc melancholique : aussi la tristesse, le temps d'automne, ou l'hyuer, et l'aage qui est vers la vieillesse. Le pouls sera trouué dur, tensif et petit. Le patient aura peu d'appetit de boire et manger. Les vrines le plus souuent au commencement sont ténues et aqueuses, à cause des obstructions, et aprés plus noires qu'elles ne doiuent estre selon nature, et moyennement crasses. La residence [2] est quelquesfois meslée de matiere cruente et fusque. Les exacerbations seront de quatre iours en quatre iours : et la douleur sera trouuée plus grande aprés midy vers le soir, qu'à autre heure du iour, à cause que le mouuement de l'humeur melancholique est tel : ce qu'on voit aux fiéures quartes, qui sont faites de tel humeur.

Or plusieurs estiment que les gou-

tes ne s'engendrent d'humeur melancholique, à cause de sa substance grosse et terrestre, qui à peine peut fluer aux iointures : ce que ie concede, s'il estoit seul : mais estant accompagné du virus predit, peut fluer aux iointures [1].

CHAPITRE XII.

PROGNOSTIC DE LA GOVTE.

Les anciens medecins nous ont laissé par escrit, que les maladies des iointures sont trouuées entre les plus griefs maux et tourmens presque insupportables : tellement que quelquesfois les malades perdent le sens et entendement, et desirent plus la mort que la vie.

Les goutes tiennent leur periode et paroxysme du virus et des humeurs dont elles sont faites : elles viennent volontiers au printemps et en automne, comme nous auons par cy deuant declaré [2]. Et ceux qui sont vexés de goutes naturelles, c'est à dire qui les ont hereditaires, ne guarissent iamais parfaitement, ou bien rarement. Lors aussi que les nœuds, ou nodosités sont aux iointures, ils ne se peuuent parfaitement curer, principalement si la matiere est gypsée, parce qu'elle ne se peut resoudre, et encore moins suppurer.

Les goutes faites de matiere pituiteuse et froide ne sont pas tant douloureuses que celles qui sont faites de

---

[1] Ce chapitre était confondu avec le précédent dans l'édition de 1575 ; il en a été séparé en 1579.

[2] L'édition de 1575 portait : *la subsidence;* ce qui a été corrigé en 1579.

[1] L'édition de 1575 ajoutait : *combien que plus rarement;* ces mots ont été supprimés à l'édition suivante.

[2] Hippocrates *liu. 6. apho.* 55. — A. P. Cette citation est de 1598.

matiere chaude, comme de sang ou de cholere : aussi elles ne sont si tost curées, parce que les chaudes sont plustost digerées et resolues , à cause de leur chaleur et subtilité. Car les froides durent le plus souuent quarante iours ou plus, à cause que la matiere est grosse et espaisse [1] : quelquesfois plus tost, et quelquesfois plus tard, selon que le malade tiendra bon regime, et qu'il sera bien pensé du Medecin et Chirurgien. Aussi d'autant plus que la partie où s'est faite la fluxion est espaisse, comme la iointure du genoüil, ou sous le talon, ou en lieu profond, comme à la hanche, et qu'elle a la vertu expultrice imbecille, le mal est plus long à guarir que quand le contraire se fait.

Celles qui sont chaudes durent quatorze iours, et bien souuent vingt ou plus, quelque diligence qu'on y sçache faire.

Les goutes qui sont causées d'humeurs gros et visqueux ne font pareillement grande douleur, et ne sont aussi tost guaries.

Celles qui sont faites d'humeurs chauds et choleriques sont tres-douloureuses, et mettent quelquesfois le patient en desespoir, et causent à aucuns paralysie, difficulté de respirer, perturbation d'esprit, gangrene et mortification en la partie, et par consequent la mort

Entre toutes les douleurs arthritiques, la sciatique emporte le prix, pour estre plus douloureuse, et causer plus grands accidens, comme fiéure, inquietude, luxation, et claudication perpetuelle, emaciation, ou amaigrissement de toute la cuisse

et de la iambe, et quelquesfois de tout le corps. La cause de la claudication et de l'emaciation est, que l'humeur aura ietté l'os *femoris* hors de sa boëtte et lieu naturel : lequel estant hors, presse les muscles, veines, arteres, et le gros nerf qui descend le long de la cuisse iusqu'à l'extremité des orteils, pour se distribuer aux muscles : au moyen de quoy les esprits ne peuuent reluire aux parties inferieures, et par consequen' se tabefient, et deuiennent consommées et amaigries : dont le pauure gouteux demeure après claudicant tout le long de sa vie.

Or plusieurs demeurent claudicans, combien qu'ils n'ayent luxation : qui se fait à cause que l'humeur glaireux, propre tant pour la nourriture des iointures que pour les lubrifier et les rendre plus faciles à mouuoir, s'endurcit par la chaleur estrange : et pareillement parce qu'il n'est subtilié par le mouuement qui auoit accoustumé d'estre fait : et les autres humeurs, qui sont defluës en plus grande quantité que la partie n'a peu digerer et assimiler en sa substance, par congestion sont demeurés impactes et endurcis, qui fait que le mouuement ne peut estre fait et accompli.

D'auantage, la goutte causée de matiere grosse et visqueuse defluant sur vne partie, souuent rend les membres courbés et tortus, iusques à ietter les os hors de leurs propres iointures : ce que l'on voit non seulement és grandes iointures, mais és doigts des mains et des pieds, lesquels par vne goute noüée sont quelquesfois iettés de leurs iointures, au moyen dequoy ils deuiennent tout crochus : et principalement quand l'humeur tombe en grande abondance, rend la

---

[1] Gallen *au com. du* 49. *Aph. de la* 6. *sect.* — A. P.

partie languide et atrophiée, c'est à dire consumée, aride et seiche, et son action deprauée, et souuent du tout perdue. Car toute intemperature qui demeure longuement sur vne partie, diminue la force et vertu d'icelle, et par consequent son action, comme nous auons dit cy dessus. Lors que le virus causant les goutes n'est, selon son cours ordinaire et paroxysme accoustumé, ietté aux iointures (par l'imbecillité de la vertu expulsiue) il cause maladies cruelles, grandes et mortelles. Car quand il arriue en la substance du foye, il excite inflammation d'iceluy : s'il demeure aux grandes veines, il engendre vne fiéure continue : et s'il tombe sur la membrane qui couure les costes, il causera vne pleuresie : s'il demeure et s'attache aux intestins, sera cause de faire vne colique, ou iliaque passion, auec tres-grande douleur : et ainsi sur les autres parties fait accidens diuers. Ce qu'on voit en ce qu'aucuns gouteux deuiennent paralytiques, à cause que la matiere des goutes bouche les porosités des nerfs, de sorte que l'esprit animal n'y peut reluire : parquoy la partie demeure immobile et resolue.

Les vieillards ne peuuent iamais estre deliurés de leurs goutes, parce que leur sang et toute leur masse sanguinaire est alterée et ne peut estre rectifiée, non plus qu'vn vin bas et deuenu aigre.

Les goutes qui viennent promptement, procedent d'intemperature chaude et souuent sans matiere : qui se connoist, parce qu'il n'y a aucune tumeur apparente à la partie, ny au dehors ny au dedans des iointures : et sent-on apertement par le toucher la partie fort chaude, et le patient se sent allegé par remedes froids, ainsi que nous auons dit. Au contraire, la fluxion faite de matiere froide decoule lentement, et la partie sera froide, et allegée par remedes chauds.

Les goutes viennent quelquesfois au fort de l'hyuer, pour la grande froidure qui blesse les parties nerueuses, et comprime les humeurs, les chassant aux iointures. Pareillement aucuns en sont vexés au fort de l'esté, pour la grande chaleur, qui liquefie et fond les humeurs, dilate les conduits et parties nerueuses et membraneuses Or elles peuuent venir en tout temps de l'année, pource que les gouteux se desbauchent, et ne tiennent reigle en leur maniere de viure : toutesfois elles reuiennent plustost au printemps et en automne, comme nous demonstrerons cy aprés.

D'auantage, les gou'eux prognostiquent ordinairement le changement de temps, comme pluye, neige, ou quelque autre temps nubileux : tellement qu'ils portent auec eux vn almanach qui leur sert toute leur vie, à cause de l'air gros et vaporeux que le vent austral ou de midy ameine et conduit, qui remplit les corps d'humidités, et esmeut interieurement les humeurs et les agite : et lors qu'ils sont ainsi esmeus, se fait nouuelle fluxion sur les parties imbecilles, et principalement sur les iointures, qui sont peu charneuses, et exangues ou priuées de sang, et par consequent de chaleur naturelle : et parce aussi qu'elles ont esté malades, affligées et debilitées de longtemps, non seulement en leur harmonie, mais aussi en leur propre substance : et partant les pauures gouteux au changement du temps, et lorsqu'il veut pleuuoir, leurs douleurs leur viennent et les tourmentent plus aigrement.

Il y a aucuns gouteux qui desirent grandement le coït pendant leurs douleurs, parce qu'ils sentent vne grande chaleur estrange au dedans du corps, laquelle ne se resout et dissipe point en exhalations comme l'ardeur febrile, mais fait fondre l'humidité seminale, qui courant aual vers les parties genitales, les fait enfler et enorgueillir. Ce que nous voyons mesme tous les iours aduenir aux mulets deschargés, et aux cheuaux de poste rendus en l'estable, aprés auoir couru vn long chemin. Toutesfois tel acte aux gouteux est bien contraire, à cause que par le coït (comme nous auons dit) les esprits et chaleur naturelle se resoluent, dont la chaleur estrange s'augmente, et quant-et-quant leurs douleurs. Parquoy ie leur conseille qu'ils s'en gardent s'ils le peuuent faire, et s'ils sont sages, et principalement ceux qui ne sont pas mariés.

Les anciens medecins et ceux de nostre temps ont tenu que ceste maladie estoit incurable : toutesfois on en a veu guarir, principalement celle qui n'est pas hereditaire ou inueterée, si le malade veut tenir bon regime, et n'estre suiet à ses plaisirs.

Les riches sont plus souuent tourmentés de goute que les pauures, parce qu'ils ne trauaillent pas et qu'ils mangent beaucoup, et de diuerses viandes en tous leurs repas, et boiuent d'autant et immoderément, et trop souuent ioüent aux dames rabbatues. Aussi on a veu des riches (leurs biens confisqués) retourner à la table des pauures, et faisans exercice, auoir esté guaris d'icelles qui auparauant les vexoient beaucoup. Et de fait, on voit rarement les pauures laboureurs et arti-

sans auoir les goutes. Parquoy ceux qui se veulent deliurer des goutes, faut qu'ils mangent peu, et vsent de viandes qui engendrent bon suc : qu'ils s'exercent moderément, et laissent l'vsage du vin et des femmes, ou pour le moins qu'ils en vsent moderément : et aussi qu'ils vomissent et se purgent par l'ordonnance du docte medecin.

Hippocrates dit que les enfans ne sont gouteux auant qu'ils vsent du coït [1] : toutesfois on voit aucuns chastrés estre gouteux, principalement ceux qui viuent en oisiueté et ne trauaillent point, comme les sedentaires et crapuleux, qui est cause qu'ils amassent crudités en leurs corps et humeurs malins et superflus qui causent les goutes. Semblablement les femmes ne sont point gouteuses pendant qu'elles ont leurs mois [2], car par iceux tout leur corps se purge : au contraire lorsqu'ils sont trop tost retenus, beaucoup de matiere et humeurs s'amassent en leurs corps, qui le plus souuent leur causent les goutes.

CHAPITRE XIII.

CVRE PRESERVATRICE ET CVRATIVE DES GOVTES.

Deuant toutes choses, il faut de rechef distinguer toutes les causes et la diuersité de leur origine, à fin de diuersifier les medicamens selon la nature de l'humeur pechant en quantité ou en qualité, à fin de les guarir

---

[1] Hippocrate *Aph.* 30. *lin.* 6. — A. P.
[2] *Aphor.* 29. *sect.* 6. — A. P.

par leur contraire. Or il y a trois causes en general, comme nous auons dit, qui font les goutes. La premiere qui vient par heritagè de pere en fils. La seconde, par le vice et alteration des humeurs. La tierce, de la foiblesse et imbecillité des iointures. Et pour contrarier à telles choses, il faut auoir double indication, à sçauoir, euacuation et alteration des humeurs superabondans, et la fortification et roboration des iointures debiles. Or telles choses se feront par bon regime, purgation, saignée, et en prouoquant les hemorrhoïdes, vomissemens, sueurs et vrines, et autres, selon qu'on verra estre necessaire, et par application des remedes locaux. Les remedes qui seruent à la preseruation des goutes, seruent aussi à la curation, tant curatiue que palliatiue. Il est donc necessaire de contrarier aux causes qui font les goutes, comme à l'vsage immoderé du vin, et de l'acte venerien, et l'oisiueté, au dormir tost aprés le repas, et autres choses qu'auons escrit aux causes.

Lorsque le malade connoistra le temps approcher auquel les goutes le doiuent prendre, il tiendra bon regime et se purgera : et si la douleur prouient du sang, il se fera saigner (s'il n'y a chose qui l'empesche) de la partie contraire, pour faire vacuation et reuulsion. Exemple : si les parties superieures sont enflammées, on tirera du sang des parties inferieures : au contraire si les parties inferieures sont enflammées, on saignera les superieures, en gardant la rectitude des filamens : comme si c'est le bras droit, on ouurira la veine de la iambe droite : et si c'est le bras senestre, on saignera la iambe senestre : et sera tiré du sang telle quantité qu'il sera besoin. Et aprés auoir ainsi fait la sai-

gnée vniuerselle, et que pour cela la douleur et inflammation continuassent, alors on fera apertion de la veine la plus proche de la douleur : ce que i'ay par plusieurs fois fait, auec bonne et heureuse issue. Ce que commande Hippocrates en la sentence 5. de la 6. section sur le liure 6. des *Epidemies*, qui dit qu'aux douleurs il faut euacuer et tirer de la partie prochaine et malade par section et vstion, qui est vn souuerain remede [1].

Or ie seray tousiours d'aduis, que pour saigner et purger, qu'on prenne le conseil du docte Medecin, parce qu'il ne faut pas tousiours tirer du sang tous les ans aux gouteux, s'il n'est bien necessaire. Car auecques le sang, l'esprit vital se perd, les forces s'affoiblissent, et le corps se refroidit : par ainsi on abbregeroit la vie du pauure gouteux. D'auantage la saignée ne profite à ceux qui sont continuellement affligés de goutes, et qui ont lè corps imbecille et froid, et à qui la pituite seule domine. Aussi les purgations sont quelquesfois necessaires : mais où elles seroient frequentes, sont dangereuses. Parquoy il vaut mieux corriger le vice des humeurs par bon regime de viure, que d'vser tant souuent de saignée et de purgations. D'auantage, ceux qui sont excessifs au manger et boire et à l'exercice venerien, et qui ont beaucoup de crudités, trouuent peu d'aide de la saignée et purgation, pource que les humeurs crus n'obeïssent aux medecines. Et pour ceste cause le plus souuent plusieurs gouteux ne peuuent guarir ny estre aidés par aucun remede, pour la grande intemperature

[1] Cette citation d'Hippocrate manque dans les premieres éditions, et n'a été ajoutée qu'en 1585.

et crudité qu'ils ont en toute l'habitude de leurs corps, et de l'alteration de la substance des parties affligées.

Or pour retourner à nostre propos, le malade vsera de choses refrigerantes et euitera le vin, principalement s'il a les goutes chaudes, ou pour le moins y mettra beaucoup d'eau, selon que son estomach le pourra souffrir. Le temps principal auquel on se doit purger est le commencement du printemps et d'automne : parce que les goutes sont communément esmeuës en ces temps là, selon l'authorité d'Hippocrates et l'experience. Car en automne elles sont excitées, parce qu'en esté la faculté concoctrice a esté fort debilitée, à cause de l'air ambiens qui attire hors nostre chaleur naturelle : ioint qu'en ce temps d'esté, nous vsons volontiers de fruits crus, qui engendrent grande quantité de crudités et corruption en la masse sanguinaire : lesquelles en automne (à cause de la froidure exterieure) s'assemblent au dedans, puis montent à la teste, et après par leur grauité et pesanteur retombent aux iointures, lesquelles alors reçoiuent plus facilement la fluxion, pource que par la chaleur de l'esté s'est fait dilatation des conduits, et par l'intemperature inegale d'automne les articles sont fort debilités. Au printemps les humeurs s'esmeuuent, pource que par la froidure d'hyuer ils ont esté serrés et comprimés au dedans du corps : et estans subtiliés et eschauffés, au printemps ils sortent hors du centre, et courent aux iointures. Parquoy il est besoin en ce temps-là purger et saigner les gouteux, si on voit qu'il soit necessaire, comme auons dit, à fin de vacuer les humeurs qui causent les goutes. Car en ce temps les humeurs s'espandent, et sont esmeus et preparés à euacuation, par laquelle si on ne cure et garde de venir les douleurs arthritiques, pour le moins elles en seront beaucoup moindres.

CHAPITRE XIV.

DV VOMISSEMENT [1].

Tous les anciens ont fort approuué le vomissement sur toutes autres purgations, lorsque principalement la cause des goutes prouient du cerueau et de l'estomach. Car par iceluy il se fait euacuation et diuersion des humeurs pituiteux, sereux et choleriques, qui defluent plus communément que les autres humeurs aux iointures. Pareillement le vomissement attenue le phlegme gros et visqueux contenu en l'estomach, et partant il est loüé, tant au commencement qu'à l'accroissement, estat et declinaison, et aussi tant à la preseruation qu'à la curation des goutes, et deliure de plusieurs autres maladies, et purge l'humeur virulent, comme nous monstrerons au traité de la Peste. Tu prendras toutesfois garde que le patient n'ait le thorax et le cerueau debiles : car en ce cas le vomissement seroit suspect.

Et pour le regard de l'ordre et temps qu'il conuient vomir, ceux-là doiuent vomir auant le past, ausquels pour quelque exercice que ce soit, ou autre mouuement, les excremens fluent en l'estomach : au contraire

---

[1] Ce chapitre était confondu avec le précédent en 1575 ; il en a été séparé en 1579.

doiuent vomir aprés le past, ceux qui ont amassé grande quantité d'humeurs pituiteuses. Ie loüe plus le vomissement aprés la prise des viandes, qu'à ieun, parce qu'il faut plus grand effort à ietter la pituite qui est contre les parois de l'estomach estant vuide, que lors qu'il est plein de viande : et par le vomissement qui est fait par force, y a danger qu'il ne se rompe quelque veine ou artere de la poitrine ou des poulmons. D'auantage, à ceux qui ont la poitrine estroitte et le col long, en temps d'hyuer le vomissement est contraire, s'ils ne l'ont accoustumé, et que nature ne tendist à se descharger par telle voye. Et faut que le patient vomisse de quinze iours en quinze iours, plus ou moins, selon la repetition et vexation de la goute.

Or il me souuient auoir pensé en ceste ville vn gentil-homme geneuois, lequel auoit vne extreme douleur à la iointure de l'espaule senestre, auec impotence de tout le bras, et auoit ja esté traité par plusieurs medecins et chirurgiens, tant de Lyon que de ceste ville : et me recita que pour luy oster sa douleur, il auoit esté purgé, saigné, et auoit fait diete, tant par le gaiac que par l'esquine, et qu'on luy auoit fait plusieurs applications sur le lieu de sa douleur : neantmoins ne luy auoient toutes ces choses rien ou peu profité. Sur quoy ie luy demanday s'il n'auoit point eu la grosse verole, à cause de sa douleur qui estoit plus grande la nuit que le iour, parce que la cause estoit vne pituite et matiere froide : il m'afferma que non : et ayant entendu tous les remedes qui luy auoient esté faits, et ce par gens doctes, ne luy sçauois qu'ordonner, fors que le vomissement. Et m'ayant dit qu'il estoit difficile à vo-

mir, ie luy conseillay qu'il crapulast, et mangeast plusieurs et diuerses viandes au souper, auec oignons, poreaux, et semblables : puis qu'il beust d'autant, et de diuers vins, à sçauoir doux et aigres : pource que la grande quantité et diuersité de viandes et de breuuage est cause du vomissement, à raison qu'aucunes sont cuites et pourries les vnes deuant les autres, et la grande quantité ne permet icelles estre digerées en l'estomach, dont s'ensuit qu'on vomit plus aisément. Aussi luy ordonnay qu'aprés cela il se couchast assez tost, et qu'à son premier resueil il se prouoquast à vomir, mettant vne plume ou le doigt en la gorge, à fin que plus aisément il iettast auec sa viande le phlegme gros, visqueux et sereux, et qu'il fist cest excés par deux ou trois iours suiuans : pource qu'en ce faisant (comme dit Hippocrates [1]) le second et le tiers iour peuuent pousser ce qui reste du premier. Et luy dis qu'il continuast ce vomissement vne fois ou deux le mois, et qu'il prist en sa bouche et maschast par fois du mastic à ieun, à fin qu'il fist par ce moyen euacuation et diuersion de l'humeur qu'il sentoit, disoit-il, couler de la teste sur son espaule. Semblablement qu'il frottast sa nucque et son espaule d'eau de vie, en laquelle on auroit infusé rosmarin, lauande, cloux de girofle, vn peu concassés : pareillement qu'il fist exercice mediocre de son bras. Quelque temps aprés ie le trouuay, et me dit qu'il auoit fait ce que ie luy auois conseillé, et n'auoit iamais trouué meilleur moyen pour appaiser sa douleur et la perdre : et par ainsi fut du tout guari, s'aidant autant bien

[1] Hippocrates *au liure De ratione victus.* — A. P.

de son bras que Iamais auoit fait.

Ceux qui ne veulent crapuler pour leur prouoquer le vomir, boiront bonne quantité d'eau, en laquelle aura boüilli des raues, auecques demie once d'oxymel : toutesfois ne faut en faire coustume, mais suffira deux ou trois fois le mois, et quand le malade sentira son estomach chargé, et que Nature le stimule à ce faire.

Or maintenant il nous faut poursuiure nostre propos de la curation preseruatiue.

CHAPITRE XV.

DIVERS REMEDES POVR LES GOVTEVX [1].

Le malade gouteux, pour garder que les humeurs sereux et pituiteux ne courent aux ioinctures, vsera quelquesfois de choses diuretiques, pour les faire vuider par les vrines, comme sont racines d'ozeille, persil, fenoüil, bruschus, asperges, gramen (autrement dit dent de chien) et leurs semblables : lesquels seront faits boüillir aux potages, et seront donnés au malade. Sur quoy faut sçauoir que quand le patient a grand flux d'vrines, et qu'elles sont espaisses, ses douleurs cessent.

Aussi aucuns des anciens commandent (ce que i'ay fait plusieurs fois) faire des vlceres auec cauteres potentiels, et les tenir ouuertes, à fin de donner issue à euacuer le virus qui fait les goutes : pour ce que par telles ouuertures le virus s'escoule. Ainsi que voyons aux verollés, lorsqu'ils ont vlceres qui coulent, ils ne sentent

[1] Ce chapitre était confondu avec les deux précédents en 1575 ; il en a été séparé en 1579.

sans comparaison tant de douleur que lorsqu'ils n'en ont point : ou auront esté consolidés sans auoir osté ledit virus par son alexitere, qui est le vif-argent, par-ce que par icelles ouuertures decoule et s'euacue portion du virus verolique : tout ainsi aduient aux goutes, lorsqu'on leur aura fait des ouuertures : lesquelles seront diuersifiées selon la diuersité des lieux par où se fait la fluxion. Exemple : si la fluxion se fait du cerueau tombant sur les os clauiculaires, l'ouuerture se fera par derriere le col : et si elles tombent sur les ioinctures des espaules et aux coudes, ou sur les mains, ou appliquera les cauteres au dessous des muscles epomis : et si elle tombe à la hanche ou aux genoüils et aux pieds, ils seront appliqués trois doigts au dessous des genoüils partie interieure, pourueu que le patient n'ait pas à faire grand exercice : pource qu'estant faite l'ouuerture en ce lieu, il se fera plus grande euacuation, à cause de la veine saphene qui est en telle partie. Au contraire, si c'est vn ieune homme auquel il soit necessaire de beaucoup trauailler et aller à cheual, l'ouuerture se fera en la partie exterieure entre les deux fociles, à fin que l'estriuiere et la selle du cheual ne luy soit trop moleste et douloureux.

Or telles ouuertures se feront par cauteres actuels ou potentiels, selon qu'on verra estre necessaire, et la volonté du malade. Si on veut vser de l'actuel, il sera de figure triangle, tranchant et aigu, à fin que plus promptement il face son operation, et à moins de douleur. D'auantage, il se peut mettre vne piece de fer troüée sur l'endroit où l'on veut appliquer le cautere, laquelle seruira qu'il ne touche sinon qu'au lieu où l'on veut qu'il soit appliqué ; comme nous auons dit au chapitre de l'*Ægilops* [1] : et sera tenue l'vlcere ouuerte, y mettant dedans vne petite ballotte faite d'or ou d'argent, ou de racine d'iris, ou d'hermodactes, ou de liege, ou de gentiane, ou de cire, auec laquelle on incorporera poudre de vitriol, mercure, ou alun, de peur que l'vlcere ne se consolide, iusques à la volonté du malade, et conseil du medecin et chirurgien [2].

D'auantage, il faut purger le cerueau (qui est le plus souuent la fontaine de ce mal) vne fois le mois, auec pilules cochées, et d'assajeret en hyuer : et en esté de pilules *sine quibus,* ou imperiales, desquelles la dose sera vne drachme deuant la pleine lune : et le lendemain on prendra vn boüillon de pois chiches auec racines

[1] C'est le chapitre 16 du livre *des Operations.* Voyez tome II, page 432.

[2] On ne soupçonnerait guère qu'il fallût chercher dans le livre *des Goutes* la description d'un procédé pour établir un cautère. J'ajouterai ici que Paré semble avoir imaginé quelques uns des pois artificiels qu'il recommande ; du moins on trouve dans les *Dix liures de chirurgie* de 1564, fol. 222, v., la figure suivante, que l'auteur a complétement oubliée dans ses œuvres complètes.

Il y avait quatre de ces *boullettes,* comme il les appelle, mais qui ne différaient absolument que de volume. On lisait au-dessous :

Boullettes faittes d'or ou d'argent pour tenir vn vlcere ouuert en quelque partie de nostre corps, auec vn petit lien, pour les tirer dehors

Je n'ai pas trouvé d'endroit plus convenable pour cette figure que celui-ci.

aperitiues et diuretiques. L'vsage des diuretiques est bon, pour ce qu'ils purgent les superfluités sereuses de la seconde et tierce digestion. On peut semblablement vser d'autres pilules, qui ont vertu de purger l'humeur pituiteux et sereux, comme celles-cy.

℞. Pilularum fœtidarum et de hermodact. ana ʒ. ß.

Misce, et cum succo vel syrupo rosarum solutiuo formentur pilulæ.

Autres.

℞. Aloës ʒ. iij.
Agarici trochisc. rhabarb. ana ʒ. j.
Massæ pilularum arthriticarum, et de hermo. ana Ɔ. ij.
Diagredij Ɔ j.

Cum melle rosato, fiat massa.

Desquelles en sera donné au malade vne dragme, plus ou moins, selon la force et vertu.

Les remedes purgatifs seront changés selon que le docte Medecin verra estre besoin à purger les humeurs superflus qui causent les goutes : comme si la cholere en est cause, on vsera de remèdes cholagogues : et entre tous, le catholicum est loüé, et les pilules communes. Et après pour roborer les parties interieures, on donnera demie dragme de theriaque, trois heures deuant le past.

Or il faut icy entendre que pour purger le cerueau, les pilules ont esté plus loüées des anciens que les autres medecines liquides, à cause qu'elles demeurent plus longuement en l'estomach à faire leur operation : et par ce moyen elles attirent mieux du cerueau et des parties lointaines l'humeur qui doit estre deriué et euacué par le siege. I'ay conneu aucuns qui ont vsé des pilules, ausquelles y entroit bonne quantité de scammonée, à sçauoir , sept ou huit grains pour vne prise , lesquels aprés iettoient grande quantité d'eau et serosités : et pareillement ausdites pilules y entroit du gingembre , de peur qu'elles ne fissent mal à l'estomach. Or en tel cas, aprés la prise et operation, on baillera à manger au malade vn peu d'orge mondé , pource qu'il adoucit et lenit les parois de l'estomach, qui pourroit auoir esté blessé desdites pilules. Et le lendemain on pourra pareillement bailler du theriaque la grosseur d'vne féue : laquelle ne conforte pas seulement la debilité de l'estomach , procedente des purgations, mais aussi corrige le virus arthritique. Il ne faut pareillement omettre qu'aprés le past faut vser de dragée de fenoüil, anis et coriandre, ou cotignac, ou conserue de roses, à fin de rabbattre les fumées qui montent de l'estomach au cerueau. Semblablement on vsera de parfums en temps humide, lesquels seront ainsi faits:

℞. Thuris, vernicis et mast. ana ℨ. j.
    Granorum iunip. bacc. lauri ana ℥ . ß.
    Ligni aloës ℨ. ij.
    Assæ odoratæ ℨ. j. ß .

Conquassentur grosso modo .

Et en soient parfumées estouppes de chanure , ou cotton cardé, et soient posées chaudement sur la teste. D'auantage, on pourra frotter la teste du patient de ceste poudre par l'espace de quinze iours, plus ou moins, à fin de tousiours desseicher les humidités superflues :

℞. Rosarum rubr. folior. senæ, stœchados utriusque ana m. ß.
    Milij ℥. iiij.
    Furfuris loti in vino albo ℥ . lij.
    Flor. camom. melil. ana p. j.

Sem. anisi ℨ. j.
Salis comm. ℥ . ij.

Soit faite poudre qu'on mettra en petits sachets de toile , et les fera-on eschauffer dedans vne poësle, et d'iceux on frottera la teste au matin. On peut aussi vser des pilules qui ensuiuent :

℞. Pulu. hieræ simplicis ℨ. j.
    Agarici recenter trochiscati et rhabarbari. electi ana ℨ. ij.
    Mirabalanorum, chebularum ℨ. ß.
    Tamarindorum Ɔ. j.

Cum infusione senæ fiat massa, et ex ea formentur pilulæ vj. pro drachma.

Capiat duas ante cœnam octauo quoque die.

On peut d'auantage prendre au matin, au temps de la fluxion, vne pilule de la composition suiuante, la tenant vn quart d'heure en la bouche, la maschant , et crachant continuellement ce qui aura esté attiré et deriué en la bouche:

℞. Cubebarum , nucis moscatæ, glycyrrhizæ, anisi ana ℨ
    Pyrethri ℨ. j.
    Mastiches , radicis staphisagriæ, eryngij ana ℨ.ij.

Toutes ces choses soient puluerisées et meslées ensemble , et en soit fait des petits noüets entre deux linges ou taffetas, et soient formées petites pilules de la grosseur d'vne auelaine. Et pour obtondre la virulence de l'humeur qui cause les goutes, on doit prendre quelque peu de theriaque par interualle , auec de la conserue de roses, ou de fleurs de rosmarin, parce qu'il consomme vne partie des humeurs superflus, et rectifie et obtond l'intemperature du virus arthritique, comme nous auons dit cy dessus.

CHAPITRE XVI.

DE LA MANIERE DE VIVRE DES GOVTEVX.

Il ne faut manger viandes sur viandes, c'est à dire que la digestion ne soit faite en l'estomach, de peur que le foye n'attire les crudités par les veines mezaraïques, dont le nourrissement du corps demeure cru et insalubre. Et faut icy noter que la seconde digestion ne corrige point la premiere, ny la tierce la seconde [1]. Les viandes doiuent estre de bon suc et de facile digestion, et doiuent estre rosties pour les pituiteux : mais pour les sanguins, choleriques, et melancholiques, plustost boüillies que rosties. Il faut euiter la varieté des viandes en vn repas : aussi tous legumes, le laict et le fromage, et toutes choses acides, comme verjus, vinaigre, orenges, citrons et leurs semblables, si ce n'est en petite quantité. Le malade ne doit manger s'il n'a appetit : aussi il ne mangera iusques à satieté, mais se leuera de table auec appetit. Il euitera de manger grands oiseaux, comme cygnes, grues, paons, et leurs semblables : car ils sont de difficile digestion, et engendrent mauuais suc. Les anciens defendent l'vsage ordinaire de chapons, et autres poulailles, parce qu'elles sont souuent vexées de podagre : de quoy l'experience fait foý. Les poissons ne leur sont bons, parce qu'ils engendrent beaucoup de superfluités, et aussi se corrompent facilement, et engendrent phlegmes, et amollissent et relaxent l'estomach. Les moins nuisibles sont ceux que declarerons au chapitre du regime de

1 *Axiome en medecine.* — A. P.

la peste. Or entre les bestes à quatre pieds, le veau est recommandé, parce qu'il engendre bon suc. et vn sang bien tempéré, ioint qu'il est de facile digestion. Le mouton pareillement est bon.

Or il faut icy noter que les gouteux doiuent tenir grand regime, tant au manger qu'au boire : toutesfois il faut auoir esgard au temperament d'vn chacun, diuersifiant les alimens, tant en quantité qu'en qualité. Car les choleriques et sanguins (pource qu'ils ont la chaleur forte, et qu'ils consomment beaucoup) ont besoin de manger d'auantage, parce que le ieusner rend la cholere plus acre, et par consequent augmente les douleurs. D'autre part, il ne faut pas qu'ils vsent de viandes trop humides : car leur humidité aggrandit la fluxion, et pourrit les humeurs, et les fait couler aux iointures. On doit espaissir la cholere, tant par medicamens pris par dedans que par dehors, de peur que par sa tenuité elle ne coule plus facilement aux iointures. Les phlegmatiques, qui ont la chaleur debile, portent presque leur aliment auec eux, et endurent mieux le ieusne : aussi le regime humide leur nuit beaucoup, d'autant qu'il augmente les defluxions. Neantmoins aux uns et aux autres on aura esgard qu'on ne leur baille rien qui soit de difficile concoction et de facile corruption. Car à raison de la douleur, ils ont le plus souuent vne fiéure lente, laquelle diminue leur chaleur naturelle, et est cause de conuertir leurs alimens à pourriture. D'abondant, il se faut bien garder de leur donner trop d'alimens, où la chaleur naturelle estant occupée à la digestion d'iceux, fait moindre concoction des humeurs qui causent les goutes, et ne les peut surmonter. Par quoy les choleriques et sanguins vseront de viandes de bon suc et de facile digestion, lesquelles seront froides d'elles-mesmes, c'est à dire de leur faculté, ou seront alterées par herbes froides et humides, comme laictue, pourpier, ozeille, et leurs semblables : aussi les semences froides concassées seront mises en leurs potages. Ils pourront vser d'orge mondé, dans lequel on mettra pareillement semences froides.

Ceux qui ont perdu vne partie de leur corps, comme vn bras ou vne iambe, ou si elle est atrophiée, ne doiuent tant manger ny boire qu'ils faisoient lors que leur corps estoit entier : car la nourriture qui auoit coustume d'aller à telle partie, coule souuent sur les iointures, et cause la goute. Et pour abbreger, ceux qui sont de bonne habitude, et qui viuent sobrement, tenans bon regime, sont peu vexés de goute : mais ceux qui sont fort replets et bien nourris sans exercice, et excessifs en bonnes et diuerses viandes, ou qui se nourrissent de mauuaises, sont volontiers gouteux.

CHAPITRE XVII.

DV BOIRE DES GOVTEVX.

Ceux qui sont suiets aux goutes se doiuent bien garder de boire trop, non seulement de vin, mais aussi de tout breuuage : car cela fait nager la viande en l'estomach, et empesche et esteint la chaleur naturelle, à cause dequoy la concoction est plus difficile : et de là s'ensuiuent grandes crudités, dont sont engendrés beaucoup d'humeurs sereux et subtils, lesquels facilement coulent aux iointures. Aucuns medecins ordonnent boire du vin blanc, pource qu'il excite les vrines, ce qui n'est à reietter, moyennant que le corps soit pur et net : mais s'il y a plusieurs excremens et crudités (et que ce soit à vn corps de temperature chaude) par tel vin seront portées aux iointures, et exciteront les goutes. Parquoy en tel cas il le faut du tout euiter, s'il n'estoit clairet, petit, debile et astringent, à fin qu'il bouche les orifices des veines et arteres, de peur que les humeurs choleriques et sereux ne diffluent facilement aux iointures. Et si le patient veut du tout s'en abstenir, ce sera le meilleur : et en lieu d'iceluy, il vsera d'hydromel fait ainsi :

℞. Aquæ ℔. iiij,
    Mellis optimi q. s.
Bulliant ad consumptionem libræ vnius,
    bene despumando, adde saluiæ p. ꝶ.

Et où le patient seroit de temperature phlegmatique, on y adioustera de la canelle, et vn peu de muguette, et clou de girofle. Et pour les choleriques, on fera hippocras d'eau en ceste maniere :

℞. Aquæ fontis ℔. iiij.
    Sacchari ℔. ß.
Colentur per manicam hippocratis sine
    ebullitione, addendo in fine cinnamomi ℨ. ij.

Et luy seruira aussi grandement à roborer l'estomach. On peut aussi leur faire vser de ptizane, en laquelle en la fin de la cuisson, on mettra vn peu de roses seiches, ou de syrop de grenades, de peur qu'elle ne soit rendue bilieuse au ventricule : et subit qu'elle sera tirée hors du feu, la faut laisser reposer, et puis la couler par vne manche de drap, ou seruiette blanche. Les phlegmatiques doiuent pareillement vser de viandes de bon suc et de bonne digestion : mais faut qu'elles soient chaudes de leur nature, ou alterées de choses chaudes, pourueu qu'ils n'ayent fiéure ou grande chaleur, à raison de la grande douleur : car alors il se faut garder d'alimens chauds. Et pour ces causes, la maniere de viure sera diuersifiée selon l'aduis du docte medecin, et laissera-on la propre curation pour subuenir à l'accident. Et aussi il faudra par coniecture artificielle changer tous les remedes, tant ceux qui sont pris par dedans qu'appliqués par dehors, selon que la disposition, le temperament et les accidens le requerront : et à la fin de table, vseront de chair de ooings, parce qu'elle a puissance de defendre que les vapeurs ne montent de l'estomach au cerueau. Et combien que de sa nature elle estreigne, toutesfois estant prise aprés le past, elle lasche le ventre, pource qu'en resserrant l'estomach par haut, elle aide à faire bonne digestion, et fait aller à la selle.

L'exercice est fort profitable contre les goutes, et l'oisiueté est mere d'icelles. Car comme le fer qui est laissé sans estre manié, bien tost se roüille : aussi nostre corps estant sans s'exercer, se remplit d'humeurs superflus, qui est souuent cause des goutes. Ce qu'on voit par experience, qu'entre mille laboureurs, et autres hommes de grand trauail de corps, il s'en trouue peu de gouteux. Et partant il faut faire exercice au matin, aprés qu'on aura rendu ses excremens. Et ceux qui sont suiets à auoir la goute aux pieds, exerceront les bras. Car par ce moyen ne se fait seulement resolution et consomption des excremens

qui sont aux parties du corps, mais aussi se fait reuulsion d'iceux. Il faut aussi euiter les passions de l'ame, comme cholere, tristesse, et autres. L'acte venerien doit estre du tout delaissé, pour les causes qu'auons exposées par cy deuant : mais ceux qui à cause du mariage ne s'en peuuent exempter, en vseront aprés que la digestion sera faite en l'estomach, et s'y gouuerneront si bien, qu'il ne leur fera qu'vn peu de mal.

CHAPITRE XVIII.

POVR ROBORER LES IOINTVRES.

Il reste pour la cure preseruatiue parler de la roboration des iointures, à fin qu'elles puissent resister aux humeurs qui tombent sur icelles. Et pour ce faire, il est bon de les frotter soir et matin d'huile d'oliues non meures, appellée *oleum omphacinum*, ou d'huile rosat, ausquelles on incorporera sel commun broyé subtilement : on le pourra aussi mesler auec huile commune, et y adiouster de la limature de corne de cerf, parce qu'elle desseiche et astreint. Aussi est bon de lauer les iointures de lexiue faite en ceste maniere :

℞. Corticum granatorum, nucum cupressi,
    gallarum, sumach, corticis quercini,
    ana ℥ . ij.
  Salis communis, aluminis rochæ ana ℥ .j.
  Saluiæ, rorismarini, lauandulæ, lauri,
    iuæ arthriticæ ana m. j.
  Rosarum rubrarum m. ß.

Toutes ces choses soyent boüillies ensemble, en six liures de gros vin astringent, et lexiue faite d'eau ferrée, auec cendre de chesne : et de ceste decoction, on fera fomentation auec feutres ou esponges. Et icelle faite, faut bien essuyer les parties auec linges chauds, et se garder du froid.

Le suc de senelles vertes delayé en oxycrat, est vn remede singulier. Aussi pour roborer vne partie debilitée de cause froide, on prendra de l'eau de vie, et vin vermeil fort astringent, ausquels on fera infuser et tremper, ou faire bouillir *in balneo Mariæ*,

℞. Sauge, rosmarin, thym, lauande, laurier, absinthe, ana. m. j.
    Cloux de girofle, gingembre, poiure, tout concassé ana. ℥ j.

Et seront les iointures fomentées de ceste mixture chaude, soir et matin, à fin d'eschauffer et rectifier l'intemperature delaissée par le froid. On trouue aussi par experience, que fouler la vendange conforte fort les iointures : et qui ne le peut faire, on fomentera les pieds de vin recent pris en la cuue. On peut semblablement faire des petits sachets, dans lesquels on mettra ce qui s'ensuit :

℞. Salis communis, aluminis rochæ, corticum granatorum, sumach, berb. nucum cup. ana ℥. iiij.
    Foliorum saluiæ, rorism. rosar. rubrar. ana m. ß.
    Bulliant omnia simul cum lixiuio, fiat decoctio, pro fotu.

Et d'icelle on fomentera les iointures auec esponges ou feutre, assez longuement. Voila ce qu'il me semble pour la roboration des iointures, à fin qu'elles soient fortifiées contre les fluxions.

CHAPITRE XIX.

DE LA CVRE PALLIATIVE DES GOVTES.

Pour bien proceder à la curation de ceste maladie, il faut considerer la diuersité des causes d'icelle, et les temperamens du corps, et autres choses, lesquelles ne sont tousiours semblables, et partant ne peuuent estre curées par vn seul remede, comme estiment les vulgaires et empiriques qui veulent d'vn seul remede guarir toutes especes de goutes : ne considerans pas que celles qui sont faites de matiere froide accompagnant le virus, demandent autre maniere de curer que celles qui viennent de matiere chaude : aussi celles qui sont faites d'vn humeur simple, que celles qui sont faites de composé. Car celles qui sont faites de cholere pure, causent douleurs grandes et extremes : mais lors qu'elle est mixtionnée auec phlegme, elle n'est tant douloureuse. Plus il faut autre remede au commencement qu'à l'accroissement, et ainsi des autres temps. Semblablement selon les parties où sont les goutes : car en la schiatique n'est besoin d'vser de medicamens repercussifs, s'il n'y auoit grande inflammation : ce qu'on peut bien faire aux autres parties. Finalement si la goute vient du cerueau, il faut vser d'autres remedes que lors qu'elle vient du foye et de la masse du sang.

Ces choses ainsi premises nous commencerons la cure, non proprement curatiue, mais plustost palliatiue (principalement de celle qui vient par heritage) laquelle consiste en quatre choses : la premiere, à ordonner le

regime sur les six choses non naturelles , selon la diuersité des causes : la
seconde, à euacuer et diuertir la matiere antecedente, tant par medecines
laxatiues, que par saignées , s'il est
besoin : la tierce , par deuement appliquer les remedes locaux et particuliers, les diuersifiant selon l'humeur
qui cause les goutes , à sçauoir, par
remedes chauds aux humeurs froids ,
et par froids remedes aux humeurs
chauds , en les changeant aussi selon
les quatre temps : à sçauoir, commencement , accroissement , estat, et declinaison , comme a esté dit. Et s'il
y a vne intemperature simple sans
matiere, on appliquera remedes alteratifs, sans qu'ils soient vacuatifs. La
quarte est corriger les accidens, et
principalement la douleur, qui en
telle affection tourmente extremement les pauures gouteux, voire leur
cause quelquesfois vne mort subite,
si le virus est grand, comme nous
auons dit cy dessus.

Or il faut icy noter, que souuent le
chirurgien est deceu à connoistre la
cause de la douleur : car en appliquant remedes froids et narcotiques
aux goutes froides, si la douleur
s'appaise, on estime que tel humeur
soit chaud : ce qui aduient toutesfois
à cause que tels remedes stupefient,
endorment et ostent le sentiment de
la partie, encore que la cause de la
goute soit froide. Au contraire quelquesfois nous estimons que la matiere
soit chaude, combien qu'elle soit froide, pource que quand nous appli-
quons medicamens chauds, ils appaisent la douleur, en rarefiant , attenuant, resoluant, et dissipant portion
de la matiere par insensible transpiration : et partant à cause de l'aide qui
s'ensuit de ces remedes chauds, on
pourroit penser que la matiere seroit

froide , à cause de ce qu'on dit com-
munement, *Contraria contrariis cu-
rantur* : et au contraire, *Similia
similibus conseruantur.* Donc pour le
dire en vn mot, l'indice pris des choses qui aident ou nuisent, est souuent
fallacieux : d'abondant il decoule
quelquesfois vne grande quantité de
matiere froide, laquelle cause grande
douleur : mais c'est à cause du virus,
et de quelque humeur cholerique,
qui subtilie et conduit l'humeur
froid et visqueux aux iointures : lequel humeur virulent et cholerique
induit la douleur, et non la pituite :
et à cause de la douleur, la partie est
chaude et enflammée, et bien souuent cause fiéure , et grande alteration : et alors nous croyons que la
cause principale soit chaude , et toutesfois elle est froide : partant nous
sommes souuentesfois deceus : et ce
qui en est cause, est que la fluxion descend par les nerfs et tendons, ce qui
ne nous appert par dehors. D'auantage quand les humeurs sont meslés
ensemble, quelquesfois la couleur
de la partie nous deçoit : car combien
qu'elle nous apparoisse citrine, ou
blaffarde (ce que veritablement aduient de l'humeur cholerique , lequel
aisément , à cause qu'il est de subtile
et ténue substance, est ietté du profond du corps à la superficie du cuir)
toutesfois se peut faire que le
phlegme sereux decoule aux ioftu-
res , et soit la principale cause de la
goute , à raison qu'il induit vne
grande et extreme douleur, principalement la nuict, et communément
lors qu'il est accompagné d'vne portion de l'humeur cholerique : dont le
sang et les esprits s'esmouueront, et
se monstreront à la superficie du cuir
de la partie affectée , qui la feront
apparoistre rouge et chaude. D'auan-

tage, au moyen de la douleur, il suruiendra au malade, par le defaut du repos et pour la grande inquietude, vne fléure, laquelle liquefie et subtilie l'humeur, et l'eschauffe, et le fait fluer d'auantage aux iointures : ioint aussi que l'vrine sera teinte, et le pouls fort esmeu, et toutesfois la cause du mal sera froide : et partant en tout cas ce seroit grande erreur de vouloir proceder à la cure, comme si la cause de la goute estoit chaude. Vray est qu'il faut souuent laisser la propre cure pour suruenir aux accidens. Au contraire, il se peut faire que la cholere soit cause du mal, sans toutesfois que la couleur de la partie affectée demonstre apertement icelle : mais plustost la couleur sera blanche, ou plombine, et la partie froide, à cause du froid de l'air ambiens, ou de quelque application de remede froid, qui aura fait qu'elle represente plustost la qualité du phlegme que de la cholere. Dont nous concluons, qu'il ne se faut arrester tousiours à la couleur et froidure de la partie, pource que les humeurs qui sont profonds au dedans d'icelle, ne changent pas tousiours en couleur le dehors, si ce n'estoit qu'ils perseuerassent longtemps.

Outre plus, il aduient souuentesfois que le corps est tant rempli d'humeurs gros, espais, visqueux, que Nature en iette vne partie aux iointures, et en laisse vne portion au profond du corps, à cause de l'imbecillité de la vertu expultrice : laquelle portion estant arrestée en quelque partie interieure, fait obstruction et pourriture, dont est engendrée vne fléure intermittente, c'est à dire qui a relasche quelque espace de temps entre les accés, sçauoir est, si elle se fait aux petites veines : mais elle sera continue si cela aduient aux grandes veines. Et telle chose aduenant, le medecin et chirurgien ne doiuent pas considerer la maladie articulaire, mais seulement beaucoup plus la fléure : laquelle si elle est continue, apporte tousiours danger au malade, et deshonneur au Medecin : si elle est intermittente, elle passe facilement en continue, si on n'y donne medicamens propres. Car il faut alors doucement purger le ventre, et ouurir la veine, si le Medecin connoist qu'il en soit besoin : puis aprés auoir preparé et cuit les humeurs, on donnera au patient vne bonne et forte purgation, si on voit qu'il en soit besoin. Ie dis bonne, de peur que la maladie articulaire ne s'augmente : ce qui aduient souuent quand on ne fait qu'esmouuoir les humeurs sans les purger : car estans esmeus, ils se iettent tousiours sur la partie affligée. Partant tout cecy gist en la contemplation du Medecin et Chirurgien, lesquels par coniecture artificielle connoistront la matiere des goutes : à sçauoir, par la couleur, par le toucher, par l'aide ou nuisance des remedes, par le regime que le patient aura auparauant tenu, par son temperament, aage, region, par la consideration du temps de l'année, la maniere de la douleur, et auquel temps du iour elle s'esmeut et est plus grande, et quel est son periode et paroxysme : aussi par le iugement des vrines et autres superfluités qui sortent du corps du malade, ce que nous auons par cy deuant declaré plus particulierement.

Or aucuns disent qu'il ne faut purger ny saigner les gouteux pendant leurs grandes douleurs, toutesfois il est aisé de prouuer le contraire. Car veu que la loy de Medecine gist en addition et detraction : et que la goute vient d'addition et d'augmentation d'humeurs superflus qui accompagnent le virus arthritique, ioint que les douleurs ne se peuuent appaiser sinon quand la cause en est hors, il s'ensuit necessairement que la saignée et purgation sont grandement vtiles. Metrius, en son *Traité de la goute*, dit qu'il faut tousiours vser de purgations pour vuider et euacuer l'humeur superflu, et non seulement en la declination, mais aussi en la force et vigueur de la maladie : ce que nous auons trouué par experience estre grandement profitable, et pris d'Hippocrates, disant : Quand il y a douleur, il faut donner medecine par bas [1]. Aussi cela se peut prouuer par authorité d'Hippocrates, au liure *De Affectionibus*, parlant de *Arthritide* [2]. Et semblablement par Galien, au Comment. sur le 23. Aphorisme de la section premiere, qui commande qu'on saigne aux grandes inflammations et fiéures ardantes et grandissimes douleurs, disant qu'il n'y a point de meilleur remede. Et s'ils ne peuuent estre aidés par la saignée et purgation deuëment faite, cela aduient (comme dit Galien au liure *De curatione per sanguinis missionem*) que les intemperans, gourmands et yurongnes ne sont guaris par purgations ny par saignées, pour-ce que l'intemperance assemble abondance d'humeurs crus, lesquels ne cedent aux remedes. Partant les gouteux goulus et intemperans ne peuuent estre aidés par aucuns remedes, combien qu'ils soient administrés par vraye et bonne methode.

[1] Cette citation de Metrius est de 1579.
[2] L'édition de 1575 citait Hippocrate, *au liu. de Morbis, 9, chapitre de Arthritide*.

CHAPITRE XX.

DES REMEDES TOPIQVES OV PARTICVLIERS POVR MATIERE FROIDE.

Maintenant il nous faut descrire les remedes locaux, ou particuliers, pour contrarier à chacun humeur. Et premierement noteras, que les remedes topiques apportent peu de profit, si le corps du gouteux n'est pur et net des excremens : ioint qu'il y a danger de renuoyer la fluxion et le virus aux parties nobles par les forts repercussifs, dont s'ensuit mort subite, comme on l'a veu aduenir plusieurs fois. Parquoy il faut que les choses vniuerselles precedent les particulieres. Or nous traiterons premierement de la douleur causée de pituite, ou phlegme, par ce qu'elle aduient plus souuent que de matiere chaude. Au commencement faut vser de remedes repercussifs domestiques, ayans faculté d'astreindre et seicher, non toutesfois en la sciatique.

Cataplasme repercussif.

℞. Foliorum sabinæ m. ß.
   Nucis cupressi ℥ . iij.
   Aluminis rochæ ℥ . j.
   Gummi tragacanthi ℥ . iiij
   Mucilaginis psylij, et cydoniorum quantum sufficit.

Fiat cataplasma.

Autre.

℞. Stercoris bubuli recentis ℔. j.
   Mellis rosati ℥ . iiij.
   Olei rosati et aceti ana ℥ . ij.

Bulliant simul parum, fiat cataplasma.

Autre.

℞. Olei rosati et myrthini ana ℥ . ij.
   Pulueris myrrhæ, aloés ana ℥ . j.
   Acaciæ ℥ . ij. ß.

Incorporentur cum aqua gallarum coctarum, et fiat vnguentum.

Autre remede.

℞. Aceti quantum sufficit, in quo coques saluiam, flores camomillæ, meliloti, absynthij et ebuli ana m. j.

Faut tremper la partie en icelle decoction chaude, et l'y laisser assez longuement : ce que i'ay experimenté plusieurs fois auec bonne issue. Ce remede repousse l'humeur et le consomme, et si fortifie la partie : et le faut faire plusieurs fois, encor qu'il y eust chaleur.

Le marc des oliues recent appliqué dessus, sede la douleur : aussi font les orenges seiches et boüillies en vinaigre, et puis broyées.

Autre.

℞. Medij corticis vimi ℔. ß.
    Caudæ equinæ, stæch. consolidæ maioris ana m. ß.
    Aluminis rochæ, thu. ana ℥. iij.
    Far. hord. ℥. v.
    Lixiuij comm. quantum sufficit.

Fiat cataplas. ad formam pultis satis liquidæ secundum artem.

Lors que la partie est enflée, la douleur cesse le plus souuent, à cause que la vertu expulsiue a ietté l'humeur du centre à la circonference, c'est à dire du dedans au dehors : ce qui nous appert en ceux qui ont vne extreme douleur aux dents : lors que le visage s'enfle, on voit subit la douleur cesser. Aprés auoir ainsi vsé de repercussifs, il faut venir aux resolutifs et euacuatifs : car toute fluxion arrestée sur vne partie demande vacuation. Et ne se faut esmerueiller si on ne resoult tost la matiere contenue aux ligamens, membranes, et parties nerueuses, par-ce qu'elles sont solides, et non aisées à resolution comme sont les parties charneuses.

Exemple des resolutifs.

℞. Radicis bryoniæ, sigilli beatæ Mariæ ana ℥. iiij.
Bul. in lixiuio, postea terantur et colentur per cetaceum, addendo :
    Far. hord. et fabarum ana ℥. j.
    Olei camomill. ℥. iij.
Fiat cataplasma.

Autre.

℞. Farinæ hord. et lupinorum ana ℥. iii.
    Sulphur. viui et salis comm. ana ℥ j.
    Mellis communis ℥. v.
    Pulu. aloës et myrrhæ ana ℥. ß.
    Aquæ vitæ ℥. j.
Et cum lixiuio fiat cataplasma.

Autre.

℞. Succi caulium rubrorum, aceti boni ana ℥. iiij.
    Far. hord. ℥. j. ß.
    Pulueris hermodactylorum ℥ ß.
    Vitellos ouorum numero iij.
    Olei camomill. ℥. iij.
    Croci Ɔ. ij.

Autre.

℞. Radices et caules brassicæ, vre, et misce cinerem cum axungia suilla et puluere ireos, et fiat medicamentum.

Autre.

℞. Lactis vaccini ℔. ij.
    Micæ panis albi quantum sufficit.
Bulliant simul addendo :
    Pulueris subtilis florum camomillæ meliloti ana m. ß.
    Croci Ɔ. j.
    Vitellos ouorum numero iiij.
    Olei rosarum ℥. iij.
    Butyri recentis ℥.
    Terebenthinæ ℥. ij.

Fiat cataplas ad formam pultis satis liquidæ.

Or il faut noter que ce cataplasme est propre à toutes douleurs de goutes, soit au commencement, à l'accroissement, estat, ou en la fin et en toutes temperatures : et doit estre renouuellé deux ou trois fois le iour. Le theriaque dissoult en vin et appliqué sede grandement la douleur. On peut aussi vser d'emplastres, onguens, cerots et linimens.

Exemple d'emplastre.

℞. Gummi ammoniaci , bdellij, styracis ana ℥ ij.

Cum aceto et aqua vitæ dissolue, et adde :
   Far. fœnug. ℥ . ß.
   Olei camomill. et anethi ana ℥ . ij.
   Ceræ quantum suffi.

Fiat emplastrum molle.

Autre.

℞. Radicis bryoniæ et sigilli beatæ Mariæ ana ℥ . v.

Bulliant in lixiuio complete, et colentur per cetaceum, addendo :
   Olei camomillæ ℥ . iij.
   Seui hircini ℥ , iiij.
   Ceræ nouæ quantum sufficit.

Fiat emplastrum molle.

Autre.

℞. Gummi ammoniaci, opopanacis, galbani ana ℥ . ij.

Dissoluantur in aceto, postea colentur : et adde :
   Olei liliorum, terebenth. Venet. ana ℥ . j.
   Picis naualis et ceræ nouæ quant. suff.

Fiat emplastrum molle.

Autre pour resoudre et appaiser les douleurs , et roborer les iointures.

℞. Succorum radicum enulæ campanæ et ebuli ana ℥ . iij.
   Radicis altheæ ℔. ß.

Coquantur, et colentur per setaceum , addendo :
   Flor. camomil. melilot. sambuci, rorismarini, et hyperici an. p. ij.
   Nuces cupressi numero iiij.
   Olei chamæmeli, aneti, hyperici, liliorum, et de spica ana ℥ . ij.

Pinguedinis anatis, gallinæ, et anseris ana ℥ . ß.
Ranas virides viuas numero vj.
Catellos duos nuper natos.

Bulliant omnia simul in ℔ ij. ß. vini odoriferi et vnâ aquæ vitæ ad consumptionem succorum et vini, ac ossium catellorum dissolutionem, et fortiter exprimantur : expressioni adde :
   Terebenthinæ ℥ iij.
   Ceræ quantum sufficit.

Fiat emplastrum molle.

On peut vser pour mesme effet à resoudre des emplastres de Vigo, *oxycroceum, de mucilaginibus, de meliloto* , et autres semblables : les meslant ensemble. et les liquefiant auec huiles et axonges resolutiues, diminuant ou augmentant leurs forces, comme on verra estre necessaire, et que le mal le requerra.

Exemple d'onguent.

℞. Anserem pinguem , et imple catellis ij. de quibus deme cutem , viscera, caput et pedes.

Item accipe ranas numero x.
   Colubros detracta cute in frustula dissectos numero iiij.
   Mithridatij et theriacæ ana ℥ ß.
   Foliorum saluiæ, rorismarini , thymi, ruthæ, ana m. ß.
   Baccarum lauri et Iuniperi concassatarum ana ℥ . j.
   Pulueris nucis moscatæ, zinziberis, caryophyllorum, piperis ana ℈. j.

Et du degout soit fait onguent ou liniment auec cire ou terebenthine de Venise, y adioustant vn peu d'eau de vie. Tel onguent appaise à merueilles la douleur faite de cause froide.

Autre.

℞. Gummi pini et ladani, ana ℥ iiij.
   Gummi elemi et picis naualis ana ℥ . j. ß.
   Terebent. Venetæ claræ ℥ . vj.

Olei chamæmeli et de lilio ana ℥. iiij.

Vini rubri ℔ j.

Sem. aquæ vitæ et saluiæ ana ℥. vj.

Omnia simul dissoluantur lento igne, baculo semper agitando. Deinde adde :

Pulueris ireos Florentiæ, baccarum lauri et hermodactylorum ana ℥. ij.

Semin. mastiches, myrrhæ et olibani ana ℥. ij,

Farinæ fabarum ℥. iiij.

Omnia simul incorporentur, et fiat vnguentum molle.

Autre.

℞. Muccaginis seminis fœnugræci in aceto extractæ quantum volueris.

Cui misce :

Mellis quantum sufficit : coquantur simul, donec spissitudinem vnguenti acquirant.

Ces choses soient appliquées à la partie malade, et remuées si souuent qu'on verra estre besoin. Et pour mesme effet, à sçauoir, à appaiser la douleur et resoudre, on fera des fomentations.

Exemple.

℞. Fol. rutæ, saluiæ, rorismari ana m. j.

Flor. camomil. melilot. ana. m. ß.

Vini albi et lixiuij sarment. ana ℔. iiij.

Bul. omnia simul, fiat decoctio pro fotu.

Autre.

℞. Origani, satureiæ, calaminthæ, saluiæ, rorismarin. florum. camomill. meliloti, lauand. hyperici, rosar. rub. absinth. ana m. j.

Bulliant cum aceto et vino : fiat decoct. pro fotu.

Ceste decoction est propre non seulement à la goute froide, mais aussi à celle qui est chaude, pour ce qu'elle resout, astreint et robore la partie, et garde la defluxion.

Il faut bien prendre garde que les medicamens des goutes soient souuent changés : car l'vn profite à vne heure, et nuit à l'autre. Que si la douleur et l'humeur estoient si opiniastres, que par les remedes susdits ils ne voulussent debusquer, alors faudra venir aux plus forts, suiuant la doctrine d'Hippocrates [1], qui dit, qu'aux extremes et rebelles maladies il faut vser de forts et violens remedes : comme ceux qui s'ensuiuent.

℞. Axung. gallinæ, olei laurini, et euphorbij ana ℈. j.

Olei mastiches, ℥ j.

Pulu. euphorb. et pyrethri ana ℈. j.

Ou plus ou moins, selon l'intemperature qu'on connoistra estre en la partie. Ces choses soient meslées ensemble, et soit fait medicament, duquel on frottera la partie tous les iours. Ce remede est bon, car l'euphorbe et pyrethre eschauffent et subtilient, dissoluent et font resolution : l'huile et axonge amollissent, et l'huile de mastic par son astriction empesche la fluxion nouuelle.

Autre.

Prenez huile de regnard, en laquelle on aura fait boüillir des vers de terre, et de la racine d'enule et bryonia : et auec vn peu de terebenthine et cire soit fait enguent.

Lequel amollit, attenue, et resout l'humeur froide qui est aux iointures.

Autre remede à ceste intention.

℞. Sem. sinapi puluerisati et acerrimo aceto dissoluti ℥. iij.

Mellis anacardini ℥. ij.

Aquæ vitæ ℥. j.

Salis com. ℈. ij.

---

[1] Hippocrates, *Apho. liu.* 1. — A. P.

Le tout soit meslé, et en soit appliqué sur la douleur.

Autre.

℞. Picis nigræ ℥ . iij.
    Terebenthinæ Venetæ ℥ iij.
    Sulphu. viui subtiliter puluerisati ℥ . j.
    Euphorbij et pyrethri ana ℥ . ß.
    Empla. oxycrocei ℥ . iij.
    Olei quant. suf.

Liquefiant simul, et fiat emplastrum, extendatur super alutam.

Et soit laissée l'espace de deux ou trois iours, si le malade sent allegement de sa douleur : sinon soit osté comme dessus est dit.

Pour ceste mesme intention, on peut appliquer sur la douleur des orties griesches, puis lauer le lieu d'eau sallée : pareillement la fiente de pigeons boullue assez longuement en vinaigre, duquel en soit fomentée la partie. Aussi le vesicatoire fait de leuain bien aigre, cantharides, staphisagre, et vn peu d'eau de vie, est souuerain remede pour vacuer la matiere coniointe. Car par tels vesicatoires sort vne certaine serosité et virulence, laquelle estant hors , s'ensuit allegeance des douleurs. Or il ne se faut esmerueiller si ces remedes acres, corrosifs et vesicatifs, donnent allegeance, et appaisent les douleurs causées de matiere froide et pituiteuse, non plus que les bains froids et humides à bonne et iuste raison profitent aux douleurs composées d'humeurs chauds et acres, pour ce qu'ils humectent et refroidissent. Car il y a des douleurs arthritiques qui ne peuuent iamais estre appaisées que par remedes plus grands que n'est l'intemperature : partant lesdits vesicatoires ne doiuent estre deiettés, veu que les anciens ont commandé le fer

chaud et ardent , comme nous dirons cy aprés.

Christofle l'André, en son Oecoïatrie, recommande la fiente de bœuf ou de vache, enueloppée de fueilles de choux ou de vigne, posée sus les cendres, et puis chaude appliquée sus la douleur [1].

CHAPITRE XXI.

REMEDES LOCAVX POVR LA GOVTE DE MATIERE CHAVDE , PRINCIPALEMENT FAITE DE SANG.

Il faut vser de repercussifs au commencement , qui sont froids, secs et astringens, à fin de contrarier aux qualités du sang qui est chaud et humide, et ce aprés les choses vniverselles.

Exemple des remedes repercussifs.

℞. Albumina ouor. numero iiij.
    Lucci lactucæ et solani ana ℥ . j.
    Aquæ rosarum ℥ . ij.

Incorporentur simul, fiat linimentum.

Lequel sera renouuelé souuent.

Autre.

Prenez de la farine d'orge, de lentilles, acacia, huile rosat et de myrtilles, vn peu de vinaigre : et de ce soit fait cataplasme.

Autre.

Prenez sumach, myrtilles, bol armeniac, de chacun demie dragme.
    Acacia, escorce de grenades, balaustes, de chacun vne dragme.
    Eau de plantain et de roses, de chacun trois onces.

[1] Cette dernière phrase a été ajoutée en 1579.

Huile rosat once et demie.
Vinaigre vne once.
Farine d'orge et de lentilles , de chacun
tant qu'il en faudra.

Et soit fait cataplasme.

Lequel est fort excellent pour arrester les fluxions phlegmoneuses et
erysipelateuses.

Autre.

Prenez mucilage de coings extrait en eau
rose , casse mondée, huile rosat et vinaigre, et de ce soit fait cataplasme.

Autre de semblable vertu.

Prenez deux ou trois poignées de fueilles de
vignes pilées verdes : lesquelles seront
faites boüillir en oxycrat d'eau de mareschal, puis on y adioustera :
Vne once de sumach concassé :
Huile rosat, 2 onces :
Farine d'orge tant qu'il en faudra :

Et soit fait cataplasme, et soit appliqué sur
la partie.

Autre.

♃. Succi semperuiui , hyoscyami et portu-
tulacæ ana ʒ . iiij.
 Corticum mali granati ʒ . j . ß.
 Farinæ hordei ʒ . v.
 Vini austeri quantum sufficit.

Fiat cataplasma.

Tel cataplasme est fort à loüer, pour
ce que le vin et l'escorce de grenade astreignent, et les ius refroidissent, et
la farine aussi d'auantage espaissit et
forme le cataplasme.

Autre.

♃. Foliorum hyoscyami, acetosæ ana m. j.

Lesquelles seront enueloppées dans du
papier, et cuites entre deux cendres, et
puis pistées auec deux onces d'vnguentum populeum, ou rosat : et soient appliquées tiedes sur la partie.

Autre.

♃. Florum iusquiami ℔. ij.
 Ponantur in phiala vitreata, et reconde
in fimo equino donec putruerint : accipe
ex putredine ʒ . ij. in qua dissolue olei
de Iunipero ʒ . ß.

Fiat linimentum ad vsum.

Autre.

Prenez des citrouilles pistées , et soient appliquées dessus.

Autre.

♃. Mucaginis psyllij, cydoniorum, extractæ
in aqua rosarum et solani ana ʒ . iiij.
 Olei rosati omphacini ʒ j.
 Vini granatorum ʒ . j
 Vitellos ouorum cum albumine nu-
mero iij.
 Camphoræ Э . iij.

Incorporentur simul, fiat linimentum.

Autre.

♃. Olei rosati omphacini ʒ . iiij.
 Albumina ouorum cum vitellis nu-
mero vj.
 Succi plantaginis , lactucæ , et solani
ana ʒ . j.
 Farinæ hordei ʒ . iij.

Incorporentur simul, fiat cataplasma.

Autre.

♃. Farinæ hordei et fabarum ana ʒ . iij.
 Olei rosati ʒ . ij.
 Oxycrati quantum sufficit.

Coquantur simul, fiat cataplasma.

Autre.

♃. Mucaginis seminis psyllij ʒ . iiij.
 Olei rosati ʒ . ij.
 Aceti ʒ . j.
 Vitellos ouorum numero iij.
 Croci Э . j.

Misce : fiat medicamentum.

Pline au vingt-deuxiéme liure escrit, qu'vn iurisconsulte estant à voir
vanner son bled ayant les goutes aux
pieds, il se mit dans son bled par des-

sus les genoux, et s'y tint quelque temps, et par ce moyen sa douleur cessa [1].

Or il faut icy noter que quelquesfois la douleur ne se peut seder, à cause de la multitude du sang qui est deflué sur la partie, et partant le faut vacuer : ce que veritablement i'ay pratiqué, faisant ouuerture de la veine plus apparente et proche de la douleur, et subit elle estoit cessée.

Il faut aussi noter qu'il ne faut vser trop des remedes repercussifs, de peur d'endurcir la matiere, qui puis aprés à grande difficulté pourroit estre resolue, et y auroit danger qu'elle ne fust conuertie en nœuds et pierres gypsées : et partant on y prendra garde. Et aprés l'vsage des repercussifs, il faut appliquer des resolutifs, qui seront cy aprés declarés, à fin de resoudre l'humeur qui pourroit estre demeuré en la iointure.

CHAPITRE XXII.

REMEDES TOPIQVES POVR L'HVMEVR CHOLERIQVE.

Les remedes locaux doiuent estre froids et humides, à fin de contrarier aux deux qualitez de la cholere, qui est chaude et seiche.

Exemple des remedes repercussifs pour la cholere.

Comme fueilles de solanum, portulaca, semperuiuum, hyoscyamus, papauer, acetosa, plantago, aqua frigida :

et autres semblables, desquels on fait plusieurs compositions.

[1] *Telles goutes estoient chaudes.* — A. P.
III.

Exemple.

℞. Succi hyoscyami, semperului, lactucæ ana ℥ ij.
Farinæ hordei ℥ . j.
Olei rosati ℥ . ij.

Agitando simul fiat medicamentum.

Et soit renouuellé souuent : tel remede sede grandement l'inflammation.

Autre.

Le cerueau de porc, broyé auec amydon, ou farine d'orge et huile rosat, est vn remede singulier : pareillement les mauues cuites en eau, broyées et pilées, et appliquées dessus, sedent grandement la douleur.

Autre.

℞. Mucaginis psyllij extractæ in aqua solani vel rosarum ℥ . ij.
Farinæ hord. ℥ . j.
Aceti quantum sufficit.

Fiat linimentum.

Autre.

℞. Vnguenti rosati Mesuæ et popul. ana ℥ . iij.
Succi melonum ℥ . ij.
Albumina ouorum numero iij.

Misceantur simul : et soit fait comme dessus.

Pareillement vne espønge imbue en oxycrat, et vn peu espreinte, fait le semblable.

Autre.

Prenez fueilles de choux rouges deux poignées, cuittes en eau et vinaigre, puis broyées, y adioustant trois moyeufs d'œufs, huile rosat trois onces, farine d'orge tant qu'il suffira : et soit fait cataplasme.

On peut aussi prendre le suc cru des choux et des hiebles, roses pistées, huile rosat, et farine d'orge tant qu'il suffit : et soit fait cataplasme. En hyuer qu'on ne peut trouuer des herbes recentes, en lieu d'icelles on prendra de l'onguent de Galien refrigerant, auec du populeum.

Onguent repercussif fort excellent.

℞. Ceræ albæ, ℥ . j.
 Croci ℈ . j.
 Opij ℈ . iiij.
 Olei rosati quant. sufficit.
Macerentur opium et crocus in aceto, deinde terantur et incorporentur cum cera et oleo : fiat ceratum.

Lequel sera estendu sur du linge, et appliqué dessus le lieu dolent et aux parties voisines, et renouuellé souuent. Or veritablement ce remede est à loüer, à cause qu'il y entre du vinaigre, lequel resoult et seiche grandement, et ouure les porosités de la partie, et fait penetrer la vertu des autres ingrediens qui dissipent l'acrimonie du virus arthritique, et partant sede les douleurs : ce qu'on a veu à plusieurs.

Autres prennent grenoüilles toutes viues, et les fendent par le ventre, et les appliquent sur le lieu douloureux.

Autres ont trouué que l'eau muqueuse des limaçons rouges sede grandement la douleur et inflammation. Il faut prendre cinquante ou soixante limaçons rouges, et les mettre dans vn pot de cuiure, et les saupoudrer de sel commun, et les laisser par l'espace d'vn iour entier : puis on les coulera par vne estamine, et d'icelle coulature on en trempera des linges , lesquels seront appliqués sur le mal, et renouuellés souuent. Et faut icy noter que s'il y auoit grande inflammation , on fera boüillir les limaçons en vinaigre et eau rose. Cedit

remede est fort excellent, ainsi que i'ay plusieurs fois experimenté. Et mesme m'a confirmé monsieur de Longemeau , gentil-homme d'honneur, et digne de foy, lequel ayant esté malade et tourmenté d'vne sciatique l'espace de six mois, pour la guarison de laquelle il auoit fait plusieurs remedes, tant vniuersels que particuliers , sans luy rien profiter : en fin receut par cedit moyen guarison, en vsant par l'espace de sept ou huit iours [1].

Pareillement les pommes de citrons ou orenges cuittes en vinaigre, puis pistées auec vn peu de farine d'orge ou de féues, et appliquées dessus.

Autre.

℞. Pomorum coctorum in lacte ℔ . j.
 Butiri ℥ . j.
 Vitellos ij. ouorum.
 Aceti ℥ . j.
Fiat cataplasma.

Aucuns prennent vn fromage frais escremé, battu auec huile rosat et farine d'orge : il reprime l'inflammation et sede la douleur. Autres prennent de la casse recentement mondée, et la meslent auec jus de cougourde ou melon. Autres prennent des fueilles de choux et d'hiebles, ou d'ache, ou les trois ensemble broyées auec vn peu de vinaigre, et les appliquent sur le lieu dolent. Les autres prennent de la semence de lin vne once, et en tirent mucilage auec biere: puis y adioustent huile rosat et farine d'orge, et en font cataplasmes. Autres prennent huile de pauot auec de la chair de citroüille pilés ensemble, et l'appliquent sur la partie dolente.

[1] Cette histoire de M. de Longemeau a été intercalée ici en 1579.

Autre remede, par lequel a esté guari vn homme en Gascongne, en la ville de Busas, qui auoit esté affligé de la goute fort long-temps, auec les plus estranges douleurs qu'on sçauroit excogiter : et n'a senti depuis aucune douleur.

Prens vne tuille festiere grande, forte et espaisse, et la fais chauffer iusques à ce que elle soit deuenue rouge, laquelle tu mettras dans vne autre tuille pareille en grandeur, toute froide, de crainte que le linge du lit où sera le malade ne se brusle. Puis tu rempliras la susdite tuille chaude de fueilles d'hiebles, en telle quantité que la partie malade y puisse estre posée, et demeurer dedans sans se brusler. Le malade en endurera la chaleur et sueur l'espace d'vne heure ou plus s'il peut, r'adioustant derechef des hiebles, après que les premieres seront desseichées, changeant aussi de tuille reschauffée, si la premiere ne te semble assez chaude. Ces choses faites, la partie sera essuyée auec vn linge : et continueras lesdites estuues douze ou quinze iours le matin, l'estomach estant à ieun : et après la partie sera ointe du liniment suiuant, estant vn peu chauffé :

℞. Succi ebuli ℔. j. ß.
· Olei communis ℔. j.
Misceantur simul et ponantur in vase fictili, cuius orificium sit strictum admodum, et cum luto bene obturatum : postea bulliant in duplici vase cum vino ad medias diluto, per spacium decem vel duodecim horarum : refrigerantur et seruentur vsui, addendo vnctionis tempore guttas aliquot aquæ vitæ.
Inungi poterit bis aut ter in die, longe à pastu.

Pareillement les racines et fueilles d'hiebles cuites en eau, pistées, et appliquées sur la douleur, la sedent.

Semblablement l'huile d'hiebles extraite en quinte-essence, est singuliere pour seder les douleurs.

Or si la douleur estoit si rebelle qu'elle ne peust estre sedée par les remedes susdits, et qu'elle fust intolerable, auec vne tres-grande chaleur et feruenr en la partie, tellement que les esprits fussent resouts et les forces abbatues, et que le malade tombast en syncope : il faut alors vser de remedes narcotiques et stupefactifs, combien que par iceux la temperature de la partie soit dissolue, et la chaleur naturelle diminuée, voire esteinte, si on en vsoit trop longuement : neantmoins ils doiuent plustost estre appliqués, que de permettre que tout le corps perisse de douleur intolerable. Leur vertu est de grandement refrigerer et seicher, et d'hebeter le sentiment de la partie : et qui plus est, ils espaississent et incrassent les humeurs subtils, acres et mordicans, comme est l'humeur cholerique. Si la matiere estoit crasse et impacte en la partie, alors les faut euiter, ou pour le moins en vser auec grande discretion, de peur d'induire stupeur.

Exemple d'un medicament narcotique.

℞. Micæ panis secalini parum cocti in lacte ℥. ij.
Vitellos ouor. numero ij.
Opij ℥. j.
Succorum solani, hyoscyami, mandragoræ, portulacæ, semperuiui, ana ℥. j.

Le tout soit meslé ensemble, et en soit appliqué dessus, et renouuellé souuent.

Autre.

Prenez fueilles de iusquiame, ciguë, ozeille, de chacune vne poignée.
Lesquelles seront boüillies en oxycrat, puis

pilées et broyées auec moyeux d'œufs cruds : huile rosat, deux onces: farine d'orge, tant qu'il suffira : et soit fait cataplasme, lequel sera appliqué sur la douleur, et sera continué iusques à ce que l'inflammation soit cessée.

Ce remede est fort approuué, et duquel i'ay vsé souuent auec bonne issue.

Autre.

℞. Opij ℈. iij.
    Camphoræ ℈. ß.
    Olei nenupharis ℥ . j.
    Lactis ℥ . ij.
    Vnguenti rosati descriptioneGaleni ℥ iiij.
Incorporentur simul in mortario.

Et de ce en soit appliqué sur la partie.
    Outre plus, l'eau froide appliquée et iettée goute à goute sur la partie, est narcotique et stupefactiue [1], comme dit Hippocrates, Aphoris. 25. de la sect. 5 : adioustant icelle, pour vne autre raison, estre fort propre en toute espece de goute, sçauoir, empeschant par sa vertu repercussiue que les humeurs n'affluent d'auantage sur la partie.

Autre.

Prenez pommes de mandragore cuittes en laict, puis pilées et appliquées dessus.

Autre.

Prenez fueilles de iusquiame, ciguë, pourpié, laictues cuittes en laict, et soient pistées et appliquées dessus.

Et qui voudra que ces remedes soient plus froids, il ne les faudra cuire, mais les appliquer tous cruds.
    Or subit que la douleur et ferueur

[1] La phrase s'arrêtait là en 1575; le reste est une addition de 1579.

sera esteinte et cessée, il faut desister de tels remedes, et roborer et fortifier la partie auec remedes chauds et resolutifs. Car autrement y auroit danger qu'elle ne fust rendue debile et intemperée : ou que puis aprés elle fust suiette à toutes fluxions[1]. Parquoy pour la fortifier, il faut vser de decoctions faites d'herbes resolutiues, et autres choses descrites cy deuant, ou autres qui s'ensuiuent.

℞. Gummi ammoniaci, bdellij ana ℥. j.
Dissoluantur in aceto, et passentur per setaceum, addendo :
    Styracis liquidæ, farinæ fœnugræci ana ℥ . ß.
    Pulueris ireos ℥ . iij.
    Olei camomillæ ℥ . ij.
    Pulueris pyrethri ℈. ij.
Cum cera, fiat emplastrum molle.

Autre.

℞. Radicum enulæ, ebuli, altheæ ana ℔. ß.
    Seminis lini, fœnugræci ana ℈. ij.
    Ficuum pinguium numero xxij.
Coquantur completè, et passentur per setaceum, addendo :
    Pulueris euphorbij ℈. ij.
    In olei camomill. anet. rutæ, ana ℥ . iiij.
    Medullæ cerui ℥ . iiij.
Fiat cataplasma.

Nous auons par cy deuant fait mention de plusieurs autres resolutifs, desquels le chirurgien se pourra aider selon qu'il connoistra estre besoin : et se gardera de trop resoudre et seicher, de peur de consumer l'humeur subtil, delaissant le gros endurci et putrefié dont se pourroient faire des tophes et nœuds, ainsi qu'il se peut faire aussi par l'indeuë application des repercussifs.

[1] *Annotation aux ieunes Chirurgiens digne d'estre obseruée.* — A. P.

Ie ne veux encore laisser en arriere que les anciens ont fort loüé les bains faits d'eau douce, en laquelle on fera boüillir herbes refrigerantes : et sont profitables estans administrés principalement trois heures apées vn leger past : car aprés la viande, le bain a plus grand pouuoir de corriger les intemperatures bilieuses, et principalement à ceux qui sont gresles et de rare texture, par-ce qu'ils humectent l'habitude du corps, et euacuent l'humeur cholerique par insensible transpiration : d'autant que les conduits sont ouuerts et dilatés par le bain, et les humeurs liquefiés. Aprés le bain, il faut oindre tout le corps d'eau et d'huile d'oliue, à fin d'humecter et garder que la chaleur naturelle ne s'exhale : et les faut continuer iusques à ce que le chirurgien verra estre necessaire. Aussi faut noter que les viandes de gros suc, comme bœuf, pieds de mouton, ris, et leurs semblables, leur sont meilleures que les delicates (pourueu que le malade les digere bien) pour-ce qu'ils incrassent le sang bilieux, dont il n'est si facile à defluer aux iointures.

CHAPITRE XXIII.

DES AIDES DE LA DOVLEVR FAITE D'INTEMPERATVRE SANS MATIERE.

Il y a des douleurs aux iointures qui se font d'intemperature sans matiere, ce qui n'aduient pas souuent : toutesfois ie l'ay experimenté sur moy-mesme il y a enuiron de dix à douze ans [1].

Estant en hyuer en mon estude, vn

[1] Je rappelle que ce texte est de 1575.

vent coulis me donna sur la hanche senestre, lequel ie ne sentois alors, à cause que la vertu imaginatiue estoit occupée à l'estude : puis me voulant leuer, il me fut impossible de me pouuoir soustenir debout : et auois vn sentiment de douleur si extreme et intolerable, qu'il me seroit impossible la descrire, sans aucune apparence d'intemperature, ny de tumeur au sens de la veuë. Lors force me fut me faire mettre dedans le lit : et considerant que le froid (qui est du tout ennemy des parties nerueuses [1]) estoit cause de ma douleur, me fis appliquer plusieurs linges chauds dessus : et neantmoins qu'ils fussent fort chauds, ie ne sentois qu'à peine la chaleur sur l'endroit de ma douleur, tant estoit l'intemperature grande : et és autres parties voisines ie la sentois si bien qu'elle me brusloit, iusques à me faire leuer des vessies. D'auantage ie fis appliquer des sachets remplis d'auoine et de mil fricassés ensemble, et imbus de vin vermeil : pareillement autres fois y faisois appliquer vessies de bœuf, dans lesquelles y auoit de la decoction d'herbes resolutiues, et n'estoient qu'à demy pleines, à fin qu'elles adherassent mieux sur le lieu de la douleur. Autres fois y faisois appliquer vne escuelle de bois creuse, presque remplie de cendres chaudes, et par dessus de la sauge, rosmarin et rue vn peu pistés : puis ladite escuelle estoit couuerte et enueloppée d'vn linge, sur lequel on iettoit eau de vie, de laquelle sortoit vne vapeur humide qui donnoit grand allegement à ma douleur. Autres fois y faisois appliquer la mie d'vn gros pain tout recentement tiré du four, arrousée d'eau de vie et

[1] Hippocrates, *Aph.* 18. *liu.* 5. — A. P.

enueloppée dans vne seruiette : semblablement me faisois appliquer aux
pieds des bouteilles de terre remplies
d'eau boüillante, à fin que l'intemperature fust plus amplement corrigée,
d'autant que la chaleur de ce remede
peut se communiquer au cerueau,
pour la rectitude des nerfs. Ceste
extreme douleur me dura enuiron
vingt quatre heures, et fut cessée par
les remedes susdits[1].

Il y a encore vne autre espece
d'humeur excrementitieux, lequel
pour estre de substance fort deliée et
subtile, ne se peut voir à l'œil, qui
s'appelle *fuligineux*. à cause qu'il est
semblable au noir qui s'engendre de
la fumée d'vne lampe, lequel estant
accompagné de serosité virulente,
passe partout, faisant des extremes
douleurs, tantost à vne partie, tantost à l'autre, ne demandant qu'à sortir : partant luy faut ouurir la porte
en quelque sorte que ce soit, ou par
application de ventouses et cornets,
et scarifications, ou par vesicatoires
et cauteres.

CHAPITRE XXIV.

CE QV'IL FAVT FAIRE, LA DOVLEUR CESSÉE DES GOVTES.

La douleur estant appaisée, il faut
roborer et fortifier les iointures. Or
ce mot de roborer se doit non seulement entendre à vser des astringens
et desiccatifs, mais aussi contrarier à
l'indisposition delaissée à la partie.
Comme s'il y a quelque humeur superflu, il faut resoudre : et s'il y a

[1] Cette histoire faisait tout le chapitre en
1575 ; le paragraphe suivant a été ajouté en
1570.

quelque seicheresse, il faut humecter
et relascher : et au contraire, si les
iointures estoient trop lubriques et
relaxées (comme souuent aduient aux
podagres, desquels la goute a esté
faite de matiere pituiteuse), alors faut
vser de remedes desiccatifs et fort astringens : et ainsi des autres intemperatures, comme nous auons dit cy
dessus.

Outre plus faut entendre que les
podagres aprés auoir perdu leur douleur (laquelle commence tantost sous
le talon, et quelquesfois sous la cauité
du pied), neantmoins demeurent long
temps sans pouuoir marcher qu'à
grand peine : à cause que les nerfs et
tendons qui sont en grand nombre
aux pieds, sont imbus et arrousés
d'vn humeur pituiteux, et par ce
moyen ont esté relaxés, de sorte qu'ils
sont demeurés amollis comme vn par
chemin moüillé, qui fait que le pauure podagre ne peut cheminer, et luy
semble qu'il marche sur des espines.
Et pour le faire cheminer, il faut necessairement consommer l'humeur
conioint et delaissé aux parties nerueuses : qui se fera auec fomentations, cataplasmes et emplastres astringens et desiccatifs, comme ceux
qui s'ensuiuent.

Pour la fomentation, on vsera de
celle qui est escrite cy dessus, au
chapitre de la roboration des iointures : pour la preseruation, augmentant la quantité de l'alum et du sel,
adioustant du soulphre vif en pareille
quantité : puis on vsera de cest emplastre :

℞. Masse emplastri contra rupturam ℥ . iiij.
Terebenth. ℥ . ij.
Pulu. rosarum rubr. nucum cupressi,
gallarum, granorum myrthi, et foliorum eiusdem, thu. mastic. caryophyl.
ana ℥ . j.

Malaxentur omnia simul manibus inunctis oleo myrthino et mastichino, et fiat emplastrum extensum supra alutam debitæ magnitudinis et latitudinis.

Et soit apposé sur les pieds tant dessus que dessous : puis faut auoir vne chausse de cuir de chien conroyé, laquelle soit lassée bien proprement sur toute la iambe. Or cest emplastre est fort vtile, d'autant qu'il fortifie les nerfs et consume l'humeur imbu en iceux, et empesche la fluxion : et la chausse de cuir de chien conserue la chaleur naturelle : et par-ce qu'elle comprime et serre, elle empesche aussi la fluxion de se faire sur les pieds.

CHAPITRE XXV.

DES TOPHES OV NOEVDS QVÌ VIENNENT AVX IOINTVRES DES GOVTEVX.

En aucuns gouteux s'engendrent des nœuds aux iointures, appellés des anciens *tophi*, ou *nodi*, ou *tuberosités* : lesquels sont faits par congestion d'vne pituite crasse, visqueuse, crue et indigeste, accompagnée d'vn humeur bilieux, acre et chaud : lesquels conioints et delaissés en la partie (pour l'imbecillité d'icelle) ne peuuent estre resouts : et aussi pour la douleur du virus arthritique, il se fait vne autre augmentation de chaleur estrange et adulte, qui consomme et resout la partie la plus subtile de l'humeur, et le gros et terrestre demeure et s'endurcit, et se conuertit en matiere gypseuse et pierreuse, comme craye : et par consequent sont engendrés des nœuds et pierres, ainsi qu'on voit se faire en

la vessie. Pareillement les nœuds se font quelquefois pour indeuë application des medicamens repercussifs et resolutifs, d'autant que par les repercussifs les humeurs s'espaississent et congelent, et par les resolutifs le plus subtil se resout, et le reste se tourne en pierre. Parquoy le Chirurgien qui sera appelé pour curer les defluxions, se doit bien garder de trop longuement vser de remedes repercussifs, resolutifs et desiccatifs.

Les medicamens qui doiuent amollir ont vne chaleur moderée et doiuent mediocrement humecter, pour liquefier l'humeur conioint et attaché en la partie comme l'eau tiede. Aussi on pourra faire boüillir des herbes emollientes, ou en lieu d'icelles la decoction de trippes, pieds et testes de veau ou de mouton, et autres semblables. Et aprés auoir deuëment fomenté, on vsera de ce medicament :

℞. Axungiæ humanæ, anseris et gallinæ, medullæ ceruinæ ana ℥. ij.
Terebenthinæ Venetæ ℥. j.
Aquæ vitæ parum.
Cèræ quantum sufficit.

Fiat vnguentum molle.

Aprés auoir quelque temps vsé de ce medicament, on vsera de cestuy-cy :

℞. Rad. altheæ, lilio. bryoniæ, lapathi acuti ana ℥. iiij.

Coquant. complete et passentur per setaceum : adde :

Gum. ammon. bdellij, galba. opopana. in aceto diss. ana ℥. j.
Medullæ ceruinæ ana ℥. j. ß.

Incorporentur simul, et applicentur parti affectæ.

Autre.

℞. Olei lilio. et amygda. dulcium , medul.
cruris cerui ana ℥ . ij. ß.

Mucaginis seminis lini , altheæ , et fœnugr. ana ℥ . j.

Ceræ quant. suff.

Fiat ceratum.

Autre.

℞. Emplast. de Vigo cum mercurio et cerati
de œzipo humida descriptione Phila-
grij. ana ℥ . ij.

Malaxentur simul cum oleo lilio.

Fiat massa.

Autre.

℞. Gum. ammon. opopa. galb. bdellij, dis-
solutorum in aceto ana ℥ . ij.

Panno lineo collatis adde :

Pulueris sulphu. nitri, sinapi, pyrethri
ana ℥ . ß.

Styracis liquidæ, axungiæ hum. ana ℥ . j.

Resinæ pini, tereb. Vene. ana ℥ . ß.

Ceræ quantum suff.

Fiat ceratum molle.

Et entre tous autres cestuy-cy est
fort approuué des anciens, pour rompre le cuir et faire fondre les nodosités putrefiées [1], et nommément de
Gal. liu. 10. *des simples* 7. et d'Auicenne fen. 22. liu. 3. traité 2. chap. 21.

℞. Pedes porcello. bene salsos num. iij.

Et veterem pernam cum illis coque, addendo sub finem :

Rad. alth. bryon. lapath. acuti ana ℥ . iij.

Axung. taur. et medullæ ceruinæ ana ℥ . j.

Et cum caseo putrefacto, fiat emplast. satis
molle ad vsum.

Autre bien excellent [2].

℞. Casei acris et putrefacti ℥ . iiij.

Pul. sulph. viui , euphorbij et pyrethr.
ana ℥ . iij.

Communis veteris pernæ et pedum porcello. salitorum quod suff.

Ad incorporandum ducantur in mortario,
et fiat empla. ad vsum.

Autre.

℞. Spumæ nitri ℥ . vj.

Terebent. ℥ . ij.

Olei veteris ℥ . viij.

Lixiuij quo lanæ pileorum lauantur, et
ceræ quantum sufficit.

Fiat ceratum satis molle.

Et aprés l'vsage des remollitifs, on
fera vne euaporation auec la pierre py-
rite, ou de moulin, ou d'vne bricque
bien chaude, et sur icelle sera ietté
de bon vinaigre et eau de vie : car
telle vapeur dissoult , subtilie , incise
et rompt la matiere grumeuse , gypseuse et endurcie, et fait souuent ouuerture au cuir. Et ne se faut esmerueiller si tels remedes rompent le
cuir, attendu que le plus souuent en
tel cas la peau s'ouure d'elle mesme
sans nulle incision : et pour le dire en
vn mot, les remedes qui sont propres
à curer les scirrhes, sont bons pour
amollir les nodus. Mais il faut entendre que lors qu'il y a matiere
coniointe et ja conuertie en pierre
par vne autre fluxion, quelquesfois
se suppure, et est necessaire de faire
ouuerture pour vacuer l'humeur superflu contenu en la partie, lequel humeur est laicteux : puis la substance
gypseuse qui fait les nodosités, fort
dure comme plastre : et aprés estre
sortie, il faut curer l'vlcere et mettre

en 1579, et outre le titre fastueux que l'auteur lui donnait alors, il a appelé de nouveau l'attention sur son efficacité par cette
note marginale en 1585 :

Excellent medicament sur tous pour les no-
dosités, auquel entre vieil iambon et vieil fro-
mage.

---

[1] La phrase finissait ici en 1575; les deux
citations suivantes sont de 1579.

[2] Cette formule a été également ajoutée

l'emplastre *de gratia dei*, et autres que le Chirurgien verra estre necessaires.

CHAPITRE XXVI.

DES VENTOSITÉS QVI LE PLVS SOVVENT SONT TROVVÉES AVEC LES GOVTES, ET DE LEVRS REMEDES.

Parmy les humeurs accompagnés du virus qui fait la goute, souuentesfois est trouuée grande quantité de ventositės, principalement és grandes ioinctures, comme à la hanche et aux genoüils, qui font quelquesfois sortir les os de leur propre lieu. Et sont conneus estre en la partie, en ce que le malade sent grande douleur tensiue, sans pesanteur : et lors qu'on presse dessus du doigt, il n'y demeure point de cauité, comme aux œdemes : mais l'esprit flatueux repousse et se releue en haut, comme qui presseroit vne balle remplie de vent : ioint aussi que la partie ne peut faire son action, à cause que les vents remplissent les espaces vuides et empeschent le mouuement de se pouuoir faire. Or aucuns ieunes Chirurgiens mettans leurs doigts dessus, en esleuant l'vn et pressant l'autre, sentent la ventosité s'esleuer entre leurs doigts, comme vne inondation de pus ja fait en vne aposteme, et y ayant fait ouuerture, icelle faite n'ont apperceu sortir aucune matiere : et partant ont esté deceus, et causes de grands accidens, comme augmentation de douleur et fluxion d'humeurs, qui ont fait desboëtter les os hors de leurs ioinctures, et les malades sont demeurés à iamais claudicans. Et pour ces causes, ie conseille aux gouteux, en tel cas,

d'appeller pour leur aide des Chirurgiens experimentés.

On voit peu souuent telles ventositės sans qu'elles soient accompagnées de quelque humeur pituiteux, lequel n'est trop cru ny visqueux. D'auantage ces ventositės demeurent longuement sans pouuoir estre resolues, à cause de l'intemperature froide que fait la matiere venteuse, et des membranes et ligamens qui lient les ioinctures, lesquelles sont denses et dures, et par consequent leurs pores sont serrés, de façon qu'à grande difficulté les matieres ne se peuuent euaporer ny sortir hors.

Or pour la curation, il conuient pour consumer les ventositės vser de fomentations resolutiues, carminatiues, disculiues et dessiccatiues : ausquelles auront boüilli fenoüil, anis, rue, camomille, melilot, sauge, rosmarin, origan, calamenthe, marrubium, et leurs semblables, cuittes auec vin et lexiue, et vn peu de vinaigre rosat et du sel commun. Et aprés la fomentation on appliquera ce liniment qui s'ensuit :

℞. Olei camomillæ, anethi, rutæ, laurini, ana ʒ . ij.
Et cum cera alba fiat linimentum , addendo aquæ vitæ parum.

D'auantage, aprés ce liniment on appliquera ce cataplasme :

℞. Florum camomillæ, meliloti, anethi, rosarum rubrarum pulueris. ana m. j.
Foliorum maluarum et absinthij ana m. ß.
Furfuris m. j.
Bulliant omnia cum lixiuio et vino rubro : deinde pistentur cum medulla panis et farina fabarum quantum sufficit : fiat cataplasma, addendo olei rosati et myrtini aua ʒ . ij.

Aucuns ont loüé pour telle disposition ce remede pour tarir la ventosité :

℞. Axung. suillæ ℥ . iiij.
  Calcis viuæ ℥ . j. ß .

Ces choses soient battues en vn
mortier , et appliquées dessus.

Autre.

℞. Stercoris caprini cocti cum vino et aceto
  ana ℔. ß .
  Terebenthinæ Venetæ, et mellis commu-
  nis ana ℥ . ij.
  Aquæ vitæ ℥ . ß .
  Pulueris rad. Ireos Florentiæ, sablié aba
  ℥ . iiij.
  Olei rutæ et anethi aba ℥ . j. ·
  Farinæ fabarum quantum sufficit.
Fiat cataplasma ad formam pultis.

Il faut appliquer des compresses
trempées (et espreintes) en oxycrat,
auquel on aura fait boüillir absinthe,
origan , camomille , melilot , rue , sel
commun , y adioustant eau de vie :
et sera la partie liée et serrée le plus
qu'il sera possible , et que le malade
le pourra endurer. Et sur la fin pour
roborer la partie, on appliquera dessus de la lexiue faite de cendre de
chesne et de sarment : en laquelle on
aura fait boüillir sel , soulphre , alum
de roche , en serrant et liant la partie , comme dessus , auec compresses
trempées en icelle lexiue. Or s'il y
auoit grande douleur , alors faudroit
laisser la propre cure pour suruenir
aux accidens , en frottant la partie
de quelque huile carminatiue , auec
laine à tout le suif , et autres remedes
qu'on verra estre necessaires.

CHAPITRE XXVII.

DE LA SCIATIQVE.

Maintenant il nous reste à traiter
de la goute sciatique , laquelle sur
toutes (comme i'ay dit au prognostic)
emporte le prix pour estre la plus
douloureuse : et cause grands et extremes accidens , à raison de la iointure qui est plus profonde que les autres , et que le plus souuent l'humeur
estant en grande abondance et pituiteux , froid , gros et visqueux , difficilement le peut-on faire debusquer
de la partie. Et vient le plus souuent
après vne longue maladie , d'vn humeur malin , lequel deliurant les parties d'où il est venu , cause vne extreme douleur , non seulement à la
iointure de la hanche , mais encore
plus profondément dedans les muscles
de la fesse , aux aisnes , genoux , et
iusques à l'extremité des orteils , et
quelquefois aux vertebres des lombes , qui donne grand tourment au
malade : lequel pense (et aussi les
Medecins et Chirurgiens) estre vne
colique venteuse ou pierreuse , ce que
n'est pas. Mais la cause pourquoy
on sent si extremes douleurs , est à
raison des nerfs qui viennent des vertebres des lombes , et de ceux de l'os
sacrum , qui descendent et se disseminent aux muscles de la cuisse et de
la iambe , iusques à l'extremité des
orteils : ce que i'ay amplement monstré en l'anatomie.

Le plus souuent on n'y apperçoit
aucune tumeur ny rougeur , ny autre
intemperature à la veüe : par-ce qu'du
cuir de ceste partie y a peu de veines
superficielles , et que l'humeur y est
fiché fort profondément , et ne se

monstré à la superficie. Aussi au contraire, nous voyons quelquesfois
qu'à raison de l'extreme douleur, il
se fait si grand amas d'humeurs et
ventosités, qu'ils emplissent la caulté
de la boëtte, et relaxent si fort le ligament interieur et les exterieurs,
qu'ils chassent l'os du tout hors de sa
caulté. Et s'il y demeure long temps,
il ne faut esperer qu'il puisse estre
iamais reduit, et qu'il se tienne en sa
place, à cause que l'humeur a occupé le lieu et caulté de la teste de
l'os femoris, et aussi que les bords de
la boëtte (qui sont cartilagineux) se
sont estressis, et les ligamens relaxés
et allongés : dont s'ensuitent plusieurs accidens pernicieux, comme
claudication perpetuelle, amaigrissement de toute la cuisse et de la iambe :
par-ce que l'os n'est en son lieu naturel, presse les muscles, veines, arteres et nerfs, et y manque le
mouuement : au moyen de quoy les
esprits estans ainsi comprimés et arrestés, ne peuuent feiuire aux parties inferieures, et par consequent se
tabeflient et deuiennent en emaciation,
c'est à dire, amaigrissement, non
seulement de toute la cuisse et de la
iambe, mais quelquesfois aussi de
tout le corps, auec vne fieure hectique, qui meine le malade à la mort.
Parquoy faut que les Medecins et
Chirurgiens qui seront appellés en
telle disposition, ayent grand esgard
à ne laisser aduenir tels accidens, et
qu'ils vsent de remedes forts et vigoureux, lors qu'il en sera besoin,
comme nous dirons cy aprés.

CHAPITRE XXVIII.

CVRE DE LA SCIATIQVE.

En la goute sciatique, combien
que communément elle soit faite de
pituite crasse, toutesfois si le corps
du malade abonde en sang, et qu'il
soit fort et de temperature sanguine,
il faut faire la saignée : car par icelle
il se fait egale vacuation des humeurs : et partant la fluxion ne sera
si prompte à courir sur la partie.

Ie vous puis asseurer que n'ay
iamais trouué plus present remede à
seder la douleur causée d'inflammation phlegmoneuse que la saignée,
premierement faite de la veine basilique au bras qui est du costé malade,
comme i'ay dit cy deuant (à fin de
faire reuulsion) : et aprés (pour descharger et vacuer la matiere coniointe) de saigner la veine sciatique,
qui est sur la malleole exterieure du
pied, sçauoir est, si là douleur occupe plus ceste partie : et si elle est
plus grande au dedans, faut ouurir
la veine saphene, qui est sur la malleole interne : et faut tirer du sang
selon qu'on verra estre necessaire. Et
à ce faire ie conseille au ieune Chirurgien qu'il appelle le Medecin, à
fin qu'il soit present lors qu'on tirera
le sang : et où le cas aduiendroit qu'il
ne s'y peust trouuer, et qu'il ordon-
nast tirer trois pallettes, plus ou
moins, de sang des veines sciatique et
saphene, il pourroit faillir à la quantité du sang : à cause que pour saigner
telles veines aux pieds, il les faut
mettre en eau chaüde, et le sang se
meslant en l'eau, on ne peut bien
obseruer la quantité : si ce n'est qu'en
faisant mettre le pied du patient de-

dans le vaisseau auquel sera l'eau, il fera vne marque à la hauteur de l'eau, puis il adioustera deux ou trois pallettes d'autre eau, plus ou moins, selon qu'aura ordonné le medecin, et fera de rechef vne autre marque audit vaisseau : puis retirera la quantité de l'eau proportionnée du sang qu'il faudra tirer, et ainsi il ne pourra faillir à tirer plus ou moins la quantité du sang qu'aura ordonné le Medecin [1].

Pareillement les clysteres forts et aigus sont vtiles, pourueu qu'il n'y ait rien qui les empeschast, comme seroient vlceres aux intestins et hemorrhoïdes.

Exemple d'vn clystere.

℞ Rad. acori ℥. ij.
    Centaurij, rutæ, saluiæ, rorismarini, calamenthi, origani, pulegij, ana m. ß.
    Stœchados Arabicæ florum chamæmeli, meliloti, anethi ana p. j.
    Seminis anisi, fœniculi ana ℥. ß.

Fiat decoctio ad ℔. j. in colatura dissolue :
    Hieræ, diaphœnici ana ℥. ß.
    Mellis anthosati, et sacchari rubri an. ℥. j.
    Olei liliorum ℥. iij.

Fiat clyster.

Lequel il faudra accommoder au temperament, aage, et au temps, selon la prudence du Medecin.

Aussi les purgations vigoureuses, comme les pilules d'hermodactes, fetides, arthritiques, assaieret pour les pituiteux, et autres cy dessus mentionnées. L'electuaire de *diacartami* purge l'humeur cholerique et pitui-

teux. Les vomissemens frequens (si le malade le peut faire commodément) font euacuation non seulement des humeurs, mais aussi reuulsion d'iceux, comme nous auons dit par cy deuant. Les bains et sueurs sont semblablement bons. Aussi la decoction de gaiac ou de salseparille, et en vser tant et si peu qu'on verra estre necessaire. Et si on connoist qu'il y ait chaleur, on frottera la partie d'*oxyrhodinum*, qui est mixtion d'huile rosat et de vinaigre, principalement quand la douleur est profonde. Car le vinaigre, à cause de sa tenuité penetrant iusques au profond, fait voye à l'huile, laquelle de son naturel appaise les douleurs. Aussi on pourra vser d'autres repercussifs, si on connoist estre besoin : et après on appliquera remedes qui attirent et resoluent, lesquels ne seront nullement appliqués que premierement on n'ait fait vacuation vniuerselle, de peur qu'on n'attirast trop d'humeur à la partie, et qu'il ne fust rendu visqueux et espais.

Donc après les choses vniuerselles, pour attirer l'humeur du profond à la superficie, on vsera de l'emplastre fait de poix et d'euphorbe et de soulphre, fait ainsi [1] :

℞ Picis naualis ℔. j.
    Sulphuris viui subtiliter puluerisati ℥. ij
    Euphorbij puluerisati ℥. ij.
    Lardi ℥. ß.

Fiat emplastrum secundum artem, et extendatur super alutam.

---

[1] *Subtile observation de l'Autheur.* — A. P. Nous avons trouvé plus haut, dans ce même livre, la manière d'établir les cautères ; voici maintenant un procédé fort ingénieux pour la saignée du pied, qui est resté dans l'oubli, sans doute parce que personne n'était tenté de l'aller chercher là.

[1] Dans l'édition de 1575, on lisait : *de l'emplastre de poix et de souphre cy dessus mentionné, ou vn emplastre d'ammoniac,* etc. — En 1579, il s'aperçut sans doute qu'il n'avait point donné la formule de cet emplâtre, et il corrigea · *de l'emplastre fait de poix et de souphre (desquelles choses il faut vser auec*

Dont il faut vser auec prudence, de peur qu'il n'y suruienne inflammation. Ou vn emplastre d'ammoniac, euphorbe, terebenthine, propolis, galbanum, bdellium, opopanax, et semblablement d'huile de sauge, rosmarin, de pyrethre et autres semblables, extraite par quinte-essence : lesquelles sont bien plus à loüer que les autres, d'autant que d'icelles les vertus sont plus pures, et leur action plus prompte sans comparaison que celles qui ne sont tirées par quinte-essence, par-ce que elles sont de ténue et subtile substance, et penetrent fort profondement, et resoluent et roborent les parties nerueuses.

Semblablement on fera des fomentations d'herbes discutientes et resolutiues, comme racines et fueilles d'hiebles, ireos, graine de laurier, genéure, semence de fœnugrec, anis, fenoüil, sauge, rosmarin, camomille, melilot, fueilles de sureau, et leurs semblables : et les faut faire cuire en vin et en huile, et de ce soit faite fomentation.

Aussi ceste emplastre est fort loüée des anciens pour resoudre et seder la douleur, auec ce qu'elle attire les espines et os pourris [1].

℞. Seminis vrticæ mundatæ, spumæ boracis, salis ammoniaci, radicis aristolochiæ rotundæ, colocynthidos, terebent. Venetæ ana. ℥ x.
Fœnugr. piperis longi, xylobalsami, thuris, myrrhæ, adipis caprilli, gummi pini ana ℥. v.
Ceræ ℔. ß.
Lactis ficus siluestris ℥. iij. ß.

<hr>

prudence de peur qu'il n'y suruienne inflammation) . et enfin il en donna la formule en 1585.

[1] *Auicenne loüe cest emplastre.* — A. P.

Il faut liquefier les choses seiches auec quantité suffisante d'huile de lis et bon vin, et le tout incorporé ensemble, soit fait emplastre, et en soit appliqué dessus l'os ischion.

Autre.

℞. Sinapi aceto acerrimo dissoluti ℥. ij.
Fermenti acris ℥. ß.
Pulueris hermodactylorum ℥. ij.
Mellis communis ℥. iij.
Terebenthinæ ℥. iiij.
Olei laur. et de spica ana ℥. ij.
Farinæ fœnugræc. ℥. j. ß.
Terræ formicarum cum ouis ℔. j.
Foliorum lauri, saluiæ, rutæ, rorismarini ana m. ß.
Vermium terrestrium præparatorum ℔. ß.

La terre de fourmis, et leurs œufs, et les vers, cuiront à part, auec les herbes hachées auec vin blanc, puis coulées, et en icelle coulature on adioustera les autres choses selon l'art : et de ce soit appliqué sur l'os ischion, comme dessus.

Autre.

℞. Radicis enulæ campanæ, sigilli Salomonis, bryoniæ, bismaluæ ana ℥. ij.
Coquantur completè et pistentur, et passentur per setaceum, addendo :
Farinæ fœnugræci et hordei ana ℥. j.
Olei liliorum et camomillæ ana ℥. iij.
Terebenth. ℥. iiij.
Ceræ quantum sufficit.
Fiat cataplasma.

Il resout et appaise la douleur, et attire la matiere du profond à la superficie.

Autre.

℞. Radicis sigilli beatæ Mariæ ℥. vj.
Emplastri diachylonis albi ℥. iiij.
Croci dissoluti in aqua vitæ. ℥. ij.

Terebenthinæ ʒ. j.
Olei de spica nardi quantum sufficit.

Fiat emplastrum, applicetur super alutam calide.

I'ay appliqué plusieurs fois de la seule racine de *sigillum bcatæ Mariæ* en rouëlles sur toute la hanche, qui a sedé tost la douleur causée de matiere froide.

Autre.

♃. Ceræ citrinæ et terebenthinæ abietis ana ʒ. ij.
Fundantur simul in vase duplici : et vbi refrixerint, adde :
Pulueris hermodactylorum ʒ. ß.
Florum camomillæ, iridis Florentiæ ana ʒ. iij.
Spicæ nardi, florum thymi ana ʒ. ij.
Interioris cinnamomi electi et seminis nasturtij ana ʒ. ij.
Croci ℈. iiij.
Malaxentur simul manibus axungia porci vetere non salita vnctis, et fiat massa emplastri.

Et si par ces remedes on ne peut seder la douleur, alors faut venir aux plus forts, comme appliquer dessus grandes ventouses auec grande flamme pour attirer l'humeur du profond à la superficie : puis appliquer vesicatoires, à fin que l'on fasse vacuation manifeste de l'humeur contenue à la partie.

Exemple d'vn vesicatoire.

♃. Cantharidum, quibus detractæ sunt alæ ʒ. ij.
Staphidis agriæ ʒ. iij.
Sinapi ʒ. j. ß.
Fermenti acerrimi ʒ. ß.

Ces choses soient incorporées ensemble, et soit fait vesicatoire.

Autre.

Prenez l'interieur de l'escorce de viorne,

le poids de deux escus, et appliquez au dessous de la douleur.

Les vlceres faites par les vessies seront tenues longuement ouuertes, à fin de vacuer et tirer l'humeur conioint en la partie. Si la cuisse tombe en atrophie, on y procedera en la maniere qu'auons declaré, traitant des accidens des fractures et luxations.

Et si pour tous ces remedes le paure gouteux ne trouue allegement de son mal, il faut venir à l'extreme remedes par le commandement d'Hippocrates[1], qui dit, que ceux qui sont affligés de douleur diuturne en l'ischion, la cuisse se luxe, et deuiennent tabides, et clochent à perpetuité, si on ne les cauterise. Aussi Celse[2] commande qu'on vlcere la peau aux vieilles douleurs sciatiques en trois ou quatre lieux, auec cauteres : car toutes telles douleurs, quand elles sont enuieillies, à grande peine peuuent estre guaries sans brusleures : et on a veu plusieurs qui ont recouuert santé aprés l'application de cauteres. Parquoy pour seder l'extreme douleur, et prohiber les accidens predits, on appliquera trois ou quatre cauteres actuels ou potentiels autour de la iointure de l'ischion, les faisans profonder en la chair l'espaisseur d'vn doigt, (plus ou moins, selon que le malade sera gras ou maigre) se donnant garde de toucher les nerfs. Et pour bien faire, le chirurgien doit tenir les vlceres longuement ouuertes, à fin de donner issue à la matiere conioincte qui a esté de long tems retenue en la partie affectée, qui se fera par le moyen de petites boulettes d'or ou d'argent, gentiane, ou de cire

1 Hippocrates. *Aph.* 60. *liu.* 6. — A. P.
2 Celse *liu.* 4. — A. P.

fondue auec poudre de vitriol ou de mercure, ou d'autre matiere catheretique [1].

Or les cauteres profitent pareillement à cause qu'eschauffans la partie, aussi ils eschauffent et dissoluent les humeurs froids, et subtilient les gros et visqueux, et les attirent dehors pour estre euacués par les excremens que iettent les viceres : et aussi que les ligamens se resserrent par les cicatrices, et la partie affectée demeure puis aprés fortifiée [2].

Annotation au ieune chirurgien : c'est qu'il faut faire flechir et estendre la cuisse malade de celuy qui aura vne sciatique, de quelque cause que ce soit, de peur que le ligament cartilagineux qui lie les os ensemble ne s'enfle au dedans de la iointure, et que les os ne se conioignent ensemble, et se face vn anchilosis.

CHAPITRE XXIX.

DE LA GOVTE GRAMPE.

La goute grampe est vne espece de conuulsion, faite d'vne matiere flatulente, par le moyen de laquelle souuentesfois le col, les bras et iambes sont par vne grande force re-

[1] Voyez pour ces boulettes la note de la page 227.

[2] Le chapitre se terminait là en 1575 et en 1579 : l'annotation qui suit est une addition de 1585.

tirées, ou estendues, causant vne extreme douleur, non toutesfois de longue durée.

La cause d'vn tel mal est vne vapeur crasse et lente, qui est entre les membranes des muscles : qui vient plustost de nuit que de iour, à raison que la chaleur naturelle et esprits se retirent au centre du corps, qui fait que la matiere flatulente s'esleue et fait tension aux parties, où s'introduit la goute grampe. Aussi quelquesfois vient à ceux qui nagent en eau froide, qui les fait noyer, pour l'impotence qu'ils ont, ne pouuans nager, demeurans immobiles, parce que par la frigidité de l'eau le cuir est espaissi et retrait, et les pores clos, de sorte qu'il ne se peut faire euaporation de ladite matiere flatulente, mais au contraire elle s'augmente par l'eau froide. Ceux qui sont addonnés à yurongnerie, oisiueté et paresse, pour les crudités qu'ils amassent, sont le plus souuent espris de ceste maladie.

Pour la cure, faut tenir bon regime, et trauailler moderément, et roborer les parties où tel mal aduient, qui se fera par frictions longues, auec linges chauds et eau de vie en laquelle on aura infusé fueilles de sauge, rosmarin, thym, sariette, lauande, clous de girofles, gingembre, ou autres semblables discutiens et resolutifs. Et pour seder la douleur, lorsque la goute grampe occupe quelque partie, promptement elle sera appaisée par friction, ou par extension, ou flexion, ou par cheminer.

LE VINGT-DEVXIÉME LIVRE,

TRAITANT

DE LA PETITE VEROLLE, ROUGEOLLE,

ET VERS DES PETITS ENFANS, ET DE LA LEPRE [1].

CHAPITRE I.

DES CAVSES DE LA PETITE VEROLLE, ET ROVGEOLLE.

Pour ce que la petite verolle et rougeolle sont comme les postes, herauts, et messagers de la peste, pro-uenant aussi du vice de l'air, et de la corruption des humeurs : outre-plus qu'en la peste s'engendrent des vers à plusieurs, il m'a semblé bon d'en escrire icy quelque chose, à fin que par ce traité le ieune chirurgien soit plus amplement et parfaitement instruit en ceste maladie pestilente [2].

[1] Ce livre avait paru pour la première fois dans le *Traicté de la peste, petite verolle et rougeolle*, de 1568 ; l'histoire de la petite vérole, de la rougeole et des vers comprenait du chapitre 51 au 54 inclusivement, et l'histoire de la lèpre du 56 au 62 et dernier du livre. C'était donc comme un simple appendice au traité *de la Peste*; aussi l'auteur commençait en ces termes le premier chapitre :

« *Pource que nous auons auparauant declaré que la petite verolle et la rougeolle sont comme les postes*, etc. »

Et tout en retranchant quelques mots, l'auteur a encore laissé subsister dans le premier paragraphe du livre actuel des traces trop manifestes de la place qu'il lui avait primitivement donnée. C'est en 1575, dans la première édition des OEuvres complètes, que ce livre fut séparé de celui de la peste,

et placé avant lui, entre celui *de la grosse Verolle* et celui *des Morsures et Piqueures veneneuses*. Il se composait alors de 11 chapitres, qui en firent 12 en 1579 par la division du deuxième ; et deux autres ont été ajoutés en 1585. Je ne parle pas d'un long article sur *les vers*, placé en 1579 à la suite du troisième chapitre, et que j'ai renvoyé au livre des Monstres, d'où il avait été en partie tiré. J'ai d'ailleurs exposé dans mon introduction quelle avait été pour Paré l'occasion de ce livre, ou du moins de la première partie. Voyez tome Ier, page CCXXII.

[2] A la suite de ce premier paragraphe, on lisait dans les éditions de 1568 et 1575 :

« Et en ceste petite addition ie confesse auoir imité en plusieurs endroits ce que maistre Simon de Vallambert, homme prudemment versé aux bonnes lettres, Medecin de monseigneur le duc d'Alençon et de madame la

Donc pour commencer à la description de la petite verolle et rougeolle : ce sont petites pustules et taches qui apparoissent à la superficie du cuir, faites de sang impur et autres humeurs vicieux, iettés par la force de la vertu expulsiue. Les anciens tiennent qu'elles sont engendrées de quelque reste du sang menstruel, duquel l'enfant ayant esté nourri au ventre de la mere, en retient encore apres quelque portion et malignité : laquelle en grand chaud ou saison australe venant à s'exciter et boüillonner auec tout le reste de la masse sanguinaire, s'espand, et se monstre par l'habitude de tout le corps. Qu'il soit vray, on voit peu de personnes qui ne l'ayent vne fois en leur vie : et mesme elles peuuent venir aux grands ainsi qu'aux petits enfans, d'vne grande ferueur et ebullition de sang, et autres humeurs vicieux, et aussi par contagion de l'air pestiferé : dequoy l'experience iournelle nous fait foy.

Or la verolle differe de la rougeolle, ainsi que la bosse du charbon : d'autant que la verolle est faite de matiere plus crasse et visqueuse, sçauoir sanguine et pituiteuse, que la rougeolle, qui se fait d'vne matiere plus chaude et plus subtile [1], sçauoir bilieuse : parquoy la rougeolle ne laisse pour marque de soy sinon taches comme de pulces par tout le corps, autres fois rouges, autres fois verdes ou noi-

res : mais la verolle s'esleue en pustule pointue et blanchissante, argument de meslange de pituite auec sang. D'auantage, la verolle est plus esleuée en pointe : au contraire la rougeolle ne sort gueres hors du cuir, mais est plus large : toutesfois au commencement que l'vne et l'autre sortent, comme du premier, second, et tiers iour, il est difficile de les distinguer l'vne de l'autre, par ce qu'elles sont en leur commencement presque semblables : et depuis le second ou tiers ou quart iour, la verolle croist et se blanchit auant qu'elle vienne en crouste : au contraire, la rougeolle demeure rouge à la superficie du cuir, et ne croist point en tumeur. D'auantage la verolle pique et fait demangeaison, et la rougeolle ne pique et ne demange point : parce que l'humeur n'est pas si acre ny mordicant, ou par ce qu'estant plus subtil il s'exhale plus aisément. Les malades ont vne grande sternutation lors qu'elles veulent sortir, à cause que les vapeurs putrides montent des parties inferieures au cerueau. Outreplus ils ont fléure continue, auec douleur tres-grande au dos, prurit et demangeaison au nez, aussi douleur et pesanteur de teste auec vertigine, comme si tout tournoit, defaillance de cœur, nausée et vomissemens, mal de gorge, la voix enroüée, douleur de poitrine, courte haleine, auec grand battement de cœur. D'auantage, ils ont les yeux flamboyans, lassitude de tout le corps, vrines rouges et troubles, resueries : toutes lequelles choses, ou la plus grande part d'icelles, aduiennent au commencement de la verolle et rougeolle.

Quant au presage que l'on peut faire de ces deux maladies si sembla-

---

duchesse de Sauoye, a escrit en son liure de la maniere de nourrir et gouuerner les enfans, ce que ie croy qu'il ne trouuera pas mauuais, attendu que ie l'ay faict pour l'vtilité publique. »

Peut-être est-il à regretter, pour la probité scientifique de notre auteur, qu'il ait effacé ce modeste aveu à partir de l'édition de 1579.

[1] Le reste de cette phrase a été ajouté en 1575.

bles d'origine, on peut asseurément dire que en icelles il y a vne qualité tellement veneneuse et contagieuse, que mesme auec les humeurs et parties charneuses elles rongent et gastent les os, comme fait la grosse verolle : ce que ie n'ay pas veu seulement en l'année 1568[1], mais plusieurs autres fois par le discours de l'aage qu'il a pleu à Dieu me donner iusques à present.

Et pour vous en donner vn notable exemple, i'ay bien voulu descrire cestuy-cy (qui est l'vn des plus esmerueillables que l'on sçauroit voir) d'vne petite fille aagée de quatre à cinq ans, fille de Claude Piqué, relieur de liures du roy, demeurant rue Saint-Iacques à Paris, laquelle ayant esté malade de petite verolle enuiron vn mois , et Nature n'ayant peu surmonter la poison, luy suruindrent apostemes sur le sternon et aux iointures des espaules, dont la matiere virulente rongea et separa entierement tous les os du sternon, et les epiphyses des os adiutoires, auec bonne portion de la teste de l'omoplate : ce que n'ay veu seul, ains auec moy monsieur Myron, à present Conseiller, et premier Medecin du Roy, Docteur, Regent de la Faculté de Medecine de Paris [2], et Iean Doreau, chirurgien de M. le comte de Bryane : en la presence desquels i'ay veu et anatomisé la dite fille, en laquelle ay trouué ce que i'ay dit cy dessus.

[1] Edition de 1568 : ceste année 1568.

[2] Edition de 1568 : *Monsieur maistre Marc Myron, Medecin ordinaire du Roy et Docteur à Paris : maistre François Rasse des Neux, chirurgien audit lieu, et Jean Doreau, etc.* — Dans l'édition de 1575, monsieur Myron était déjà décoré de ses titres nouveaux, et *maistre des Neux* suiuait toujours. Le nom de ce dernier a été rayé du texte en 1579.

Rolin Marie, marchand lunetier demeurant pres le Palais, me fit apporter sa fille aagée de quatre ans deux mois, qui auoit eu tout le corps couuert de pustules de la petite verolle, ayant les os des bras et iambes apostumés, pourris et fracturés, accompagnée de fiéure ardente. Ie ne luy voulus aucunement toucher : le lendemain deceda [1].

On voit aussi à plusieurs grande portion de genoïues carieuses et pourries, auec grande feteur : telle corruption se fait de vapeurs putredineuses qui s'esleuent des parties interieures à la bouche : et meurent presque tous, quelque diligence qu'on leur sçache faire.

On voit d'auantage par la dissection des corps qui en sont morts, que lesdites maladies laissent le plus souuent vne merueilleuse intemperature aux parties du dedans, comme au foye, à la rate, et aux intestins, dont s'ensuit à plusieurs hydropisie, phthisie, enroüeure de voix, courte haleine, flux de ventre, auec vlceres aux intestins, et par consequent la mort [2], selon que ces pustules ont rauagé par ces parties interieures de mesme furie que l'on les voit asseoir sur la peau. Et quant aux parties externes, elles laissent non seulement deformité, principalement au visage, à cause des pustules et vlceres, qui passant la superficie du cuir ont profondé en la chair, desquelles sont demeurées des laides cicatrices : mais aussi quelquesfois elles gastent et font perdre le mouuement des

[1] Cette courte observation, de même que le paragraphe qui vient après, sont des additions de 1585.

[2] La phrase s'arrêtait là en 1568 ; elle a été complétée en 1575.

iointures, et principalement des coudes, poignets, genoux, et du pied. Aucuns en ont du tout perdu la veuë, ainsi qu'a fait le seigneur de Guimenay, et vne infinité d'autres : aussi quelques vns ont perdu l'oüye, autres le fleurer, par excroissance de chair suruenue aux conduits tant des oreilles que du nez, aprés les pustules sorties, comme elles font aussi en tous les endroits du corps, tant par dehors que par dedans (ainsi que nous auons demonstré par cy deuant) lesquels empeschent les conduits des oreilles et du nez. Bref, ie puis dire que toutes les apostemes qui aduiennent aux petits enfans ayans eu la verolle ou rougeolle, desquelles ils n'auront pas esté purgés à suffisance pour la decharge de nature, tiennent de la malignité et venenosité de l'humeur qui fait lesdites maladies, et partant sont fort malaisées à guarir. Et pour le dire en vn mot, la petite verolle et rougeolle n'estans pas bien purgées, causent d'aussi diuers et fascheux accidens que fait la grosse verolle [1].

CHAPITRE II.

DE LA CVRE DE LA PETITE VEROLLE ET ROVGEOLLE.

La cure d'icelles sera diuersifiée selon que l'humeur participera de la peste, ou n'aura aucune communication auec icelle. Car si elles sont pestilentes, et aux enfans qui encore tetent, on fera vser à la nourrice de choses qui contrarient au venin, comme nous dirons en la cure de l'enfant pestiferé, à fin d'empescher que le venin n'aille saisir le cœur. Et faut tenir l'enfant en chambre chaude, où le vent n'entre point, et l'enuelopper de drap d'escarlate [1], ou d'autre drap rouge, c'est à dire, en faire les custodes et couuerture de son lict, auquel on le fera tenir, le couurant mediocrement, iusques à ce que la verolle ou rougeolle soit sortie du tout. Aussi faut que la nourrice mange en ses potages, pourpié, laictue, vinette, cichorée, bourrache, et qu'on y mette vn noüet d'orge-mondé. Elle euitera du tout les viandes chaudes, comme saleures, pastisseries, espiceries, et le vin, s'il n'estoit bien trempé d'eau, de peur de rendre son sang trop chaud, qui eschaufferoit d'auantage celuy de l'enfant : parquoy en lieu d'iceluy, elle boira ptisane cuitte auec raisins et racine de vinette. Et faut qu'elle prenne les medicamens en lieu de l'enfant, comme si elle mesme auoit ceste maladie : et partant on luy ordonnera son regime et maniere de viure, et medecines qui soient en quantité conuenables et proportionnées à elle, et en qualité propres à l'enfant, à fin de rendre le laict medicamenteux : car il prend necessairement la vertu et nature de ce que la nourrice a pris, ainsi que nous auons prouué par cy deuant : et partant le laict d'icelle supplée au defaut des remedes qu'il deuroit prendre luy mesme par dedans : et pour le dire en vn mot, elle tiendra le regime qu'on

---

[1] Les éditions de 1568 et 1575 ajoutaient ici : *et mesmes aucunes fois la lepre.* Cela a été effacé en 1579.

[1] Gaddesden, au xive siècle, avait donné un conseil tout semblable pour le fils du roi d'Angleterre. Voyez mon Introduction, page LIII.

a accoustumé de tenir aux fléures pestilentes.

Il ne faut donner boüillie à l'enfant, ou on luy en donnera en bien petite quantité. Et s'il est sevré et ja grandelet, il n'vsera pareillement de chair, iusques à ce que la fléure soit passée et grandement diminuée, et que la verolle soit du tout sortie : mais il mangera orge mondé fort liquide, ou laict d'amandes, ou potage de poulets cuits auec les berbes susdites, panade, gelée, coulis, pruneaux et raisins de Damas.

Pour son boire, vsera de ptisane faite auec orge mondé, racines de dent de chien et de vinette, vn noüet des quatre semences froides, pruneaux et raisins de Damas, auec poudre d'yuoire et de corne de cerf : et auec icelle entre les repas on pourra mesler du syrop violat, et non rosat, ny autre astringent, de peur d'arrester l'humeur, et l'empescher de sortir hors.

Le dormir de l'enfant doit estre moderé et non trop profond. de peur de retirer les matieres au centre du corps et augmenter la chaleur de la fléure.

Il ne faut purger ny saigner (s'il n'y auoit grande plenitude, ou quelque complication de maladie, comme vne pleuresie, ophtbalmie, squinancie, et autres semblables) si ce n'est en la declinaison, ou bien le premier ou second iour au plus tard de la maladie, de peur d'interrompre le cours de nature : mais on se contentera de donner quelque clystere, ou boüillon de maulues, violettes de Mars, bourrache, ou ius de pruneaux, et raisins au matin. Et aux enfans plus grandelets, quelque bolus de casse, pour amollir le ventre, et aider Nature à ietter hors les humeurs

pourris et corrompus qui causent la verolle ou rougeolle : ce qui se fait volontiers au troisiéme ou quatriéme iour, plus ou moins, selon la disposition du corps et l'humeur preparé à sortir hors, ou selon l'air ambiens. Et alors faut prouoquer la sueur par remedes qui ouurent les pores, et subtilient les humeurs, et les facent sortir par sueur, de peur que la matiere virulente ne demeure au dedans du corps, et soit cause de la mort des malades.

Ce que i'ay veu depuis peu de temps en ça [1] auec maistre Richard Hubert, Chirurgien iuré à Paris, en deux filles, l'vne aagée de quatre ans, l'autre de dix-sept : ausquelles aprés leur mort auons trouué les parties interieures toutes couuertes de boutons crousteux, et tous semblables à ceux qui sont au dehors.

Or s'il aduenoit que le sang sortist par le nez, ne faut penser que la matiere de la petite verolle se puisse tousiours parfaitement euacuer par iceluy : car i'ay veu souuentesfois qu'au quatriéme ou cinquiéme iour suruenoit grand flux de sang par le nez aux malades, et toutesfois pour ceste vacuation la verolle ne laissoit à sortir en grande abondance, tellement que leur corps en estoit tout couuert. Et pour ce ne faut arrester ledit flux, s'il n'estoit trop impetueux, et qu'on conneust les forces abbatues, à quoy alors on procedera comme nous dirons [2].

Et pour retourner à la sueur, pour la prouoquer sera vtile la potion faite de decoction de figues seiches, lentil-

---

[1] Je rappelle que ceci est le texte de 1568.
[2] L'édition de 1568 portait : *comme nous auons dit au chap.* 28. Voyez ei-devant la note 1 de la page 256;

les escorcées, semence de citron, de fenoil, d'ache, persil, et les racines de reglisse, et leurs semblables, auec raisins de Damas et dactes.

Or que telles choses soient bien propres à faire sortir la verolle et rougeolle, il appert par ce que la decoction seule de figues prouoque grandement la sueur, aussi elle adoucit et absterge doucement. Les semences de fenoil et autres mentionnées, ouurent les pores pour donner issue aux humeurs : les lentilles empeschent que la gorge et autres parties internes ne soient esprises de boutons de la verolle, pour ce qu'elles ont vne astriction benigne, et seruent aussi pour engarder le flux de ventre : on les y met escorcées, par ce que l'escorce est trop astringente : les dactes y sont mises pour roborer l'estomach : la semence de citron, pour defendre le cœur : et la reglisse pour adoucir la gorge, et empescher l'enroüeure, ioint aussi qu'elle aide à prouoquer la sueur. Et de ces simples on fait des doses grandes ou petites, selon la qualité et force des malades, et la vehemence de la maladie et ses accidens.

La sueur sera prouoquée loing du repas, tant par choses interieures qu'exterieures. Et faut enuelopper l'enfant en vn linceul moüillé en la susdite decoction chaudement, et exprimé bien fort : ce qui se peut bien faire non seulement aux enfans, mais aussi aux grands. D'auantage la decoction de millet, figues et raisins auec sucre, prouoque la sueur : outre plus on peut appliquer aux parties exterieures vessies, ou esponges, ou cailloux chauds. Aussi est bon esuentiller le visage pendant que le malade sue, auec vn esuentoir, à fin de corroborer la chaleur naturelle,

et engarder que le malade ne tombe en defaillance de cœur par la chaleur et sueur : ce faisant la vertu est mieux conseruée, et par consequent les superfluités sortent mieux par les pores du cuir, et par le cracher et moucher. Pareillement on fera sentir au malade vinaigre et eau rose, auec vn peu de camphre et autres senteurs qui ont vertu de rafraischir : ce qui sert encore pour defendre le dedans du nez de la verolle.

CHAPITRE III.

QVELLES PARTIES FAVT PRESERVER DE LA VEROLLE [1].

Entre les parties du corps qui sont fort suiettes à estre gastées et perdues de ladite verolle, les yeux, le nez, la gorge, les poulmons et intestins y sont fort enclins, dont quelquesfois la mort s'ensuit : parquoy il y faut remedier [2].

Et premierement, pour subuenir aux yeux qu'ils ne soient gastés : au commencement on doit mettre autour des paupieres eau rose, verjus, auec vn peu de camphre, ou faire vne decoction de sumach, berberis, escorce de grenades, aloé auec vn peu de saffran. Le jus de grenades aigres est bon à ceste intention : aussi on peut mettre souuent dedans les yeux, des blancs d'œufs et eau de rose battus ensemble : pareillement du laict de femme et eau de rose autant d'vn que

---

[1] Ce chapitre était confondu avec le précédent dans les premières éditions ; il n'en a été séparé qu'en 1579.

[2] La première édition posthume ajoutait ici : *tant que possible sera*. J'ai cru devoir préférer le texte de toutes les éditions faites du vivant de l'auteur.

d'autre, et les renouueller souuent. Et pour le dire en vn mot, les choses froides et qui repoussent, sont bonnes : neantmoins si on voit les yeux fort tumefiés et rouges, il ne faut vser de simples repercussifs, mais ils seront meslés auec choses abstersiues, et qui ayent faculté de corroborer la veuë, comme l'eau d'euphrase, fenoil , et autres semblables. Et lors qu'il y a inflammation ou rougeur , il ne faut que le malade voye grande clarté ny choses rouges, de peur d'augmenter la douleur et inflammation. Et quand la verolle est en son estat, qui est son plus grand mal, et qu'il y a grande chaleur et rougeur aux yeux, adonc on doit vser de remedes desiccatifs et resolutifs doux et benins, et ayans vertu de roborer la veuë, comme sont aloé. tuthie, antimoine laués , eau de fenoil , d'euphrase et de roses.

Pour defendre le nez, on doit faire sentir au malade vinaigre et eau rose auec vn peu de camphre, ou verjus et vinaigre, et en moüiller souuent le nez auec vn mouchoir : et aux parties superieures on doit appliquer des remedes repercussifs cy dessus mentionnés.

Pour defendre la gorge, et que la respiration ne soit empeschée , on fera des gargarismes d'oxycrat ou de vin de grenades aigres, et en conuient mascher, et tenir des grains souuent en la bouche : ou des noüets faits de psyllium, de coings. et autres choses froides et astringentes.

Quant est des poulmons, pour les defendre et empescher la courte haleine , le malade vsera souuent de syrops de iuiubes, ou violat, ou rosat, ou de pauot blanc, ou de grenades, ou de nenuphar, et autres semblables.

Et quand la verolle et rougeolle sont du tout sorties dehors, il ne faut tant tenir la chambre close, ny si chaude comme on faisoit : ains alors quant à la verolle, la faut suppurer, puis l'ouurir, la desseicher, et faire tomber les croustes Mais la rougeolle ne se suppure point, on la fait resoudre et seicher seulement. On suppure la verolle auec beurre frais, ou auec vne fomentation faite de figues, racines de guymauue, oignons de lis, semence de lin, et leurs semblables. Et quand les grains de verolle sont meurs, on les doit couper auec ciseaux, où autrement ouurir auec vne aiguille d'or ou d'argent [1], de peur que la boué et sanie ne face erosion à la chair de dessous , et que puis aprés n'y demeurent des petites fossettes et cicatrices caues , qui est chose laide, principalement en la face. Or aprés qu'elles sont ouuertes, il les conuient desseicher , puis les faire tomber, qui se fera auec onguent rosat, auquel on adioustera ceruse, litharge, aloës subtilement puluerisé auec vn peu de saffran : ce qui non seulement desseiche, mais aussi aide nature à engendrer chair. Et pour ce on peut dissoudre de la farine d'orge et de lupins deslayées auec eau rose, et auec vn linge bien delié on en oint les parties malades. Aucuns les gressent de coënne de lard vn peu boüillie auec eau et vin, puis respandent dessus de la farine d'orge, ou de lupins, ou toutes les deux ensem e : les autres prennent du miel venant de la ruche, auec farine d'orge, et oignent les boutons pour les seicher et faire tomber : et quand ils sont du tout seichés, pour les auancer de se separer, ils mettent de l'huile rosat ou

[1] Ces mots : *ouurir auec vne aiguille d'or ou d'argent*, ont été intercalés ici en 1575.

violat, ou d'amandes douces tiede ou de la cresme.

Aprés que la verolle est sortie, il suruient vn grand prurit et demangeaison, et par se trop gratter quelquesfois aduiennent grandes escorcheures et vlceres, par ce que le gratter est cause de faire attraction à la partie, et y causer vlceres, dont les cicatrices sont puis aprés laides, et là face difforme : parquoy, si c'est vn enfant qui soit malade, il luy faudra lier les mains, et fomenter les lieux du prurit de la decoction de guymauues, orge, lupins et sel. Et quand le cuir est escorché, il y faut appliquer de l'onguent dit album Rhasis camphré, y adioustant vn peu d'aloës en poudre et de cinabre, ou de dessiccatif rouge, ou autres semblables remedes.

Que si la verolle s'est iettée aux yeux, nonobstant quelque defense qu'on ait peu faire, premierement il faut defendre la grande clarté et la veuë des choses rouges, et y appliquer collyres, les diuersifiant selon la diuersité des accidens. Et faut bien auoir esgard à la grande tumeur et inflammation qui y suruient quelquesfois : comme l'on voit à plusieurs enfans le mal estre si grand, qu'ils perdent la véuë, et mesme à aucuns les yeux se creuent et sortent du tout hors de la teste : à quoy le Chirurgien pouruoyra, et y remediera tant qu'il luy sera possible.

Pareillement s'il suruient des grains de verolle dedans le nez, qui deuiennent en croustes et vlceres, on y appliquera remedes propres, les y adaptant auec des tentes de linge ou de cotton.

Aussi le plus souuent en la bouche et au gosier y viennent escorchures, auec enroüeure de voix, et grande difficulté d'aualler les viandes : et pour y remedier, il la conuient gargariser auec eau d'orge et de plantain, ou de cerfeüil, ausquelles on dissoudra du syrop rosat et diamorum : aussi le malade tiendra souuent en la bouche sucre rosat, ou diatragacanth froid, ou pilules blanches, sucre candi, alphenic, et diaireos.

Et quant aux cicatrices ou marques qui demeurent au cuir, pour les oster il faut auoir esgard en quelle partie elles sont : car si c'est au visage, et qu'il y ait grande tuberosité, il les conuient couper auec ciseaux, ce que i'ay souuentesfois fait : aussi on y appliquera de l'onguent citrin recentement fait, ou de la pommade, ou ce liniment.

℞. Amyli triticei et amygdalarum excorticatarum ana з. j. ß.
Gummi tragacanthi з. ß.
Seminis melonum, fabarum siccarum excorticatarum, far. hord. ana з. iij.
Puluerisentur omnia subtiliter, deinde incorporentur cum aqua rosacea, et fiat linimentum.

Duquel en faut oindre la face auec vne plume, et le laisser toute la nuit : et le lendemain la lauer auec eau de son de froment. Le laict virginal y est pareillement propre. La gresse d'oye, ou de canard, ou de poulaille, est propre pour lenir et adoucir l'asperité du cuir, comme l'huile de lis. Le sang de lieure tout chaud, appliqué souuent, est souuerain pour remplir les cauités et faire le cuir egal, et corrige la noirceur qui demeure és cicatrices : pour cest effet aussi vne coënne de lard chaude est propre, frottant d'icelle la partie. Pareillement l'eau distillée de fleurs de féues et de racine de lis est singuliere pour effacer et polir les cicatrices : aussi l'eau distillée de racines de cannes et de coques d'œufs, et mesme l'huile d'œuf, et plusieurs autres remedes semblables.

CHAPITRE IV.

DES VERS QVI S'ENGENDRENT ÉS BOYAVX [1].

Les vers se font d'vne matiere grosse, visqueuse et crue, laquelle se corrompt en l'estomach, puis descend és intestins : et veu qu'elle n'est pas bien chylifiée, c'est à dire façonnée par la premiere concoction qui se fait en l'estomach, elle se pourrit du tout et pour sa viscosité, qui la fait adherer à iceux, ne la peuuent ietter hors le ventre, dont y estant retenue se putrefie d'auantage : de quoy sont produits et engendrés des vers par l'action de la chaleur, qui puis aprés viuent d'icelle : laquelle estant consumée, si on ne leur baille promptement vne autre matiere pour les nourrir et saouler, ils se pourmenent par les intestins, causans grandes douleurs aux malades, et montent quelquesfois iusques en l'estomach, et les iette l'on par la bouche, et aucunesfois passent par les trous du palais, et sortent par le nez, ce que i'ay veu plusieurs fois [2].

Il y a trois especes et differences de vers, à sçauoir, de ronds et longs, larges et longs, et de petits et gresles.

[1] Ce chapitre est toujours coté le quatrième dans toutes les grandes éditions à partir de celle de 1579 ; mais alors même il était séparé du précédent par un assez long article en partie emprunté au livre des *Monstres*, auquel nous l'avons en entier restitué. Voyez ci-devant page 33, note 2.

[2] Ces derniers mots : *ce que i'ay veu plusieurs fois*, n'ont été ajoutés que dans la première édition posthume.

Les premiers sont nommés des anciens *Teretes*, c'est à dire ronds en longueur. Les seconds sont dits *Teniæ*, parce qu'ils sont longs et larges en forme d'vne bande. Les tiers sont appelés *Ascarides*, pource que tels communément sont sautelans.

Il y a d'autres differences des vers prises des couleurs, comme rouges, blancs, noirs, gris, citrins, et quelques vns sont trouués cornus et velus, ayans la teste de la figure d'vn chabot. En aucuns malades s'en procrée grand nombre, qu'ils iettent tous les iours par le siege, et sont menus comme filets ou poils, et tels sont volontiers de couleur blanche : ce sont ceux que nous auons appelés Ascarides. La diuersité des couleurs se fait selon la cause des humeurs pourris [1], non pas que des vers les vns soient engendrés de cholere, autres de melancholie, autres de pituite, comme les Medecins grecs ont estimé : car la melancholie et cholere sont humeurs pour le regard de leurs qualités du tout ineptes à la generation des vers : mais parce que parmy la substance chyleuse ou pituiteuse dont ils sont engendrés, il y a quelque meslange des humeurs : de là vient la diuersité des couleurs és vers.

Or les longs et larges, ou plats, tiennent quelquesfois tout le long des intestins, et tels sont comme vne substance mucqueuse et glaireuse : et veritablement i'en ay veu vn qui sor-

[1] L'édition de 1568 ajoutait : *ainsi qu'auons dict du pourpre et des charbons*, et arrêtait là ce paragraphe. Celle de 1575 l'a complété ; mais bien qu'ayant changé la place du livre *de la Peste*, elle avait conservé, sans doute par inadvertance, cette indication devenue fausse. Elle a été rayée en 1579.

tit hors d'vne femme, et estoit semblable à vn serpent, de longueur de plus d'vne toise. Dequoy ne se faut esmerueiller, veu que les anciens escriuent en auoir veu de toute la longueur des intestins, qui est sept fois la longueur de nostre corps, parce que les boyaux de chacun homme ont telle longueur : et le sçay pour l'auoir veu, et monstré quelquesfois aux escoles de Medecine de ceste ville, faisant dissections anatomiques publiques.

D'auantage, Iean Wier, Medecin tres-docte du Duc de Cleues, escrit en son liure *de l'Imposture des diables*, qu'vn villageois ietta vn ver de huit pieds et vn doigt de long, lequel auoit la gueule presque semblable à vn bec de cane [1].

Monsieur Valeriola, Medecin d'Arles, au liure de ses *Obseruations*, discourant doctement sur les causes de la generation des vers, dit en auoir veu vn en la ville d'Arles ayant neuf pieds et plus de long [2].

Et tout ainsi que les vers sont differens les vns des autres, aussi il y a diuersité des lieux où ils se procréent : car les ronds et longs s'engendrent volontiers és intestins gresles, les autres aux gros, et principalement les petits vers capillaires, et iamais en l'estomach : car nul animal ne se fait en la concoction de la viande, mais seulement en la distribution és boyaux, aprés qu'elle a commencé à estre corrompue en l'estomach : esquels boyaux elle se corrompt et pour-

rit d'auantage, et de là naissent des vers. Quelquesfois ils s'engendrent dés que l'enfant est au ventre de la mere, à cause de la mauuaise nourriture qu'il prend d'elle [1], et aussi à cause qu'ils ne vuident lors rien par le fondement, dont aduient que de la retention de tels excremens s'engendrent vers, comme quelques-vns ont noté de la sentence d'Hippocrates au liure quatriéme *de morbis*, sur la fin. Et pour le dire en vn mot, ils s'engendrent en tous aages, et principalement aux crapuleux, goulus, et à ceux qui viuent de mauuaise nourriture, comme de fruicts crus, fromage et laictage.

Or pour connoistre en quels endroits du corps sont les vers, il faut entendre que lorsqu'ils sont aux intestins superieurs, les malades ont vne douleur d'estomach auec appetit canin et depraué, c'est à dire qu'ils desirent à manger diuerses viandes et grande quantité, parce que leur nourriture est consumée et mangée par les vers : et tombent souuent en defaillance de cœur, à raison du consentement et sympathie de l'orifice du ventricule et estomach qui a sentiment tres-exquis auec le cœur. D'auantage ils sentent vn prurit et demangeaison au nez, et ont l'haleine forte et puante, à cause de la corruption des viandes en l'estomach, dont les exhalations montent en haut, qui fait pareillement qu'ils sont fort assommeillés, et tressaillent en dormant. Outre-plus ils ont quasi tousiours vne petite fiéure lente, auec toux seiche, les yeux connillans, et souuent changement de couleur au visage.

On connoist les longs et larges quand

[1] Paré avait ajouté ici en 1579 une méchante figure d'*vn vers ayant la teste comme vne cane*. J'ai suivi les éditions primitives où la figure n'existe pas.
[2] Cette citation de Valeriola est une addition de 1575.

[1] La phrase finissait là en 1568 ; le reste a été ajouté en 1575.

on voit aux selles des excremens semblables à semences de melons ou cougourdes : les autres, sçauoir les ascarides, se connoissent par le prurit et demangeaison qu'ils font au siege, ainsi que morsures de fourmis[1] : par vn tenesme et descente du gros boyau.

La raison de tous ces symptomes est telle : le sommeil de ceux qui sont inquietés des vers est turbulent, lusques à crier en dormant, quand les vapeurs excitées par le remuement des vers et enuoyées au cerueau sont chaudes, subtiles et acres : comme au contraire le sommeil est profond lors que telles vapeurs sont froides et grossieres. Ils songent en dormant manger et aualler, ou bien grincent les dents, à cause que les vers lors deuorans le chylus enuoyé du ventre aux intestins, excitent semblable sentiment et imagination en eux lorsqu'ils dorment : ils ont vne toux seiche, par le consentement des parties qui sont dediées à la respiration, auec celles qu'on appelle naturelles : desquelles vapeurs putrides sont esleuées, qui venans à heurter contre le diaphragme, l'irritent à excretion comme pour ietter quelque chose nuisible : lesquelles venans à monter à l'orifice de l'estomach, partie fort sensible de nostre corps, excitent vn sanglot, ou syncope, selon qu'elles sont subtiles, grossieres, ou acres : et venans à s'esleuer vers la teste, excitent vne demangeaison de narines et esblouïssement à la veüe [2].

Ceux qui sont grands sont pires que

les petits. les rouges plus mauuais que les blancs, les vifs que les morts[1], et les bigarrés plus que ceux qui sont d'vne seule couleur, de tant qu'ils demonstrent plus grande pourriture. Et lors qu'il y en a grand nombre, ils demonstrent d'autant grande quantité de pourriture. Ceux qui sortent auec le sang signifient mal, parce qu'ils demonstrent que les intestins sont offensés d'erosion : car quelquesfois ils les rongent, de façon qu'ils sortent hors des intestins et se dispersent en plusieurs endroits du ventre, et sont cause de la mort des pauures malades [2]. Ainsi escrit Iacques Houlier, chapitre 51 des maladies internes, et Manard en ses Epistres liure 3, qu'on a veu quelquefois des vers sortir par les aines, s'estans eux-mesmes fait le chemin par erosion.

Quand les enfans ont des vers, et ne peuuent auoir leur haleine qu'à peine, et sont moites, c'est signe que la mort est à la porte. D'auantage au commencement des fieures aiguës, si les vers ronds et longs sortent en vie, c'est signe que la fieure est pestilente, demonstrant qu'ils ne peuuent endurer tel venin : et encores s'ils sont morts, ils donnent à connoistre d'auantage qu'il y a plus grande corruption et venenosité.

---

[1] Encore une phrase qui s'arrêtait là tout court en 1568, et qui a été complétée en 1575.

[2] Ce paragraphe tout entier date de 1575.

[1] La fin de cette phrase est de 1575.

[2] Là finissait le paragraphe dans l'édition primitive. La citation de Houllier se lit déjà en 1575; mais le nom de Manard n'y a été ajouté que dans la première édition posthume. Cette addition avait été faite avec si peu de soin, que le ch. 54, *Des maladies internes*, semblait se rapporter à Manard; j'ai restitué à chaque auteur ce qui lui appartient.

CHAPITRE V.

CVRE DES VERS.

Toute l'intention de la cure est faire sortir les vers vifs ou morts hors du corps [1] : de tant qu'ils sont de ce genre des choses qu'on dit estre du tout contre Nature.

Il faut euiter toutes viandes qui engendrent corruption , comme fruits crus, fromages, laictages, et le poisson , et generalement toutes choses de difficile digestion et de facile corruption. La boüillie est bonne aux enfans , à cause qu'ils ont besoin d'vne nourriture humide, de grosseur conforme au laict, non de trop difficile digestion : lesquelles conditions sont trouuées en la boüillie, pourueu que la farine de froment ne soit crue, mais cuite auparauant au four, à fin qu'elle ne soit tant visqueuse et grossiere, et aussi à fin que le laict ne cuise pas si longuement : parce qu'il faut que pour donner cuisson à la farine , le laict cuise semblablement longtemps , en quoy il perd sa bonté, parce que le cuisant beaucoup , sa substance aqueuse se consume par le feu et engendre gros sang, comme il se fait par la boüillie , lors que la farine n'est cuite auparauant : car il perd en ceste façon sa substance de maigue et de beurre, y restant seulement la fromageuse, grosse, visqueuse et de difficile digestion, et par consequent pesante, et faisant obstruction és premieres veines et au foye : qui souuentesfois cause qu'il s'engendre des vers à l'enfant, et des pierres et autres maunais accidens,

[1] La fin de cette phrase est de 1575.

pour n'estre ladite farine cuite et le laict trop cuit : par quoy ceux qui ont des enfans y prendront garde , si bon leur semble. Et ne sert de rien d'alleguer que par experience quotidiane on voit plusieurs enfans qui mangent boüillie sans que la farine soit cuite, se porter bien : car ie dis que cela se fait plustost d'aduenture ou de bonne nature, que de la bonté de ceste nourriture.

On doit donner souuent à manger aux malades de bonnes viandes , de peur que les vers ne piquent et rongent les intestins : et veu que de tels animaux sont souuent engendrés de pourriture , il faut purger le malade, et corriger icelle par remedes escrits cy aprés en la peste. Et pour les faire mourir et sortir promptement , le syrop de cichorée ou de limons , auec rheubarbe et vn peu de sucre, et theriaque ou mithridat , est vn singulier remede, pourueu qu'il n'eust fléure coniointe : ou en lieu de ce, on pourra vser de la medecine qui s'ensuit :

℞. Cornu cerul. pulue. ras. ebor. ana ℨ. j. ß.
   Seminis tanac. contra vermes ana ℨ. j.

Fiat decoctio pro parua dosi : in colatura infunde :
   Rhabarb. optimi ℨ. j.
   Cinnam. ℈. j.
   Dissolue syrupi de absinth. ℥. ß.

Fiat dos. detur mané trib. hor. ante pastum.

Outre-plus , l'huile d'oliue prise par la bouche fait mourir les vers, comme aussi l'eau de corrigiole [1] donnée à boire auec du laict : bref toutes choses ameres les tuent. Mais deuant que d'vser d'icelles, il faut donner vn clystere de laict auec miel et sucre, auquel on ne doit mettre huile ou

[1] *Corrigiole, c'est la renoüée.* — A. P.

graisse ny choses ameres , de peur de les renuoyer contremont, parce que les choses douces les attirent, et les ameres les repoussent. D'auantage, tu noteras qu'il faut tousiours donner et mesler choses douces auec les ameres, à fin que par la douceur les vers attirent ce qui les pourra faire mourir. Et partant faut donner l'espace de deux ou trois iours du laict sucré au malade, puis aprés y mesler choses ameres, comme semences de centaurée, aloës, rue, absinthe. et leurs semblables. Aussi la corne de cerf a grande vertu contre les vers : et en doit-on bailler tant à boire qu'à manger , à sçauoir la mettant en poudre et la faisant boüillir en eau , laquelle on donnera à boire au malade : aussi on en mettra cuire vn petit noüet auec la viande. Pareillement le theriaque donné à boire en boüillon tue les vers. Le pourpié est semblablement bon en potage ou en decoction et breuuage , et le faut faire boüillir en eau , et en faire boire aux petits enfans : et aux grands on le pourra donner auec du vin. Le semblable est de la cichorée et de la menthe. Aussi le *aïzoon minus* et les sebestes sont propres, en faisant vne decoction d'iceux , et en donnant à boire deuant le repas auec vn peu de sucre.

On donnera aux enfans à manger de la poudre de la semence contre les vers dedans leur boüillie , ou auec vne pomme bien cuite. D'auantage, on pourra faire suppositoires comme cestuy :

Prenez du coral qui tire sur le blanc , des racleures d'yuoire, de la corne de cerf bruslée, et d'iris, de chacun deux scrupules :
Du miel blanc, deux onces et demie :
Et de l'eau de corrigiole, autant qu'il en faut pour incorporer le tout ensemble, et faites suppositoires.

Dont on en appliquera tous les iours vn qui soit du poids de deux dragmes aux enfans, et plus pesant aux grands.

De tels suppositoires faut principalement vser lors que ceux desquels le malade est tourmenté sont du genre de ceux que l'on appelle Ascarides, parce qu'estans attachés et logés dans le boyau appelé droit, ils peuuent par tels remedes estre promptement tirés[1].

Quant aux petits enfans qui ne peuuent rien prendre par la bouche, il leur faut appliquer sur le nombril cataplasmes faits de poudre de cumin , incorporée auec fiel de bœuf et farine de lupins, absinthe , aurosne et tenasie , fueilles d'artichaut, rue , poudre de colocynthe , semence de citron , aloés , persicaria , mentastrum , fueilles de perfiguier , costamer , zedoaire. sauon mol. On applique telles choses non seulement sur le nombril, mais sur tout le ventre et sur l'estomach : toutesfois on y doit mesler des astringens , de peur de le trop relascher, comme sont huile de myrtiles, de coings, mastic, et autres semblables. Outre-plus, on leur peut appliquer sur le nombril vn gros oignon, lequel on creusera , et sera rempli d'aloës et theriaque, puis on le fera cuire sous la braise : et le tout chaud pisté auec amandes ameres et fiel de bœuf. D'auantage on leur pourra faire emplastres de choses ameres , comme cestuy :

Prenez du suc d'absinthe et du fiel de bœuf, de chacun deux onces, adioustant de la colocynthe huit dragmes : le tout soit broyé et meslé ensemble , et incorporé auec farine de lupins.

Et de ce soit fait emplastre, qui sera appliqué sur le nombril de l'enfant :

---

[1] Ce paragraphe a été ajouté en 1575.

ou on pourra faire onguens et linimens de semblables matieres pour leur frotter le ventre. Les pilules communes sont pareillement fort bonnes à en faire emplastres pour appliquer dessus le nombril. Et pour les faire encores plustost debusquer et sortir hors, faut oindre le siege du malade de miel et de sucre, parce qu'ils fuyent l'amertume et courent à la douceur : et partant sortent plustost du ventre.

Pareillement faut prendre des mesmes vers, et les faire seicher sur vne pelle de fer fort chaude, puis les puleriser et en donner à boire auec vin ou autre breuuage, et promptement mourront. Aussi le jus de citron en petite quantité donné à boire dans vne cuilliere auec huile d'amendes ameres, ou huile d'oliue [1].

D'abondant, on pourra faire bains contre les vers, comme le suiuant. Prenez de l'absinthe et noix de galle autant qu'il en faudra, faites boüillir le tout en eau, mettez l'enfant dans icelle, et le lauez chaudement. Finalement on peut baigner l'enfant dans de l'eau en laquelle on aura fait boüillir des fueilles de pescher et d'absinthe : ce qui est principalement propre contre les vers qui sont appellés Ascarides [2].

Or en toute ceste curation, faut auoir esgard que le mal des vers est souuent compliqué auec maladie plus grande et principale, comme auec

fiéure aiguë et ardente, auec flux de ventre, et semblables accidens : esquels cas si, pour exemple, vous donniez incontinent semen contra, ou theriaque vieille, myrrhe, ou aloës, vous augmenteriez l'ardeur de la fiéure et flux de ventre, d'autant que les choses ameres sont contraires à la guarison de ces deux accidens : comme au cas pareil, si ayant esgard au flux de ventre, par lequel les vers sont reiettés, vous ordonnez du corail, pourpié, farine de lentilles, vous rendez la fiéure plus difficile à guarir, de tant que toutes choses astringentes et seiches rendent la matiere de la fiéure plus contumace. Parquoy il faut estre diligent à considerer si la fiéure est dependante des vers, ou bien si elle est cause propre, comme estant fiéure premiere, propre, essentielle, et non symptomatique : et tousiours ordonner medicamens qui combattent la maladie principale. Autrement on peut choisir medicamens qui combatent l'vn et l'autre : comme laxatifs, et quelque peu amers en la fiéure et vers : amers, et quelque peu adstringens en vers ioints auec flux de ventre.

CHAPITRE VI.

DES POVX, MORPIONS ET CIRONS [1].

Ces trois sortes d'animaux sont engendrés de la grande multitude d'humeurs et humidités corrompues, faite d'vne portion crasse et visqueuse de la sueur, laquelle s'amasse et s'ar-

---

[1] Ce paragraphe est encore une addition de 1575.

[2] L'édition de 1568 termine ici ce qui a rapport à la variole et à la rougeole; elle ajoute : *Il nous faut maintenant escrire des incommoditez de la peste et du souuerain remede*; et passe au ch. 55, qui est le 51 du livre actuel *de la Peste.* La fin du chapitre a paru pour la première fois en 1575.

[1] Ce chapitre est d'une date beaucoup plus récente que les autres; il a été ajouté ici seulement en 1585.

reste aux meats des pores du vray cuir.

Des poux.

Les poux sont appelés en latin *pediculi*, pour la multitude de leurs pieds, et excitent vne maladie que les Latins appellent *Morbus pedicularis*. Ils naissent par tout le corps, principalement és lieux chauds et humides, comme sous les aiscelles, aux aines, à la teste, pour la multitude du poil : et voit-on communément qu'ils s'engendrent à l'entour du col, parce qu'il y a vne emonctoire accompagnée de plusieurs grands vaisseaux, par lesquels sortent plusieurs humidités superflues pour l'abondance des sueurs. Les petits enfans y sont fort suiets, à raison qu'ils crapulent et engendrent beaucoup d'excremens.

Il ne faut negliger ceste maladie : car plusieurs personnes en ont esté trauaillées et en ont perdu la vie, comme Herode, roy de Iudée, Sylla, dictateur de Rome, le poëte Alcman, Acastus, fils de Pelias, Pherecides, theologien, Callisthenes Olynthien, Mutius, iurisconsulte, Eunus, qui fut le premier qui suscita la guerre des serfs en la Sicile, et Antiochus. Ils se peuuent engendrer par toutes les parties de nostre corps, mesme dans la masse du sang, comme tesmoigne Pline en plusieurs lieux, au liu. 7, chap. 51. liu. 11. chap. 33.

La curation de ce mal consiste en trois points. Le premier est d'ordonner le regime de viure desiccatif, et euiter les viandes qui engendrent mauuais suc, et principalement les figues et chastaignes, et faut vser de viandes ameres. Le second de purger l'humeur, que le medecin verra estre de besoin. Le troisiéme est rarefier le corps par bains, auxquels entrera de la staphisagre, gentiane, aluine, rue, marrubium, et autres herbes ameres. Aprés le bain, on frottera le corps d'vn onguent fait d'axonge de porc, en laquelle l'on fera bouillir les herbes susdites : puis y sera meslé soulphre vif subtilement puluerisé, staphisagre, orpiment, aloës, et vif-argent, lequel est propre contre les poux, morpions et cirons : puis on reïterera les bains et lesdits remedes, tant qu'il sera besoin.

Des morpions.

Les morpions sont fort adherans à la peau, si bien qu'on ne les peut qu'à peine arracher. Par leurs morsures ils penetrent le cuir iusques dedans la chair, et mesmes aux paupieres des yeux, qui cause vn extreme prurit et demangeaison : et (comme escrit Celse, liure 6. chap. 6.) par la grande friction s'y fait defluxion, qui vient à gaster et corrompre la vue, tant est insupportable le dit prurit: comme i'ay veu d'vne femme qui se lauoit les yeux de bien fort vinaigre. Or ils sont engendrés d'vne matiere plus seiche que les poux, qui fait qu'ils sont aussi plus plats et moins nourris.

La cure sera semblable à celle des poux.

Des cirons.

Les cirons sont petits animaux tousiours cachés sous le cuir, sous lequel ils se trainent, rampent et le rongent petit à petit, excitans vne fascheuse demangeaison et gratelle. Ils sont faits d'vne matiere seiche, laquelle, par defaut de viscosité, est diuisée et separée, comme petits atomes viuans.

Les cirons se doiuent tirer auec espingles ou aiguilles : toutesfois il vaut mieux les tuer auec onguens et decoctions faites de choses ameres et salées. Le remede prompt est le vinaigre, dans lequel on aura fait boüillir du staphisagre et sel commun.

Autre. Prenez axonge et vif-argent, auec vn peu de sublimé et aloës, et soit fait onguent: lequel est excellent entre tous les remedes pour tuer les poux, cirons et morpions.

Autre liniment [1].

℞. Staphisagriæ tritæ ℥. ß.
  Aloës ʒ. ij,
  Aceti scillitici, et olei amygdalarum amararum ana ℥. ʃj.
  Olei fraxini, et succi genistæ ana ℥. ß.
Cum succo athanasiæ, fiat instar mellis pro litu partium affectarum.

L'eau marine auec le soulphre et du fiel de bœuf meslés ensemble y sont aussi fort singuliers. Le bon homme Guidon, traité 6. doct. 1. chapitre 3. promet qu'vne ceinture de laine portée sur la chair, frottée d'onguent vif argentin, tue entierement et fait mourir les poux, de quelque espece qu'ils soient, et en quelque partie que l'on l'applique.

CHAPITRE VII.

BRIEFVE DESCRIPTION DE LA LEPRE
OV LADRERIE [2].

Ceste maladie est appellée des Grecs *Elephantiasis*, parce que les malades

ont leur peau aspre, scabre, ridée et inegale, ainsi que les elephans : ce qui est dit aussi à cause de la grandeur de la maladie. Quelques chirurgiens [1] suiuans l'opinion des Arabes, luy ont attribué ce nom de Lepre (mais improprement, d'autant qu'il signifie vne espece de scabie, ou galle et vice du cuir, appellé du commun peuple, le *mal S. Main*) duquel nous vserons, et le retiendrons pour le present, comme estant fort commun et vsité.

Donc nous dirons premierement, que Lepre ou Ladrerie (selon Paulus Ægineta [2]) est vn chancre vniuersel de tout le corps. Auicenne l'appelle maladie vniuerselle, laquelle corrompt la complexion, forme ou figure des membres. Galien dit que c'est vne maladie tres-grande, prouenant de l'erreur de la vertu digestiue et sanguificatiue du foye, par lequel erreur et defaut la vertu assimilatiue de la chair est grandement deprauée et changée. Le mesme Galien, liure deuxiéme à *Glaucon*, definit ceste maladie : effusion de sang trouble et grossier, contenu és veines par tout le corps et habitude d'iceluy [3]. Outre, Lepre est dite maladie tres-grande, à cause qu'elle participe d'vn virus veneneux, corrompant les membres et la beauté du corps [4] : car qu'elle participe de venin, il est aisé à connoistre : c'est qu'il n'est pas necessaire que tous ceux qui en tout leur corps sont melancholiques, soient ladres.

---

[1] *Petrus de Argilata H. 3. Traité 2. ch. 2.* — A. P.

[2] Ce chapitre faisait le 56e de l'édition de 1568; il était le 5e de ce livre en 1575, le 6e en 1579, et est enfin devenu le 7e en 1585.

[1] Édition de 1568 : *Le vulgaire des Chirurgiens.*

[2] Paul Ægin, *li. 4. chap. 1.* — A. P.

[3] Cette deuxième citation de Galien a été ajoutée en 1575.

[4] La fin de cette phrase est aussi une addition de 1575.

Elle contient les trois genres de maladies : et premierement elle est de mauuaise complexion, à sçauoir, chaude et seiche au commencement, et enfin l'ebullition et ardeur passée et esuanoüie, froide et seiche, qui est la cause immediate de lepre confirmée. Elle est de mauuaise composition, pource qu'elle corrompt la forme et figure des membres. Aussi elle fait solution de continuité, qui est maladie commune.

CHAPITRE VIII.

DES CAVSES DE LEPRE.

Les causes de lepre sont trois, à sçauoir primitiue, antecedente et coniointe. La cause primitiue est double, à sçauoir celle qui est introduite au ventre de la mere, comme lors que quelqu'vn est engendré au temps des menstrues, ou qu'il a esté fait de la semence d'vn pere ou mere lepreux, et partant on la peut asseurément dire estre vne maladie hereditaire : car vn ladre engendre vn ladre, veu que la semence ou geniture prouient de toutes les parties du corps : partant les parties principales estans viciées, et la masse du sang alterée, corrompue et infectée, pour-ce il est necessaire que la semence le soit aussi, dont celuy qui est engendré est infecté. Pareillement ceste maladie peut venir d'autres causes, à sçauoir, pour faire sa demeure en lieux maritimes [1], où l'air estant coustumiere-

[1] Après cette première cause, l'édition de 1568 ajoutait directement : *ou pour communiquer et frequenter auec les ladres ;* les quinze lignes qui séparent aujourd'hui ces deux membres de phrase sont de 1575.

ment espais et nebuleux, rend par succession de temps telle toute l'habitude de nostre corps, selon le dire d'Hippocrates : *Que quel est l'air, tels sont les esprits, tels sont nos humeurs.* Ou pour l'habitude des lieux et pays trop chauds, dont nostre sang deuient aduste et bruslé : ou lieux trop froids, dont il deuient espais, tardif et congelé : ainsi voyons nous en quelque partie d'Allemagne beaucoup de ladres, et en Afrique et Espagne plus qu'au reste du monde, et en nostre Languedoc, Prouence et Guyenne, plus qu'au reste de la France. Ou pour communiquer et frequenter auec les ladres, et coucher auec eux, pour ce que leur sueur et exhalation des vapeurs qui sortent hors de leurs corps, sont veneneuses. Ainsi est de leur haleine, et de boire aux verres et autres vaisseaux ausquels ils auront beu : car de leur bouche ils y laissent vne saliue sanieuse contenue entre leurs genciues et contre les dents, laquelle est veneneuse en son espece, ainsi que la baue du chien enragé est en la sienne. Pour ceste cause, les magistrats leur enioignent ne boire qu'en leur baril : et à la mienne volonté que tous les ladres le fissent, à celle fin qu'ils n'eussent occasion d'infecter personne par ce moyen.

Or icy se peut esmouuoir vne question, à sçauoir, si vne femme peut auoir compagnie d'homme lepreux, sans qu'elle soit infectée. Ce qui est possible, si bien tost après ses mois coulent, d'autant que nature se purge et nettoye par tel flux : mais au contraire l'homme à tard et difficilement se peut sauuer qu'il ne soit lepreux, s'il a compagnie d'vne femme lepreuse, ou qui recentement ait habité auec vn lepreux, et qu'elle ait encor quelque portion de la matiere spermatique demeurée aux rugosités du col de sa matrice, pour ce que l'homme est apte et prompt à receuoir le virus ou venin lepreux, à cause que la verge virile est fort spongieuse et rare, au moyen dequoy reçoit facilement le virus esleué des vapeurs de la matiere spermatique, qui est communiquée aux esprits par les veines et arteres, et aux membres principaux, et de là en toute l'habitude du corps, ainsi qu'on voit communément que la grosse verolle se prend par tel acte.

Or les lepreux desirent grandement le coït, principalement lors que leur maladie est en son commencement et en estat, à cause qu'ils sentent grande chaleur estrange aux parties internes de leurs corps, et partant bruslent du desir de dame Venus : mais tel deduit leur est fort contraire, d'autant que par iceluy les esprits et chaleur naturelle se resoluent, dont la chaleur estrange est fort augmentée et les brusle d'auantage. Aussi ceste maladie peut aduenir pour auoir vsé de viandes trop salées, espicées et acres, grosses et crasses, comme chair de porc, d'asne, d'ours : aussi de pois, féues et autres legumes, laictages, poissons et semblables, tant alimens que medicamens, qui generalement engendrent sang cacochyme et melancholique, aduste et bruslé : aussi par trop crapuler, et boire de vins trop forts : pareillement grand trauail assiduel, soing et sollicitude, vie miserable et en perpetuelle crainte : lesquelles choses font vne intemperature chaude et seiche, qui engendre vn sang melancholique, feculent, aduste et bruslé par vne chaleur immoderée, lequel

de la masse sanguinaire venant à s'espandre aux parties exterieures, change toute l'habitude du corps, et depraue sa forme ou figure.

Autre cause de lepre peut estre assignée sur la retention des superfluités et excremens melancholiques, comme des hemorrhoïdes, flux menstruel, grosse et petite verolle, rougeolle, vieilles vlceres, fléures quartes, oppilation de ratelle, excessiue chaleur du foye. Or il faut icy entendre que la cause de lepre par la retention des superfluités se fait à cause que le sang corrompu n'est naturellement euacué, dont il regorge par tout le corps, et corrompt le sang qui doit nourrir tous les membres : parquoy la vertu assimilatiue ne peut bien assimiler, pour la corruption et vice du suc dont la lepre est causée.

Les causes antecedentes sont les humeurs preparés à se brusler et corrompre, et conuertir en melancholie, par vne chaleur aduste et du tout estrange à nature [1] : car és corps possedés de telle chaleur, les humeurs par adustion sont aisément tournés en *atrabilis* : laquelle par long temps venant à s'enuenimer et corrompre, donne commencement et essence à la ladrerie.

Les coniointes, sont les humeurs ja pourris et veneneux, ja espandus par l'habitude, qui alterent et corrompent tout le corps par vne intemperature froide et seiche, contraire au principe de vie, dont la mort s'en suit : car nostre vie consiste en chaleur et humidité naturelle.

[1] La fin de ce paragraphe a été ajoutée en 1575.

CHAPITRE IX.

DES SIGNES QVI MONSTRENT LA PREPARATION DE LEPRE.

Ceste maladie est conneuë par les signes et accidens qui s'ensuiuent : pource que chacune maladie a ses propres accidens qui la suiuent, comme l'ombre fait le corps. Et entre les signes, aucuns signifient la preparation, les autres l'effet, lequel a quatre temps, à sçauoir commencement, accroissement, estat, et declinaison.

Le commencement est quand le virus touche les membres interieurs, dont leurs actions sont diminuées et affoiblies.

L'accroissement, lors que le virus apparoist au dehors, et les signes et accidens se multiplient et accroissent.

L'estat est quand les membres commencent à s'vlcerer.

La declinaison est que la face est hideuse à regarder, et que les extremités des doigts tombent, et alors les signes sont populaires et conneus à vn chacun.

Or les signes qui demonstrent la preparation ou disposition à la lepre, sont, mutation de couleur naturelle en la face, comme goutte rose, saphyrs, cheute de poil, grande alteration tant de iour que de nuit, l'haleine forte et puante, et vlcerations à la bouche, mutation de voix, et vn grand desir de l'acte venerien.

CHAPITRE X.

SIGNES QVI MONSTRENT LA LEPRE ESTRE IA CONFIRMÉE [1].

Suiuant la doctrine des anciens, il faut examiner toute la teste, et principalement la face du malade, en laquelle apparoissent les propres signes et les plus veritables, pource que la face est molle et rare, et en icelle le cuir de ténue substance : au moyen dequoy l'humeur melancholique et aduste y est facilement conneu, faisant lesion à icelle plustost qu'aux autres parties exterieures.

Premierement donc faut regarder la teste, et sçauoir si les malades ont vne alopecie, c'est à dire, cheute de poil, assez semblable à celle à laquelle sont suiets naturellement les renards, et regeneration de cheucux gresles, courts et subtils : qui se fait, pource que l'action de nature en l'habitude des poils est corrompue par le defaut d'alimens propres, et partant il est necessaire qu'ils tombent. Adiouste que les humeurs et vapeurs enuoyées et suscitées des parties naturelles et inferieures d'vn ladre, en haut, sont si adustes, que de leur acrimonie ils rongent la racine des poils et aliment qui pourroit estre enuiron icelle, de sorte qu'iceux

[1] Ce chapitre est, comme le précédent, de 1568 ; mais il a été fort augmenté en 1575. Les additions portent sur la plupart des paragraphes, et on peut remarquer, en thèse générale, que presque tout ce qui est de description positive dans l'énumération des signes est de l'édition primitive, et que la plupart des explications sont de l'édition suivante. Je noterai d'ailleurs les principales.

ne peuuent aucunement subsister [1]: et à cause de l'imbecillité de la partie, ils y reuiennent plus deliés et gresles. Pareillement on leur arrachera des cheueux et de la barbe, et des sourcils, et verra-on si auecques leur racine on arrache quelque portion de chair : car telle chose ne se fait que par pourriture et corruption de suc alimentaire.

Pour le second signe, faut taster du doigt les sourcils et derriere les oreilles, sçauoir s'ils ont des tubercules granuleux, c'est à dire grains ronds et durs, à cause qu'en la lepre la vertu assimilatiue defaillant, fait que le nourrissement venant aux parties ne se peut assimiler entierement et parfaitement : parquoy arresté et comme conglobé en lieu estroit, comme derriere les oreilles, de sa propre crassitie et terrestrité, il demeure granuleux : laquelle chose appert et se monstre principalement au visage et aux parties desnuées de chair : et tel signe est fort certain.

D'auantage, ils ont les oreilles rondes, pour la consomption de leurs lobes et parties charneuses par defaut d'aliment suffisant, grosses, espaisses et tuberculeuses à cause de la crassitie et terrestrité de l'aliment qui afflue à la partie [2] : ce que nous mettrons pour le troisieme signe.

Pour le quatriéme, ils ont le front ridé comme vn lion, dont aucuns ont appellé ceste maladie *morbus leoninus*. Et telle siccité vient de toute l'habitude du corps : aussi voyons-nous l'escorce d'vn vieux chesne et

la face de nos vieilles gens estre toutes pleines de rides [1].

Le cinquiéme, ils ont le regard fixe et immobile, à cause que les muscles faisans le mouuement de l'œil, reseichés par faute d'humidité, qui les rend glissans et lubriques, sont moins prompts à se mouuoir. Et les yeux ronds : car les yeux de soy, et de leur propre substance, sont presque ronds. Or ce qui fait qu'ils apparoissent en nous plats par deuant, et tendans en pointe par derriere, vient de la concurrence et figure des muscles et graisse qui les enuironne. Parquoy iceux consommés par faute de nourriture, ou par l'acrimonie de l'humeur qui leur est enuoyé, ce n'est de merueille si, comme desnués de leur vestement, ils se montrent ronds. Pareillement ils ont les yeux rouges, enflammés et luisans comme ceux des chats, à cause de l'ardeur des esprits et humeurs acres et adustes : et vrayement le temperament des ladres est fort semblable à celuy du chat, sçauoir sec et melancholique, comme aussi les mœurs, en ce qu'ils sont malicieux comme eux [2].

Le sixiéme, ils ont les narines larges par dehors et estroites par dedans, à cause de l'aliment terrestre, grossier et melancholique, lequel poussé du dedans en l'extremité des narines, les esleue en tumeur par dehors : dont s'ensuit que pour l'espaisseur dudit humeur, leur cauité interieure se monstre moindre et comme bouschée. Icelles narines sont pareillement corrodées, crousteuses et vlcerées, dont

---

[1] Le commencement de cette phrase est une addition de 1575.

[2] L'édition de 1568 portait seulement : *ils ont les oreilles rondes, grosses, espaisses et tuberculeuses:* le reste est de 1575.

[1] Cette derniere phrase est encore de 1575.

[2] L'édition de 1568 portait simplement : « Le cinquiesme, ils ont le regard fixe et immobile, et les yeux ronds, rouges et enflammés comme chats. »

souuent en sort du sang : et le *septum
cartilaginosum* corrodé et consume :
et sont veus estre camus, d'autant que
toute la face est tumefiée , imbue et
enflée de mauuais suc [1], ce qui aussi
peut proceder de l'acrimonie de l'humeur qui corrode les os qui font l'eminence du nez , ou font contraction
d'iceux au dedans. dont pour la cauité apparente ils deuiennent camus.

Le septiéme, ils ont les léures fort
grosses, esleuées , et les genciues ordes, puantes et corrodées, à cause des
vapeurs acres : dont les dents sont descharnées.

Le huitiéme , ils ont la langue enflée et noire [2], pour mesme cause que
leurs narines : car comme l'air extremement chaud de l'Afrique, par resolution de la portion plus subtile,
espaissit les humeurs attirés en l'extremité des léures des hommes de ce
païs : ainsi la chaleur interieure des
ladres fait le semblable des humeurs
poussés au dehors vers ceste partie,
laquelle outre se monstre renuersée
à faute d'appuy, pour soustenir vn
tel faix d'humeurs. Ont dessus et dessous des tubercules , ou petites glan-
dulettes , ou grains, comme on voit
aux pourceaux ladres, et les veines
de dessous apparoissent grosses et variqueuses. La cause est que la langue
est vn corps spongieux : parquoy il
est aisément imbu des humeurs qui
regnent par tout le corps [3].

Et pour le dire en vn mot, ils ont

toute la face tumefiée et couperosée,
de couleur rouge obscure, liuide, et
les yeux flamboyans , hideux et espouuentables à regarder, comme sa-
tyres : laquelle chose procede de la
cachexie et mauuaise habitude de
tout le corps. Or la couleur du cuir
est vn signe tres-certain des humeurs
qui abondent et dominent aux corps :
partant veu que l'humeur melancholique qui cause la lepre est gros et
aduste , il s'ensuit que la couleur du
cuir, et principalement de la face, soit
liuide et plombine [1]. Ce qu'il faut entendre de ce qui apparoist le plus
souuent : car autrement la couleur
à quelques ladres tend sur le iaune,
à autres sur le blanc, selon qu'est
l'humeur qui en iceux regne. Car
ainsi la plus part des medecins font
trois especes de ladrerie : rouge ou
noirastre, faite de sang ou melancholie naturelle : iaunastre, faite de
cholere : blancheastre, faite de pituite : le tout bruslé et recuit par la
chaleur non naturelle.

9° Leur haleine est fort puante, et
generalement tous les excremens qui
sortent de leurs corps, sentans la sau-
uagine qui commence ja à se pourrir,
pour le venin conceu en leurs humeurs.

Le dixiéme, ils ont la voix enroüée,
et outre qu'ils parlent du nez : ce
qui aduient à cause que leurs poulmons, nerfs recurrens , et muscles du
larynx sont offensés et imbus de la
matiere virulente, et qu'ils ont la
cauité du nez bouchée : la trachée
artere, comme toutes les parties du
corps, fort desseichée, trop aspre et
inegale, ainsi que l'on voit aduenir à
ceux qui ont largement beu des vins

---

[1] Le reste de cette phrase manque en 1568,
de même que la fin de la phrase précédente,
à partir de ces mots : *à cause de l'aliment
terrestre*, etc.

[2] L'édition de 1568 portait : *Ils ont la langue enflee et noire, et ont dessus et dessous des
tubercules*, etc.

[3] Cette dernière phrase est encore une
addition de 1575.

[1] Le paragraphe finissait là en 1568 ; le
reste est de 1575.

trop chauds, forts et puissans : pour laquelle mesme cause ils ont grande difficulté de respirer, pour la seicheresse des muscles seruans à la respiration.

Le onziéme est qu'ils ont *morphea* et defedation vniuerselle de leur peau, et l'ont pareillement crespie comme une oye maigre deplumée, à sçauoir, aspre, aride et inegale, icelle se ridant et grillant par l'adustion et siccité interieure des humeurs, de mesme façon qu'vn cuir au feu ou au soleil. Aussi ont plusieurs dartres et vilaines galles, desquelles souuentesfois sortent des croustes, comme escailles de carpe, ou autres poissons, et ont aussi plusieurs glandules : lesquelles choses procedent à cause des humeurs alterés et corrompus, et principalement de la malice du gros sang melancholique et aduste, pour n'estre bien elabouré par l'œuure de la nature, et regi par la faculté nutritiue : et partant il se procrée vne chair crasse, scirrheuse, dure, aspre et inegale. Donc veu qu'en ceste maladie il y a grand erreur en la faculté nutritiue, et par consequent en l'assimilatiue, de là s'ensuit que l'aliment n'estant bien elabouré, ne peut estre changé ny assimilé. Et par tel defaut, il est necessaire que ces tubercules se facent en la chair, et qu'elle soit dure, et toute la peau aride, inegale et de mauuaise couleur, et vlcerée en plusieurs endroits, tant à cause de la crassitie et terrestrité que pour l'acrimonie d'iceux : et cestuy cy doit estre bien noté entre tous les signes.

Le douziéme, ils sentent par fois grande ardeur et ponctions par tout le corps, comme si on les piquoit d'aiguilles : qui se fait à cause d'vne vapeur maligne qui s'esleue des parties interieures, et est retenue sous la peau, et ne peut librement sortir, pour ce que le cuir est fait gros, dense, et espais, par l'adustion des humeurs pourris : partant la vertu expulsiue est continuellement stimulée à ietter hors les vapeurs acres et mordicantes.

Le treiziéme est qu'ils ont vne emaciation ou amaigrissement, et consomption des muscles qui sont entre le poulce et le doigt index, non point seulement pource que la faculté nutritiue a defaut d'alimens pour nourrir lesdits muscles (car tel defaut est general par tous les muscles du corps) mais pource qu'iceux, comme le tenar, ayans vne eminence manifeste, la depression et emaciation, comme chose estrange et inaccoustumée, est plustost remarquée en iceux. Et pour ceste raison ils ont les espaules protuberantes en forme d'ailes, à cause de la consomption et emaciation de la partie interieure du muscle trapeze.

Le quatorziéme, ils ont vne stupeur ou diminution de la faculté sensitiue, à cause que les nerfs sont remplis d'humeurs melancholiques gros et terrestres : qui fait que l'esprit animal ne peut reluire et estre porté par iceux aux parties qui en ont besoin, dont s'ensuit stupeur.

Veritablement ie me suis souuent trouué à l'espreuue des ladres, et entre tous les signes dignes d'estre bien notés, cestuy-cy m'estoit commun, c'est que les ayant piqués d'vne assez grosse et longue espingle au gros tendon qui s'attache au talon, qui est fort sensible par dessus les autres, et voyant qu'ils n'en sentoient rien, bien que i'eusse poussé l'aiguille fort auant, ie conclus que veritablement ils sont ladres. Or pourquoy ils perdent ainsi le sentiment, le mouuement leur demeurant entier, la cause est que les nerfs qui sont disseminés au cuir sont plus affectés, et ceux qui sont aux muscles ne le sont tant : et pource quand on les pique profondement ils sentent la piqueure, ce qu'ils ne font à la superficie du cuir.

Le quinziéme, ils n'ont point ou peu de sentiment en leurs extremités, et icelles tombent principalement en la declinaison, à cause que la faculté expultrice iette les humeurs pourris qui la molestent le plus loing qu'elle peut des parties nobles, dont vient que l'humeur melancholique estant de substance grosse, accompagnée du virus lepreux, oppille les nerfs. de façon que l'esprit sensitif ne peut penetrer et reluire iusqu'aux extremités, lesquelles sont loing de la chaleur naturelle : ioinct que depuis que l'vne des principales facultés manque en vne partie, les autres la desdaignent et n'y reluisent assez suffisamment, pour la sympathie qu'elles ont les vnes auec les autres : et par ainsi la partie tombe en totale mortification.

Le seiziéme, ils ont songes et idées en dormant fort espouuentables : car quelquesfois il leur est aduis qu'ils voyent des diables, serpens, et manoirs obscurs, sepulchres, corps morts et autres choses semblables, lesquelles impressions sont faites au sens commun à cause des vapeurs fuligineuses de l'humeur melancholique qui montent au cerueau : ainsi que nous voyons aussi aduenir à ceux qui estant mords de chiens enragés tombent en hydrophobie.

Pour le dixseptiéme, nous mettrons qu'ils sont quasi tous cauteleux, trompeurs, et furieux [1], sur le commencement et increment de leur maladie, à raison de l'adustion des humeurs, à laquelle d'auantage la siccité sert d'aiguillon : mais en l'estat et declinaison de la maladie, ils deuiennent cauteleux et trompeurs, et soupçonneux, à cause qu'ils sont deffians d'eux-mesmes, à raison de la melancholique qui, froide et seiche, les rend ineptes à executer toutes choses, soit de corps ou d'esprit : d'où vient que craignans toutes choses, voire les plus asseurées, ils taschent tousiours à paruenir et suppleer par malice ce qu'ils sçauent leur defaillir d'esprit et d'adresse : qui est la mesme cause pourquoy les vieilles gens, les malades et femmes sont sur tous suiets à tels vices. Ils desirent aussi grandement la compagnie des femmes, et principalement au temps de l'accroissement et estat de leur maladie, à raison de la chaleur estrange qui les brusle au-dedans : mais en la declinaison ils abhorrent tel deduit, parce que leur chaleur naturelle est presque exhalée et esteinte [1]. Cela peut aussi prouenir de la crassitie de leurs humeurs, lesquels outre que ils sont terrestres, sont d'auantage embroüillés d'vn esprit flatulent excité et proumené dedans la masse sanguinaire par la chaleur non naturelle.

Le dixhuitiéme, leur vrine est espaisse comme celle des iumens, et quelquesfois subtile pour l'angustie des vaisseaux par où passe l'vrine, par lesquels le plus subtile s'euacue [2] : icelle est aussi quelquefois blaffarde, et de couleur cendrée et fetide, comme tous leurs autres excremens.

Le dixneufiéme, ils ont le sang fort

---

[1] La phrase finit là en 1568; tout le reste est de 1575.

[1] La fin de ce paragraphe est de 1575.

[2] Ce membre de phrase : *et quelquefois subtile*, etc., est de 1575.

gros, aduste, et de couleur noirastre et plombine : et si on le laue, on le trouuera arenuleux en sa profondité pour la grande adustion.

Le vingtiéme est qu'ils ont le pouls fort debile et languide, à raison que le cœur et faculté pulsatile residente en iceluy, est tellement opprimée des vapeurs fuligineuses qui s'esleuent de leurs humeurs grossiers et melancholiques, qu'elle ne peut librement battre [1].

Or nous auons plusieurs autres signes de ladrerie, comme dureté de ventre, à raison de l'ardeur du foye : rots frequens, à cause de la frigidité de l'estomach causée de l'humeur melancholique qui regorge en iceluy : frequente sternutation, pour la plenitude du cerueau : mais entre tous cestuy leur est fort frequent : c'est que leur visage et tout leur cuir apparoist tousiours onctueux, à raison de l'ardeur et chaleur non naturelle qui dissout et liquefie toute la graisse qui est sous la peau, dont elle semble toute arrcusée. Ce qui se connoistra si on leur iette de l'eau nette sus la peau : car l'on verra icelle ne s'arrester en aucun lieu par faute de prise [2].

Or des signes susdits les vns sont vniuoques, c'est à dire qui demonstrent veritablement la lepre : les autres sont equiuoques ou communs, et suruenans à d'autres maladies qu'à icelle lepre, toutesfois seruent grandement à la connoistre. Et pour conclusion, si toutes ces choses là ou la plus part sont trouuées, elles demonstrent veritablement la ladrerie parfaite.

---

1 Cette explication est de 1575 ; l'édition primitive portait : *à raison que la chaleur naturelle est suffoquée par celle qui est estrange causee du virus lepreux.*

2 Ce paragraphe est entièrement de la date de 1575.

CHAPITRE XI.

DV PROGNOSTIC DE LEPRE.

La lepre est une maladie hereditaire [1], et contagieuse, quasi comme la peste, et du tout incurable, comme aussi souuent est la peste. Ceste contagion est si grande qu'elle vient aux enfans des enfans, et encore plus loing, de quoy l'experience fait foy. Or elle est incurable, parce que (comme nous auons dit) c'est vn chancre vniuersel de tout le corps : car si vn chancre qui est en vne seule partie d'iceluy ne reçoit aucune curation, comment se pourra guerir celuy qui occupe vniuersellement tout le corps? Aussi elle ne se peut guerir, parce que le mal est plus grand que remede aucun qu'on ait iusques à present peu trouuer et inuenter.

Outre-plus il faut estimer que, lors que les signes apparoissent au dehors, le commencement est long temps auparauant au dedans, à raison qu'elle se fait tousiours plustost aux parties interieures qu'exterieures : toutesfois aucuns ont la face belle, et le cuir poli et lissé, ne donnant aucun indice de lepre par dehors, comme sont les ladres blancs [2], appellés *Cachots, Cagots* et *Capots*, que l'on trouue en basse Bretagne et en Guyenne vers

---

1 L'édition de 1568 ajoutait ici entre parenthèses : *(comme nous auons par cydeuant declaré.)*

2 L'édition de 1568 portait :

« ...comme sont les ladres blancs, appelés cachos, que l'on trouue en basse Bretagne, et plusieurs autres lieux, qui m'est vne chose indicible. »

Le texte actuel et le reste du paragraphe sont de 1575.

Bordeaux, où ils les appellent *Gobets*, és visages desquels bien que peu ou point des signes sus allegués apparoissent, si est-ce que telle ardeur et chaleur estrange leur sort du corps, ce que par experience i'ay veu : quelquesfois l'vn d'iceux tenant en sa maison l'espace d'vne heure vne pomme fraische, icelle aprés apparoissoit aussi aride et ridée, que si elle eust esté l'espace de huit iours au soleil. Or tels ladres sont blancs et beaux, quasi comme le reste des hommes, à cause que leur ladrerie consiste en matiere pituiteuse, laquelle reseichée par adustion, est faite atrabilaire : si que retenant tousiours sa couleur blancheastre, apporte toutesfois tels inconueniens aux actions de ceux qu'elle possede, quels nous auons cy dessus mentionnés des vrais ladres et descouuerts.

D'auantage, on voit qu'en ceste maladie les trois vertus et facultés du corps sont corrompues et viciées : car premierement l'animale procedente du cerueau est alterée et changée : ce qui est conneu par les imaginations et songes terribles et espouuentables, et par la difficulté du sentiment et mouuement qu'ont les malades : la corruption de la vitale est aussi conneuë par la voix, et difficulté d'haleine, et puanteur d'icelle, et par le pouls tardif et depraué : le vice de la naturelle se connoist, par ce que le foye ne fait sa sanguification, et par les excremens de tout le corps procedans du foye : parquoy nous pouuons conclure que les trois membres principaux patissent en la lepre.

CHAPITRE XII.

DE FAIRE SEPARER LES LADRES DE LA CONVERSATION ET COMPAGNIE DES SAINS.

Or ayant conneu par les signes susdits que quelqu'vn sera espris de lepre ja confirmée, et considerant le danger qu'il y a de conuerser auec telles gens, les magistrats les doiuent faire separer et enuoyer hors de la compagnie des sains, d'autant que ce mal est contagieux quasi comme la peste, et que l'air ambiens ou enuironnant, lequel nous inspirons et attirons en nos corps, peut estre infecté de leur haleine, et de l'exhalation des excremens qui sortent de leurs vlceres : et l'homme sain conuersant auec eux l'attire, ce qu'ayant fait, il luy altere et infecte les esprits, et par consequent les humeurs, dont aprés les parties nobles sont saisies, qui cause la lepre. Et pour ceste occasion, il est bon et necessaire de les faire separer, comme i'ay dit : ce qui ne repugne point aux sainctes Ecritures. Car il est escrit que le Seigneur fit separer les lepreux hors de l'ost des enfans d'Israël. Aussi aux leuites est commandé le semblable [1] : et est ordonné pour les connoistre, qu'ils ayent les vestemens deschirés, et la teste nue, et soient couuerts d'vne barbute, et appellés sales et ords : mais auiourd'huy on leur baille des cliqueties et vn baril, à fin qu'ils soient conneus du peuple.

Neantmoins ie conseille que lors qu'on les voudra separer, on le face le plus doucement et amiablement

---

[1] *Nombre 5. — Leuit.* 13. — A. P.

qu'il sera possible, ayant memoire qu'ils sont semblables à nous : et où il plairoit à Dieu, nous serions touchés de semblable maladie, voire encor plus griefue. Et les faut admonester que combien qu'ils soient separés du monde, toutesfois ils sont aimés de Dieu en portant patiemment leur croix. Qu'il soit vray, Iesus Christ estant en ce monde a bien voulu communiquer et verser auec les lepreux, leur donnant santé corporelle et spirituelle : car il est escrit qu'vn lepreux s'inclina deuant Iesus Christ, disant : Seigneur, si tu veux tu me peux nettoyer : et Iesus estendant sa main le toucha, et luy dit : Ie le veux, sois net : et incontinent la lepre fut nettoyée. Outre plus est escrit que Iesus vne autre fois guerist dix ladres[1].

CHAPITRE XIII.

DE LA CVRE POVR CEVX QVI SONT PREPARÉS A LA LEPRE.

Il nous faut maintenant parler de la cure, toutesfois seulement pour ceux qui sont preparés à tomber en tel desastre et disposition : c'est qu'il leur conuient euiter toutes choses qui eschauffent et bruslent le sang, et generalement contrarier à toutes celles que nous auons dites cy dessus pouuoir procréer la lepre, et qu'ils vsent de viandes qui engendrent bon suc et aliment, lesquelles descrirons cy aprés au regime de la peste : et seront purgés, saignés, baignés, et

cornetés selon l'aduis d'vn docte Medecin, à fin de refrener l'intemperature du foye, et par consequent de tout le corps.

Valescus de Tarente[1] conseille qu'on leur oste les testicules, dequoy ie suis aussi d'aduis : car par l'incision et amputation d'iceux, l'homme est mué en temperature feminine, et par ainsi en complexion froide et humide, laquelle est contraire à la chaleur et seicheresse de la lepre : partant le foye est refroidi, et par consequent ne brusle les humeurs, qui sont cause premiere d'icelle maladie.

Or quant à la cure de la lepre confirmée, il n'y en a point, comme nous auons dit, encor qu'on donne des serpens à boire et à manger, et qu'on saigne, ventouse, cornete et baigne les malades, ou qu'on vse de plusieurs et diuers autres remedes Il est vray que par ce moyen on peut pallier et repousser l'humeur au dedans, à fin qu'ils ne soient conneus : ce que ie ne voudrois conseiller de faire, de peur qu'ils n'abusassent les femmes et eussent conuersation auec les sains : mais pour les faire viure plus longuement, ie leur conseilleray tousiours qu'ils se facent chastrer pour les raisons susdites, et aussi à fin qu'on en puisse perdre plus facilement la progeniture[2].

Maintenant nous parlerons sommairement de la lepre des Grecs.

---

[1] Mat. 6. — Luc. 5. — Marc. 1. — Luc. 17. — A. P.

[1] Dans toutes les éditions on lit *Valesien*, ce qui est une erreur. L'opinion citée et approuvée par Paré appartient bien en effet à Valescus.

[2] Ici se terminaient le chapitre et le livre dans les trois éditions de 1568, 1575 et 1579. Le chapitre suivant est de 1585.

CHAPITRE XIV.

DE LA LEPRE DES GRECS, DICTE DV VVLGAIRE MAL SAINCT MAIN, QVI EST VNE RONGNE.

Rongne est vne asperité du cuir, ou vne vlceration legere coniointe auec vn prurit, causée d'vne pituite nitreuse et sallée, et de melancholie qui se pourrit sous le cuir : et est tres-difficile à guarir.

Pour la curation, il faut estre purgé et saigné, euiter toutes viandes de haut goust qui enflamment le sang. On baignera le malade par diuerses fois, et l'on mettra dedans le bain choses remollientes : et au partir du bain tout le corps du malade sera frotté de beurre frais, à fin de faire tomber les croustes, et amollir l'asperité du cuir. En aprés on retournera au bain, et dans iceluy seront appliqués plusieurs cornets auec scarifications, pour euacuer le sang contenu entre cuir et chair. Et quelques iours aprés sera frotté le corps de l'onguent qui s'ensuit.

℞. Olei iuniperi ℥ . ij.
　　Olei nucum ℥ . j.
　　Olei tartari albi ℥ . j.
　　Vitrioli Romani, salis communis, sulphuris viui ana ℈. iij.
　　Terebent. lotæ in succo limonum ℥ . ij.
　　Lithargyri ℥ . ß.
　　Ceræ modicum.

Fiat vnguentum.

Or ce medicament sera de plus grande efficace, si on y adiouste deux onces de vif-argent, et deux dragmes de sublimé : et aura grande vertu, appliqué aprés le bain. Car le bain amollit et ouure les pores, et par consequent le fait penetrer plus fort.

Autre.

Prenez racines d'enula campana ℥ . iiij. cuites en fort vinaigre, puis pilées, et passées par l'estamine : adioustez :
Soulphre vif ℥ . ß.
Jus de limon ℥ . ij.
Beurre frais ℥ . iiij.

Et de ce soit fait onguent.

Si la rongne est rebelle à guarir, les parties malades seront frottées de l'onguent *Enulatum cum Mercurio.*

Autre.

Prenez axonge de porc ℥ . iiij.
Soulphre vif ℥ . j.
Sel subtilement puluerisé, terebenthine lauée, vne once et demie.

Et de ce soit fait onguent.

CHAPITRE XV.

DES DARTRES[1].

Les dartres sont asperités du cuir, comme petites enleueures auec grande demangeaison, qui iettent vne matiere sereuse.

Pour les remedes topiques, Hippocrates au liure *De morbis mulierum,* recommande le vinaigre où l'on aura fait tremper de la pierre-ponce, ou soulphre vif. Pareillement l'huile de fourment extraite sur vne enclume auec vne pelle toute rouge : et en frotter la dartre tant de fois que l'on connoistra estre guarie. L'eau de sublimé aura pareille vertu, ou l'eau forte qui aura serui aux orféures.

[1] Cet article *des Dartres* se lit déjà en 1585; mais il faisait suite au chapitre précédent, bien qu'en étant tout-à-fait distinct par son titre. C'est afin d'établir plus nettement cette distinction que j'en ai fait un chapitre séparé.

LE VINGT-TROISIÉME LIVRE,

TRAITANT

DES VENINS ET MORSVRE DES CHIENS ENRAGÉS,

ET AVTRES MORSVRES ET PIQVEVRES DE BESTES VENENEVSES[1].

CHAPITRE I.

POVRQVOY L'AVTHEVR A ESCRIT DES VENINS.

Cinq choses m'ont incité de colliger des anciens ce petit traité des venins : dont la premiere est, à fin d'instruire le ieune Chirurgien des remedes qu'il doit vser pour promptement suruenir aux affligés, attendant le secours du docte Medecin. La seconde, à fin qu'il puisse auoir vraye et exacte connoissance de ceux qui pourroient estre empoisonnés, pour fidelement en faire rapport à iustice, lors qu'il en sera requis. La troisiéme aussi, à fin que ceux qui sont

---

[1] Ce livre *des Venins*, que l'on pourrait s'étonner de voir parmi les OEuvres de Paré, s'y rattachait cependant dès l'origine par une connexion bien naturelle. Il avait paru pour la première fois dans la grande édition de 1575 sous ce titre :

LIVRE DES MORSVRES

des chiens enrages : ensemble des piqueures et morsures de certaines bestes venimeuses trouuees en ce pays de France.

C'était donc, d'après ce titre, un livre purement chirurgical, et comme le complément de son livre *des Playes d'harquebuses* (Voyez tome II, pages 189 et 193). On en jugera bien mieux encore par la table des 24 chapitres dont il était alors composé; j'indiquerai en même temps leur correspondance avec ceux du livre actuel.

residens aux champs, comme les nobles et peres de familles, ayans mes œuures, puissent secourir leurs pauures suiets, où ils seroient piqués ou mordus des bestes venimeuses, ou des chiens enragés, et autres bestes La quatriéme, à fin que chacun se puisse preseruer d'estre empoisonné, et suruenir aux accidens. La cinquiéme est

le desir que i'ay tousiours eu et auray toute ma vie , de seruir à Dieu et au public , auec protestation deuant Dieu de ne vouloir enseigner à malfaire, comme aucuns mal-vueillans me pourroient taxer : ains ie desirerois que les inuenteurs des poisons fussent auortés au ventre de leurs meres [1].

Ces six chapitres en font sept dans cette édition, placés dans le même ordre, du chap. 15 au chap. 22 inclusivement.

En 1579 , le livre changea de titre et de plan tout à la fois ; il comptait 48 chapitres, le double de l'édition précédente, et traitait de tous les poisons , animaux , végétaux et minéraux. Dès lors il devenait essentiellement médical, ce qui justifie la place que nous lui avons donnée.

En 1585, il s'augmenta bien autrement encore, et alla jusqu'à 65 chapitres en vertu de l'adjonction des seize chapitres du Discours de la licorne. Cet énorme appendice le fai-

sait manquer à son plan et à son titre ; il m'a paru convenable de m'en tenir à la distribution de 1579 , et de reproduire à part le Discours de la licorne, ce qui me permettra surtout de donner la curieuse préface de ce Discours, publié, comme il a été dit, en 1582.

Le premier livre devait beaucoup à Grévin, comme Paré en convenait lui-même (Voyez la note suivante). Le livre nouveau ne lui doit pas moins ; mais de plus Paré a emprunté un peu partout, et notamment il a pris un chapitre à Thierry de Héry.

Il convient d'ajouter qu'il avait fait graver sur bois, pour l'ornement de ce livre, les figures du serpent *coule-sang*, du *pourrisseur*, du *basilic* , de la *salamandre*, de la *torpille* , de la *tareronde*, du *liéure marin*, et enfin de l'*aconit.* Ces figures , assez médiocres , étaient tout au moins inutiles; je ne me suis pas fait scrupule de les supprimer.

[1] Dans l'édition de 1575 , Paré commençait aussi son premier chapitre en exposant, comme il le dit en marge, l'*intention de l'autheur*; voici ce passage, qu'il sera curieux de comparer avec le texte actuel :

« Il m'a semblé estre bon d'escrire sommairement au ieune Chirurgien de la morsure et piqueure des bestes venimeuses, et principalement de celles qui sont communes en ce païs, comme de chiens enragez, viperes, aspics, couleuures, crapaux, scorpions, araignes, chenilles, mousches à miel, freslons, guespes et tahons, à fin qu'il soit instruit à cognoistre la différence de la malignité qui est en leur venin, et par consequent il y puisse mieux approprier les remedes quand il en sera besoin. Lesquels remedes i'ay recueillis de plusieurs autheurs, et mesmes de Iaques Greuin , docteur regent en

Pour donc entrer en matiere, nous commencerons par la diuision des venins en general, puis nous poursuiurons vne chacune espece en particulier. Et dirons premierement, que venin ou poison est vne chose, laquelle estant entrée ou appliquée au corps humain, a la vertu de le combattre et vaincre, tout ainsi que le corps est victorieux de la nourriture qu'il prend iournellement : qui se fait par qualités manifestes, ou par proprietés occultes et secretes. Le conciliateur [1], au liure qu'il a fait *des Venins*, dit que tout venin pris dedans le corps, de toutes ses proprietés est du tout contraire à la viande de laquelle nous sommes nourris. Car comme la viande se conuertit en sang, et rend toutes les parties semblables aux membres, lesquels principalement elle nourrit, se mettant au lieu de ce qui continuellement s'escoule de nostre corps, se resout et consomme : aussi le venin tout au contraire transmue le corps et les membres qu'il touche en vne nature particuliere et venimeuse. Donc ne plus ny moins que tous animaux et tous fruits que la terre produit, se pouuans conuertir en aliment, si nous les mangeons, se tournent en nourriture : aussi à l'opposite les choses venimeuses prises dedans le corps, rendent tous les membres de nostre corps venimeux. Car comme tout agent est plus fort que le patient : aussi le venin par sa plus grande force

la faculté de medecine, qui en a escrit vn liure. »

Voyez ce que j'ai dit de Grévin dans mon Introduction, page cccxxxiii.

[1] *Le conciliateur*, Pierre de Abano, souvent désigné sous ce nom, et qu'on trouvera plusieurs fois cité dans le courant de ce livre.

surmonte notre substance, et la conuertit en sa nature venimeuse : par mesme raison que le feu par sa tresgrande chaleur conuertit soudainement la paille à soy et la consomme. Et pource les anciens grands inquisiteurs des choses naturelles ont dit, que le venin tue les hommes d'autant qu'il corrompt la temperature et complexion de leurs corps.

Or tous venins et poisons procedent de l'air corrompu ou des foudres et tonnerres et leurs esclairs : ou du naturel des bestes, plantes et mineraux : ou par artifice et sublimations des meschans, traistres, empoisonneurs et parfumeurs, desquelles choses se prennent les differences. Car tous venins ne font pas leurs effets d'vne mesme sorte, et ne procedent lesdits effets d'vne mesme cause : car aucuns operent par l'excés des qualités elementaires desquelles ils sont composés : autres operent par leur proprieté specifique ou secrete : dont aucuns tuent plustost, les autres plus tard [1]. Aussi tous venins ne cher-

[1] Le premier chapitre de l'édition de 1575 disait déjà quelque chose de semblable ; mais à la suite du passage reproduit dans la note de la page précédente, on lisait :

« Or toutes les bestes dessus dites sont plus ou moins veneneuses, selon la quantité ou qualité de la malignité de leur venin. Et pourtant il y a difference en la longueur ou brieueté du temps, auquel elles font leurs accidents. Outre plus faut entendre, qu'il y a diuersité és operations des venins artificiels, d'autant que aucuns agissent par vne qualité manifeste, comme chaleur, froidure, secheresse et humidité, autres par vne proprieté specifique, laquelle ne peut estre cogneue que par seule experience. »

Immédiatement aprés, il passait aux signes des venins chauds, froids, etc., que nous retrouverons au chapitre 5.

chent premierement le cœur pour luy nuire, mais nuisent à certains membres : comme l'on voit les cantharides qui offensent la vessie, la ciguë le cerueau, le liéure marin les poulmons, la torpille qui engourdit et stupefie les mains de ceux qui touchent seulement les rets où elle est prise Autres blessent autres parties, puis aprés le cœur : comme l'on voit les medecines qui confortent le cœur, comme le safran, autres le cerueau, comme le stecas, autres l'estomach, comme la canelle, autres autres parties. Il y a aussi des venins qui operent par qualités manifestes et par qualités specifiques tout ensemble, comme l'euphorbe, lequel iaçoit que par sa force venimeuse qu'il a de l'excés de sa chaleur, il infecte toutesfois aussi par son autre force, qui procede de sa vertu specifique : ce qui se connoist par le theriaque, la propre vertu duquel est de surmonter toutes poisons qui operent de leur vertu occulte, lequel est de tres-grand efficace contre l'euphorbe. Que si ledit euphorbe nuisoit de sa seule excessiue qualité, tant s'en faut que le theriaque qui est de soy fort chaud, luy fust contraire, que plustost il entretiendroit sa force et nuisance, ce qu'il ne fait.

Les venins qui operent par leur vertu specifique, ne le font pas parce qu'ils sont chauds, froids, secs, ou d'humidité excessiue : mais c'est parce qu'ils ont ce naturel particulier des influences celestes, contraires à la nature humaine. Pource tels venins pris en bien petite quantité sont neantmoins d'vne force si maligne et tant cruelle, que quelquesfois en vne heure ou moins ils tuent.

Les venins ne tuent pas seulement pris par la bouche, mais aussi appli-

qués exterieurement. Semblablement les bestes ne tuent pas seulement par leurs morsures ou piqueures ou esgratigneures : mais aussi par leur baue, regard, ou par le seul attouchement, ou par leur haleine, ou par manger et boire de leur sang, ou par leur cry et sifflement, ou par leurs excremens [1].

_____

CHAPITRE II.

QVESTION.

Comme se peut faire que le poison baillé en petite quantité, ou la piqueure d'vne beste venimeuse, monstre ses effets en si peu d'heures par toutes les actions du corps, tant animales que vitales et naturelles, fait enfler tout le corps comme vne beste que l'on veut escorcher qu'on aura soufflée? Et comment aussi se peut faire que la contre-poison puisse rabbattre vne telle vertu : attendu qu'il est impossible qu'vne petite portion de liqueur se transporte à tant de parties?

Galien dit que la substance du poison et contre-poison n'est point distribuée par le corps, mais seulement la qualité d'iceluy. Toutesfois les Philosophes tiennent que nulle qualité ne peut estre sans corps. Nous dirons que ces qualités sont tellement distribuées par tout le corps, qu'il n'est pas necessaire que la petite portion du poison soit partie en tant et tant de parts (car il seroit impossible) mais il faut entendre que quant-et-quant

_____

[1] Cette dernière phrase est textuellement répétée au chap. 9, sans en être plus vraie pour cela.

que ce peu de poison est entré dedans le corps, le venin gaigne et conuertit en sa propre substance ce qui de prime face luy vient au deuant, soit le sang qui est és veines et arteres, soit du phlegme dedans l'estomach, et autres humeurs, ou és boyaux, dont puis après s'aide à gaigner le reste du corps : ainsi qu'vn capitaine voulant liurer vne ville entre les mains d'vn ennemi, tasche d'attirer le plus d'hommes qu'il peut pour se seruir au iour donné Le poison doncques par ce moyen que i'ay dit, commence à s'espandre par les veines, arteres et nerfs, et ainsi se communique au foye, au cœur et au cerueau, mesme conuertit en sa nature tout le reste du corps. Et quant est de contre-poison, pour autant qu'il est pris en assez grande quantité, estant entré dedans l'estomach, où il s'eschauffe, il esleue des vapeurs lesquelles, esparses par tout le corps, combattent par leurs vertus la force du venin. C'est pourquoy le contre-poison pris en trop petite quantité ne peut vaincre le poison, à cause que les vapeurs ne sont suffisantes pour estre enuoyées en tant d'endroits, et partant il faut que le contre-poison soit plus fort que le poison, à fin de surmonter et vaincre le venin du poison.

CHAPITRE III.

AVTRE QVESTION.

A sçauoir, s'il est possible de donner des poisons qui facent mourir les hommes à certain temps prefix, comme d'vn mois, plus ou moins?

Theophraste dit, que neantmoins qu'il y a des venins qui tuent plustost, autres plus tard, toutesfois qu'il est impossible de pouuoir donner vn terme prefix, comme aucuns pensent. Car ce que les venins tuent ou plustost ou plus tard, il ne procede selon les Medecins de leur propre naturel et force, mais de ce que la nature de celuy qui l'aura pris resiste plus ou moins ausdits venins, ce que l'experience monstre : car il est certain qu'vn mesme venin d'vn mesme poids et mesme quantité, baillé à diuerses personnes de diuerses natures, tuera les vns dedans vne heure, les autres dedans quatre, autres dedans vn iour, et à d'aucuns ne portera grande nuisance. Ce qu'on experimente tous les iours aux medecines laxatiues : car si diuerses personnes prennent vne mesme medecine de mesme poids, quantité et qualité, en aucuns elle monstrera subit son effet, en aucuns tard : en aucuns fera bien petite operation, en d'autres tresgrande, és autres point du tout : en aucuns purgera sans fascherie, en autres auec grand trauail et douleur : ce qui ne procede d'autre cause que de la diuerse et dissemblable temperature des malades, laquelle ne se peut si parfaitement connoistre, qu'on puisse sçauoir iusques à quand la chaleur naturelle ait puissance de resister au venin. Il procede aussi de ce qu'aucuns ont les arteres larges ou fort serrées. Car le venin ayant trouué les chemins et conduits larges, non seulement il penetre legerement, mais aussi aisément il passe auec l'air, qui continuellement entre en nostre corps pour flabeller et refrigerer le cœur.

CHAPITRE IV.

A SÇAVOIR SI LES ANIMAVX VIVANS DES
BESTES VENIMEVSES, SONT VENI-
MEVX, ET SI ON EN PEVT MANGER SANS
DANGER[1].

Les canars, les cicoignes, les he-
rons, les paons, les cocqs d'Inde et
autres poullailles mangent et viuent
de crapaux, viperes, aspics, couleuures, scorpions, araignes, chenilles,
et autres bestes venimeuses. Sçauoir,
si tels animaux ayans mangé telles
bestes, puis mangés des hommes, les
peuuent infecter et empoisonner?

Mathiole dit, que tous les modernes qui ont escrit des venins tiennent
asseurément que tels animaux mangés ne peuuent aucunement nuire:
au contraire nourrissent le corps ne
plus ne moins que les autres qui n'auront mangé telles viandes venimeuses, parce que ces animaux conuertissent en leur nature leurs viandes
venimeuses. Laquelle raison et opinion, encore qu'elle aye grande apparence, que ce venin se digere et se
conuertisse en la substance de ces
animaux qui en viuent ordinairement: toutesfois ie croy qu'il ne s'ensuit pas que la chair faite de tel aliment venimeux, mangée des hommes, ne porte quelque nuisance, et
croy que si on en mangeoit souuent,
elle pourroit causer plusieurs maladies, et en fin la mort. I'ay pour tes-

moins Dioscoride et Galien, qui as-
seurent le laict, qui n'est autre chose
que le sang deux fois cuit, tiré des
bestes qui paissent la scamonée, l'ellebore ou le tithymal, estre merueilleusement laxatif, si on en boit[1].

Pareillement on voit, quand les Medecins veulent purger vn enfant estant encore à la mamelle, donnent
des medecines laxatiues aux nourrices, pour rendre leur laict medicamenteux et purgatif. Ce que i'ay veu
de recente memoire, qu'vne nourrice
malade, les Medecins luy ayans ordonné vne medecine laxatiue, et l'enfant l'ayant aprés tetée auoir le cours
de ventre, et estoit-on bien empesché
de l'arrester, et fut-on contraint luy
bailler vne autre nourrice, attendant
le temps que la medecine eust du tout
fait son operation[2].

---

[1] Ce paragraphe se présente assez diffé-
remment dans l'édition de 1575. D'abord
Paré ne citait pas Matthiole; il disait simplement: *aucuns tiennent qu'elles ne peuuent
aucunement nuire*; puis il ne mettait pas en
avant son opinion personnelle, et il se con-
tentait de dire: *Les autres tiennent le contraire.* Enfin il ajoutait, pour terminer le
paragraphe:

« ... En quoy on peut cognoistre, que les
plantes laxatiues et venimeuses ne perdent
leur vertu laxatiue, ny leur venin, encore
qu'elles soyent cuites, et bien digerées. Cela
se voit és griues, qui mangent et se repaissent de geneure: leur chair sent vn goust de
geneure, etc. »

Cet exemple, de même que ceux qu'il citait à la suite, se retrouvera un peu plus
loin dans le texte actuel.

[2] Ce paragraphe est de la rédaction nouvelle de 1579. Tout ce que l'ancienne édition portait à ce sujet consiste dans le passage que voici:

« Plus on voit pareillement, que le iour
qu'vne nourrice aura pris vne medecine
laxatiue, l'enfant tetant son laict subit, le

---

[1] Ce chapitre répond essentiellement au
chap. 4 de l'édition de 1575, mais la rédaction en a été presque entièrement refondue.
Toutefois, comme ces changements ne portent guère que sur la forme, je noterai seulement ceux qui affectent davantage le sens
et la doctrine.

D'auantage on voit les grïues ayans mangé de la graine de genéure, que leur chair s'en ressent. Aussi les poullailles ayans mangé de l'aluyne, leur chair est amere, et s'ils ont mangé des ails, le sentent semblablement. Les morües et autres poissons, ayans esté prins auec les ails, ils sentent si fort que plusieurs n'en peuuent manger : neantmoins qu'on les salle, fricasse, ou qu'on les face boüillir, retiennent tousiours l'odeur et saueur des ails. Aussi les connins ayans esté nourris de pouliot et de genéure, leur chair s'en ressent, retenant l'odeur et goust plaisant. Au contraire, s'ils sont nourris de choux et de sang de bœuf (comme on fait à Paris), difficilement on en peut manger, à cause qu'ils retiennent le goust de choux. Ie diray encore d'auantage, que les Medecins commandent de nourrir les chéures, vaches et asnesses d'herbes propres, quand ils veulent faire boire leur laict aux etiques, ou à d'autres malades [1] : ce que Galien [2] dit, qu'il n'ignore point que les chairs des animaux sont alterées et fumées par la viande et nourriture qu'ils prennent.

Or pour le dire en un mot, ie suis d'aduis qu'on ne mange de tels animaux qui auront deuoré les bestes venimeuses, si n'estoit long temps après, et que premierement le venin

ventre se laschera, voire quelquefois si fort, que l'on est contraint changer de nourrice pour allaicter l'enfant, de peur qu'il n'eust trop grand flux de ventre, qui luy pourroit nuire et le faire mourir, iusques à ce que son laict soit retourné en son naturel. »

[1] L'édition de 1575 disait : *pour bailler aux phtisiques, ou à autres malades qui en ont besoing* ; et la citation de Galien n'a été ajoutée qu'en 1579.

[2] *Liu. 2. des simples.* — A. P.

III.

n'eust esté labouré et digeré, et transmué en autre qualité par le benefice de la chaleur naturelle des animaux qui les auroient mangée [1] : car on voit des morts subites aduenir, dont la cause est inconneuë aux hommes, qui peut estre pour auoir mangé de telles bestes, dont l'vn peut eschapper, et l'autre mourir. Cela se fait pour la preparation et disposition des corps qui reçoiuent et repugnent au venin.

CHAPITRE V.

LES SIGNES DES VENINS EN GENERAL.

Nous dirons les signes des venins en general, puis nous poursuiurons vne chacune espece en particulier.

Nous connoissons vn homme estre

[1] Ce paragraphe était fort différent dans l'édition primitive ; on y lisait :

« D'abondant nous auons dit, que les anciens tiennent comme vne chose resoluë, que les bestes venimeuses, qui mangent les autres bestes venimeuses, que leurs morsures ou piqueures sont plus dangereuses, que de celles qui ne les mangent : aussi que la chair des bestes qui ont esté tuees par les bestes venimeuses ou enragees, ou ont esté frappees de fouldre, est venimeuse : tout ainsi que nous auons dit cy dessus d'vne nourrice ayant pris vne medecine laxatiue, pendant qu'elle opere, si elle donne à teter à son enfant, luy causera vn flux de ventre iusques à le faire mourir. Semblablement le chapon, le canard, ou autre volaille ayant mangé vn crapaut, ou vipere, ou autre beste venimeuse, peuuent donner detriment à ceux qui en mangeront, si premierement n'est bien digeree, alteree, et changee de sa nature par la chaleur et alteration d'icelle volaille : parquoy faut desister d'en manger. On voit souuent des morts subites aduenir, etc. »

empoisonné par quelque façon que ce soit, quand il se plaint d'une grande pesanteur de tout le corps, qui fait qu'il se desplaist en soy-mesme : quand de l'estomach il luy monte quelque goust horrible à la bouche, tout autre que les viandes communes ne font, quelques mauuaises qu'elles soient ; quand la couleur de la face se change, maintenant liuide, tantost citrine, et de toute autre couleur estrange et difforme : quand il sent nausée et volonté de vomir : quand il a inquietude de tout le corps, et qu'il luy semble que tout tourne sens dessus dessous.

Nous connoissons ledit venin prins agir de toute sa substance et proprieté occulte, quand sans apparence de grande et insigne chaleur, ou froideur, le malade tombe souuent en defaillance de cœur, auec vne sueur froide, à raison que tel venin n'a point pour obiect aucune certaine partie, contre laquelle de certaine affection et quasi comme par choix elle agisse, comme font les cantharides contre la vessie, et le lieure marin contre les poulmons. Mais comme ce venin agit de toute sa substance et forme secrete : ainsi à guerre ouuerte il oppugne la forme et essence de la vie, qui gist en la faculté vitale, qui est au cœur.

A present nous faut declarer particulierement les signes des venins qui operent par leurs qualités premieres et manifestes.

Les venins ou poisons qui operent par leurs qualités manifestes, causent leurs propres accidens, desquels ils monstrent leurs signes apparens. Car ceux qui ont vne chaleur excessiue, subit ils enflamment la langue et le gosier, l'estomach, les intestins, et generalement toutes les parties inte-rieures, auec grande alteration et inquietude, et sueur continuelle. Et si auec leur chaleur excessiue ils ont vne force corrosiue et putrefactiue, comme l'arsenic, le sublimé, reagal, verd de gris, l'orpiment, et autres semblables, ils causent en l'estomach et aux boyaux des ponctions intolerables et grandes ventosités, lesquelles on oit souuent bruire dedans le ventre, et ont vne soif intolerable. Aprés ces accidens suruiennent souuent vomissemens auec sueurs, tantost chaudes tantost froides, et defaillance de vertus, puis la mort [1].

---

[1] La sémélotique des venins chauds, froids, secs, et humides, avait déjà été donnée dans le premier chapitre de 1575, et ceux des venins chauds et froids dans le livre des *Playes d'harquebuses* de 1545. Ces descriptions ne sont pas contraires sans doute, mais elles sont assez différentes pour demander à être comparées. Nous avons donné ailleurs le texte de 1545, légèrement corrigé en 1564 (voyez tome II , page 193); voici maintenant le texte de 1575 :

« *Signes que le venin est chaud.*

« Cela est cogneu par les accidents qu'il cause, à sçauoir douleur mordante, corrosion, inflammation, fieure, grande alteration, delire, resolution de la chaleur naturelle, rougeur et tumeur aux yeux, auec grandes inquietudes : les patients ne peuuent dormir, et sont en perpetuelle sueur, qui vient par le combat et trauail de Nature, et ont le pouls fort frequent.

» *Signes que le venin est froid.*

» C'est qu'il cause vn sommeil profond, de sorte qu'à grande peine on peut reueiller les patiens : aussi ils ont horreur et tremblement de tout le corps, et ont l'entendement troublé, en sorte qu'on diroit qu'ils seroyent yures et fols : d'auantage ils ont tout le corps froid, et iettent vne sueur froide : aussi ont la couleur du visage liuide et plombine : et leurs vomissemens et era-

Les venins qui sont d'vne excessiue froideur causent aux malades vn sommeil profond, que souuent on ne les peut resueiller qu'à bien grande peine : aucunesfois ils eslourdissent le cerueau, que les malades sont contraints faire plusieurs mouuemens desordonnés, tant de la bouche que des yeux, et des bras et iambes, comme s'ils fussent yures ou insensés: d'abondant il leur suruient vne grande sueur froide, et ont la couleur du visage liuide et iaunastre, et fort hideuse à voir : et ont tout le corps stupide et endormi, et s'ils ne sont bien tost secourus, ils meurent. Lesquels venins sont comme ciguë, pauot, morelle, iusquiame, mandragore et autres semblables.

Les venins secs ont presque tousiours la chaleur pour compagne, auec vne certaine humidité : car neantmoins que l'on die que le soulphre soit chaud et sec, toutesfois il a vne humidité pour congreger sa forme, comme toutes autres choses composées requierent : mais on donne aux choses la qualité qui domine en elles. Les venins secs rendent la langue aride, et la gorge seiche, auec vne soif non extinguible, c'est à dire, qui ne se peut appaiser. Le ventre se resserre, et les autres parties interieures, ainsi que le parchemin fait deuant le feu. A ceste cause l'vrine ne sort qu'à grande difficulté, tous les membres deuiennent secs et retirés, et les malades ne peuuent dormir : lesquels venins sont comme litarge, ceruse, plastre, escaille d'airain, limeure de plomb, antimoine preparé, et autres semblables.

Les venins humides causent vn perpetuel sommeil, flux de ventre, auec relaschement de tous les nerfs et iointures : tellement que quelquesfois les yeux sortent hors de la teste. Il s'ensuit aussi souuent vne pourriture des mains, pieds, nez, oreilles, et vne soif extreme pour la chaleur qui prouient de la grande pourriture, puis la mort s'ensuit. Aucuns tiennent qu'il ne se trouue point de poison humide, parce qu'il est impossible de trouuer d'humidités iusques au quatriéme degré. Toutesfois le contraire se verifie par l'exemple de celuy qui dormant de nuict fut mordu d'vn serpent, ainsi que Gilbertus Anglicus recite : et mourant, son valet

chats sont fort visqueux, et leur sang se congele.

» *Signes des venins secs.*

» Les patiens ont vne aridité et seicheresse à la langue et au gosier, auec vne soif intolerable, parceque le venin se communique au corps par les veines, arteres, et nerfs : dont il aduient qu'il desseiche et consomme l'humidité substantifique, qui fait retirer le cuir et toutes les parties nerueuses, ainsi qu'on voit resserrer vn parchemin deuant le feu: au moyen de quoy il s'ensuit vne constipation de ventre, et aux conduits tant de l'vrine que de la sueur, et estans estoupez ne permettent que l'eau excessiuement beuë soit euacuee : dont il s'ensuit vne grande douleur par tout le corps, et en fin la mort.

« *Signes des venins humides.*

« Les malades ont vn continuel et profond sommeil, et quasi est impossible de les garder de dormir : aussi ils ont vn grand flux de ventre, auec vne lassitude et resolution, ou relaschement de tous les nerfs, mesme que les yeux sortent quelquesfois hors de la teste.

« Or voila les signes et indices vniuersels des venins qui operent par qualitez manifestes : lesquels si on voit qu'ils perseuerent et augmentent, quelque chose qu'on y puisse faire, il faut faire presage de la mort: aussi au contraire, s'ils diminuent, c'est signe de guarison. »

au matin le tirant par le bras le pensant resusciller, toute la chair dudit bras pourrie tomba, les os desnués de chair : ce qui ne peut estre aduenu que par l'excessiue humidité du venin qui estoit aux dents et baue du serpent. Aussi Hippocrates a bien dit[1], que la disposition de l'année estant pluuieuse et humide, suiette au vent de midy, il est aduenu par ceste humidité veneneuse et corrompue, qu'en aucuns la chair des bras et des iambes pourrie tomboit en pieces, et les os demeuroient nuds et desnués d'icelle : non seulement à d'aucuns la chair se trouuoit pourrie, mais aussi la propre substance des os. D'où on peut conclure qu'il y a des venins d'vne humidité si excessiue, qu'ils peuuent faire mourir les personnes par l'entiere putrefaction des membres : ce qu'on voit aduenir à la verolle, tant grosse que petite, et aux charbons et anthrax pestiferés.

Et quand tels et pareils signes paroissent, il sera facile les combattre par leurs contraires, encore que l'on ne connoisse le venin particulierement.

Il n'y a point de signes certains des venins qui operent par propriété specifique ou occulte[2], parce qu'ils ont ceste nature de l'influence du ciel, qui ne s'esmeut iamais à faire sa propre action, sans que l'obiect de son contraire se presente : et partant on ne les connoist que par experience, sans en pouuoir donner aucune raison, comme la torpille qui stupefie le bras de celuy qui la touche, le liéure marin qui gaste les poulmons, les cantharides qui blessent la vessie, la piqueure de la viue qui cause gangrene et autres accidens. Ce que nous dirons cy aprés.

CHAPITRE VI.

L'OPINION D'AVCVNS REPROVVÉE.

Ceux errent grandement, qui disent que le venin des bestes venimeuses est froid, parce que ceux qui en sont mordus, ou piqués, subit deuiennent froids, et que les serpens (comme craignans le froid quand l'hyuer s'approche) se cachent és cauernes sous terre, ou sous les pierres, qui est le naturel des viperes, où quelquesfois on les trouue si surprises de froid, qu'elles demeurent toutes amorties et immobiles, comme si elles estoient gelées. Or veritablement la froideur de ceux qui en sont mordus

---

[1] *Premier liu. des Temperamens.* — A. P.

[2] En 1552, Paré ne disait que quelques mots de ces venins; en 1575, il avait un paragraphe assez différent du texte actuel. On lisait ce passage après celui de la note de la page précédente.

« *Signes des venins qui operent par proprieté occulte.*

» Les signes que le venin opere par vne proprieté occulte, c'est-à-dire, qualité non manifeste, mais de toute leur substance, ne se peuuent bien descrire, pour la diuersité des accidens qui aduiennent : car tantost les malades ont froid, tantost chaud, en sorte qu'on voit grande diuersité des mouuemens de nature : aussi aucuns font mourir promptement, les autres lentement : qui se fait pour la diuersité du venin, dequoy on ne peut bien rendre raison. Les anciens ont nommé vne vertu occulte, ou cachée, celle de laquelle nous ne pouuons rendre les raisons naturelles, mais sont cogneues par la seule experience, laquelle ferme le pas à toutes les raisons, depuis que legitimement elle apparoist. »

ou piqués, ne procede pas de la froideur du venin : mais de ce que la chaleur naturelle se retire des parties exterieures aux interieures, pour secourir le cœur, et aussi qu'elle est surmontée et esteinte par le venin. Et ne faut conclure que tous serpens soient froids, parce qu'on les trouue en hyuer en leurs trous, tous comme immobiles, et comme morts : cela ne procede sinon que leur chaleur naturelle est retirée en leur ventre, pour resister à l'air ambiens qui est froid.

CHAPITRE VII.

POVR SE DONNER GARDE D'ESTRE EMPOISONNÉ.

La maniere de se donner garde d'estre empoisonné est fort difficile : car les meschans empoisonneurs et parfumeurs, qui secretement baillent les poisons, conduisent leur trahison et leur meschanceté si finement, qu'ils trompent les gens les plus experts et de meilleur iugement qu'on sçauroit trouuer. Car ils ostent l'amertume des venins, et les meslent auec choses douces : ainsi ils leur font perdre leur mauuaise odeur par la mixtion des choses odorantes et parfums. Aussi la poison donnée auec saulses appetissantes est fort dangereuse, d'autant qu'elle est auallée auidement, et plus difficilement vomie.

Et partant ceux qui craignent d'estre empoisonnés, comme souuent aduient aux prelats et beneficiers pour auoir leur despoüille, se doiuent garder de toutes viandes appareillées (par gens suspects) auec saulses qui sont fort douces ou fort salées, ou aigres, et generalement toutes celles qui sont de haut goust. Pareillement estans bien alterés, ne doiuent boire à grands traits, ne manger goulument : mais bien considerer le goust de ce qu'ils mangent et boiuent. D'auantage ils doiuent manger des choses qui rompent toute la force du venin deuant toutes viandes, et principalement vn boüillon gras fait de bonnes viandes. Semblablement doiuent prendre au matin vn peu de methridat ou theriaque, auec vn peu de conserue de roses, puis boire vn peu de bon vin ou maluoisie, ou des fueilles derue, auecques vne noix et figues seiches, qui est vn singulier remede.

Et où quelqu'vn auroit soupçon d'auoir pris quelque poison par la bouche, ne faut dormir en tel cas : car la force du venin est quelquesfois si grande et si forte ennemie de Nature, qu'elle execute son pouuoir, que souuent elle monstre tel effet en nos corps que fait le feu allumé en la paille seiche. Car souuent aduient que ceux qui sont empoisonnés, deuant que pouuoir auoir secours des Medecins et Chirurgiens, meurent. Dont subit il se doit faire vomir en prenant de l'huile et eau chaude : en lieu de l'huile on fera fondre du beurre, et le prendre auec eau chaude, ou decoction de graine de lin, ou fenugrec, ou quelque boüillon gras : car telles choses font ietter le venin hors par le vomissement : ioint qu'ils laschent le ventre, et par telles euacuations le venin est vuidé hors, et son acrimonie amortie. Ce qu'on voit par experience, que lors que nous voulons appliquer des cauteres potentiels ou vesicatoires, si la partie est ointe de choses huileuses, tels remedes acres ne pourront vlcerer la partie. D'auantage, le vomissement proûte, non seulement parce qu'il euacue le venin : mais aussi que souuent il manifeste, ou par l'odeur, ou par la couleur, ce qui aura esté prins : et ainsi par tel moyen on pourra auoir recours aux remedes contrarians au venin.

Aprés auoir vomi, si on a coniecture que la poison soit descendue aux boyaux, on pourra vser de clysteres acres, pour euacuer ce qui pourroit estre demeuré et attaché contre les intestins. Et où le malade ne pourroit vomir, il luy faut faire prendre des purgations propres, qui resistent aux venins, comme est l'agaric, l'aloés, la petite centaure, la rheubarbe, et autres choses ordonnées par le docte Medecin. L'on doit vser puis aprés de clysteres composés de casse, de boüillon gras, auec suif de mouton ou beurre, ou laict de vache, et mucilages de lin, et psillij, ou de coings, à fin que la poison n'adhere contre les boyaux, comme on a accoustumé donner aux dysenteries. Par leur onctuosité et visquosité, ils amortissent l'acrimonie du venin qui se peut adherer contre les boyaux, et defendent les parties saines qu'elles ne sentent la force du venin. Ils sont bons pareillement quand le venin a viceré les parties interieures. Pour ceste cause le laict beu en grande quantité, aprés le vomissement, et baillé par clysteres, est vn remede tres-singulier, parce qu'il rompt la force du venin, et souuent le guarit. Il faut icy noter, qu'on doit tousiours commencer à tirer le venin par la voye où il aura entré. Comme s'il a esté baillé par odeur, faut faire esternuer : si par le boire ou manger, par vomissement : si par le siege, par clysteres : si par le col de la matrice, par syringuer : si par morsures, ou

piquenres ou esgratigneures, par remedes qui l'attirent au dehors, comme nous dirons cy aprés

CHAPITRE VIII.

DES DIVERSIONS.

Les diuersions sont bonnes et necessaires, à cause que non seulement empeschent que le venin n'aille au cœur, mais au contraire elles l'attirent du dedans au dehors : et partant les ligatures fortes, faites aux bras, cuisses et iambes, sont bonnes. Aussi les grandes ventouses auec grande flambe, appliquées sur plusieurs parties du corps. Pareillement le bain d'eau chaude, auec des herbes contraires aux venins, comme l'aurosne, le calament, rue, betoine, moulaine blanche, marrubium, pouliot, laurier, le scordium, l'ache, scabieuse, menthe, valerienne, et autres semblables. Aussi les estuues seiches, et y faire suer longuement le malade, prenant tousiours indication de sa force et vertu.

Or si le patient est grand seigneur, en lieu de bains et estuues, il sera mis dedans le ventre d'vn bœuf ou d'vne vache, ou d'vn cheual ou mulet, à fin de le faire suer, et attirer par ce moyen le venin au dehors : et quand ils seront refroidis, il sera mis dedans vn autre, et fera-on toutes autres choses necessaires et requises en tel cas, et tout par le conseil du docte Medecin, s'il se peut trouuer.

CHAPITRE IX.

DES VENINS EN PARTICVLIER.

Aprés auoir discouru sommairement des choses vniuerselles des venins, maintenant il nous faut venir aux particulieres, commençans à l'air, puis aux morsures et piqueures et esgratigneures des bestes venimeuses, puis aux plantes et mineraux.

Les bestes venimeuses sont aspics, crapeaux, viperes, dragons, scorpions, liéures marins, pastenaques, viues, torpedes, araignées, cantharides, buprestes, chenilles de pin, sangsues, et infinité d'autres. Or lesdites bestes ne tuent pas seulement par leurs piqueures et morsures ou esgratigneures, mais aussi par leur baue, haleine, escume, regard, cry et sifflement, veuë, et par leurs autres excremens. Aussi celles qui sont mortes d'elles mesmes, ou pour peste, ou fouldre, ou rage.

Il y a aussi des venins artificiels, et si cruels, que si on en met sur vne selle de cheual, font mourir celuy qui aura esté quelque temps dessus : et autres, que si on en frotte les estriers, percent les bottes de ceux qui ont les pieds dedans[1] : desquels venins les Turcs et autres Barbares vsent souuent en leurs fleches et dards, pour faire mourir leurs ennemis, et les cerfs et autres bestes sauuages qui en sont frappées : qui est vne chose difficile à croire, veu que le venin appliqué à la selle et aux estriers n'a touché à la chair nue : toutesfois cela se peut faire : car pour toucher les rets où sera prins le poisson nommé *Torpede*,

[1] *Matthiolus — A. P.*

les mains demeurent stupides, et fait mourir l'homme, comme auons dit cy dessus. Ainsi le basilic par son seul regard et par son cry fait mourir les hommes, et tue toutes autres bestes venimeuses qui sont prés où il fait sa demeure. Ie diray. d'auantage que le meilleur vin est poison, parce qu'il oste le sens et entendement, et suffoque : et semblablement toutes autres bonnes viandes, lorsqu'on en prend en trop grande quantité.

CHAPITRE X.

DE LA CORRVPTION DE L'AIR.

L'air est venimeux et corrompu par certaines vapeurs meslées auec luy, comme par vne grande multitude de corps morts, non assez tost enseuelis en la terre, comme d'hommes et cheuaux, et autres faisans vne vapeur putredineuse : ce qui aduient souuent après vne grande bataille, ou après vn grand tremblement de terre : lequel sort dehors, qui auoit esté retenu par long temps aux entrailles de la terre, et par faute d'auoir esté esuenté, il a acquis vne pourriture, laquelle est dispersée en l'air, et la tirant en nos corps, il nous empoisonne : comme par vne seule inspiration d'vn pestiferé, on prend la peste. Il y a encores d'autres causes de la corruption de l'air, que nous dirons cy après au *liure de la peste.*

Il y a pareillement du venin en l'air, qui accompagne les tonnerres, fouldres et esclairs, lequel tue ceux qui en sont frappés, ou à grand peine en peuuent ils reschapper, qui se fait par vne certaine venenosité sulphurée, ce qu'on connoist aux corps qui en sont touchés. Et si les bestes mangent celles qu'il aura tuées, elles meurent et enragent. Et quant au feu du fouldre, il est plus chaud que nul autre feu, parquoy à bon droit il est appellé le feu des feux : à cause qu'il a vne chaleur tres-vehemente et plus subtile que l'air : ce qui se voit, qu'il fond le fer d'vne pique sans brusler le bois, ainsi fond l'or et l'argent dedans vne bourse sans l'endommager. Et partant il ne se faut esmerueiller s'il fracasse, brise et comminue les os à ceux qu'il touche. Aussi l'esclair esteint et suffoque la veuë à ceux qui le regardent. Le tonnerre par son grand bruit et tintamarre tue les enfans au ventre de leurs meres. Ce qui se proue par Herodian en la vie des Empereurs [1].

Sur Martia, noble dame Romaine,
Tomba du ciel de la fouldre soudaine :
Sans que son corps fut blessé et attaint,
Son enfant fut dedans son corps estaint.

Pareillement rend les hommes sourds, et fait plusieurs autres choses grandes et admirables, qu'il est impossible aux hommes d'en donner raison : et partant nous pouuons dire, qu'aux fouldres et tonnerres il y a quelque diuinité. Ce qui se peut prouuer par Dauid, psaume cent quatriéme, qui dit :

Et fouldre et feu fort prompts à ton seruice,
Sont les sergents de ta haulte Iustice.

L'air pareillement est enuenimé par parfums et odeurs, et par l'artifice des trahistres empoisonneurs et parfu-

[1] Cette citation vient du *Discours des venins*, imprimé en 1582 avec celui *de la Licorne*.

meurs, lequel nous conuient attirer pour la conseruation de nostre vie : car sans luy ne pouuons viure. Or nous l'attirons par l'attraction qui se fait des poumons et des parties pectorales dediées à la respiration, et par le nez és ventricules du cerueau : pareillement par la transpiration qui se fait és petits pores ou pertuis insensibles de tout le corps, et aussi des arteres espandues au cuir : ce qui se fait tant pour la generation de l'esprit de vie, que pour refraichir et fermenter nostre chaleur naturelle. A ceste cause, s'il est enuenimé, il altere nos esprits, et corrompt aussi les humeurs, et les conuertit en sa qualité venimeuse, et infecte toutes les parties nobles, et principalement le cœur : et alors il se fait vn combat entre le venin et Nature, laquelle, si elle est plus forte, par sa vertu expulsiue les chasse dehors par la sternutation et vomissemens, sueurs et flux de ventre, ou par autres manieres, comme par flux de sang ou par les vrines. Au contraire si le venin est plus fort, Nature demeure vaincue, et par consequent la mort s'ensuit, auec griefs et diuers accidens, selon la nature et qualité du venin.

Or le venin prins par l'odeur est merueilleusement subit, parce qu'il n'a que faire d'aucun humeur qui luy serue de conduite pour entrer en nostre corps, et agir en iceluy : car la vapeur estant subtile, est facilement portée auec l'air que nous attirons et expirons. Et si quelqu'vn me vouloit obiecter que par vne torche ou cassole on ne peut empoisonner, attendu que le feu purifie et consomme le venin, si aucun y en auoit : Response, neantmoins que le feu soit espris en vne allumette sulphurée, la flamme est tres-puante, sentant le soulphre : semblablement le feu estant espris au bois d'aloés ou genéure, ou en autre bonne senteur, ne laisse à sentir vne odeur plaisante et bonne.

Or si on veut voir l'experience, ie mettray sus le bureau le pape Clement, oncle de la royne mere du roy, qui fut empoisonné de la vapeur d'vne torche enuenimée. Mathiole sur ce propos parlant des venins, dit, qu'en la place de Senes il y auoit deux charlatans theriacleurs : l'vn des deux auoit empoisonné vn œillet, lequel il bailla à fleurer à son compagnon, et l'ayant senti, subit tomba en terre roide mort. D'auantage, vn quidam de recente memoire ayant odoré vne pomme de senteur enuenimée, subit le visage luy enfla, et eut vne grande vertigine, de façon qu'il luy sembloit que tout tournast sensdessus-dessous, et perdit pour quelque temps la parole et toute counoissance : et n'eust esté qu'il fut promptement secouru par sternutatoires et autres choses, il fust allé auec le pape Clément.

Le vray alexitere de ces parfums enuenimés, c'est de non iamais les odorer, et fuir tels parfumeurs comme la peste, et les chasser hors du royaume de France, et les enuoyer auec les Turcs et infideles.

CHAPITRE XI.

PROGNOSTIC DES VENINS EN GENERAL [1].

Il y a plusieurs sortes de venins, aussi ils ont diuersités d'accidens : car

[1] Le premier chapitre de 1575 se terminait par un paragraphe intitulé : *Du pro-*

il est impossible que tous accidens qui suruiennent aux poisons suiuent à vn certain poison : car autrement c'eust esté chose superflue aux autheurs de traiter chacun poison à part, et des remedes particuliers de chacun. Donc on ne trouuera point qu'vn seul et mesme venin cause vne excessiue chaleur d'estomach, de ventre, de foye, vessie, reins, qu'il face venir le hocquet, qu'il face trembler et frissonner tout le corps, qu'il oste la parolle, qu'il face conuulsion : qui rende le pouls languide, qui empesche la respiration, qui rende la personne toute endormie et assoupie, qui cause vertigine ou tournement de teste, qui esblouïsse la veuë, qui estrangle, qui altere, qui face flux de sang, qui cause la fiéure, qui retienne l'vrine, qui prouoque continuel vomissement, qui face rougir le malade, qui le rende liuide, palle, insensé, qui le face ronfler et peter, perdre toute force, et plusieurs autres accidens que les venins particulierement font.

gnostic. Le texte en est presque entièrement différent du chapitre actuel ; le lecteur sera à même d'en juger.

« *Du prognostic.*

» Les venins chauds tuent plustost que les froids, pource que la chaleur naturelle les reduit plus promptement de puissance à leur effect, qu'elle ne fait les froids : et partant les accidens sont plus grands ou moindres, selon la force et vehemence du venin, et la nature de la partie : toutesfois le propre de tous venins en general est d'assaillir le cœur comme principe de vie. Voila ce qu'il me semble en somme de l'action des venins artificiels : maintenant il nous conuient parler du venin naturel des bestes trouuees en ce pays de France. »

Ici donc finissait le chapitre 1er ; le chapitre 2 répond comme il a été dit au chapitre actuel.

Et quand ces accidens suruiennent aux empoisonnés, il est difficile de bien connoistre quel est le venin qu'on aura pris. Il est vray que les venins chauds tuent plustost que les froids, parce que la chaleur naturelle les reduit plus promptement de puissance à leur effect qu'elle ne fait les froids[1].

Galien dit qu'il se peut engendrer en nos corps vne substance approchant du venin[2]. Ie dis que tel venin est bien difficile estre conneu.

CHAPITRE XII.

PROGNOSTIC DV VENIN DES BESTES[3].

Cornelius Celsus, et tous les anciens medecins tiennent que toutes morsures et esgratigneures, piqueures et baue des animaux, participent de quelque mauuaise qualité, toutesfois les vnes plus et les autres moins. Les plus sont celles qui sont faites de bestes venimeuses, comme d'aspics, viperes, couleuures et autres serpens, basilic, dragon, crapaux, chien enragé, scorpion, araignes, mousches à miel, guespes, et vne infinité d'autres. Les moins venimeuses sont celles qui sont faites d'autres animaux non venimeux, comme le cheual, le singe, le chat, le chien non enragé, et plusieurs autres : lesquels, encores qu'ils ne soyent venimeux, leurs morsures sont toutesfois plus douloureuses et difficiles à guarir que

les playes ordinaires faites d'autres causes : ce qui aduient parce qu'ils ont en leur saliue ou baue quelque chose contraire à nostre nature, laquelle induit vne mauuaise qualité en l'vlcere, la rendant plus douloureuse et rebelle aux remedes : ce que non seulement nous apperceuons en telles morsures, mais aussi aux esgratigneures des bestes qui ont des ongles, comme les lions, les chats, et autres.

Aucuns ne veulent excepter de ceste condition de morsure celle des hommes, affermans icelle participer de quelque venenosité, et principalement des rousseaux piquotés de marques tannées, noires et autre couleur, qu'ils ont partout leur corps, et encores plus s'ils sont en colere. Quant à ceux qui ne sont de tel temperament, on peut tenir leur morsure n'estre participante d'aucune venenosité à raison de leur saliue, laquelle on voit par experience estant appliquée és petites vlceres, les guarir. Parquoy la difficulté qui vient de guarir la morsure qu'aura fait vn homme non roux, vient à raison de la meurtrisseure qui se fait au moyen des dents, qui sont mouces et non trenchantes, lesquelles ne peuuent entrer dedans la chair sinon en escachant et contusant, comme se font les coups orbes et les playes faites auec des pierres ou bastons, ou autres semblables, lesquelles on voit estre plus difficiles à guarir que celles qui sont faites auec glaiues trenchans.

Et pour retourner à nostre propos, nous dirons qu'entre les bestes que nous auons dit estre les plus venimeuses, il s'en trouue peu qui soyent de tardiue operation : mais elles font communément mourir soudainement ceux qui en sont merds ou piqués.

---

[1] Le chapitre se terminait ici en 1579; le reste a été ajouté en 1585.

[2] *Liure des lieux affectés,* c. 5. — A. P.

[3] Ce chapitre est presque littéralement le même que le chapitre 2 du livre de 1575, qui portait pour titre : *Du venin naturel.*

Sur quoy faut obseruer que les venins iettés par les animaux vifs sont plus forts et violents que de ceux qui sont morts, d'autant plus qu'ils ont vne chaleur naturelle qui leur sert de vehicule pour les conduire au corps. Aussi outre ce, la tenuité de la substance fait que le venin en est plus hastif.

D'auantage, il y a des bestes qui ont le venin si dangereux, qu'il fait mourir vne personne en moins d'vne heure, comme sont les aspics, basilic, et crapaux. Les autres n'ont leur venin si furieux, donnans induces deux ou trois iours, et quelquesfois plus, deuant que faire mourir la personne, comme la couleuure, et autres. Outre lesquelles il y en a qui donnent encores plus long espace de vie, comme le scorpion et araignes.

Bref, il y a certains venins, lesquels estans entrés au corps de l'homme, voire en petite quantité, y operent d'vne si grande violence et promptitude que fait le feu en la paille seiche, tellement que l'on n'y peut remedier par aucune maniere, à cause que la vertu du venin est plus grande que le remede n'est fort : et partant alors il renuerse, conuertit et transmue promptement les esprits et humeurs en son naturel. Car tout ainsi que les viandes que nous mangeons se conuertissent en nostre nature : aussi au contraire, tels venins estans dedans nostre corps rendent tous les membres infectés, non moins que l'air pestilent estant receu par vne seule inspiration d'vn homme pestiferé. De cesté malignité aduient qu'aucuns ont vne grande inquietude, et meurent furieux et enragés : au contraire, on en voit d'autres qui sont fort assopis et endormis, et deuiennent enflés comme hydropiques.

Outre ces choses faut entendre, que le lieu et le temps auquel les bestes venimeuses sont nourries, donnent plus ou moins de vigueur à leur poison. Car celles qui sont nourries aux montagnes et lieux secs, sont plus daugereuses que celles qui sont nourries és lieux froids et marescageux. Aussi toutes morsures de bestes veneneuses apportent plus de danger en esté qu'en hyuer.

D'auantage, celles qui sont affamées, ou ont esté irritées, sont plus dangereuses que les autres, et leur venin est plus pernicieux à ieun, qu'après qu'ils ont mangé. Pareillement les ieunes, et qui sont amoureuses, c'est à dire en rut, sont plus malignes que les vieilles, et que celles qui ne sont en rut. Aussi on tient que le venin des femelles est plus dangereux que celuy des masles. Plus les piqueures et morsures des bestes venimeuses qui mangent les autres bestes veneneuses (comme les couleuures qui mangent les crapaux, et les viperes qui mangent les scorpions et araignes, et les cantharides et buprestes) sont beaucoup plus pernicieuses que les autres qui n'en mangent point.

Or l'impression subite, ou la resistance au venin, aduient le plus souuent selon que le venin est de subtile ou de grosse substance, ou que la complexion et temperature de ceux qui sont mords ou piqués, est chaude ou froide, forte ou debile. Car ceux qui sont de temperature chaude, ont leurs veines et arteres plus grosses et dilatées, comme nous auons dit par cy deuant, et par consequent tous les conduits du corps plus louuerts, qui fait que le venin passe et entre promptement iusques au cœur : ce qui ne se fait si subitement à ceux qui sont de temperature froide, et qui ont les veines et arteres plus serrées, et par consequent le venin ne penetre si tost, qui fait qu'ils meurent plus tard : non plus ne moins que nous voyons aduenir souuentesfois par les medecines laxatiues qu'on donne aux malades, que deux dragmes de rheubarbe feront plus à vn, que quatre à vn autre, pour la diuersité des complexions de ceux qui la prennent. D'auantage, les venins ne peuuent tant nuire à ceux qui ont mangé et beu qu'à ceux qui sont à ieun, à cause que par les alimens, les veines et arteres et les conduits du corps estans remplis, et les esprits fortifiés, cela garde que le venin n'agist si fort et promptement qu'il feroit si le malade n'auoit mangé ny beu. Et voila les raisons pourquoy ceux qui sont mords ou piqués meurent plus tost ou plus tard les vns que les autres, ayans esté empoisonnés de bestes venimeuses.

Or si le venin opere par qualité occulte, le prognostic et la cure en sont fort difficiles : et alors faut auoir recours aux alexiteres, qui ont aussi vne proprieté inconneuë, et principalement au theriaque, pource qu'en sa composition il y entre des venins chauds, froids, secs, et humides : et pourtant il resiste à tous venins, et principalement aux naturels, comme des bestes, plantes et mineraux : et non aux artificiels, desquels à la mienne volonté que iamais homme n'eust mis la main à la plume pour en escrire, et n'eussent iamais esté inuentés, à fin que nous n'eussions à combattre que les naturels des bestes, pource qu'on s'en peut mieux garder que de ceux qui sont faits par la malice des traistres mechans bourreaux empoisonneurs et parfumeurs.

CHAPITRE XIII.

CVRE DE LA MORSVRE ET PIQVEVRE DES BESTES VENIMEVSES [1].

Il faut promptement et sans delay remedier à la morsure et piqueure des bestes enragées et venimeuses, par tous moyens qui consument le venin, à fin qu'il n'entre dedans le corps, et ne corrompe les parties nobles, desquelles tout venin de son naturel ne demande que la mort et destruction. Et si par nonchalance ou ignorance, les remedes propres sont delaissés et intermis au commencement, certainement en vain seront appliqués en autre temps, principalement si la matiere venimeuse a desia saisi les parties nobles.

Donc pour commencer ceste cure, les anciens nous proposent deux indications, à sçauoir, vacuation de l'humeur virulent et venimeux, et alteration d'iceluy. Or comme ainsi soit qu'il y ait deux manieres de vacuation, à sçauoir, par voye vniuerselle ou interieure, et par particuliere ou exterieure, nous commencerons à la particuliere, declarans les remedes topiques propres pour attirer et abbattre le venin, combien que la commune opinion d'aucuns est qu'il faut commencer aux choses vniuerselles : ce qui me semble ne deuoir estre aucunement obserué és maladies externes, comme playes, fractures, luxations, et aux morsures et piqueures des bestes venimeuses, esquelles la premiere chose que l'on doit faire,

[1] Ce chapitre est presque entièrement copié du chapitre 3 de 1575; seulement celui-ci avait simplement pour titre : *Des bestes venimeuses.*

est de proceder incontinent aux topiques : puis auoir esgard aux choses vniuerselles, comme regime, purgation, breuuages, saignée, et autres telles choses, selon qu'il en sera besoin. Parquoy en ceste maladie, la premiere chose que l'on fera sera d'appliquer promptement medicamens conuenables sur la morsure ou piqueure : et sur tout est fort conuenable de lauer incontinent la playe d'vrine ou d'eau salée, ou d'eau de vie, ou en lieu d'icelles, de bon vin ou vinaigre, et y dissoudre du theriaque le plus vieil qu'on pourra trouuer, frottant assez rudement la partie : et faut que le lauement soit le plus chaud que le malade pourra endurer : puis le laisser dessus, et à l'entour de la playe du charpy trempé en icelle mistion.

Or aucuns tiennent qu'il ne faut appliquer ledit theriaque sur la morsure, pource (disent-ils) qu'il repousse le venin au dedans : mais (sauf leur reuerence) leur opinion est renuersée par authorité, raison, et experience, comme ie diray en mon liure *de la Peste*. Par authorité : Gallien au liure *des Commodités du theriaque* [1], commande en donner par dedans et par dehors, pour les morsures et piqueures venimeuses, lesquelles (dit-il) il guarit, si on en vse deuant que le venin ait saisi les parties nobles. Par raison, pource qu'en sa composition il y entre de la chair de vipere, qui est vn serpent venimeux, qui par sa similitude attire le venin, ainsi que le magnés attire le fer, et l'ambre le fétu : et l'ayant attiré, les autres medicamens qui entrent en sa composi-

tion resoluent et consument sa virulence et venenosité : et estant pris par dedans, il defend le cœur et autres parties nobles, et fortifie les esprits. Quant à l'experience, ie puis asseurer auoir pensé plusieurs ayans esté mords et piqués de bestes venimeuses, qui par le benefice du theriaque ont tous receu guarison, pourueu que (comme i'ay auerti cy dessus) on les ait traités auparauant que le venin eust saisi les parties nobles. Partant on pourra asseurément vser de theriaque, ou en lieu d'iceluy on prendra du methridat, lequel a pareillement grande vertu pour cest effect.

D'auantage, pour faire la vacuation dessusdite, les remedes doiuent estre de ténue substance, tant ceux qu'on applique dehors, que ceux qu'on prend par dedans, à cause qu'ils penetrent le corps promptement, pour dompter et abbattre la malice du venin. Et partant les ails, oignons, porreaux, sont vtiles, pource qu'ils sont vaporeux, fumeux et de ténue substance : pareillement la rue, le scordion, le dictamnus, centaurea minor, prassium, roquette, laict de figues non meures, et autres semblables : aussi la buglosse sauuage entre toutes les herbes a vertu contre les morsures de tous serpens, et a esté nommée *Viperie*, et ce pour deux raisons : l'vne pour-ce qu'elle porte la graine semblable à la teste d'vne vipere : et l'autre, à cause qu'elle guarit la morsure d'icelle, pilée et appliquée par dehors, et par dedans prise auec du vin : le serpolet a la mesme vertu. Et neantmoins que le venin soit chaud, si est-ce que les remedes susdits sont conuenables, parce qu'ils resoluent la substance du venin, et le consument et euaporent. Toutesfois on

---

[1] La premiere édition posthume ajoute à cette indication les mots : *ad Pisonem*, qui ne se trouvent point dans les précédentes.

aura esgard à la qualité de l'humeur, pour l'alterer s'il est besoin , comme nous t'auertirons cy après.

Outre plus l'application de ventouses et cornets, auec grande flambe, et profondes scarifications, est profitable, si le lieu permet de ce faire. Aussi est bon de fomenter et lauer promptement la partie de fort vinaigre, le plus chaud que l'on pourra endurer : ou on prendra de l'eau et du sel, et de ce on en frottera la playe assez rudement, ou mesme de l'vrine du patient, comme nous auons dit. Pareillement la moustarde delayée en vrine ou vinaigre est propre. D'auantage sera bon faire fort succer le lieu par quelque personne de basse condition, moyennant qu'il ait laué sa bouche de vin auquel on aura dissoult du theriaque ou methridat, et après auec huile commune : aussi faut prendre garde qu'il n'ait vlcere en la bouche, de peur que le venin ne s'y imprime facilement. Les sangsues sont pareillement propres pour cest effet [1].

On pourra aussi mettre sur la playe le cul des poulailles, et entre autres, des poulles qui ponnent, par ce qu'elles ont le cul plus grand et plus ouuert : ou en lieu d'icelles , prendre des coqs ou poulles d'Inde, par ce qu'elles ont plus de vigueur d'attirer que les communes, et leur faut mettre vn grain de sel dedans le cul, et leur clorre le bec et l'ouurir par interualles : et si elles meurent, en remettre d'autres. Si on veut, on pourra fendre lesdites volailles toutes

viues [1] : lesquelles d'vn discord naturel resistent au venin, par ce que les poulailles sont de nature fort chaude. Qu'il soit vray, elles mangent et digerent les bestes venimeuses, comme crapaux, viperes, aspics, scorpions et autres : et consomment pareillement les plus seiches graines qui soient, mesmes de petites pierres et sablon : parquoy appliquées dessus ont grand force d'attirer le venin. Ou en lieu d'icelles, on prendra des petits chiens ou chatons, lesquels estans fendus, seront appliqués tous chauds sur la playe et sur les scarifications, les y laissans iusques à ce qu'ils soient refroidis : puis on en remettra d'autres tant qu'il en sera de besoin [2].

Outre toutes ces choses, l'application des cauteres est grandement à loüer pour abbatre et consommer la malignité du venin : mais en ce cas, l'actuel est plus excellent que le potentiel, d'autant que l'action du feu consomme le venin plus promptement, et fait que la playe demeure plus longuement ouuerte. Mais ils doiuent estre appliqués deuant que le venin ait saisi les parties nobles : car autrement ils ne pourroient en rien profiter, ains donneroient fascherie en vain au pauure malade. Et s'il craint le feu, on vsera de potentiel [3]. Et

[1] On retrouve déjà les principales idées de ce paragraphe, et même avec un peu plus de développement, dans le livre des Playes d'harquebuses de 1564. Comparez tome II, page 190.

[1] La phrase s'arrêtait là en 1575 pour ce qui regarde les volailles, et reprenait immédiatement : ou en lieu d'icelles on prendra des petits chiens, etc. Les dix lignes intermédiaires ont été ajoutées en 1579.

[2] Les mêmes préceptes avaient déjà été donnés à peu près dans le livre des Playes d'harquebuses de 1552 et 1564. Comparez tome II, page 192.

[3] Comparez ce qu'il avait déjà écrit sur le cautère dès 1545 (tome II, page 193, à la fin), et plus tard en 1552 et 1564 (tome II, page 192). On verra dans cette même page le con-

aprés l'application d'iceux, faut promptement faire cheoir l'escarre, à fin de donner plus subite issue au venin. Partant l'escarre estant faite, on fera des scarifications dessus, penetrantes lusques à la chair viue : puis on y appliquera des choses onctueuses, comme beurre et axonge : et dessus la playe et parties voisines, on vsera d'emplastres attractiues, faites de gommes, comme galbanum de terebenthine, poix noire, poix grasse meslée auec ius de poireaux et oignons, et autres semblables. Et lors que l'escarre sera tombée, on appliquera de l'onguent basilicum, auquel on adioustera poudre de mercure, qui en ce cas a grande efficace, d'autant qu'elle attire la sanie et virulence du profond de la playe, et ne la permet reclorre : ce qui est bien necessaire, car on la doit tenir long temps ouuerte, à fin d'euacuer la matiere venimeuse. Et pour ce faire, on appliquera de l'espouge, ou racines de gentiane, ou d'hermodactes, ou quelques medicamens acres, comme egyptiac, ou poudre de mercure meslée auec alum cuit, ou vn peu de poudre faite de cautere potentiel. Et ne faut oublier à mesler tousiours auec les onguens vn peu de theriaque ou methridat, ou ius d'hypericon, ou de nepeta, et autres semblables, qui ont vertu d'attirer et resoudre le venin, et d'absterger et nettoyer l'vlcere. Toutesfois si on voyoit qu'il y eust trop grande chaleur, douleur, et acuité, laquelle contraint l'humidité de faire ebullition, qui se tourne quelquesfois en virulence et pourriture, gangrene, et

seit d'appliquer une ligature au-dessus de la morsure ou piqûre ; précepte excellent, qui ne se retrouve pas dans le livre actuel.

mortification, alors faut laisser la propre cure pour suruenir aux accidens. Et voila quant à l'euacuation particuliere qui se doit faire és morsures et piqueures venimeuses.

CHAPITRE XIV.

DE LA CVRE VNIVERSELLE [1].

Quant à l'euacuation vniuerselle, il faut obseruer que l'on ne face saignée, et que l'on ne donne medecine laxatiue, ny clystere, ny vomitoire, ny bains, ou autres sudatoires, qu'il n'y ait pour le moins trois iours passés aprés la morsure faite : aussi que le patient euite le coït, de peur de faire commotion et perturbation aux humeurs et esprits, et que le venin fust par ces moyens plus promptement porté au cœur : mais quand la matiere venimeuse sera esparse, et l'acuité diminuée, alors telles euacuations pourront estre faites, et non autrement. Mais pour tous medicamens interieurs suffira vser de contre-poisons au commencement, comme de toutes sortes de theriaque, methridat, et autres semblables choses : lesquelles estans contraires aux venins, changent et alterent tout le corps. Non pas qu'il faille entendre, que leur substance penetre et passe tout le corps (car il est impossible qu'en si peu de temps vne si petite quantité de matiere, qu'on donne pour contre-poison, puisse passer vne si grosse masse de nostre corps) mais elle s'espand, et enuoye ses vertus et qualités : comme iournellement nous voyons que quand nous auons pris

[1] C'est le chapitre 4 du livre de 1575.

des pilules, neantmoins que leur substance ou matiere demeure en l'estomach, leur vertu est espandue iusques au cerueau, et par tout le corps. On en peut autant dire d'vn clystere, qui estant dans les intestins, a puissance d'attirer les humeurs du cerueau [1]. On voit aussi cest effet és medecines, qui attirent par leur vertu iusques au dedans des iointures et de toutes les parties du corps. Et pour le dire en vn mot, les contre-poisons operent en nos corps, pour combattre le venin, et le chasser, et vaincre sa virulence, ainsi que le venin fait pour exercer sa tyrannie, et saisir le cœur : toutesfois il faut bien notter, que la contre-poison doit estre plus forte que la poison, à fin qu'elle domine : et partant en faut vser en plus grande quantité que n'est le venin, à ce qu'elle soit plus forte à le vaincre et chasser. Et en faut donner deux fois le iour, continuant tant que l'on verra le venin estre amorti, et les accidens cessés. Et cecy est non seulement profitable pour l'euacuation de la poison, mais aussi pour fortifier les parties nobles.

Or outre les choses susdites, faut auoir esgard à alterer l'humeur : ce que nous auons dit estre la seconde indication qu'on se doit proposer en la cure presente. Ce qui se fera en changeant vne qualité contraire par vne autre contraire [2]. Exemple : si le patient sent vne vehemente chaleur au lieu où est la morsure, ou en tout le corps, alors il faudra appliquer

remedes refrigerans : au contraire s'il sent froidure, remedes calefactifs, et ainsi des autres qualités.

Cecy te suffise pour le regard des venins et de leur cure en general : il en faut traiter maintenant en particulier. Et premierement nous commencerons aux morsures des chiens enragés.

CHAPITRE XV.

LA CAVSE POVRQVOY LES CHIENS DEVIENNENT PLVSTOST ENRAGÉS QVE LES AVTRES BESTES [1].

Cela aduient parce que de leur nature ils sont preparés et enclins à telle disposition : et pource aussi qu'ils mangent quelquesfois corps morts charongneux, et autres choses pourries et pleines de vers, et boiuent des eaux de semblable nature : aussi par vne trop grande melancholie d'auoir perdu leur maistre, dont courent çà et là pour le trouuer, delaissans le manger et boire : dequoy s'ensuit ebullition de leur sang, qui puis aprés se tourne en melancholie, et puis en rage. D'auantage pour deux autres causes contraires : la premiére par la trop grande chaleur, la seconde par l'extreme froidure : comme l'on voit que le plus souuent ils enragent és iours caniculaires, et en hyuer durant les grandes gelées. Ce qui aduient, parce que les chiens sont de leur nature froids et secs [2], et

---

[1] Le texte de 1575 ajoutait ici : *comme tesmoigne Galien au liure des simples medicamens* ; et de plus on lisait en note : *Gal. au liu. 5. des simples, cha. 19.* Tout cela a été rayé dès 1579.

[2] On retrouve déjà les bases de ce traitement en 1564. Voyez tome II, page 193.

---

[1] Reproduction du chap. 5 de 1575.

[2] Galien, *cha. 20. li. 2. simpl. et cha. 11. liu. 3. simpl. semble estre d'opinion contraire touchant le temperament des chiens, id est, il dit qu'il est chaud et sec.* —A. P. Cette note est de 1585.

par consequent ils ont beaucoup d'humeurs melancholiques, lesquels en telles saisons chaleureuses se tournent aisément en humeurs atrabilaires par adustion : comme en hyuer par constipation de cuir et suppression d'excremens fuligineux, qui leur causent vne fiéure continue grandement ardente, et vne phrenesie et rage. Le grand froid de l'air augmente semblablement leur chaleur du dedans, laquelle estant repoussée, s'augmente et allume les humeurs preparés à telle rage et pourriture : lesquels sont d'autant plus dangereux, que ne pouuans sortir et euacuer par les pores ou pertuis du cuir (qui pour lors sont du tout fermés) ils demeurent dedans, et font alors les mesmes accidens que fait la grande chaleur de l'esté. Aussi deuiennent enragés pour vser de viandes trop chaudes qui leur eschauffent le sang, et leur causent fiéure, puis la rage : semblablement aussi pour auoir esté mords d'autres chiens, ou loups, ou autres animaux enragés.

CHAPITRE XVI.

SIGNES POVR CONNOISTRE LE CHIEN ESTRE ENRAGÉ [1].

Lors qu'il voit de l'eau, il tremble et la craint, et a vne horripilation, c'est à dire que le poil lui dresse. Il a les yeux rouges et fort flamboyans, et renuersés, auec vn regard vehement, fixe et horrible, regardant de trauers. Il porte sa teste fort bas et

[1] Ce chapitre où Paré trace le tableau le plus net et le plus précis des signes de la rage, est textuellement copié du chap. 6 de 1575.

la tourne de costé. Il ouure sa gueule, et tire la langue qu'on voit liuide et noire, halette, et iette grande quantité de baue escumeuse, et plusieurs autres humidités decoulent de son nez. Il chemine en crainte, tantost à dextre, tantost à senestre, comme s'il estoit yure, et tombe souuent en terre. Lors qu'il voit quelque forme, il court à l'encontre pour l'assaillir, soit que ce soit vne muraille, ou vn arbre, ou quelque animal qu'il rencontre. Les autres chiens le fuyent et le sentent de loing : et s'il s'en trouue quelqu'vn prés de luy, il le flatte et luy obeït, et tasche à se desrober et fuir de luy, encores qu'il soit plus grand et plus fort. Il ne boit ny mange : il est du tout muet, c'est à dire qu'il n'aboye point : a les oreilles fort pendantes, et la queue retirée entre les cuisses : il regarde de trauers, et plus tristement que de coustume : il mord egalement bestes et gens, tant domestiques et familiers qu'estrangers, et ne connoist aucunement son maistre, ny la maison où il a esté nourri : parce que l'humeur melancholique luy trouble tous les sens. Ce qui aduient pareillement aux hommes qui sont vexés de telle humeur melancholique : car ils tuent quelquesfois leurs peres, meres, femmes ou enfans, et souuentesfois eux-mesmes.

CHAPITRE XVII.

LES SIGNES POVR CONNOISTRE VN HOMME AVOIR ESTÉ MORDV D'VN CHIEN ENRAGÉ [1].

Il est fort difficile de connoistre du commencement quand quelqu'vn a

[1] Reproduction littérale du chap. 7 de 1575.

esté mords d'vn chien enragé ou non :
parce que la playe faite par la morsure n'afflige au commencement le
malade non plus qu'vne autre playe,
au contraire de celles qui sont faites
par morsures ou piqueures des autres
bestes venimeuses : car subitement on
y sent vne extreme douleur, et la
partie s'enflamme et enfle, et suruiennent grands et diuers accidens, selon
la diuersité de la malignité du venin,
comme nous dirons cy aprés. Dont
nous conclurons, que le venin fait
par la rage ne se monstre pas au
commencement, et qu'il n'ait premierement saisi et alteré les parties
nobles.

Parquoy si on doute au commencement que la morsure ne fust faite
d'vn chien enragé, on la pourra veritablement connoistre en moüillant du
pain au sang ou en la sanie de la
playe, que l'on donnera à vn chien
affamé : et s'il le refuse à manger,
mesmes qu'il desdaigne le fleurer,
cela demonstre que la playe est faite
d'vn chien enragé : au contraire s'il
le mange, il n'estoit point enragé.

D'auantage, plusieurs ont escrit
que si on donne le pain ainsi trempé
à vne poulaille, et qu'elle le mange,
elle mourra dans vn iour ou enuiron, si le chien estoit enragé. Mais
pour certain i'ay fait telle experience,
et sçauois veritablement que le chien
estoit enragé par les signes predits :
toutesfois les poulailles ne mouroient
point aprés auoir mangé dudit pain.
Parquoy l'espreuue du pain donné
aux chiens est plus certain, pour-ce
qu'ils ont vn sentiment exquis de
fleurer naturellement, qui fait qu'ils
sentent l'odeur du sang ou sanie de
la playe faite d'vn chien enragé, et
pour-ce aucunement n'y touchent.

CHAPITRE XVIII.

DES ACCIDENS QVI VIENNENT A CEVX
AVXQVELS LE VENIN DV CHIEN EN-
RAGÉ EST COMMENCÉ D'ESTRE IMPRIMÉ
AVX PARTIES NOBLES [1].

Au commencement le malade deuient fort pensif, et murmure entre
ses dents : il respond sans propos, et
deuient cholere plus que de coustume : il pense voir en dormant vne
infinité de choses fantastiques, et finalement tombe en vne maladie
nommée des Grecs *hydrophobia*, c'est
à dire crainte d'eau.

Puis aprés que le venin s'est d'a-
uantage augmenté, et a ja du tout
changé l'economie ou harmonie des
parties nobles, alors la vertu imaginatiue, et toute raison et memoire
et autres sens se perdent : et par consequent le malade deuient fol et insensé, et ne connoist aucunement ses
familiers amis et domestiques, et se
deschire et esgratigne, et mord soy-
mesme et les premiers venus qu'il
peut attraper : qui se fait à cause des
vapeurs et fumées melancholiques
qui montent au cerueau, et alterent
et corrompent le temperament d'iceluy : parquoy la raison est perdue,
ensemble tous les autres sens, dont
le pauure malade est incité à courroux et à mordre. Semblablement il
a souuent des mouuemens et tressaillemens inuolontaires, et contractions de nerfs : qui se fait à cause de
la siccité vehemente, prouenant du
venin chaud et sec, qui blesse le temperament des nerfs qui sont dissemi-

1 Ce chapitre est presque en entier copié
du chap. 8 de l'édition de 1575.

nés és muscles, et aussi qui leur consomme l'humidité substantifique. Pareillement le patient a vne grande seicheresse en la bouche, et la langue aride et seiche, auec vne soif intolerable, toutesfois sans appetit de boire, pourtant que desia son corps a pris vne affection contraire à ses actions naturelles, dont il aduient qu'il ne desire les choses qui naturellement appaisent la soif. Plus il a la face et les yeux rouges et grandement enflambés, et pareillement tout le corps, à cause de l'extreme chaleur et siccité prouenante du virus veneneux et malin. Il imagine qu'il voit et oit des chiens, et veut pareillement japper et mordre : qui se fait parce que le venin du chien enragé change et altere toute la temperature de l'homme en toute sa complexion et similitude : en sorte que tous ses sens, pensées, parolles et visions, et generalement toutes ses actions sont deprauées par l'humeur melancholique et veneneux espandu és ventricules du cerueau, lequel leur change l'esprit, tellement que le malade pense voir et ouïr des chiens, voire croit luy-mesme estre chien, duquel aussi il ensuit la voix enroüée, parce qu'il jappe, aboye, crie et hurle comme les chiens, sans honte et respect de son honneur, au grand espouuentement de ceux qui sont presens et qui l'oyent. L'enroüeure vient par la grande seicheresse, qui a desseiché la trachée artere et les instrumens de la voix. Il fuit grandement la lumiere, à cause que l'humeur melancholique, qui est obscur et tenebreux, est contraire à icelle : qui fait que le malade desire les tenebres, qui luy sont semblables. Il craint aussi à voir l'eau (encore que ce soit vn re-

mede fort vtile pour rafraichir son extreme chaleur et siccité) ou quand il regarde en vn miroir, il luy est aduis et imagine qu'il voit des chiens, et que ce souuenir luy fait auoir ceste crainte. Pour ceste cause il craint l'eau, et toutes choses transparentes et luisantes, ayans quelque reuerberation : et quand il les voit, il crie et tremble, de peur d'estre encores mords : dont vient qu'il tombe, et se veautre en terre pour se cuider couurir d'icelle. Et telle chose se fait à cause que les vapeurs alterées et corrompues penetrent par les yeux, et estans paruenues à l'eau ou miroir, ou autres corps semblables, par leur reuerberation luy representent des choses [1].

Or ils disent que celuy qui est mords d'vn chien enragé, s'imagine tousiours voir le chien duquel il a esté mordu, la crainte duquel luy fait ainsi fuir et craindre l'eau. Autres disent cela aduenir, à cause que par la rage le corps tombe en vne extreme siccité, qui le fait fuir l'humidité comme son contraire. Rufus dit que la rage est vne espece de maladie melancholique. Or nous sçauons estre chose propre à tous melancholiques, d'auoir quelque chose particulierement en crainte, par l'Aphorisme vingtcinquiéme de la section sixiéme : mais principalement ils craignent toutes choses luisantes comme l'eau, les miroirs, à cause qu'ils cherchent les tenebres, pour-

[1] L'édition de 1575 ajoutait ici : *Tout ainsi qu'on voit que des yeux d'vne femme ayant ses fleurs, sortent des vapeurs lesquelles infectent et gastent le miroir.* Cette fable absurde se trouvait encore répétée en 1579 et 1585; elle n'a disparu que dans la première édition posthume.

ce qu'à icelles les inuite leur humeur noir, obscur et tenebreux [1].

Il a vne sueur froide, et sort de l'vlcere vn virus escumeux, fetide, virulent et erugineux, c'est à dire de couleur de roüilleure d'airain : qui aduient par l'extreme chaleur et acuité de l'acrimonie du virus adherant en la partie, laquelle fait ebullition et pourriture. Aussi on trouue l'vlcere quelquesfois aride et sec. L'vrine est le plus souuent claire et subtile, à cause que les colatoires des reins sont fort resserrés et estressis, pour la chaleur et siccité du venin : aussi quelquesfois est fort espaisse et noire, qui se fait à cause que la vertu expultrice chasse tant qu'elle peut par les vrines l'humeur melancholique, qui a esté corrompu par le venin. Pareillement elle est aucunesfois totalement supprimée et retenue, par la siccité du virus et des matieres crasses, visqueuses et gluantes, dont se fait totale obstruction des parties dediées à l'vrine. Bref, le pauure malade est tellement tourmenté par ces accidens, qu'en la fin vaincu de douleur et de trauail, à faute de manger et boire, il meurt furieux et enragé.

Mais lors que du commencement (et deuant que le venin ait entré au corps et gaigné les parties nobles) on administre les remedes propres, les malades ne faillent à guarir, et peu de personnes sont morts ausquels on ait diligemment pourueu.

[1] Tout ce paragraphe est une addition de 1579.

CHAPITRE XIX.

PROGNOSTIC [1].

On ne se peut bien garder de la morsure des chiens enragés, attendu qu'ils sont tousiours parmy les hommes, au moyen de quoy on est en plus grand danger d'eux que de toutes autres bestes venimeuses en leurs morsures. Et d'autant que le chien est domestique et familier à l'homme pendant qu'il est sain, d'autant luy est-il ennemy depuis qu'il est sorti de sa nature accoustumée, qui se fait par vne rage.

Or le virus qui est en sa baue est chaud et sec, malin, veneneux et contagieux, tellement qu'il communique la mesme affection à celuy qu'il mord (si on n'y pouruoit de bonne heure) soit vn homme, ou vne autre beste : et son venin est tant subtil, que facilement penetre par les pores du cuir : et estant attiré par les arteres, par le continuel mouuement d'icelles, il est conduit au demeurant du corps. Parquoy on peut conclure que le venin de sa rage a la vertu non seulement de faire enrager ceux qu'il mord, mais aussi ceux ausquels il aura ietté son escume ou baue contre leur peau, si elle y fait long seiour : mais si elle est essuyée, et le lieu proprement laué d'eau salée ou d'vrine, elle n'y fera aucun mal.

Et faut icy entendre, que toute morsure de chien enragé ne nuit pas egalement et ne tue pas en mesme temps, ainsi qu'auons cy dessus demonstré du venin des bestes venimeu-

[1] Le chapitre est le même, sauf un paragraphe ajouté, que le chap. 9 de 1575.

ses. Car selon la disposition de l'air chaud ou froid, et la vehemence du venin, et le lieu et profondeur de la morsure, et la diuersité des forces de ceux qui sont mordus, et la cacochymie et mauuaise habitude, c'est à dire selon que leurs humeurs sont ja preparés à estre pourris, ou qu'ils ont leurs conduits estroits ou plus larges, de là vient que les accidens apparoissent plustost ou plus tard. Car aucuns viennent quarante iours aprés la morsure, autresfois six mois, voire vn an, et autres plus tard ou plustost, comme nous auons dit cy deuant. Plusieurs aprés auoir esté mords deuiennent epileptiques, puis demoniaques et enragés. Ceux qui sont tombés en hydrophobie, iamais ne guarissent : toutesfois Auicenne dit qu'encores y a esperance, pourueu qu'ils se connoissent en vn miroir : car on voit par cela que le venin n'a encores du tout occupé les facultés animales : et ceux-là ont besoin d'estre violentement purgés, comme nous dirons cy aprés.

Aëce raconte d'vn Philosophe mordu d'vn chien enragé, lequel voulant d'vn grand courage resister à ce mal d'hydrophobie, vint au bain, où l'apparence d'vn chien se presentant deuant luy (car il auoit ceste vision, comme les autres frappés de semblable maladie) et ayant longuement pensé en soy-mesme : *Qu'y a-il, dit-il, entre vn chien et vn bain ?* Aprés ces paroles il entra dedans le bain, et en beut sans auoir peur, dont il surmonta le mal et guarit[1].

Quand le malade se veautre contre la terre, comme les chiens, c'est signe de mort prochaine, par-ce que telle chose demonstre que l'humeur melancholique, virulent et veneneux est en grande abondance, et est communiqué par tous les membres. Aussi quand le patient a la voix enroüée, c'est vn tres-mauuais signe, pour-ce que telle chose demonstre qu'en la trachée artere il y a quelque asperité par siccité du virus venimeux. En somme, quand les parties nobles sont saisies du venin, il n'y a plus esperance de guarison.

Les hommes peuuent estre surpris de la rage sans estre mords de chiens enragés : car tout ainsi que les humeurs se bruslent, causans vn chancre ou ladrerie, pareillement la rage peut aduenir, et principalement aux melancholiques.

D'auantage les morsures des bestes, comme viperes et autres animaux venimeux, ne causent tels accidens comme celles des chiens enragés, par-ce qu'elles font mourir deuant que les accidens susdits puissent venir : ioint aussi que la qualité d'iceux venins est diuerse.

Plus, les grandes playes faites par morsure de chiens enragés ne sont si dangereuses que les petites, pour-ce que par vne grande playe sort beaucoup de sang et de sanie, qui euacue le venin.

CHAPITRE XX.

CVRE DE LA MORSVRE D'VN CHIEN ENRAGÉ[1].

Nous auons dit par cy deuant, qu'aux piqueures et morsures des bestes venimeuses, il falloit vser de

---

[1] Ce paragraphe a été ajouté en 1579.

[1] Ce chapitre est presque entièrement copié du chap. 10 de l'édition de 1575.

prompts et subtils remedes, à fin que le venin n'entre dedans le corps et ne corrompe les parties nobles. Et s'ils sont obmis au commencement, en vain seront appliqués en autre temps. Ainsi qu'arriua à Balde, grand Iurisconsulte, se iouant auec vn sien petit chien qui estoit enragé, duquel estant tant soit peu mordu en la léure, ne sçachant qu'il fust enragé, negligea sa morsure, et quatre mois aprés mourut furieux et enragé, et n'y eut nul remede qui le peust sauuer, pour ne l'auoir pris d'heure.

Donc pour preuoir à tel accident, tout ce que nous auons declaré cy dessus en la cure generale des bestes venimeuses, tant pour l'euacuation de l'humeur virulent que pour l'alteration d'iceluy, doit estre pareillement obserué en la morsure des chiens enragés. Et partant, si quelqu'vn connoist qu'il est mords d'vn chien enragé, il s'efforcera d'attirer le venin par tous moyens, comme par ventouses, cornets, scarifications, sangsues, applications de volailles et autres animaux, et par medicamens propres à ce faire, qui presentement seront declarés. Et si la playe est grande, il la faut laisser saigner le plus qu'il sera possible, à fin que le venin sorte auec le sang. Et là où elle ne sera assez grande, on y pourra faire des scarifications ou y appliquer cauteres actuels : et sera tenue ouuerte pour le moins iusques à ce que quarante iours soient passés.

L'ozeille pilée et appliquée sur la morsure, et le bouillon d'icelle pris par la bouche, est de grande vertu. Ce qu'Aèce nous a laissé par escrit, disant auoir conneu vn vieillard chirurgien, lequel n'vsoit d'autre remede pour curer telles morsures.

De ma part, ie conseille de prendre promptement de l'vrine, et en frotter assez rudement la playe, et y laisser vn linge trempé dessus. Aussi la moustarde bien delayée en vrine ou vinaigre, est propre à cest effet. Pareillement tous remedes acres, poignans et fort attirans.

Autre. Prenez roquette boullue et pilée auec beurre et sel, et l'appliquez sur la morsure.

Autre. Prenez farine d'orobe, miel, sel et vinaigre, et ce soit tout chaud appliqué dessus.

Autre. La fiente de chéure boullue en fort vinaigre, et appliquée.

Autre. Prenez soulphre subtilement puluerisé et incorporé auec saliue d'homme, et l'appliquez dessus.

Autre. Prenez poix noire fondue auec sel et vn peu d'euphorbe, et l'appliquez dessus.

Autre. Le poil du chien enragé appliqué dessus la playe tout seul, a vertu d'attirer le venin par quelque similitude : ce qu'on a plusieurs fois experimenté, ainsi que fait le scorpion estant escaché et mis sur la piqueure d'iceluy. Aucuns autheurs ont laissé par escrit, que ledit poil de chien, bruslé et puluerisé, et donné à boire auec du vin, preserue la rage [1].

Autre. Prenez froment masché cru, et l'appliquez sur la morsure.

Autre. Prenez des féues, et les mettez vn peu sous les cendres chaudes, puis les pelez et fendez, et les appliquez dessus.

Autre remede approuué d'Aëtius. Il faut faire boüillir du *lapathum acutum*, et de la decoction en lauer et fomenter la playe, puis y laisser l'herbe pilée dessus : aussi en faut donner à boire de la decoction au pa-

[1] Cette dernière phrase a été ajoutée en 1585.

tient. Il afferme auoir fait de grandès cures auec ce seul remede : et dit que ceste decoction fait beaucoup pisser, qui est vne chose excellente à ceste maladie.

Autre. Prenez betoine, fueilles d'ortie et sel commun, broyez-les et appliquez dessus.

Autre. Prenez vn oignon commun, fueilles de rue et sel, broyez les ensemble, et appliquez dessus.

Or entre tous les remedes, le theriaque est singulier, comme il a esté dit, le faisant dissoudre en eau de vie ou vin, et en frottant assez rudement la playe, tant que elle saigne. Puis y faut laisser du charpy imbu en icelle mixtion : et par dessus la playe y appliquer des ails ou oignons pilés auec miel commun et terebenthine : et tel remede est excellent par sus tous ceux que i'ay veus par experience.

Et pour la probation de mon dire, i'allegueray icy vne histoire de l'vne des filles de Madamoiselle de Gron, natiue de ceste ville de Paris, laquelle fut mordue d'vn chien enragé au milieu de la iambe dextre, où le chien imprima ses dents bien profondement en la chair : laquelle fut guarie par le moyen du theriaque, sans que iamais luy suruint aucun mauuais accident : lequel theriaque ie meslois dans les medicamens detersifs et autres, iusques à la fin de sa guarison.

Or de vouloir icy declarer tous les autres que i'ay pensé de telles morsures, ce seroit vne chose trop prolixe : et partant ceste histoire suffira pour le present, pour instruire chacun à remedier à tel accident.

Autres remedes qu'on peut prendre par dedans. Il faut promptement manger vn ail, auec vn peu de pain, puis boire vn peu de vin : et c'est vn souuerain remede, à cause que l'odeur et la grande chaleur spiritueuse qui est aux ails, prohibe que le venin de la morsure n'offense les parties nobles. Autres commandent de manger du foye rosti du chien qui a mordu, ou du foye de bouc : ce que ie n'ay esprouué.

Autre remede. Prenez vne dragme de semence d'agnus castus, auec vin et beurre, et en soit donné à boire.

Autre. Prenez poudre d'escreuisses bruslées, et la delayez en vin, et en donnez à boire.

Autre. Prenez racine de gentiane deux dragmes, escreuisses de riuiere bruslées au four et puluerisées trois dragmes, terre sigillée quatre dragmes. La dose sera vne dragme, auec eau en laquelle on aura fait boüillir quantité d'escreuisses, et en soit donné à boire comme dessus.

Aucuns se sont plongés en la mer aprés estre mords de chiens enragés, qui n'ont laissé d'estre surpris de la rage, ainsi que tesmoigne Ferrand Pouzet, cardinal, en son liure *des Venins* : partant ne s'y faut fier, mais plustost aux remedes approuués des anciens et modernes Medecins et Chirurgiens. Il est vray que la confidence que peut auoir le malade aux remedes et au Chirurgien, sert beaucoup en ceste cure : au contraire, l'effroy et la crainte nuit beaucoup, et accelere la rage. Partant il faut tousiours bien asseurer le patient de sa parfaite guarison.

Or il faut entendre que le venin du chien enragé, ou la saliue d'vne vipere, ou la baue d'vn crapaut, et d'autres bestes venimeuses, n'enueniment pas en touchant seulement, mais faut que le venin entre dedans, tellement que si à l'heure on l'essuye, ne pourra faire aucun mal.

CHAPITRE XXI.

DE LA CVRE DE CEVX QVI SONT JA TOM-
BÉS EN HYDROPHOBIE, ET NEANTMOINS
SE RECONNOISSENT ENCORES EN VN
MIROIR [1].

Ceux ausquels le venin n'a encores occupé les facultés animales , il les conuient grandement purger par medecines bien fortes. Et en cela il me semble que l'antimoine seroit profitable, d'autant qu'il prouoque la sueur, flux de ventre, et vomissement [2]. Car ce seroit grande folie bailler en tels cas medicamens legers, quand le venin est fort malin, et ja imprimé aux parties interieures.

Semblablement les bains leur sont bons pour leur prouoquer la sueur : la saignée ne doit estre faite, de peur d'attirer le venin du debors au dedans. Aussi il faut qu'ils vsent souuent de theriaque ou methridat. En ce temps-là pareillement leur faut faire boire de l'eau, et la bailler aux malades dedans quelque vaisseau couuert, de peur qu'ils ne la voyent, pour les raisons susdites.

[1] Ce chapitre est le même que le chap. 2 du livre de 1575.

[2] Voici un premier endroit où Paré recommande l'antimoine ; mais pour connaître toute sa pensée à cet égard, il faut lire le chapitre complémentaire que j'ai ajouté au livre de la Peste, d'après un long passage écrit en 1568 et supprimé en 1579.

CHAPITRE XXII.

DV REGIME DE CEVX QVI ONT ESTÉ EM-
POISONNÉS ET MORDS DES CHIENS EN-
RAGÉS , ET DES PIQVEVRES ET MOR-
SVRES DES BESTES VENIMEVSES [1].

Le malade doit demeurer en lieu chaud, et en air bien clair, de peur que le venin ne soit chassé au dedans par le froid, et aussi à fin que les esprits soient recréés, et esmeus du centre à la circonference par le moyen de la clarté. Aussi on doit parfumer la chambre de choses odoriferantes. Semblablement il doit manger au commencement viandes acres et salées, comme ails, oignons, porreaux, espiceries, iambon de Mayence, et leurs semblables, et boire bon vin et sans eau, à raison que telles choses sont fort vaporeuses et pleines d'esprits qui resistent au venin, et ne permettent que sa vertu soit espandue au corps et ne se saisisse des parties nobles. Pareillement on doit vser de viandes crasses et visqueuses, par ce qu'ils font obstruction, et estoupent les conduits et parties vuides : aussi en faut plustot manger plus que trop peu, à cause que l'inanition accroist la malignité des humeurs, qui est chose contraire aux playes venimeuses : toutesfois il y faut tenir mediocrité. Et cinq ou six iours aprés on laissera lesdites viandes, et en lieu d'icelles on vsera de temperées, et plustost humides que seiches : les-

[1] Dans les anciennes éditions, même dans celle de 1575 , ce chapitre était confondu en quelque sorte avec le précédent, c'est-à-dire qu'il portait un titre spécial, mais sans figurer au nombre des chapitres. Il m'a paru plus logique de l'en séparer tout-à-fait.

quelles seront esleuës selon qu'on les ordonne aux melancholiques : et mettra-on en leurs potages racines aperitiues, lesquelles ont vertu de faire vriner. On leur tiendra le ventre assez lasche : et s'il y a repletion de sang, leur en sera tiré, non au commencement, mais cinq ou six iours aprés la morsure faite, pour les raisons qu'auons deuant dites. Pour le boire au repas, on vsera de vin mediocrement trempé, à sçauoir cinq ou six iours aprés la morsure, ou d'oxymel, ou de syrop *de acetositate citri*, auec eau boüillie : et entre les repas, de iulep fait en ceste maniere.

Prenez demie once de ius de limons, et autant de citrons.

Vin de grenades aigres, deux onces.

Eau de petite ozeille, et eau rose, de chacune vne once.

Eau de fontaine boüillie tant qu'il sera besoin.

Et soit fait iulep.

Il faut que le malade euite le dormir, iusques à ce que la force du venin soit amortie et consommée : car par le dormir, le sang et les esprits se retirent au centre du corps, et par ce moyen le venin est porté aux parties nobles. Aussi on luy doit faire vser de choses qui resistent aux venins, comme limons, oranges, citrons, racines de gentiane, angelique, tormentille, pimpernelle, verbene, chardon benist, bourache, buglosse, et autres semblables : et generalement toutes viandes qui engendrent bon suc, comme veau, chéureau, mouton, perdrix, poulailles, et autres semblables.

CHAPITRE XXIII.

DE LA MORSVRE OV PICQVEVRE DE LA VIPERE, ET DE SES ACCIDENS [1].

Tous les remedes qui ont esté cy deuant escrits des morsures des chiens enragés, peuuent pareillement aider à toutes morsures et piqueures des autres animaux venimeux. Toutesfois on trouue des particuliers remedes pour chacune morsure et piqueure. Ce que dirons le plus succinctement qu'il sera possible.

Les viperes ont, entre leurs gencies, certaines petites vessies pleines de venin [2], qui s'imprime incontinent au lieu où elles font ouuerture. Les patiens sentent douleur grandement poignante en la partie, laquelle promptement s'enfle bien fort, voire tout le corps, si on n'y donne subit remede. Il sort de la playe vne sanie crasse et sanguinolente : et autour d'icelle il se fait des vessies comme celles des bruslures : et l'vlcere corrode et mange la chair. Aussi les ma-

[1] Ce chapitre est presque littéralement copié du chap. 3 de l'édition de 1575; cependant il y a quelques modifications. Le titre d'abord n'était pas le même; il portait : *De la morsure et piqueure d'aucunes bestes venimeuses*; et après le premier paragraphe seulement venait ce titre secondaire : *De la morsure de vipere et de ses accidens.* L'arrangement actuel est de 1579.

[2] Ceci est le texte corrigé en 1585; le livre de 1575 portait : *Les viperes ont en leurs gencives entre leurs dents certaines petites vessies pleines de venin, lequel de sa nature est froid, comme de tous serpens, et s'imprime,* etc. L'édition de 1579 s'était borné à retrancher les derniers mots : *lequel de sa nature est froid comme de tous serpens.*

lades sentent inflammation au foye, et aux genciues : et tout le corps deuient fort aride et sec, et de couleur palle et blafarde, et ont vne soif inextinguible. Ils sentent par fois grandes tranchées au ventre, et vomissent plusieurs humeurs choleriques, et tombent souuent en syncope, et ont hocquets, comme vne conuulsion d'estomach, auec vne sueur froide : et la mort s'ensuit, s'ils ne sont secourus deuant que le venin ait saisi les parties nobles.

Matthiole dit auoir veu vn paysan qui, fauchant vn pré, auoit par fortune coupé vne vipere par le milieu : et iceluy print le tronçon de la teste, l'estimant morte. Aduint que la teste, se courbant contre la main, le mordit aspremement au doigt ; et sucçant la playe pour cuider attirer le sang (qui ja auoit esté enuenimé) il mourut sur le champ.

Or ie veux icy reciter vne autre histoire, à fin de tousiours instruire le ieune Chirurgien. Le roy Charles estant à Montpellier, ie fus mords d'vne vipere au bout du doigt index, entre l'ongle et la chair, en la maison d'vn Apoticaire nommé de Farges, lequel dispensoit alors le theriaque, auquel ie demanday à voir les viperes qu'il deuoit mettre en la composition. Il m'en fit monstrer assez bon nombre qu'il gardoit en vn vaisseau de verre, où i'en prins vne, et fus mords d'icelle voulant voir ses dents, qui sont en la mandibule superieure de sa gueule, couuertes d'vne petite membrane en laquelle elle garde son venin, lequel s'imprime (comme i'ay dit) en la partie, incontinent qu'elle y a fait ouuerture. Et ayant receu ceste morsure, ie sentis subit vne extreme

douleur, tant pour la sensibilité de la partie qu'à cause du venin : alors ie me serray bien fort le doigt au dessus de la playe, à fin de faire sortir le sang et vacüer le venin, et garder qu'il ne gaignast au dessus [1]. Puis demanday du vieil theriaque, lequel delayay auec eau de vie, en la main de l'vn des seruiteurs dudit de Farges, et trempay du cotton en la misture, et l'appliquay sur la morsure : et aprés peu de iours ie fus guary sans aucun accident, auec ce remede seul.

En lieu de theriaque, on peut asseurément vser de methridat. On peut pareillement vser de tous remedes poignans et fort attirans, pour obtondre la malice du venin : comme la squille cuite sous la cendre, ou des ails et porreaux pilés, et appliqués dessus.

Autre. Prenez farine d'orge delayée auec vinaigre, miel, crottes de chéure, et appliquez dessus en forme de cataplasme.

Autre. Tout promptement on doit lauer et fomenter la playe auec vinaigre et sel, et vn peu de miel [2].

Galien dit au liure *de la Theriaque à Pison*, que l'on attire le venin d'vne morsure de vipere, y appliquant vne teste de vipere sur la playe : autres y mettent la vipere entiere bien pilée.

[1] J'appellerai l'attention du lecteur sur cette sage précaution de la ligature, que Paré a oublié de mentionner dans les préceptes généraux du livre actuel, mais qu'il avait très bien signalée dans le livre des *Playes d'harquebuses* de 1552 et 1564. Voyez tome II, page 192.

[2] Ici se terminait le chapitre en 1575 ; le reste est de 1579.

CHAPITRE XXIV.

DV SERPENT APPELÉ COVLE-SANG.

Le Coule-sang a esté ainsi appellé, pour autant que le sang coule par tous les conduits du corps qui en a esté mordu. C'est vn petit serpent comme vne vipere, ayant les yeux fort ardans, et sa peau fort luisante. Auicenne dit qu'il a le dos marqueté de taches noires et blanches, et le col fort estroit, et la queue fort menue.

Les accidens qui suiuent sa morsure, c'est que la partie deuient noire, à cause que la chaleur naturelle est esteinte par la malice du venin, lequel luy est ennemy mortel, puis vn mal de l'estomach et du cœur qui facilement se ressentent du venin, ennemy capital desdites parties, et principalement en maladie veneneuse : ainsi que nous voyons aduenir en la peste, laquelle est suiuie incontinent par les vomissemens, qui ne se font pour autre cause que pour la mauuaise disposition qu'ils sentent. Il s'ensuit aussi grand flux de ventre, qui se fait tant à cause de l'estomach debile, qui ne peut faire son deuoir, que pour autant que les veines esparses par les intestins laissent couler le sang, lequel meslé par les viandes non digerées, est cause de ce flux de ventre. Et d'auantage le sang sort par le nez, par la bouche, oreilles, siege, par la verge, vulue, et par les coins des yeux, et des genciues, lesquelles se pourrissent, et les dents tombent. D'abondant vne difficulté d'vriner et respirer, conuulsion vniuerselle, puis la mort.

Les remedes sont de scarifier promp-tement et brusler la partie, ou du tout la couper, s'il est possible : puis vser de remedes attractifs propres aux venins.

CHAPITRE XXV.

DV SERPENT NOMMÉ POVRRISSEVR.

Le Pourrisseur a esté ainsi nommé, pour autant que la partie de ceux qu'il a mordus est subitement pourrie par la malignité de son venin. Il est semblable au Coule-sang, reste qu'il esleue sa queuë en haut et l'entortille comme vn pourceau fait la sienne [1].

Pausanias escrit que le Roy d'Arcadie fut blessé par vn pourrisseur, et dit que ce serpent est de couleur cendrée, ayant la teste large, le col estroit, le ventre gros, et la queuë courbée, et chemine obliquement en la maniere des Cancres, ayant des taches separées les vnes des autres, riolées piolées, c'est à dire de diuerses couleurs, comme un tapis velu.

Les accidens que cause sa morsure sont, grande douleur, qui est faite à cause de son venin bruslant et pourrissant entre tous autres venins, puis vne cheute vniuerselle du poil. Aëce adiouste d'auantage encore plusieurs autres : comme flux de sang par la playe, et peu aprés vne sanie puante, et grande enfleure en la partie. Voila comme par la malignité de ce venin pourrissant, non seulement les esprits sont vaincus, mais aussi tout le corps, comme si le feu y auoit passé : ainsi que nous voyons aduenir en temps de peste, chaud et humide, où il appert

_____
[1] *Nicandre.* — A. P.

aposteme pestifere, charbons, et autres pourritures.

Et quant aux remedes, ils doiuent estre semblables comme ceux que nous auons escrit de la vipere.

CHAPITRE XXVI.

DV BASILIC.

Entre tous les serpens, le Basilic est le plus venimeux, comme estant mesme le venin des autres.

Nicandre dit que lors qu'il se traine, tous les autres le fuyent et luy quittent la place : estant comme aduertis par son sifflet, tant de l'heure de son arriuée que de son depart.

Galien dit [1] que le basilic est vn serpent iaunastre, ayant la teste munie de trois petites eminences, ou enleueures, marquetée de taches blancheastres, en forme de couronne, et pour ceste cause il a esté nommé Roy des Serpens. Par sa morsure, et son sifler, et toucher, fait mourir tous autres animaux. D'auantage son venin est si cruel, que si on le regarde trop attentiuement, tue ceux qui le regardent.

Solin escrit que le corps mort du basilic a encore de grandes vertus : pour ce ceux de Pergame l'ont achepté à grand prix, pour empescher les araignes de faire leurs toiles dedans le temple d'Apollon, et les oiseaux d'y faire leurs nids, estant pendu audit temple. Estant mort, nulles bestes sentant l'odeur de sa charongne, n'osent le toucher pour le manger : et si par fortune ils en mangent, ils meurent subitement, non seulement pour auoir mangé de son corps, mais aussi pour auoir mangé des bestes mortes par sa morsure. Pour ces raisons Lucain escrit :

Le Basilic tout seul est regnant par le sable,
Où sifflant il se rend à tout autre effroyable :
Plus qu'vn autre venin le sien est dangereux,
Qui chacun va chassant du regard de ses yeux.

Il fait mourir les herbes et arbrisseaux par où il passe, non seulement par son toucher, mais aussi par son haleine.

Pline dit [1] qu'en Egypte y a vne fontaine nommée Nigris, près de laquelle y a vn animal petit, et malaisé de ses membres, qui est la mort du genre humain. Il est de longueur de douze doigts, et est orné par la teste, comme vn diadesme, d'vne tache blanche : son corps est iaunastre. Lors qu'il rampe, il leue la partie de deuant de son corps, et la porte droite, ne s'aidant à cheminer que de celle de derriere. La region Cyrenaïque le produit. Pline dit que la belette est son ennemie mortelle, et qu'elle le fait mourir de sa seule haleine : qui est que la bonne Nature n'a iamais voulu laisser vne telle peste, sans vn contraire qui est la belette, laquelle a autant de force contre le basilic, que luy mesme a contre les hommes. Aussi que le lion, combien qu'il soit hardy et furieux entre tous les animaux, craint toutesfois le coq, qui est vne beste sans force et resistance à comparaison.

Erasistrate dit que le lieu de la morsure du basilic tout subit deuient iaulne comme or, et le corps tout enflé, et que la chair des muscles tombe par morceaux toute pourrie : et baille

---

[1] Galien, *liure de la theriaque à Pison.* — A. P.

[1] Pline, *liu. 8. chap. 21.* — A. P.

contre son venin vne dragme de castorée à boire auec du vin ou du suc de pauot.

Aëce dit estre vne chose superflue que d'escrire aucun remede contre sa morsure, d'autant que la subite dissolution des esprits estant faite, il est impossible de donner remede à temps.

CHAPITRE XXVII.

DE CERTAINS SERPENTS ESTRANGES.

Iean Leon Africain escrit en son liure d'Afrique, qu'à Calicut on trouue des serpens d'estrange façon, estans de la hauteur d'vn gros pourceau, ayans la teste plus grosse et plus hideuse, et quatre pieds, estans fort dommageables aux habitans. Il y en a qui sont si venimeux, que par leur morsure la personne tombe subitement morte. Et si quelqu'vn auoit tué vne de ces bestes, le roy le feroit mourir comme s'il auoit tué vn homme. Le roy et les habitans du païs ont vne folle opinion de ces bestes, estimans qu'ils sont les esprits de Dieu, disant que si ainsi n'estoit, ils n'auroient la puissance de mettre un homme à mort par leur simple morsure : de sorte que ces animaux ont ce credit de se pourmener parmy la ville, connoissant bien ceux qui ne les craignent pas, ausquels ne font aucun mal. Combien (dit-il) que de son temps il soit aduenu, que par vne nuict l'vn de ces animaux entra dedans vne maison où il mordit neuf personnes, que l'on trouua au matin roides mortes, et fort enflées. Et nonobstant cela, ils ne laissent les auoir en grande admiration, tellement

que si en allant en quelque voyage ils rencontrent vne de ces bestes, ils le reputent de bon-heur, esperans de cela que leurs affaires et entreprises ne peuuent venir qu'à bon port.

Il dit plus, qu'au royaume de Senegua y a des serpens longs de deux pas et plus, et n'ont ailes ny pieds : mais ils sont si gros qu'ils engloutissent vne chéure entiere sans la desmembrer : croyez-le si vous voulez [1].

CHAPITRE XXVIII.

DE LA SALAMANDRE.

La Salamandre ne fait seulement mourir les personnes par le venin de sa morsure, comme les autres serpens venimeux : mais aussi infecte de sa baue les fruicts et les herbes par où elle passe, et d'une certaine humeur espaisse qui lui sort de tout le corps, comme vne sueur, au grand danger de ceux qui mangent desdites herbes, comme on a veu par experience en plusieurs qui en sont morts. Parquoy ne faut trouuer estrange si aucuns modernes ont dit, qu'aucunes maisons estoient entierement peries pour auoir beu de l'eau des puys, dedans lesquels vne salamandre estoit par fortune tombée sans y penser : car si elle grimpe sur vn arbre, elle infecte tout le fruict, et fait mourir tous ceux qui en mangent, de la qualité froide et humide de son venin, n'estant en rien differente de l'aconit.

Aëce dit que ceux qui auront aualé du venin de la salamandre, il sort

---

[1] Cette singulière façon d'exprimer le doute ne se lisait pas en 1579 ; elle n'a été ajoutée ici qu'en 1585.

de leurs corps taches blanches, puis noires, lesquelles se pourrissans, font tomber le poil de tout le corps[1].

On remedie à leur venin par vomissemens et clysteres, en donnant aussi du theriaque et methridat. Auicenne ordonne mesmes remedes qu'on donne contre l'opion, parce qu'ils sont tous deux de nature froide : et pour l'alexitere propre à tel venin, c'est la terebenthine, le storax, la graine d'ortie, et les fueilles de cyprés.

Dioscoride dit la salamandre est vne espece de lezart de diuerses couleurs : et est folie de dire qu'elle ne se brusle point au feu. Pline dit qu'elle est si froide, qu'elle esteint le feu au toucher seulement, comme la glace[2] : ce qu'elle fait mise sur les charbons, comme on feroit vne carbonnade qu'on y voudroit rostir. Toutesfois Matthiole dit, qu'estant iettée au milieu d'vne grande flamme, subit est consommée. C'est, dit-il, grande folie vouloir croire que le feu ne la peut consommer, et qu'elle en vit comme le cameleon de l'air.

La salamandre est noire, semée de grandes taches iaunes, en figure d'estoiles. Elle a vne vertu chaude, corrosiue, et vlceratiue : on en vse aux medicamens, comme des cantharides, à faire vessies, pour nettoyer et consommer les matieres coniointes en quelque partie exterieure du corps aux lepreux.

CHAPITRE XXIX.

DE LA TORPILLE.

La torpille est ainsi nommée, à cause qu'elle rend les membres en-

dormis. Elle vit aux riuages fangeux, de chair des autres poissons, qu'elle prend par finesse : car estant cachée dans le limon, elle rend les poissons qui s'approchent d'elle tellement endormis, estourdis et immobiles, qu'elle les prend, et en iouit à son plaisir. Non seulement a ceste vertu contre les poissons, mais aussi contre les hommes : car si vn homme luy touche auec vne verge, elle luy endormira le bras : aussi fait-elle aux pescheurs qui l'ont prise en leurs rets.

Ce que tesmoigne Pline liure xxxij. chap. j. Ce qui est confirmé par le docte seigneur du Bartas au cinquiéme liure de la Sepmaine, par ces vers[1] :

La Torpille, qui sçait qu'elle porte en son flanc
Vn hyuer insensible, vn pestiferé sang,
Vn inconnu pauot, vne haleine cruelle,
Qui roidit tous les corps qui s'auoisinent d'elle :
Verse traistreusement sur les proches poissons
Ie ne sçay quels venins, ie ne sçay quels glaçons,
Dont l'estrange vertu s'espandant par les ondes
N'arreste seulement leurs troupes vagabondes,
Ains mesme endort leurs sens : puis se paist de
                leurs corps,
Dont les membres gelés sont et morts, et non
                morts.

CHAPITRE XXX.

DE LA MORSVRE D'ASPICS[2].

La playe de l'aspic est petite comme la piqueure d'vne aiguille, et ne fait aucune enfleure. Les accidens qui aduiennent aprés la morsure, sont, que les malades se sentent tost aprés

---

[1] *Ætce liu. 11.* — A. P.
[2] *Liure 10. chap.* 67. — A. P.

[1] Ces citations de Pline et de Dubartas n'ont été ajoutées ici qu'en 1585.

[2] Ce chapitre est exactement copié du chap. 14 de 1575, sauf le dernier paragraphe, qui est d'une date plus récente.

la veuë troublée, et plusieurs douleurs par le corps assez legeres, et sentent douleurs à l'estomach, et la peau du front se ride, et le malade clinotte tousiours les yeux, comme s'il auoit vouloir de dormir : et tost aprés, et le plus souuent dedans trois iours, autres en huit heures, meurt en conuulsion, si on n'y donne ordre. Le masle fait deux piqueures, et la femelle quatre, comme font les viperes.

Or le venin de l'aspic fait congeler le sang és veines et arteres : et partant faut donner, pour contrarier à iceluy, choses calefactiues et de ténue substance, comme eau de vie en laquelle on aura dissout theriaque ou methridat, et autres semblables : aussi on en appliquera dedans la playe, et fera l'on eschauffer le patient par bains, frictions et ambulations, et autres semblables. Lors que la partie morse deuient purpurée, noire ou verdoyante, telle chose demonstre que la chaleur naturelle est suffoquée et esteinte par la malignité du venin : alors la faut amputer s'il est possible, et que les forces le permettent.

De Vigo en sa *Pratique de Chirurgie*, dit auoir veu à Florence vn charlatan Triacleur, lequel pour mieux vendre son theriaque, se fit mordre à vn aspic, de laquelle morsure il mourut en quatre heures. Matthiole semblablement le recite, et dit qu'ils estoient deux charlatans, dont l'vn habloit et haranguoit mieux que l'autre pour mieux faire valoir ses denrées, lequel conceut vne enuie mortelle contre son compagnon : parquoy trouua moyen de luy changer son aspic, qui auoit ja perdu sa virulence par la longue nourriture, et l'ayant osté de sa cassole, y en mit vn autre recentement pris et tout affamé. Dont aduint que ce habladour pensant que ce fust le sien, se fit mordre au tetin, ainsi qu'il auoit de coustume, et print aprés de son theriaque, lequel ne luy seruoit qu'à donner couleur pour abuser et tromper le peuple, qui voyant ceste beste le mordre sans en ressentir aucune offense, couroit aprés luy, estimant son theriaque souuerain. Mais le pauure charlatan trompé par son compagnon, qui luy auoit changé sa beste priuée et alterée de son venin, en moins de quatre heures laissa la vie : et les accidens qui luy suruindrent, furent qu'il perdit la veuë, et tous ses autres sens : sa face deuint liuide, et la langue fort noire : et eut grand tremblement de tous ses membres, auec sueur froide et defaillance de cœur, puis la mort, et ce en la presence des assistans : et subit le meurtrier gaigna au pied.

Matthiole dit que ces charlatans triacleurs, pour tromper le peuple à mieux vendre leur theriaque, prennent aspics et viperes, long temps aprés le printemps, lors qu'ils ont ietté le plus dangereux de leur venin : puis les appriuoisent par viandes non accoustumées, et leur font changer en partie la nature venimeuse : et aprés ce, les font mordre dedans de gros morceaux de chair, à fin de tirer leur venin enclos en vne petite membrane qui est entre leurs dents et genciues : puis ils leur font remordre sur l'heure quelque composition, qui leur estouppe les conduits par lesquels le venin a de coustume de sortir : tellement qu'aprés qu'elles mordent, leur morsure n'apporte aucun danger. Et par ce moyen ces larrons et pipeurs de charlatans se font admirer au simple peuple, auquel ils vendent leur theriaque falsifié bien et cherement [1].

Christofle l'André , en son liure intitulé *Oecoiatrie* , dit qu'aux isles d'Espagne y a grande multitude de serpens, aspics et autres bestiaux veneneux , contre la morsure desquels iamais le theriaque ne peut seruir : et par experience on a trouué ce remede tres-excellent.

Prenez des feuilles de Tapsus barbatus, caryophyllata , giroflier rouge, autant d'vn que d'autre : faites les boüillir en fort vinaigre et vrine d'homme bien sain, et en fomentez la partie.

Et si le venin a esté ja long temps gardé , faut que le malade boiue quatre doigts de ladite decoction à ieun, deux heures deuant manger. Ledit autheur iure Dieu , que tel remede est bien experimenté , et qu'il s'oseroit bien faire mordre au plus dangereux aspic, sans en receuoir aucun mal.

CHAPITRE XXXI.

DE LA MORSVRE DE COVLEVVRE [2].

Quant est de la morsure de la couleuure , ie produiray icy vne histoire. Le Roy estant à Moulins , M. le Féure Medecin ordinaire du roy, M. Iaques le Roy , chirurgien ordinaire dudit seigneur, et moy, fusmes appellés pour medicamenter le cuisi-

[1] Ici finissait le chapitre en 1575 ; le reste est de 1579.

[2] Ce chapitre est entièrement le même que le chap. 15 du livre de 1575.

nier de madame de Castelpers, lequel en cueillant en vne haye du houblon pour faire vne salade, fut mords d'vne couleuure sur la main , et succa le sang de la playe, dont tost aprés la langue s'enfla si fort qu'il ne pouuoit qu'à bien grand'peine parler ny estre entendu. D'auantage tout le bras iusqu'à l'espaule s'enfla et boursoufla grandement , de façon qu'on eust dit qu'on l'auoit soufflé : et disoit le patient y sentir vne extreme douleur, et tomba en nos presences deux fois en defaillance de cœur, comme estant mort , et auoit la couleur du visage et de tout le corps iaunastre et plombine. Nous , voyans tels accidens , disions la mort estre prochaine : neantmoins il ne fut laissé sans secours : qui fut luy lauer la bouche de theriaque destrempé en vin blanc, puis luy en fut donné à boire auec eau de vie. Et sur son bras boursouflé , ie luy fis plusieurs scarifications assez profondes , et mesmement sur la morsure , et laissay suffisamment fluer le sang (qui n'estoit qu'vne serosité) : puis aprés furent lauées d'eau de vie en laquelle i'auois fait dissoudre du theriaque et methridat. Et aprés le patient fut posé dedans vn lit bien chaudement, et le fit-on suer, le gardant de dormir, de peur que le venin ne se retirast auec la chaleur naturelle au cœur. Et veritablement le lendemain tous les accidens furent cessés, et fut tost aprés guari desdites scarifications . Toutesfois l'vlcere de la morsure fut tenue longuement ouuerte, y appliquant tousiours du theriaque auec les autres medicamens. Ainsi ledit cuisinier receut entiere et parfaite guarison.

Et te suffise de ceste histoire pour preuoir à la morsure de la couleuure.

CHAPITRE XXXII.

DE LA MORSVRE DV CRAPAVT[1].

Encores que les crapaux n'ayent des dents, neantmoins ne laissent d'empoisonner la partie qu'ils mordent de leurs babines et genciues, qui sont aspres et rudes, faisans passer leur venin par les conduits de la partie qu'ils mordent. Aussi iettent leur venin par leur vrine, baue et vomissement sur les herbes, et principalement sur les fraises, dont ils sont fort friants. Et ne se faut esmerueiller si, après auoir pris de tel venin, les personnes meurent de mort subite. Dont en cest endroit ne veux laisser en arriere vne histoire, que depuis peu de iours vn homme d'honneur m'a recité.

Deux marchans estans à vne disnée prés de Toulouse, s'en allerent au iardin de leur hoste cueillir des fueilles de sauge, lesquelles mirent en leur vin sans estre lauées : et deuant qu'ils eussent acheué de disner, perdirent la veuë, ayans premierement vne vertigine, tellement qu'il leur sembloit que la maison tournast sens dessus dessous : et tomberent en spasme et defaillance de cœur, ayans les léures et la langue noire, et balbutioient, et auoient le regard hideux et de trauers, ayans vne sueur froide auec grands vomissemens, et enflerent bien fort, et peu après moururent : dont l'hoste et generalement tous ceux de la maison furent bien

fort estonnés. Et tost aprés on les saisit et les mit-on en prison, leur mettant sus auoir empoisonné les deux marchands. Et les ayant tous interrogués sur le crime qu'on leur imposoit de les auoir empoisonnés, dirent qu'ils auoient mangé et beu de mesmes viandes, reste qu'ils n'auoient mis de la sauge en leur vin. Adonc le iuge fit appeler vn Medecin pour sçauoir si on pouuoit empoisonner la sauge : et dit que ouy, et qu'il falloit aller au iardin, pour sçauoir si on pouuoit apperceuoir quelque beste venimeuse, qui peust auoir ietté son venin dessus. Ce que veritablement on trouua, qui estoit grand nombre de crapaux gros et petits, lesquels estoient logés en vn trou sous la sauge, assez profondement en terre, et les fit-on sortir en foüillant et iettant de l'eau chaude autour de leur demeure. Et là fut conclu que la sauge estoit empoisonnée, tant par la baue que de l'vrine des crapaux [1], et l'hoste auec sa famille absolut.

Et partant nous recueillirons par ceste histoire, qu'on ne doit manger aucunes herbes, ny des fraises, que premierement elles n'ayent esté bien lauées : et aussi que l'exhalation, morsure, baue, et vrine des crapaux sont fort venimeuses. Pareillement il se faut bien garder de dormir aux champs, ayans la bouche prés de quelque trou où les crapaux et autres bestes venimeuses font leur demeure, de peur d'attirer leur venin en respirant, qui pourroit estre cause de la mort du dormant. Aussi faut

---

[1] Ce chapitre répond mot pour mot au chap. 16 de l'édition de 1575, sauf quelques additions à la fin, qui sont d'une date plus récente.

[1] J'ai adopté en cet endroit le texte uniforme de toutes les éditions faites du vivant de l'auteur. Il est bon de noter cependant que la premiere édition posthume ajoutait : *et par leur vapeur venimeuse.*

euiter de mangen des grenoüilles au mois de May, à cause que les crapaux fraient auec elles : ce qu'on voit à l'œil au mois de May, aux marests et autres lieux où elles habitent. Il y en a de petits, qui sont quelquesfois auallés des bœufs et vaches auec les herbes qu'ils paissent, et tost aprés il leur suruient vne telle enfleure de tout le corps, qu'ils en creuent le plus souuent.

Or ce venin n'est seulement dangereux pris par dedans, mais aussi estant attaché au cuir par dehors, ainsi qu'il aduient lors qu'ils iettent leur venin quand on les tue ou autrement. Parquoy il faut promptement essuyer et lauer le lieu d'vrine, ou d'eau salée, ou autres choses qui ont esté cy dessus declarées aux morsures des chiens enragés.

Les accidens qui aduiennent de leur venin sont, que le malade deuient iaune, et tout le corps luy enfle, en sorte qu'il ne peut auoir son haleine, et halette comme vn chien qui a grandement couru : parce que le diaphragme (principal instrument de la respiration) ne pouuant auoir son mouuement naturel, redouble incontinent, et fait haster le cours de la respiration et expiration. Puis luy viennent d'abondans vertigines, spasme, defaillance de cœur, et aprés la mort, s'il n'est promptement secouru. Ce qui aduient non à raison de la qualité de leur venin, lequel est froid et humide, mais de sa malignité particuliere, laquelle pourrit les humeurs.

Or d'autant que ce venin est ennemy mortel de toute sa substance, il le faut combattre tant par qualités manifestes, que par antidotes ou contrepoisons. Qui se fera par vomisse-

mens (principalement si le venin est donné par boire ou manger) par clysteres, et toutes choses chaudes et de subtiles parties, comme bon vin auquel on aura dissout theriaque ou methridat, et autres choses qu'auons par cy deuant declarées aux morsures des chiens enragés. Aussi les bains, estuues, et grand exercice sont à loüer, à fin de dissoudre, subtilier et euacuer l'humeur venimeux [1].

Rondelet en l'*Histoire des Poissons* dit que le crapaut est vestu d'vne grosse peau dure, et mal-aisée à percer et rompre, parce qu'il se coufle et enfle, se remplissant d'air, au moyen de quoy il resiste aux coups : peu souuent mord, mais il iette vne vrine et haleine venimeuse à ceux qui le sentent, demeurans enflés par tout le corps, et bientost meurent. Il dit auoir veu vne femme qui mourut pour auoir mangé des herbes sur lesquelles vn crapaut auoit haleiné et ietté son venin. Les mechans bourreaux empoisonneurs en font plusieurs venins, lesquels il faut plutost taire que dire.

Iceluy a la vessie fort grande, où il garde quantité d'vrine, qu'il iette contre ceux qui l'assaillent. Les alexiteres et contrepoisons sont, boire du jus de betoine, de plantain et d'armoise : pareillement le sang de tortue, auec farine, et reduit en pilules, puis destrempé auec du vin.

Pline dit que leur ratte et cœur resiste contre leur venin.

L'opinion du vulgaire est fausse, pensant qu'on trouue dedans leur teste vne pierre nommée *crapaudine*, bonne contre le venin.

[1] Là finissait le chapitre en 1575; tout ce qui suit a été ajouté en 1579.

CHAPITRE XXXIII.

DE LA PIQVEVRE DV SCORPION TERRESTRE [1].

Le scorpion est vne petite beste ayant le corps en oualle, et a plusieurs pieds, et la queuë longue, faite en maniere de patenostres attachées bout à bout l'vne contre l'autre, la derniere plus grosse que les autres et vn peu plus longue, à l'extremité de laquelle il y a vn aiguillon, et aucuns en ont deux, lesquels sont creux, remplis de venin froid, par lesquels ils iettent leur venin dedans la playe qu'ils piquent. Il a de chaque costé cinq iambes fourchues en maniere de tenailles : les deux de deuant sont beaucoup plus grandes que les autres, et faites en maniere de celles d'vne escreuisse. Il est de couleur noirastre, comme de couleur de suye : il chemine de biais : il s'attache si fort auec le bec et pieds contre les personnes, que bien difficilement on le peut arracher. Aucuns ont des ailes semblables à celles des sauterelles qui mangent les bleds, qui ne sont trouués en France : et iceux volent de region en autre, ainsi qu'on voit des fourmis volans. Ce qui est vray-semblable, parce que les paysans de Castille (ainsi qu'escrit Matthiolus) en labourant la terre, trouuent souuent en lieu de fourmilieres, vne bien grande quantité de scorpions qui s'y retirent l'hyuer. Pline escrit [2] qu'en Ethiopie, y a vn grand pays desert pour raison des scorpions, qui n'y ont laissé ny gens ny bestes.

Les anciens font plusieurs especes et differences de scorpions, lesquels sont distingués selon les diuersités de couleurs, comme iaunes, roux, cendrés, verds, blancs, noirs : les vns ayans des ailes, les autres point. Ils sont plus ou moins mortels, selon les regions où ils habitent, comme en la Toscane et en Scythie sont fort venimeux : en autres regions comme en l'isle de Pharo et à Trente [1], leur piqueure n'est venimeuse, et n'en aduient aucun mauuais accident.

Il suruient inflammation en la partie offensée, auec grande rougeur, dureté, tumeur et douleur, laquelle se change, à sçauoir, tantost chaude et tantost froide : aussi accroist intempestiuement, et par interualle cesse, puis tost aprés accroist : pareillement le malade a vne sueur et frissonnement, comme ceux qui ont la fiéure, et a vne horripilation, c'est à dire que les cheueux luy dressent. Il sent aussi des ponctions parmy le corps, comme si on le piquoit auec aiguilles, et grande quantité de vents par le siege : il a volonté de vomir, et aller à ses affaires, et n'y peut toutesfois aller : et tombe en defaillance de cœur, fiéure continue, et deuient enflé : et si on ne luy donne secours, la mort s'ensuit.

Antonius Beniuenius au liure 1, chap. 56, dit auoir eu vn seruiteur, lequel fut piqué d'vn scorpion, et tout subit luy suruint vne sueur froide comme glace : fut preserué de la mort en beuuant du theriaque dissout en vin [2].

---

[1] Ce chapitre répond presque mot pour mot au chap. 17 du livre primitif, qui portait seulement pour titre · *De la piqueure du scorpion.*

[2] Pline, *liu. 8. chap. 29.* — A. P.

[1] Edition de 1575 : *et aux regions froides, comme à Trente.*

[2] Cette citation de Benivenius est une addition de 1585.

Dioscoride liure 2, chapitre 10 [1], dit que le scorpion terrestre crud escaché ou broyé, et mis sur la piqueure, ou l'huile d'iceluy, est son vray alexitere. On le mange aussi rosti et bruslé pour ce mesme effect, de quoy l'experience fait foy.

Autre remede. Prenez laict de figuier, et instillez en la playe : tel remede guarit promptement.

Autre. Prenez calament broyé, et appliquez dessus. Aussi la farine d'orge incorporée en decoction de rue et appliquée dessus.

Et pour remede excellent, il se faut ietter dedans vn bain, et se faire tresbien suer. Pour seder la douleur promptement, il faut piler des escargots auec leur coquille, et les appliquer dessus la piqueure. Aussi le soulphre vif puluerisé, et incorporé auec terebenthine, est souuerain remede. La rue pilée, et appliquée dessus, est bonne. Aussi pour vn singulier remede on y applique l'herbe nommée *Scorpioïdes*, dont on a pris le nom.

Autre remede. Racine de couleurée boulue, et pilée auec vn peu de soulphre.

Autre. Les aulx pilés, soulphre et huile vieille meslés ensemble et appliqués dessus.

Autre. L'agaric puluerisé ou en decoction, cure leur piqueure.

Pour les chasser, il faut faire suffumigation de soulphre et galbanum. L'huile aussi faite d'iceux, appliquée aux trous où ils habitent, garde qu'ils n'en peuuent sortir. Autant en fait le jus de raifort [2]. Et pour les garder qu'ils n'approchent et piquent per-

sonne, il se faut frotter de jus de raifort ou d'aulx : car par ce moyen iamais n'approchent de celuy qui s'en sera frotté.

Plusieurs autres remedes ont escrit les anciens, mais ie n'ay pris que ceux qu'on peut aisément recouurer, et sont grandement loüés par dessus tous autres.

CHAPITRE XXXIV.

DE LA MORSVRE ET PIQVEVRE DES MOVSCHES ET CHENILLES [1].

Les abeilles ou auettes, les guespes, les freslons, les bourdons, les tahons, aprés auoir fait ouuerture au cuir, les vnes par leur morsure, les autres par leur piqueure, causent vne grande douleur pour la malignité du venin qu'elles iettent en la playe, laquelle toutesfois n'est pas tousiours mortelle : vray est que se iettans icelles bestes en grand nombre sur vn homme, elles le peuuent tuer : car on en a mesme veu mourir les cheuaux.

Ceux qui en sont inopinément offensés, pour la grande douleur qu'ils sentent, estiment que ce soit quelque autre beste venimeuse : et pour ceste cause il est bon sçauoir les signes et accidens de leur pointure. C'est qu'ils

---

[1] L'édition de 1575, au lieu de Dioscoride, citait : *Matheolus, liure deuxieme.*

[2] Le livre de 1575 ajoutait : *et de laict, et huile faite d'iceux.* Je ne sais ce qu'il enten-

dait par le jus de lait, à moins qu'il ne faille lire : *et le laict ;* dans tous les cas, ceci a été rayé dès 1579.

[1] Ce chapitre est formé de la réunion de deux chapitres du livre de 1575, le 18e, ayant pour titre : *De la morsure et de la piqueure des mousches ;* et le 19e, intitulé : *De la morsure des chenilles.* Il n'y a du reste absolument rien de changé au texte primitif, si ce n'est une petite addition qui sera notée plus bas.

causent grande douleur, laquelle demeure iusques à ce que leurs dents ou piquerons soyent ostés : et le lieu deuient promptement rouge et enflé à l'entour, et s'y forme vne vessie, pour cause de la virulence qu'elles iettent ayans fait ouuerture du cuir.

Pour la curation, il faut promptement sucer le lieu le plus fort que l'on pourra, pour oster leurs dents ou aiguillons : et si par ce moyen ne peuuent estre extraites, faut inciser le lieu (si la partie le permet) ou prendre cendres et leuain et huile incorporés ensemble, et l'appliquer dessus.

Autre remede. Il faut mettre la partie en eau chaude et la bassiner par l'espace de demie heure ou plus, et aprés lauer la playe d'eau sallée.

Autre. Le cresson pilé et appliqué dessus sede la douleur, et resout l'humeur contenu en la tumeur. Autant fait la fiente de bœuf destrempée en huile et vinaigre, et appliquée assez chaude dessus.

Autre. Féues maschées et appliquées dessus, sedent pareillement la douleur. Aussi fait la berle pilée auec oxycrat. Aucuns commandent prendre desdites mouches et les escacher et en frotter le lieu, et les laisser dessus, ainsi qu'on fait aux piqueures de scorpions.

Autre. Faut prendre vinaigre, miel et sel, et le plus chaud qu'on pourra en frotter le lieu, et y laisser vn linge en double dessus.

Autre. Prenez soulphre vif puluerisé, et incorporé en saliue d'homme, et appliquez dessus.

Autre. Laict de figues non meures, incorporé auec du miel, est aussi vn souuerain remede.

On peut estre asseuré sur tous remedes, du theriaque (que Galien approuue au liure *De theriaca ad Piso-*

nem) le disant estre le plus salubre remede dont on puisse vser aux piqueures et morsures des bestes venimeuses, comme i'ay dit cy dessus.

Pour garder que lesdites mouches ne mordent et piquent, il se faut oindre le corps de jus de maulue incorporé auec huile : et pour les chasser bientost, il faut faire parfum de soulphre et d'aulx [1].

Galien dit que la guespe a ceste malice, que voyant vne vipere morte, elle s'en va tremper son aiguillon au venin d'icelle, et de là (dit-il) les hommes ont appris à empoisonner les fleches.

Les chenilles rousses et veluës, appellées en latin *Multipedes*, engendrent grande demangeaison, rougeur et tumeur au lieu qu'elles mordent, où seront attachées ou escachées : et celles qui seront nourries és pins encores plus. Les oignons pilés auec vinaigre est vn singulier remede pour appliquer au lieu, et pareillement les autres remedes qu'auons escrit aux morsures et piqueures des mousches.

CHAPITRE XXXV.

DE LA MORSVRE DES ARAIGNES [2].

Les araignes ourdissent leur toile de diuerse façon, et y font vn petit trou, dans lequel sont tousiours en embuscade pour attraper et prendre les mousches et mouscherons, desquels elles se nourrissent. Il y en a de

[1] Ici se terminait le chapitre 18 du livre de 1575 ; le paragraphe qui suit est de 1579, et le dernier paragraphe constituait à lui seul le chap. 19 du livre primitif.

[2] Ce chapitre est textuellement le même que le 20e chapitre du livre de 1575.

plusieurs especes : l'vne est appellée *Rhagion*, laquelle est ronde et de couleur noire, comme vn grain de raisin dont elle porte le nom : elle a la bouche au milieu du ventre, et les iambes courtes, et fait mesme douleurque le scorpion. Il y en a vne autre espece nommée *Loup*, pour-ce qu'elle ne chasse seulement aux mousches communes, mais aussi aux abeilles et aux tahons, et generalement à toutes petites bestioles qu'elle peut attraper en sa toile. La troisiéme espece est appellée *Formillon*, pource qu'elle ressemble à vne grande formis, et est noire, et a le corps marqueté de certaines petites estoiles luisantes, et principalement vers le dos. La quatriéme espece est appellée de Matthiolus *Dysderis*, et est semblable aux mousches guespes, reste qu'elle n'a nulles ailes, et est de couleur aucunement rouge, laquelle ne vit que d'herbes.

Or les anciens tiennent que leur morsure est fort venimeuse, et que le venin est froid, parce que les accidens qui en prouiennent sont grandes ventosités au ventre et froideur des extremités : et au lieu de leur morsure le malade sent vne stupeur et vne grande refrigeration, et a vne grande horripilation.

Il faut lauer la playe promptement de vinaigre le plus chaud qu'on le pourra endurer. Pareillement faut piler des aulx et oignons et les appliquer dessus : ou bien de la fiente de chéure fricassée en vinaigre. Semblablement est bon qu'on prouoque la sueur, soit par bains, estuues, ou autrement. Et sur tout le theriaque est excellent, tant donné par dedans qu'appliqué par dehors.

CHAPITRE XXXVI.

DES MOVSCHES CANTHARIDES [1].

Les mousches cantharides sont resplendissantes comme or, et sont fort belles à voir, à raison de leur couleur azurée parmy le iaune, toutesfois de tres-mauuaise odeur. Elles sont chaudes et seiches iusques au quatriéme degré, et partant corrosiues, bruslantes et venimeuses, non seulement à cause de leur chaleur et seicheresse excessiue, mais aussi à cause d'une particuliere inimitié que Nature leur a donnée, principalement contre les parties dediées à l'vrine [2], non seulement prises par la bouche, mais aussi appliquées par dehors, quand il est besoin de vessier ou vlcerer quelque partie.

Les signes ou accidens d'auoir pris des cantharides par dedans.

Le premier est que le malade sent au goust comme poix noire fondue, qui procede des humeurs vaporeuses bruslées en l'estomach et au foye par la vehemente chaleur putredineuse de leur poison [3] : et tost aprés qu'elles sont entrées dans l'estomach, le rongent et corrodent, et y causent grande douleur, et excitent vne inflammation au foye et aux boyaux, dont il s'ensuit flux de ventre, par lequel le malade iette par ses selles des excremens semblables à l'eau dans laquelle

---

[1] Ce chapitre est presque entièrement copié du chapitre 21 du livre de 1575.

[2] La phrase s'arrêtait là en 1575 ; le reste est de 1579.

[3] Cette phrase explicative : *qui procede des humeurs vaporeuses*, etc., est une addition de 1579.

on a laué chair sanglante, ou comme le flux des dysenteries et caquesangues. Et à cause de l'adustion qu'elles font aux humeurs, suruient fiéure ardente, de façon que les malades deuiennent vertigineux et insensés, ne se pouuans tenir en place, pour les fumées et exhalaisons venimeuses qui montent des parties basses au ceruoau, lequel ressentant telle vapeur, peruertit le iugement et la raison : tous lesquels signes apparoissans, on peut iuger la maladie estre incurable. Et quant aux parties dediées à l'vrine, causent inflammation, excoriation et vicere, auec vne extreme douleur, erection de la verge et tumeur aux hommes, et aux femmes de toutes leurs parties genitales, qui fait que l'vrine sort en moindre quantité, et encores le peu qui en sort est sanguinolent : voire souuentesfois les patiens pissent le sang tout pur, et quelquesfois aussi les conduits de l'vrine sont du tout estoupés, dont s'ensuit gangrene et mortification, et par consequent la mort.

La cure du venin des cantharides prises par dedans ou par dehors, ne differe que selon plus ou moins. Lors que quelqu'vn aura pris des cantharides, faut promptement le faire vomir, et luy donner du laict de vache à boire, lequel a vertu d'esteindre l'ardeur de la poison, et restreindre le flux de ventre, seder la douleur, parce qu'il lenit et adoucit la chaleur et seicheresse. Pour ceste cause, on en vsera tant au boire qu'en clysteres et iniections : et qui n'aura du laict, on vsera d'huile d'oliue ou d'amendes douces, pour adoucir l'acrimonie de leur venin, qui pourroit estre attaché contre les parois de l'estomach et intestins. Et leur fera-on autres choses qui seront recitées par ceste his-

toire, laquelle il m'a semblé bon de reciter, non pour enseigner le moyen d'en vser, mais au contraire à fin de s'en preseruer, et endoctriner le chirurgien où telle chose aduiendroit d'y remedier [1].

Vn Abbé de moyen aage, estant en ceste ville pour solliciter vn procés, sollicita pareillement vne femme honneste de son mestier, pour deuiser vne nuict auec elle, si bien que marché fait, il arriua en sa maison. Elle recueillit monsieur l'Abbé amiablement, et le voulant gratifier, luy donna pour sa collation quelque confiture en laquelle y entroit des cantharides, pour mieux l'inciter au deduit venerique. Or quelque temps après, à sçauoir le lendemain, les accidens que i'ay par cy deuant declarés aduindrent à monsieur l'Abbé, et encores plus grands, parce qu'il pissoit et iettoit le sang tout pur par le siege et par la verge. Les Medecins estans appelés, voyans l'Abbé auoir tels accidens, auec erection de verge, conneurent qu'il auoit pris des cantharides. Ils luy ordonnerent des vomitoires et clysteres, faits d'orge mondé, de ris, de decoction de maulues, semence de lin, de fenugrec, d'huile de lis, suif de bouc ou de cerf, et puis après vn peu de theriaque mixtionné auec conserue de roses, pour faire sortir la poison dehors. Pareillement on luy donna à boire du laict, et on luy en fit aussi des iniections en la verge, et aux intestins, auec autres choses refrigerantes, glaireuses et gluantes, pour cuider obtondre et amortir la virulence et malignité du venin. Or telles choses à bon droit

---

[1] L'édition de 1575 disait simplement : *et leur fera-on autres choses, qui seront recitées par ceste histoire.*

ont esté ordonnées des anciens Medecins, parce qu'elles demeurent longtemps attachées aux parties interieures offensées et vlcerées : ioint aussi qu'elles gardent que le virus n'y peut penetrer : et partant le laict y est fort bon. Aussi le beurre frais beu et ietté en la vessie, et l'huile d'amendes douces recentement tirée : semblablement les mucilages de psyllium, de maulues, de coings : et le syrop de nenuphar, de pauot, de violes, le jus de laictues, pourpié, concombres, de courges, et de melons. Or son boire estoit eau d'orge et ptisane [1] : son manger estoit poullailles, veau, chéureau, cochons gras boullus auec laictues, pourpié, maulues, violiers de Mars, orge, lesquels alimens luy estoient aussi medicamens, tant pour lascher le ventre, que pour adoucir et seder les douleurs de l'acrimonie du venin : et sur la region des reins, lombes, et sur le penil, on mit plusieurs choses refrigerantes et humectantes. D'auantage il fut baigné, pour cuider donner issue au venin par les pores du cuir : mais pour tous ces remedes faits selon l'art, monsieur l'Abbé ne delaissa à mourir auec gangrene de la verge.

Et partant ie conseille à telles dames ne prendre de telles confitures, et moins encores en donner à homme viuant, pour les accidens qui en aduiennent.

[1] L'édition de 1575 portait : *Or son boire estoit d'orge et ptisane : mais pour tous ces remedes faits selon l'art, monsieur l'Abbé ne delaissa à mourir le troisieme iour auec gangrene de la verge.*
Ainsi les autres détails qui suivent sur le traitement ont été ajoutés en 1579 ; mais en revanche cette édition, et par suite toutes les autres, avaient omis ce point important pour l'observation, que la mort était arrivée *le troisième iour.*

Ie raconteray encore ceste histoire.

Depuis quelques ans en ça, vne damoiselle vint à Paris fort couperosée au visage, y ayant de gros saphirs, ou boutons, auec grande rougeur, en sorte que plusieurs qui la voyoient l'estimoient estre lepreuse, iusques à luy interdire de non plus entrer en l'eglise de sa paroisse de peur qu'elle ne gastast les sains. Icelle appella auec moy messieurs Iaques Hollier, et Robert Greaume, Docteurs Regens en la faculté de Medecine, auec Estienne de la Riuiere et Germain Cheual, Chirurgiens iurés à Paris, pour donner aide à son mal. Et après qu'elle nous eut monstré plusieurs receptes des remedes qu'elle auoit pris pour cuider estre guarie : après aussi l'auoir exactement visitée et examinée, fut conclu et accordé, qu'elle n'estoit aucunement lepreuse : parquoy pour guarir sa couperose, on luy appliqueroit vn vesicatoire fait de cantharides, sur toute la face, à fin d'attirer la matiere des boutons, et l'humeur superflu qui estoit pareillement imbu en tout son visage. Ce que ie fis. Et trois ou quatre heures après que le vesicatoire fut reduit de puissance en effet, elle eut vne chaleur merueilleuse à la vessie, et grande tumeur au col de la matrice, auec grandes espreintes : et vomissoit, pissoit et asselloit incessamment, se iettant çà et là comme si elle eust esté dans vn feu, et estoit comme toute insensée, et febricitante : dont ie fus alors esmerueillé de telle chose. Partant ie r'appellay la compagnie, tant les Medecins que Chirurgiens. Et voyant que tels accidens venoient à raison des cantharides qu'on luy auoit appliquées pour faire le vesicatoire, fut aduisé qu'on luy donneroit du laict à boire en grande quantité, aussi qu'on luy en bailleroit en clysteres et iniections, tant au col de la vessie que de la matrice. Semblablement elle fut baignée en eau moderément chaude, en laquelle auoit boüilli semence de lin, racines et fueilles de mauues et guimauues, violiers de Mars, iusquiame, pourpié, laictues : et s'y tint assez long-temps, à cause qu'en iceluy perdoit sa douleur. Puis estant posée dedans le lict, et essuyée, on luy appliqua sur la region des lombes et autour des parties genitales, onguent rosat et populeum, incorporés en oxycrat, à fin de refrener l'intemperature de ses parties. Et par ces moyens les autres accidens furent cessés.

Et quant à son visage, il fut entierement vessié, et ietta grande quantité de sanie purulente : et par ce moyen perdit ceste grande deformité de la face qu'elle auoit auparauant. Et après estre guarie, nous luy donnasmes attestation qu'elle n'estoit aucunement entachée de lepre. Et tost après estant retournée en sa maison, fut mariée, et a eu depuis de beaux enfans, et vit encore sans qu'on l'apperçoiue auoir eu la face escorchée.

Ces deux histoires instruiront le ieune Chirurgien à remedier à ceux qui auront pris des cantharides, tant par dedans que par dehors, s'ils sont appelés pour y preuoir. Or deuant que les susdits accidens soyent suruenus et grandement accreus, on fera au malade boire de l'huile, ou quelque decoction relaxante : pareillement on en baillera par clysteres et iniections, à fin de prouoquer le vomir, et lascher le ventre : et principalement pour garder que le venin n'adhere contre les parties par où il passe : comme lors que nous voulons appli-

quer vn cautere potentiel ou vn vesicatoire sur vne partie, si elle est huileuse ou engraissée, ils ne pourront faire leur operation que premierement on n'ait osté l'onctuosité. Et pour le dire en vn mot, si vn venin a esté prins par la bouche, et est encore en l'estomach, il faut prouoquer le vomir : et s'il est ja descendu aux boyaux gros, il faut donner clysteres : et si on a opinion que sa vertu soit espandue par tout le corps, il faut donner choses qui ont puissance de chasser le venin du centre à la circonference, comme bains, estuues : ou mettre le malade dedans les corps des bestes recentement tuées, comme bœufs, vaches, mules et mulets, et faire autres choses qui prouoquent la sueur, comme auons dit cy deuant.

CHAPITRE XXXVII.

DE LA MOVSCHE NOMMÉE BVPRESTE [1].

La Bupreste est vne mousche semblable à la cantharide, laquelle estant mangée auec l'herbe par les animaux paissans, comme bœufs, moutons, et autres, les fait mourir enflés comme tabourins. Et pour ceste cause est appellée des pasteurs, *Enfle-bœuf*. Et si vn homme en mange, il aura semblables accidens que s'il auoit pris des cantharides : et le fait pareillement enfler, ainsi que si le malade estoit affligé de l'hydropisie nommée *Tympanités*. Cela aduient par les vapeurs, lesquelles s'esleuent des humeurs liquefiés et fondus par la vertu de leur venin.

[1] Ce chapitre est le même que le chap. 22 du livre de 1575.

Les remedes sont semblables à ceux des cantharides.

CHAPITRE XXXVIII.

DE LA SANGSVE OV SVCE-SANG [1].

Les sang-sucs sont venimeuses, et principalement celles qui sont nourries és eaux bourbeuses : et celles qui sont és eaux claires moins. Et pour ceste cause, lorsqu'on s'en veut seruir, il les faut premierement faire desgorger en eau claire, trois ou quatre iours pour le moins : autrement elles laissent le plus souuent des vlceres où elles seront attachées, lesquelles puis aprés seront difficiles à curer : ce qui se fait encore d'auantage si on les arrache par force, pour-ce qu'elles laissent leurs dents en la chair.

Or si quelqu'vn en a avalé vne par inaduertence, il le faut interroger pour sçauoir l'endroit où il la sent tirer. Et si elle demeure au gosier, ou au milieu d'iceluy, pour la faire desmordre faut que le malade se gargarise plusieurs fois de vinaigre auquel on aura dissout vn peu de moustarde : et si elle estoit prés de l'orifice de l'estomach, il faut qu'il aualle peu à peu d'huile auec vn peu de vinaigre : et où elle seroit descendue au fond de l'estomach, le malade la sentira tirer et succer, et quelquesfois crachera le sang, et tombera en vne peur, comme ayant perdu le sens : et pour la faire detacher, boira bonne quantité d'eau tiede auec huile. Et où elle seroit opiniastre, pour la faire

---

[1] Ce chapitre est textuellement le même que le chap. 23 du livre de 1575, à l'exception du dernier paragraphe, qui sert seulement de transition aux chapitres suivants.

encore plus promptement debusquer, on y meslera vn peu d'aloés, ou quelque autre chose amere, et par ce moyen elle sera detachée et vomie : ce qui se connoist en celles qui sont attachées exterieurement, car on les fait demordre et quitter la place en mettant telles choses sur leurs testes. Puis on donnera quelque chose astringente pour estancher le sang de la morsure, comme conserue de roses, auec vn peu de terre scellée, et bol armenic, et autres choses plus astringentes, s'il en est besoin. Car si elles s'attachent contre vn gros rameau de veine ou artere, le sang coulera en plus grande abondance, et par consequent sera plus difficile à estre estanché qu'en vn petit rameau [1].

Les animaux venimeux ne sont seulement sur terre, et és cauernes d'icelle : mais aussi ils se trouuent en la mer des poissons venimeux, comme la murene, la pastenaque, la viue, la torpille, le liéure marin, desquels nous faut à present parler, commençant à la murene.

CHAPITRE XXXIX.

DE LA MVRENE.

La murene est vn poisson de mer, ressemblant à la lamproye, toutesfois elle est plus large et a la gueulle plus grande : elle a les dents fort longues, aiguës et courbées au dedans. Elle est de couleur brune, sa peau couuerte de petites taches blanchastres, le corps long de deux coudées. Les anciens les prisoient beaucoup en

---

[1] Là finissait le chapitre 23 du livre de 1575; ce qui suit est de 1579.

viandes, tant à raison qu'elles sont de bon goust, que pour autant qu'on les peut longuement garder dedans les viuiers et boutiques pour s'en seruir en temps : elles sont faciles à s'appriuoiser, tesmoin celle de Crassus, de laquelle auons parlé cy deuant. Leurs morsures ameinent semblables accidens que celles des viperes : et partant sont guaries par les mesmes remedes.

Ælian dit [1], que la murene se iette sur terre, et qu'elle va chercher la vipere iusques dedans sa cauerne pour frayer auec elle. Ce qui est prouué par les vers de Nicandre.

Il court de la Murene vn bruit tout asseuré,
C'est qu'vn serpent l'espouse, et que de son plein
Elle sort de la mer, puis toute desireuse   [gré
Elle va s'accoler à la beste amoureuse [2].

CHAPITRE XL.

DE LA PICQVEVRE D'VNE VIVE.

La viue a eu ce nom à cause de sa grande viuacité, car estant tirée de la mer, demeure long temps en vie : ses aiguillons sont veneneux, principalement ceux qui sont au bout de ses ouyes. Pour ceste cause les cuisiniers leur coupent la teste deuant que les seruir à table. A Rouen les poissonniers ne les osent vendre, que premierement ne leur ayent coupé la teste.

Ceux qui en sont piqués sentent

[1] *Premier liure des animaux.* — A. P.

[2] Le chapitre ne s'arrêtait point là dans les anciennes éditions ; mais l'auteur y avait réuni deux paragraphes concernant la vive et sa piqûre, qu'il m'a paru plus logique de reporter en tête du chapitre suivant.

grande douleur à la partie, auec inflammation d'icelle, fiéure, defaillance de cœur, gangrene et mortification, et par consequent la mort, si promptement on n'y remedie [1].

Puis n'agueres, la femme de monsieur Fromaget, greffier aux requestes du palais, fut piquée d'vne viue au doigt medius : et peu de temps après il s'enfla bien fort, auec grande rougeur et peu de douleur. Elle voyant que la tumeur s'augmentoit iusqu'à la main, craignoit qu'il ne luy suruint vn tel accident qui de n'agueres pour vn cas semblable estoit aduenu à vne sienne voisine, vefue de feu monsieur Bargelonne, lieutenant particulier au Chastelet de Paris, pour auoir esté ainsi piquée : dont luy estoit suruenu (pour sa negligence) vne gangrene et mortification totale du bras, et en fin mourut miserablement. Or estant arriué vers madame Fromaget, et ayant entendu la cause de son mal, promptement ie luy appliquay sur le doigt, et semblablement sur la main, vn cataplasme fait d'vn gros oignon cuit sous la braise, et du leuain auec vn peu de theriaque. Et le lendemain matin ie luy fis tremper toute sa main en de l'eau assez chaude, à fin d'attirer le venin au dehors :

[1] Ce sont là les deux paragraphes que l'auteur avait laissés dans le précédent chapitre, et qui sont de 1579. Ce qui suit, au contraire, est de 1575 ; c'était le 24e et dernier chapitre, qui alors débutait de la manière suivante :

« Ie ne veux encores laisser à reciter ceste histoire d'vne piqueure de viue, qui est vn poisson qui nous est fort en vsage : et de sa piqueure sourdent de pernicieux accidens, voire la mort, qui n'y donne ordre de bonne heure. »

Après quoi l'auteur passait au récit des deux histoires suivantes, dont la date peut être ainsi assez bien assignée.

et aprés ie luy fis plusieurs scarifications superficielles autour du doigt : puis luy appliquay des sangsues sur lesdites scarifications, lesquelles tirerent suffisamment de sang : et aprés i'appliquay du theriaque dissout en eau de vie : et le lendemain trouuay son doigt et sa main presque toute desenflee, et sans nulle douleur : et quelques iours aprés fut entierement guarie.

Autant en auois-ie fait n'agueres au cuisinier de monsieur de Soussy, tresorier de l'Espargne, lequel se piqua semblablement d'vne viue, dont tout le bras estoit enflé et enflammé iusqu'à l'espaule, et en brefs iours fut pareillement guari.

Ces histoires seruiront aux ieunes chirurgiens, quand ils se trouueront à l'endroit de pareilles piqueures [1].

Dioscoride escrit que pour remedier à la piqueure, faut appliquer la viue fendue par la moitié, ou de l'aluyne, ou de la sauge, ou du soulphre incorporé auec du vinaigre.

CHAPITRE XLI.

PIQVEVRE DE LA TARERONDE OV PASTENAQVE.

Aëce escrit [2] qu'aprés la playe de ceux que la tareronde aura piqués, s'ensuit vne douleur continuelle, et vn endormissement de tout le corps, et aucuns en meurent promptement auec conuulsion.

Pline dit [3] qu'il n'y a rien de plus

[1] Ici finissait le chap. 24 du livre de 1575; le dernier paragraphe est une addition de 1579.

[2] *Liure 3.* — A. P.

[3] *Lib. 9, cap. 48.* — A. P.

execrable que l'aiguillon enleué sur la queuë de la pastenaque, lequel est de grandeur de cinq pouces. Il fait mourir les arbres qui en sont piqués par la racine. Il dit d'auantage, que l'aiguillon est bon pour la douleur des dents, quand l'on en scarifie les genciues : et reduit en poudre auec ellebore blanc, les fait tomber sans douleur. Ce poisson est bon à manger, horsmis la teste et la queuë. Aucuns de ces poissons ont deux aiguillons, autres vn seul, lesquels sont pointus, garnis de dents des deux costés, comme dents de scie, se tournant vers la teste.

Oppian escrit que l'aiguillon est plus venimeux que les fleches des Perses enuenimées, lequel garde son venin encore que le poisson soit mort, et n'est, dit-il, seulement venimeux aux animaux, mais aussi aux arbres et plantes. Les dents des aiguillons de ce poisson ont esté renuersées par nature vers la teste, à fin qu'elles entrent et percent plus aisément, et plus mal-aisément sortent, pour-ce qu'en les tirant on les tire à contrepoil. Et s'il en pique quelque poisson, il le tient enferré comme d'vn hameçon. Rondelet dit que ses aiguillons sont au milieu de la queuë [1].

Il faut qu'il y en ait de plusieurs sortes : car i'ay vne queuë d'vne pastenaque, longue de cinq pieds et plus, au commencement de laquelle naissent et sont attachés deux aiguillons, qu'vn gentilhomme de Bretagne m'a donnée, que ie garde en mon cabinet, laquelle est toute semée de petites boucles semblables à estoiles, fort aiguës.

Les pescheurs subit qu'ils ont pris ce poisson, ils luy ostent les aiguil-

[1] Rondelet, *au liure des Poissons.* — A. P.

lons, de peur qu'il ne les blesse de son venin : et lors qu'ils en sont piqués, ils l'ouurent, et prennent le foye, et l'appliquent sur la playe : aussi estant bruslé et mis en cendre, et posé sur la playe, est la vraye contre-poison de son venin. Elle vit en lieu fangeux prés des riuages de la mer, et vit des poissons qu'elle prend de son aiguillon. La figure est comme vne raye.

CHAPITRE XLII.

DE LA VENENOSITÉ DV LIÉVRE MARIN.

Le liéure marin est appellé de Pline masse ou piece de chair sans forme : Ælien le compare à vn limaçon hors sa coquille. Il est fort venimeux, par le tesmoignage de tous les anciens, et partant il est bon de le connoistre, pour se garder d'en vser en viandes, et aussi le sentir ou le regarder par trop, et pour en vser contre son venin mesme. Il naist en la mer et aux estangs de la mer, principalement fangeux. Il est de couleur de poil d'vn liéure de terre. A la teste il a vn trou, par lequel il iette hors vne chair mucqueuse, laquelle il retire quand il veut. Il vit dans l'eau limonneuse, et d'ordure et vilennie. Paulus Ægineta, Aëce, Pline, Galien, Nicandre, disent qu'il est si venimeux, que si vne femme grosse le regarde, elle vomira, puis auortera. Les hommes qui ont beu de son poison, comme dit Dioscoride, ont douleur de ventre : l'vrine s'arreste : et s'il aduient qu'ils vrinent, leur vrine sera rouge et sanguinolente : ils ont vne sueur puante, sentant le poisson : ils vomissent de la cholere mesme auec du sang. Aëce

dit qu'ils deuiennent iaunes par tout le corps. La face s'enfle, et les pieds, et principalement le membre genital, qui est cause que l'vrine ne peut couler. Galien dit que le liéure marin blesse et vlcere le poulmon [1].

Son alexitere et contre-poison est le lait d'asnesse et du vin cuit, ou de la decoction de fueilles de maulues. Ce liéure marin est bon à faire tomber le poil : la figure t'est icy representée, prinse au liure *des Poissons* de Rondelet [2].

CHAPITRE XLIII.

DV VENIN DV CHAT.

Les chats n'infectent seulement par leur ceruelle, mais aussi par leur poil, haleine et regard : car iaçoit que tout poil aualé sans y penser puisse suffoquer la personne, en estoupant les conduits de la respiration, toutesfois le poil du chat est dangereux par sus tous autres : leur haleine est infecte d'vne poison tabifique. Et dit Matthiole auoir conneu aucuns, prenans plaisir aux chats qu'ils n'eussent iamais dormi sans en auoir quelques vns couchés auprès d'eux, de l'haleine desquels longuement attirée auec l'air, ils deuindrent phthisiques, et en fin miserablement moururent. Les chats aussi offensent de leurs regards, tellement qu'aucuns voyans ou oyans vn chat, tremblent et ont vne peur grande, qui se fait par vne antipathie venant de l'influence du ciel.

Matthiole escrit qu'estant en Allemagne, soupant en bonne compagnie

[1] *Liure de la theriaque à Pison.* — A. P.
[2] J'ai gardé cette phrase parce qu'elle indique une des sources où l'auteur a puisé.

en vn poille, en temps d'hyuer, l'vn de la troupe estoit suiet à cela. L'hostesse connoissant le naturel de l'homme, enferma vn petit chat (qu'elle nourrissoit) dedans vn coffre audit poille, de peur que ce personnage le voyant ne se courrouçast : mais encore qu'il ne vist ny ouyst le chat, peu de temps après auoir attiré l'air infect de l'haleine du chat, sa temperature ennemie des chats irritée, il commença à suer et pallir, et en tremblant crier (non sans grande admiration de tous) qu'il y auoit vn chat en quelque coin dudit poille : alors on mit le chat hors de la maison.

Or le chat infecte aussi ceux qui mangent de sa ceruelle, et sont tourmentés de grandes douleurs de teste, et quelquefois en deuiennent insensés. Pour les guarir, il les faut faire vomir, et le vray alexitere est le musc donné à boire demie scrupule auec de bon vin, et reiterer ce remede tant qu'on verra estre besoin.

Ie diray d'auantage, que le chat est vne beste pernicieuse aux enfans du berceau, par ce qu'il se couche sur leurs visages, et les estoufe : parquoy il s'en faut bien donner garde.

CHAPITRE XLIV.

DE LA VENENOSITÉ DE CERTAINES PLANTES [1].

Après auoir discouru de la venenosité des animaux, à present il nous

[1] Ce chapitre se compose d'un assez grand nombre d'articles divers. Les uns étaient distingués par une note marginale, les autres par un titre en italique ; j'ai jugé à propos de faire des titres avec les notes marginales à ceux qui n'en avaient point, et il n'y a que le Dorycnium pour lequel il m'ait fallu faire le titre moi-même.

conuient escrire de celle d'aucunes plantes, et les accidens qui aduiennent à ceux qui en auront pris, et commencerons à l'*Apium risus.*

Apium risus.

L'*Apium risus*, autrement appellé *Sardonia*, espece de *ranunculus*, rend les hommes insensés, induisant vne conuulsion et distension des nerfs telle que les léures se retirent, en sorte qu'il semble que le malade rie, dont est venu en prouerbe, *Ris Sardonien*, pour vn ris malheureux et mortel. Son bezahard ou contre-poison est le suc de melisse.

Napellus, est chaud au 4. degré.

Le suc, fruict ou substance de *Napellus*, tue son homme en vn iour, ou en trois au plus tard. Mesmes si par antidotes et contre-poisons exhibés en temps et lieu on en rechappe, le malade tombe en fiéure hectique, ou en chartre, ou en mal caduc, comme dit Auicenne : c'est de quoy les Barbares empoisonnent leurs fleches [1]. Les accidens qu'il induit sont tels : incontinent les léures s'enflamment, et la langue s'enfle : en sorte qu'elle ne peut demeurer en la bouche, ains sort dehors auec grande hideur : les yeux aussi s'enflamment et sortent hors la teste : les malades tombent en vertiginosités et defaillance de cœur, ils ne peuuent mouuoir ny bouger les iambes, tant ont les cuisses foibles et debilitées : d'ailleurs ils ont le corps enflé et terni, tant est grande la malignité de ce poison. Son bezahar est vn petit animal comme vne souris, qui s'engendre prés la racine du-

[1] *Tels venins sont premierement descrits par Matthiole, sur le 6. liu. de Dioscoride, et par Leuinius au liure des venins.* — A. P.

dit Napellus, seiché et pris en breuuage du poids de deux drachmes : ou à faute de ce, la graine de raue ou de naueaux mise en breuuage : oignant le corps d'huile de scorpions.

Matthiole, liure quatriéme de Dioscoride, dit que toute la plante du napellus est tres-pernicieuse et veneneuse : mais la racine est plus cruelle que toutes ses autres parties : tellement que tenue quelque espace de temps dedans la main, iusques à ce qu'elle s'y eschauffe, fait mourir celuy qui la tient. Ie sçay, dit-il, des bergers estre morts pour auoir pris imprudemment vne tige de napellus, pour leur seruir de broche à rostir de petits oyseaux.

Dorycnium et solanum manicum.

Le *dorycnium* et *solanum manicum*, ou *mortale*, ont accidens assez semblables. Le dorycnium, baillé en breuuage, donne vn goust comme de laict à celuy qui en a beu, induit sanglots continuels, charge la langue d'humidités, fait ietter le sang par la bouche, et par embas vne certaine matiere baueuse, tout ainsi qu'on voit és dysenteries et caquesangues. Son bezahar, sont toutes sortes de poissons à coquilles, soyent cruds ou rostis : les langoustes aussi et escreuisses de mer y sont bonnes, et le boüillon où elles ont cuit.

Quant à la racine de *solanum manicum*[1], prise en breuuage auec vin au poids d'vne dragme, cause des visions assez plaisantes : mais si on redouble le poids, ou qu'on en prenne trois dragmes, elle rend la personne insensée : et qui en prendroit quatre, elle la feroit mourir, comme escrit

---

[1] *Solanum manicum, froid au 4. degré.* — A. P.

Dioscoride. Le bezahar est semblable à celuy du dorycnium.

Iusquiame, froide au 4. degré.

La iusquiame induit vne alienation d'esprit telle que si on estoit yure, vn tournement de corps tel que les malades se distordent les membres, auec tremblement. Sur tout ce symptome en ce venin est insigne : c'est que les malades sortent tellement hors du sens, que l'imagination en eux troublée, pensent qu'on les foüette par tout le corps, begayans de voix, et bramans comme asnes, puis hennissans ainsi que cheuaux, comme escrit Auicenne. Son bezahar sont les pistaches mangées en bonne quantité. Auicenne loüe le theriaque et le methridat, et boire du vin pur. Aussi de l'aluyne, et de la rue, et du laict.

Champignons.

Des champignons, les vns sont veneneux de leur nature, sçauoir ceux qui rompus changent incontinent de couleur, et se corrompent subit (à ceste cause Auicenne disoit que les champignons pers et verds estoient venimeux) : les autres, bien que de leur nature ne sont tels, si est-ce que pris en trop grande quantité engendrent en nous accidens mortels. Vrayement ie ne puis qu'esmeu de compassion de la plus part des hommes qui, poussés d'vne trop grande friandise, ne se peuuent saouler de ceste semence mortelle, ie ne puis, dis-ie, que ie n'enseigne le moyen comment on pourra manger les champignons sans en sentir dommage, sçauoir : les faisant cuire auec poires sauuages : au defaut desquelles on pourra vser de poires domestiques, pourueu qu'on prenne dé celles qui sont plus aspres, sans regarder si elles sont fraiches ou seichées au soleil : et non seulement les poires, mais aussi les fueilles et escorces du poirier, tant sauuage que domestique, y sont bonnes [1]. Car la vraye contrepoison du champignon, c'est le poirier.

Tous les champignons en general estranglent et estouffent ceux qui en mangent : mais ceux qui sont veneneux en outre rongent les boyaux, gouflent et enflent l'estomach, donnent pointures, sanglots, tremblemens, oppression d'arteres, defaillance de cœur, sueurs froides, et finalement la mort. La raison de tous ces accidens est que tous champignons sont naturellement fort froids et humides, et mesmes fort visqueux et gluans : car pour parler à la verité de leur essence, ils ne sont autre chose sinon vne pituite excrementitielle de la terre, ou des arbres sur lesquels ils naissent : de là vient que si on en prend en quantité, ils surmontent et suffoquent la chaleur du corps, et estouffent la personne.

Leur bezahar est l'ail mangé tout

---

[1] Cet endroit du texte offre quelque chose de singulier dans les éditions ordinaires. Le texte qui précède indique que l'auteur parle sérieusement, et une note marginale, non moins sérieuse, porte : *Moyen de manger en seureté des champignons.* Si on lit le texte primitif de l'édition de 1579, tel que je l'ai conservé ici, il n'y a rien que de très naturel et de très logique. Mais à partir de 1585, à l'endroit même de cette note, l'auteur avait intercalé cette décision tranchante : *Ainsi accoustrés, les faut ietter aux priués, et partant ne feront nul mal.* Cela est de toute évidence, mais alors ce n'était pas la peine d'annoncer un moyen de les manger en sûreté. C'est pourquoi j'ai préféré le texte primitif, sauf à appeler l'attention du lecteur sur le passage de 1585, qui contredit aussi absolument la première opinion de l'auteur.

cru, comme dit le Conciliator de Abano : ou bien aussi le vinaigre, de tant que par la tenuité de sa substance, il a vertu d'attenuer et inciser les humeurs gluans et visqueux qui, engendrés en nous par l'vsage des champignons, causent suffocation : comme dit Galien sur la section 5. *des Epidemies.*

Ephemerum.

Ceux qui ont pris de l'*ephemerum*, que quelques vns nomment *cholchicon*, ou *bulbe sauuage*, sentent vne demangeaison generalement par tout le corps, tout ainsi que qui se seroit frotté d'ortie ou de squille : sentent vn rongement d'intestins, auec grande pesanteur et ardeur d'estomach : mais quand le mal s'augmente, on vuide par le bas des raclures de boyaux meslées auec du sang. Le bezahar est le laict de femme, d'asnesse, ou de vache, pris tiede.

Mandragore.

La mandragore, prise en quantité excessiue, est venimeuse, et de sa racine et de son fruict : elle assopit les sens, elle rend les hommes lasches, tristes, et eslancés, mornes, et sans aucune force, et fait que les patiens, aprés auoir bien prié et s'estre bien tourmentés, s'endorment en toute telle sorte et habitude de corps que la force du venin les aura rencontrés et surpris : de façon que les Medecins en vsoient anciennement lors qu'on vouloit brusler ou couper vn membre, pour oster le sentiment de douleur. Quant aux pommes d'icelles, elles peuuent estre mangées estans meures, et desnuées de leurs pepins de dedans, sans danger : mais les mangeant verdes, et auec leurs grains, elles sont mortelles, et causent des accidens mortels. Car en premier lieu, elles engendrent vn feu et vne ardeur qui brusle toute la partie superficielle du corps : le malade a la bouche si seiche, qu'il est contraint de demeurer tousiours à gueulle bée pour attirer l'air froid : et qui n'y donne prompt remede mourra en spasme. Son bezahar est manger trois iours durant du refort auec du pain et du sel, comme escrit le Conciliator. Il faut faire esternuer le malade : ce mal se cure en baillant à boire de la graine de coriandre, ou de pouliot auec eau chaude.

Pauot noir.

L'odeur fascheuse du suc de pauot noir, qu'on appelle opium, fait qu'il est malaisé à mesler parmy le boire sans qu'on s'en apperçoiue, tout ainsi qu'on fait de la mandragore : entendu principalement qu'il ne fait mourir la personne, si l'on n'en prend grande quantité : mais de tant qu'il y a danger pour l'ignorance des Medecins ou Apoticaires qui en peuuent ordonner plus qu'il ne faut, l'on le connoistra, pour ce que par sa frigidité insigne il induit vn sommeil tres-profond, auec vn prurit et demangeaison et frisson, si grande, que souuent le malade en est excité de son profond sommeil : au reste ils tiennent tousiours les yeux fermés sans se mouuoir. Ce trauail cause vne sueur puante qui distille goute à goute : tout leur corps est palle et transi, et ont les léures enflammées, et leur voit-on relascher la mandibule d'embas : ils iettent vn souffle froid et lent, et lors qu'on leur verra les ongles ternis, le nez tors, et que les yeux leur enfonceront, c'est signe qu'ils sont prochains de mort.

Le bezahar est le castoreum donné

à boire en poudre iusques à deux dragmes auec du vin.

De la Ciguë.

La ciguë, prise en breuuage, cause vertigines, troublant l'entendement, tellement qu'on diroit les malades estre enragés : offusque la veuë, elle prouoque hocquets, rend les extremités toutes gelées, cause conuulsion : la trachée artere serrée et estoupée, ils meurent comme si on les estrangloit. Parquoy il faut faire vomir promptement le malade, et luy bailler clysteres. Cela fait, il luy faut faire boire de bon vin tout pur, ou maluoisie, ou hypocras, à fin d'eschauffer les parties interieures, et mesmes trois ou quatre doigts d'eau de vie.

Matthiole, sur le liure sixiéme de Dioscoride, dit auoir conneu lesdits accidens par experience à vn vigneron : cultiuant ses vignes auec sa houë, par fortune arracha des racines de ciguë, cuidant que ce fussent racines de pastenades, lesquelles il fit cuire en sa maison, et les mangea à souper auec sa femme : aprés souper s'en allerent coucher. « A la minuit » estans resueillés couroient çà et là » par la maison, ne voyans goute, » comme fols et enragés, se hurtans » la teste contre les parois, tellement » qu'au matin ils estoient tous meurtris, et les paupieres des yeux grosses, monstrans vne hideuse face. » Les voisins m'appellerent pour les » guarir : et m'estant enquis des do- » mestiques de ce qu'ils auoient man- » gé à leur souper, ie trouue qu'ils » auoient mangé des racines de ci- » guë, en lieu de pastenades. Car ie » me transporte en la vigne, où on me » monstra le lieu d'où le vigneron » auoit tiré lesdites racines : on en » trouua d'autres qui commençoient

» à produire des fueilles. Ce qu'ayant
» consideré, ie reuins subit vers
» les malades ausquels, moyennant
» l'aide de Dieu, ie fis retourner en
» peu de temps leur premiere santé et
» entendement. »

Petrus Aponensis estime fort en ce
cas vn breuuage fait de deux dragmes de theriaque auec decoction de
dictame ou de racine de gentiane
auec du vin : et affirme que c'est le
vray antidote contre la ciguë.

De l'Aconit.

L'Aconit est vne herbe qu'aucuns
appellent *Luparia*, parce qu'elle tue
les loups. Elle croist en Acones, dont
elle a pris le nom, qui est vn village
des Periendins. Matthiole dit qu'on
en trouue en abondance aux montagnes de Trente : les païsans d'a-
lentour l'appellent *Vulparia*, parce
qu'outre qu'elle tue les loups, elle tue
aussi les regnards : semblablement
les chiens, chats, et tous autres animaux qui en mangent : elle tue les rats
et souris de sa seule odeur. Auicenne
l'appelle *Strangulator leopardi*, parce
qu'elle estrangle les leopars. Dieco-
ride dit que les scorpions touchés de
sa racine demeurent tous estourdis,
et meurent : et meslée parmy la chair
tue les sangliers, loups et pantheres,
et generalement toutes autres bestes
sauuages. Les fleches trempées dedans
son jus, leurs blessures sont mortelles.

Les personnes qui auront pris de
l'aconit en beuuant ou mangeant,
sentent un goust astringent et aucunement doux, mais après ceste aspreté et douceur ils sentent une certaine amertume, ce qu'escrit Aëcius.
Il cause vertigine, et perturbation
de l'esprit. Il fait venir les larmes aux
yeux : il cause grande pesanteur d'es-

tomach et au ventre, et fait peter
souuent. Il induit tremblement de
tout le corps auec grande enfleure,
comme si on estoit hydropique. Pline
escrit au liu. 27. chap. 2. que son venin est vne poison si subite, que si
on en touche les parties honteuses
des animaux femelles, il les fait mourir le mesme iour.

Son principal antidote est de promptement vomir. Le conciliateur Petrus
de Abano [1] ordonne de la sarrasine,
ou de l'aristoloche longue. Matthiole
dit que s'il y a du venin dans le corps,
il se combat contre luy, ayant fait
rencontre de pareil : et donne seulement ce combat, quand il trouue le
venin dedans les parties nobles. C'est
miracle que deux venins mortels
estans dedans vn corps, l'vn amortit
l'autre, tellement que la personne
demeure sauue. Or ceste herbe est
figurée en Matthiole, lequel dit auoir
ses fueilles semblables au concombre, et n'en a que quatre pour le
plus, et aucunement velues et heris-
sées, et pleines d'aiguillons, semblablement les queuës. Sa racine est re-
luisante comme albastre quand elle
est recente, et de grosseur d'vn doigt,
large au commencement, puis peu
à peu finissant en pointe courbée
nouëuse, ressemblant à la queuë
d'vn scorpion. Sa tige est longue d'un
empan. Au sommet, a vn heaume
semblable à celuy d'vn homme d'armes (pour monstrer qu'il est armé
enuers tous et contre tous animaux)
où est enclose sa semence, contenant vn cruel venin, mortel et dia-

---

[1] Toutes les éditions portent : *le Conciliateur et Petrus de Abano.* C'est sans doute une
faute d'impression, car il s'agit ici d'un seul
et unique auteur, déjà cité plusieurs fois
dans ce chapitre.

bolique, par vne occulte et indicible cause.

De l'If.

Il y a semblablement des arbres venimeux, comme l'if et le noyer. Les cheuaux, bœufs et vaches qui mangent des fueilles de l'if, et les hommes qui dorment dessous, le plus souuent meurent. Les accidens qu'il cause sont flux de ventre, vn froid par tout le corps, et vn estouffement à l'endroit de la gorge. Ce qui aduient non seulement à cause de sa froideur, mais aussi par vne particuliere nature et malignité cachée en luy : laquelle aussi particulierement pourrit les humeurs, et escorche le dedans des boyaux.

Sa contre-poison est semblable à celle de la ciguë. Nicandre ordonne à boire de bon vin pur.

Du Noyer.

Le noyer est semblablement venimeux comme l'if. Ce que Greuin [1] dit auoir experimenté sans y penser. Car ayant dormi long temps sous vn noyer en plein esté, il sentit tout le corps refroidi, auec vn grand mal de teste, qui luy dura cinq ou six iours.

On peut user contre son poison de chose semblable que contre l'if.

CHAPITRE XLV.

DV BEZAHAR.

D'autant qu'en parlant des signes de chacun venin à part, nous auons nommé son antidote *bezahar*, il faut sçauoir ce que veut dire ce mot.

Vrayement venin n'est autre chose que ce qui destruit la vie : parquoy les antidotes et contre-poisons ont esté appellés par les Arabes en leur langue *bezahar*, c'est à dire en leur baragoüin, conseruateur de vie. De là est venu que tous antidotes et contre-poisons par excellence ont esté appellés *bezardica*, d'vn mot emprunté des Arabes : parce que telle contre-poison estant venue d'Arabie et de Perse, a esté conneuë et celebrée par leurs escrits, sans que les Grecs en ayent fait aucune mention. Mais entre tous ceux de nostre temps, en a fort distinctement parlé vn medecin du vice-roy des Indes pour le roy de Portugal, nommé Garcia du Iardin [1], en l'histoire qu'il a composée des aromates et simples naissans és Indes.

Au pays de Perse (dit-il) et en quelque region des Indes, se voit vne espece de bouc appellé en langue persique *pazain* (dont la pierre à proprement parler doit estre appellée *pazar*, du mot *pazain*, qui signifie bouc : mais nous d'vn mot corrompu l'appellons *bezar*) pour la plus part roux en couleur, de hauteur moyenne, au ventricule duquel se concrée ceste pierre appelée bezar, en forme de presure, tousiours augmentant et grossissant entour vne paille, en forme de tuniques d'oignon couchées l'vne sur l'autre, de sorte que la premiere lame leuée, celles de dessous se monstrent tousiours claires et resplendissantes de plus en plus, qui est vn signe entre autres de bonne et le-

---

[1] *En son liure des venins.* — A. P. C'est la seule fois que l'on retrouve le nom de Grévin conservé dans ce livre ; il n'en demeure pas

moins vrai que c'est à lui que Paré a fait le plus d'emprunts.

[1] *Garcia de Horto.* — A. P.

gitime pierre bezahar. Ceste pierre se voit de plusieurs formes et figures, mais ordinairement elle se rencontre de figure de gland, ou de noyau de datte, de couleur de sang, tantost de miel, tantost de iaune paille, mais pour la plupart de verd brun, comme nous voyons és pommes qu'on appelle *Mala insana*, ou les chats qui font la ciuette. Ceste pierre n'a point de cœur, ou noyau au milieu, mais est caue en iceluy, pleine d'vne poudre qui a mesme vertu et substance que la pierre : au reste elle est lice et douce, et telle qu'on la peut aisément rapper comme l'albastre, mesme qu'elle se fond estant long temps en l'eau. Du commencement elle estoit assez commune et de vil prix, par-ce que les marchands de ce pays de deçà trafiquans en Perse et és Indes, en pouuoient recouurer aisément : mais depuis, sa force estant conneuë, elle a esté plus rare et chere, de tant que par Edict des Roys du païs, il a esté defendu de vendre aucun bouc aux marchands de dehors, que premier il n'eust esté tué, et sa pierre portée au roy. L'vn des moyens d'esprouuer ceste pierre si elle est legitime ou non (car on en apporte par deçà plusieurs adulterées et faulses, qui fait que l'on n'adiouste foy à la vertu du bezahar tant singuliere) a esté dit cy dessus. L'autre est qu'on la comprime auec les doigts, aprés on la fait bouffer de vent comme le cuir de bufle : car si on s'apperçoit que l'air et vent passe outre, elle est tenue pour faulse et adulterée. Ils en vsent à notre exemple, non seulement contre les poisons et venins, mais aussi contre les morsures des bestes veneneuses. Les plus riches du païs se purgent deux fois l'an, sçauoir en Mars et en Septembre : cinq iours continus aprés, ils

prennent pour chaque iour dix grains de ceste pierre, macerés en eau de rose : et pour tel remede ils disent la ieunesse et force des membres leur estre conseruée. Quelques-vns en prennent iusques à trente grains, mais les plus sages n'approuuent point si grande dose.

Ledit autheur Garcia dit auoir coustume d'en vser heureusement aux maladies melancholiques inueterées, comme en la galle, lepre, demangeaison, impetigine : et par mesme raison pense qu'elle seroit fort propre contre la fiéure quarte, et dit sçauoir pour vray que la poudre de ceste pierre, en estant mise sus les morsures des bestes venimeuses, deliure promptement de danger, et auoir mesme force sur les charbons de la peste, iceux estans ouuerts, sçauoir qu'elle chasse entierement le venin pestilent. Et de tant (dit-il) qu'és Indes la verolle et rougeolle et herpes sont fort frequens et tresdangereux et mortels, nous en donnons fort heureusement par chacun iour vn ou deux grains dans de l'eau rose.

Voilà ce que Garcia du Iardin escrit de la generation et effets de la pierre Bezahar, non pas pour l'auoir leu ou ouy dire, mais (comme il asseure) pour l'auoir veu et experimenté. Matthiole chapitre 73 du Commentaire sur le 5. liure de Dioscoride, dit auoir souuentesfois esprouué que ceste pierre est plus exquise contre tous venins, que tous autres simples medicamens, voire que le theriaque mesme, et tous autres contre-poisons. Abdalanarach en escrit ainsi : I'ay veu la pierre appellée Bezahar entre les mains des fils d'Almizama gardien de la loy de Dieu, pour laquelle il bailla en eschange vne magnifique maison, et presque vn palais qu'il auoit à Cordube.

Toutes lesquelles choses ainsi expliquées, il sera aisé au chirurgien iuger de tel et tel venin, par les signes d'vn chacun d'iceux mentionnés, et en faire rapport en iustice lors qu'il sera appellé.

Experience du Bezahar faite par le commandement du Roy Charles neufiéme.

Le Roy dernierement decedé estant en sa ville de Clermont en Auuergne, vn seigneur luy apporta d'Espagne vne pierre de Bezahar, qu'il luy affermoit estre bonne contre tous venins, et l'estimoit grandement. Or estant alors en la chambre dudit seigneur Roy, il m'appella, et me demanda s'il se pouuoit trouuer quelque certaine et simple drogue, qui fust bonne contre toute poison : où tout subit luy respons, que non, disant qu'il y auoit plusieurs sortes et manieres de venins, dont les vns pouuoient estre prins par dedans, les autres par dehors. Ie luy remonstre que les venins ne font leurs effets d'vne mesme sorte, et ne procedent lesdits effets d'vne mesme cause : car aucuns operent par l'excés des qualités elementaires, desquelles ils sont composés : autres operent par leur propre qualité specifique, occulte et secrete, non suiette à aucune raison : et selon la diuersité d'iceux falloit contrarier : comme s'ils estoient chauds, estoient guaris par remedes froids, et les froids par remedes chauds, et ainsi des autres qualités. Ledit seigneur qui apporta la pierre, voulut outre mes raisons soustenir qu'elle estoit propre contre tous venins. Adonc ie dis au Roy, qu'on auoit bien moyen d'en faire certaine experience sur quelque coquin, qui auroit gaigné le pendre : lors promptement enuoya querir monsieur de la Trousse, preuost de son hostel, et lui demanda s'il auoit quelqu'vn qui eust merité la corde. Il luy dist qu'il auoit en ses prisons vn cuisinier, lequel auoit desrobé deux plats d'argent en la maison de son maistre, où il estoit domestique, et que le lendemain deuoit estre pendu et estranglé. Le roy luy dist qu'il vouloit faire experiènce d'vne pierre qu'on disoit estre bonne contre tous venins, et qu'il sceust dudit cuisinier aprés sa condamnation, s'il vouloit prendre quelque certaine poison, et qu'à l'instant on luy bailleroit vne contre-poison, et que où il eschapperoit, il s'en iroit la vie sauue : ce que ledit cuisinier tres-volontiers accorda, disant qu'il aimeroit trop mieux encore mourir de ladite poison en la prison, que d'estre estranglé à la veuë du peuple. Et tost aprés vn Apoticaire seruant luy donna certaine poison en potion, et subit de ladite pierre de Bezahar. Ayant ces deux bonnes drogues en l'estomach il se print à vomir, et bien tost aller à la selle, auecques grandes espreintes, disant qu'il auoit le feu au corps, demandant de l'eau à boire, ce que ne luy fut refusé. Vne heure aprés, estant aduerti que ledit Cuisinier auoit pris ceste bonne drogue, priay ledit seigneur de la Trousse me vouloir permettre l'aller voir, ce qu'il m'accorda, accompagné de trois de ses archers : et trouuay le pauure cuisinier à quatre pieds, cheminant comme vne beste, la langue hors la bouche, les yeux et toute la face flamboyante, desirant tousiours vomir, auec grandes sueurs froides : et iettoit le sang par les oreilles, nez, bouche, par le siege et par la verge. Ie luy fis boire enuiron demy sextier d'huile, pensant luy aider et sauuer la vie : mais elle ne luy seruit de rien, par-ce qu'elle fut baillée trop tard : et mourut miserablement, criant qu'il luy eust mieux valu estre mort à la potence [1]. Il vescut sept heures ou enuiron. Et estant decedé, ie fis ouuerture de son corps en la presence dudit seigneur de la Trousse et quatre de ses archers, où ie trouuay le fonds de son estomach noir, aride et sec, comme si vn cautere y eust passé : qui me donna connoissance qu'il auoit auallé du sublimé, et par les accidens qu'il auoit pendant sa vie.

Et ainsi la pierre d'Espagne, comme l'experience le monstra, n'eut aucune vertu. A ceste cause le Roy commanda qu'on la iettast au feu : ce qui fut fait.

CHAPITRE XLVI.

DES METAVX ET MINERAVX VENIMEVX [2].

Les metaux et mineraux viennent de la terre et des fournaises. Aucuns sont veneneux, comme arsenic, sublimé, plastre, ceruse, litharge, verd de gris, orpiment, limeure de fer et d'airain, aymant, reagal, chaux, et autres.

De l'arsenic sublimé.

Ceux qui ont pris du sublimé, subit la langue et le gosier leur deuien-

---

[1] *Matthiole narre vne semblable histoire du Pape Clement 7. lequel voulut faire espreuue pour le bien public d'vn antidote, cha. 9. liu. 9. sur Dioscoride.* — A. P.

[2] *Ce chapitre contenant un grand nombre d'articles très divers, je les ai séparés en érigeant en titres spéciaux les notes marginales qui les annonçaient dans les éditions anciennes.*

nent si aspres que s'ils auoient pris du jus de cormes vertes, laquelle aspreté ne se peut oster par nuls gargarismes lenitifs, sinon qu'auec grande difficulté et longueur de temps. Car subit qu'il est descendu en l'estomach, il s'attache contre : pour ceste cause il le ronge et vlcere peu de temps aprés. Il cause vne soif insatiable et des angoisses indicibles. Il suruient enfleure à la langue, defaillance de cœur, suppression d'vrine, difficulté de respirer, trenchées au ventre et à l'estomach intolerables, auec vne contorsion de membres si grande, que si on n'y remedie promptement, les pauures empoisonnés meurent, les intestins et estomach rongés et percés, et de couleur noire, comme si vn fer ardant y eust passé. Les patiens iettent le sang par les oreilles, nez, bouche, par la verge et le siege : et i'atteste auoir veu au pauure larron cuisinier. cy dessus mentionné, tous les accidens susdits.

On guarit ceux qui en ont auallé, et tous autres venins corrosifs, par mesmes remedes qui ont esté cy dessus baillés à ceux qui ont pris des cantharides.

Verd de gris.

Le verd de gris estoupe si fort les conduits de la respiration, qu'il estouffe ceux qui en auront auallé. On les guarit comme ceux qui auront pris de l'arsenic : le bain pareillement leur est profitable.

La litharge.

La litharge beuë, cause vne pesanteur d'estomach et du ventre, empesche d'vriner, et rend le corps enflé et liuide. On y remedie faisant vomir le malade, puis subit luy donnant de la fiente seiche de pigeon, delayée en bon vin. Petrus Aponensis commande boire de l'huile d'amendes douces, et manger des figues seiches. Il est pareillement bon leur bailler clysteres relaschans et humectans, et leur frotter le ventre de beurre frais ou huile de lys.

L'escaille d'airain.

L'escaille d'airain estant beuë, cause flux de ventre et grand vomissement, qui prouient des poinctures et douleurs de l'estomach. Son contre-poison est de faire vomir promptement le malade, puis aprés le faire baigner dans vn bain où l'on aura mis grande quantité d'escargots : et luy frotter le thorax et le ventre de beurre et huile de lis, et luy donner clysteres relaxans et humectans.

L'aimant.

L'aimant rend fols ceux qui en ont pris : son contre-poison est l'or subtilement puluerisé, et la pierre d'emeraude beuë auec bon vin, et clysteres de laict et d'huile d'amendes douces.

Limeure de plomb, et merde de fer.

La limeure de plomb et merde de fer font grands tourmens pareillement à ceux qui en auront pris par dedans. Leur contre-poison est boire grande quantité de laict, et beurre frais fondu, ou huile d'amendes douces tirée sans feu, et leur donner clysteres relaschans et humectans : et continuer ces remedes iusques à ce que les douleurs et tranchées soient passées.

Du Reagal.

Le reagal, pour estre de nature fort chaude et seiche, induit soif et eschauffaison et ardeur par tout le corps, auec telle consommation de toutes les humidités, qu'encores que l'on sauue la vie aux patiens par prompts et souuerains remedes, si demeurent-ils toutesfois perclus de leurs membres par vehemente resiccation et contraction de toutes les iointures. Son alexitere est l'huile de pignolat, donnée promptement iusques à demie liure, et puis vomir : aprés donner à boire du laict, et en faire clysteres, et nourrir le malade de boüillons gras.

Chaux viue et orpigment.

La chaux viue et orpigment, que les Grecs appellent *arsenicum*, pris en breuuage, rongent l'estomach et les intestins auec grandes douleurs : ils causent vne soif intolerable, auec vne asperité de gorge, difficulté de respirer, suppression d'vrine et dysenterie. Il faut remedier auec toutes choses qui ont vertu d'esteindre leur acrimonie, et qui soient relaxans et humectans : comme le suc de guimauue, mauue, violiers de Mars, decoction de graine de lin, boüillons gras, et generalement toutes choses cy-dessus mentionnées aux remedes des cantharides.

L'eau forte.

Il est fort difficile pouuoir remedier à l'eau forte, de laquelle les orféures separent l'or de l'argent, parce que tout subit elle brusle la gorge et l'estomach. Il y faut remedier comme à la chaux et orpigment.

La Ceruze.

La ceruze cause hocquets et la toux, et rend la langue seiche, et les extremités du corps froides et stupides, et leurs yeux clinettent tousiours : et souuent en plein iour il semble au malade qu'il voit quelque fantosme : leur vrine est noire, et souuent sanglante : s'ils ne sont promptement secourus ils suffoquent et meurent. Le remede, selon Aëce et Auicenne, est de leur faire boire de la scammonée, auec eau miellée, et autres choses qui ont vertu de les faire beaucoup vriner. Il ne faut oublier à les faire souuent vomir, et leur donner clysteres humectans et relaschans.

Plastre.

Le plastre s'endurcit comme pierre en l'estomach, et ceux qui en ont auallé estranglent, par-ce qu'il reserre les conduits de la respiration. On les guarit comme ceux qui ont mangé des champignons. Auicenne dit qu'il faut remedier comme à ceux qui ont pris de la ceruze. Et si le ventre est constipé, on leur baillera clysteres composés d'huile et de gresse de canard, et leur oindre le ventre d'huile de lys et de beurre.

CHAPITRE XLVII.

DE LA PROPRIÉTÉ DE L'ARGENT-VIF [1].

L'argent-vif a esté ainsi nommé par-ce qu'il represente l'argent en couleur, et aussi pour-ce qu'il est quasi en vn perpetuel mouuement, et semble qu'il soit vif.

Il y a grande contrarieté entre les anciens qui ont escrit du vif-argent. Les vns tiennent qu'il est chaud, comme Galien, liure quatriéme *des Simples*, Haliabbas en sa *seconde practique*, chapitre cent quarante huit : Rhases au 3. *ad Almensor* : Aristote 4. *Meteor.*, Constantin, Isaac, Platearius, Nicolas Massa. Or veritablement ils ont tous raison sur ce qui est dit, que l'on prend indication des remedes qui aident et qui nuisent : d'auantage il est d'vne substance si ténue, qu'il penetre les corps metalliques fort durs et les dissout, et fait autres actions de chaleur, comme d'attenuer, inciser, penetrer, subtilier, resoudre, seicher, prouoquer sueurs, flux de ventre, vrines, flux de bouche : et non seulement vacue les humeurs subtils, mais aussi les gros, cras et visqueux, ce qu'on voit à l'œil aux verollés qui en vsent par les frictions ou par emplastres : lesquelles choses ne se peuuent faire que par medicamens chauds et de subtile substance, ce que fait l'argent vif. Autres disent qu'il est extremement froid et humide, d'autant qu'il stupefie et appaise toutes douleurs, estant appliqué aux onguens et emplastres, refrenant les ardentes pustules phlegmoneuses et choleriques : d'auantage, pour sa grande humidité, il amollit les tumeurs dures, et dissoult celles qui sont faites par concretion : ce qu'on voit aux tophes et nodus des os : aussi ceux qui en ont esté frottés, ou pris par parfums, ont leur haleine puante, qui est vn signe qu'il pourrit par son excessiue humidité, les humeurs qu'il trouue en l'estomach et parties voisines.

---

[1] Ce chapitre se lisait d'abord, au moins en partie, dans le livre *de la grosse Verolle*, édition de 1575, où il faisait le chapitre 10 (voyez tome II, page 541). Dès 1579, il avait été transporté ici avec de très grandes augmentations. Le fond et souvent la forme en sont empruntés à Thierry de Héry : *La methode curatoire de la maladie venerienne*, 1552, page 101 ; et il est à regretter peut-être que Paré n'ait pas toujours suivi une aussi compétente autorité. Je signalerai les passages qui se trouvaient déjà dans l'édition de 1575.

D'abondant, Auicenne ameine vn exemple d'vn singe, lequel ayant beu de l'argent-vif, mourut : et l'ayant ouuert, on trouua du sang coagulé autour du cœur. Semblablement Matthiole sur le Commentaire de Dioscoride, chapitre vingt-huitiéme, dit que le vif-argent fait mourir les personnes qui en prendroient en trop grande quantité, par son excessiue froideur et humidité, par-ce, dit-il, qu'il congele le sang et les esprits vitaux de toute la substance du cœur.

Ce qui a esté conneu de Petrus Aponensis, par ceste histoire : qu'vn Apoticaire surpris d'une fiéure très-ardente, tourmenté d'une soif intolerable, et troublé de son entendement, allant çà et là, vint en sa boutique cherchant quelque breuuage pour se desalterer : par fortune il print la boëtte du vif-argent, et en beut en grande quantité, en lieu d'eau : cela fait, il s'en retourna coucher, ou peu d'heures après il mourut. Ses seruiteurs ayans trouué grande quantité de vif-argent sorti par le fondement, appellerent les Medecins pour sçauoir la cause de la mort, qu'ils estimoient vn grand miracle : lesquels commanderent d'apporter la boëtte du vif-argent, laquelle estant vuide, ils conneurent la cause de la mort aduenue à l'apoticaire. D'auantage, le corps mort et ouuert, trouuerent encore dedans l'estomach et intestins, enuiron vne liure d'argent-vif, et du sang congelé autour du cœur [1].

Qui est cause pour prouuer le vif-

argent estre extremement froid, pour raison de ladite coagulation. Autres le disent froid, pour-ce qu'il est fait de plomb et autre matiere froide, qui ne s'ensuit pas : car la chaux viue est faite de cailloux et pierres froides, neantmoins est chaude et caustique.

Paracelse, liure quatriéme *De la nature des choses* [1], dit le vif-argent estre chaud au dedans, et froid au dehors : c'est à sçauoir, qu'estant tel comme il vient de la mine, qu'il est froid : mais quand il est preparé par art, que sa frigidité est ostée, et que sa chaleur qui est au dedans se manifeste, en sorte qu'il sert de teinture à la transmutation des metaux. C'est vne reigle generale des Alkemistes, que tous metaux sont froids en leur dehors, à cause de la partie aqueuse, laquelle y predomine : mais au dedans ils ont vne grande chaleur, laquelle apparoist lors que la froideur se separe auec l'humidité, par le moyen du mesme suiet qu'elles ont, à sçauoir l'humidité : deuiennent caustiques par la calcination [2].

Aucuns ont opinion qu'il est veneneux, neantmoins l'experience monstre le contraire : ce que plusieurs

leurs on verra tout-à-l'heure Paré lui-même apporter des exemples tout-à-fait contradictoires avec cette conclusion.

[1] Nous avons vu déjà Paré citer ailleurs Paracelse : mais il avait ensuite effacé sa citation, tandis que celle-ci, donnée en 1579, est restée dans toutes les éditions.

[2] Au lieu de cette longue discussion, le chapitre de 1575 portait seulement :

« Quant aux qualitez du vif argent, plusieurs en sont en grande controverse : car aucuns disent qu'il est froid, les autres chaud. Or veritablement par ses operations on peut le dire estre chaud, parcequ'il attenue, incise, penetre, et resout, etc. »

[1] Cette histoire est absurde, ou du moins la conclusion que l'auteur prétend en tirer ; et on a d'autant plus sujet de s'étonner que Paré l'ait admise, que Thierry de Héry avait donné des preuves irréfragables de l'innocuité du mercure pris à l'intérieur. D'ail-

doctes personnages tesmoignent. Marianus Sanctus Barolitanus, homme fort experimenté en la Chirurgie, traittant *De casu et offensione*[1], dit auoir veu plusieurs qui en ont aualé sans aucune incommodité ou lesion. Et pour confirmation de son dire, raconte vne histoire d'vne femme, à laquelle afferme auoir veu prendre pour quelque intention, à plusieurs et diuerses fois, vne liure et demie de vif-argent, qu'elle reiettoit par le siege sans aucun dommage. Mesmes il dit, qu'en l'Iliaque passion (dite *Miserere mei*, maladie mortelle) que plusieurs estoient eschappés en prenant trois onces d'argent-vif auec de l'eau simplement[2]. Ce qui aduient, d'autant, dit-il, que par sa ponderosité destourne l'intestin, et pousse la matiere fecale endurcie en bas : ainsi qu'auons escrit cy deuant parlans de la colique. D'auantage il afferme autres auoir esté guaris de la colique, en prenant trois onces de vif-argent[3].

[1] Cette citation est empruntée à Thierry de Héry.

[2] *L'autheur n'appreuue ceste quantité d'argent vif.* — A. P.

[3] Ce paragraphe se trouve déjà presque textuellement dans le livre *de la grosse Verolle de* 1575 ; mais auparavant on en lisait un autre assez curieux qui a été retranché en 1579 :

« Or plusieurs estiment que le vif argent par les frictions ou emplastres penetre au dedans des parties où il est appliqué : ce qui est faux. Car il n'y a que sa puissance et faculté qui besongne, sans aucunement y entrer : ce qui se voit par l'application des emplastres de de Vigo *cum mercurio* où iamais le vif argent ne laisse la masse de l'emplastre, neantmoins fait son action : comme prouoquer flux de bouche et de ventre : et apres son operation estant fondue, on trouue le vif argent en telle |quantité

Antonius Musa dit qu'il a de coustume en donner à boire aux petits enfans estans demy morts, à l'occasion des vers[1]. Ce qui est encore approuué par Auicenne, où il dit, que plusieurs en boiuent sans en estre aucunement endommagés[2]. Aussi ledit Auicenne l'ordonne pour la teigne des petits enfans, et mesme en ses onguens pour la rongne. Semblablement on voit ordinairement les bonnes femmes de village en frotter la teste de leurs petits enfans, estant mixtionné auec beurre, ou gresse de porc, pour faire mourir leurs poux. Matthiole dit, qu'aucuns en donnent pour le dernier remede aux femmes qui ne peuuent accoucher. Ie proteste que i'en ay fait aualler vne liure à vn petit et ieune chien, l'ayant reietté par le siege, sans ressentir aucun mal[3]. Toutes lesquelles choses me font iuger iceluy n'estre venimeux.

Voilà ce que i'ay pu recueillir des autheurs, tant anciens que modernes. Et ne nous faut arrester aux disputes, mais à l'action et faculté d'iceluy, chose plus necessaire que toutes disputes qu'on en peut faire.

Et quant à ses actions et facultés,

comme auparauant qu'elle y fust appliquée : par quoy on peut dire que sa substance n'entre au dedans, mais sa seule qualité. »

[1] Antonius Musa, *au traité des metaux.* — A. P.

[2] Auicenne, *au chapitre de argento viuo.* — A. P.

[3] Thierry de Héry avait fait et répété cette expérience avant Paré : ouv. cité, page 102. Au reste la première et la dernière phrase de ce paragraphe se lisaient déjà à la fin du chap. de 1575. On y trouvait aussi, mais dans une autre place, la citation d'Avicenne *pour la rongne* et l'exemple des *bonnes femmes de village.*

nous le voyons estre le vray alexitere, et contre-poison de la grosse verolle : et propre aux vlceres malings de quelque genre qu'ils puissent estre, de façon qu'il consomme la virulence et malignité qui est en eux, plus que nuls autres remedes operans par leurs qualités premieres. Specialement si on en frotte vne lamine de plomb, comme l'enseigne le bon vieillard Guidon, et qu'on l'applique sur l'vlcere en le bandant proprement, ramollit les bords desdits vlceres : estant continuée ameine l'vlcere à cicatrice, ce que i'ay conneu par diuerses fois. Ce qui est aussi confirmé par Galien, lequel l'appreuue pour les vlceres malings et pour les chancres[1].

Mesmes nous voyons par experience, que le plomb (lequel aucuns disent veneneux, par-ce que l'argent-vif est fait de luy) peut demeurer long temps en nostre corps sans faire aucune corruption : comme l'on peut connoistre, en ceux qui ont eu des coups de harquebuses, la balle demeurer aux parties charneuses par l'espace de trois, quatre, voire dix ans, et descendre du haut en bas sans faire aucune putrefaction ou nuisance à nature : qui demonstre n'auoir nulle venenosité, mais plustost quelque chose de familiarité auec nostre nature. Galien ne dit pas que

le plomb soit veneneux, mais dit que l'eau contenue long temps és canaux de plomb, pour le limon qui s'y attache, cause dysenteries et flux de ventre[1], ce que feroit bien l'airain ou le cuyure.

Thierry de Hery recite ceste histoire.

Ces iours passés ie fus enuoyé querir pour visiter vn enfant en la maison d'vn docteur en medecine, lequel auoit vne parotide (qui est vne aposteme aux enuirons des oreilles) auec grande tumeur et inflammation, douleur, pulsation, et tels signes signifient generation de matiere. Au moyen dequoy nous aduisasmes qu'il seroit bon y appliquer vn medicament anodyn, ce qui fut fait : et au premier remuement de l'emplastre se trouua grande diminution de la tumeur, et de tous les autres accidens, dont nous fusmes esbahis, par-ce que nous auions deliberé ce iour, ou le lendemain, y faire vne ouuerture. A la seconde fois se trouua sans inflammation, pulsation, ny douleur, et apparente diminution de la tumeur, et sentoit l'enfant la partie quasi estre toute deschargée. Au troisième appareil, l'apperceu dedans le cataplasme du vif-argent : parquoy nous enquerans d'où pouuoit proceder cela, trouuasmes qu'vn seruiteur, auquel on auoit commandé faire ce medicament (faute de curiosité) l'auoit meslé avec vn onguent estant au mortier, auquel y auoit de l'argent-vif. Toutesfois cest enfant fut guari quatre ou cinq iours aprés, sans suppuration ny aucun accident.

Autre histoire dudit de Hery. Quelque temps aprés, vne damoiselle fut affligée d'vne semblable maladie, la-

[1] Ce paragraphe se lisait déjà dans l'édition de 1575, où il suivait immédiatement le texte reproduit à la note de la page précédente; seulement il y avait une variante qu'il n'est pas sans intérêt de noter :

« Le bon vieillard Guidon, parlant de la nature de telles vlceres, ordonne y appliquer platines de plomb frottees de vif-argent, et dit estre en ce remede vne vertu cachee. Ie puis aussi attester que i'en ay souuent vsé pour tel effect, en ayant acquis honneur et profict. »

[1] Galien, 7. catalopus. — A. P.

quelle non seulement luy comprenoit le derriere des oreilles, mais aussi vne partie de la gorge, et quasi toute la iouë. Nonobstant quelque diligence, nous ne sceusmes tant faire que Nature voulust tendre à aucune euacuation, et auoit vne telle douleur que iour ny nuit ne pouuoit reposer : quoy voyant ie raconte aux medecins l'histoire precedente, lesquels furent d'aduis qu'on adiousteroit du vif-argent aux emplastres, ce qui fut fait : et la damoiselle sentit amelioration de sa douleur, et peu de iours après la tumeur fut entierement resolue [1].

Voila deux histoires que ie croy estre vrayes. L'onguent où entre le vif-argent guarit la rongne, appellée du vulgaire mal sainct Main (*supple après auoir fait les choses vniuerselles, comme purgations, saignées, bains*) ce que les autres medicamens ne peuuent faire. Ie tiens que l'argent-vif est l'antidote de la verolle (aussi fait Rondelet) et de ses accidens, et la guarit en quelque sorte qu'elle soit : par-ce qu'il esmeut les sueurs, et deseiche la cause de sa substance : ce que ne font point les autres medicamens, au moins que i'aye peu connoistre [2].

Or quelques-vns tiennent qu'il resoult et dissipe la vertu des nerfs, comme l'on voit à quelques-vns qui ont esté frottés pour la verolle, ont vn tremblement des membres : il est

vray, quand l'on en vse indiscrettement et sans raison, qu'il en pourra estre cause. Autant en aduiendra-il aux doreurs et fondeurs de plomb, et à ceux qui sont aux minieres : car par l'indeuë et assiduelle reception des vapeurs, il se fera non seulement vacuation des humeurs malings et corrompus, mais aussi resolution et consomption des esprits et humidités radicales, lesquelles resolues, specialement des parties nerueuses, il s'ensuit vn tremblement quelquesfois perpetuel, non par la malice du vif-argent, mais par l'indeuë application et mauuais vsage.

Estant esteint auec axonge de porc, qu'on en oigne vne lisiere de drap, puis qu'on l'applique à nud en ceinture au milieu du corps, il chasse les poux, puces, punaises et morpions : et tue les vers contenus au ventre, et principalement si on en frotte le creux du nombril. Si on en frotte le lieu où habitent les punaises et scorpions, il les fait mourir, et empesche que plus n'y retournent.

Or il y a de deux especes d'argent-vif, naturelle et artificielle : de la naturelle, il s'en treuue coulant par les veines et cauités de la terre, comme on voit en diuers lieux : et aussi il se treuue entre les metaux, et aux voustes des fodines d'argent. De l'artificielle, il s'en fait de minion, aussi de ratisseures de marbre, comme escrit Vitruue [1]. Il est vray-semblable qu'il s'en pourroit tirer de tous metaux par artifice, et principalement du plomb et du cinabre. Telles especes et differences se peuuent connoistre par leur couleur fusque et noirastre, par leur substance lente et espaisse,

[1] Voyez ces deux histoires dans Thierry de Héry, page 108 et suivantes. Il convient de dire que Paré ne transcrit pas exactement le texte. Déjà du reste il avait cité ces deux histoires en 1575 au livre *des Tumeurs* en particulier, et avec une rédaction un peu différente. Comparez tome Ier, pages 380 et 381.

[2] Cette dernière phrase est de 1585.

[1] Vitruue, *au 7. li. de son architecture.* — A. P.

qui en coulant laisse vestige cras, comme excrement de plomb. Le meilleur de tous est celuy qui est pur, clair, subtil, et blanc. Et pour le purifier de son plomb et autres excremens, et le rendre bon et tres-subtil, c'est le faire boüillir en vinaigre auec sauge, rosmarin, thym, lauande, ou le faire aualler à vn chien vne liure à la fois : puis l'ayant reietté par le siege, le cueillir, et de rechef le faire vn peu boüillir audit vinaigre. Cela fait , on peut dire estre vn *maistre Iehan*, qui fait choses grandes et quasi miraculeuses, pourueu qu'on le sçache bien manier à luy faire sauter le baston : car à peine se trouue-il homme qui se puisse vanter d'entendre sa nature et vertu en tout et par tout. Les Alchemistes ont si grande opinion de ce maistre Iehan, que la pluspart d'iceux l'ont couru à force d'or et d'argent , pour cuider l'arrester, et toutesfois n'en ont encore sceu venir à bout. Les riches en sont deuenus pauures, pour l'auoir soufflé : et les pauures, idiots, insensés, et tous deschirés. Il n'a plus grand ennemy que le feu, lequel le fait monter en haut, encore qu'il soit fort pesant, et aussi luy fait quitter l'or, son plus grand amy qu'il ait point [1].

[1] L'édition de 1579 portait à la fin de ce chapitre : *Fin des venins*, bien qu'il fût immédiatement suivi du chapitre 47 et dernier (48ᵉ par faute d'impression), intitulé : *Discours de la licorne*. Comme ce chapitre assez long a été refondu dans le grand *Discours* publié en 1582, que l'on trouvera en entier reproduit après le livre *de la Peste*, je n'ai pas cru devoir faire un double emploi sans intérêt en le donnant ici.

LE VINGT-QVATRIÉME LIVRE,

DE LA PESTE[1].

CHAPITRE I.

DESCRIPTION DE LA PESTE.

Peste est vne maladie venant de l'ire de Dieu, furieuse, tempestatiue, hastiue, monstrueuse, espouuentable, contagieuse, terrible, appelée de Galien beste sauuage, farouche, et fort cruelle, ennemie mortelle de la vie des hommes, et de plusieurs bestes, plantes, et arbres[2]. Les anciens l'ont appelée *Epidemie*, quand la corruption venoit de l'air qui promptement fait mourir plusieurs en vn instant, et en mesme region: aussi ont-ils appelé *Endemie* vne maladie qui est propre et familiere en certain pays, comme les escrouëlles en Espagne, le gouëtron en Sauoye, la lepre en Guyenne vers Bordeaux, qu'on appelle *Gabetz*, et en la basse Bretagne

[1] Ce livre *de la Peste* avait paru en 1568 réuni à quelques chapitres sur la petite vérole, la rougeole et la lèpre, sous le titre de *Traicté de la peste*, etc. Il se composait alors de 50 chapitres, plus le chap. 55, placé après l'histoire de la petite vérole et intitulé: *Des incommoditez de la peste*, en total 51 chapitres. En 1575, il fut séparé du livre de la petite vérolle, et réduit à 50 chapitres, (bien que la table en indique par erreur 51) par la suppression du chap. 34 : *Du charbon non pestiferé*. En 1579, il regagna 51 chapitres par la division en deux du 50°; en 1585, il arriva au chiffre de 52 par l'adjonction du 30°, intitulé: *Accidens de peste*; et enfin j'ai cru devoir rétablir le chapitre supprimé, ce qui donne pour cette édition 73 chapitres.

J'ai ajouté en outre un chapitre *complémentaire* tout spécial, pour un article retranché dès 1579, et qui n'avait pas reparu depuis. Je veux parler du fameux passage sur l'antimoine, qui appartenait, dans les éditions de 1568 et 1575, au chap. 27 : *Des medicamens purgatifs*.

[2] Cette définition, un peu trop poétique, est de 1585, de même que tout le reste de ce chapitre jusqu'à la phrase finale. Dans les éditions précédentes, le titre du chapitre était le même, mais le texte différait complétement; c'est pourquoi il est essentiel de le reproduire :

« Peste est vne maladie furieuse, qui court generalement sur tous les hommes, ou sur autres bestes, contagieuse, cruelle et pernicieuse, accompagnee de grands accidens, (qui viennent quant et elle en vn mesme temps) comme fieure continue, bubons, charbons, pourpre, nausee, vomissements, et autres. Or elle nuit par sa qualité veneneuse, de laquelle la force surpasse la condition de pourriture et corruption ordinaire, et non pas à cause de quelque qualité elementaire, comme par trop excessiue chaleur, froidure, seicheresse et humidité, ou de toute sa nature: car si elle estoit telle, elle tueroit toute personne indifferemment, combien que ne ie vueille pas nier qu'elle ne soit plus griefue en certains corps, temps, saisons et pays, comme sont aussi toutes au-

Cacots. et sont nommés *Ladres blancs* : et ainsi d'autres maladies qui regnent és autres prouinces. Or la peste est souuent accompagnée de tres-cruels et pernicieux accidens, qui sourdent iournellement auec elle : comme fiéure, bubons, charbons, pourpre, flux de ventre, delire, frenesie, et douleur mordicatiue d'estomach , palpitation de cœur, pesanteur et lassitude de tous les membres , sommeil profond,

tres maladies, ainsi que dit Hippocrates au troisieme liure des Aphorismes (Aphor. 3). Or tel venin est du tout contraire, principalement à l'esprit vital, contenu au cœur : et si l'esprit est plus fort que le venin pestiferé, il le chasse loing du cœur : au contraire, si le venin est plus fort que les forces de l'esprit vital et qu'il ne puisse resister à son ennemy, il s'enfuit arriere de luy, et demeure vaincu. Et aussi s'il s'espand en la masse sanguinaire où sont contenues les humeurs, il les infecte par sa qualité veneneuse, et engendre fieures pestilentielles simples, ou compliquees auec bubons et charbons, et quelquefois aussi plusieurs eruptions et ebullitions de sang, et taches noires parmy le corps, lesquelles sont trouuees aucunes-fois de diuerses couleurs, que l on nomme communément le pourpre, et le tout prouient par la vertu expultrice irritee (forte ou debile), et aussi se font diuerses alterations selon la diuersité des temperaments et corruption de l'humeur où telle venenosité est fondee.

« Voila ce qu'il me semble de la description de ceste peste , etc.

Ceci est le texte pur de 1568 ; en 1575, après ces mots : *au troisieme liure des Aphorismes*, l'auteur ajoutait :

« ... mais de cela peut on seulement conclure, que l'effort et furie de la peste peut estre augmentee ou hebetee, par le moyen ou association d'vne des quatre qualitez : et non pas que son essence gise et depende entierement de l'vne ou plusieurs d'icelles. »

Il y a aussi plus bas quelques mots ajoutés, mais qui n'altèrent en rien le sens. L'édition de 1579 avait suivi celle de 1575.

et les sens tous hebetés. Aucuns ont vne chaleur interne bruslante, et sont froids au dehors, auec inquietude, difficulté de respirer, vomissemens frequens, flux de ventre, flux de sang par le nez et par autres parties du corps, appetit perdu, grande alteration, la langue seiche, noire et aride, regard haue et hideux, la face palle et plombine , et quelquesfois rouge et enflambée, tremblement vniuersel, crachement de sang, puanteur des excremens, et plusieurs autres, qui se font selon la pourriture et alteration de l'air pestiferé, et de la cacochymie de ceux qui en sont frappés. Neantmoins tous ces accidens ne se trouuent pas tousiours à vne fois, ny en toutes personnes, mais en aucunes s'en apperçoiuent plusieurs, aux autres peu : voire à grand' peine voit-on deux malades infectés de ceste peste les auoir semblables, mais diuers les vns des autres, selon les effects qu'elle produit Ce qui prouient pour la diuersité du venin , de la cacochymie et complexion des malades, des années et saisons, et des parties qu'elle aura saisies : aussi qu'elle n'est pas tousiours d'vne mesme sorte, mais diuerse l'vne de l'autre : qui a esté cause que l'on lui a donné diuers noms, à sçauoir *fieure pestilente, caquesangue, coqueluche, suette, trousse - galant, bosse, charbon, pourpre,* et autres, que deduirons cy aprés. Or l'essence de ce venin pestiferé est inconneu et inexplicable, dont nous pouuons dire la peste estre vn quatriéme genre de maladie. Car si elle estoit vne intemperature simple , elle serait chaude ou froide, ou humide ou seiche, ou composée d'icelles : et lors auec medicamens contrarians par leur seule qualité chaude, froide, seiche, humide, ou mixtionnées ensemble, seroit guarie. Si c'estoit incommoderation, c'est à dire mauuaise composition, elle seroit en indeuë conformation ou figure, ou en nombre, ou en magnitude, ou en situation. Si c'estoit aussi solution de continuité, ce seroit erosion, contusion, incision, perforation, morsure, piqueure et ruption, toutes lesquelles choses seroient guaries par les remedes escrits des anciens : mais elle vient non seulement d'vne simple corruption, mais aussi d'vne contagion d'air pestiferé indicible et inconneuë, qui imprime sur vn corps ja preparé le caractere de son venin. Or me dira quelqu'vn : comment sera-il possible à vn Chirurgien pouuoir guarir ceste contagion par vraye methode, attendu que sa cause ne peut estre conneuë ? A quoy faut respondre, qu'il faut suiure le mouuement de Nature : car ayant en horreur la qualité venimeuse qui premierement saisit le cœur, tasche et s'efforce de chasser et pousser dehors les matieres que le venin a corrompu, lesquelles entretiennent le mal, et dont s'engendrent fléures pestilentielles, carboncles, bubons, pourpre, et autres accidens, au grand soulagement des parties nobles : tellement que si le tout (ou la plus grande partie) peut estre ainsi poussée dehors sans rentrer au dedans, le patient peut eschapper du danger. Parquoy le Medecin et Chirurgien, qui sont ministres et coadiuteurs de Nature, n'ont autre chose à faire que poursuiure tels mouuemens : comme en prouoquant les sueurs et vomissemens dés le commencement, et par choses qui fortifient le cœur, vsant de tous remedes esprouués contre la putrefaction et venenosité. En somme, il faut munir le cœur par antidotes, et attirer au

dehors la matiere conioincte, et pouruoir aux accidens, diuersifiant les remedes selon la nature d'iceux.

Voila ce qu'il me semble de la description de la Peste, laquelle n'est iamais vniuerselle, ny d'vne mesme sorte, comme nous auons dit cy dessus.

CHAPITRE II.

DES CAVSES DIVINES DE LA PESTE.

C'est vne chose resolue entre les vrais Chrestiens, ausquels l'Eternel a reuelé les secrets de sa sapience, que la peste et autres maladies qui aduiennent ordinairement aux hommes, procedent de la main de Dieu, ainsi que le Prophete nous enseigne : *Quelle aduersité sera en la cité, que le Seigneur n'aye faite* [1]? Ce que nous deuons en tout temps soigneusement mediter pour deux raisons : la premiere est pour reconnoistre que ce que nous auons de vie, santé, mouuement et estre, procede directement de la pure bonté de Dieu, qui est le Pere des lumieres, à fin que par ce moyen nous luy rendions graces de ses benefices. L'autre est que la connoissance des afflictions qui nous sont enuoyées de Dieu, nous achemine à vne droite intelligence de sa iustice sur nos pechés, à fin qu'à l'exemple de Dauid [2], nous nous humilions sous sa main puissante, pour garder que nostre ame ne peche par impatience : aussi qu'estans releués de desespoir, nous inuoquions sa Maiesté pour nous deliurer de tous maux par sa misericorde. Voila comme nous apprendrons de chercher et en Dieu et en nous, au ciel et

[1] *Amos 3. — Actes 17. — A. P.*
[2] *Voyez à ce propos le Pseau. 39. — A. P.*

DE LA PESTE. 353

en la terre, la droite connoissance des causes de la peste, de laquelle nous sommes visités : et comment par la Philosophie diuine nous sommes instruits que Dieu est le principe et cause des causes moyennes, sans laquelle les secondes causes et inferieures ne peuuent produire aucun effet, ains sont conduites et addressées par la volonté secrette et conseil priué d'iceluy, qui s'en sert comme d'instrumens pour accomplir son œuure selon son decret et ordonnance immuable.

Pourtant il ne faut attribuer simplement la cause de la peste aux causes prochaines, à l'exemple des Lucianistes, Naturalistes, et autres infideles : mais il nous faut considerer que tout ainsi que Dieu par sa toutepuissance a creé toutes choses hautes, moyennes et basses, aussi que par sa sagesse il les conserue, modere, encline où bon luy semble, mesmes souuent change le cours naturel d'icelles, selon son bon plaisir. Voila pourquoy le Prophete nous exhorte : *N'apprenez point les voyes des Gentils, et ne craignez point les signes du ciel comme les Gentils les craignent* [1]. Et ne faut que nul soit si hardy et plein de rage, de vouloir attacher Dieu, qui est la souueraine cause de toutes choses, aux causes secondes et inferieures et à ses creatures, ou à la premiere disposition que luy-mesme a baillée : et seroit rauir à Dieu ce titre de Tout-puissant, et luy oster la liberté de plus rien changer et disposer autrement qu'il n'a fait du commencement, comme si l'ordre qu'il a establi le tenoit suiet et lié, sans qu'il peust rien innouer [2]. Car quelque ordre ou disposition que Dieu aye mis en Nature, en la reuolution des saisons, au mouuement des astres et planetes, tant y a qu'il n'est point lié ny suiet à creature quelconque : ains besongne et fait ses œuures en toute liberté, et n'est aucunement suiet de suyure l'ordre qu'il a establi en nature : mais s'il veut punir les hommes à cause de leurs pechés, à fin de leur monstrer sa iustice, ou les combler de biens pour leur faire sentir sa bonté paternelle, il change sans difficulté cest ordre quand bon luy semble, et le fait seruir à sa volonté, selon qu'il voit estre bon et iuste. Car tout ainsi qu'au commencement de la creation du monde, par le commandement de Dieu, la terre produit verdure, arbres fruitiers, la mer ses poissons, la lumiere aussi esclairoit auant que ces deux grands luminaires, le soleil et la lune, fussent creés, pour nous apprendre que c'est le Tout-puissant, qui par soy-mesme a fait toutes choses [1] : aussi depuis que le gouuernement des creatures a esté assigné au soleil et aux planetes, desquels la terre et ce qu'elle contient reçoit aliment et nourriture, nous sçauons comme ce grand Dieu a changé le cours naturel d'iceux pour le bien et profit de son Eglise. C'est ce que nous lisons, que le Seigneur alloit deuant les Israëlites, par iour en colonne de nuée, pour les conduire par la voye, et de nuit en colonne de feu, pour les esclairer [2]. En ceste mesme façon le soleil et la lune furent arrestés et changerent leur cours, à la priere de Iosué [3]. Aussi par la priere d'Elie, il ne pleut point pendant l'es-

---

[1] *Ieremie* 10. — A. P.
[2] Cette phrase a été ajoutée en 1579.

[1] *Genese*, 1. — A. P.
[2] *Exode* 13. — A. P.
[3] *Josué*. 10. — A. P.

III.

pace de trois ans et six mois [1]. Par ces exemples donc, il appert clairement que Dieu dispose de ses creatures selon son bon plaisir, tant pour sa gloire que pour le salut de ceux qui l'inuoquent en esprit et verité [2].

Or comme le Seigneur se sert de ces choses inferieures pour estre ministres de sa volonté, et tesmoignages de sa grace à ceux qui le craignent, aussi elles luy seruent de heraults et executeurs de sa iustice pour punir les iniquités et offenses des pecheurs et contempteurs de sa Maiesté. Et partant, pour le dire en vn mot, c'est la main de Dieu qui, par son iuste iugement, darde du ciel ceste peste et contagion, pour nous chastier de nos offenses et iniquités, selon la menace qui est contenue en l'Escriture. Le Seigneur dit ainsi : *Ie feray venir sur vous le glaiue executeur, pour la vengeance de mon alliance, et quand vous serez rassemblés en vos villes, ie vous enuoyeray la pestilence au milieu de vous, et serez liurés en la main de l'ennemy* [3]. Qu'on lise aussi ce qui est escrit en Habacuc, chapitre 3. Le Seigneur des armées dit : *Voicy, i'enuoye sur eux l'espée, la famine et la peste* [4]. Semblablement Dieu commanda à Moyse ietter en l'air certaine poudre en la presence de Pharaon, à fin qu'en toute la terre d'Egypte les hommes et autres animaux fussent affligés d'apostemes pestilentiels, vlceres, et plusieurs autres maladies [5]. Ce que Dauid a confirmé disant, que Dieu enuoya en Egypte des mousches qui deuorerent le pays, et des grenoüilles qui les destruisirent, et donna

leurs fruits aux chenilles et leur labeur aux sauterelles : et gasta leurs vignes par gresle, et leurs figuiers sauuages par la tempeste : et liura leurs iumens à la gresle et leurs troupeaux à la foudre. Puis adiouste qu'il dressa voye à son ire, et n'espargna de les mettre à mort, et liura leur vie à la peste [1]. Pareillement au Deuteronome, Moyse menace les transgresseurs de la loy de Dieu de plusieurs maledictions, et entre autres de peste, apostemes, enfleures, et maladies ardentes [2].

Or le seul exemple de Dauid nous monstre l'execution de ces menaces terribles, quand Dieu, pour son peché, fit mourir de peste septante mille hommes, ainsi que l'Escriture tesmoigne [3]. Le prophete Gad fut enuoyé à Dauid auec commandement de Dieu : Ie t'offre trois choses, esly l'vne d'icelles, et ie le feray. Lequel veux-tu, ou que sept ans de famine viennent sur la terre : ou que par l'espace de trois mois tu fuyes deuant tes ennemis, et qu'ils te poursuiuent : ou que par trois iours la peste soit sur la terre? Là dessus Dauid prie de cheoir plustost entre les mains de Dieu qu'entre celles des hommes : d'autant, dit-il, qu'il est misericordieux.

Et quelqu'vn pourra dire que ce peuple n'auoit pas merité la mort

---

[1] *1. Rois IV.* — A. P.
[2] *Epistre sainct Iaques*, ch. 5. — A. P.
[3] *Leuit.* 26. — A. P.
[4] *Ieremie* 29. — A. P.
[5] *Exode* 9. — A. P.

[1] *Pseau.* 78. — A. P.
[2] *Deut.* 28. — A. P.
[3] Ce paragraphe se terminait là en 1568; le reste ne fut ajouté qu'en 1579. Il faut dire en outre que dans l'édition de 1585 et les suivantes on lit : *ainsi que l'Escriture tesmoigne au 2. liure des Rois, chap.* 24. Cette citation est fausse, et c'est pourquoi je l'ai retranchée, d'autant mieux que dès 1568 une note marginale donnait la citation légitime : 2. Samuël, 24.

pour l'offense de son roy. On peut respondre qu'il estoit encore plus meschant que luy, car il le reserua pour la gloire de son saint nom [1].

Nous lisons pareillement que le Seigneur punit l'idolatrie et profanation de son seruice par le fleau de la peste. Car voicy comme il parle : *Pour-ce que tu as violé mon sainct lieu en tes infametés et abominations, ie le briseray aussi, et mon œil ne l'espargnera point, et n'en auray point de pitié : car la troisiéme partie mourra de peste* [2].

Concluons donc que la peste et autres maladies dangereuses, sont tesmoignage de la fureur diuine sur les pechés, idolatries et superstitions qui regnent en la terre, comme mesmes vn autheur profane est contraint de confesser qu'il y a quelque chose de diuin aux maladies [3]. Et pour tant, lors qu'il plaist au Seigneur des Seigneurs, et Createur de toutes choses, vser de ses iustes iugemens, nulle de ses creatures ne peut euiter sa fureur espouuantable : voire mesme ciel et terre en tremblent, ainsi que Dauid nous enseigne [4] :

> Les cieux fondirent en sueur :
> La terre trembla de la peur
> De la face terrible.

Que sera-ce donc de nous, pauures humains, qui nous escoulons comme la neige? Comment pourrons-nous subsister deuant le feu de l'ire de Dieu, veu que nous sommes foin et paille, et que nos iours s'euanoüis-sent comme vapeur de fumée? Apprenons de nous conuertir de nos voyes mauuaises à la pureté du seruice de Dieu, et ne suiuons point l'exemple des fols malades, qui se plaignent de la chaleur et alteration de la fléure, et cependant reiettent la medecine qui leur est representée pour les guarir de la cause de la maladie. Sçachons que c'est icy le principal antidote contre la peste, que la conuersion et amendement de nos vies. Et tout ainsi que les Apoticaires font du theriaque de la chair du serpent, pour guarir de la morsure venimeuse : aussi de la cause de nos maladies, c'est à sçauoir de nos pechés, tirons-en le remede et guarison, en regardant vers le fils de Dieu Iesus Christ nostre Seigneur, lequel ne guarit pas seulement le corps de ses infirmités et maladies, mais nettoye l'ame de tout peché et ordure : et à l'exemple de Dauid, gemissons et reconnoissons nos pechés, prians ce bon Dieu de cœur et de bouche, comme il s'ensuit [1] :

> Ne vueille pas, ô Sire,
> Me reprendre en ton ire,
> Moy qui t'ay irrité, etc.

Voila la premiere et principale consideration que tous chrestiens doiuent connoistre, en recherchant les causes diuines de la peste, et le preparatif qu'il faut prendre pour la guarison de telle maladie. Et outre ce, ie conseille au Chirurgien ne vouloir aussi negliger les remedes approuués par les Medecins anciens et modernes : car combien que par la volonté de Dieu, telle maladie soit enuoyée aux hommes, si est ce que par sa saincte volonté les moyens et secours nous sont donnés pareillement de luy, pour en vser comme d'instrumens à sa gloire,

---

[1] Ce petit paragraphe a été intercalé ici en 1585. La derniére phrase n'en est pas très claire, mais le texte est le même dans toutes les éditions.

[2] *Ezechiel*, 5. — A. P.

[3] *Hippocrates*, *chap. 2. du 1. liure des Prognostiques.* — A. P.

[4] *Pseaume* 68. — A. P.

[1] *Pseaume* 6. — A. P.

cherchans remedes en nos maux, mesmes en ses creatures, ausquelles il a donné certaines proprietés et vertus pour le soulagement des pauures malades : et veut que nous vsions des causes secondes et naturelles, comme d'instrumens de sa benediction : autrement nous serions bien ingrats, et mespriserions sa beneficence. Car il est escrit, que le Seigneur a donné la science aux hommes de l'art de Medecine, pour estre glorifié en ses merueilles [1]. Et partant ne faut negliger tous autres moyens, que descrirons cy aprés.

Il reste maintenant rechercher les causes et raisons naturelles de ceste peste.

CHAPITRE III.

DES CAVSES HVMAINES OV NATVRELLES, ET SEMENCES GENERALES DE LA PESTE, PRISES DE LA CORRVPTION DE L'AIR.

Les causes generales et naturelles de la peste sont deux : à sçauoir l'air infecté et corrompu, et l'alteration des humeurs vitiés en nostre corps, et preparés à prendre la peste et air pestilent. Ce qui est prouué par Galien, qui dit, que les humeurs de nostre corps se peuuent pourrir, et acquerir venenosité [2].

Or l'air se corrompt lors qu'il y a excés és saisons de l'année, lesquelles ne tiennent leur constitution naturelle, qui se fait parce que presque toute l'année a esté humide, à cause des pluyes et grosses nuées. L'hyuer pour la plus grande partie n'a esté froid, ny pareillement le printemps tiede ou temperé, comme il a de coustume : aussi qu'en automne on voit en l'air flambes ardentes, estoilles courantes, et cometes de diuerses figures, lesquelles choses sont produites des exhalations seiches. L'esté est chaud, et les vents n'ont soufflé sinon du Midy, et encor iceux ont venté tant doucement qu'à peine on les a peu sentir : et quelquesfois aussi on a veu que les nuées estoient poussées du Midy au Septentrion. Telles constitutions de saisons sont escrites par Hippocrates au liure premier *des Epidemies*, et au troisiéme liure *des Aphorismes* [1] : et veritablement elles rendent l'air du tout pestiferé : car alors par son intemperature il dispose à pourriture les humeurs sereux de nostre corps, et par sa chaleur non naturelle les brusle et enflamme : toutesfois toutes constitutions non naturelles n'engendrent pas tousiours la peste, mais plustost autres maladies epidemiales. Quelquesfois l'air pestilent, qui est attiré au corps par vne seule inspiration d'vn pestiferé, rend tous les membres infectés [2].

D'auantage, l'air se corrompt par certaines vapeurs meslées auec luy, comme nous auons dit cy deuant, comme par grande multitude de corps morts non assez tost enseuelis en la terre, comme d'hommes, cheuaux, et autres choses faisans, vne vapeur putride et charongneuse qui infecte l'air : ce qui souuent aduient aprés vne bataille, ou de plusieurs hommes peris par naufrage, puis iettés par les flots de la mer au riuage : ou quand la mer a ietté plusieurs poissons et

---

[1] *Eccles.* 38. — A. P.

[2] Galien, 6. *de locis affectis.*— A. P.

[1] Toutes les éditions du vivant de l'auteur portent seulement : *au liure des Epidemies*; la leçon actuelle est de 1598.

[2] Cette phrase a été ajoutée en 1585.

bestes, lorsque les riuieres font grandes inondations sur la terre, et les rauissent en la mer, dont ils meurent, n'estans pas accoustumés de viure en l'eau salée. Or la mer laisse quelquesfois grande quantité de poissons à sec, quand les gouffres ou ouuertures de la terre faites par le mouuement d'icelle s'emplissent d'eau, ou quand le flot de la mer laisse les grands poissons en estant sortis du profond : ainsi que de nostre temps vne baleine fut putrefiée en la coste de la Tuscane, et amena la peste par tout le pays. Or les poissons, (bien que rarement, comme dit Aristote au 8. de *l'Histoire des Animaux* [1]), peuuent estre infectés par les mauuaises exhalations esleuées de la terre qui est au dessous de l'eau, et passans par dedans icelle : aussi peuuent sentir la contagion de l'air ambiens, lors qu'ils se mettent sur l'eau. Et pour ces deux causes, il se fait que la peste estant en quelque pays, les poissons sont trouués morts en grand nombre, principalement és estangs, lacs, et riuieres qui sont peu agitées, que l'on appelle eaux dormantes : ce qui ne se fait en la mer : car par son grand mouuement impetueux, et par sa salsitude, n'est suiette à pourriture : et partant les poissons qui sont en icelle ne reçoiuent l'infection pestilente, comme ceux des eaux dormantes.

Outre-plus, l'air est infecté des meschantes vapeurs de quelques lacs, estangs bourbeux et marescageux, eaux croupies és maisons où il y a des esgouts et conduits sous la terre, qui ne s'escoulent point, et se corrompent en Esté, esleuans certaines vapeurs par vne excessiue chaleur du soleil.

Comme l'on trouue par escrit, qu'à Padouë il y auoit vn puits que l'on auoit longuement tenu couuert : puis ayant esté descouuert, qui fut en Esté, il en sortit vne grande exhalation putride, tellement que l'air circonuoisin fut du tout corrompu : dont proceda vne peste merueilleuse, qui dura fort long temps, dont bien grand nombre de peuple mourut.

Pareillement l'air exterieur est corrompu par certaines exhalations, fumées et souspirs des vapeurs pourries et infectées, enfermées és entrailles de la terre, ayant esté long temps retenues, croupies et estouffées és lieux tenebreux et profonds d'icelle, sortans par vn tremblement de terre. Par tremblement de terre les eaux sentent le soulphre ou autre matiere metallique, et sont chaudes et troubles : cela se fait des exhalations de la terre par le secouëment ou esbranlement d'icelle. On oit diuerses voix, comme gemissemens de ceux qui meurent aux batailles, et aussi diuers cris d'animaux. Semblablement on voit sortir de terre plusieurs animaux, comme crapaux, couleuures, aspics, viperes et autres vermines [1]. Et par lesdites exhalations estans sorties, infectent non seulement les hommes et autres animaux, mais aussi les plantes, fruits et grains, et generalement toute leur nourriture [2] : de tant que comme l'eau troublée et puante ne laisse viure le poisson qui est dedans, aussi l'air maling et pestiferé ne laisse viure les hommes, mais altere les esprits et corrompt les

---

[1] Cette parenthèse est une addition de 1579.

[1] Les trois phrases qui précèdent, et dont les deux dernières au moins n'ont pas grand rapport avec le reste du chapitre, ont été ajoutées là en 1579.

[2] *La peste des plantes est appellée sideration.* — A. P.

humeurs, et finalement les fait mourir, et mesmement les bestes et plantes, comme nous auons dit.

D'auantage on a veu quelques vns creusans la terre pour faire des puits, sentir vne vapeur si puante et infecte, qu'ils mouroient promptement. Et encores n'agueres és faulxbourgs sainct Honoré de ceste ville de Paris, moururent cinq hommes ieunes et forts, en curant vne fosse où l'esgout du fiens des pourceaux estoit de long temps croupi et retenu sans aucune exhalation : et fut-on contraint emplir de terre ladite fosse, pour l'estouper promptement, et obuier à plus grands accidens.

Semblable chose a esté dés long temps obseruée par Empedoclés philosophe, lequel voyant qu'il y auoit vne ouuerture de terre entre les montagnes, laquelle causoit la peste pour les mauuaises vapeurs qui en sortoient, la fit boucher, et par ainsi chassa la peste du pays de Sicile.

On a connu combien cecy estoit vray, par la corruption aduenue des corps morts au chasteau de Penc, sur la riuiere de Lot : auquel lieu l'an 1562, au mois de septembre, pendant les troubles premiers aduenus à cause de la Religion, fut ietté grand nombre de corps morts dedans vn puits profond de cent brasses ou enuiron, duquel deux mois aprés s'esleua vne vapeur puante et cadauereuse, qui s'espandit par tout le pays d'Agenois et lieux circonuoisins, iusques à dix lieues à la ronde, dont plusieurs furent infectés de la peste. Dequoy ne se faut esmerueiller, veu mesme que les vents soufflans poussent les exhalations et fumées pourries d'vn pays en autre : dont aussi on y voit prouenir la peste, comme auons dit cy

deuant en la premiere Apologie [1].

Or si quelqu'vn vouloit obiecter, disant que si la putrefaction de l'air est causé de la peste, il s'ensuiuroit par necessité qu'en tous lieux où il y a charongnes, estangs, marescages, ou autres lieux putrides, la peste y seroit tousiours, à cause que l'air reçoit facilement putrefaction : aussi que toute putrefaction, quand elle est entrée au corps par inspiration, engendreroit la peste : laquelle chose est contre l'experience, comme l'on voit en ceux qui habitent et frequentent és lieux putrides, comme és poissonneries, escorcheries, cemetieres, hospitaux, cloaques, et tanneries ! aussi és labourieurs qui manient et remuent les fiens pourris et corrompus par putrefaction, et ceux qui curent les latrines et plusieurs autres choses semblables. A cela faut respondre, que la putrefaction de la peste est bien differente de toutes autres putrefactions, pour ce qu'il y a vne malignité cachée et indicible, de laquelle on ne peut donner raison, non plus que de l'aimant qui tire le fer, et plusieurs medicamens qui attirent et purgent certaines humeurs de nostre corps. Pareillement la malignité occulte qui est en ceste putrefaction pestiferée, n'est point aux autres choses corrompues de corruption ordinaire, lesquelles toutesfois en temps de peste se tournent facilement en semblable malignité, tellement que toutes les apostemes, et fiéures putrides, et autres maladies procedan-

---

[1] Cette derniere phrase est de 1579 ; elle fait allusion à l'*Apologie* de 1572, qui fait aujourd'hui le chap. 15 du livre des *Playes d'harquebuses*, et où en effet il avait déjà raconté la même histoire. Voyez tome II, page 173 et suiv.

tes de putrefaction en temps de peste, se tournent facilement en telle corruption extraordinaire et du tout estrange. Et partant, en telle constitution de temps, il fait bon euiter les lieux infects et la frequentation des pestiferés, de peur que par la vapeur et exhalation de l'air corrompu nous ne soyons infectés : combien qu'aussi il n'est pas necessaire que tous ceux qui attirent l'air pestiferé prennent la peste : car on ne la peut prendre qu'il n'y ait quelque preparation et disposition : ce que l'experience iournaliere demonstre. Aussi Galien le declare au liure *des differences des fiéures*, disant que nulle cause ne peut produire son effet sans que le corps y soit apte et preparé, autrement tous seroient infectés de mesme cause. Neantmoins par continue frequentation des lieux et personnes enuenimées de tel venin, on peut acquerir vne disposition et preparation à receuoir icelle peste : car combien que le bois verd ne soit disposé à brusler, si est·ce que pour estre long temps au feu, il brusle. Partant ie conseille de se preseruer tousiours, et euiter les lieux et personnes pestiferées : car le venin pris par l'odeur des vapeurs venimeuses , est merueilleusement soudain, et n'a affaire d'aucun humeur qui luy serue de conduite pour entrer en nostre corps et agir en iceluy, comme nous auons dit par cy deuant. Car lesdites vapeurs, estans subtiles, sont facilement attirées auec l'air dedans les poulmons, et d'iceux dedans le cœur (domicile de la vie), puis passent par les arteres, et d'elles se communiquent par tout le corps, gastans premierement les esprits, puis les humeurs, et en la fin la substance mesme des parties solides [1].

[1] Toutes les éditions portent ici simple-

Or quand nous parlons de l'air pestilent, nous ne voulons qu'il soit estimé simple et elementaire : car estant simple, iamais n'acquiert de pourriture, mais par addition et meslange des vapeurs pourries esparses en luy. Parquoy veu que l'air qui nous enuironne et est contigu, est perpetuellement necessaire à nostre vie, et que sans luy nous ne pouuons viure, il faut que, selon la disposition , nostre corps soit en plusieurs et diuerses manieres alteré, à cause que continuellement nous l'attirons par l'attraction qui se fait des poulmons és parties pectorales dediées à la respiration, et pareillement par la transpiration qui se fait par les pores et petits pertuis insensibles de tout le corps, et des arteres espandues au cuir : ce qui se fait tant pour la generation de l'esprit de vie, que pour rafraichir nostre chaleur naturelle. A ceste cause, s'il est immoderément chaud , froid, humide, ou sec, il altere et change la temperature du corps en semblable constitution que la sienne. Mais entre toutes les constitutions de l'air, celle qui est chaude et humide est fort dangereuse, car telles qualités sont cause de putrefaction : ainsi que l'experience nous fait voir és lieux où le vent marin en Esté exerce sa tyrannie, esquels vne viande, tant soit elle fraiche, se cor-

ment ; *la substance même des parties*. Mais cela vient de ce qu'elles ont copié trop fidèlement l'édition primitive de 1568, sans faire attention à l'*erratum* unique de cette édition , ainsi conçue : .

« AV LECTEVR.

» AMY LECTEVR, à la page 16. ligne 9. apres ce mot, parties, faut adiouster ce mot, solides. S'il se trouue d'autres fautes, elles sont ou de petite consequence, ou aisees à vn chacun de corriger. »

rompt et pourrit en moins de demie heure. Semblablement nous voyons que l'abondance des pluyes engendre beaucoup de vapeurs, lesquelles lors que le soleil ne les peut resoudre et consumer, alterent et corrompent l'air, et le rendent idoine à la peste. Mais il faut icy noter que la pourriture qui vient des corps morts des hommes, est plus pernicieuse aux hommes que celle des autres animaux : aussi celle des bœufs aux bœufs, des cheuaux aux cheuaux, des pourceaux aux pourceaux, ainsi des moutons et autres animaux : ce qui prouient pour la sympathie et concordance qu'ils ont les vns aux autres, comme on voit qu'en vne famille et personnes qui sont de semblable temperament, si l'vn est espris de peste, elle se communique ordinairement à tous. Toutesfois on a veu aussi pour escorcher des bœufs et autres bestes mortes de peste, l'escorcheur mourir subitement, et le corps d'iceluy deuenir tout enflé.

Le tonnerre et esclairs, par son grand bruit et tintamarre, esmeut si vehementement l'air, qu'il fait renforcer la peste [1].

Or pour conclure des effets diuers de l'air, nous dirons que, selon qu'il est diuers et dissemblable, aussi il rend dissimilitude d'affections et differens effets, mesmes és esprits, lesquels il rend gros et hebetés, ou subtils et aigus : et pour le dire en vn mot, l'air a empire sur tous les hommes et autres animaux, plantes, arbres, et arbrisseaux.

[1] Cette courte phrase, qui rompt la liaison des idées, a été intercalée ici en 1585.

CHAPITRE IV.

DE L'ALTERATION DES HVMEVRS, QVI SE FAIT PRINCIPALEMENT PAR LA MANIERE DE VIVRE.

Aprés auoir suffisamment declaré les causes de l'alteration de l'air qui nous enuironne, et que nous inspirons par necessité, vueillons ou non : maintenant il nous faut declarer la cause de la corruption des humeurs de nostre corps.

Or nos humeurs se corrompent et tournent en pourriture par vne trop grande plenitude ou obstruction, ou intemperature, ou malignité de matiere, qui se fait principalement par la mauuaise maniere de viure : et de là procedent les causes principales de corruption, par lesquelles tels corps sont soudainement frappés de peste : car aprés auoir beu des vins poussés et corrompus, et des eaux mauuaises et putrides, comme celles qui sont bourbeuses et marescageuses, dans lesquelles se desgorgent les esgouts puants et corrompus, sans qu'iceux ayent aucun cours : esquelles aussi on aura ietté quelque ordure et laué le linge, et ietté les excremens des pestiferés, comme est vn esgout de l Hostel-Dieu de Paris : où aprés auoir mangé meschantes viandes, comme grains pourris, herbes, fruits sauuages, et autres alimens alterés et non accoustumés, comme on fait par vne grande famine, et aux villes et places assiegées (ce que ie sçay pour y auoir esté), tellement que par necessité les hommes sont contraints de manger la viande des pourceaux, comme on a veu en l'an 1566, à cause de la cherté, faire du pain d'auoine, féues, pois, de lentilles, vesse, de glands, racine de feugere, et dent de chien : aussi manger troncs de choux, et autres choses semblables : aprés, dis-ie, telle maniere de viure, suruient ordinairement vne peste. Car telle nourriture engendre obstructions et pourriture d'humeurs, dont s'ensuiuent galles, apostemes, vlceres et fiéures putrides, qui sont preparatifs à la peste : à quoy aussi aide grandement la perturbation des esprits et humeurs, comme de crainte, frayeur, fascherie, ou autre cause : car telles choses changent l'œconomie de toute l'habitude du corps.

Et comme és iours caniculaires on voit que, par la grande chaleur et ebullition, la lie est esleuée en haut et meslée parmy le vin : ainsi la melancholie et autres humeurs, estans meslés et pertroublés, infectent le sang et le disposent à pourriture et venenosité, dont la peste est souuent procreée, et autres pourritures[1]. Ce que n'agueres nous a esté manifesté en plusieurs de ceux qui furent blessés à la bataille prés Sainct Denys, leurs playes degeneroient en grandes pourritures, accompagnées de fiéures putrides et autres grands accidens : et presque tous mouroient, tant d'vne part que d'autre, voire encore que leurs playes fussent petites, et en lieux du corps non dangereux : et aussi qu'ils fussent traités de toutes choses necessaires, tant à leur maniere de viure que autres choses. Dont plusieurs affirmoient et philosophoient que c'estoit à raison de la poudre à canon et des boullets empoisonnés : ce qui me semble n'estre vray, ainsi que i'ay amplement dis-

[1] Rondelet, *en sa pratique.* — A. P.

couru au Traité des playes faites par harquebuses et autres bastons à feu, tant par autorité, raison, qu'experience. D'auantage, les pourritures et autres accidens ne venoient seulement aux playes faites par bastons à feu, mais aussi à celles qui estoient faites par autres armes, comme d'espées, de piques, de lances, et autres. Partant il me semble (sous correction) que les accidens ne venoient par la malignité de la poudre à canon, et moins des boullets qu'on disoit estre enuenimés : mais plustost à cause de l'ebullition du sang et des autres humeurs, se broüillans et meslans ensemble, tant pour l'extreme cholere et effroy de l'apprehension de la mort qu'on voit si proche, et principalement aussi pour la constitution et pourriture de l'air. Et qu'il soit vray, vn iour ou deux qu'on tiroit du sang aux malades pour suruenir aux accidens, il se trouuoit de couleur non rouge, mais du tout changé de sa nature, à sçauoir blanc ou verdoyant comme sanie des apostemes, qui demonstroit estre du tout corrompu. Ioint aussi lors qu'on faisoit ouuertures de corps morts, on trouuoit presque à tous des apostemes aux parties interieures, comme au foye et aux poulmons[1] : qui se

[1] Je ne sache pas qu'on trouve dans aucun auteur avant Paré la mention de ces abcès métastatiques, constatés à l'autopsie. J'ai déjà fait cette remarque pour les abcès du foie succédant aux plaies de tête (tome II, page 32). On trouve aussi la mention d'abcès internes à la suite des plaies d'arquebuses dans la première Apologie (tome II, page 176); mais cette Apologie, datée de 1572, est postérieure de quatre ans au Traité de la peste, et ne s'exprime pas d'une manière aussi nette et précise que le chapitre auquel se rattache cette note.

faisoit pour la pourriture acquise par le broüillement du sang, et principalement de l'air ambiens alteré et corrompu, et non par la poudre à canon, ny les boulets, qu'aucuns tenoient estre empoisonnés.

Maintenant nous descrirons les signes et presages de la peste à aduenir, pris de la corruption de l'air.

CHAPITRE V.

SIGNES OV PRÉSAGES DE LA PESTE A ADVENIR, PRIS DE LA CORRVPTION DE L'AIR.

Quand les saisons de l'année ne gardent leurs qualités et temperatures naturelles, et sont fort immoderées, à sçauoir quand on voit le temps fort pluuieux et Austral, et l'esté fort chaud, et que le vent Austral dure long temps sans pluye, et que l'on voit au ciel cometes et estoilles ardentes, qui voltigent et partent de leurs places, tant qu'il semble qu'elles tombent, auec abondance de tonnerres, et autres choses que nous auons par cy deuant dit : aussi, si on voit grande quantité de chenilles, et autre vermine qui broustent et rongent les fueilles et gettons des arbres, et les fruits estre vermineux [1], et les oyseaux laisser leurs nids, voire leurs œufs et leurs petits, et plusieurs femmes enceintes auorter (qui se fait

---

[1] L'édition de 1568, suivie par celles de 1575 et 1579, portait seulement : *Aussi si on voit les fruicts pleins de vermines*, etc. Le texte actuel est donc de 1585. Il convient d'avertir que l'édition de 1598 et toutes les autres après elle ont écrit : *les fruicts estre venimeux*; faute d'impression qui dénature le sens.

pour la vapeur venimeuse de l'air pestilent, lequel estant inspiré par la mere, estouffe l'enfant par sa malignité ennemie de nature) : si ces choses, dis je, sont veuës, on peut veritablement presagir et dire que les causes et signes de corruption sont presens, et qu'ils nous menacent de la peste.

Toutesfois il faut icy entendre que telles choses apparentes en l'air ne sont point propres causes de la peste, mais que telles impressions aëriennes sont engendrées des exhalations et vapeurs de la terre, lesquelles enfin infectent l'air, dont la peste procede : car l'air se corrompt par les vapeurs putrides esleuées des entrailles de la terre, pour les corruptions qui sont en icelle, comme de corps morts, esgouts, eaux croupies, et autres causes qu'auons declarées cy deuant, lesquelles le soleil par sa vertu attire en la moyenne region de l'air, en temps de grandes chaleurs. Et pour ce il ne se peut faire, qu'à cause de l'air estant ainsi corrompu, ne s'ensuiuent diuers effects selon la diuersité de la corruption. Et de là s'engendrent plusieurs maladies epidemiales, c'est à dire, populaires ou vulgaires, ainsi que l'an 1510. suruint vne maladie par tout le royaume de France, tant és villes qu'és villages, nommée par le commun *Coqueluche*: par-ce que quand aucuns estoient espris de ceste maladie, ils sentoient grande douleur en la teste, ensemble en l'estomach, és reins, et és iambes, et auoient fiéure continue, auec delire et frenesie : et lorsqu'on les purgeoit ou saignoit, on abbregeoit leurs iours. Et d'icelle mourut vn bien grand nombre d'hommes, tant riches que pauures.

Aussi l'an 1528. suruint vne autre

maladie en Angleterre, et aux basses Allemagnes , qui fut nommée du peuple *la Suette*, pour-ce que les patiens auoient vne bien grande sueur par tout le corps, avec grand frisson, tremblement, et palpitation de cœur, accompagnée de fiéure continue : et mouroient en peu de iours : et ceste maladie tua aussi vn bien grand nombre de personnes.

Pareillement l'an 1546. regna en la ville du Puy en Auuergne, vne autre maladie nommée du peuple *Trousse-galand* , pour-ce que peu de ceux qui en estoient espris, eschappoient, ains mouroient en deux ou trois iours, ou moins, et plustost les robustes que les debiles, et les riches que les pauures. Au commencement les patiens auoient grande pesanteur de tout le corps, auec vne extreme douleur de teste, et fiéure continue, et perdoient toute connoissance, et faisoient tous leurs excremens involontairement sous eux, et auoient grand delire, de sorte qu'il les falloit lier et attacher. Que si aucuns eschappoient, leurs cheueux tomboient : et ladite maladie estoit fort contagieuse. L'année sui-uante vint en ladite ville vne autre plus grande peste accompagnée de bubons et charbons, qui fit aussi mourir grand nombre de peuple.

Ce que l'ay bien voulu icy annoter, à fin que le chirurgien prenne garde à la grande diuersité et malignité de ceste maladie pestilente pour y obuier, l'aduertissant d'auantage, qu'en certains temps aduiennent plusieurs autres maladies populaires, comme fiéures putrides , flux de ventre, rheumes, toux, frencsies, esquinancies , pleuresies, peripneumonies, ophthalmies, apoplexies, lethargies, pourpre, rougeolle, petite verolle, galles, anthrax ou charbons, et au-tres pustules malignes, lesquelles prennent en mesme temps. Partant la peste n'est pas tousiours ny en tout temps d'vne mesme sorte, mais diuerse l'vne de l'autre : qui a esté cause qu'on luy a donné diuers noms, selon les effets et accidens qu'elle produit : ce qui prouient principalement pour la diuersité du venin qui est en l'air. Car ainsi qu'il est cause de la vie aux animaux, aussi est-il cause des maladies et de la mort d'iceux , pour-ce que sans iceluy l'a-nimant ne peut estre ne durer, mesmes vn bien peu de temps, d'autant qu'il est du tout necessaire qu'il soit attiré par la respiration des poulmons : lequel estant pourri et attiré en la substance du cœur, abbat toutes les forces du corps , et fait mourir plu-sieurs animaux pour la necessité qu'ils ont de respirer. Parquoy lors que l'air pourri et pestiferé exerce sa tyrannie, il tue non seulement le genre humain, mais aussi les bestes de la terre et les oyseaux du ciel.

Et pour le dire en vn mot, tel air pestilent est si furieux qu'il renuerse , dissipe , altere , brise et corrompt l'harmonie naturelle et temperature de tous animaux , ainsi qu'vn certain foudre et tonnerre liquefie et con-sume l'argent d'vne bourse sans la gaster : pareillement fait sortir le vin des tonneaux, sans qu'on puisse ap-perceuoir aucune ouuerture : aussi fond le fer d'vne pique sans toucher au bois : commine et brise les os du corps sans aucune apparence en la chair : qui se fait par vne chose indi-cible , de laquelle on ne peut donner raison. Combien qu'Aristote liure 3. *des Meteores* , chap. 1. ayant pour resolution de ces questions fait diui-sion des foudres, en ceux qui sont plus participans de terrestrité, et en ceux qui retiennent plus de la nature et substance de la flamme, et qui sont plus subtils : dit cela aduenir, par-ce que tels foudres de leur subtilité penetrent aisément au trauers des corps rares et poreux, comme sont les bois. le cuir, la chair et peau, sans les offenser : mais qu'au trauers des denses et solides, ils ne peuuent passer sans effort et violence, dont vient que pour la resistance qui leur est faite au passage, ils les rompent et fracassent. Ce que mesme aprés Aristote a confirmé Pline, liure 2. chap. 51. et Seneque liure 2. de ses *Questions naturelles*[1]. Ainsi est-il de la peste, qui destruit et corrompt toute l'œconomie de nature.

CHAPITRE VI.

SIGNES DE LA PESTE, PRIS DE LA CORRVPTION QVI EST EN TERRE.

Les signes de la peste à aduenir, pris de la corruption de la terre, sont, que l'on voit sortir d'icelle abondance de champignons ou potirons, et le froment produire yuraye, et autre chose contre leur nature[2]. Aussi que sur icelle apparaissent grandes troupes de petits animaux, comme araignes, chenilles, papillons, cigales, hannetons, mousches et mouscherons, scorpions, escargots, limaçons, sauterelles, grenoüillettes, vers, et autres semblables, qui se procréent de pourriture : pareillement les bestes sauuages laissent leurs cauernes et cachots : aussi en sortent plusieurs autres, comme taulpes, crapaux, viperes, couleuures, lezards, aspics, crocodiles, et autres de plusieurs et diuerses especes : toutes lesquelles bestes sortent pour la fascherie de la vapeur putride et veneneuse qui est contenue és entrailles d'icelle, de laquelle mesme la plupart de telle vermine se fait : ioint aussi qu'on les trouue quelquesfois mortes en grand nombre. Ce que ne trouuera fascheux à croire celuy qui considerera que Dieu a distribué aux animaux quelque chose particuliere pour demonstrer et predire, non seulement la peste à aduenir, mais aussi le changement du temps, comme pluye, vent, gresle, tempeste, le printemps, l'esté, automne et hyuer, et autres choses semblables : et ce tant par gestes, chansons, cris, que par troupes et arriuées, sorties de la terre, laissans leurs petits, et fuyans en autre region, comme nous auons dit : lesquelles choses viennent de leurs sens exterieurs, et occulte conuenance de leurs corps auec l'air. Et si quelqu'vn demande autre cause, ie le renuoyeray au grand architecteur, duquel les thresors de science et sagesse sont cachés, et nous les manifestera quand bon luy semblera.

Or ces vapeurs pourries, lesquelles nous auons dit chasser les bestes de leurs cauernes, s'esleuent en l'air et causent grosses nuées, et tombent quelquesfois sur les fruits, et les corrompent, dont ceux qui en mangent sont espris de la peste. Elles n'infectent seulement les fruits, mais aussi font mourir les arbres et les bestes, comme bœufs, vaches, cheuaux, pourceaux, moutons, poulailles, et autres volatiles, comme nous auons dit. Sur quoy tu dois obseruer, que les bestes à quatre pieds sont

---

[1] Toute cette longue citation d'Aristote a été ajoutée ici en 1575.

[2] Ces mots : *et le froment produire yuraye,* etc., ont été ajoutés en 1585.

plustot saisies et frappées de ceste peste que les hommes, parce qu'elles paissent les herbes imbues des exhalations putrides de la terre : et partant on ne les doit faire paistre que le soleil n'ait premierement consommé la rosée, s'il est possible.

Qu'il soit vray, on a veu vn paysan de la Beausse auoir esté accusé en iustice d'estre sorcier, parce que ses brebis ne mouroient point, et toutes celles de ses voisins perissoient. Sur quoy estant interrogué deuant les iuges, il fit response, que iamais il ne permettoit que son bestail sortist hors, que premierement le soleil n'eust consommé la rosée, et que plusieurs petites bestioles qui estoient sur les herbes ne fussent retirées dedans la terre : et dit, que quelquesfois il l'auoit declaré à aucuns de ses voisins : ce qui fut trouué vray, et fut absoult pour les raisons susdites.

Or pour ce qu'il est fait icy mention des bestioles qui nuisent aux troupeaux qui paissent, nous declarerons icy en passant, qu'il y a vne petite bestiole semblable à la cantharide, trouuée aux herbages, qui enfle si fort vn bœuf quand il l'a mangée, qu'il créue : et pour ceste cause est nommée de Pline, *Buprestis* [1].

CHAPITRE VII.

LA CVRE PRESERVATIVE, ET PREMIEREMENT DE L'AIR, DV VIVRE, ET DE LA MAISON.

Aprés auoir descrit la peste, et declaré les causes, signes, et presages

[1] Pline, 30. *chap.* 4. — A. P. Plus tard Paré a consacré un chapitre particulier de

par lesquels on peut coniecturer qu'elle doit aduenir : maintenant nous faut dire comment on s'en doit preseruer, d'autant que la precaution doit preceder la curation d'icelle.

Or veritablement le plus souuerain remede que ie puisse enseigner auec tous les anciens, est s'enfuir tost et loing du lieu infect, et se retirer en air sain, et retourner bien tard, si on le peut faire [1]. Et où il ne sera possible, faut obseruer deux choses en general : la premiere est rendre le corps fort pour resister à l'infection de l'air : la seconde moyenner que l'air infect ne soit assez fort pour imprimer en nous son venin : qui se fera en le corrigeant par qualité contraire, comme s'il est trop chaud, par choses froides, et ainsi des autres qualités.

Le corps resistera au venin, s'il est net et fortifié par remedes propres, comme par bon regime, purgation, et saignée s'il en est besoin. Aussi faut euiter la grande varieté des viandes, et celles qui sont fort chaudes et humides, et principalement celles qui se corrompent aisément : et ne faut manger patisseries, ny yurongner, ou se trop saouler, mais on se leuera de table auec appetit. Pareillement faut que les viandes soient de bon suc, et faciles à digerer : car les bons alimens pris avec vne mediocrité en temps et lieu engendrent bonnes humeurs, qui sont cause de santé, et par consequent preseruatifs de peste. Aussi il faut prendre moyen exercice au matin, et au vespre auant le repas, et en lieu non suspect d'air pestiferé : pareillement auoir bon ventre, soit

son livre *des Venins* à la *Buprestre*; voyez ci-devant page 329. Il ne faut pas oublier que le livre *de la Peste* est de 1568.

[1] *Cito, longè, tardè.* — A. P.

par art, ou par nature : aussi faut fortifier le cœur et autres parties nobles par choses cordiales, comme epithemes, linimens, emplastres, eaux, pilules, poudres, tablettes, opiates, parfums, et autres que dirons cy aprés.

D'auantage faut eslire vn bon air, et loing des lieux fetides : car le bon air aide beaucoup à la conseruation de la santé d'vn chacun, et recrée les esprits et toutes les vertus : au contraire l'air obscur et de mauuaise odeur nuist merueilleusement, parce qu'il engendre plusieurs maladies, fait perdre l'appetit, rend le corps languide et mal coloré, et estouffe le cœur, et pour le dire en vn mot, il abbrege la vie. Le vent de Bize, qui vient du Septentrion, est bon, pource qu'il est froid et sec : au contraire le vent austral, qui vient du Midy, est tres-dangereux, parce qu'il est chaud et humide, qui debilite le corps, et ouure les conduits, qui fait que le venin penetre plus facilement au cœur. Et celui d'Occident est semblablement insalubre, à cause qu'il tient beaucoup du meridional. Et pour ceste cause, on fermera les fenestres de la maison du costé où ils frappent, et on ouurira au matin celles qui ont esgard vers le Septentrion et Orient, si d'auenture la peste n'estoit de ce costé là : et se faut donner garde que nulle mauuaise vapeur n'entre dedans. Puis aprés on fera du feu par toutes les chambres, et on les parfumera de choses aromatiques, comme d'encens, myrrhe, benioin, ladanum, styrax, roses, fueilles de myrte, lauande, rosmarin, sauge, basilic, sarriette, serpolet, mariolaine, genest, pommes de pin, petites pieces de bois de pin, de geneure et sa graine, cloux de girofle, oiselets de Cypre,

et autres semblables choses odoriferantes. Et de ceste mesme fumée faut parfumer les habillemens.

On dit aussi, qu'il est bon en temps de peste de nourrir vn bouc en la maison où on habite, et le tient-on pour vn singulier remede contre la contagion du mauuais air : pource que la vapeur du bouc ayant empli le lieu où il habite, empesche que l'air pestiferé n'y trouue place : laquelle raison peut aussi seruir au conseil de parfumer les habits de bonnes suffumigations. Et me semble (sauf meilleur iugement) qu'elle peut aussi estre employée à ce qu'on dit, qu'vn homme à ieun est plus apte à estre pris de la peste, qu'vn qui aura mangé, non pas à satiété, mais mediocrement. Car auec ce que par le manger Nature fortifiée chasse plus aisément d'elle le poison et venenosité : aussi du manger et boire se peuuent porter par toutes les porosités du corps des vapeurs, qui les emplissans occuperont les vacuités que l'air pestilent prendroit. Toutesfois quant est du bouc, le vulgaire dit vne autre raison, c'est qu'vne mauuaise odeur chasse l'autre.

Ceste raison est semblable à celle qu'Alexandre Benedictus recite [1], à sçauoir qu'vn Medecin de Scythie fit cesser la peste, laquelle prouenoit de l'air, faisant tuer tous les chiens et chats, qui estans espars par les rues emplirent l'air de leur vapeur putride : et par ce moyen promptement la peste cessa. Pource (dit-il) que telle pourriture changea la nature de l'air, laquelle auparauant estait pernicieux aux hommes : qui se fait pour la dis-

---

[1] *Histoire d'Alexandre Benedictus en son liure de la Peste.* — A. P.

similitude des choses, et qu'vn venin chasse l'autre.

On ne doit sortir de la chambre en temps de peste, que deux heures après le soleil leué, à fin qu'il ait purifié l'air par sa clarté et chaleur, et principalement quand l'air est trouble et nebuleux, et en pays de fondrieres, et enuironné de montagnes. Et faut aussi se garder de grandes assemblées de peuple [1], et principalement des dances : d'autant que le corps estant eschauffé et lassé, et que les conduits sont ouuerts, alors faut qu'on tire grande quantité d'air pour la refrigeration du cœur : et partant s'il est infecté, nous donne la peste par l'haleine et sueur.

Que si quelqu'vn voyage audit temps de peste causée du vice de l'air, et que la saison de l'année soit fort chaude, il doit plustost cheminer la nuit que le iour, parce que la peste assaut et prend plus facilement durant la chaleur et splendeur du soleil qui subtilie, eschauffe, et rarefie l'air, et qui outre ouurant le cuir, rend nostre corps plus accessible à receuoir l'air pestiferé. Partant la nuit est plus salubre, à cause que l'air est plus froid et espais : toutesfois il se faut garder de la pleine lune, pource qu'en ce temps-là la nuit est plus tiede et dangereuse, ainsi que l'experience le monstre [2] : consideré mesme que les bois coupés en icelle sont plus suiets à pourriture, comme experimentent à leur dam ceux qui en font bastir : la raison est de ce que la lune, estant humide, remplit (lors

principalement qu'elle est pleine) les corps d'humidité superflue dont suruient pourriture.

Or pour retourner à nostre propos, le plus seur remede de preseruation, pour ceux qui ne bougent du lieu pestilent, est qu'auant que sortir de la chambre, et après quelques promenades, ils ne sortent sans auoir desieuné : pour autant que les parties nobles du corps (ausquelles le venin s'attache principalement) n'estans encores soustenues par les viandes, ne peuuent pas se defendre comme si elles estoient fortifiées : ioint aussi que les veines et arteres, non encores remplies de nouueau aliment, attirent et laissent plus facilement entrer le venin, lequel, trouuant place vuide, se r'empare des parties nobles, et principalement du cœur. Parquoy ceux qui auront accoustumé de desieuner au matin, mangeront du pain, et beurre frais salé, et quelque carbonnade, et autres bons alimens : et boiront du meilleur vin qu'il leur sera possible recouurer. Les rustiques et gens de trauail pourront manger quelque gosse d'aulx ou eschallottes, auec du pain et du beurre, et bon vin, s'ils en peuuent fournir, à fin de charmer la broüée : puis s'en iront à leur œuure, en laquelle Dieu les aura appellés. Les aulx sont souuerains aux rustiques et villageois, et à ceux qui ont accoustumé d'en vser : aussi à ceux ausquels ils n'engendrent point de douleur de teste, et ne les eschauffent par trop, à raison que le temperament de ceux-là est plus robuste, et leur sang moins aisé à s'enflammer : au contraire ils nuisent aux delicats, comme femmes, enfans, et choleriques, et à ceux qui viuent en oisiueté, et qui ont le sang aisé à s'enflammer : partant à iceux les aulx

---

[1] La phrase s'arrêtait là en 1568, le reste est de 1585.

[2] Ici se terminait le paragraphe dans l'édition primitive; ce qui suit a été ajouté en 1575.

seroient poison, au lieu qu'ils sont medecine aux rustiques, ausquels tels remedes ainsi forts sont propres: et ont esté inuentés par bonne raison, pour-ce qu'ils contrarient du tout au venin, à cause qu'ils sont remplis d'vne tres-grande vapeur spiritueuse, laquelle suffoque, altere, corrompt, et chasse le venin hors du corps.

Quant à l'eau, de laquelle on doit vser en temps pestilent, il faut auoir esgard si la peste prouient du vice de l'air : car alors ne faut vser d'eau de pluye, pour-ce que l'air dont elle prouient est infecté, partant alors sera meilleur de boire de l'eau des puits fort profonds : au contraire, si le vice vient de la terre, on vsera de l'eau de cisterne et de fontaine : et faut attendre à en boire iusques à ce que le soleil l'ait purifiée par ses rayons : et si on craint qu'elle soit vitiée, on la corrigera, la faisant vn peu boüillir, ou la ferrer auec acier, ou or, ou argent chaud, ou par mie de pain rostie ou non rostie. Or à fin que tu la puisses mieux eslire, tu la pourras esprouuer en trois manieres, à sçauoir, par la veuë, le goust, et l'odeur : quant à la veuë, elle se doit monstrer claire et nette : et à la bouche, de nulle saueur ny qualité aucune : aussi ne doit point auoir d'odeur. Outre plus, celle qui sera tost eschauffée et tost refroidie, est plus legere, et par consequent meilleure : et pour la faire encore plus excellente, la faut faire vn peu boüillir : ie dis vn peu, car l'estant trop elle deuient amere et salée.

CHAPITRE VIII.

DESCRIPTION D'EAVX CORDIALES, ELEC-TVAIRES, OPIATES, PILVLES, ET AV-TRES REMEDES A PRENDRE PAR LA BOVCHE, PRESERVATIFS ET CVRATIFS DE LA PESTE.

Ceux qui n'ont accoustumé et abhorrent à manger au matin, prendront quelque medicament contrariant au venin : et entre tous l'eau theriacale est tres-excellente, de laquelle, apres s'estre habillé, et ayant rendu ses excremens, et fait quelque exercice, il en conuient boire un doigt, la meslant auec bon vin : et d'icelle aussi on s'en lauera les mains et la face, et pareillement la bouche et les oreilles, et on en tirera aussi vn peu par le nez. Car elle conforte le cœur, chasse le venin loin d'iceluy, et n'est seulement vtile pour precaution, mais aussi est propre pour la curation, à prendre promptement qu'on se sent frappé, par-ce qu'elle prouoque grandement la sueur, et partant chasse le venin des parties internes aux externes : et la doit-on faire au mois de Iuin, attendu que les herbes en iceluy temps sont en leur grande vigueur et force. La composition en est telle [1].

♃. Radicum gentianæ, cyperi, tormentillæ, dictamni, enulæ campanæ ana ℥ . j. Foliorum tapsi barbati, cardui benedicti, morsus diaboli, pimpinellæ, scabiosæ, oxalidis agrestis minoris ana m. ß. Summitatum rutæ p. j.

[1] Nous avons déjà vu au chap. 38 du livre de la grosse Verolle, deux recettes d'eaux theriacales : celle-ci en est tout-à-fait différente. Comparez tome II, page 599.

Baccarum myrti ℥ . j.

Rosarum purpurearum, florum buglossi, borraginis et hypericonis ana ℥ j.

Mundentur omnia, pistentur et macerentur xxiiij. horarum spatio in vini albi aut maluatici, aquæ rosarum et oxalidis ana ℔. j. deinde reponantur in vase vitreo, et addatur theriacæ et mithridatij ana ℥ . ß. fiat distillatio in balneo Mariæ.

Et l'eau estant distillée, on la mettra en vne phiole de verre, et de rechef on y adioustera

Croci Ɜ. j.

Terræ sigillatæ, boli armeniæ, santali citrini, rasuræ eboris, limaturæ cornu cerui iunioris prope caput assumpti ana ℥ . ß.

Puis on estoupera la phiole, et la laissera-on fermenter au soleil par l'espace de huit ou dix iours, et sera gardée : et lors qu'on en voudra vser, on en prendra deux doigts en vn verre, plus ou moins, selon la force et vigueur des personnes. On en peut bailler aux petits enfans qui encore tettent, et à ceux qui sont ja sevrés, et aux femmes grosses : et à fin qu'elle soit plus gracieuse et facile à boire, on la peut faire passer par la chausse d'Hippocrates, lors qu'on la voudra prendre, y adioustant vn peu de succre et canelle concassée.

Autres prennent au matin par precaution, de la racine d'enule campane, ou zedoar, ou angelique, en les maschant et tenant en la bouche. Les autres prennent de la racine de gentiane pilée, le poids d'vn escu, et trempée la nuit en vin blanc, et en boiuent deux doigts au matin à ieun : les autres prennent du vin d'aluyne : autres vsent de conserue de roses, de buglosse, de chicorée, violettes de mars, fenoil doux : autres prennent de la terre sigillée, ou de la corne de

III.

cerf ratissée, le poids d'vn escu , dedans vn œuf mollet auec vn peu de saffran , puis boiuent deux doigts de vin : aucuns prennent de l'eau de vie : et y meslent de bon vin blanc, du bol d'Armenie, racine de gentiane, tormentille, dictam, semence de genéure, cloux de girofle , macis, canelle, saffran, et autres semblables, les faisant distiller *in balneo Mariæ.* On pourra aussi vser de ceste eau cordiale, qui a tres grande vertu.

℞. Radicis aristolochiæ longæ et rotundæ, tormentillæ, dictamni ana Ɜ. iij.

Zedoariæ ℥. ij.

Ligni aloés, santali citrini ana Ɜ. j.

Foliorum scordij, hypericonis, acetosæ, rutæ, saluiæ, ana ℥ . ß.

Seminis iuniperi, baccarum lauri ana Ɜ. iij.

Seminis citri Ɜ. j.

Caryophyllorum, macis, nucis moscatæ ana Ɜ. ij.

Mastiches, olibani, boli Armeniæ, terræ sigillatæ, rasuræ eboris, cornu cerui ana Ɜ. j.

Croci Ɔ. j.

Conseruæ rosarum, florum buglossi et nenupharis, theriacæ veteris ana ℥ . j.

Caphuræ Ɜ. ß.

Aquæ vitæ ℔. ß.

Vini albi ℔. ij. ß.

Fiat distillatio in balneo Mariæ.

Ceste eau sera reseruée en vne phiole de verre bien bouschée, pour en vser au matin, comme de l'eau cy dessus nommée theriacale, la quantité de deux doigts en vn verre : elle est aussi de merueilleux effect.

Pareillement cest electuaire est profitable pour preseruer.

℞. Theriacæ optimæ ℥ . iij.

Radicis tormentillæ, seminis iuniperi et cardui benedicti ana Ɜ. j. ß.

Boli Armeniæ præparati ℥ . ß.

Pulueris electuarij de gemmis et diamarg. frigidi , rasuræ cornu cerui , coralli rubri ana ℈. j.

Cum syrupo de corticibus et acetositate citri misce, et fiat electuarium liquidum in forma opiatæ.

De ceste composition en faut prendre tous les matins la grosseur d'vne auelaine, auec vn peu d'eau de roses, ou d'endiue, chardon benist, ou scabieuse, ou de cerises, ou autre eau cordiale : ou en lieu d'icelle vn peu de bon vin.

Aussi l'opiate suiuante est bonne et excellente, de laquelle on peut faire des tablettes.

℞. Radicis gentianæ et angelicæ, zedoariæ, enulæ campanæ ana ℈. ij.

℞. Seminis citri et acetosæ ana ℈. ß.
Corticis citri sicci , cinnamomi , baccarum lauri et iuniperi, croci ana ℈. j.
Conseruæ rosarum et buglossi ana ℥. j.
Sacchari optimi quantum sufficit.

Formentur tabellæ ponderis ℈. ß. vel fiat opiata, cum æquis partibus conserue buglossi et mellis anthosati illa omnia arida excipiendo.

Si vous les laissez en tablettes, on en prendra vne au matin, et les petits enfans et femmes grosses demie : et conuient demeurer deux heures aprés sans manger ny boire, si on ne vouloit aualler vn peu de vin incontinent aprés les auoir prises. Si vous en faites opiate, la dose sera comme des suiuantes:

℞. Radicum valerianæ, tormentillæ, dictamni , foliorum rutæ ana ℥. ß.
Croci , macis, nucis moscatæ ana ℈. ß.
Boli Armenicæ præparati ℈. iiij.
Conseruæ rosarum et syrupi de limonib. ana quantum sufficit.

Fiat opiata satis liquida.

Autre.

℞. Radicum aristolochiæ vtriusque, gentiæ. tormentillæ , dictamni ana ℈. j. ß.
Zinziberis ℈. ij.
Folior. rutæ. saluiæ, mentæ, pulegij ana ℈. ij.
Baccarum lauri et iuniperi, sem. citri ana ℈. iiij.
Macis , nucis moscatæ, caryophyllorum, cinnamomi ana ℈. ij.
Xylaloes , et santali citrini ana ℈. j.
Thuris masculi, mastiches, rasuræ eboris, cornu cerui ana ℈. ij.
Croci ℈. ß.
Boli Armeniæ, terræ sigillatæ, coralli rubri, margaritarum electarum ana ℈. j.
Conserum rosarum , buglossi et nymphææ, theriacæ optimæ et veteris ana ℥ j.
Sacchari albissimi ℔. j.
Adde sub finem confectionis alkermes ℈. ij.
Caphuræ in aqua rosarum dissolutæ ℈ j.

Fiat opiata secundum artem.

La dose sera demie dragme, ou vn scrupule, ou dix grains selon les personnes. Et aprés l'auoir prise, en peut boire vn doigt ou deux de bon vin, ou quelque eau cordiale.

Le theriaque et methridat fidellement composés sont les principaux de tous les remedes, et les plus approuués, en y adioustant pour vne demie once de chacun ou enuiron , vne once et demie de bonne conserue de roses, ou de buglose, ou viole, et la pesanteur de trois escus de bon bol armene preparé : puis le tout bien battu et incorporé, en faire conserue, de laquelle on vsera au matin deux heures deuant le repas, la grosseur d'vne auelaine. Et faut entendre que le bon theriaque ne doit estre recent que de quatre ans, ne plus vieil que de douze ans, et qu'il laisse sa saueur longuement en la bouche : estant nouueau il est propre aux choleriques : et estant vieil il conuient aux vieux, et à ceux qui sont de temperature froide, comme les pituiteux et melancholiques : à cause de la vertu refrigeratiue de l'opium, qui entrant en la composition du theriaque, retient sa pleine force pour quelques premieres années : en fin par la fermentation estant rabattue, fait que toute la composition demeure plus chaude.

La confection d'alkermes est semblablement bonne, tant pour preseruer, que donner à ceux qui sont frappés du venin. Aussi la rheubarbe tenue en la bouche, et maschée au matin, la grosseur d'vne auelaine, auec vn clou de girofle, est preseruatiue. Pareillement ceste composition est profitable pour preseruer, quand on va en vn lieu suspect.

℞. Corticum citri et mali aurei saccharo conditorum ana ℥. j.
   Conseruæ rosarum et radicis buglossi ana ℥. iij.
   Sem. citri ℥. iij. ß.
   Sem. anisi et fœniculi ana ℥ ß.
   Radicis angelicæ Ɔ. iiij.
   Sacchari rosati quantum sufficit.

Fiat conditum coopertam foliis aureis, quo vtatur ex cochleari, vt dixi, in exitu domus.

Ou,

℞. Granorum pini mundatorum et pistatorum, infusorum in aqua rosarum et scabiosæ per sex horas ana ℥. ij.
   Amygdalarum excorticatarum in aquis prædictis ℔. ß.
   Corticum citri et mali aurei saccharo conditorum ana ℥. j. ß.
   Radicis angelicæ Ɔ. iiij.

Misce secundum artem ad formam panis maszici vel confectionis alterius, et teneat frustatum frequenter in ore.

Pareillement en ce cas ces tablettes sont profitables :

℞. Radicis diotamni, tormentillæ, valerianæ, enulæ campanæ, eryngij ana ℥. ß.
   Boli armenicæ, terræ sigillatæ ana Ɔ. j.
   Caphuræ, cinnamomi, seminis oxalidis agrestis, zedoariæ ana Ɔ. j.
   Pulueris electuarij diamargarit. frigidi Ɔ. ij.
   Conseruæ rosarum, buglossi, corticis citri conditi, mithridatij, theriacæ ana ℥. j.
   Sacchari optimi dissoluti in aqua scabiosæ, et cardui benedicti quantum sufficit.

Fiant tabellæ ponderis ℥. j. vel ℥. ß.

On prendra de ces tablettes tous les iours à ieun, deux heures deuant le repas, comme dessus est dit.

Outre plus, les pilules de la composition de Rufus sont fort approuuées des doctes Medecins, pource qu'on les a trouuées de grand effet : et dit ledit Rufus, que iamais ne veit personne en auoir vsé qui n'ait esté preserué de peste, pourueu que les parties nobles n'eussent esté ia grandement infectées. La composition desdites pilules est telle :

℞. Aloës hepaticæ ℥. ß.
   Ammoniaci electi ℥. iij.
   Myrrhæ ℥. ij. ß.
   Mastiches ℥. ij.
   Croci ℈ r. vij.

Contundantur omnia, et incorporentur cum succo mali citrini aut syrupo de limonibus, et fiat massa.

Laquelle on gardera bien enueloppée dedans vn cuir : et lors qu'on en voudra vser, on en formera vne pilule ou deux, qu'on prendra au matin deux heures ou trois deuant le repas, ou bien le poids de demy escu ou d'vn escu, selon la volonté d'vn chacun. Et aprés les auoir prises, on peut prendre deux doigts de bon vin

ou d'eau d'oselle, laquelle a pareillement grande vertu contre le venin
pestiferé, à cause qu'elle est de ténue
substance, et garde de putrefaction
par son acetosité : mesmes on a trouué par experience, qu'à celuy qui en
auroit mangé deuant qu'vn scorpion
le morde, il n'aduiendroit aucun mal.
Et quant à la faculté des choses qui
entrent en la composition desdites
pilules, l'aloés nettoye et purge, la
myrrhe resiste à pourriture, le mastic
robore et fortifie, et le saffran resiouit les facultés : partant nous conclurons qu'elles sont de merueilleux
effet, comme la raison et experience
le demonstre. On les peut donner en
potion, comme le mesme autheur faisoit.

*Autres pilules pour mesme effect et bien
experimentées.*

℞. Aloës ʒ. j.
     Mirrhæ ʒ. ß.
     Croci orientalis Ɔ. j.
     Agarici trochiscati Ɔ. ij.
     Rhabarbari electi puluerisati Ɔ. j.
     Cinnamomi electi Ɔ. ij.
     Mastiches Ɔ. j. ß.
     Seminis citri ℈. xij.

Puluerisentur omnia vt decet, et cum syrupo capillorum veneris fiat massa.

Laquelle on gardera bien enueloppée dedans du cuir, et en prendras
comme dessus, plus ou moins, selon
qu'il sera necessaire. Et si lesdites pilules estoient trop dures, on les amol-
lira auec du syrop de limons, ou autres
semblables à cest effet. Ces pilules qui
s'ensuiuent sont pareillement de
grande operation.

℞. Aloës lotæ ʒ. ij.
     Croci Ɔ. j.
     Myrrhæ ʒ. ß.
     Ammo. diss. in vino albo ʒ. j.

Mell. ros. zedoariæ, santal. rubr. ana ʒ. j.
Boli armen. præp. Ɔ. ij.
     Coralli rubri ℈ ß.
     Caphuræ Ɔ. ß.
Fiant pilulæ secundum artem.

La dose pour se preseruer est en
prendre tous les matins vne, et si on se
veut purger, on prendra vne dragme
au matin, qui est le temps le plus propre à faire les euacuations, à raison
que le sang domine, et est en sa force
et vigueur, aussi que les vertus sont
reparées par le repos de la nuit, et
que la digestion est faite. Ceux qui
ont le flux des hemorrhoïdes excessif
ne doiuent vser d'aucunes pilules où
il entre de l'aloés, de peur d'augmenter le flux, et le faire trop grand et
impetueux.

D'abondant, les anciens escriuent,
qu'aprés la mort du roy Mithridates,
on trouua par escrit de sa propre main,
en son cabinet, entre ses choses plus
precieuses, que si quelqu'vn prend
deux noix de noyer seiches non moi-
sies, deux figues, vingt fueilles de
rue, et deux ou trois grains de sel
pilés et broyés ensemble, et en mange
la grosseur d'vne auelaine, puis soudain aualle vn peu de vin, et ce deux
heures auant que prendre le repas,
cestuy iour celuy qui en aura pris ne
peut estre en danger de prendre aucun venin. Outre plus, ce remede est
singulier à ceux qui ont esté mords
ou piqués de quelque beste veneneuse, à cause de la rue principalement :
toutesfois les femmes grosses n'en
doiuent vser aucunement, de peur de
nuire à leur fruit [1], principalement
pour le respect de la rue, qui estant
chaude et seiche au troisiéme degré,

[1] Ce paragraphe se terminait ici en 1568 ;
ce qui suit est de 1575.

purge violemment l'amarry, et fait couler les mois promptement : dont estant substraite la nourriture à l'enfant, il est necessaire qu'il meure.

On eslira les remedes cy dessus mentionnés au goust de chacun, et les changera-on par fois, de peur que Nature n'en face habitude, et aussi pour la diuersité des temperamens : et si on n'en trouue de l'vn, on prendra de l'autre.

CHAPITRE IX.

DES REMEDES PARTICVLIERS, OV CHOSES QV'ON APPLIQVE PAR LE DEHORS.

Outre les choses cy deuant escrites à prendre par le dedans, ne faut encor negliger de tenir en la main quelques choses aromatiques, astringentes, et pleines de vapeurs. lesquelles ayent propriété de chasser cest air pestiferé, et empescher qu'il ne trouue place en aucune partie de nostre corps : aussi qu'elles ayent vertu de roborer le cerueau et autres membres principaux, lesquels estans fortifiés, confortent pareillement toute l'habitude du corps : comme sont la rue, la melisse, rosmarin, scordium, sauge, absinthe, cloux de girofle, muguette, saffran, racine d'angelique, racine de liuesche, qui a pareille vertu et autres semblables, lesquelles on fera tremper vne nuit en fort vinaigre et eau de vie : et en prendra-on de toutes ensemble la grosseur d'vn œuf, enueloppée en vn mouschoir, ou en vne esponge trempée et imbue en ladite eau : car il n'y a rien qui contienne plus les vertus et esprits des choses aromatiques et odorantes que fait l'esponge, et partant on en doit plustost vser que d'autre matiere, soit pour flairer au nez, ou pour appliquer sur le cœur, pour faire epithemes et fomentations.

Or telles choses odoriferantes seront diuersifiées selon que l'air sera chaud ou froid : comme pour exemple, en esté vous prendrez vne esponge trempée en vn bon vinaigre rosat et eau rose autant d'vn que de d'autre, canelle et cloux de girofle concassés, y adioustant vn peu de saffran : et la tenez enueloppée en la main dedans vn mouschoir, et la sentez souuent : ou faites ainsi :

℞. Absinthij m. ß.
  Caryophyll. numero x.
  Radicis gentianæ et angelicæ ana ʒ. ij.
  Aceti et aquæ rosarum ana ℥. ij.
  Theriacæ et mithridatij ana ʒ. j.

Le tout soit pilé ensemble, puis enueloppé en vn mouschoir auec vne petite esponge : laquelle gardera que la liqueur ne tombe. On peut aussi enfermer telles choses en des boëttes de bois odoriferant, comme de geneure, cedre, cyprés, lesquelles seront troüées en plusieurs endroits, et tenues prés la bouche en les flairant souuent. Aussi en pareil cas sera bon de faire des pommes de senteurs, comme ceste-cy :

℞. Santali citrini, macis, corticum citri, rosarum, foliorum myrti ana ʒ. ij.
  Benioin, ladani, styracis ana ʒ. ß.
  Cinnamomi, croci ana Ɔ. ij.
  Caphuræ et ambræ ana Ɔ. j.
  Algaliæ, mosci ana g. iij.
Cum aqua rosarum infusionis tragacanthi formetur pomum.

Autre.

℟. Rosarum rubrarum , florum nymphææ,
    violarum ana ℥. j.
    Santalorum omnium, coriandri , corticis
    citri ana ℥. ß.
    Caphuræ ℈. j.

Puluerisentur omnia , et cum aqua rosarum
    et tragacantho fiat pomum.

En hyuer vous pourrez vser d'vne
telle pomme :

℟. Styracis calamitæ, benioin ana ℈. j. ß.
    Mosci, algaliæ ana ℈. j.
    Caryophyllorum, lauandulæ, cyperi ana
    ℈. ij.
    Radicis ireos Florentiæ et calami aroma-
    tici ana ℈. ij ß.
    Ambræ griseæ ℈. iij.
    Gummi tragacanthi dissoluti in aqua
    vitæ et rosarum quantum sufficit.

Fiat pomum.

On peut pareillement porter sur
soy des poudres aromatiques, comme
d'ambre , styrax , iris de Florence,
noix muguette, canelle, macis, cloux
de girofle, saffran, benioin, musc,
camphre , roses, violettes de Mars,
squinant, mariolaine, et autres semblables, et les sentir au nez. Et de ces
simples on en pourra faire des composées, comme ceste-cy :

℟. Radicis ireos Florentiæ ℈. ij.
    Cyperi, calami aromatici, rosarum ru-
    brarum ana ℥. ß.
    Caryophyllorum ℈. ß.
    Styracis calamitæ ℈. j.
    Musci ℈ . viij.

Misce, et fiat puluis in sacculo,

Autre poudre aromatique.

℟. Radicis ireos Florentiæ ℈. ij.
    Rosarum rubrarum, santali albi, styracis
    calamitæ ana ℥. j.
    Cyperi ℈. j.
    Calami aromatici ℥. j.

    Maioranæ ℥. ß,
    Caryophyllorum ℈. iij.
    Lauandulæ ℈. ß.
    Coriandri ℈ ij.
    Mosci boni ℈. ß.
    Ladani, benioin ana ℈. j.
    Nucis moscatæ, cinnamomi ana ℈. ij.

Fiat puluis subtilis , concludatur sacculo.

D'auantage, on portera sur la region du cœur, santal citrin, macis,
cloux de girofle , canelle, saffran et
theriaque : le tout concassé, incorporé et arrousé de vinaigre bon et
fort et eau rose en esté, en hyuer
de bon vin ou maluoisie. Tous ces
remedes ainsi forts, et qui ont vne
grande vertu aromatique et vaporeuse, pleine d'esprits subtils, font
au corps de merueilleux effets, fortifient les parties principales, stimu-
lans la vertu expulsiue à chasser le
venin hors et prohiber qu'il n'entre
dedans ; au contraire l'odeur puante
cause vne nausée ou volonté de vomir et defaillance de cœur. Parquoy
ceux qui conseillent en temps de peste
prendre l'odeur des retraits et autres
lieux infectés, font mal, et contre
l'opinion d'Hippocrates , comme nous
demonstrerons cy aprés.

Or il ne suffit pas seulement porter
preseruatifs sur soy : mais on se
pourra lauer tout le corps de vinaigre, auquel on aura fait boüillir
graine de geneure, laurier, racine
de gentiane, souchet, hypericon, et
autres semblables, et y destremper
du theriaque ou methridat. Or le vinaigre est contraire aux venins
tant chauds que froids, et garde de
pourriture, d'autant qu'il est froid
et sec, qui sont deux choses contraires et repugnantes à la putrefaction ;
ce que l'experience monstre : car en
iceluy on garde corps morts, chairs ,

herbes, fruits et autres choses, sans qu'elles se pourrissent. Et si quelqu'vn veut obiecter que le vinaigre n'est vtile à se lauer le corps, à cause qu'il feroit obstruction des pores et empescheroit la perspiration (ce qui est fort conuenable à pourriture), il doit aussi considerer qu'on ne le met seul, et que ses qualités froides et seiches sont corrigées par les autres choses meslées auec luy. Et partant est bon d'en vser, comme nous auons dit, et qui ne se voudra lauer tout le corps, pour le moins on se frottera les aisselles et la region du cœur, les temples, les aines et parties genitales, parce qu'elles ont vn grand consentement au cœur et à toutes les parties nobles : parquoy seront frottées et lauées de ce lauement, ou d'autre fait de bonnes senteurs, ou de cest onguent :

℞. Olei rosati ℥ iiij.
   Olei de spica ℥. ij.
   Pulueris cinnamomi, caryophyllorum
     ana ℥. j. ß.
   Assæ odoratæ. ℥. ß.
   Mosci ℈ . vj.
   Theriacæ ℥. ß.
   Terebenthinæ Venetæ ℥. j. ß.
   Ceræ quantum sufficit.
Fiat vnguentum molle.

On peut pareillement mettre és oreilles vn peu d'huile de mastic, ou de sauge, ou de cloux de girofle, ou autres semblables, y delayant vn peu de musc ou de ciuette.

CHAPITRE X.

D'AVCVNES CHOSES QVE L'ON DOIT OB-
SERVER OVTRE LES PRECEDENTES,
POVR LA PRÉSERVATION.

En cest endroit ie veux bien encore declarer aucunes choses, lesquelles pourroient nuire à vn chacun, et le rendre plus idoine à prendre la peste : partant aussi est bon pour la preseruation de les obseruer.

Et sur toutes autres choses faut euiter la frequentation des femmes, d'autant que par icelle les forces et vertus sont diminuées, et les esprits se resoluent et affoiblissent, principalement tost après le repas, pour-ce qu'on debilite l'estomach, et par ce moyen se fait crudité, de laquelle procede corruption et autres infinis accidens : parquoy on peut conclure que dame Venus est la vraye peste, si on n'en vse auec discretion. Aussi se faut garder de viure en oisiueté, et manger et boire auec discretion : car telles choses engendrent aussi obstructions et des humeurs vicieux, dont ceux qui font tels excés sont plus suiets à prendre la peste. Si les femmes sont reglées de leurs fleurs, cela les preserue beaucoup : aussi si elles sont retenues, cela leur peut grandement nuire, parce qu'en temps de peste elles se corrompent facilement : parquoy elles doiuent prendre garde à les prouoquer, comme nous declarerons cy aprés. Pareillement ceux qui auront vieils vlceres, fistules et galles, ne les feront cicatriser en temps de peste, mais plustost en feront de nouuelles, à fin que par icelles, comme par vn esgout de tout le corps, le venin, si aucun y en auoit en nous, se puisse euacuer sans s'y accroupir aucunement. Aussi ceux qui ont flux de sang par le nez ou par hemorrhoïdes, le laisseront fluer, et ne l'estancheront s'il n'estoit excessif. Bref en temps de peste, ne faut retenir aucun humeur vicieux dedans le corps, ny pareillement faire trop grande euacuation.

Outre-plus on se doit garder audit temps d'acheter choses esquelles l'air pestilent se peut couuer aisément et garder, comme en chanure, lin, lits où auront couché les pestiferés, fourrures, habillemens de draps de laine, tapisseries, et autres semblables. D'auantage, il ne faut faire sa demeure prés les cemetieres (et principalement prés de ceux esquels les corps morts ne sont enterrés profondément, comme ordinairement on fait à sainct Innocent, de façon que quelquesfois les chiens les deterrent et mangent) ny prés des voiries, escorcheries, poissonneries, tanneries, teinturiers, chandeliers, frippiers, reuendeurs, peaussiers, corroyeurs, et tous lieux où on fond les metaux : ny souffrir fiens prés sa maison, et principalement celuy des pourceaux, ny cloaques, eaux croupies et charongneuses, et semblables choses infectes et puantes.

D'auantage, ne faut aller aucunement à la selle és retraits où on iette les excremens des pestiferés. Aussi faut euiter la frequentation de ceux qui hantent les malades de peste, comme les Medecins, Chirurgiens, Apoticaires, Barbiers, Prestres, gardes, seruiteurs et fossoyeurs qui enterrent les corps morts de peste : car iaçoit qu'vn homme n'ait la peste, neantmoins venant de l'air pestiferé, la peut porter auec soy en ses habillemens. Ce qui est conneu par experience, que si on demeure quelque

temps en la boutique d'vn parfumeur, sortant de là on sent le parfum, bon ou mauuais, à raison que l'exhalation et vapeur du parfum s'estend parmy l'air qui est à l'entour, lequel entre en nos habillemens, et par ce moyen baille l'odeur qu'il a receu des drogues du parfumeur : aussi l'air pestiferé fait le semblable : partant faut euiter telles choses.

Finalement il faut auoir esgard aux choses appellées non naturelles, desquelles nous en auons ja par-auant touché aucunes : et adiousterons encore qu'il faut euiter de se courroucer grandement : car par la cholere il se fait grande ebullition du sang et des esprits, et dilatation des ouuertures et conduits, et par ce moyen l'air pestilent en tel cas engendre promptement la fiéure pestilente, ce qu'on a veu aduenir souuent. Au contraire, il se faut tenir ioyeux, en bonne et petite compagnie, et par fois oüyr chantres et instrumens de musique, et aucunes fois lire ou oüyr lire quelque lecture plaisante, et principalement de la saincte Escriture [1]. D'auantage, il faut euiter le trop veiller la nuit, les grands et excessifs mouuemens, l'ardeur du soleil, la faim et soif, parce que telles choses eschauffent les esprits et causent la fiéure ephemere, de laquelle prouient souuent la pestilentielle. Que diray-ie plus? c'est que si quelqu'vn est contraint de faire sa residence en vne maison ou chambre d'vn pestiferé, il la faut auparauant parfumer, et tout reblanchir auec de la chaux : car le venin pestiferé et contagieux s'attache longuement aux parois [2].

[1] Cette phrase est une addition de 1585.
[2] Ce dernier paragraphe a été également ajouté en 1585.

CHAPITRE XI.

DE L'OFFICE DES MAGISTRATS ET OFFICIERS PVBLICS, QVI ONT LA CHARGE DE LA POLICE.

Les Magistrats doiuent faire tenir les maisons et rues nettes, et n'y souffrir fiens ny autres ordures, et faire porter les bestes mortes et autres immondices loing de la ville, et les enterrer profondement : aussi faire tenir les riuieres, puits et fontaines nettes de toute impurité : pareillement defendre exprés de ne vendre bleds corrompus, et chair infecte aux boucheries, ny poissons alterés et corrompus. Ils doiuent defendre les estuues et bains, à raison qu'aprés qu'on en est sorti, la chair et toute l'habitude du corps en est ramollie, et les pores ouuerts : et partant la vapeur pestiferée peut entrer promptement dedans le corps et faire mourir subitement : ce qu'on a veu aduenir plusieurs fois. Ils doiuent chasser et tuer les chiens et chats, de peur qu'ils n'apportent la peste des maisons aux autres, pource qu'ils peuuent manger le reste des malades pestiferés ou leurs excremens, et par ce moyen peuuent prendre la peste et la porter ailleurs : toutesfois rarement en sont malades, pource que leur temperament n'y est pas disposé.

Ils feront visiter les malades par Medecins et Chirurgiens et Apoticaires gens de bien, experimentés : et sçauront ceux qui seront pestiferés, et les feront sequestrer, les enuoyans aux lieux establis pour les faire traiter, ou bien les feront enfermer en leurs maisons (ce que toutesfois ie n'approuue pas, mais plustost leur defendre la conuersation des sains) et les enuoyeront penser et alimenter à leurs despens, s'ils ont de quoy, et s'ils sont pauures aux despens des deniers communs de la ville. Aussi ne doiuent permettre que les citoyens mettent en vente aucuns meubles de ceux qui sont morts de peste.

Ils doiuent fermer les portes de leurs villes non encor entachées du venin, pour obuier que les voyageurs venans de quelque lieu infect ne leur apportent la peste : car ainsi qu'vne brebis galleuse peut infecter tout vn troupeau, aussi vn pestiferé peut infecter toute vne ville.

D'auantage, il doiuent faire pendre vne nappe ou autre signal, aux fenestres des maisons où aucuns seront morts de peste. Il faut aussi que les chirurgiens, et ceux qui conuersent auec les pestiferés, portent vne verge blanche en la main, lors qu'ils iront par la ville, à fin qu'ils facent retirer le peuple arriere d'eux.

Pareillement ils feront enterrer promptement les corps morts, par-ce qu'ils se corrompent et pourrissent plus en vne heure, que ne feront en trois iours ceux qui ne sont morts de peste, et d'iceux s'esleuent certaines vapeurs putrides par exhalation fort fetide, voire plus sans comparaison que lors qu'ils viuent, pour l'absence de la chaleur naturelle, qui tenoit en bride et temperoit la pourriture : et de fait, on voit que les corps morts de peste ne sont mangés d'aucun animal : mesme les corbeaux n'y touchent point, et s'ils en mangeoient, ils mourroient soudainement. Car combien que vrayement les esprits des corps morts ne se communiquent pas si aisément comme des viuans, à cause de l'expiration et transpiration perdue, si sont-ils plus pernicieux[1].

D'auantage, pour connoistre qu'vn homme est mort de peste, est que toute la charnure de son corps est fort mollastre, qui est cause de la putrefaction : car bien que ceste mollesse fust aussi au malade estant vif, toutesfois à cause de la pourriture augmentée, elle est aussi augmentée, principalement aprés que la vie et chaleur naturelle est esteinte. Dont connoissant, tant par les signes dessusdits, que par ceux qui auront precedé en la maladie, qu'vn homme sera mort de peste, on le doit enterrer en vn lieu à ce destiné le plustost que faire se pourra, comme nous auons dit.

Or pour ce qu'entre toutes les choses qui peuuent rectifier l'air, le feu est le plus requis et singulier, on imitera en cecy Hippocrates, lequel (ainsi que les anciens nous ont laissé par escrit) fit cesser vne grande et merueilleuse peste en la ville d'Athenes , en faisant faire grands feux la nuit par les maisons et parmy les rues de la ville et autour d'icelle, et ietter sur la braise choses odoriferantes, comme genéure, et terebenthine, genest, et semblables choses rendans grande fumée aromatique, et par ce moyen la peste cessa : parquoy les citoyens luy firent eriger vne statue d'or au milieu de la place, et par eux fut adoré comme vn Dieu et conseruateur du pays : ce que iamais n'auoit esté fait à aucun.

Outre plus, Leuinus Leuinius au liure 2, *de occultis naturæ miraculis*, chapitre 10. dit , que la peste estant à Tournay, les soldats pour y preuoir

[1] Cette dernière phrase a été ajoutée en 1575.

mettoient de la poudre à canon sans boulet dedans les pieces d'artillerie, qu'ils delaschoient la nuit , et sur le point du iour : ainsi par ce son violent et odeur fumeuse, la contagion de l'air fut corrigée et chassée, et la ville deliurée de peste. Partant les magistrats, pour bien s'acquitter de leur charge enuers la republique, feront aussi toutes choses necessaires pour preseruer leur ville.

Que diray-je plus? C'est qu'ils doiuent auoir l'œil sur certains larrons, meurtriers et empoisonneurs , plus qu'inhumains, qui gressent et barbouïllent les parois et portes des bonnes maisons, de la sanie des charbons et bosses, et autres excremens des pestiferés , à fin de les infecter , pour puis aprés auoir moyen d'entrer dedans, piller et desrobber, voire estrangler les pauures malades en leur lit : ce qui a esté fait à Lyon l'an 1565. O Dieu , que tels galands meritent grande punition exemplaire! que ie laisse à la discretion desdits magistrats qui ont charge de la police.

CHAPITRE XII.

COMMENT L'ON DOIT PROCEDER A L'ELECTION DES MEDECINS, CHIRVRGIENS ET APOTICAIRES, POVR MEDICAMENTER LES PESTIFERÉS.

Quant aux Medecins, Chirurgiens et Apoticaires, lesdits magistrats esliront gens de bien et experimentés pour secourir le pauure peuple, non par le son de trompette, faisans proclamer (pour auoir bon marché d'vne mauuaise marchandise) que s'il y a aucuns compagnons barbiers et apoticaires qui veulent penser les pestiferés, qu'ils seront pour cela receus maistres. O Dieu ! quels bons maistres ! en lieu de guarir, ils font le plus souuent par leur imperitie ouurir le ciel et la terre, parce que iamais n'aurons veu ni conneu vn seul malade de ceste maladie : parquoy ils seront cent fois plus à craindre que les brigans et meurtriers guettans par les bois et chemins, parce qu'on les peut euiter et chercher vn autre chemin : mais le Chirurgien est cherché du pauure pestiferé, qui tend la gorge, esperant auoir secours de celuy qui luy oste la vie. Que s'ils prennent quelques Medecins et Chirurgiens experimentés, ce sera par faulses promesses ou par violence, menaçant de les chasser à iamais de leurs villes. Ie vous laisse à penser, messieurs, comme les pauures malades peuuent estre bien traités, si ceux qui sont ordonnés pour les medicamenter y sont employés par ceste force et violence : puis l'accident passé, sont cassés de leurs gages : et voila les pauures Medecins, Chirurgiens, Apoticaires et Barbiers à blanc, lesquels ayans ceste marque d'auoir esté constitués à penser les pestiferés, tout le monde après les fuit comme la peste mesme, et ne sont plus appelés à l'exercice de leur art : puis leurs compagnons les voyans après quasi mendier leur vie, doutans de tomber puis après en tel desastre de pauureté, qu'ils craignent cent mille fois plus que la peste, n'y veulent aller ; car c'est vne grande peste à l'homme, n'auoir point d'argent pour secourir sa pauure vie.

Partant ie supplie messieurs les Magistrats, qu'ils eslisent (comme i'ay dit) gens bien experimentés pour secourir les malades pestiferés, et leur donnent vne pension honneste, non seulement pendant la necessité, mais toute leur vie. Adonc ne faudra nulle trompette : mais au contraire se presenteront au seruice d'eux et de leurs citoyens.

CHAPITRE XIII.

CE QVE DOIVENT FAIRE CEVX QVI SERONT ESLEVS A PENSER ET MEDICAMENTER LES PESTIFERÉS.

Premierement il faut qu'ils considerent qu'ils sont appellés de Dieu en ceste vocation pour exercer la Chirurgie : partant y doiuent aller d'vn franc courage sans aucune crainte, ayans ferme foy que Dieu nous conserue et oste la vie ainsi et quand il luy plaist ; toutesfois (comme i'ay dit cy deuant) ne faut negliger et mespriser les remedes preseruatifs, ou autrement nous serions accusés d'ingratitude, veu que Dieu nous les a donnés, ayant tout fait pour le bien de l'homme.

Doncques les Chirurgiens qui seront appellés pour medicamenter les malades de peste, se feront purger et saigner s'ils en ont besoin, à fin de rendre leurs corps nets, et non disposés à prendre ce venin : puis après se feront deux ouuertures (s'ils n'auoient quelque vlcere qui coulast) auec cauteres potentiels : l'vne au bras droit vn peu au dessous du muscle Epomis, l'autre trois doigts au dessous du genoüil senestre partie externe : car veritablement on a conneu par experience, que ceux qui auoient telles ouuertures n'ont esté suiets à prendre la peste, et n'ont receu aucun mal, combien qu'ils fus-

sent iournellement auec les pestiferés.
Pareillement ils se laueront bien souvent tout le corps auec ceste eau , laquelle a grande vertu aromatique, et
est fort pleine d'esprits vaporeux et
subtils, et du tout contraire à tel
venin.

Eau preseruatiue.

℞. Aquæ rosarum , aceti rosati aut sambu-
  cini, vini albi aut maluatici ana ℔. vj.
  Rad. enulæ campanæ, angelicæ, gen-
  tianæ, bistortæ, zedoariæ ana ℥. lij.
  Baccarum iuniperi et hederæ ana ℥ ij.
  Saluiæ, rorismarini, absinthij, rutæ
  ana m. j.
  Corticis citri ℥. ß.
  Theriacæ, mithridatij ana ℥. j.

Conquassanda conquassentur, et bulliant
  lento igni, et seruentur ad usum.

On se lauera tout le corps de ceste
eau auec vne esponge , la faisant vn
peu tiedir. Et mesme conuient en lauer la bouche et en tirer vn peu par
le nez , aussi en mettre quelque petite quantité dedans les oreilles.

Ils doiuent pareillement porter et
poser sur la region du cœur vn sachet ou epitheme , semblable à ceux
que nous auons descrits cy deuant.
Sur quoy Iean Baptiste Theodose, en
la seconde de ses *Epistres medecinales*,
escrite à Athanase medecin florentin,
dit estre vtile qu'on porte de l'arsenic ou autre poison sur la region du
cœur, à fin qu'il accoustume le cœur
au venin, et que par ainsi il en soit
moins offensé, d'autant que tous venins cherchent le cœur. Toutesfois tu
noteras sur ce propos ce que nous en
auons dit auparauant. Leurs habillemens seront de camelot, sarge d'Ar-
ras, satin, taffetas, ou semblables. Et
s'ils n'ont la puissance, ils auront du
marroquin, ou trilly d'Allemagne, ou
autre belle toile noire : et non de drap,

ny de frise, ou de fourrure, de peur
que le venin n'y soit reserué, et qu'ils
puissent porter la mort aux sains. Ils
changeront souuent d'habits , chemise et de linceux, si leur commodité
le porte, et les parfumeront en fumée
de choses aromatiques : et lors qu'ils
approcheront des malades, se garde-
ront de prendre leur haleine et l'o-
deur de leurs excremens, et pareillement de se couurir de leurs habillemens ou couuerture, ny manger et
boire auecques eux, ou le reste qu'ils
auront touché de la bouche.

Plus, il leur conuient desieuner de
bon matin : et s'ils abhorrent le manger, comme font aucuns, en lieu d'a-
limens ils pourront prendre quelques
medicamens preseruatifs , desquels
nous auons cy deuant fait mention :
et lors qu'ils approcheront du malade, ils tiendront en leur bouche vn
clou de girofle, ou vn peu de canelle, ou de racine d'angelique, ou
graine de geneure, ou autres choses
alexiteres, pour occuper et emplir les
spatiosités vuides : et ainsi la vapeur
pestiferée ne pourra trouuer place
pour s'y loger.

I'allegueray icy, pour exemple du
danger qu'il y a de hanter les infectés,
ce qui m'aduint vne fois allant penser
vn pestiferé, qui auoit vn bubon pestiferé en l'aine dextre, et deux grands
charbons au ventre : prés duquel estant arriué, ie leuay de dessus luy le
drap et la couuerture, dont aprés me
vint saisir vne odeur tres-fetide, prouenant tant de la sueur de son corps,
que de l'exhalation putride du cou-
lement de la bouë de son aposteme et
de ses charbons : et lors ayant esté
englouti de ceste vapeur , ie tombay
promptement à terre comme mort,
ainsi que font ceux qui syncopisent,
c'est à dire à qui le cœur defaut, mais

sans aucune douleur, ny mal de cœur, signe manifeste que la seule faculté animale estoit offensée : puis tost aprés m'estant releué, il me sembloit que la maison tournast sens dessus dessous, et fus contraint d'embrasser vn des pilliers du lit où estoit couché le malade, autrement ie fussé tombé de rechef. Et 'ayant quelque peu de temps repris mes esprits, i'esternuay dix ou douze fois, auec vne telle violence que le sang me sortit par le nez : qui fut cause, à mon opinion (sauf meilleur iugement) que la vapeur pestiferée ne me fit aucune impression. Or ie laisse au lecteur à philosopher si la mort ne s'en fust pas ensuiuie, n'eust esté la force de la vertu expultrice de mon cerueau, veu que tous mes sens, et principalement la faculté animale, me defaillirent en vn moment, qui sont les instrumens de l'ame.

Pour ces choses, ie conseille tant aux medecins qu'aux chirurgiens, mesmes à tous ceux qui frequentent ceux qui sont infectés de ceste pernicieuse maladie, qu'ils se gardent, tant qu'il leur sera possible, de receuoir leur haleine et vapeurs de leurs excremens, tant gros que liquides et vaporeux : aussi qu'ils desieunent les matins, ou prennent quelque contre-poison auparauant que de les aller voir, à fin de mieux se munir contre le venin pestiferé. Et pour conclusion, on obseruera toutes choses que l'on connoistra estre profitables ou nuisibles en ceste maladie pestilente, à fin de les suiure ou euiter selon qu'il en sera besoin, reconnoissant toutesfois que la preseruation gist plus en la prouidence diuine qu'au conseil du medecin ou chirurgien.

CHAPITRE XIV.

DES SIGNES DE LA PESTE PRESENTE.

Plusieurs desirent sçauoir les signes de la peste presente, à fin d'y pouruoir de bonne heure, pour-ce qu'ordinairement on y est deceu : et le commun peuple ne la connoist iamais iusques à ce qu'il sente quelque douleur et apostemes aux emonctoires, ou quelques taches sur le corps, ou charbons : qui est trop tard, parce que plusieurs meurent deuant que telles choses apparoissent : parquoy ne faut tousiours attendre tels accidens, mais faut prendre indication qu'en la peste, le cœur, auquel gist la vie, est principalement assailli, et endure plus que tous les autres membres : dont les signes pris de luy sont plus certains que de nulle autre partie principale.

1. *Signe de la peste presente* [1]. Parquoy les malades frappés de peste ont souuent defaillance de cœur, et tombent comme esuanoüis.

2. *Signe.* Le pouls est quelquesfois remis, et parfois trop frequent, et principalement la nuit.

3. *Signe.* Ils sentent des ponctions et demangeaison par tout le corps, et principalement aux narines, comme piqueures d'espingles, qui procedent de la vapeur maligne, montant des

[1] Le texte de tous les signes se suiuait sans interruption, et souuent même sans séparation des phrases dans l'édition primitive ; mais l'édition de 1575 et toutes les autres ensuite ayant accusé chacun de ees signes par une note marginale, il m'a paru conuenable de faire usage de ces notes pour le texte.

parties inferieures à la superficie du corps et à la teste.

4. *Signe.* Ils ont semblablement la poitrine chaude et ardente, auec grande palpitation et battement de cœur, disans sentir grande douleur sous le mammelon du tetin senestre, auec courte haleine et grande difficulté de respirer : et halettent comme vn chien qui a grandement couru, à cause que le diaphragme, principal instrument de la respiration, ne pouuant auoir son mouuement naturel, redouble incontinent, et auance le cours de la respiration et expiration.

5. *Signe.* Pareillement ils ont toux et douleur d'estomach, enfleure de flancs ou costés : pour-ce qu'à cause de la debilité de la chaleur naturelle, se multiplient beaucoup de ventosités, qui sont cause de ladite extension : voire que le ventre en est quelquesfois si fort enflé, qu'on diroit estre vne espece d'hydropisie nommée *Tympanites.*

6. *Signe.* D'auantage, ils ont nausée, ou appetit de vomir, c'est à dire que l'estomach leur bondit : qui vient à raison qu'il a connexion auecques les parties nobles, et se ressentent du venin mortel de tout le corps : autres ont grands vomissemens et frequens, iettans vne cholere iaune, et aucunesfois verde ou noire, correspondante aux selles en varieté de matiere et couleur : et à aucuns sort le sang tout pur en grande abondance, non seulement par le vomissement, mais aussi quelquesfois par le nez, par le siege et par la verge, et aux femmes par leur matrice : et ceux-là ne passent gueres le troisiéme iour, tant est grande l'acrimonie du venin.

7. *Signe.* Aucuns ont grande froidure aux parties exterieures, mais neantmoins sentent vne extreme chaleur et ardeur merueilleuse au dedans. Or la cause pour laquelle nous voyons qu'és fieures pestilentielles le dedans brusle, et le dehors est froid, c'est pour-ce qu'il y a inflammation en quelque partie profonde du corps, en sorte que toute la chaleur auec le sang et les esprits est attirée comme d'vne ventouse : par les parties interieures enflammées, dont les parties exterieures apparoissent froides : et alors la face se monstre hideuse, et est veuë de couleur plombée et liuide, les yeux ardens, estincelans, rouges et comme pleins de sang, ou d'autre couleur, et larmoyans.

8. *Signe.* Le tour des paupieres est liuide et noir, comme si elles auoient esté battues et meurdries, et ont la face hideuse à voir et tout le corps iaunastre, tellement qu'ils ne ressemblent point à eux-mesmes, de façon qu'on les descognoist : et telle chose signifie la mort proche.

9. *Signe.* Aucuns ont la fieure si tres-ardente, qu'elle cause vlceres au profond de la gorge et autres parties de la bouche, auec vne seicheresse qui rend la langue aride et seiche, liuide et noire, accompagnée d'vne alteration et chaleur si grande, qu'ils se disent brusler comme s'ils estoient dedans vn feu, auec vne extreme douleur de teste, qui le plus souuent les fait resuer, de sorte qu'ils ne peuuent iamais reposer ny dormir : et tombent en vne fureur cruelle, comme frenetiques, s'enfuyans tous nuds, se iettans és puits, riuieres, et par les fenestres se precipitans du haut en bas. Au contraire, ils sont quelquesfois en vne si grande resolution de tous les membres, qu'ils ne se sçauroient soustenir, et aussi sont au commencement tant endormis, qu'on ne les

peut esueiller, pour-ce que la chaleur de la fléure fait esleuer à la teste des vapeurs grosses, crues et froides, lesquelles abondent au corps : ce qui aduient communément lors que la matiere de la bosse ou le charbon se fait, ou petites taches et eruptions esparses au cuir, qui souuent s'apparoissent à leur resueil, accompagnées d'vne sueur fort puante. Or lesdites exhalations et fumées acquierent souuent acrimonie, et sont quelquesfois si mordantes qu'elles gardent les malades de dormir et leur incitent grande douleur de teste, qui les fait tomber en resuerie, puis frenesie, manie et rage. Parquoy la varieté de ces derniers signes et accidens ne procede que de la diuersité du venin pestiferé, et des temperatures des malades. Qu'il soit vray, nous voyons en certaines saisons ce venin exercer diuersement sa tyrannie, voire en toutes temperatures, et extraordinairement et egalement à plusieurs et de toutes aages et temperamens, comme nous auons cy deuant monstré de la suette, trousse-galand, coqueluche, et autres maladies epidemiales.

10. *Signe.* Quant est de la diuersité des temperatures, ceux qui sont de complexion chaude, comme les sanguins et choleriques, on voit estre souuent vexés de fléures ardentes, et tombent souuent en furie : au contraire, les melancholiques et pituiteux estre tant assoupis et endormis qu'à peine on les peut resueiller. Les vrines ne sont pas tousiours, ny en tous, trouuées d'vne mesme couleur et consistence : car quelquesfois elles sont trouuées semblables à celles des sains, à sçauoir belles en couleur et bonnes en leur substance, à raison que la fléure fait plus son effort dedans les arteres, qu'és veines conte-

nantes le sang, duquel procede l'vrine : veü que le foye le plus souuent ne souffre si fort en vne fiéure pestilente que les autres parties, et sur toutes le cœur, mesmement quand il n'y a point de tumeur apparente aux aines, où cela se fait : pour-ce que les humeurs contenus aux vaisseaux, iaçoit qu'ils soient en chemin, et comme *in fieri* [1] d'estre viciés et entachés de ce venin, ce neantmoins ne sont point pourris ne corrompus : ceste corruption estant vrayement ja parfaite en la substance des esprits (supposé que telle peste est de celles qui ont leur cause et origine de la malignité de l'air) et d'iceux n'ayant encores passé et coulé dans les humeurs : car si la pourriture estoit ja imbue en iceux, ils en donneroient certain tesmoignage par les vrines, qui sont certains et propres signes des affections des humeurs contenus aux veines. Et partant ne deuons point estimer que cela aduienne (comme aucuns ont pensé) à raison que Nature, comme espouuantée et fuyante la malignité de ce venin, n'ose assaillir la maladie. Aucuns ont les vrines fort dissemblables des sains, desquels nous parlerons cy aprés.

11. *Signe.* Pareillement aucuns iettent par le siege vne matiere fort fetide, liquide, subtile, gluante, et de diuerses couleurs : ce que declarerons aussi.

12. *Signe.* Il y en a d'autres qui ont l'appetit depraué, ou du tout perdu, tellement qu'on en a veu qui ont demeuré trois ou quatre iours sans manger : ce qui procede d'vne douleur mordante et poignante qui est

---

[1] Ceci est le texte de 1575; l'édition primitive portait : *iaçoit qu'ils soyent vitiez et entachez de ce venin.*

ᵉn l'estomach, laquelle prouient des vapeurs veneneuses enuoyées à iceluy.

Et pour le dire en vn mot, on voit en ceste pernicieuse peste vne grande bande et multitude de plusieurs especes de symptomes et accidens confus sourdre iournellement, qui se font selon la pourriture et alteration de l'air, et la cacochymie et mauuaise temperature de ceux qui en sont frappés. Parquoy faut bien icy noter que tous ces signes et accidens ne se trouuent pas tousiours en vne fois, ny en toutes personnes, mais à aucuns s'en apperçoiuent plusieurs, à autres peu, voire à grande peine voit-on deux hommes, infectés de ceste contagion, auoir semblables accidens : et qui plus est, il y a aucuns à qui ils apparoissent subit et dés le commencement, et les autres plus tard. Et de tous ces signes, il y en a qui sont totalement mortels, autres moins mauuais, et d'autres ambigus.

CHAPITRE XV.

DES SIGNES MORTELS DE LA PESTE.

Les signes mortels, et qui demonstrent le cœur estre saisi, sont fiéures tres ardentes et continues, la langue aride et seiche, de couleur noire, et quand les malades ont grande difficulté d'inspirer, tellement qu'ils ont plus de peine à attirer l'air qu'à le rendre : qui se fait pour la vehemente chaleur qu'ils ont au corps : et ont vne soif si grande qu'on ne la peut esteindre.

Autres ont veilles continuelles, dont s'ensuit resuerie et alienation d'esprit, et souuent meurent comme furieux et enragés. Aucuns ont vne contraction ou conuulsion de tous les membres, defaillances frequentes de cœur, accompagnées de hocquets, et tombent souuent en syncope.

Autres ont vne palpitation ou tremblement de cœur, qui est vn mouuement manifeste de la vertu expultrice qui s'efforce de repousser le venin, qui luy est du tout contraire et mortel. Le pouls pareillement se meut hastiuement et excessiuement sans mesure, qui monstre que la faculté vitale est grandement enflammée, et alors les malades sont en grande agitation et inquietude, c'est à dire se remuent çà et là, sans qu'ils se puissent tenir à recoy et en repos : et ont appetit continuel de vomir, qui prouient de la venenosité de la matiere, laquelle se communique au cœur et à l'orifice de l'estomach : et le vomissement est puant et de matiere verde, comme jus de porreaux, et quelquesfois de couleur noire ou rouge : aussi aucunesfois est de sang tout pur, comme nous auons dit, et ont sueur froide, la face liuide, hideuse et noire, et le regard esgaré. Ils ont semblablement grand tressaillement, fremissement et aiguillonnement entre cuir et chair, baaillement et estendue des membres, tournans les yeux en la teste, et parlent enroüé et begayent, voire quelquesfois dés les premiers iours, et ne ratiocinent pas, et quand on parle à eux, ils ne respondent à propos. Ils ont la langue fort aride et seiche, liuide ou noire qui se fait des exhalations putrides qui l'eschauffent et desseichent, leur causant des escorcheures en la bouche.

Outre plus, aucuns ont les vrines liuides ou noires, et troublées, comme grosse lexiue, et y voit-on des nuées liuides et de diuerses couleurs, comme verdoyante, plombée ou noire, qui est vn vray signe mortel. Aussi quand on voit vn cercle par dessus, comme graisse, ou toiles d'araignées iettées les vnes sur les autres.

Si les malades ont charbons, et la chair d'iceux est noire et seiche, comme vne chair bruslée, et les parties prochaines liuides, les bosses, charbons et taches retournans au dedans et n'apparoissans plus au dehors : flux de ventre cholerique, qui ne donne aucun allegement au malade, fort fetide, liquide, subtil, gluant, et de diuerse couleur, comme noire, verdoyante, ressemblante à verd de gris, et de tres-mauuaise odeur, auec grande quantité de vers, qui denote grande corruption et pourriture aux humeurs : s'ils ont vn esbloüissement qui vient par l'imbecillité et defaut des esprits, et de toute l'œconomie de Nature qui ja commence à chanceller : si la chaleur naturelle, se retirant au dehors, fuyant ce venin, esmeut vne sueur fort puante, et les yeux du malade s'enfoncent pour l'absence de ladite chaleur, accompagnée du sang et esprits : si le bout du nez est retors auec vn ris sardonic, c'est à dire vn ris forcé, qui se fait pour la retraction des fibres disseminées aux muscles de la face, desseichés par l'absence du sang et de l'esprit animal : si aussi les ongles noircissent, comme approchans d'vne mortification : puis suruiennent sanglots et conuulsion vniuerselle pour la resolution des nerfs, si qu'en fin la pauure chaleur naturelle demeurant suffoquée et esteinte, indubitablement la mort s'ensuit.

En tous ces signes ne faut saigner, mais bailler choses cordiales aux malades, et les recommander à Dieu.

Neantmoins ie prie les Chirurgiens de non laisser et abandonner les pauures malades, encores qu'ils eussent tous ces signes mortels, mais tousiours s'efforcer à faire ce que l'art commande : car Nature fait quelquesfois choses merueilleuses contre l'opinion des Medecins et Chirurgiens, ainsi que i'ay demonstré cy dessus en mon liure *des Playes de harquebuses.*

Or pour conclusion, la diuersité de ces accidens vient pour la diuersité du venin, et des temperamens, et de l'air ambiens : et tant plus on trouuera des signes et accidens susdits, tant plus les pauures pestiferés sont proches de la mort : mais si vn ou deux apparoissent seulement, il n'est pas necessaire qu'ils meurent : ioint aussi que plusieurs de ces signes sont communs à d'autres maladies.

CHAPITRE XVI.

DES SIGNES PAR LESQVELS ON PEVT CONNOISTRE QVE LE MALADE EST INFECTÉ DE LA PESTE VENANT DV VICE DE L'AIR, ET NON DES HVMEVRS.

Encores que nous ayons amplement declaré les signes de la peste presente, si est-ce que considerans qu'il y a deux sortes de peste, pour la diuersité des causes : l'vne prouenante du vice de l'air, l'autre de la corruption des humeurs, nous auons bien voulu specifier les signes qui sont propres à l'vne et à l'autre, commençans par celle qui vient du vice de l'air.

Donc les signes par lesquels on la pourra connoistre sont tels, à sçauoir, qu'elle est plus maligne et contagieuse, et les hommes meurent en plus grand nombre et plus subitement : car plusieurs faisans leurs actions accoustumées, se pourmenans par les temples et rues sans aucune contagion apparente, meurent en peu d'heures, voire promptement, sans sentir auparauant aucune douleur ; par ce que l'air, corrompu par sa virulence, gaste promptement les esprits, et suffoque le cœur d'vn feu caché. D'auantage, les malades ne sont si tourmentés d'inquietude, et ne se iettent point çà et là, pour ce que la force naturelle est du tout prosternée et abbatue : et partant ils ont continuelle defaillance de cœur, et à plusieurs ne suruiennent bubons ou autres pustules, ny aucun flux de ventre, à cause que le venin pestiferé abbat tellement les forces et le cœur, qu'ils ne peuuent chasser d'eux aucune chose nuisible, qui est cause de la mort ainsi subite. Leur vrine est semblable à la naturelle, parce qu'il n'y a point de vice aux humeurs, d'autant que les vrines demonstrent certainement le vice qui est aux humeurs, comme il a esté declaré cy deuant.

CHAPITRE XVII.

SIGNES QVE LE MALADE EST INFECTÉ DE LA PESTE PROVENANT DE LA CORRVPTION DES HVMEVRS.

Nous auons par cy deuant declaré les causes de la corruption des humeurs de nostre corps, laquelle se fait comme d'vne trop grande plenitude, ou par obstruction des vaisseaux des visceres ou entrailles, causée par humeurs espais et visqueux, ou par intemperature ou malignité de matiere, toutes lesquelles choses se font par la mauuaise maniere de viure : il faut maintenant declarer les signes par lesquels on peut connoistre vn chacun humeur dominant estre infecté et corrompu, à fin de contrarier à iceluy.

Quand donc on verra la couleur de tout le corps estre plus iaune que de coustume, cela demonstre que le corps abonde en cholere : si elle est plus liuide et noire, en melancholie ; si elle est plus blanche, en pituite ou phlegme : et si elle est plus rouge, et les veines sont fort enflées, il abonde en sang : aussi les apostemes et pustules tiennent semblablement la couleur de l'humeur qui cause icelles : pareillement les excremens, comme vomissemens, les selles et vrines. Aussi si le malade est fort assoupi et endormi, cela demonstre la pituite : au contraire, s'il a veilles, demonstre la cholere. Semblablement la nature de la fiéure demonstre l'humeur qui abonde : car la fiéure tierce demonstre la cholere, la quarte la melancholie, la quotidiane la pituite, la continue le sang. Le temps le demonstre pareillement : car au printemps le corps accumule plus de sang, en esté de la cholere : en automne la melancholie, en hyuer la pituite domine. Aprés s'ensuit le pays, lequel s'il est temperé, le sang abonde : s'il est chaud et sec, la cholere : s'il est froid et humide, la pituite. D'auantage, l'aage le demonstre : car les ieunes abondent plus en sang, et les vieux eu phlegme. Finalement l'art et maniere de viure : car ceux qui cuisent les metaux, et fabriquent ouurages metalliques, comme mareschaux, serruriers, orféures, affineurs, fondeurs de lettres, abondent plus en cholere : les sedentaires, estudians et pescheurs, en pituite. Voila les observations qu'on doit auoir pour connoistre vn chacun humeur dominant en nostre corps, à fin de le purger quand il en sera besoin. Or pour desboucher les orifices des vaisseaux, tant du foye, que de la rate et des reins, les medicamens doiuent auoir faculté et puissance d'inciser, penetrer, attenuer, et deterger : ce que ie laisse à faire à messieurs les medecins. Et faut icy noter , que communément les humeurs se pourrissent en temps de peste, dont se font non seulement des fiéures continues, mais aussi des intermittentes, c'est à dire qui laissent le malade vn iour ou deux , plus ou moins, sans fiéure, puis l'assaillent de rechef, comme font les fiéures tierces et quartes : ce qui se fait selon la diuersité de la pourriture de l'humeur dont elles sont faites, comme nous auons dit par cy deuant.

Pareillement on les peut connoistre par les accidens : comme si la peste est en l'humeur cholerique, elle occit la plus grande part des hommes, et meurent promptement : et ont vomissemens assiduels de couleur iaunastre et flux de ventre, auec extremes douleurs et desir perpetuel d'aller à la selle, parce que la cholere pique et vlcere les boyaux : aussi ont vne inappetence, et tout ce qu'ils boiuent et mangent leur semble amer. S'ils ont quelques eruptions ou tumeurs contre nature, elles sont trouuées auec peu d'enfleure, et de couleur citrine. Quand elle est aux grosses humeurs, et au sang aduste, elle occit plus tard , et les malades ont grandes sueurs, flux de ventre de diuerses couleurs, et principalement sanguinolentes, et iettent souuent le sang pur : ils ont communément bubons et charbons, ou eruptions par tout

le corps , auec grandes tumeurs enflammées, fiéures continues et delires, et l'haleine puante. Lors qu'elle est à l'humeur pituiteux , ils ont lassitudes de tous les membres , et tout le corps bien fort appesanti, et sont grandement endormis et assoupis, et à leur resueil ont vn tremblement vniuersel de tout le corps , qui se fait pour l'obstruction des conduits clos aux esprits : et s'il y a quelques bubons, charbons ou eruptions, elles sont laxes et de couleur blanchastre, et difficiles à suppurer. Et quand l'humeur melancholique en est vicié, les malades sont fort attristés , ayans grande pesanteur et douleur de teste, et ont le pouls petit et profond, et la couleur de leur aposteme , voire de tout le corps , plombée et noire : car chacun humeur donne sa couleur au cuir. Or qui demonstre encore les humeurs estre corrompus, c'est que les vrines des malades sont troublées et semblables à celles des iumens : aussi quelquesfois sont veuës noires auec vn cercle verdoyant, qui signifie grande pourriture estre aux humeurs : car il est impossible que les humeurs puissent estre corrompus, que les vrines ne le soient. Aucuns ont grande soif, les autres nulle , parce que la pituite putride abonde à l'orifice de l'estomach , et luy change son temperament, et le rend languide auec inappetence. Semblablement aucuns ont fiéure grandement ardente , et se disent brusler au dedans : ce neantmoins les parties exterieures sont trouuées quelquesfois fort froides.

Que si la peste prouient du vice de l'air, et des humeurs compliqués, comme ils sont le plus souuent, on ne les peut bien distinguer, et les signes sont fort confondus ensemble.

CHAPITRE XVIII.

DV PROGNOSTIC.

Prognostiquer est predire les choses à aduenir, qui se fait par la connoissance de la maladie et de ses accidens, et principalement de la temperature et dignité de la partie malade et action d'icelle : par quoy pour ce faire, sera bien necessaire que le Chirurgien aye connoissance de l'anatomie, et aye veu plusieurs malades : car ainsi, faisant bon prognostic, et deduisant bien aux parens et amis du malade les accidens qui peuuent aduenir en la maladie, acquerra honneur et profit.

Toutesfois quant à la peste, nous disons qu'il n'y a point de iugement certain de la vie, ou de la mort : car ceste detestable, abominable et traistresse maladie a ses mouuemens par interualles inegaux et incertains, et est quelquesfois tant hastiue et fallace, qu'elle tue l'homme sans qu'on y puisse prendre garde : ce qui aduient à aucuns en dix, quinze, ou vingt quatre heures, ou beaucoup moins. Et tel venin est quelquesfois si violent, qu'incontinent qu'on reçoit le soufflement ou haleine du pestiferé, on voit subit s'esleuer pustules et ampoulles au cuir, auec douleur acre, comme si on estoit mords d'vne mousche à miel. Et par la violence de ce venin si prompte et subite, ceux qui sont frappés sont plustost morts qu'ils n'out pensé à mourir : et mesme en beuuant, mangeant et vacquant à leurs affaires, tombent morts en cheminant par les rues et temples, ce qu'auons veu nagueres le Roy estant à Lyon.

Quelquesfois aussi les accidens se relaschent, et semble que le malade se doiue bien porter, faisant bonne chere : ce qui aduint à vne des damoiselles de la Royne, nommée la Mare, le Roy estant au chasteau de Roussillon : laquelle fut frappée de ceste peste, ayant vn bubon en l'aine, qui s'en retourna au dedaus, et le troisiéme iour disoit ne sentir aucun mal, forsqu'vne difficulté d'vriner (à cause de l'inflammation qui occupoit les parties dediées à l'vrine) se pourmenant par la chambre, auec bonne ratiocination : toutesfois ce iour mesme rendit l'esprit à Dieu : qui fut cause de nous faire promptement debusquer dudit lieu.

Et partant les Medecins et Chirurgiens sont le plus souuent deceus en telle maladie : car aucuns meurent plus tost, les autres plus tard, selon que le venin est violent et fort : et pour le dire en vn mot, en ceste maladie il n'y a point d'heure, de iour, ny de temps prefix.

Outre-plus, on voit par experience que gens de toute nature, sexe, et diuerses complexions, soient enfans, adolesceus ou hommes en aage, consistans, foibles ou robustes, ieunes ou vieux, yurongnes, crapuleux, et ceux qui font abstinence en leur viure, tant oiseux que ceux qui trauaillent, riches ou pauures, Roys, Roynes, Princes, Princesses, Papes et Cardinaux[1], sont tous suiets à estre pris de la peste. Neantmoins on voit que les ieunes choleriques et sanguins, qui sont de temperament chaud et humide, y sont plus suiets que les vieux qui sont de temperature froide et seiche, pour ce que leur sang ne s'enflamme pas si tost : aussi que l'humidité d'i-

---

[1] *Le pape Pelagius mourut de peste.*—A. P.

ceux , dont s'engendre la corruption, est exhalée et aucunement consumée. Mais les humeurs des ieunes se corrompent pour legere occasion, et par consequent reçoiuent la vapeur veneneuse , laquelle facilement est attirée et penetre au centre du corps, qui est de telle temperature chaude et humide , et partant disposée à receuoir inflammation et pourriture : à cause qu'ils ont les veines et arteres plus larges , et par conseqnent tous les conduits du corps, dont il aduient que l'air pestilent trouuant les pores ouuerts , entre dedans plus facilement auecques l'air attiré par le continuel mouuement des arteres.

D'auantage la peste venant de l'air prend plustost les ieunes que les vieux , parce qu'ils ont les pores plus ouuerts que n'ont les vieux. Pareillement ceux qui sont hors des maisons sont alors plustost espris que ceux qui demeurent dedans. Et quand la peste vient de la corruption des humeurs, elle n'est pas tant contagieuse que celle qui vient du vice de l'air : mais les pituiteux , melancholiques, et gens aagés sont en plus grand danger de mort, lors qu'ils sont frappés d'iceluy venin venant de cause corporelle, parce qu'il ne se peut bien exhaler et sortir hors, à cause de la closture ou condensation de leurs conduits ou pores du cuir. Aussi ceux qui sont cacochymes et remplis d'humeurs vicieux sont plus prompts et disposés à en estre infectés, et en plus grand danger que ceux qui sont de bonne temperature : tout ainsi qu'vn fagot sec est plustost allumé du feu et bruslé qu'vn verd, ainsi sont-ils preparés, de mesme façon que le soulphre est preparé à prendre le feu. Et par ainsi on voit communément , qu'en temps de peste, nulles ou peu

d'autres maladies apparoissent , d'au tant qu'elles se tournent facilement en icelle : et lors qu'elles commencent à regner, la peste aussi commence à cesser.

Donc comme vn homme cacochyme est plus disposé à estre frappé de peste , aussi au contraire vn homme bien temperé difficilement en peut estre frappé. Car combien que le feu soit violent , neantmoins il demeure amorti et vaincu quand il ne trouue contre quoy agir. Semblablement vn corps bien sain et nettoyé de mauuaises humeurs, bien tard et à grande peine est malade de ceste peste : et où il en seroit espris, elle ne pourroit luy faire telle nuisance comme aux autres qui sont remplis de mauuaises humeurs : toutesfois on obserue que ceux qui ont fléure quarte et chancres vlcerés, aussi les punais, ladres, verollés , escroüelleux , teigneux , et ceux qui ont fistules et vlceres carieuses coulantes, ne sont fort suiets à prendre la peste : parce qu'ils ne sont seulement cacochymes, mais à demy pourris : et leur cacochymie ne permet souuent la peste entrer en leur corps, quasi comme si elle leur estoit vn alexitere contre le venin pestiferé. Les femmes enceintes sont fort suiettes à estre prises de la peste, à cause de la grande abondance d'humeurs superflus et corruptibles qui abondent en elles pour le defaut de leurs purgations, ioint aussi qu'elles ont tous leurs conduits fort ouuerts : et quand elles sont frappées de ceste maladie et font leurs enfans, elles meurent presque toutes, dequoy l'experience fait foy. Aussi les filles ausquelles le flux menstruel commence à fluer , sont fort suiettes à prendre ce venin , comme aussi les petits enfans, parce qu'ils sont lanuleux, c'est à dire mols et tendres et de rare texture, ioint qu'ils viuent desreglément. Le menu peuple souffreteux, et qui habitent és maisons ordes, et qui en tous temps viuent ordement, et qui ne changent point d'habits, d'autant qu'ils approchent plus prés de la putrefaction, s'acquierent vne disposition et conformité grande à la peste, et partant sont plustost assaillis que ceux qui viuent au contraire [1].

Outre-plus, ceux qui en ceste maladie ont sommeil profond, meurent quasi tous, à cause de la crassitude des vapeurs qui montent au cerueau, lesquelles Nature ne peut vaincre. Aussi ceux qui ont la respiration fort puante outre leur coustume, meurent tous : pource que la pourriture est du tout confirmée en la substance du cœur et aux poulmons.

Or plusieurs meurent subitement de la peste, à cause que le venin saisit le cœur et instrumens qui seruent à l'inspiration et expiration, lesquels estans serrés et comprimés à cause de l'inflammation qui est aux poulmons, au diaphragme et aux muscles du larynx, fait que le pauure malade est subit estranglé et suffoqué par faute de respiration.

Aussi si les bosses, charbons, ou pustules et eruptions, qu'on appelle pourpre, qui viennent à la superficie du cuir, sont de couleur noire, ou verte, ou violette, ou liuide, peu en reschappent, parce qu'ils demonstrent mortification de la chaleur naturelle.

Quand le bubon apparoist premier que la fiéure, c'est bon signe : car il demonstre que le venin est moins fu-

rieux, et que Nature a esté maistresse et qu'elle a eu victoire, l'ayant ietté et chassé hors : au contraire, s'il apparoist après la fiéure, cela vient de l'impetuosité du venin, lequel domine : partant est vn signe pernicieux et le plus souuent mortel, qui demonstre Nature estre gaignée et abbatue.

D'abondant, au decours de la lune, les malades meurent plustost, ou pour le moins leur mal et accidens s'augmentent, parce que les vertus sont plus debiles, ioint aussi que les humidités de notre corps abondent d'auantage [1]. Or que les vertus de nostre corps soient plus debiles au decours de la lune, la cause est que la vigueur des facultés consiste en chaleur : or est-il qu'au decours de la lune les corps sont plus froids et humides, pour la defectuosité de la lune qui est la cause pourquoy sur la fi du mois les femmes ont reglément leur flux : car lors le sang estant plus humide, est plus prompt à couler, et nostre chaleur estant moindre ne peut retenir vn tel cours, comme elle souloit estant fortifiée et guidée de la vertu de la lune, qui a plus de lumiere, et par consequent de chaleur, estant pleine, qu'en decours : comme tres-bien dit Aristote, liure 7 *de Historia animalium*, chap. 2.

Aussi faut noter que si l'air pestiferé est subtil comme bize, il est plus dangereux et contagieux, et tue plustost que lors qu'il est gros et nubileux. Qu'il soit vray, lors que la peste est en ceste ville de Paris, elle n'est si dangereuse que lors qu'elle est en Prouence et en Gascogne : qui se fait à cause que l'air de ceste ville est plus

---

[1] Cette dernière phrase est une addition de 1585.

[1] Là s'arrête ce paragraphe dans l'édition primitive ; le reste est de 1575.

gros et nubileux : et est tel, tant à raison de la situation, que de la grande multitude du peuple, et excremens des bestes, boucheries, cuisines, latrines et autres causes, qui font esleuer plusieurs grosses vapeurs, lesquelles estant attirées des poulmons, ne permettent que l'air pestiferé entre si legerement au profond de nostre corps.

Outre les causes de mort cy dessus alleguées, nous voyons plusieurs personnes mourir par faute d'estre promptement secourus, parce qu'il y en a bien peu qui veulent prendre conseil de bonne heure, et parauant que le venin ait saisi le cœur, et que plusieurs accidens ne leur soient desia suruenus. Or le cœur estant saisi, alors il y a peu d'esperance de santé, ce que toutesfois on attend ordinairement : d'autant qu'il est tres-difficile de connoistre la peste dés le commencement, parce que les accidens ne sont pas touiours semblables, comme nous auons desia dit : parquoy plusieurs Medecins et Chirurgiens y sont abusés, tant experts puissent-ils estre : dont ne se faut esmerueiller si le prognostic de ceste maladie ne peut estre certain. Qui plus est, elle est si detestable et espouuentable qu'aucuns de la seule apprehension meurent, parce que la vertu imaginatiue ou fantasie a si grande seigneurie en nous (ainsi que i'ay escrit en mon liure de l'Anatomie du corps humain) que le corps naturellement luy obeït en plusieurs et diuerses sortes, lors qu'elle est fermement arrestée en quelque imagination. Donc en crainte et peur, beaucoup de sang se retire au cœur, qui estouffe et suffoque du tout la chaleur naturelle et les esprits, la rendant plus foible pour resister au venin, dont la mort s'en-

suit : au contraire, il aduient quelquesfois que ceux qui frequentent ordinairement les pestiferés n'en reçoiuent aucun mal, parce qu'ils n'apprehendent rien.

Pour conclusion, on voit communément que tous ceux qui en sont frappés ne meurent pas, combien qu'ils n'ayent receu grands secours, et ceux qui vsent de bons antidotes, ou choses contrariantes à tel venin, ne laissent souuent à estre pris et mourir. Bref quand on en reschappe, on peut bien dire que c'est vne chose plus diuine que humaine, veu qu'on est souuent incertain de la cause : partant deuons estimer que telle chose est faite par la volonté de Dieu, auquel quand il plaist faire sonner sa trompette pour nous appeller, on ne la peut aucunement euiter par artifice humain.

CHAPITRE XIX.

COMMENT SE FAIT LA FIÉVRE PESTILENTIELLE.

Deuant que venir à la curation de ceste maladie pestilentielle, il nous conuient premierement declarer comment se fait la fiéure en icelle. C'est que quand la personne a attiré cest air pestilent par inspiration faite par le nez et la bouche, au moyen de l'attraction que font les poulmons et autres parties dediées à ce faire, et aussi vniuersellement par les pores et petits trous du cuir, et cauités des arteres et veines qui sont disseminées par iceluy : lequel air estant attiré et conduit en toute la masse sanguinaire et aux humeurs qui sont plus aptes à receuoir tel venin, les conuertit en sa qualité veneneuse : et comme si c'estoit chaux viue sur laquelle on iettast de l'eau, s'esleue vne vapeur putride, qui est communiquée aux parties nobles, et principalement au cœur, sang et esprit, lequel boüillonne dedans ses ventricules, dont se fait vne ebullition appellée fiéure, qui est communiquée par tout le corps par le moyen des arteres, voire iusques en la substance des parties les plus solides, qui sont les os, les eschauffant si fort comme s'ils brusloient, faisant diuerses altirations selon la diuerse temperature des corps, et nature de l'humeur où ladite fiéure est fondée : et lors se fait vn combat entre le venin et Nature, laquelle si elle est plus forte, par sa vertu expultrice le chasse loin des parties nobles, et cause par dehors sueurs, vomissemens, flux de sang, apostemes aux emonctoires, charbons, ou autres pustules et eruptions par tout le corps : aussi flux de ventre, flux d'vrine, euacuations par insensible transpiration, et autres que declarerons cy aprés. Au contraire, si le venin est plus fort que la vertu expultrice, Nature demeure vaincue, et par consequent la mort s'ensuit.

Or pour connoistre que la fiéure est pestilentielle, c'est que dés le premier iour qu'elle commence, les forces sont prosternées et abbatues sans aucune cause qui ait precedé auparauant[1] : car sans grande euacuation faite, les pauures malades sont tant debiles et affoiblis, qu'on estimeroit qu'ils auroient esté vexés de quelque grande maladie : et plusieurs sentent mordication à l'orifice de l'estomach, et grande palpitation de cœur, et ont sommeil profond, et

les sens de l'entendement hebetés. Ils sentent aussi grande chaleur au dedans de leurs corps, et les parties exterieures sont trouuées froides, de façon que ceux qui ne sont experimentés en telle maladie sont facilement deceus, estimans qu'il n'y ait nulle fiéure, pource que le pouls et vrines des malades ne sont gueres changés : et toutesfois ils ont grande inquietude et difficulté de respirer, et ont leurs excremens fort fetides et autres griefs accidens, et le plus souuent le troisiéme iour ont resueries et grand flux de ventre et vomissemens, auec vne extreme soif, et n'ont point d'appetit. Partant il faut prendre garde qu'aucuns de ces signes sont tousiours presens, et les autres viennent lors qu'il y a quelque partie offensée : comme s'il y a difficulté de respirer, cela demonstre que les parties pectorales sont offensées, et quand le delire vient, cela signifie qu'il a vice au diaphragme et au cerueau, qui se fait quand la matiere du charbon se putrefie prés d'icelles parties, ou en icelles mesmes. Or en toutes ces choses l'imbecillité des forces est commune, et les affections du cœur pareillement, veu que ce venin pestiferé est contraire à nostre nature, et qu'il infecte principalement le cœur, fontaine de vie.

Et combien que ceste fiéure surpasse en malignité les autres qui ne participent point du venin pestiferé, si est-ce qu'elle est aussi diuerse comme icelles : car quelquesfois elle est tierce, autresfois quarte, autresfois quotidiane, selon la diuersité de l'humeur qui est principalement affecté : ce qu'on connoist par les interualles, c'est-à-dire, l'espace interposé entre les accés. Pareillement elle est dite simple, quand la qualité veneneuse

[1] Rondelet *en sa pratique.* — A. P.

consiste seulement en l'esprit vital, et que les humeurs ne sont encore corrompus. Elle est dicte composée ou compliquée, quand ladite qualité est fourrée és esprits et aux humeurs, en toute la substance du corps, auec charbons, bosses et pourpre [1]. Aussi il y a d'autres differences et diuersité d'icelles, qui se connoissent par les vrines, excremens, habitude vniuerselle du corps, temperature d'iceluy : aussi par les accés , la chaleur, le pouls et autres. Donc selon que la fiéure tiendra la nature de tierce, quarte, quotidiane, ou continue, faudra diuersifier les remedes pour la curation d'icelle : ce que ie laisse à messieurs les Medecins.

CHAPITRE XX.

COMMENT LE MALADE SE DOIT RETIRER DV LIEV INFECT, SVBIT QV'IL SE SENT FRAPPÉ DE PESTE.

Ayant amplement descrit la peste, et tous ses signes et accidens, et la maniere de s'en preseruer, il faut maintenant traiter de la curation. En laquelle il faut auoir esgard sur toutes choses, de prendre incontinent quelque alexitere pour contrarier au venin : mais pour l'ordre de demonstration et enseignement, nous declarerons premierement la cure vniuerselle, commençant par le lieu auquel celuy qui se sent frappé doit habiter.

[1] Cette distinction de la fièvre en *simple, composée ou compliquée*, manque dans les premières éditions ; elle a été intercalée ici en 1585.

Et partant , il est bon que le malade se retire subit en quelque lieu prochain , où l'air soit bien sain , et faut auoir cela en singuliere recommandation : car en ce gist vne grande partie de la cure , parce que l'air est vne des choses premieres et plus necessaires pour la conseruation de nostre vie : veu que vueillons ou non, et en quelque lieu que ce soit, il nous conuient l'attirer au dedans du corps, et le ietter au dehors par le moyen des poulmons et imperceptibles ouuertures des petites arteres qui sont disseminées en nostre cuir, et delà se communiquent aux grandes arteres, lesquelles l'enuoyent au cœur fontaine de vie : et derechef iceluy le distribue par tout le corps, quasi de mesme façon que ceste portion d'air qui entre par les narilles, est promptement espandue par la substance du cerueau. Et pour ceste cause, il est tres-necessaire eslire vn bon air au malade, contrariant à la cause de la peste, à fin que plustost et plus seurement il soit garanti.

CHAPITRE XXI.

DE LA SITVATION ET HABITATION DE LA MAISON DV MALADE DE PESTE, ET MOYEN D'Y RECTIFIER L'AIR.

Quand la peste vient de l'intemperature de l'air, on ne se doit tenir en lieu haut esleué, mais en bas lieu, enuironné d'air froid, espais et marescageux, et se tenir caché dans les maisons : et partant ceux qui sont prisonniers, et les moines et nonnains enfermés en leurs cachots et couuens, sont plus seurement, et hors de la portée du canon pestiferé, que ceux qui habitent en autre lieu. Toutesfois il ne se faut tenir tant enfermé, qu'on n'ouvre quelquesfois les portes et fenestres au vent contraire à celuy d'où vient l'air pestilent, à fin que l'air frais et bon y entre le matin et le soir ; pour purifier la maison des exhalations et vapeurs qui y sont retenues, et le corrompent d'auantage s'il n'est esuenté et flabellé : et sur le midy seront closes et fermées. Outre-plus lors qu'il ne fait vent, comme on voit aux grandes chaleurs, il faut esmouuoir l'air autour du malade auecques vn esuentoir, ou auec vn grand sac de toile dans lequel on porte la farine au moulin. Et faut qu'il soit trempé en eau et vinaigre, et posé sur vn gros et long baston, puis l'agiter fort : car par ceste agitation on rend vne tres grande refrigeration par toute la chambre, ainsi que l'experience le monstre.

Or si la peste vient du vice des vapeurs de la terre, on se logera és lieux mediocrement hauts et bien aërés : et pour le dire en vn mot, on fera toutes choses qui peuuent contrarier à l'intemperature de l'air pestilent, de quelque cause que la peste soit procrée.

Aussi conuient faire changer tous les iours de chambre et linceux aux malades, s'ils le peuuent commodément faire : principalement quand ils ont sué, de peur que les ordures que Nature a iettées ne soient attirées par les pores et arteres qui sont disseminées au cuir, qui succent et attirent l'air indifferemment, soit bon ou mauuais. Semblablement faire du feu en la chambre, principalement la nuict, à fin de rendre l'air plus purifié des vapeurs nocturnes, et de l'exhalation et expiration du malade, et de ses excremens. Parquoy il couchera vne nuict en vne chambre, et l'autre nuict en vne autre. En quoy on doit auoir esgard à la disposition du temps : car aux grandes et extremes chaleurs, il n'y faut faire grand feu, de peur d'augmenter la chaleur de l'air, ny pareillement vser de parfums forts et odiferans, parce que telles choses augmentent la fiéure et la douleur de teste, d'autant qu'en tel temps nostre chaleur naturelle est languide, et les esprits et humeurs bouillent et bruslent : parquoy il faut plustost vser de choses qui rafraichissent, que de celles qui eschauffent. Partant en esté il faut arrouser la chambre d'eau froide meslée en vinaigre, et y espandre fueilles de vigne, qui auront trempé en eau froide, cannes ou roseaux, aubespine, ioncs, fueilles et fleurs de nenuphar, peuplier, rameaux de chesne, et leurs semblables : lesquels seront renouuellés souuent, comme aussi l'agitation de l'air auec le sac cy deuant dite doit estre reiterée quand il en sera besoin. Pareillement on attachera autour du lict du malade des linceux gros et neufs, et non fort blancs (pource que la blancheur dissipe la veuë et augmente la douleur de teste), lesquels seruiront de custodes : et les faut arrouser souuentesfois d'eau et de vinaigre, ou eau rose si le malade est riche. On pourra tendre en la chambre plusieurs linceux de toile neuue trempés en oxycrat, qui lui seruiront de tapisserie. Et faut que le iour il soit en peu de clarté, et au contraire la nuict auec grande lumiere, pource que par la grande clarté du iour les esprits se dissipent et affoiblissent, et par consequent tout le corps : et par la lumiere de la nuict ils sont reuoqués au dehors.

Aussi on fera brusler par fois bois

de genest, de genéure, fresne, et ta-
marix, mis en petites pieces : escorces
d'orenges, citrons, limons, pelu-
res de pommes de court-pendu,
cloux de girofle, benioin, gomme arabique, racine d'iris, myrrhe, prenant
de chacun tant qu'on voudra. Et seront concassés grossement, et mixtionnés ensemble ; et iettés sur vn
reschaut plein de braize, et ce soit
reïteré tant qu'il sera besoin : mais
entre tous, le bois et graine de genéure ont grande vertu contre le venin,
ainsi que les anciens ont laissé par
escrit ; ce qu'on connoist aussi par
effect : car lors qu'on en brusle, ils
chassent tous serpens venelleux qui
sont autour. Le fresne a semblablement grande vertu : car nulle beste
venelleuse n'ose approcher seulement
de son ombre, tellement qu'vn animal
venenelux se mettra plustost dedans
le feu, que d'approcher ou passer par
dessus le bois de fresne, comme
monstre Pline, et dit sçauoir par experience, liure 16, chap. 13 [1].

Pareillement le parfum suiuant est
doux et aimable. Il faut faire fort
chauffer des pierres de graiz, et les
mettre dedans des chauderons, puis on
versera dessus du vinaigre auquel on
aura fait bouillir de la rue, sauge,
rosmarin, graine de laurier, genéure,
bois de cyprès et leurs semblables :
ce faisant il s'esleuera vne grosse vapeur et fumée, qui rectifiera l'air, et
donnera bonne odeur par toute la
chambre.

On pourra aussi vser d'autres en
autre façon ; dont la matière pourra
estre plus crasse et visqueuse, à fin
qu'en bruslant elle puisse rendre plus

grande fumée, comme sont ladanum,
myrrhe, mastic, resine, térébenthine,
styrax calamite, oliban, benioin, sé-
mences de laurier, genéure, pommes
de pin, cloux de girofle : et peut-on
piler auec iceux de la sauge, rosmarin, mariolaine et leurs semblables,
à fin qu'auec les gommes, la fumée et
vapeur dure plus long temps. On
pourra pareillement faire aux riches,
chandelles, torches et flambeaux,
meslant auec la cire des poudres de
senteurs composées des choses dessus
dites. On fera aussi sentir aux malades choses douces aromatiques, à fin
de corroborer l'esprit animal : car la
bonne odeur recrée et conforte les
parties nobles : au contraire la mauuaise prouoque le vomir et fait venir
defaillance de cœur [1]. Donc ils pourront tenir en leurs mains vne esponge
trempée en eau rose, vinaigre rosat,
cloux de girofle, et vn bien peu de
camphre concassé, et l'odorer souuent : ou faut vser de l'eau suiuante,
laquelle est bien odoriferante et fort
singuliere pour tel effet.

℞. freos flor. ℨ. iiij :
    zedoarie, spicæ nardi ana ℨ. vj :
    Styracis calamitæ, benioin, cinnamomi,
    nucis moscatæ, caryophyllorum ana
    ℨ. j. ß.
    Theriacæ veteris ℨ. ß.

Ces choses seront grossement puluerisées, et trempées en quatre liures
de bon vin blanc par l'espace de
douze heures, dessus des cendres
chaudes, puis les ferez distiller en
alambic de verre. En ceste eau faudra tremper souuent vne esponge, la-

---

[1] La citation de Pline est de 1579 ; toutefois le texte auquel elle se rapporte existait
déjà en 1568.

[1] La fin de cette phrase, depuis ces mots :
car la bonne odeur, etc., manque dans les
premières éditions, et n'a été ajoutée qu'en
1585.

quelle sera mise en vn mouchoir, ou en vne boëtte, et flairer souuent.

Autre.

♃. Aquæ rosar. et aceti rosati ana ℥. iiij.
Capb. ℊ. vj.
The. ℥. ß.

Faites dissoudre le tout ensemble et le mettez en vne phiole de verre, et le faites sentir souuent au malade, ou vne esponge ou mouchoir imbus en ceste mixtion. Aussi on pourra à ceste intention vser de ce noüet, lequel est de bonne odeur et bien experimenté:

♃. Rosar. p. ij.
　Ircos Florentiæ ℥. ß.
　Calami aromatici, cinnamomi, caryo-
　　phyll. ana ℥. ij.
　Styracis calamitæ, benioin ana ℥. j. ß.
　Cyperi ℥. ß.
Redigantur in puluerem crassiorem, et fiat
　nodulus inter duas syndones.

Ledit noüet doit estre de la grosseur d'vn esteuf, et le faut laisser tousiours tremper en huit onces de bonne eau rose, et deux onces de vinaigre rosat: et le baillerez souuent à odorer au malade.

Nous deuons bien obseruer que, selon la diuersité des temps, il faut diuersifier les parfums: car en esté ne faut vser de musc, ciuette, styrax calamite, benioin, iris, ny pareilles odeurs fortes, pour les causes que nous auons dites cy dessus: mais en hyuer, l'air estant froid et humide, gros et nebuleux, on en peut vser. D'auantage il faut noter que les femmes suiettes à suffocat'on de la matrice, et les febricitans, et ceux qui ont grande douleur de teste, ne doiuent vser de parfums et odeurs fortes, mais de doux et benins, à fin qu'ils ne leur puissent aucunement nuire:

partant ils pourront vser d'eau rose et vinaigre, et bien peu de camphre, et cloux de girofle concassés.

CHAPITRE XXII.

DV REGIME ET MANIERE DE VIVRE DV MALADE, ET PREMIEREMENT DV MANGER.

En ceste maladie pestilente la maniere de viure doit estre refrigerante et desseichante, et ne faut tenir vne diete fort ténue, mais au contraire est necessaire que les malades se nourrissent assez copieusement de bons alimens: ce que plusieurs doctes Medecins approuuent, et tiennent que la maniere de viure ténue est dommageable aux pestiférés, à cause de la grande resolution d'esprits et debilitation des forces naturelles qui est faite par icelle maladie, et fait communément troubler le cerueau, rendant les malades frenetiques, ioint aussi qu'ils syncopisent souuent. Pour à quoy obuier, faut vser de grande et subite reparation, par alimens de bonne substance: ce que l'experience nous a enseigné: car ceux qui en ceste maladie ont vsé d'vne maniere de viure assez ample, sont plustost eschappés que les autres, ausquels on a fait tenir diete ténue: et partant on y prendra garde. D'auantage faut euiter les viandes douces, humides, crasses et visqueuses, et celles qui sont fort ténues: parce que les douces s'enflamment promptement, les humides se pourrissent, les crasses et visqueuses font obstruction, et prouoquent les humeurs à pourriture: celles qui sont de ténue substance subtilient trop les humeurs, et les eschauffent et enflamment, et font esleuer vapeurs chaudes et acres au cerueau, dont la fiéure et autres accidens s'accroissent. Parquoy les viandes salées et espicées, moustarde, ails, oignons et semblables, et generalement toutes choses qui engendrent mauuais nourrissement ne sont propres. D'auantage les legumes seront pareillement euités, parce qu'ils sont venteux, et causent obstruction : toutesfois leur boüillon n'est à reietter, parce qu'il est aperitif et diuretique. On vsera doncques de la maniere de viure qui s'ensuit.

Et premierement le pain sera bien leué et bien cuit, et vn peu salé, et de bon froment, ou de meteil : et qu'il ne soit trop rassis ne trop tendre, mais moyen entre deux. On vsera de chair qui engendre bon aliment et facile à digerer, et laisse peu d'excremens : comme sont ieunes moutons, veaux, chéureaux, lapereaux, poulets, hetoudeaux, perdreaux, pigeonneaux, griues, aloüettes, cailles, merles, tourterelles, francolins, phaisans, et generalement tous oiseaux sauuages qu'on a accoustumé de manger, excepté ceux qui viuent és eaux : tous lesquels seront diuersifiés selon le goust et la puissance de la bourse du malade. Et faut que le malade masche fort ses viandes : pource que lors qu'elles sont bien maschées, elles sont à demy cuittes et preparées, et par ainsi les vapeurs montent moins au cerueau. La saulce d'icelles sera verjus, vinaigre, jus de limons, orenges, citrons, grenades aigres, espine-vinette, groseilles rouges et verdes, jus d'ozeille champestre et domestique. Or toutes ces choses aceteuses sont fort loüées, parce qu'elles irritent l'appetit, et resistent à la chaleur et ebullition de la fiéure putride, et gardent que la viande ne se corrompe en l'estomach : aussi contrarient à la putrefaction du venin et pourriture des humeurs : mais ceux qui ont mauuais estomach ou vice aux poulmons, en vseront moins que les autres, ou seront corrigées auec sucre et canelle. Et quelquesfois aussi le malade pourra bien manger quelques viandes boullues auec bonnes herbes, comme laictue, pourpié, scariole, bourrache, ozeille, houblon, buglosse, cresson, pimprenelle, soucie, cerfueil, tormentille, quintefueille, scabieuse, semences froides, orge et auoine mondés, et leurs semblables, auec vn peu de saffran, qui pareillement en tel cas est souuerain, d'autant qu'il corrige le venin.

Les potages ne sont à loüer, si ce n'est en petite quantité, à cause de leur grande humidité (ausquels on fera cuire racines et semences aperitiues, lesquelles ont vertu de prouoquer l'vrine et desopiler) ny pareillement les choses grasses et oleagineuses, parce qu'elles s'enflamment promptement. Les capres sont bonnes, à cause qu'elles aiguisent l'appetit et desopilent, et doiuent estre bien dessalées et mangées, au commencement du repas, auec vn bien peu d'huile d'oliue et vinaigre : on en peut pareillement vser en potages. Les oliues, prises en petite quantité, ne sont aussi à reietter. Aux iours maigres, si le malade est scrupuleux et friant de poisson (ce que ie n'approuue, pour-ce qu'il est facile à se corrompre et engendrer mauuais suc) il en pourra vser : mais on luy eslira les moins nuisibles, comme sont les saxatiles, c'est à dire viuans en eau claire, où il y a force grauier, pierres et rochers : aussi ceux qui sont friables, c'est à dire aisés à comminuer et froisser, comme truictes, brochets, gardons, perches, dars, loches, escreuisses principalement estouffées en laict, tortues, et autres semblables. Quant aux poissons de mer, il pourra vser de dorades, rougets, gournauds, merlus, celerins, sardines fraiches et non salées, mulots, merlans, esperlans, aigrefins, turbots, et leurs semblables, lesquels seront cuits en eau et vinaigre, et bonnes herbes. Aussi les œufs pochés en eau, mangés auec jus d'ozeille et autres cy dessus mentionnés leur seront propres. L'orge mondé auquel on mettra graine de grenades aigres, est pareillement fort excellent en tel cas, pour-ce qu'il est de facile digestion et de bonne nourriture : aussi qu'il rafraichit, humecte, deterge et lasche vn peu le ventre. On y pourra adiouster de la graine de pauot et semences de melons, si la fiéure est grande. Toutesfois aucuns ne le peuuent digerer, et leur cause vne nausée et douleur de teste : et à tels ne leur en sera baillé aucunement, mais en lieu d'iceluy on leur donnera panades, ou pain gratté auec boüillon de chapon, auquel on fera boüillir les herbes cy dessus mentionnées, auec des semences froides.

Quant aux fruits, le malade pourra vser de raisins desseichés et confits entre deux plats auec eau rose et succre, pruneaux de Damas aigrets, figues, cerises aigrettes, pommes de court-pendu, poires de bon-chrestien, et autres tels bons fruits. Et après le repas, on luy donnera coings cuits sur la braize, ou cotignae, ou conserue de roses, de buglose, violettes, bourrache, et leurs semblables, ou ceste poudre cordiale :

℞. Coriandri præparati ʒ. ij.
    Margaritarum electarum, rosarum, rasuræ eboris, cornu cerui ana ʒ. ß.
    Carabes Э. ij.
    Cinnamomi Э. j.
    Et ossis de corde cerui Э. ß.
    Sacchari rosati ʒ. iiij.
Fiat puluis ; vtatur post pastum.

Si le malade est fort debile, on luy donnera de la gelée faite de chapon et veau, y faisant boüillir eau d'ozeille, de chardon benist, bourrache, et vn peu de vinaigre rosat, canelle, succre, et autres choses qu'on verra estre necessaires. La nuit ne faut estre degarni de quelques bons pressis et boüillons (y adioustant vn peu de jus de citron ou de grenades aigres) lesquels en ceste maladie sont plus à loüer que les coulis, à cause qu'ils sont trop espais, font obstruction aux veines mesaraïques et capillaires du foye, et causent soif pour la tardiueté de leur distribution, et donnent peine à l'estomach de les cuire : lequel (comme aussi le cœur et autres membres nobles) a assez d'autres empeschemens à vaincre son ennemy. Il n'est aussi impertinent tenir et faire preparer le restaurant qui s'ensuit, à fin de n'ennuyer le malade d'vne sorte de viandes, mais le recreer aucunement en diuers ysages d'alimens : non que par ce moyen on luy vueille rechercher et conciter vn appetit, mais le fortifier, et cependant le contenter en quelque façon, et luy donner courage de resister à sa maladie : partant on pourra vser de cestuy-cy.

Prenez conserue de buglose, bourrache, violettes de Mars, nenuphar et cichorée, de chacun deux onces.
Poudre d'electuaire de diamargaritum froid et diatragacant froid, trochisques de camphre, de chacun trois drachmes.

Semence de citron, chardon benist, et acteuse, racine de dictamne, et tormentille, de chacun deux dragmes.

Eau de decoction d'vn ieune chapon, six liures.

Meslez auec fueilles de laictue, acteuse, pourpié, buglose et bourrache, de chacun demie poignée.

Le tout soit mis en vn alembic de verre, auec la chair de deux poulets et deux perdrix : soit faite distillation à petit feu. Puis sera pris demie liure de la distillation predite, auec deux onces de sucere blanc et demi dragme de canelle : ces choses soient passées par la manche d'hippocras, et que le malade en boiue quand il aura soif : ou qu'il vse de cestuy suiuant.

Prenez vn vieil chappon et vn jarret de veau.

Deux perdrix hachées.

Canelle entiere, deux drachmes.

Le tout mis en un vaisseau de verre bien estouppé sans aucune autre liqueur, et soient faits bouïllir au bain Marie iusques à ce qu'ils soient parfaitement cuits[1] : ou en un vaisseau d'estain, qui t'est icy representé, lequel se clost à vis, de façon que nulle vapeur ne peut sortir dehors : et est propre pour faire restaurans, et potions vulneraires, et decoction de gaiac, salseparille, et esquine, et generalement toutes choses qui se doiuent cuire au bain Marie.

[1] La phrase s'arrêtait là dans les premières éditions, ou plutôt elle se continuait directement avec la phrase qui suit la figure : *car par ce moyen la chair se cuit en son propre jus*, etc. La figure et le texte qui s'y rapporte se trouvent pour la première fois dans le petit *Discours de la peste* publié en 1582 à la suite des *Discours de la mumie et de la licorne*, folio 55 ; et ils ont été repris dans la grande édition de 1585.

Car par ce moyen la chair se cuit en son propre jus, sans que le feu y porte dommage : puis le jus soit exprimé dedans des presses propres à telle chose. Duquel en sera donné vne once ou plus pour chacune fois, auec vn peu d'eaux cordiales, comme eau de bourrache, de violettes, de buglose, de scabieuse, de roses, ou de conserue d'icelles, et du triasantal, *diamargaritum frigidum*, desquelles on en dissoudra, et en sera donné souuent au malade, à sçauoir, de trois heures en trois heures, plus ou moins, selon que le malade le pourra digerer, et que la fiéure et autres accidens le permettront : car selon que la fiéure sera grande ou diminuée, il faudra diuersifier les alimens, tant en quantité qu'en qualité. Or on ordonne les restaurans, coulis et pressis, et eau de chair, à ceux qui ont l'estomach debile, et ne peuuent cuire les viandes. Outre-plus, il est bon de manger souuent en petite quantité confitures aigrettes, comme prunes, cerises, et autres dont nous auons fait mention cy dessus. Et faut du tout euiter les confitures douces : car (comme nous auons dit cy dessus) toutes choses douces promptement s'enflamment en nostre corps, se tournans en cholere, et souuent engendrent obstruction au foye et à la ratelle.

Et faut icy noter, qu'il n'y a point de maladie qui debilite tant Nature que fait la peste. Parquoy il faut donner à manger au malade peu et souuent, selon qu'on verra estre necessaire, ayant esgard à la coustume, à l'aage, au temps, à la region, et sur toutes choses à la vertu du malade, à fin que le venin qui a esté chassé et expulsé aux parties exterieures ne soit de rechef attiré au dedans par inanition : consideré aussi que la putrefaction veneneuse corrompt, altere et dissipe les esprits vitaux et naturels, lesquels doiuent estre souuent restaurés par manger et boire, comme nous t'auons desia aduerti cy deuant. Toutesfois il faut prendre garde par trop manger on ne charge le malade de matiere superflue : partant en ce on tiendra mediocrité. Et quand l'appetit sera venu , il ne faut differer de donner à manger et boire, tant pour les causes susdites, que aussi de peur que l'estomach ne se remplisse d'humeurs acres, bilieuses et ameres, dont s'ensuiuent plusieurs extorsions et mordications en iceluy, inquietude et priuation de sommeil, retention des excremens, lesquels aussi sont faits plus acres et mordicans. D'auantage, faut auoir esgard de donner en hyuer plus à manger qu'en esté, à cause que la chaleur naturelle est plus grande. Plus, ceux qui sont de complexion froide, et qui ont debilité d'estomach , vseront moins de choses refrigerentes, ou seront corrigées auecques autres choses chaudes, comme canelle, cloux de girofle, muguette, macis, et autres.

Outre-plus, ceux qui ont grand flux de ventre doiuent vser de jus de grenades, tant au manger qu'au boire. Et l'ordre de prendre les viandes , c'est que les liquides et de facile digestion seront prises deuant les solides et plus difficiles à digerer. Et ce te suffise du manger du malade : à present il nous faut traiter du boire.

CHAPITRE XXIII.

DV BOIRE DV PESTIFERÉ MALADE.

Si le malade a grande fiéure et ardente, il ne boira aucunement de vin, s'il né luy suruient defaillance de cœur : mais en lieu d'iceluy il pourra boire de l'oxymel fait comme s'ensuit.

Vous prendrez la quantité que voudrez de la meilleure eau que pourrez recouurer, et pour six liures d'eau y mettrez quatre onces de miel, et le ferez boüillir en l'escumant iusques à la consomption de la troisieme partie : puis sera coulé, et mis en quelque vaisseau de verre : puis on adioustera trois ou quatre onces de vinaigre : et sera aromatisé de canelle fine.

Pareillement pourra vser de l'hippocras d'eau fait en ceste sorte.

Prenez vne quarte d'eau de fontaine, six onces de succre, deux dragmes de canelle, et le tout ensemble coulerez par vne manche d'hippocras, sans aucunement le faire boüillir.

Et s'il n'est assez doux au goust du malade, vous y pourrez adiouster d'auantage de succre, ensemble, un peu de jus de citron, et lors mesmement qu'il demande à boire.

Le syrop *de acetosilate citri* emporte le prix entre tous les autres contre la peste.

Il pourra vser du iulep qui s'ensuit entre les repas auec eau boüillie, ou eau d'ozeille, de laictues, scabieuse et biglose, de chacune egale portion, comme :

Prénez jus d'ozeille bien purifié, demie liure.
   Jus de laictues aussi bien purifié, quatre onces.
   Succre fin, vne liure.
Clarifiez le tout ensemble, et le faites boüillir à perfection et le coulez, y adioustant sur la fin vn peu de vinaigre : et en vsera comme dessus est dit.

Et s'il n'est aggreable au malade en ceste sorte, vous le pourrez faire en la maniere suiuante.

Prenez quatre onces dudit iulep clarifié et coulé, et le meslez auec vne liure desdites eaux cordiales, et les ferez boüillir ensemble trois ou quatre boüillons, et estant hors du feu y ietterez vne dragme de santal citrin, et demie dragme de canelle concassée : ce fait, le coulerez par vne manche d'hippocras, et estant froid, en baillerez à boire au malade auec jus de citron, comme dessus.

Ceux qui ont accoustumé de boire du peré, ou du pommé, ou de la ceruoise ou biere, le pourront faire, pourueu que la biere soit bonne, claire et deliée, et le peré et pommé faits de pommes et poires aigres, qui soient bien purifiées : car s'ils estoient gros et troubles, non seulement engendreroient mauuaises humeurs, mais aussi grandes crudités et inflammations à l'estomach, et plusieurs obstructions, dont la fiéure se pourroit augmenter, et par consequent faire mauuais accidens : parquoy ie conseille n'en vser aucunement, si le

malade ne le desiroit, et fust accoustumé à boire de tels breuuages.

Pour estancher la grande soif, et contrarier à la matiere putride et veneneuse, on donnera à boire au malade de l'eau et vinaigre faits comme s'ensuit.

Oxycrat composé.

Prenez deux liures d'eau de fontaine, trois onces de vinaigre blanc ou rouge, quatre onces de succre fin, deux onces de syrop de roses : le tout soit fait boüillir vn petit boüillon, et en soit donné à boire au malade.

Ce iulep suiuant est pareillement propre pour donner à ceux qui sont fort febricitans, lequel a vertu de rafraichir le cœur, et retient en bride la fureur du venin, et garde les humeurs de pourriture.

Prenez demie once de jus de limons, et autant de citrons.
   Vin de grenades aigres, deux onces.
   Eau de petite ozeille et eau rose, de chacune vne once.
   Eau de fontaine boüillie tant qu'il sera besoin.
Et soit fait iulep, duquel en sera vsé entre le repas.

Autre.

Prenez syrop de citrons et de grozeilles rouges appellées ribes, de chacun vne once.
   Eau de nenuphar, quatre onces.
   Eau de fontaine, huit onces.
Et de ce soit fait iulep à boire comme dessus.

Autre.

Prenez syrop de nenuphar, et syrop aceteux simple, de chacun demie once.
Soient dissoults en cinq onces d'eau de petite ozeille, et vne liure d'eau de fontaine, et de ce soit fait iulep.

Et si le malade estoit ieune, et de temperature chaude, et l'estomach bon, il pourra boire de bonne eau froide venant d'vne claire et viue fontaine à grands traits, à fin d'esteindre son extreme soif, et la vehemente fureur et ardeur de la fiéure. Ie dis à grands traits, pource que s'il beuuoit peu et souuent, iamais sa soif ne pourroit estre estanchée ni la chaleur diminuée, mais plustost seroient augmentées. Ce que nous connoissons par l'exemple du mareschal, qui voulant eschauffer le fer arrouse son feu auec vne escouuette, et par ce la vertu du feu en est rendue plus chaude et ardente : et lors qu'il le veut esteindre, il iette bonne quantité d'eau dessus, qui fait que le feu en est suffoqué et du tout esteint : aussi le pauure febricitant alteré d'vne extreme soif, lors qu'on luy donne vn grand trait d'eau fraiche, par ce moyen on lui suffoque sa vehemente chaleur et desir de boire. Et en telle extreme soif ne faut tenir mesure du boire : et où le malade vomira aprés, il n'y aura pas grand danger : et cecy est mesme approuué de Celse [1], qui dit, qu'aprés que l'eau froide aura refrigeré les parties interieures, il la conuient vomir : ce que toutesfois aucuns ne font pas, mais en vsent comme de medicament.

D'auantage, le malade tiendra en sa bouche ces trochisques [2] :

℞. Seminis psyllij ℈. lj.
     Seminis cithoniorum ℈. j. ß.
     Sacchari candi in aqua rosar. dissol. ℥ j.
Misce : fiant trochisci lupinis similes : teneat semper in ore.

Ces trochisques humectent grandement la bouche du malade. Aussi pour appaiser la soif, on pourra faire tenir en la bouche vn morceau de melon, ou concombre, ou courge, ou quelques fueilles de laictues, ou d'ozeille, ou pourpié trempé en eau froide, et le renouueller souuent. Il pourra pareillement y tenir des lesches de citron vn peu succrées et aspergées d'eau rose : semblablement aussi des grains de grenades aigres. Outre-plus, le vinaigre mixtionné auec eau, ainsi qu'on le prepare dedans les galeres pour boire, refroidit et garde de pourriture, fait passer et descendre l'eau par les parties, dissipe les obstructions, et estanche merueilleusement la soif, par la vertu de sa froideur et acidité : aussi il resiste et amortit beaucoup l'ebullition des humeurs qui causent la fiéure putride. Pareillement les syrops suiuans sont propres, comme aceteux, de nenuphar, violat, de papauere, de limons, citrons, de ribes, berberis et grenades, L'vn d'iceux sera battu et mixtionné auec eau boüillie, et en sera donné à boire aux malades, comme i'ay cy dessus dit, moyennant qu'ils n'ayent toux, ny crachats de sang, ou le sanglot, ou l'estomach debile : car alors on doit du tout fuir telles choses aceteuses.

Or encor que i'aye cy deuant defendu le vin, i'entendois que le malade fust ieune et robuste, et eust fiéure ardente : mais s'il estoit vieil et debile, et de temperature pituiteuse, et eust accoustumé de boire tousiours vin, aussi qu'il eust passé l'estat de sa maladie, et n'eust fiéure trop grande ne ardente, il peut boire à ses repas vin blanc ou clairet fort trempé, selon la force du vin, et la diuersité des chaleurs du temps. Et ce n'est à reietter : car il n'y a rien qui conforte plustost les vertus, et qui augmente et reuiuifie les esprits que fait le bon vin, et partant en tel

[1] Celse, liur. 3. chap. 7. — A. P.
[2] Cette formule a été ajoutée en 1585.

cas en faudra donner : et à la fin de la table on luy donnera quelque petit vin vermeil, verdelet et astringent, à fin qu'il ferme et serre l'orifice de l'estomach, et repousse les viandes au profond, aussi qu'il abbate les fumées qui montent à la teste. Et pour ce fait on donnera pareillement un peu de cotignac, conserue de roses, ou quelque poudre cordiale.

Et noteras que le malade ne doit endurer la soif, et partant gargarisera souuent sa bouche d'eau et vinaigre, ou vin et eau, et en lauera pareillement la face et ses mains : car telle lotion resiouït et fortifie les vertus.

Si le malade a flux de ventre, il boira de l'eau ferrée, auec quelques syrops astringens : aussi le laict bouilli, auquel on aura esteint des cailloux par plusieurs fois, luy sera fort vtile. Quant à ceux qui ont la langue seiche et raboteuse, et toutes les parties de la bouche desseichées, pour la leur rafraichir et adoucir, on leur fera lauer souuent la bouche d'eau mucilagineuse faite de semences de coings et de psyllium, auec eau de plantin et de roses, et un peu de camphre : puis aprés l'auoir lauée et humectée, il la faut nettoyer auec vne ratissoire, puis l'oindre d'vn peu d'huile d'amendes douces tirée sans feu, meslée auec du syrop violat. Et s'il suruenoit quelques vlceres en la bouche, on les touchera d'eau de sublimé, ou eau forte qui aura serui aux orféures : aussi on fera des gargarismes, et autres choses necessaires.

Election de la bonne eau [1].

Il y a plusieurs malades, et aussi des sains, qui iamais pour leur breuuage ne veulent et ne peuuent boire autre breuuage que la seule eau. A ceste cause, vouloir m'a pris en cest endroit monstrer par escrit la bonne eau remarquée par les anciens : et est bien necessaire la connoistre, veu que nostre vie consiste la plus grand part en l'vsage d'icelle : car c'est le principal breuuage, ioint que le pain que nous mangeons en est pestri, et la plus part des viandes apprestées et cuittes.

Or la meilleure est celle de pluye qui tombe en Esté, et gardée en vne bonne cisterne. Aprés est celle des fontaines, qui descend des montagnes, et decoule par dedans les pierres et rochers. Puis l'eau des puits, ou celle qui sourd au bas d'vne montagne. Celle de la riuiere est pareillement bonne, prise au fil courant d'icelle, entre deux eaux. Celle des estangs ou marais est mauuaise, et principalement celle qui ne court point est tres-pernicieuse et pestilente, à cause qu'en icelle naissent plusieurs animaux venimeux, comme couleuures, crapaux, vers, et autres. Celle de neige et de glace est aussi mal saine, à cause de sa grande froideur et terrestrité. Et quant à l'eau des puits et des fontaines, laquelle est tousiours ou le plus souuent trouuée bonne, sa bonté sera conneuë, si elle n'a aucune saueur, odeur, ny couleur, neantmoins bien claire comme l'air serain. Elle doit estre tiede en Hyuer, et froide en Esté, facile à eschauffer, et subite à refroidir : en laquelle les pois et les féues et nauets, et autres semblables choses se

---

[1] Cet article a été ajouté en 1579; bien qu'il ait un titre spécial, il tient de trop près à la matière traitée dans le précédent chapitre pour qu'il eût été utile de l'en séparer.

cuisent facilement. Et ceux qui en vsent ont la voix claire et la poitrine saine, et le teint du visage beau et clair : et la plus legere trouuée au poids est la meilleure.

CHAPITRE XXIV.

DES MEDICAMENS ALEXITERES, C'EST A DIRE CONTREPOISONS, QVI ONT VERTV DE CHASSER LE VENIN PESTIFERÉ.

Maintenant il est temps que nous traitions de la propre curation de ceste maladie pestilente, laquelle est fort difficile, à cause de la diuersité et fallace de plusieurs accidens qui la suiuent : tellement que le Medecin et Chirurgien à grande difficulté peuent-ils iuger et connoistre si le malade est frappé de peste, veu mesmement que quelquesfois il n'aura qu'vne petite fiéure, à raison que ce venin ne sera imprimé en humeur chaud, et partant il ne se disperse et ne se fait apparoistre certainement, dont aduient que le pestiferé meurt promptement, sans aucune cause manifeste ou signe quelconque. Parquoy, en temps de peste, il ne faut prolonger le temps en cherchant les vrais signes de ceste maladie : car bien souuent on seroit deceu, et le venin tuera bien tost le malade, si on ne se haste de luy donner promptement son alexitere ou contrepoison. A ceste cause, lors qu'on verra la fiéure à quelqu'vn en temps de peste, il faut presupposer qu'elle est pestilentielle, attendu mesmement que tant que l'influence venimeuse de l'air durera, tout l'humeur superflu est facilement enuenimé.

Or pour commencer la curation, aucuns sont d'aduis de faire la saignée, les autres de donner purgation, et les autres de donner incontinent quelque contrepoison : mais considerant la vehemence de ceste maladie, et la diuersité et fallace des accidens qui la suiuent, ausquels faut subuenir, en contemplant la principale partie, qui est la matiere veneneuse et du tout ennemie du cœur, nous sommes d'aduis, que le plus expedient est de donner premierement subitement au malade quelque medicament alexitere et cardiaque, pour contrarier et resister au venin, non en tant qu'il soit chaud ou froid, sec ou humide, mais comme ayant vne proprieté occulte. Car si c'estoit vne intemperature seule ou compliquée, elle pourroit estre curée auec medicamens contrarians par vne seule qualité, ou mistionnés suiuant les remedes escrits et approuués des anciens et modernes : mais nous voyons que par tels remedes communs et methodiques, tel venin ne peut estre vaincu : parquoy nous sommes contraints pour la curation venir aux medicamens qui operent par vne proprieté occulte, qui ne peuuent estre expliqués par raison, mais conneus par seule experience, comme sont les alexiteres ou antidotes, c'est à dire, remedes dediés contre les venins.

Or il y en a deux sortes : l'vne qui arreste et rompt la vertu du venin par sa proprieté cachée ou particuliere, de laquelle on ne peut donner raison : l'autre le iette hors du corps, à sçauoir par vomissement, flux de ventre, sueur, et autres vacuations que dirons cy après : lesquels estans contraires aux venins, changent et alterent tout le corps, non pas (comme dit laques Greuin en son liure *des Ve-*

nins) qu'il faille entendre que leur substance penetre et passe tout le corps : car il est impossible qu'en si peu de temps et si peu de matiere qu'on donne pour contrepoison, puisse passer vne si grosse masse de nostre corps. Mais estant en l'estomach, là il s'eschauffe : puis s'esleuent certaines vapeurs lesquelles se communiquent par tout le corps, de telle sorte que, soustenu d'icelles, il combat par sa vertu la force du venin en quelque part qu'il le rencontre, le maistrisant et le chassant hors, non seulement par sa substance, mais par renuoy de ses vertus et qualités : comme iournellement nous voyons que quand nous auons pris des pilules, ou quelque medecine laxatiue, neantmoins que leur substance ou matiere demeure en l'estomach, leur vertu est espandue en toutes les parties du corps. On en peut autant dire d'vn clystere, qui estant dedans les intestins, a puissance de faire reuulsion des humeurs du ceruueau [1]. Autre exemple : comme nous voyons de l'emplastre de Vigo *cum mercurio*, qui liquefie et chasse le virus verollique tant par sueurs, flux de ventre, que flux de bouche, sans que la substance du mercure entre aucunement dedans les parties interieures du corps : pareillement les alexiteres operent en nos corps en combattant et chassant la virulence du venin. Mais ainsi que par la morsure d'vne vipere, ou piqueure d'vn scorpion, ou d'autre beste veneneuse,

[1] Galien, *lib. 2. de comp. med. secundum locos.* — A. P. Cette note se lit pour la première fois dans l'édition de 1598 ; celles de 1579 et 1585 n'offrent rien de semblable ; mais dans celles de 1568 et 1575 on lisait dans le texte : *comme tesmoigne Galien au lib. 5. des Simples, chap.* 19.

vne bien petite quantité de leur venin fait en peu de temps grande mutation au corps, à cause que leur qualité s'espand par toutes les parties, et les altere et conuertit en sa nature, dont la mort s'ensuit si on n'y met remede : et pareillement vne petite quantité de contrepoison donné en temps et heure, abat la malice du venin, soit appliqué par dehors, ou donné par dedans. Toutesfois il faut icy noter, que l'alexitere doit estre plus fort que le venin, à fin qu'il domine et le chasse hors : et en sera donné deux fois le iour, et partant il en faudra vser en plus grande quantité que n'est presupposé estre le venin, à fin qu'il le domine. Aussi n'est-il pas bon en vser en trop grande quantité, de peur qu'il ne blesse la nature du corps, encores qu'il fust maistre du venin : partant on y tiendra mediocrité, et en sera continué iusqu'à ce qu'on verra les accidens diminués ou du tout cessés.

Or les alexiteres ou contrepoisons, sont souuentesfois faites d'vne partie de venins meslés auec autres simples en quantité bien accommodée (comme on voit en la composition du theriaque, qu'il y entre de la chair de vipere), à fin qu'ils seruent de vehicule ou conduite pour les mener là par où est le venin dans le corps, pource qu'vn venin cherche son semblable, comme aussi font toutes choses naturelles. D'auantage il se trouue des venins qui sont contrepoisons les vns des autres, voire vn venin contre son semblable, comme on voit le scorpion propre contre sa piqueure. Mais entre tous les alexiteres du venin pestiferé, sont principalement le theriaque et methridat, lesquels on a conneu resister à la malice du venin en fortifiant le cœur, et generalement tous les esprits, non seulement pris par dedans, mais aussi appliqués par dehors, comme sur la region du cœur, et sur les bubons et charbons, et vniuersellement par tout le corps : parce qu'ils attirent le venin vers eux par vne proprieté occulte (ainsi que le *Magnés* attire le fer, et l'Ambre le festu. et les arbres et herbes tirent de la terre ce qui leur est familier), et l'ayant attiré l'alterent, corrompent et mortifient sa virulence et venenosité : ce qui est bien prouué par Gallien au liure *des Commodités du Theriaque :* ioint que tous les anciens ont tenu pour resolu, qu'en la composition d'iceux y a vne chose merueilleuse et conuenable à la forme de l'esprit vital. Dequoy nous a fait foy le Roy Mithridates, inuenteur du methridat, lequel en ayant pris par long vsage, ne se peust faire mourir qu'auec peine extreme par poison, pour ne tomber entre les mains des Romains ses ennemis mortels [1]. Et quant au theriaque, Galien afferme qu'il peut guarir de la morsure d'vn chien enragé, estant pris auparauant que le venin ait saisi les parties nobles.

Et si quelques-vns me vouloient mettre en auant que le theriaque et methridat, et plusieurs autres medicamens alexiteres de la peste, sont chauds, et qu'elle commence le plus souuent par fiéure ardente et continue, et que partant tels remedes la pourroient augmenter, et qu'estant augmentée, nuiroient plustost aux malades, qu'ils ne leur profiteroient : A cela ie respons et confesse qu'ils sont chauds : mais d'autant qu'ils resistent au venin estans baillés et

admis par proportion conuenable, peuuent plus aider que nuire à la fiéure, à laquelle ne faut auoir tant d'esgard qu'à sa cause. Vray est que quand la fiéure est fort grande, il les faut mesler auec choses refrigerantes, comme trochisques de camphre (lequel mesme preserue le corps de pourriture, et pource est commodément meslé és antidotes contre la peste) syrop de limons, citrons, nenuphar, eau d'ozeille, et autres semblables; et au reste ne choisir vn methridat ou theriaque trop vieils, ains du moyen aage, comme de quatre ans, ou recent, comme de deux : car ainsi elle n'eschauffe pas tant.

Or la quantité dudit theriaque et methridat se doit diuersifier selon les personnes: car les forts et robustes en pourront prendre la quantité d'vne dragme ou plus : les moyens, demie : et quant aux enfans qui tettent encores, nous en parlerons cy aprés. Quand le malade aura pris ledit theriaque ou autre alexitere, faut qu'il se pourmene quelque espace de temps, non pas toutesfois comme aucuns font, lesquels incontinent qu'ils se sentent frappés de peste, ne cessent de cheminer tant qu'ils ne se peuuent soustenir : ce que ie n'approuue, veu qu'ils debilitent par trop Nature, laquelle estant ainsi debilitée, ne peut vaincre son ennemy pestiferé : partant on ne doit point faire ainsi, mais y proceder par mediocrité. Et aprés que le malade se sera pourmené, il le faut mettre dedans vn lit chaudement, et le faire bien couurir, et luy appliquer des pierres chaudes aux pieds, ou bouteilles remplies d'eau chaude, ou des vessies, et le faire tres-bien suer : car la sueur en tel cas est vne des vrayes purgations des humeurs qui causent la peste et les

---

[1] Val. Max. *li. 9. chap. 2.* — A. P. Note de 1598.

fiéures putrides, soient chaudes ou froides.

Toutesfois toute sueur n'est pas profitable, comme il appert par ce que George Agricola, excellent Medecin au pays d'Allemagne, a escrit en son liure de la Peste, où il asseure auoir veu vne femme de Misne, ayant la peste, suer le sang par la teste et la poitrine l'espace de trois iours, et ce nonobstant elle deceda. Aussi Anthonius Beniuenius, Medecin florentin, au liure 1. chap. 4. dit auoir conneu vn homme assez robuste, aagé de trente six ans, lequel tous les mois suoit le sang par les pores du cuir, lequel fut guari par section de veine [1].

Or pour retourner à nostre propos, ce qui s'ensuit, estant pris interieurement, sera bon pour prouoquer la sueur.

℞. Rad. chinæ in talleolas dissectæ ℥. j. ß.
Galaci ℥. ij.
Corticis tamarisci ℥. j.
Rad. angelicæ ℥. ij.
Rasuræ cornu cerui ℥ j.
Baccarum iuniperi ℥. iij.

Le tout soit mis dans vne phiole de verre, tenant de cinq à six pintes, et soient mises dans ladite phiole quatre pintes d'eau de riuiere, ou d'vne claire fontaine : et soit estoupée, et laissé en infusion toute la nuit sur les cendres chaudes, et le lendemain soit boüilli *in balneo Mariæ* : et au cul du chauderon sera mis du foin ou feutre, de peur que ladite bouteille ne touche au fonds, et que par ce moyen elle ne se rompe. L'ebullition se fera iusqu'à la consomption de la moitié, qui se pourra faire en six

[1] Cette histoire de Benivenius est une addition de 1585.

heures : puis soit passé par dedans la chausse d'hippocras, et aprés repassé auec six onces de succre rosat, et vn peu de theriaque : et d'icelle eau estant vn peu chaude, en sera donné plein vn verre, ou moins, à boire au malade pour le faire suer. D'auantage, on pourra asseurément prendre de la poudre suiuante, laquelle est fort singuliere.

℞. Foliorum dictamni, rutæ, radicis tormentillæ, betonicæ ana ℥. ß.
Boli armeniæ præparati ℥. j.
Terræ sigillatæ ℈. iij.
Aloës, myrrhæ ana ℥. ß.
Croci orientalis ℈. j.
Mastiches ℈. ij.

Le tout soit puluerisé selon l'art, et soit faite poudre, de laquelle on baillera au malade vne dragme dissoute en eau rose, ou de vinette sauuage : et aprés auoir pris ladite poudre, il se pourmenera, puis s'en ira coucher, et se fera suer, ainsi qu'auons dit. Pareillement ceste eau est tres-excellente.

℞. Radicum gentianæ et cyperi ana ℈. iij.
Cardui benedicti, pimpinellæ ana m. j. ß.
Oxalidis agrestis et morsus diaboli ana p. ij.
Baccarum hederæ et iuniperi ana ℥. ß.
Florum buglossi, violarum, et rosarum rubrarum ana p. ij.

Le tout soit mis en poudre grossement, puis le ferez tremper en vin blanc et eau rose par l'espace d'vne nuit seulement, et aprés on y adioustera :

Boli Armeniæ ℥. j.
Theriacæ ℥. ß.

Cela fait, on distillera le tout au bain marie, et on le gardera en vne phiole de verre bien bouchée : et lors qu'on en voudra prendre, on y mettra vn bien peu de canelle et saffran : et si le malade est delicat, comme sont les femmes et enfans, on y mettra du succre. La dose sera six onces aux robustes, aux moyens trois, et aux delicats deux, plus ou moins, selon qu'on verra estre necessaire. Et aprés l'auoir prise, on se pourmenera et suera comme dessus.

Les eaux theriacale et cordiale, cy dessus mentionnées, sont aussi de merueilleux effet pour ceste intention, et en faut prendre quatre, cinq, ou six doigts en vn verre. Semblablement celle qui s'ensuit est bien approuuée.

℞. Oxalidis agrestis minoris m. vj.
     Rutæ p. j.
Pistentur et macerentur in aceto xxiiij.
     horarum spatio, addendo theriacæ ʒ.
     iiij.
Fiat distillatio in balneo Mariæ.

Et incontinent que le malade se sentira frappé, il en boira quatre onces, plus ou moins, selon sa vertu, puis se pourmenera et suera, comme il a esté dit cy dessus. Le temps de faire cesser la sueur est, ou qu'elle se refroidisse, ou qu'on ne la peut plus endurer par foiblesse ou autrement : alors faut essuyer le malade auec linges vn peu chauds. Et note qu'il ne le faut iamais prouoquer à la sueur, l'estomach estant plein [1] : car par ainsi la chaleur est dissipée, ou pour le moins reuoquée du ventricule en l'habitude du corps, dont s'ensuit crudité.

D'auantage, faut garder le malade de dormir pendant qu'il suera, et principalement au commencement qu'il se sent frappé et atteint de ce mal : parce que nostre chaleur naturelle et esprits en ce faisant se retirent au profond du corps, et partant le venin que Nature tasche à chasser hors, est porté au cœur et autres parties nobles auec iceux : et pour ceste cause faut que le malade fuye grandement le dormir : ce qui se fera en l'entretenant de parolles ioyeuses, luy faisant des contes pour le faire rire, s'il peut : et pour ce faire, luy dire et asseurer que son mal n'est rien, et qu'il sera bien tost guari : pareillement on fera bruit en la chambre, ouurant les portes et fenestres. Et si pour tout cela il vouloit dormir, on luy fera des frictions aspres, et luy liera les bras et iambes assez estroitement : aussi on luy tirera les cheueux par derriere le col, et le nez, et les oreilles. D'auantage on dissoudra du castoreum en fort vinaigre et eau de vie, et on luy en appliquera dedans le nez et les oreilles. Ainsi on procedera par toutes manieres selon la grandeur du mal et qualité des personnes, à fin que le malade ne dorme, et principalement le premier iour, iusques à ce que Nature, aidée par les remedes, ait ietté le venin du dedans au dehors par sueur, vomissement, ou autrement. Donc ne suffit defendre seulement le premier iour, mais aussi iusques à ce qu'ils ayent passé le quatriéme, pendant lesquels ne leur sera permis de dormir que deux ou trois heures par iour, plus ou moins, selon la vertu : car en ce faut tenir mediocrité (comme on doit faire en toutes choses) et considerer que par trop veiller les esprits se dissipent, dont souuent s'ensuit grande debilitation : et Nature, estant prosternée et abbatue, ne peut vaincre son aduersaire. Partant le Chirurgien y aura esgard : car si les sains sont attenués et affoiblis par

---

[1] La phrase finissait ici en 1568; le reste est de 1575.

veilles, combien plus se trouueront mal ceux qui sont malades, leurs forces estant ja abbatues et diminuées.

Or pour conclure nostre propos, aprés que le malade aura bien sué, il le faut essuyer et changer de draps, et ne mangera de deux ou trois heures aprés : mais pour conforter les vertus, on luy pourra donner vn morceau d'escorce de citron confit, ou de la conserue de roses, ou vne petite rostie trempée en bon vin, ou vn mirabolan confit, si le malade est riche.

CHAPITRE XXV.

DES EPITHEMES OV FOMENTATIONS, POVR CORROBORER LES PARTIES NOBLES.

Entre les alexiteres peuuent estre referés aucuns remedes locaux, c'est à dire qu'on applique par dehors, comme epithemes cordiaux et hepatiques, desquels faut vser dés le commencement (toutesfois aprés auoir fait quelques euacuations vniuerselles) s'il est besoin, pour munir les parties nobles en roborant leurs vertus, à fin qu'ils repoussent les vapeurs malignes et veneneuses loing d'icelles.

Les epithemes doiuent auoir double faculté, à sçauoir d'eschauffer et refroidir. Leur froidure sert pour refrigerer la grande chaleur estrange, et leur chaleur est cordiale, parce que les medicamens cordiaux plus communément sont chauds : et partant ils seront changés et diuersifiés selon l'ardeur de la fiéure, et doiuent estre appliqués tiedes auec vne piece d'escarlate, ou vn drapeau en plusieurs doubles, bien delié, ou vne esponge : desquels seront faites fomentations, et laissés moüillés sur la region du cœur et du foye, pourueu que le charbon ne fust en ces lieux là : pour-ce qu'il ne faut appliquer sur iceux aucuns medicamens repercussifs. Tu pourras faire lesdits epithemes selon les formulaires qui s'ensuiuent.

℞. Aquarum rosarum, plantaginis et solani ana ℥ . iiij.
    Aquæ acetosæ, vini granatorum et aceti ana ℥ . iij.
    Santali rubri et coralli rubri puluerisati ana ℈. iij.
    Theriacæ veteris ℥ . ß.
    Caphuræ ℈ . ij.
    Croci ℈ . j.
    Caryophyllorum ℈ . ß.
Misce, et fiat epithema.

Autre Epitheme fort aisé à faire.

℞ Aquarum rosarum et plantaginis ana ℥ . x.
    Aceti rosati ℥ . iiij.
    Caryophyllorum, santali rubri et coralli rubri puluerisati, et pulueris diamargariti frigidi ana ℈. j. ß.
    Caphuræ et moschi ana ℈ . j.
Fiat epithema.

Autre Epitheme.

℞. Aquarum rosarum et melissæ ana ℥ . iiij.
    Aceti rosati ℥ . ij.
    Santali rubri ℈. j.
    Caryophyllorum ℈ . ß.
    Croci ℈ . ij.
    Caphuræ ℈ . j.
    Boli Armeniæ, terræ sigillatæ, zedoariæ ana ℈. j.
Fiat epithema.

Autre.

℞. Aceti rosati et aquæ rosarum ana ℔. ß
    Caphuræ ℈. ß.
    Theriacæ et mithridatij ana ℈. j.
Fiat epithema.

Autre.

℞. Aquarum rosarum, nenupharis, bu-
g'ossi, acetosæ, aceti rosati ana. ℔ ß.
Santali rubri, rosarum rubrarum ana
ʒ. iij.
Florum nenupharis, violariæ, capburæ
ana ʒ. ß.
Mithridatij et theriacæ ana ʒ. lj.

Toutes ces choses seront pilées et
incorporées ensemble : puis quand il
faudra en vser, on en mettra dans
quelque vaisseau pour estre vn peu
eschauffé, et on en fomentera le cœur
et le foye, comme dessus.

CHAPITRE XXVI.

A SÇAVOIR SI LA SAIGNÉE ET PVRGA-TION SONT NECESSAIRES AV COMMEN-CEMENT DE LA MALADIE PESTILENTE.

Ayant muni le cœur de medicamens alexiteres, on procedera à la
saignée et purgation, s'il en est besoin : en quoy il y a grand different
entre les Medecins, desquels aucuns
commandent la saignée, les autres la
defendent.

Ceux qui la commandent, disent
que la fiéure pestilente est communément engendrée au sang pour la malignité du venin : lequel sang ainsi
alteré et corrompu pourrit les autres
humeurs, et partant concluent qu'il
conuient saigner. Ceux qui la defendent, disent que le plus souuent le
sang n'est point corrompu, mais que
ce sont les autres humeurs, et partant concluent qu'il les conuient seulement purger. Quant à moy, considerant les differences de peste que
i'ay declarées par cy deuant, à sçauoir que l'vne prouient du vice de
l'air, et l'autre de la corruption des

humeurs, et que le venin pestiferé
s'espand dedans les conduits du corps,
et de là aux parties principales,
comme on voit par les apostemes qui
apparoissent tantost derriere les oreilles, tantost aux aisselles, ou aux aines, selon que le cerueau, le cœur et
le foye sont infectés : duquel venin
procedent aussi les charbons et eruptions
aux autres parties du corps, qui
se font à cause que Nature se descharge et iette hors ledit venin aux
emonctoires constitués pour receuoir
les excremens des membres principaux : en tel cas il me semble qu'il
faut que le Chirurgien aide Nature à
faire sa descharge où elle pretend,
suiuant la doctrine d'Hippocrates [1], et
qu'il suiue le mouuement d'icelle,
qui se fait des parties interieures aux
exterieures. Parquoy ne faut en telle
chose purger ny saigner, s'il n'y a
grande plenitude, de peur d'interrompre le mouuement de Nature, et
de retirer la matiere veneneuse au
dedans : ce qui est ordinairement
conneu en ceux qui ont commencement de bubons veneriens : car lors
qu'on les purge ou saigne, on est
souuentesfois cause qu'ils ne viennent
à suppuration, et que la matiere virulente se retire au dedans, dont la
verole s'ensuit.

Parquoy au commencement des
bubons, charbons, et eruptions pestiferées, causées seulement du vice de
l'air, ne faut purger ny saigner, mais
suffira de munir le cœur et toutes les
parties nobles de medecines alexiteres, qui ont vertu et proprieté occulte
d'abattre la malignité du venin tant
par dedans que par dehors, par où
elle pretend faire sa descharge. Et
note ce que i'ay dit du vice de l'air,

[1] Hippocrates, *Aph.* 21. *liu.* 1. — A. P.

parce que l'on voit ordinairement que ceux que l'on saigne et purge en tel cas, sont en grand peril de leurs personnes : pour-ce qu'ayant vacué le sang et les esprits contenus auec luy, la contagion prouenante de l'air pestiferé est plus promptement portée aux poulmons et au cœur, et est rendue plus forte, et partant elle exerce plustost sa tyrannie. Semblablement le corps estant esmeu par grandes purgations, il se fait promptement resolution des esprits, à cause que la chair de toute l'habitude du corps se liquefie et consume par vne grande vacuation.

Sur quoy ie te veux bien aduertir de ce que i'ay obserué au voyage de Bayonne, que i'ay fait auec mon Roy en l'an 1565. C'est que ie me suis enquis des Medecins, Chirurgiens et Barbiers de toutes les villes où nous auons passé, esquelles la peste auoit esté, comme il leur estoit aduenu d'auoir saigné les pestiferés : lesquels m'ont attesté que presque tous ceux qu'on auoit saignés et grandement purgés, estoient morts, et ceux qui n'auoient esté saignés ny purgés, eschappoient presque tous : qui fait estre vray-semblable que la peste venoit du vice de l'air, et non de la corruption des humeurs.

Semblable chose auoit desia esté au-parauant obseruée en la maladie nommée *Coqueluche*, comme i'ay escrit cy deuant : car alors qu'on purgeoit et saignoit ceux qui en estoient espris, tant s'en faut qu'on les fist eschapper, que mesme on leur abbregeoit leur vie, et en mouroient plustost.

Or telle chose a esté conneuë par experience, à sçauoir aprés la mort de plusieurs : toutesfois il y a quelque raison, en ce qu'aucuns ont obserué,

lors que la peste venoit du vice de l'air, les bubons et charbons le plus souuent apparoistre auparauant la fléure. Donc veu que l'experience est iointe auec la raison, il ne faut indifferemment, comme l'on fait communément, aussi tost qu'on voit le malade frappé de peste, luy ordonner la saignée, ou quelque grande purgation : ce qui a esté par cy deuant bien souuent cause de la mort d'vne infinité de personnes. Toutesfois s'il y auoit grande repletion ou corruption d'humeurs, au commencement de la douleur et tumeur du bubon et charbon pestiferé, supposé aussi qu'il n'y eust que bien peu de matiere conionte, Nature estant encor en rut, c'est à dire en son mouuement d'expeller ce qui la moleste, alors on doit donner medicament grandement purgeant, pour ietter hors l'abondance et plenitude de la matiere veneneuse contenue aux humeurs et en toute l'habitude du corps : et ce suiuant l'Aphorisme d'Hippocrates qui dit, que toutes maladies qui sont faites de plenitude, sont curées par euacuation[1]. Plus en vn autre lieu nous enseigne qu'il faut donner medecine aux maladies violentes et tres-aiguës, voire le mesme iour, si la matiere est turgente[2] : car en telle chose il est dangereux de retarder.

Or si la matiere est turgente en quantité, qualité et mouuement, faut tirer vne resolution, qu'en la peste causée du vice de l'air, auec plenitude de sang et d'humeurs, la saignée et purgation y sont necessaires. Parquoy les medicamens hypercathartiques, c'est à dire, qui font operation effrenée par proprieté oc-

[1] Hippocrates, *Aph.* 22. *liu.* 2. — A. P.
[2] *Aph.* 19. *liu.* 4. — A. P.

culle, comme alexiteres resistans au venin, sont propres pour estre baillés au commencement de ce mal, pourueu que Nature soit assez forte : car à ceux qui sont constitués au hazard de leur vie, et au danger de mourir, vaut mieux tenter de donner vn fort remede que de la sser le malade despourueu de tout aide, estant à la misericorde de l'ennemy, qui est l'humeur pestilent : ce qui est aussi approuué de Celse, qui dit que d'autant que la peste est vne maladie hastiue et tempestatiue, faut promptement vser de remedes, mesmes auec temerité[1].

Parquoy faut considerer si le malade pestiferé a vne fiéure ardente et grande repletion aux conduits, et que la vertu soit forte : qui se peut connoistre, lors que les veines sont fort pleines et estendues, les yeux et la face grandement enflammés : aussi que quelquefois a crachement de sang, auec grande pulsation des arteres des temples, douleur au gosier, difficulté de respirer, espoinçonnement par tout le corps, auec tres-grande pesanteur et lassitude, les vrines estans rougeastres, troubles et espaisses En tel cas, faut saigner promptement pour aider Nature à se descharger, de peur qu'il ne se face suffocation de la chaleur naturelle, pour la trop grande abondance de sang, comme la mesche s'esteint en vne lampe lors qu'il y a trop d'huile : adonc tu ouuriras plustost la veine basilique du costé senestre que du dextre, à cause que le cœur et la ratelle en ceste maladie sont fort affectés : et tireras du sang en abondance, selon que verras estre necessaire, prenant indication sur toutes choses

de la force et vertu du malade. Et garderas que tu ne faces la saignée pendant qu'il y aura frisson de fiéure, parce que la chaleur naturelle et les esprits sont retirés au dedans, et alors les parties externes sont vuides de sang, et si on en tiroit lors, on debiliteroit grandement les vertus. Aussi pendant que tu saigneras le malade, tu luy feras tenir vn grain de sel en sa bouche, ou de l'eau froide, et luy feras sentir du vinaigre, duquel aussi luy en frotteras le nez, la bouche et les temples, de peur qu'il ne tombe en syncope. D'auantage, il ne doit dormir tost aprés la saignée : car par le dormir, le venin et chaleur naturelle se retirent au centre du corps et augmentent la chaleur estrange, dont la fiéure et autres accidens accroissent.

Or il faut icy noter qu'en telle repletion la saignée se doit faire autrement en fiéure pestilente simple, qu'en celle qui est accompagnée d'vn bubon ou charbon : car s'il y auoit l'vn ou tous les deux conioints auec la fiéure grande et furieuse, alors il faudroit ouurir la veine plus proche de l'aposteme ou charbon, et selon la rectitude des fibres, à fin que par icelle le sang soit tiré et euacué plus directement : pour autant que toute retraction et reuulsion de sang infect vers les parties nobles est defendue de tous bons autheurs, Medecins et Chirurgiens. Posons donc pour exemple que le malade ait vne grande repletion, laquelle surpasse la capacité des veines et les forces naturelles, ce que les Medecins nomment *ad vasa, et ad vires*, et qu'il ait vn aposteme pestiferé ou vn charbon és parties de la teste et du col, il faut que la saignée soit faite de la veine cephalique ou mediane, ou de l'vn des rameaux

---

[1] Celse, *liu. 3. chap.* 7. — A. P.

d'icelle, au bras qui est du costé malade. Et où telles veines ne pourront apparoistre pour estre ouuertes, à cause de la grande quantité de graisse ou autrement, il faut ouurir celle qui est entre le pouce et le second doigt, ou vne autre prochaine et plus apparente, mettant la main du malade en eau chaude : car la chaleur de l'eau fait enfler la veine, et attire le sang du profond aux parties exterieures du corps. Et si l'aposteme est sous les aisselles ou aux enuirons, faut aussi tirer du sang de la veine basilique ou mediane au dessus de la main. Et si la tumeur s'apparoist aux aines, on ouurira la veine poplitique, qui est au milieu du jarret, ou la veine saphene, qui est au-dessus de la cheuille du pied de dedans, ou vn autre rameau le plus apparent qui soit sur le pied, et tousiours du costé mesme de l'aposteme, mettant aussi le pied en eau chaude pour la cause dessusdite.

Et sera tiré du sang selon que le malade sera ieune et robuste, ayant les veines fort enflées, et autres signes cy dessus mentionnés, lesquels s'ils apparoissent tous, ou la plupart d'iceux, ne faut craindre d'ouurir la veine : ce qui se doit faire deuant le troisiéme iour, à cause que ceste maladie pestilente vient promptement en son estat, voire quelquesfois en vingt quatre heures. Et en tirant le sang, tu considereras les forces du malade, luy touchant le pouls, si le Medecin n'est present : car Galien dit que le pouls monstre infailliblement la vertu et force du malade. Donc il le faut toucher, et auoir esgard à sa mutation et inegalité : et s'il est trouué lent et petit, alors on doit soudainement cesser et clorre la veine, ou faire la saignée à deux ou trois fois,

si la force manque. Il faut bien icy obseruer, qu'aucuns par vne timidité tombent en syncope deuant qu'on leur ait tiré vne palette de sang : parquoy il faut connoistre les signes de syncope : qui se fera par vne petite sueur qui commence à venir au front, et mal de cœur, comme volonté de vomir, et bien souuent d'aller à la selle, baaillement et changement de couleur, les léures estans palles : et le signe infaillible (comme i'ay dit) est le pouls qui sera trouué lent et petit. Et lors que tels signes apparoistront, faut mettre le doigt sur le pertuis de la veine, tant que le malade soit plus asseuré, et luy donner vne rostie de pain trempée en vin, ou quelque chose de semblable.

Et aprés la saignée ainsi faite, on ne laissera de donner promptement à boire au malade quelque alexitere ayant vertu et puissance de vaincre la malignité du venin et le chasser hors, comme pour exemple, du theriaque ou methridat dissout auec eau d'ozeille sauuage, ou de l'eau theriacale, ou autres semblables que nous auons cy deuant descrits. Or c'est assez parlé de la saignée, venons maintenant à la purgation.

CHAPITRE XXVII.
DES MEDICAMENS PVRGATIFS.

Si on voit que la purgation soit necessaire par les intentions susdites, on y procedera comme la chose le requiert, c'est à sçauoir, en considerant que c'est icy vne maladie violente, laquelle a besoin de remedes prompts pour combattre et vacuer la pourriture des humeurs hors du corps.

Et les faut diuersifier selon qu'on connoistra l'humeur pechant : aussi en
prenant indication du temperament
du malade, de l'aage, coustume, pays,
saison de l'année, sexe, air ambiens,
et plusieurs autres choses semblables,
qu'on verra estre necessaires, et principalement de la vertu. Partant si on
voit qu'il soit necessaire que le malade soit purgé, et qu'il soit fort robuste, on luy donnera vne dragme
de theriaque, auec six grains, voire
dix grains de scammonée en poudre.
On peut semblablement bailler des
pilules faites ainsi.

℞. Theriacæ et mithridatij ana ℨ. j.
   Sulphuris viul subtiliter puluerisati ℨ. ß.
   Diagredij ℨ . iiij.

Fiant pilulæ.

Autres pilules.

℞. Aloës ℨ. iij.
   Myrrhæ croci ana ℨ. j.
   Hellebori albi, azari ana ℈ . iiij.

Cum theriaca veteri fiat massa, capiat ℈.
iiij. pro dosi, tribus horis ante pastum.

Les pilules de Rufus, dont nous
auons parlé cy deuant, sont propres
pour donner aux moins forts et robustes pour vn remede gracieux, desquelles faut prendre vne dragme en
pilules ou potion.

Les anciens ont fort loué l'agaric,
par-ce qu'il attire les humeurs de
tous les membres, et a vertu approchante du theriaque, par-ce qu'il
renforce le cœur, et le purge de tout
venin : on en peut donner deux dragmes aux robustes, vne aux mediocres,
et demie aux delicats. Et par ainsi
selon la force du malade, en sera
donné en trochisques et bien preparé.
Et vaut mieux qu'il soit baillé en decoction qu'en substance, par-ce que
quelquefois il n'est pas bien esleu et

preparé : que s'il est bien esleu et preparé, on le peut dire estre vne medecine diuine contre la peste causée par
le vice des humeurs, de laquelle plusieurs experiences ont esté faites.

Quelques vns approuuent et recommandent fort l'antimoine, alleguans
plusieurs experiences qu'ils ont veu.
Toutesfois, par-ce que l'vsage d'iceluy
est reprouué par messieurs de la faculté de Medecine, ie me deporteray
d'en rien escrire en ce lieu [1].

Maintenant venons aux autres remedes, desquels on vse principalement lors que le vice gist en l'intemperature de l'air et non des humeurs :
lesquels ont la vertu d'esmouuoir les
sueurs, lequel remede en tel cas est

[1] C'est ici le fameux endroit où Paré, dans
les premières éditions, s'étendait avec tant
de complaisance sur l'usage et les vertus de
l'antimoine. A ce propos, il importe que je
revienne sur une assertion émise dans mon
Introduction, page CCLXXIII, où il est dit que
ce morceau fut supprimé dans la première
édition des OEuvres complètes. C'est une erreur; on le lit en 1575 tout-à-fait semblable
au texte de 1568. Ce ne fut donc qu'en 1579
que Paré consentit à le supprimer, sans
doute par la même raison qui lui avait fait
supprimer le livre *des Fièures*, et pour se
remettre en paix avec la Faculté. L'auteur
avait laissé cependant en d'autres endroits
de ses OEuvres percer l'opinion qu'il avait
de ce remède: ainsi au chap. 48 du livre *de
la Generation*, ainsi encore au chap. 21 du
livre *des Venins* (voyez tome II, page 745,
et tome III, page 312); et ces courtes phrases avaient échappé à la censure de la Faculté. Mais on ignorait que Paré eût eu
l'occasion de se prononcer sur une question
de pratique qui agita et divisa les médecins
pendant près de deux siècles, et on me saura
gré d'avoir reproduit ce long passage dans
cette nouvelle édition; on le trouvera sous
le titre de *Chapitre complementaire* à la fin
du livre *de la Peste*.

le premier et plus excellent entre tous autres : entre lesquels celuy qui s'ensuit, est de merueilleuse vertu, et l'ay entendu de messire Matthias Rodler, chancelier de monseigneur le duc Georges, comte Palatin, homme de bien et d'honneur, demourant à Schimeren. Lequel m'a depuis n'agueres escrit qu'on a esté fort vexé de peste en Allemagne, et le plus grand et singulier remede qu'ils ayent peu trouuer (par le moyen d'vn docte Medecin) estoit prendre vne brassée de l'herbe nommée Armoise, et de la cendre d'icelle on faisoit de la lexiue auec vne quarte d'eau pure, puis on la faisoit boüillir et consumer sur le feu dedans vn vaisseau de terre plombé, iusqu'à ce qu'elle delaissast vne matiere espaisse comme sel, et de ce on faisoit trochisques, chacun de la pesanteur d'vn florin d'or. Et lors qu'on se sentoit frappé de peste, on faisoit dissoudre l'vn desdits trochisques, ou deux, plus ou moins, selon la force et aage des malades, auec quatre ou cinq doigts de bon vin ou maluoisie : puis se pourmenoient aprés l'espace de demie heure, et se mettoient dans le lit, et suoient deux ou trois heures, plus ou moins, selon que la force et vertu des malades estoit grande, aussi vomissoient et alloient à la selle, comme s'ils eussent pris de l'antimoine : et par ce remede, ceux qui en ont vsé aupara-uant que le venin eust saisi le cœur, sont presque tous eschappés : ce que i'ay experimenté depuis en ceste ville de Paris, auec bonne issue. Les anciens ont fort loué l'Armoise prise par dedans et dehors, contre la morsure des serpens : et partant est à loüer donnée à la peste.

Aussi il m'a esté asseuré par maistre Gilbert Eroüard, docteur en Mede-cine à Montpellier, que luy estant en Sicile, medecin du vice-roy d'icelle prouince, entra en familiarité et amitié auec vn Nauarrois, qui auoit serui auec grande reputation la religion de Malte l'espace de quarante ans : lequel estant à Rhodes, en l'hospital de ladite religion, pour penser les pestiferés, à la grande instance et priere d'vn patron de nauire Ragusois, malade de peste, auroit esté contraint luy permettre de boire vn grand verre plein verre de saumure d'anchois, pour ce que ledit malade disoit cela estre vn singulier remede contre la peste : duquel breuuage, en moins de vingt quatre heures aprés l'auoir pris, luy ayant succedé vne grande sueur, se trouua sans fléure, et entierement guar: : et asseuroit ledit Nauarrois auoir donné depuis ce remede à plusieurs qui ont esté guaris. D'auantage, ledit Eroüard m'a affirmé, qu'ayant oüy ce recit, il en a fait l'experience à plusieurs, et mesme en a donné à deux enfans de monsieur de la Terrasse, maistre des requestes du roy, qui estoient malades de peste, et ont esté guaris. De l'effet duquel remede luy ayant demandé quelle raison il en pourroit donner, il m'allegua que la peste n'est autre chose qu'vne espece de putrefaction et corruption insigne, à laquelle les medicamens grandement desseschans sont propres et vtiles : et partant le sel (comme estant fort excellent à garder toutes choses suiettes à corruption) a force et vigueur de consumer l'indicible putrefaction où le venin pestilentiel est attaché. Or il faut icy au ieune Chirurgien noter, qu'il ne faut attribuer ce remede aux anchois, mais du tout à la salsitude.

Aucuns prennent le poids d'vne dragme de semence d'hiebles mises en infusion en vin blanc, qui fait presque semblable effet que l'antimoine : ce que ie sçay par experience. Autres prennent vne dragme de semence de rue pilée, y meslans le gros d'vne féue de theriaque, et donnent cela à boire au malade auec quatre doigts de maluoisie. Il y en a aussi aucuns qui prennent vne poignée de fueilles et sommités de genest, et les pilent auec demy-septier de vin blanc, et le donnent à boire : et tost aprés les malades vomissent, assellent et suent : ce que i'approuue, d'autant qu'on voit par experience, que ceux qui sont mords de bestes veneneuses, lians du genest dessus la morsure, ont gardé que le venin ne passe plus auant. Pareillement on en donne à boire, pour garder que le venin ne saisisse le cœur. Autres vsent de racines de enula campana, gentiane, tormentille, graine d'escarlate et de genéure, limure d'iuoire et de corne de cerf, prenans de chacun d'iceux à la volonté, à sçauoir demie dragme pour l'ordinaire, et le tout concassé et mis en infusion en vin blanc et eau de vie par l'espace de vingtquatre heures sur les cendres chaudes, coulent le tout, et d'icelle colature en donnent trois ou quatre doigts, plus ou moins, au malade de peste, selon qu'il est besoin : puis on le met dedans le lit, et on le couure bien. Icelle meslange prouoque beaucoup la sueur, et chasse le venin, d'autant qu'elle est cordiale, et a vne grande euaporation spiritueuse, ioint qu'elle est alexitere, comme on peut voire par ses ingrediens.

Aussi la potion suiuante a esté experimentée auec heureux succés, et est principalement propre pour les rustiques.

Prenez moustarde acre (et non faicte de moust), demi once ; deslayez-la en vin blanc et vn peu d'eau de vie, et y meslez le gros d'vne feue de theriaque ou methridat.

Puis l'ayant beuë, se faut pourmener et suer, comme dessus est dit.

Pareillement le remede suiuant leur sera conuenable. Il faut prendre vn gros oignon et le creuser, et y mettre du theriaque ou methridat, demie dragme auec vinaigre, et faire cuire le tout ensemble, puis l'exprimer : et de ce on en baillera à boire au malade auec eau d'ozeille ou de chardon benist, ou autre eau cordiale, ou de bon vin : puis on le fera pourmener tant et si peu qu'il sera besoin, et aprés on le mettra dans vn lit pour suer, comme dessus : ou on fera comme s'ensuit.

Prenez teste d'ail la quantité d'vne noix assez grosse, vingt fueilles de rue et autant d'esclaire, qu'on appelle en latin *Chelidonium maius* : pilez tout auec vin blanc, et vn peu d'eau de vie, puis exprimez : et en beuuez cinq ou six doigts. Aucuns prennent du jus d'esclaire et de mauues, tiré auec quatre doigts de vinaigre, qu'ils boiuent auec deux doigts d'huile de noix : puis se pourmenent assez longuement, et tost aprés vomissent, et leur ventre s'ouure, et vont à la selle : et par ce moyen sont guarantis. Autres vsent de fueilles de laureole desseichées, le poids d'vn escu, plus ou moins, selon la vertu du malade, lesquelles ils trempent deux iours dedans du vinaigre, et en donnent à boire : cela les fait suer, vomir et asseller, et par ce moyen chasse le venin : qui est vn remede plus commode lors que le vice est aux humeurs, comme aussi sont les suiuans [1].

Matthiole, au liure *de la Verole*, dit que la poudre de mercure donnée auec vn peu de suc de chardon benist, ou electuaire *de gemmis*, chasse la peste deuant qu'elle soit confirmée, en faisant vomir, suer, et asseller. Outre-plus ledit Matthiole conseille de donner de la coupperose dissoute en eau rose, le poids d'vn escu, aux pestiferés, parce qu'elle fait vomir et suer et asseller: et par ce moyen chasse le venin.

Autres donnent de l'huile de scorpions en petite quantité auec vin blanc, laquelle prouoque grandement le vomir, et peut attirer et vacuer auec soy le venin pestiferé: et mesmement en frottent la region du cœur, et les arteres des temples et

---

[1] Il y a encore eu ici un retranchement, opéré cette fois dès 1575 sur le texte primitif; en effet, après ce paragraphe, on lisait:

« Aucuns ne craignent à prendre la pesanteur d'vn escu de poudre de mercure bien calcinée, et la mistionnent auec conserue de roses ou cotignac la quantité d'vne drachme, et la donnent à avaler comme autres pilules: puis font pourmener le malade, et le gardent de dormir: et certainement la dicte poudre fait grande euacuation tant par haut que par bas, et fait ietter diuerses couleurs d'humeurs par les selles, ce que i'ay experimenté: aussi Matthiole le confirme au livre *de la Verole*, disant qu'icelle poudre de mercure, donnée auec vn peu de suc de chardon beneit, etc. »

Je ne saurais comprendre pourquoi Paré a supprimé cette mention d'un remède qu'il dit avoir lui-même *experimenté*; mais, quoi qu'il en soit, on est frappé de voir avec quelle hardiesse il essayait les médicaments les plus nouveaux et les plus héroïques; et l'on comprend qu'il n'avait pu voir employer autour de lui l'antimoine sans chercher à en apprécier directement la valeur.

du poignet. Et d'autant que ce venin pestilent est ennemy mortel de Nature, partant il faut le combattre, tant par qualités manifestes, que par antidotes.

Or telles grandes euacuations ne sont loüées pour cure reguliere, mais irreguliere, et ne sont aussi à reietter, pour ce qu'ils diuertissent et vacuent l'humeur veneneux, tant par le ventre, vomissement, que par sueurs. Et ne faut vser de medecines trop debiles en maladie si cruelle et forte, pource qu'elles ne font gueres d'action, ains seulement esmeuuent les humeurs sans les euacuer, dont souuent la fiéure s'augmente. Et partant si on connoist que tels remedes purgatifs n'ayent fait suffisamment leur deuoir, tu les dois reïterer et augmenter: car (comme nous auons dit) aux fortes maladies il faut vser de forts et soudains remedes [1]. Toutesfois se faut donner garde que la medecine ne soit trop forte, parce qu'elle prosterneroit et abbattroit les vertus, lesquelles ne pourroient batailler en vn mesme temps contre deux, à sçauoir, contre la medecine et le venin: et par ainsi on pourroit empescher le mouuement de Nature à ietter le venin hors: partant toutes choses la vertu et force du malade doit estre recommandée. Et pour ceste cause, ie conseille que les remedes ainsi forts et violens ne soient donnés qu'aux forts et robustes, comme laboureurs, mariniers, crocheteurs, chasseurs, et autres de forte complexion, sice n'est en petite quantité. Et aprés auoir vsé de medicamens laxatifs, il faut donner des choses qui roborent l'estomach, et repoussent le venin du cœur, et ap-

---

[1] Hippocrates, *Aph.* 6. liu. 1. — A. P.

paisent l'agitation des humeurs, comme la composition d'alkermes, ou autres choses cy dessus mentionnées au chapitre des Alexiteres.

CHAPITRE XXVIII.

DES ACCIDENS ET COMPLICATIONS DES MALADIES QVI ADVIENNENT AVX PESTIFERÉS : ET PREMIEREMENT DE LA DOVLEVR DE TESTE.

Il nous conuient à present traiter des accidens qui le plus souuent aduiennent en ceste detestable maladie, et de la correction d'iceux : comme sont douleur de teste et de reins, eruptions et pustules faites au cuir, apostemes, charbons, flux de ventre, et vne infinité d'autres : et commencerons par la douleur de teste, laquelle est fort commune en ceste maladie. Car si le venin est raui au cerueau, et que Nature ne l'ait peu expeller, adonc aduient en iceluy et en ses membranes inflammation, laquelle venant principalement à saisir et occuper la partie anterieure, le sens commun et imagination se troublent : si c'est au milieu, il ne ratiocine point : et si c'est en la partie posterieure, il perd sa memoire : dont le plus souuent, par faute d'y remedier, le malade tombe en delire, frenesie, manie et rage : laquelle ne vient seulement à cause de la qualité chaude, mais par vne particuliere malignité du venin.

Or ceste douleur si grande et extreme prouient d'vne trop grande et abondante quantité de sang, et de certaines vapeurs putrides qui montent des parties inferieures à la teste. Qu'il soit vray, on leur voit la face et les yeux fort enflammés, rouges et larmoyans, auec grande pesanteur et chaleur de toute la teste : partant il faut soigneusement subuenir à tel accident.

Donc pour la curation, il faut premierement ouurir le ventre par clysteres, et aprés saigner la veine cephalique du costé auquel sera la plus grande douleur. Et si pour cela la douleur ne cesse pas, alors on incisera les arteres des temples, et on tirera du sang selon la vehemence du mal et la vertu du malade. Et ne faut differer à ouurir telles arteres des temples, et tirer du sang, pour crainte qu'aprés on ne peust estancher le sang à cause de leur mouuement (qui est systolé et diastolé, c'est à dire contraction et dilatation) : car veritablement ie l'ay fait plusieurs fois, et n'ay trouué non plus de difficulté à l'estancher que des veines, ioint aussi qu'au lendemain on trouuoit l'ouuerture aussi tost consolidée qu'és veines. Parquoy ne faut craindre à inciser lesdites arteres : et vous puis asseurer qu'on voit grand effet du sang qui est vacué par icelles, voire cent fois plus que des veines : qui demonstre bien que la matiere putride et vaporeuse est plus contenue en icelles qu'és veines [1].

On pourra semblablement prouoquer la saignée par le nez, si on voit que Nature y tende : car elle profite grandement aux obstructions et inflammations du cerueau et de ses membranes, et peut par icelles estre vacué beaucoup de sang pourri et corrompu : car par telle vacuation, on voit delires et fiéures ardentes allegées et du tout guaries : ce qui est aussi

[1] Comparez ce passage sur l'artériotomie à ce qu'il en a dit au chapitre de la Migraine, tome II, page 442.

prouué par Hippocrates [1], disant qu'à celuy qui a grande douleur de teste, la bouë, eau, ou sang decoulant par la bouche et par le nez, ou par les oreilles, guarit la maladie. Par quoy faut que le chirurgien aide Nature à ietter hors ce qui luy nuit : à quoy elle paruiendra, en faisant que le malade s'efforce à moucher, et gratter auec l'ongle le dedans son nez, ou qu'il se pique auec soye de porc, et qu'il tienne sa teste en bas, à fin d'ouurir quelque veine de laquelle la matiere coniointe se peut euacuer.

Quelquesfois à aucuns le sang s'escoule de soy-mesme, par ce qu'il est chaud, subtil et bilieux, aussi que Nature veut faire sa crise : ce que i'ay veu aduenir à monsieur de Fontaine, cheualier de l'ordre du Roy (sa Majesté estant à Bayonne), lequel auoit vne fiéure continue et pestilente, accompagnée de plusieurs charbons en diuerses parties du corps, et fut deux iours sans cesser de saigner par le nez : et par iceluy flux sa fiéure cessa auec vne tres-grande sueur : et tost aprés ses charbons suppurerent, et fut par moy pensé, et par la grace de Dieu guari. En tel cas faut laisser couler ledit flux : mais si on voyoit que Nature fust desreiglée et iettast trop de sang, par la vuidange duquel les forces s'affoiblissent trop, adonc il doit estre arresté, tant par ligatures fortes faites aux bras et iambes, application de ventouses sous les mammelles et sur les parties honteuses, ou sous les aisselles, estouppes ou espongs imbues en oxycrat ou quelque autre liqueur froide, et appliquées froides et reïterées souuent. Pareillement on luy fera tenir en sa bouche eau froide, et dedans le nez du cotton, du saulx, ou quelque restrainctif fait de poil d'entre les cuisses ou la gorge du liéure, bol armene, terre sigillée incorporée auec jus de plantin et centinode, ou autre semblable : et le situer en lieu frais, et qu'il puisse attirer l'air à son aise.

Et pour retourner à nostre propos, après la saignée, si la douleur perseueroit, et qu'on veist les veilles estre grandes, de façon que le pauure malade ne peust dormir ny nuit ne iour, à cause des vapeurs putrides qui ont eschauffé et desseiché le cerueau, alors il faut vser de remedes qui prouoquent le dormir, et ayent la faculté de refroidir et humecter, lesquels seront administrés tant par dedans que par dehors. Et pour exemple, on pourra donner à manger au malade orge mondé, fait auec eau de nenuphar et d'ozeille, de chacun deux onces, opium six ou huit grains, des quatre semences froides et du pauot blanc, de chacun demie once. En ses potages on mettra laictues, pourpié, semence de pauot, et des semences froides concassées. On luy pourra aussi donner vne pilule de cynoglossa, dans laquelle y entre de l'opium. Semblablement on luy pourra faire prendre vn peu de diacodion sine speciebus. Et pour son boire, eaux de laictues et de nenuphar, ausquels on aura fait boüillir semences de pauot, à sçauoir demie once d'iceluy auec trois onces desdites eaux, ou vne once et demie de syrop de nenuphar, ou de pauot, auec trois onces de la decoction de laictues, ou la potion suiuante [1].

---

[1] Hippocrates, *Aph.* 10. liu. 6. -- A. P.

[1] Cette formule manque dans les éditions de 1568 et de 1575.

℞. Lactucarum recentium m. j.
    Florum nenuphar, et viol. ana p. ij.
    Caput vnum papauer. albi contusum
    cum seminib. pondere ℥. ij.
    Liquiritiæ, passul. ana ℨ. j. ß.

Fia tdecoctio : in colatura dissolue :
    Diacodij sine specieb. ℥. j.

Fiat potio larga danda hora somni.

Outre-plus , on doit vser de clysteres dormitifs pour refroidir la vehemente chaleur qui est au centre du corps, faits en la maniere qui s'ensuit.

℞. Decoctionis hordei mundati quartaria iij.
    Olei violati et nenupharis ana ℥. ij.
    Aquæ plantaginis et portulacæ vel suc-
    corum ℥. lij.
    Caphuræ ℈. vij.
    Album. ouor. iij.

Fiat clyster.

Et quant aux choses qu'il conuient faire par dehors, il faut raser le poil, et appliquer sur toute la teste de l'oxyrhodinum, qui est huile et vinaigre mistionnés ensemble, et luy laisser dessus vn linge en double trempé, lequel sera renouuellé et remoüillé souuent. Pareillement on appliquera poulmons de veau ou de mouton recentement tirés de la beste, ou vn coq vif fendu en deux , et le renouuellera-on ainsi qu'on verra estre besoin. Semblablement on appliquera des ventouses derriere le col et sur les espaules, sans scarification, et auec scarification. Aussi on fera des frictions et ligatures aux bras et aux iambes, à fin de diuertir et euacuer vne partie de la matiere. Outre-plus, luy sera fait vn frontal en ceste maniere.

℞. Olei rosati et nenupharis ana ℥. ij.
    Olei papaueris ℥. ß.
    Opij ℈. j.
    Aceti rosati ℥. j.
    Caphuræ ℈. ß.

Ces choses soient incorporées ensemble , et soit fait vn frontal, lequel doit estre reïteré par fois : et seront continuées ces choses seulement iusqu'à ce que la vehemente inflammation soit passée, de peur de trop refrigerer le cerueau.

Aussi on luy fera sentir au nez fleurs de pauot, iusquiame, nenuphar, mandragore, broyées auec vinaigre et eau rose, et vn peu de camphre, enueloppées ensemble en vn moucboir : et soient tenues assez longuement contre le nez, à fin que l'odeur se puisse communiquer au cerueau, et par ce moyen soit prouoqué le dormir. On luy peut pareillement appliquer cataplasmes sur le front à ces mesmes fins, comme peut estre le suiuant.

℞. Mucilaginis seminis psyllij et cydonio-
    rum in aqua rosarum extractæ ℥. iij.
    Farinæ hordei ℥. iiij.
    Pulueris rosarum rubrarum , florum ne-
    nupharis, violarum ana ℥. ß.
    Seminis papaueris et portulacæ ana ℥. ij.
    Aquæ rosarum et aceti rosati ana ℈. iij.

Fiat cataplasma.

Et l'appliquez tiede sur le front et mesme sur toute la teste.

Autre.

℞. Succorum lactucæ, nenupharis, hyos-
    cyami, portulacæ ana ℔. ß.
    Rosarum rubrarum puluerisatarum, se-
    minis papaueris ana ℥. ß.
    Olei rosati ℥. iij.
    Aceti ℥. ij.
    Farinæ hord. quantum sufficit.

Fiat cataplasma ad formam pultis satis liquidæ.

Aprés l'inflammation appaisée, on fera des fomentations resolutiues, à fin de resoudre quelque humeur contenu au cerueau et en ses membranes. Et en cest endroit noteras, que plusieurs sont deceus aux grandes douleurs de teste causées par inflammation, qui commandent de serrer et lier tres-fort la teste pour appaiser la douleur : car tant s'en faut que cela y profite, qu'au contraire l'augmente, parce qu'au moyen de ceste astriction le mouuement des arteres est empesché : desquelles l'vsage, qui est d'euentiller et rafraichir le corps, tant par attraction de l'air qui nous auoisine que par expression d'excremens chauds et fuligineux, est de beaucoup empesché et aboli : outreplus serrent et compriment les sutures ou iointures des os du crane, et en ce faisant, gardent que les vapeurs et fumées ne se peuuent euaporer. Et partant sont cause d'accroistre vne extreme douleur et chaleur, fiéure, resuerie, et autres grands accidens, voire quelquefois iusqu'à faire sortir et creuer les yeux hors de la teste, et estre cause de la mort des pauures malades : ce que i'atteste auoir veu, ainsi que i'ay escrit en mon liure *des Playes de la teste humaine*[1].

D'auantage, aucuns sont si endormis et assommés, qu'ils ne se peuuent aider : partant il leur faut mettre dedans le nez choses odorantes, et qui ont vertu de les faire esternuer, à fin que la faculté animale soit aiguillonnée et excitée à se defendre : et s'ils ne se peuuent aider, il leur faut ouurir la bouche par force, pour leur faire aualler quelque aliment ou medicament.

[1] Voyez tome II, pages 47 et 79.

CHAPITRE XXIX.

DE LA CHALEVR DES REINS.

Pareillement pour d'auantage diminuer la chaleur des reins, on appliquera dessus de l'onguent refrigerant de Galien recentement fait, y adioustant blancs d'œufs tres-bien battus, à fin que son humidité soit plus longuement gardée : et faut renouueller à chaque quart d'heure, et l'essuyer quand on en mettra d'autre : ce que l'on fera iusqu'à quatre fois : car autrement estant eschauffé en la partie, il ne refrigereroit pas, mais plustost augmenteroit la chaleur. Aussi on pourra vser du remede suiuant.

℞. Aquarum rosarum ℔. ß.
  Succi plantaginis ʒ. iiij.
  Albumina ouorum iiij.
  Olei rosacei et nenupharis ana ʒ. ij
  Aceti rosati ʒ. iiij.
Misce ad vsum.

Les reins estans frottés de l'vn desdits onguens, on appliquera dessus fueilles de nenuphar recentes, ou autres semblables herbes refrigerantes, puis après vne seruiette trempée en oxycrat, et espreinte et renouuellée souuent.

Aussi le malade ne couchera sur lits de plume : ains luy sera mis par dessus vn mattelas, ou vne paillasse d'auoine, ou vn gros linceul de toile neufue ployé en plusieurs doubles, ou du camelot, de peur que la plume n'augmente d'auantage la chaleur des reins, et vniuersellement de tout le corps. On pourra aussi appliquer sur la region du cœur vn medicament refrigerant et contrariant au venin, comme cestuy suiuant.

℞. Vnguenti rosati ℥ . llj.
    Olei nenupharis ℥ . ij.
    Aceti rosati et aquæ rosæ ana ℥ . j.
    Theriacæ 3. j.
    Croci 3. ß.

Lesdites choses soient incorporées et fondues ensemble, et soit fait onguent mol, lequel sera estendu sur vne piece d'escarlate, ou sur du cuir, et appliqué sur la region du cœur.

Autre.

℞. Theriacæ optimæ 3. j.
    Succi acidi citri et limonis ana ℥ . ß.
    Coralli rubri, semin. rosar. rub. ana 3. ß.
    Caphuræ, croci ana ℈ . llij.

Incorporentur omnia simul : fiat vnguentum vel linimentum.

D'abondant on fera pleuuoir par artifice, en faisant decouler de l'eau de quelque haut lieu dans vn bassin, et qu'elle face tel bruit qu'elle puisse estre entendue du malade. Et aussi luy faudra frotter doucement les mains et pieds, euitant tout bruit en la chambre, de laquelle on tiendra les portes et fenestres closes, à fin qu'elle soit rendue plus obscure : aussi sera rafraîchie auec les choses predites, euitant tousiours les odeurs chaudes, pour-ce qu'elles nuisent beaucoup à la douleur de teste, causée de matiere chaude.

CHAPITRE XXX.

ACCIDENS DE PESTE [1].

Il y a vn accident de peste, appellé *Caque-sangue*, qui est vn flux de ven-

1 Ce chapitre vient de la petite édition du Discours de la Peste de 1582 ; et a été transporté ici en 1585.

tre qui vlcere et corrode les intestins, tellement que par les selles on voit sortir comme vne raclure de boyaux, et du sang tout pur, autresfois du pus ou boue, ou autres matieres purulentes, auec vne extreme douleur, qui irrite le malade d'aller souuent à la selle : et n'y peut rien faire, ou bien peu, encore est-ce auec de bien grandes espreintes : et ce qu'il iette est fort puant, et de diuerse couleur, comme rousse, iaunastre, verte, cendrée, noire, voire le sang tout pur.

Ce que i'ay veu plusieurs fois aduenir, mesme au camp d'Amiens, où plusieurs moururent de tel flux, lequel estoit fort contagieux, et principalement à ceux qui alloient aux priués aprés eux, et pour y auoir ietté tels excremens. Si que voulant sçauoir le lieu d'où ceste grande quantité de sang pouuoit sortir, ie fis ouuerture de quelques vns aprés leur mort, et trouuay les bouches des veines et arteres mezaraïques ouuertes et tumefiées là par où elles aboutissent dedans les intestins, en forme de petits cotyledons de grosseur d'vn petit pois, desquels lors que ie les pressois, le sang sortoit à veuë d'œil : et par là ie conneus les voyes par lesquelles le sang estoit ietté par les selles. Monsieur Le Grand, medecin ordinaire du Roy, qui estoit auec moy au camp par le commandement du roy defunct Henry, en sauua plusieurs : et entre autres remedes leur faisoit boire du lait de vache ferré, et aussi en faisoit souuent ietter par le siege, pour corriger et adoucir l'acrimonie de l'humeur.

De la Coqueluche.

Il y a vn accident de peste appellé *Coqueluche*, ainsi dit, parce que ceux qui en estoient esprins sentoient vne extreme douleur de teste, et à l'estomach, aux reins et aux iambes, auec fiéure continue, et souuent auec delire et frenesie : et lors qu'on les purgeoit ou saignoit, on a conneu leur auoir abbregé leurs iours.

La Suette.

Il y a vn autre accident, appellé *la Suette*, qui a esté en Angleterre et aux basses Allemagnes, ainsi nommée parce que les patiens auoient vne bien grande sueur vniuerselle, auec grand frisson, tremblement et palpitation de cœur, accompagnée de fiéure continue, et mouroient en peu de iours : et tua vn bien grand nombre de peuple.

Trousse-galand.

Il y a vn autre accident, appellé *trousse-galand*, qui a esté au Puy en Auuergne, ainsi nommé parce que ceux qui en estoient esprins, mouroient en deux ou trois iours, et plustost les robustes que les foibles et debiles, et les riches que les pauures : auec fiéure continue, delire et frenesie, et mouroient comme enragés, en sorte qu'il les falloit lier et attacher. Si quelqu'vn reschappoit, tout le poil luy tomboit : et ceste maladie estoit fort contagieuse.

CHAPITRE XXXI.

DES ERVPTIONS ET PVSTVLES APPELLÉES POVRPRE,

A aucuns aduiennent eruptions au cuir, semblables à morsures de puces ou de punaises : aussi sont quelquesfois esleuées, comme petits grains de mil, ou de petite verolle qu'on voit aux enfans. Et lors qu'elles sont trouuées en grande quantité, c'est bon signe : au contraire non. Aussi selon la vehemence du venin et la matiere dont elles sont procreées, sont veuës de diuerses couleurs, à sçauoir rouges, citrines, tannées, violettes, azurées, liuides ou noires. Les vulgaires les appellent *le Tac*, les autres *le Pourpre*, pour-ce qu'elles sont souuentesfois trouuées à la similitude de graine de pourpre : autres les appellent *lenticules*, parce qu'elles sont veuës quelquesfois comme petites lentilles : aussi aucuns les nomment *papillots*, à cause qu'elles se manifestent tantost au visage, tantost aux bras et iambes, voltigeans de place en place comme petits papillots volans. Et quelquesfois occupent tout le corps, non seulement la superficie du cuir, mais penetrent plus profondement dedans la chair, principalement lors qu'elles sont faites de grosse matiere aduste. Aucunes sont trouuées grandes et larges, occupant presque tout vn bras, ou vne iambe, ou la face, comme vn erysipele, et partant diuersifient selon que l'humeur peche en quantité ou en qualité. Et si elles sont de couleur purpurée, noire, ou violette, auec defaillance de cœur, et s'en retournent sans cause manifeste, c'est vn signe infaillible de mort.

La cause desdites eruptions est la fureur de l'ebullition du sang, faite par l'humeur malin et veneneux.

Elles viennent communément auec la fiéure pestilentielle, et quelquesfois deuant que la bosse ou charbon soient apparus, quelquesfois aussi aprés : qui alors demonstrent vne grande corruption d'humeurs au corps : car outre l'expulsion de la matiere de la bosse ou du charbon, ladite corruption est si abondante, qu'elle se demonstre aux autres lieux du corps, dont le plus souuent le pauure pestiferé meurt. Quelquesfois aussi sont trouuées seules, à sçauoir sans bosse ny charbons, et alors qu'elles sont rouges, sans estre accompagnées d'autres mauuais accidens, ne sont mortelles. Elles apparoissent communément au troisiéme ou au quatriéme iour, et quelquesfois plus tard : aussi souuentesfois ne sont apperceuës qu'aprés la mort du malade, à cause que l'ebullition des humeurs faite par la pourriture n'est du tout esteinte : et partant la chaleur qui reste, excitée de pourriture, iette des excremens au cuir, qui fait sortir les eruptions [1] Ou plustost parce que Nature sur le dernier combat, ayant monstré quelque effort plus grand (comme est la coustume de toutes choses qui tirent à leur fin) que d'ordinaire, s'est despestrée sur l'instant de la mort de quelque portion de l'humeur pestilent vers le cuir : tellement toutesfois qu'affoiblie de tel effort, a succombé sous le faix et malignité du reste de la matiere.

CHAPITRE XXXII.

DE LA CVRE DES ERVPTIONS.

Pour la curation des eruptions, il faut se garder sur tout de repousser l'humeur au dedans : et partant faut euiter le froid, pareillement les medecines laxatiues, la saignée, et le dormir profond, parce que telles choses retirent les humeurs au dedans, et partant pourroient interrompre le mouuement de Nature, laquelle s'efforce de ietter hors ce malin humeur : mais au contraire faut suiure Nature là par où elle tend [1], c'est à dire, donner issue aux humeurs où elle veut faire sa descharge, par remedes qui attirent le venin au dehors, et principalement par sueurs [2]. Et pour encore aider Nature à pousser le pourpre hors, faudra donner au malade vne once de syrop de limons, ou de grenades, auec deux onces d'eau cordiale, comme de melisse ou scabieuse, y adioustant vne demie dragme de theriaque ou de methridat. Aussi pour attirer le venin au dehors, on mettra autour du col, sous les aisselles et aux aines, esponges trempées et exprimées en vne decoction d'herbes resolutiues, comme lauande, laurier, sauge, rosmarin, et semblables. Car si les eruptions ne sortent, il y a danger que le venin ne suffoque le cœur, ou qu'il ne face vn flux de ventre mortel.

Et pour obuier à tels accidens, ie mettray icy sur le bureau vn remede singulier, que i'ay trouué de grand et excellent effet (principalement quand la vertu expultrice est foible et le cuir trop dur et reserré, de sorte que le pourpre ne peut estre ietté dehors, mais demeure sous le cuir, y faisant petites tuberosités) qui est vn onguent duquel i'ay guari (par la grace de Dieu) plusieurs verollés. Et connoissant qu'en la verolle y auoit vn certain venin, qui ne se peut dire ny escrire, non plus que celuy qui cause la peste (non que je vueille dire

---

[1] Le chapitre se terminait ici en 1568 et 1575 ; le reste est de 1579.

[1] Hippocrates, *Aph.* 21. *liu.* 1. — A. P.
[2] Jusqu'ici le chapitre conserve le texte de 1568 ; mais les deux phrases qui suiuent, jusqu'aux mots : *car si les eruptions ne sortent,* ont été ajoutées en 1585.

qu'elle soit maladie epidemiale, dependante des astres, ny de l'inspiration de l'air, mais de Dieu, qui par ce
moyen punit les offenses des hommes
et femmes, et par especial du peché
de luxure), ce qu'on voit en ce qu'elle
prend le plus souuent son commencement par contagion des parties genitales, principalement pour habiter
auec hommes ou femmes infects ou
souillés de venin verollique, lequel
traine auec soy vn bien grand nombre d'accidens, ainsi que fait celuy de
la peste, comme sont pustules malignes et corrosiues, qui commencent
aux parties honteuses, puis tost aprés
se manifestent à la teste et au front,
et par toutes les parties du corps:
puis vlceres en la bouche et aux parties honteuses et autres, qui les mangent et rongent iusques aux os : en
aprés leur suruiennent apostemes
dures aux os, appellées nodus, ou
goutes noüées, auec extremes douleurs, et principalement la nuit, qui
passionnent et font quasi desesperer
les pauures verollés : et quelque temps
aprés leur aduient pourriture aux os,
et le plus souuent sans enfleure ou
tumeur exterieure apparente, dont
les vns perdent les yeux, autres le
nez, les autres le palais, qui est cause
qu'ils parlent regnaud : à aucuns la
bouche deuient torse, comme à vn
renieur de Dieu, et bien souuent deuiennent ladres, et ont autres infinis
accidens : et pour le dire en vn mot,
ce virus venerien rend le plus souuent le pauure verollé impotent de
tous ses membres, et finalement produit vne fiéure hectique, qui aprés
l'auoir rendu tout sec, n'ayant plus
sur le corps que la peau, le confine
miserablement à la mort. Tous lesquels accidens ne peuuent estre ap-
paisés ny curés par aucun remede,

fors que par les onctions et emplastres vif-argentées, ou parfums cinna-
barisés, qui sont les vrais alexiteres
de ceste detestable verolle, ainsi que
le theriaque et methridat sont du
tout contraires au venin pestiferé.
Parquoy connoissant que par le moyen
du vif-argent ceste verolle se curoit,
ie voulus semblablement experimenter la friction vniuerselle, pour attirer
le venin desdites eruptions au dehors
par sueurs, auec l'onguent propre à
curer la verolle : considerant que le
vif-argent est la vraye contre-poison
à la verolle, et qu'il est de tres-subtile substance : aussi qu'il liquefie les
humeurs gros et visqueux, et les rend
mobiles, auec le theriaque et les autres medicamens qui entrent en la
composition de cest onguent, et stimule la vertu expulsiue à ietter hors
du corps et abbatre par sa faculté
occulte le venin pestiferé, comme il
fait au virus verollique, à sçauoir
tant par sueurs, que par insensible
transpiration, vomissemens, flux de
ventre, flux d'vrine, et par pustules
euoquées au cuir par flux de bouche
(specialement à ceux qui sont disposés à cracher) et autres euacuations : parquoy voyant que Nature
tendoit à se descharger du venin par
lesdites eruptions et pustules purpurées, i'en ay fait frotter quelques-
vns, comme s'ils eussent eu la verolle :
toutesfois auparauant leur faisois donner vn clystere, puis l'ayant rendu,
leur donnois à boire quatre doigts
d'eau theriacale, l'estomach estant
vuide, à fin de prouoquer la sueur,
pour faire mieux sortir les humeurs,
et ce pendant corroborer le cœur. Et
au lieu de l'eau theriacale, on pourra
vser de la decoction de gaiac, d'autant
qu'il eschauffe et seiche, prouoque la
sueur, et resiste à la pourriture. Et

pour le faire plus vigoureux, on mettra en ladite decoction vn peu de vinaigre, à fin de le rendre de plus subtile substance : ce faisant resistera d'auantage à la putrefaction, et mesmement si le corps est pituiteux. Or quant à l'onguent il se fera ainsi [1].

℞. Axungiæ suillæ ℔. j.

Coquatur aliquantulum cum foliorum saluiæ, thymi, rorismarini ana m. ß. postea coletur, et in ea extinguatur argenti viui, quod prius in aceto ebullerit cum prædictis herbis ʒ. v.

Salis nitri Ʒ. iij.

Theriacæ et mithridatij ana ʒ. ℔.

Terebenthinæ Venetæ, olei de scorpionibus et laurini ana ʒ. iij.

Vitellos ouorum ad duritiem coctos numero vj.

Aquæ vitæ Ʒ. iij.

Le tout soit incorporé en vn mortier, et soit fait onguent : duquel on frottera le corps du malade, et principalement les aisselles et les aines, euitant la teste, les parties pectorales, et l'espine du dos : puis soit enueloppé en vn drap chaud, et mis dedans le lit et couuert, et qu'il sue deux heures ou plus : et doit-on mettre autour de son lit des draps rouges, et qu'il les regarde assiduellement et attentiuement : car par ce regard la matiere veneneuse est attirée du de-

---

[1] Bien que ce chapitre ait été écrit fort long-temps avant le livre *de la grosse Verolle*, il est remarquable que Paré n'en ait rien emprunté, et, par exemple, que cette formule d'un onguent dont il se loue si fort ait été omise dans ce livre spécial. Du reste, on voit que l'idée de recourir aux frictions mercurielles dans les grandes épidémies n'est rien moins que nouvelle, et ceux qui l'ont mise à exécution à l'époque du choléra ne se doutaient guère probablement qu'ils avaient été précédés par A. Paré.

dans au dehors. Puis il sera essuyé legerement, à fin que le medicament produise d'auantage son effet, et sera mis en vn autre lit, s'il y a commodité : puis on luy donnera quelque boüillon de chappon, ou des œufs mollets, ou autres bons alimens : et faut de rechef reïterer la friction iusques à ce qu'on voye que lesdites eruptions soient sorties et esteintes, qui se fait en deux ou trois iours. Que s'il aduient flux de bouche, ne le faudra empescher.

Et quand on voit que le pourpre est du tout sorti, et les sueurs passées, encore est-il bon de donner choses diuretiques, c'est à dire, prouocatiues d'vrine, parce que souuent on voit lesdites eruptions estre curées par telle decharge.

Outre-plus seroit bon pour les riches, en lieu de cest onguent, fendre le ventre d'vn cheual ou mulet, et oster les entrailles, et y mettre le malade nud ayant la teste dehors, et qu'il y demeure iusques à ce qu'il commence à se refroidir : puis qu'il se remette subit dans vn autre, et reïteré tant de fois qu'on verra estre necessaire. Et telle chose est fort loüée des anciens, à cause que la chaleur naturelle de ces bestes attire merueilleusement le venin, tant par sueur que par insensible transpiration : ce qu'on a conneu par experience, comme dit Matthiolus au proëme sur le sixiéme liure de Dioscoride, où il declare que le seigneur Valentin, fils du Pape Alexandre sixiéme, eschappa par ce moyen de la mort, encor qu'il fust empoisonné : car voulant empoisonner certains Cardinaux en vn festin, il s'empoisonna soy-mesme, et pareillement monsieur son pere le Pape sans y penser.

CHAPITRE XXXIII.

DE L'APOSTEME PESTIFERÉE, APPELLÉE BVBON OV BOSSE.

Or posons le cas que Nature ne s'est peu descharger par aucuns moyens et remedes susdits, mais plustost par aposteme faite aux emonctoires, laquelle d'aucuns est appellée *bubon pestiferé*, d'autres *la bosse*, d'autres *la peste* ou *fusée*, et de Galien beste sauuage et farouche [1], et aux autres parties du corps, *charbon*, *anthrax* et *carboncle*. Donc nous dirons que la bosse est vne tumeur qui est en son commencement de forme longuette et mobile, et en son estat ronde ou pointue, et immobile, fixe et attachée fort profondement aux emonctoires, comme du cerueau à la gorge, du cœur aux aisselles, du foye aux aines : et est faite de matiere plus crasse et visqueuse que le charbon, lequel est fait d'vne matiere plus acre, boüillante et furieuse, faisant escarre où il s'arreste.

Au commencement que la fluxion de la bosse se fait, les malades disent sentir à l'emonctoire comme vne corde tendue, ou vn nerf dur, auec douleur poignante : puis la matiere s'assemble comme vne glande, et peu à peu et en brief temps s'engrossit et s'enflamme, et est accompagnée d'autres accidens dessus mentionnés.

Si la tumeur est rouge et se grossit peu à peu, c'est bon signe. Celle qui est liuide et noire, et tardiue à venir, est dangereuse. Aussi il y en a qui viennent promptement et d'vne grande

---

[1] Galien, *au liu. de Theriaca ad Pisonem.* — A. P.

furie, et ne tiennent la forme commune, c'est à dire que subitement deuiennent enflammées, auec grande tumeur et douleur intolerable, et telles sont communément mortelles. On en a veu aussi qui tenoient de la couleur du cuir naturel, et sembloient estre vne tumeur œdemateuse, qui toutesfois faisoient mourir le malade aussi tost que celles qui estoient de couleur noire ou plombée : parquoy il ne s'y faut fier.

CHAPITRE XXXIV.

DE LA CVRE DE L'APOSTEME PESTIFERÉE.

On appliquera dessus promptement vne ventouse auec grande flamme, si elle n'estoit telle comme celle qu'auons dit cy dessus, à sçauoir, auec grande inflammation et douleur intolerable, et auec grande tumeur. Aussi on doit premierement oindre le cuir d'huile de lis, à l'endroit où on appliquera ladite ventouse, à fin de le rendre plus laxe, et que par ce moyen elle face plus grande attraction : et sera reïterée de trois en trois heures, et y demeurera à chacune fois vn quart d'heure, plus ou moins, selon la vertu du malade et la vehemence de la matiere, à fin d'attirer le venin des parties nobles au dehors, et aussi aider Nature à faire suppuration plus subite, ou resolution : qui se fera en appliquant dessus vn tel liniment.

℞. Vnguenti dialtheæ ℥ . j. ß.
Olei de scorpionibus ℥ . ß.
Mithridatij dissoluti cum aqua vitæ. ℥. j.

Ce liniment a vertu de relaxer le cuir, et ouurir les pores, et faire exhalations de quelque portion de la matiere pestiferée, et qui a esté attirée par la ventouse.

On peut aussi en lieu d'iceluy faire des fomentations remollitiues, discutientes et resolutiues, et autres remedes attractifs et suppuratifs, que descrirons cy aprés.

D'auantage, on doit faire vn vesicatoire au dessous de la bosse, et non au dessus : ce que i'ay fait plusieurs fois auec heureuse issue. Comme pour exemple , si l'aposteme estoit à la gorge, sera appliqué sur l'espaule et du costé mesme : et si elle est sous l'aisselle, au milieu du bras partie interne : et si elle est aux aines, au milieu du plat de la cuisse, à fin de donner prompte issue à vne partie du venin, et le departir en deux : dont par ce moyen la partie où premierement s'assembloit le venin en l'aposteme, sera plus deschargée. Or pour faire ampoulles ou vessies, les choses suiuantes sont propres, à sçauoir, tithymal , batrachium nommé *ranunculus*, ou *apium risus* : aussi le *ranunculus bulbosus*, *persicaria* , *pes leonis*, autrement nommé pommelée, *vitis alba vel bryonia*, et principalement par dessus tous la moyenne escorce de *viburnum* appellé viorne, aussi l'escorce de tapsus barbatus ou flambe (laquelle est ainsi nommée des anciens, parce qu'elle est caustique, et fait vessies, et enflamme la partie) et autres semblables simples. Et où ne pourras trouuer desdits remedes, comme on fait difficilement en hyuer, tu vseras de cesluy composé, lequel on peut faire en tous temps.

Medicament propre pour exciter des vessies et ampoules.

℞. Cantharidum pul. piperis, euphorbij, pyrethri ana ℈. ß.

Fermenti acris ℈. ij.
Sinapi ℈. j.
Aceti parum.

I'y adiouste peu de vinaigre, d'autant qu'il abbat la vertu des cantharides.

Et en vne extremité, qu'on ne peust recouurer tels remedes, faut prendre huile feruente, ou eau boüillante, ou vne chandelle flambante , voire vn charbon ardent, qui fera vne vesication telle qu'on desirera. Et aprés que les vessies ou ampoulles seront faites, il les faut subit couper, et laisser les vlceres long temps ouuertes, en mettant dessus fueilles de choux rouges, bette, ou poirée, ou de lierre, amorties en eau chaude, et les oindre auec huile et beurre frais.

Aucuns appliquent des cauteres pour faire lesdites ouuertures : mais les vessies sont beaucoup plus à louer, parce que parauant que les escharres fussent cheutes, le malade pourroit mourir. Et faut entendre que les ouuertures faites par les vesicatoires seruent beaucoup pour euacuer promptement le venin (ce qui a esté experimenté par plusieurs fois) parce que le venin pestiferé peche plus en qualité qu'en quantité.

Et sur l'aposteme seront appliquées des fomentations, comme nous auons dit cy dessus : puis on vsera de ce remede, qui a vertu d'attirer la matiere au dehors.

℞. Cæpam magnam excaua, et imple theriaca cum foliis rutæ : deinde coque sub cineribus calidis : postea contunde cum pauco fermento et axungia suilla ad quantitatem sufficientem.

Et ce soit appliqué chaud sur la bosse , et le faudra renouueler de six en six heures.

Autre attractif.

℞. Radicum bismaluæ et liliorum ana ℔. ß.
Seminis lini, fœnugræci et sinapi ana
℥. ℔.
Theriacæ ℨ. j.
Ficus pingues numero x.
Axungiæ suillæ quantum sufficit.

Fiat cataplasma secundum artem.

Autre remede plus attractif.

℞. Cæparum et alliorum sub cineribus coctorum ana ℥. lij.

Contunde cum fermenti acris ℥   , addendo:
Vnguenti basiliconis ℥. j.
Theriacæ ℨ. j.
Mithridatij ℥. ß.
Axungiæ suillæ veteris ℥. j.
Cantharidum puluerisatarum Э. j.
Stercoris columbini ℨ. lj.

Le tout soit pislé et meslé ensemble,
et soit fait cataplasme.

Autre.

La vieille presure est fort acre
et chaude, et par consequent at-
tractiue, meslée auec vieil leuain, et
vn peu de basilicum[1].

On en peut faire d'autres semblables, desquels on vsera iusqu'à ce
qu'il y aura suffisante attraction, et
que la bosse soit fort esleuée en tumeur : mais si on voit que dés le
commencement il y eust tres-grande
inflammation et douleur extreme,
comme il se fait bien souuent, et principalement aux charbons, en tel cas
se faut garder d'vser de tels remedes
ainsi chauds et attractifs, et de ceux
aussi qui sont fort emplastiques et
visqueux, lesquels condensent et opilent les pores du cuir, ou resoluent,

[1] Cette dernière formule a été ajoutée en
1579.

consument et seichent l'humeur subtil qui pourroit estre cause d'aider à
la suppuration : pareillement augmentent la douleur et la fiéure, et attirent trop grande quantité d'humeurs chaudes, dont le venin s'en
fait plus grand et dangereux, rendant
la matiere plus rebelle, la tournant
plustost à corruption qu'à maturation :
parquoy souuent s'ensuit douleur
extreme causant spasme, gangrene,
et par consequent la mort subite.
Donc en tel cas tu euiteras tels remedes, et appliqueras de froids et temperés, à fin de diminuer la grande
ferueur et ebullition de sang : ce faisant Nature sera aidée, dont la suppuration se fera mieux. Et de telle sorte
sont les cataplasmes faits de fueilles
de iusquiame et ozeille cuittes sous la
braize, aussi la pulte de Galien, et autres que declarerons cy aprés.

On a veu des malades de peste, lesquels ont eu si grande apprehension
de la mort, que d'vn grand courage
et constance eux mesmes se sont tirés
la bosse auec tenailles de mareschal.
Autres l'ont coupée en plusieurs endroits, la cernans tout autour : les
autres ont esté si asseurés, qu'eux
mesmes se sont appliqués fers ardens,
et se sont bruslés pour donner issue à
l'humeur pestiferé : ce que ie n'approuue. Car la malignité pestilente
n'est pas comme la morsure et piqueure des bestes veneneuses, parce
que le venin vient du dedans, et non
du dehors, comme en la morsure et
piqueure des bestes veneneuses. Et
telles cruautés si violentes accroissent plustost la douleur et chaleur de
la fiéure, empirent et augmentent la
venenosité : et pour ceste cause ab-
bregent leur vie. Parquoy tu te con-
tenteras en tel cas de remedes relaxans et ouurans les pores du cuir, et

euacuans par resolution et insensible transpiration vne portion du venin. Et de tels t'en donneray plusieurs bien approuués et promptement parables , comme sont ceux qui s'ensuiuent.

℞. Radicum bismaluæ et liliorum ana ℥ . vj.
  Florum camomillæ et melil. ana m. ß.
  Seminis lini ℥ . ß .
  Foliorum rutæ m. ß .

Le tout soit boüilli , puis coulé , et en ceste decoction soit trempé vn feutre , ou vne esponge , et soit faite fomentation assez longuement.

Autre remede.

℞. Micam panis calidi, et asperge aqua theriacæ vel aqua vitæ cum lacte vaccino,
  vel caprillo , et tribus vitellis ouorum.

Le tout soit incorporé et appliqué dessus chaudement auec des estouppes.

Autre.

℞. Fermenti acris ex secali ℥ . iiij.
  Basiliconis ℥ . ij.
  Vitelles ouorum numero iij.
  Theriacæ ℥ . j.
  Olei liliorum ℥ . ij.

Le tout soit meslé et appliqué comme dessus.

Autre.

℞. Diachylonis communis et basiliconis ana
  ℥ . ij.
  Olei liliorum ℥ . j. ß .

Soient liquefiés et fondus ensemble , et en soit appliqué comme dessus.

Et lors que l'on verra que la bosse sera suppurée (ce qui se peut connoistre à la veuë et au tact, d'autant que la tumeur est esleuée aucunement en pointe ou pyramide, et le cuir blanchi

et delié , et au sentiment du toucher on trouue l'enfleure obeïssante aux doigts auec vne inondation mollette, et la boüë va de lieu en autre : pareillement les accidens sont grandement diminués , comme douleur pulsatile, et les elancemens, et inflammation) alors qu'on voit telles choses, il faut faire ouuerture par lancette , ou par cauteres potentiels ou actuels : mais les potentiels sont plus à loüer en tel cas , s'il n'y auoit grande inflammation , parce qu'ils attirent le venin du profond à la superficie, et donnent plus ample issue à la matiere. Et ne faut attendre que Nature face ouuerture d'elle mesme , de peur que la boüë estant faite , ne s'esleue quelque vapeur veneneuse , qui se communiqueroit par les arteres, veines et nerfs au cœur et autres parties nobles. Parquoy l'ouuerture se doit faire par la main du Chirurgien , et non par Nature.

Aucuns commandent faire l'ouuerture deuant que la suppuration soit faite et apparente, disans qu'il la faut ouurir *entre le verd et le sec.* Toutesfois ie vous puis asseurer, que si l'aposteme n'est assez maturée , on est cause d'induire grande douleur et inflammation , et accroissement de fiéure : qui est souuent cause d'vne gangrene , ou de rendre l'vlcere maling , ce que i'ay veu aduenir souuentesfois.

La suppuration se fait volontiers en dix ou douze iours, plus ou moins, selon qu'elle sera traitée, et l'humeur maling : aussi selon la partie affectée.

Or aprés l'ouuerture faite , on doit encore vser de medicamens suppuratifs et remollitifs tant qu'il sera besoin, pour tousiours aider nature à suppurer et amollir, mondifiant neantmoins l'vlcere et cauité d'iceluy par onguens detersifs, que declarerons cy aprés traitans des charbons. Mais si on voyoit que la bosse ou tumeur retournast au dedans, alors on doit appliquer ventouses auec scarifications, et autres remedes plus forts et attractifs bien acres, voire iusques aux cauteres actuels ou potentiels. D'auantage, comme i'ay dit, en tel cas il est besoin de faire ouuerture sous la bosse auec vesicatoires, à fin d'euacuer quelque partie du venin pendant que l'escharre faite par les cauteres tombera. Pareillement au tour des bosses et charbons on fera des scarifications, et y sera appliqué plusieurs sangsues, et reiterées par plusieurs fois, à fin d'attirer et vacuer l'humeur conioint à la partie. Or que telles ouuertures seruent, mesmes soient necessaires à descharger la partie du venin qui la moleste, et par consequent tout le corps, on le voit iournellement par experience en ceux qui ont la verolle : car ce pendant qu'ils ont quelques vlceres ouuertes, et qu'elles fluent, les paures verollés n'ont point de douleur, ou en ont bien peu : et subit qu'elles sont closes, leur douleur vient et s'augmente, à cause que le virus venerien n'a plus d'issue.

Si on voyoit que la peste ou le charbon fussent malins et enflammés, et de couleur verdoyante ou noire (comme l'on voit principalement en ceux qui sont faits d'humeur melancholique bruslé, qui est le pire humeur de tous, parce qu'il est froid et sec, et par adustion est fait gros et rebelle aux remedes, et partant est difficilement vaincu par Nature) et qu'aussi on vist qu'il y eust grand danger de gangrene et mortification en la partie, alors il faudroit vser de medicamens repercussifs autour, et non dessus, à fin de prohiber que la fluxion ne s'augmentast par trop, et que la partie ne receust tant d'humeurs que la chaleur naturelle fust suffoquée et esteinte, et que la matiere veneneuse ne remontast au cœur : alors on appliquera autour medicamens repercussifs, lesquels seront renouuellés souuent : et en ce faisant on laisse la propre cure pour suruenir aux accidens.

Exemple de repercussifs.

♃. Pomum granatum acidum : coque in aceto : postea contunde cum vnguento rosato vel populeone recenter facto.

Et ce soit appliqué autour du charbon ou bosse, et renouuellé souuent.

Autre.

♃. Succi semperuiui, portulacæ acetosæ, solani ana ℥. ij.
Aceti ℥. j.
Albumina ouorum numero iij.
Olei ros. et semuph. ana ℥. ij. ß.

Ces choses soient agitées et appliquées comme dessus.

Et si on voit que la bosse ou charbon fussent fort veneneux et de mauuaise couleur, auec trop grande multitude de matiere, et qu'il y eust danger de gangrene et mortification, il faut faire dessus et aux enuirons plusieurs et profondes scarifications (si la partie le permet), à fin d'attirer, et la descharger, et euacuer le venin et la trop grande multitude des humeurs qui suffoquent et esteindent la chaleur naturelle de la partie, à fin que plus facilement puisse auoir air, euitant tousiours les grands vaisseaux, comme nerfs, veines et arteres, de peur de spasme et flux de sang, lequel en tel cas est difficile à estancher, à cause que le lieu est grandement enflammé, et que les parties voisines sont tant eschauffées de la malice de l'humeur, et aussi pour le desir que Nature auec sa vertu expultrice a de soy descharger : ce qui fait que souuentesfois on ne peut estancher le sang, dont le malade meurt entre les mains du Chirurgien. Ce que i'atteste auoir veu aduenir plusieurs fois : parquoy tu y prendras garde.

Or tu dois sçauoir que telle euacuation faite du lieu affecté profite à merueilles : car par ce moyen Nature se descharge par le mesme lieu ou elle a fait amas du venin pour estre euacué : partant tu laisseras couler la quantité du sang que tu connoistras estre besoin, prenant tousiours indication de la vertu du malade, qui pourra principalement estre conneue par la force du pouls, et autres indices, qu'auons par cy deuant escrits. Aussi on fera des fomentations relaxantes, remollitiues et resolutiues, pour tousiours euaporer et donner issue au venin.

Exemple d'vne fomentation remollitiue et resolutiue.

℞. Radicis althea, liliorum et enulæ campana a ℔. j,
    Seminis lini et fœnugr. ana ℥. j.
    Seminis fœniculi, anisi ana ℥. ß.
    Foliorum ruta, saluia, rorism. an. m. j.
    Flor. camom. meliloti ana m. iij.

Bulliant omnia simul : fiat decoctio pro fotu secundum artem.

De ceste decoction on en fomentera la partie assez longuement auec feutres, ou esponges, ou linges en defaut d'esponges.

On pourra aussi prendre vne poulaille, et principalement vne poulle commune qui ponde, à fin qu'elle ait le cul plus ouuert, ou vne grosse poulle d'Inde : et leur faudra plumer le cul, et mettre dedans deux ou trois grains de sel profondement, à fin que l'acrimonie du sel irritant le boyau culier, le leur tienne tousiours ouuert : et leur tenir le cul dessus la bosse ou charbon (aprés auoir fait premierement des scarifications superficielles) iusques à ce qu'elles meurent : puis estans mortes, on y en remettra d'autres au nombre de cinq ou six ou d'auantage, par l'espace de demie heure, si le malade le peut souffrir. leur serrant par fois le bec à fin qu'elles attirent plus viuement le venin. Ceste attraction faite par le cul des poulailles attire plus ledit venin que ne fait la ventouse : parce qu'on tient qu'elles ont vne contrarieté naturelle contre le venin, comme il se peut prouuer par ce qu'elles mangent et digerent les bestes veneneuses, comme crapaux, viperes, couleuures, aspics et autres serpens, sans qu'elles en reçoiuent aucun mal. On peut pareillement prendre lesdites volailles ou pigeons, ou petits chiens et chats nouuellement nés, fendus tout vifs, et les y appliquer tous chauds, et lors qu'on connoistra qu'ils se refroidiront. on y en remettra d'autres : semblablement poulmons de mouton ou de veau appliqués tout subit estant tirés de la beste : car par ceste chaleur moderée et naturelle de ces bestes, se fait attraction familiere du venin, et la partie malade est par ce moyen deschargée et fortifiée. Et faut mettre subit ces bestes mortes profondement en terre, ou les brusler, de peur que les chiens et chats ne les mangent, et apportent le venin aux maisons.

Et si on voyoit que la bosse ou

charbon tendissent à vne gangrene, qui est preparation de mortification, alors on doit faire plusieurs scarifications profondes, toutesfois euitant les grands vaisseaux (comme i'ay dit) laissant fluer du sang ainsi que verras estre necessaire, à fin d'alleger la partie : et aprés feras ablution d'eau sallée, vinaigre et eau de vie, auec lesquels dissoudras egyptiac, methridat ou theriaque : car telle ablution a tres-grande vertu de corriger la pourriture gangreneuse, et garder que le sang ne se coagule, et deterger la virulence de l'humeur imbu au lieu infect tendant à pourriture. Et où on connoistra que la gangrene ne voulust obeïr à tels remedes, alors faut venir aux plus forts, qui sont les cauteres actuels ou potentiels, parce qu'aux fortes maladies il faut vser de grands et forts remedes. Et en tel cas les cauteres actuels sont plus excellens que les potentiels, à raison que leur action est plus subite et plus contraire au venin, et laissent meilleure disposition à la partie. Aprés la cauterisation, promptement on scarifiera l'eschare iusques à la chair viue, à fin de faire exhaler quelque vapeur, et donner issueà quelque humeur contenu en la partie. Et ne faut attendre que l'eschare tombe de soymesme, mais on appliquera remedes pour la faire tost tomber, comme cestuy :

℞. Mucilaginis altheæ, seminis lini ana. ʒ ij.
　　Butyri recentis vel axungiæ porci ʒ. j.
　　Vitellos ouorum numero iij.

Incorporentur simul, et fiat linimentum'

Aussi on peut vser de beurre frais, ou sein de porc, huile rosat, auec moyeux d'œufs : puis aprés la cheute de l'eschare, tu vseras de mondificatifs, comme :

℞. Succi plantaginis, clymeni et apij ana
　　ʒ. iij.
　　Mellis rosati ʒ. iiij.
　　Terebenthinæ Venetæ ʒ. v.
　　Far. hord. ʒ iij.
　　Pulueris aloës ʒ. ij.
　　Olei rosati ʒ. iiij.
　　Theriacæ ʒ. ß.

Fiat mundificatiuum secundum artem.

Autre.

℞. Vnguenti Ægyptiaci et basiliconis ʒ. ij.
　　Pulueris mercurij ʒ. ß.

Incorporentur simul : fiat vnguentum.

Autre.

℞. Terebenthinæ Venetæ ʒ iiij.
　　Syrupi de rosis siccis et de absinthio ana
　　ana ʒ. j.
　　Pulueris aloës, mastiches, myrrhæ, far.
　　hord. ana ʒ. j.
　　Mithridatij ʒ. ß

Incorporentur simul : fiat medicamentum.

Ou on vsera d'vn tel, qui est approprié aux vlceres depascentes, putrides, virulentes et gangreneuses.

℞. Auripigmenti rubri ʒ. j.
　　Calcis viuæ, aluminis vsti, corticum granatorum ana ʒ. vj.
　　Thuris, gallarum ana ʒ. iij.
　　Ceræ et olei quantum sufficit.

Fiat vnguentum.

Cestuy onguent est fort detersif, et consomme la chair pourrie, et desseiche l'humidité virulente, qui est mere nourrice de pourriture gangreneuse. Pareillement en lieu de cestuy on vsera de l'egyptiac fortifié, lequel aussi corrige la chair pourrie, et consomme celle qui croist par trop : d'auantage obtond et esteint l'humeur virulent qui est en la partie, qui cause souuentesfois tres-grande douleur, et est excellent par dessus tous

III.

autres remedes pour tel effet : d'autant qu'en sa composition n'entrent huile ny cire, lesquelles choses rompent la force et acrimonie des medicamens acres, qui sont propres à tels vlceres. Ces medicamens detersifs seront diminués ou augmentés de leur force, selon qu'on verra l'vlcere estre sordide et putride, et selon la nature du temperament de tout le corps et de la partie.

Et faut tenir l'vlcere ouuert le plus longuement qu'on pourra : car on a veu aucuns desquels la bosse et les charbons, ayans ietté beaucoup de matiere, sembloient estre du tout gueris, et bien tost aprés ils mouroient : et partant on tiendra l'vlcere long temps ouuert, et confortera continuellement le cœur : aussi on donnera au malade par fois quelque petite medecine, à fin de purger et rectifier les humeurs mauuaises, pourries et veneneuses.

CHAPITRE XXXV.

DV CHARBON NON PESTIFERÉ[1].

Aprés auoir suffisamment traité de l'aposteme pestiferée, il nous conuient escrire des charbons, d'autant que la cure d'iceux est presque semblable. Et faut sçauoir qu'il y en a de

[1] Ce chapitre manque dans toutes les grandes éditions ; il a été retranché dès 1575, et on ne le trouve que dans l'édition primitive de 1568. Je l'ai reproduit en cet endroit, n'en ayant pas trouvé de plus convenable ; et on le lira peut-être avec d'autant plus d'intérêt, que nulle autre part dans ses OEuvres volumineuses A. Paré n'a parlé du charbon bénin.

deux sortes et differences, à sçauoir de pestiferés et non pestiferés, et partant nous les distinguerons : mais nous traiterons premierement de ceux qui ne participent du venin pestilent, parce qu'ils sont souuentesfois auantcoureurs des autres.

Donc iceux viennent le plus souuent de plenitude de sang non du tout alteré et corrompu, et fort diuers de celuy que font les apostemes phlegmoneuses : pareillement les accidens sont moins grands et dangereux, leur eschare n'est trouuée noire, mais blanche, appelée des chirurgiens vulgaires *le limaçon des charbons blancs* : et est quelquefois trouuée de grosseur de demy œuf, plus ou moins, selon la partie ou il est : comme s'il est au muscle fessier, ou au milieu du bras et de la cuisse, et qu'il ait quantité de matiere, sera trouué plus gros qu'en autre partie nerueuse. D'auantage l'eschare se separe plus tost ou plus tard selon les parties : exemple, si c'est au genoüil ou au coude, ou en autre partie nerueuse, sera plus tardiue et beaucoup plus douloureuse que lors qu'elle est en partie charneuse.

La cure sera diuersifiée de celuy qui est pestiferé, et principalement en la saignée : car à celuy là, la saignée est profitable faite au commencement, parce que (comme i'ay dit) il vient le plus souuent de plenitude, et le sang n'est du tout corrompu. Et pour ceste cause, on ouurira la veine du costé opposé, de peur de faire trop grande attraction à la partie charbonniere, et y causer vne gangrene : au contraire à celuy qui est pestiferé, iamais ne faut tirer du sang de la partie contraire, de peur de retirer le venin vers le cœur.

CHAPITRE XXXVI.

DESCRIPTION DV CHARBON PESTIFERÉ, ET DE SES CAVSES, SIGNES ET MARQVES.

Charbon pestiferé est vne petite tumeur ou pustule maligne, feruente et furieuse, faite d'vn sang gros et noir, corrompu en sa substance, par transmutation de sang loüable, de façon que le plus souuent ne peut estre regi ne gouuerné par Nature, parce qu'il peche en vne qualité maligne qui lui est inuincible. Il est de figure ronde et aiguë, et en son commencement n'est point plus gros qu'vn petit grain de mil, ou vn pois, adherant fort contre la partie immobile, tellement que le cuir de dessus ne se peut enleuer de la chair de dessous : et croist promptement ainsi que fait la bosse, et quelquesfois plustost, aucunesfois plus tard, selon que la matiere est plus ou moins furieuse, auecques grande chaleur, ardeur, et douleur lancinante et poignante, comme pointes d'aiguilles, laquelle est tres cuisante et intolerable, principalement vers le soir, et la nuit plus que le iour, et plus lors que la concoction se fait en l'estomach que quand elle est faite : et au milieu apparoist vne petite vessie, en laquelle semble estre contenue quelque sanie : et si on l'ouure, et qu'on descouure le cuir, on trouue au dessous la chair bruslée et noire, comme si vn charbon ardent y auoit esté appliqué, et pour ceste cause les anciens l'ont appelé Charbon. Et la chair d'entour est trouuée de diuerse couleur, comme on voit en l'arc du ciel, à sçauoir, rouge, brune, perse, vio-

lette, plombée et noirastre, auec splendeur ou lueur estincellante, comme poix noire embrasée et enflammée, ayant pareillement similitude à vne pierre nommée *Escarboucle*, dont aussi aucuns lui ont attribué ce nom. Les vulgaires les appellent *Clouds*, parce que la matiere d'iceux cause douleur semblable comme si vn cloud estoit fiché à la partie.

Il y a aucuns charbons qui prennent leur commencement d'vn vlcere crousteux, sans pustule, comme si on y auoit appliqué vn cautere potentiel ou vn fer ardent, de couleur noire, qui croist aussi subitement, et quelquesfois plus tard, selon que la matiere est plus ou moins maligne, comme nous auons dit. Tous lesquels charbons pestiferés sont tousiours accompagnés de fiéure continue, et autres accidens fort cruels : et semble au malade qu'il a vne grande charge de plomb sur la partie charbonniere, et qu'elle soit estroittement liée (et veritablement ie le sçay pour l'auoir senti en mon corps) qui se fait à cause de la corruption et suffocation des esprits, et de la chaleur naturelle de la partie en laquelle est le charbon, dont souuentesfois s'ensuit defaillance de cœur, inquietude, alienation d'esprits et furie, gangrene et mortification, et par consequent la mort, non seulement de la partie, mais aussi de tout le corps, ainsi qu'on voit aussi souuent aduenir à l'aposteme pestiferé. Et à la verité on peut dire que le charbon et la bosse sont comme cousins germains, lesquels ne vont gueres l'vn sans l'autre : et la matiere d'iceux ne differe seulement, sinon que celle de la bosse est plus crasse et visqueuse, et celle du charbon plus acre, boüillante, furieuse et subtile, faisant eschare au lieu où il se sied, ainsi qu'auons declaré cy dessus.

CHAPITRE XXXVII.

PROGNOSTIC DES APOSTEMES ET CHARBONS PESTIFERÉS.

Aucuns n'ont qu'vn charbon, les autres plusieurs : et se iettent par toutes les parties du corps.

Il aduient à aucuns qu'ils auront le charbon et la bosse deuant la fiévre, et n'ont autres mauuais accidens, qui est vn bon signe : car cela demonstre que Nature a esté forte (comme nous auons dit cy dessus) et qu'elle a ietté le venin au dehors deuant que le cœur en fust saisi : mais quand ils apparoissent aprés la fiévre, c'est mauuais signe : car cela signifie que les humeurs sont alterés et corrompus [1], et que le cœur mesme en est saisi, de tant que la fiéure ayant son propre siege au cœur, se respand d'iceluy, comme d'vn centre, en toute la circonference du corps.

Si le malade n'est point troublé d'entendement du commencement iusques au septiéme iour, c'est bon signe.

Lors que la bosse et le charbon s'en retournent, c'est vne chose le plus souuent mortelle, specialement quand mauuais accidens suruiennent aprés. Pareillement quand ils sont suppurés, et se desseichent sans cause raisonnable, c'est signe de mort.

Les charbons qui sont faits de sang, font plus grande eschare que ceux qui sont faits d'humeur cholerique, d'autant que le sang est de plus grosse substance : partant occupent et prennent plus grande quantité de chair que ne fait l'humeur cholerique, qui est plus superficiel, ainsi que voyons aux erysipeles.

I'ay veu des charbons qui de leur eschare occupoient presque la moitié du dos, les autres les deux clauicules tirant vers la gorge, et auoient rongé si fort les parties subiacentes, que l'on pouuoit voir la trachée artere descouuerte : autres occupoient la moitié des muscles de l'epigastre, et l'eschare cheute on voyoit à l'œil le peritoine descouuert : ce qui est aduenu à moymesme d'vn charbon que i'ay eu au ventre, duquel la cicatrice m'est demeurée de la grandeur de la palme de la main [1]. Et lors qu'ils sont ainsi grands et enormes, le plus souuent sont mortels.

Il y a des charbons et bosses qui commencent sous le menton, puis la tumeur s'augmente peu à peu iusques aux clauicules, et estranglent le malade. Semblablement il y en a aux aines, qui occupent grande partie des muscles du ventre [2] : mais la plus dangereuse aposteme est celle qui se fait sous les aisselles, d'autant qu'elle est plus proche du cœur.

Il y en a aussi qui sont enormes, grands et hideux à regarder, et de tels le plus souuent le malade meurt, ou la partie demeure meheignée, y restant aprés la consolidation vne tu-

---

[1] La phrase s'arrètait là en 1568 ; le reste est de 1575.

[1] Paré ajoutait ici en note marginale : *L'Autheur a eu le charbon et la peste.*—Voyez à ce sujet mon Introduction, page CCLXXII et CCCXVI.

[2] La phrase finissait là dans les premières éditions ; ce qui regarde le charbon des aisselles est une addition de 1535.

meur elephantique, et quelquesfois son action est du tout perdue : ce que i'ay veu plusieurs fois. D'auantage aucunesfois pour la grande pourriture de la matiere, la chair laisse les os desnués : et les iointures et ligamens se trouuent tous resolus, tant est la pourriture chaude et humide.

Les charbons iettent vne sanie virulente, tres puante, d'estrange nature, qui fait l'vlcere corrosif et ambulatif, pourri et corrompu, et le plus souuent se procreent plusieurs vessies aux parties voisines, lesquelles aprés s'assemblent toutes en vne, et iettent sanie en petite quantité, principalement ceux qui sont faits de cholere, à cause de la siccité de la matiere bruslée qui fait eschare : et tard se conuertissent en bonne bouë ou sanie loüable, parceque la matiere est bruslée et non pourrie, par l'actiuité excessiue de l'inflammation et corrosion. Outre-plus, la tumeur de la bosse et du charbon est quasi tousiours rebelle, et tres-difficile à estre resolue ou suppurée, pour la malignité de leur nature. Et quand ils ne suppurent par aucuns medicamens, et la tumeur demeure de couleur noire, et si on veut attenter à les ouurir, il n'en sort qu'vne serosité noirastre, et le plus souuent nulle humidité : de mille malades ainsi affectés, à peine en reschappe vn seul. Ce que i'ay plusieurs fois remarqué, pensant les pestiferés à l'Hostel-Dieu de Paris [1].

Il y a des charbons ausquels, quand ils sont ouuerts, on trouue vne chair molle et spongieuse qui ne se peut corriger : car quand on en consume quelque portion, il en reuient d'auantage : et tels sont mortels, parce

[1] Cette dernière phrase est aussi une addition de 1585.

qu'ils ne cedent aux remedes, ce que i'ay veu souuentesfois à mon grand regret.

D'auantage, aucuns sont faits d'vne si grande corruption d'humeurs, et si malings, que les membres tombent en mortification, tellement qu'on voit le pied se separer de la iambe, et le bras de l'espaule.

Aussi autour d'aucuns charbons et bosses, se font petites vessies, comme s'ils auoient esté piqués d'orties, ou comme celles qu'on voit aux herpés miliaires, lesquelles sont procreées de vapeurs exhalantes des matieres coniointes et arrestées en la partie, que Nature iette hors. Telles vessies ne presagent pas necessairement la mort : mais si la partie charbonniere deuient boursouflée, et de couleur purpurée ou verdoyante, plombine et noire, et autour on treuue les ampoulles semblables à celles des brusleures, et que le malade dit n'y sentir plus de douleur, soit que l'on le pique, coupe, ou brusle, c'est signe non seulement de gangrene, mais de mortification totale, et que la chaleur naturelle est suffoquée et esteinte par la malignité du venin.

Outre-plus, i'ay esté curieux, estant à l'Hostel-Dieu de Paris, et ayant veu des malades de peste ausquels s'estoient apparues quelques tumeurs aux emonctoires, lesquelles le lendemain n'apparoissoient aucunement, dont les malades mouroient, de chercher à la partie la cause de la mort : et veritablement, i'ay trouué à aucuns, ayant fait incision assez profonde, la chair y estre bruslée comme si vn cautere actuel y auoit passé.

Les bosses et charbons ne sont iamais gueres sans fiéure, laquelle est plus grande lors qu'ils se font aux emonctoires et aux parties nerueuses, qu'aux charneuses : toutesfois ceux qui sont de bonne temperature, ayans les vertus et facultés fortes, ont la fiéure moindre, et pareillement tous les autres accidens.

Les charbons n'occupent pas seulement les parties externes, mais aussi quelquesfois les internes, et quelquesfois les deux ensemble. Si interieurement le cœur en est saisi sans aucune apparence exterieure, la vie est deplorée et briefue, et les malades meurent souuent en mangeant, beuuant, et en cheminant. Si le poulmon ou le diaphragme, et autres parties dediées à l'inspiration et expiration en sont occupées, le malade meurt en vingt-quatre heures, ou moins, parce qu'il est suffoqué par faute de respiration. Si le cerueau en est assailli, s'ensuit frenesie et rage, puis la mort. Si le venin se iette sur les parties dediées à l'vrine, le malade meurt par faute d'vriner. Ce qui aduint, au chasteau de Roussillon, à vne damoiselle de la Royne, de laquelle auons parlé cy dessus. Aussi si le charbon se iette en l'estomach, cela est mortel : ce qui suruint au gouuerneur des Dames de l'Hostel-Dieu de Paris, lors que i'estois audit lieu pensant les malades.

Or iceluy estoit vn moine ieune, haut, droit, fort et puissant, de l'ordre de sainct Victor, auquel suruint vne fiéure continue, et auoit la langue aride, seiche, et raboteuse, de couleur noire, à cause de l'extreme chaleur de la fiéure, et de la vapeur putride qui montoit des parties interieures à la bouche (car selon le dire vulgaire, quand vn four est bien chaud, la gueule s'en ressent) et tiroit la langue hors la bouche, comme vn chien qui a longuement couru, et

auoit vne extreme alteration, desirant perpetuellement boire, auec grande defaillance de cœur, et appetit continuel de vomir : et mourut au troisiéme iour en conuulsion vniuerselle de tous ses membres. Les Dames, voyans le pauure moyne despesché en si brief temps, et considerans les accidens qui furent si cruels, affirmoient qu'il auoit esté empoisonné : dont messieurs les Gouuerneurs dudit Hostel-Dieu, en ayans esté aduertis, commanderent que le corps du moyne fust ouuert, pour en sçauoir la verité. Et pour ce faire furent appellés vn Medecin et vn Chirurgien auec moy, et l'ayans ouuert, nous trouuasmes au fond de son estomach vn vestige semblable à celuy que laisse vn cautere potentiel, auec vne eschare ou crouste de largeur d'vne ongle, et le reste de l'estomach fort retiré et bien dur. Alors tous d'vn consentement, promptement conclusmes qu'il auoit esté empoisonné de sublimé ou arsenic, veu l'eschare laquelle penetroit bien fort profondement. Et ainsi que ie recousois le corps d'iceluy, i'apperceus plusieurs petites taches noires, semées sur son corps : et lors ie r'appellay la compagnie pour contempler lesdites taches, leur disant et affirmant que c'estoit du pourpre : mais le Medecin et Chirurgien me dirent que c'estoient morsures de puces ou de punaises : ce que ne voulus aucunement accorder, parce qu'il y en auoit en grande quantité. Et pour verifier mon dire, ie prins vne espingle, la poussant assez profondement dans le cuir en plusieurs endroits, et le leuay en haut, puis le coupay auec ciseaux, et fut trouuée la chair de dessous bien fort noire. Pareillement nous considerasmes la couleur liuide du nez, des oreilles, et des ongles, mesmes de tout le corps, plus noire qu'elle n'a coustume d'estre aux morts d'autres maladies, et principalement le visage changé, tellement qu'il estoit quasi impossible de le pouuoir reconnoistre. Adonc changerent d'opinion, et fismes rapport que le moyne estoit mort d'vn charbon pestiféré, et non d'autre poison.

CHAPITRE XXXVIII.

DE LA CVRE DV CHARBON PESTIFÉRÉ.

Nous auons dit par cy deuant qu'au charbon y auoit grande inflammation et extreme douleur, qui entretient et augmente la fiéure, et autres griefs accidens, lesquels affoiblissent et abbatent les vertus, ce que souuentesfois est cause de la mort des pauures malades : et cela prouient de la putrefaction et corruption qui se fait de la substance du sang corrompu et de la venenosité d'iceluy. Parquoy il faut que le Chirurgien ait esgard à contrarier à la cause d'icelle douleur, et n'applique dessus le charbon remedes fort chauds et attractifs, ny fort emplastiques et visqueux, comme nous auons dit du bubon, parce qu'ils empeschent quelque exhalation du venin, eschauffent et opilent trop, dont les tumeurs sont rendues plus rebelles à suppuration. Et partant il vsera de relaxatifs, qui ouurent les pores, et contrarient à la vehemente chaleur du venin, et suppurent [1]. Ce qui se fait rarement, à cause que la partie charbonniere estant rostie de chaleur estrange, iette vn morceau de chair nommé eschare : et aprés estre cheute, demeure vn vlcere caue, sordide, et de difficile curation.

Donc pour le commencement, on fomentera le lieu d'eau chaude et d'huile, en laquelle on mettra vn peu de theriaque, y laissant dessus estoupes, ou laine grasse, ou du cotton : ou en lieu de telles choses, on vsera d'vne decoction faite de guimaues, oignons de lys, semence de lin, figues grasses, huile d'hypericon, à fin de rarefier le cuir et attirer la matiere au dehors : puis le lendemain on y appliquera ce cataplasme.

℞. Foliorum acetosæ et hyoscyami ana m. ij.

Coquantur sub cineribus calidis, postea pistentur cum :

   Vitellis ouorum numero iiij.
   Theriacæ ʒ. ij.
   Olei liliorum ℥. iij.
   Farinæ hordei quantum sufficit.

Fiat cataplasma ad formam pultis satis liquidæ.

Tel cataplasme sede la douleur, reprime l'inflammation, et suppure, et ce faisant fortifie les forces du malade.

Autre.

℞. Radicum altheæ et liliorum ana ℥. iiij.
   Seminis lini ℥. ß.

Coquantur complete, et colentur per setaceum, addendo :

   Butyris recenti ℥. j. ß.
   Mithridatij ʒ. j.
   Farinæ hordei quantum sufficit.

Fiat cataplasma vt decet.

Les cataplasmes suiuans sont propres pour attirer la matiere veneneuse, et aider Nature à faire suppuration, lors que la fluxion n'est grande.

---

[1] La fin de cette phrase manque dans les premières éditions, et a été ajoutée en 1585.

℞. Radicis liliorum alborum, cæparum,
fermenti ana ℥. ß.

     Seminis sinapi, fimi columbini, saponis
mollis ana ℥. j.

     Limaces vj. cum testis.

     Sacchari optimi, theriacæ et mithrida-
tij ana ℥. ß.

Pistentur omnia, et incorporentur simul
cum vitellis ouorum, et fiat cataplasma.

Lequel sera appliqué vn peu chaud
sur le charbon. Et te puis asseurer
que d'icelui verras vn effet merueilleux, pour suppurer et attirer la matiere virulente du dedans au dehors.

Autre.

℞. Vitellos ouorum numero vj.

     Salis communis puluerisati ℥. j.

     Olei liliorum et theriacæ ana ℥. ß.

     Farinæ hordei quantum sufficit.

Fiat cataplasma.

Et en lieu d'iceux, on vsera du medicament suiuant :

℞. Diachylonis parui ℥ iiij.

     Vnguenti basiliconis ℥. ij.

     Olei violarum ℥. ß.

Fiat medicamentum

Plusieurs auteurs ont loüé à grand'-
merueille la scabieuse broyée entre
deux pierres, et mixtionnée auecques
vieil oing, iaunes d'œuf et vn peu de
sel, pour faire suppurer le charbon.
Aussi l'œuf entier meslé auecques
huile violat et farine de froment, appaise la douleur et suppure. D'auantage, la racine de raifort coupée en
petites pieces, et appliquée sur les
charbons et apostemes pestiferées, et
renouuellée souuent, attire grandement le venin.

Et pour esteindre la grande inflammation, on pourra pareillement appliquer sur les bosses et charbons cataplasmes faits d'escargots ou limaçons auec leur coquille subtilement
pilés et broyés, y adioustant du theriaque ou methridat, et renouuellés
souuent.

Autre. Prenez vers de terre tant
qu'il sera besoin, comme vne bonne
poignée, et les y appliquez dessus, estant mis dedans vn petit linge bien
delié, fait en maniere de sachet.

Autre. Prenez grenoüilles hachées
et pilées, et les appliquez dessus.

Autre. Prenez escreuisses broyées
et pilées subtilement auec leur coquille.

Autre. Prenez huistres auec leur
coquille et leur eau, et les pilez et appliquez dessus.

Tels animaux ainsi appliqués sedent la douleur et esteignent la grande ferueur et inflammation, et attirent à merueille le venin pestiferé. Si
on abhorre cesdits animaux, en lieu
d'iceux on vsera sur toute la partie
charbonniere enflammée et embrasée
de remedes froids et humides, comme
fueilles d'ozeille, iusquiame, mandragore, ciguë, morelle, plantain,
et autres semblables, de chacun vne
poignée : et seront appliqués auec
leur jus, et renouuellés souuent, et
continués seulement tant que la
grande douleur, ferueur et ebullition de l'inflammation sera esteinte.
Que si quelqu'vn dit que tels remedes
extremement froids pourroient repercuter le venin du dehors au dedans, et suffoquer la chaleur naturelle de la partie par leur extreme
froideur : à cela il est aisé de respondre, que l'intention pourquoy on les
applique est pour seder la douleur, et
esteindre l'impetuosité et ferueur de
la grande inflammation qui fait
augmentation de la fiéure, aussi pour
euiter la gangrene et mortification

de la partie, comme nous auons dit[1].

Aussi le jus de l'herbe nommée *Tussilago*, ou pas d'asne, esteint pareillement l'inflammation des charbons : comme aussi fait l'herbe nommée *Morsus diaboli*, pistée et appliquée dessus.

I'ay souuent vsé du remede suiuant, pour reboucher et abbattre la grande ferueur et douleur, et aider Nature à faire suppuration.

Prenez quatre onces de suye qui est adherante contre les parois de la cheminée : deux onces de gros sel : et les puluerisez subtilement, y adioustant des moyeux d'œufs, tant que le tout soit en forme de boüillie : et ce soit appliqué vn peu tiede sur le charbon.

D'auantage ne faut omettre, à l'augmentation du charbon, de cauteriser la pointe, si elle apparoist noire. auec huile feruente ou eau forte : car par ladite cauterisation on abbat et foudroye le venin, et appaise-on la grande douleur et autres accidens : et ie puis asseurer que ie l'ay fait plusieurs fois auec bonne et heureuse issue : et puis bien asseurer qu'elle ne fait grande douleur, à cause qu'on ne touche que la pointe du charbon, qui est le commencement d'eschare quasi insensible. Et aprés l'auoir cauterisée, on continuera les remedes susdits iusques à ce que l'on verra que l'eschare se separe d'autour comme vn cercle, qui est lors vn bon presage, signifiant que Nature est forte, et qu'elle domine sur le venin. Et aprés que l'eschare sera du tout

hors, on vsera de remedes detersifs, doux et benings, comme ceux qu'auons descrits cy dessus au chapitre de l'aposteme pestiferée, les diuersifiant selon la nature de l'vlcere et de la partie, et temperature des malades : car aux delicats, comme femmes. enfans, et ceux qui ont le cuir mollet et fort rare, faut vser de remedes plus doux et moins forts qu'à ceux qui sont robustes, lesquels ont la chair et le cuir plus dur et les pores plus serrés. Aussi ce pendant qu'il y aura dureté et tumeur en la partie charbonniere, on doit tousiours continuer les medicamens suppuratifs, remollitifs et detersifs, à fin de tousiours aider Nature à ietter l'humeur superflu entierement dehors, à cause qu'il y a double indication, c'est à sçauoir, d'amollir et suppurer l'humeur superflu qui est autour de la partie, et finalement mondifier et tarir celuy de l'vlcere.

CHAPITRE XXXIX.

DV PRVRIT ET DEMANGEAISON QVI VIENT AVTOVR DE L'VLCERE, ET DE LA MANIERE DE PRODVIRE LA CICATRICE.

Les parties d'autour de l'vlcere le plus souuent s'escorchent superficiellement, par le moyen de petites pustules vlcereuses situées sans ordre, auec ponction, ardeur, et prurit aigu et poignant. Or la cause peut venir du dedans, et aussi du dehors : du dedans, par vne sanie aiguë et mordicante resudante de l'vlcere, qui arrouse les parties voisines, prouenant du virus veneneux qui est communément en l'humeur cholerique, ou phlegme salé : de la cause exterieure,

---

[1] Tout ce long passage, qui commence à la page précédente à ces mots : *et pour esteindre la grande inflammation*, etc., a été intercalé ici seulement en 1585; mais il avait déjà paru dans le petit *Discours de la Peste* de 1582.

par opilation des remedes desquels on a longuement vsé, qui ferment et bouchent les pores, et eschauffent la partie.

Et pour la cure d'iceluy, on doit fomenter la partie de choses discutientes et remollitiues, et par ablution d'eau bleuë (qui est eau forte esteinte et ayant ja serui aux orféures) ou alumineuse, ou eau de chaux, ou saumure, et semblables choses.

Or veritablement les vlceres faits par les charbons sont fort difficiles à estre consolidés, parce que la sanie est aiguë et corrosiue, tantost crasse, tantost subtile, ioint que la figure de l'vlcere est quasi tousiours ronde. La cause d'icelle sanie est le sang alienè et changé du tout de sa nature, par l'excessiue chaleur et corruption : et aussi à cause que la partie a receu vne bien grande intemperature par le vice de l'humeur. Quant à ce que la figure ronde de l'vlcere est difficile à consolider, cela se fait à cause que la sanie ne se peut bien euacuer, laquelle par sa trop longue demeure acquiert vne chaleur et nitrosité ou acrimonie, qui par l'attouchement des parois de l'vlcere augmente la cauité, à cause qu'elle ronge la chair d'autour : et puis l'entour se borde et deuient calleux et dur, dont aprés ne peut estre consolidée que premierement on ne l'ait osté : car les porosités de la chair ainsi calleuse et dure, sont serrées et estreintes, et ne permettent que le sang puisse penetrer pour faire generation de chair. Semblablement les bords esleués par excroissance de chair repugnent à la consolidation, comme estans chose superflue : parquoy les faut couper et consumer, soit par fer, ou par medicamens. Et aprés auoir rendu l'vlcere applani et sans tumeur, et rem-

pli de chair, on vsera de medicamens cicatrisatifs, lesquels ont puissance de condenser et endurcir la chair, et produire peau semblable au cuir. Desquels en y a de deux manieres : l'vne de ceux qui n'ont aucune erosion, mais ont grande vertu astringente et desiccatiue, comme sont escorces de grenades, escorce de chesne, tuthie, litharge, os bruslés, squamme d'airain, noix de galle, noix de cyprés, minium, pompholyx lauée, antimoine, bole armene, coquilles d'huistres bruslées et lauées, et la chaux lauée par neuf fois, et plusieurs metaux : les autres sont presque semblables à ceux qui rongent et consument la chair : mais il faut qu'ils soient appliqués en bien petite quantité, comme sont vitriol laué, alum cuit, et autres semblables. Or l'alum cuit sur tous les cicatrisatifs est singulier pour sa vertu desiccatiue et astringente, rendant la chair ferme et dure, laquelle est molle et spongieuse, et arrousée d'humidité superflue : et partant il aide à faire le cuir solide et dur. Toutesfois les remedes seront diuersifiés selon les temperamens : car aux enfans et femmes, et generalement à ceux qui ont la chair molle et delicate, on en vsera de moins forts qu'aux temperatures robustes et seiches, de peur qu'au lieu de faire le cuir, on ne corrodast la chair.

Et aprés auoir fait la cicatrice, pour ce qu'elle demeure en telle maladie touiours laide et hideuse à voir, à cause de la grande adustion qui a bruslé la partie, comme si le feu d'vn charbon ardent y auoit passé, ie ne puis encore passer que ie ne descriue quelque moyen pour l'embellir : car le plus souuent elle demeure rouge, liuide ou noire, esleuée et raboteuse :

ce qu'on fera principalement en la partie où le malade desire ladite cicatrice estre moins apparente.

Exemple pour vnir le cuir qui demeure inegal.

Prenez vne lame de plomb frottée de vif-argent, et la liez dessus la partie estroittement.

Et pour rendre le cuir blanc, il faut prendre de la chaux viue lauée par neuf fois, à fin qu'elle ait perdu son acrimonie: puis sera incorporée auec huile rosal, et soit fait onguent.

Autre. Prenez deux liures de tartare, c'est à dire, lye de bon vin qui adhere contre les tonneaux, et soit bruslée et mise en poudre : puis on la mettra dans vn couure-chef de toile mediocrement deliée, laquelle sera pendue en vne caue humide, et on mettra vn vaisseau dessous pour receuoir la liqueur laquelle distillera goute-à-goute : et d'icelle la cicatrice en soit frottée assez long temps.

Semblablement la sueur des œufs appliquée souuent dessus la cicatrice, oste grandement la rougeur qui demeure en icelle. L'onguent citrin recentement fait a pareille vertu, comme aussi l'emplastre de ceruse, lequel sera pareillement fait de nouueau. Outre-plus, les trois compositions suiuantes sont bien approuuées.

℞. Axungiæ suillæ nouies lotæ in aceto acerrimo ℥. iiij.
  Cinabrij, succi citrij, et aluminis vsti ana ℥. ß.
  Sulphuris viui ignem non experti ℈. ij.
  Caphuræ ℈. ij.
Puluerisentur, deinde incorporentur omnia simul, et fiat vnguentum.

Il subtilie le cuir et efface grandement les taches.

Autre.

℞. Olei hyoscyami et olei seminis cucurbitæ ana ℥. j.
  Olei tartari ℥. ß.
  Ceræ albæ ℥. iij.
Liquefiant ista simul lento igne, deinde adde spermatis ceti ℥. vj. remoueantur prædicta ab igne, donec infrigidentur, postea addes :
  Trochiscorum alborum Rhasis puluerisatorum ℥. iij.
  Caphuræ ℥. j.
Tandem cum mali citrij succo omnia diligenter misce : et fiat linimentum.

Autre.

℞. Radicis serpentariæ ℥. j.
Bulliat in aquæ communis ℔. j. ad dimidias, deinde adde sulphuris viui ignem non experti, et aluminis crudi puluerisati ana ℥. j. ß : postea colentur prædicta, et addatur :
  Caphuræ ℥. j.
  Succi hyoscyami ℥. j. ß.

On gardera cela en vn vaisseau de plomb ou de verre : et quand on en voudra vser, faut tremper des pieces de linge, les appliquant sur la partie. On peut vser desdits medicamens pour oster la rougeur, et principalement du visage, les appliquant dessus au soir, et les y laissant toute la nuit : puis au matin on se lauera d'eau de son vn peu tiede.

CHAPITRE XL.

DE PLVSIEVRS EVACVATIONS QVI SE FONT OVTRE LES PRECEDENTES, ET PREMIEREMENT DE LA SVEVR.

Ayant parlé des euacuations qui se font par l'aposteme pestiferé, par les charbons et autres eruptions du cuir, il nous reste de present à parler de celles qui se font par sueur, vomissemens, flux de sang par le nez, ou hemorrhoïdes, et par les mois aux femmes, aussi par le flux de ventre, et autres, à fin que par telles euacuations on aide encores Nature à expeller le venin du dedans au dehors, et principalement que celuy qui n'est encores paruenu iusques au cœur n'y puisse aller aucunement. Et en telles euacuations le chirurgien aura esgard où Nature est coustumiere à faire sa descharge, et aussi où elle tend à faire sa crise : toutesfois icelles euacuations ne sont pas tousiours critiques, mais symptomatiques ou accidentaires, comme Nature n'ayant tousiours puissance de faire bonne concoction comme elle desireroit, à cause de la malignité de la matiere, qui est alterée et corrompue, et du tout contraire aux principes dont nous sommes composés.

Et pour commencer à la sueur, si Nature tend à se descharger par icelle, elle sera prouoquée en faisant coucher le malade en vn lit bien chaud et bien couuert, et luy mettant cailloux chauds, houteilles ou vessies de porc ou de bœuf remplies d'eau chaude, ou esponges trempées en quelque decoction chaude et puis espreintes, et faisans ce qu'auons dit cy deuant pour prouoquer la sueur. Les anciens nous ont laissé par escrit, que toutes sueurs sont bonnes aux maladies aiguës, pourueu qu'elles soient faites aux iours critiques, et soient vniuerselles et chaudes, et parauant signifiées en iour demonstratif : mais en telle maladie de peste, ne faut attendre la crise, comme nous auons dit, mais aider Nature à chasser subitement le venin hors par tous moyens où on verra que Nature s'enclinera le plus. Le malade donc suera vne heure ou deux, plus ou moins, selon qu'on verra estre necessaire.

CHAPITRE XLI.

DV VOMISSEMENT.

Aussi le vomissement purge les humeurs que les medecines fortes ne peuuent bien faire, et par le moyen d'iceluy l'humeur veneneux est ietté le plus souuent hors. Parquoy si Nature tend à se descharger par iceluy, on luy aidera en donnant à boire au malade demie liure d'eau tiede, quatre onces d'huile d'oliue, vne once de vinaigre, et vn peu de jus de raifort : puis tost aprés luy faisant mettre en la gorge vne plume d'oye imbue en huile, ou vne petite branche de rosmarin : ou mettra les doigts au profond de la gorge, pour se prouoquer à vomir.

Autre vomitoire.

Prenez eau de semence de lin, laquelle soit mucilagineuse, et en faut boire vn verre d'icelle estant vn peu tiede.

Autre.

Prenez de la decoction de raifort ou de sa semence, et semence d'arroche, de chacun trois dragmes.
Demie once d'oxymel, et autant de syrop aceteux.

Et faut en donner à boire au malade en bonne quantité vn peu tiede.

Autre.

Prenez six onces d'oxymel de Galien, et deux onces d'huile commune, et soit donné tiede.

Or si Nature n'est facile à se descharger par le vomissement, ne la faut contraindre : car estant fait par vehemence, il cause distension aux fibres nerueuses de l'estomach, et abbat les vertus, et quelquesfois rompt quelque vaisseau aux poulmons, dont s'ensuit flux de sang qui abbrege la vie du malade. Parquoy en tel cas ne faut prouoquer le vomir : mais plustost l'estomach sera corroboré par dehors de sachets faits de roses, absinthe, santaulx (ce que descrirons plus amplement cy aprés) et par dedans de jus de coings ou berberis, et bons boüillons, et autres choses qui corroborent l'estomach.

CHAPITRE XLII.

DE CRACHER ET BAVER.

Par cracher et bauer se fait aussi grande euacuation : ce qu'on voit par experience à plusieurs qui ont eu aposteme aux costes, nommée pleuresie, alors que la suppuration est faite, la sanie est iettée par la substance rare et spongieuse des poulmons, et de là conduite par la trachée artere en la bouche. Et quant au bauer, il est bien manifeste que les pauures verollés se purgent par iceluy, comme aussi par le cracher.

Or on pourra prouoquer le cracher et bauer auec masticatoires faits de racine d'iris, et de pyrethre, mastic, et autres semblables : aussi en tenant dedans la bouche et gargarisant, mucilage de semence de lin.

CHAPITRE XLIII.

DE L'ESTERNVER ET MOVCHER.

Aussi par esternuer et moucher, Nature euacue souuent ce qui luy est superflu ou nuisible, quand le cerueau de son propre naturel ou par artifice se descharge par le nez, ce qu'on voit manifestement en ceux qui ont le cerueau fort humide, comme petits enfans et vieilles gens, lesquels se purgent fort par cest endroit. La cause d'iceux est interieure ou exterieure : interieure, comme vne matiere pituiteuse ou vaporeuse qui moleste le cerueau, plustost toutesfois à l'esternuer qu'au moucher : exterieure, comme lors que le soleil donne droit dedans le nez, ou alors qu'on y met vne plume ou autre chose semblable, ou quelque poudre mordicatiue, comme hellebore, euphorbe, poiure, moustarde, ou autre semblable sternutatoire : car alors, par le benefice de la faculté naturelle expultrice, le cerueau s'astreint et serre pour ietter ce qui luy nuit : et cela procede principalement de la partie anterieure d'iceluy. Or ladite sternutation se fait auec son et bruit, à raison que les matieres passent par lieux angustes et estroits, qui sont les colatoires, ou les os cribleux qui sont au nez. Et ne se doit procurer en grande repletion, si les choses vniuerselles n'ont precedé, de peur de faire trop grande attraction au cerueau, qui pourroit causer apoplexie, vertigine, et autres mauuais accidens.

CHAPITRE XLIV.

DE L'ERVCTATION OV ROVCTEMENT, ET DV SANGLOT.

D'auantage il se fait quelque va-cuation par l'eructation, ou roucte-ment, et par le sanglot. Quant à l'eructation, elle prouient des vento-sités contenues en l'estomach, iettées par la faculté expultrice d'iceluy, les-quelles sont procreées par indiges-tion, c'est à dire faute de concoction, comme pour auoir pris trop de vian-des ou breuuages, pour auoir vsé de choses vaporeuses, comme pois, fé-ues, chastaignes, nauets, raues, pas-tenades, carottes, vin nouueau, et leurs semblables : ou par faute de dormir, et generalement par toutes choses qui corrompent ou empeschent la vertu concoctrice : selon la diuer-sité desquelles l'odeur de l'eructation sera diuerse, à sçauoir douce ou fe-tide, amere, acide, poignante, ou d'autre qualité.

Si le rouctement est doux, et se fait seulement deux ou trois fois, cela est bon : au contraire s'il est puant et reïteré par plusieurs fois, cela est mauuais : car c'est signe que la vertu digestiue est corrompue. Et pour y subuenir, s'il vient en trop grande abondance, il faut faire vomir le malade : que si c'est par intempe-rature de l'estomach, il sera corrigé par le conseil d'un docte Medecin.

Quant au sanglot ou hocquet, c'est vne contraction et extension des fibres nerueuses de l'estomach, qui se fait pour expeller et ietter hors certaines vapeurs qui luy nuisent. Les causes d'iceluy sont inanition ou re-pletion, ou certaines vapeurs proue-nantes de quelque putrefaction qui est en la capacité de l'estomach, ou comme le plus souuent attachée obsti-nément aux tuniques, ou portée en iceluy de quelques bosses, charbons, ou autres apostemes et vlceres putri-des qui sont és autres parties, ou pour auoir mangé choses fort aigres et aiguës, comme vinaigre, fortes es-piceries, et autres semblables, qui mordent et piquent l'estomach.

Si le sanglot vient aprés vne grande vacuation, soit naturelle ou artifi-cielle, ou suruient en playe, speciale-ment si elle est en la teste, dont la sanie tombant en l'estomach procrée ledit sanglot, et qu'il continue, c'est chose perilleuse. Aussi s'il vient aprés le vomir, c'est mauuais signe : que si aprés iceluy le spasme suruient, cela est mortel.

Or pour y remedier, il faut consi-derer la cause : car s'il vient par re-pletion, on y remediera par euacua-tion : au contraire si par vacuation ou inanition, on y procedera par re-pletion : s'il prouient par vapeurs esleuées de putrefaction, il faut don-ner du theriaque, et autres choses alexiteres qui contrarient à la pour-riture, qu'auons declarées cy deuant : et si c'est de choses aigres et aiguës, il faudra vser de remedes qui contra-rient à icelles : et ainsi des autres.

CHAPITRE XLV.

DE L'VRINE.

Autre euacuation se fait par l'vrine, et grandes maladies se terminent par icelle, comme nous voyons quelques-fois aduenir aux verollés, ausquels l'onction vif-argentée n'ayant peu

procurer aucun flux de bouche, suruient flux d'vrine, et guerissent :
comme aussi souuent aduient à aucunes fiéures, et plusieurs autres maladies. Or l'vrine sera prouoquée par
les remedes diuretiques escrits en
mon liure *des Pierres* [1] : toutesfois il
se faut bien donner garde d'en vser
de trop forts, s'il y auoit inflammation à la vessie, à cause que l'on feroit
fluer d'auantage les humeurs : chose
qui la pourroit gangrener, et accele-
rer la mort du pauure malade. Donc
en ce cas il sera plus expedient de diuertir par sueur, ou autre maniere.

CHAPITRE XLVI.

DV FLVX MENSTRVEL.

Pareillement si on voit aux femmes
que Nature se vueille descharger par
le flux menstruel, on leur aidera par
remedes qui le prouoquent, tant pris
par dedans qu'appliqués par dehors.

Ceux que l'on doit prendre par la
bouche sont, escorce de canne de
casse ratissée, escorce de racine de
meurier, saffran, agaric, noix muguette, sauinier, racine de boüillon
blanc, pastel, diagrede, et plusieurs
autres. Et s'il est question d'vser de
plus forts, on prendra racines de tithymal, antimoine, et cantharides
(toutesfois en petite quantité) lesquels
prouoquent grandement tel flux [2].

Aussi on fera frictions et ligatures
aux cuisses et aux iambes, application de ventouses sur le plat des cuisses, apertion de la veine saphene,
sangsues appliquées à l'orifice du col
de la matrice, pessaires, nouëts, clysteres, bains, fomentations faites de
choses odoriferantes, qui eschauffent,
subtilient et incisent la grosseur des
humeurs, et ouurent les orifices des
veines qui sont estoupées par obstruction, comme sont racines de boüillon blanc, guimauue, iris, persil, fenoil, bruscus, fueilles et fleurs de
millepertuis, asperges, roquette, basilic, melisse, cerfueil, armoise,
menthe, pouliot, sarriette, rosmarin,
rue, thym, hyssope, sauge, bayes de
laurier et de genéure, gingembre,
cloux de girofle, poiure, muguette,
et autres semblables, qu'on fera
boüillir, et en receuoir la vapeur au
col de la matrice par vn entonnoir
dedans vne chaire percée : ou en faudra faire bains vniuersels. Aussi on
en pourra faire des particuliers, ausquels la femme se mettra seulement
les iambes iusques au dessus du genoüil, et s'y tiendra le plus longuement qu'il luy sera possible. Ou bien
vsera de pessaires, comme ceux qui
s'ensuiuent.

℞. Theriacæ et mithridatij ana ℥. ß.
Castorei et gummi ammoniaci ana ℥. j.
Misce cum bombace in succo mercurialis
tincta, et fiat pessarium.

Autre.

℞. Radices petroselini et fœniculi sub cineribus coctas, deinde contusas cum pul.
staphys. pyrethri, croco et oleo liliorum.

Et de ce soit fait vn pessaire en
forme de suppositoires ou nouëts, qui
seront enueloppés en linge tissu, en
maniere d'vn sac de longueur de
quatre ou cinq doigts ou plus.

[1] Ce renvoi date de 1568, et concerne en
conséquence le livre *des Pierres* de 1564,
qui aujourd'hui fait partie du livre *des Operations.*

[2] *Remedes pris* d'Hippocrates, *De nat.
mulierum.* De Dioscoride *liu.* 3. Matth. Syluius, *liure des Mois.* — A. P.

Autre.

℞. Pul. myrrhæ et aloës ana ℈. j.
   Fol. sabinæ, nigellæ, artemis. ana ℈. ij.
   Rad. helleb. nigri ℈. j.
   Croci ℈.

Cum succo mercur. et melle comm. fiat pessarium cum bombace.

Autre plus fort.

℞. Succi rutæ et absinth. ana ℈. ij.
   Myrrhæ, euphorb. castorei, sabinæ, diagredij, terebenth. galbani, theria. ana ℈. j.

Fiat pessarium secundum artem.

Ces pessaires seront liés et attachés auec du fil, lequel pendra assez long, à fin de le retirer du col de la matrice quand on voudra.

Aussi le Chirurgien doit considerer que si le flux est par trop excessif, le faut estancher, qui se fera en plusieurs manieres : premierement par alimens qui espaississent le sang : aussi par la saignée faite au bras, par application de ventouses sous les mammelles, par frictions et ligatures faites au bras, apposition de pessaires, emplastres, et autres medicamens froids et astringens posés sur la region des lombes. Et faut que la femme soit située en lieu propre, non couchée sur la plume, de peur que par icelle le sang ne fust eschauffé d'auantage. Et sera bon aussi vser de ceste iniection pour arrester tel flux.

℞. Aquæ plantag. et fabr. ana ℔. j.
   Nuc. cup. gallar. non matur. ana ℈. ij.
   Berb. sumach, balaust. vitrioli Rom. alumin. rochæ ana ℈. ij.

Bul. omnia simul, et fiat decoctio.

De laquelle en sera fait iniection en la matrice.

Et faut que le Chirurgien se gouuerne sagement, tant à la prouocation que restriction, de peur qu'il n'y commette erreur : parquoy en ce cas doit prendre le conseil d'vn docte Medecin, s'il luy est possible : ie dis s'il luy est possible, par ce qu'il s'en trouue peu qui vueillent visiter les pauures pestiferés : chose qui m'a incité d'amplifier cest escrit, pour instruire les ieunes Chirurgiens à mieux penser ceux qui seront malades de peste.

CHAPITRE XLVII.

DES HEMORRHOÏDES.

Si on connoist que la nature se voulust descharger par les hemorrhoïdes, elles pourront estre prouoquées par frictions et ligatures assez fortes faites aux cuisses et aux iambes, application de grandes ventouses auec grandes flambes sur le plat du dedans des cuisses : aussi on mettra des choses chaudes et attractiues sur le siege, comme fomentations, et oignons cuits sous les cendres, pilés auec vn peu de theriaque. D'auantage, on frottera les veines hemorrhoïdales de linges rudes, ou auec fueilles de figuier, ou oignon crud, ou fiel de bœuf incorporé auec vn peu de poudre de colocynthe : pareillement y seront appliquées sangsues preparées et bien choisies, et pour le dernier la lancette, si les veines sont assez sorties hors du siege, et enflées et pleines de sang. Toutesfois si le flux n'est reiglé, mais excessif, il sera estanché par les remedes qu'auons declarés pour arrester le flux menstruel.

CHAPITRE XLVIII.

POVR PROVOQVER LE FLVX DV VENTRE.

Il se fait semblablement vacuation de l'humeur pestilent par le flux de ventre, à sçauoir quand Nature de son propre mouuement, ou par l'aide de medicamens laxatifs, purge et iette tous les excremens et humeurs contenus au ventre, à sçauoir par flux diarrheïque, lienterique et dysenterique.

Et pour bien discerner vn flux d'a-uec l'autre, il faut voir les selles du malade : et s'il iette humeurs liquides sinceres, c'est-à-dire, d'vne sorte ou d'espece, comme de pituite seule, cholere ou melancholie, et en grande quantité, sans vlceration aucune des intestins, et douleur grande : tel flux est appellé diarrheïque, c'est-à-dire, humoral.

Flux lienterique est, lors que les intestins ne retiennent point deuëment les viandes : mais deuant qu'elles soient bien cuites en l'estomach, elles decoulent crues et telles qu'elles ont esté mangées. Tel flux vient de la debilité de la vertu retentiue de l'estomach, pour vne trop grande abondance d'humeurs, ou de la debilité de la concoctrice d'iceluy, pour vne trop grande frigidité.

Flux dysenterique est, lors qu'il y a vlceration aux intestins, auec grandes douleurs et tranchées, qui se fait d'vne corruption d'humeurs, principalement d'vne cholere bruslée, laquelle corrode la tunique des intestins, dont s'ensuit que le sang sort tout pur par le siege.

Or en ceste abominable maladie pestilente, suruient à aucuns grand et excessif flux de ventre, par lequel

HI.

quelques-vns iettent vne matiere liquide, subtile, glutineuse et escumeuse, ressemblant quelquesfois à graisse fondue, à cause de la chaleur putride qui liquefie et corrompt les excremens et empesche la concoction, dont les selles sont quelquesfois veuës de diuerses couleurs, comme rousses, violettes, iaunastres, vertes, noires, cendrées, ou d'autre couleur, dont sort vne senteur intolerable, comme aussi de leur sueur et haleine, qui prouient d'vne chaleur putredineuse engendrée d'humeur ténues, choleriques, et acres par pourriture, dont est grandement irritée la vertu expulsiue à excretion. Et quelquesfois aussi s'y trouue quantité de vers, qui demonstrent pareillement grande pourriture des humeurs. Et quand l'humeur est ardent et bruslant, il irrite Nature à ietter non seulement les excremens et humeurs, mais aussi le sang tout pur, dont la mort s'ensuit.

Ce que i'ay veu aduenir au camp d'Amiens à plusieurs soldats forts et puissans. Et veritablement ie fis dissection de quelques-vns après leur mort, pour connoistre d'où ceste quantité de sang ainsi pur pouuoit sortir : et trouuay la bouche des veines et arteres mesaraïques ouuertes et esleuées, ou tumeflées là par où elles aboutissent dans les intestins en forme de petits cotyledons, desquels lors que les comprimois, le sang en sortoit tout pur.

Or quelquesfois ce vice n'est qu'aux gros intestins, quelquesfois seulement aux gresles, et aucunes fois aux gros et aux gresles : partant le Chirurgien prendra indication du lieu où le malade d.t sentir contorsions et douleurs. Car si ce n'est qu'és gresles ou menus, la douleur sera vers l'estomach : au contraire, si c'est au gros, la douleur sera vers le petit ventre au dessous du nombril.

Donc si le mal est aux intestins gresles, on baillera remedes par la bouche : au contraire si c'est aux gros, faut proceder par clysteres : et si l'affection est en tous, faut y remedier par haut et par bas. Et pour ces causes, le Chirurgien rationel prendra indication de la diuersité du flux de ventre, et des accidens qui se presenteront : comme si on voit que le malade ait tenesme et grandes espreintes (qui est vn signe que Nature se veut descharger par le ventre) on luy aidera par medicamens pris par la bouche, comme demie once de hiere simple auec deux onces d'eau d'absinthe, en y adioustant vne dragme de diaphœnicum, ou autres semblables : aussi à ceste intention les clysteres apportent grand profit, pour ce qu'ils purgent les superfluités des intestins, dissipent les ventosités, appaisent les douleurs : et en tirant les ordures contenues aux boyaux, par consequent ils attirent aussi par succession des parties superieures, et mesmement des veines, et diuertissent des parties nobles.

Exemple d'vn Clystere, pour irriter la vertu expultrice à ietter dehors les superfluités.

℞. Foliorum maluæ, violariæ, mercurialis ana m. j.
    Seminis lini ℥ . ß.
Fiat decoctio ad ℔ . j. in qua dissolue :
    Confectionis hamech, diaprunis solutiui ana ℥ . ß.
    Theriacæ ℥. iij.
    Olei violati et liliorum ana ℥ . j. ß.
    Mellis violati ℥ . ij.
Fiat clyster.

Lequel sera reiteré, s'il est besoin. Toutesfois s'il y a vlcere aux boyaux, ou veines ouuertes, ou lienterie, ou

diarrhée, ce clystere serait mauuais, comme aussi les suppositoires aigus.

Autre.

℞. Decoctionis communis clysteris ℔. j.
In colatura dissolue :
    Catholici et cassiæ ana ℥. ß.
    Mellis anthosati ℥ . j.
    Sacchari rubri ℥ . j. ß.
    Olei violarum ℥ . iij.
Fiat clyster.

Autre plus fort.

℞. Decoctionis clysteris communis ℔. j.
In colatura dissolue :
    Hieræ ℥ . ß.
    Catholici et diaphœnici ana ℥. ij.
    Mellis anthosati ℥ . j. ß.
    Olei anethini et chamæmelini ana ℥ . j. ß.
Fiat clyster.

Si le Chirurgien estoit en quelque lieu où il ne peust trouuer vn Apoticaire, ny syringue, ny chausse à clystere, ou que le malade ne peust ou ne voulust prendre clystere (comme aucuns font), alors il pourra faire suppositoires ou nouëts, forts ou debiles, selon qu'il verra estre besoin pour accomplir son intention.

Exemple d'vn Suppositoire, pour irriter la vertu expulsiue des boyaux.

℞. Mellis cocti ℥ . j.
    Hieræ picræ et salis communis ana ℥. ß.
Et de ce soit fait vn suppositoire.

On en peut aussi faire de sauon, de longueur d'vn doigt, et de grosseur moyenne : et au-parauant qu'on les applique, on les doit huiler ou engraisser, à fin qu'ils entrent au siege plus aisément et à moindre douleur.

Exemple d'vn plus fort suppositoire.

℞. Mellis ℥ . iij.
    Fellis bubuli ℥ . j.

Scammonij, puluerisati euphorbij, colocyntidis ana ʒ. ß.

Et de ce soient faits suppositoires.

Les nouëts ont mesme vsage que les suppositoires, et seront pareillement faits forts ou debiles, selon qu'il en sera besoin.

Exemple.

℞. Vitellos ouorum numero iij.
    Fellis bubuli et mellis ana ʒ. ß.
    Salis communis ʒ. ß.

Le tout soit battu et incorporé ensemble, et de ce soient faits nouëts, mettant des choses predites dedans vn linge : en quantité d'vne grosse avelaine, et le faut lier et mettre dans le fondement. Si on veut qu'ils soient plus forts, on y adioustera vn peu de poudre d'euphorbe ou colocynthe.

CHAPITRE XLIX.

POVR ARRESTER LE FLVX DE VENTRE.

Si on connoist le flux de ventre estre trop grand, et la vertu affoiblie, et que tel mal vint de l'affection de tous les intestins, alors le faut arrester : à quoy on procedera par remedes baillés tant par la bouche que par clysteres, de peur que la vie du malade ne sorte par le siege. Parquoy on donnera à manger aux malades de la boüillie faite de farine de fourment, auec vne decoction d'eau en laquelle on aura fait boüillir vne grenade aigre, berberis, bol d'Armenie, terre scellée, et semence de pauot, de chacun vne dragme.

Autre boüillie.

Prenez amandes douces cuittes en eau d'orge, en laquelle on aura fait esteindre des carreaux d'acier ou de fer ardens, puis pilez-les en vn mortier de marbre, et les faites en forme de laict d'amandes, et y adioustez vne dragme de poudre de diarrhodon abbatis, à fin que l'acrimonie de l'humeur cholerique soit adoucie, et l'estomach corroboré.

Autre remede de merueilleux effect, lequel ie tiens de feu monsieur Chapelain, premier Medecin du Roy, qui l'auoit comme grand secret de defunct son pere, et proteste luy en auoir veu ordonner auec vn tres-bon succés.

℞. Boli armen. terræ sigil. lapis hæmat. ana ʒ. j.
    Picis naualis ʒ j. ß.
    Coralli rub. mar. electar. cornu ceruj vsti et loti in aqua plantag. ana Ɔ. j.
    Sacchari rosat. ʒ. ij.

Fiat puluis.

De laquelle le malade en prendra plein vne cuillier deuant le repas, ou bien auec le iaune d'vn œuf. On vsera de ce remede en prenant plus ou moins, selon que le flux sera grand ou petit [1].

---

[1] Il m'a fallu ici rectifier le texte, qui varie suivant les éditions. En 1568, au lieu de la formule de Chapelain, on trouvait celle-ci :

« *Autre remede de merueilleux effect.*

« ℞. Picis naualis ʒ. j.
    Boli armen. et lapidis hæmat. ana ʒ. ij.
    Sacchari ʒ. i.

« Et de ce le malade en prendra plein vne cuillier deuant le repas. On vsera de ce remede en prenant plus ou moins selon que le flux sera grand ou petit »

En 1575, ce remède fut remplacé par celui de Chapelain, avec les mêmes préceptes pour son administration. Mais en 1579 l'auteur ajouta la citation qui suit de Christophe Landré, et l'intercalation fut faite si négligemment, que cette phrase : *on vsera de ce remede*, etc., suivait la citation, et se rapportait conséquemment à la *fiente de chien*, et non plus au remede de Chapelain, comme en 1575. Voilà ce que j'ai dû rectifier.

Christofle l'André en son Oecoiatrie loüe grandement la fiente de chien qui ait rongé par trois iours des os.

Pareillement on peut faire manger deuant le repas de la chair de coings, ou mesmes des coings cuits sous la cendre, ou en composte : ou conserue du fruit de cornalier, et berberis confit, et quelquesfois aussi vn mirabolan, ou vne noix muguette rostie pour corroborer l'estomach. Il faut semblablement que le malade mange de bonnes viandes et de facile digestion, et plustost rosties que boüillies. D'auantage, il conuient concasser vne grenade aigre auec son escorce, et la faire cuire en eau ferrée, et d'icelle en bailler à boire : ou de l'eau en laquelle on aura fait boüillir vne pomme de coings, neffles, cormes, ou meures de ronces, et autres semblables : car telles choses astreignent et consomment beaucoup d'humidités superflues du corps. On peut pareillement vser des syrops cy dessus escrits, comme de citrons, ribes, iulep rosat, et autres donnés auec eau ferrée.

L'estomach sera pareillement frotté exterieurement d'huile de mastic, de noix muguette, de coings, de myrrhe, et autres semblables. Aussi on peut mettre sur iceluy la crouste d'vn gros pain tiré vn peu auparauant du four, trempée en vinaigre et eau rose, ou vn cataplasme fait de decoction d'eau ferrée, roses rouges, sumach, berberis, myrtilles, chair de coings, mastic, farine de féues, et miel rosat.

Or si on voit que le malade iette des vers, on y procedera ainsi qu'il sera declaré cy aprés [1], à fin de les

[1] *Cy aprés;* c'est le texte de 1568, qui n'a

faire mourir, et ietter hors du ventre. Aussi on pourra vser de clysteres anodins, abstersifs, consolidatifs, restrictifs et nutritifs, selon qu'on verra estre besoin. Et premierement, lors que le malade sent grande douleur de tranchées et contorsions au ventre, à fin de rafraichir l'acrimonie des humeurs, on pourra donner vn tel clystere.

℞. Lact. hyos. foliorum acetosæ, portulacæ ana m. j.
　　Florum violarum et nenuph. ana p. j.
℞. Fiat decoct. ad ℔. j. in colatura dissolue :
　　Cassiæ fistulæ ℥. vj.
　　Olei rosati et nenupharis ana ℥. j. ß.
Fiat clyster.

Autre anodyn propre pour vne douleur aiguë et poignante és intestins.

℞. Rosarum rubrarum, hordei mundati et seminis plantaginis ana p. j.
Fiat decoctio : in colatura adde :
　　Olei rosati ℥. ij.
　　Vitellos ouorum numero ij.
Fiat clyster.

Autre Clystere refrigerant.

℞. Decoctionis caponis, cruris vituli et capitis veruecis vnâ cum pelle ℔ij.
In quibus coquantur foliorum violarum, maluæ, mercurialis et plantag. ana m. j.
　　Hordei mundati ℥. j.
　　Quatuor seminum frigidorum maiorum ana ℥. ß.
In colatura ℔. ß. dissolue :
　　Cassiæ recenter extractæ ℥. j.

n'a jamais été corrigé, et qui était juste alors, puisque le chapitre des Vers venait après l'histoire de la peste. Aujourd'hui il faudrait dire *cy deuant*; en effet, le chapitre des Vers a été reporté par Paré lui-même au livre *de la petite Verolle*, avant le livre *de la Peste*.

Olei violati ℥ . iiij.
Vitell. ouorum ij.
Sacchari rubri ℥ . j.

Fiat clyster.

Autre Clystere anodyn.

℞. Florum camom. meliloti et anethi ana p. j.
Radicis bismaluæ ℥ . j.

Fiat decoctio in lacte, et in colatura adde :

Mucilaginis seminis lini et fœnugræci
extractæ in aqua maluæ ℥ . ij.
Sacchari rubri ℥ . j.
Olei camæmeli et anethi ana ℥ . j. ß.
Vitellos ouorum ij.

Fiat clyster.

Il faut garder long temps tels clysteres, à fin qu'ils puissent mieux appaiser la douleur.

Lors qu'on verra aux excremens comme raclures de boyaux (qui est vn signe infaillible qu'il y a des vlceres és intestins) alors il faut bailler des clysteres detersifs et consolidatifs, comme ceux-cy.

Exemple d'vn Clystere detersif.

℞. Hordei integri p. ij.
Rosarum rubrarum et florum camomillæ, plantaginis, apij ana p. j.

Fiat decoctio : in colatura dissolue :

Mellis rosati et syrupi de absynthio ana
℥ . j. ß.
Vitellos ouorum numero ij.

Fiat clyster.

Exemple d'vn Clystere pour consolider les vlceres aux intestins.

℞. Succi plantaginis, centinodiæ et portulacæ ana ℥ . ij.
Boli Armenicæ, sanguinis draconis,
amili ana ℈. j.
Seui hircini dissoluti ℈. iij.

Fiat clyster.

Pareillement le lait de vache vn peu boüilli auec plantain et syrop rosat, est souuerain remede aux vlceres des intestins. Et si on voit (comme i'ay dit) que le flux fust trop impetueux, et que le malade fust debile, alors on luy donnera clysteres astringens.

Exemple d'vn Clystere astringent.

℞. Caudæ equinæ, plantaginis, polygoni
ana m. j.

Fiat decoctio in lacte vstulato, ad quartaria iij ; et in colatura adde :

Boli Armenicæ, terræ sigillatæ, sanguinis draconis an ℈. ij.
Albumina duorum ouorum.

Fiat clyster.

Autre.

℞ Succorum plantaginis, arnoglossi , centinodiæ, portulacæ depuratorum residentia facta quantum sufficit pro clystere, addendo :

Pulueris boli Armenicæ, terræ sigillatæ,
sanguinis draconis ℈. j.
Olei myrthini et rosati ana ℥ . ij.

Si le sang sort tout pur par les intestins, il faut vser de plus forts astringens : et pour-ce ie loüe beaucoup les decoctions faites d'escorce de grenade, noix de cyprés, roses rouges, sumach, et quelque portion d'alum et de couperose boüillies en eau de mareschal, et de ce soient faits clysteres sans huile, ou autres semblables [1].

On doit aussi fomenter le siege d'vne decoction astringente. Mais il faut noter que tels remedes fort astringens ne doiuent estre baillés, que premierement on n'ait purgé le malade, parce qu'ils arresteroient les humeurs corrompus qui sont la principale cause de ceste maladie, et les empescheroient d'estre vacués, et

---

[1] L'édition de 1568 ajoutait : *comme cestuy*

seroit-on cause de la mort du malade : mais seront baillés aprés qu'il aura esté suffisamment purgé, aussi qu'on connoistra les forces affoiblies et abbatues, et le ventre sort lubrique.

Si le malade est fort debile, et ne peut prendre alimens par la bouche, on luy pourra bailler clysteres nutritifs, comme [1] :

suiuant, et donnait ces deux formules de clystères, qui ont été retranchées dès 1575.

« ♃. Succorum mespilorum, sorborum, cornorum, fructuum aut foliorum quartarium j.

Tanni vel corticis quercini ℥. i.

Seminis anethi, sumach, berberis hypocystidis, gallarum ana ℥. i.

Seminis plantaginis ℥. ß.

Fiat decoctio : in quâ dissolue :

Vitellos duorum ouorum induratorum in aceto.

Adipis renum capræ ℥. i.

Fiat clyster. ad quantitatem ℔. ß., vel quartariorum trium.

« *Autre.*

» ♃. Decoctionis hordei integri perfecté cocti ℔. j. ß.

In quâ adde foliorum plantaginis, centinodiæ, et foliorum granatorum ana m. j.

Rosarum rubrarum m. ij.

Fiat iterum decoctio, et in colaturâ dissolue saccharum rubrum, vitellos duorum ouorum, pulueris foliorum grañatorum quantum volueris : fiat clyster. »

[1] Cette formule se lisait bien dans l'édition primitive de 1568, mais non pas immédiatement après la phrase qui précède ; et de même aussi la formule ne terminait point le chapitre. Il y avait donc avant et après une assez longue discussion sur les clystères nutritifs, de la page 214 à la page 271, et le chapitre se terminait par cette transition :

↑ « Je laisseray pour le present telles trop

♃. Decoctionis caponis pinguis et cruris vituli coctorum cum acetosa, buglosso, borragine, pimpinella, et lactuca ℥. x. vel xij.

In qua dissolue vitellos ouorum numero iij.

Sacchari rosati et aquæ vitæ ana ℥. j.

Butyri recentis non saliti ℥. ij.

Fiat clyster.

CHAPITRE L.

DE L'EVACVATION FAITE PAR INSENSIBLE TRANSPIRATION.

Le venin pestiferé se peut quelquesfois exhaler et euacuer par insensible transpiration : qui se fait par le moyen de la chaleur naturelle, laquelle agit perpetuellement en nostre corps, soit en dormant ou en veillant, et fait insensiblement exhaler les excremens du corps auec les esprits, par les porosités du cuir : ce qui se peut bien connoistre aux tumeurs et apostemes contre Nature, mesmes y ayant ja de la bouë faite, lesquelles bien souuent nous voyons se resoudre par le seul benefice de Nature, sans aide d'aucuns medicamens. Parquoy lors que Nature est forte, elle peut aussi ietter quelquesfois le venin pestiferé au dehors par insensible transpiration, voire encores qu'il y eust ja quelque tumeur, et humeur amassé et cueilli en quelque partie de nostre

curieuses disputes, pour parler d'vne autre euacûation, qui se fait par insensible transpiration. »

Tout cela disparut en 1575, mais cependant ne fut pas perdu, et Paré ne fit que transporter sa discussion, notablement amplifiée, au chapitre 22 du livre *des Medicamens*, qui traite *des Clysteres* en général et en particulier.

corps : car rien n'est impossible à Nature forte [1], aidée de la liberté des conduits de tout le corps.

CHAPITRE LI.

DE LA CVRATION DES ENFANS ESPRIS DE LA PESTE.

Pource que les petits enfans malades demandent diuerse et autre curation que celle des grands, nous auons reserué d'en traiter à part, tant de ceux qui tettent, que de ceux qui sont sevrés.

Partant pour commencer au regime de l'enfant qui tette, il faut que sa nourrice l'obserue pour luy, tout ainsi que si elle-mesme auoit la peste. Et le regime consiste és six choses non naturelles, c'est à dire qui sont hors de nature et essence de la personne, comme sont l'air, le mouuement et repos, dormir et veiller, manger et boire, repletion et vacuation de la superfluité des excremens, et les mouuemens et accidens de l'ame. De toutes lesquelles choses, quand on en vse auec moderation, c'est à dire, en qualité et quantité, et selon que la maladie de l'enfant le requiert, elles rendent le laict de la nourrice profitable à la santé de l'enfant : car comme l'enfant ne prend que du laict, aussi quand il sera rectifié et moderé selon que la maladie le requiert, non seulement il nourrit l'enfant, mais aussi il combat contre la maladie, comme ayant en soy deux qualités, vne qui nourrit, et l'autre medica-

[1] Là finissent la phrase et le chapitre dans les éditions de 1568 et 1575 ; le reste est de 1579.

menteuse : parquoy le laict succé par l'enfant supplée le lieu de son regime. Pareillement on fera que l'enfant obseruera le regime en ce qu'il pourra, comme de ne trop dormir ou veiller, et de la vuidange des excremens, et des choses qu'on verra estre besoin d'appliquer par dehors, comme linimens, emplastres, fomentations et autres.

Or que le laict de la nourrice soit medicamenteux, on le voit ordinairement en ce, que le iour qu'elle aura pris quelque medecine laxatiue, le ventre de l'enfant se lasche subitement, voire quelquesfois si fort qu'on est contraint changer de nourrice pour allaicter l'enfant (de peur qu'il n'eust trop grand flux de ventre, qui luy pourroit nuire et le faire mourir) iusqu'à ce que son laict soit retourné à son naturel. Mais si l'enfant est opiniastre et ne veut prendre vne autre nourrice, alors il faut supporter quelque chose de l'alteration du laict, plustost qu'il mourust de despit et de faim, par faute de tetter.

Et pour retourner à nostre propos, il faut que la nourrice vse de remedes propres contre la fiéure, comme potages et viandes qui refrenent la chaleur et fureur de l'humeur feruent, à fin que son sang, qui est matiere de son laict, soit rendu medicamenteux. Et pour ceste cause, elle ne boira aucunement de vin pour quelque temps : et doit lauer souuent le bout de sa mammelle d'eau d'ozeille, ou de suc d'icelle delayé auec succre rosat, et vsera des remedes qui seront declarés cy aprés.

Outre-plus, l'enfant prendra vn scrupule de theriaque delayé au laict de sa nourrice, ou en boüillon d'vn poulet, ou quelque eau cordiale : aussi on luy en frottera par dehors la region du cœur, et les emonctoires et les poignets : pareillement on luy en fera sentir au nez et à la bouche, les delayant en vinaigre rosat et eau rose, et vn peu d'eau de vie, à fin de tousiours aider Nature à chasser et abbattre la malice du venin.

Les enfans sevrés et ja grandelets peuuent prendre medicamens par la bouche : car comme ainsi soit que leur estomach digere bien plus grosses viandes que le laict, et que le foye en fait du sang, ils pourront pareillement reduire vne petite medecine de puissance en son effet. Parquoy on leur baillera à aualler du theriaque la quantité de douze grains delayés en quelque eau cordiale, auec vn peu de syrop de chicorée, ou mixtionnés en conserue de roses, ou en quelque boüillon de chapon, ou en autre maniere qu'ils pourront prendre. Et faut bien auoir esgard en quelle quantité on donnera ledit theriaque : car s'il n'est donné en petite quantité aux enfans, il leur excite la fiéure, et esteint leur chaleur naturelle. On leur pourra semblablement donner vn boüillon de chapon, auec lequel on aura fait cuire petite ozeille, laictue, pourpié, semences froides, auec vne once de bol armene et autant de terre sigillée enueloppée dedans vn linge : puis les espreindre, et leur en donner souuent auec vne cuillier. Sur ce il faut noter, que le bol d'Armenie et la terre sigillée ont grande vertu de conforter le cœur, et empescher que le venin ne l'infecte : et ce par vne propriété occulte que l'on a conneuë par seule experience. Aussi Galien affirme, que le bol d'Armenie a ceste propriété contre la peste, qu'en vn instant ceux qui en vsent sont preser-

nés et gueris, pourueu que les parties nobles ne soient ja grandement infectées.

D'auantage, il sera bon de leur prouoquer la sueur : car par icelle la matiere putride est souuent euacuée, ioint qu'il y a en eux grande abondance de fumées et vapeurs. Partant on la prouoquera en leur donnant à boire vne decoction de semences de persil, raisins de Damas, figues, racine d'ozeille, auec vn bien peu de saffran, et corne de cerf ou d'yuoire rappé.

A ces mesmes fins aucuns baillent de la licorne, mais on ne sçait encore que c'est : ioint que la corne de cerf et l'yuoire peuuent faire plus grand effet [1].

Pareillement pour prouoquer la sueur, on pourra vser d'esponges trempées en decoction de sauge, rosmarin, lauande, laurier, camomille, melilot et mauues : puis les espreindre et les mettre aux costés, aux aines et sous les aisselles chaudement : ou en lieu d'icelles on prendra vessies de porc à demy pleines de ladite decoction, lesquelles faut changer incontinent qu'elles ne seront assez chaudes, et les continuer iusques à ce que la sueur sorte en abondance. Et se faut bien garder de faire trop suer les enfans, parce qu'ils sont de facile resolution, et se desseichent en peu de temps, et tombent promptement en defaillance de la vertu, à laquelle il faut tousiours auoir l'œil. Et pendant qu'ils suent, il leur conuient esuentiler la face auec vn esuentoir, à fin qu'ils puissent aspirer l'air froid, doux et suaue, pour for-

[1] Voilà le premier indice, en 1568, de la guerre que plus tard Paré devait faire à la Licorne. Voyez le *Discours* à la fin de ce livre.

tifler la vertu, laquelle estant fortifiée, pourra mieux ietter la sueur
hors. Aussi leur faut faire sentir vinaigre mistionné auec eau rose, en
laquelle on aura dissout vn peu de
theriaque. Et aprés qu'ils auront suffisamment sué, ils seront essuyés, et
aprés on leur donnera à manger vn
peu de conserue de roses, auec poudre de corne de cerf et yuoire, et boiront de l'eau de buglose auec vn peu
d'ozeille, tant pour rafraischir que
pour tousiours preseruer le cœur. Et
où l'enfant aprés auoir pris les alexiteres ne sueroit, ne faut pourtant
auoir desespoir de la cure, parce que
Nature ne laisse à faire son profit des
antidotes et contre poisons qu'on luy
aura donnés.

Et s'il leur suruenoit quelque tumeur aux emonctoires, ou charbons
en quelque partie, on leur y fera
promptement vne fomentation de
choses qui amollissent et relaschent
le cuir, et qui attirent moderément :
puis on vsera de suppuratifs propres,
comme limaces pistées subtilement
auec leurs coquilles, moyeux d'œufs,
auec vn peu de theriaque : ou bien on
leur fera vne pulte de farine, d'huile,
d'eau, et iaunes d'œufs, et autres
choses propres : et on conduira le
reste de la cure le plus doucement
qu'il sera possible, ayant esgard à
leur ieunesse et delicatesse. Et s'il
est besoin de les purger, on leur
pourra donner vne dragme de rheubarbe en infusion, ou trois dragmes
de casse, ou vne once de sirop rosat
laxatif, ou demie once de sirop de
chicorée composé auec rheubarbe,
ou ceste medecine qui s'ensuit :

℞. Rhab. electi pul. ʒ. j.
Infunde in aquâ cardui benedicti cum
cinnamomi Ɔ. j. in colatura dissolue :

Catholici ʒ. ij.
Syrupi rosati laxatiui ʒ. iij.

Fiat parua potio.

Or toutes ces choses se doiuent
faire par le conseil d'vn docte medecin, s'il est possible de le recouurer. Et
quant à la reste de la cure, elle se
parfera ainsi qu'auons declaré par cy
deuant, ayant esgard à leur nature
tendre et delicate.

CHAPITRE LII.

DISCOVRS DES INCOMMODITÉS QVE LA PESTE APPORTE ENTRE LES HOMMES, ET DV SOVVERAIN REMEDE [1].

I'ay cy dessus remonstré, sur les
causes de la peste, qu'estant vn des
fleaux de l'ire de Dieu, nous ne pouuons sinon tomber en toute extremité de maux, quand l'enormité de
nos pechés a prouoqué sa bonté à
retirer sa main fauorable de nous,
et nous enuoyer vne telle playe : il
me suffira donc pour la fin, de re-
memorer quelques incommodités, ou
plustost à vray dire, horribles calamités qui aduiennent en la societé humaine par ceste dangereuse maladie,
à fin que selon les moyens humains
que Dieu a ordonnés pour y pour-
ueoir, nous soyons par la grandeur
du mal plus enclins à chercher et à
vser de remedes qui nous en peuuent
preseruer. Considerons donc, qu'aussi
tost que la peste est en quelque prouince, tout commerce de marchan-

[1] Ce chapitre ne suiuait pas immédiatement le précédent dans l'édition de 1568 ;
mais, comme il a été dit, il en était séparé
par les quatre chapitres consacrés à la petite
vérole et aux vers. Il a repris la place qu'il
occupe actuellement dès 1575.

dise, dont les hommes ont besoin de s'entretenir par aide reciproque des vns et des autres, vient à estre interrompu et delaissé : car nul ne se veut hazarder de venir rien apporter au lieu où est la peste, de peur de perdre sa vie. De là s'ensuit que les viures viennent bien tost en grande cherté, et en fin à defaillir du tout, mesmement aux villes fameuses où il y a grand peuple qui a accoustumé de viure au iour la iournée, sans faire prouision : car les marchands allans çà et là pour en apporter, ne peuuent non seulement entrer aux villes ny villages, mais souuent en sont dechassés par armes et à coups de harquebuses, arbalestes, et pierres, pour ne les laisser approcher, tant que quelquesfois ils sont tués ou massacrés inhumainement, au lieu du secours qu'on leur deuroit donner en leurs necessités. De là vient que les autres n'y veulent aller, et eux qui souloient subuenir à ce que leur ville ne tombast en defaut de viures et autres choses, sont contraints d'endurer la famine auec leurs concitoyens. Souuent les enfans sont contraints d'enterrer leurs peres et meres, les peres et meres leurs enfans, les maris leurs femmes, et les femmes leurs maris (qui leur est un grand creue-cœur) pour ne trouuer personne qui les vueille enterrer. Souuent aussi on laisse les corps sans les enterrer, desquels s'esleuent vapeurs putredineuses qui renforcent la peste [1]. Outre-plus, les plus opulents, mesmes les magistrats, et autres qui ont quelque autorité au gouuernement de la chose publique, s'absentent ordinairement des pre-

miers, et se retirent ailleurs, de sorte que la iustice n'est plus administrée, n'y estant personne à qui on la puisse requerir : et lors tout s'en va à confusion, qui est vn mal des plus grands qui sçauroient aduenir à vne republique, quand la iustice defaut : et adonc les meschans ameinent bien vne autre peste : car ils entrent és maisons, et y pillent et desrobent à leur aise impunément, et coupent le plus souuent la gorge aux malades, voire aux sains mesmes, à fin de n'estre conneus et accusés aprés.

Qui en voudra des exemples bien recentes, il en pourra sçauoir des habitans de Lyon, au voyage que le Roy y a fait [1]. Aussi en ceste ville de Paris se sont trouués des gens, qui auec l'aide de tels maistres, ayans fait entendre à vn quidam leur ennemy qu'il auoit la peste, sans auoir mal quelconque, et le iour qu'il deuoit parler de son procés, ou faire quelque acte où sa presence estoit requise, l'ont fait rauir et emporter à l'Hostel-Dieu, par la force de ces galands, quelque resistence qu'il peust faire, estans plusieurs contre vn : et si de fortune il imploroit l'aide et misericorde du peuple qui le voyoit, les larrons et meurtriers l'empeschoient et crioient encores plus fort que luy, à fin qu'il ne fust entendu : ou bien ils donnoient à entendre que le mal l'auoit rendu furieux et demoniaque, pour faire fuir chacun d'auprés, et ce pendant auoir moyen de le pousser audit Hostel-Dieu, et le faire lier et coucher auec les pestiferés. Et quelques iours aprés mourut, tant de desplaisir que de l'air infecté, ayant esté sa mort auparauant vendue et acheptée à beaux deniers contans.

---

[1] Les deux phrases qui précèdent sont de 1585.

[1] 1565. — A. P.

Ie n'ay que faire de deduire icy au long ce que l'on ne sçait que trop : c'est à sçauoir que les villes delaissées deuiennent champestres, iusques à voir l'herbe croistre par les rues : les laboureurs delaissans leurs maisons et les fruits sur la terre, laquelle demeure en friche : les troupeaux sont esgarés et esperdus par les champs : les hommes s'entre-rencontrans s'enfuyent arriere les vns des autres, signe de grande punition de Dieu. Ie me contenteray d'adiouster icy que ceste maladie rend par tout l'homme si miserable, que si tost qu'il est soupçonné, sa maison (qui luy estoit lieu le plus seur et le plus libre) luy sert d'vne cruelle prison : car on l'enferme dedans sans qu'il puisse sortir, ny que personne y soit admise pour le secourir. Si ce pendant quelqu'vn de ceux qui sont ainsi reserrés et enfermés se meurt, il faut que les autres qui sont là dedans voyent quelquesfois durant long temps cest horrible spectacle du corps rempli de vermine et pourriture, auec vne grande puanteur charongneuse, qui fait renforcer l'infection et venenosité de l'air, qui puis aprés fait redoubler la peste, et est souuent cause de la mort de tous ceux qui sont en la maison. Et si on se retire aux champs, la mesme crainte et horreur y est, et se trouue en tout chacun qui les voit, et plus encores, d'autant qu'on a moins d'amitié ou connoissance. Tout est clos et fermé aux villes, villages et bourgades, voire les maisons propres sont closes à leus maistres, tellement que souuent on est contraint de faire quelque logette aux champs, arriere de toute conuersation et connoissance : comme on faisoit à Lyon sur le Rosne, là où les malades s'estans retirés, le chaud du iour les es-

touffoit, et le froid de la nuit les morfondoit et leur amenoit d'autres mortelles maladies. Et qui plus est, n'a-on pas veu esdites loges, que le pere et la mere estans griefuement malades, et ne pouuans aider à leur enfant, l'ont veu suffoquer et manger aux mouches guespes, et la mere cuidant le secourir, se leuer, puis tomber morte entre l'enfant et le mary ? Plus, on n'est reconneu des vassaux, suiets, ou seruiteurs qu'on ait : chacun tourne le dos, et personne n'y oseroit aller : mesmes le pere abandonne l'enfant, et l'enfant le pere : le mary la femme, et la femme le mary : le frere la sœur, et la sœur le frere : voire ceux que vous pensez les plus intimes et feables amis, en ce temps vous abandonnent pour l'horreur et danger de ceste maladie. Et s'il y a quelqu'vn qui, meu de pitié et charité chrestienne, ou pour la consanguinité, vueille s'auancer pour secourir et visiter vn malade, il n'aura aprés parent ny amy qui le vueille frequenter ny approcher. Qu'ainsi soit, on a veu à Lyon, lors qu'on apperceuoit seulement és rues les Medecins, Chirurgiens et Barbiers esleus pour panser les malades, chacun couroit aprés eux à coups de pierres pour les tuer comme chiens enragés, disans qu'il falloit qu'ils n'allassent que de nuit, de peur d'infecter les sains.

Combien de pauures femmes grosses, sans estre aucunement malades de peste (pour-ce qu'en tel temps toutes autres maladies sont suspectes) ont esté pour le seul souspçon delaissées et abandonnées à leur enfantement, dont est prouenue la mort des meres et des enfans? Ie puis veritablement dire auoir trouué aux mammelles d'vne femme morte de peste, son enfant tettant encores le venin mortel, qui le deuoit tuer bien tost aprés.

Si la nourrice d'vn enfant vient à deceder, encores que ce ne fust de la peste, il ne s'en trouuera point d'autre, pour le souspçon qu'on a que elle soit morte de peste : tant est ceste maladie effroyable et espouuentable, que si tost que quelqu'vn en est surpris, il ne trouue secours de personne, ains attend seulement la mort miserable. Qu'il soit ainsi, entre vne infinité d'autres exemples que l'on en voit ordinairement, nous lisons[1] qu'vne ieune femme, son mary estant mort et deux de ses enfans, se voyant frappée, commença a s'enseuelir elle-mesme, et fut trouuée à demy enseuelie, ayant encore le fil et l'aiguille entre ses mains. Outre-plus, vn homme fort et robuste ayant la peste, est allé au cimetiere, et en sa presence a fait faire sa fosse, et auant qu'elle fust paracheuée, il mourut sur le bord.

Au contraire il y en a qui ont eu telle apprehension de la mort, estans frappés de ceste maladie pestilente, que pour se secourir eux-mesmes, se sont appliqués des fers ardens sur la bosse, se bruslans tous vifs : autres auec tenailles l'ont arrachée, se pensans garantir. Aussi aucuns par la ferueur et rage de ceste maladie se sont iettés dedans le feu, autres dans les puits. aucuns és riuieres : autres se sont precipités par les fenestres, autres se sont heurtés la teste contre la muraille iusqu'à en faire sortir la ceruelle, ce que i'ay veu : autres aussi se sont tués eux-mesmes à coups de dague ou de cousteau.

Lucrece, poëte Latin, a remarqué la peste auoir esté autresfois si furieuse au pays d'Athenes, que plusieurs surmontés de la vehemence de la maladie se precipitoient dedans l'eau. On raconte que la peste, il y a enuiron quatre vingts ans, auoit de telle rage couru par la Gaule Lyonnoise, que les femmes principalement, sans apparence d'aucun mal en leur corps, se iettoient dedans leurs puits, surmontées de la fureur de telle maladie [1].

Et à ce propos m'a esté asseuré que depuis n'agueres, vn Prestre de la paroisse sainct Eustache en ceste ville de Paris, estant malade de la peste en l'Hostel-Dieu, de furie se leua du lict, et prit vne dague, de laquelle il frappa plusieurs des paunres malades couchés dedans leur lict, et en tua trois : et n'eust esté qu'il fut apperceu et empoigné du Chirurgien dudit hostel (qui receut de luy vn coup de dague dedans le ventre, le voulant saisir, dont il cuida mourir) il en eust occis autant qu'il en eust trouué : mais si tost qu'il fut retenu, et que ceste furie diminua, il rendit l'esprit.

Vn autre cas non moins horrible est aduenu à Lyon, rue Merciere, où la femme d'vn Chirurgien nommé Amy Baston (qui estoit mort de peste) six iours après estant esprise de la mesme contagion, tomba en resuerie, puis en frenesie, et se mist à la fenestre de sa chambre, tenant et tourmentant son petit enfant entre ses bras : ce que voyans, ses voisins l'admonestoient de ne luy faire mal : mais au lieu d'auoir esgard à leur aduertissement, le ietta incontinent en terre, puis tost apres elle s'y precipita : ainsi la mere et l'enfant moururent.

Il y a vne infinité d'autres sembla-

---

[1] Au liure des *Histoires prodigieuses.*—A. P.

[1] Ce paragraphe a été intercalé ici en 1579.

bles exemples, lesquels si ie voulois raconter, iamais la matiere ne me defaudroit : mais tant y a, que le tout aduient le plus souuent aux malades par faute qu'on n'ose conuerser, ny estre alentour d'eux pour les secourir : ce qui ne se fait aux autres maladies, mesmes en lepre, car en icelle les malades sont secourus : mais en ceste-cy on est dechassé de ses parens et amis, voire de sa propre maison, comme nous auons dit : dequoy se faut d'autant moins * esmerueiller, veu que la charité des hommes est auiourd'hui tellement refroidie, que ceux mesmes qui ont toute liberté, encore qu'ils ayent or et argent pour satisfaire, ne peuuent en temps de peste auoir secours d'autruy [1].

Icy ne veux encore passer que ne recite ce que le bon vieillard Guidon a escrit, qu'en l'an mil trois cens quarante et huit, vint vne mortalité, dont ceux qui estoient espris de peste mouroient en trois iours ou en cinq au plus : et estoit si contagieuse, que non seulement en conuersant ensemble, mais aussi en regardant l'vn l'autre se prenoit : et les personnes mouroient sans seruiteurs, et estoient enterrés sans prestres, et mouroit de iour en iour en vn si grand nombre de pestiferés, que ne pouuant suffire à les enterrer, on estoit contraint faire de grandes fosses aux cimetieres et les ietter dedans à monceaux, les vns morts, les autres estans encore en agonie. Le pere ne visitoit l'enfant, ny l'enfant le pere, ny la femme le mary, ny le mary la femme, comme auons dit cy dessus : toute charité

estoit morte, et esperance abbatue. Ceste maudite pestilence fut quasi par tout le monde, et n'en laissa presque la quarte partie. Elle fut fort honteuse et non profitable aux Medecins et Chirurgiens, lesquels n'osoient visiter les malades, de peur d'estre infectés : ioint aussi que tous leurs remedes ne profitoient en rien : car tous ceux qui estoient frappés de ceste peste mouroient. En aucunes contrées de pays, on estimoit que les Iuifs eussent enuenimé le monde, et à ceste cause on leur couroit sus et les assommoit. Les autres cuidoient que ce fussent les pauures manchets, pour laquelle occasion estoient chassés. Les autres en soupçonnoient les Nobles, et pource n'osoient aller par le monde. Et finablement les portes des villes furent gardées, et ne laissoient nul entrer dedans s'ils n'estoient bien conneus. Et si quelques-vns auoient poudre ou onguens, pensoient que ce fussent poisons, qui estoit cause de leur faire aualler. Ladite peste dura sept mois sans cesser. Voila ce que le bonhomme de Guidon en escrit, chose à la verité de grande remarque, touchant l'ire de Dieu.

CHAPITRE LIII.

EPILOGVE OV CONCLVSION DE CE DISCOVRS DE LA PESTE [1].

Or ie m'asseure que le Lecteur qui aura appris en ce petit traité le moyen de s'en preseruer, et mesme sans danger visiter et secourir son pro-

---

[1] Le texte correspondant au chapitre actuel, dans l'édition de 1568, n'allait pas plus loin, et le long extrait de Guy de Chauliac qu'on va lire a été ajouté en 1575.

[1] Ce chapitre était confondu avec le précédent en 1568 et 1575 ; il n'en a été séparé qu'en 1579.

chain, ne mesprisera point mon labeur, combien que (si faire se pouuoit) i'aimerois beaucoup mieux qu'il ne fust besoin à personne s'en aider, et que la serenité de l'air par la bonté de nostre Dieu fust tousiours telle, que la peste perdist son nom et ses effets. Mais puis que cela prouient par l'iniquité des hommes, laquelle se perpetue auec eux tout le cours de leur vie, en receuant patiemment ce qu'il plaist à Dieu nous enuoyer, nous suiuons aussi sa volonté, quand nous apprenons et vsons des remedes selon qu'en toutes choses il en a mis la proprieté et vertu, pour seruir à l'vsage de l'homme, tant à la nourriture du corps qu'à la conservation et recouurement de la santé d'iceluy. Et de tant plus que ce mal est grand, d'autant faut-il recourir promptement au remede qui est seul et general : c'est que grands et petits, de bonne heure implorions la misericorde de Dieu par confession et desplaisance de nos forfaits, auec certaine deliberation et propos de nous amender et donner gloire au nom de Dieu, cherchans en tout et par tout de luy obeir et complaire suiuant sa sainte parole, sans estriuer à l'encontre de luy par nos desordonnées passions, comme nous auons fait et faisons iournellement. Et s'il luy plaist encores aprés cela nous battre de ces verges là, ou de quelques autres selon son conseil eternel, faut l'endurer patiemment, sçachant que c'est tout pour nostre profit et amendement : et ce pendant s'entreaider des remedes qu'on pourra trouuer, sans abandonner ainsi les vns les autres, par vne extreme barbarie et inhumanité.

Croyons que le mal seroit beaucoup moindre, ayans aide et consolation les vns des autres. Le Turc le fait, et nous, Chrestiens de nom, n'en tenons compte : comme si nous pensions en ceste sorte eschapper des mains de Dieu. Helas, où nous pourrons-nous cacher que ne soyons trouués? Reconnoissons plustost auec le Psalmiste: *Si ie prens les ailes de l'aube du iour, et que i'habite aux dernieres parties de la mer, là aussi ta main me conduira, et ta dextre m'empoignera*[1]. Croyons que quand nous pourrions euiter la mort de ce costé là (ce qui ne peut estre) il a cent mille morts plus honteuses et miserables pour nous attrapper, et confondre le corps et l'ame pour estre tourmentés à tout iamais. Parquoy ayans nos cœurs remplis de charité, il nous faut retourner à luy, d'autant qu'il est plein de clemence et benignité, prest à nous soulager en nos tribulations, et est tout bon, et nous aime comme ses enfans : et quand il luy plaira, il retournera toutes nos afflictions en nostre salut, voire mieux que nous ne sçaurions souhaiter ou imaginer. De là prenons ceste resolution ferme, de nous assuiettir et ranger paisiblement à sa bonté et saincte volonté, qui est la reigle de toute sagesse, à laquelle nous deuons conformer toutes nos cogitations et actions. Voila vn tres-bon onguent alexitere pour adoucir nostre peste, et vn remede salutaire pour appaiser nos murmures et nous imposer silence, et vn arrest certain pour faire cesser le procés que nous intentons coustumierement contre Dieu. quand il nous chastie plus rudement qu'il ne nous semble bon et profitable (au iugement de la chair et non de l'esprit.)

Parquoy apprenons à nous capti-

[1] *Pseaume* 139. — A. P.

uer, et brider nostre appetit, estimans que Dieu fait toutes choses en poids et mesure : et quoy qu'il nous enuoye peste, famine, ou guerre, et autres infinies calamités, il ne fait rien qui ne soit bon et droit. Et quand il luy plaira nous retirer de ce monde, de là naistra nostre bonheur et felicité, veu que ceste vie traine auec soy vne infinité de trauaux et miseres, où nous sommes presque abysmés de choses caduques et transitoires [1]. Et par ceste mort sommes appellés à la pleine fruition du royaume celeste, comme par vn herault et embassade enuoyé du Ciel. Si vn roy par vn messager appelloit vn pauure et miserable à soy pour le faire participant de son royaume, quel plaisir et soulas receuroit-il? A plus forte raison deuons nous estre ioyeux, quand Dieu par la mort nous enuoye ce messager qui nous guide à luy, pour heriter son royaume eternel et bienheureux. Veu donc que l'eschange est tel, nous auons matiere de consolation, la mort nous estant cest heureux messager, lequel nous fait passer de ce monde au ciel, de ceste vie miserable à la vie eternelle, de malheur en felicité, d'ennuy en liesse, de misere en prosperité, qui nous doit grandement consoler, et tollir toute occasion de lamenter. Et par tel argument de resioüyssance, quand il plaist à Dieu nous appeller et enuoyer la mort, laquelle il a souffert pour nostre redemption, Ezechias desire la mort, non qu'il fust despité contre Dieu : mais estant ennuyé des fascheries et tourmens du monde, il desiroit d'en sortir, pourueu toutesfois

que Dieu s'y accordast. Car nostre vie est comme vne garnison en laquelle Dieu nous a mis, nous enioignant y demeurer iusques à ce qu'il nous appelle, et nous licence pour en sortir auec foy, et qu'il n'est pas venu en ce monde souffrir et estre mis en croix que pour la redemption des pecheurs, et non des iustes, comme il a dit (d'autant qu'vn homme sain n'a que faire de Medecin). Donc il se faut humilier, et auoir ferme fiance qu'il nous pardonnera toutes nos fautes, pourueu que nous luy addressions nos prieres du profond de nostre cœur, et de droite et ardente affection, croyans que luy mesme a dit qu'il ne vouloit la mort du pecheur, mais sa redemption. Esaïe dit qu'il mettra nos pechés derriere le dos, voire au profond de la mer, et n'en aura iamais de recordation. Ces choses considerées, nous ne deuons craindre la mort, n'estans en ce monde que comme en maison empruntée, de laquelle il nous faut desloger quand il plaira au Seigneur, à laquelle elle appartient. Que si le partement de ce monde est vne entrée à vie, qu'est-ce de ce monde sinon vn sepulchre ou tombeau? Et comme les mariniers desirent vn bon port, aussi deuons nous desirer de sortir de ceste grande mer de misere et calamité, pour aller au port de salut où tout mal cessera, et n'y aura orage ne tourmente, mais toute ioye et repos. Iob dit que l'homme nay de femme est de peu de iours et rempli de miseres, qui sort hors comme la fleur, et est coupé, et s'enfuit comme l'ombre, et n'arreste point [1]. Autres comparent ceste vie à vne fumée, ou vapeur d'vne bouteille d'eau, qui s'es-

[1] Ici finissait ce paragraphe dans les deux premières éditions de ce livre; tout ce qui suit est de 1579.

[1] *Iob*, 14. — A. P.

leue en temps de pluye : autres à vne nacelle estant au milieu·de la mer, agitée çà et là des vents et des ondes, heurtant contre les rochers, qui souuent se perd aux gouffres et abysmes profondes. Et par ainsi il faut mettre en la protection de Dieu la garde de nostre ame, qu'il nous a donnée pour estre reunie en ce corps : lequel sera glorifié en la resurrection vniuerselle des morts.

Et pour conclusion, si nous r'apportons le tout au conseil de Dieu, nous aurons dequoy nous consoler au milieu des plus grandes angoisses et destresses qui nous pourroient aduenir : lequel nous prions de bon cœur, et de ferme et viue foy, qu'il nous pardonne nos pechés, lesquels sont cause de ceste maladie pestiferée et autres, croyant que c'est le vray an idole contre la peste. Car Iesus-Christ, voulant guarir le Paralytique, luy dit : *Tes pechés te sont pardonnés* : monstrant et declarant par cela, que la cause et racine de sa maladie procedoit de son peché, et que pour en auoir la fin, il falloit que l'ire de Dieu fust appaisée, et qu'il luy fust propice et fauorable par la remission de ses pechés. Ainsi donc nous implorerons sa grace d'vn cœur ardent, ayant fiance qu'il nous gardera et defendra, nous donnant ce qui nous est necessaire tant au corps qu'à l'ame. Que s'il luy plaist nous appeler, il sera nostre redempteur, et nous ayant retiré de ce labyrinthe et gouffre de tous maux et miseres, il nous introduira en l'heritage de sa gloire, pour l'amour de son cher fils nostre sauueur Iesus-Christ, auquel soit gloire eternelle. Ainsi soit·il [1].

[1] C'est ainsi que se terminait le livre de

ADVERTISSEMENT DE L'AVTHEVR.

L'autheur a fait ceste petite admonition pour le ieune Chirurgien, se trouuant quelquesfois aux lieux où il n'y a prestres, ny autres gens d'Eglise à la mort des pauures pestiferés. Comme i'ay veu, le roy Charles estant à Lyon, pendant la grande mortalité, où l'on enfermoit aux bonnes maisons vn Chirurgien pour medicamenter ceux qui estoient pestiferés, sans pouuoir estre secourus d'aucunes personnes pour les consoler à l'extremité de la mort : et ledit Chirurgien, ayant esté instruit de ceste petite admonition, pourra seruir à la necessité d'vn plus grand clerc que luy. Et ne veux icy passer les bornes de ma vocation : mais seulement aider aux pauures pestiferés en leur extremité de la mort.

La mort est la peur des riches,
Le desir des pauures,
La ioye des sages,
La crainte des meschans,
Fin de toutes miseres,
Et commencement de la vie eternelle,
Bien-heureuse aux esleus,
Et mal-heureuse aux reprouués [1].

la Peste en 1568 et 1575; l'avertissement qu'on va lire a été ajouté en 1579.

[1] L'édition de 1579 portait : *Et commencement de la vie eternelle à ceux qui croyent en Dieu et ont esperance en sa misericorde infinie.* Du reste, ces sentences accompagnaient une figure de squelette debout, le bras droit appuyé sur une bêche, et destinée sans doute à frapper les yeux en même temps que le texte frappait l'esprit. Je n'ai vu aucune raison pour la conserver.

CHAPITRE COMPLEMENTAIRE.

DE L'VSAGE DE L'ANTIMOINE [1].

Quelques vns semblablement donnent aux robustes quatre ou cinq grains d'antimoine, preparé auec vn œuf, ou auec conserue de roses ou succre rosat, et aux foibles deux ou trois grains.

Vn Chirurgien, homme de bien, demourant à Bordeaux, nommé maistre Iean de Sainct Iean, m'a affirmé en auoir baillé trois grains à sa fille, aagée de dix-sept ans, laquelle auoit eu apparence de tumeur pestiferée en l'aine, qui depuis s'en estoit retournée au dedans : et voyant les accidens continuer, et l'antimoine n'auoir rien fait, luy en bailla iusques à cinq grains, dont s'ensuiuit grand vomissement, flux de ventre, et sueur : et par ces vacuations, elle fut (dit-il) preseruée.

Par ainsi nous voyons qu'il n'y a point de regle certaine à la dose des medicamens purgatifs : partant il les faut augmenter selon la nature du malade, facile ou difficile à esmouuoir.

Toutesfois qui ne voudra vser d'antimoine preparé, ne laissera d'en vser sans estre preparé, en prenant trois onces d'iceluy bien esleu, à sçauoir fort ponderoux et lucide, et qui facilement se comminue : lequel sera sub-

tilement puluerisé, et mis en vne phiole de verre auec vn posson de bon vin blanc ou maluoisie : puis assez longuement agité et battu en ladite phiole : et après le faut laisser tremper ou infuser, et rasseoir six ou sept heures, et passer le vin sans aucune portion du corps dudit antimoine : et soit donné à boire au malade, et verrez que ledit vin antimonien fera tel effet que la poudre de celuy qui est calciné et preparé : ce que ie sçay par experience.

Ledit antimoine est fort loüé en ceste peste, parce qu'en peu de temps, voire en demie heure, qu'il est entré au corps, il prouoque le vomissement, sueur et flux de ventre, ce qui se fait par sa force et vehemence : laquelle irrite la vertu expultrice à chasser la matiere veneneuse hors, et quant et quant l'humeur vicieux qui y est attaché, chasse hors principalement les matieres acqueuses : toutesfois alors que Nature se sent chargée d'autre humeur, il l'euacue aussi, voire en tous temperamens et à toutes heures, neantmoins que l'humeur soit cuit ou crud : et fait ce par vne propriété occulte, laquelle (comme aussi à chacune chose naturelle) luy a esté donnée dés le iour qu'il a esté creé au monde, outre l'action des quatre qualités premieres et leurs dependances. Qu'il soit vray, soit qu'on le calcine, ou brusle, ou donne crud en infusion, il purge tousiours les aquosités : et encore que l'on baille l'infusion du calciné, il ne laissera pas de faire les

---

[1] Ceci est le fameux article sur l'antimoine extrait du chap. 27 des éditions de 1568 et 1575, et retranché en 1579 en même temps que le livre des Fiéures. Voyez ci-devant la note de la page 414. Dans l'édition de 1568, il occupe six pages pleines, de la 129e à la 135e.

mesmes actions qu'il fesoit estant baillé en corps, voire en aussi petite quantité. Il n'a aucune saueur ny odeur, et donne peu de tranchées au ventre : partant quelques-vns en donnent aux enfans ja grandelets en petite quantité.

Or si quelques-vns me vouloient obiecter, que plusieurs ont pris dudit antimoine qui n'ont esté gueris : ie leur responds pareillement, que tous ceux ausquels on a administré tous les autres remedes n'ont laissé à mourir : parquoy il ne faut imputer la faute audit antimoine, mais au venin pestiferé, qui a esté plus grand et plus fort que la vertu du medicament : ou qu'on ne l'a pas donné opportuné-ment au parauant que le venin eust saisi le cœur, ou pour la diuersité des temperamens : car quelquesfois ce qui profite à l'vn nuit à l'autre.

Or dés le premier iour, ou du se-cond, on doit prendre ledit antimoine, et diuersifier la dose, plus ou moins, selon la force des malades : i'entens ceux qui ont mestier d'estre pur-gés, ausquels i'aymerois trop mieux (si faire le falloit) bailler de l'infusion du crud que de celuy qui est calciné, comme estant moins veneneux. Les robustes le prendront auec bon the-riaque, et les delicats auec vn iaune d'œuf, ou succre rosat, ou conserue de roses : et au parauant que le pren-dre, on doit bailler vn clystere ou suppositoire : puis deux heures aprés l'auoir pris, faut donner au malade vn boüillon fait de chapon et vn iar-ret de veau, auecques vne poignée d'orge mondé, à fin de lenir l'esto-mach et les intestins.

Aucuns mesprisent l'antimoine es-tant donné par dedans, pour purger les pestiferés, quoy qu'il soit calciné ou crud, affermans qu'il est poison,

d'autant que par sa calcination il est rendu plus sec et plus dur, et acquiert vne nature de feu : aussi estant crud et non calciné, disent qu'il ne con-uient à nostre nature. laquelle con-siste en chaleur et humidité, d'autant qu'il est froid et sec au tiers degré (toutesfois il me semble qu'estant crud, il luy demeure vne nature sul-phurée qui peut corriger sa froideur) : plus adioustent qu'il ne se peut de-layer en l'estomach, ce que les bons medicamens purgeans font, pour en-uoyer leurs vapeurs par dedans les veines : et finalement adioustent que tous medicamens qui purgent en mesme temps par haut et par bas, sont violens et malings de toute leur substance.

Or laissans telles questions, nous dirons seulement que, outre les qua-lités qu'a l'antimoine crud ou calciné, il luy demeure tousiours vne vertu propre, particuliere et specifique, qui est admirable et diuine, comme nous auons demonstré : en ce qu'il fait sor-tir grande quantité d'excremens, tant par vomissement, flux de ventre, que par la sueur, purgeant principale-ment les humidités sereuses : toutes-fois il fait vacuation des autres hu-meurs par le benefice de Nature, la-quelle estant agitée comme de furie du venin pestiferé, et aidée ou aiguil-lonnée par la vertu de l'antimoine, ou semblables medicamens acres, ne iette seulement les aquosités ou sero-sités, mais aussi les autres humeurs qui la molestent, les deschargeant par les voyes predites. Et ce faisant, ne le pouuons dire incommode pour donner aux pestiferés, ny estre poi-son, s'il n'estoit donné en trop grande quantité, parce qu'il n'agit point par sa seule qualité : ioint aussi qu'on le baille en petite quantité, comme trois, quatre, cinq ou six grains, et qu'on le mistionne auec certains correctifs, comme moyeux d'œufs, vin, decoction de chapon, ou autres choses semblables qu'on connoist estre necessaires : et ainsi on n'en voit point aduenir d'inconuenient.

Au surplus, ie confesse bien que lors qu'il est calciné ou bruslé, qu'aucuns appellent preparé, il est rendu plus sec et plus dur, et acquiert vne nature de feu : lesquelles choses luy estans acquises par la calcination, il est rendu plus chaud, et par conse-quent plus acre, à cause que toutes choses calcinées perdent leur humidité et sont rendues plus seiches, et celles qui ne sont point acres et poignantes acquierent beaucoup de chaleur par la calcination : dont nous pouuons conclure que celuy qui est crud est moins mauuais que le calciné, veu qu'il ne laisse à faire son operation sans le calciner, et n'est si acre ne poignant : partant on en doit plustost vser. Ce que l'on fera auec vin en la maniere que nous auons descrite : car par ce moyen on attire son essence et vertu par l'esprit du vin : et fait semblable vacuation que celuy qui est calciné. Toutesfois ie se-rois bien d'aduis que l'on n'vsast de ce remede si ce n'est en vne grande necessité, et que premierement on ne fust bien resolu que la peste ne pro-cedast du vice de l'air, ains seulement de celuy des humeurs.

Or outre les vertus que l'antimoine crud a de purger par dedans, aussi il a faculté de refroidir et desseicher auec vne astriction : et partant on en met és collyres des yeux : il arreste le sang qui flue des membranes du cer-ueau. Il est bon aussi pour les playes recentes, et contre les vieilles vlceres, et principalement celles qui sont faites par morsure de chien. Pareillement on en fait vn onguent pour les bruslures auec gresse, litharge, ceruse et cire. Et lorsqu'il est appliqué du commencement sur icelles, il empesche qu'il n'y vienne aucune ampoule. On en fait des parfums pour arrester le flux menstruel, lors qu'il est excessif : et cicatrise les vlceres. Il purifie tous metaux : partant les fondeurs de clo-ches en mettent dans leur metal, à fin que les cloches sonnent mieux : aussi ceux qui font des miroirs en vsent pour les rendre plus resplen-dissans. Voila ce que i'ay trouué de la loüange dudit antimoine, tant en Dioscoride que plusieurs autres bons autheurs.

Et à fin qu'on puisse mieux con-noistre sa nature et le recouurer quand il en sera besoin, il faut enten-dre que c'est vne pierre metallique, plombeuse et sulphurée. Qu'il soit vray, lors qu'on le calcine, vne par-tie se conuertit en plomb, et rend vne odeur puante sentant bien fort le soulphre. Il y en a de deux especes, à sçauoir masle et femelle. Le masle n'est si bon que la femelle : et se con-noist parce qu'il est moins luisant et pesant : au contraire, la femelle est plus pondereuse et luisante, et plus friable, ioint qu'elle se fond plus ai-sément : parquoy ceux qui en voudront vser la prendront plustost que le masle.

Et ce suffise de l'antimoine.

DISCOVRS

DE LA MVMIE ET DE LA LICORNE [1].

A TRES-HAVT ET PVISSANT SEIGNEVR, MESSIRE CHRISTOPHLE DES VRSAINS,

Cheualier des ordres du Roy, Conseiller en son Conseil priué, et d'Estat, Capitaine de cent hommes d'armes des ordonnances de sa Maiesté : Seigneur de la Chappelle, Baron de Treiguel, Doue, et Armenonuille, etc.

Monseigneur, vous auez souuenance que l'an mil cinq cens octante, le dernier iour d'aoust, entre l'abbaye de Chally et Armenonuille, l'vn de vos grands cheuaux se cabra et reuuersa sur vous, et tombastes sur vn gros et aigu caillou à l'endroit des reins. Le cheual estant bon et genereux, se mit en deuoir pour se releuer : mais ne se releuant qu'à demy tomba de rechef, et vous donna vn second heurt, et n'eust esté le prompt et fidelle secours d'vn de vos gentils-hommes nommé de Selles, qui promptement descendit de cheual et vous retira à bien grand'peine de dessous, vous estiez en extreme danger de vostre personne : de fait que à l'instant tombastes en syncope, et defaillance de cœur et de parolle, et fustes porté en vostre maison, où estant couché au lit les mesmes accidens retournerent et perseuererent l'espace de quatre heures, durant lesquelles par la diligence de madame vostre compagne (Dame certes de grandes vertus), ne fut rien oublié de tout ce que l'on peut imaginer pour vous secourir. Et pour ce faire furent appellés Medecins et Chirurgiens des lieux

[1] Ces discours ont été publiés à part en 1582 (voir dans mon Introduction la *Bibliographie*); mais dès 1585 ils avaient été refondus dans les OEuvres complètes, savoir, le *Discours de la Mumie* au livre *des Contusions et gangrenes*, et le *Discours de la Licorne* au livre *des Venins*. Comme tous deux formaient des digressions trop étendues dans les lieux où l'auteur les avait encadrés, il m'a paru plus convenable de les reproduire à part, d'autant plus que cela me permettait de donner l'épître dédicatoire qui les précède dans l'édition originale, et qui, bien que plusieurs passages en soient copiés des Discours mêmes, n'en est pas moins une pièce très intéressante, qu'on regrettait de ne pas trouver dans les grandes éditions de Paré.

proches, comme Senlis, Dampmartin, et mesmement madame la Connestable vous envoya monsieur le Féure, medecin ordinaire du roy qui lors estoit à Gentilli, qui vous fit saigner et adapter tous autres remedes propres à telles blessures : et ne fut rien oublié pour seder les douleurs, et resoudre le sang meurtri qui estoit espandu aux lombes, et pareillement iusques au petit ventre et aux cuisses : et voyant que vous ne sentiez tel et si prompt allegement que eussiez desiré, m'enuoyastes querir à Paris.

Ayant receu vos lettres, pour le seruice que ie vous dois, ensemble à toute vostre maison, ie montay promptement à cheual. Arriué i'apperceu vne bien grande tumeur et enfleure mollasse, vn peu au dessus de l'os sacrum : fus d'auis de faire ouuerture, pour donner issue à beaucoup de sang cailleboté, et aux serosités, qui arrestées sous le cuir pouuoient causer pourriture, gangrene, et autres plusieurs accidens mortels, qui en telles et si grandes contusions ont de coustume suruenir. L'ouuerture faite, ne sortoit par l'espace de dix ou douze iours moins de choppine desdites serosités et sang caillé, à chaque fois qu'on vous habilloit [1], de sorte que les seruiettes et couurechefs qu'on vous mettoit sur vostre playe, ployées en quatre ou cinq doubles, estans torses distilloient comme qui les eust tirées d'vn plein seau d'eau. Ce que considerant, ie commençay à craindre que par là il ne se fist vne colliquation de tout vostre corps, et par consequent finissiez vos iours tabide, attendu mesmes qu'à raison de plusieurs grandes cauités d'où sortoient les matieres mentionnées, il conuenoit faire en-

---

[1] *Habiller*, synonyme de *panser*.

core quelques autres incisions. De quoy ie voulus bien aduertir madite dame, et monsieur de Paleseau vostre gendre, et madame vostre fille, qui fort curieux estoient de vostre santé : les suppliant au reste que, tant pour le regard du danger apparent, que vostre respect qui estes vn des plus signalés de la France, que nous eussions d'auantage de conseil. A quoy madite dame ne voulant rien espargner, fit soudain escrire au Roy qu'il plust à sa Maiesté luy enuoyer monsieur Pigray, homme bien entendu en la chirurgie : ce que le Roy fit volontiers. Aussi on envoya querir monsieur de Mouron, homme estimé entre les hommes doctes et bien entendu en la medecine et chirurgie, et pareillement à Paris querir monsieur Hautin, Docteur regent en la Faculté de Medecine, messieurs Cointeret et le Fort, Chirurgiens, qui arriués, aprés auoir veu, sondé et consideré vostre playe, conclurent auec nous vnanimement qu'il estoit plus que necessaire faire nouuelles ouuertures, à fin d'auoir plus de commodité et liberté pour mondifier les cauités qui estoient sous le cuir tout moulu et contus. Dieu benist notre labeur, et en auez esté bien guari, graces à Dieu.

Lorsque commençastes à vous bien porter, et vos douleurs à s'appaiser, vous me fistes cest honneur de discourir de plusieurs belles choses, entre les autres comme on ne vous auoit point donné à boire de Mumie au commencement de vostre cheutte : lors ie vous fis response que i'en estois ioyeux, parce qu'elle pouuoit beaucoup plus nuire que aider, à cause que c'est de la chair des corps morts puants et cadauereux, et que iamais n'auois veu que ceux ausquels on en auoit donné à boire ou à manger, qu'ils ne vomissent tost aprés en auoir pris, auec grande douleur d'estomach. Et tant s'en faut qu'elle puisse arrester le sang qui descoule des vaisseaux d'vne contusion, que plustost par l'agitation que fait ceste bonne drogue au corps, il en flueroit encore d'auantage. Aussi que les anciens Iuifs, Arabes, Chaldées, Ægyptiens, n'ont iamais pensé faire embaumer leurs corps pour estre mangés des chrestiens : mais auoient en si grand honneur, reuerence et recommandation les corps des trespassés, pour l'esperance de la resurrection, qu'ils ont recherché de les embaumer pour les conseruer et garder à iamais, s'ils eussent peu faire, en plusieurs et diuerses sortes, comme on verra par ce discours. D'auantage seruoient iceux corps ainsi embaumés de souuerains gages et asseurance de leur foy : si bien que s'il estoit aduenu que aucuns eussent affaire de quelque grosse somme d'argent, ils ne failloient point de la trouuer à emprunter sur gage de l'vn de leurs parens, se tenans tout asseurés les crediteurs que moyennant tel gage, le debiteur manqueroit plustost de vie que de foy, tant ils auoient à cœur de retirer tel gage. Et si la fortune faisoit, et le malheur fust si grand que aucun s'oubliast de tant en ses necessités que de ne vouloir ou sçauoir trouuer moyen de retirer son gage, il tomboit en tel deshonneur et infamie, qu'il n'eust pas esté bon à donner à manger aux chiens, et ne se fust aussi osé monstrer en public : car on luy faisoit la huée comme l'on fait à vn loup ou vn chien enragé, et de liberté tomboit en vne ignomineuse seruitude, comme ayant desauoüé sa race et son origine. Par ces

choses, l'on voit comme les anciens Iuifs n'ont fait embaumer leurs corps pour les faire manger aux chrestiens. D'auantage, Hippocrates et Galien n'en parlerent ny ordonnerent iamais pour quelque cause que ce fust. Et si elle eust esté propre aux contusions ou autres maladies, il est certain qu'ils ne l'eussent oublié à descrire.

De la corne de Licorne.

Monseigneur, aprés vous auoir discouru de la Mumie, voulustes aussi sçauoir ce qu'il me sembloit de la corne de Licorne, et si i'auois conneu par quelque experience qu'elle eust puissance contre les venins. Lors ie vous fis response, qu'on ne sçait à la verité quelle est ceste beste, mesme que aucuns doutent que ce ne soit vne chose controuuée. Car les vns disent que c'est vne beste inconneuë, et qu'elle naist aux Indes : les autres en Æthiopie : d'autres és terres neufues, et les autres és deserts inaccessibles : et n'en parlent tous que par oüy dire. Et comme ils sont differens de la description des lieux où naist ladite Licorne, ils sont pareillement discordans de la forme et figure et couleur et de sa corne, et des pieds, et des mœurs : car les vns disent qu'elle est la plus furieuse et cruelle de toutes les bestes, et qu'elle hurle fort hideusement, et que iamais on ne la prend viue : autres au contraire la disent fort douce et benigne, et s'amouracher des filles, prenant plaisir à les contempler, et qu'elle est souuent prise par ce moyen. Plusieurs tiennent que si l'on fait tremper de la corne de Licorne en de l'eau, et que de ceste eau on face vn cercle sur vne table, puis qu'on mette dedans ledit cercle vn scorpion ou araignée, ou vn crapaut, que ces bestes meurent, et qu'elles ne passent au cunement pardessus le cercle. Ie l'ay voulu experimenter, et ay trouué cela estre faux et mensonger.

Autres disent que si on faisoit aualler à vn poulet ou pigeon qui eust pris arsenic, ou sublimé, ou quelque autre venin, il n'en sentiroit aucun mal : cela est pareillement faux, comme l'experience en fera foy.

Autres tiennent pour chose veritable que la vraye Licorne estant mise en l'eau, se prend à boüillonner, fesant esleuer petites bubes¹ d'eau comme perles. Ie dis que cela se fait aussi bien aux cornes de bœuf et de mouton, et d'autres animaux, voire és tez de pots, tuilles et bricques : ce que vous vistes par experience, lors que ie mis en vn verre d'eau des os de mouton et des tez de pots : et vous en dis la raison, dont fustes fort content.

Autres disent auoir grande vertu contre la peste et autres venins : et croy pareillement estre chose fabuleuse. Quelqu'vn me dira que possible les cornes dont i'ay fait mes espreuues n'estoient vrayes cornes de Licorne. A quoy ie responds, que celle de Sainct Denis en France, et celle du Roy que l'on tient en grande estime, et celles des marchands de Paris que l'on vend à grand prix ne sont doncques vrayes cornes de Licorne : car ç'a esté sur celles là que i'ay fait espreuue : et si on ne me veut croire, qu'on vienne à l'espreuue comme moy ; et on connoistra la verité contre le mensonge.

Or, Monseigneur, ces contrarietés d'opinions, et les espreuues qu'on en fait, font iuger que tout ce que l'on dit des Licornes est chose controuuée

¹ *Bubes*, pour *bulles* ; les Espagnols appelaient les pustules de la vérole, *las bubas*.

à plaisir par les peintres et historiographes. Et ne suis seul de ceste opinion : car il y a plusieurs doctes Medecins gens de bien, craignans Dieu, qui sont de mon auis, comme ie monstreray cy aprés en ce discours : et principalement feu monsieur Chappelain, Conseiller et premier Medecin du Roy Charles neufiéme, lequel en son viuant estoit grandement estimé entre les gens doctes. Vn iour, luy parlant du grand abus qui se commettoit en l'vsage de corne de Licorne, le priay, veu l'authorité qu'il auoit à l'endroit de la personne du Roy nostre maistre, d'en vouloir oster l'vsage et abus : et principalement d'abolir ceste coustume qu'on auoit de laisser tremper vn morceau de Licorne dans la coupe où le Roy beuuoit, craignant la poison : et qu'elle est beaucoup plus chere que l'or, comme l'on peut voir par la supputation : car à vendre le grain d'or fin onze deniers pite, la liure ne vaut que sept vingts huit escus sol : et le grain de Licorne vallant dix sols, la dragme à raison de soixante grains vaut trente liures, et l'once à raison de huit dragmes vaut deux cens quarante liures, et consequemment la liure à raison de seize onces vaut trois mil cens quarante liures, lesquels reduits en escus vallent douze cens quatre vingts escus : à ceste cause il feroit beaucoup d'oster ceste superstition et larcin qu'on fait au peuple.

Il me fit response, qu'il voyoit l'opinion qu'on auoit de la Licorne tant inueterée et enracinée au cerueau des princes et du peuple, que ores qu'il l'eust volontiers ostée, il croyoit bien que par raison n'en pourroit estre maistre : et que les Medecins ayans vne bonne ame, encores qu'ils sachent qu'elle ne vaut rien, n'ayant aucunes vertus qu'on luy attribue, sont souuent contraints de permettre aux malades d'en vser, parce qu'ils la desirent et en veulent : et que s'il aduenoit qu'ils mourussent sans en auoir pris, les parens donneroient tous la chasse ausdits medecins, et les descriroient comme la faulse monnoye. D'auantage disoit que tout homme qui entreprend à descrire de choses d'importance, et notamment de refuter quelque opinion receuë de long temps, il ressemble au hibou ou chat huant, lequel se monstrant en quelque lieu eminent, se met en butte à tous les autres oiseaux, qui le viennent becqueter et courir sus à toute reste [1].

Aussi ie vous discourus pareillement que la licorne n'a nulle vertu contre les venins, comme le monde luy attribue, parce que tous venins ne font pas leurs effets d'vne mesme façon. Car il y en a de chauds, de froids, de secs, d'humides : autres qui operent par qualité occulte et secrette, et que chacun a son propre accident lequel doit estre guari par son contraire. Partant la licorne ne peut resister à tous venins, comme il sera demonstré cy aprés.

Ie vous fis pareillement vn petit discours de la Peste, où i'ay monstré que la licorne n'a nulle force et vertu pour contrarier au venin pestiferé : où ie me suis efforcé tant qu'il m'a esté possible d'enseigner les ieunes Chirurgiens qui sont appelés à penser les pestiferés : où ie suis bien asseuré qu'il y en a qui ne virent iamais aposteme, ny charbon, ny pourpre pestiferé, à qui ce petit traité

pourra grandement seruir : aussi que les pauures malades touchés de ceste contagion, delaissés de tout secours, se pourront eux mesmes aider à leur guarison, à raison que i'ay escrit en langage vulgaire et fort familier, et les remedes aisés à connoistre, et la maniere de les preparer, et comme il faut les diuersifier, si bien que toutes personnes s'en pourront aider. Or i'en ay escrit, ce me semble, le plus prés approchant de la verité, parce que i'ay esté touché de ce mal, et souffert l'aposteme sous l'aisselle, et le charbon au ventre. Et s'il est bien seant à vn vieil Capitaine de parler de la guerre, et au Marinier de discourir de la nauigation, aussi ne me sera-il pas mal seant, aprés auoir longuement exercé la Chirurgie, specialement à l'endroit des pestiferés, de mettre de rechef en lumiere ce petit extrait du vingt-cinquiéme liure [1] de mes œuures, pour enseigner les ieunes Chirurgiens, et les pauures malades delaissés de tout le monde pour se secourir eux mesmes.

Ayant entendu ces discours, me priastes (ce que ie receus pour commandement) les mettre par escrit, à fin d'enuoyer ces abus à vau l'eau, et que le monde n'en fust plus trompé : lors ie vous dis que i'en auois aucunement escrit en mes œuures : vous me repliquastes que plusieurs ne pourroient auoir toutes mes œuures, et qu'ils auroient tous ces discours plus facilement et à meilleur prix : ce que volontiers vous accorday. Toutesfois ie croy que ce ne sera sans

---

[1] *A toute reste ;* Je ne sais ce que veut dire cette expression, à moins qu'il ne faille lire : *à toute haste.*

[1] Je respecte ici le texte, mais il y a erreur de la part de Paré ; le livre *de la Peste* était le 21ᵉ des éditions de 1575 et 1579, et il est devenu le 22ᵉ en 1585. Il forme le 24ᵉ de l'édition actuelle.

contredit : mais i'espere qu'en serez le protecteur et defenseur, veu la grande authorité et credit qu'auez en toute la France : car lors que ce petit liure sera en lumiere, ie ressembleray au Hibou, et croy qu'il y aura quelque Gay ou meschant Corbeau, ennemy de la verité et de la Republique, qui me caiolleront et becquetteront. Mais ie leur tendrày volontiers mes espaules pour me battre fort (toutesfois sans me faire aucun mal) : et s'ils me peuuent assaillir de quelque bon trait de raison ou d'experience, tant s'en faut que ie m'en trouue offensé qu'au contraire ie leur en sçauray fort bon gré, de m'auoir monstré ce qu'oncques ie n'ay peu apprendre des plus doctes et signalés personnages qui furent et sont encore en estime pour leur doctrine singuliere [1].

Voila, Monseigneur, ce qu'il me semble de la Mumie, de la corne de Licorne, et de la Peste. Priant Dieu, Monseigneur, vous donner et à Madame vostre compagne, ensemble à tous ceux de vostre maison, prosperité en ce monde, et felicité perpetuelle.

Votre tres-humble et tres-affectionné seruiteur à iamais.

A. PARÉ.

——

[1] *Modestie de l'autheur.* — Cette note marginale est de Paré lui-même.

DISCOVRS

DE LA MVMIE [1].

CHAPITRE I [2].

La Mumie a pris son nom et origine des anciens Iuifs, Arabes, et Chal-

[1] Ce mot de mumie est celui qu'on trouve dans les éditions de 1575 et 1582, et par suite dans toutes les éditions postérieures. Mais il faut noter qu'en 1579 Paré avait écrit *Mommye* et même *Mommie*, ce qui se rapproche beaucoup de l'orthographe moderne; toutefois j'ai dû accepter celle qu'il avait définitivement adoptée.

Au reste, on aurait tort de regarder ce livre comme hors de propos dans les OEuvres de Paré; c'est le monument d'une véritable réforme dans une question de chirurgie qui n'était pas sans importance. On peut voir dans mon Introduction, page CLXXXVIII, la source et la puissance de ce préjugé de la Mumie, contre lequel Paré le premier osa s'élever. Nous avons vu au livre *des Contusions*, chap. 6, la première attaque qu'il dirigea contre en 1575; en 1579, nous avons dit qu'il avait ajouté un long article dont on retrouvera les morceaux épars aux chapitres 1, 8 et 12 du présent Discours; et enfin le Discours parut en 1582, comme il a été dit.

[2] Ce premier chapitre formait, dans l'édition de 1585 et les suivantes, le chap. 7 du livre *des Contusions*; voyez tome II, page 202. Il débutait alors par cette phrase :

« Il ne se faut donner merueille, si en ce traité des Contusions ie n'ay fait aucune mention de la Mumie, pour en donner à boire et à manger, comme font la pluspart

dées, et principalement des Egyptiens, mesmes long temps auparauant Moyse, et depuis eux les Grecs et Latins : tous lesquels ont eu en si grand honneur, reuerence, et re-

des Medecins et Chirurgiens : parcequ'elle ne vaut rien, ce que ie prouueray par ce discours. »

Ensuite venait le texte actuel, qui est presque absolument le même pour tout ce discours que celui de l'édition de 1582.

L'article spécial de 1579 commençait aussi par la phrase qu'on vient de lire; mais après ces mots : *la pluspart des Medecins et Chirurgiens*, il continuait ainsi :

« Car si en toute prescription et ordonnance des remedes contre les maladies, il faut prendre indication du contraire, comme i'ay apris de mes maistres, qui est-ce qui, suyuant la regle des indications, pourra sçauoir si la mommye est contraire aux accidens qu'amene la cheute et contusion, s'il ne sçayt que c'est que mommie. Or le cas est tel, que ny les Medecins et Chirurgiens qui ordonnent la mommie, ny ceux qui en ont escrit, ny les Apoticaires qui la vendent, ne sont point asseurés de l'essence d'icelle : Lisez les anciens, Serapion et Auicenne : Lisez les modernes, Belon, Matheolle et Theuet, vous les trouuerez tous d'opinions en ce cas dissemblables: interrogez les Apoticaires, interrogez les marchans qui la leur aportent, l'vn vous dira d'vn, l'autre d'vn autre, de sorte qu'il semble impossible en telle et si grande varieté d'opinions, de rien sçauoir au vray de la

commandation les corps des trespassés, pour l'esperance de la resurrection, qu'ils ont fort recherché les moyens, non seulement de les enseuelir, mais aussi de les conseruer à iamais, s'ils l'eussent peu faire, par certaines drogues precieuses et choses odoriferantes : lesquels corps ainsi embaumés se gardoient longuement entiers sans se pourrir. Et par lesdits Arabes ont esté appelés Mumie, qui vaut autant à dire, qu'vn corps mort accoustré de choses odoriferantes et conseruatrices de pourriture. Or pour le premier, Herodote tres-ancien historien grec, et aprés luy Diodore Sicilien, parlans de la sepulture et conduite des corps des trespassés, et des pleurs et gemissemens qui se faisoient sur iceux par les anciens Egyptiens, racontent que lors qu'il decedoit quelqu'vn des domestiques d'vne maison qui estoit de respect et apparence, comme vn grand Seigneur ou Dame, alors se transportoient tout d'vn costé toutes les femmes de la famille et parentage au lieu où le defunct estoit decedé, habillées toutes de deüil, pleurantes et lamentantes. Puis ayans laissé le corps mort en son lieu, s'en alloient par la ville comme vagabondes, courant çà et là, estant ceintes et troussées par le milieu du corps, deplorantes leurs vies et miseres, auec leurs mammelles et parties plus proches toutes nues et descouuertes. De l'autre costé alloient les hommes, ayans pareillement la poitrine toute descouuerte, et se frappoient et battoient en detestation du

mommie. Car quant à Serapion et Avicenne, ils n'ont cogneu autre mommie, etc. »

La suite de ce texte se retrouvera au 8ᵉ chapitre du Discours actuel, à l'avant-dernier paragraphe.

defunct. Cela estant fait, ils se transportoient par deuers ceux qui estoient deputés pour embaumer les corps morts, qu'on appelloit *Salleurs* ou *Embaumeurs*, lesquels leur monstroient trois figures de corps morts embaumés, peintes en vn beau linceul, de diuerse valeur et estimation : l'vne comme la plus riche, exquise et elabourée, vallant vn talent : l'autre vn demy, et la tierce de vil prix et à bon marché, qui estoit pour le commun populaire, qui leur donnoit selon leur puissance. Ayans marchandé l'vne des trois effigies ou figures pour les embaumer ou enseuelir, ils laissoient le corps mort entre leurs mains. Et lors les embaumeurs tiroient tout aussi tost, auec vn fer courbé, par les narines, toute la substance du cerueau : puis incisoient auec vne pierre aiguë et bien tranchante le ventre, et en ostoient les entrailles : et puis lauoient tout le corps de vin auquel auoient boüilli plusieurs choses aromatiques. Cela fait, remplissoient le corps de myrrhe, d'aloës, de cinamome, saffran, et autres choses odoriferantes et precieuses : puis aprés le salloient et mettoient en vn saloir par l'espace de 70 iours. Lequel temps expiré, le retiroient pour faire seicher, et aprés l'enueloppoient en vn beau drap precieux, et derechef l'oignoient de certaines gommes assez communes. Aprés toutes ces choses, luy faisoient faire vne effigie sur sa tombe et sepulchre, où ils vouloient qu'il fust posé pour la memoire eternelle : et le laissoient là pour dormir et reposer, iusques (disoient-ils) au grand iour de la resurrection. Les deux autres façons d'embaumer se faisoient d'autres drogues non si precieuses ny si cheres, et selon l'argent on estoit serui.

CHAPITRE II.

Strabo dit que les Iuifs, pour la confiture de leurs corps, souloient vser de bitume, qui est vne poix liquide qui se prend en la mer Rouge, prés Sodome.

Or bien à peine s'est-il trouué nation, tant barbare fust elle, qu'ils n'ayent embaumé les corps morts, non pas mesme les Scythes, qui semblent en barbarie auoir surpassé le reste des hommes. Car iceux, comme dit Herodote, liure quatriéme de son Histoire, n'enterrent point le corps de leur Roy, que premierement ils ne l'ayent mis en cire, aprés auoir curé le ventre et nettoyé, puis rempli de cypre concassé, d'encens, de graine de persil et d'anis, et en aprés recousu.

De ceste mesme chose les Ethiopiens se sont monstrés curieux, faisans leurs sepultures de verre, en ceste sorte : c'est qu'aprés qu'ils auoient vuidé et descharné iusques aux os, comme vne anatomie seiche, le corps de leurs amis defunts, ils les accoustroient et lissoient de plastre, sur lequel ils iettoient aprés vne peinture qui approchoit du vif autant qu'il leur estoit possible : et ce fait, ils l'enfermoient dans vne colomne de verre creux. Le corps ainsi enchassé apparoissoit au trauers le verre, sans rendre mauuaise odeur, et sans desagreer aucunement. Les plus proches parens le gardoient chez eux l'espace d'vn an, en luy faisans offrandes et sacrifices, et au bout de l'an le transportoient hors la ville au lieu destiné, ainsi que nous faisons aux cimetieres, comme escrit le mesme Herodote.

CHAPITRE III.

Mais le soing et curiosité est encore entré plus auant dedans le cœur des Egyptiens que de nulle autre nation, dont ils ont merité grande loüange, s'estans monstrés tant affectionnés à la memoire de leurs parens, que pour la conseruation d'icelle ils estoient coustumiers d'embaumer les corps tous entiers d'iceux en vaisseaux de verre diaphanes et transparens, et les mettoient en lieu le plus honorable de leurs maisons, pour en auoir tousiours la memoire deuant les yeux, et leur seruir d'aiguillon pour les stimuler de les ensuiure et imiter leurs vertus, à fin de ne degenerer et forligner de leur naturel et inclination. Et d'auantage seruoient iceux corps ainsi embaumés, de souuerains gages et asseurance de leur foy : si bien que s'il estoit aduenu qu'aucun desdits Egyptiens eust affaire de quelque grosse somme d'argent, il ne failloit point de la trouuer à emprunter chez ses voisins sur le gage d'vn corps de ses parens, se tenans tous asseurés les crediteurs, que moyennant tel gage le debiteur manqueroit plustost de vie que de foy, tant ils auoient à cœur de retirer tel gage. Et si la fortune faisoit, et le malheur fust si grand, qu'aucun s'oubliast de tant en ses necessités, que de ne vouloir ou sçauoir trouuer moyen de retirer son gage, il tomboit en tel deshonneur et infamie, qu'il n'eust pas esté bon à donner à manger aux chiens, et ne se fust osé monstrer en public : car on luy faisoit la huée comme l'on fait à vn loup ou vn chien enragé, et de liberté tomboit en vne ignominieuse seruitude, comme ayant desauoüé et renoncé sa race et origine. Ce qui est tesmoigné par Claude Paradin, en la Preface du liure qu'il a fait *des Alliances et Genealogies des Roys et Princes de la Gaule.*

Pierre Messie en ses *diuerses Leçons*, chap. 8. escrit, que les anciens Romains auoient vne coustume de brusler les corps morts, et que le premier des Senateurs qui fust bruslé aprés sa mort, fut Sylla, et aprés luy plusieurs autres hommes notables et illustres : les cendres desquels on gardoit dedans des vrnes ou vaisseaux de terre, puis on les posoit dedans les sepulchres ou tombeaux sous terre, faits en voulte.

Les Grecs auoient aussi ceste maniere de brusler les corps morts.

Stobée escrit que les Colches n'enterroient point leurs morts, mais les pendoient aux arbres.

Les Scythes d'Asie se seruoient pour boire de l'os du crane de leurs parens et amis, enchassés en or, pour en auoir tousiours memoire : et entre tous leurs thresors et choses precieuses estimoient lesdites tasses.

CHAPITRE IV.

D'auantage les Egyptiens, reconnoissans ceste vie estre de peu de durée au regard de celle que nous auons à viure après la separation du corps d'auec l'ame, estoient fort negligens à bastir maisons pour eux loger, mais au reste si magnifiques à edifier Pyramides, desquelles ils se vouloient seruir pour leurs sepulchres, que pour le bastiment d'vne qui fut entreprise par Cheopes, l'vn de leurs Rois,

cent mille hommes y furent employés, chacun trois mois, par l'espace de vingt ans : laquelle estant de forme quarrée, auoit de profondeur cinq stades, et en chacun front huit cens pieds de large, et autant de haut, chaque pierre ayant le plus ordinairement trente pieds, fort bien ouurée, comme raconte Herodote [1]. Or deuant qu'enfermer les corps dedans ces superbes sepulchres, ils les portoient auec pompes magnifiques vers les Salleurs ou Embaumeurs (office bien salarié du peuple) qui les embaumoient de choses aromatiques et exquises, selon la volonté et puissance des parens et amis, comme nous auons dit cy dessus : lesquels resouls ils retournoient prendre, et estans bien laués et nettoyés, les lioient de bandes faites d'vn drap de soye collé auec certaines gommes. Et lors les parens et amis reprenoient le corps, et luy faisoient faire vn estuy de bois moulé et effigié d'homme, dedans lequel ils le posoient. Voila comme les Egyptiens enterroient leurs Roys et Princes.

Autres mettoient dedans les corps ainsi preparés vne idole faite de cuiure ou marbre, et quelquesfois d'or et d'argent, qu'ils adoroient : et auoient ceste opinion, que le corps estoit gardé et conserué de putrefaction, ayans leurs Dieux reposans auec leurs corps dedans leurs monumens, et que telle superstition donnoit soulagement à l'ame. I'ay veu au cabinet de Theuet vne petite idole de marbre, blanche, marquettée d'vn certain vert, qu'il affirme auoir apportée de ce pays là, et qu'elle auoit esté trouuée en vn corps mumié. Ainsi voit-on comme les Egyptiens estoient

[1] Herodote, *liure 2.* — A. P.

fort ceremonieux, et grands idolatres.

Loüis de Paradis, Chirurgien, natif de Vitry en Partois, m'a dit qu'estant au grand Caire, il vit dix-huit ou vingt pyramides faites de bricques. Entre autres il en vit vne de merueilleuse grandeur, de figure quarrée, ayant en chaque face trois cens pas. Celle-là estoit la plus grande, appellée la Pyramide de Pharaon, où sont plusieurs corps mumiés. En outre, qu'il entra dedans vne desdites Pyramides, où il vit plus de deux cens corps encore tous entiers, qui auoient les ongles rouges : parce que c'estoit la coutume de ce pays là, que pour auoir de belles mains, il falloit auoir les ongles rouges. Les gens du pays ne veulent souffrir qu'on transporte aucun desdits corps, disans que les Chrestiens sont indignes de manger leurs corps morts. Que si on les tire hors du pays, c'est par le moyen de quelques Iuifs, qui les desrobent et emballent auec leur marchandise, à fin qu'on ne les puisse connoistre.

Le Seigneur de la Popeliniere, en son troisiéme liure *Des trois mondes*, dit, que quand les Indiens de Canarie meurent, c'est pitié des hurlemens et plaintes que font les femmes, lesquelles racontent leurs loüanges d'auoir bien tué et mangé des hommes estans leurs ennemis : et qu'aprés leur auoir lié les bras et pieds, elles les enueloppent de leur lit de cotton, et les enterrent en vne fosse ronde et profonde, et presque tout debout, auec quelques colliers et plumasserie qu'ils auront plus aimé : comme les Indiens du Perou font de leurs Rois et Caciques, auec quantité d'or et pierres precieuses : et les Celtes anciennement, qui estoient enterrés auec le plus beau de leurs meubles, et la femme qu'ils auoient la plus aimée.

CHAPITRE V.

De ceste mesme curiosité nos François esmeus et incités, font la plus grand' part embaumer les corps des Rois et grands Seigneurs, et dressent des figures enleuées en bosses ou en plates peintures, approchans de la grandeur et figure au plus prés qu'ils peuuent du trespassé. On en trouue tesmoignage en l'Eglise de S. Denys en France, et en beaucoup d'autres lieux, là où l'on voit plusieurs effigies des Rois et Roynes, et autres grands Seigneurs : ce que chrestiennement ils ont euidemment tiré tant du nouueau Testament que du vieil, et façon de faire ancienne des Iuifs. Car il est dit au nouueau Testament [1], que Ioseph acheta vn linceul, et que Nicodeme apporta vne mixtion de myrrhe et d'aloës, iusques au poids d'enuiron cent liures, de laquelle auec autres odeurs aromatiques ils embaumerent et enseuelirent le corps de Iesus Christ, comme la coustume des Iuifs estoit d'enseuelir leurs corps embaumés, en signe de ceste incorruption qu'ils esperoient en la resurrection des morts (comme nous auons dit.) Ce que mesmes depuis eux voulurent faire les Maries : ce qu'ils auoient appris de leurs peres anciens. Car Ioseph au vieil Testament commanda à ses Medecins d'embaumer son pere [2].

Or qui est cause qu'à present nos Rois, Princes, et grands Seigneurs, encores qu'ils soient vuidés et laués d'eau de vie et de vinaigre, et saul-

[1] S. Iean, 20.39. — A. P.
[2] *Genese*, 5. 2. —. A. P.

poudrés de choses grandement aromatiques, n'y espargnans aucunes choses pour les embaumer, neantmoins auec tout cela, en cinq ou six iours, ou moins, sentent si mal, qu'on ne peut endurer estre aux lieux où ils sont, et est-on contraint les enfermer en leur cercueil de plomb? Car nonobstant tel appareil, parce qu'ils ne sont plongés en saumeures auec lesdites choses aromatiques, comme anciennement on faisoit, et aussi pour la grande multitude de gens qui y entrent pour les voir, et le grand nombre de torches et lumieres y estans iour et nuit, l'air s'eschauffe si fort que, le corps n'ayant esté imbu assez long temps de choses qui gardent la pourriture, il aduient qu'en peu de iours s'esleue vne vapeur puante et cadauereuse, qui offense grandement ceux qui la sentent. Icy donc ie veux aduertir le Lecteur, sur ce qu'on m'a voulu donner quelquesfois blasme de n'auoir sceu bien embaumer les Rois, attendu la pourriture qui tost après s'esleuoit de leurs corps : car ma response estoit facile à faire [1]. C'est qu'ils n'auoient esté trempés et sallés soixante et dix iours, comme les anciens faisoient, dedans le vinaigre et choses aromatiques, et que la faute ne procedoit que de là : comme il se peut prouuer que le vinaigre garde de pourriture, d'autant qu'il est froid et sec : qui sont deux choses repugnantes à putrefaction, ce que l'experience monstre : attendu qu'en iceluy on garde les herbes, fleurs, fruits, voire fort humides, comme concombre, pourpié, et autres choses, sans qu'elles se pourrissent.

Ie puis dire auoir vn corps en ma maison, lequel me fut donné par le Lieutenant criminel nommé Seguier, seigneur de la Verriere, après auoir esté executé par iustice, il y a vingt-sept ans passés [1], que i'anatomisay : et leuay presque tous les muscles du corps de la partie dextre (à fin que lors que ie veux faire quelques incisions à quelque malade, voyant les parties de recente memoire, ie sois plus asseuré en mes œuures) la partie senestre laissée en son entier : pour lequel mieux conseruer, ie le piquay d'vn poinçon en plusieurs endroits, à fin que la liqueur penetrast au profond des muscles et autres parties : et voit-on encore à present les poulmons entiers, cœur, diaphragme, mediastin, estomach, ratelle, reins, semblablement le poil de la barbe, et d'autres parties, voire les ongles, lesquels i'ay apperceu euidemment recroistre, après les auoir par diuerses fois coupés.

CHAPITRE VI.

Par ce recueil on peut voir que les anciens estoient fort curieux d'embaumer leurs corps, mais non pas à l'intention qu'ils seruissent à manger et à boire aux viuans, comme on les a fait seruir iusques à present : car iamais ne penserent à telle vanité et abomination, mais bien, ou pour l'opinion qu'ils auoient de la resurrection vniuerselle, ou pour vne memoire de leurs parens et amis decedés. Cela est confirmé par André Theuet en sa *Cosmographie*, où il dit auoir esté en Egypte en des cauernes

---

[1] *Docte response de l'Autheur.*— A. P.

[1] Il faut se rappeler que ceci a été écrit en 1582.

longues d'vn trait d'arc, et de largeur assez grande, dans lesquelles il y a des tombeaux où anciennement estoient posés les corps morts embaumés, où il faut porter du feu à raison de l'obscurité, et des bestes veneneuses qui y habitent. Il y a (dit-il) des corps passé deux mil ans enclos en des tombeaux de pierre, fermés et cimentés. Ie laisse à penser quelle bonne viande on feroit d'en boire ou manger à present [1].

On dit que la Mumie dont on a vsé iusques auiourd'huy, est venue de là : à raison d'vn mastin Medecin Iuif qui, par vne brutalité, auoit es-

[1] Ce paragraphe se lisait déjà au chap. 6 du livre *des Contusions* de l'édition de 1579, mais avec un peu plus de développement. Ainsi, au lieu des deux dernières phrases, on y lisait :

« La vraye mommie, dit-il, se tire des tombeaux bien fermez et cimentez de toutes parts, et tellement embaumez, que le mesme linge qu'on leur donna lorsqu'ils furent enterrez, se trouve encore tout entier, et les corps pareillement, tellement qu'on diroit qu'il n'y a pas quatre iours qu'on les a mis dedans. Toutefois il y a tel corps qui y est passé de deux mil ans : les corps ou parties d'iceux sont apportez à Venise, de Sirie et Egypte, et de Venise espandus dans toute la Chrestienté.

« Or sont ces corps embaumez de diuerses drogues, selon la diuersité de leur estat et condition. Ceux des nobles sont embaumez de myrrhe, d'aloès et safran, et autres drogues aromatiques et de grand prix. Ceux des pauures sont farcis simplement d'asphalte, ou pisalphalte, à raison que leur pauureté ne peut porter la despence des choses aromatiques plus précieuses. De ceste dernière espece, dict Matheolle, est toute la mommye qui nous est aportee par deçà. Considerant que les nobles, riches, et anciennes maisons, etc. »

On retrouvera la suite de ce raisonnement dans le paragraphe suivant du texte actuel.

crit que ceste chair, ainsi confite et embaumée, seruoit grandement à la curation de plusieurs maladies, et principalement aux cheutes et coups orbes et meurtrisseures, pour garder que le sang ne caillebottast et congelast dedans le corps : qui a esté cause que l'on les tiroit furtiuement, ou par argent, hors des tombeaux. Ce qui semble chose fabuleuse, parce que les nobles, riches, et anciennes maisons n'eussent iamais enduré, pour rien du monde, que les sepulchres de leurs parens et amis, desquels ils estoient tant curieux, fussent ouuerts, et les corps emportés hors de leurs pays, pour estre mangés des Chrestiens : et disent qu'ils ne sont dignes de manger de leurs corps. Et s'il est aduenu que l'on en ait transporté, ç'a esté de la populace, qui ont esté embaumés de la seule poix asphalte, ou pisasphalte, dequoy on poisse les nauires.

Autres disent que Mumie n'est autre chose qu'vne simple chair humaine, prise des corps morts trouués dans les sables et arenes qui sont és deserts d'Arabie, où l'on dit que lesdites arenes s'esleuent si haut par la violence des vents, que souuent elles couurent et estouffent les passans : d'où vient que les corps morts reseichés tant par la chaleur et aridité des arenes, que par le soufflement des vents, se donnent et seruent en vsage medecinale pour Mumie. Mattheole, suiuant la plus commune opinion, dit que Mumie n'est autre chose qu'vne liqueur reseichée, sortant des corps humains aromatisés et embaumés [1].

[1] Ce paragraphe se lisait au chap. 6 de l'édition de 1579 ; mais alors il venait après le suivant.

Serapion et Auicenne n'ont conneu autre Mumie que pisasphalte, qui est vne sorte d'escume qui prouient de la mer. Ladite escume, pendant qu'elle nage et flotte sur l'eau, est molle et comme liquide : mais peu aprés estant portée par l'impetuosité des vagues aux riuages, et arrestée entre les rochers et cailloux, se de-seiche et affermit plus dure que la poix reseichée, comme il est discouru par Dioscoride liure 1, chap. 84 [1].

Autres tiennent que la Mumie se fait et façonne en nostre France : et que l'on desrobe de nuict les corps aux gibets, puis on les cure ostant le cerueau et les entrailles, et les fait-on seicher au four, puis on les trempe en poix noire : aprés on les vend pour vraye et bonne Mumie, et dit-on les auoir achetés des marchands Portugais, et auoir esté apportés d'E-gypte [2]. Mais qui voudra rechercher,

[1] Ce paragraphe venait avant le précédent dans l'édition de 1579 ; mais entre les deux on lisait cette phrase, qui manque dans le texte actuel :

« Belon dict telle mumie estre seule-ment cogneue et en vsage en Egypte et en Grece. »

[2] L'édition de 1579 allait plus loin ; après avoir signalé les difficultés d'avoir des mo-mies embaumées de substances précieuses, elle ajoutait :

« Ce qui a esmeu quelquesfois quelques vns de nos Apoticaires, plus hardis et plus auides de gain, à prendre de nuyt des corps au gibet : les sallent et aromatisent de bonnes drogues, et aprés les secher au four ainsi farcis pour les vendre bien cherement, pour vraye et bonne mommie : voila comme on nous faict aualer indiscretement et brutallement la charogne puante et infecte des pendus, et de la plus vile canaille de la populace d'E-gypte. Comme s'il n'y auoit moyen de sauuer vn homme tombé de hault et contus, etc. »

Voyez la suite de ce texte au chapitre 8.

comme i'ay fait, chez les Apoticaires, on trouuera des membres et portions de corps morts, voire de tous entiers, estre embaumés de poix noire, les-quels sentent vne odeur cadauereuse. Neantmoins ie croy qu'ils sont aussi bons que ceux qu'on apporte d'E-gypte : parce que tout n'en vaut rien [1].

CHAPITRE VII.

Depuis n'agueres deuisant auec Gui de la Fontaine, Medecin celebre du Roy de Nauarre, sçachant qu'il auoit voyagé en Egypte et en la Barbarie, ie le priay me faire participant de ce qu'il auoit appris de la Licorne et de la Mumie. Il me dist que c'estoient toutes bayes ce qu'on bruyoit par deçà de la Licorne, et que iamais n'en auoit rien sceu descouurir. Et quant à la Mumie, qu'estant l'an mil cinq cens soixante quatre en la ville d'A-lexandrie d'Egypte, il ouyt dire qu'il y auoit vn Iuif qui en faisoit grand trafic : en la maison duquel allant, le supplia de luy vouloir monstrer les corps mumiés. Ce qu'il fit volon-tiers, et luy ouurit vn magazin où il y auoit plusieurs corps entassés les vns sur les autres. Iceluy priant de rechef le Iuif de luy vouloir dire où il auoit recouuré ces corps, et s'ils se trouuoient, comme en auoient es-crit les anciens, és sepulchres du

[1] Les éditions de 1582 et 1585 portent plus simplement : *ie croy qu'ils sont aussi bons les vns que les autres.* Mais la phrase actuelle se lisait alors même dans une note marginale, et elle a été transportée dans le texte dès la première édition posthume.

pays : ledit Iuif, en se mocquant de ceste imposture, se print à rire, l'asseurant et affermant qu'il n'y auoit point quatre ans que tous lesdits corps qu'il veyoit là (en nombre de trente ou quarante) il les preparoit luy-mesme, et que c'estoient corps d'esclaues, ou autres personnes. Ledit de la Fontaine luy demandant encore, de quelle nation, et s'ils n'estoient point morts de mauuaise maladie, comme de lepre, verolle, ou peste : il luy respondit qu'il ne se soucioit point d'où ils fussent, ny de quelle mort ils estoient morts, ou s'ils estoient vieils ou ieunes, masles ou femelles, pourueu qu'il en eust, et qu'on ne les pouuoit connoistre quand ils estoient embaumés. Encore luy dist qu'il s'esmerueilloit grandement comme les Chrestiens estoient tant frians de manger les corps des morts [1]. Ledit de la Fontaine l'importunant de luy declarer la façon qu'il tenoit à les embaumer, dist qu'il vuidoit le cerueau et les entrailles, et faisoit de grandes incisions au profond des muscles, et après les remplissoit de poix Iudée, appellée asphaltite, et prenoit des vieux linges trempés en ladite liqueur, et les posoit dans lesdites incisions, après bandoit chacune partie separément : et estans ainsi bandés, enueloppoit tout le corps d'vn drap trempé semblablement en ladite liqueur : lesquels ainsi accoustrés, les mettoit en certains lieux, où il les laissoit pour confire deux ou trois mois. Finalement ledit de la Fontaine disant que les Chrestiens estoient doncques bien trompés de croire que les corps mu-

miés fussent tirés des sepulchres anciens des Iuifs : le Iuif lui fit responpse [1], qu'il estoit impossible que l'Egypte eust peu fournir de tant de milliers de corps qui ont esté enleués, depuis que ceste ceremonie a esté. Car de dire auiourd'huy qu'elle s'obserue, cela est faux : d'autant que ceste region est seulement habitée des Turcs, des Iuifs et des Chrestiens, qui ne sont coustumiers d'vser de telle ceremonie d'embaumement, comme du temps que les Roys d'Egypte y commandoient.

CHAPITRE VIII.

Or par ce discours du Iuif, on voit comme on nous fait aualler indiscretement et brutalement la charogne puante et infecte des pendus, ou de la plus vile canaille de la populace d'Egypte, ou de verolés, ou pestiferés, ou ladres : comme s'il n'y auoit moyen de sauuer vn homme tombé de haut, contus et meurtri, sinon en luy inserant et comme entant vn autre homme dedans le corps : et s'il n'y auoit autre moyen de recouurer santé, sinon que par vne plus que brutale inhumanité. Et si en ce remede y auoit quelque efficace, veritablement il y auroit quelque pretexte d'excuse. Mais le fait est tel de ceste meschante drogue, que non seulement elle ne profite de rien aux malades, comme i'ay plusieurs fois veu par experience à ceux ausquels on en auoit fait prendre, ains leur cause

---

[1] *Le Iuif se mocque des Chrestiens, qui sont si frians de manger de la chair des corps morts.* — A. P.

[1] *Responce du Iuif digne d'estre bien notée.* — A. P.

grande douleur à l'estomach ; auec puanteur de bouche, grand vomissement, qui est plustost cause d'esmouuoir le sang, et le faire d'auantage sortir hors de ses vaisseaux, que de l'arrester. Les pescheurs vsent d'appasts puants pour allicher les poissons : à cesté cause ils vsent de Mûmie, parce qu'elle est fort puante. Theuet dit l'auoir experimenté en soy-mesme, en ayant quelquesfois pris en Egypte, à la suscitation d'vn nommé Idere Iuif. A ceste cause ie proteste de iamais n'en ordonner, ny permettre à aucun en prendre, s'il m'est possible [1].

Quoy, dira quelqu'vn, que fera-on donc pour garder que le sang ne se coagule dedans le corps de ceux qui seront tombés de haut en bas, ou auront receu coups orbes, comme de pierre ou de baston, ou de quelque autre chose lourde et pesante : ou se seront violentement heurtés contre quelque chose dure, ou par vne grande extension, comme ceux lesquels on tire sur la gehenne, ou pour extremement crier, dont quelque vaisseau du poulmon se peut rompre, ou pour vn coup de harquebuse, ou d'espée, ou autre instrument

[1] On retrouve une partie du texte de ce paragraphe dans l'édition de 1579. Voyez ci-devant la note 2 de la page 481 ; mais à partir de ces mots : *comme i'ay plusieurs fois veu par experience*, Paré ajoutait :

« Et comme Theuet se dict auoir experimenté en soy mesme, en ayant quelquefois pris en Egypte, d'où elle vient, à la suscitation d'vn medecin Iuif, mais d'auantage luy causa plusieurs fois facheries et accidents, comme douleur et deuoyement d'estomach, vomissement et puanteur de bouche : pour ces raisons non seulement ie m'en ay voulu ordonner, mais ainsi le conseille bien de n'en prendre aucunement. »

semblable : et pour le dire en vn mot, toutes choses qui peuuent inciser, contondre et meurtrir, casser, escacher et rompre, non seulement les parties molles, mais aussi les os, et faire sortir le sang hors des veines et arteres, qui à cause de ce sont pressées, exprimées, rompues et dilacerées, dont le sang tombe dedans les parties interieures du corps, et souuent est ietté non seulement par les playes, mais par la verge, siege, et par la bouche ? Ce que i'ay veu plusieurs fois : mesmes les parties exterieures en sont pareillement contusées et blessées auec playes, et souuent sans playe, de sorte que le cuir demeure tout entier, mais le sang est respandu par la chair des muscles, et entre cuir et chair seulement : dont la partie est rendue liuide et noire, laquelle disposition est nommée des anciens Grecs *Ecchymosis*. En quoy l'on obserue entre autres choses, que si quelqu'vn est tombé de haut, ou frappé de coup orbe, et qu'il saigné par le nez, bouche et oreilles, cela veritablement demonstre qu'il y a quelque veine ou artere rompue et ouuerte dedans la teste, et souuent aduient que le malade meurt. Les signes de mort sont vomissemens, defaillance de cœur, perdition de parole, délire ou resuerie, sueur froide, vrine retenue, et les elections sortent hors, ou sont retenues inuolontairement.

En tout cecy faut suiure la doctrine des anciens, comme Hippocrates en la seconde section *des Fractures*, qui dit, qu'en toutes grandes contusions il faut saigner ou purger, ou faire les deux ensemble, à fin de retirer le sang qu'il ne flue aux parties interieures, et pour l'euacuer quand il y a plenitude. Pareillement Galien sur la sentence 62. de la troisiéme section du liure *des Articles*, que si quelqu'vn est tombé de haut, encore qu'il n'eust assez de sang, si est-ce qu'il luy en faut tirer. Parquoy le chirurgien ne faudra à tirer du sang, selon la grandeur du mal, et plenitude et force du malade.

Ce que ayant fait, on luy donnera à boire de l'oxycrat, par le commandement du mesme Galien liure 5. *de la Methode*, chap. 5, qui a faculté de refrigerer et restraindre et inciser les trombus et caillots de sang, et garde qu'il ne se coagule dedans les parties tant interieures qu'exterieures. Toutesfois il ne faut donner à boire à ceux qui ont vlceres aux poulmons et qui ont l'estomach plein de viandes [1]. Au lieu de l'oxycrat, on fera prendre au malade de la rheubarbe, qui est ainsi

[1] Ce paragraphe se retrouvait aussi, mais avec quelques modifications, dans l'édition de 1579; ainsi à la suite du texte rapporté dans la note précédente, on lisait :

« Mais au lieu d'icelle, faut vser des choses susdites (susdites au livre *des contusions*), et donner à boire de l'oxycrat, qui a faculté de refrigerer, restreindre et inciser. La refrigeration despend de l'eau, et pour ceste cause, Gal. au liu. 5. *de la meth.* chap. 5, l'ordonne à boire et à appliquer par dehors. L'astriction et incision procede du vinaigre, lequel mesme sert de vehicule à l'eau, pour la faire penetrer, et par sa tenuité et faculté incisiue, discute et dissipe les trombus de sang, et garde qu'il ne se coagule dedans les parties interieures et exterieures du corps. Toutesfois il faut noter qu'il ne faut donner à boire ledit oxycrat à ceux qui ont vlcere aux poulmons, et à ceux qui ont l'estomach remply de viandes (ce que i'ay fait plusieurs fois auec vne bonne et heureuse issue). »

Cette dernière parenthèse n'est pas bien logiquement placée; mais tel est le texte. Du reste, là finit le chapitre de 1579.

ordonnée par Rhasis et Mesué, comme s'ensuit :

♃. Rheubarbari electi puluerisati Ʒ. j.
    Aquæ rubiæ maioris et plantaginis ana Ʒ. j.
    Theriacæ Ʒ. ß.
    Syrupi de rosis siccis Ʒ. ß.
Fiat potus.

Lequel sera donné tout aussi tost que le malade sera tombé, et sera reiteré par trois matins, s'il est necessaire. Autres l'ordonnent en ceste façon :

♃. Radicum gentianæ Ʒ. iij.
Bulliant in oxycrato, in quo dissolutio rheubarbari electi Ʒ. j. Fiat potio.

D'auantage l'eau de noix vertes tirée par l'alambic est aussi fort loüée, donnée à boire la quantité d'vne ou deux onces, qui a grandissime vertu de dissoudre le sang caillé tombé dedans le corps, ce que i'ay dit cy dessus. Qu'à la mienne volonté, les Apoticaires fussent autant curieux d'en estre fournis, comme ils ont esté et sont encore d'auoir de la Mumie, et qu'ils la vendissent au quadruple, ce seroit le mieux pour les malades. Et i'espere qu'aprés auoir entendu par cest escrit la bonne drogue que c'est que la Mumie, ils n'en voudroient tenir à leurs boutiques, ny la plus vendre qu'aux pescheurs pour prendre les poissons.

Mais pour retourner à nostre propos, aprés auoir baillé au malade les potions susdites, il le faut enuelopper dedans la peau d'vn mouton ou d'vn veau fraichement escorché, sur laquelle sera aspergé et espandu de la poudre de myrrhe : puis le poser dedans vn lit chaudement, où il sera bien couuert, et suera tout à son aise, sans toutesfois dormir de quatre ou de cinq heures, à fin que le sang ne se retire au dedans du corps: et le lendemain on luy ostera la peau, et sera oint de ce liniment, lequel a puissance de seder la douleur et resoudre le sang meurtri.

℞. Vnguenti de alth. ℥. vj.
 Olei lumbricorum, camomillæ et anethi ana ℥. ij.
 Terebenthinæ Venetæ ℥. iij.
 Farinæ fœnugræci, et rosarum rubrarum, myrtillorum puluerisatorum ana ℥. j.

Fiat linimentum.

Et si c'est quelque homme qui ne puisse auoir telles commodités, il le faut mettre dedans du fien: mais premierement dessus vn peu de foin, ou paille blanche, puis l'enuelopper en vn drap, et le couurir dudit fien iusques à la gorge, et l'y faire tenir tant qu'il ait bien sué.

D'auantage faut que les malades tiennent bon regime de viure, et ne boire vin de sept iours, ains seulement de l'hydromel, ou oxymel, ou hypocras d'eau. Et si le mal est grand, de sorte que le malade fust tant meurtri qu'il ne peust remuer les membres, on luy donnera vne potion sudorifique, et le baignera-on en eau où on aura fait boüillir herbes neruales, et principalement les semences que l'on trouue sous le foin, qui ont grande vertu de dissoudre le sang meurtri, tant des parties interieures qu'exterieures. Toutesfois s'il y auoit fléure, ne le faudroit mettre au bain, et serois d'aduis qu'on appellast vn docte medecin.

Or aprés auoir discouru sommairement des remedes pour garder que le sang ne se congele, caillebotte et pourrisse dedans les parties inte-

rieures du corps, nous traiterons à present des contusions et meurtrisseures qui se font aux parties exterieures, quelquesfois auec playe, autresfois sans playe, en sorte que le cuir demeure tout entier, mais le sang est respandu par les muscles et entre cuir et chair seulement: laquelle indisposition a esté nommée des anciens *Ecchymose*.

CHAPITRE IX.

Il faut diuersifier les remedes selon les parties blessées. Au commencement on doit vser de remedes froids et astringens, à fin que le sang ne tombe sur les parties offensées, et resserrer les veines et arteres pour empescher la fluxion, comme cestuy-cy.

Prenez onguent de bolo: blanc d'œuf, huile rosat et de myrthe, poudre de mastic, alun cuit.

Autre que i'ay en vsage ordinairement.

℞. Albumina ouor. numero tria.
 Olei myrtill. et rosarum ana ℥. j.
 Nucum cupressi, et gallarum puluerisatarum, aluminis vsti ana ℥. ij.

Incorporentur simul, addendo aceti parum.

Fiat vnguentum.

Aprés auoir vsé suffisamment de repercussifs, on vsera de fomentations, emplastres et cataplasmes resolutifs.

Exemple.

Prenez de la boüe de vache, lie de vin, son de froment, terebenthine commune, beurre frais: et soit fait cataplasme, y adioustant de l'eau de vie et vn peu de vinaigre.

Ce cataplasme est propre à resoudre quelque grande meurtrisseure sur les bras et iambes des pauures gens.

Aux riches on vsera de ces emplastres, qui ont esté de long temps ordonnées pour les Roys, Princes, et grands Seigneurs allans à la chasse. Lors qu'ils tomboient de cheual, ou se heurtoient, les chirurgiens appliquoient cest emplastre au commencement [1].

℞. Boli armeni, terræ sigillatæ ana ʒ. j. ß.
 Rosarum rubrarum, myrtill. ana ʒ. vj.
 Nucis cupressi ʒ. ij.
 Omnium sandalorum ana ʒ. j.
 Nucis moscatæ ʒ. ß.
 Mastichis, styracis calamitæ ana ʒ. j. ß.
 Ceræ nouæ ʒ. vj.
 Picis naualis ʒ. ij.
 Terebenthinæ Venetæ, quantum sufficit.

Fiat emplastrum.

Et quand il estoit besoin de resoudre d'auantage, on vsoit de cestuy-cy.

℞. Styracis calamitæ, labdani, benjoin, ana ʒ. iij.
 Mastichis, ireos Florentiæ, baccarum lauri, cinamomi, cariophylli, calami aromatici ana ʒ. j.
 Ligni aloës, florum camomillæ, lauandulæ, nucis moscatæ, ana ʒ. ß.
 Moschi ʒ. j.
 Ceræ nouæ ʒ. vj.
 Resinæ ʒ. ij.
 Terebenthinæ Venetæ ʒ. iij.
 Olei rosarum quantum sufficit.

Fiat emplastrum.

[1] La première édition avertit en marge que ces formules se retrouvent auparavant au chap. 4 du livre *des contusions*. La remarque est juste; mais toutes les éditions ayant conservé ce double emploi, je n'ai pas cru devoir en rien retrancher.

S'il aduient qu'on soit blessé au visage, et que l'on ait les yeux (comme l'on dit) pochés au beurre noir, faut subit prendre vn mouchoir trempé en eau froide et vinaigre, et en bassiner la partie. Ce pendant on aura blancs d'œufs battus en eau rose, pour les appliquer dedans et autour des yeux, et parties proches. Et subit que tel remede sera sec, on y en remettra d'autre : et aprés, du sang de pigeon ou d'autre volaille, qui ont faculté de seder la douleur, et resoudre le sang meurtri des yeux.

Aussi on fera vne fomentation de sauge, thim, rosmarin, marjolaine, boüillies en eau et vin. D'auantage on peut prendre de l'aluyne hachée, et posée sur vne pelle chaude, et l'appliquer dessus entre deux linges. La farine de féues cuitte en oxymel y est aussi bien propre. Quant aux emplastres de *diachylon ireatum*, *de meliloto oxycroceum*, elles sont pareillement resolutiues : mais sur tous autres remedes (pourueu qu'il n'y ait ny douleur ny chaleur) la racine de *sigillum beatæ Mariæ* appliquée par rouelles, ou ratissée, discute et resoult le sang meurtri, comme chose miraculeuse.

Que si l'on s'estoit heurté des doigts contre quelque chose dure, ou receu quelque coup, ou pressé, ou escaché les ongles, qui sont en danger de tomber, ou marqués de noirceur à raison du sang qui est flué dessous : cela aduenant, tout subit on prendra vn linge trempé en vinaigre froid, et estraindra le doigt blessé de l'autre main, le plus fort que l'on le pourra endurer, à fin de reprimer la fluxion : et pour seder la douleur, on mettra dessus vn cataplasme fait de fueilles d'ozeille cuittes sous les cendres chaudes, puis pilées auec onguent rosat ou beurre frais. Et pour resoudre le sang ja deflué, on y appliquera cataplasmes faits de crottes de chéures, incorporé auec poudre de soulphre, et vn peu d'eau de vie. La cure sera paracheuée selon que l'on verra estre de besoin. D'auantage si par vne grande contusion et meurtrisseure suruient quelquesfois gangrene et mortification, qui se connoist quand la partie deuient fort liuide et noire, iusques à sembler que sa chaleur est presque suffoquée et estainte pour la grande concretion du sang deflué en la partie, qui empesche que les esprits ne peuuent paruenir pour l'entretenir en son estre : alors il faut vser de scarifications superficielles ou profondes, et appliquer des ventouses, pour faire attraction et vacuation du sang espandu hors des veines : et s'il n'y auoit totale mortification, conuiendroit faire amputation de ce qui seroit mort.

Si quelqu'vn a sauté et tombé sur le talon de haut, à plomb sur quelque chose dure, et par la contusion le sang sort hors de ses veines, dont il suruint grande douleur, puis tumeur, et après il se noircist, et se fige, puis se pourrit. La douleur vient pour la contusion qui s'est faite à l'aponeurose du gros tendon composé des trois muscles du pommeau de la iambe, qui s'implante sous le talon, et sus toute la solle du pied, et des nerfs qui sont en ces parties là : à quelques-vns leur suruient fiéure, spasme et autres cruels accidens : ce que ie certifie auoir veu aduenir. Partant il y faut obuier tant que possible sera, en faisant la saignée au bras du costé malade : puis faire vacuation du sang meurtri, à sçauoir en coupant la peau de dessous le talon pour luy donner transpiration, de peur qu'il ne se pourrisse, et qu'il ne face aposteme et gangrene. Et si la peau estoit dure, comme elle est ordinairement, il est besoin, auparauant que la couper, faire des fomentations d'eau chaude et huile assez longuement ; puis y appliquer dessus du cerat et autres remedes : la muscosité des limaçons, auec poudre d'encens, aloës et myrrhe, seichent à merueille le sang meurtri : faisant le bandage comme l'on a accoustumé aux fractures, commençant sur le talon, à fin de chasser le sang loing de la contusion, et situant le pied plus haut que le reste du corps : et les guarissent en soixante iours, s'ils se tiennent en repos sans nullement marcher. Hippocrates dit que si l'os du talon vient carieux, la maladie dure vn siecle, c'est à dire de la vie de l'homme : et que le malade ne doit boire vin, ains en lieu d'iceluy, de l'hydromel, et non oxymel : car lors que les nerfs sont offensés, le vinaigre leur est du tout contraire [1]. Pareillement pour quelque coup orbe, ou s'entorser pour quelque mesmarcheure ou entorsure, que les os peuuent sortir de leurs places, et se rompre, fendre et esclatter, et enfoncent quelquesfois iusques à la moëlle : et selon les differences faut diuersifier la cure. Et sommairement pour ce faire, faut tenir, pousser, esleuer, situer, bander et lier la partie, et la tenir en repos : toutes lesquelles choses trouueras amplement escrites en l'onziéme, quatorziéme et quinziéme liures de mes OEuures [2].

[1] Hippocrates, au liure des Articles.—A. P.

[2] Ce sont les livres des Contusions, des Bandages, et des Fractures, les 10e, 12e et 13e de l'édition actuelle.

Le douziéme iour de mars 1582, vn Gentilhomme de la suitte de Monsieur le Mareschal de Biron, nommé Bernault de l'Estelle, seigneur dudit lieu, ioüant à l'escrime au logis dudit Mareschal, eut vne playe contuse dans l'œil senestre, trauersant de l'autre part prés la quatriéme vertebre du col, icelle faite d'vne espée rabbatue, au bout de laquelle y auoit vn bouton rond et plat de grosseur d'vn bon pouce, qui fut donné par vn Gentilhomme du pays de Quercy, nommé le Baron du Bouluet. Toutesfois ledit coup n'auoit passé tout outre de l'autre part, ne rompu entierement le cuir, mais y estoit demeuré vne petite tumeur liuide et noire, de la grosseur d'vne auelaine: d'abondant toute la teste et le col luy enflerent, ne la pouuant tourner, pour le sang qui estoit respandu entre les muscles du col: aussi ledit Seigneur ietta le sang par le nez et par la bouche, et fut fort estonné dudit coup. Et ne veux oublier que ledit Seigneur Baron, homme fort et puissant, ayant blessé ledit Bernault, aussi tost qu'il eut donné le coup, voulant retirer l'espée, ne le peut qu'à grande difficulté, et s'efforça par deux diuerses fois auparauant que de la r'auoir, à cause que les os de l'orbite de l'œil auoient esté rompus et enfoncés au dedans par la grande violence du coup. Mondit Seigneur le Mareschal m'enuoya prier d'aller en sa maison pour penser ledit blessé: où estant arriué, le me recommanda d'autant bonne affection que si c'eust esté vn de ses propres enfans. Adonc ie luy fis promesse que ie le solliciterois comme si c'estoit sa personne. L'ayant veu, ie fus d'auis auec Paradis, Chirurgien de mondit seigneur le Mareschal, et Solin Crinel, chirurgien des bandes Françoises (hommes bien entendus en la Chirurgie, pour leurs grandes et longues experiences, qui le solliciterent auec moy iusques à ce qu'il fut du tout guari) qu'il fust saigné de la veine cephalique, du costé de la blesseure: et en l'œil fut appliqué du sang de pigeon (qui est vn vray baume des yeux) et aux parties voisines blancs d'œufs battus en eau rose et plantain, et sur toute la teste luy fut faite vne embrocation d'oxyrrhodinum: puis luy fut appliqué vn emplastre diachalciteos (aprés luy auoir osté le poil) dissout en huile rosat et vinaigre, pour euiter l'inflammation des parties interieures du cerueau. Il luy fut semblablement fait ouuerture à l'endroit où le bout de l'espée n'auoit passé outre, de laquelle en sortit bonne quantité de sang noir et caillebotte, et fut tenue ouuerte tant que nous vismes la teste et le col tout desenflés: et les accidens passés, nous luy fismes plusieurs autres choses que ie laisse à cause de briefueté.

Ie ne veux passer sous silence que messieurs Pigray, Cointeret, Le Fort, Dioniau, Viard, et Nicolas Marc, et plusieurs autres, tant Medecins que Chirurgiens, vindrent voir penser ceste blesseure, sans perdre la veuë, qui est veritablement chose admirable. Il fut guari, graces à Dieu, en vingt-quatre iours, et ce sans que nulle portion d'os en fust sortie, qui est encor plus esmerueillable. Que si quelqu'vn demande comment cela s'est peu faire: ie luy respondray, que peut estre les os de l'orbite qui auoient esté poussés au dedans, peurent aussi estre reduits en leur lieu, retirant l'espée au dehors.

CHAPITRE X.

Le septiéme iour de Iuin mil cinq cens quatre vingts et deux, le fils de Mathurin le Beau, marchant bonnetier, demeurant rue S. Denys, à l'enseigne de la Couronne d'argent, aagé de vingt-six mois, estant au milieu de la rue, vne coche chargée de cinq Gentils-hommes, la roüe de deuant passa au trauers du corps dudit enfant. Le peuple criant au cocher qu'il arrestast ses cheuaux, les fit reculer en arriere, et la roüe repassa encore vne fois par dessus le corps de l'enfant. Il fut porté en la maison de son pere, et pensoit-on qu'il fust mort, et tout euentré. Subit ie fus enuoyé querir pour penser ledit enfant : lequel ie reuisitay bien exactement, et ne trouuay aucune fracture ny luxation en aucun endroit de son corps. Tout à l'heure i'enuoye querir à la porte de Paris vn mouton que ie fis escorcher : et après auoir frotté le corps dudit enfant d'huile rosat et de myrtille, ie l'enueloppay nud en la peau dudit mouton tout chaudement : puis luy fis boire de l'oxycrat en lieu de Mumie, pour garder que le sang ne se caillebottast et figeast dedans le corps. D'abondant ie dis à la mere, qu'elle le gardast de dormir le plus qu'elle pourroit, pour le moins quatre ou cinq heures[1], à fin que le sang ne courust pas tant aux parties interieures du corps (ce qu'elle fit). En outre ie luy appliquay des fomentations d'herbes reso uties, et emplastres propres aux contu-

[1] *Bon aduertissement.* — A. P.

sions, pour resoudre le sang meurtri. Trois ou quatre iours aprés, apperceuant que ledit enfant ne se pouuoit tenir debout, et moins cheminer, ie fis appeler monsieur Pietre, Docteur Regent en la Faculté de medecine, homme d'excellent sçauoir, qui luy ordonna quelque petite medecine, parce qu'il auoit le ventre fort constipé : et craignant que la retention des excremens ne procedast pour la lesion de l'espine et les nerfs qui laschent et estraignent les excremens : comme ainsi soit que les malades qui ont fracture ou luxation aux vertebres, souuent laissent aller leurs excremens inuolontairement, autresfois sont retenus sans les pouuoir ietter dehors, ce que i'ay veu plusieurs fois : ioint aussi que par vne grande contusion les costes se peuuent separer des vertebres, où elles sont iointes : pareillement le defaut de se soustenir et marcher me faisant craindre que ie n'eusse trouué le vice par la veuë et au toucher, sçachant que deux yeux voyent plus qu'vn, ie fis semblablement appeler Iean Cointerel, et Iacques Guillemeau, Chirurgiens du Roy, autant bien entendus en la chirurgie qu'il y en ait à Paris : où estans arriués visiterent ledit enfant, sur lequel ne trouuerent aucune fracture ne luxation. Ainsi poursuiuant la cure iusques à la fin, est du tout guari, graces à Dieu, et chemine comme il faisoit auparauant qu'il fust blessé.

Et si l'on demande comment la roüe de la coche chargée de cinq hommes puisse auoir passé au trauers du corps de l'enfant, sans auoir rompu les costes et vertebres : ie respondray que les costes, et principalement les fausses, sont cartilagineuses et mollasses, nommément aux ieūnes enfans, et partant se peuuent grandement ployer sans estre rompues. Ceste presente histoire pourra encore seruir au ieune Chirurgien, pour faire le semblable, ou mieux s'il peut, à l'endroit de telles blessures.

Voila comme les anciens Medecins commandent de traiter ceux qui sont tombés de haut, ou ont esté frappés, contus et meurtris, pour obuier que le sang ne se coagule, ou caillebotte, ou se pourrisse, tant aux parties interieures qu'exterieures : lesquels n'ont iamais parlé, ny ordonné à manger ny à boire de la Mumie, et chair des corps morts. Partant nous la renuoyerons en Egypte, comme nous ferons de la Licorne aux deserts inaccessibles.

DISCOVRS
DE LA LICORNE [1].

CHAPITRE I.

Parce que plusieurs s'estiment bien
asseurés et munis contre la peste, et
toutes sortes de poisons et venins,

par le moyen de la corne de Licorne
ou Monoceros, prise en poudre ou en
infusion : i'ay pensé faire chose aggreable et profitable au public, si
par ce discours i'examine ceste opinion tant inueterée [2], et toutesfois
fort incertaine.

Premierement on entend par ce

[1] J'ai déjà dit plus haut (voyez pages 284 et
349) que l'édition de 1579 contenait à la fin du
livre des Venins un chapitre isolé intitulé :
Discours de la Licorne, qui était comme la
première ébauche de celui-ci. On en retrouve en effet le texte éparpillé dans divers chapitres, où j'aurai soin de le signaler dans mes notes. Quant au texte actuel,
il est presque absolument resté dans les
grandes éditions tel qu'il avait paru dans
l'édition particulière de 1582 ; seulement il
convient de dire que quelques chapitres ont
été empruntés au livre des Monstres de 1579,
comme je le noterai en temps et lieu. Voyez
d'ailleurs l'appendice des Monstres marins,
terrestres et volatiles, à la fin de ce volume.
Il reste à ajouter un mot touchant les figures que j'ai supprimées. Elles étaient au
nombre de dix, savoir : le *Camphur*, l'*Elephant*, le *Rhinoceros*, le *combat du Rhinoceros contre l'Elephant*, le *Taureau de la Floride*, le *Pirassoipi*, l'*Elephant de mer*, le
poisson Caspilly, le *poisson Vletif*, le *poisson
ayant la teste d'vn porc sanglier* ; dont sept
avaient été empruntées au livre des Monstres de 1572 et 1579. J'ai essayé du moins de
garder les titres que Paré donnait à ces

figures, en les érigeant en titres de chapitres, et pour d'autres chapitres je me suis
servi dans le même but de certaines notes
marginales. Il faut donc savoir que dans
les anciennes éditions il n'y avait pas de titres de chapitres, mais que ceux qu'on trouvera dans celle-ci sont bien du texte de Paré ; à ce point que quand les notes marginales m'ont manqué, je n'ai pas voulu y
suppléer.

[2] Ce premier paragraphe est copié jusqu'ici textuellement du chapitre de 1579 ;
mais celui-ci ajoutait ce qui suit, qui s'é-
carte assez de la rédaction actuelle.

« Quoy faisant nous nous proposerons trois
principaux poincts, auecques (il faut sans
doute suppléer *lesquels*) nous rapporterons
toutes noz recerches. Le premier sera de la
signification du mot de Licorne, (il faut encore ici suppléer *le second*,) sçauoir si c'est
chose qui soit vrayement en nature, ou seulement ymaginée : c'est-à-dire s'il y a quelque beste du nom de Licorne. La troisiesme
si la corne d'icelle peut auoir quelque vertu
et propriété contre les venins.

» Or quant au premier, le mot de Licorne
ne signifie autre chose que beste à vne

mot de Licorne, vne beste naissante en fort lointain pays, ayant vne seule corne au front, qui est prise comme chose miraculeuse contre tous venins, et fort estimée des Rois, Princes, et grands Seigneurs, et mesme du vulgaire. Les Grecs l'appellent *Monoceros*, et les Latins *Vnicornis*. Et de pouuoir dire et asseurer à la verité quelle est ceste beste, il est fort difficile, mesme que aucuns doutent que ce ne soit vne chose fausse, et controuuée par le vulgaire, laquelle auec le temps soit venue en opinion : et que quelqu'vn en peut auoir escrit, soit par simplicité ou delectation, voulant emplir ses liures de choses merueilleuses et extrauagantes, se souciant bien peu si elles estoient vrayes ou fausses. De fait, la description de ladite Licorne porte auec soy vne doute manifeste, veu que les vns disent que c'est vne beste inconneuë et estrange, et qu'elle naist aux Indes, les autres en Æthiopie, d'autres és terres Neufues, les autres és deserts : dont on peut coniecturer

corne, comme si on vouloit dire vnicorne : car mesmes les Latins ont appellé ceste sorte de beste *vnicornis*, et les Grecs *Monoceros*, conformant au mot latin et françois.

» Et quant au second, il me semble, sauf meilleur iugement, que la Licorne est plustost chose imaginee, que vraye et naturelle : mes raisons sont qu'il ne se trouue auiourd'huy homme qui ayant voyagé et recerché curieusement tout le monde, se vante en auoir veu. Mesmes les Romains apres auoir subiugué toutes les nations, curieux des choses rares, s'ils eussent ouy parler de ceste beste, ils en eussent bien recouuert et mis en leurs monnoye et medailles, comme ils ont fait des Crocodiles, Elephans, aigles, Pantheres, lions, tigres, et autres estranges animaux. »

On retrouvera ce dernier argument reproduit et amplifié au chap. 3.

(comme dit André Marin, Medecin tres-docte de Venise, au liure qu'il a fait *de la fausse opinion de la Licorne* [1]) que ce peu de connoissance que l'on en a eu iusques à present en nostre Europe, comme d'vne chose estrange, a esté donnée par gens Barbares, lesquels, comme il appert, n'ont peu dire autre chose sinon qu'elle naist és deserts, et qu'elle est solitaire, et hante les lieux inaccessibles, et partant que c'est vne chose qui se voit fort rarement. Qui demonstre assez que ces gens là n'en sçauent rien au vray, et qu'ils n'en parlent que par opinion et par oüyr dire.

CHAPITRE II.

VARIETÉS D'OPINIONS TOVCHANT LA DESCRIPTION DE LA LICORNE.

D'auantage les autheurs qui en ont escrit du commencement estoient fort peu renommés, et n'en faisoit-on

[1] L'édition de 1582 portait : (*comme dit André Baccy, Medecin tres docte, en son liure De la nature de la Licorne*). Au chap. 14, Paré dit qu'André Baccy était de Florence; puis, dans sa *Replique* (voyez à la fin de ce Discours), il dit également que Marin était de Florence, en sorte qu'il semble les prendre l'un pour l'autre et en parler confusément. Il est essentiel de rétablir les faits. André Baccy, qui n'était point de Florence, mais de Milan, avait publié à Rome, vers 1560 (la date est incertaine), un ouvrage intitulé : *Discorso dell'alicorno, della natura dell'alicorno, et delle sue eccellentissime virtù*. Ce livre fut traduit en latin, disent les bibliographes, par André Marin, ou Marini, et la traduction publiée à Venise en 1566. Je n'ai point vu cette traduction; mais, d'après le texte de Paré, il faut bien croire que Marin ne s'était point contenté de tra-

pas grand cas. Car le premier qui en a escrit (comme on peut voir en Pline au liure 8. cha 21.) fut Ctesias, duquel Aristote, en son liure 8. de son histoire des Animaux, chapitre 28., parle comme d'vn autheur peu croyable. Or touchant Ælian, il semble qu'il en doit auoir parlé à la verité, comme ne faisant profession que de parler des animaux : et toutesfois l'on voit qu'il est en doute, en parlant tousiours en ces termes : *on dit, ils disent, on entend.* Et ce parce que tous les autheurs qui en ont escrit iusques à present, en ont tous parlé diuersement. De fait, que comme ils sont differens en la description des lieux où naist ladite Licorne, ainsi sont ils de la forme d'icelle. Les vns disent qu'elle ressemble à vn cheual, les autres à vn asne, les autres à vn cerf, les autres à vn elephant, autres à vn rhinoceros, autres à vn leurier d'attache. Bref, chacun en dit ce qu'il en a ouy dire, ou ce qu'il luy plaist de controuuer. Les vns en font deux especes, d'autres trois. Il y en a qui disent qu'elle a la corne du pied entiere comme celle d'vn cheual, autres fendue comme celle d'vne chéure, autres comme d'vn elephant, comme Pline et Ælian. Or lesdits autheurs ne discordent pas seulement pour le regard des lieux de la naissance, ny de la forme de ladite Licorne, mais aussi en la description de la corne d'icelle. Car les vns la figurent noire, les autres de bay obscur, et qu'elle est blanche en bas et noire en haut. Vn autre dit que vers le haut elle tire

sur le pourpre, vn autre qu'elle est polie, et d'autres que depuis le haut iusques en bas elle est rayée tout à l'entour, comme vne coquille de limaçon, par vn artifice tres-beau. Plus, les vns la descriuent moins large, les autres plus longue. Conclusion, tous different, tant les anciens que les modernes : mesmes ils se sont trouués confus en l'experience de plusieurs cornes pretendues de Licornes, qui se trouuent és thresors des Roys et Princes Chrestiens, en ce que lesdites cornes ne se sont trouuées toutes propres à vn mesme vsage : mais en certaines choses ils ont trouué vray ce qu'en ont dit les anciens, et en beaucoup d'autres, non [1].

Et ce qui en fait douter d'auantage, ce sont les promesses excessiues et effroyables que quelques-vns mettent en auant de ceste corne contre la peste, le spasme, mal caduc, la fieure quarte, la morsure des chiens enragés, viperes, et piqueures de scorpions, et contre tous venins. Et pour le faire croire aux Princes, ils disent

[1] Cette argumentation était déjà traitée en 1579 de la manière suivante :

« Quand à ceux qui ont escrit de la Licorne, ou par ouïr dire, ou par fantaisie, à peine s'en trouuera-il deux qui s'accordent ensemble, soit en la description du corps, soit en la description des meurs et conditions de la beste. Pline dict les Licornes auoir entierement le corps comme vn cheual : (c'est-à-dire, comme Cardan, de grandeur d'vn cheual), la teste et les piedz d'Elephant, la queuë de Sanglier, et vne corne au milieu du front, qui est de deux couldees de long. Munster, qui comme dict Matheole, n'a iamais veu Licornes qu'en painture, etc »

Cette citation de Munster, suivie d'une autre de Cardan et d'une troisième d'André Theuet, se retrouvera presque textuellement au chap. 4.

duire le Discours de Baccy, et qu'il avait pris à tâche de le réfuter. Quoi qu'il en soit, c'est sans doute pour avoir pris d'abord le réfutateur pour l'auteur que Paré a été ainsi obligé de changer un nom pour l'autre.

qu'il n'est besoin en prendre par la bouche, comme l'on fait de la theriaque et autres alexiteres preseruatifs, mais qu'il suffit que ceste corne soit tenue seulement à l'opposite du lieu où sera le venin, et que subit le venin se decouure. Et pour faire croire ces miracles, ils se veulent preualoir de quelques tesmoignages des anciens [1], que les Rois d'Indie faisoient faire des tasses de certaines cornes, où personne qu'eux ne beuuoit, et que par ce moyen ils s'asseuroient d'estre exempts de toutes maladies incurables : et que le iour qu'ils auoient beu dans ces tasses, ils ne deuoient craindre aucun venin, ny autres aduersités. Bref, vne infinité d'autres promesses impossibles, lesquelles d'autant qu'elles excedent toute creance humaine, d'autant donnent-elles occasion à ceux qui ont quelque peu d'esprit de tenir pour faux tout le reste qui en a esté dit et escrit.

CHAPITRE III.

Quelques-uns pourroient penser, veu la conformité de ces deux noms, *Rhinoceros* et *Monoceros*, c'est à dire Licorne, que ce fust tout vn. Mais si cela estoit vray, il n'y auroit desia plus de doute qu'il ne fust des licornes : d'autant qu'il est tout certain que le Rhinoceros a esté veu plusieurs fois aux spectacles publiques des Romains. Que si c'est vn autre animal different, comme il est à presupposer, il sourd vne autre difficulté plus grande. Car parmy tant d'animaux

[1] Philostrate, *chap.* 1. *liu.* 3. — A. P.

que l'on menoit de toutes les parties du monde és merueilleux spectacles de Rome, il ne se trouue point que l'on ait iamais veu vne seule licorne. Et quand l'amphitheatre de Diocletian fut dedié, l'on y mena pareillement de tous costés vn bien grand nombre d'animaux fort estranges, et ne lit-on point qu'il se soit fait iamais vne plus grande recherche qu'au temps de Gordian. Car voulant triompher des Perses, et celebrer la feste seculiere pour ceste année glorieuse, qui estoit mil ans aprés l'edification de Rome, que Philippe premier, Empereur chrestien son successeur, a depuis encore celebré, il y fit conduire des Ours, des Lions, des grands Cerfs, des Rhinoceros, Taureaux sauuages, Sangliers, Chameaux, Elephans, Tigres, Ellens, Porcs-espics, Ciuettes, Crocodiles, Cheuaux sauuages et marins, appellés Hippopotames, et autres innumerables animaux cruels et farouches, dont la plus part se trouue és deserts de l'Egypte, et és isles lointaines : entre lesquels fut grand merueille que la Licorne ne fut point amenée auec les autres animaux. Quand Gordian voulut triompher des Perses, la Licorne n'y estoit, et ne precedoit tous les autres animaux à cause de sa rareté, si elle se trouue, comme l'on dit, en ces costés là : qui me fait croire que la licorne se trouue bien rarement. Et semble, à voir ceste varieté d'opinion entre les autheurs qui en ont escrit, attendu aussi les promesses excessiues et incroyables (comme a esté dit) de Ælian et autres, que ce soit vne chose fabuleuse.

Cest argument aussi pris des triomphes des Empereurs, seroit par moy mal conduit, et ne concluroit pas, s'il n'estoit proué, comme ie fais aprés au 7. chap. de ce traité, par l'authorité de Pausanias, que Monoceros et Rhinoceros sont diuers animaux. Parquoy ce seroit alleguer faux contre moy, qu'il y eust des licornes en ces triomphes, pource qu'on y vit des rhinoceros, qui sont autres animaux que la licorne : veu que le rhinoceros a deux cornes, l'vne au nez et l'autre sur le dos, au dire de Pausanias : et la licorne n'en a qu'vne, comme monstre le nom Monoceros.

CHAPITRE IV.

Aucuns sont d'opinion que la corne que l'on monstre pour corne de licorne, est vne dent de Rohart, qui est vn poisson de mer. Autres disent que l'on ne peut iamais prendre viue la licorne : d'autres diçent en auoir veu vne troupe, comme l'on voit icy les moutons. Partant ces choses considerées, le lecteur en croira ce qu'il voudra. Et quant à moy, ie croy que la Licorne n'a encores esté descouuerte, ou pour le moins bien rarement, et que ce n'est qu'vne imposture de vendre tant de cornes de Licorne que l'on fait accroire, comme l'on en peut tirer de grandes coniectures de ce que ie diray cy après.

Æneas Siluius Picolomini, qui a esté depuis Pape Pie second, en son liure de l'Asie chap. 10. escrit de l'authorité d'vn Nicolas Venetien, que vers la fin d'Asie, en vne prouince nommée Marcino, entre les montagnes de l'Indie et de Cathay, il se trouue vn animal qui a la teste comme vn porc, la queuë comme vn bœuf, de couleur et grandeur d'vn elephant, auec lequel il a vne perpetuelle inimitié, portant vne

seule corne au front d'vne coudée de long, laquelle est fort prisée en ces regions là, pour estre (comme ils disent) bonne contre tous venins.

Marc Paul Venetien en tesmoigne de mesme, lequel a demeuré long temps au seruice du grand Cham de Tartarie, où il a fait plusieurs voyages lointains en Indie ; et entre les autres choses dignes de memoire, il escrit qu'au royaume de Basine, où les gens sont du tout barbares et brutaux, la licorne se trouue, qui est vne beste sans proportion peu moindre qu'vn elephant, ayant la teste semblable à vn pourceau, et si pesante, que tousiours la tient basse et courbée. Elle aime à demeurer à la fange, ayant vne seule corne au milieu du front, de couleur noire, et longue de deux coudées.

Aloysius Cadamustus, en sa Nauigation, chap. 5, dit qu'en vne certaine region des terres neuues l'on trouue des licornes, que l'on prend viues.

Louys de Berthame, Espagnol, en son voyage d'Æthiopie et mer Rouge, descrit auoir veu en la Mecque, cité principale de l'Arabie, dedans le serail du Roy, deux licornes, l'vne semblable à vn cheual de trente mois, et l'autre à vn poulain d'vn an, ayant chacune vne corne au front, l'vne de trois brassées de long, et l'autre de deux, ayant la couleur d'vn cheual bay, la teste de cerf, le col court, peu de crins, les iambes menues, l'ongle fendu comme vne cheure.

Pline dit que la corne de licorne est noire, solide, et non creuse par le dedans. Solinus et certains autres autheurs la descriuent de couleur de pourpre, et non noire.

Or pour le desir que i'ay toujours eu de sçauoir la verité touchant ce que l'on pourroit souhaiter de la Licorne, sçachant que Louis Paradis, Chirurgien natif de Vitry en Partois, à present demeurant en ceste ville de Paris, auoit long temps voyagé, ie le priay me dire s'il n'auoit point veu de licornes. Il me dit qu'il en auoit veu vne en Alexandrie d'Ægypte, et vn elephant au logis du gouuerneur de la ville, que le Prestre-Iean enuoyoit au Grand-seigneur, de grandeur d'vn grand leurier d'attache, non si gresle par le corps. Son poil estoit de couleur de Castor, fort lissé, le col gresle, petites oreilles, vne corne entre les deux oreilles fort lissée, de couleur obscure, bazanée, de longueur d'vn pied de Roy seulement, la teste courte et seic¹e, le mufle rond, quasi semblable à celuy d'vn veau, les yeux assez grands, ayant vn regard fort farouche, les iambes seiches, les pieds fendus comme vne biche, la queuë ronde et courte comme celle d'vn cerf. Elle estoit toute d'vne mesme couleur, fors vn pied de deuant, qui estoit de couleur iaune. Son manger estoit de lentilles, pois, féues, mais principalement des cannes de succre. Ce fut au mois d'Auril mil cinq cens soixante et treize. Il s'enquist par vn truchement de ceux qui auoient amené ladite licorne, s'il y auoit beaucoup de pareils animaux en ceste prouince. On lui fit response qu'ouy, et que c'estoit vn animal fort furieux et tres-difficile à prendre, principalement lors qu'il est en rut, et que les habitans du pays le craignent plus que nul autre animal feroce. Ledit Paradis affirme, qu'ils luy montrerent vn fragment de corne de licorne, qui estoit comme de couleur du dedans d'vne piece de rheubarbe fraichement rompue.

Albert escrit auoir veu vne corne de licorne, et mesme maniée de sa main propre, large en sa base d'vne palme et demie, et en diametre large de dix pieds, sans aucune raye, et au demeurant semblable à vne corne de cerf. Et par la proportion de ceste longueur et grosseur, si nous considerons la grandeur de la teste qui doit produire et soustenir vne si desmesurée corne, et venans par là à coniecturer quel doit estre tout le corps, nous serons contraints de confesser que cest animal doit estre aussi grand qu'vn grand nauire, et non comme vn elephant. Quant à moy, ie croy que ceste corne doit estre quelque corne, os, ou areste de quelque monstre marin merueilleusement grand.

Munster, lequel (comme dit Matthiole) n'a iamais veu de licornes qu'en peinture, dit icelles estre semblables non à vn cheual, mais à un poulain de trois mois, ayans les pieds non semblables à ceux d'vn elephant, mais fendus comme ceux d'vne chéure : au reste, portant vne corne esleuée au front, noire, et longue de deux ou trois coudées. Quant à la beste, elle est de couleur d'vne belette, ayant la teste comme vn cerf, le col non pas fort long, et garni de peu de crins, pendans seulement d'vn costé : les iambes gresles et minces, les cuisses heronnieres, fort couuertes de poil. Toutesfois Cardan, contredisant à tous deux, dit ceste beste porter au milieu du front vne corne longue non de deux ou trois coudées, mais de deux ou trois doigts seulement.

André Theuet en sa *Cosmographie*, de l'authorité et recit d'vn Sangiac, Seigneur Turc, fait mention d'vne licorne veuë par ledit Seigneur, grande comme vn taureau de cinq ou six mois, portant vne seule corne droit au sommet de la teste, et non au front, ainsi que l'on dit des autres, ayant les pieds et iambes peu differentes des asnes de nostre Europe, mais le poil long, et les oreilles semblables à celles d'vn raugifere [1].

Garcias ab Horto, Medecin fort celebre du Viceroy d'Indie, dit qu'au promontoire du cap de Bonne-Esperance, l'on a veu vn animal terrestre, lequel aussi se plaisoit d'estre dedans la mer, ayant la teste et la perruque d'vn cheual, et vne corne longue de deux palmes, qui est mobile, laquelle il tourne à son plaisir, tantost à dextre, tantost à senestre, en haut et en bas. Cest animal, dit-il, combat contre les elephans tres-cruellement. La corne d'iceluy est fort recommandée contre les venins.

Du Camphur, animal amphibie.

André Theuet, en sa *Cosmographie*, dit qu'il s'en trouue vn autre en Æthiopie presque semblable, nommé *Camphur*, en l'isle de Moluque, qui est amphibie, c'est à dire viuant en l'eau et en la terre, comme le crocodile. Ceste beste est de grandeur d'vne biche, ayant vne corne au front, mobile, de longueur de trois pieds et demy, de grosseur comme les bras d'vn homme, plein de poil autour du col, tirant à la couleur grisastre. Elle a deux pattes comme celles d'vne oye, qui luy seruent à nager, et les autres deux pieds de deuant comme ceux d'vn cerf ou biche : et vit de poisson. Il y en a quelques-vns qui se sont persuadés que c'estoit vne espece de Licorne, et que sa corne est fort

riche et excellente contre les venins [1].

Or il y a plusieurs autres animaux marins qui n'ont qu'vne seule corne, et beaucoup d'autres animaux terrestres : car on a veu des cheuaux, chéures, et daims, pareillement des taureaux, vaches, et asnes, auoir vne seule corne. Parquoy Monocéros ou Vnicorne est vn nom qui conuient à tout animal qui n'a qu'vne seule corne. Or considerant la varieté des escriuains, et des cornes qui sont toutes differentes les vnes des autres, l'on peut croire veritablement qu'elles sont de diuerses bestes engendrées en la mer et en diuerses contrées de la terre. Et pour la renommée des vertus qu'on attribue à la Licorne, chacune nation se plaist à luy donner le nom de Licorne [2].

CHAPITRE V.

Idatz Aga, orateur de Soliman, atteste auoir veu en l'Arabie deserte des Licornes courantes çà et là à

[1] Les deux paragraphes qui précèdent se lisaient déjà dans le chapitre de 1579. Voir la note de la page 491.

[1] Ce paragraphe a été emprunté au livre *des Monstres* de 1579, ainsi qu'une méchante figure que j'ai supprimée. Voyez l'Appendice, à la fin du volume. L'animal était alors appelé *Camphurch*; et après sa description, Paré ajoutait :

« Le roy de l'isle porte volontiers le nom de ceste beste, comme les autres seigneurs des plus grands apres le Roy prennent le nom de quelque autre beste : les vns des poissons, les autres des fruicts, comme nous a laissé peint et descrit André Theuet en sa Cosmographie. »

Et en marge : *Liu.* 12. *chapitre* 5. *tome* 1.

[2] Ce paragraphe manque dans l'édition de 1582, et date de 1585.

grands troupeaux. Quant à moy, ie croy que c'estoient plustost des daims ou chéures de ce pays-là, et non des licornes.

Philostrate en la vie d'Apollonius Tyaneus, chapitre 1. liure 3. dit, qu'aux marests voisins du fleuue Phasis se trouuent des asnes sauuages, portans vne corne au front, auec laquelle ils combattent furieusement comme taureaux : de laquelle corne les Indiens font des tasses qui garantissent l'homme de tóute sorte de maladie le iour qu'il y a beu, et s'il est blessé ce iour là, il ne sent aucune douleur. D'auantage il peut passer par le trauers d'vn feu sans se brusler nullement [1]. Mesme il n'y a venin ny poison beu, ou autrement pris, qui luy puisse nuire : et que pour ceste cause il n'y a que les Rois qui boiuent dans lesdites tasses : de fait que la chasse desdits asnes n'est permise qu'aux Rois du pays : et dont on dit qu'Apollonius, philosophe graue, regarda curieusement ceste beste sauuage, et auec grande admiration considera sa nature. Quoy voyant Damis, luy demanda s'il croyoit ce qu'on disoit de la vertu desdites tasses : Ie le croiray, dit-il, quand l'entendray que le Roy de ce pays sera immortel. Responce que ie delibere d'oresnauant faire à tous ceux qui me demanderont si ie croy ce que l'on dit des vertus de la corne de Licorne.

[1] *Croyez ce porteur.* — A. P. — Cette note ne se lit que dans l'édition de 1582.

CHAPITRE VI.

DISCORD DES AVTHEVRS TOVCHANT LE NATVREL DE LA LICORNE.

Moindre n'est la contrarieté des autheurs touchant le naturel de ladite licorne. Car Pline, au lieu cy dessus allegué, la dit estre la plus furieuse de toutes les bestes : mesmes qu'elle hurle fort hideusement, et que iamais on ne la prend viue. Cardan la dit pareillement estre fort cruelle, comme naissant és lieux deserts d'Æthiopie, en terre orde, et entre les crapaux et bestes venimeuses [1].

Gesnerus dit que le Roy d'Æthiopie, en l'Epistre Hebraïque qu'il a escrite au Pontife de Rome, dit que le Lion craint infiniment la Licorne, et que quand il la voit, il se retire vers quelque gros arbre, et se cache derriere ledit arbre. Lors la Licorne, le voulant frapper, fiche sa corne bien auant dans l'arbre, et demeure là prise, et lors le Lion la tue : toutesfois il aduient aucunesfois autrement.

Autres au contraire la disent fort douce, benigne, et d'vne mignotise la plus grande du monde, pourueu que l'on ne l'offense point. Louys de Barthame, en ses Nauigations cy dessus alleguées, est de ceste opinion, niant les Licornes estre cruelles, comme en ayant veu deux enuoyées d'Æthiopie au Soudan, qui les faisoit nourrir en la Mecque, ville de l'Arabie heureuse (où est le sepulchre de Mahomet) enfermées en certains treillis, qui n'estoient nullement fa-

[1] Ce paragraphe se lisait déjà textuellement dans le chapitre de 1579.

rouches. Theuet dit auoir voyagé en ces regions là, et s'estre enquis diligemment des habitans : n'auoir toutesfois iamais sceu rencontrer homme qui en eust veu, ou qui eust peu rapporter quelque certitude de la figure et nature de ceste besté[1].

Otho dit auoir veu et manié à Rome, au magasin du thresor des Papes, vne corne de licorne qui estoit luisante et polie comme yuoire, et qu'il fust fort esmerueillé de la voir si petite, se prenant à rire, veu qu'elle n'auoit à grand'peine que deux palmes de longueur : on luy dist que par le trop grand et frequent vsage de l'auoir maniée, elle estoit deuenue ainsi petite.

Il y en a aussi qui est gardée par grande singularité dans le chœur du grand temple de Strasbourg, laquelle est de longueur de sept pieds et demy, encore l'on a coupé furtiuement le bout de la pointe, laquelle sans cela seroit encore plus longue. Elle est par le bas de la grosseur d'vn bras, et va en tortillant comme vn cierge qui est tors, et s'estend vers la pointe en forme de pyramide, estant de couleur noirastre par dehors, comme vn blanc salli pour auoir esté manié : et par dedans elle est blanche comme yuoire, ayant vn trou au milieu comme pour mettre le petit doigt, qui va tout au long.

Les cornes qui se moustrent aux festes solennelles publiquement à Venise, au temple de sainct Marc, different de ceste-là en grandeur, couleur, et figure, tellement qu'il n'y a nulle conformité entre elles.

Pareillement en l'eglise de sainct Denys en France, il y a, à ce qu'on dit, vne corne de licorne qui en grosseur, longueur, et figure, se rapporte aucunement à celle de Strasbourg.

Or si lesdites cornes ne sont de vrayes Licornes, de quelles bestes sont elles? dira quelqu'vn. Theuet a opinion que telles cornes ne sont que dents d'elephans, ainsi cernelées et mises en œuure : Car ainsi, dit-il, les desniaiseurs qui se trouuent en Leuant, vendent les rouëlles des dents de Rohart pour cornes de licornes, les creusent et allongent à leur aise. Et à la verité ceste corne de licorne, estant bruslée, rend et respire semblable odeur que l'yuoire. Et à fin que ceste façon de contrefaire ne semble impossible, Cardan dit que les

---

[1] Tout ce paragraphe est copié du chapitre de 1579, où il suiuoit immédiatement celui auquel se rapporte la note précédente; mais il était d'abord dit peu plus étendu. Ainsi la première phrase était ainsi conçue :

« Autres au contraire la disent estre fort douce et benigne, et d'vne mignotise la plus grande du monde, pourueu que malicieusement on ne l'offence : car ils disent comme ainsi soit qu'elle ne pasture en terre, estant la longueur de la corne qu'elle a au front, force est qu'elle pasture és arbres fruitiers, et és rateliers, ou en main mangeant toutes sortes de fruicts qu'on lui offre, comme herbes, gerbes, pommes, poires, oranges, ffrouzelle, et toutes sortes de legumaige, iusques là qu'ils feignent icelle s'amouracher des filles, prenant tel plaisir à les contempler, qu'elle est souuent prise par ce moyen. »

Et à la fin du paragraphe, l'auteur ajoutait :

« Or ces contrarietez d'opinions me font iuger, que tout ce qu'on dict des Licornes est chose controuuee à plaisir par les peintres et historiens : car comme le chemin qui va droit en quelque lieu est vn, et les destours au contraire sont plusieurs : ainsi la sentence de verité est tousiours vne et semblable à soy, et celle de mensonge est tousiours diuerse et bigarree de contrarieté et repugnance. »

dènts des elephans se peuuent amollir et estendre comme les cornes de bœuf[1].

Louys de Paradis, Chirurgien natif de Vitry en Partois, duquel i'ay fait mention cy deuant, dit auoir veu en Alexandrie d'Egypte deux aiguilles, appellées les aiguilles de Cesar, hautes et grandes à merueilles, neantmoins chacune toute d'vne piece : et tient-on pour vray qu'elles sont de pierres fondues. Hors ladite ville enuiron huit cens pas, il y a vne colomne, qui s'appelle la colomne de Pompée, de merueilleuse grosseur et hauteur, tellement que c'est tout ce que peut faire le plus fort homme de ietter vne pierre sur le sommet d'icelle. La grosseur est telle que cinq hommes, ayans les bras estendus, ne la pourroient entourer : neantmoins on dit qu'elle est toute d'vne piece, et de diuerses couleurs de pierres, comme noire, grise, blanche, incarnate, et dit-on qu'elle est aussi de pierres fondues. Que si ainsi est que de telle matiere on ait peu construire lesdites aiguilles et colomne, qui empeschera que l'on ne puisse contrefaire les cornes de licornes?

---

[1] Ce paragraphe est extrait presque textuellement du chapitre de 1579, et il finissait alors par cette réflexion : *mais qui a-il sous le ciel, que l'auare curiosité des hommes du temps present ne contreface?* — D'un autre côté il convient de noter qu'il y avait ici une figure d'éléphant empruntée au livre *des Monstres* de 1579, sans le texte qui l'accompagnait, lequel s'était trouvé dès lors supprimé. J'ai reproduit ce texte dans l'appendice *des Monstres*, à la fin de ce volume.

CHAPITRE VII.

DESCRIPTION DV RHINOCEROS.

Pausanias escrit que le Rhinoceros a deux cornes, et non vne seule : l'vne sur le nez, assez grande, de couleur noire, et de grosseur et de longueur de celle d'vn buffle, non toutesfois creuse dedans, ny tortue, mais toute solide, et fort pesante : l'autre luy sort en haut de l'espaule, assez petite, mais fort aiguë. Par cela apparoist que ce ne peut estre la Licorne, laquelle n'en doit auoir qu'vne, comme testifie son nom Monoceros. On dit qu'il ressemble à l'elephant, et quasi de la mesme stature, sinon qu'il a les iambes plus courtes, et les ongles des pieds fendus, la teste comme un pourceau, le corps armé d'vn cuir escaillé et tres-dur, comme celuy du crocodile, ressemblant aux bardes d'vn cheval guerrier.

Festus dit que quelques-vns pensent que ce soit vn bœuf sauuage d'Egypte[1].

CHAPITRE VIII.

André Baccy dit qu'il y a des Medecins portugais, qui ont demeuré long temps és terres neufues pour rechercher les choses rares et precieuses, lesquels afferment qu'ils n'ont iamais peu descouurir de la Licorne, sinon que les gens du pays disent

---

[1] Ici était une figure de rhinocéros empruntée au livre *des Monstres* de 1579. Quant au texte qui accompagnait alors cette figure, il a été reporté au chapitre suivant.

que c'est seulement vne corne de rhinoceros, et qu'elle est tenue au lieu de licorne, et comme preseruatif contre tous venins.

Toutesfois Pline escrit particulierement en son liure 8, chapitre 20, que le rhinoceros est vne espece d'animal cruel, different de la licorne, et dit que du temps de Pompée le grand il fut veu vn rhinoceros qui auoit vne corne sur le nez. Or le rhinoceros estant merueilleusement ennemy de l'elephant, il aiguise sa corne contre vn rocher, et se met en bataille contre luy valeureusement, comme vn taureau, et demeure vainqueur, et tue l'elephant[1] : duquel combat Salluste du Bartas en son 6. liure de *la Sepmaine*, fait mention par ces vers :

Mais cest esprit subtil, ny cest enorme corps
Ne le peut guarantir des cauteleux efforts
Du fin Rhinoceros, qui n'entre onc en bataille
Conduit d'aueugle rage : ains plustost qu'il assaille
L'aduersaire Elephant, afûle contre vn roc
De son armé museau le dangereux estoc :
Puis venant au combat, ne tire à l'auenture
La roideur de ses coups sur sa cuirasse dure :
Ains choisit, prouident, sous le ventre vne peau,
Qui seule craint le fil de l'aiguisé cousteau.

[1] Ceci paraît emprunté au livre *des Monstres* de 1579, à l'article du Rhinocéros. Mais le texte primitif était plus étendu ; le voici :

« Il y a vne chose digne d'estre notée en ceste beste dicte Rhinoceros, c'est qu'il a vne perpetuelle inimitié contre l'Elephant, et lorsqu'il veut se preparer au combat, il esguise sa corne contre vn roc, et tasche tousiours de prendre l'Elephant par le ventre, lequel il a beaucoup plus tendre que le dos : il est aussi long que l'Elephant, mais toutesfois il est plus bas de iambes, et a son pelage de couleur de bouys, piccoté en plusieurs endroits. Pompee, comme escrit Pline, chap. 20. liu. 8., en fist veoir le premier à Rome. »

CHAPITRE IX.

DV TAVREAV DE LA FLORIDE.

Il se trouue és Indes plusieurs sortes d'animaux ayans vne seule corne, comme vaches et taureaux. cheuaux, asnes, chéures, daims, monoceros : autres ayans deux cornes, et plus. Et pour la renommée des vertus que l'on attribue à la licorne, il est vraysemblable que chacune nation se plaist à luy donner le nom de Licorne, comme auons dit cy dessus.

Theuet tome 2, liure 23, chapitre 2, dit qu'en la Floride se trouuent de grands taureaux, que les sauuages appellent *Butrol*, qui ont les cornes longues seulement d'vn pied, ayans sur le dos vne tumeur ou bosse comme d'vn chameau, le poil long par dessus le dos, de couleur fauue, la queuë comme celle d'vn Lion. Cest animal est des plus farouches qu'on sçache trouuer, à cause dequoy iamais ne se laisse appriuoiser, s'il n'est desrobé et raui petit à sa mere. Les sauuages se seruent de leur peau contre le froid : et sont ses cornes fort estimées, pour la proprieté qu'elles ont contre le venin : et partant les Barbares en gardent, à fin d'obuier aux poisons et vermines qu'ils rencontrent allans par pays[1].

CHAPITRE X.

DESCRIPTION DV PIRASSOIPI, ESPECE DE LICORNE D'ARABIE.

En l'Arabie prés la mer Rouge, il se trouue vne autre beste que les

[1] A ce paragraphe était jointe la figure du

sauuages appellent *Pirassoipi*, grande comme vn mulet, et sa teste quasi semblable, tout son corps velu en forme d'vn ours, vn peu plus coloré, tirant sur le fauueau, ayant les pieds fendus comme vn cerf. Cest animal a deux cornes à la teste fort longues, sans rameures, haut esleuées, qui approchent des licornes : desquelles se seruent les sauuages lorsqu'ils sont blessés ou mords des bestes portans venin, les mettans dedans l'eau par l'espace de six ou sept heures, puis après font boire ladite eau au patient. Et voicy le portrait, tiré du cinquiéme liure de la *Cosmographie* d'André Theuet [1].

Les sauuages l'assomment quand ils la peuuent attrapper, puis l'escorchent, et la mangent. »

CHAPITRE XI.

ELEPHANT DE MER.

Hector Boetius, au liure qu'il a escrit de la description d'Escosse, dit, que l'animal duquel cy aprés suit l'effigie, se nomme *Elephant de mer,* *Taureau de la Floride;* le tout, texte et planche, emprunté au livre *des Monstres* de 1579.

[1] J'ai gardé cette phrase bien que supprimant la figure, parce qu'elle indique la source où Paré l'avait puisée. Tout ce paragraphe, avec une figure qui suivait, était extrait du livre *des Monstres* de 1579; il débutait alors d'une autre manière :

« Allans le long de la coste d'Arabie sur la mer rouge, se descouure l'isle nommee des Arabes Cademothe, en laquelle vers le quartier qui est le long de la riuiere de Plate, se trouue vne beste que les sauuages appellent Pyrassoupi, etc. »

et plus gros qu'vn elephant : lequel habite en l'eau et en la terre, ayant deux dents semblables à celles d'vn elephant, par lesquelles lors qu'il veut prendre son sommeil, il s'attache et pend aux rochers, et dort si profondement, que les mariniers l'apperceuans ont le loisir de prendre terre, et le lier auec de grosses cordes en plusieurs endroits. Puis meinent vn grand bruit, et luy iettent des pierres pour le resueiller : et lors tasche à se ietter comme de coustume auec grande impetuosité en la mer. Mais se voyant pris, se rend tellement paisible que l'on en peut facilement ioüyr: l'assomment, et en tirent la graisse, puis l'escorchent pour en faire des courroyes, lesquelles parce qu'elles sont fortes et ne pourrissent, sont fort estimées [1]: et encores plus ses dents, que par artifice ils dressent et creusent, et les vendent pour corne de Licorne, comme on fait celles du Rohart et de l'Elephant.

CHAPITRE XII.

DV POISSON NOMMÉ CASPILLY.

Il se voit au goulfe d'Arabie vn poisson nommé *Caspilly*, armé d'aiguillons, dont il en a vn au milieu du front comme vne corne, long de quatre pieds, fort aigu. Iceluy voyant venir la Baleine, se cache sous les ondes, et choisit l'endroit plus aisé à blesser, qui est le nombril : et la frappant, il la met en telle necessité que le plus souuent elle meurt de telle

[1] Tout ce paragraphe, jusqu'en cet endroit, est extrait, avec une méchante figure qui suivait, du livre *des Monstres* de 1579.

blessure ; et se sentant touchée au vif, commence à faire un grand bruit, se tourmentant et battant les ondes, escumant comme vn verrat, et va d'vne si tres-grande fureur et roideur se sentant prés des abboys de la mort, qu'elle culbute et renuerse les nauires qu'elle rencontre, et fait tel naufrage qu'elle les enseuelit au profond de la mer. Ledit poisson est merueilleusement grand et fort, et lors que les Arabes le veulent prendre, ils font comme au crocodile, sçauoir est auec vne longue et forte corde, au bout de laquelle ils attachent vne piece de chair de chameau, ou autre beste : et lorsque ce poisson apperçoit la proye, il ne faut à se ietter dessus et l'engloutir. Et estant l'hameçon auallé, et se sentant piqué, il y a plaisir à lui voir faire des saults en l'air, et dedans l'eau : puis estant las, les Arabes le tirent à coups de fleches, et luy donnent tant de coups de leuier qu'ils l'assomment : puis le mangent, et gardent sa plus grande corne pour en vser contre les venins , ainsi que les autres font des cornes de Licornes.

CHAPITRE XIII.

DV POISSON NOMMÉ VLETIF , ESPECE DE LICORNE DE MER.

André Theuet en sa *Cosmographie*, dit que courant fortune en l'Ocean és costes d'Afrique, visitant la Guinée et l'Anopie, il a veu le poisson cy aprés represente, ayant vne corne sur le front en maniere d'vne scie, longue de trois pieds et demy, et large de quatre doigts , ayant ses pointes des deux costés fort aiguës. Il se combat furieusement de ceste corne. Ceux de la Guinée l'appellent en leur iargon *Vletif*.

Defunt monsieur le Coq, Auditeur en la Chambre des Comptes à Paris , me donna vne corne dudit poisson qu'il gardoit en son cabinet bien cherement : lequel sçachant que i'estois curieux de rechercher les choses rares et monstrueuses, desira qu'elle fust mise en mon cabinet, auec mes autres rarités. Ladite corne est longue de trois pieds et demy, pesant cinq liures ou enuiron, ayant cinquante et vne dents aiguës et trenchantes , longues du trauers d'vn pouce et demy : estans icelles dents vingt-cinq d'vn costé, et vingt-six de l'autre. Ceste corne en son commencement est large d'vn demy pied ou enuiron, allant tousiours en diminuant iusqu'à son extremité, où elle est obtuse ou mousseuse, estant platte, et non ronde comme les autres cornes. Le dessus est de couleur comme d'vne sole, et le dessous aucunement blanc, et fort poreux. Il s'en trouue d'autres moindres, et plus petites , selon l'aage du poisson.

Plusieurs estiment ledit animal estre vne licorne marine, et s'en seruent contre les morsures et piqueures de bestes venimeuses, comme l'on fait de la corne de licorne. Le populaire l'estime estre vne langue de serpent, qui est chose faulse.

CHAPITRE XIV.

POISSON RESSEMBLANT PAR LA TESTE AV PORC SANGLIER.

Gesnerus dit qu'en la mer Oceane naist vn poisson ayant la teste d'vn

porc sanglier, lequel est de merueilleuse grandeur, estant couuert d'escailles mises par grand ordre de Nature, ayant les dents canines fort
longues, trenchantes et aiguës, semblables à celles d'vn grand porc sanglier [1], lesquelles on estime estre bonnes contre les venins, comme la licorne.

Ainsi voit-on comme chacune nation pense auoir la Licorne, luy donnant plusieurs vertus et proprietés
rares et excellentes : mais ie croy
qu'il y a plus de mensonge que de
verité.

Or qui a esté cause de la reputation de la Licorne, ç'a esté ceste proprieté occulte que l'on luy a attribué
de preseruer de peste et de toutes
sortes de venins. Dont quelques-vns
voyans que l'on en faisoit si grand
cas, poussés d'auarice, ont mis en
auant certains fragmens de quelques
cornes, disans et asseurans que c'estoit de la vraye licorne : et toutesfois
le plus souuent ce n'est autre chose
que quelques pieces d'yuoire, ou de
quelque beste marine, ou pierre fondue. Parlez aujourd'hui à tous les
Apoticaires de la France, il n'y a
celuy qui ne vous die et asseure auoir
de la licorne, et de la vraye, et quelquesfois en assez bonne quantité. Or
comment se pourroit faire, veu que
la plus part des escriuains disent que
le naturel de la licorne est de demeurer aux deserts et és lieux inaccessibles, et s'esloigner si fort des lieux

frequentés, que c'est quasi vne chose
miraculeuse d'en trouuer quelquesfois vne corne, qui peut auoir esté
apportée par les inondations des
eaux iusqu'aux riuages de la mer, et
ce quand l'animal est mort? Qui est
toutesfois vne chose encore dou-
teuse : car la pesanteur de la corne
la feroit plustost aller au fond. Mais
c'est tout vn, posons qu'il s'en
trouue quelquesfois vne : comment
seroit-il possible que ces trompeurs
en fussent tous si bien fournis? A
cela connoist-on qu'il y a bien de
l'imposture.

Et certes n'estoit l'authorité de
l'Escriture saincte, à laquelle nous
sommes tenus d'adiouster foy, ie ne
croirois pas qu'il fust des licornes.
Mais quand i'oy Dauid au Psalme 22,
verset 22, qui dit : *Deliure moy, Seigneur, de la gueule du Lion, et deliure
mon humilité des cornes des Licornes :*
lors ie suis contraint de le croire. Pareillement Esaïe chap. 34. parlant de
l'ire de Dieu contre ses ennemis : et
persecuteurs de son peuple, dit : *Et
les Licornes descendront auec eux, et les
Taureaux auec les puissans.* I'allegue-
rois à ce propos vne infinité de passages de l'Escriture saincte, comme le
chapitre vingt-huitiéme du Deuteronome, le trente-neufiéme chapitre
vers. 12 et 13 de Iob, les Psalmes de
Dauid, 28. 77. 80. et plusieurs autres,
si ie ne craignois d'attedier le lecteur.
Il faut donc croire qu'il est des licornes, mais elles ne ont les vertus qu'on
leur attribue [1].

---

[1] Ce paragraphe, jusqu'à l'endroit de la
note, est extrait du livre *des Monstres* de
1579, avec une méchante figure qui le suivait et que j'ai retranchée. —L'animal était
alors dénommé *Sanglier Marin.*

[1] Ces derniers mots: *mais elles ne ont les
vertus qu'on leur attribue*, ont été ajoutés en
1585.

CHAPITRE XV.

QVESTION TOVCHANT LES VERTVS PRE-
TENDVES DE LA LICORNE. RESPONSE.

Cela supposé , et qu'il se trouue quantité de cornes de licornes, et que chacun en ait, à sçauoir si elles ont tel-les vertus et efficaces contre les ve-nins et poisons qu'on leur attribue? Ie dis que non. Ce que ie prouueray par experience, authorité, et raison [1].

Et pour commencer à l'experience, ie puis asseurer , après l'auoir es-prouué plusieurs fois, n'auoir iamais conneu aucun effet en la corne pre-tendue de licorne. Plusieurs tiennent que si l'on la fait tremper en l'eau, et que de ceste eau on face vn cercle sur vne table, puis que l'on mette dedans ledit cercle vn scorpion ou araignée, ou vn crapaut, que ces bestes meu-rent, et que elles ne passent aucune-ment par dessus le cercle, voire que le crapaut se créue. Ie l'ay experi-menté, et trouuay cela estre faux et mensonger : car lesdits animaux passoient et repassoient hors du cir-cuit du cercle, et ne mouroient point. Mesmement, ne me contentant pas d'auoir mis vn crapaut dedans le cir-

[1] Ce premier paragraphe se retrouue à très peu près dans le chapitre de 1579. Mais pour tout le reste du chapitre, il n'y existe qu'en germe; alors Paré se bornait à cette phrase :

« S'il est question de l'experience, ie puis asseurer, apres l'auoir esprouué plusieurs fois, n'auoir iamais trouué ni cogneu aucun effect en la corne de Licorne. »

On peut remarquer du reste que Paré a beaucoup emprunté à ce chapitre pour com-poser son Épître dédicatoire.

cuit de l'eau où la licorne auoit trempé, par dessus lequel il passoit et repassoit : ie le mis tremper en vn vaisseau plein d'eau, où la corne de licorne auoit trempé, et le laissay en ladite eau par l'espace de trois iours, au bout desquels le crapaut estoit aussi gaillard que lors que ie l'y mis.

Qnelqu'vn me dira, que possible la corne n'estoit de vraye licorne. A quoy ie responds, que celle de sainct Denys en France, celle du Roy, que l'on tient en grande estime, et celles des marchans de Paris, qu'ils vendent à grand prix, ne sont donc pas vrayes cornes de licornes : car c'a esté de celles-là que i'ay fait espreuue. Et si on ne me veut croire, que l'on vienne à l'essay comme moy, et on connois-tra la verité contre le mensonge.

Autres tiennent que la vraye licorne estant mise en l'eau, se prend à boüil-lonner, faisant esleuer petites bulles d'eau comme perles. Ie dis que cela se fait aussi bien auec cornes de bœuf, de chéures , de mouton, ou autres animaux : auec dents d'elephant, tests de pots, tuilles, bois , bol armene, et terre sigillée : et pour le dire en vn mot, auec tous autres corps poreux. Car l'air qui est enclos en iceux sort par les porosités, pour donner place à l'eau, qui cause le boüillonnement et les petites bubes qu'on voit esleuer en l'eau.

Autres disent, que si on en faisoit aualler à vn pigeon ou poulet qui eust pris de l'arsenic sublimé ou au-tre venin, qu'il n'en sentiroit aucun mal. Cela est pareillement faux, comme l'experience en fera foy.

Autres disent, que l'eau en laquelle aura trempé ladite corne, esteint le feu volage, appellé *herpes miliaris*. Ie dis que ce n'est pas la vertu de la corne, mais la seule vertu de l'eau, qui est froide et humide, contraire au mal qui est chaud et sec. Ce qui se trouuera par effet, en y appliquant de la seule eau froide, sans autre chose.

Et pour prouuer mon dire, il y a vne honneste dame marchande de cornes de licornes en ceste ville, demeurant sur le pont au Change, qui en a bonne quantité de grosses et de menues, de ieunes et de vieilles. Elle en tient tousiours vn assez gros morceau attaché à vne chaine d'argent, qui trempe ordinairement en vne aiguiere pleine d'eau, de laquelle elle donne assez volontiers à tous ceux qui luy en demandent. Or n'agueres vne pauure femme luy demanda de son eau de Licorne : aduint qu'elle l'auoit toute distribuée, et ne voulant renuoyer ceste pauure femme, laquelle à iointes mains la prioit de luy en donner pour esteindre le feu volage qu'auoit vn sien petit enfant, qui occupoit tout son visage : en lieu de l'eau de licorne, elle luy donna de l'eau de riuiere en laquelle nullement n'auoit trempé la corne de licorne. Et neantmoins, ladite eau de riuiere ne laissa pas de guarir le mal de l'enfant. Quoy voyant ceste pauure femme, dix ou douze iours après, vint remercier madame la marchande de son eau de licorne, luy disant que son enfant estoit du tout guari [1].

Ainsi voila comme l'eau de riuiere fut aussi bonne que l'eau de sa licorne : neantmoins que elle vend ladite corne pretendue de licorne beaucoup plus chere que l'or, comme on peut voir par la supputation. Car à vendre le

grain d'or fin onze deniers pite, la liure ne vaut que sept vingts huit escus sol : et la liure de corne de licorne contenant seize onces, contient neuf mil deux cents seize grains : et la liure à dix sols le grain, la somme se monte à quatre vingt douze mil cent soixante sols, qui sont quatre mil six cens huit liures, et en escus, mil cinq cens trente six escus sol. Et me semble qu'à ce prix la bonne femme ne vend pas moins sa licorne, que fist vn certain marchand Tudesque, lequel en vendit vne piece au Pape Iules troisiéme, douze mil escus, comme recite André Baccy, Medecin de Florence, en son liure de la Nature de la licorne. Mais laissans ces bons marchands, reuenons à l'experience.

On dit d'auantage que la corne de Licorne sue en presence du venin. Mais il est impossible, parce que c'est vn effet procedant de la vertu expultrice. Or ladite corne est priuée de telle vertu : et si on l'a veu suer, cela a esté par accident, veu que toutes choses polies, comme le verre, les miroirs, le marbre, pour quelque peu d'humidité qu'ils reçoiuent, mesmes de l'air excessiuement froid et humide, ou chaud et humide, apparoissent suer : mais ce n'est vraye sueur, car la sueur est vn effet d'vne chose viuante. Or la corne de Licorne n'est point vne chose viuante : mais pour estre polie et fraiche, elle reçoit vn ternissement de l'air froid et humide, qui la fait suer.

Autres disent que la mettant prés le feu, elle rend vne odeur de musc : aussi que l'eau où elle aura trempé deuiendra laicteuse et blanchastre. Telles choses ne se voyent point, comme l'experience le monstre.

---

[1] *Histoire gentille et bien à propos.* — A. P.

CHAPITRE XVI.

PREVVE FAITE PAR AVTHORITÉ.

Quant à l'authorité, il se trouuera la plus part des doctes, gens de bien, et experimentés Medecins, qui asseureront ceste corne n'auoir aucune des vertus qu'on luy attribue [1].

S'il faut commencer aux anciens, il est certain qu'Hippocrates, ny Galien, qui toutesfois se sont seruis de la corne de cerf et de l'iuoire, n'ont iamais parlé de ceste corne de licorne [2]: ny mesme Aristote, lequel toutesfois au chap. 2. du liu. 3. *des Parties des animaux*, parlant de ceux qui n'ont qu'vne corne, fait mention de l'asne Indien, et d'vn autre nommé Oryx, sans faire aucune mention de la licorne : combien qu'il parle en ce lieu des choses de moindre consequence.

Or s'il faut venir aux modernes, Christofle l'André, Docteur en Medecine, en son opuscule de *l'Oecolatrie*, escrit ce qui s'ensuit. « Aucuns Medecins font vn grand cas de la corne d'vne beste nommée Monoceros, que nous appellons vulgairement la Licorne, et disent qu'elle guarantit de venin, tant prise par dedans, qu'appliquée par dehors. Ils l'ordonnent contre le poison, contre la peste, voire desia creée au corps de l'homme, et pour le dire en vn mot,

ils en font vn alexitere contre tous venins. Toutesfois estant curieux de si grandes proprietés qu'ils attribuent à ladite corne, ie l'ay bien voulu experimenter en plus de dix, au temps de pestilence : mais ie n'en trouuay aucun effet loüable, et me reposerois aussi tost sur la corne de cerf ou de chéure, que sur celle de la Licorne. Car elles ont vne vertu d'absterger et mondifier : partant elles sont bonnes à reserrer genciues flestries et molles. D'auantage, lesdites cornes estans bruslées et données en breu uage, apportent merueilleux confort à ceux qui sont tourmentés de flux dysenteriques. Les anciens ont laissé par escrit, que la corne de cerf redigée en cendre est vne plus que credible medecine à ceux qui crachent le sang, et à ceux qui ont coliques, iliaques passions, nommées *miserere mei;* et comme chose de grande vertu, la meslant aux collyres, pour faire sel cher les larmes des yeux. » Voila ce que ledit l'André a escrit de la corne de licorne.

Rondelet dit, que toutes cornes en general n'ont ny saueur, ny odeur, si on ne les brusle : parquoy ne peuuent auoir aucune efficace en medecine, si ce n'est pour dessecher. Et ne suis point ignorant, dit-il, que ceux qui tiennent telles cornes pour leur profit, ne donnent à entendre au peuple qu'icelles ont grandes et inestimables vertus, par antipathie, de chasser les serpens et les vers, et de resister aux venins. Mais ie croy, dit-il, touchant cela, que la corne de licorne n'a point plus grande efficace, ny force plus asseurée, que la corne de cerf, ou que l'iuoire : qui est cause que fort volontiers, en mesmes maladies, l'ordonne la dent d'elephant aux pauures, et aux ri-

---

[1] Ce premier paragraphe existait déjà dans le chapitre de 1579; mais, immédiatement après, l'auteur en appelait à l'autorité de Rondelet, que l'on trouvera alléguée plus bas.

[2] Cette citation d'Hippocrate et de Galien se trouve déjà dans le chapitre de 1579, mais un peu plus loin que le paragraphe précédent.

ches celle de licorne , parce qu'ils la desirent, s'en proposans heureux succés. Voila l'aduis de Rondelet , lequel indifferemment en pratiquant pour mesmes effets, en lieu de la licorne ordonnoit non seulement la corne de cerf ou dent d'elephant, mais aussi d'autres os [1].

Ie me suis enquis de monsieur Duret , pour la grande asseurance que i'auois de son haut et tant celebre sçauoir , quelle opinion il auoit de la corne de licorne : il me respondit, qu'il ne pensoit icelle auoir aucune vertu contre les venins , ce qu'il me confirma par bonne, ample et vallable raison : et mesme me dit qu'il ne doutoit de le publier en son auditoire , qui est vn theatre d'vne infinité de gens doctes , qui s'y assemblent ordinairement pour l'oüyr [2].

Ie veux bien encore aduertir le lecteur, quelle opinion auoit de ceste corne de licorne feu Monsieur Chappelain, premier Medecin du Roy Charles IX , lequel en son viuant estoit grandement estimé entre les gens

[1] Tout ce paragraphe est repris du chapitre de 1579, et, au lieu de ces mots qui le terminent : *mais aussi d'aures os*, on y lisait : *mais aussi les os des cheuaux et des chiens, et des mirabolans.*

[2] On lisait également ce paragraphe dans l'édition de 1579, mais un peu plus étendu. Ainsi , au texte actuel, l'auteur ajoutait, parlant toujours de Duret :

« …Que si quelquefois il ordonnoit de ceste corne, que ce n'estoit seulement que pour les debilitations de cueur qui aduiennent, à raison d'vne grande quantité de serositez et eaux qui nagent en l'orifice de l'estomach, qui affadissent les personnes, et les rendent toutes decontenancees, de tant que telle racleure de corne meslee aux autres de pareille faculté, a vertu pour sa terrestrité, de deseicher et tarir lesdictes humiditez. »

doctes. Vn iour luy parlant du grand abus qui se commettoit en vsant de la corne de Licorne, le priay (veu l'authorité qu'il auoit à l'endroit de la personne du Roy nostre maistre , pour son grand sçauoir et experience) d'en vouloir oster l'vsage, et principalement d'abolir ceste coustume qu'on auoit de laisser tremper vn morceau de licorne dedans la coupe où le Roy beuuoit, craignant la poison [1]. Il me fit response, que quant à luy, veritablement il ne connoissoit aucune vertu en la corne de licorne : mais qu'il voyoit l'opinion qu'on auoit d'icelle estre tant inueterée et enracinée au cerueau des princes et du peuple, qu'ores qu'il l'eust volontiers ostée, il croyoit bien que par raison n'en pourroit estre maistre. Ioint , disoit-il , que si ceste superstition ne profite, pour le moins elle ne nuit point, sinon à la bourse de ceux qui l'acheptent beaucoup plus qu'au poids de l'or, comme a esté monstré cy deuant. Lors ie luy repliquay, que pour le moins il en voulust doncques escrire, à fin d'effacer la faulse opinion de la vertu que l'on croyoit estre en icelle. A quoy il respondit, que tout homme qui entreprend d'escrire de chose d'importance, et notamment de refuter quelque opinion receuë de long temps , ressemble au Hibou, ou Chahuant, lequel se monstrant en quelque lieu eminent, se met en butte à tous les autres oiseaux qui le viennent becqueter, et luy courent sus à toute reste : mais quand ledit hibou est mort, ils ne ne s'en soucient aucunement [2]. Ainsi

[1] *Coustumierement on laissoit tremper vn morceau de Licorne dans la Coupe du Roy.*—A. P.

[2] *Response d'vn homme bien aduisé. Belle similitude.* — A. P.

rapportant ceste similitude à luy, il me dit, que de son vivant il ne se mettroit iamais en butte pour se faire becqueter des enuieux et medisans, qui entretenoient le monde en opinions si faulses et mensongeres : mais il esperoit qu'aprés sa mort on trouueroit ce qu'il en auroit laissé par escrit [1].

Considerant donc ceste response qu'il me fit lors, ioint aussi qu'on n'a rien apperceu de ses escrits depuis sa mort, qui fut il y a enuiron onze ans ou plus, ie m'expose maintenant à la butte qu'il refusa pour lors. Que s'il y a quelqu'vn qui puisse m'assaillir de quelque bon trait de raison ou d'experience, tant s'en faut que ie m'en tienne offensé, qu'au contraire ie luy en sçauray fort bon gré, de m'auoir monstré ce qu'oncques ie n'ay peu apprendre des plus doctes et signalés personnages qui furent, et sont encore en estime pour leur doc-

trine singuliere, ny mesme d'aucun effet de nostre licorne.

Vous me direz : puis que les Medecins sçauent bien, et publient eux-mesmes, que ce n'est qu'vn abus de ceste poudre de licorne, pourquoy en ordonnent-ils? C'est que le monde veut estre trompé, et sont contraints lesdits Medecins bien souuent d'en ordonner, ou pour mieux dire, permettre aux patiens d'en vser, parce qu'ils en veulent. Que s'il aduenoit que les patiens qui en demandent, mourussent sans en auoir pris, les parens donneroient tous la chasse ausdits Medecins, et les descrieroient comme vieille monnoye.

CHAPITRE XVII.

PREVVE FAITE PAR RAISON.

Venons maintenant à la raison. Tout ce qui resiste aux venins est cardiaque et propre à corroborer le cœur. Rien n'est propre à corroborer le cœur, sinon le bon air et le bon sang : pour autant que ces deux choses seulement sont familieres au cœur, comme estant l'officine du sang arteriel et des esprits vitaux. Or est-il que la corne de Licorne n'a aucun air en soy, ny aucune odeur, ou bien peu, estant toute terrestre et toute seiche. D'auantage elle ne peut estre tournée en sang, parce qu'elle n'a ny chair, ny suc en soy : qui est cause qu'elle n'est chylifiée, ny par consequent sanguifiée [1].

Il s'ensuit doncques qu'elle n'a aucune vertu pour fortifier et defendre le cœur contre les venins.

---

[1] Cette histoire de Chapelain était déjà mentionnée en 1579, mais avec une rédaction toute différente. La voici :

« Parquoy feu monsieur Chapelain disoit, que fort volontairement il eust osté ceste coustume de laisser tremper vn morceau de Licorne dedans la coupe où le Roy beuuoit, n'eust esté qu'il cognoissoit ceste opinion estre si inueteree et enracinee au cerueau des hommes, qu'il craignoit bien que par raison ne pourroit estre le maistre : Ioinct, disoit-il, que si ceste superstition ne profite, que pour le moins aussi elle ne nuisoit point, sinon à la bource de ceux qui l'achetent au poix de l'or : ou bien aussi par accident, de tant que les grands seigneurs (il faut sans doute lire ici un mot passé, *confians*) en la vertu alexitaire de ceste Licorne, ne tiennent conte de s'asseurer et preseruer par autre moyen raisonnable contre les venins et empoisonneurs. »

Je ne vois pas pourquoi cette dernière réflexion si juste a été retranchée en 1582.

[1] Tout ce paragraphe est extrait presque textuellement du chapitre de 1579.

Voire-mais, dira quelqu'vn, en tant d'opiates, electuaires et epithemes que l'on fait pour le cœur, qu'y a-il de tel, qui contienne en soy vn bon air ?

Si a : sçauoir est, les conserues de bourache, buglosse, violiers de Mars, de roses, de fleurs de rosmarin, la confection d'alkermes, le mithridat, le theriaque, l'ambre, le musc, la ciuette, le safran, le camphre et semblables, lesquels mesme l'on delaye en bon vin et fort vinaigre, en eau de vie, pour appliquer sur le cœur, ou pour donner en breuuage. Toutes lesquelles choses sont en soy, et rendent de soy vne odeur, c'est à dire, vn air ou exhalation fort souëfue, benigne et familiere à la nature et substance du cœur, en tant qu'elles peuuent engendrer, multiplier, esclaircir et subtilier les esprits vitaux, par similitude de leur substance aërée, spirituelle et odorante.

Ouy, mais au bol d'Armenie, en la terre sigillée, en la corne de cerf, en la raciure d'yuoire et de corail, n'y a-il rien de spiritueux et aëré ?

Non certes. Pourquoy donc sont-ils mis entre les remedes cardiaques? Pource que de leur faculté et vertu astringente fondée en la terrestrité de leur substance, ils ferment les conduits des veines et arteres, par lesquelles le venin et air pestilent pourroit estre porté au cœur. Car ainsi sont-ils ordonnés profitablement aux flux de sang et vuidanges immoderées. Ils sont donc appellés cardiaques, non pas que de soy et par soy ils fortifient la substance du cœur par aucune familiarité ou similitude, mais par accident, parce qu'ils bouchent le passage à l'ennemy, l'arrestant en chemin, à ce qu'il ne se iette dedans la citadelle de la vie.

CHAPITRE XVIII.

DES PERLES ET PIERRES PRECIEVSES, SVIVANT L'OPINION DE IOVBERT.

Quant aux perles et autres pierres precieuses, ie suis de l'aduis de monsieur Ioubert, Medecin ordinaire du Roy, lequel au chap. 18. d'vn traité qu'il a escrit *de la peste*, dit ainsi :

Ie ne sçay que ie doy dire touchant les pierres precieuses, que la plus grand'part des hommes estiment tant, veu que cela semble superstitieux et mensonger d'asseurer qu'il y a vne vertu incroyable et secrette en elles, soit que on les porte entieres sur soy, ou que l'on vse de la poudre d'icelles.

Or icy ne veux-ie encore oublier à mettre en mesme rang l'or potable, et les chaisnes d'or et doubles ducats qu'aucuns ordonnent mettre aux restaurans pour les pauures malades : attendu qu'il y a aussi peu d'asseurance qu'en la licorne, voire moins. Car ce qui n'est point nourri, ne peut bailler nourriture à autruy. Or il est ainsi que l'or n'est point nourri. Parquoy il semble que ce soit vne piperie de luy attribuer la vertu nutritiue, soit qu'il soit reduit en forme potable, qu'ils appellent, ou qu'il soit bouilli auec des restaurans [1].

Or on me dira qu'après auoir fait bouillir des escus ou autres pieces d'or aux restaurans, ils ne seront de mesme poids qu'ils estoient auparauant : ie le confesse, mais ce ne sera que l'or soit en rien diminué par l'ebullition: ainsi que l'excrement qu'auront accueilli les pieces d'or, pour auoir esté long temps maniées ou por-

[1] Le chapitre se terminait là en 1582; le reste est de 1585.

tées du peuple, voire des verollés, ladres, et vieilles harangeres, pourra
estre demeuré dans les restaurans.

D'abondant il y a encore vne grande
piperie que les bons maistres quin-
tessentieux font pour faire leur or
potable, qu'ils disent mettre aux restaurans : c'est que d'vne chaisne de
trois ou quatre cens escus passée par
l'eau forte, en desroberont quinze ou
vingt escus, qui fera diminution d'autant de poids, et font accroire aux
niais que ledit or est diminué par
l'ebullition. Qui pourra se garder de
ces bailleurs de balinernes, affron-
teurs et larrons, ce sera bien fait.

CHAPITRE XIX.

DV PIED D'HELLEND [1].

Cecy me fait souuenir du pied d'Hellend, duquel plusieurs font si grand
cas, specialement luy attribuans la
vertu de guarir de l'epilepsie. Et m'estonne d'où ils prennent ceste asseurance, veu que tous ceux qui en ont
escrit, ne font que dire, *on dit, on dit* :
ie m'en rapporte à Gesnerus, et à
Apollonius Menabenus. Et quand ce
ne seroit que la misere de l'animal,
qui tombe si souuent en epilepsie
(dont les Allemans l'appellent Hellend, qui signifie misere) et neantmoins ne s'en peut guarantir, encore
qu'il ait tousiours son ongle quant-et-
quant soy : il me semble que cela est
suffisant pour reuoquer en doute les
vertus qu'on luy attribue.

Voila ce qu'il me semble de la corne
de licorne : et si quelqu'vn en peut

[1] Il s'agit ici du *pied d'élan*, qu'on devi-
nerait difficilement sous la bizarre orthographe de notre auteur.

descouurir d'auantage, ie luy prie en
faire part au public, et prendre mon
escrit en bonne intention [1].

[1] Cette conclusion se fit déjà textuellement dans le chapitre de 1579 ; mais auparavant Paré l'appuyait ainsi :

« Et quiconques auec moy s'arrestera à
ces experiences et auctoritez : quiconques
examinera diligemment ces raisons, il con-
damnera comme moy la corne de Licorne,
et la superstition des marchans qui vendent
si cher la corne de Licorne, et la superstition
des ceremonieux Medecins qui l'ordonnent,
et la folle opinion du peuple qui la requiert
et desire, d'autant qu'en telle drogue il n'y
a non plus de vertu qu'en l'yuoire ou autres
semblables denrees. Voyla ce qu'il me semble de la corne de Licorne. »

Cela était d'une rare énergie, et chacun
y avait son compte, mais surtout les medecins ; ce fut sans doute à cause de la Faculté
que ce passage fut supprimé dans toutes les
éditions suivantes.

Mais en 1582, le *Discours de la Licorne* ne
se terminait pas ainsi, et, après l'histoire
du *pied d'Hellend*, l'auteur ajoutait :

« Mais pour ne nous esloigner de nostre
propos, retournons à la Licorne. »

Alors commençait une série de neuf chapitres, du 20e au 28e, sous ce titre général :
Des Venins. Le chapitre 20 débutait de
cette façon :

« Or posons le cas que la corne de Licorne
resiste à quelque espèce de venin, ce que ie
croy piteusement (*sic*) : pour le moins me
confessera-on qu'elle ne peut resister à toutes les sortes. Car elle feroit son operation
par ses qualitez manifestes, ou par ses pro-
prietes occultes. Si par ses qualitez manifestes, et si elles sont chaudes, elles seruiront
contre le venin froid seulement, et non contre le chaud, et ainsi des autres qualitez :
et si elle operoit par vne vertu specifique, ce
seroit par occulte conuenance qu'elle auroit
auec vne sorte de venin, laquelle toutesfois elle n'auroit pas auec l'autre. Or il en
est de plusieurs et diuerses sortes, etc. »

Après quoi l'auteur exposait briévement les

variétés des venins, leurs signes, les règles générales du traitement, etc., le plus souvent en analysant les premiers chapitres de son livre *des Venins*, rarement en y ajoutant de nouvelle rédaction. Cependant, au chap. 26, il y a un passage qui manque en 1579, et que nous avons retrouvé dans le texte du livre *des Venins* de 1585 (voyez ci-devant page 296); mais, surtout au chap. 24, fol. 40, verso, se lit un passage qui n'a reparu nulle autre part, et qui est fort intéressant à reproduire. Il s'agit de la corruption des humeurs du corps par mauvais régime, et là c'est le chap. 4 du livre *de la Peste* qui fournit les premières phrases. Mais, après l'énumération des *meschantes viandes* que la famine force à manger, comme dans les villes assiégées, *comme grains pourris*, *herbes*, *fruits sauuages*, *pain d'auoine*, *de poix*, *de febues*, *de fougere*, *d'ardoise*, *de gland*, *de chiendent*, *troncs de choux*, etc. (et cela est bien plus complet que dans le texte du chapitre cité du livre *de la Peste*), l'auteur continue:

» Tels aliments engendrent pourriture et venenosité en nos humeurs, qui causent la peste et autres mauuaises maladies en nos corps : comme vn chancre qui ronge et corrode la chair et les os. De faict que nous voyons souuent que par la malice des humeurs venimeux les parties se mortifient et pourrissent : ce qui est prouué par Hippocrates, section 3. liu. 3. *des Epidemies*, où il dit auoir veu des charbons en temps de peste si estranges et hideux à voir, que c'estoit chose admirable. Car il s'y faisoit des inflammations douloureuses, gangrenes, et mortifications, et viceres, qui rongeoient toute la chair, les nerfs et les os : tellement qu'ils tomboient toutes en pieces pourries. Aux vns toute la teste se peloit, et le menton, de sorte que l'on voyoit les os tous desnuez et descouuerts. Aux autres les pieds et les bras tomboient (le semblable le proteste auoir veu aduenir à l'Hostel-Dieu de Paris, et ailleurs), et ceux qui reschappoient desiroient estre morts, pour la grande deformité et impuissance qui leur restoient en leurs membres.

» Ainsi de recente memoire on a veu aduenir à monsieur Boucquet, Chanoine de Nostre Dame de Paris, le soir faisant bonne chere, ne sentant aucune douleur, on luy trouua vn pied le lendemain tout mortifié, sans aucun sentiment, de couleur plombine et noirastre, froid comme la glace, où ne fut en la puissance tant des Medecins que des Chirurgiens y pouuoir donner ordre. l'estois d'auis qu'on luy coupast le pied, et d'autres auec moy : mais ledict Boucquet nous dist qu'il vouloit mourir doucement : toutesfois au contraire ce fut fort douloureusement. Parceque la gangrene chemina jusques à la cuisse, les vapeurs de laquelle le feirent mourir en peu de iours.

» On pourroit icy amener plusieurs histoires semblables qui sont aduenues pour la venenosité des humeurs : mais il suffira pour le present de celle-cy. »

Le lecteur trouuera au chapitre 37 de la Peste quelques détails sur les vastes charbons qui rongeoient ainsi *toute la chair* ; mais ni la citation d'Hippocrate ni l'histoire de Boucquet n'ont été reproduites nulle part, probablement parce qu'elles se rattachent à la peste, et que Paré ne se souvint pas d'aller les chercher dans un chapitre du Discours des venins. Cette histoire de Boucquet est intéressante sous un triple point de vue : 1° comme exemple d'une gangrène sénile : 2° à raison du conseil de couper *le pied*, qu'on ne lit nulle autre part dans les OEuvres de Paré ; 3° enfin parce que le mal ayant gagné la cuisse, Paré semble le regarder comme sans remede. Voyez la préface de ce troisième volume.

Après le *Discours de la Licorne et des Venins*, suivait enfin le *Brief Discours de la Peste*, auquel demonstrerons que la *Licorne n'a nul effect*. Il se liait aux discours précédents par la phrase suivante :

« Maintenant il nous fault traicter sommairement du venin pestiféré, à cause que plusieurs tiennent la Licorne pour le plus excellent alexitaire, ou contre-poison, pour la precaution et curation d'icelle : et commencerons par vne description allegorique. »

Et en effet il procédait immédiatement à cette description *allegorique*, qui, un peu modifiée et augmentée, a remplacé en 1585 la description plus simple de 1568. La pre-

miere phrase en est plus remarquable ici
que partout ailleurs.

« Peste est vne maladie venant de l'ire de
Dieu , furieuse, tempestatiue, hastiue ,
monstrueuse, espouuantable, et effroyable,
contagieuse, terrible, farouche, traistresse,
fallacieuse, etc. »

On pourrait croire qu'il ne s'est arrêté que
faute d'épithètes.

Ce discours se composait de 24 chapitres,
dont la plupart ne présentent qu'une courte
analyse du livre *de la Peste*. Mais quelques
uns sont entièrement nouveaux, comme le
6ᵉ et le 7ᵉ, dont Paré a fait depuis le 30ᵉ de
son livre ; une partie du chap. 22, intitulé :
*De l'espece de Charbon dict panaris, et cure
d'iceluy*. Cette histoire du panaris était empruntée au livre *des Tumeurs en particulier*,
où on la trouve dans les grandes éditions.
Enfin il y avait plusieurs additions de détail
qui ont été reprises pour la plupart dans l'é-
dition de 1585, et qui ont été notées en leur
lieu , pages 399, 422 et 441. Il y en a d'autres de moindre importance, et tellement
perdues dans le texte, que l'auteur même
n'a pas su les y retrouver pour son édition
de 1585; ainsi, au chapitre 18 (ci-devant
page 388), il dit simplement en note : *Le
pape Pelagius mourut de peste*; et, au chap. 2
de son Discours, il disait dans le texte
même : *Pelagius et Calixtus, papes, en moururent*; et il citait en même temps David et
Ezechias. Au chap. 14, intitulé : *Des remedes propres pour combattre et purger le venin
pestiferé*, et répondant conséquemment au
chap. 24 du livre, il est assez remarquable qu'il donne un précepte absolument
contraire à celui qu'il avait posé en 1579,
et que par mégarde sans doute il conserva
encore en 1585. Ainsi on lit dans le Livre :
*Aucuns sont d'aduis... donner purgation:
mais... nous sommes d'aduis que le plus expedient est de donner premierement et subitement
au malade quelque alexitere*, etc. Voici maintenant le texte du Discours:

« Hippocrates, Aphor. 10. liu. 4., dit
qu'aux maladies fort aiguës, si la matiere
est en mouuement furieux, fault purger du
mesme jour : car de prolonger en tel cas est
mauuais et dangereux. Parquoy quand le

venin pestiferé n'est encore arresté en vne
partie par vne bosse ou charbon, il vague et
erre de lieu à autre, et se meut furieusement
(comme la beste sauuage qui est en ruth et
en amour) auec douleur, qui ne donne aucun repos au pauure malade, à cause de la
grande malignité veneneuse et furieuse qui
ne cherche que à accabler le cœur et autres
parties nobles. Parquoy sans faire aucun
delay, il le conuient vuider et euacuer,
pourueu que la bosse ou charbon n'apparoissent desia: d'aultant qu'alors il fauldroit
s'en abstenir, parce qu'on interromproit le
mouuement de Nature, et l'empescheroit
de letter le venin hors. Or ledit venin sera
vacué par vomissemens, flux de ventre,
sueurs, et autres vacuations que descrirons
icy, les plus signalees que i'ay cognu par
experience. Entre lesquels pardessus tout
sont le Theriaque et Methridat, etc. »

Ici on retombe dans le texte du chap. 24 du
livre *de la Peste*, mais pour quelques ligne
seulement ; et voici la nouvelle pratique:

« Dont subit que le patient se sentira
frappé, prendra dudit Theriaque ou Mithridat. La quantité se doibt diuersifier selon
les personnes. Car les forts et robustes en
pourront prendre vne dragme et plus, *auec
six grains de scamonee en pouldre*: les
moyens, demie, auec trois grains de ladicte
scamonee: et les enfans encore moins, et
sans scamonee, dissoult en eau de chardon
benist, ou buglosse, ou de l'ozeille. Apres
l'auoir pris, se faut proumener et se mettre
au lict chaudement, etc. »

Cette nouvelle pratique ne venait pas
d'une nouvelle expérience; Paré cite en
marge comme autorité *Nicole Nancel en son
Traicté de la peste*, dont le nom reviendra
encore à la fin de ce discours. C'est sans
doute à cette source qu'il avait pris le remède suivant, omis dans le livre de 1585.

« *Electuaire de l'œuf, duquel vsoit l'empereur
Maximilien, bien estimé des gens doctes.*

» Prenez vn œuf frais, et faictes sur les
deux bouts vn petit trou : puis on soufflera
par vn des bouts pour faire sortir tout le
blanc et le iaulne : Iceluy vuidé, le faut
remplir de safran Oriental subtilement pul-

uerisé : Et apres estoupper les trous d'vne autre coquille d'œuf, auec mastic fort masché, et le seicher pres le feu, tant que la couuerture tienne fort. Cela faict, le fault mettre cuire soubs les cendres chaudes, et l'y laisser tant qu'il vienne de couleur violette, et qu'il se puisse pulueriser auec la coquille. Puis pezer la dicte pouldre, et prendre autant de semence de ruë puluerisee, et du Dictamnus albus, racine de Tormentille, de chacun demy-once, puluerisez bien subtilement, graine de Moustarde deux dragmes, aussi puluerisee, et le tout incorporé. A quoy on adioustera autant de bon Theriaque, lequel sera derechef incorporé en vn mortier de marbre, par l'espace d'vne heure. Icelle mixture sera gardee en vn vaisseau de verre bien bouché.

» Or durera ceste composition trente ans : Et d'autant qu'elle sera plus vieille, d'autant sera-elle meilleure.

» Elle preserue de la peste, en prenant tous les matins à ieun la grosseur d'vn poix : et la tenant longuement en la bouche, à fin que la vapeur et ventu soit communiquee au ceruau. Si l'on se sent frappé de peste, il en fault prendre la grosseur d'vne febue, et la daslayer auec eau d'Endiue ou Acetouse, et vn peu d'eau de vie. Puis se promener, s'il on pault : et apres se poser dedans le lict, et couurir tres-bien, et mettre vne grosse bouteille remplie d'eau bouillante à ses pieds, et suer par l'espace de deux heures, plus ou moins, selon la vertu du malade : et apres se faire bien essuyer. Notez que pendant que l'on suera, on se doibt garder de dormir. Apres la sueur, sera baillé quelque bon bouillon, auquel il y aura vn peu de ius de citron, et du safran. »

J'ai conservé cette recette à cause de son titre et de sa composition étrange ; elle est suivie d'autres dont j'ai retrouvé la plupart éparpillées en divers chapitres du livre de la Peste, et la patience m'a manqué pour faire la même recherche à l'égard du reste.

Au chap. 23, correspondant au chap. 38 du livre et portant le même titre, j'ai remarqué un passage plus intéressant touchant la cautérisation des charbons ; on pourra le comparer avec le texte primitif, ci-dessus, page 441.

« Sur tout le ieune Chirurgien doit bien aduiser, que si la pointe du charbon apparoist noire, il la fault cauteriser auec huile feruente, ou eau forte, ou cautere actuel : car par ce moyen, on luy faict perdre vne grande partie de sa malignité, à cause que l'on donne issue au venin, et s'appaise la douleur, et le puis asseurer l'auoir faict auec heureux succez. Or on ne les doibt cauteriser, s'ils ne sont noirs, parceque ceste noirceur est la gangrenee, et partant moins douloureuse. Dauantage il se fault garder de cauteriser ceux qui sont rouges, douloureux, ou enflammez, de peur de causer vne extreme douleur, et accroissement de fieure, et estre cause de la mort du pauure malade. Dieu sçait combien ces ieunes Barbiers esleus à penser les pestiferez en ont faict mourir par ce moyen.

» Apres la cauterisation, on fera des scarifications dessus, iusques à ce que le sang en sorte. Puis on y appliquera le cul d'vne poule commune qui ponne, à fin qu'elle ait le cul plus ouuert ; ou vne grosse poule d'Inde, etc. »

Je laisse cette histoire du cul des poules, trop longuement exposée au chap. 34 du Liure actuel (page 432). Apres cela je me trouve plus rien de nouveau, à l'exception de l'espèce d'épilogue qui termine le Discours.

« Fin du brief Discours de la Peste, extraict du vingt vniesme liure de mes OEuures. Que si aucun desire en auoir plus ample instruction et intelligence, qu'il lise ledit vingt vniesme liure, là où sont deduites au long plusieurs autres dispositions et accidens qui la suyuent. Finalement, qu'il voye vn traicté que nagueres a faict monsieur Maistre Nicole de Nancel, Medecin demeurant à Tours, lequel en a autant bien escrit que nul autheur que i'aye onques cognu, et d'vn langage facile à entendre, selon la doctrine des Anciens : par où l'on peult iuger (si ie ne me trompe) qu'il a mis la main souuentefois aux armes, pour combatre et vaincre ceste maladie, et les accidens qui la suyuent. »

REPLIQVE

D'AMBROISE PARÉ, PREMIER CHIRVRGIEN DV ROY,

A LA RESPONSE FAITE CONTRE SON

DISCOVRS DE LA LICORNE [1].

J'aurois souhaitté, discourant de la Licorne, que s'il y auoit quelqu'vn qui en eust autre opinion que moy, il luy pleust mettre ses raisons en auant : pensant que par le debat des raisons contraires, comme par le heurt de deux pierres, les viues estincelles de la verité viendroient à paroistre [2], qui pourroient exciter vne lumiere si grande de tout ce fait en nos esprits, qu'on n'auroit plus occasion d'en douter. Ce mien souhait m'est en partie aduenu. Car il s'est trouué quelqu'vn qui, controllant mes escrits, m'a voulu desdire en ce point : duquel toutesfois les raisons ne me semblent si fortes, que pour cela ie doiue quitter mon party pour prendre le sien, ainsi que i'espere monstrer, repliquant sur vne chacune d'icelles : laissant à part ses animosités, lesquelles i'estime luy estre eschappées, plus pour zele qu'il porte à la verité, que pour opinion qu'il puisse auoir de moy autre que d'homme de bien, et studieux du profit public.

Sa premiere raison est, *qu'il faut bien que la licorne aye de grandes vertus, veu que tous les sages demeurent entr'eux d'accord des admirables proprietés d'icelle. Et que partant il faut acquiescer à leur authorité : attendu qu'il vaut mieux faillir auec les sages, que bien opiner contre leur opinion.*

Ie nie la premiere partie de ceste raison, attendu que comme i'ay monstré en mon precedent discours, messieurs Rondelet, Chappelain, et le docte Duret, ne font pas plus grand cas de la corne de Licorne, que d'autre corne quelconque : et toutesfois ces trois là sont sages et clairs-voyans en Medecine. Quant à la seconde partie, ie dis tout au contraire, que i'aimerois mieux faire bien tout seul, que de faillir non seulement auec les sages, mais mesme auec tout le reste du monde. Car l'excellence de la verité est si grande, qu'elle surpasse toute la sapience humaine, qui bien souuent n'est armée que de brauade, n'est enflée que de vent, n'est parée

---

[1] Cette réplique a paru isolément en 1582, comme je l'ai dit dans mon Introduction à l'article *Bibliographie*; il n'y a pas été changé un mot depuis. On ne sait pas le nom de l'adversaire à qui Paré répondait. Voyez à cet égard mon Introduction, page CCLXXXIX.

[2] *Belle comparaison.* — A. P.

que d'apparence et vanité : parquoy la seule verité doit estre cherchée, suiuie et cherie.

La seconde raison est, *que le long temps qu'il y a que la Licorne est en vsage, monstre bien icelle estre bonne.*

Ie replique que le long temps n'est pas suffisant pour prouuer la corne de Licorne auoir les vertus qu'on luy attribue. Car telle vogue n'est fondée qu'en opinion, et la verité (comme il dit lui-mesme) depend de la chose, et non des opinions. Parquoy rien ne sert de m'alleguer les Papes, Empereurs, Roys et Potentats, qui ont mis la corne de Licorne en leurs thresors : car ils ne sont d'eux-mesmes iuges competans de la proprieté des choses naturelles : et ceux par les yeux desquels ils ont veu, ont esté ou louches ou conniuens, de leur auoir monstré ou laissé voir le noir pour le blanc. Parquoy à bon droit André Marin, Medecin excellent de Florence, au Discours qu'il a fait *de la faulse opinion de la Licorne*, s'esmerueille comment iusques icy il ne s'est trouué encore Medecin ou autre, tant amateur de son Prince, qui l'ait retiré de ceste erreur, la bannissant de ses cabinets comme vn abus et tromperie manifeste : concluant que si precieux ioyau n'estoit propre qu'aux basteleurs et imposteurs, et mal-seant aux Medecins, qui ont des remedes plus asseurés et approuués pour combattre les maladies malignes, veneneuses, et pestilentes.

Quant à ce qu'il dit, *qu'il y a des Licornes, et que la saincte Escriture le tesmoigne:* Ie responds que quiconque pense alleguer cela contre moy, monstre qu'il a grande enuie de quereller. Car qui est-ce qui croit cela mieux que moy? Qui est-ce qui le monstre mieux? I'en cite cinq passages de la saincte Escriture dans mon Discours de la Licorne. Ie croy donc qu'il y a tousiours eu, et qu'il y a encore des Licornes, non seulement en la terre, mais aussi en la mer : mais que leurs cornes ayent les vertus qu'on leur attribue contre les venins et pestilences, c'est le point que i'attendois : lequel toutesfois n'a esté touché que par vne simple assertion, sans aucune demonstration, raison, ou authorité ancienne. Car de dire qu'elle profite contre la peste, pour ce qu'elle refroidit, cela est fuir et quitter le combat de la proprieté occulte, de laquelle toutesfois est nostre principale question. Or quand ainsi seroit qu'elle agiroit par qualité manifeste, il la faudroit ordonner en quantité raisonnable, et principalement à la vehemence de l'ardeur furieuse et pestilence, c'est à dire par onces ou quarterons. Car trois ou quatre grains qu'on ordonne communément, n'ont plus de vertu (ce que dit monsieur Duret, de bonne grace parlant de la Licorne) que qui ietteroit quatre grains de mil dans la gueule d'vn asne bien affamé [1]. C'est pourquoy ie voudrois bien empescher les Apoticaires de la vendre si cher, à fin que les Medecins eussent commodité de l'ordonner en plus grande dose, et que les malades eussent moyen de la porter auec plus de profit en leur corps, et moins de dommage de leur bourse. Cela n'est-ce me rompre l'esprit de ce que ie n'ay que faire, comme l'on me reproche? Car Dieu a recommandé à vn chacun le salut et profit de son prochain : et certes les Apoticaires mesmes, i'entens les plus anciens et experimentés, interrogés par moy, m'ont confessé auoir honte de la vendre si chere,

---

[1] *Bonne comparaison.* — A. P.

veu qu'ils n'ont iamais apperceu plus grand effet en elle qu'és autres cornes communes des vulgaires animaux : toutesfois qu'ils sont contraints de la vendre ainsi chere, parce qu'ils l'achetent cherement. Or l'achetent-ils cherement, à raison du bruit qu'on luy a donné à tort et sans cause.

Venons maintenant aux raisons par lesquelles il pense destruire ma principale demonstration, laquelle par moquerie il appelle mon Achilles. Mon Achilles donc estoit tel :

Rien n'est bon à corroborer le cœur, sinon le bon air et le bon sang : la corne de Licorne n'a air ni odeur en soy, estant toute terrestre et toute seiche. D'auantage elle ne peut estre tournée en sang, d'autant qu'elle n'a en soy ni chair ni suc. Pourquoy elle n'a vertu à corroborer le cœur.

La premiere proposition, dit-il, est fausse et ridicule : sa raison est, *Car tels remedes alteratifs fortifient le cœur par qualité manifeste et elementaire, ou occulte et formelle, et toutesfois n'ont ny bon air, ny habilité à estre tournés en sang.*

Ie replique et dis au contraire, prenant le mesme exemple qu'il a pris, pour le battre de ses armes mesmes, que la faculté des herbes et simples qui entrent és apozemes, n'est point communiquée à l'eau, par laquelle est faite la decoction, sinon par distraction du suc, ou humeur et vapeur desdits simples : autrement s'il n'y auoit que la qualité muée qui se communiquast à l'eau sans substance, c'est-à dire, sans humeur ou vapeur, comment connoistrions-nous la decoction de pourpié à sa noirceur, la decoction de psyllium à sa viscosité, la decoction de cichorée à sa saueur et amertume, l'infusion de rhubarbe à son odeur ? La saueur y est, et s'y remarque mani-

festement : l'odeur donc aussi y est. Car tout ce qui a saueur et odeur, la saueur y est, le suc donc ou humeur y est, l'odeur y est, la vapeur donc y est. Car qu'est-ce autre chose odeur, qu'vne vapeur, ou plustost fumée ?

Quant au corail, corne de cerf, et semblables, ie confesse qu'ils n'ont non plus d'air et de suc que la corne de Licorne, mais aussi ie ne les tiens pas pour vrais cardiaques : de tant qu'ils ne fortifient point le cœur en combattant contre les venins, ains seulement, ou en resserrant les conduits qui vont au cœur, par leur vertu astringente : ou en beuuant et tarissant la serosité veneneuse, qui affadit le cœur et l'estomach, par leur seiche terrestrité, faisant l'vn et l'autre, non par simple infusion en quelque eau, mais par assumption de leur propre corps en poudre.

Mais c'est assez repliqué sur la refutation pretendue de la premiere proposition de mon Achilles : venons à la seconde. Ie disois que la corne de Licorne n'a air ni odeur en soy. *Cela, dit-il, est contraire aux principes de Physique. Car chaque corps elementaire est mixte, c'est à dire, meslé des quatre elemens : parquoy à la corne il y a de l'air.*

Pour replique ie dis, que les choses en Medecine ne se mesurent et considerent que par les sens et effects. Bien donc que par discours de raison nous comprenions que le poyure, gingembre, et graine de paradis sont composés des quatre elemens (c'est à dire) de chaud, froid, sec, et humide : toutesfois les Medecins n'y reconnoissent que du chaud et du sec, pource qu'ils ne font en nous principalement que les effects de chaleur et de seicheresse : ainsi nous nions la corne de Licorne estre aërée, parce qu'elle ne produit les effects des corps aërés, c'est à dire de vapeur, fumée, et odeur Quiconque trouuera de l'air en la corne de Licorne, il tirera de l'huile d'vn mur. Ces deux points de mon Achilles vuidés, le reste des raisons contraires n'est pas difficile à refuter. Car pour prouuer que la corne de Licorne se peut tourner en sang, il allegue, *que les chiens viuent d'os* [1]. Ie dis au contraire, que les chiens ne viuent pas d'os, mais bien de la moelle ou substance medulleuse qui est cachée dedans les cauités insignes ou porosités de l'os. Or aux cornes de Licornes, que nous voyons rapper tous les iours, y a-il rien de moelleux? Non plus, et encore moins qu'en la pierre ponce.

N'est pas aussi plus pertinent ce qu'il adiouste : *Que comme les chiens viuent d'os, aussi les austruches de fer* [2]. L'on sçait auiourd'huy assez par experience et inspection iournaliere, que ceste opinion de la vieille histoire naturelle est chose fabuleuse. Car bien que l'austruche deuore le fer, si ne le digere-elle pas : le lendemain, on le trouuera parmy ses excremens tel qu'elle l'a pris. Ie puis dire en verité auoir donné des clefs et clous de fer à des austruches à aualler, que le lendemain on les trouuoit auec leurs excremens, sans estre en rien diminués. Pour voir donc tousiours les petits enfans aualler les noyaux de cerises et pepins de raisin, dirons-nous qu'ils les digerent et s'en nourrissent?

Il dit *que le Roy a refusé cent mil escus de la corne de licorne qui est à sainct Denys*. Il est bien possible que pour sa grandeur et magnificence il en ait autant refusé : mais si croy-ie que si le Roy l'auoit en telle estime, qu'elle seroit mise en plus seure garde que d'vn simple clerc, qui la fait voir indifferemment à vn chacun pour vn grand blanc. Que si elle auoit telle vertu qu'on luy attribue, elle ne fust pas entiere, et croy qu'elle eust esté limée et rappée, pour suruenir à la necessité des maladies de tant de Roys qui ont tenu le sceptre de France. Ces raisons ont induit André Marin, au lieu sus allegué, a penser que telle corne ne fust pas naturelle, ains artificielle, fabriquée par la main de quelque ingenieux maistre, qui par certaine mixtion l'a contre-faite auprés du naturel. Ce qui est prouué par Dioscoride, liure 4, chapitre 71, fueillet 52, qui dit que faisant cuire la racine de Mandragore auec yuoire l'espace de six heures, elle le mollifie tellement qu'on en peut aisément faire ce qu'on voudra. Pareillement Cardan dit, que les dents des elephans se peuuent amollir et estendre comme les cornes de bœuf : et de telles piperies se trouuent à Metz et à Strasbourg, et en plusieurs autres lieux. Parquoy ie trouue bon ce que dit l'aduersaire, *que les Medecins deuroient admonester le Magistrat de l'abus qui seroit en la Licorne, et non pas moy*. I'eusse desiré qu'ils m'eussent deliuré de ceste peine, et m'esmerueille comment ils ont tant attendu. Ie sçay toutesfois que monsieur Cappel, Docteur Regent en la faculté de Medecine, tres-sçauant, et homme de bien, auoit ia commencé en faire vn discours, pour oster l'abus qui y estoit : mais voyant le mien ia imprimé, il desista le sien. I'ay aussi entendu souuent que monsieur l'Affilé, Docteur en medecine assez conneu pour sa vertu et doctrine, autresfois auoit maintenu en pleines escholes, que la

---

[1] *Ceste comparaison est bien foible.* —A. P.
[2] *Autre comparaison moins vallable.* —A. P.

Licorne n'auoit rien des proprietés cachées qu'on luy attribue, seulement qu'elle auoit vertu de desseicher au premier degré, comme toute autre espece de corne. Plusieurs autres Medecins, voire la plus-part d'entr'eux, ont mesme opinion, et ce que i'en sçay, ie ne l'ay appris que d'eux principalement, et premierement du docte Duret.

Parquoy ceste mienne opinion, accordante auec celle de tant de gens de bien et de sçauoir, ne doit estre tenue pour monstrueuse, puisqu'elle n'est ny nouuelle, ny extraordinaire, ny erronée : ny pour cela ne dois point estre reputé et peint comme monstre, ainsi que gabbe l'aduersaire, voulant tirer en risée la description des Monstres que i'ay inserés en mes OEuures. Monsieur Rondelet, premier Medecin de nostre temps, n'a-il pas fait portraire plusieurs Monstres? et toutesfois personne n'a dit qu'il l'eust fait pour amuser les petits enfans, mais bien pour representer à l'œil ce que l'on ne pourroit si bien escrire et comprendre sans le portrait. Gesnesrus et Belon ont fait le semblable, et toutesfois personne ne leur a mis cela à blasme. Ie croy que l'aduersaire n'a pas voulu seulement taxer les figures des Monstres, mais aussi toutes les autres qui sont en mes OEuures, en nombre de plus de trois cens soixante et quinze, pour lesquelles effigier et tailler en planches, i'ay desboursé liberalement du mien plus de mille escus, et pense que ceux qui s'en mocquent ne voudroient auoir soulagé le public d'vn seul escu de leur bourse. Comment que ce soit, ces figures-là sont telles qu'elles profitent beaucoup à plusieurs Chirurgiens, pour le maniement et vsage de plusieurs instrumens necessaires à la guarison des maladies.

Qui me fait croire que telle moquerie est partie de mesme animosité que celle qui est à la fin du liure de l'aduersaire, par laquelle il dit que ie me suis fait traduire le liure fait par Iordanus *de Peste* [1]. I'appelle Dieu à tesmoin si iamais i'y pensay, et ne l'ay veu en latin ny en françois. Et quand ie l'aurois fait, ie n'eusse oublié à le nommer honorablement, comme i'ay fait tous les autheurs desquels i'ay peu apprendre à tirer quelque profit, ainsi que i'ay desmontré euidemment par la table que i'ay dressée de leurs noms au commencement de mes œuures.

Voila ce que i'ay voulu repliquer sur les raisons contraires. Ce que ie prie mon aduersaire prendre en bonne part, et estimer que ce que i'en fais est plus pour maintenir la verité que pour le desdire. Car ie pense que de sa part, ce qu'il en a fait n'a esté que pour m'instruire et le public : et de ma part ie m'en repute tres-heureux d'apprendre de tout le monde, et de vieillir tousiours en apprenant. Seulement ie le prie, s'il a enuie d'opposer quelques contredits à ma replique, qu'il quitte les animosités, et qu'il traite plus doucement le bon vieillard. Il est bien seant aux ieunes gens, pour faire preuue de leur esprit, eloquence et doctrine, de discourir des points problematiques librement : et aux gens de mon aage, de s'arrester tellement à la verité que l'on ne s'en departe aucunement, pourueu que l'vn et l'autre se face sans pique, riotte, blasme, et offense de son prochain.

---

[1] J'ai dit dans mon Introduction que le livre de Jordanus n'avait paru qu'après celui de Paré.

LE VINGT-CINQVIÉME LIVRE,

TRAITANT

DE LA FACVLTÉ ET VERTV DES MEDICAMENS SIMPLES,

ENSEMBLE DE LA COMPOSITION ET VSAGE D'ICEVX [1].

PREFACE.

Entre les causes que nous appellons salubres, et autres remedes concernans tant la santé de l'homme que la guarison des maladies, les medicamens ont le premier lieu : lesquels, comme dit Salomon, Dieu a produit de la terre, et l'homme sage ne les mesprisera [2]. Car certainement il n'y a rien qui appaise et oste si tost, et quasi comme auec miracles, grandes maladies, que les medicamens. Pour autant disoit Herophilus qu'iceux, deuëment appliqués, estoient les mains des Dieux, comme auons dit cy deuant. Aussi les Medecins premiers ont esté reputés et tenus comme diuins, à raison de la connoissance des vertus et facultés des remedes et medicamens : laquelle en la Medecine est inestimable et plus que necessaire, tant en la precaution des maladies qu'à la curation d'icelles : et, comme dit Galien, il faut sçauoir les facultés des medicamens, auant qu'entreprendre la curation des maladies.

CHAPITRE I.

QVE C'EST QVE MEDICAMENT, ET LA DIFFERENCE ENTRE MEDICAMENT ET ALIMENT.

Medicament est la chose qui peut alterer Nature en vne qualité ou plusieurs, et n'est point conuertie en sa substance : au contraire d'aliment, lequel n'altere point ou peu Nature, et se conuertit en la substance de nostre corps. Toutesfois medicament et aliment sont pris et vsurpés par comparaison du corps qui est medicamenté ou alimenté, en sorte qu'vn medicament peut estre aliment à vn,

[1] J'ai peu de choses à dire de ce livre. Il avait paru pour la première fois, en 1575, en 46 chapitres ; il fut enrichi d'un chapitre et de nombreuses additions et modifications de détail en 1579, et à peine si Paré y retoucha depuis. Il est probable qu'il l'avait écrit à l'imitation de la *Matière médicale de Houllier*, que Tagault avait jointe comme complément à son Traité de chirurgie. Houlliery est en effet cité plusieurs fois ; mais je n'ai pas eu le courage de confronter les deux livres assez exactement pour vérifier cette conjecture. Cependant il y a quelques chapitres dignes encore d'être consultés.

[2] *Ecclesia.* 35. — A. P.

et medicament à l'autre : comme par exemple l'ellebore est aliment à la caille, et medicament aux hommes : aussi la ciguë est aliment à l'estourneau, et poison à l'óye : pareillement l'herbe appellée *ferule*, est aliment à l'asne, et est venin à toutes autres bestes cheualines. Et ne se faut esbahir si ces choses sont alimens à telles bestes : car il faut estimer qu'elles sont conuenables à leur nature. Ce qui peut aussi aduenir aux hommes par accoustumance et long vsage, desquels est faite naturelle habitude.

Et de cecy les histoires anciennes en font foy, esquelles nous lisons qu'aucuns ont esté nourris de venins[1], comme la fille qui fut euuoyée à Alexandre-le-Grand, laquelle auoit esté nourrie de napel et autres venins, et par longue pratique en auoit fait nature et habitude, de sorte que son haleine estoit poison mortelle aux hommes. Parquoy ne se faut donner merueille si les medicamens sont aucunesfois conuertis en alimens : ce qu'on voit aussi iournellement aux poulailles et porcs. lesquels mangent serpens, crapaux, et autres choses venimeuses sans dommage : mesmes que la cicoigne et plusieurs autres animaux s'en nourrissent, et leurs petits.

CHAPITRE II.

DIVISION DES MEDICAMENS SELON LEVR MATIERE ET SVBSTANCE.

Aux entrailles et veines de la terre, et és abysmes des eaux, est cachée et enseuelie la superbeté des richesses de ce monde, comme or, argent, et autres mineraux, ensemble plusieurs pierres precieuses accompagnées de diuerses proprietés singulieres. Aussi la superficie de la terre est reuestue d'vne infinité d'arbres, herbes, et arbrisseaux, où il y a vne consideration infinie à contempler leur grand nombre et varieté en leurs racines, fueilles, fleurs, fruits, gommes, odeurs, saueurs, et couleurs, diuersité de leurs grandes vertus qu'elles ont : pareillement est produit sur icelle innumerables animaux, differens la pluspart entre-eux. A quoy la bonté de ce grand Architecte se manifeste infiniement de les auoir donnés à l'homme, tant pour son contentement et plaisir, que pour le nourrir et medicamenter. Et par ainsi à bon droit les anciens ont dit tous les medicamens estre pris des bestes, des plantes, de la terre, de l'eau, et de l'air.

Des bestes, totales et entieres, parties et excremens d'icelles. Des bestes totales : car aucunesfois on vse d'vn regnard, d'vn petit chien, herisson, grenoüille, limaçon, vers de terre, cancre, et autres sortes de bestes. Des parties des bestes que l'on prend, comme foye de loup, foye de bouc, poulmon de regnard, l'os du cœur de cerf, l'os coronal de l'homme, graisse, sang, chair, moëlle, testicules de castor, dont se fait le castoreum, et autres parties. Des excremens d'icelles, ou estans comme excremens, cornes, ongles, poil, plumes, cuir, fiel, vrine, fiente, saliue, miel, œufs, cire, laict, laine, sueur, et autres semblables :

---

[1] L'édition de 1575 portait ici : *comme est escrit des psylles dedans Pline, liu. 7. de l'Histoire naturelle, et Crinitus, en son premier liure d'Honneste discipline, et pareillement de la fille qui fut enuoyée à Alexandre-le-Grand*, etc. Le texte actuel date de 1579.

sous lequel genre aussi sont contenus specialement les excremens de certains animaux, comme les perles, le musc, la ciuette, l'œsypus, et l'ambre, sperma-ceti, et autres.

Des plantes, soient arbres, arbrisseaux, ou herbes entieres, ou parties d'icelles. Entieres, comme souuent l'on vse de cichorée, guimauues, maulues, plantain, et autres. Des parties des plantes, comme racine, moëlle, bois, escorce, iettons, caule, fueilles, fleurs, semence, fruit, suc, ou jus, larme, gomme, mouce.

De la terre, lesquels sont ou sortes et especes de terre, ou pierres, ou metaux. Les sortes et especes de terre, *bolus armenus*, *terra sigillata*, *cimolia*, *creta*, *argilla*, etc. Les pierres sont, *pumex*, *pyrites*, ou *marchasita auri*, *argenti*, *æris*, etc., *marmor*, *magnes*, *gypsum*, *calx viua*, *lapis specularis*, etc. Les metaux et matieres metalliques, sont or, argent, estain, plomb, airain, cuiure, fer, acier, *antimonium*, *cerussa*, *sulphur*, *cinnabrium*, *lithargyros auri*, *argenti*, *tuthia vulgaris*, *pompholix vera*, *ærugo*, *alumen*, *vitreolum vtrunque*, *salis genera*, *arsenicum vtrunque*, etc.

De l'eau douce sont pris medicamens, comme de l'eau de pluye, fontaine, fleuue, auec tout ce qui naist en icelle, comme *lenticula aquatica*, *acorus vulgaris*, *nymphæa*, *sisymbrium*. De l'eau salée sont pris le sel, l'*alcyonium*, *omnia coralla*, *omnes testæ piscium*, *vt ossa sepiæ*, *spongiæ*. De l'eau meslée de douce et salée sont pris l'herbe *androsaces* qui, entachée et enracinée sur quelque pierre ou test et coquille de poisson, flotte sur l'eau douce és lieux où elle se mesle auec la salée, comme és emboucheures du Nil, és estangs de Frontignan et cap de Sete. De telle espece d'eau aussi est pris l'*asphaltum*, comme il se voit és estangs de la mer Morte en Iudée, et en ceste fontaine de Languedoc à Beau-regard, que les habitans du lieu nomment en leur vulgaire, *Fons de la Pege*.

De l'air sont pris la manne, laquelle pour ce respect est appellée par Galien, miel aërien, et toute autre espece de rosée, qui peut estre en vsage medicinal tant pour le respect des vertus qu'elle reçoit du soleil, duquel elle est attirée, et de l'air, que des herbes et plantes sur lesquelles elle tombe et s'assied.

CHAPITRE III.

DIVISION DES MEDICAMENS SIMPLES SELON LEVRS QVALITÉS ET EFFETS.

Tous cesdits medicamens simples ont vne ou plusieurs des quatre facultés, lesquelles nous deduirons à present [1].

[1] L'édition de 1575 contenait ici un assez long passage supprimé en 1579 :

« Tous cesdits medicamens simples ont quatre facultez qui peuuent operer et monstrer quelque effect au corps humain bien temperé. Car s'il y a intemperature au corps, l'effect et le iugement d'iceluy seront nuls : comme aux febricitans, à cause de leur intemperature chande et seiche, le iugement du goust est depraué : ainsi est-il aux yurongnes à cause de l'humide intemperature. Et non seulement le iugement du goust se perd par intemperature, mais aussi les sens de la veuë, ouye, odorat ou flair, et du tact ou touchement : comme appert en ceux qui pissans au bain sentent leur vrine froide, iaçoit qu'elle soit chaude, à cause de la plus grande chaleur du bain, qui a dauantage eschauffé le corps. Les quatre facultez d'iceux sont, premiere, seconde, troisieme, quatrieme. »

Premiere faculté.

La premiere faculté, qui est commune à toutes les autres, et quasi fondement, prouenant immediatement des quatre premieres qualités des elemens, qui sont chaleur, froideur, humidité, siccité, est ou simple, ou composée, selon ce qu'vne ou deux de ces quatre premieres qualités excedent et surpassent les autres en la temperature du medicament : comme tu peux voir par ceste table.

Simple
- D'eschauffer,
- Refroidir,
- Humecter,
- Seicher.

Composée de deux qualités iointes, comme
- Eschauffer seicher,
- Eschauffer humecter,
- Refroidir seicher,
- Refroidir humecter.

Chaleur

Moderée
- Eschauffe,
- Subtilie,
- Rarefie,
- Digere,
- Suppure,
- Ouure les conduits.

Immmoderée
- Desseiche,
- Enflamme,
- Brusle,
- Fait mordication, dont s'ensuit :
  - Attraction,
  - Rubrification,
  - Consomption,
  - Eschare,
  - Mortification.

Froideur

Moderée
- Refrigere,
- Condense,
- Fait obstruction.

Immoderée et extreme
- Congele,
- Stupefie,
- Mortifie.

Humidité

Moderée
- Humecte,
- Lubrifie,
- Addoucit,
- Glutine.

Immoderée et excessiue
- Fait obstruction,
- Flatuosité, principalement si l'humidité est flatueuse.

Siccité

Mediocre
- Desseiche,
- Rarefie,
- Attenue,

Excessiue
- Fait constriction,
- Contraction,
- Fissures et furfurations.

Les effets d'icelles qualités, comme Galien escrit au 5. *des Simples*, sont distingués et mis par ordre certain, que nous appellons degrés, à fin de les appliquer aux maladies en certaine mesure et proportion, comme Galien dit au premier des alimens: car à maladie chaude au second degré conuiennent remedes froids en pareil degré Et pourtant, tous medicamens simples sont,

Chauds Froids Humides Secs	au	commencement milieu à la fin	du	premier second troisiéme quatriéme	degrés.

La Chaleur Froideur Humidité Siccité	du	premier second troisiéme quatriéme	degré est	obscure et insensible, manifeste et apparente, vehemente, tres-immoderée et excessiue.

Comme pour exemple de chaleur distinguée par lesdits degrés : l'eau tiede est temperée : celle qui est vn petit peu plus chaude, est au premier degré : si elle a desia chaleur apparente, au second : si elle a chaleur vehemente, au troisiéme degré : si elle brusle, elle est chaude au quatriéme degré Ainsi peut-on entendre de froideur, humidité, et siccité. Donc nous deduirons les medicamens simples selon leur degré de chaleur, froideur, humidité et siccité.

Medicamens simples chauds, au degré et ordre

Premier.

Absinthium[1],
Althœa,
Amygdala dulcia,
Beta,
Brassica,
Chamœmelum,
Ladanum,
Semen lini,
Saccharum,
Eruum siue orobus,
Vinum nouum : car le vieil, selon qu'il est de plus ou moins d'années, est chaud au 2. ou 3. degré.

[1] Immédiatement aprés *Absinthium*, l'édition de 1575 ajoutait : *Aloe.*

Second.

Ammoniacum,
Apium,
Artemisia,
Chamœpitys,
Crocus,
Fœnum grœcum,
Ficus,
Mastiche,
Marrubium,
Mel,
Melissa[1],
Dracunculus.
Myrrha,
Nux moscata.
Pix arida, comme aussi *Pix liquida*, qui a semblables facultés, sinon que ceste là est plus propre pour les corps et parties plus robustes : ceste-cy pour les delicates.
Scilla,
Sal,
Saluia,
Thus,
Anethum,
Surcocolla.

Troisiéme.

Abrotonum, præsertim vstum,
Agnus,
Anisum,
Asarum,

[1] L'édition de 1575 portait aprés *Melissa*, *Dracunculus.*

Aristolochia,
Chamœdris,
Calamintha,
Cinnamomum,
Iris,
Iuniperus,
Hyssopus,
Origanum,
Sagapenum,
Ruta hortensis,
Opopanax,
Galbanum,
Bryonia,
Ammi [1].

Quatrième.

Allium,
Cepa [2],
Euphorbium,
Nasturtion,
Pyrethrum,
Sinapi,
Tithymali,
Chelidonium minus,
Anacardi,
Ruta syluestris : comme toutes plantes sauuages que Nature produit d'elle-mesme surpassent en vigueur de mesmes qualités et facultés, celles qui en mesme espece viennent par art et main d'homme.

Medicamens simples froids, au degré et ordre

Premier.

Atriplex,
Cotonea,
Hordeum,
Malua [3],
Pyra,
Pruna,
Rosa,
Viola.

Second.

Acacia,
Cucurbita,
Cucumis,
Mala granata acida : car les grenades qu'on appelle douces ou vineuses, sont temperées : comme celles qu'on appelle *Dulco-acida*, quasi comme meslées de doux et acide, qu'on appelle aigre-doux, sont froides au premier degré.
Plantago,
Polygonon,
Sumach,
Solanum hortense : car celuy qu'on appelle *Somniferum* [1], pour ce qu'il rend les hommes insensés, stupides et endormis, est presque aussi froid que le *Papauer*, de sorte qu'on ne le peut prendre dans le corps sans dommage, ains seulement doit estre appliqué par dehors.

Troisième.

Hyoscyamus,
Semperuiuum,
Mandragora,
Solanum mortiferum [2].

Quatrième.

Cicuta,
Opium,
Le pauot de quelque espece que ce soit : excepté celuy qu'on appelle *corniculatum* [3].

Medicamens simples humides, au degré et ordre

Premier.

Buglossum,
Viola,
Malua,
Rapum.

---

[1] Ce troisième degré est celui qui a subi le plus de retranchements en 1579 ; car, aux espèces citées, l'édition de 1575 ajoutait : *Amomum*, *Piper*, *Sabina*, *Laurus*, *Chelidonium maius*.

[2] Après *Cepa*, on lisait en 1575 : *Costus*.

[3] A ce mot succédaient en 1575 ces deux autres : *Milium*, *Myrtus*.

[1] Edition de 1575 : *car celuy qu'on appelle Maniacum*. J'ajouterai que cette liste était alors aussi accrue des noms : *Galla*, *Plantago*, *Polygonon*, tous effacés dès 1579.

[2] Jusqu'en 1585, ce troisième degré comportait les quatre espèces suivantes : *Hyoscyamus*, *Portulaca*, *Semperuiuum*, *Mandragora*.

[3] L'édition de 1575 portait seulement : *Papauer rheas*.

Second.

Ammoniacum,
Lactuca,
Cucurbita,
Cucumis,
Melones,
Portulaca [1].

Médicamens simples secs, au degré et ordre

Premier.

Brassica,
Thus,
Chamœmelum,
Sarcocolla,
Crocus,
Faba,
Fœnum grœcum,
Hordeum.

Second.

Artemisia,
Balaustia,
Orobus,
Lens,
Mel,
Mastiche,
Sal,
Anethum,
Myrrha,
Pix arida,
Plantago,
Nux moschata [2].

Troisiéme.

Abrotonum vstum,
Absinthium,
Acetum,
Aloes,
Cuminum,
Galla,
Chelidonium maius,

Chamœpitys,
Myrtus,
Marrubium,
Milium,
Origanum,
Bryonia,
Sanguis draconis,
Sabina.

Quatriéme.

Piper [1].
Allium.
Nasturtium,
Sinapi,
Euphorbium.

Ces qualités susdites monstrent les effets et operations tant ja dites, que plusieurs autres (lesquelles je delaisse à la Physiologie) par soy-mesme et de leur propre nature, laquelle ils retiennent tousiours en leur vray effect : toutesfois elles ont autres operations qui ne sont pas de leur nature, ains sont faites par accident : par ainsi nous les appellons accidentales. Ce qui sera manifeste par les exemples suiuans.

La chaleur externe rafraîchit les parties interieures par accident, pource qu'icelle ouure les pores, en sorte qu'en suant, la chaleur issante auec l'humeur delaisse, destitue et refrigere les parties internes : et à cause de ce la concoction est plus imbecille, et l'appetit moindre. Icelle mesme humecte par accident, en fondant et liquefiant ce qui auoit esté congelé et arresté par le froid : car ainsi on dit que Venus humecte [2].

Le froid semblablement, non de sa propre nature, mais accidentale, eschauffe : ce qu'on voit en hyuer par

---

[1] En 1575, le premier degré de ces médicaments avait une cinquième espèce, le *Satyrium* ; et le deuxième degré contenait aussi de plus qu'aujourd'hui : *Pruna damascena, Vuæ maturæ.*

[2] Cette liste du second degré avait trois noms de plus en 1575 : *Galbanum, Opopanax, Sagapenum.*

---

[1] Le poivre, *piper,* était rangé dans le troisième degré en 1575.

[2] Édition de 1575 : *Ainsi dit Hip. que Venus eschauffe et humecte.*

le froid exterieur, qui clost les pores, et empesche l'expiration et issue de la chaleur naturelle, laquelle retenue et repoussée au dedans, fait bonne concoction : qui est cause que l'appetit est plus grand en hyuer qu'en esté. Semblablement ceux qui manient la neige sentent puis aprés vne chaleur tres-grande, pour la mesme raison. Iceluy froid aussi seiche par accident, en repoussant la matiere humide tombant en vne partie. Il desseiche aussi par trop grande congelation et compression de la matiere humide, ainsi que nous voyons tous les iours [1], que par l'indeuë application de remedes repercussifs en matiere pituiteuse, crasse et visqueuse, on endurcit l'humeur, et fait-on vn scirrhe.

Siccité et humidité, à cause que sont qualités plus passiues qu'actiues, n'ont pas leurs operations si manifestes et apparentes que le chaud et froid, ainssont comme materielles au regard d'icelles.

CHAPITRE IV.

DE LA SECONDE FACVLTÉ DES MEDICAMENS.

La seconde faculté des medicamens est celle qui ensuit les effets des qualités premieres : et est

De chaleur $\begin{cases} \text{Rarefier,} \\ \text{Attirer,} \\ \text{Ouurir,} \\ \text{Attenuer,} \\ \text{Adoucir ou polir,} \\ \text{Deterger.} \end{cases}$

[1] Edit. de 1575 : *Ainsi que nous demonstre Galien, qui dit,* etc.

D'humidité $\begin{cases} \text{Amollir,} \\ \text{Laxer.} \end{cases}$

De Froideur $\begin{cases} \text{Condenser,} \\ \text{Repousser,} \\ \text{Fermer,} \\ \text{Incrasser,} \\ \text{Exasperer,} \\ \text{Emboucher et faire emplastique.} \end{cases}$

De Siccité $\begin{cases} \text{Endurcir,} \\ \text{Tendre.} \end{cases}$

Ainsi nous appellons medicament *attractif*, qui a vertu d'attirer : au contraire *repercussif*, qui peut repousser. Aussi *rarefactif*, qui ouure les pores : et au contraire *condensatif*, qui les ferme. Pareillement *detergeant*, ce qui est visqueux : et *emplastique*, faisant plus solide ce qui est trop fluxile. Et consequemment les autres *remollitifs, laxatifs, tensifs, attenuans,* et autres, desquels parlerons plus amplement cy aprés, en les declarant particulierement auec aucune de la troisiéme faculté, de laquelle faut dire à present.

CHAPITRE V.

DE LA TROISIÉME FACVLTÉ DES MEDICAMENS.

La troisiéme faculté est pour la plus part produite des effets des qualités premieres et secondes : aucunesfois par complication de deux, aucunesfois d'vne seule : souuentesfois aussi elle ne suit ny la premiere ny la seconde faculté, mais elle a vne proprieté et qualité indicible, conneuë par seule experience.

Les effets et operations d'icelle faculté sont, incarner, glutiner, cicatriser, seder douleurs, mouuoir et prouoquer ou arrester vrines, laict, semence, menstrues, sueurs, vomissemens, et autres semblables operations.

Par complication de deux facultés prouiennent, incarner, par siccité et detersion : agglutiner, cicatriser, par siccité et astriction : prouoquer sueurs, vrines, menstrues, semence, le laict, par chaleur et tenuité. Faut entendre au contraire, pour icelles arrester.

D'vne seule qualité de la premiere faculté prouient, seder douleur (que l'on dit proprement, et selon la premiere espece des anodyns : non de la seconde, qui est par euacuation de la matiere dolorifique : ny de la troisiéme, qui est par stupefaction du sentiment) sçauoir par chaleur immoderée. Prouoquer le sommeil, par froideur simple ou froideur humide.

Prouoquer vomissement ne tient le rang des effets dessusdits, ains est à raison d'vne proprieté occulte, laquelle a esté mise et infuse de nature à l'agaric, et autres medicamens qui peuuent inciter à vomir : et pour ce faire sont nés, comme tous les autres medicamens purgatifs, desquels dirons promptement en la quatriéme faculté.

CHAPITRE VI.

DE LA QVATRIÉME FACVLTÉ DES MEDICAMENS.

La quatriéme faculté differe des precedentes, à cause qu'elle ne depend d'icelles, ny n'a aucune qualité manifeste ny elementaire pour faire son action : mais par vne proprieté et vertu occulte, monstre son effet en vne partie plus qu'en l'autre, ou purge vn humeur plustost que l'autre : ce qui se connoist seulement par experience, comme ja est dit du medicament vomitif. Et pourtant les medicamens de ceste quatriéme faculté ont les noms des parties que plus elles aident entre les autres.

Cephaliques ou *capitales*, c'est à dire, de la teste : tels sont betoine, mariolaine, sauge, stœchas, rosmarin.

Pulmoniques, pour le regard des poulmons : comme reglisse, amandes douces, iris, tragacanth, enula campana, et autres.

Cordiaux, pour le cœur, comme cinnamome, escorce de citron, saffran, buglosse, corail, iuoire et autres.

Stomachiques, qui ont esgard au ventricule et estomach, sont poyure, gingembre, noix muscade, menthe, anis, mastic et autres.

Hepatiques, qui aident le foye, sont absinthe, eupatoire ou agrimoine, spica nardi, cichorium, santal, etc.

Spleniques, qui font leur operation à la ratte, sont *thymus, flos genistæ, celerach, epithyn us, cortex tamarisci, cortex radicum cappar s.*

Ceux qui ont esgard aux reins, ou les *nephritiques*, sont *rad ces apij, asparagi, fœniculi, brusci : semina quatuor frigida maiora : terebenthina, plantago, saxifraga*, etc.

Arthritiques, qui regardent les iointures, sont ceux-cy, *chamæpitys, herba paralysis, enula campana, calamenthum, hermodactyli*, etc.

Entre ceux-cy peuuent estre racomptés les medicamens purgatifs, qui ne purgent pas les humeurs de nostre corps par leur chaleur, froideur, siccité ou humidité : mais de tout leur temperament, forme et vertu speciale ou occulte [1], iaçoit qu'ils ayent esté mis auec ceux de la troisiéme faculté : car ils besognent au corps humain par proprieté specifique, et souuent plus en vne partie qu'en l'autre : comme pour exemple, l'agaric tire plus le phlegme des iointures de la teste que des autres. La rheubarbe est plus propre à purger le foye et reins qu'autres parties. Les hermodattes tirent principalement des iointures : et ainsi des autres. La contemplation entiere des purgatifs ie delaisse à ceux qui du tout s'exercent en icelle, pour tant qu'elle n'appartient tant à la Chirurgie.

Or des medicamens susdits aucuns ont vne faculté simple, autres en ont plusieurs, autres en ont deux contraires, comme sensiblement nous connoissons par les saueurs contraires qui en goustant se manifestent : ainsi qu'appert en la rheubarbe, laquelle en la superficie se monstre amere et chaude, et puis monstre à la fin vne astriction de sa substance terrestre et crasse. Et pour raison que par les saueurs, les facultés et effets des medicamens sont certainement conneus, estans simples et attiedis appliqués sur la langue, à fin que le sens du goust (iuge desdites saueurs) en puisse iuger, nous dirons à present des saueurs.

---

[1] Cette phrase incidente : *qui ne purgent pas*, etc., a été ajoutée ici en 1585.

CHAPITRE VII.

DES SAVEVRS.

Saueur, selon Aristote et Theophraste, ainsi que Galien le recite au premier liure *des Simples*, est vne concoction d'humidité en siccité, faite par le benefice de chaleur, laquelle est conneuë estant appliquée sur la langue bien disposée, par le moyen du nerf de ladite langue, et d'vne saliue mediocre.

Les differences des saueurs sont neuf.

Trois chaudes, qui sont *acre, amere* et *salée.*

Trois froides, sçauoir [est], [acide, *acerbe, austere.*

Trois temperées, qui sont *douce, oleeuse, insipide* ou *fade.*

Toutes lesquelles prouiennent de concoction : laquelle est plus grande aux saueurs que nous appellons chaudes : plus petite en celles que nous disons froides : mediocre és temperées. Parquoy Nature tient fort souuent et plus communément tel ordre en la concoction des saueurs, que premierement se monstre et apparoist la saueur acerbe, la chose estant encores du tout crue : puis auec quelque concoction est faite l'austere : aprés ensuiuant l'acide [1] : puis l'acide par concoction plus grande est faite

---

[1] Le commencement de cette phrase était fort différent en 1575 ; on lisait :

« Parquoy Nature tient tel ordre en la concoction des saueurs. L'insipide est la premiere, à cause qu'elle n'a receu aucune impression de chaleur : puis auec quelque concoction est faite l'austere : aprés l'acerbe ensuyuant l'acide : puis l'acide par concoction plus grande, etc. »

douce ou oleeuse, laquelle auec chaleur augmentée est tournée en salée, et de salée faite amere : iusques à tant que par vne chaleur excessiue et trop grande, finalement est faite l'acre, qui tient entierement la nature du feu : à ceste cause c'est la fin des saueurs, et mise au dernier degré de concoction. De chacune saueur dirons particulierement , commençant aux froides.

Saueurs froides.

L'acerbe est froide et terrestre, moins aqueuse que l'acide , de crasse substance. Elle refraischit , espaissit , condense, astreint, repousse, principalement en la superficie. Elle se connoist és escorces de grenade, noix de galle, tan, et noix de cyprés.

L'acide est aqueuse, froide, subtile, sans chaleur naturelle. Elle incise , attenuë , mord, purge , deliure obstructions : et se manifeste en toute espece d'ozeille, vinaigre , cerises , espine-vinette , et autres.

L'austere est prochaine quant au temperament et effets à l'acerbe : car l'acerbe consiste en vne substance terrestre et froide. Icelle receuant mutation et auancement, est augmentée ou de la seule chaleur, ou de chaleur et humidité , et icelle ou aërée, ou aquée : ou de la seule humidité. Si les fruits acerbes, qui tels sont deuant leur maturité , sont augmentés de la seule chaleur, ils passent en saueur douce, comme les chastaignes. S'ils sont augmentés de la seule humidité , et icelle crasse, d'acerbe ils passent en la saueur austere : car ces deux saueurs acerbe et austere sont en pareil degré de frigidité : seulement l'acerbe est plus terrestre, l'austere est plus humide. Que si la frigidité est persistante, les fruits sont augmentés en humidité, et icelle aërée et ténue , ils passeront en saueur acide. Que si ensemble ils sont augmentés de chaleur et humidité aquée, ils passeront en saueur douce : ou bien saueur] oleeuse, si auec la chaleur l'humidité qui suruient est aërée. De quoy il a esté bon donner aduertissement, à fin d'entendre par quels moyens les corps saueureux, d'acerbes qu'ils sont au commencement, deuiennent enfin doux par les moyens d'austerité, acidité et saueur oleeuse, selon qu'ils sont augmentés de chaleur et humidité simple ou compliquée : dont il est aisé à entendre que la saueur austere desseiche moins que l'acerbe , au reste restreint et reserre , agglutine , refraichit. Elle se monstre és cornoilles , nesfles, pommes, poires de bois , et autres fruits cruds, et non encore meurs [1].

Saueurs temperées.

L'insipide ou fade, improprement appellée saueur, est froide et aqueuse. Elle espaissit, coagule, fait contraction des pores et des orifices des veines , restreint , esteint la chaleur, et souuent rend le membre stupide. L'on la connoist en vne chose qui n'a aucune saueur notable qui se puisse discerner, comme l'eau simple.

L'oleeuse chaude, humide aëreuse. Elle humecte, lasche, emollit, lubrifie : comme huile, beurre , axonge, moëlle, et autres semblables.

La douce chaude, aëreuse , et tempérée. Elle laue, polit, cuit, digere,

[1] Édition [de 1575 : *Elle se monstre és fleurs de grenades sauuages , dites balaustes, escorces de grenades, noix de galles, alum , coquilles de glands et autres.* La phrase actuelle était alors attribuée à la saveur acerbe.

suppure, laxe, appaise les douleurs : comme sucre, miel, manne, amandes douces, laict, et les autres.

Saueurs chaudes.

La salée chaude, astringente, moins terrestre que l'amere, fait contraction des porosités, restreint, preserue les corps de putrefaction, desseiche sans apparence de grande chaleur, digere, deterge, serre. Toutes especes de sel, salpestre, sal-nitre, sel ammoniac [1], sal gemme, sel commun, eau salée, et semblables qui retiennent la saueur salée.

L'amere chaude, terrestre et desseichante [2], purge, deterge la sanie des vlceres et les humeurs superflus du corps, ouure les porosités et orifices des veines, subtilie, incise les grosses humeurs, prouoque menstrues et hemorrhoïdes. Elle se monstre en aloé, fiel, absinthe, suye, gentiane, centaure petit, fumeterre, et autres semblables.

L'acre chaude et subtile, de nature du feu, eschauffe, attire, seiche, deterge, incise, attenuë, digere, purge, prouoque les vrines et menstrues, sueurs : consume, liquefie, fait vescies et eschares, cauterise et brusle. Aulx, oignons, squilles, porreaux, poyure, moustarde, pyrethre, et semblables, representent la saueur acre.

Outre le iugement des saueurs, l'on peut aussi connoistre les medicamens par les autres sens naturels exterieurs, comme par l'attouchement, la veuë, l'ouye, et le flair : par lesquels quelquesfois nous iugeons de leur bonté ou malice en l'election, souuentesfois aussi de leurs qualités ac-

[1] L'édition de 1575 ajoutait ici : *sel alcaly.*
[2] Édition de 1575 : *L'amere chaude et terrestre, astringente.*

tiues, combien que le iugement en soit beaucoup incertain.

L'attouchement iuge des choses rudes, ou polies et douces à la main : dures ou molles, tendres et gluantes : lubriques et glissantes, ou arides et seiches : chaudes ou froides, humides ou seiches, pesantes ou legeres.

La veuë iuge des couleurs par vne splendeur estant és corps, pour laquelle distinguer les yeux sont ordonnés : de là nous estimons vn bon sené qui tire sur le noir verdoyant, et n'estimons le blanchastre. Toutesfois quant aux qualités premieres des medicamens, le iugement pris de la couleur est fort fallacieux : car tous medicamens blancs comme neige, ne sont froids : ains aucuns chauds, comme la chaux : les autres froids. Aussi medicamens rouges sont en partie chauds, comme chalcanthum calciné : autres froids, comme roses rouges. Parquoy d'icelle nous ne ferons grand compte pour le iugement des medicamens.

Le flair discerne l'odeur bon du mauuais, et les qualités chaudes qui se treuuent és euaporations des medicamens qui ont odeur : car en tant qu'ils ont odeur, ils sont chauds, veu que tout odeur est chaud.

L'oüye iuge des sons, moyennant l'air exterieur. Icelle pour l'election du medicament discerne les choses pleines des vuides, comme les bastons de casse, noix d'Inde, pierres d'aigles, et les autres.

Nous auons iusques à present declaré en general les facultés des medicamens, premiere, seconde, troisiéme, quatriéme, et la connoissance et iugement d'icelles : à present faut deduire en particulier aucunes facultés et vertus de la seconde et troisiéme faculté, à raison que pour le respect de telles facultés les medicamens viennent et sont en vsage iournalier et ordinaire entre les Chirurgiens : commençant aux medicamens repercussifs, ayant toutesfois, premierement, et en brief, touché la façon de les preparer.

Encore ne veux oublier à descrire les choses odoriferantes que les Chirurgiens vsent en la composition des medicamens, auparauant que parler de la façon de les preparer : c'est à sçauoir, musc, ambre gris, ciuette, *lignum aloës*, *assa odorata*, *galanga*, *spica nardi*, *macis*, styrax calamite, clou de girofle, muguette, souchet, iris de Florence, camphre, fleurs de lauande, de rosmarin, de camomille, de melilot, thym, fleurs d'oranges, marjolaine, menthe, hyssope, et plusieurs autres [1].

[1] Ce paragraphe ne date que de 1585.

Quant à la table qui suit, et qui constitue le chapitre 8, elle a été ajoutée en 1579 ; toutefois il est bon de noter que ce chapitre 8 a été omis dans la table des chapitres jusque dans les dernières éditions.

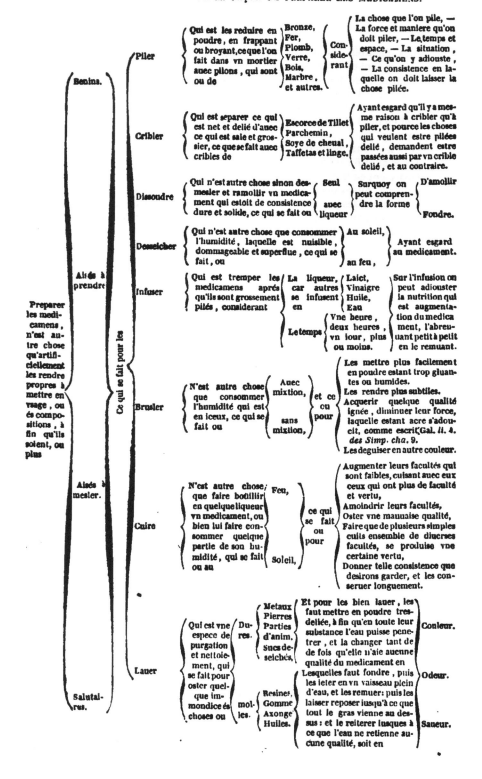

Preparer les medicamens, n'est autre chose qu'artificiellement les rendre propres à mettre en vsage, ou és compositions, à fin qu'ils soient, ou plus

Benins.

Aisés à prendre

Aisés à mesler.

Salutaires.

Ce qui se fait pour les

Piler — Qui est les reduire en poudre, en frappant ou broyant, ce que l'on fait dans vn mortier auec pilons, qui sont ou de — Bronze, Fer, Plomb, Verre, Bois, Marbre, et autres. — Considerant — La chose que l'on pile, — La force et maniere qu'on doit piler, — Le temps et espace, — La situation — Ce qu'on y adiouste, — La consistence en laquelle on doit laisser la chose pilée.

Cribler — Qui est separer ce qui est net et delié d'auec ce qui est sale et grossier, ce que se fait auec cribles de — Escorce de Tillet Parchemin, Soye de cheual, Taffetas et linge. — Ayant esgard qu'il y a mesme raison à cribler qu'à piler, et pource les choses qui veulent estre pilées delié, demandent estre passées aussi par vn crible delié, et au contraire.

Dissoudre — Qui n'est autre chose sinon desmesler et ramollir vn medicament qui estoit de consistence dure et solide, ce qui se fait ou — Seul — auec liqueur — Surquoy on peut comprendre la forme — D'amollir — Fondre.

Dessecher — Qui n'est autre chose que consommer l'humidité, laquelle est nuisible, dommageable et superflue, ce qui se fait, ou — Au soleil, — au feu, — Ayant esgard au medicament.

Infuser — Qui est tremper les medicamens aprés qu'ils sont grossement pilés, considerant — La liqueur, car autres se infusent en — Laict, Vinaigre Huile, Eau — Sur l'infusion on peut adiouster la nutrition qui est augmentation du medicament, l'abreuuant petit à petit en le remuant. — Le temps — Vne heure, deux heures, vn iour, plus ou moins.

Brusler — N'est autre chose que consommer l'humidité qui est en iceux, ce qui se fait ou — Auec mixtion, — sans mixtion, — et ce ou pour — Les mettre plus facilement en poudre estant trop gluantes ou humides. Les rendre plus subtiles. Acquerir quelque qualité ignée, diminuer leur force, laquelle estant acre s'adoucit, comme escrit Gal. li. 4. des Simp. cha. 9. Les deguiser en autre couleur.

Cuire — N'est autre chose que faire boüillir en quelque liqueur vn medicament, ou bien lui faire consommer quelque partie de son humidité, qui se fait ou au — Feu, — Soleil, — ce qui se fait ou pour — Augmenter leurs facultés qui sont faibles, cuisant auec eux ceux qui ont plus de faculté et vertu, Amoindrir leurs facultés, Oster vne mauuaise qualité, Faire que de plusieurs simples cuits ensemble de diuerses facultés, se produise vne certaine vertu, Donner telle consistence que desirons garder, et les conseruer longuement.

Lauer — Qui est vne espece de purgation et nettoiement, qui se fait pour oster quelque immondice és choses ou — Dures. — Metaux Pierres Parties d'anim. Sucs desseichés, — Et pour les bien lauer, les faut mettre en poudre tresdeliée, à fin qu'en toute leur substance l'eau puisse penetrer, et la changer tant de fois qu'elle n'aie aucune qualité du medicament en — Couleur. — molles. — Resines, Gomme Axonge Huiles. — Lesquelles faut fondre, puis les ieter en vn vaisseau plein d'eau, et les remuer: puis les laisser reposer iusqu'à ce que tout le gras vienne au dessus: et le reiterer iusques à ce que l'eau ne retienne aucune qualité, soit en — Odeur. — Saueur.

CHAPITRE IX.

DES MEDICAMENS REPERCVSSIFS OV REPOVSSANS.

Medicamens repercussifs ou repoussans sont froids, et de grosses parties. Sous ce nom de repercussifs, nous entendons aussi les astringents et roboratifs, pource qu'ils semblent repousser, empeschant la fluxion des humeurs tombans et coulans en quelque partie. Or tels sont-ils ou de soy, et de leur propre nature, ou par accident, et sans qualités et effets propres.

De ceux qui sont repercussifs de leur propre nature, les vns sont aqueux et humides sans aucune astriction, pourtant sont debiles : les autres terrextres et astringens : desquels les vns sont chauds, les autres froids, qui sont forts, et proprement appellés repercussifs : et d'iceux les vns simples, les autres composés.

Medicamens repercussifs de leur propre nature aqueux et humides, repoussans seulement d'vne qualité froide, sont :

Lactuca, portulaca, sonchus [1], lenticula palustris, vmbilicus veneris, cucumis, melones, cucurbita, semperuiuum vtrunque : aqua communis.

On peut aussi adiouster à ceux cy,

1 L'édition de 1575 ajoutait : *cichorium, polygonum, trifolium, auricula muris* : puis un peu plus loin : *oxalis, albumen oui,* et enfin au lieu de *aqua communis,* elle portait : *rosæ et aquæ ex his distillatæ.* Tout cela avait été effacé dès 1579, et l'*aqua communis* ne fut ajoutée que dans la] première édition posthume de 1598.

Poma mandragoræ, solanum, hyoscyamus et succus papaueris.

Lesquels refrigerent grandement, et pourtant les faut oster auant que les parties où ils ont esté appliqués deuiennent liuides.

Les terrestres astringens froids, proprement appellés repellens ou repercussifs, sont :

Plantes.

Plantago, folia vitium, cäpita rosärum, quercus, cupressus, rubus, oxyacantha, thus, cauda equina.

Fruits.

Fructus sorborum, cornorum, mespilorum, cydoniorum, myrtillorum [1], nuces cupressi, nuces aliæ virides, gallæ, glandes, sumach, omnes fructus immaturi.

Jus.

Omphacium, acetum, vinum austerum, succus granatorum acidorum, acacia, succus berberis, succus cydoniorum, hypocistis.

Escorces et fleurs.

Malicorium, cortex quercus, citrini, balaustia.

Farines.

Farina hordei, fabarum, panici, auenæ, milij, orobi, admixta succis ad modum pultis.

Metaux.

Bolus armenus, sanguis draconis], cerusa, lithargyros, terra, sigillata, cimolia, creta, argilla, magnes, plumbum, coralia, marcasitæ omnes, antimonium, spodium, pompholyx vera, omnis terræ species :

1 L'édition de 1575 ajoutait ici : *spinorum.*

Et autres tels medicamens repercussifs simples.

Les composés sont :

Huiles.

Oleum rosaceum; omphacinum, myrtillorum, papaueris, cydoniorum, nenupharis.

Onguens.

Vnguentum rosatum, album Rhasis, caphuratum, emplastrum diachalciteos dissolutum in aceto et oleo rosato, desiccatiuum rubrum, populeum.

Emplastres.

Emplastrum nigrum siue triapharmacum descriptione Galeni, emplastrum contra rupturam, de cerusa, pro matrice.

Tous ces medicamens repercussifs froids ont plus grande efficace, quand ils ont quelque tenuité de substance adiointe, soit par leur nature, soit par mixtion : comme pour exemple, souuent on adiouste aux autres repercussifs de crasse substance, vinaigre, camphre, et autres de parties subtiles, à fin de mieux penetrer et seruir comme de chariot à porter la substance terrestre et astringente iusques au dedans. .

Les repercussifs terrestres astringens chauds sont :

Herbes.

Absinthium, centaurium, gentiana, eupatorium, sabina, coriandrum, mentha, lauri folia.

Confortans et aromatiques.

Graine de paradis[1], cardamomum, calamus aromaticus, aloës, spica, crocus, nux moscata, cinnamomum, succinum, etc.

[1] La *graine de paradis* n'a été ajoutée là que dans l'édition posthume de 1598.

Metaux.

Sal, alumen, vitreolum, sulphur, etc.

Huiles.

Oleum absinthij, mastichinum, nardinum, costinum, cerotum stomachicum Galeni, santalinum, emplastrum diachalciteos.

Repercussifs par accident sont, ligatures, compresses, astelles, cauteres, saignées, ventouses, frictions doloreuses és parties opposites : et autres semblables remedes que proprement on appelle reuulsifs.

L'vsage des repercussifs est pour repousser l'humeur coulant d'vne partie à l'autre, et appaiser l'intemperature chaude : car souuent par le flux des humeurs est engendré douleur, fiéure, aposteme, vlcere malin, gangrene, mortification, et autres accidens.

Tels medicamens repercussifs faut premierement appliquer à la maladie, considerant la temperature et complexion du corps, et nature de la partie affectée. Car toutes parties ne peuuent pas soustenir et endurer mesmes repercussifs, comme nerueuses, spermatiques, et autres telles parties froides. Ioint qu'à d'aucunes en tout, il ne faut vser des repercussifs : comme aux emonctoires du foye, du cœur, et du cerueau : à fin de ne renuoyer la fluxion en vne partie principale et premiere. Aussi tous corps ne peuuent pas endurer mesmes repellens : car femmes, enfans, chastrés, et autres telles gens delicats, ou aagés, ne souffriront medicamens si fort froids, que feront les corps robustes, chauds et forts. Des maladies aussi aucunes demandent repercussifs, autres non. Car cacochymie et plenitude ne requierent tels medicamens, que l'euacuation

vniuerselle n'aye precedé. Pareillement matiere veneneuse, crasse, acre
et en multitude, ne demande repercussifs, comme bien le declare monsieur maistre Iacques Hollier, Docteur
en Medecine, en son liure *de la matiere de Chirurgie* : ny pareillement
la matiere qui est accompagnée de
grande et intolerable douleur : non
plus que celle qui flue par vne excretion critique : car en tels cas, au contraire, il faut vser de medicamens
attractifs et paregoriques.

Or les maladies qui demandent repercussifs, quelquefois sont grandes:
parquoy en icelles ne ferez rien de
petits remedes, comme de laictue en
grande inflammation : autres sont
petites ou mediocres, donc ne faut
vser de forts repercussifs : car s'ils
sont trop forts, le cuir est reserré,
l'humeur congele, la fluxion et inflammation accroist, de sorte que bien
souuent la matiere s'endurcit en
scirrhe, comme nous dirons cy aprés
selon Galien.

CHAPITRE X.

DES MEDICAMENS ATTRACTIFS.

Medicament attractif ou attirant,
contraire au repoussant ou repercussif, que les Grecs appellent *helcti-
que*, est de chaude et ténue substance :
par laquelle il attire au dehors et à
la circonference ce qui est au dedans
du corps bien profond et auant : et
ce, ou par vne qualité manifeste, ou
par vn don et proprieté de nature, ou
d'vne qualité accidentale et acrimonie. Medicamens attractifs de leur
propre nature et qualité manifeste
sont simples ou composés.

Les simples sont :

Racines.

Bryonia, allium, cepa, porrum, aristolochia, hermodactyli, cyclamen, lilium,
sigillum beatæ Mariæ, arum, asarum,
asphodelus, gentiana, pyrethrum.

Herbes.

Ruta, sabina, calamenthum, omnes tithy-
malorum species, viscum, abrotonum,
anagallis, vtrica, ranunculus, struthio,
et autres telles plantes acres.

Gommes.

Ammoniacum, bdellium, galbanum, opopanax, sagapenum, euphorbium, asphaltum, etc.

Metaux.

Calx viua, cinis è fæce vini vel aceti, sulphur, sal ammoniacum, et omnes salis
species, auripigmentum.

Huiles et graisses.

Oleum vetus et multorum annorum, adeps
leonis, vrsi, canis, anseris, viperæ, ranarum[1] : axungia porci vetustate acris,
aut attritu rotarum.

Les composés sont :

Huiles.

Oleum de spica, philosophorum, de terebenthina, de croco, de scorpionibus, rutaceum, vulpinum, laurinum, anethinum, de vitriolo.

Onguens.

Vnguentum Agrippæ, aragon seu auxiliare,
martiatum, enulatum, theriaca, mithri-
datium.

[1] J'ai rétabli ici d'après toutes les éditions
du vivant de l'auteur ce mot, *ranarum*, qui
manque dans toutes les éditions posthumes.

Emplastres.

Emplastrum de meliloto, diachylon magnum et paruum, oxycroceum, diuinum.

Ceux qui attirent d'vn don de nature et familiarité de substance, sont :

Magnes, argentum viuum, pæonia, succinum, omnia alexipharmaca, *c'est-à-dire qui repugnent aux venins* : et theriaca medicamenta, *c'est-à-dire qui contrarient aux morsures des bestes* : et omnia purgantia medicamenta.

Ceux qui attirent par qualité accidentale, attirent ou par putrefaction, ou autrement.

Par putrefaction attirent :

Stercus columbinum, caprinum, vaccinum, humanum, et omnes aliæ stercorum species, fermentum, caseus vetus, etc.

Ceux qui attirent par autres qualités, sont :

Cucurbitulæ, sanguisugæ, syringa, frictio asperior et durior, suctus, dolor, vincula astrictoria, cauteria.

Ces medicamens attractifs ne doiuent ny brusler, ny resoudre. Les trop acres faut attremper d'huile rosat, ou par medicamens doux. Les debiles faut renforcer d'huile laurin, chaux-viue, et autres plus forts.

Cesdits attractifs seruent à tirer le venin à la peau : ou s'il y a quelque chose pestiferée et viticuse au milieu du corps, ils la tirent ailleurs. Ils aident à maturer les abscés critiques. Ils rendent la vie aux parties tabides et emaciées, et reschauffent celles qui sont trop refrigerées. Ils espuisent la sanie vitieuse des mauuais vlceres, et playes des nerfs. Ils esleuent et tirent dehors les esquilles d'os, cloux, espines, sagettes. Ils euacuent les restes des phlegmons endurcis. Ils suruiennent aux morsures, tant des bestes que des hommes.

CHAPITRE XI.

DES MEDICAMENS RESOLVTIFS.

Medicament resolutif est celuy qui, par sa chaleur et tenuité de substance, ouure les pores, attenue, dissipe, et fait euaporer et exhaler par insensible transpiration les humeurs et autres matieres inutiles et superflues és parties où elles sont arrestées. D'iceluy y a deux especes : car l'vn est rarefactif, l'autre resolutif, que les Grecs appellent *diaphoretique*. Le rarefactif par chaleur mediocre, peu de siccité et subtile substance, ouure et amollit la peau, et donne sortie à ce qui estoit retenu : pourtant peut estre dit anodyn, car il excede bien peu le temperé. Le diaphoretique, par chaleur plus grande que le rarefactif, dissipe insensiblement ce qui est arresté et impacte en vne partie : et aucunesfois a plus grande chaleur que l'attractif, selon les corps où il doit estre appliqué : car aucunesfois l'attractif, appliqué à vn corps dur, pourra estre resolutif, où s'il estoit appliqué à vn autre, il attireroit du dedans au dehors. Les rarefactifs que nous pouuons appeler resolutifs, debiles, sont simples ou composés.

Les simples sont :

Herbes.

Bismalua cum toto, parietaria, adianthum, mercurialis, ebulus, valeriana, rosmarinus, saluia, thymus.

Fleurs.

Camomilla , melilotum , anethum.

Semences et farines d'icelles.

Farina hordei , tritici , seminis lini , fœnu-græci , nigellæ, furfur.

Graisses.

Adeps gallinæ, anseris , anatis, cuniculi , vitulinus.

Metaux.

Metallica fere omnia, nisi acria sint.

Les composés sont :

Huiles.

Oleum camomillæ, anethinum, liliorum, catellorum, lumbricorum, Keiri, de vitellis ouorum, tritici, amygdalarum dulcium.

Onguens et emplastres.

Vnguentum de althæa , emplastrum diachylum , ireatum.

· Les diaphoretiques ou digestifs, semblablement sont simples ou composés.
Les simples sont :

Racines.

Aristolochia, enula campana, iris, cepa, scilla, sigilium Salomonis, sigilium beatæ Mariæ, bryonia , panis porcinus, dracunculus, acorus, asphodelus.

Herbes.

Origanum, mentha, pulegium, sabina, serpyllum, calamenthum, hyssopus, vrtica, artemisia, lauendula, chamæpytis[1].

Semences.

Anisum, fœniculum, cuminum, piper, nux

moschata, coriandrum, baccæ lauri et iuniperi.

Farines.

Farina fabarum , lupinorum, orobi, milij, frumenti , furfur, mica panis.

Ius.

Acetum tepidum, oxycratum, vinum vetus, aromaticum, mel, aqua vitæ, muria.

Graisses.

Adeps tauri, equi, leonis, canis, hirci, butyrum, et alij adipes.

Moëlles.

Medulla cerui, cruris bouis , arietis, etc.

Gommes.

Ammoniacum, galbanum, opopanax, sagapenum, myrrha, bdellium, thus, terebenthina, pix nigra, ladanum, styrax, calamita, benioinum, etc.

Fientes.

Stercus caprinum, columbinum, caninum, bubulum, et aliæ stercorum species.

Les resolutifs composés sont :

Huiles.

Oleum amygdalarum amararum, iuniperinum, laurinum, de scorpionibus, irinum, costinum, nardinum, de terebenthina, de croco, cannabinum, raphaninum, è cucumere agresti, vulpinum, ruticeum, philosophorum, de lateribus, de euphorbio, de tartaro, de petroleo, de Kerua siue racininum[1].

Onguens.

Vnguentum Agrippæ, martiatum, aragon, enulatum.

---

[1] L'édition de 1575 ajoutait à cette liste: *brassica*, effacé dès 1579.

[1] L'édition de 1575 ajoutait ici : *oxymel simplex.*

Emplastres.

Emplastrum de Vigo sine additione et cum additione, oxycroceum, diachalciteos, dissolutum in oleo digerente ad formam cerati.

Les rarefactifs conuiennent à l'accroissement et vigueur d'vne tumeur superficielle, en lieu mol, et matiere chaude et humide : aussi en vne matiere venteuse.

Les diaphoretiques doiuent estre appliqués à l'accroissement des tumeurs, en y adioustant quelque astringent, de peur que par trop digerer ils n'attirent et augmentent la fluxion. A la declination desdites tumeurs, les faut appliquer sans mixtion aucune en vn corps qui a la peau dure, et quand l'humeur est froid et crasse, caché au profond du corps, où à peine les medicamens peuuent imprimer leurs vertus et effets. Toutesfois il faut auoir esgard aux parties où l'on applique resolutifs. Car au foye, à la ratte, ventricule, et autres telles parties, ne faut appliquer resolutifs et relaxatifs, sans y adiouster quelque astringent, comme choses aromatiques : en partie stupide et peu sensible, faut mettre diaphoretiques plus forts : és autres plus sensibles, comme à l'œil et parties nerueuses, plus doux. Aussi en matiere froide et crasse, faut vser premierement de remedes incisifs, attenuans, après des emolliens, pour petit à petit venir aux diaphoretiques : car autrement le plus subtil se resoudroit, et ce qui est cras et espais s'endurciroit. D'auantage, quand la partie est tellement oppressée de fluxion qu'il y a danger de gangrene et mortification, il faut delaisser les resolutifs, et venir à scarification : comme doctement l'escrit monsieur maistre Iacques Hollier, Docteur en Medecine, en son liure *de la matiere de Chirurgie*, lequel il nous a laissé au grand auancement et illustration dudit art.

CHAPITRE XII.

DES SVPPVRATIFS.

Medicament suppuratif est celuy qui par sa consistence emplastique fermant les pores, et empeschant la transpiration, augmente la chaleur naturelle en substance ou quantité, et non en qualité : en raison de quoy ladite chaleur fortifiée conuertit et transmue le sang, et autres matieres superflues, en bouë et sanie. Il est de nature chaude et humide, semblable et proportionnée à la temperature et chaleur naturelle de la partie où il est appliqué : de consistence emplastique, à fin de retenir la chaleur naturelle, de peur qu'elle ne s'exhale ou dissipe. Et par ceste consistence emplastique, il est different des medicamens emolliens ou malactiques, desquels cy après nous parlerons : car s'ils estoient emplastiques, ils pourroient suppurer. Or il y a deux sortes de suppuratifs : les vns sont suppuratifs de leur propre nature, les autres par accident. Ceux qui suppurent de leur propre nature, sont simples ou composés.

Les simples sont :

Racines.

Radix liliorum, allium, cepa, bismalua, buglossum, maluæ omnes.

Herbes.

Bismaluæ, maluæ folia et semina, branca vrsina, senecio, violæ, buglossum, parietaria, crocus, caules.

Fruits.

Ficus et passulæ mundatæ, earumque decoctum.

Farines.

Farina tritici, farina volatilis, farina hordei excorticati, lolij, seminis lini et
fœnugræci.

Gommes.

Galbanum, ammoniacum, styrax pinguis,
ladanum, viscum aucupatorium, thus,
pix, cera, resina, colla.

Graisses.

Adeps suillus, vitulinus, vaccinus, caprinus, butyrum, vitellus oui, œsypus humida.

Fientes.

Stercus suillum, columbinum, caprinum,
pueri.

Les composés sont :

Huiles.

Oleum liliorum, lumbricorum, de croco, etc.

Onguens.

Vnguentum basilicon.

Emplastres.

Emplastrum diachylon commune, magnum,
et de mucilaginibus.

Les suppuratifs par accident, sont
tous ceux qui ont vne consistence emplastique, comme bien souuent l'on
voit que les medicamens repercussifs, à raison de leur substance crasse,
suppurent : tel est *vnguentum de bolo,
nutritum*, et autres. Aussi ceux qui
par leur refrigeration ferment les pores, comme l'ozeille, laquelle estant
appliquée est fort suppuratiue : car
retenant la chaleur naturelle au dedans, et aidant icelle à inciser les
humeurs, fait promptement suppuration. Bref tous medicamens chauds
ayans quelque humidité, s'ils sont

meslés auec des emplastiques, ils
suppurent : moyennant qu'ils ne
soient trop resolutifs et detersifs.

Nous vsons des suppuratifs aux
grands phlegmons, lesquels n'auons
peu empescher par repercussifs ny
resoudre, aussi aux grandes contusions et playes contuses.

CHAPITRE XIII.

DES MEDICAMENS EMOLLIENS OV REMOLLITIFS.

Medicament remollitif, est celuy
qui par sa chaleur plus grande que
celle des suppuratifs, au reste sans
aucune humidité ou siccité manifeste
et apparente, amollit les corps endurcis. Parquoy differe du suppuratif : par-ce que le suppuratif peut estre chaud du premier au second
degré, ou plus, selon la temperature
du corps où il est appliqué, agissant
plus par abondance de chaleur moderée que par qualité et acrimonie
d'icelle. L'emollient au contraire estant plus robuste en chaleur, agit
plus par qualité d'icelle : temperé au
reste en humidité et siccité, iaçoit
que nous auons aucuns remollitifs
chauds au premier degré, et secs au
second et troisiéme.

Les medicamens emolliens sont
simples ou composés, debiles ou forts.

Les debiles sont :

Racines.

Radix liliorum alborum, cucumeris agrestis, althæa.

Herbes, semences et fruits.

Folia maluæ, bismaluæ, liliorum, anethi
summitates, viola, branca vrsina, semen

maluæ, bismaluæ, lini, fœnugræcl, ca-
ricæ pingues, passulæ mundatæ.

Parties des bestes.

Pedum, capitum, intestinorum veruecino-
rum decoctum.

Graisses des bestes, oiseaux et poissons.

Adeps ex iunioribus et castratis, domesticis
fœminis animalibus. Adeps suillus, vitulinus, bœdinus, caprinus, bubulus, vul-
pinus, gallinaceus, anserinus, anatinus,
olorinus, efficaces.
Ex anguillis et piscibus fluuiatilibus, debiles.
Ad omnia mediocris humanus, butyrum,
lana succida, cera pinguis, vitellus oui.

Moelles.

Medulla ex ossibus, ceruina, ouilla, caprina.

Les composés sont :

Oleum simplex in quo coctæ fuerint herbæ
emollientes, liliorum, chamæmelinum,
amygdalarum dulcium.

Les forts emolliens :

Acetum, adeps taurinus, vrsinus, ceruinus,
leoninus, pardalinus, apri, equi seuum [1].

Resines et gommes.

Pinea, picea, abietina, terebinthina.
Ammoniacum, bdellium, styrax, galbanum, ladanum, propolis, opopanax,
vnguentum de althæa.

Emplastres.

Emplastrum diachylon commune et magnum, de mucilaginibus, ceroneum,
oxycroceum, Iohannis de Vigo.

Nous vsons des medicamens remollitifs aux tumeurs scirrheuses, qui se
font souuent és fins des muscles, quelquesfois au milieu des muscles, souuentesfois és glandes, és visceres, és

léures ou bords des vlceres, d'vne
matiere crasse, froide et visqueuse :
comme sont la pituite et le suc melancholique. Mais les tumeurs faites
de cest humeur sont tousiours chan-
ses, et pour ceste cause sont rendues plus malignes par l'vsage des
emolliens : au contraire, celles qui
sont faites de pituite demandent seulement emolliens. Toutesfois en l'vsage desdits emolliens, faut auoir
esgard à trois choses : la premiere est,
qu'il faut connoistre combien le vice
est grand, à fin d'appliquer remede
suffisant : secondement, faut distinguer les natures des parties` : tierce-
ment, faut colliger artificieusement
comme il faudra amollir : s'il faudra
point adiouster quelque medicament
qui deterge et incise auec les emolliens : car aucuns scirrhes sont incurables, comme celuy qui n'a point de
sentiment, et qui a causé desia deperdition de poil en la partie où il est.

Il faut icy noter, que si la partie
est grandement intemperée d'intemperature froide, et que la chaleur
naturelle fust languide, qui feroit
qu'elle ne pourroit reduire les remedes de puissance en effet : pour augmenter icelle chaleur, on posera prés
vne estuue de fer, en laquelle sera
mis vn carreau de fer ardent, puis
sera close : et par ce moyen la chaleur sera gardée longuement [1].

A. Monstre le corps de l'estuue.
B. Le carreau de fer.
C. Le couuercle.

---

[1] Ce dernier paragraphe, avec la figure qui le suit, est une addition de 1579 : mais déjà la planche existait dans les *Dix liures de Chirurgie* de 1564, fol. 229, verso ; et c'est là que j'ai trouvé l'orthographe *estuue*, tandis que toutes les grandes éditions portent en cet endroit *estuffe*.

---

[1] L'édition de 1575 ajoutait à cette énumération *gruis* : ce mot a été rayé en 1579.

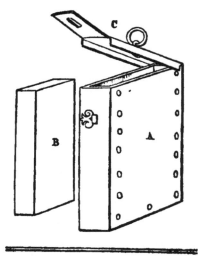

CHAPITRE XIV.

DES DETERSIFS OV MONDIFICATIFS.

Medicament detersif[1] ou mondificatif, est celuy qui, par vne tenuité de substance accompagnée de siccité, nettoye et purge vn vlcere de deux sortes d'excremens : desquels l'vn est gros et espais, appellé *Sordes*, vulgairement dit bouë, qui est tiré du profond des vlceres au dehors par les qualités dudit mondificatif : l'autre est subtil et aqueux, appellé des Grecs *Ichor*, lequel est desseiché par la siccité du mondificatif. Et pourtant dit Hippocrates que tout vlcere doit estre mondifié[2].

Des medicamens mondificatifs, les vns sont simples, les autres composés : les vns forts, les autres debiles. Les simples sont ou amers, ou doux, ou acides.

[1] L'édition de 1575 disait : *Medicament purgatif, detersif*, etc.

[2] *Au liure des vlceres.* — A. P.

Ceux qui ont saueur amere sont :

Racines.

Gentiana, aristolochia, iris, enula campana, scilla, serpentaria.

Herbes.

Centaurium minus, absinthium, marrubium, perforata, abrotonum, apium, chelidonium, ruta, hyssopus, scabiosa, artemisia, eupatorium, aloës.

Semences.

Fumus terræ, hedera terrestris, et lixiuium factum ex cineribus horum, lupini, orobus, amygdala amara, faba.

Gommes.

Terebinthina, myrrha, mastiche, sagapenum, galbanum, ammoniacum.

Excremens des bestes.

Fella animalium, stercus caprinum, vrina bene cocta.

Metaux.

Squamma· æris, æs vstum, ærugo, scoria æris, antimonium, calx, chalcitis, misy, sory, alumen.

Les doux sont :

Viola, rosa, melilotum, ficus pingues, dactyli, vuæ passæ, liquiritia, aqua hordei, aqua mulsa, vinum dulce, mel, saccharum, serum lactis, manna, thus, etc.

Les acides sont :

Omnes acetosæ species, capreoli vitium, acetum, et cætera acida.

Les composés sont :

Syrupus de absinthio, de fumaria, de marrubio, de eupatorio, artemisia, acetosus, lixiulum.
Oleum de vitellis ouorum, oleum terebinthinæ, oleum de tartaro.
Vnguentum mundificatiuum de apio, apostolorum, puluis mercurialis, etc.

Nous vsons des medicamens mondicatifs, pour en purgeant les vlceres caues, donner moyen à nature d'engendrer chair, et les remplir : mais en l'vsage d'iceux, faut auoir premierement esgard à tout le corps, car il est sain, ou plethorique, ou cacochyme : secondement, de la partie, laquelle est humide ou seiche, plus ou moins, selon sa temperature et son lieu de sentiment aigu ou hebeté : d'auantage aucunesfois elle reçoit quelque vice estrange, comme callus, fluxion chaude, douleur, quelque mauuais suc ou pourriture, ou quelque autre mauuaise qualité. Finablement faut considerer si l'vlcere est recent et puis n'agueres fait, ou inueteré et vieil. Car selon la diuersité de telles considerations, faut diuersifier les remedes, tant en qualité qu'en quantité augmentée ou diminuée : car le doux et mediocre est quelquesfois changé en acre et plus desseichant. Aussi à vn vlcere trop sec et douloureux, conuiennent medicamens liquides : à vn trop humide, faut appliquer poudres et medicamens de consistence seiche : et faut ainsi changer les remedes debiles ou forts, secs ou humides, durs ou mols, selon la disposition des vlceres.

CHAPITRE XV.

DES MEDICAMENS SARCOTIQVES.

Medicament sarcotique, c'est à dire regeneratif de chair, est celuy qui par vne siccité aide Nature à r'engendrer chair en vlcere caue, ja bien net et mondifié, ce qui est fait d'vn sang mediocre en quantité, et non pechant en qualité : car pour parler proprement et à la verité, nous n'auons point de medicamens qui puissent proprement estre appellés sarcotiques : mais ceux qu'on nomme de ce nom sont sarcotiques par accident, à cause que sans erosion desseichent et mondifient les excremens qui empeschent l'œuure de nature. Car du nourrissement propre pour la generation de la chair, prouiennent deux excremens : l'vn est subtil, appellé des Grecs *Ichor*, et des Latins *Sanies* : l'autre est gros et espais, appellé des Grecs *Rypos*, et des Latins *Sordes*. Or du premier, la playe est rendue humide : et de l'autre qui est gros et espais, sordide. Parquoy toute playe qui requiert quelque repletion, desire medicament ayant double qualité ou vertu : car d'autant que la playe est humide, demande desiccation : et d'autant qu'elle est sordide, demande abstersion. Aussi d'autant que la playe est plus profonde, desire lesdits medicamens de substance plus liquide, à fin que lesdits medicamens touchent au fond de la playe.

Et seront diuersifiés selon la temperature de la partie : car si la partie est humide, ils seront moins desiccatifs : au contraire si elle est seiche, ils seront plus desiccatifs. D'auantage ils seront diuersifiés selon la diuersité des complications et dispositions des maladies qui accompagneront la playe. Et pourtant Nature en la regeneration de chair, est comme seule ouuriere et cause efficiente : le sang dont la chair est faite, est la cause materielle : le medicament tient lieu de cause adiuuante et coëfficiente : car le medicament par vne detersion et desiccation mediocre, sans chaleur grande, en ostant tous empeschemens à Nature, prepare la matiere pour estre promptement tournée en sang. Tel medicament, comme dit Galien au 5. *des Simples*, doit estre sec au premier degré seulement, à fin qu'il ne consomme le sang et nourriture de la partie vlcerée : ce qu'il faut entendre en vn corps mol et temperé. Car si l'vlcere estoit trop humide, ou le corps trop dur, il ne faut pas seulement vn medicament sec au premier degré, mais iusques au second et troisiéme. Parquoy tels medicamens fort desiccatifs sont premierement appellés mondificatifs, secondement sarcotiques.

Medicament sarcotique est simple ou composé : bening et doux , ou fort et acre.

Les simples sont :

Aristolochia vtraque, iris, acorus, dracunculus, asarum, symphytum maius, omnia symphyti genera, betonica, sanicula, millefolium, lingua canis, verbena, scabiosa, pimpinella, hypericum, scordium, plantago, rubia maior et minor, et eorum succi.

Gummi et cortices.

Terebinthina lota et non lota, resina pini, gummi Arabicum, sarcocolla, mastiche, colophonia, manna thuris, aloës, cortex eiusdem, olibanum, myrrha, etc.

Mel , vinum, sanguis draconis.

Metallica.

Lithargyros auri, spodium, pompholyx, tuthia , plumbum vstum lotum, scoria ferri , etc.

Les composés sont :

Olea seu balsama.

Oleum hypericonis, oleum ouorum, mastichinum, et cætera olea quæ balsami nomine appellantur.

Vnguenta, Emplastra.

Vnguentum aureum, emplastrum de betonica , vulgó de ianua, emplastrum gratia dei, emplastrum nigrum.

Nous vsons des sarcotiques quand l'vlcere est ia mondifié, et sans douleur aucune, sans fluxion, sans phlegmon, sans callosité et intemperie. En l'vsage desquels faut considerer la temperature du corps et de la partie affectée : car quelquesfois vne partie non trop seiche de sa nature, demande medicament plus desseichant et fort sarcotique , qu'vne autre plus seiche , à raison de quelque accident : comme pour exemple, le balanus veut estre plus desseiché que le prepuce, iaçoit qu'il soit de temperature moins seiche : à raison qu'il est la voye de l'vrine. Ainsi faut connoistre la nature des parties, et connoistre quand le medicament est trop ou moins sarcotique. Car le moins et trop sarcotique laissent l'vlcere sordide, l'vn à cause qu'il desseiche peu, l'autre à cause de l'acrimonie qui irrite fluxion : ce qu'il faut diligemment entendre, à fin d'approprier le medicament tel qu'il conuient au corps et à la partie.

CHAPITRE XVI.

DES MEDICAMENS EPVLOTIQVES OV CICATRISATIFS.

Medicament epulotique ou cicatrisatif, c'est à dire qui engendre cuir, est celuy qui par sa siccité et astriction , sans mordication aucune, desseiche, astreint, et condense la chair en substance calleuse, approchant à la nature du cuir : et nous appellons cela cicatrice. Neantmoins cicatriser vn vlcere est ouurage propre de Nature, comme engendrer chair. Parquoy vn medicament est appellé epulotique, à cause qu'il aide Nature à produire une peau semblable au cuir, en consommant les humidités, condensant et espaississant la chair. Et pour ceste raison il doit estre plus desiccatif que sarcotique.

D'iceluy on fait trois especes. La premiere est du vray epulotique, quand il desseiche et astreint. La seconde du medicament acre et mordant, lequel pour consumer et oster la chair superflue est appellé Epulotique : lequel appliqué en petite quantité, fait cicatrice, principalement aux corps durs. La troisiéme est du medicament qui desseiche sans astriction. Desquelles trois especes la matiere s'ensuit.

Racines.

Aristolochia longa et rotunda, gentiana, iris, centaurium maius, pentaphyllon, symphytum maius, chamædris, betonica, cauda equina, eupatorium, verbenaca, plantaginis et symphyti folia.

Fleurs et fruits.

Gallæ, myrti baccæ, glandes et earum calices, balaustia, cupressi nuces.

Escorces.

Malicorium, cortex quercus, cortex tamaricis, cortex ligni aloës, acacia, colophonia, sarcocolla, sanguis draconis, ladanum.

Metaux.

Lithargyros auri et argenti, cerusa, plumbum vstum, alumen vstum, tuthia, squama æris et ferri, et eorum scoria, ærugo, flos æris, æs vstum et lotum, vitreolum vstum et lotum, sulphur viuum, chrysocolla, coralla, bolus armenus, terra sigillata, cineres ostreorum [1], silicis, ossa vsta et siccata, caries lignorum.

1 L'édition de 1575 ajoutait : cineres bucsinarum.

III.

Onguents.

Vnguentum diapompholygos, vnguentum album Rhasis, desiccatiuum rubrum.

Emplastres.

Emplastrum de cerusa, de betonica, diachalciteos, emplastrum nigrum.

Nous vsons des epulotiques quand l'vlcere est presque plein, et quasi egal à la peau. Mais en l'vsage d'iceux faut auoir esgard au corps mol ou dur. Car les medicamens qui sont catheretiques aux corps delicats et mollets, aux durs sont cicatrisatifs Faut aussi se donner garde que le corps ne soit plethorique, ou cacochyme : car cela retarde la cicatrice D'auantage, faut aduiser que l'vlcere prest à cicatriser ne soit entretenu, ou du vice de quelque partie, comme du foye, de la ratte, des poulmons, ou autres : ou d'vne varice : car tel vlcere ne se pourra cicatriser, si les causes qui empeschent la cicatrice ne sont premierement ostées. Finablement les bords calleux en vn vlcere retardent la cicatrice, s'ils ne se sont amollis ou coupés. Ces empeschemens faut oster auant qu'entreprendre faire cicatrice, et accommoder medicament desiccatif tel, qu'il ne face cicatrice caue, car il excederoit la mesure : ni trop haute, car il seroit trop peu desseichant, ains egale : parquoy sera bien proportionné tant au corps qu'à la partie.

CHAPITRE XVII.

DES MEDICAMENS AGGLVTINATIFS.

Medicament colletique, c'est à dire agglutinatif, tient le moyen entre les sarcotiques et cicatrisatifs : car il est moins desiccatif que cicatrisatif, et desseiche plus que le sarcotique, à sçauoir iusques au 2. degré. Icely par sa siccité et astriction sans aucune detersion, ioint et assemble les parties distantes et separées, et aide en ce Nature : laquelle (comme auons dit) est premiere et quasi seule operatrice, tant à regenerer chair et cuir, comme à glutiner.

Les medicamens agglutinatifs, tant foibles que forts, sont tels par soy et de leur propre nature, ou par accident.

Les agglutinatifs de leur propre nature sont :

Herbes, Escorces.

Plantaginis species, consolida vtraque, bugla, millefolium, verbena, pimpinella, pilosella, cauda equina, semperuiuum, telephium seu faba inuersa, sanicula, atractylis, folia quercus et dracunculi salix : ebulus, sambucus, pentaphyllon, cortex pini, cortex vlmi, cortex palmæ, cortex quercus.

Jus.

Aqua vitis, aqua è folliculis vlmi, succus calaminthæ, vinum austerum.

Gommes et metaux.

Terebinthina, myrrha, sanguis draconis, bolus armenus, terra sigillata, omnia denique quæ sapore sunt acerbo.

Il y a d'autres glutinatifs ayans lieu de medicamens, qui empeschent fluxion et astreignent la partie, comme suture, ou coustures seiches, ligatures, repos de la partie, compresses, et autres agglutinatifs par accident.

Nous vsons des glutinatifs és playes recentement faites et sanglantes, et pour ceste cause les Grecs les ont appellés *Enaimes.* Or non seulement les agglutinatifs sont appliqués és playes nouuelles, mais aussi és vlceres malings et vieils, és fistules et sinuosités : à raison qu'ils empeschent la fluxion qui se pourroit faire és bords et léures de l'vlcere. En l'vsage d'iceux faut considerer si la peau est entiere, ou non. Car les playes sont de difficile curation, qui ont souffert perdition de la peau : au contraire celles qui ont la peau entiere reçoiuent facile guarison. Pareillement ne faut omettre en l'vsage particulier desdits glutinatifs, les considerations du sexe, du corps mol ou dur, de l'vlcere vieil ou nouueau, grand ou petit : car selon icelles faut distinguer et approprier les remedes.

CHAPITRE XVIII.

DES MEDICAMENS CAVSTIQVES ET CORROSIFS.

Medicament pyrotique, c'est à dire, caustique et corrosif, est celuy qui par sa substance acre, mordante et terrestre, vient à corroder superficiellement, ou fondre, liquefier et pourrir profondement, ou brusler et manger la peau et chair, et penetrer au dedans des corps durs et calleux. Et pourtant on fait trois differences de pyrotiques. Les vns sont appelés *Catheretiques*, c'est à dire, corrosifs, à cause qu'ils mangent et corrodent la chair surcroissante superficiellement en vn vlcere, ou autre eminence du cuir, qui sont les foibles et debiles pyrotiques. Les autres sont *Septiques*, c'est à dire putrefactifs, autrement aussi dits vesicatifs, qui pourrissent la chair au dedans, et esleuent le cuir en vessie : lesquels sont plus forts que les premiers. Les tiers sont *Escharotiques*, c'est à dire, faisans crouste et eschare par leur qualité ardente, ignée et terrestre : nous les nommons ruptoires ou cauteres potentiels, qui sont les tres-forts. Toutes lesquelles differences ne sont que du plus ou moins en chaleur. Car bien souuent il aduient que l'vn fait l'operation de l'autre : aucunesfois à raison de la complexion de la partie, quelquesfois pour la quantité et longue demeure du temps.

Les catheretiques ou corrosifs sont :

Spongia vsta, alumen vstum et non vstum, vitreolum vstum, calx mediocriter lota, ærugo, chalcanthum, squama æris, oleum de vitreolo, trochisci andronis, phasionis, asphodelorum, vnguentum ægyptiacum, vnguentum apostolorum, puluis mercurij, arsenicum sublimatum, etc.

Les septiques ou vesicatifs sont :

Radix scillæ, bryoniæ, sigilli beatæ Mariæ, bulbosa radix ranunculi, panis porcini, apium risus[1], lac tithymallorum, lac fici, euphorbium, anacardus, sinapi, cantharides, arsenicum sublimatum :

Lesquels corrompent la temperature de la partie, et y attirent humidités estranges.

Les escharotiques ou caustiques sont :

Calx viua, fæx vini cremata, et præcipuè aceti, ignis, ad quem referuntur omnia cauteria actualia dicta et potentialia, desquels parlerons cy apres.

Nous vsons des medicamens corrosifs és corps delicats, et maladies qui ne sont trop rebelles. Et pourtant

[1] L'édition de 1575 ajoutait ici : *patta leonis.*

d'autant qu'ils sont moins acres et mordans, d'autant sont-ils de plus grande operation, à cause qu'ils causent moindre douleur.

Des putrefactifs et escharotiques nous vsons és corps plus durs, et maladies plus grandes : comme és vlceres calleux, fistuleux, putrilagineux, humides, et difficiles à guarir. Mais des escharotiques particulierement és chancres, charbons, hemorrhagies, et à plusieurs autres maladies. Toutesfois en l'vsage d'iceux faut tenir bon regime et maniere de viure, auec abstinence de vin, et auoir grande prudence à les appliquer : pour raison des grands symptomes et accidens qui s'en ensuiuent, comme extremes douleurs, syncopes, defaillance de cœur, fieure, inflammations excessiues, gangrene, mortification, et souuent la mort.

Il y a grandes commodités du cautere, tant actuel que potentiel : comme de corroborer la partie, la desseicher, corriger son intemperature, obtondre et hebeter la venenosité et corruption : et autres plusieurs vtilités, lesquelles sont descrites par Auicenne.

CHAPITRE XIX.

DES MEDICAMENS ANODYNS.

Auant que parler des medicamens anodyns, faut premierement declarer la nature de douleur, à fin de mieux deduire les anodyns.

Douleur doncques est vn sentiment triste et fascheux, fait ou par vne alteration subite, ou par solution de continuité : dont s'ensuit que trois choses sont requises pour faire douleur. La premiere est les causes efficientes : qui sont deux, alteration subite, et solution de continuité. Secondement que la partie où ces causes s'attachent, soit sensible. Tiercement, qu'il se face apprehension de ladite alteration, ou solution de continuité : autrement si l'on n'apperçoit point les causes de douleur, nonobstant la sensibilité de la partie, douleur ne sera point. A ceste cause dit Hippocrates [1], *duobus doloribus eundem locum simul occupantibus, maior minorem obscurat,* à raison de l'apprehension destournée du tout vers la plus grande douleur. L'alteration subite est faite de chaleur, froidure, siccité et humidité. De chaud et froid est faite douleur tres-forte : de siccité, mediocre : d'humidité, presque nulle ou assoupie : car l'humidité ne fait point tant douleur de sa qualité, que de son abondance. La solution de continuité est faite tant de ses qualités coniointes auec matiere, que des causes externes, comme contusion, incision, et les autres. Douleur doncques est symptome tres-grand du sens de l'attouchement, qui accompagne presque toutes maladies, et bien souuent nous contraint laisser la propre cure d'icelles pour estre premierement appaisé et allegé : ce que nous faisons tant en ostant et adoucissant ces causes efficientes, que hebetant la sensibilité de la partie.

Qu'il soit vray, si les medicamens peuuent obuier aux causes de douleur, ou stupefier le sentiment du tact, ils seront appelés anodyns, desquels nous faisons trois differences. Les vns sont curatifs des maladies, anodyns generalement dits. Les autres, propres anodyns. Les tiers sont stupefactifs ou narcotiques.

Les premiers sont, tous medicamens contrarians aux causes des maladies, et ostans toute alteration : comme en intemperie chaude, l'huile rosat, oxycrat, et autres semblables sont anodyns, et ostent la cause de douleur : en intemperie froide, huile laurin, huile nardin, huile de castoreum : en seiche intemperature, mixtion d'eau et d'huile, baing d'eau douce. Brief, tous medicamens qui curent les maladies, sont anodyns, pris largement : aussi tous medicamens purgatifs, phlebotomie, scarifications, cauteres actuels et potentiels, ventouses, clysteres, et autres, quand en ostant la multitude et abondance des matieres, allegent et aneantissent la douleur.

Les propres anodyns sont de deux sortes : les vns sont temperés, n'excedans en aucune qualité : les autres sont chauds et humides au premier degré, approchans fort des temperés.

Les temperés sont ceux qui n'ayans aucune qualité excessiue, gardent la chaleur naturelle en son entier, sans la diminuer ny augmenter, appaisent douleurs, et conuiennent à toutes intemperatures. D'iceux on en trouue bien petit nombre, comme des alimens temperés. Entre iceux on prend huile simple, huile d'amandes douces, moyeux d'œufs, et les semblables.

Les seconds anodyns propres, chauds et humides au premier degré, corroborent la chaleur naturelle, à fin qu'elle puisse mieux abbattre la cause de douleur : rarefient, euacuent, extenuent, digerent, tant humeurs espais et visqueux que les ventosités vaporeuses et froides qui n'ont issue ny sortie, comme :

---

[1] Liu. 2. *Aph.* — A.P

Fleurs.

Flores chamæmeli , meliloti , anethi , crocus.

Huiles.

Oleum chamæmelinum, anethinum , oleum lini , oleum ex sem. althææ, oleum lumbricorum, oleum ouorum , ex tritico.

Graisses.

Butyrum , lana succida , suillus adeps , vitulinus , gallinaceus , anserinus , humanus, ex anguilla , cuniculo , et aliis : lac muliebre et vaccinum.

Mucilages et decoctions.

Mucilago seminis lini , fœnugræci , althææ , maluæ, aut earum decoctio. Item decoctio liliorum , violariæ, capitis , pedum et intestinorum arietis , et hœdi.

Les stupefactifs ou narcotiques, improprement dits anodyns , sont froids iusques au quatriéme, degré : par leur froidure extreme empeschent que l'esprit animal ne peut venir iusques à la partie : partant ostent le sentiment d'icelle , et par consequent l'apprehension qui se pourroit faire : finalement viennent à endormir et stupefier la partie où ils sont appliqués. Et sont comme :

Hyoscyamus , cicuta , solanum furiosum, mandragora papauer, opium, philonium , et les semblables.

Ligatures extremes et compressions ostent aussi le sentiment d'vne partie, comme quand il faut amputer vn membre : parquoy elles seront mises au nombre des anodyns impropres.

L'vsage des premiers anodyns est manifeste en la curation de chacune maladie par son contraire. Nous vsons des seconds en toute douleur qui se peut ranger, à fin d'euiter fluxion, inflammation, fléures, et autres accidens. Mais où la douleur est extreme et trop vehemente, qui ne veut obeir aux vrays anodyns, il faut venir aux narcotiques, puis qu'il n'y a autre remede : non pas seulement aprés auoir vsé des anodyns , mais aussi du commencement des douleurs trop grandes, quand le mal ne permet vser des anodyns. Toutesfois il ne faut appliquer narcotiques sans y mesler du saffran, ou myrrhe, ou castoreum, autrement il seroit dangereux : comme aussi la continuelle application d'iceux est perilleuse et dommageable. Car par icelle la partie deuient liuide, pour l'extinction de la chaleur naturelle : et consequemment se tourne en mortification ou esthiomene. Or aux douleurs extremes des grandes inflammations, et phlegmons , et gangrenes, ne faut vser ny des vrais anodyns, ny des stupefactifs , car ils ne pourront appaiser telle douleur : mais des premiers , à sçauoir, de phlebotomie, purgation, et scarification de la partie dolente, et que *dolor sit medicina doloris :* commenous auons dit au traité *De gangrene et mortification.*

D'abondant nous auons quelques medicamens purgatifs estans appliqués par dehors, comme ceux que Ætius, *Tetrab.* 1. *serm.* 3. *chap.* 35 , nous a laissé par escrit, comme tu verras par ces exemples.

Epithemata purgantia.

℞. Pulpæ colocynth. seminis erucæ, rutæ syluestris , elaterij , grani cnidij , latiridum expurgatarum, galbani, nitri rubri, ceræ, singul. ʒ. iiij.

Opopanacis ʒ. ij.

Terebenthinæ ʒ. vj.

Terenda terito , et taurino felle paulatim irrigato, donec apté imbibantur. Deinde circa vmbilicum apponito vsque ad pubem , et ventrem inferius ducet : si veró fundo stomachi applicabis, vomitum excitabit.

Aliud.

℞. Elaterij ℈. iij.

Colocynthidis, scammoniæ , squammæ æris, radicis agrestis cucumeris, lathyridum ana ℈ j.

Aut pro lathyride tithymali succum terito et cribrato, et cum oleo plurimum salis habente , subigito : magnam deinde pilam è lana confectam, hoc medicamento illitam, cuicumque parti volueris applicabis . vmbilico (inquam) aut lumbis.

Compositio olei et vnguenti purgantis.

℞. Fellis taurini ℥ . j.

Grani cnidij viridis ℥ . iiij.
Succi lupinorum viridium ℥ . ij.
Euphor. ℥ . j.
Pulpæ colocynt. tantundem.
Vulpini adipis recen. ℥ . ij.
Adipis viperæ ℥ j . ß.
Stercoris muris ℥ . iiij.
Succi pæoniæ , castor. singul. ℈ iiij.
Olei ligustrini ℥ . vj.
Olei antiqui ℥ . j.

Fiat vnguentum vel oleum.

Purgat absque molestia, et præter cæteras vtilitates etiam mentis delirio confert : mensura vero quæ ad vsum assumitur, maxima est, cochlearia duo : nam quibusdam et vnum sufficit. Illinitur vmbilicus, et integra purgatio subsequitur : quæ si plus æquo exuberauerit, spongia vino tepido imbuta et expressa ventrem fouebis, et confestim sistetur.

Hypoglottides, c'est à dire, *sublinguales,* que l'on tient en la bouche, comme feuilles de vinette, rouëlles de citron trempées en eau rose et succre, grenade ou orenge, berberis confit, ou autres semblables qui ont puissance de rafraischir et humecter la langue et toute la bouche [1].

[1] Cette phrase où il manque quelque

CHAPITRE XX.

DE LA COMPOSITION DES MEDICAMENS, ET DE LEVR VSAGE.

Iusques icy auons declaré , tant en general qu'en particulier, les facultés et effets des medicamens simples , lesquels il faut connoistre auant qu'entreprendre les composer. Qu'il soit vray, vn architecte et edificateur doit premier connoistre les matieres qui luy sont necessaires à maisonner et dresser son ouurage. Ainsi vn Chirurgien voulant composer vn medicament à sa necessité, doit entendre que c'est que composition, et la nature des simples qui entrent en sa composition. Laquelle auons voulu declarer auant que donner la maniere de composer lesdits medicamens.

Composition doncques est mixtion des medicamens diuers en effets et vertus, faite par le Medecin [1]. A ceste cause, les medicamens ayans plusieurs substances , comme la rheubarbe , ainsi que nous auons dit , et l'aloë, la rose et l'absinthe, sont dits simples, au regard des composés artificiellement : iaçoit qu'ils soient bien composés par l'ouurage de Nature [2]. Ainsi plusieurs compositions sont appelées simples, comme *oxymel simplex, oxysaccharum simplex,* et autres, pour la comparaison des plus composés.

Nous vsons des medicamens composés, pour cause que les simples n'ont tousiours contrarieté suffisante en pareil degré aux maladies, et qu'il

chose pour le sens grammatical, est une addition de 1585.

[1] Galien, au 2. *Des simples.* — A. P.

[2] Galien, au 4. *De garder sa santé.* — A. P.

faut augmenter ou diminuer la force de l'vn ou l'autre. D'auantage pour la complication des maladies et des indications, sommes contraints mesler medicamens simples : car la nature du corps ou de la partie souuent demandent autres medicamens que les maladies. Qu'il soit vray, pour les indications contraires nous donnons medicamens composés, qui seruent à tous les deux, en augmentant celuy qui est de plus grande importance, et diminuant l'autre [1]. Quartement, la composition des medicamens a esté inuentée, à fin de changer leur couleur, saueur, et odeur.

Les autres vsages et causes de la composition des medicamens simples, ont esté bien doctement escrites par monsieur maistre Iacques Syluius, en sa *Methode de composer les medicamens*, auec l'election d'iceux : à ceste cause le pourras voir.

Des medicamens composés.

Des medicamens simples cy dessus escrits, les anciens ont fait diuerses compositions et remedes topiques et particuliers, communs tant au Medecin qu'au Chirurgien, desquels nous faut parler. Telles compositions sont :

Clysteres,
Suppositoires,
Noüets,
Pessaires,
Huiles,
Linimens,
Onguents,
Emplastres,
Ceroüennes,
Pultes,
Cataplasmes,
Fomentations,

[1] Mesué, *en ses Canons.* — A. P.

Embrocations,
Epithemes,
Vesicatoires,
Cauteres ou ruptoires,
Collyres,
Errhines,
Sternutatoires,
Masticatoires,
Gargarismes,
Dentifrices,
Sachets,
Suffumigations et parfums,
Insessions et bains.

La maniere de les escrire et ordonner, ie declareray particulierement et le plus briefuement que faire se pourra, commençant aux plus simples, vniuersels et plus necessaires, aprés que i'auray deduit les valeurs, figures et portraits des mesures et poids, desquels nous vsons communément à dispenser et proportionner les medicamens les vns auec les autres.

CHAPITRE XXI.

DES POIDS ET MESVRES, ET DE LEVRS FIGVRES.

Tout poids depend d'vn commencement, et quasi element : car tout ainsi que les corps ont leur commencement des quatre corps simples, que nous appellons Elemens, esquels se peuuent resoudre, ainsi tous poids sont composés d'vn grain, qui est comme element des autres poids, auquel ils sont terminés.

Ledit grain doit estre entendu d'orge, non trop sec, ny humide et chancy, ains bien nourri et mediocrement gros.

De tels dix grains est fait vn obole, ou demy scrupule :

De deux oboles ou vingt grains, vn scrupule :

Puis de trois scrupules, ou soixante grains, est composée la drachme :

De huit drachmes l'once : tant que de douze onces nous faisons la liure medicinale, qui est presque le plus haut poids duquel nous vsons communément : et se peut resoudre en drachmes, scrupules, oboles, et finablement en grains, outre lesquels n'est possible descendre plus bas.

Pour escrire ces poids, nous vsons de certaines lettres et figures qui s'ensuiuent.

La liure est signifiée par . . . ℔.
L'once par ceste figure. . . . ℥.
Comme le drachme en telle. ℨ.
Aussi le scrupule ainsi. . . . ℈.
L'obole est escrit par ses premieres lettres. . . . . obol.
Le grain semblablement par ḡ.
Le manipule par. . . . . . m.
Le pugile par . . . . p.
Le nombre par. . . . . . . n.

La moitié de chacun desdits poids est figurée par ß. mise après lesdits poids, comme demie liure ℔. ß. demie once ℥. ß., et ainsi des autres.

Telles sont les figures des poids et mesures : mais en dispensant medicamens, nous vsons aucunesfois d'vn poids, et de l'autre non : parquoy faut entendre que les herbes vertes et seiches sont dispensées par m. ou p. : les seiches que l'on veut pulueriser par ℥. — ß. — ou p.

Les racines	par	℥. — ℨ. — p. — m.
Les escorces		℥. — ℨ.
Les semences		℥. — ℨ.
Les fruits		n. — p. — ℥. — ℨ. — ℈.
Les fleurs		p. — m. — ℥. — ℨ.
Les legumes		p. — ℥. ℨ.

Tous autres medicamens, tant secs que liquides, sont dispensés et escrits par — ℔. — ℥. — ℨ. — ℈. — obol. — ḡ. desquels poids tous medicamens bien dispensés des anciens sont seulement escrits.

Ces choses entendues, faut descrire les manieres de dispenser et ordonner medicamens composés : et pour ce faire commencerons aux clysteres, comme les plus communs et plus necessaires.

CHAPITRE XXII.

DES CLYSTERES.

Clystere, c'est à dire, ablution ou lauement, est vne injection appropriée au siége et aux intestins en premiere intention : car autrement sont aussi faits et donnés des clysteres, tant pour le ventricule, ratte, reins, vessie, amarry, mesentere, et autres parties voisines, que mesme pour la teste, de laquelle souuent par clystere acre est faite reuulsion de la matiere en bas, comme il se pratique iournellement, et non sans heureux succés, en l'apoplexie : de sorte qu'il n'y a aucune partie qui ne ressente quelque profit du clystere, mais les vnes plus, les autres moins.

Il a plusieurs especes ou differences : car ou il est remollitif, ou purgatif, ou anodyn, ou astringent, ou detersif, ou sarcotique, ou epulotique, ou nutritif. Toutes lesquelles differences sont composées et faites des parties des plantes, des parties des bestes, ou des medicamens composés, tant solutifs qu'autres, selon les intentions du composant.

Les parties des plantes sont racines, semences, fueilles, fleurs, fruits, germes, jus, mucilages.

Les parties des bestes sont, iaunes et aubins d'œufs, miel, poulet, chapon, vieil coq vené et preparé, la teste et pieds de mouton, laict clair, tripes, suif de bouc, axonge : toutes lesquelles parties, tant des bestes que des plantes, on fait cuire et boüillir, et en la decoction l'on mesle et destrempe les medicamens laxatifs et autres, tant simples que composés. Quelquesfois sans mixtion de medicamens composés sont faits clysteres, seulement d'huile, comme d'huile de noix pour la colique : de laict clair, de decoction de pieds, teste et tripes de mouton, potage de pois ciches, d'orge.

La quantité du clystere est aucunesfois grande, autresfois plus petite, selon les temperatures et complexions, et selon les intentions. Aucuns peuuent endurer grande quantité, les autres moindre : aux enfans, debiles, femmes grosses, conuient moindre quantité. Aussi où le ventre est fort serré et dur, en vne colique, dysenterie, lienterie, et autres affections du ventre inferieur, faut que la quantité du clystere soit plus petite. Au contraire, où l'on veut seulement esmouuoir le ventre, faut plus grande quantité : toutesfois la quantité de la decoction communément est d'vne liure et demie, d'vne liure, ou tout au moins de trois quarterons : mais le plus souuent nous laissons la quantité au iugement de l'Apoticaire, disant seulement *quant. sufficit.*

Il faut que le clystere soit tiede, plus ou moins, selon que les patiens le peuuent endurer, de peur que s'il estoit froid, il n'offençast les intestins et autres parties voisines, qui sont nerueuses et froides de leur naturel : et d'auantage faut en faire l'iniection peu à peu et doucement, de peur que poussé d'impetuosité et tout à coup, il ne chasse les flatuosités (qui ordinairement sont contenues en la capacité des intestins) en haut, et par ce moyen n'excite des tranchées intolerables. Pour donner le tout à entendre, faut à present venir à descrire les exemples de chacune difference des clysteres.

Clystere remollitif.

℞ Maluæ, violarum, bismaluæ, brancæ vrsinæ ana m. j.
Radicis althææ et liliorum alborum ana ℥. j.
Passularum et ficuum pinguium ana ℥. ß.

Fiat decoctio ad ℔. j. in qua dissolue :
Cassiæ, butyri recentis ana ℥. j.
Olei violati ℥. iij.

Fiat clyster.

Les clysteres laxatifs sont faits de quatre sortes de medicamens, de la decoction de medicamens laxatifs, huiles et miel, ou autre qui ait vertu d'irriter. La decoction est quelquesfois propre à tirer les humeurs que l'on veut purger : comme pour tirer les humeurs froids et visqueux, elle se fera ainsi :

Clystere pour l'humeur visqueux.

℞ Saluiæ, origani, abrotoni, camomillæ et meliloti ana m. ß.
Seminum anisi, fœniculi, cumini ana ℥. iij.
Seminis carthami ℥. ij.

Fiat decoctio, in qua dissolue :
Diaphœnici et hieræ simplicis ana ℥. ß.
Olei anethi et chamæm. ana ℥. j. ß.
Mellis anthosati et sacchari rubri ana ℥. j.

Fiat clyster.

Autre [1].

℞. Vini albi gener. ℔. j.

Bul. ad consumpt. medieta. in qua diss. sacchar. rubri ℥. ij. iterum parum addendo vitell. ouor. num. ij.

Et fiat clyster.

Pour purger et tirer l'humeur cholerique et bilieux, il sera fait en ceste maniere :

Clystere pour l'humeur bilieux.

℞. Quatuor remollientium, parietariæ, cichorij, endiuiæ ana m. ß.

Seminum quat. frigidorum maiorum ana ℥. iij.

Hordei integri p. j.

Fiat decoctio, in colatura dissolue :

Cassiæ ℥. j.

Olei violati et mellis rosati ana ℥. ij.

Fiat clyster.

Pour tirer et purger l'humeur melancholique, l'on fera tel clystere :

Clystere pour l'humeur melancholique.

℞. Fumiterræ, centaurij minoris, mercurialis ana m. j.

Polypodij quercini, folliculorum senæ ana ℥. iij.

Seminis agni casti, thymi, epithymi ana ℥. ij.

Fiat decoctio, in qua dissolue :

Confectionis hamech ℥. ß.

Cassiæ recens extractæ ℥. iij.

Olei violati et liliorum ana ℥. ß.

Sacchari rubri et mellis violati ana ℥. j.

Salis communis ℥. j.

Tels clysteres ne seruent seulement à euacuer les humeurs susdits, mais aussi souuent contrarient aux intem-

peratures : comme le premier et dernier alterent les intemperies froides : le second conuient aux intemperatures chaudes.

Les medicamens laxatifs qui sont, mis aux clysteres sont doux, ou forts. Les forts, comme *confectio hamech, benedicta, diaprunis solutiuum, diaphœnicum,* sont meslés à part soy iusques à ℥. vj. ou ℥. j. tout au plus, selon la nature du patient facile ou difficile à esmouuoir. Les debiles et benins , comme *catholicon, cassia, hiera simplex,* de ℥. vj. iusques à ℥ j. ß., ℥ ij. au plus, selon les indications. Et tels medicamens l'on dissout le plus souuent en decoction commune de clysteres, qui est faite de quelques remollitifs auec fleurs de camomille et semence d'anis.

Le clystere anodyn est fait sans medicamens laxatifs des medicamens anodyns, descrit en ceste maniere.

Clystere anodyn.

℞. Florum chamæmeli, meliloti, anethi ana p. j.

Radicis bismaluæ ℥. j.

Fiat decoct. in lacte, colaturæ adde :

Mucilaginis seminis lini et fœnugræci extractæ in aqua maluæ ℥. ij.

Sacchari albi ℥. j.

Olei camomillæ et anethi ana ℥. j.

Vitellos duos ouorum.

Fiat clyster.

Tels clysteres faut garder long temps, à fin qu'ils puissent mieux appaiser les douleurs.

Vn clystere astringent est fait de choses astringentes, en la façon qui s'ensuit.

Astringent.

℞. Caudæ equinæ, plantaginis, polygoni ana m. j.

Fiat decoctio in lacte vstulato ad quart. iij. colaturæ adde :

Boli armeni et sangul. draconis ana Ʒ. ij.
Olei rosati Ʒ. iij.
Albumina duorum oaorum.

Fiat clyster.

De tel clystere nous vsons en vne dysenterie, aprés que les grosses matieres sont euacuées et nettoyées, ou en flux excessif des hemorrhoïdes.

Les clysteres sarcotiques, epulotiques, detersifs, sont faits de medicamens descrits en leurs propres chapitres, pour seruir aux vlceres des gros intestins.

Les clysteres nutritifs sont faits de la decoction de poulets, chapons, vieils coqs cuits iusqu'à pourriture et forte expression d'iceux, moëlle, gelée, et autre telle viande bien plus quitte que si on la vouloit prendre par la bouche, à raison que les intestins ont la vertu coctrice plus foible que le ventricule.

On fait quelquesfois lesdits clysteres de vin et decoction d'orge, quand il n'y a point de fiéure ny douleur de teste : souuentesfois de laict et de iaunes d'œufs : on y adiouste petite quantité de sucre blanc, de peur qu'il n'irrite les intestins à excretion par la vertu detersiue qui luy est naturelle : ou rosat (car tel est aucunement astringent) comme appert par les exemples.

℞. Decoctionis capi perfectæ ℔. j. ß.
Sacchari albi vnc. ß.

Misce, iniiciatur cum syringa.

℞. Decocti pulli et gelatinæ ana ℔. ß.
Vini optimi Ʒ. iiij.

Iniiciatur.

℞. Decocti hordei mundati et in cremorem redacti ℔. ß.
Lactis boni ℔. j.
Vitellis ouorum duos.

Fiat clyster.

Nous vsons de tels clysteres pour nourrir enfans et gens debiles, comme en vn grand deuoyement d'estomach, quand il ne retient la viande qu'il prend. Toutesfois en l'vsage de tels clysteres faut auoir esgard à trois choses [1] : la premiere est qu'il faut auant que prendre tels clysteres, asseller le patient, soit par art auec vn suppositoire ou clystere, soit du propre mouuement de nature, de peur que tels clysteres nourrissans estans meslés auec les excremens, ne soient gastés et corrompus : la seconde est qu'il soit donné en grande quantité, à fin qu'il soit porté par tous les intestins : la troisiéme est, s'il est possible, qu'on dorme aprés tels clysteres, tant à fin que le malade face mieux son profit et concoction de tels clysteres, qu'aussi qu'il les retienne mieux : de tant que le dormir arreste toutes les euacuations. Pour laquelle mesme raison les Medecins defendent de mesler en tels clysteres, sel, miel, ou huile, par-ce que les deux premiers en detergeant irritent l'excretrice : et la derniere en lubrifiant [2].

Aucuns veulent affermer que nul clystere peut estre nutritif, à raison que ce qui doit nourrir doit auoir receu trois coctions : dont la premiere est au ventricule, la seconde au foye, la tierce en chacune partie de nostre corps. Mais telle opinion peut estre reprouuée tant par raison

---

[1] Ces régles pour l'administration des lavements nutritifs ont été empruntées presque textuellement au chapitre 48 du livre *De la Peste* de 1568 (aujourd'hui ch. 49); voyez ci-dessus la note de la page 454.

[2] Le texte du livre *De la Peste* disait seulement de cette dernière raison : *La troisiesme, que le malade retienne son clystere le plus longtemps qu'il luy sera possible.*

que par experience. Par raison, puis que les parties de nostre corps ont vn sentiment naturel de la chose qui defaut, et que la nutrition est repletion de ce qui a esté inany et vacué, telles parties estans debilitées par trop grande inanition faite és maladies, attirent premierement tout ce qui est conuenable à leur nature : ou au defaut de tel aliment le premier qui s'offrira. Or clysteres nutritifs ne sont faits que d'alimens doux, amiables, et familiers à Nature, grandement ja preparés à concoction [1] : et pourtant telles choses estans és intestins, seront attirées des veines et arteres mesaraïques (qui ont quelque faculté de sanguifier, ainsi que dit Galien au liure *De vsu partium*) : des veines mesaraïques sont distribuées à la veine porte et au foye : et du foye à toutes les parties du corps, lesquelles aux grandes maladies, quand le patient ne peut prendre aliment par la bouche, demandent à estre remplies de ce qui leur est plus propre.

Par experience aussi, nous voyons que gens malades, estans long temps sans manger, par l'vsage de tels clysteres nutritifs ont esté aucunement soulagés et sustentés : à raison que les parties affamées attirent promptement ce qui leur est familier, le sucçant des veines, lesquelles, estans vuidées, attirent du foye et des veines mesaraïques [2].

Qu'est-il besoin d'exemples plus

claires, veu qu'aucuns (comme on a veu) ont reietté les clysteres par la bouche, voire les suppositoires ? Ce qui monstre bien que l'attraction n'est pas seulement faite des veines mesaraïques, mais aussi du ventricule, et des autres parties [1].

Telles trop curieuses disputes ie laisseray à present, pour déclarer le temps de prendre clysteres, et l'vsage.

L'on a coustume de prendre clysteres à toutes heures deuant et aprés disner, moyennant que soit loin du repas, de peur que ne soit faite attraction par le clystere de la viande estant encores à cuire en l'estomach. Parquoy on les peut prendre à six, sept, huit, neuf heures du matin auant disner, ou quatre, cinq, six aprés.

L'vsage des clysteres est assez manifeste par la connoissance de la matiere qui entre en iceux : ioint que tous ont vn commun vsage, qui est d'aider l'expulsion des superfluités contenues és intestins, et successiue-

---

[1] Le chapitre précité du livre *de la Peste* ajoutait ici :

« .... *Comme tu pourras voir par cestuy suiuant que nous te baillons pour exemple :* »

Et donnait ici la formule qui a été conservée au chapitre 49 du livre actuel *de la Peste* ; voyez ci-dessus, page 454.

[2] Ici le chapitre cité du livre *de la Peste*

ajoutait le paragraphe suivant, qui a été effacé depuis :

« Or que quelque substance se puisse attirer des intestins pour alimenter nostre corps, on le peut encor prouuer par les verolles qui ont nodositez aux os : car leur faisant faire la diette tenûe, lesdictes nodositez se resoluent, consument et degastent du tout par le moyen de la chaleur naturelle, qui attire et opere incessamment, non seulement aux alimens, mais aussi aux humeurs et excrements qui la auoyent esté iettez par Nature comme chose à elle nuisible et superflûe, ainsi que l'on voit aussi en ce qu'vn homme ayant extreme faim et soif mangera du pain à demy pourry, et boira de l'eaûe trouble et de mauuais goust. »

[1] Là se termine l'emprunt fait au livre *de la Peste* de 1568.

ment des autres parties. D'auantage quand l'aage ou la vertu du malade (comme aduient aux enfans, et gens debiles et malades) n'est suffisante à porter medecine, lors sommes contraints d'vser de clysteres, à cause qu'il ne debilitent point tant les forces que les medecines. Pour ceste cause, aucuns ont coustume de prendre clysteres de deux iours l'vn, encores qu'ils soient sains, quand Nature est paresseuse à ietter les excremens. A gens malades ils sont ordonnés plus souuent, pour tousiours tenir lasche le ventre.

L'vsage desdits clysteres a esté inuenté des cicoignes, lesquelles de leur propre mouuement naturel iettent de l'eau de la mer (qui pour sa salsitude a vertu d'irriter et euacuer) en leur siege pour s'asseller, ainsi que recite Galien en son *Introductoire de Medecine*.

La maniere de prendre clystere est telle, lorsque le patient le reçoit, qu'il ait la bouche ouuerte, à cause que tous les muscles qui aident à l'expulsion sont laschés, qu'il n'ait rien qui lui comprime le ventre, et qu'il soit situé en figure courbe pour le rece-

uoir plus à l'aise, estant couché sur le costé droit. Car par telle situation le clystere receu penetrant iusques au haut des intestins, quasi comme d'vn rauage, laue plus facilement tout le ventre : où au contraire le patient estant situé sur le costé gauche, il aduient que le clystere est contraint de demeurer au rectum ou au colon : pour-ce qu'iceux par telle assiette sont pressés de la masse et pesanteur des autres intestins superieurs. Aprés qu'il a receu, il doit demeurer quelque temps sur son dos, puis se tourner de costé et d'autre, ou sur la douleur, s'il luy est possible [1].

Or il se trouue certaines femmes qui pour nulles choses ne voudroient prendre vn clystere de la main d'vn homme, pour vne vergongne et honte qu'elles ont de se monstrer : à ceste cause i'ay fait portraire cest instrument, duquel elles se pourront aider à receuoir vn clystere, le mettant par deuant (ayant vn peu les fesses leuées) la cannule dans le siege marquée B. puis versera la liqueur dedans la boëte marquée A. Le couuercle marqué D.

Figure d'vn instrument propre pour se donner soy-mesme vn clystere [2].

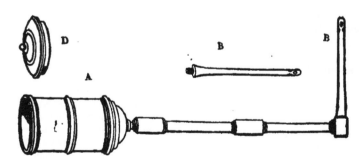

[1] Ici finissait le chapitre en 1575; ce qui suit est de 1579.

[2] J'ai dit dans mon Introduction, p. xcix, quand et par qui avait été inventée la se-

Autre syringue pour bailler clystere aux hommes.

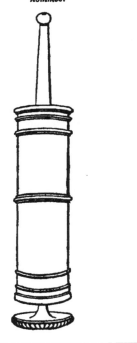

CHAPITRE XXIII.

DES SVPPOSITOIRES, NOVETS, ET PESSAIRES.

Suppositoire est vne maniere de tente (ayant le temps passé eu figure

ringue ordinaire ; A. Paré est le premier qui ait parlé de cette seringue perfectionnée et propre *pour se donner soy-mesme vn clystere.* Mais il ne semble pas donner l'instrument comme de lui, et nous ignorons à qui est due cette modification.

Il est à remarquer que dans ce chapitre il ne parle que des seringues; toutefois, les *chausses à clystere* étaient encore en usage de son temps, et se trouvent mentionnées au chapitre 48 du livre *de la Peste.* Voyez ci-dessus, page 450.

de gland , dont encore pour le iour-d'huy elle retient le nom de *glans* [1]) qui se met au siege, à fin d'irriter le muscle sphincter à l'expulsion des ex-cremens contenus és intestins. Ceux que l'on fait de present n'ont figure de gland, mais plustost de pessaire : car on les fait ronds et longs, en forme de chandelle de cire, d'où vient que le vulgaire de Languedoc les appelle *candeletes.*

Ils sont doux, ou mediocres, ou forts. Les doux et mediocres sont faits des poudres laxatiues, comme de biere , sel , et miel. Les forts sont composés des poudres de scammonée, euphorbe, colocynthe, et semblables, auec miel, ou ius d'herbes acres, ou fiel de bestes. Quelquesfois ils sont faits de seul sauon, souuent aussi des troncs de porée, ou de sa racine, aucunesfois d'vn lardon.

Pour composer vn suppositoire, faut mettre pour vne once de miel, vne dragme de sel, ou de poudre irritante et laschante, comme il est fa-cile à connoistre par les exemples.

Suppositoire mediocre.

℞. Mellis cocti ℥ . ɉ.
  Hieræ picræ et salis communis ana ʒ. ß.
Fiat suppositorium longum quat. digitor.

℞. Mellis cocti ℥ . ɉ.
  Pulueris colocynthidos Đ . ß.
  Salis gemmæ Đ . ɉ.
Fiat suppositorium.

Nous vsons des suppositoires, quand le patient pour son imbecillité ne peut pas endurer clysteres, comme és fiéures ardentes, ou quand les malades ne veulent prendre clys-tere, aussi quand on ne rend point le clystere qu'on a pris : finalement

1 L'édition de 1575 disait : *de balanus.*

és affections froides de la teste, qui endorment les malades, nous vsons communément de suppositoires forts et aigus, à fin d'exciter la vertu expultrice du muscle sphincter, estant assoupie par telles maladies : ou bien quand la maladie de son naturel est telle, qu'elle est euidemment offensée par l'vsage des clysteres : comme en l'enterocele, en laquelle si le boyau est rempli du clystere, il presse d'auantage le peritoine, et de sa grauité tombe plus aisément par la partie relaxée ou deschirée dans le scrotum.

Les nouëts, que l'on appelle en latin *Noduli*, ont mesme vsage que les suppositoires, et souuentesfois sont pris pour suppléer le defaut, tant des suppositoires que des clysteres, quand on est en lieu où l'on n'en peut pas fournir. Et pourtant les nouëts sont faits des medicamens que l'on peut partout facilement trouuer : sçauoir est, de iaunes d'œufs meslés auec du sel et du beurre, aucunesfois fiel et miel, et le tout lié en vn linge mediocrement delié à la grosseur d'vne anelaine, laissant du fil de quelque longueur au bout, à fin que quand on les mettra dans le siege, qu'ils se puissent retirer quand on voudra. Vous le pouuez ordonner en ceste maniere.

℞. Vitellum vnius oui.
Cui adde salis modicum, fellis veruecis et mellis ana ℥. ß.
Butyri ℥. iij.
Misce, fiant noduli filo appensi.

Les temps propres à prendre tant suppositoires que nouëts, est le matin auant disner comme des clysteres, car à telles heures Nature a coustume de reietter les excremens. Si on est contraint d'en vser aprés disner, que

ce soit pour le moins quatre heures apres le repas.

Pessaire est plus gros que suppositoire, et est approprié à la matrice : lequel est fait de cotton ou soye, ou linge et laine pignée, en laquelle on a mis quelque medicament pour mettre au col de la matrice : lequel est fait ou pour vlceres du col de la matrice, ou pour prouoquer ou arrester les menstrues, ou pour la suffocation de la matrice, et purger les excremens d'icelle. Parquoy ils sont faits de gommes, jus, semences, herbes, racines, appropriées aux intentions que nous voulons, et incorporées en consistence emplastique et solide, pour les mettre en figure d'vn doigt dedans la matrice : mais on a coustume de les lier au bout, comme appert par les exemples.

Pessaire prouoquant les mois.

℞. Myrrhæ, aloës ana Э. j.
Sabinæ, seminis nigellæ, artemisiæ ana Э. ij.
Radicis ellebori nigri Э. j.
Croci Э. j.
Cum succo mercurialis et melle fiat pessarium filo alligatum coxæ.

Pessaire pour arrester les mois.

℞. Mastiches, thuris ana ℥. iij.
Aluminis, rosar. rubr. nuc. cupressi ana ℥. ij.
Ladani, hypocistidos, sumach, myrtill. ana Э. iij.
Fiat pessarium cum succo arnoglossæ, et cotone.

A l'exemple de ceux-cy on pourra faire d'autres pessaires pour amollir, astreindre, mondifier, incarner, cicatriser les vlceres du col de la matrice : lesquels faut prendre au soir quand on se couche, et les faut garder six ou sept heures.

Or les pessaires se font, non seulement des poudres de medicamens receues et abreuuées de quelque suc, comme portent les exemples cy-dessus mentionnées, mais aussi de simples poudres receues en vn sachet de linge rare delié et farci, d'vn peu de cotton pour le faire enfler et bouffer en iuste grosseur. De telle forme de pessaire nous pourrons commodément vser contre la cheute et precipice de l'amarry [1]. L'exemple proposé par monsieur Rondelet en son liure des *Medicamens internes*, est tel.

℞. Benioini, styrac, garyoph. ana ℈. j.
Galliæ moscatæ ℈. ß.
Moschi ℈ . ꝟj.

Fiat puluis exceptus bombace, imponatur in vterum.

CHAPITRE XXIV.

DES HVILES.

Huile proprement dite, est celle qui est tirée des oliues meures, ou non meures : mais abusiuement elle est prise pour toute liqueur fluxile, onctueuse, et aërée, de laquelle on fait trois especes.

La premiere est des huiles faites par expression, tant des fruits que de semences broyées et cassées, à fin d'en

[1] Paré décrit ici les pessaires tels que les comprenaient les anciens ; il faut recourir à son livre de *la Generation* pour lui voir donner aux pessaires la solidité et la forme exigées par la moderne signification du mot. Voyez tome II, page 741 et suiv., la longue note où j'ai tracé l'histoire des pessaires au xvi⁴ siècle.

faire sortir par expression ce qui est oleagineux. Aucunesfois sans feu : comme huiles d'amandes tant douces qu'ameres : huile de noix tant petites que grandes : huile de kerua, ou palma christi : lesquelles aussi se peuuent tirer auec feu. Aucunesfois seulement auec feu : comme huile de lin, de laurier, de nauette, de channeuy, et autres telles semences. La maniere de les faire tu trouueras au troisiéme de Mesué, où il parle des huiles.

La seconde espece est des huiles composées de medicamens simples auec l'huile, à fin d'imprimer et laisser en l'huile la vertu des medicamens : et se fait en trois manieres. La premiere est par decoction des racines, fueilles et sommités, fleurs, fruits, semences, gommes, bestes entieres cuittes auec du vin, ou eau, ou jus, en huile commun, omphacin, ou autres, selon nos intentions, iusques à la consomption dudit vin et eau : ce qui se connoistra, si vne goutte de telle huile iettée dans le feu ne crepite point et ne petille auec bruit. Or telle consomption se fait, à celle fin que l'huile se puisse mieux et plus long temps garder sans crainte de corruption, de laquelle semble bailler occasion l'estrange matiere d'eau ou de vin meslée auec icelle. Quelquesfois on fait tremper et macerer les fruits, semences, et autres ingrediens, par quelque espace de temps auant que les faire cuire. Et la coction se doit faire en double vaisseau, à fin qu'elle ne retiennent vne qualité du feu, que nous appellons *Empyreume*. Ainsi sont faites *oleum costinum*, *rutaceum*, *de croco*, *cydoniorum*, *myrtillorum*, *mastichinum*, *de euphorbio*, *vulpinum*, *de scorpionibus*, et autres telles huiles cuittes auec le feu. La seconde maniere se fait par maceration : quand on met tremper par quelque espace de temps les medicamens simples en huile : quelquefois sur les cendres chaudes : quelquefois en fiente de cheual ou au soleil, à fin que par ceste chaleur moderée l'huile puisse retenir la vertu des medicamens macerés. La troisiéme maniere est faite par insolation, quand en Esté l'on laisse au soleil fleurs des herbes mises tremper en huile, à fin que la dite huile estant eschauffée de la chaleur amiable du soleil, puisse prendre les facultés et effets desdites fleurs : et de ce nombre sont, huile de roses, de camomille, d'aneth, de lis, de nymphæa, de violes, et autres, lesquelles pourras voir en Mesué, à fin d'apprendre leur composition et vertu comme des autres cy dessus.

La troisiéme espece appartient aux alchymistes, laquelle est faite par resolution en diuerses manieres, et a vertus et effets merueilleux : quand par chaleur, soit du soleil, soit du feu, soit de putrefaction, vne liqueur huileuse est tirée. Or l'extraction de ladite liqueur est faite en deux manieres, l'vne *per ascensum*, l'autre *per descensum*, ainsi qu'ils appellent.

Per ascensum sont faites huiles auec alembic et receptoire, eschauffés ou en cendres, ou arene, ou limature de fer, à fin de faire monter en haut la vapeur et exhalation des medicamens contenus au dedans, laquelle par refrigeration du sommet de la chapelle et alembic descend au réceptoire, et telle liqueur est la partie la plus ténue et subtile qui soit esdits medicamens : ce qu'ils appellent resolution en ses elemens, et extraction de l'humidité substantifique de la matiere. Ainsi est fait *oleum philosophorum*, qui est descrit au troisiéme liure de l'Antidotaire de Mesué : aussi *oleum*

sulphuris, qui est de tres-grande efficace et vertu, et presque toutes les nobles et bonnes compositions qui vulgairement ont le nom de baume. Aucunesfois est faite telle sublimation à la vapeur de l'eau, qu'ils appellent *balneum Mariæ*.

Per descensum sont faites huiles, quand la liqueur ne monte en la chapelle, ains descend en vne cornue en la maniere que s'ensuit. Il faut emplir vn vaisseau de terre bien plombé, qui ait le col estroit, de taillures menues du bois, ou autre medicament gras duquel nous voulons auoir huile, et les bien disposer audit vaisseau par ordre : puis appliquer au col d'iceluy vne lamine de fer ayant plusieurs trous et pertuis, et la luter au col tant dudit vaisseau que d'vn autre vaisseau de verre, qui doit receuoir ladite huile, lequel faut mettre en terre : puis faut eschauffer l'espace de deux heures ou plus le vaisseau dessus, contenant les medicamens que l'on veut distiller, et par ainsi distillera huile dedans le vaisseau enterré : telle distillation, comme auons dit, est faite *per descensum*, c'est-à-dire par descente contraire à la precedente. Plus ample doctrine de telles sortes de distiller tu trouueras en Philippe Vlstade, en son liure *Du Ciel des Philosophes*, et au premier liure de *la matiere de Chirurgie*, chapitre des *Resoluens* : aussi Mesué la descrit, parlant de l'huile de geneure. Ainsi se peut tirer l'huile du bois de geneure, de gaiac, de fresne, du bois de rosmarin, et plusieurs autres de vertus et effets merueilleux en la curation des maladies. Semblablement est tirée par resolution, huile d'œufs, de froment, et de moustarde : toutesfois elles se peuent tirer par expression, comme la premiere espece.

Il y a vne autre façon d'extraire telles huiles *per descensum*, quand on met le vaisseau contenant medicamens decliue et panché en lieu frais, comme en la caue: ainsi est tirée huile de myrrhe, huile de tartre, et de vitriol. Or faut noter qu'en l'extraction de la quinte-essence des vegetables, c'est à dire qui ont faculté de croistre ou diminuer, comme sont les herbes, l'humidité substantifique est tirée la premiere: mais des mineraux est tirée la derniere, laquelle est pure et nette, semblable à huile. Il y a d'autre substance excrementeuse qui se tire, mais elle n'a tels effets que la substantifique, laquelle surpasse toutes autres facultés des medicamens, bien souuent outre toute opinion commune.

Nous vsons des huiles, à fin que la vertu penetre au profond, ou à fin que l'huile puisse adoucir la substance des choses que l'on mesle auec ladite huile. Toutesfois faut entendre, que quand on fait huiles froides composées auec huile commune, il faut prendre de l'huile omphacin, c'est-à-dire tirée d'oliues vertes et non meures, comme l'huile rosat. Aussi quand on veut faire huiles chaudes, comme huile des philosophes, ou *benedicta*, il faut prendre de l'huile douce et bien meure, ou vieille, ou d'infusion de rosmarin et semblables.

CHAPITRE XXV.

DES LINIMENS.

Liniment est composition externe, moyenne entre huile et onguent: ayant plus de consistence que l'huile, pour ce qu'en sa composition, outre l'huile, il reçoit beurre, axonge, et choses semblables: lesquelles estans refrigerées, acquierent et retiennent quelque consistence, qui est cause que pour eschauffer, meurir, et appaiser douleur, le liniment est plus propre que les huiles seules, pource qu'il s'attache mieux et a plus de prise sur la partie, et ne s'escoule si aisément, et moins que l'onguent: lequel est ainsi appellé, à cause qu'il lenit et adoucit les parties rudes et exasperées, et appaise les douleurs.

Les especes des linimens sont prises de leurs effets: car aucuns sont refrigerans, autres eschauffans, aucuns humectans, quelques-vns maturatifs, et ainsi des autres, selon les indications des maladies.

La matiere et ingrediens des linimens sont huile, axonge, suif, beurre: ou ce qui a consistence d'huile, comme styrax liquide, terebenthine, mucilage de fœnugrec et guimauue, moëlle, laine succide, et autres. Quelquesfois on y adiouste quelque poudre de racines, semences, fleurs, escorces, mineraux et autres, mais en petite quantité, à fin que le liniment retienne tousiours sa consistence liquide: aussi on y mesle bien peu de cire, pour lier vn petit et retenir les huiles ou axonges. On en peut faire des autres medicamens tant simples que composés, declarés cy deuant, selon l'exigence et necessité, et complication des maladies. Les exemples donneront tout à connoistre.

Liniment eschauffant, attenuant et digerant.

℞. Olei amygdalarum amararum, liliorum ana ℥ . ſ.
Axongiæ anatis et gallinæ ana ℥ . ß.
Butyri siue salé ℥ . ſ.

Mucilaginis seminis althææ, et fænugræci, extractæ in aqua hyssopi ana ℥. ß.

Addendo pulueris croci et ireos ana Ꝺ. ɉ. fiat linimentum.

Humectant et remollitif.

℟. Olél amygdalarum dulcium ℥. ij.
   Axungiæ humanæ ℥. ß.
   Mucilaginis seminis maluæ extractæ in aqua parietariæ ℥. ß.

Fiat linimentum addito croco.

Ainsi pourras faire autres linimens à cest exemple, plus ou moins forts ou debiles, des remedes ja descrits.

Les linimens se peuuent appliquer à toutes les parties du corps, tant pour eschauffer, refrigerer, humecter et desseicher, que pour digerer, maturer, emollir, appaiser douleurs, à cause qu'ils adherent d'auantage, et ne coulent pas si tost que les huiles. Toutesfois en la composition des linimens, faut considerer la partie où l'on les veut appliquer : car si la partie a quelque conduit, meat ou sinuosité, comme l'oreille, il faut que le liniment soit plus liquide et ait plus grande quantité d'huile. S'il faut qu'il adhere sur la partie où il est appliqué, faut y mettre plus de graisses ou axonges, et autres choses qui ont consistence. Aucuns veulent mettre difference entre les linimens et onguens, à cause qu'aux linimens ne faut mettre cire comme aux onguens : lesquels certainement s'abusent : car il y a des onguens où il n'y entre point de cire, comme entre les autres l'Egyptiac ; non plus que tous ceux qui sont preparés pour les gangrenes et vlceres putrides, pource qu'à telles maladies, toutes choses grasses, comme huile, graisse, resine, cire sont fort contraires : en lieu desquelles entre en l'Egyptiac le miel et verd de gris, tant pour donner consistence à l'onguent que pour le rendre detersif.

CHAPITRE XXVI.

DES ONGVENS.

Les onguens ont plus de consistence et sont plus fermes que les linimens, et de plus grands effets : ainsi nommés à cause que les parties où l'on les applique sont ointes et engraissées.

Les differences d'iceux sont prises en partie de leurs effets, à cause qu'ils eschauffent, refrigerent, desseichent, humectent, mondifient, confortent les parties, consument la chair, faisans cicatrices, et autres choses semblables : en partie de leurs couleurs, et des noms des inuenteurs, comme *album Rhasis, dessiccatiuum rubrum* : en partie aussi du nombre des simples desquels ils sont faits, comme *vnguentum tetrapharmacum*, que communément on nomme *basilicon*, et *tripharmacum*, que l'on dit *nutritum* : et de plusieurs autres tels accidens sont faites les differences desdits onguens, comme le plus souuent ils retiennent le nom du principal simple qui entre en la composition d'iceux : ainsi nous disons *vnguentum de lithargyro*, *de minio*, *diapompholigos*, et les autres semblables.

Ils sont faits d'herbes, racines, semences, fruits, des parties des bestes, des metalliques, et quelques corps terrestres. Les jus et autres humidités sont consumées en cuisant, comme aux huiles : les herbes et parties d'icelles sont puluerisées, si elles sont seiches, tout ainsi que les metalliques et corps terrestres : si elles sont vertes, elles sont cuittes, exprimées, et puis leur jus consommé en decoction. Les gommes et resines aucunesfois sont puluerisées, autresfois sont dissoutes et fondues, ou par feu, ou par quelque liqueur conuenable. La cire se fond auec l'huile sur le feu.

Or pour composer onguens, on a accoustumé garder telle proportion, que pour vne once de poudre, on y mette deux onces de cire, et huit onces d'huile : toutesfois puisque la cire n'est mise aux onguens que pour leur donner consistence, il vaut mieux laisser la quantité de cire au iugement de celuy qui les fait : ioint qu'il faut aussi moins y adiouster de cire en Esté qu'en Hyuer : à cause que la chaleur de l'Esté desseichant d'auantage la composition totale de l'onguent, luy donne plus de consistence. Telle est la reigle des communs praticiens pour ordonner onguens, laquelle entendras mieux par exemple.

Onguent repercussif et arrestant fluz de sang.

♃. Olei rosacei ℥. iiij.
  Pilorum leporis, boli armeni, terræ sigillatæ ana ʒ. j.
  Balaustiorum et gallarum ana ʒ. ß.
Tritis quæ terenda, et simul mixtis, addita cera quod sufficit, fiat vnguentum.

Ainsi promptement à ta necessité pourras composer onguens à cest exemple : mais souuent on en fait d'autre façon. Car il y a trois manieres de composer onguens : la premiere est celle qui est faite sans feu, en pistant seulement au mortier : ainsi est fait *vnguentum nutritum* : la seconde, quand auec feu nous fondons en l'huile la cire, ou autre telle graisse : puis quand tout est fondu, nous meslons les poudres en mesme proportion que celle cy dessus : en ceste façon l'on compose *vnguentum aureum, basilicon, diapompholygos, desiccatiuum rubrum, et enulatum.* La troisiéme maniere est de piler axonges auec les herbes, puis les cuire ensemble et les couler, car la colature est onguent. Et pour facile intelligence, ie te donneray la description des susdits onguens, et la maniere de les faire.

Vnguentum nutritum.

♃. Lithargyri auri triti et loti ℔. ß.
  Olei rosati ℔. j.
  Aceti rosati ℥. iiij.
Et fiat vnguentum.

Vous prendrez premierement votre litharge, et la mettrez en vn mortier, y adioustant vn peu d'huile à fin qu'elle s'espaississe, la remuant auec vn pilon : puis adiousterez autant de vinaigre, en remuant iusques à ce qu'ils se soient incorporés ensemble : et continuerez à ietter tantost vn peu de vostre huile, puis du vinaigre, iusques à ce que l'onguent soit rendu en bonne forme et consistence. Et si tu veux faire de cest onguent l'*emplastrum nigrum*, tu feras consommer petit à petit tout ton vinaigre, et lors l'emplastre viendra noire et luisante.

Vnguentum aureum.

♃. Ceræ citrinæ ℥. vj.
  Olei boni ℔. ij.
  Tereb. ℥. ij.
  Resinæ, colophoniæ ana ℥. j. ß.
  Olibani, mastiches ana ℥. j.
  Croci ʒ. j.
Fiat vnguentum.

En premier, ferez fondre vostre cire auec vne grande portion de l'huile, puis vous adiousterez la resine et colophone rompue par petits morceaux : et estans fondues, osterez le tout du feu, et adiousterez vostre terebenthine : cela estant à demy refroidi, mettrez l'oliban et mastic puluerisés, et sur la fin le saffran dissout ou destrempé auec le reste de vostre huile.

Le *tetrapharmacum* est ainsi appellé, par-ce qu'il est composé de quatre simples, sçauoir : cire, resine, poix et suif de taureau, egalement meslés et fondus.

Vnguentum tetrapharmacum.

℞. Resinæ, picis nigræ, ceræ ana ℥. ij. ß.
  Olei veteris oliuarum matur. ℔. j. ß.
  aut ℔. j. si durius id esse vis.

Fiat vnguentum.

Faites fondre auec l'huile la cire coupée par petits morceaux, puis adiousterez la resine et poix : et le tout estant fondu aurez vostre onguent.
Aucuns l'appellent *basilicum*.

Vnguentum diapompholygos.

℞. Olei rosati ℥. ix.
  Ceræ albæ ℥. iiij.
  Succi solani hortensis ℥. iiij.
  Cerussæ lotæ ℥. j.
  Pompholygos, plumbi vsti et loti, olibani puri ana ℥. ß.

Fiat vnguentum.

En l'huile sera fondue la cire à petit feu, puis estant ostée du feu, adiousterez vos susdits ingrediens, et les broyerez long temps en vn mortier de marbre, versant petit à petit du suc : et ce qui ne sera incorporé, vous le separerez.

Vnguentum desiccatiuum rubrum.

℞. Lapidis calaminaris, terræ sigillatæ ana ℥. ij.
  Lithargyri auri, cerussæ ana ℥. j. ß.

Camphoræ 5. ß.
  Ceræ ℥. ij. ß.
  Olei rosati et violarum ana ℥. iij.

Fiat vnguentum.

Vous ferez fondre la cire auec l'huile, et estans refroidis vous meslerez vos poudres, remuant auec vne spatule de bois, adioustant sur la fin le camphre dissout auec vn peu d'huile rosat, ou eau de roses.

Vnguentum enulatum.

℞. Radicis enulæ campanæ coctæ cum aceto, et pistatæ vt decet ℔. ß.
  Axung. porci, olei communis ana ℥. j. ß.
  Argenti viui extincti, et terebenthinæ lotæ ana ℥. j.
  Salis communis puluerisati 5. ij.

Incorporentur vt decet.

Vous prendrez vos racines cuites, et passées par l'estamine, lesquelles ferez cuire auec vostre axonge à petit feu, en remuant tousiours, puis soudain ietterez vostre sel, et l'huile, et cire, le tout meslés ensemble : cela fait, sera ostée du feu la composition : à laquelle estant froide, adiousterez le vif argent esteint auec vn peu d'axonge et terebenthine.

Vnguentum album Rhasis.

℞. Olei rosati ℥. ix.
  Cerussæ albæ ℥. iij.
  Ceræ albæ ℥. ij.

Confice sic.

La ceruse sera bien puluerisée, sus laquelle ietterez l'huile et la cire que vous meslerez ensemble chaudement, puis longuement battrez le tout ensemble, iusques à ce que la meslange vous en semble bien parfaite.

Vnguentum de althœa.

℞. Radicis althææ ℔. ʃ.
    Seminis lini, fœnugræci ana ℔. ß.
    Scillæ ℥. iij.
    Olei communis ℔. ij.
    Ceræ ℔. ß.
    Terebenthinæ, galb. gummi hederæ ana
    ℥. ʃ.
    Colophoniæ et res. ana ℥. iij.

Les racines et les morceaux de scille, et les semences de lin, seront mises en infusion chacun à part, en cinq liures d'eau l'espace de trois iours, puis on les fera boüillir iusques à la consomption chacun de trois onces : cela fait, on en tirera les mucilages, que l'on fera cuire auec l'huile, adioustant la cire taillée en petits morceaux : puis l'ostant du feu mettrez le galbanum dissout en vinaigre meslé auec la terebenthine, ensemble la gomme de lierre, colophone et resine, reduits en poudre : ou bien ferez fondre vostre colophone et resine auec la cire et l'huile, qui seroit mieux.

Vnguentum populeonis.

℞. Ocul. popull arb. ℔. ʃ. ß.
    Folio. papauer. nig. mandrag. folior.
    rubiæ. hyoscya. vermic. lactucæ, sem-
    peruiui, folior. violar. cymbalaris folior.
    nominati cortali nascentis in fig. et mu-
    ris ana ℥. ß.

Cordus et Fernelius, itemque Nicolaus dozent les simples iusques à trois onces chacun :

    Adipis suilli recentis expertis salis ℔. ij.
    Vini boni ℔. ʃ.
Fiat vnguentum.

Les fueilles de violes et œillets de peuple seront pistés en vn mortier de marbre auec les axonges, puis seront mis en vn pot, et laissés l'espace de deux ou trois mois, attendant que les autres herbes soient en leur vigueur : lesquelles estans cueillies, seront hachées et pistées comme les susdites, puis meslées ensemble, et sera le tout mis en vn lieu tiede l'espace de huit iours, adioustant vne liure de vinaigre fort : cela fait, on fera le tout cuire iusques à la consomption de l'humidité, qui se connoistra lors que l'on en iettera vn peu dessus le feu, et s'il fait bruit, c'est signe qu'il y a encore quelque humidité : laquelle estant consommée, ledit onguent sera passé par vn gros linge, en exprimant bien fort le marc des susdites herbes.

Vnguentum apostolorum.

℞. Terebenthinæ, ceræ albæ, resinæ ana ℥.
    xiiij.
    Opopanacis et floris æris (seu viridis
    æris : *car flos æris ne se prend pas icy*
    proprement pour ces petits grains, qui
    comme scintilles saillent de l'airain, lors
    que les mareschaux l'abreuuent d'eau pour
    le rafraichir : mais il se prend pour le
    verd de gris, qui est fort propre contre les
    vlceres malins contre lesquels tout cest
    onguent est preparé) ana ℥. ij.
    Ammoniaci ℥. xiiij.
    Aristolochiæ longæ, thuris mascu. ana
    ℥. vj.
    Myrrhæ et galbani ana ℥. iij.
    Bdellij ℥. ʃ.
    Lithargyri drach. ix.
    Olei ℔. ij.
Fiat vnguentum.

La litharge doit estre nourrie auec ℥. ij. d'huile, l'espace de cinq heures, en après cuitte à petit feu iusques en forme de miel, en remuant à fin qu'elle ne se brusle, à laquelle estant hors du feu, adiousterez la cire fondue auec le reste de l'huile, ensemble la resine : puis le tout estant refroidi, mettrez les gommes dissoutes en vinaigre, et cuites incorporées auec la terebenthine, ou bien les adiousterez en poudre : cela fait, les poudres d'aristoloche, myrrhe et encens seront incorporées : et par ainsi aurez vostre onguent, y adioustant sus la fin *floris æris* bien subtilement puluerisé.

Encore que par cy deuant la description de l'Egyptiac soit mise, ie n'ay voulu faillir le mettre en ce lieu.

℞. Floris æris, aluminis rochæ, mellis communis ana ℥. iij.
   Aceti acerrimi ℥. v.
   Salis communis ℥. j.
   Vitrioli Romani ℥. ß.
   Sublimati pulueris. ℈. ij.
Bulliant omnia simul, et fiat vnguentum yt artis est.

I'ay adiousté le sublimé pour luy donner plus de force, lequel tu pourras diminuer ou oster si bon te semble.

Vnguentum Comitissæ.

℞. Corticum medianorum castanearum, corticum medianorum arboris glandium, et glandium, myrtillorum, caudæ equinæ, corticum fabarum, acinorum vuarum, sorborum siccorum immaturorum, mespillorum immaturorum, radicum chelidoniæ, foliorum prunorum syluestrium ana ℥. j. ß.
   Aquæ plantaginis ℔. viij.
   Ceræ nouæ ℥. viij. ß.
   Olei myrtillorum ℔. ij. ß.

En aprés te faut espandre dru et menu la poudre des choses qui s'ensuiuent.

℞. Pulueris corticis mediani castanearum, corticis mediani glandium, corticum medianorum arboris glandium, id est quercus, gallarum ana ℥. j.
   Cineris ossium cruris bouis, myrtillo-

rum, acinorum vuarum, sorborum siccorum ana ℥. ß.
   Trochiscorum de carabe ℥. ij.
Fiat vnguentum.

Premierement vous ferez vne decoction en l'eau de plantain, des simples concassés qui s'ensuiuent, comme *cortex medianus arboris quercini, acini vuarum, radix chelidoniæ, mespilla, sorba, cauda equina, semen myrtillorum, pruni syluestris folia, cortices fabarum, cortices mediani glandium, castanearum cortices, et gallæ* : lesquels simples estans bien cuits, seront laissés en infusion l'espace de deux heures, et ladite decoction sera passée et separée en neuf portions, et auec vne des susdites portions la cire estant fondue auec l'huile de myrtils, sera lauée, en continuant telle ablution sept fois : cela fait, et l'ayant bien esgouttée, de sorte qu'il ne reste aucune goutte de la decoction, auec la cire et l'huile la ferez fondre, adioustant les poudres qui s'ensuiuent, comme *ossium cruris bouis, corticum mediorum arboris quercini, et mediorum corticum glandium, corticum mediorum castanearum, gallarum, sorborum, mespillorum, seminum myrtillorum, acinorum vuarum*, et sus la fin *trochiscos de carabe* : et par ainsi aurez vostre onguent fait selon l'art.

Vuguentum pro stomacho.

℞. Olei absinthij, mastichis, de spica et rosati ana ℥. ß.
   Pul. absinthij, rosar. maioranæ, menthæ ana ℈. j.
   Garyophyllorum, cinnamomi, mastichis, galangæ ana ℈. j.
Puluerisentur puluerisanda, et cum sufficienti quantitate ceræ fiat vnguentum molle, de quo vnguatur stomachus calidé per horam ante pastum, continuando.

Nous vsons des onguens à fin qu'ils demeurent et s'arrestent en la superficie, sans couler, et aussi à fin qu'ils ne penetrent trop au dedans : pour ceste raison ils sont moyens entre les linimens et emplastres : et bien souuent nous prenons onguens pour linimens, vsans indifferemment de l'vn et de l'autre [1].

Vnguent de hedrus escrit par Galien, propre aux morsures des bestes enragées, et à toutes morsures, soit d'hommes ou autres animaux : aussi aux ragadies du fondement : on en fait pareillement des pessaires remollitifs [2].

℞. Ceræ albæ ℔. ij.
　Cerussæ, lithargyri aurei ana ℔. j.
　Myrrhæ et medullæ cerui ana ℥. ij.
　Thur. ℥. j.
　Olei ℔. ß.

La maniere de le faire est telle : il faut cuire la litharge auec l'huile iusques à bonne consistence, cela fait il faut ietter la cire et ceruse, et les mouuoir : et lors qu'ils seront vnis, et n'adhereront point aux doigts, ostez les du feu, et y mettez la moëlle : puis quand il seront refroidis, on y adioustera la myrrhe et le thus subtilement puluerisés : et sera gardé tel onguent pour en vser aux dispositions susdites.

Autre medicament de Galien propre aux morsures des chiens enragés, et aux piqueures des nerfs et tendons : il prohibe que telles playes ne se peuuent glutiner ny cicatriser. Il se fait ainsi [3] :

Prenez vne liure de poix grasse, trois onces

<hr/>

[1] Ici s'arrêtait le chapitre en 1575; le reste est de 1579.
[2] *Liu. 1. de la Composition des medicamens en general.*— A. P.
[3] *Liu. 3. de la Composition des medicamens en general.* — A. P.

d'opopanax, cuits en fort vinaigre, huile de lis, axonge de porc fort vieille : et soit fait onguent.

Il dit que l'huile de moustarde est si acre, que la mettant sur les playes recentement fermées, qu'elle a vertu les faire ouurir : et partant elle est bonne ausdites playes faites des bestes estranges, et aux ponctions des nerfs et tendons.

<hr/>

CHAPITRE XXVII.

DES CERÓVENNES ET EMPLASTRES.

Les ceroüennes et emplastres ont si grande affinité en leur composition, que souuentesfois on escrit l'vn pour l'autre, tout ainsi que les linimens et onguens, lesquels on confond quelquesfois l'vn auec l'autre : à ceste cause nous distinguerons bien peu les ceroüennes des emplastres, car la difference est bien petite.

Ceroüenne est une composition plus dure et solide que les onguens, et plus molle que les emplastres, laquelle a son nom de la cire qu'elle y reçoit pour donner consistence et arrester l'huile. Les differences sont prises aucunesfois des parties où elles sont appliquées, comme *ceratum stomachicum* : autresfois de leurs effets, comme *ceratum refrigerans Galeni* : souuentesfois des simples desquels ils sont composés, comme *ceratum santalinum*, et ainsi des autres.

La propre matiere des ceroüennes est la cire neufue, et les huiles accommodées aux parties et maladies : de sorte que linimens et onguens ne different aucunement des ceroüennes, s'ils reçoiuent de la cire en leur composition : comme *vnguentum rosaceum*, s'il reçoit de la cire, sera appellé ceroüenne, non onguent. Les ceroüennes qui sont composés de resines, gommes, et metaux, sont plustost appellés emplastres que ceroüennes, comme le ceroüenne pour la hergne, communément appelé *Emplastrum contra rupturam*. D'auantage souuentesfois s'il y a douleur ou inflammation en vne partie, nous faisons ceroüennes des emplastres liquefiés en huile, de peur que la substance trop solide, dure et pesante de l'emplastre ne blesse la partie dolente par sa grauité, et n'augmente l'inflammation, empeschant la perspiration d'icelle par sa solidité. Et pourtant delaissant la maniere de composer lesdits ceroüennes, dirons des emplastres.

Emplastre est vne composition faite de toute sorte de medicamens, principalement gras et secs, assemblés et amassés en vn corps espais et visqueux, dur et solide, adherant aux doigts. Les differences des emplastres sont autant manifestes que celles des onguens. Qu'il soit vray, elles sont prises bien souuent d'vn principal medicament qui entre en la composition, comme *diachylon, de meliloto, de baccis lauri, diachalciteos siue palmeum, de betonica siue de ianua*. Aucunesfois de leurs effets, comme *diuinum, gratia dei, apostolicon, contra rupturam*. Quelquefois aussi de la couleur, comme *emplastrum nigrum, griseum*, et autres telles differences, lesquelles connoistras à leur nom commun et vulgaire.

La matiere des emplastres est prise des parties des plantes, des metalliques et eorps terrestres principalement, et des parties des bestes : desquels les vns laissent seulement leurs vertus, comme le vin, vinaigre, eau, et tous jus liquides des herbes : les autres seruent principalement pour donner consistence ferme aux emplastres, comme la litharge (laquelle selon Galien est la principale matiere à faire emplastres[1]) la cire, l'huile et les resines. Les autres sont mis aux emplastres, non seulement pour seruir de matiere, mais aussi pour donner leurs vertus et effets, comme les gommes, quelques metalliques, parties des bestes, et resines, comme la terebenthine pour digerer, mondifier et desseicher.

Or des emplastres aucuns sont faits sans coction, les autres auec coction. Ceux qui sont faits sans feu, incontinent sont desseichés, et ne sont aucunement visqueux. Ils sont faits de farine et poudre meslées et incorporées auec jus, ou autre chose humide. Tels emplastres doiuent plustost estre appelés onguens durs ou cataplasmes, qu'emplastres. Qu'ainsi soit, par decoction sont faits les vrais emplastres, laquelle est aux vns plus longue, aux autres plus briefue, selon que les ingrediens la peuuent endurer de leur nature et substance : parquoy il est fort vtile connoistre ceux qui portent grande decoction ou petite.

Donc la methode et moyen de bien faire les emplastres, c'est que les racines, bois, fueilles, tiges, fleurs, semences seiches et puluerisées, sont mises presque toutes les dernieres, lors que l'emplastre est quasi cuit, ou qu'il est ja hors du feu, ou autrement leur vertu s'euaporeroit. Toutesfois si quelques vnes de ces choses entrent en la composition lors qu'elles sont fraisches et encore verdes, ou il

---

[1] *Aux liures de la Composition des medicamens en particulier.* — A. P.

les faudra faire cuire en quelque liqueur, puis les passer et mesler auecques le reste, ou bien si elles ont du suc, on le tire aprés les auoir pilées : et se sert-on de ce suc pour cuire les autres choses, et les fait-on du tout consommer, n'y laissant rien que sa vertu et faculté, comme l'on peut voir en l'emplastre *de ianua* ou *betonica*, et *gratia dei :* ce qu'on obserue aussi és mucilages : vray est qu'à cause de leur viscosité, ils ne se consomment pas tant que les sucs. Quant au miel et huile, il en demeure encore beaucoup, encore que l'emplastre soit parfait. Et quant aux sucs solides et endurcis, comme l'aloés, l'hypocistis, l'acacia, et autres semblables, si quelqu'vn entre en la composition de l'emplastre, et s'il est encores recent et frais, il le faudra seulement dissoudre et destremper en quelque liqueur propre en nostre intention, lequel neantmoins il faudra faire consommer à force de cuire, auant que le mesler en la composition : ou bien faire cuire toute la composition iusques à la consomption de l'humidité des sucs.

Les gommes, comme galbanum, opopanax, sagapenum, ammoniacum, et autres, se doiuent dissoudre en vin, vinaigre, eau de vie, ou autre liqueur : puis doiuent estre coulées et cuites iusques à la consomption desdites liqueurs et consistence emplastique, et seront mises aux emplastres ja du tout cuittes. Et est à noter, que pour bien auoir la quantité et poids des gommes, il les faut premierement dissoudre et couler, et les faire cuire, à cause des petits esclats de bois et autres ordures qui s'y trouuent le plus souuent. D'auantage, le Chirurgien doit auoir esgard en quelle liqueur il les fait dissoudre :

car le vinaigre fait de bon vin fort et puissant, est de trop plus grande vertu pour subtilier et penetrer, que celuy qui est fait de petit vin, brusc, rude, et aspre.

Les autres gommes qui sont plus seiches sont mises en poudre, et meslées à la fin des emplastres : les metalliques, comme *æs vstum, chalcitis, magnes, bolus armenus, sulphur, auri pigmentum*, et les autres qui se peuuent pulueriser, doiuent estre mis à la fin, si d'auenture on ne veut obtondre et refrener leur trop grande force par longue decoction. Ainsi est fait des resines, de la poix, de la terebenthine, laquelle doit estre mise aprés la cire, sans sentir aucune coction, ou bien petite : les graisses sont meslées sur le feu. La litharge auec l'huile doit estre cuitte à consistence, si l'on veut que l'emplastre desseiche sans mordication. La cerusse pourra bien endurer tant longue decotion, mais elle ne rendra l'emplastre blanc : tout ne plus ne moins que la litharge d'argent ne donne tant belle couleur aux emplastres que la litharge d'or. Finablement tel ordre garderas en la decoction des emplastres. La litharge sera cuitte à consistence, les jus ou mucilages ja consumés : puis on y adioustera les graisses, en aprés les resines seiches, les gommes, la cire, la terebenthine, et à la fin les poudres.

La parfaite coction des emplastres est conneuë par la consistance crasse, dure, glutineuse et adherante. Ce qui est euident, quand en prenant quelque portion de l'emplastre, icelle refroidie, soit par l'air ou eau froide, ou marbre, elle ne vient à adherer aux doigts : d'auantage, quand tout est bien meslé, et la paste et l'emplastre est bonne et bien amassée, difficile à rompre et mettre en morceaux.

La quantité des medicamens que l'on veut mesler pour faire emplastre ne se peut descrire, ains est estimée par vne coniecture artificieuse, ayant esgard aux medicamens qui donnent consistence et glutinosité : puis à la coction parfaite on connoist si l'emplastre est trop mol ou trop dur. La cire n'entre point aux emplastres esquels il y a du ladanum, car il sert de cire. D'auantage, si la composition d'vn emplastre reçoit quelques medicamens emplastiques, la cire sera diminuée : au contraire, si les autres sont tous liquides, l'on augmentera la cire en telle quantité qu'elle puisse donner consistence emplastique. Le temps aussi et l'air varient la quantité de la cire, et pourtant sera bon laisser la quantité de la cire au iugement de l'operateur, escriuant seulement, *ceræ quantum sufficit.* Des onguens on peut faire emplastres, en y adioustant ou cire ou resines seiches, ou autre chose dure et solide. Aucuns veulent que pour vne poignée des medicamens grossement puluerisés, on y mette vne once ou once et demie d'huile, ou autre liqueur : mais de cecy ne s'en peut donner precepte certain, ains tout gist en l'examen et consideration des emplastres ja composés des anciens, esquels se faut diligemment exercer, pour bien entendre la maniere d'ordonner emplastres. A ceste raison nous descrirons les plus communs.

Emplast. de Vigo cum Mercurio.

℞. Olei chamæmeli, anethi, de spica, liliorum ana ℥. ij.
Olei de croco ℥. j.
Pinguedinis porcinæ ℔. j.
Pinguedinis vitulinæ ℔. ß.
Euphorbij ℈. v.

Thuris ℈. x.
Olei laurini ℥. j. ß.
Ranas viuentes n. vj.
Pinguedinis viperæ ℥. ij ß.
Lumbricorum lotorum in vino ℥. iij. ß.
Succi ebuli, enulæ ana ℥. ij.
Schœnanti, stœcados, matricariæ ana m. ij.
Vini odoriferi ℔. ij.
Lithargyri auri ℔. j.
Terebenthinæ claræ ℥. ij.
Styracis liquidæ ℥. j. ß.
Argenti viui extincti.

Fiat emplastrum.

Pour chacune liure d'ingrediens, on y met iiij. ℥. de vif-argent, et souuent l'on le multiplie, pour estre ladite emplastre de plus grand effet. Les vers doiuent estre laués auec eau de fontaine, puis auec vn peu de vin, à fin de leur oster toute la terre qu'ils pourroient auoir : estant ainsi laués, on les fera tremper au vin qui entre en ceste composition, et les grenoüilles toutes viues seront adioustées, et le tout boüilli ensemble iusques à la consomption de la tierce partie : puis sera mise l'herbe appelée matricaria incisée, aussi le schœnanthe contus, et le stœchas, et de rechef on fera cuire le tout iusques à la consomption d'vne liure. Telle decoction sera cuitte à perfection, et qu'elle soit claire : puis sera laissée refroidir, puis coulée et gardée, attendant que la litharge aye esté nourrie l'espace de xij. heures auec huile de camomille, aneth, de lis, de saffran, ensemble les axonges de porc, de veau, et de vipere (en lieu de l'axonge de vipere, on prendra de l'axonge humaine), laquelle litharge ayant esté nourrie, sera cuitte bien lentement : puis osterez le tout du feu, et adiousterez vn quarteron de la susdite decoction : en aprés sera mise sus le feu, à fin que l'humidité en soit eonsommée, et continuerez iusques à ce qu'ayez mis toute la decoction : et notez qu'vne partie de l'huile d'aspic sera gardée pour mettre à la fin de ladite decoction, à fin que l'emplastre aye meilleure odeur. Cela fait, lors adiousterez *succos ebuli et enulæ campanæ*, faisant le tout cuire iusques à leur consomption : puis l'ayant osté hors du feu adiousterez le thus, *euphorbium*, et de la cire blanche tant qu'il en sera besoin, puis mettrez l'argent vif esteint auec la terebenthine, et huile d'amandes ameres, et le styrax, l'huile laurin et de spica, en remuant tout iusques à ce qu'il soit froid : puis en ferez magdaleons. Le vif-argent sera incorporé, esteint, comme dit est, auec l'emplastre, sur le marbre auec les mains.

Annotation au ieune chirurgien, que tous les onguens ausquels entre du vif-argent, on le doit esteindre auec vn peu d'axonge ou huile visqueuse, comme de lin ou terebenthine, puis aprés l'incorporer auec le medicament, estant presque du tout refroidi : autrement il s'euaporeroit en fumée, ou se reüniroit en corps comme deuant qu'il fust esteint : laquelle chose est bien à noter principalement, comme à l'emplastre de de Vigo et autres [1].

Ceratum œsypi ex Philagrio.

℞. Croci ℨ. ij. ß.
Bdellij, masti. ammoniaci, aloes, styrac. liquidæ ana ℥. ß.
Ceræ albæ ℔. ß.
Terebent.ʼℨ. vj.
Medullæ cruris vaccæ, adipis anseris ana ℥. j.
OEsypi, vel axung. gall. si desit ℥. ix.
Olei nard. quantum satis ad magdaleones formandos.

[1] Cette annotation a été ajoutée en 1579.

Expressionis scillæ ℨ. j. ß.
Olibani ℨ. ß.
Sepi vitulini ℨ. j.

L'*œsipus*, *sepum*, *adeps et medulla* auec la cire, seront fondus ensemble : et estant le tout refroidi, adiousterez l'ammoniac dissout en vne demie once d'vne decoction faite de fœnugrec et de camomille, et en vne once et demie de suc de scille, faisant consommer l'humidité : puis mettrez le styrax et terebenthine, et remuant tousiours, lors adiousterez le bdellium, origan, mastic, aloé, mis en poudre : le tout estant bien incorporé auec huile de nardinum, en formerez magdaleons.

Emplastrum de gratia dei.

℞. Tereben. ℔. ß.
Resinæ ℔. j.
Ceræ albæ ℨ. iiij.
Mast. ℨ. j.
Fol. verb. bet. pimpin. ana m. j.

Les herbes verdes, et principalement leurs sommités, seront hachées et broyées en vn mortier de marbre, puis seront cuittes en bon vin rouge et odoriferant, iusques à la consomption de la tierce partie, et en la colature adiousterez votre cire taillée en petits morceaux pour la faire fondre : et l'humidité consommée, mettrez la resine, et le tout estant refrigeré, adiousterez le mastic bien puluerisé, le malaxant entre vos mains pour le mieux incorporer.

Emplast. de ianua, seu de betonica.

℞. Succi beton. plantag. apij ana ℔. j.
Ceræ, picis, resinæ, terebenth. ana ℔. ß
Fiat emplast.

Les sucs seront mis auec la cire

pour la liquefier et fondre, lesquels seront consommés iusques à la consomption de trois parties, puis adiousterez la resine , poix , lesquels estans fondus seront passés tous chauds, adioustant puis aprés la terebenthine, aprés en seront faits magdaleons.

Emplastr. oxycroceum.

℞. Croci, picis communis (*ou plustost naualis, laquelle à la verité semble plus propre en ce cas, de tant que tel onguent est preparé pour amollir, discuter et euoquer la douleur des iointures*) coloph. ceræ ana ʒ . ij.
Terebenth. galb. ammon. thuris, myrrhæ, mastic. ana ʒ. v. ß.

Vous ferez lentement fondre la cire, adioustant la poix et colophane , puis mettrez vos gommes dissoutes comme il appartient , et meslées auec la terebenthine : et le tout estant osté du feu, mettrez le thus et la myrrhe l'vn aprés l'autre, et sus la fin le saffran bien puluerisé : puis en formerez magdaleons auec huile de vers.

Emplastrum de cerussa.

℞. Olei communis ℔. ij.
Cerussæ subtiliss. ℔. j.

Si tu veux faire ton emplastre plus blanche , ne faut mettre que ʒ. ix. d'huile. Vous ferez cuire votre emplastre petit à petit, mettant tout ensemble, en remuant iusques à ce qu'il aye consistence d'emplastre.

Emplastrum triapharmacum ou nigrum.

℞. Litharg. triti, aceti fortissimi ana ℔. ß. Olei antiqui ℔. j.
Fiat emplastrum.

La litharge sera nourrie auec l'huile l'espace de ix. heures, la faisant cuire à petit feu, iusques à ce qu'il soit espais, puis adiousterez vostre vinaigre petit à petit , vous donnant de garde qu'il ne se brusle , et ferez tout boüillir iusques à la consomption d'iceluy vinaigre. Icelle emplastre est dite *triapharmacum*, à raison qu'elle est composée de trois simples.

Emplastrum palmeum siue diachalcileos.

℞. Olei veteris ℔. iij.
Axungiæ veteris sine sale ℔. ij.
Lithargyri triti ℔. iij.
Vitrioli ʒ. iiij.

L'huile et la litharge seront mises ensemble, à fin de la nourrir, l'espace de xij. heures, puis sera cuitte ayant quelque consistence, adioustant l'axonge : et faut tousiours remuer auec vne spatule de palme, ou en lieu d'icelle auec vne racine de canne ou baston de saulx : et estant cuitte à perfection, et ostée du feu, adiousterez votre vitriol bien puluerisé.

Emplastrum contra rupturam.

℞. Picis naualis, aloës ana ʒ. iij.
Lithargyri, ceræ, colophoniæ, galbani, ammoniaci ana ʒ. ij.
Visci quercini ʒ. vj.
Gypsi vsti, vtriusque aristolochiæ ana ʒ. iiij.
Myrrhæ, thuris ana ʒ. vj.
Terebenthinæ ʒ. ij.
Pulueris vermium terrestrium, gallarum vtriusque consolidæ, boli armeniæ ana ʒ. iiij.
Sanguinis humani ℔. j.
Fiat emplastrum.

Lequel si vous voulez faire de bonne consistence, adiousterez *olei myrtillorum, vel mastiches* ℔. ß., sinon que tel aprés sa composition sera d'vne mauuaise paste. Le moyen de bien faire cest emplastre est tel.

Prenez vne peau entiere d'vn belier, laquelle couperez en petits morceaux, et sera cuitte en cent liures d'eau et vinaigre, iusques à ce qu'elle soit rendue comme vne colle ou gelée : en laquelle dissouldrez *viscus quercinum*, adioustant la cire, taillée en petites pieces, ensemble la poix rompue en petits morceaux : et si voulez adiouster de l'huile, le ferez : puis adiousterez le galbanum, ammoniac dissout en vinaigre , puis meslés auecques la terebenthine : en aprés seront incorporés là litharge, gypsum , le bol, l'aristoloche et la consoulde , les vers et le sang , et sus la fin la myrrhe, le thus, colophone, et l'aloés, sans faire aucune interposition de remuer : puis à fin que le tout soit mieux incorporé, on battra long temps l'emplastre en vn mortier, auec vn pilon chaud.

Emplast. de mucaginibus.

♃ Mucag. seminis lini radicum althææ, fœnugræci et mediani corticis vlmi ana ℥ . iiij.
 Olei liliacei, camomelini , anethini ana ℥ . j. ß.
 Ammoniaci, opopanacis, sagapeni ana ℥ . ß.
 Croci ℈ . ij.
 Ceræ nouæ ℔. j. ℥ . viij.
 Terebenthinæ ℥ . ij.

Fiat emplastrum.

 Fernel ne dose la cire que iusques à xx. drachmes, voulant au reste la dose des autres ingrediens estre semblable à celle qui est icy ordonnée. Les mucilages et la cire coupée en petits morceaux, seront mises auec les huiles , et seront consommées en remuant auec vne spatule de bois ; puis seront adioustées les gommes dissoutes et meslées auec la terebenthine, puis aprés mettrez le saffran bien puluerisé.

Emplast. de minio.

♃ Olei rosati, myrt. vnguenti popul. ana ℥ . iiij.
 Pingued. gall. ℥ . ij.
 Sepi castrati, sepi vaccini ana ℥ . vj.
 Pingued. porcinæ ℥ . x.
 Cerussæ ℥ . iiij.
 Minij. ℥ . iij.
 Terebent. ℥ . iiij.
 Ceræ quant. satis si opus fuerit.

Fiat emplastrum vel ceratum molle.

 La litharge, ceruse, et minium chacun à part, seront reduits en poudre sur le marbre, les arrousant d'vn peu d'eau rose, à fin que le plus subtil ne s'euapore : puis seront incorporés auec l'huile rosat , myrtil, les mettant sus le petit feu, iusques à ce qu'ils ayent acquis la consistence de miel. Cela fait, adiousterez les axonges, et la ferez cuire iusques à ce qu'elle deuienne noire : lors subit mettrez le *sepum castratum et vaccinum*, lesquels estans fondus, osterez le tout du feu, adioustant l'*vnguentum populeonis*, et s'il y a besoin de cire en adiousterez, puis formerez vos magdaleons.

Diachylon magnum.

♃ Lithargyri puri et puluerisati ℥ . xij.
 Olei irini, aneth. chamæmelini ana ℥ . viij.
 Mucilaginis seminis lini, fœnugræci et radicis althææ , et ficuum pinguium et vuarum passarum, succi ireos et scillæ, œsypi, ichthyocollæ ana ℈. xij ß.
 Terebenth. ℥ . iij.
 Resinæ pini, ceræ flauæ ana ℥ . ij.

Fiat emplastrum.

 La litharge doit estre nourrie auec l'huile auant que la mettre sur le feu, puis estre cuitte à petit feu, iusques à ce qu'elle deuienne espaisse : aprés faut mettre petit à petit les mucilages iusques à la consomption : aprés les jus de scille et iris soyent meslés auec ledit emplastre, aussi le mucilage de ichthyocolla : et iceux estans consumés, faut faire fondre la cire et la resine, et hors le feu soit mise la terebenthine et œsypus.

L'vsage des emplastres est à fin que plus de temps ils puissent demeurer sur les parties où ils sont appliqués, et que leur vertu ne puisse si tost exhaler, ioint aussi que l'on les peut garder long temps.

CHAPITRE XXVIII.

DES CATAPLASMES ET PVLTES.

Les cataplasmes ont grande similitude auec les emplastres dits improprement, à cause qu'ils peuuent estre estendus sur linges ou estoupes, et adherer aux parties comme emplastres : ils sont faits de racines, fueilles, fruits, fleurs, semences des herbes, jus d'icelles; huiles, axonges, moëlles, farines, resines : desquels les vns sont cuits, les autres cruds. Ceux qui sont cuits, sont faits desdites herbes cuittes à pourriture, puis passées par vn sasset, en y adioustant de l'huile ou axonge. Les cruds sont faits des herbes pilées, ou jus d'icelles, meslées auec huile, farine, et autre poudre accommodée ou à la maladie ou à la partie, selon l'intention du compositeur. La quantité des medicamens ingrediens n'est point determinée, ains est laissée au iugement et estimation des simples que l'on veut mesler en vne consistence molle et espaisse, laquelle doit estre visqueuse, si nous voulons maturer, et au contraire, si nous voulons digerer. La chose sera

manifeste des exemples lesquels nous mettrons, aprés auoir descrit leur vsage.

Nous vsons des cataplasmes en la curation des maladies pour appaiser douleur, cuire et digerer tumeurs contre nature, resoudre ventosités: ils doiuent estre chauds moderément, et de parties subtiles, à fin que mediocrement ils attirent. L'vsage d'iceux est suspect et dangereux où le corps n'est pas purgé, à cause qu'ils attirent à la partie ja affectée : aussi ne faut vser d'iceux quand la matiere que l'on veut digerer est grosse et terrestre, car ils resoudroient le subtil, et laisseroient le gros [1] : sinon en cas que lesdits cataplasmes fussent meslés de choses non seulement discutientes, mais aussi resoluentes.

Exemple d'vn cataplasme anodyn.

℞. Medullæ panis ℔. ß;
Décoquatur in lacte pingui, cui adde :
    Olei camomillæ ℥. ß.
    Axungiæ gallinæ ℥. j.
Fiat cataplasma.

Exemple d'vn maturatif.

℞. Radicis althææ ℥. iij.
    Foliorum maluæ, senecionis ana m. j.
    Seminis lini, fœnugræci ana ℥. ij.
    Ficus pingues numero vj.
Decoquantur in aqua, et per setaceum transmittantur, addendo :
    Olei liliorum ℥. j.
    Farinæ hordei ℥. ij.
    Axungiæ porcinæ ℥. j. ß.
Fiat cataplasma.

Autre exemple d'vn resolutif.

℞. Farinæ fabarum et orobi ana ℥. ij.

[1] Ici finissait ce paragraphe en 1575; le reste est de 1579.

Puluetis camomillæ et meliloti ana Ʒ. iij.
Olei irini et amygdalarum amararum
   ana Ʒ. j.
Succi rutæ Ʒ. ß.

Fiat cataplasma.

Les pultes ne different des cata-plasmes, sinon à raison qu'elles sont faites des farines cuittes en huile et eau , ou miel , ou beurre, ou axonge. L'on fait pultes, pour la maturation des tumeurs contre nature, de farine d'orge, ou de froment, et de laict ferré, principalement aux affections des parties internes : ou pour desseicher et astreindre, et lors sont faites de farine de ris, ou de lentilles, ou d'orobus, auec vinaigre : ou pour mondifier , et en tel cas sont faites de miel, farines de féues, de lupins : en y adioustant de l'huile vieille, ou autre huile chaude, les ferez resolutiues. D'auantage l'on fait pultes pour appaiser douleur, et lors sont faites de laict. Les exemples feront le tout manifeste.

Exemple d'vne pulte maturatiue.

℞. Farinæ tritici Ʒ. ij.
   Micæ panis purissimi Ʒ. iij.

Decoquantur in lacte, et fiat pulticula.

Vne mondificatiue et resoluente est faite ainsi [1] :

℞. Farinæ hordei et fabarum ana Ʒ. ij.
   Farinæ orobi Ʒ. iij.

Decoquantur in hydromelite, addendo:
   Mellis quart. j.
   Olei amygd. amararum Ʒ. ij.

Fiat pulticula.

Nous vsons des pultes au commencement des maladies, aux douleurs

[1] Je reproduis cette courte phrase d'après l'édition de 1575; elle avait été effacée, sans doute par erreur, dès 1579.

et maturations des tumeurs contre nature estans tant és parties internes qu'externes. Quelquesfois nous vsons d'icelles pour tuer et occire les vers : et telles sont faites de farine de lupins cuitte en vinaigre et en fiel de bœuf, et decoction d'absinthe, et generalement toutes choses ameres.

CHAPITRE XXIX.

DES FOMENTATIONS.

Fomentation est vne euaporation ou estuuement, faite principalement pour amollir, relaxer et appaiser douleur, des medicamens relaxans, emolliens et anodyns, à fin que par sa chaleur elle puisse incontinent eschauffer, digerer et maturer. Icelle est seiche ou humide. La seiche ne differe point des sachets, desquels nous dirons cy-aprés : partant icy nous n'en dirons rien, mais seulement traiterons de l'humide, laquelle est faite de mesme matiere que l'embrocation, sçauoir est, d'herbes, racines, semences, fleurs emollientes, relaxantes et digerentes, cuittes en eau et vin : et differe seulement de ladite embrocation, quant à la maniere d'appliquer. Les racines de guimauues, mauues, de lis. Les semences de mauues, guimauues, persil, ache, de lin, fœnugrec. Les fleurs de camomille et melilot, figues. Lesquelles choses sont mises en telle quantité qu'il conuient, et sont cuittes en eau, vin ou lexiue, en plus grande quantité ou moyenne, selon que la partie et maladie le requiert : aucunesfois iusques à là consomption de la moitié, quelquesfois iusques à la troisiéme partie, ce que connoistras par les exemples.

Fomentation emolliente et resoluente.

℞. Radicis bismaluæ et liliorum ana ℥. ij˙
Sem. lini, fœnugr. cumini ana ℈. iij.
Flor. camom. meliloti et anethi ana p. j
Summitatum origani m. ß.

Decoquant. in æquis partibus aquæ et vini, aut ij. partibus aquæ et vna vini, aut in lixiuio cineris sarmentorum, ad tertiæ partis consumptionem, et fiat fotus.

A ceste exemple pourras escrire autres fomentations à autre vsage, selon ta necessité.

Or nous vsons des fomentations auant qu'vser des cataplasmes ou onguens, à fin d'ouurir les pores, relaxer les parties, et subtilier l'humeur, de sorte que la voye soit preparée aux autres remedes. Elles sont faites en toutes parties du corps : mais ne faut vser d'icelles sinon aprés la purgation du corps, de peur qu'elles n'attirent d'auantage d'humeur et sang à soy, qu'elles ne puissent digerer.

L'application et maniere d'vser desdites fomentations est telle. Aucunesfois l'on trempe vne esponge femelle (car telle est plus lice et douce pour son egalité que l'esponge masle) en ladite decoction chaude, ou feultres, ou linge, puis est espreinte et appliquée iusques à ce qu'elle est refroidie, et de rechef est trempée, et souuentesfois appliquée. Aucunesfois l'on emplit à demy de la fomentation chaude vne vessie (laquelle principalement est appliquée aux costés) ou vne bouteille, à fin que la chaleur soit gardée plus longuement en la partie : auec telle caution toutesfois, que telle bouteille, soit d'airain ou de terre, soit enueloppée de quelque chose molle et douce, comme laine surge [1] cardée, ou autre sem-

[1] *Laine surge* ; le latin traduit : *lana succida.*

III.

blable matiere, de sorte que ledit vaisseau, ny de sa grauité, ny de son asperité n'offense la partie dolente, comme admoneste Hippocrates au 2. *De diæta in acutis.*

CHAPITRE XXX.

DES EMBROCATIONS.

Embrocation selon les Grecs, ou irrigation selon les Latins, est vn arrousement, quand d'en haut à la similitude de la pluye l'on laisse distiller quelque decoction sur quelque partie, principalement aux affections de la teste, enuiron la suture coronale, tant pource que par les ouuertures manifestes de telle suture, la vertu du medicament est portée plus aisément au dedans, qu'aussi pource que le crane enuiron ce quartier est plus mince qu'en aucun autre endroit.

La decoction conuenable à faire embrocation, est faite de racines, fueilles, fleurs, semences, fruits, et autres semblables medicamens choisis selon nos intentions, lesquels sont cuits en liure et demie, ou en deux liures d'eau et de vin, iusques à la consomption de la moitié ou de la tierce partie. Aucunesfois on fait embrocations de lexiues et saulmures desseichantes, pour les maladies froides du cerueau : souuentesfois aussi elles sont faites d'huile seule, ou de vinaigre auec huile, si c'est pour la teste : vn exemple seul suffira pour t'en donner la connoissance.

Embrocation repercussiue.

℞. Foliorum plantaginis et solani ana m. j.
Seminum portulacæ et cucurbitæ ana ℈. ij.

Myrtillorum ʒ. j.

Florum nymphææ et rosarum ana p. ß.

Fiat decoctio ad ℔. j. ex quâ irrigetur
pars inflammata.

Pour repercuter aussi pourra estre
faite embrocation d'huile rosat auec
vinaigre.

Nous vsons des embrocations, à fin
que la partie la plus subtile puisse
penetrer auec l'air qui est attiré par
les arteres[1] : au moyen de quoy la partie est euentilée et aucunement ra-
fraichie, qui est cause que telles embrocations ont plus de lieu aux maladies froides que chaudes. La maniere
d'en vser est quand, ou par la crainte
de flux de sang, ou pour vn os rompu
nous ne voulons de faire la ligature,
ains espreignons de haut vn linge ou
du cotton trempé en decoction ou
huile conuenable à nostre propos,
sur la ligature : car le coup est rompu
par les bandes. Aucunesfois nous im-
bibons le linge ou cotton, et en touchant la partie nous faisons embrocation. Toutesfois pour en parler à la
verité, telle chose merite plustost le
nom de fomentation humide que
d'embrocation, comme l'étymologie
du mot grec le monstre euidemment.

CHAPITRE XXXI.

DES EPITHEMES.

Epitheme est vne composition appropriée seulement aux parties nobles des deux ventres inferieurs, semblable à fomentation, et peu differente d'embrocation. Les praticiens
l'appellent *Humectation* ou *Irrigation*,
laquelle est faite des eaux, ou jus et

[1] Galien *aux liures des Simples.* — A. P.

poudres appropriées au foye, au
cœur et au thorax, ausquelles on
adiouste du vin plus ou moins, selon
que l'affection froide ou chaude le
requiert. Car lors qu'il faut eschauffer, on adiouste d'auantage de vin,
comme en la syncope prouenante de
quelque grumeau de sang, de corruption de sperme, de venin froid pris
par la bouche (le contraire se doit
pratiquer és fiéures) aucunesfois de
la maluoisie, aucunesfois du vinaigre. Les herbes et autres medicamens
simples, conuenables aux parties internes, ont esté descrits au chapitre
de la quatriéme faculté des medicamens : on vse toutesfois le plus souuent des poudres d'electuaires composés, comme d'*electuarium triasantali*
pour le foye, *diamargariti* pour le
cœur.

En la composition des epithemes,
les praticiens vsent de telle proportion : pour vne liure de jus et eaux,
ils mettent vne once ou vne once et
demie des poudres, y adioustant
quelquesfois du vinaigre iusques à
demie once, et de la maluoisie ou vin
iusques à vne once : ce que connoistras par vn exemple suiuant.

Epitheme pour le cœur.

℞. Aquæ rosarum, buglossæ et borraginis
ana ʒ. iij.

Succi scabiosæ ʒ. ij.

Pulueris electuarij, diamargariti frigid.
ʒ. ij.

Corticis citri sicci ʒ. j.

Coralli, rasuræ eboris ana ʒ. ß.

Seminis citri et card. benedicti ana ʒ.
ij. ß.

Croci et moschi ana ℈. v.

Addendo vini albi ʒ. j. fiat epithema pro
corde.

Nous vsons d'iceux, tant pour le

foye que pour le cœur, et tout le thorax, és fiéures hectiques, ardentes : esquelles fiéures hectiques et ardentes plus opportunément sont apposés les epithemes sur le thorax et region des poulmons, que sur le cœur : car les poulmons ainsi refrigerés, eschauffent moins l'air attiré : et faut que tels epithemes soyent composés de choses humides et froides, pour par icelles contemperer l'ardeur de la fiéure (qui desseiche par trop le corps) à fin de refrigerer, ou eschauffer, ou conforter lesdites parties. Aucunesfois nous en vsons pour garder et preseruer le cœur des exhalations veneneuses, esleuées de quelque partie, comme gangrenes, sphaceles, et mortifications.

La maniere d'appliquer tels epithemes, est de tremper et moüiller souuent linge delié, ou cotton, ou santal, principalement quand c'est pour le cœur, et l'epithemer assez chaud, et en estuuer les parties. Tels remedes, comme tous les autres topiqués, ne sont appliqués sinon aprés les choses vniuerselles faites.

CHAPITRE XXXII.

DES RVPTOIRES OV CAVTERES POTENTIELS.

Ruptoire est un cautere potentiel, lequel par sa vertu caustique brusle et fait eschare. On les applique pour faire ouuerture à quelque partie, comme pour faire vacuation, deriuation, reuulsion, et attraction des humeurs. D'auantage seruent aux piqueures et morsures des bestes venimeuses, et aux apostemes veneriques, et bubons, et charbons pestilentiels,

s'il n'y a grande inflammation, parce que l'ouuerture faite par iceux est beaucoup à loüer (ainsi que i'ay escrit au traité de la Peste), d'autant qu'ils obtondent et attirent le venin du profond à la superficie, et donnent ample issue à la matiere conioincte : semblablement sont fort propres aux apostemes pituiteuses et phlegmatiques, pource que par leur chaleur ils aident à cuire l'humeur froid et crud, malaisé à suppurer, et aux autres apostemes où il y a crainte de flux de sang : à couper les veines variqueuses, et pareillement à consommer chairs superflues et pourries trouuées dedans les loupes, et faire cheoir les bords calleux des vlceres, et autres choses qui seroient longues à reciter.

Or les matieres desdits cauteres, sont *calx viua* [1], cendre de chesne, de grauelée, tithymal, pommelée, de figuier, de tronc de choux, de féues, de serment de vigne, et autres semblables : pareillement des sels, comme ammoniac, alkali, *axungia vitri nigra* [2], *sal nitrum*, vitriol romain, et autres semblables. Et de toutes ces choses on fait vn sel qui sera fort corrosif, selon la quantité et qualité des choses dont ils seront composés, lequel par sa chaleur est caustique, faisant eschare et crouste comme vn fer ou charbon ardent, et partant fait ouuerture en consommant et erodant le cuir et la chair où on les applique.

Exemple de faire cauteres potentiels.

Prenez chaux viue trois liures, la-

[1] Ces mots *calx viua* n'ont été ajoutés que dans la première édition posthume.

[2] Encore un mot ajouté dans la première édition posthume ; auparavant on lisoit seulement, *axungia vitri*.

quelle sera esteinte en vn seau de lexiue de Barbier : et aprés que ladite lexiue sera rassise, on la coulera, et dedans icelle on mettra sein de verre, et cendre de grauelée, de chacun deux liures, sel nitre et sel ammoniac, de chacun quatre onces : lesdites choses se doiuent pulueriser grossement, puis il les faut faire vn peu boüillir, et les laisser infuser par l'espace d'vn iour et vne nuit, en les remuant par plusieurs fois : puis faut passer lesdites choses par dedans vne grosse toile en double [1], à fin que nulle chose terrestre y soit adioustée : et estant ce capitel clair, comme pure eau, sera posé en vn vaisseau de cuiure, comme vn bassin à Barbier : puis on le fera boüillir promptement et auec grande flamme en le remuant tousiours, pour garder que le sel n'adhere contre le bassin. Et lors que ledit capitel sera consommé à moitié, il y faut ietter du vitriol en poudre deux onces (à fin que les eschares tombent plustost) et laisser le bassin sur le feu iusques à ce que toute l'humidité soit presque consommée : alors faut tailler la terrestrité ou sel qui se fait du capitel , et en former les cauteres gros et petits, longs, ronds , quarrés , et de telle figure que voudras, auec quelque instrument de fer chaud et non froid, comme d'vne spatule ou autre semblable, et les faut tousiours tenir sur le feu, iusques à ce que l'humidité soit consommée : puis mettras lesdits trochisques ou cauteres dedans vne phiole de verre , et sera bien estoupée , en sorte que nul air n'y puisse entrer : puis en vseras à ta commodité.

[1] Edition de 1575 : *Par dedans vn charrier double, ou autre toile.*

Autres cauteres [1].

Prenez vn fagot de troncs de féues auec les cosses [2], et deux fagots de troncs de choux, quatre iauelles de serment de vigne, et en faites cendres, lesquelles mettrez en vn seau d'eau de riuiere , et laisserez infuser par l'espace d'vn iour et vne nuict, les remuant souuent : puis après adiousterez bonne chaux viue deux liures, sein de verre demie liure , cendre de grauelée deux liures, sel nitre quatre onces : le tout sera mis en poudre, et les laisserez encore infuser deux ou trois iours, en les remuant par plusieurs fois : puis on passera le capitel par vne toile en double, ou en vne chausse d'hippocras, tant que le capitel soit fort clair, et le ferez consommer sur le feu, comme il a esté dit : et sur la fin que verrez l'humidité presque consommée, vous adiousterez deux ou trois onces de vitriol, et les tiendrez tousiours sur le feu, iusques à ce que peu d'humidité apparoisse : puis formerez tels cauteres de telle grosseur et figure que voudrez, comme il a esté dit cy dessus. Et noterez de rechef qu'en les cuisant, vous empescherez auec vne spatule que le capitel n'adhere contre le bassin, et le garderez comme a esté dit.

Autre.

Prenez de la cendre de vieil bois

[1] L'édition de 1575 donnait ici la formule suivante, effacée dès 1579.

« ℞. Calcis viuæ ℔. iiij.

Cinerem sarmentorum, truncorum fabarum et clauelatorum ana ℔. ij.

Infunde omnia simul in licinio barbitonsoris, et fiat capit. ad vsum. »

[2] Ceci est le texte de la première édition posthume ; les premières éditions portent : *Prenez vn fagot de paille, ou tronc de febues.*

de chesne noüeux en bonne quantité, non pourri, et en faites lexiue, laquelle ferez de rechef repasser par autres cendres dudit bois, à fin de rendre ladite lexiue plus forte, et fera-on cela par trois ou quatre fois : puis en icelle on fera esteindre chaux viue, et de ces deux choses sera fait capitel, duquel on fera bons cauteres : car ceste cendre est chaude au quatriéme degré : et pareillement les pierres dont on fait la chaux par leur cuisson sont ignifiées et chaudes aussi au quatriéme degré. Ie diray plus, que i'ay fait des cauteres de la seule cendre de bois de chesne, voire qui operoient promptement et vigoureusement[1].

Autre.

Prenez vn demy boisseau de cendres communes, et les calcinez toutes seiches iusques à ce qu'elles deuiennent blanches, et de ce en soit fait capitel pour cauteres, lesquels trouuerez estre bons[2]. Et pour sçauoir si le capitel ou lexiue est assez forte, faut qu'vn œuf nage dessus.

[1] Avant cette formule, l'édition de 1575 en offrait encore une autre, qui a été aussi effacée en 1579 comme l'une des précédentes.

« *Autre cautere pour faire promptement.*

» Prenez demie-once de sauon noir, cantharides subtilement puluerisees vn scrupule, ius de pommelee vne drachme, chaux viue en poudre, tant qu'il en faut pour faire vne paste, de laquelle vseras pour cautere : icelle ayant esté gardee quelques iours pert sa vertu caustique, si ce n'est qu'elle fust appliquee sur la chair où le cuir seroit escorché. »

[2] Cette formule a été ajoutée seulement en 1585. En conséquence la remarque qui suit s'appliquait à la formule précédente dans les éditions de 1575 et 1579.

Autre.

Prenez des cendres faites de troncs de féues iij. liures, chaux viue, cendre grauelée, cendres de bois de chesne fort cuittes ana ℔. ij. Puis lesdites choses seront mises en vn seau de lexiue faite de cendres de chesne, et les remuer fort : puis les laisser infuser l'espace de deux iours. Aprés on les fera passer par quelque vaisseau propre, lequel sera percé au fond en plusieurs endroits, y ayant mis quelque bouchon de paille : à fin que le capitel puisse mieux passer et se rendre plus clair. Et faut le repasser par trois ou quatre fois, à fin qu'il prenne la qualité des ingrediens : et faut de necessité qu'il soit bien clair, et qu'il n'y reste aucune terrestrité. Aprés le faut mettre en vn bassin de cuiure, et le faire tant boüillir sur le feu qu'il demeure espais : et subit qu'il commencera à s'espaissir, faut augmenter le feu sous ledit bassin : et la matiere estant assez congelée, on formera les cauteres comme l'on voudra : puis seront gardés comme dessus, pour en vser à la necessité[1].

Cauteres de velours.

Ces iours passés[2] ie me suis trouué auec vn philosophe, grand extracteur de quinte-essence, où nous tombasmes en propos sur les cauteres potentiels :

[1] La première édition ajoutait ici : *lesquels par dessus tous autres i'ay trouué meilleurs.* Cette phrase a dû être retranchée en 1579, à raison de l'addition du long article qui va suivre, et dans lequel Paré décrivait un nouveau cautère bien supérieur aux précédents.

[2] *Ces iours passés :* je répète que tout ce long article a été publié pour la première fois en 1579.

lequel me dit en sçauoir des plus excellens que iamais furent, et que leur operation se faisoit en peu de temps sans douleur, ou bien peu, aussi que leurs eschares estoient mollasses et humides, et qu'il ne falloit pour les faire tomber y faire aucunes scarifications. Alors ie le priay bien affectueusement[1] m'en vouloir donner la description, à quoy il me respond qu'il ne le pouuoit faire, parce que c'estoit l'vn de ses plus grands secrets, mais qu'il m'en donneroit quand i'en aurois affaire : subit le prie m'en donner vn, ce qu'il fit, lequel tost aprés i'appliquay sur le bras d'vn de mes seruiteurs pour en faire preuue. Ie proteste à Dieu qu'il n'y fut qu'enuiron demie heure qu'il ne fist vn vlcere à y mettre le doigt et profond iusqu'à l'os, et n'estoit ledit cautere que de la grosseur d'vn pois, lequel laissa son eschare molle et humide, comme ledit extracteur m'auoit dit. Quand ie conneu par experience tel effet, subit m'en retourne trouuer le maistre quintessencieux, et le priay de rechef, quoy qu'il m'en coustast, m'en donner la description desdits cauteres, et ensemble la maniere de les faire : dequoy il me refusa tout à plat, et de tant que ie me montrois affectionné à auoir son secret, de tant plus il faisoit le rencheri : en fin ie luy dis que ie luy donnerois du velours pour faire vne paire de chausses. Quoy ouy, il accorda ma priere, à la charge que iamais ne le dirois à personne, et aussi que ne l'escrirois en mon liure, me reprochant que i'estois trop liberal de communiquer

mon sçauoir, à quoy ie luy respons que si nos deuanciers eussent fait cela, nous sçaurions peu de choses. Ces propos finis, ie luy fis bailler le velours, et me donna la description et la maniere de faire ses cauteres, à la charge que ie ne le dirois à personne, ny pareillement l'escrirois : ce que ie luy promis de parolle, et non de volonté, parce que tel secret ne doit estre enseueli en la terre, pour l'excellence desdits cauteres : qui est qu'ils operent sans douleur, pourueu que la partie sur laquelle on les veut appliquer soit exempte d'inflammation et douleur, et laissent leur eschare assez molle et humide, principalement appliqués aux corps mollasses, comme femmes et enfans, ce qu'aucuns des autres ne font, au moins que i'ay peu encore descouurir. Et n'a esté faute de diligence, m'enquestant soigneusement de tous les chirurgiens de ceste ville, lesquels se vantent chacun pour soy auoir la pierre philosophale des cauteres, mais pas vn d'eux ne m'a voulu tant fauoriser que de me departir ceste pierre philosophique, disant que leurs peres et freres la leur auoient laissée, comme vn heritage paternel : ioint aussi que si ie sçauois ce grand secret, ie ne faudrois de le descrire en mon liure, et partant seroient frustrés de leurs chers et bienaimés cauteres : mais ie sçay que ie leur feray laisser prise, et qu'ils viendront à mespriser leur grand secret, lors qu'ils auront conneu par experience l'excellence de ceux du philosophe[1].

Or il nous faut à present descrire

---

[1] Les éditions de 1579 et 1585 disent simplement : *Alors ie le priay.* Ces mots : *bien affectueusement*, se lisent pour la première fois dans l'édition posthume de 1598.

[1] Cette histoire est une des plus curieuses et des plus importantes à la fois, pour faire voir jusqu'où Paré portait l'amour de la science, c'est-à-dire au-delà même des ber-

les ingrediens, et la maniere de former lesdits cauteres, à fin que tous les Chirurgiens, non seulement de Paris, mais de toute l'Europe, puissent secourir les malades qui en auront besoin. A iceux ie donneray le nom de *Cauteres de velours*, à raison qu'ils ne font douleur, principalement quand ils seront appliqués sur les parties exemptes d'inflammation et douleur, comme i'ay dit, et aussi que ie les ay recouuerts par du velours.

Prenez cendre de gosseaux de féues, en lieu desquels l'on prendra les troncs, cendre de bois de chesne bien cuitte, de chacun trois liures, eau de riuiere six quartes [1], vne liure de cendre grauelée, quatre onces d'alun de glace en poudre, que l'on mettra en vn chaudron, puis l'on remuera le tout ensemble : cela fait, on y mettra vne pierre de chaux viue, de la pesanteur de quatre liures, et y estant esteinte, faut de rechef broüiller et mesler tout par plusieurs fois, et laisser lesdites choses par l'espace de deux iours, en les remuant souuent, à fin de faire le capitel (ou lexiue) plus forte. Cela fait, ferez le tout vn peu boüillir, à fin que par l'ebullition la qualité ignée demeure au capitel [2] : puis coulerez le tout au

trauers d'vne grosse nappe ou charier, et ceste colature la faut ietter sur lesdites cendres deux ou trois fois, à fin que ledit capitel en prenne la vertu ignée : puis on le fera boüillir dedans vn bassin de Barbier, ou en vn vaisseau de terre plombé, à grand feu fait de charbon, iusques à ce que le tout soit reduit en matiere terrestre, ou sel.

Or voicy le secret et moyen de bien faire tous cauteres potentiels : c'est qu'il ne faut tenir ledit sel tant sur le feu, que son humidité soit du tout tarie, de peur de consommer du tout l'humidité : partant on l'ostera de dessus le feu ayant encore quelque certaine humidité : puis seront formés cauteres, gros, petits, ronds, longs, selon la volonté de celuy qui les formera, puis subit après seront mis en vne ou plusieurs fioles de verre renforcé, bien bouchées et estoupées, de peur que l'air ne les reduise en eau : et seront lesdits cauteres gardés en lieu chaud et sec, et non humide, de peur qu'ils ne se fondent et reduisent en eau, pour en vser quand il sera besoin.

Et si quelqu'vn me vouloit obiecter n'auoir tenu promesse audit extracteur, que ne le dirois à personne, ny que les escrirois : ie luy respons que puis qu'il me les auoit vendus, qu'ils estoient miens : et partant ie pense ne luy auoir fait tort : au contraire luy et moy auons fait chose qui seruira au public [1].

---

nes d'une probité stricte et d'une stricte humanité; en même temps elle ne laisse pas de jeter du jour sur l'esprit de la chirurgie parisienne de ce temps.

[1] L'édition de 1579 dit : *Eau de riuiere vn seau, que l'on mettra en vn chaudron*, etc. Il s'ensuit que la formule n'était point alors telle qu'on la lit aujourd'hui; le texte actuel est de 1585. D'où est venu ce changement? Paré a-t-il rectifié la première formule de lui-même ou d'après de nouveaux renseignements? c'est ce qu'il est impossible de déterminer.

[2] Ici encore le texte a varié suivant les

éditions. En 1579 on lisait seulement : *Cela fait, coulerez le tout*, etc.; en 1585 : *Cela fait, ferez le tout boüillir, puis coulerez le tout*; enfin le texte actuel est de la première édition posthume.

[1] Ce dernier paragraphe date seulement de 1585. Il paraît que dans l'intervalle en

La maniere de faire la poudre de mercure, et eau forte.

Icy i'ay bien voulu descrire la maniere de faire la poudre de mercure, qui pour son excellence a esté d'aucuns nommée *poudre Angelique*, laquelle fais en ceste maniere.

℞. Auripig. citrini, flor. æris ana ʒ. ij.
    Salis nitri ℔. j. ß.
    Alum. rochæ ℔. ij.
    Vitriol. romani ℔. iij.

Ces choses soient pilées et bien puluerisées, et aprés mises en vne retorte de verre ou terre, y adioustant vn recipient de verre fort grand et bien luté : puis la retorte soit mise sus le fourneau, en faisant petit feu au commencement, et soit le tout distillé en fortifiant le feu petit à petit, tant que le recipient deuienne vn peu rouge, et que le tout soit distillé. Et de ceste distillation en est faite l'eau forte.

℞. Argenti viui ℔. ß.
    Aquæ fortis ℔. j.

Ponantur omnia in phiala, et fiat puluis, vt sequitur.

Vous prendrez vn pot de terre assez grand, dans lequel mettrez vostre matelas ou fiole, où seront contenus vostre argent-vif et eau forte, et entre l'espace de la fiole et le pot, faut mettre des cendres, tellement que vostre fiole soit tout enseuelie dedans, excepté le col : puis tout autour et contre le pot seront mis cendre et charbons ardens, et par ainsi

avait fait quelque reproche de ce genre à Paré, et qu'il sentit le besoin de se justifier. Je doute toutefois que sa défense satisfasse même ses plus grands admirateurs.

ferez bouillir et euaporer vostre eau forte, sans craindre que la fiole se rompe : et l'eau estant toute euaporée, ce que connoistrez qu'il ne sortira plus de fumée, vous laisserez tout refroidir : puis tirerez vostre fiole des cendres, au fond de laquelle trouuerez vostre mercure calciné de couleur de vermillon, lequel sera separé de toute autre superfluité blanche, iaune ou noire : car la blancheur qui se concrée en haut est le sublimé, lequel demeurant auec la poudre, la rendroit douloureuse. Iceluy estant separé, le pulueriseras : puis le mettras en vn vaisseau d'airain sur les charbons ardens, le remuant auec vne spatule l'espace d'vne heure ou deux : car par ce moyen il perd vne partie de son acrimonie ou mordacité, qui fait qu'il n'est si douloureux en son operation.

CHAPITRE XXXIII.

DES VESICATOIRES.

Vesicatoire, ou *Rubrifiant* selon les Latins, selon les Grecs *Phœnigme*, est vn onguent, ou cataplasme, ou emplastre, fait de medicamens acres, qui a faculté d'attirer humeurs du profond au dehors, et exulcerer la peau, et faire vessies, dont il retient le nom. La matiere a esté ja descrite au chapitre des caustiques : laquelle est prise des medicamens septiques, comme moustarde, anacarde, cantharides, euphorbe, racines de scille, bryonia, et les autres, lesquelles on incorpore auec miel, ou terebenthine, ou leuain, ou quelques gommes et resines, pour en faire onguent, cataplasme ou emplastre. Parquoy la composition des vesicatoires n'est differente de celle des onguens durs ou mols : à ceste cause vn exemple suffira.

℞. Cantharidum, euphorbij, sinapi ana ℥. ß.

Mellis anacardini ℥. j.

Modico aceti et fermento q. satis sit, excipiantur, et fiat vesicatorium.

Quelques anciens choisissent plustost l'eau simple que le vinaigre, pour receuoir et incorporer tel medicament : soy disans auoir trouué par experience que la vertu de la moustarde s'abastardit par le meslange du vinaigre, ce que mesme nous est authorisé par Galien et Oribasius.

Nous vsons de ces remedes és affections longues, quand les autres remedes n'ont profité assez, et principalement és douleurs de teste, hemicranies, epilepsies, à la sciatique, aux gouttes, aussi aux morsures et pointures des bestes veneneuses, et charbons pestiferés, et plusieurs autres maladies longues et rebelles à autres remedes : on en vse aussi pour restituer la vie et vigueur à la partie ja presque morte, par reuocation de chaleur et esprits vitaux à icelle : pour lequel effet faut que tels vesicatoires soient vn peu plus doux, de sorte qu'ils ne bruslent sinon en cas qu'ils ne demeurassent trop long temps sur la partie.

Le moyen d'vser des vesicatoires est, que deuant que de les appliquer sur la partie, on y face friction[1],

[1] Ce texte a été un peu tourmenté dans les diverses éditions du vivant de l'auteur. Ainsi, en 1575 on lisait : *Icelle* (la partie) *soit fottettee, fustigee, et comme venee de mains ou petis ais.* En 1579 tout cela fut effacé, et l'auteur mit en place : *On y fasse exercice.* Enfin, le texte actuel est de 1585.

à fin que les pores d'icelle estans ouuerts, la vertu du medicament penetre plus aisément, et la chaleur languide et comme assoupie en icelle soit ragaillardie et esueillée.

CHAPITRE XXXIV.

DES COLLYRES.

Collyre est vn medicament approprié aux yeux, fait de medicamens bien subtilement puluerisés, que les Arabes disent comme Alcohol. Aucunesfois collyre est dit improprement, pour quelque medicament liquide composé de poudres, et quelques liqueurs, qui s'appliquent à autres parties.

Les collyres sont faits de trois sortes : les vns sont humides, proprement appelés *Collyres* : les autres sont secs, lesquels on confond auec les trochisques : les autres ont espaisseur et consistence de miel ou liniment, partant de ceux-là nous ne traiterons que l'vsage. Les liquides seruent principalement pour les coins des yeux, sçauoir est, le grand et le petit canthus. Ceux qui sont comme onguens, seruent à la prunelle des yeux. Ceux qui sont secs sont mis en poudre pour les souffler dedans : quelquefois sont meslés auec des liqueurs ou jus pour en faire collyre humide.

Les trois sortes de collyres ont diuers vsages, et sont appliqués sur diuerses parties, selon la diuersité de l'intention du Chirurgien : car les liquides rafraichissent mieux estans appliqués aux angles des yeux : mais ceux qui ont plus ferme consistence demeurent plus long temps sur la partie, et par consequent font mieux leur operation.

Les collyres humides sont faits de jus, mucilages des herbes, liqueurs, fleurs, semences, metalliques, parties des bestes, comme fiel, et autres tels medicamens repercussifs, resolutifs, detersifs, anodyns, ou autres, selon que les affections et maladies des yeux le requierent. Aucunesfois sont faits des liqueurs seules, comme de jus et eaux distillées. Souuentesfois l'on mesle medicamens mis en poudre subtile, ou autre collyre sec, qui n'est autre chose que trochisque, auec jus ou eau distillée, ou aubins d'œufs. Les poudres sont meslées comme à deux drachmes ou plus, les eaux iusques à quatre ou cinq onces ou plus, mais pour les yeux cela suffit. Pour les autres parties, comme pour faire iniection à la verge, l'on fait collyres en plus grande quantité, comme iusques à vne liure.

Les collyres arides et secs sont faits des poudres bien subtilement puluerisées et incorporées auec quelque jus, dont ne semblent estre differens des trochisques. Qu'il soit vray, le collyre blanc de Rhasis est appellé auiourd'huy trochisque, et est gardé auec les trochisques. Or les poudres corrosiues ne sont appliquées en forme de collyre, ains en forme de liniment, et sont meslées auec graisses ou huiles : les exemples feront le tout manifeste.

Collyre repercussif.

℞. Aquæ plantaginis et rosarum ana ℥. ij.
　Albumen vnius oui bene agitatum.

Misce. Fiat collyrium.

Collyre anodyn.

℞. Aquæ rosarum et violarum ana ℥. iij.
　Trochiscorum alborum Rhasis cum opio
　℈. ij.

Fiat collyrium.

Autre.

℞. Decoctionis fœnugræci ℥. iiij.
　Mucilaginis seminis lini ℥. ij.
　Sacchari candi ℈. j.
　Croci ℈. j.

Fiat collyrium.

Collyre sec detersif.

℞. Thuris, myrrhæ ana ℈. ij.
　Tuthiæ præparatæ et antimonij loti ana
　℈. ij.

Cum succo chelidoniæ, fiat collyrium siccandum in vmbra.

Collyre qui est en forme de liniment [1].

℞. Fellis perdicis aut leporis ℈. ß.
　Succi fœniculi ℈. j.
　Sacchari candi ℈. ij.

Syrupo rosato excipiantur, et fiat collyrium.

Nous vsons des collyres aux vlceres, playes, fistules, suffusions, inflammations, et autres maladies des yeux. Les collyres liquides penetrent plustost que les autres : partant sont fort necessaires à repercuter et appaiser douleur. Les autres sont arrestés plus long temps aux yeux : et par ainsi operent d'auantage.

CHAPITRE XXXV.

DES ERRHINES ET STERNVTATOIRES.

Errhines sont medicamens appropriés au nez, à fin d'expurger le cer-

---

[1] Je copie ce titre, comme plusieurs autres des précédents chapitres, dans l'édition de 1575 ; déjà, dès la suivante, ils avaient été reportés en marge pour la plupart, et dans ce changement plusieurs étaient restés oubliés.

ueau, et tirer les excremens d'iceluy par le nez, ou pour nettoyer et deterger ceux qui ja sont adherens et attachés au nez, comme il aduient aux polypes, ozenes, et autres vlceres d'iceluy. Ces errhines sont ou liquides, ou secs, ou de consistence emplastique.

Les liquides, que les Latins nomment *Caputpurgia*, sont faits aucunesfois des jus des herbes, comme des jus de porée, choux, mariolaine, anagallis, hyssope, melisse, ou des eaux d'icelles, meslées ou cuittes auec du vin, ou quelque syrop, comme *oxymel scilliticum*, *syrupus de hyssopo*, *syrupus rosatus*, ou *mel anthosatum*. Souuentesfois sont faits des poudres de poyure, pyrethre, marrubium, nigella romana, castoreum, myrrhe, ellebore blanc, euphorbe, cyclamen, et autres poudres meslées en petite quantité, comme à vne drachme ou vne drachme et [demie, selon la violence du medicament, auec les jus susdits depurés, ou les eaux distillées des mesmes herbes. Le tout te sera manifeste par deux exemples suiuantes.

℞. Succi betæ, maioranæ et brassicæ ana ℥. j.
    Depurentur et modicè bulliant cum vini albi ℥. ij.
    Oxymelitis scillitici ℥ . ß.

Fiat errhinum.

Quelquesfois quand il est question de faire plus forte attraction du cerueau, l'on peut adiouter ou faire dissoudre en la decoction de l'errhinum quelque medicament purgatif, comme l'agaric, le diaphœnicum, sené, cartami, et autres semblables, dont est venue la distinction des errhines en ceux qui tirent la pituite, bile, et melancholie, selon que le medicament dissout en iceux a vertu d'attirer vn humeur, ou autre. Exemple proposé par monsieur Rondelet, est tel.

℞. Radicum pyrethri, irid. ana ℥. j.
    Puleg. calam. orig. ana m. j.
    Agari. trochis. ℥. iij.
    Florum anthos et stœchados ana p. j.

Fiat decoctio in ℔. j. colat. dissol. mellis anthos. et scill. ana ℥. iij.

Fiat caputpurg.

Toutesfois le cas escheant qu'il faille que les purgatifs entrent en la composition de l'errhine, il sera meilleur d'vser d'iceux simples, comme d'agaric, turbith, colocynthe, et semblables, que de composés, comme diaphœnicum et semblables : car ceux cy rendent la decoction plus espaisse, et par consequent mal-habile à passer par les conduits et os spongieux qui menent au cerueau, faisant en outre obstruction au nez, et empeschant la liberté de la respiration.

Exemple d'vn errhine fait auec poudres.

℞. Succi betæ ℥. j.
    Aquæ saluiæ et betonicæ ana ℥. ij. ß.
    Pulueris castorei Э. ß.
    Piperis et pyrethri ana Э. j.

Fiat caputpurgium.

Les errhines secs, que les Latins appellent *Sternutatoria*, à cause qu'ils prouoquent l'esternuement, sont faits des poudres seulement bien puluerisées. Les poudres sont semblables aux precedentes, ou autres aromatiques, lesquelles sont faites et meslées en petite quantité, laquelle communément ne monte point à plus de deux drachmes.

Exemple.

♃. Maioranæ, nigellæ, garyophyllorum, zin-
　ziberis ana Ꝺ. j.
　Acori, pyrethri et panis porcini ana
　　Ꝺ. ß.
　Euphorbij Ꝺ. j.
Terantur diligenter, et in nares mittantur
　aut insufflenter.

Les errhines ayans consistence emplastique, que les Latins appellent
Nasalia, sont faits des poudres susdites, ou gommes, malaxées auec
quelqu'vn des jus des herbes cy dessus declarées, incorporées auec terebenthine et cire, à fin qu'ils ayent consistence dure et qu'on en puisse faire
masse, de laquelle on fait errhines en
figure de pyramide, selon les cauités
internes du nez.

Exemple.

♃. Maioranæ, saluiæ, nigellæ ana Ꝺ. ij.
　Piperis albi, garyophyllorum, galangæ
　　ana Ꝺ. j.
　Pyrethri, euphorbij ana Ꝺ. j. ß.
　Panis porcini, ellebori albi ana Ꝺ. j.
Terantur, et in puluerem redigantur, dein
　cum terebenthina et cera, et quantum
　satis sit, incorporentur, fiantque nasa-
　lia pyramidis figura.

Nous vsons des errhines aux longues maladies du cerueau, comme en
epilepsie, aueuglement des yeux,
apoplexie, lethargie, conuulsion, et
odorat perdu : mais faut que les purgations vniuerselles ayent precedé
auparauant, de peur que par l'esternuement, et semblable esmotion du
cerueau pour deietter ce qui luy
nuit, il ne se face attraction plus
grande d'humeurs d'vn corps impur
et cacochyme vers iceluy.

Les liquides doiuent estre attirés
par le nez, ou coulés dedans le nez

iusques à demie once. Et lors faut
que le patient tienne de l'eau en sa
bouche, à fin qu'en attirant l'errhine,
il ne puisse repasser portion dudit
errhine en la bouche, et de là aux
poulmons. Les secs doiuent estre
soufflés dedans les naseaux auec vn
tuyau de plume, ou autre chose. Les
emplastiques sont mis dedans les naseaux estans liés d'vn fil, à fin qu'ils
se puissent retirer quand on voudra.

Le temps propre pour vser d'errhines en general est le matin, le patient
estant à ieun. Aprés l'vsage d'iceux,
si l'on sent quelque demangeaison et
mordication au nez, il faudra ietter
ou attirer en iceluy laict de femme,
ou huile violat.

L'vsage des errhines attractifs est
nuisible à ceux qui sont suiets à mal
des yeux, et qui ont vlceres aux naseaux, comme il aduient souuent en
la grosse verolle, auquel cas il sera
plus expedient d'vser de gargarismes
qui facent diuersion des yeux.

CHAPITRE XXXVI.

DES APOPHLEGMATISMES, OV
MASTICATOIRES.

Apophlegmatismes selon les Grecs,
ou *masticatoires* selon les Latins, sont
medicamens lesquels, estant tournés
dedans la bouche et maschés quelque
espace de temps, tirent par le palais
les excremens pituiteux, ou autres
humeurs nuisans au cerueau.

Iceux sont faits en quatre manieres. La premiere est, quand on incorpore les medicamens propres à
mascher auec miel ou cire, et en
fait-on trochisques ou pillules, lesquelles on donne à mascher. La se-

conde est, quand on couure et lie les medicamens en vn petit sachet de sandal ou autre linge deslié, pour les mascher. La troisiéme maniere est, quand on tient la decoction de medicamens acres long temps en la bouche. Aucunesfois l'on ne mesle point les masticatoires, ains prend-on vn simple medicament acre et faisant cracher, à la grosseur d'vne petite noix, pour le mascher et tourner par la bouche, comme mastic, pyrethre.

La matiere des masticatoires est prise des medicamens acres, comme de poyure, moustarde, hyssope, gingembre, pyrethre, et autres medicamens ayans acrimonie : entre lesquels il faut choisir ceux principalement qui n'auront aucune saueur ny goust malplaisant, à fin que plus longuement et sans dedain ils puissent estre tenus en la bouche. Toutesfois on en fait des medicamens acerbes, comme de fruit de berberis, raisins, noyaux de prunes ou cerises : lesquels estans tournés quelque temps en la bouche et comme maschés, ne tirent gueres moindre quantité de pituite que les medicamens acres : ce qui semble aduenir plustost à raison du mouuement et agitation qui est faite en la bouche, que d'vne qualité manifeste.

La quantité desdits medicamens est communément d'vne demie once, iusques à vne once, ou vne once et demie. Ce que connoistras par les exemples suiuantes.

℞. Pyrethri, staphisagriæ ana ʒ. j. ß.
Mastiches ℥. ß.

Puluerisentur et inuoluantur sacculo pro masticatorio.

Autre.

℞. Zinziberis, sinapi ana ʒ. j.
Euphorbij ℈. ij.
Piperis ʒ. ß.

Excipiantur melle, et fiant pastilli pro masticatorio.

Autre.

℞. Hyssopi, thymi, origani, saluiæ ana p. j.

Decoquantur in aqua pro collutione oris.

Autre.

℞. Zinziberis, garyophyllorum ana ʒ. j.
Pyrethri, piperis ana ʒ. ß.
Staphisagriæ ʒ. ij.
Mastiches ʒ. ß.

Excipiantur, fiant pastilli pro masticatorio.

Nous vsons des masticatoires és maladies vieilles du cerueau, obfuscation de la veuë, surdités, pustules qui sont à la teste et à la face : aucunesfois aussi pour deriuer les excremens qui coulent par le nez, principalement quand il y a quelque vlcere en iceluy : comme au contraire ils sont fort nuisibles à ceux qui ont vlceres en la bouche ou au gosier, et à ceux qui ont les poulmons suiets à vlceres, inflammations, et fluxions. Car en tel cas les errhines sont plus vtiles, pour deriuer la matiere par le nez : d'autant que combien que l'humeur pituiteux, attiré du cerueau par la force du masticatoire, soit purgé et mis hors en crachant, toutesfois on trace et apprend-on vn chemin à l'humeur, lequel aisément il ne peut delaisser ny oublier par aprés : de sorte que mesme en dormant, suiuant son cours ordinaire, il vient à tomber et fluer sur telles parties, ou naturellement, ou par accident imbecilles.

Le temps commode pour en vser est le matin, quand le corps est purgé des autres excremens.

Aprés auoir vsé des masticatoires, faut lauer sa bouche d'eau tiede, ou de ptisane, ou quelque autre liqueur, à fin d'oster la mauuaise saueur qui peut estre de reste du masticatoire.

CHAPITRE XXXVII.

DES GARGARISMES.

Gargarisme est vne liqueur appropriée au lauement de la bouche et de toutes les parties d'icelle , tant pour empescher fluxion et inflammation, que pour curer vlceres de la bouche et appaiser douleurs.

Les gargarismes sont composés en deux manieres. La premiere est , quand on fait cuire racines, fueilles, fleurs , fruits, et semences seruans à nostre intention. La decoction est faite en eau seule, ou eau et vin blanc , ou en gros vin rouge et stiptique , ou en ptisane , ou laict clair , ou decoction d'orge, ou decoction pectorale : le tout selon la diuersité de nostre intention, qui est ou de repousser, rafraischir, et empescher l'inflammation , comme en mal de dents qui se fait : ou de digerer, comme en mal de dents qui est ja fait : ou de mondifier, comme en vlceres de bouche : ou de seicher et astreindre, comme quand il est question de fermer iceux vlceres ja parauant mondifiés. L'autre maniere de composer gargarismes est sans decoction, quand nous faisons gargarismes, ou auec les eaux distillées seulement , ou meslées auec syrops , ou auec mucilage, ou auec du laict de vache, ou laict clair de chéure, bien passé et coulé. Aucunesfois on mesle, tant auec la decoction que les eaux et mucilages, miel rosat, oxymel simple, dianucum , diamoron , hiera picra, oxysacchara, syrop de roses seiches, syrop aceteux, et autres syrops selon nos intentions susdites : alum , balaustes, myrrhe , thus, gingembre , poyure, canelle, roses seiches, et autres : iusques là mesme , que quelquesfois en la decoction des gargarismes, nous y faisons entrer medicamens propres à attirer les humeurs du cerueau, comme le pyrethre , le carthame, la racine de turbith, et autres , propres à tirer la pituite, moyennant qu'ils n'ayent aucune amertume en soy : qui est cause que ny l'agaric, ny la colocynthe, n'ont lieu en ceste composition.

La quantité de la totale liqueur d'vn gargarisme doit estre comme de demie liure iusques à vne liure : on y met des syrops, ou autre telle composition , iusques à deux onces. Les poudres sont mises en bien petite quantité , comme iusques à trois drachmes : d'alum on y met iusques à six drachmes : les mucilages faits de deux drachmes des semences mucilagineuses. Les exemples feront le tout assez clair et facile.

Gargarisme astringent et repercussif.

℞. Plantaginis, polygoni , oxalidis ana m. j.
  Rosarum rubrarum p. ß.
  Hordei p. j.

Fiat decoctio ad ℥. viij. in qua dissolue :
  Syrupi myrtillorum ʒ. vj.
  Dianucum ℥. ß.

Fiat gargarisma.

Gargarisme anodyn.

℞. Chamæmeli, meliloti , anethi ana p. j.
  Rosarum rubrarum p. ß.
  Passularum mundatarum et ficuum ana paria iij.

Decoquantur in æquis partibus vini albi et aquæ ad ℥. vj. addendo mucilaginis seminis lini et fœnugræci ana ℥. ij.

Fiat gargarisma.

Gargarisme mondificatif.

℞. Aquæ plantaginis , aquæ ligustri et absinthij ana ℥. ij.
 Mellis rosati colati ℥. vj.
 Syrupi rosarum siccarum et de absinthio ana ℥. vj.

Fiat gargarisma.

Nous vsons des gargarismes au matin et à ieun, aprés les purgations ·vniuerselles, tant pour deterger, refroidir, repercuter, attirer, que pour appaiser douleurs , et autres-intentions. Aucunesfois l'on les prend tous froids, principalement quand il se fait quelque distillation d'humeur acre et subtil : autresfois on les fait tiedir, selon les indications que nous auons tant des maladies que du temps.

═══════════════════════

CHAPITRE XXXVIII.

DES DENTIFRICES.

Dentifrices sont medicamens composés, seruans aux dents, dont ils retiennent le nom, pour les nettoyer et blanchir : ils sont faits en plusieurs manieres. Les vns sont secs, les autres humides. Quant aux secs, les vns sont en façon d'opiate , les autres en poudres seiches grossement puluerisées. Les humides sont faits par distillation.

La matiere des deux premiers est faite des medicamens detergeans et desseichans , comme *coralla , cornu cerui, os sepiæ, alumen, crystallus, pumeæ, sal nitrum, myrrha, thus, balaustia, glandes, omnes testa piscium :* lesquels aucunesfois on brusle , et aprés sont mis en poudre, souuentesfois sont puluerisés sans vstion (comme l'*os sepiæ,* pour-ce qu'estant

bruslé il exhale vne odeur fetide et mal-plaisante) en y adioustant quelques medicamens aromatiques pour donner odeur aux autres , comme cinnamomum, cloux de girofle, noix muscade , et autres semblables , l'on fait dentifrices secs. Si telles poudres sont incorporées ou auec quelque syrop, ou oxymel scilliticum , ou quelque mucilage de gomme arabique et de tragacantha, l'on fera opiates seruantes à dentifrices, lesquelles aucunesfois sont figurées en pyramides longues d'vn doigt, rondes ou quarrées , pointues au bout , et seiches pour seruir de dentifrices. Aussi souuentesfois l'on fait cuire racines emollientes auec du sel, ou de l'alum, et aprés seicher au four pour dentifrices. Les humides sont faits des herbes desseichantes mises en alembic pour distiller, auec aucuns des medicamens secs et astringens cy dessus descrits. Les exemples donneront à connoistre la quantité des medicamens seruans à dentifrices.

Poudre pour blanchir les dents.

℞. Lapidis spongiæ, pumicis, et cornu cerui vsti ana ℥. ij.
 Coralli rubri et crystalli ana ℥. j.
 Aluminis et salis vsti ana ℥. j. ß.
 Cinnamomi et caryophyllorum, rosarum rubrarum puluerataram ana Ɔ. ij.

Fiat puluis pro dentifricio.

Autre.

℞. Ossis sepiæ ℥. ß.
 Mastic. coralli rubri vsti ana ℥. ij.
 Cornu cerui vsti ℥. j. ß.
 Aluminis , carbonis rorismarini ana ℥. j.
 Cinnamomi ℥. ij.

Fiat puluis.

Autre.

℞. Ossis sepiæ, aluminis et salis vsti ana ℥. j.

Crystalli, glandium, myrrhæ, thuris ana
Ɔ ij.
Corticis granatorum , macis, cinnamomi
ana Ɔ. j.
Fiat puluis,qui excipiatur mucilagine gummi
tragacanthæ, et formentur pyramides
longæ siccandæ pro dentifricio.

Autre.

℞. Radicis maluæ iunioris et bismaluæ ana
℥. ij.
Coquantur in aqua salsa aut aluminosa,
deinde siccentur in furno pro dentifricio.

Dentifrice humide bien experimenté.

℞. Salis ℥. vj.
Aluminis ℥. iij.
Thuris , mastichis, sanguinis draconis
ana ℥. ß.
Aquæ rosarum ℥. vj.
Distillientur in alembico vitreo pro denti-
fricio.

Les dentifrices seruent à polir les
dents, mondifier, nettoyer, et confer-
mer. Aucunesfois on en vse aux refri-
gerations et douleurs d'icelles , son-
uentesfois aussi és vices de la bouche
et genciues corrodées. Le temps de
les appliquer est le matin , ou deuant
et aprés le repas.

Les anciens sans artifice faisoient
des dentifrices de bois de lentisque
pour affermir les dents tremblantes :
ce qui se pratique encores journelle-
ment en Languedoc, où tel bois est
frequent , et dont on en apporte en
Cour pour les Seigneurs : à mesme
effet pourroit seruir la myrrhe, et tout
autre bois astringent. Nostre vulgaire
se sert à ceste intention de caules de
fenoil , et sans raison , veu qu'en
telle plante n'y a aucune astriction :
parquoy ne peut estre choisie, sinon
pour l'odeur agreable qui est en elle,
et pour bien simplement se curer les
dents.

CHAPITRE XXXIX.

DES SACHETS.

Sachet est vne composition de medicamens secs et puluerisés mis en vn
petit sac , dont il retient le nom : et
semble telle composition estre seulement vne fomentation aride et seiche,
comme auons dit au chapitre des Fomentations.

Les differences des sachets ne sont
prises que des parties ausquelles ils
sont appliqués. Ceux qui s'appliquent
à la teste doiuent estre faits en maniere
de bonnet ou coiffe. Les sachets pour
l'estomach doiuent auoir la figure
d'vne cornemuse. Pour la ratte ils
sont faits en forme de langue de
bœuf : et ainsi sont appropriés au
foie , au cœur, à la poitrine, selon la
figure des parties.

La matiere des sachets le plus souuent est prise des semences entieres
fricassées en vne paesle, ou mises en
poudre : quelquesfois on y adiouste
racines, fleurs, fruits , escorces, poudres cordiales, et autres medicamens
secs, et qui se peuuent mettre en poudre , conuenables aux affections des
parties où nous les voulons appliquer.
La quantité des poudres n'est pas li-
mitée, ny certaine en tous sachets :
quelquesfois elle est plus grande,
quelquesfois plus petite , selon les
parties esquelles nous voulons mettre
sachets. Icelle doit estre obseruée aux
autheurs qui ont ordonné sachets :
esquels ie la trouue de trois onces
iusques à six onces et demie. Aucunesfois l'on ordonne herbes seiches et
fleurs par manipules ou pugilles : et
là gist la consideration de la bonne et
deuë quantité des poudres. Le reste

ie delaisse à plus curieuse inquisition : venons aux exemples.

Sachet pour conforter l'estomach.

℞. Rosarum rubrarum p. j.
Mastichis ℥. ß.
Coralli rubri ℈. iij.
Seminis anisi et fœniculi ana ℈. ij.
Nucis moscatæ ℈. j.
Summitatum absinthij et menthæ ana m. j.

Tritis omnibus, fiat sacculus interbastatus pro ventriculo.

Sachet ès affections froides du cerueau.

℞. Furfuris macri p. j.
Milij ℥. j.
Salis ℈. ij.
Rosarum rubrarum, florum rorismarini, stœchados, caryophyllorum ana ℈. ij.
Foliorum betonicæ et saluiæ ana m. ß.

Tritis omnibus fiat cucupha intersuta et calefacta fumo thuris et sandaracæ exustorum, capiti apponatur.

Sachet pour le cœur.

℞. Florum borraginis, buglossæ et violarum ana p. ij.
Corticis citri sicci, macis, ligni aloés, rasuræ eboris ana ℈. j.
Ossis de corde cerui, croci ana ℈. ij.
Foliorum melissæ m. ß.
Pulueris diambræ ℈. ß.

Contritis omnibus fiat sacculus è serico pro corde, irrorandus aqua scabiosæ.

Nous vsons des sachets à conforter tant les parties nobles, le cerueau, le cœur, et le foye, que le ventricule, la ratte, la poitrine, et partie du ventre inferieur. Souuentesfois aussi nous en vsons pour discuter et dissiper les ventosités, comme les coliques et pleuresies qu'on appelle bastardes, *à flatu.* Iceux faut coudre en presses

interbastatoires [1] : les poudres estant espanchées sur du coton, à fin qu'elles ne panchent plus en vn endroit qu'à l'autre. Aucunesfois nous arrosons lesdits sachets de vin, ou des eaux distillées : autresfois non de la substance, mais de la simple vapeur de vin, ou eau distillée et versée sur vne paesle de fer, toute rouge de feu : autresfois nous les eschauffons auec parfums, ou les fricassons en paesle. Les sachets du cœur doiuent estre faits de soye cramoisie ou sandal, pour-ce (disent-ils) que telles matieres sont teintes en escarlate, de laquelle la graine nommée alkermes resiouît le cœur : les autres de linge bien delié : aucunesfois l'on les fait de taffetas comme les bonnets.

CHAPITRE XL.

DES SVFFVMIGATIONS ET PARFVMS.

Parfum est vne euaporation de medicamens humides, visqueux aucunement, et gras. Il y a deux manieres de parfums et suffumigations, les vns sont secs, les autres humides : les secs sont faits en deux sortes : les vns sont faits en trochisques, les autres en pilules. La matiere d'iceux doit estre grasse et visqueuse, à fin qu'en bruslant elle puisse rendre fumée, comme *ladanum, myrrha, mastiche, pix, cera, resina, terebenthina, castorcum, styrax, thus, olibanum,* et les autres gommes, lesquelles on peut mesler auec poudres conuenables à nos intentions : car elles seruent de matiere à incorporer lesdites poudres en trochisques ou pilules. Aucuns vsent

[1] *Interbastatoires.* J'ignore ce que veut dire ce mot; le latin l'a passé sous silence.

seulement des poudres sans y adiouster autre matiere grasse : mais le
parfum d'icelles n'est tant long ny de
tel effet que quand elles sont meslées
auec gommes, par le moyen desquelles, outre cela, les ingrediens sont bien
mieux incorporés l'vn auec l'autre.

Les poudres peuuent estre mises és
parfums d'vne demie once, iusques à
vne once et demie, auec suffisante
quantité des gommes , laquelle aucunesfois est de deux onces, plus ou
moins: toutesfois la quantité du tout est
delaissée au iugement du composant.

Parfum desseichant et confortant le cerueau.

♃. Sandaracæ, mastiches et rosarum ana
ʒ.j .
Benioini, galangæ ana ʒ. lij.
Terebenthina excipiantur, et fiant trochisci,
quibus incensis suffumigentur tegumenta
capitis.

Autre pour les duresses des nerfs.

♃. Marcassitæ ʒ . lj.
Bdellij, myrrhæ, styracis ana ʒ. j. ß.
Ceræ flauæ et terebenthinæ quantum sa-
tis sit.
Fiant formulæ pro suffumigio.

Autre pour les restes de la verole.

♃. Cinnabaris ʒ . lj.
Styracis et benioini ana ʒ . j.
Cum terebenthina fiant trochisci pro suffu-
migio per embotum.

Nous vsons des parfums aux grandes obstructions du cerueau, vlceres
des poulmons, à la toux ja vieille, en
asthma, douleurs de costés, aux affections de la matrice, et autres affections des parties du corps. On par-
fume aucunesfois tout le corps, pour
la curation de la verole, et esmouuoir
sueurs: aucunesfois vne partie seule

qui a quelque relique de ladite verole,
et tels parfums sont faits de cinnabre,
qui a grande quantité d'argent vif.

La maniere de parfumer est que la
fumée soit receuë de l'emboucheure
large d'vn entonnoir, qu'ils appellent
Embotum, et expire seulement par le
petit souspirail, à fin que la fumée ne
soit dissipée , et soit seulement assise
sur la partie affectée que l'on veut
parfumer. Ainsi faut faire à la matrice, et aux oreilles. Aux parfums
tant du cerueau que du thorax, faut
ouurir la bouche, et prendre la fumée
tant auec la bouche que par le nez:
et outre faire tenir au dessus de la
teste vn grand voile en forme de
paesle, à fin que la fumée plus ramassée en soy face d'auantage d'impression et d'operation.

Les humides sont faits aucunesfois
de decoctions d'herbes, souuentesfois
d'vn seul medicament simple que l'on
fait boüillir auec huiles ardentes, ou
quelques marcassites aussi ardentes,
lesquelles on fait esteindre en vinaigre , vin, eau de vie, et autre
telle liqueur, à fin que soit leuée vapeur et fumée humide. Nous vsons
de tels parfums aux affections scirrheuses, quand nous voulons astreindre , penetrer , inciser, desseicher, et
resoudre. La maniere de l'ordonner
est telle.

♃. Laterem vnum satis crassum aut mar-
cassitam ponderis ℔. j.
Incandescat super carbones ignitos , deinde
extinguatur in aceto acerrimo, effun-
dendo interim paucam aquam vitæ, fiat
suffumigatio pro parte laborante.

Les parfums faits de decoction
d'herbes et autres medicamens sont
peu differens des fomentations humides : car, quant à la composition,

n'y a aucune difference : mais l'application des fomentations humides n'est telle que des suffumigations. Parquoy me contenteray de bailler seulement vn exemple d'vne suffumigation humide :

Suffumigation pour l'oreille.

℞. Absinthij, saluiæ, rutæ, origani ana p. j.
Radicis bryonæ et asari ana ℥ . ß.
Seminis sinapi et cumini ana ℨ. ij.

Decoquantur in duabus partibus aquæ, et vna vini albi, pro suffumigio auris cum emboto.

Il y a de telles suffumigations humides vniuerselles et pour tout le corps, que nous appellons estuues seiches, desquelles nous parlerons cy aprés.

CHAPITRE XLI.

DES INSESSIONS OV DEMYS BAINGS.

Insession, ou *semicupium*, n'est autre chose qu'vn demy baing des parties du ventre inferieur, ainsi appellé à cause qu'il faut que le patient soit assis sur la decoction des herbes. Insession est peu differente de fomentation humide, car elle est faite de mesme matiere, sçauoir de la decoction d'herbes, racines, semences, fruits : mais la quantité de la decoction est plus grande és insessions qu'aux fomentations : toutesfois nous ne descrirons icelle quantité, ains la laisserons au iugement de l'operateur, disant seulement *pro semicupio* ou *pro insessu* : neantmoins il y faut mettre grande quantité d'herbes et racines que l'on veut cuire, comme iusques à 6. ou 7. manipules. Vne exemple seule te monstrera le tout.

Insession *pour vne affection de reins.*

℞. Maluæ et bismaluæ cum toto ana m. j. ß .
Betonicæ, saxifragiæ, parietariæ, ana m. j.
Seminum melonis, milij solis, alkekengi, ana ℨ. iij.
Cicerum rubeorum p. ij.
Radicis apij, graminis, fœniculi, eryngij ana ℥ . j.

Decoquantur in sufficienti quantitate aquæ pro insessu.

Nous vsons des insessions és affections des reins, de la vessie et de son col, de la matrice et de son col, du siege et ventre inferieur, quand le patient pour son imbecillité ne peut endurer le baing, qui luy pourroit faire trop grande resolution d'esprits.

La maniere d'en vser est telle. Faut remplir des sachets de la residence de la decoction, et faire asseoir le patient sur lesdits sachets : mais faut ce temps pendant couurir la teste, de peur qu'elle ne soit remplie de fumées et vapeurs. Aucunesfois l'on fait asseoir le patient en la decoction iusqu'au nombril, que nous appellons *Semicupium*, ou demy baing, à raison que toutes les parties basses sont baignées et estuuées.

Reste maintenant escrire des baings tant naturels qu'artificiels, à fin que l'vsage et artifice d'iceux soit entendu comme des autres cy dessus.

CHAPITRE XLII.

DES BAINGS.

Les baings ne sont autre chose que fomentations vniuerselles de tout le corps, seruans tant à garder la santé d'iceluy (comme Galien monstre au

liure 2, *de Sanitate tuenda*) qu'à la curation de la plus part des maladies :
remedes fort communs et familiers
aux Medecins anciens, tant Grecs que
Latins, sur tous les autres remedes
topiques et externes : car outre leur
vsage et profit (qui est d'euacuer les
excremens, et autres humeurs pourris arrestés à la peau, d'appaiser douleurs, lassitudes, et corriger toutes
intemperatures du corps) en la curation des fiéures et en la plus part
des autres maladies sont le dernier
refuge, de grande aide et effets merueilleux. Outre ce ils sont delecta-
bles aux hommes : parquoy d'iceux
la connoissance est fort vtile et necessaire.

L'on fait deux differences des
baings : les vns sont naturels, les autres artificiels. Les naturels sont ceux
qui de leur propre nature sortent tels
sans aide ou artifice externe, et ont
quelque qualité medicamenteuse. Car
l'eau qui de son naturel doit estre
sans qualité apparente [1], si d'aduenture elle passe par les minieres des
corps metalliques, ou prés d'icelles,
promptement elle reçoit impression
des qualités et effets desdits metalliques. A ceste cause toute telle eau,
ainsi que Galien dit au premier liure
de Sanitate tuenda, a vne vertu commune qui est de desseicher : mais
particulierement l'vne eschauffe grandement et desseiche , l'autre desseï-
che, astreint et refrigere. Lesdites
eaux sont chaudes, tiedes ou boüillantes, selon qu'elle passent prés ou
loin des matieres allumées sous terre,
desquelles retiennent et empruntent
la vertu, à cause qu'elles passent par
les minieres pleines de feu, et faisans
leurs cours par icelles, acquierent

[1] Galien, au liu. *des Alimens.* — A. P.

chaleur actuelle, sans autre artifice :
laquelle chose est de grande admiration, d'où se concret telle chaleur
sous la terre, où manifeste feu n'apparoist : aussi qui l'allume, qui l'entretient et nourrit par si long temps
sans s'esteindre. Aucuns philosophes
voula ns donner raison naturelle. disent que le feu s'allume sous terre par
les rayons du soleil : les autres disent
que c'est par la penetration des foudres : autres que c'est par l'air vehementement esmeu, comme dehors
du caillou est tiré le feu par attrition.
Mais outre ces raisons humaines, la
cause principale doit estre referée à
la grande prouidence du grand Architecteur facteur de toutes choses,
qui a voulu manifester sa puissance,
voire iusques aux entrailles de la
terre. Iaçoit qu'aucuns veulent que
telles eaux soient eschauffées par le
moyen du soulphre, qui entre les
corps metalliques retient plus la nature du feu, comme aussi on luy attribue la cause du feu perpetuel qui
dés tout temps sort de la montagne
de Sicile nommée Ætna, ainsi qu'a-
uons parlé cy deuant, et selon que
descriuent les poëtes et historiens : à
ceste cause les eaux sortans ainsi
chaudes retiennent principalement la
vertu du soulphre. Les autres representent la qualité de l'alum ou du
sel nitre, ou de bitumen, ou chalcanthum. Et telles eaux tant chaudes
que froides sont conneuës par saueur,
odeur, couleur, et le limon qui adhere aux canaux aussi par separation
artificielle des parties terrestres desdites eaux d'auec les subtiles : comme
en faisant boüillir l'eau dudit baing,
comme si tu voulois faire cauteres,
laquelle estant consommée tu connoistras par lesdites parties terrestres
qui demeureront, la nature du baing.

Comme s'il est sulphuré, lesdites parties terrestres sentiront le soulphre : s'il est alumineux, auront le goust d'alum, et ainsi consequemment des autres. D'auantage par les effets et aides qu'elles donnent aux maladies, lesquelles declarerons particulierement, commençans aux sulphurées.

Les eaux sulphurées eschauffent grandement, desseichent, resoluent, ouurent, attirent du dedans au dehors : elles nettoyent la peau de galles, gratelles, et dartres : sont profitables au prurit, aux viceres, defluxions des articles, et gouttes : elles remedient au mal de la colique, de la ratte endurcie : inutiles au reste pour boire, à cause de leur mauuaise odeur et saueur, et nuisantes au foye.

Les alumineuses, quant à leur saueur, ont vne grande stipticité et astriction, partant desseichent grandement. Leur chaleur n'est tant manifeste : toutesfois quand on en boit, elles laschent fort le ventre : ce qui semble aduenir à raison d'vne nitrosité et chaleur. Elles detergent et repriment les fluxions, et les menstrues superflues des femmes : conuiennent aux douleurs des dents, aux viceres corrosifs, et apostemes cachées et latentes, tant des genciues que d'autre partie de la bouche.

Les saiées et nitreuses sont manifestes de leur saueur : elles eschauffent, desseichent, astreignent, detergent, resoluent, extenuent, resistent à la putrefaction, ostent les ecchymoses : elles profitent aux gratelles vicereuses, et viceres malings, et toutes tumeurs laxes : telle est l'eau de la mer.

Les bitumineuses eschauffent continuellement, resoluent, et par longue espace de temps emollissent les nerfs :

elles sont toutesfois diuerses et variables, selon les especes et diuersités de bitumen qui impriment leurs qualités esdites eaux.

Les eaux qui retiennent la qualité de l'airain ou cuyure, eschauffent, desseichent, detergent, resoluent, incisent et astreignent : elles aident grandement contre les viceres corrosifs, fistules, duresses des paupieres, des yeux, et corrodent les carnosités tant du nez que du siége.

Les ferrées refrigerent, desseichent, et grandement astreignent : à ceste cause sont profitables aux apostemes, duretés et tumeurs de la ratte, debilité d'estomach, ventricule, flux de menstrues, intemperies chaudes du foye et des reins : telles sont aucunes de Luques en Italie.

Les plombées refrigerent, desseichent, et retiennent toutes les autres qualités du plomb. Telles sont celles qui passent par les canaux du plomb.

Ainsi faut iuger des eaux gypseuses, ou ayans la nature de la craye, lesquelles ont les mesmes effets que les corps par où elles passent.

Les susdites eaux chaudes aident grandement contre les maladies froides et humides, paralysie, spasmes, rigueurs des nerfs, tremblement, palpitations, gouttes froides, inflations des membres, hydropisies, iaunisse procedant d'humeur visqueux, douleurs de costés, coliques, douleurs nephritiques, à la sterilité des femmes, à la suppression des mois d'icelles, à la suffocation de la matrice, aux lassitudes spontanées, aux defedations du cuir, dartres, morphées, galles, gratelles, à la lepre, et autres maladies prouenantes d'obstruction faite d'humeur visqueux et froid, à raison qu'elles prouoquent sueurs : mais icelles faut euiter és natures choleriques , et és intemperatures chaudes du foye : car elles pourroient causer cachexie et hydropisie , par la mauuaise complexion acquise au foye pour l'vsage desdites eaux.

Les froides sont fort conuenables aux intemperatures chaudes , tant de tout le corps que des parties d'iceluy : et sont plustost prises au dedans , qu'appliquées au dehors. Elles confortent grandement et roborent les parties internes relaxées : comme la vertu retentrice du ventricule, des intestins, des reins, de la vessie, et des autres parties du ventre inferieur. Et pourtant elles corrigent les excessiues chaleurs du foye , le remettans à sa naturelle temperature, et grandement le corroborent : elles arrestent flux de ventre, dysenteries, flux de menstrues , flux d'vrine, gonorrhées , sueurs immoderées , flux de sang, et guarissent beaucoup d'autres maladies causées par imbecillité des parties dudit ventre inferieur. Entre lesquels ceux du Liege, et de Spa, et de Plombiere, pris par dehors et par dedans , ont mesme effet, faisans d'vne mesme main plusieurs offices sans rien gaster : veu que ces eaux sont tellement potables, que ceux du pays en vsent ordinairement en leurs potages et breuuages sans mal en receuoir [1].

· On fait des baings artificiels à l'imitation des naturels, pour suppleer le defaut d'iceux , en y mettant poudre des dessusdits mineraux, comme soulphre , alum, sel nitre , bitumen. Aucunesfois on fait chauffer fer, cuyure, or, argent, iusques à rougeur, et les fait-on esteindre plusieurs fois en eau commune ou de pluye, pour en donner à boire aux patients. Et telles eaux retiennent souuent la vertu du metal qui a esté esteint en icelles, comme l'on voit par les effets, tant és dysenteries qu'és autres excretions immoderées des humeurs bons et superflus au corps humain, quand elles debilitent nature.

Outre ceux-cy , il y a d'autres sortes de baings artificiels , desquels les vns sont faits d'eau simple seulement sans autre mixtion : les autres sont faits auec decoction de quelques medicamens.

Les baings d'eau simple doiuent estre tiedes et mediocrement chauds. Car l'eau estant ainsi tiede, humecte, relasche , amollit les parties solides trop seiches, dures et tendues, ouure les pores par vne chaleur accidentale, digere, attire et resoult les excremens tant fuligineux qu'autres, acres et mordans , arrestés entre cuir et chair [1] : aussi est fort commode aux combustions imprimées sur le corps et visage par insolations, c'est à dire, trop grandes ardeurs du Soleil, et aux lassitudes , ausquelles les parties similaires sont desseichées [2]. D'auantage soit que nous soyons eschauffés, ou refrigerés , ou desseichés, ou qu'ayons nausée, ou quelque autre intemperie, et que le corps demande quelque euacuation , nous trouuons manifestement grand secours aux baings d'eau tiede, et peuuent seruir de frictions ou d'exercice. Car ils apportent au corps mediocrité du temperament : ils augmentent la chaleur et la vertu , et auec sueurs viennent à discuter ventosités. Partant sont conuenables aux fléures hectiques, et

[1] Cette dernière phrase est une addition de 1579.

[1] Galien, au liu. 3. de Sanit. tuend. — A. P.
[2] Galien, au liu. 10 de la Meth. — A. P.

à la declination de toutes les autres fléures : ioint qu'outre les commodidités susdites ils prouoquent le repos et dormir, ainsi que dit Galien[1]. Mais pour autant que l'eau seule ne peut longuement adherer au corps, on y mesle de l'huile d'oliue pour la faire demeurer plus longuement : et iceux baings sont grandement loüés pour ceux qui sont de temperature chaude et seiche : aussi sont proffitables aux inflammations des poulmons, et aux pleuretiques, parce-ce qu'ils appaisent la douleur, et aident à suppurer les crachats, pourueu qu'ils soient faits après les choses vniuerselles : pource que s'ils estoient pris auant la purgation et saignée, ils seroient fort dangereux, à raison qu'ils pourroient causer fluxion sur les parties affligées. Le baing, dit Galien, est administré sans danger aux maladies, quand la matiere est cuitte et digerée : ils sont vtiles aux fléures ardentes causées de cholere, par-ce qu'ils refrigerent et humectent, et aussi qu'ils euacuent portion de la cholere. Pour tels effets sont choisies les eaux de pluye : puis celles de riuiere non limonneuse, en après celles de bonnes fontaines : le dernier rang tiennent les eaux de paluds et estangs : car il faut que l'eau pour le baing, que nous appellons *aqua dulcis*, soit legere, et de substance ténue et subtile. Les baings d'eau trop chaude ou froide n'ont pas tel vsage, mais plustost apportent vne incommodité : car ils serrent et ferment les pores du corps, et par consequent retiennent les excremens et autres humeurs à la peau.

Les autres baings artificiels sont faits de mesme matiere que les fomentations humides : parquoy aucuns d'iceux sont relaxatifs : les autres sedatifs des douleurs : les autres mondificatifs et detersifs : les autres prouoquent ou arrestent les menstrues des femmes, et ainsi des autres.

Les relaxatifs sont faits de la decoction et permixtion des medicamens remollitifs et resolutifs descrits par cy deuant, mis en grande quantité. On y adiouste aucunesfois du vin, quelquesfois de l'huile, quelquesfois du beurre frais, du laict : et d'iceux nous vsons aux suppressions d'vrine, et douleurs nephritiques, et contractions de nerfs, et habitudes des corps hectiques. Car par medicamens relaschans, l'aridité du cuir est corrigée : et par les humectans, qui peuuent penetrer et enuoyer leur humidité grasse et aërée, iusques au dedans du corps ja rarefié et ouuert par la tiedeur du baing, arrousée et nourrie, comme d'vn gras et fertile limon.

Les anodyns, qui allegent ou diminuent douleur, sont faits des medicamens anodyns et temperés, ausquels on adiouste quelquesfois des medicamens relaxans, autresfois des forts resolutifs, et les fait-on cuire en eau et vin, principalement és douleurs de coliques prouenans de pituite vitrée, ou des ventosités grosses encloses au ventre. Nous vsons de tels baings pour les douleurs du ventre inferieur, des reins, de la matrice, et de l'intestinum colon. Toutesfois ne faut que le malade sue en iceux, mais seulement qu'il y nage quelque espace de temps, iusques à ce qu'il sente sa douleur allegée, de peur de prosterner d'auantage la vertu affoiblie par douleur.

Les detersifs sont faits des medicamens mondificatifs et desseichans.

Quelquesfois nous vsons des remol-

[1] Galien, liu 2. *de la Comp. des medic. particuliers*. — A. P.

litifs meslés auec legers detersifs, où il y a quelque dureté à la peau, ou que les croustes et escailles de la galle et autre vice du cuir sont dures excessiuement, pour venir par aprés aux forts detersifs et desiccatifs. Ils sont fort requis és affections du cuir, galles, gratelles, prurit, morphées, et autres telles defedations du cuir : aprés lesquels, pour troisiéme baing, faut faire decoction de choses desseichantes et astringentes legerement, pour corroborer la peau et habitude du corps, à ce qu'elle ne soit desormais si prompte et ouuerte à receuoir nouuelles fluxions, et que le mal ne retourne comme parauant.

On fait aucunesfois d'autres baings composés et meslés ensemble des dessusdits, selon les indications compliquées. Les baings appropriés aux femmes sont faits des medicamens appropriés à la matrice, selon les intentions, comme de prouoquer ou arrester les mois d'icelles. Vne seule description d'vn seruira pour toute description de baing.

Baing relaxant et anodyn.

℞. Rad. lilior. albor. et bismaluæ ana ℔. ij.
　　Maluæ, parietariæ, viol. ana m. vj.
　　Semin. lini, fœnugr. et bismal. ana ℔. j.
　　Flor. chamæm., melil. et anethi ana p. vj.
Fiat decoctio in sufficienti aquæ quantitate, cui permisceto :
　　Olei liliorum et lini, ana ℔. ij.
　　Vini albi ℔. vj.
Fiat balneum, in quo diutius natet æger.

Les baings tant naturels qu'artificiels, sont remedes fort loüables et sains, s'ils sont pris en temps deu, et quantité et qualité conuenables, comme tous autres remedes : mais s'ils ne gardent telles reigles, ils nuisent grandement : car ils excitent

horreurs, frissons et douleurs, densité de la peau, debilitent les facultés de nostre corps, et apportent plusieurs autres dommages [1]. Parquoy faut auoir esgard aux considerations cyaprés escrites. Premierement auant qu'entrer au baing, faut qu'il n'y ait aucune partie principale debile [2]. Car telles parties debiles attirent et reçoiuent promptement les humeurs fondus et liquefiés par le baing, veu que les voyes sont ouuertes. Secondement, faut qu'il n'y ait abondance et multitude d'humeurs cruds aux premieres veines : car tels humeurs par le baing seroient dispersés par tout le corps. Parquoy il est fort bon que les purgations vniuerselles, et vacuations desdits humeurs, precedent auant qu'entrer au baing. Et non seulement telles purgations vniuerselles sont necessaires auant le baing, mais aussi les excretions, tant de l'vrine que d'autres excremens. Aprés telles purgations, tant vniuerselles que particulieres, faut que la vertu et force du patient soit suffisante, tant pour entrer et demeurer au baing, que pour se tenir sans manger et à ieun. Tiercement, faut que tel baing soit administré sans frisson, à cause qu'il pourroit causer vne fiéure.

Le temps commode pour se mettre au baing est aprés le soleil leué, à ieun, ou six ou sept heures aprés le repas, si d'aduenture on veut vser deux fois le iour des baings. Car si la viande estoit encore aux premieres veines, ou au ventricule, elle seroit attirée auant sa parfaite coction, à raison de la chaleur du baing qui eschaufferoit toutes les parties du

---

[1] Galien, au liu. 10 *de la Meth.* —Galien, au liu. 3. *de Caus. puls.* — A. P.
[2] Galien, 11. *de la Meth.* — A. P.

corps, dont elles seroient plus promptes à attirer l'aliment encore crud Aucuns eslisent la partie de l'année commode pour lesdits baings, le Printemps et fin de l'Esté : autres vn iour beau et clair, ny froid, ny venteux, ny pluuieux. Ainsi la disposition et vertu du corps et les temps considerés, faut entrer bien chaudement au baing, dans lequel ne faut boire ny manger pour les causes ja dites : si d'auenture, pour le regard des forces, l'on ne prend vn peu de pain, ou quelques raisins, ou quelque orange, ou grenade pour la soif.

Le temps d'y demeurer ne se peut dire ny escrire. Aucuns toutesfois veulent qu'il soit d'vne demie heure iusques à vne heure : mais ne se faut fier à cela, ains auoir esgard à la vertu. Car il ne faut que le patient demeure au baing iusques à l'extreme debilité et foiblesse : à raison qu'és baings est faite grande resolution des esprits et de l'humeur substantifique.

Au sortir du baing faut estre diligemment couuert, et se mettre au lict pour y suer, et euacuer par sueurs quelques excremens attirés à la peau par la chaleur du baing. Aprés la sueur diligemment nettoyée, faut faire ou frictions legeres, ou deambulations : puis se nourrir de viandes de bon suc, de facile digestion et distribution : car la vertu concoctrice du ventricule a esté affoiblie par le baing. La quantité desdites viandes sera moderée, quand elle ne sera pesanteur à l'estomach. Finablement, aprés les baings faut euiter la compagnie des femmes : car le coït, outre l'imbecillité acquise du baing, il abbat grandement les forces et vertus, tant de tout le corps que principalement des parties nerueuses.

Ceux qui se baignent pour duresse,

ou retrecissement des nerfs, ou pour appaiser les douleurs d'iceux, doiuent frotter et entourer les parties malades de la fange du baing : car par ce moyen la vertu du baing est conseruée plus longuement en la partie : et reçoit-on plus grand profit en se frottant et enduisant la partie d'icelle fange, que si on vsoit du seul baing [1].

Ces reigles icy diligemment obseruées et gardées, l'vsage des baings est d'vn effect diuin et merueilleux, comme il a esté predit : et non seulement telles reigles sont à garder en vsant des baings, mais aussi en prenant des estuues, desquelles nous parlerons, pour l'affinité et vsage commun qu'elles ont auec les baings : ioint aussi que les anciens vsoient des estuues seiches et baings l'vn aprés l'autre, et le tout auoit le nom de baing, comme il est facile à connoistre par les liures *de la Methode de Galien.*

CHAPITRE XLIII.
DES ESTVVES.

Les estuues sont seiches, ou humides. Les seiches sont faites auec vne euaporation d'air chaud et sec, qui en eschauffant tout le corps ouure les pores d'iceluy, et esmeut sueurs. On peut exciter et faire telle euaporation d'air chaud et sec en plusieurs manieres : communément et publiquement est faite, tant en ceste ville, qu'en autre lieu où sont estuues publiques, auec vn fourneau vousté sous lequel on fait grand feu, à fin que ledit fourneau estant eschauffé, puisse faire telle euaporation. Toutesfois chacun en peut faire particuliere-

[1] Ce paragraphe a été ajouté en 1579.

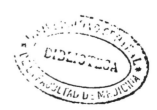

ment, auec telle industrie et artifice.

On peut mettre en vne cuue des pierres de grais rouges et ardentes, entre lesquelles sera assis nud le patient bien couuert, et l'exhalation seiche desdits grais estant ainsi enclose en ladite cuue, eschauffera et esmouuera sueurs : toutesfois de peur que les grais ne bruslent la cuue, les faut poser sur tuilles ou lames de fer. Et d'auantage, faudra auoir diligemment esgard au patient, et l'entreuoir de fois à autre : car il est aduenu quelquesfois qu'iceux , par nonchalance des assistans ou gardes, estans delaissés seuls, venans subitement à s'esuanoüir par trop grande dissipation des esprits, causée par la chaleur de l'estuue, et tombans sur les pierres ardentes, ont esté retirés demy-morts et bruslés.

Aucuns prennent telles estuues seiches en vn four, aprés qu'on a tiré hors le pain : mais elles sont fort incommodes, à cause que le malade n'y peut pas demeurer à son aise.

Les estuues humides sont faites auec vne vapeur ou fumée chaude et humide : telle vapeur se fait par decoction des racines, fueilles, fleurs et semences des herbes, lesquelles on fait boüillir auec eau ou vin, ou tous les deux ensemble, en vne marmite bien close et lutée, et l'ebullition et vapeur de telle decoction est conduite par tuyaux et canaux de fer blanc, lesquels s'inserent en vne cuue ayant deux fonds, dont le second est troüé et percé en plusieurs endroits, à fin que ladite vapeur ait sortie de toutes parts, et puisse eschauffer et ouurir les pores du corps pour suer. La cuue sera bien garnie de couuertures par dessus : le patient aussi ayant la teste couuerte, et hors de la cuue, s'asserra sur vne petite selle dans ladite cuue, et suera à sa volonté, auec telle chaleur qu'il luy plaira. Car la chaleur est moderée par le benefice d'vn trou estant au haut des tuyaux, lequel on destoupe lors que la chaleur est trop grande, autrement non : telle vapeur est fort plaisante à sentir, et donne plaisir en suant, comme tu peux voir par ceste figure [1].

Figure d'vne Cuue à double fonds auec ses tuyaux et marmite, propre pour receuoir les estuues humides.

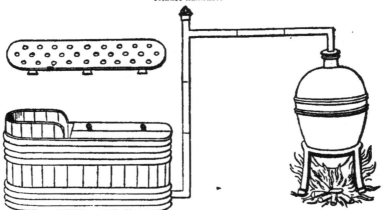

[1] Cette figure manque dans l'édition de 1575 ; mais c'était par un pur oubli, car on

Si l'on n'a tels tuyaux, on peut faire telles estuues humides, ainsi qu'il s'ensuit. Faut faire cuire les herbes en vn chauderon, puis les mettras aux pieds du patient en la cuue, estant bien couuerte par dessus : et pour exciter vapeur humide, faut mettre pierres de grais ardentes dans le chauderon : car elle boüillira en la decoction, et excitera grandes vapeurs humides qui esmouueront sueurs.

CHAPITRE XLIV.

DES FARDS POVR DECORER ET EMBELLIR LA FACE DES FEMMES.

A telles femmes qui se fardent pour leur plaisir et delices, ie ne leur voudrois donner aucun aide : mais bien à celles qui sont honnestes, fuyans les marques de vieillesse et de turpitude, desirans euiter l'indignation de leurs maris : et à icelles ces moyens qui s'ensuiuent s'adressent, pour pallier leurs rides et couleur mauuaise.

Or la couleur du visage demonstre la bonne temperature ou mauuaise, et la domination des humeurs : car chacun humeur donne sa teinture au cuir, et principalement à celuy de la face. Car si la cholere domine, la couleur sera iaunastre et citrine [1] : si le phlegme, blafarde : si la melancholie, plombine ou liuide : et si le sang,

la couleur sera vermeille. Il y a autres choses qui donnent là couleur au cuir, et luy changent sa couleur naturelle : telles sont les choses exterieures, comme le soleil, le froid, luxure, tristesse, peur, veilles, ieusnes, douleur, longues maladies, l'vsage des mauuaises viandes et breuuages, comme vinaigre et mauuaises eaux : au contraire, les bonnes viandes et le bon vin aident à faire bonne couleur, à raison qu'elles engendrent bon suc.

Si telles turpitudes prouenoient par les humeurs pechans en quantité et qualité, faut purger et saigner. Et si tel vice prenoit sa source de quelque intemperance des parties principales, il faudroit premierement icelle roborer : ce qui se fera par l'aduis du docte Medecin. Maintenant nous viendrons aux remedes particuliers, qui ont faculté de pallier les rides et blanchir le cuir.

Premierement on lauera la face en eau distillée des fleurs de lis, ou de féues, ou nenuphar, ou laict de vache pareillement distillé, ou bien auec eau d'orge ou d'amidon, de ris, delayés en eau tiede : et la face en estant lauée sera desseichée, puis ointe des onguens que dirons cy aprés : car tels lauemens detergent et preparent la face à receuoir l'action d'iceux onguens, comme fait la lexiue alumineuse au poil, lors que l'on le veut noircir. Aprés auoir detergé et preparé la face, on vsera des remedes qui s'ensuiuent, lesquels ont faculté d'embellir, de teindre le cuir, et effacer les rides, comme :

℞. Gummi tragaganthæ conquass. ʒ. ij.

Distemp. in vase vitreo cum ℔. ij. aquæ communis.

---

la rencontre déjà dans les *Dix liures de chirurgie* de 1564 avec cette note :

Cuue à double fons, entre lesquels vne vapeur conduitte par tuyau de fer blanc qui sort d'vne marmitte, de certaine decoction pour prouoquer le suer, que nous appellons Estuues seiches.

[1] Hippocrates, *au commencement du liure des Humeurs.* — A. P.

Icelle gomme se fondra , et l'eau demeurera blanche.

Autre.

♃. Lithargyri auri ℥ . ij.
 Cerussæ et salis communis ana ℥ . ß.
 Aceti , aquæ plantagin. ana ℥ . ij.
 Caphuræ ℈. ß .

Faut faire tremper la litharge et ceruse en vinaigre l'espace de trois ou quatre heures à part , et le sel et camphre en l'eau que prendrez , puis les faut distiller le tout à part par le filtre : et aprés estre distillés , à mesure que vous en vserez , les mesler.

Eau de laict de vache.

♃. Lact. vaccin. ℔ ij.
 Aurant. et limon. ana n. iiij.
 Sacchûr. albiss. et alum. roch. ana ℥ j.
Distillentur omnia simul.

L'on mettra les citrons et oranges par petites pieces, puis seront infusées dedans le laict , et adioustant vostre sucre et alum , et le tout sera distillé *in balneo Mariæ.* Ceste eau est excellente pour tenir le teint net et frais , et embellir la face : lors qu'on se couche, on mettra linges qui en seront imbus, sur la face.

Autre eau fort excellente pour rendre le teint clair et beau [1].

Faites distiller limaçons de vignes, et jus de limons , fleurs de boüillon blanc , de chacun quantité egale, puis y soit adiousté autant d'eau contenue dedans les boursettes de l'orme, et en soit vsé comme auons dit.

[1] Cette formule est une addition de 1579.

Autre eau.

♃. Micæ panis alb. ℔. iiij.
 Flor. fab. rosar. alb. florum nenuph. lilior. et ireos ana ℔. ij.
 Lact. vacc. ℔. vj.
 Oua n. viij.
 Aceti opt. ℔. j.
Distillentur omnia simul in alembico vitreo, et fiat aqua.

D'icelle on se peut lauer les mains et la face.

Autre, en forme de liniment.

♃. Olei de tartar. ℥ . iij.
 Mucag. semin. psyllij. ℥ . j.
 Cerussæ in oleo rosar. dissol. ℥ . j. ß.
 Boracis , salis gemmæ ana ℈. j.
Fiat linimentum.

Toile cirée pour contregarder le teint [1].

Ceste toile cirée est fort propre pour porter la nuit sur le visage, en mode de masque.

Prenez cire blanche grenée quatre onces, graisse de chéureau fondue , suif de bouc , et terebenthine de Venise vne once , nature de Balaine deux onces, camphre vne drachme : faites fondre le tout ensemble , et y tremper la toile : laquelle lisserez par aprés, et la garderez soigneusement pour faire masques.

Pour rendre le cuir de la face tendu et delié, et pour le blanchir.

♃. Caponem vnum , et caseum ex lacte caprino recenter confectum.
 Limon. n. iiij. oua n. vj.
 Cerussæ lotæ in aqua rosar. ℥ . ij.
 Borac. ℥ . j.ß
 Camphor. ℈. ij.
 Aquæ florum fabarum ℔. iiij.
Fiat omnium infusio per viginti quatuor horas, postea distillentur in alembico vitreo.

[1] Cette formule ne date que de 1585.

Autre.

De la moëlle d'os de mouton se fait vn fard fort excellent, lequel adoucit la face et la rend fort claire. La façon de l'extraire est de prendre les os qui auront esté separés de leur chair par ebullition : puis iceux concassés, les faire longuement cuire dans de l'eau : lesquels estans bien boüillis, sera le tout tiré du feu et refroidi, et au dessus de la decoction amasserez la graisse qui nage, et d'icelle vous en frotterez le visage au soir, et le lendemain le lauerez de la susdite eau.

Autre [1].

Prenez cire blanche deux onces, huile d'amandes douces quatre onces, graisse recente des reins de chéureau deux onces : poudre de ceruse de Venise lauée en eau rose, ou blanc d'amidon, autant qu'il en faut pour les incorporer en maniere d'onguent, duquel oignez la face au soir : et le lendemain la lauerez auec eau coulée de son de froment, puis l'essuyerez d'vn linge blanc et delié.

Autre.

Prenez l'eau qui se trouue és folicules d'orme : meslée auec laict d'asnesse, ou toute seule, est singuliere pour tenir la face polie et luisante, et faut s'en lauer au soir, et puis se lauer d'eau claire.

Autre.

℞. Salis cerussæ ℥. ij.
  Vnguent. citrini vel spermat. ceti. ℥. j.
Malaxentur simul, et fiat linimentum, addendo olei ouorum ℥. ij.

[1] Cette formule et la suivante n'ont été intercalées ici qu'en 1585.

La maniere de faire le sel de ceruse, c'est qu'il faut prendre de la ceruse bien puluerisée, et la mettre auec vinaigre distillé (tellement que pour liure y soit mis quatre liures de vinaigre) laissant le tout infuser l'espace de quatre ou cinq iours : puis sera distillé par filtre, laquelle distillation sera mise sus le feu, en vn vaisseau de terre plombé, et tarie iusques à ce qu'elle se rende en sel, comme quand l'on fait les cauteres.

Autre [1].

Prenez fiente de petits lezards, os de seche, tartare de vin blanc, raclure de corne de cerf, farine de ris, ana : faites-en poudre, faites la tremper en eau faite et distillée d'amandes douces, de limaces des vignes et de fleurs de nenuphar. Ce fait, adioustez le poids d'autant de miel blanc, et de rechef incorporez le tout en vn mortier de marbre, et gardez ceste mixtion en vn vaisseau de verre ou d'argent, et vous en frottez le soir le visage, et verrez chose mcrueilleuse pour les rougeurs du visage. Nota, qu'il faut laisser vn linge trempé en ladite eau sur le visage, y ayant mis l'onguent.

Autre excellent.

℞. Sublimati ℥. j.
  Argenti viui extincti in saliua ℥. ij.
  Margaritarum non perforat. ℥. j.
  Caphuræ ℥. j. ß.

Incorporentur simul in mortario marmoreo cum pistillo ligneo, per tres horas ducantur et fricentur, reducanturque in tenuissimum puluerem : deinde hic puluis abluatur aqua myrti et desiecetur, serueturque ad vsum.

Adde foliorum auri et argenti, numero x.

[1] Cette formule est de l'édition de 1579.

Quand tu voudras vser de ceste poudre, mets dans ta main tant soit peu d'huile de lentisque ou d'amandes douces, auquel dissous aussi bien peu de la poudre susdite, et incorpore ces deux ensemble, de laquelle faut s'en oindre le visage lors que l'on se va coucher : mais premierement se faut lauer la face des eaux susdites, aussi pareillement le lendemain au matin.

Aprés auoir descrit la maniere de nettoyer et estendre le cuir, aussi pareillement de le blanchir, reste à luy bailler la couleur rouge et vermeille au milieu des ioüés et des léures : car le blanc et le rouge estans ainsi meslés ensemble, font la couleur viue et naturelle : et pour ce faire on dissoudera rasure de bresil et orcanete en eau alumineuse, de laquelle on se frottera la pommette des ioüés et des léures, la laissant seicher : ou bien on vsera du rouge d'Espagne, ou l'on se frottera lesdites parties de peau de mouton teinte en rouge. Pareillement la friction faite auec la main rougit, à cause qu'elle y attire le sang et esprit [1].

Autre.

Prenez eau alumineuse, en laquelle aurez fait tremper plusieurs fois vne piece de torne-sel rouge, et en frottez les ioüés et les léures, voire tout le visage, s'il estoit blaffard, ou trop blanc.

Autre.

Prenez vne once d'alum de roche, faites-le boüillir en vne liure d'eau claire, et quand il sera fondu, tirez le vaisseau d'auprés le feu, et le laissez refroidir : iettez vne once de vermil-

[1] Le chapitre s'arrêtait là en 1575 et 1579; tout le reste a été ajouté en 1585.

lon subtilement puluerisé sur le marbre, faites-le boüillir iusques à la consomption de la moitié, coulez-la et la gardez en vne fiole de verre, et en frottez les ioüés et les léures.

Autre en onguent.

Prenez vne pinte d'eau de vie bien rectifiée, vne once de bresil, dix clous de girofle, autant de grains de paradis, cinq grains de cucube : puluerisez tout cela, et les faites infuser en l'eau de vie, sur les cendres chaudes, en vn vaisseau bien couuert de peur que l'eau ne s'exhale, et en frottez le visage et les léures.

Pour blanchir le visage trop coloré et rouge.

Prenez jus de limon, blancs d'œufs, de chacun egale partie, vn peu de soulphre vif puluerisé, battez-les assez longuement ensemble, puis les mettez dedans vne cassole sur le feu, les remuant auec vn baston de bois, iusques à ce qu'ils acquierent vne consistence de beurre : puis ostez-les hors de dessus le feu, et gardez ceste meslange pour vous en frotter le visage au soir, aprés l'auoir laué de son, ou de mie de pain blanc.

CHAPITRE XLV.

DE LA GOVTTE ROSE.

Maintenant nous parlerons d'vne rougeur estrange qui se fait au nez et aux ioüés, et quelquesfois par tout le visage, auec tumeur, et quelquesfois sans tumeur, aucunesfois auec pustules et croustes : qui se fait pour certaines humeurs salées et adustes. La goutte rose est plus grande en hyuer qu'en esté, parce que le froid clost les pores, et partant la matiere ne se peut euacuer, mais est tenue sous le cuir, qui fait qu'elle acquiert vne acrimonie et mordacité, faisant esleuer des boutons et croustes, rendant la couleur du visage plombine. Ceste maladie est difficile, et souuent impossible à curer.

Pour la cure generale, il faut que le malade euite le vin, s'il n'est bien trempé, et generalement toutes choses qui eschauffent le sang et qui sont vaporeuses, aussi toute chaleur et froideur excessiue : pareillement que le malade aye le ventre lasche, soit par art, ou par nature. Il sera saigné de la veine basilique, puis de celle du front, et de celle du nez : et seront semblablement appliquées sangsues en plusieurs lieux de la face, aussi ventouses auec scarification sus les espaules.

Si le mal est inueteré, on commencera la cure par choses emollientes, puis on vsera des onguens qui s'ensuiuent, lesquels seront changés à la discretion du Medecin present, les diuersifiant selon que le mal sera petit ou grand.

Exemple.

℞. Succi citri ℥. iij.
Cerussæ quantum sufficit ad inspissandum prædictum succum.
Argenti viui ℥. ß. extincti cum axung. porci, et cum ℈. ß. sulphur. viui.
Incorporentur simul, et fiat vnguentum [1].

Autre.

℞. Boracis ℈, ij.
Far. cicer. et fab. ana ℈. j. ß.
Camph. ℈. j.
Et cum melle et succo cepæ fiant trochisci.

[1] *Bon et experimenté.* —A. P.—Cette note date seulement de 1579.

Quand on en voudra vser, seront destrempés en eau rose ou de plantain, et en sera appliqué dessus le lieu auec linge delié, et laissés dessus la nuit, les renouuellant souuent.

Autre.

℞. Vng. citrini, recent. dispens. ℥. ij.
Sulph. viui ℥. ß.
Et cum modico olei semin. cucur. et suc. limon. fiat vng. quo illinatur facies hora somni.

Le lendemain sera lauée la face auec eau rose, blanchie auec du son.

Autre.

Faut faire boüillir du vinaigre bien fort auec du son et eau rose, et en sera appliqué comme dessus : ledit vinaigre esteint fort la rougeur.

Autre.

℞. Cerussæ et litharg. auri, sulph. viui pul ueris. ana ℥. ß.
Ponantur in phiala cum aceto et aqua rosarum.

D'icelle composition en faut appliquer auec linges, et les y laisser toute la nuit : puis seront ostés, et sera lauée la face auec eau de son. D'iceluy remede on vsera l'espace d'vn mois, plus ou moins.

Autre [1].

℞. Sang. taur. ℔. j.
Butyri recent. ℔. ß.
Fiat distill. vtatur.

Faut noter que ladite eau est trouble et puante au commencement : mais quelques iours aprés deuient claire et perd sa puanteur.

[1] Cette formule et la suivante sont de 1579.

Autre.

Faites boüillir du son en vinaigre et eau de nenuphar , et dissoudrez du soulpbre et vn peu de campbre, et de ce en tremperez linges qui seront mis sus le visage au soir.

Pour desseicher les pustules ou saphirs.

℞. Alb. ouorum num. ij.
　　Aquæ rosar. ℥. j. ß.
　　Succi plantaginis et lapathi acuti ana
　　　℥. ß.
　　Sublimat. ℈. j.
Incorpor. in mort. marmoreo.

Pour les lentilles [1].

Touchez les lieux auec eau forte.

Autre.

Faites tremper vn ou plusieurs œufs en fort vinaigre iusques à ce qu'ils soient mols, incorporez auec semence puluerisée en forme d'onguent, et en frottez les lentilles, tant que la peau s'esleue.

Autre.

℞. Axungiæ porci decies in aceto lotæ
　　℥. iiij.
　　Argenti viui ℥. j.
　　Alum. sulphur. viui ana ℈ j.
Pistentur omnia diu in mortario plumbeo,
　　et fiat vnguentum.

L'argent-vif ne se doit mettre qu'à la fin.

Autre.

℞. Radic. lapathi acuti et asphod. ana ℥. ij.

Coquant. in aceto scillitico, postea pistentur et passentur, addendo :
　　Auripigmenti ℈. ij.
　　Sulphur. viui ℈. x.
Incorporentur, et fiat vnguentum.

Duquel en sera mis sur les pustules pour les desseicher.

Autre.

℞. Rad. lilior. sub. cinerib. coct ℥ , iij.
Pistis et passatis adde butyri recent. et axung. porci lotæ in aceto ana ℥ j.
　　Sulphur. viui ℈. iij.
　　Camph. ℈. ij.
　　Succi limon. quant. suff.
Malax. simul, et fiat vnguentum.

Autre.

℞. Lact. virg. ℔. ß.
　　Alum. ℥. ß.
　　Sulphur. viui ℥. j.
　　Succ. limon. ℈, vj.
　　Sal. comm. ℥. ß.
Distillentur omnia in alemb. vitreo.

Et d'icelle eau on vsera comme dessus.

Autre.

℞. Succi lapat. acuti, plantag. et asphodelo.
　　au ℥. j. ß.
　　Olei vitelli. ouor. ℥. j.
　　Tereb. Venetæ ℥. ß.
　　Succi limonum ℈. iij.
　　Aluminis combusti ℈ j.
　　Argent. viui extincti ℥. j.
　　Olei liliorum ℥. ß.
Pistentur omnia in mortario plumbeo, addendo sub finem argentum viuum ne mortario adhæret.

Autre [1].

Prenez eau de nenuphar , de plantain, de morelle, de chacune deux onces, vinaigre fort vne once et demie : esteignez dedans, cinq ou six coquilles d'œufs toutes rouges venans du feu, et les y laissez tremper et ramollir, comme à se rediger en poudre, puis coulez le tout, et versez dedans vne bouteille de verre, en laquelle tremperez un petit nouët plein d'vne drachme et demie de soulphre vif subtilement puluerisé.

Autre.

Prenez soulphre vne once, ceruse lauée deux drachmes, os de seche, camphre, de chacun vne drachme, jus de limons de chacun demie liure, jus d'oignons deux onces : triturez subtilement, et incorporez auec les jus : oignez-en la face au soir allant au lit, et au matin lauez-la auec decoction de son.

Et au cas que les pustules ou boutons ne voulussent ceder aux remedes, il faut appliquer des vesicatoires non faits de cantharides, à fin d'attirer du profond le sang aduste et bruslé qui cause lesdites pustules.

Autre bien approuué.

℞. Sulphuris viui ignis expert. ℥. ij. ʒ. j.
   Zinziberis optimi ℥. j.
   Piperis nigri ʒ. ij.
Fiat puluis subtilissimus, et incorporetur cum ℥. iiij. pommaci optimi.

Faut oindre la partie rouge et boutons, le soir, et lendemain matin lauer ledit onguent auec de l'eau qui aura esté tiedie dans la bouche.

Pour oster les saphirs du visage [1].

Prenez suc d'oignon, pilé auec sel,

ou autrement pilé auec moyeux d'œufs.

Pour amortir les dartres.

Fueilles d'ellebore pilées auec vinaigre, ou laict de figuier tout seul, ou laict de tithymal, ou moustarde dissoute auec vinaigre fort, auec vn peu de soulphre.

Autre.

Prenez couperose, soulphre et alum, de chacun vne drachme, et les faites tremper en fort vinaigre : puis soyent passées par vn linge, et en soit appliqué dessus.

Autre.

Prenez vn œuf, et le faites tremper en fort vinaigre, auec couperose et soulphre mis en poudre, puis passez, et en vsez comme dessus.

Si les herpés ou dartres sont au visage, l'eau de sublimé est excellente, aussi l'alum incorporé auec blanc d'œuf, et vn peu de jus de citron : aussi fait l'aloés destrempé auec oxymel scillitic [1].

Or il faut icy noter, qu'à cause que les susdits remedes sont aucunement corrosifs, rendans le cuir aspre et scabre, pour l'adoucir et polir on vsera de ce liniment.

℞. Terebenthinæ Venetæ, tam diu lotæ vt acrimoniam nullam habeat, butyri salis expert. ana ℥. j. ß.
   Olei vitell. ouor. ℥. j.
   Axung. porci in aqua rosar. lot. ℥. ß.
   Ceræ parum.
Vt inde fiat linimentum ad vsum.

On peut aussi vser des autres reme-

---

[1] Les quatre formules qui suiuent ont été ajoutées en 1579.

[1] Cette phrase est une addition de 1585.

des cy dessus mentionnés, qui ont pareille vertu [1].

Pour affermir les dents, et les tenir nettes et blanches, que nos dames de la Cour vsent.

Prenez eau commune et eau rose, de chacune quatre onces, deux drachmes d'alum de roche cuit et subtilement puluerisé, canelle entiere demie drachme : mettez l'alum et la poudre dedans vne fiole de verre auec les eaux , puis exposez la phiole sur les cendres chaudes, faites le boüillir iusques à la consomption de la tierce partie des eaux : estant refroidie, frottez-en vos dents au matin auec vn linge net.

Pour affermir les dents qui lochent et branlent.

Faut vser de toutes choses qui astreignent , soit en gargarisme ou opiate. La decoction de berberis, sumach, balaustes, alum, vin de grenades , meslé auec eau rose et verjus, est singulier remede pour reserrer et affermir les gencives.

CHAPITRE XLVI.

LA MANIERE DE FAIRE NOIRCIR LE POIL.

Il faut premierement lauer la teste ou la barbe de lexiue, en laquelle on mettra vn peu d'alum de roche, à cause qu'icelle lexiue prepare le poil à mieux receuoir la teinture, consumant la graisse qui peut estre aux cheueux ou barbe [2]. Les remedes particuliers pour noircir le poil doiuent estre aromatiques et cephaliques, et vn peu stiptiques, à fin que par leur aromaticité ils corroborent la vertu animale, et que par leur stipticité ils astreignent : aussi doiuent estre de subtile substance pour penetrer iusques à la racine du poil.

Il faut prendre vne pierre de chauxviue poisant vne liure et demie, et la mettre dedans vne terrine , auec assez grande quantité d'eau : et quand ladite chaux sera desteinte, il la faut remuer auec vn baston, et passer ladite chaux et eau par vn sasset dedans vn autre vaisseau. Et quand la chaux sera rassise, il faut ietter toute l'eau, et y en remettre de fraische autant et plus qu'à la desteindre , et la remuer comme à la premiere fois : et faut laisser seicher ladite chaux , tant qu'on la puisse mettre en poudre : et prendre de ladite chaux cinq quarterons, et la mettre en poudre, et demie liure de litharge subtilement puluerisée : et le tout passer ensemble par vn sasset. Pour en faire paste assez liquide , faut prendre vne poignée de sauge fraiche, la concasser et mettre dedans vn pot de terre auec vne pinte d'eau, et la faire consumer iusques à la tierce partie, et passer par vn linge : et de ladite decoction ferez vostre paste, de laquelle vous frotterez le lieu que voudrez noircir, et lairrez ladite paste l'espace de quatre ou cinq heures ; après lauerez le lieu auec de l'eau tiede en laquelle on aura mis du son [1].

Autre.

℞. Sulphur. vitrioli, gallar. calcis viuæ, lith. ana ʒ. ij.

---

[1] Ici se terminait le chapitre dans les deux premières éditions ; le reste a été ajouté en 1585.

[2] Ces derniers mots, *consumant la graisse*, etc., ont été ajoutés en 1579.

[1] Tout ce paragraphe manque dans les premières éditions, et date seulement de 1585.

Scoriæ ferri ℥. ß.

Puluerisentur omnia subtil. et cum aqua communi incorporentur, vt inde fiat massa.

De laquelle on frottera les cheueux s'en allant coucher, puis on mettra vne compresse dessus auec vne coeffe, et le matin seront desueloppés de ladite paste.

Autre.

℞. Calcis lotæ ℥. j.
Litharg. vtriusque ℥. ß.

Et cum decocto gallarum, cort. nucum, fiat massa, addendo olei chamom. ℥. ij.

Autre.

℞. Litharg. aur. ℥. ij.
Ciner. clauellat. ℥. j. ß.
Calc. viuæ ℥. j.

Dissol. omnia cum vrina hominis donec acquirat consistentiam vnguenti, de quo vngantur capilli.

Autre.

℞. Calcis lotæ ℥. iiij.
Litharg. vtriusque ana ℥. ij.

Cum decocto saluiæ et cortic. granat. fiat pasta ad formam pultis satis liquidæ.

De laquelle on se frottera les cheueux ou barbe s'en allant coucher, et le lendemain se lauera de vin et eau.

La chaux se doit lauer en ceste sorte : Vous prendrez vne liure de chaux, que vous ietterez en cinq ou six pintes d'eau commune, laquelle y demeurera l'espace de vingt-quatre heures, puis osterez vostre eau par inclination, en adioustant d'autre eau : et pour la troisiéme fois en lieu d'eau commune, mettrez de la decoction de sauge et galles, qui y demeurera

l'espace de vingt-quatre heures, puis sera ostée par inclination : et par ainsi aurez vostre chaux lauée.

Il faut noter qu'il faut premierement lauer les cheueux et barbe auec lessiue, à fin que le medicament puisse mieux operer, et n'estre empesché par la graisse qui pourroit estre aux cheueux ou barbe[1].

Autre remede singulier [2].

Le jus de l'escorce de noix verte, comme l'on peut connoistre par les mains de ceux qui cernent les noix nouuelles, qui en sont noircies pertinacitement. Ce qui aduient d'vne astriction coniointe, auec vne tenuité de substance, laquelle fait que son astriction descend au profond, et se diffuse de toutes parts : et l'astriction empesche que sa teinture ne se puisse effacer qu'à grande peine auec drogues, tant soient-elles abstergentes.

Autre maniere de noircir le poil par eaux [3].

℞. Argenti finissimi ℥. ij.

Reducatur in tenuissimas laminas, ponatur in fiolâ vitreâ vnâ cum ℥. ij. aquæ separationis auri et argenti, aquæ rosarum ℥. vj.

[1] J'ai rétabli ce court et essentiel paragraphe d'après l'édition de 1575; il avait été retranché de toutes les autres, sans doute par erreur, et dans les remaniemens du texte que nous allons avoir à signaler.

[2] Cette formule et la suivante datent seulement de 1585.

[3] Je rétablis ici dans le texte cette formule qui se lit dans toutes les éditions faites du temps de l'auteur, et qui, retranchée je ne sais pour quelle cause dans la première édition posthume, l'a été par suite dans toutes les autres.

La maniere de faire ladîte eau est telle : c'est que l'on mettra la susdite bouteille ou matelas auec l'eau forte et l'argent sus les charbons, à fin qu'il se fonde auec icelle : puis le matelas estant refroidi vn peu, ensemble ce qui sera dedans, on adioustera l'eau rose. Or il faut noter, si l'on veut que ladite eau noircisse d'auantage, on y mettra aussi plus d'argent : et si l'on veut qu'elle ne noircisse tant, on y mettra moins d'argent.

Le moyen d'en vser est, qu'il faut tremper vn pigne dedans, et se pigner d'iceluy.

Autre de merueilleux effet.

Prenez de la chaux-viue, la laissez esteindre toute seule en lieu humide, et d'icelle en prendrez trois onces : plomb bruslé sans estre laué, mis en poudre, deux onces, litharge d'or puluerisée quatre onces : le tout sera mis dedans vn mortier de plomb, et auec eau sera fait comme vne pulte : et de ce en feras frotter les cheueux, puis mettre vn bonnet ou coeffe qui sera laissé la nuit, et au matin se faut frotter la teste auec linges chauds, et ceste matiere tombera toute en poudre.

Autre.

. Plumbi vsti ℥ . ij.
Gall. non perfor. cortic. nuc. ana ℥ . iij.
Terræ sigill. ferretæ Hispan. ana ℥ . ij.
Vitr. rom. ℥ . vj.
Sal. gem. ℥ . j. ß.
Caryoph. nuc. mosc. ana ℥ . j.
Sal. amm. aloës ana ℈ . ß.

Fiat puluis subtilis.

Lesdites poudres seront trempées par trois iours naturels dans de bon vinaigre : aprés il faut le tout distiller par l'alembic, et de l'eau en vser comme il appartient.

Pour faire les cheueux blonds.

℞. Flor. genist. stœcad. et cardamo ana ℥ . j.
Lupin. conquass. rasuræ buxi. cort. citri, radic. gentian. et berber. ana ℥ j. ß.

Cum aqua nitri, fiat lenta decoctio.

De laquelle on lauera ses cheueux par plusieurs iours.

CHAPITRE XLVII.

PSILOTHRA, OV DEPILATOIRES POVR FAIRE CHEOIR LE POIL.

℞. Recip. calc. viuæ ℥ . iij.
Auripig. ℥ . j.

La chaux sera esteinte en eau commune, puis on adioustera l'orpiment en poudre, auec quelque chose odoriferante.

La maniere d'en vser est, que l'on ne le doit tenir sus la partie sinon que l'espace de bien peu de temps, autrement il brusleroit : et aussi deuant que l'appliquer, faut fomenter la partie d'eau chaude, et faut que ledit depilatoire soit appliqué chaudement, et espais comme boüillie. On connoistra l'effet en frottant la partie legerement auec eau chaude, et le poil tombera : et s'il auoit escorché la partie, on vsera de l'onguent rosat, ou autre semblable.

Autre.

℞. Calc. viuæ, auripigm. citr. ana ℥ . j.
Amyli, spumæ argent. ana ℥ . ß.

Terantur et incorporentur cum aqua communi, et bulliant simul.

Or le signe de parfaite cuisson est , que l'on mette vne plume d'oye, et elle sera subit desplumée.

Autre.

Prenez chaux-viue et orpiment autant d'vn que d'autre : soit le tout puluerisé et mis en vn noüet, lequel sera trempé en eau, et d'iceluy on frottera la partie, puis passant le doigt par dessus, le poil tombera.

Autre maniere [1].

Prenez vne liure de chaux-viue, et demie liure d'orpin iaune : mettez le tout en poudre subtilement, et quand vous en voudrez vser, en prendrez telle quantité que voudrez : et auec de l'eau en ferez paste mollasse, laquelle mettrez sur la partie que voudrez depiler. Et pour sçauoir quand l'action dudit depilatoire sera faite, vous lauerez la partie auec vn peu d'eau tiede, et verrez que le poil tombera.

Ie ne puis encore passer que ne descriue certaines eaux pour lauer les mains et visage, voire tout le corps,

[1] Cette *autre maniere* est une addition de 1585.

et pour faire sentir bon les linges et autres choses.

Eau de lauande.

℞. Flor. lauand. ℔. iiij.
  Aquæ ros. et vini albi ana ℔. ij.
  Aquæ vitæ ℥. iiij

Misceantur omnia simul, et fiat distillatio in balneo Mariæ.

On la peut faire sans distiller, mettant infuser des fleurs de la lauande en vne fiole de verre au soleil auec eau pure, ou au baing Marie, en y adioustant vn peu d'huile d'aspic, ou vn peu de musc.

Eau de clouz de girofle.

℞. Caryoph. ℥. ij.
  Aquæ rosarum ℔. ij.

Macerentur spatio xxiiij. hor. et distill. in balneo Mariæ.

Eau de senteurs.

℞. Menth. maior. hyssopi, saluiæ, rorism. lauand. ana m. ij.
  Rad. ireos ℥. ij.
  Caryoph. cinn. nuc. mosc. ana ℥. ß.
  Limo. num. iiij.

Macerentur omnia in aqua rosar. xxiiij. hor. omnia distillentur in balneo Mariæ, addendo mosci Ɔ. j.

LE VINGT-SIXIÉME LIVRE,

TRAITANT

DES DISTILLATIONS [1].

CHAPITRE I.

QVE C'EST QVE DISTILLATION, ET COM-
BIEN DE SORTES OV MANIERES IL Y
A DE DISTILLER.

Or maintenant il nous reste encore
sommairement traiter des medicamens pyrotiques et chimiques, c'est-
à-dire extraits par distillation de
quinte-essence, en laquelle il y a vne
vertu singuliere et quasi diuine des
choses qui sont distillées : qui a tellement raui les esprits des hommes,
que bien peu de choses se trouuent
ayans quelques effets et singularités
en soy, que l'on ne soubmette à la
distillation [2].

Distiller, c'est vn art et moyen par
lequel la liqueur ou humidité d'aucunes choses, par la vertu et force du
feu, ou de chaleur semblable (comme
les matieres le requierent) est extraite
et tirée, estant premierement subtiliée en vapeur, puis reserrée et es-
paissie par froideur. Aucuns appellent
cest art *sublimer*, qui ne signifie autre
chose que separer le pur de l'impur,
les parties plus subtiles et deliées d'a-
uec les plus corpulentes, espaisses, et
excrementeuses : mesmement faire
que les matieres desquelles la sub-

---

[1] Ce livre est une sorte de complément
du précédent, ainsi que l'auteur le fait entendre dès la première phrase; c'est en
quelque sorte la *matière médicale moderne*
faisant suite à la matière médicale des anciens. Il a été publié dans la première édition des OEuvres complètes, en 1575, et à
peine y a-t-il été fait plus tard quelques
changements. Quant à la source d'où Paré
l'a tiré, elle me paraît assez bien indiquée
par une phrase qui se lisait en 1575, et qui
a été retranchée dans toutes les autres éditions; je l'ai reproduite dans la note suivante. Du reste, le sujet tout spécial de ce
livre me dispensait d'y joindre des notes
historiques ou critiques; je me suis contenté de signaler avec soin les variantes. Il

y avait un certain nombre de figures représentant des appareils à distillation; comme
Paré n'avait fait sans doute que les copier
sur d'autres, il m'a paru inutile de les conserver.

[2] L'édition de 1575 ajoutait ici :
« Ce qui a esté amplement descrit par
monsieur Liebault, Docteur regent en la
Faculté de medecine à Paris, personnage
doué d'vn singulier esprit, auquel sommes
grandement attenus, tant pour la version
du second tome d'Euuonyme traittant de
telle matiere, que pour sa Maison rustique,
qu'il a ces derniers iours mise en lumiere,
au grand profit et vtilité du public. »
Cette phrase a été effacée dès 1579. La traduction citée de Liebault avait paru en 1573.

stance est grossiere soient rendues plus pures, nettes et sinceres : ou bien que les parties terrestres assez mal vnies et coniointes, ou autrement par trop confuses, et espandues par toute la substance de leur corps, soient resserrées, mieux vnies et amassées ensemble, de façon que, separées par chaleur, chacune demeure à part au fond de l'alembic et vaisseau. Ou bien distillation est vne extraction ou effusion d'humeur, decoulante goutte à goutte par alembic, ou autre tel vaisseau : laquelle, moyennant quelque coction qui se fait par la vertu de chaleur, separe plusieurs substances les vnes d'auec les autres, et reduit quelques vnes d'icelles, separées et esleuées en vne certaine forme et vertu, qui par aprés sert et profite beaucoup à plusieurs affections et maladies.

Aucunes matieres demandent chaleur de feu clair, autres de charbon, ou du soleil, ou des cendres, ou arenes, ou limeures de fer puluerisées : les autres veulent chaleur de fiens de cheual, ou d'eau boüillante, ou la vapeur d'icelle seulement.

On remarque quatre dégrés de chaleur au feu duquel on distille, dont le premier est tiede, comme vne eau à demie chaude, ou la vapeur d'vne eau boüillante : le second est vn peu plus chaud, toutesfois on y peut souffrir la main sans offense, comme est la chaleur de la cendre : le tiers est encore plus chaud, tellement qu'il peut offenser griefuement si on y tient la main longuement, comme est la chaleur des arenes : le quart est si vehement que l'on n'y peut endurer la main sans brusler, comme est la chaleur d'escaille ou limature de fer. Le premier degré est conuenable pour distiller les matieres subtiles et humides, comme les fleurs. Le second pour les subtiles et seiches, ainsi que les choses odorantes et aromatiques, comme canelle, gingembre, cloux de girofles. Le tiers pour distiller les matieres de substance espaisse et pleines de suc, comme sont plusieurs racines et gommes. Le quart pour la distillation des metaux et mineraux, comme l'alum, le vitriol, l'ambre, le gagatés, et semblables.

Pareillement on peut distiller sans chaleur, comme nous voyons és choses qui sont distillées en forme de colatures, à sçauoir quand la plus pure partie est extraite et separée de la partie plus limonneuse et terrestre, comme l'on fait du laict virginal, et autres choses qui se font par le moyen du feutre ou chausse d'hippocras, ou piece de drap en forme de languette, ou de sablon, ou de vaisseaux faits de bois de lierre. Quelquesfois aussi on distille des matieres par froideur et humidité, ainsi que se fait l'huile de tartre et myrrhe, vitriol, lors qu'elles sont mises en lieu froid et humide sur le marbre.

CHAPITRE II.

DE LA MATIERE ET FORME DES FOVRNEAVX.

Les matieres et formes des fourneaux sont diuerses : car les vns sont faits de briques et de terre grasse, autres de terre grasse seule : les meilleurs sont faits de terre grasse auec ciment et blanc d'œuf, et bourre : toutesfois si tu veux soudainement distiller, tu en peux faire vn de briques mises les vnes sus les autres, proprement accommodées.

La meilleure et plus commode forme des fourneaux entre tous est celle qui est ronde par tout, à raison que le feu, porté en haut, va par tout en plus egale mesure : ce qu'il ne feroit pas s'il estoit d'autre figure, comme quarré ou triangulaire, à cause que la separation des angles disioindroit la force du feu se separant çà et là. Ils seront de telle grandeur qui sera requise selon le vaisseau qu'on y voudra apposer, et seront espais plus ou moins que tu aduiseras estre necessaire. Tels fourneaux doiuent auoir deux fonds, l'vn en bas pour receuoir les cendres du charbon ou d'autres telles matieres de feu : l'autre plus haut qui tienne les charbons allumés, et fait en façon de gril, ou bien separé par plusieurs petits trous, à fin que les cendres s'escoulent au fond d'embas plus facilement, et qu'elles ne suffoquent le feu qui eschauffe l'alembic. Autres, trois fonds, comme au four de reuerberation, sçauoir l'vn pour receuoir la cendre, l'autre pour mettre le charbon, le tiers pour mettre la matiere à calciner ou à distiller, lequel doit estre couuert d'vne couuerture à demy ronde, pour reuerberer la chaleur ou la flamme sus la matiere à calciner ou à distiller, selon que la matiere le requiert [1]. Le fond d'embas peut auoir vne ou plusieurs gueulles, à fin d'oster les cendres qui y seront tombées : et quant à celuy d'en haut, il en doit auoir vne seule, de grandeur mediocre, pour mettre le charbon ou bois dedans, et en haut deux ou trois petits trous, pour donner air et euenter le feu, lors que tu voudras l'augmenter : l'vne et l'autre

gueulle seront garnies de leur bouchon ou porte.

Or en defaut de fourneau ou de matiere pour ce faire, tu peux accommoder ton vaisseau, ou bien ton chaudron ou jatte, sus vn trepié, comme il te sera monstré cy après en la distillation du baing Marie.

CHAPITRE III.

DES VAISSEAVX POVR DISTILLER.

Les vaisseaux propres aux distillations sont faits de diuerse matiere et forme : car les vns sont de plomb, d'estain, d'airain, de terre plombée et non plombée, de grais, lesquels sont fort bons, de verre, d'or, d'argent.

Quant aux vaisseaux de plomb, ils sont du tout à reprouuer, principalement si les liqueurs tirées par iceux se doiuent prendre par la bouche, à cause de la salsitude qui est de nature de plomb, et autres malefiques qualités du plomb : consideré mesmement que Galien condamne et reprouue l'eau conduite par canaux de plomb, pour-ce qu'elle esmeut flux de ventre, à cause de sa nature qui est de substance de mercure. D'auantage, nous voyons ordinairement eaux distillées par le plomb estre le plus souuent auec acre et vehemente vapeur, qui se fait à raison qu'iceluy sel est dissout de la voute de l'alembic, lequel gaste les eaux, les rendant blanches et espaisses comme laict. Et quant à ceux d'airain et cuiure, ils rendent les eaux airugineuses, et encore plus nuisantes que ceux de plomb. Ceux d'or et d'argent sont moins nuisans, ains en appareil sont-

---

[1] Cette dernière phrase, relative aux fourneaux à trois fonds, a été ajoutée en 1579.

ils plus difficiles, à cause du coust qui en oste le goust.

Parquoy faut mettre diligence que les vaisseaux distillatoires soient ou de terre plombée, ou de verre, ou de grais, nommée *terre de Beauuais*, plustost que de plomb ou d'aucun metal : toutesfois ceux de verre sont les meilleurs, en second lieu ceux de terre plombée ou vitrée, ou de grais : aprés, ceux d'estain : et ceux de verre ne doiuent estre de fugere.

Quant à la forme et figure des vaisseaux, ils sont de plusieurs façons : les vns sont de figure ronde et oblongue, les autres tortus, autres d'autre figure, comme ils te sont presentés au liure des Alchymistes : du nombre infiny desquels ie t'en donneray le portrait des plus necessaires, et declareray leur vsage en leur propre lieu.

CHAPITRE IV.

QVELLES CHOSES DOIVENT ESTRE CONSIDERÉES ÉS DISTILLATIONS.

Aprés auoir monstré que c'est que distillation, faut connoistre quelles choses sont requises en icelle.

Donc il faut premierement choisir vn lieu conuenable pour mettre le fourneau, à fin qu'il ne face tort à la maison, ny 'aussi que rien ne puisse tomber sus les vaisseaux. Lors qu'on distillera quelque matiere qui soit de qualité maligne et veneneuse, durant la distillation on ne doit approcher que le moins qu'on pourra. Si on fait distillation en vaisseaux de verre, il les faut choisir bien cuits, sans bulles, non fissurés, egaux de toutes parts. Le feu ne doit estre violent du commencement, tant pour la

sauuegarde des vaisseaux qui se pourroient casser, receuans la chaleur trop subite, tant aussi que les matieres reçoiuent la chaleur tout doucement. Ne faut mettre dans le vaisseau trop grande quantité de matiere, autrement pourroit regorger et sortir hors. Les matieres chaudes, pour estre de plus grande efficace, requierent bien d'estre distillées par deux ou trois fois, en les reiettant sus autre matiere, ou bien les rectifier à part, comme sont gommes, cire, axonges, huiles d'os, d'ambres, iamme et jayet, et à chacune distillation faut diminuer la chaleur d'vn demy degré, et ainsi consequemment, attendu qu'il n'est requis si grande chaleur, par-ce que la matiere, estant subtiliée de plus en plus par chacune distillation, ne merite si grande chaleur à la fin qu'au commencement, qu'elle est plus grosse et plus espaisse. Mais quant aux choses aromatiques, comme girofle, canelle, et semblables, et aussi ce qui est extrait de la sauge, rosmarin, thym et semblables, ne se doiuent rectifier, par-ce qu'elles sortent toutes pures[1].

En toutes distillations faut diligemment separer et mettre à part le phlegme, c'est-à-dire l'humeur plus aqueux, et pour ce faire faut aduiser soigneusement à la matiere que l'on distille : car au commencement le phlegme sort du vinaigre quand on le distille, et au contraire en l'eau de vie le phlegme sort le dernier, encore qu'elle soit distillée plusieurs fois. Si on veut que les eaux ayent l'odeur ou saueur, ou autre qualité de quelque chose, comme de canelle, de camphre, de musc, ou autres tel-

[1] Cette dernière phrase : *mais quant aux choses aromatiques*, est une addition de 1579.

les matieres odorantes, sera bon de mettre la matiere odorante, comme musc, canelle, ou semblable, dedans et auec la substance que vous voudrez distiller [1], à fin que par ces matieres l'eau distillante en retienne l'odeur, ou autre qualité.

Les liqueurs distillées au feu de cendre ou au sable acquierent ordinairement quelque empyreume, et pour-ce est tres-expedient de les mettre au soleil, la fiole bien bouchée, et par fois l'ouurir, à fin de faire exhaler telle odeur, et consommer le phlegme, si peu qu'il en seroit resté.

Or combien qu'en toute distillation plusieurs choses soient requises et necessaires, toutesfois faut auoir esgard principalement à ces deux cy, lesquelles se proposent tous bons ouuriers et artistes en cest art. L'vne est la matiere qu'on veut traiter et mettre en œuure, à sçauoir quelle elle est, à quoy de son naturel elle est propre pour endurer ou agir : l'autre, que l'on choisisse les fourneaux et vaisseaux conuenables, tant en leur matiere que figure. Et si l'ouurier veut considerer ces deux points, il ne faut douter que son œuure ne soit bien conduite : car tous corps ne sont faits et formés de toute sorte de matiere, ny les artisans peuuent indifferemment faire d'vn seul bois tout ouurage. Ainsi en cest art lors qu'on veut extraire huile ou eau de quelque matiere, faut sçauoir si elle est telle qu'on en puisse esperer huile ou autre chose semblable : puis

choisir et chercher les instrumens pour l'œuure que l'on desire. Car si l'on distille quelque matiere qui soit destituée de la liqueur ou humeur que nous cherchons, que sera-ce autre chose sinon que vouloir extraire de l'huile d'vn mur? Attendu que tous corps sont mixtionnés des quatre elemens, et qu'entre iceux les vns participent plus de l'air, les autres plus de l'eau, autres plus du feu, autres plus de la terre. Ce consideré sera facile, moyennant la force du feu, extraire l'eau des matieres plus aqueuses, comme l'huile de celles qui sont plus aërées et ignées.

D'abondant est à considerer, que quelquesfois l'eau vient la premiere : puis l'huile en donnant feu plus aspre, comme de toutes les herbes froides, bois et racines : et des chaudes, l'huile vient la premiere auec l'eau.

CHAPITRE V.

EN QVELS VAISSEAVX FAVT DISTILLER LES EAVX.

Pour distiller toutes sortes d'eaux, deux vaisseaux sont principalement necessaires, qu'on nomme en vn mot, *alembic* : l'vn d'iceux est appelé proprement *cucurbite*, ou vaisseau contenant : l'autre est dit *chapiteau* ou *chape*, auquel sont amassées les vapeurs conuerties en eau, pour-ce qu'il represente quelque certaine forme et figure de chef ou de teste, au regard du dessous qui est plus grand, large et long. En ce vaisseau il y a vn canal en forme de bec d'oiseau, par lequel l'eau distille goutte à goutte en vne fiole, ou autre vaisseau [1].

---

[1] Le texte de cette phrase était fort différent en 1575; on lisait : « Sera bon d'en frotter le chapiteau auec ces matieres, ou enfermer quelques vnes d'icelles dans vn petit noüet de toille, et les mettre à l'extremité du chapiteau, à fin que par ces matieres, etc. » La rédaction actuelle date de 1579.

[1] Ici se trouvait la figure d'un fourneau

Or à fin que ton alembic ne vacille de costé et d'autre, et qu'il ne nage estant à demy vuide : pareillement aussi craignant qu'il ne se rompe estant immediatement contre la cuue, ie t'ay bien voulu bailler vne maniere fort commode pour y obuier [1].

Pareillement tu peux distiller par la vapeur de l'eau, ce que tu feras commodément par tel fourneau et de baing Marie, auec les alembics et recipiens. On peut s'en faire une idée d'après la rubrique suivante, que j'ai voulu conserver au moins en note :

«A Monstre la cuue de cuiure, laquelle est pleine d'eau.

B Le couuercle de ladite cuue percée en deux endroits pour passer le vaisseau.

C Le canal de cuiure attaché à la cuue, auquel est contenu le feu pour eschauffer l'eau.

D L'alembic auec son chapiteau.

E Le recipient dans lequel distille l'eau. »

Cette première figure était suivie d'une autre avec ce titre : *Autre maniere de baing Marie, lequel n'est si portatif.* C'est un vaisseau contenant l'eau, surmonté de trois alembics; le feu est placé au-dessous, tandis que dans le précédent le feu était porté dans la cuve même, dans le *canal de cuiure* indiqué.

[1] Cette *maniere fort commode*, illustrée par deux figures, consistait en ceci : l'alembic était placé sur une platine de plomb circulaire, de la circonférence de laquelle partaient quatre cordelettes qui allaient embrasser le col de l'alembic pour le tenir fixe et droit sur la platine. Voici d'ailleurs les rubriques jointes aux figures :

«A Monstre le vaisseau ou alembic de verre.

B La platine de plomb, sus laquelle est posé le vaisseau ou alembic.

C Les cordelettes qui tiennent le vaisseau à la platine.

D L'anneau auquel sont attachées les cordelettes. »

vaisseaux qui te sont icy presentés [1].

Quant à la vertu des eaux distillées, il est tout certain que celles qui sont extraites *in balneo Mariæ*, c'est à dire en double vaisseau de verre en eau boüillante, ou sur la vapeur d'icelle, sont sans comparaison meilleures et plus excellentes : d'autant qu'elles retiennent exactement, non seulement l'odeur, mais aussi la saueur et couleur lucide, acidité, asperité, austerité, douceur, amertume, et autres qualités de leurs plantes, sans sentir tant soit peu la fumée. Ce qui se fait, par-ce que le baing d'eau boüillante par son humidité retient, garde et conserue les parties plus subtiles des plantes : par ce moyen empeschant qu'elles ne se resoluent

[1] Ici venait la figure d'un : *Fourneau auec son vaisseau pour distiller à la vapeur de l'eau.* On en aura une idée par la rubrique suivante :

« A Monstre le chapiteau ou chape de ton alembic.

B Monstre l'alembic situé dans vn vaisseau de cuiure à ce propre et accommodé.

CC Monstre le vaisseau de cuiure troué et percé en plusieurs endroit, à fin de receuoir la fumée et vapeur de l'eau : iceluy vaisseau contiendra l'alembic, lequel estant posé sera enuironné de scieure d'ais, à fin qu'il reçoiue mieux la vapeur : pareillement y sera mis de ladite scieure de bois au fond, de crainte que l'alembic ne rompe, estant immediatement contre le vaisseau de cuiure.

D Monstre le vaisseau d'airain contenant l'eau, posé dans le fourneau.

E Le fourneau auquel est posé le vaisseau.

F Monstre vn entonnoir, lequel sert à remettre l'eau, selon qu'elle s'est exhalée en vapeur.

G Le recipient. »

et exhalent, comme il se fait de celles qui sont distillées par le feu violent de bois , de charbon : lesquelles representent tousiours au gouster quelque nitrosité et acrimonie de saueur, de fumée , et vne empyreume ou ignité d'adustion. Et semblablement acquierent vne mauuaise qualité des vaisseaux où elles sont distillées , et principalement de plomb, qui souuent porte dommage aux parties pectorales, comme à l'estomach , au foye, et autres parties interieures. Qu'il soit vray , on peut facilement connoistre qu'elles ne sont de tel effet et ne retiennent leurs qualités, comme celles qui sont distillées au baing Marie. Car celles qui sont distillées des plantes acres , poignantes et ameres , ne se ressentent de l'amertume et acrimonie de leurs plantes , mais plustost d'vne douceur aucunement fade : ce qu'on connoist apertement en l'eau d'aluine distillée en vaisseau de plomb , qui est douce, et non amere comme sa plante. Dont pour le dire en vn mot , les herbes distillées au baing Marie sont de plus grande vertu , et plus gracieuses au gouster, et plus plaisantes à odorer et à voir, que celles qui sont distillées par alembics de plomb, d'estain, ou de cuiure, d'airain, de terre, par-ce que du vaisseau de verre ne peuuent acquerir nulle mauuaise qualité.

Les eaux sont distillées non seulement d'vne seule plante, mais aussi de plusieurs meslées ensemble : et telles eaux sont appelées eaux composées, à raison de la mixtion de plusieurs plantes et matieres. Et de ces eaux les vnes sont alimenteuses , les autres purgatiues, les autres odoriferantes , les autres seruent aux fards et ornemens du corps , lesquelles seront cy aprés declarées.

CHAPITRE VI.

COMME IL FAVT PREPARER LES MATIERES DEVANT QV'EN DISTILLER LES EAVX.

Il faut que les matieres qu'on veut distiller soient preparées auant que les mettre aux alembics : et telle preparation n'est autre chose que les inciser , piler et macerer , c'est-à-dire tremper en quelque liqueur , pour rendre les matieres plus promptes et faciles d'estre distillées, et aussi pour en tirer plus de suc , et pour garder leur odeur et vertu. Vray est que ceste preparation n'est necessaire à toutes matieres : car aucunes n'ont besoin d'estre infuses et trempées, mais au contraire desseichées auant que d'estre distillées, comme la sauge, thym, rosmarin, et semblables, à raison de leur trop grande humidité : les autres se contentent d'estre arrousées de quelque liqueur.

Or en ceste preparation faut obseruer deux choses, à sçauoir, le temps de l'infusion , et la liqueur dans laquelle les matieres sont infusées. Le temps de l'infusion doit estre mesuré selon la diuersité des matieres , car celles qui sont dures et solides, ou seiches , ou entieres : meritent plus longue infusion que les tendres ou recentes, ou pilées; dont aduient que les racines et les semences demandent plus long temps d'infusion , les fleurs et fueilles moindre , et aussi consequemment de telles autres matieres. Les liqueurs ausquelles se fait l'infusion doiuent respondre à la qualité des matieres qu'on veut distiller , comme les matieres chaudes doiuent estre infusées en liqueurs chaudes, et les froides en liqueurs froides. Pareillement les matieres qui ont peu de suc, comme la sauge, betoine, absinthe, et autres semblables, ou qui sont fort odorantes, comme toutes sortes d'espiceries, toutes sortes d'herbes, ou escorce de bois odorant, comme la canelle, veulent estre infusées en vin, à fin d'en extraire leur suc, et garder aux odorantes leur odeur, qui se peut facilement euaporer par l'action du feu, à raison de leur substance ténue. Et lorsque l'on veut que quelque eau retienne mieux la vertu de la matiere dont elle est distillée, on la doit infuser et distiller en son suc, ou en autre qui ait pareille vertu.

CHAPITRE VII.

LA MANIERE DE DISTILLER LES EAVX.

Auant que donner le moyen de distiller les eaux, il m'a semblé bon d'escrire combien il y a de sortes d'eaux, et de leurs diuerses vertus. Donc les vnes sont medicamenteuses, comme l'eau rose, de plantain, d'ozeille, sauge, et autres : les autres sont alimenteuses, comme les restaurans : les autres sont medicamenteuses et alimenteuses, comme les restaurans alimenteux, ausquels on met des choses medicamenteuses. Autres sont purgatiues, comme l'eau ou liqueur de rheubarbe, si elle estoit recente ou verte. Autres sont faites pour embellir la face et mains. Autres sont odorifiques, comme celles qui sont tirées des aromates, pour lauer les mains et tout le corps.

Eau de rose.

· iller vne bonne eau de rose, il faut faire infuser ou tremper les roses en eau de rose distillée, ou bien en suc tiré d'icelles, et ce par l'espace de deux ou trois iours, ton vaisseau estant bien bouché et luté : puis les mettre en ton alembic de verre couuert de son chapiteau bien luté et accommodé de son recipient, et le mettre au vaisseau de baing Marie, comme ie t'ay descrit cy dessus.

Eau alimenteuse ou restauratiue.

Les eaux alimenteuses et restauratiues ne sont autres choses que restaurans, desquels ie t'ay bien voulu donner le vray moyen de les distiller.

Prenez chair de veau, mouton, chéureau, chapon, poullets, poulles grasses, perdris, phaisans, en telle quantité qu'il te semblera bon, bachées bien menu : et pour diminuer la chaleur qu'ils acquierent, on mettra vne poignée d'orge mondé, vne poignée de roses rouges seiches ou recentes, qui premierement auront trempé en jus de grenades, citrons, et eau rose, et quelque peu de canelle. Si l'on veut faire le restaurant medicamenteux, ou y adioustera choses contrariantes à la maladie, comme poudres cordiales, sçauoir electuaire *diamargaritum frigidum*, *de gemmis*, *aromaticum rosatum*, conserue de buglosse, bourrache, racines, herbes, semences, et autres semblables. Et si c'estoit pour bailler à vn pestiferé, on y adioustera du theriaque ou methridat, et autres alexiteres.

Il faut disposer les choses par petits lits (dit ordinairement *stratum super stratum*) en l'alembic de verre, et le faire distiller au baing Marie, ou sur cendres ou arenes chaudes : reïterant l'eau plusieurs fois dessus, et le laissant infuser [1].

On peut faire d'autres restaurans plus subitement, et à moins de frais ny tant de peine. Il faut bien battre les chairs, puis les hacher à petits morceaux, et les faut enfiler de fil double ou ficelle, et qu'ils tiennent l'vn à l'autre : aprés on les mettra dedans une grosse bouteille de verre, et que le fil sorte hors : laquelle sera bien estoupée par dessus auec linges, coton, fil, trempés en lut fait de blanc d'œuf et farine. L'on mettra ceste bouteille en vn chaudron plein d'eau iusques au col, et qu'elle ne touche le fond du chaudron, et ainsi qu'elle soit bien appuyée de toute part, à fin qu'elle ne vacille, comme tu as veu par cy deuant : laquelle estant bien accommodée, on fera boüillir à petit feu par l'espace de quatre heures, plus ou moins, iusques à tant que la plus grande partie de la chair soit conuertie en suc ou

---

[1] J'ai encore retranché en cet endroit le *Portrait de baing Marie, lequel peut seruir à distiller par cendres* ; et, comme pour les figures précédentes, je me borne à en reproduire la rubrique.

« A Demonstre le fourneau de terre, auquel t'est monstré la gueule pour tirer les cendres.

B Monstre vn autre fourneau posé dans ledit fourneau, lequel est fait de cuiure, et passe tout au trauers de la cuue faite de cuiure, pour eschauffer l'eau ou cendre contenue dedans.

C La cuue où est contenue l'eau, cendres, ou sable.

D Les alembics disposés dans ladite eau, sable, ou cendre, auec le bec de leur recipient. »

jus : les quatre heures passées, on ostera le chaudron du feu sans oster la bouteille de dedans : car si vous l'ostiez promptement, elle se pourroit rompre, à raison qu'elle seroit enuironnée (estant chaude) de l'air froid : estant refroidie on l'ostera du feu, et sera destouppée : puis tirerez les fils auec les chairs, de façon que le suc demeurera seul. Coulez ceste liqueur en chausse d'hippocras, et l'aromatisez auec sucre et cannelle, y adioustant vn peu de jus de citron, ou verjus, ou vn peu de vinaigre, selon le goust du malade : l'on peut selon ceste forme faire restaurans tels qu'on voudra, plus ou moins chers et délicats, alimenteux et medicamenteux.

Eau purgatiue.

On peut tirer la vertu des medicaments purgatifs, turbith, agaric, rheubarbe et autres, comme l'on tire l'essence et esprit de la sauge, rosmarin, thym, anis, fenoil, girofle, canelle, muscade, et autres, mais par vne façon toute autre que les eaux ny huiles : parce qu'elles sont de nature subtile et aërée, montant quand on les distille : mais la vertu purgatiue au contraire, parce qu'elle est coniointe inseparablement auec sa propre substance, ne monte point, mais demeure au fond, comme sera monstré cy aprés.

Eaux pour embellir la face.

Quant aux eaux pour embellir la face, et autres qui sont odorifiques, nous en auons traité cy deuant : lesquelles seront distillées *in baineo Mariæ*, à sçauoir ainsi que l'eau de roses.

CHAPITRE VIII.

DE LA MANIERE DE DISTILLER L'EAV DE VIE, APPELÉE L'AME OV L'ESPRIT DE VIN.

Prenez de bon vin blanc ou clairet, fort vineux, ou de leur lie, et non de vin aigri, ny esuenté, ou infect, la quantité selon la grandeur du vaisseau auquel tu veux faire ta distillation : emply-le iusques à la tierce partie, puis le faut couurir de sa chape à long bec, et ainsi fais le distiller au baing Marie : si tu veux auoir l'eau de vie excellente, la faut rectifier deux ou trois fois, voire iusques à sept. Et faut obseruer que pour la premiere distillation sera assez de tirer la quatriéme partie, à sçauoir, de douze pintes trois ou quatre : pour la seconde, la moitié, qui seroit deux pintes : pour la tierce, autre moitié, qui sera vne pinte, et plus : tellement que plus de fois sera distillée, moins en y aura, et aussi mieux vaudra. Ie serois d'aduis que la premiere distillation fust au feu de cendres, et les autres au baing Marie.

Or les moyens par lesquels on connoist l'eau de vie estre assez distillée, sont, qu'estant posée en vne cuillier et allumée, elle se consomme du tout, ne laissant aucune marque d'humidité au fond de la cuillier : aussi si on trempe vn linge en ladite eau, estant allumé brusle sans offenser le drappeau : pareillement si vne goutte d'huile est iettée en ladite eau, elle va au fond : comme si quelque peu d'icelle est espandue sur la main, se consomme et penetre bien tost. Les vertus de l'eau de vie sont infinies : elle aide aux epilepsies, apoplexies,

et generalement à toutes maladies froides : elle sede la douleur des dents, elle est vtile aux ponctions, és playes des nerfs, aux defaillances de cœur et syncopes, aux gangrenes et pourritures, mixtionnée auec autres medicamens, à fin de les faire penetrer au profond des parties.

Entre la distillation du vin et vinaigre, il y a difference, parce que le vin est de substance vaporeuse et aërée, et la meilleure vertu qui est en iceluy gist en la premiere distillation, c'est-à-dire, à l'eau qui est distillée la premiere, qui est la vertu aërée et ignée : tellement que ce qui reste et demeure au vaisseau est froid et sec, de nature de vinaigre. Au contraire l'eau premiere du vinaigre est insipide, et n'est que phlegme, comme auons dit, parce qu'en la corruption et alteration du vin se fait separation de la vertu aërée et ignée en s'aigrissant, et n'y demeure que le phlegme qui fait la corruption du vinaigre, lequel predominant est contraint de sortir le premier. Parquoy, pour auoir bon vinaigre par distillation, aprés l'auoir mis en pareille quantité qu'auons dit du vin pour faire l'eau de vie, dedans l'alembic, faut laisser distiller le phlegme ou l'aquosité, et le mettre à part : puis quand on sentira au gouster que l'acetosité ou esprit viendra, le feu sera continué iusques à ce qu'il s'espaississe en forme de miel, et lors cesserez, autrement aurez par l'adustion vne grande puanteur.

Or les vaisseaux pour distiller tant l'eau de vie que le vinaigre sont diuers, à sçauoir, l'alembic, ou retorte, posée dans les cendres ou arenes. On les peut pareillement distiller dedans vn chaudron, ou pot de cuiure d'airain, fait en forme de marmite appellé ves-

sie vulgairement, couuert d'vn couuercle, duquel sort vn canal droit,
coarbé en angle droit, qui passe dedans vn muy plein d'eau fraische,
lequel te sera portrait lorsqu'on donnera la maniere de distiller l'huile
des vegetaux, c'est à dire, des herbes
et plantes.

CHAPITRE IX.

LA MANIERE DE RECTIFIER LES EAVX DISTILLÉES.

Pour rectifier les eaux qui ont esté
distillées au baing Marie, il les conuient mettre au soleil en vn vaisseau
de verre bien bouché et à demy
plein, mettant le vaisseau iusques à
la tierce partie dans le sable, à fin
qu'estant eschauffé par le soleil, le
phlegme soit consommé : et le laisser
l'espace de douze ou quinze iours,
plus ou moins.

Il y a vne autre maniere plus commode, c'est de rechef les distiller au
baing Marie à petit feu : ou bien,
pour mieux faire, les mettre en vne
retorte ou cornue auec son recipient,
assise sur des boulles de cristal, et
mettre le tout au soleil : ou bien l'asseoir en defaut de crystal, sus vn
mortier de fer, ou boulles de fer [1].

[1] Ici venaient deux nouvelles figures, la
première représentant une *Cornue auec le
recipient assise sus des boulles de crystal,
pour distiller au Soleil*; et la seconde une
*Autre cornue auec le recipient assise en
vn mortier de marbre ou de fer, pour pareillement distiller au Soleil*. Ces deux titres suffisent pour donner une idée des figures; je noterai seulement qu'elles se
voyaient déjà dans le magasin d'instrumens des *Dix liures de chirurgie* de 1564.

CHAPITRE X.

LA MANIERE DE DISTILLER PAR FILTRE.

Il faut auoir trois iattes ou bassins,
ou autres vaisseaux faits de telle matiere qu'il sera requis, selon la liqueur que vous voudrez distiller.
Iceux seront tellement situés que l'vn
soit plus haut que les deux autres :
et le second que le dernier. Le plus
haut contiendra le jus qu'on voudra
distiller, et le bas ou dernier receura
la distillation. Et dedans les deux
premiers vaisseaux trempera vne ou
plusieurs pieces de drap, ou de feutre, assez longue, qui sera large par
vn bout et pointue de l'autre : le costé
large trempera dans le jus ou liqueur, et le pointu pendra dehors,
par lequel la liqueur plus subtile
montera, et distillera goutte à goutte
au vaisseau d'embas, en sorte que le
plus limonneux et impur demeurera
au premier et second vaisseau. Si
l'on veut plusieurs fois et en mesme
temps distiller vne mesme liqueur,
l'on pourra disposer plusieurs vaisseaux en forme d'escallier ou d'es-
chelette : et en chacun de ceux qui
seront les plus hauts, mettre la piece
de feutre de la façon qu'auons dit,
en sorte que le dernier vaisseau soit
celuy qui reseruera toutes les distillations. En lieu de lisiere de drap, on
peut vser de cotton ou de laine filée,
dix ou douze filets ensemble liés par
vn bout, lequel trempera dans le premier vaisseau [1].

[1] Ici venait le *Portrait des vaisseaux
pour distiller par filtre*; le texte est assez
clair pour qu'il ne soit pas besoin d'autre
explication.

Au lieu de ceste distillation, les Apoticaires vsent de manche de drap faite en pointe, qu'on appelle *chausse d'hippocras*. Or telle distillation n'a esté excogitée sinon que pour purifier, depurer, et clarifier toutes eaux et jus, et autres compositions qui sont en eau : comme pour exemple te donneray ceste cy qui est dite vulgairement *laict virginal*, lequel se purifie en ceste sorte par le filtre.

Laict virginal.

Prenez litharge d'or bien puluerisée onces iij., faites les infuser en vj. onces de bon vinaigre par l'espace de trois heures, dans vn vaisseau à part : et dedans vn autre vaisseau mettez aussi infuser sel commun en eau de plantain, morelle, eau rose, ou commune, faites distiller par feutre chacun à part : et aprés qu'ils seront distillés, meslez-les ensemble, et alors aurez le laict virginal, blanc comme laict, qui est propre pour la goutte rose, comme ay descrit en mon *Antidotaire* [1].

CHAPITRE XI.

LA MANIERE DE DISTILLER LES HVILES, ET PAR COMBIEN DE MANIERES ELLES SONT EXTRAITES.

Il y a trois manieres d'extraire les huiles. La premiere est par expression, comme est celle qu'on tire des oliues, noix, semences, fruits, et autres : ou bien par ebullition, conquassant la matiere, et la faisant boüillir en eau, et au dessus viendra huile

qui nage, comme de la graine de sureau, hieble, baie de laurier, et autres. La seconde est par infusion, comme celle qu'on fait auec huiles, mettant dedans tremper quelques parties des plantes ou des animaux. La troisiéme est par distillation, comme celle qu'on fait par force de feu, soit en montant, ou descendant, ou par rencontre.

La premiere maniere est conneuë d'vn chacun, et se fait ainsi : comme pour extraire l'huile d'amendes, les faut piler sans peler, et les reduire en pains qui seront enueloppés en vn sac fait de poil de cheual, ou toile neufue premierement trempée en eau ou vin blanc, puis on les met en la presse : et par tel moyen on en extrait l'huile. Ce qu'on peut pareillement faire de pignolas, noisettes, de noix d'Inde, muscade, de noyaux de pesche, et pareillement de semences de courges, de concombres, pistache, et generalement de toutes autres semences huileuses.

L'huile de laurin se fait des fruits de laurier meurs et recentement cueillis, lesquels on pile en vn mortier, et les fait-on boüillir en eau *in duplici vase* : puis on les presse en vne presse, comme les amendes, ou bien on les tire par ebullition, comme auons dit.

L'huile d'œuf se fait de iaunes d'œufs qu'on a fait durcir à force de boüillir, au nombre que tu voudras : aprés estre bien durs, on les emince entre les mains dedans vne paesle, et les fait-on fricasser à feu mediocre, les remuant tousiours auec vne cuillier iusques à ce qu'ils deuiennent roux ou tanés, et qu'on en voye sortir l'huile : puis subit les faut mettre en vn sac de toile ou estamine fait de poil de cheual, et les presser à la

---

[1] Il appelle ainsi son livre *de la Composition des medicamens.*

presse comme on fait l'huile d'a-
mendes.

Celles qui se font par infusion se
pratiquent en telle sorte. Vous prendrez de bonne huile, en laquelle vous
mettrez tremper ou infuser vos herbes et plantes, ou bien quelques animaux ou parties d'iceux, et ce par
l'espace de quelque temps : lesquels
aprés auoir laissé leur vertu et faculté
pour y estre trempés longuement,
on les fait boüillir, puis on les coule
et presse, et si dans l'huile demeure
quelque humeur, on la fait consommer, la faisant boüillir. Aucuns adioustent des gommes en cesdites huiles, lorsqu'on les veut composer :
desquelles encore qu'en nostre Antidotaire en ait esté escrit, toutesfois
ie donneray la copie de ceste cy.

Huile d'Hypericon.

Prenez fleurs d'hypericon ℔ β. lesquelles mettrez en vne bouteille auec
fleurs de centaure q. s., gomme elem-
ni ℥. ij, huile commune deux liures :
mettez tout en la bouteille au soleil
le long de l'esté, lors que le soleil est
en sa plus grande force. Si voulez
adiouster vn peu d'eau de vie, elle
seroit singuliere, dans laquelle pourrez dissoudre du benioin.

L'huile de mastic est faite de douze
onces d'huile rosat, mastic trois onces, bon vin huit onces, puis on fait
cuire le tout ensemble iusques à ce
que le vin soit consommé : en aprés
on passe l'huile, et est reseruée en vn
vaisseau.

CHAPITRE XII.

LA MANIERE DE TIRER LES HVILES DES VEGETAVX PAR DISTILLATION.

Presque toutes les herbes qui portent leurs fleurs et semence en mou-
chet, ont leurs semences composées
de substance chaude, subtile, aërée,
et partant il faut qu'ils tiennent quelque chose de la substance oleagineuse
ou huileuse : car presque toute huile
est composée de mesmes parties. Or
d'autant que l'huile qui se trouve és
simples est de deux sortes, ainsi se-
ront-elles tirées par deux manieres :
car l'vne est grosse, terrestre, visqueuse, et entierement meslée auec
le corps duquel on la veut tirer,
comme celles desquelles auons parlé
cy dessus, qui sont tirées par expression, estans iointes inseparablement
auec leur substance, ne pouuans
monter pour leur consistance grosse
et visqueuse. Il y a vne autre sorte
d'huile qui est de nature subtile et
aërée, laquelle on peut aisément separer du corps auecques lequel elle
est iointe, parce qu'elle monte facilement par distillation, et n'est mal-
aisée à separer d'auec le corps qui la
contient : et de telle nature sont toutes les huiles des aromates ou senteurs, comme l'huile de genéure,
anis, fenoil, cloux de girofle, muscade, canelle, et leurs semblables :
aussi des espiceries, comme poyure,
gingembre et autres, desquelles voulons donner le moyen de les extraire.

Il faut piler et concasser seulement
la matiere, et la mettre infuser en
eau commune, et pour vne liure de
matiere dix d'eau, dans vn vaisseau
de cuiure ayant vne chappe auec son

refrigerion pleine d'eau froide, laquelle chappe sera estamée ou argentée par dedans : et iceluy vaisseau sera posé sus vn fourneau ayant du feu dessous, sans sable ny cendres : et quand l'eau qui est au refrigerion sera chaude, il faudra la changer et y en remettre de la froide, à fin de congeler les esprits et empescher qu'ils ne s'euaporent : et au bout du nez de l'alembic tu apposeras vn recipient à long col, comme materas, et feras feu iusques à ce qu'il boüille, en le continuant[1].

Tu peux aussi distiller en autre maniere, à sçauoir, ta matiere preparée et infusée comme dessus, et mise dans vn vaisseau de cuiure, ayant vn alembic au dessus, au bec duquel alembic sera accommodé vn tuyau d'estain ou de fer blanc bien luté, auecques le lut de sapience : lequel tuyau passera au trauers d'vn muy d'eau froide, à fin qu'en distillant la liqueur qui sortira auecques l'huile se refroidisse : au bout duquel sera mis vn recipient, puis allumerez dessous vn petit feu au commencement, et l'augmentant iusques à ce qu'il boüille, comme dit est, et se faut donner garde de faire trop grand feu, craignant que la matiere ne regorge : lors verrez auecques l'eau distiller au commencement vostre huile, car elle vient la premiere, et non sus la fin : et lors ne distillant plus, cesse-rez de faire du feu, et connoistrez aisément qu'il ne distille plus d'huile, tant par la veuë que par le goust de la senteur de ce que faites distiller : après separerez vostre huile qui sera auecques l'eau distillée le plus subtilement qu'il sera possible, comme auecques vn destier dont les femmes cousent, attaché à vn petit baston.

Et faut icy noter qu'il y a des huiles qui nagent dessus l'eau, les autres vont au fond : comme l'huile d'anis nage dessus l'eau : mais l'huile de canelle, macis, et girofles va au fond, ainsi que l'experience monstre. D'auantage l'eau d'anis et de canelle qui est distillée auecques l'huile est blanchastre, de laquelle blancheur quelque peu se conuertit auecques le temps en huile. Les eaux doiuent estre separées, car elles sont plus excellentes que celles qui sont distillées *in balneo Mariæ*, comme auons dit cy dessus, et principalement celles qui viennent au commencement auecques l'huile[1].

Il faut icy noter que les huiles ont vne mesme vertu que les simples desquels on les tire, voire beaucoup plus grande. Car toute la vertu qui estoit en vne liure, est enclose en quelque peu de drachmes : comme pour exemple, la vertu qui estoit en vne liure de cloux de girofle, est contenue en deux onces pour le plus : de canelle, à vne drachme et demie ou deux.

Or à fin d'en tirer en plus grande quantité et à moins de frais, et sans crainte de rompre les vaisseaux de

---

[1] Cette première manière de distiller a été ajoutée ici en 1579. Dans la première édition, l'auteur vouloit que la matière fût mise à infuser *dans vn alembic de verre l'espace de vingt quatre heures, estant couuert de son chapiteau bien luté : estant infusée, l'alembic sera posé au fond de cendre ou de sable, comme auons dit cy dessus : au bec duquel alembic sera accommodé vn tuyau de cuiure, etc.* On retrouvera la suite de ce texte dans le paragraphe suivant.

[1] On lit en marge de cet endroit, dans la première édition posthume : *Videtur contrarium, fol.* 368. Ce renvoi répond dans l'édition actuelle à la page 619, où Paré consacre en effet un long article à démontrer la supériorité des eaux distillées au bain marie.

verre, ie serois d'aduis d'vser de celuy de cuiúre, sans crainte que l'huile
acquiere quelque mauuaise qualité
du vaisseau : ce qui ne se fait, à raison
que l'eau qui vient auec l'huile empesche la mauuaise qualité qui pourroit estre au vaisseau : ioint aussi
qu'il doit estre bien estamé ou ar-
genté : duquel ie t'ay voulu bailler le
portrait auec son fourneau [1].

Or d'autant que nous auons parlé
de la canelle, poiure, et autres, et à
raison qu'en nostre France n'auons
tels arbres, il m'a semblé bon t'en
donner le portrait de ces deux, ensemble la description prise de Theuet
en sa Cosmographie, lequel comme
l'ayant veu nous l'a fait representer [2].

[1] La figure ainsi indiquée avait pour titre : *Fourneau auec son vaisseau, par lequel
se tirent toutes essences vegetales, comme sauge,
rosmarin, thym, lauande, semences d'anis,
fenoil, cloux de girofles, muscade, canelle,
poiure, gingembre et autres : semblablement
l'eau de vie et le vinaigre distillé. En lieu
d'iceluy vaisseau tu peux vser de celuy qui a
son refrigerant au-dessus.* Je l'ai retranchée
comme les autres; en voici toutefois la rubrique.

« A Monstre le vaisseau appelé ordinairement
    vessie, fait de cuiure estamé par de-
    dans.
B Le chapiteau.
C Le tonneau plein d'eau froide pour re-
    froidir l'eau et l'huile qui coulent par
    vn tuyau qui passe au trauers.
D Le tuyau fait de cuiure ou fer blanc pas-
    sant au trauers du muy.
E La vessie estant posée et assise sus son four-
    neau, immediatement contre le feu. »

[2] Ce paragraphe, et tout ce qui suit jusqu'à la fin du chapitre, sont des additions de
1579. J'en reproduis fidèlement le texte;
mais je n'ai pas hésité à retrancher deux figures représentant, l'une *l'arbre qui porte le
poiure,* et l'autre *l'arbre qui produit la canelle;*

De l'arbre qui porte le poiure.

Le poiure croist en Indie, en 'des
petits arbres qui iettent de petites
grappes qui portent des grains comme
de lierre, ou petits raisins noirs quand
ils sont bien meurs. Les fueilles sont
semblables au citronnier, quelque
peu aiguës et poignantes. Les Indiens
sont fort curieux à recueillir ceste
graine, lors qu'elle est venue en sa
maturité, et en remplissent de bien
fort grands magazins. Il y a telle année qu'il aborde, en l'isle de la petite
Iane, plus de deux cens vaisseaux
pour se charger de poiure et d'autres espiceries. On en vse aux antidotes et contre-poisons. Il prouoque
l'vrine, digere, attire, resoult, donne
secours aux morsures de serpens. Il
est bon pour l'estomach refroidi,
donné tant par dedans qu'appliqué
par dehors, et aide à faire la digestion, et donne appetit mis en saulces.
Il le faut choisir qui soit noir, pesant,
et non flestri.

L'arbre qui porte le poiure blanc,
et celuy qui porte le noir, sont si peu
differens que ceux du pays ne les peuuent remarquer. sinon que lors qu'ils
portent leurs fruits : comme l'on voit
des vignes blanches et noires [1].

De l'arbre qui produit la canelle.

L'arbre qui porte la canelle croist
aux montagnes des Indes, et est
presque semblable à nostre laurier.

en reportant toutefois dans le texte les titres
de ces figures.

[1] *Le vigneron connoist bien le sep l'vn d'auec
l'autre sans raisins, si ie ne me trompe.* Cette
réflexion se lit en marge de la première édition posthume, en sorte qu'on peut encore
présumer qu'elle est de Paré; elle manque
toutefois dans les éditions précédentes.

Le Roy en fait couper par certains mois de l'année certains iettons et scions, et en fait leuer l'escorce, qui est ce que nous appellons canelle, laquelle est vendue à sa taxe aux estrangers, n'estant permis à autre faire couper ce bois[1].

Galien dit la canelle estre de subtiles parties, chaude au tiers degré, ayant quelque legere astriction, au moyen dequoy elle incise et dissout les superfluités du corps, et fortifie les membres[2]. Elle est fort propre à esmouuoir les mois aux femmes, arrestés par trop grande abondance et espaisseur d'excremens, de sorte qu'ils ne s'euacuent suffisamment. Elle sert à faire bonne bouche, et aromatizer les medecines, et faire hippocras, et donner goust aux saulces.

On fait de la canelle vne eau excellente, laquelle est souueraine contre toutes les maladies froides, defaillance de cœur, preseruant de la peste, et contrariant aux venins[3]. Sa prescription est telle. Prenez vne liure de la meilleure canelle que la pourrez choisir, et l'ayant vn peu concassée, la ietterez dans vn vaisseau de verre auec quatre liures de bonne eau rose et demie liure de bon vin blanc : le tout ferez infuser par l'espace de vingt quatre heures, le mouuant souuent : puis mettrez à distiller au baing Marie, selon l'art, les vaisseaux et recipiens bien lutés ensemble, à fin que l'esprit ne respire.

[1] Theuet, en sa Cosmographie. — A. P.
[2] Galien, liure 7. des Simples. — A. P.
[3] Matth., sur le liure de Dioscoride.—A. P.

CHAPITRE XIII.

AVTRE MANIERE POVR TIRER L'ESSENCE ET ESPRIT DE TOVS AROMATES, TANT HERBES, FLEVRS, SEMENCES ET FRVITS : AVSSI DE LA RHEVBARBE, AGARIC, TVRBITH, HERMODACTE, ET AVTRES PVRGATIFS.

L'essence et esprit de tels simples sont extraits en ceste sorte :

Prenez sauge, rheubarbe, canelle, ou autre matiere, et la hachez menu, ou bien la concassez : cela fait, seront mis en vn matelas ou bouteille de verre ayant le col bien haut, et versez dessus eau de vie ou esprit de vin rectifié, en telle quantité qu'il couure la matiere mise au vaisseau, de la hauteur d'vn doigt ou deux : puis estoupez le vaisseau diligemment, qu'il ne puisse auoir aucun air, et le laissez huit iours tremper tout seul au baing Marie bien lent : lors vostre eau de vie attire à soy l'esprit qui est implanté à la matiere, dont vous faites extraction, et le transforme en soy : ce que connoistrez quand elle sera bien colorée, ayant tiré la teinture de la matiere trempée. Ces huit iours expirés, versez vostre esprit de vin en vn autre vaisseau, auquel y aura autre matiere ainsi preparée, à fin qu'il en tire pareillement la qualité : et reiterez cecy par trois ou quatre fois, iusques à ce que vostre eau de vie aye parfaitement pris la couleur et teinture de vostre ingredient.

Or si le simple duquel voulez extraire l'essence estoit de grand prix, comme bois d'aloés ou rheubarbe, il ne se faudroit contenter de verser vne fois de l'eau de vie sus iceluy, mais deux ou trois fois, iusques à ce que l'essence fust du tout tirée : ce que connoistrez, lors que la matiere sera du tout insipide de son goust : cela fait tant qu'il sera besoin, mettrez toutes les eaux dans vn alembic couuert de son chapiteau, bien luté, mis et posé au baing Marie, à fin de faire euaporer vostre eau de vie qui doit estre soigneusement gardée pour vne autre fois, et au fond demeurera vostre esprit ou essence. Laquelle si voulez auoir en consistence de miel, la mettrez en vn vaisseau de terre plombée sus les cendres chaudes, faisant euaporer le plus subtil, ou bien dans l'alembic : et par tel moyen aurez à la parfin vne substance ou essence tres-excellente et precieuse de la chose extraite, et en assez bonne quantité, auec laquelle mesme en petite quantité ferez plus grande operation qu'auec vn grand morceau de racine ou herbe : comme auec vn scrupule de l'essence de rheubarbe, agaric, turbith, ferez plus d'operation qu'auec deux ou trois drachmes.

CHAPITRE XIV.

LA MANIERE DE TIRER L'HVILE DES GOMMES, LARMES, OV LIQVEVRS ESPAISSES, ET RESINES, ET MESME DE CERTAINS BOIS.

Toutes les huiles des gommes et bois oleagineux, ensemble l'huile des metaux, sont tirées par vn vaisseau appellé *retorte*, et *cornemuse* des François, à la semblance duquel instrument est faite la retorte. Quant à la matiere dont il doit estre fait, il est meilleur de verre, de pierre, puis de terre plombée et vernissée : quant à la grandeur, il doit estre selon la matiere et quantité d'huile qu'il te semblera bon extraire : toutesfois nous le prenons ordinairement de telle grandeur que sa capacité interieure puisse tenir douze liures d'eau, ayant aussi vn col de pied et demy, ou d'vn pied pour le moins. Le vaisseau receuant le plus souuent est vne fiole de verre, ou bien vne autre retorte, dans laquelle soit accommodé et inseré le col de la retorte. Icelle doit estre posée en vne iatte ou terrine pleine de cendre ou sable, laquelle doit estre mise et accommodée sus le fourneau [1].

Entre les gommes, les vnes sont liquides, les autres solides, et d'icelles aucunes plus solides que les autres : les solides donnent plus de peine à distiller que les liquides, à raison qu'elles ne se liquefient si tost et n'obeïssent pareillement au feu, et pource souuentesfois se bruslent deuant que se dissoudre : et pour-ce aucuns adioustent pour liure de gomme solide deux ou trois onces d'huile de terebenthine, de la plus claire et liquide, à raison qu'elle est tres-pure et nette. Quant aux liquides, elles sont fascheuses aussi à distiller, à raison que souuent elles s'enflent de telle façon qu'elles regorgent dans le receuant, telles qu'on les a mises à la retorte, principalement si du commencement on y donne feu grand et violent : et pour obuier à tel inconuenient, aucuns adioustent en la retorte du sable.

Huile de resine et terebenthine.

Prenez terebenthine deux ou trois

[1] L'auteur ajoutait : *comme tu peux voir par ce portrait.* Le texte est assez clair ici pour se passer de la figure, qui d'ailleurs ne méritait pas mieux d'être conservée que les précédentes.

liures, laquelle mettrez en vostre retorte de verre assez grande, tellement que les trois parties soient vuides, y adioustant pour liure de terebenthine trois ou quatre onces de
sable : cela fait, vous poserez vostre
retorte dans vne iatte ou terrine
pleine de cendres sassées et bien accommodées sus vostre fourneau, au
col de laquelle adiousterez vn receuant bien luté, puis ferez feu au
commencement bien leger : car ces
liqueurs eschauffées facilement s'esleuent et enflent: puis augmenterez
vostre feu petit à petit, donnant garde
que la matiere ne bouille trop à coup.
Au commencement distillera vne eau
claire aceteuse, à laquelle ordinairement se concret vne hypostase, puis
sortira vne huile fort claire approchant d'iceluy phlegme, et lors augmenterez vn peu vostre feu, à fin
de faire monter la troisiéme liqueur
qui est vne huile de couleur d'or
claire et subtile : et de rechef donne-
rez feu de chasse auec feu de flambe,
pour tirer vne huile rouge et vermeille de couleur de ruby, assez espaisse, et par ce moyen tirerez de la
terebenthine ces quatre liqueurs :
vous pourrez changer à chaque fois
vn recipient, mais il est plus expedient les laisser ensemble, à fin de les
distiller vne autre fois. D'vne liure de
terebenthine, sera tousiours tiré dix
ou douze onces d'huile : elle est singuliere pour la paralysie, conuulsion,
picqueure de nerfs, et pour les playes
des parties nerueuses.

Pour extraire l'huile de Cire.

Prenez vne liure de cire, laquelle
ferez fondre, et la verserez en vostre
retorte de verre accommodée au feu
de sablon ou de cendre, comme

auons dit cy dessus de la terebem-
thine, et d'icelle sera fait distillation,
augmentant le feu petit à petit. Il ne
sort ordinairement qu'vne seule huile
et vn peu de phlegme, toutesfois vne
partie d'icelle se congele comme
beurre, et pour-ce de rechef doit estre distillée et rectifiée. D'vne liure
de cire se peut tirer six ou huit onces
d'huile, laquelle est recommandée
sur toutes autres choses pour les contusions et douleurs froides.

CHAPITRE XV.

LA MANIERE DE TIRER L'HVILE DES GOMMES PLVS SOLIDES, COMME MYR-RHE, MASTIC ET AVTRES,

Aucuns tirent ces huiles par le feu
de cendre ou de sable, comme auons
dit des precedentes, y adioustant
pour liure de gomme deux ou trois
onces d'huile de terebenthine et deux
d'eau de vie, et laissent macerer et
tremper l'espace de huit ou dix iours
au baing Marie, ou bien au ventre
de cheual, c'est-à-dire au fumier,
l'espace d'vn mois, puis le distillent
en la retorte.

Or le vray moyen de faire l'huile
de myrrhe est telle :

Prenez myrrhe puluerisée, laquelle
ferez distiller par les œufs, les faisant
durcir, et au lieu de iaune les remplir de myrrhe, lesquels seront mis
sur vne claye à esgoutter, en vne
caue froide et humide, et au dessous
on mettra vn plat ou bassin de terre
vernissée : la myrrhe se dissoudra en
eau huileuse, laquelle sera aprés
mise en vn matelas de verre, auec
autant d'eau de vie bien rectifiée au
fumier, l'espace de deux ou trois

mois, le matelas estant bien bouché, cela fait, sera tirée dudit fumier et versée par inclination en vn alembic, car au fond dudit matelas demeurera vn marc assez espais : puis l'alembic sera mis au baing Marie, pour faire euaporer l'eau de vie et le phlegme : et au fond demeurera ton huile belle et claire, laquelle tu pourras colorer d'vn peu d'orcanete. Et si tu luy veux donner quelque odeur, tu y adiousteras vne goutte ou deux d'huile de sauge, canelle ou girofle, selon ta discretion.

Description d'vn baume descrit par Vesal en sa Chirurgie.

℞. Terebint. opt. ℔. j.
Olei laur. ℥ . iiij.
Galb. ℥ . iij.
Gummi elem. ℥ . iiij. ß .
Thuris, myrrhæ, gummi hederæ, centaureæ maior. ligni aloës ana ℥ . iij.
Galang. caryoph. consol. maior. cinam. nucis mosc. zedoariæ, zinzib. dictamni alb. ana ℥ . j.
Olei verm. terrest. ℥ . ij.
Aquæ vitæ ℔. vj.

La maniere de faire le baume est telle. Tous les ingrediens seront concassés et hachés pour les infuser en l'eau de vie l'espace de trois iours, puis on en fera distillation en la retorte, comme des susdites huiles de terebenthine et cire, dont en sera tiré trois liqueurs : la premiere sera aqueuse et claire : la seconde de couleur d'or tres-subtile : et la tierce representant la couleur de ruby, qui est le vray baume. La premiere liqueur est singuliere contre l'imbecillité de l'estomach prouenant de matiere froide, à raison qu'elle consomme et incise les phlegmes , et dissipe les ventosités : la seconde est souueraine pour agglutiner les playes recentes , et piqueures

des nerfs, contre la paralysie : la troisiéme surpasse les deux autres pour suruenir à telles infirmités.

Autre de Fallope.

℞. Tereb. claræ ℔. ij
Olei de semine lini ℔. j.
Resinæ pini ℥ vj.
Thuris , myrrhæ, aloës, mast. sarcoc. ana ℥ . iiij.
Macis, ligni aloës ana ℥ . ij.
Croci ℥ . ß .

Mettez tout en vne retorte de verre sus les cendres , et le faites distiller : au commencement sortira une eau claire , puis vne huile rougeastre : icelle est souueraine pour les playes.

Ie te veux aduertir que par tel moyen tu peux distiller toutes axonges et graisses, et toutes parties d'animaux, ensemble tous bois, escorces , semences , pourueu qu'elles soient auparauant bien macerées , desquelles toutesfois on tirera d'eau en plus grande quantité que d'huile : tu peux pareillement extraire l'huile de gagatés [1].

De l'arbre qui porte l'Encens.

Ayant ce portrait de l'encens, de Theuet, comme il le descrit en sa Cosmographie, ie n'ay voulu faillir à le representer, et d'en escrire en bref ce qu'il en dit comme l'ayant veu.

L'encens, dit-il, est vn arbre qui croist en Arabie, qui ressemble aux pins, iettant vne liqueur qui s'en-

[1] Le chapitre se terminait ici en 1575. L'article qui suit sur l'*encens*, et qui ne se rapporte nullement au titre du chapitre, a été ajouté en 1579; j'ai supprimé sans scrupule la méchante figure de l'*Arbre qui porte l'encens*, en conservant toutefois ce titre pour séparer ce qui va suivre du reste du chapitre.

durcit puis aprés, et se forme en petits grains de couleur blancbastre et
transparens, gras au dedans, s'allu-
mans quand on les iette au feu. On le
sophistique auec resine de pin, qui
est cause que nous ne l'auons tel
qu'il le descrit, ce qu'on peut connoistre : car la resine ny autre gomme
ne s'allaume au feu, ny ne sent si bon
comme fait l'encens. Les Arabes incisent ces arbres, pour en mieux faire
distiller la liqueur, dont ils en font
grand proffit.

Il remplit les vlceres profonds, agglutine les playes profondes, et pour
ce est mis aux baumes comme principal ingredient : appliqué seul en poudre, arreste le sang qui flue des
playes. Matthiole dit qu'il est singulier meslé auec cimolée et huile rosat, aux inflammations des mammelles des femmes nouuellement accouchées.

CHAPITRE XVI.

DE LA MANIERE DE FAIRE L'HVILE
DE VITRIOL.

Prenez vitriol dix liures, et les mettez bien puluerisées en vn pot de
terre, lequel sera enuironné de charbons ardens, à fin de le faire calciner, ce que connoistrez lors qu'il deuiendra rouge : lequel pot estant demeuré cinq ou six heures, et refroidi,
sera cassé, et ledit vitriol de rechef

mis en poudre, pour estre encores calciné vne fois : et ce reïtererez iusques
à ce qu'il soit bien calciné : ce que
connoistrez lors qu'il sera parfaitement rouge. Cela fait, sera subtilement puluerisé, puis mis en la retorte
de terre, comme celle en laquelle on
tire l'eau forte, adioustant pour liure
du vitriol calciné, vn quarteron de
ciment de tuille : en après vostre retorte, accommodée de son recipient,
sera mise au fourneau de reuerberation, faisant tousiours feu de flambe, et
ce par l'espace de deux fois vingt-quatre heures, plus ou moins, selon que
vostre distillation durera : laquelle
connoistrez estre parfaite, lors que
vostre recipient viendra clair, n'estant
plus rempli d'esprits : car tant que la
distillation durera, il sera tousiours
plein comme de fumée blanche [1].

Or ie te veux aduertir de deux choses touchant ton recipient, c'est en
premier lieu qu'il doit estre fort grand,
à fin qu'il ne se rompe, à raison de
l'abondance des esprits qui souuentesfois y affluent : en second lieu, il
sera accommodé dans vne cuue pleine
d'eau froide pour le tenir fraische-
ment, à fin qu'il ne soit pas trop
eschauffé, qui seroit cause de le
rompre.

La dite huile est d'admirable operation, plus grande que l'eau forte.

---

[1] Ici venait enfin la dernière figure du livre, représentant le *Fourneau [de reuerbe-
ration]*, accommodé de sa retorte et recipient.
— On en a une suffisante idée par le texte.

REGISTRE

DE TOVTES SORTES DE MEDICAMENS ET INSTRVMENS

SERVANS A LA GVARISON DES MALADIES [1].

Il reste encores à declarer la source de tous medicamens dont vsent les Medecins et Chirurgiens pour curer et pallier toutes maladies qui aduiennent aux hommes, desquels aussi quelquefois se seruent pour alimens medicamenteux. Les medicamens, tant ceux de ceste garenne que tous autres, sont pris des bestes, des plantes, et des mineraux.

Des bestes on vse :

Des cornes,
Ongles,
Poil,
Plume,
Coquilles,
Teste,
Escailles,
Sueur,
Cuir,
Graisse,
Chair,

Sang,
Entrailles,
Vrine,
Fiente,
Membrane de gezier,
Expiration,
Soye,
Toile,
Larmes,
Saliue,
Miel,
Cire,
OEufs,
Laict,
Beurre,
Fromage,
Moëlle,
Os,
Extremités,
Cœur,
Foye,
Poulmon,
Cerueau,
Matrice,
Arriere-faix,
Testicules,
Verge,
Vessie,
Sperme,
Cul,
Queuë,
Odeurs, tant fetides qu'odoriferantes, et mesmes de leur venin.

Aussi quelquefois on vse de la totalité d'icelles, comme :

[1] Ce qui suit n'appartient pas au livre *des Distillations*; et de fait dans aucune édition il n'en est fait mention à la table des chapitres de ce livre. C'est en quelque sorte un résumé fort concis, d'abord du livre *des Medicamens*, puis de celui *des Distillations*, et enfin des livres de chirurgie; ou plutôt c'est une énumération rapide de toute la matière médicale et chirurgicale. Je l'ai laissée à la place que l'auteur lui avait donnée.

Renardeaux entiers,
Petits chiens,
Herissous,
Grenoüilles,
Vers de terre,
Cancres,
Escreuisses,
Scorpions,
Sangsues, et autres.

Les plantes sont arbres, arbrisseaux, et herbes, dont on prend :

Les racines,
Mousse,
Escorces,
Bois,
Moëlles,
Iettons,
Boutons,
Tiges,
Fueilles,
Fleurs,
Calices,
Cheueleures,
Espis,
Semences,
Farines,
Suc,
Larmes,
Huiles,
Gommes,
Resines,
Pourriture,
Marc,

Manne tombant du Ciel sur les plantes, etc.

On vse aussi parfois de la totalité des plantes, comme des

Mauues,
Oignons,
Bulbes, et autres.

Les mineraux sont pris, ou de l'eau, ou de la terre : et s'ils sont de terre, ou ils seront especes de terre, ou pierre, ou metaux.

Les especes de terres sont comme :

Bol armene,
Terre sigillée,
Cimolée,
Craye,
Ocre,
Cailloux,
Iudaïcus,
Lyncis,
Pumex,
Antalis,
Hæmatites,
Dentalis,
Amiantus,
Galactites,
Lapis spongiæ,
Adamas,
Sapphirus,
Chrysolitus,
Topasius,
Magnes,
Gypsum,
Pyrites,
Calæ,
Albastre,
Marbre,

Cristal, et plusieurs autres gemmes, c'est-à-dire pierres precieuses.

Les moyens mineraux sont :

Marchasites,
Antimoine,
Estain de glace,
Tuthie,
Arsenic,
Auripigment,
Azur,
Realgal,
Soulphre,
Argent-vif,
Chalcanthum,
Chalcitis,
Psory,
Misy,
Atramentum nigrum,

Colcotar,
Alumen scissile,
Alumen rotundum,
Alumen liquidum,
Alumen plumosum,
Iameni,
Borax,
Bitumen,
Naphtha,
Cinnabaris,
Litharge d'or,
Litharge d'argent,
Chrysocolla,
Sandaracha , et autres.

Item les especes de sel, tant naturelles qu'artificielles, comme :

Sel nitre,
Sel commun,
Sel alkali,
Sel ammoniacum,
Sel d'vrine,
Sel de tartre, et generalement tous sels qu'on fait de toutes plantes.

Les metaux sont :

Or,
Argent,
Cuiure,
Acier,
Fer,
Plomb,
Estain,
Airain,
Leton,
Et autres choses qui en prouiennent, comme leur escaille, roüilleure et autres.

De l'eau on vse semblablement

De fontaines,
Estangs,
Riuieres,
De la mer,
Du ciel,
Et de leurs fanges et bouës :

Et d'icelles sont pris les coraux blancs et rouges, perles. et vne infinité d'autres choses que Nature , chambriere du grand Architecte, a produites pour la curation des maladies : en telle sorte, que quelque part qu'on sçache ietter l'œil sur la terre , ou aux entrailles d'icelle , on trouuera grande abondance et multitude de remedes.

De tous lesquels simples le choix et election (comme aussi de plusieurs autres choses) se prend ou de la substance, ou de la quantité, ou de la qualité, ou de l'action, ou du lieu, ou du temps, ou de l'odeur, ou de la saueur, ou de la situation, ou de la forme ou figure, ou du poids. Toutes ces choses sont amplement declarées par le menu au liure de la Pharmacopée de Iacques Syluius : desquels on fait plusieurs compositions , comme :

Collyres,
Caput-purges,
Lohoc,
Dentifrices,
Apophlegmatismes,
Gargarismes,
Pilules,
Bolus,
Potus,
Apozemes,
Iuleps,
Syrops,
Poudres,
Tablettes,
Opiates,
Conserues,
Condits,
Confections.

Medicamens alimenteux , comme :

Restaurans,
Coulis,
Pressis,

Gelée,
Orge-mondé,
Panade,
Amandé,
Blanc-manger,
Massepains,
Ptisane,
Potus diuinus,
Hippocras,
Vin,
Peré,
Pommé,
Cormé,
Biere,
Ceruoise,
Vinaigre,
Verjus,
Huile,
Eau ferrée,
Eau panée,
Eau sucrée,
Hippocras d'eau, et autres manieres de breuuage.

Item des Electuaires,

Penides,
Vomitoires,
Sternutatoires,
Sudatoires,
Clysteres,
Pessaires,
Suppositoires,
Parfums,
Trochisques,
Frontaux,
Coëffes,
Escussons,
Baings,
Demis baings.
Mucilages,
Oxymel,
Oxycrat,
Oxyrrhodinum,
Hydrelæum.
Hydromel.

Pareillement:

Emplastres,

Onguens,
Linimens,
Cerats,
Laict virginal,
Fards,
Epithemes,
Fomentations,
Pications,
Depilatoires,
Vesicatoires,
Cauteres potentiels,
Infusions,
Repercussifs,
Resolutifs,
Attractifs,
Suppuratifs,
Remollitifs,
Mondificatifs,
Incarnatifs,
Cicatrisatifs,
Digestifs,
Putrefactifs,
Corrosifs,
Agglutinatifs,
Carminatifs,
Anodyns,
Sacs pour agiter l'air,
Fontaines artificielles.

Eaux et huiles distillées, et d'autres choses tirées par quinte-essence, en plusieurs et diuerses façons.

A sçauoir, les eaux et huiles quinte-essentielles des herbes chaudes, seiches, et aromatiques, se tirent par alembic de cuiure, lequel a vn refrigeratoire au-dessus, en adioustant dix fois autant d'eau comme poisent les herbes, et faut qu'elles soient seiches pour estre meilleures.

Les fleurs se tirent au Soleil en vn vaisseau de rencontre, en baing Marie, ou par fumier, ou par le marc des raisins estans hors du pressoir.

Tous sels aprés leur calcination et dissolution, se doiuent distiller par filtre deux ou trois fois pour les mieux purifier, et les rendre aptes à faire huiles.

Les autres distillations aux caues et lieux froids et humides, sur le marbre, ou dans vne chausse d'hippocras, comme se fait l'huile de tartre, et de tous autres sels, et de tous fiels, et autres choses semblables, ou qui sont de nature d'alum.

Les os des animaux se doiuent distiller par descensoire ou par rencontre.

Tous bois, racines, escorces, coquilles de mer, ou graines, comme de froment, de genest, poix, féues et autres qui ne se peuuent tirer par expression, se distillent par descensoire, ou par rencontre, au four de reuerberation.

Les mineraux estant calcinés et reduits en nature de sel, se doiuent dissoudre et distiller par filtre : puis euaporer iusques à ce qu'ils soient secs et resouts en vinaigre distillé, puis de rechef euaporés et seichés : lesquels aprés facilement se distillent en la caue sur le marbre, ou en la chausse d'hippocras, ou en vne cornue de verre posée sur vn fourneau auquel y aura du sable, faisant feu par dessous, augmentant peu à peu, iusques à ce que l'humidité aqueuse soit consumée : puis faut changer de recipient, et le luter à la cornue, faisant feu par dessus et par dessous, et par ainsi sortira l'huile, laquelle sera fort rouge. Ainsi se dis-

tillent tous metaux moyens, mineraux, atramens, alums et sels.

Les remedes faits des mineraux sont de plus grande force et efficace que ceux des vegetaux et animaux [1].

Les gommes et axonges, et generalement toutes resines, se distillent par cornue ou alembic de verre, auec leurs recipiens posés sur vn fourneau, auquel y ait vne terrine auec cendres chauffées, augmentant le feu peu à peu, selon l'exigence des matieres.

Les vaisseaux seruans aux distillations sont :

Alembic,
Refrigeratoires,
Sublimatoires,
Reuerberatoires,
Descensoires,
Calcinatoires,
Pellicans,
Gemini ou circulatoires,
Fours secrets des Philosophes,
OEufs des Philosophes,
Cornue,
Cuenne,
Recipiens,
Aludel,
Materas [1],
Vaisseau de rencontre,
Terrines à filtrer,
Marbres pour distiller en lieu humide,
Fourneaux auecques creusets, pour faire reduction des metaux calcinés.

[1] Cette phrase a été ajoutée en 1585.

[1] On a vu précédemment que Paré écrit indifféremment *materas* ou *matelas*.

IL RESTE ENCORE A DECLARER

LA DIVERSITÉ DES INSTRVMENS DONT NOVS AVONS FAIT CY-DES-
SVS MENTION, POVR LA GVARISON DES MALADIES, DESQVELS LES
NOMS S'ENSVIVENT :

Bec de corbin,
Bec de grue,
Bec de cygne,
Bec de perroquet,
Pied de griffon,
Tire-balle,
Tire-fons,
Speculum oris,
Speculum nasi,
Speculum matricis,
Foceolles,
Canons,
Doubles canons pour donner clys-
teres auec chausses et seringues,
Eleuatoires,
Dilatatoires,
Lenticulaires,
Tenailles incisiues,
Tenailles non incisiues,
Aiguilles à seton et autres, tant
droites que courbées,
Tentes cannulées,
Tentes non cannulées,
Crochets,
Araignes,
Poucier,
Vretere,
Receptoire de l'vrine,
Burins,
Pincettes,
Maillets de plomb,
Ciseaux de plusieurs sortes,
Rugines,
Scies,
Trepanes perforatiues,
Trepanes exfoliatiues, et autres,

Rasoirs,
Lancettes,
Bistories,
Flammettes,
Cauteres actuels de plusieurs et
diuerses façons et figures,
Yeux,
Langues,
Bras,
Iambes artificielles,
Brayers,
Espaulettes,
Deschaussoirs,
Poussoirs,
Dauiers,
Policans à tirer et rompre les
dents,
Entonnoirs,
Biberons à tirer le laict des mam-
melles,
Algaries,
Sondes droites et courbées, closes
et ouuertes,
Conducteurs,
Curettes,
Canettes,
Tenons,
Pitons,
Forets,
Ventouses,
Cornets,
Compas,
Espatules droites et renuersées,
Cuues,
Cuuettes,

Cuueaux,

Chaires à demis baings auec tout leur equipage,

Marmites,

Trepieds,

Tuyaux,

Ligatures,

Bandes,

Bandelettes,

Bandeaux,

Bourlets,

Coussins,

Coussinets,

Charpy,

Estoupes,

Cotton,

Compresses,

Astelles,

Quesses,

Torches ou fenons,

Archets,

Maniuelle,

Mouffle,

Tables,

Cheuilles,

Traiteaux,

Courge,

Piliers, et generalement tous autres engins et machines qui seruent aux fractures et luxations des os, nommés des anciens *glossocomes*.

Plusieurs portraits, tant de l'anatomie que des choses monstrueuses.

Or pour conclusion, nous deuons bien auec grande admiration louër et remercier ce grand Architecte et facteur de toutes choses, de nous auoir descouuert vne si grande multitude de remedes et moyens, qui seruent à la curation et palliation des maladies ausquelles l'homme est suiet.

APHORISMES D'HIPPOCRATES

APPARTENANS A LA CHIRVRGIE[1].

LE TEMPS D'HIPPOCRATES DEVANT GALIEN.

Hippocrates nasquit en la cité de Cos, quatre cens cinquante cinq ans auant l'incarnation de Iesus Christ, et fut fils d'Heraclide, et de Praxitée sa femme, venant du costé paternel de la race d'Æsculape, et du costé maternel de celle d'Hercule.

Galien nasquit en Asie, en la ville de Pergame, cent quarante ans aprés l'aduenement de Iesus-Christ, et fut fils de Nicon, geometre et architecte.

Ceste lettre fut escrite par Artaxerxes, roy des Persans, à Hystanes, gouuerneur d'Hellespont, pour luy commander de prier Hippocrates de venir en sa cour, pour secourir ceux de Perse qui estoient affligés de peste.

Artaxerxes, grand roy des roys, à Hystanes, gouuerneur d'Hellespont.

On m'a rapporté qu'Hippocrates, Medecin natif de la cité de Cos, issu de la race d'Æsculape, fait la medecine fort heureusement, et auec grand honneur. Donne luy donc tant d'or qu'il voudra, et tout ce dont il aura besoin, et nous l'enuoye : l'asseurant que ie le feray egal aux plus grands de Perse. Et s'il y a encor quelque autre braue homme en l'Europe, rens-le amy de la maison royale, n'espargnant pour ce faire or ny argent. Car ce n'est pas chose facile de trouuer gens de bon conseil. Aye soin de ta santé.

LETTRES D'HYSTANES, GOVVERNEVR D'HELLESPONT, A HIPPOCRATES, MEDECIN.

Hystanes, gouuerneur d'Hellespont, à Hippocrates, issu d'Æsculape, Salut.

Le grand roy Artaxerxes a affaire de toi, et m'a escrit et commandé, comme à son gouuerneur par deçà, de te donner or et argent tant que tu en auras besoin, et pour te faire court, tout ce que tu voudras, et qu'on t'en-uoye de brief par deuers luy, t'asseurant qu'il te mettra au rang des plus grands de tous les Persans. Parquoy vien moy trouuer incontinent. Aye soin de ta santé.

---

[1] J'ai placé ici ce titre, qu'on retrouvera un peu plus bas, afin de séparer nettement ce qu'on va lire des articles qui précèdent. Les *Aphorismes d'Hippocrates* faisaient déjà partie de l'édition de 1575; mais c'est en 1579 que Paré y a joint, sans titre et sans avertissement, les données historiques qu'on va lire et qui leur servent comme de préface.

RESPONSE D'HIPPOCRATES AVDIT HYSTANES.

Hippocrates, Medecin, à Hystanes, gouuerneur d'Hellespont, salut et ioye.

Pour respondre à tes lettres, que tu dis estre de la part du Roy, rescry luy, et le plus tost que faire se pourra, que i'ay des viures, des vestemens et des maisons à suffisance, et de tout ce qui est necessaire à la vie. D'auantage qu'il ne m'est pas licite d'vser des richesses des Persans, ny de secourir et deliurer de maladies les Barbares, qui sont ennemis des Grecs. Aye soin de ta santé.

VERS MIS SOVS LA FIGVRE DE CE GRAND HIPPOCRATES[1].

Tel fut d'Hippocrates le port et le visage :
De quel sçauoir il fut, de quelle nation,
Comme il se comporta en sa profession,
Les liures qu'il a faits en donnent tesmoignage.

Ce n'est rien que de voir d'Hippocrates l'image,
Il faut voir ses escrits, les lire et contempler,
Conferer auec ceux qui en peuuent parler,
A fin de les entendre, et les mettre en vsage.

Galien, au premier commentaire du liure d'Hippocrates *De l'officine du Medecin*, dit, que ledit Hippocrates a escrit aucunes fois si obscurément, que pour l'interpreter il requeroit plustost vne deuination qu'vne science.

VERS MIS SOVS LE PORTRAIT DE GALIEN[2].

Ce grand Hippocrates doit son nom et sa gloire
A Claude Galien, icy representé :
Car sans luy ses escrits, pour leur obscurité,
Demeuroient inconneus, et n'en fust plus memoire.

Celse escrit que la medecine est art coniectural, et la raison de la coniecture est telle, que quand elle aura souuent respondu, quelquesfois nous abuse pour la diuersité des corps. Cecy est confirmé par Galien, liu. 3. *De la Methode*, chap. troisiéme[3].

Galien au premier commentaire du liu. d'Hippocrates *De l'officine du*

---

[1] Ce titre n'est pas de Paré ; je l'ai mis là pour tenir lieu de *la figure de ce grand Hippocrates*, que Paré avait représenté portant un scalpel sur une tête de bélier. La figure et les vers sont de 1579.

[2] Ce titre a été mis également à la place d'un portrait de Galien donné par Paré en 1579. Au reste, le portrait et les vers, ainsi que le paragraphe qui précède et qui était placé en note marginale, ne venaient dans les anciennes éditions qu'à la fin des Aphorismes. J'ai jugé plus convenable de les réunir aux notes historiques qui précèdent, et auxquelles ils se rallient naturellement.

[3] Ce paragraphe et celui qui suit ont une date différente des précédents, et n'ont été

Medecin, dit qu'auparauant qu'il eust escrit, il y en avoit qui auoient escrit plus de trois cens ans deuant luy, en partie en parchemin, et en partie en escorce de tillet [1].

APHORISMES D'HIPPOCRATES

APPARTENANS A LA CHIRVRGIE.

Aphorisme est vn mot, qui autant signifie
Que decret ou extrait, ou sentence choisie [2].

27. 6.

Ceux qui ont dans le corps de la bouë croupie,
Ou entre cuir et chair quelque abondance d'eau,
S'ils sont cauterisés, ou taillés au cousteau,
Et deschargés à coup, ils en perdent la vie.

31. 6.

Ceux qui ont mal aux yeux treuuent allegement
Par boire du vin pur, par baing ou par saignée,
Par fomentation deuëment ordonnée,
Ou aprés auoir beu quelque medicament.

38. 6.

Il est beaucoup meilleur de ne mettre la main
A ces chancres cachés, qu'vser de Chirurgie.
Car ceux qui sont pensés, en meurent tout soudain :
Ceux qui ne le sont point, sont plus long temps en vie.

ajoutés qu'en 1585. Ils avaient été placés à la fin des *Canons et Reigles chirurgiques de l'auteur*; il m'a semblé plus méthodique de les joindre en un faisceau commun avec ceux qui précèdent, sauf à avertir le lecteur de la liberté que j'ai prise.

[1] Il y a ici une amphibologie dans le texte qu'il convient d'expliquer. Galien n'a pas dit que des auteurs eussent écrit trois cents ans avant Hippocrate, comme on pourrait l'entendre, mais qu'il existait de son temps, à lui Galien, des manuscrits d'Hippocrate ayant trois cents ans de date, conservés notamment a Pergame.

[2] Cette espèce d'épigraphe est de 1579; le reste est de 1575.

55. 6.

La goutte qui les pieds engourdit et estonne,
Se meut le plus souuent au Printemps et Automne.

29. 6.

Iamais la goutte és pieds les chastrés ne moleste,
Ni faute de cheueux au deuant de la teste.

49. 6.

De la goutte des pieds le feu qui brusle et ard,
Dedans quarante iours s'esteint pour le plus tard.

66. 5.

C'est signe de grand mal si en vne blesseure
Qui est grande et maligne, on ne voit point d'enfleure.

67. 5.

La tumeur qui est molle est fort bonne et loüable :
Mais celle qui est dure est mauuaise et damnable.

25. 6.

Quand l'Erysipelas rentre dedans le corps,
Tout va mal : et tout bien, quand il ressort dehors.

19. 7.

Quand l'Erysipelas vient autour de l'os nu,
Et descouuert de chair, pour suspect est tenu.

20. 7.

A l'Erysipelas s'il suruient pourriture,
Ou suppuration, c'est vn mauuais augure.

21. 6.

Si à gens furieux des varices suruiennent,
Ou flux de sang par bas, à raison ils reuiennent.

21. 7.

Si à l'vlcere aduient flux de sang copieux,
Pour la force du poulx cela est dangereux.

26. 2.

Il vaut mieux que la fiéure aprés le spasme aduienne,
Que le spasme à l'accés de la fiéure suruienne.

4. 6.

Les vicerés polis autour de la bordure,
Sont à cicatriser de mauuaise nature.

18. 6.

Quand le foye est nauré, le cœur ou la vessie,
L'entre-deux trauersant, l'estomach, le cerueau,
Voire tant seulement quelque menu boyau,
Si le coup est profond, c'est pour perdre la vie.

45. 6.

Aux vlceres qui ont vn an ou d'auantage,
L'os necessairement se pourrit et dechet :
La cicatrice aussi qui par dessus se fait
Se creuse, comme l'os, par faute de remplage.

2. 7.

Si l'os estant gasté, la chair qui le voisine
Prend la couleur de plomb, c'est vn tres-mauuais signe.

14. 7.

L'homme en teste frappé, qui du mal qui le point
Est estourdi ou resue, il est en mauuais point.

24. 7.

Quand le test iusqu'au vuide est coupé viuement,
Le nauré deuient fol et hors d'entendement.

47. 2.

Quand l'abcés se meurit, la fiéure et la douleur
Aduiennent bien plustost, que quand il est ja meur.

18. 5.

Le froid est ennemy des nerfs, des dents, des os,
De la moëlle passant par l'espine du dos,
Ainsi que du cerueau : mais le chaud, au contraire,
Pour sa tiede douceur, leur est fort salutaire.

46. 2.

Si, en vn mesme temps, deux douleurs viennent poindre
En diuers lieux, la grand fait oublier la moindre.

77. 7.

Quand la chair iusqu'à l'os est gastée et pourrie,
Incontinent aprés l'os corrompu s'esclie [1].

50. 6. Coac.

L'vlcere estant plombé et sec ou palle-vert,
Est vn signe de mort bien clair et descouuert.

---

[1] *S'esclie*; c'est le mot de toutes les éditions du vivant de l'auteur;
les posthumes ont mis *s'escrie*.

19. 6.

Quand vn os est coupé, la iouë, vn cartilage,
Le prepuce ou vn nerf, plus ne croist d'auantage,
En sorte que ce soit : ni ce qui est desioint
Comme il estoit deuant ne se reünit point.

24. 6. Aph. et 51. 3. Coac.

Si vn menu boyau est coupé bien auant,
Il ne reprend iamais comme il estoit deuant.

50. 7. Aph.

Ceux à qui le cerueau se gaste, en trois iours meurent :
Mais s'ils passent trois iours, sains et sauues demeurent.

Autrement.

Quand la conuulsion vient de blesseure et playe,
C'est de la mort venant l'auant-coureuse vraye.

20. 5.

Le froid mord en pinçant les places vicereuses,
Et garde de purer les playes douloureuses :
Il endurcit la peau, il fait des tensions
De nerfs, roidissemens et des conuulsions,
Meurtrisseures, frissons, et des rigueurs fiéureuses.

50. 6. Coac.

Si en la temple on fait d'vn muscle section,
A la part opposée aduient conuulsion.

44. 7.

Ceux ausquels on incise en la poitrine creuse,
Ou brusle vne aposteme, et la boué qui sort
Est blanche, ils sont sauués : mais si elle est saigneuse,
Limoneuse et puante, ils sont frappés à mort [1].

Gal. comment. sur l'Aphoris. 29. liu. 2. des Aphoris.

Pour vn mal deploré sois tousiours de serment
De n'ordonner ny faire aucun medicament.

Celse, chap. 10. liu. 2.

Il vaut mieux essayer vn remede incertain,
Que ne vouloir prester au patient la main.

---

[1] Ici se terminait la série des Aphorismes empruntés à Hippocrates dans l'édition de 1575; en 1579, Ambroise Paré ajouta les deux aphorismes suivants, plus le portrait de Galien dont il a été parlé dans la note 2 de la page 642.

CANONS ET REIGLES

CHIRVRGIQVES DE L'AVTEVR[1].

1.

Ce n'est autre chose Pratique
Sinon l'effet de Theorique.

2.

La parole ne guarit point,
Mais le remede mis à point.

3.

Vn remede experimenté
Vaut mieux qu'vn nouneau inuenté.

4.

La playe ouurant vn grand vaisseau,
Le nauré conduit au tombeau.

5.

Où il y a contusion,
Procure suppuration.

6.

Selon qu'on voit la maladie,
Il faut que l'on y remedie.

7.

S'il tombe quelque os du palais,
Danger y a d'estre punais.

8.

Le flux de sang vient par chaleur,
Et est repoussé par froideur.

9.

La piqueure des nerfs desire
Subtil medicament qui tire.

[1] Ces canons sont de 1575 : mais il y a eu quelques modifications et additions dans l'édition suivante qui seront notées avec soin.

10.

Au mal de pied, ou iambe, ou cuisse,
Le lit est salubre et propice.

11.

Toutes medecines mordantes
Aux vlceres ne sont nuisantes [1].

12.

Pour bien luxations curer,
Tenir faut, pousser, et tirer.

13.

La gangrene qui est ja grande,
Rien que le cousteau ne demande.

14.

Le monstre est vne creature
Contre les reigles de Nature.

15.

La playe en la poitrine faicte,
De sanie est pleine et infecte.

16.

De toute beste venimeuse
La piqueure est fort dangereuse.

17.

Quand Auster vente, la partie
Qui est naurée, est tost pourrie.

18.

Le nauré doit faire abstinence,
S'il veut auoir prompte allegence.

19.

Raison n'a que voir ny chercher
Là où l'on peut du doigt toucher [2].

20.

Le mal ne peust estre curé,
Si le corps n'est bien temperé.

21.

L'vlcere rond ne reçoit cure,
S'il ne prend vne autre figure.

---

[1] Ceci est le texte de 1579; l'édition de 1575 offrait un tout autre sens; on lisait alors :

Aux vlceres *sont fort nuisantes.*

[2] Je rétablis ce canon d'après l'édition de 1575. C'était une protestation bien hardie pour l'époque contre l'abus du raisonnement; et il semble que Paré n'osa la maintenir, car il la retrancha dès 1579.

22.

En l'vlcere Erysipelas,
On doit estre purgé par bas [1].

23.

Pleurer aux enfans est propice,
Car cela leur sert d'exercice.

24.

A chacun nuit la desplaisance,
Fors qu'à ceux qui ont grasse pance.

25.

Oysiueté met en langueur
Nostre naturelle chaleur.

26.

Science sans experience
N'apporte pas grande asseurance.

27.

L'vlcere qui est cacoëthe,
Vn fort medicament souhaite.

28.

L'ouurier qui veut braue paroistre,
Il doit bien son suiet connoistre.

29.

L'office du bon medecin,
Est de guarir la maladie :
Que s'il ne vient à ceste fin,
Au moins faut-il qu'il la pallie.

30.

Cil qui est experimenté
Besongne bien plus à seurté,
Que celuy qui a grand science,
Et n'a aucune experience [2].

31.

Celuy qui pour auoir, et non pas pour sçauoir
Se fait Chirurgien, manquera de pouuoir.

32.

Celuy qui braue veut faire la Chirurgie,
Il faut qu'il soit habile, accord, industrieux,
Et non pas seulement qu'aux liures il se fie,
Soient françois ou latins, ou grecs, ou hebrieux.

---

[1] Variante de 1575 :

Veut estre purgé par le bas.

[2] Encore un canon supprimé en 1579, et que je rétablis d'après l'édition de 1575. J'ajouterai que dans cette première édition la série des Canons s'arrêtait là, et que tous ceux qui suivent ont été ajoutés en 1579.

33.

Celuy qui a bien leu , et pour cela pense estre
Braue Chirurgien, sans auoir assisté
Aux operations, et lecture du maistre ,
Se trompe tout contant, et n'est qu'vn effronté.

34.

Le baing resout, incise et retranche l'humeur,
Puis aprés doucement prouoque la sueur.

35.

La froide maladie [1] aux vieils est fort rebelle ,
Aux ieunes elle n'est si longue ny cruelle.

36.

Ceux qui sont par labeur bien souuent agités,
Sont exempts de plusieurs sortes d'infirmités.

37.

L'homme humide est nourri de bien peu d'alimens ,
Neantmoins plus qu'vn autre il vuide d'excremens.

38.

Il faut tousiours donner au malade esperance,
Encore que de mort y ait grande apparence.

39.

Quoy que la maladie aye pris vn long trait,
Du malade ne sois eslongné ny distrait.

40.

Changer de Medecins et de Chirurgiens ,
Souuent n'apporte rien que peine aux patiens.

41.

La chaude maladie est beaucoup plus mortelle
Que la froide , à raison du feu qui est en elle.

42.

On estime la bouë és vlceres loüable [2],
Qui blanchit, et qui est vnie et bien egale [3].

---

[1] Ceci est le texte corrigé en 1585. On lisait en 1579 :

La maladie froide aux vieils est fort rebelle.

[2] Texte de 1585. L'édition de 1579 portait :

On estime és vlceres la bouë estre louable.

[3] Ici s'arrêtait l'édition de 1579. J'ai déjà dit qu'en 1585 Paré avait ajouté à la suite de ces Canons deux paragraphes en prose qui ont été reportés plus haut. Voyez la note 3 de la page 612.

LE VINGT-SEPTIÉME LIVRE,

TRAITANT DES

RAPPORTS, ET DV MOYEN D'EMBAVMER

LES CORPS MORTS[1].

Il reste à present instruire le ieune Chirurgien à bien faire rapport en Iustice, lors qu'il y sera appellé, soit pour la mort des blessés, ou impotence, ou deprauation de l'action de quelque partie. En ce il doit estre eaut, c'est-à-dire, ingenieux à faire son prognostic, à cause que l'euenement des maladies est le plus souuent difficile, ainsi que nous a laissé par escrit Hippocrates au commencement de ses Aphorismes[2], à raison principalement de l'incertitude du suiet sur lequel l'art de Chirurgie est employé. Mesme le premier et principal point est, qu'il ait vne bonne ame, ayant la crainte de Dieu deuant ses yeux, ne rapportant les playes grandes petites, ny les petites grandes, par faueur ou autrement : parce que les Iurisconsultes iugent selon qu'on leur rapporte.

Les anciens nous ont laissé par escrit, que les playes estoient dites

---

[1] Ce livre est encore une des créations de Paré, et c'est le premier traité spécial que je connaisse consacré à la médecine légale. Il parut pour la première fois dans la grande édition de 1575; et alors il contenait un fort long article sur les poisons, que l'auteur reporta plus tard dans son livre *des Venins*, en supprimant cependant tout-à-fait deux histoires fort intéressantes. En 1579, le livre, ainsi dépouillé, reçut en d'autres endroits de notables additions; et enfin l'édition de 1585, suivie par toutes les éditions posthumes, retrancha quelque chose du texte de 1579, et le compléta par de nouveaux articles. On voit par cet exposé que nous aurons à rencontrer des variantes assez importantes; j'aurai grand soin de les signaler. J'ajouterai ici qu'avant 1585 le livre n'était point divisé en chapitres; alors seulement, pour établir sans doute plus de ressemblance entre cette partie de son œuvre et toutes les autres, Paré le divisa en deux chapitres sans titres, et, il faut bien le dire, sans beaucoup de rapport avec les matières traitées dans l'un et dans l'autre. C'est ainsi que la deuxième partie du livre, consacrée à l'embaumement, faisait suite au deuxième chapitre, lequel séparait sans raison ni utilité les Rapports de la première partie. J'ai donc retranché cette division inutile et peu rationnelle; et, en revanche, j'ai rétabli dans le texte plusieurs titres des premières éditions, qui dans les suivantes avaient été rejetés parmi les notes marginales.

[2] Edition de 1585 : *ainsi que nous a laissé Hippocrates dans sa protestation*; et le reste de la phrase est également de 1579.

grandes en trois manieres. La premiere pour la grandeur de la diuision, comme vn coup de coutelas, ou autre instrument, qui aura coupé la moitié d'vn bras ou vne iambe : ou quelque coup d'espée, et d'autres semblables armes, donné au trauers du corps. La seconde, pour la principauté de la partie qui doit estre estimée pour l'action : comme vne petite playe faite d'vn poinçon, ou autre instrument qui sera pointu et delié, penetrant en la substance de quelque partie noble, comme cerueau, cœur, foye, ou autre partie qui leur face seruice necessaire, comme l'œsophague, poulmon, et vessie, etc. La troisiéme pour la mauuaise morigeration et cacochymie de tout le corps, ou imbecillité d'iceluy : comme si la playe est faite à vne vieille personne, où les forces et vertus sont grandement diminuées. Pareillement le Chirurgien se gardera d'estre trompé et deceu par la sonde en cherchant, ne trouuant la profondeur de la playe : à cause qu'il n'aura situé le blessé en mesme situation qu'il estoit quand il fut blessé : ou que le coup sera entré de ligne droite, et qu'il sera retourné à dextre ou à senestre, ou de haut en bas, ou de bas en haut : de façon que le chirurgien estimera la playe petite, et fera rapport que la playe bien tost se pourra guarir, neantmoins le blessé mourra en briefs iours. A ceste cause il ne doit asseoir son iugement aux premiers iours, mais doit attendre que le neufiéme soit passé, qui est vn terme où le plus souuent les accidens se monstrent plus grands ou plus petits, selon la nature des corps et des parties blessées, et de l'air ambiens extremement froid ou chaud, ou ayant acquis venenosité.

En general, les signes par lesquels on peut aisément iuger des maladies, si elles sont grandes ou petites, briefues ou longues, mortelles ou legeres, sont quatre : car ils sont pris et tirés ou de l'essence et nature de la maladie, ou des causes d'icelle, ou de ses effets, ou de la similitude, proportion, et comparaison d'icelles maladies au temps qui court.

Exemple des signes tirés de l'essence de la maladie. Si l'on propose vne playe recente, qui n'ait autre essence et mal que de simple solution de continuité en vn muscle, incontinent prononcerons icelle estre sans danger et de peu de durée. Mais si la solution de continuité a complication d'vlcere, comme si elle est sanieuse, et de plus de trois iours, nous prononcerons icelle estre de difficile et plus longue curation.

Exemple des signes tirés des causes de la maladie : comme si la playe a esté faite en la teste d'vn instrument aigu, pointu, et pesant, sçauoir d'vn maillet : si le coup est venu de haut, de grande force, et de droit fil, nous prononcerons la playe estre dangereuse, voire mortelle, si les autres signes y consentent.

Exemple des effets : comme si le patient est tombé et terrassé du coup, s'il a eu vomissement de cholere, esbloüissement aux yeux, flux de sang par le nez et les oreilles, alienation d'esprit et de memoire, auec stupidité de tous sentimens, nous prononcerons iceluy estre en danger euident de sa vie.

Exemple de la similitude, proportion, et comparaison de la maladie au temps qui court : Comme au temps de la bataille saint Denys, et siege de Roüen, pour l'indisposition et malignité de l'air, ou pour la cacochymie des corps et perturbation des humeurs, presque toutes les playes estoient mortelles : et principalement celles qui estoient faites d'harquebuse. Parquoy nous pouuions lors (eu esgard au temps qui couroit) prononcer tel homme blessé estre en peril de mort. Ainsi voyons nous en certaines années les rougeolles et verolles des petits enfans estre pestilentes et mortelles, et coniointes auec vomissemens ou dysenteries furieuses : parquoy en tel cas nous pourrons iuger, et de l'euenement de la maladie, et du moyen de l'euenement.

Or les signes des parties vulnerées sont ceux qui s'ensuiuent.

Les signes que le cerueau est offensé et le crane fracturé sont plusieurs.

Si le malade tombe du coup en terre, s'il demeure quelque temps sans parler, oüyr, ne voir, ayant perdu connoissance et raison : s'il a rendu ses excremens inuolontairement, s'il luy semble que tout tourne s'en dessus dessous, s'il a ietté sang par le nez, bouche, et oreilles, s'il a vomi de la cholere : ce sont signes qui nous donnent à entendre par raison que le crane est rompu. Mais par les sens iceluy mesme se connoist estre rompu, quand en pressant des doigts dessus, on sent au tact l'os estre esleué ou enfoncé contre le naturel. Pareillement se connoist au sens de la veuë, lors qu'il est denué, et qu'on frappe dessus auecques vne sonde de fer, et qu'il sonne cassé, comme si l'on frappoit sur vn pot de terre feilé et rompu : voila les signes qui demonstrent le cerueau estre offensé, et le crane fracturé.

On peut prognostiquer et rapporter la mort du blessé, lors qu'il a du tout perdu sa raison et memoire, ou s'il deuient du tout muet, ayant les yeux tenebreux, et se veut ietter hors du lit, ne se pouuant au reste nullement mouuoir : ayant la fiéure continue, la langue noire et seiche, et les léures de la playe arides, ne iettans aucune chose, ou bien peu : et mesme si elle est de couleur blaffarde, comme d'vne chair salée : ou qu'il ait apoplexie, frenesie, spasme, paralysie, retenant son vrine et autres excremens, ou les laisse couler inuolontairement. Si tels signes apparoissent, fais ton rapport que bien tost le malade mourra.

Les signes que la trachée artere et l'œsophage sont coupés.

Cela se connoist au sens de la veuë : aussi le blessé perd la parole, et ne peut plus boire ny manger, parce que chacune partie coupée se retire, l'vne en haut, l'autre en bas, et tost aprés la mort s'ensuit.

Les signes que la playe penetre dans le thorax.

C'est que par la playe on voit sortir de l'air, auecques vn sifflement, et le malade peine à respirer, principalement quand il y a quantité de sang tombé sur le diaphragme, lequel il iette par la bouche en crachant : la fiéure suruient, et puanteur d'haleine, à cause que le sang se pourrit et conuertit en vne sanie fetide : et le malade ne peut demeurer couché que sur le dos, et a souuent volonté de vomir. Et s'il reschappe, le plus souuent sa playe degenere en fistule, et meurt tabide et sec.

Les signes du poulmon vulneré.

C'est qu'il sort par la playe vn sang spumeux, auec toux et grande difficulté de respirer, et douleur aux costés.

Les signes que le cœur est blessé.

C'est qu'il sort par la playe grande quantité de sang, auec vn tremblement vniuersel de tout le corps, le poux languide et fort petit, la couleur palle, sueur froide, auecques syncope, et les extremités fort froides: et tost la mort s'ensuit.

Les signes du diaphragme.

C'est que le malade sent vne grande pesanteur au lieu vulneré, et a perturbation de raison, et vne tres-grande difficulté d'halener, toux, et douleurs aiguës, et les flancs se retirent contre-mont: si tels signes apparoissent, fay rapport de mort hardiment.

Les signes que la veine caue et grande artere sont vulnerées.

C'est que le malade meurt promptement, à cause de la subite et grande vacuation qui se fait du sang et esprits qui remplissent le ventre inferieur ou thorax, faisant cesser l'action des poumons et du cœur.

Les signes que la moëlle de l'espine du dos est blessée.

C'est que le malade subit tombe en paralysie ou conuulsion, et le sentiment et mouuement des parties inferieures se perd, et les excremens, comme la matiere fecale et vrine, sont iettés inuolontairement, ou du tout retenus.

Les signes que le foye est vulneré.

C'est qu'il sort grande quantité de sang par la playe, et le blessé sent vne douleur poignante qui s'estend iusques à la cartilage scutiforme: et le sang decoulant dedans le ventre souuent se pourrit, et cause de pernicieux accidens, et le plus souuent la mort.

Les signes que l'estomach est vulneré.

C'est que le manger et boire sortent par la playe, et vomit souuent pure cholere et sang: il suruient sueurs et refroidissement des extremités, et la mort tost aprés aduient.

Les signes que la ratelle est vulnerée.

C'est qu'il sort par la playe vn gros sang noir, et le malade est grandement alteré, et a douleur au costé senestre: et si le sang decoule dedans le ventre, souuent se pourrit, dont plusieurs accidens sourdent, et souuent la mort les saisit.

Les signes que les intestins sont vulnerés.

C'est que le malade sent vne grande contorsion et douleur au ventre, et la matiere fecale sort par la playe souuent, et grande quantité des boyaux sort par icelle hors le ventre.

Les signes que les rengnons sont vulnerés.

C'est que le malade a difficulté d'vriner, et iette du sang auec l'vrine, et a douleur aux aines, verge, et testicules.

Les signes que la vessie est vulnerée et les pores vreteres.

C'est que le malade sent douleur aux flancs, et les parties du penil sont tendues, et s'il iette l'vrine sanglante, et quelquesfois mesme par la playe.

Les signes que la femme a son amarry vulneré.

C'est que le sang sort par ses parties honteuses, et a presque semblables accidens que ceux qui ont la vessie vulnerée.

Les signes que les nerfs sont piqués ou à demy coupés.

C'est que le malade sent vne douleur vehemente au lieu blessé, et aussi que promptement luy suruient inflammation, fluxion, spasme, fiéure, aposteme, et conuulsion [1], et quelquesfois aussi gangrene et mortification de la partie : dont suruient la mort, si le malade n'est bien et promptement secouru, comme i'ay escrit cy deuant parlant des playes des nerfs.

Aprés auoir baillé les signes pour connoistre les parties de nostre corps vulnerées, à fin d'en faire rapport en iustice, pour plus grande et facile intelligence m'a semblé bon te donner le formulaire de ces quatre rapports : dont le premier sera de rapporter de necessité de la mort du blessé : le second sera douteux de la mort ou de la vie : le troisiéme du mehain, c'est-à-dire de l'impotence d'vne partie blessée : le quart, de plusieurs parties blessées ensemble. Selon lesquels formulaires tu en pourras faire d'autres, ainsi que connoistras par les signes cy dessus escrits, telles ou telles parties du corps estre vulnerées.

---

[1] J'ai rétabli dans cette énumération le mot *spasme*, omis dans toutes les éditions posthumes. Il faut avertir aussi qu'après le mot *conuulsion*, l'édition de 1575 ajoutait : *qu'on appelle non proportionnee à la matiere.* Ce membre de phrase a été effacé dès 1579.

Exemple d'vn rapport de necessité concluant à la mort.

I'ay A. P. ce iourd'huy par l'ordonnance de messeigneurs de la Cour de Parlement, me suis transporté en la maison de tel, rue sainct Germain, à l'enseigne de S.—Lequel i'ay trouué gisant au lit, ayant vne playe à la teste, partie senestre, située sur l'os temporal, auec fracture et embarreure, dont aucunes parties dudit os, les deux membranes estans rompues, sont enfoncées en la substance du cerueau. Au moyen dequoy ledit tel a perdu toute connoissance de raison, auecques vne conuulsion, le poulx fort petit, et sueur froide : au reste, tant degousté qu'il ne boit ny mange. A cause dequoy certifie que bien tost mourra : tesmoing mon seing manuel cy mis le, etc.

Exemple d'vn rapport douteux de la mort.

I'ay tel, etc., par le commandement de monsieur le Lieutenant Criminel, suis allé en la maison de N., lequel i'ay veu gisant au lit, ayant trouué sur son corps vne playe faite d'vn instrument trenchant, située au milieu de la cuisse dextre, de grandeur de trois doigts ou enuiron, penetrante tout outre, auecques incision de veines et arteres : à raison dequoy est suruenu vn bien grand flux de sang, qui luy a prosterné et abbatu les forces. Au moyen dequoy tombe souuent en defaillance de cœur, et toute la cuisse est grandement tumefiée et liuide, dont plusieurs pernicieux accidens s'en pourroient ensuiure : parquoy ie dy que ledit tel est en grand danger de mort. Et tout ce certifie estre vray, tesmoing mon seing manuel cy mis le, etc.

Exemple d'un rapport de mehain ou impotence.

I'ay tel, etc., par le commandement de monsieur le Procureur du Roy, me suis transporté en la maison de monsieur, etc., rue sainct Pierre aux Bœufs, pour visiter vn tel, etc., sur lequel i'ay trouué vne playe à la ioincture du iarret dextre, de grandeur de quatre doigts ou enuiron, auecques incision des cordes ou tendons qui plient la iambe, ensemble incision de veines, arteres, et nerfs. Au moyen dequoy est ledit tel en danger de mort, pour les accidens qui en telles playes viennent le plus souuent, comme extreme douleur, fiéure, inflammation, aposteme, conuulsion, gangrene, et autres. Parquoy a ledit tel besoin tenir bon regime, et estre bien et deuëment pensé et medicamenté : et où il eschappera de la mort, à iamais demeurera impotent de la partie. Et tout ce certifie estre vray, tesmoing mon seing manuel cy mis le iour, etc., mil, etc.

Exemple d'vn rapport d'vn homme blessé de plusieurs coups, et en diuerses parties du corps.

Nous soubssignés Chirurgiens, ce iourd'huy vingt et vniéme, etc., par le commandement de Messeigneurs de la Cour de Parlement, sommes allés au logis de tel, rue S. Denis, à l'enseigne de saincte Catherine, pour visiter vn nommé, etc., gentilhomme des ordonnances du Roy, sur lequel auons trouué cinq playes. La premiere, située à la teste, au milieu de l'os coronal, de grandeur de trois doigts ou enuiron, penetrante iusques à la seconde table, dont luy auons tiré trois esquilles dudit os. Item, vne autre playe au trauers de la iouë, partie dextre, comprenant depuis l'oreille iusques au milieu du nez : à cause de ce a esté necessaire luy faire quatre points d'aiguille. Item, vne autre playe au milieu du ventre, de grandeur de deux doigts ou enuiron, penetrant en la capacité d'iceluy : sortant par ladite playe vne partie de l'omentum, de grosseur de demy esteuf, qu'auons trouuée liuide, et du tout destituée de chaleur naturelle : parquoy a esté besoin lier et couper ce qui estoit sorti dehors. Item, vne autre playe située sur le metacarpe de la main senestre, de grandeur de quatre doigts ou enuiron, auecques incision de veines, arteres, nerfs, et tendons, et portion des os. Au moyen dequoy, ledit tel demeurera après la guarison mehaigné de la main, et a besoin tenir bon regime, garder la chambre, et estre bien et deuëment pensé et medicamenté : et disons qu'il n'est hors du danger de la mort. Et tout ce certifions estre vray, tesmoings nos seings manuels cy mis le iour, etc.

Autre rapport d'vn corps mort, fait en la presence de messieurs le Lieutenant Criminel et Procureur du Roy au Chastelet de Paris et du Commissaire Bazin [1].

Rapporté par nous soubssignés, que ce iourd'huy en la presence de messieurs le Lieutenant Criminel et Procureur du Roy au Chastelet de Paris, nous auons veu et visité le corps mort de noble homme, etc., sur lequel auons trouué vne playe faite d'estoc prés la mammelle senestre, longue et large de deux doigts ou enuiron, trauersant le corps de part en part, passant tout au trauers

[1] La date de ce rapport indique suffisamment qu'il n'a pu être publié pour la premiére fois que dans l'édition de 1585.

du cœur. Plus vne autre grande playe faite d'estoc sur la iointure de l'espaule du bras senestre, longue de quatre doigts ou enuiron, large de trois, profonde iusques à ladite iointure, auec incision des nerfs et ligamens, veines et arteres dudit lieu. Plus vne autre grande playe faite aussi d'estoc sous l'aisselle senestre, longue et large de quatre doigts ou enuiron, profonde iusques au dedans et creux de ladite aisselle, auec incision des veines, arteres et nerfs. Plus deux autres plaies faites aussi d'estoc, situées en la poitrine, vn peu plus bas qu'en la mammelle senestre, longues et larges d'vn pouce ou enuiron, et profondes iusques en la capacité du thorax. Plus vne autre grande playe faite d'estoc, située prés la mammelle dextre, longue et large de quatre à cinq doigts, profonde seulement iusques aux costes. Plus vne autre petite playe prés ladite mammelle dextre, penetrant aussi sur les costes. Plus vne autre playe faite de taille sur le coude dextre, grande de trois doigts ou enuiron, et large de deux, profonde iusques aux nerfs et ligamens de la iointure dudit coude. Plus vne autre playe faite pareillement d'estoc au flanc dextre, longue et large d'vn pouce ou enuiron, et peu profonde. Plus vne autre playe faite aussi d'estoc à la main dextre, au doigt nommé *Medius*, auec incision totale de l'os de sa premiere iointure, penetrant le metacarpe. Pour raison de toutes lesquelles playes, certifions mort subite luy estre aduenue.

Fait sous nos seings manuels le dimanche 7. aoust mil cinq cens quatre vingts trois.

Ambroise Paré, Iehan Cointeret, et Iehan Charbonnel.

III.

Rapport d'vn coup orbe qui aura rompu et enfoncé les vertebres de l'espine, ou fait playe en la moëlle de l'espine[1].

La moëlle de l'espine du dos estant comme vn ruisseau coulant du cerueau, est faite pour la distribution des nerfs qui deuoient donner sentiment et mouuement à toutes les parties situées au dessous de la teste : et alors que ladite moëlle est blessée, suruiennent plusieurs et pernicieux accidens, et selon iceux le Chirurgien fera son rapport. A sçauoir, si les bras et mains du malade sont stupides, paralytiques, sans les pouuoir remuer, et aussi qu'en les piquant ou serrant le malade ne sent rien, c'est signe que les nerfs qui sortent de la 5. 6. 7. vertebres du col sont offensés. Semblablement quand tels accidens se trouuent aux cuisses, iambes, et aux pieds, auec refroidissement, et que le malade laisse sortir ses excremens inuolontairement, sans les sentir, ou qu'ils soient retenus du tout : cela monstre que les nerfs qui sortent des vertebres des lombes et os sacrum sont offensés, et que tous ces accidens prouiennent à cause que la faculté animale ne peut reluire par les nerfs, dont s'ensuit resolution, et par consequent difficulté de sentir et mouuoir aux parties où ils sont distribués : qui fait que les muscles de la vessie et siege ne font plus leur action naturelle, qui est d'ouurir et fermer. Et si tels signes apparoissent, fais ton rapport que bien tost le malade mourra, et principalement s'il a difficulté de respirer[2].

[1] C'est ici que l'édition de 1585 plaçait son chap. 2, sans aucun titre, et le titre actuel relegué en marge.
[2] Hippocrates, 2. pro. — A. P.

Rapport d'vne femme grosse ayant esté blessée au ventre[1].

I'ay tel, par le commandement de monsieur le grand Preuost de l'Hostel, me suis transporté en la rue Saint Honoré, en la maison de monsieur M., où i'ay trouué vne demoiselle nommée Marguerite, gisante au lit, ayant vne grande fiéure, conuulsion, et flux de sang par sa nature : à raison d'vne playe qu'elle a receuë au ventre inferieur, située trois doigts au dessous du nombril, partie dextre, laquelle penetre en la capacité d'iceluy, ayant blessé et percé sa matrice, au moyen de quoy est accouchée deuant son terme prefix d'vn enfant masle, mort, bien formé de tous ses membres, lequel enfant a aussi reçu le coup à la teste, penetrant iusques à la propre substance du cerueau. Et pour ce ladite damoiselle en bref mourra, ce que tout certifie estre vray, tesmoing mon seing manuel cy mis ce, etc.

I'ay bien voulu mettre ce rapport, à fin d'instruire le ieune Chirurgien à faire rapport à messieurs de la Iustice en tel cas, si l'enfant est formé de tous ses membres ou non, à fin qu'ils donnent tel iugement qu'ils verront estre necessaire : pource que la punition doit estre plus grande ayant fait auorter vne femme l'enfant estant bien formé, à raison que l'ame y est infuse, que s'il n'estoit encore accompli de tous ses membres : car lors l'ame n'est encore entrée au corps. Ce que i'ay monstré cy deuant, parlant de l'Ame, de l'opinion de Moyse et de S. Augustin[2], disant que si quelqu'vn frappe ou pousse vne

[1] Ce rapport, avec les réflexions qui s'y rapportent, a été ajouté en 1579.

[2] *Exode* 22. — *S. Augustin* 80. — A. P.

femme enceinte, et qu'elle en auorte, si l'enfant est ja formé, qu'il en perde la vie : mais s'il n'est encore formé, qu'il soit condamné à amende pecuniaire.

Exemple de rapport d'vn enfant estant estouffé[1].

Il y a grande apparence que le petit enfant mort aura esté estouffé par sa nourrice, qui se sera endormie sur luy en l'allaictant, ou autrement par malice, si ledit enfant se portoit bien, et ne se plaignoit de rien au precedent : s'il a la bouche et nez pleins d'escume : s'il a le reste de la face non palle et blaffarde, mais violette et comme de couleur de pourpre : si ouuert, est trouué auoir les poulmons pleins comme d'air escumeux.

Exemple d'vn rapport d'vn corps mort par tonnerre et fouldre.

Il peut escheoir qu'on soit en doute si vn corps trouué mort par la campagne, ou seul en vne maison, est mort de foudre, ou autrement. Parquoy estant appelé par Iustice pour en faire rapport, concluras par ces signes qu'il est mort de foudre. C'est que tout corps frappé et mort de foudre sent vne odeur fascheuse et sulphurée, qui fait que les oiseaux et chiens n'en osent approcher, encore moins gouster : la partie frappée de foudre souuent demeure entiere sans apparence de playe, et neantmoins les os se trouuent comminués et brisés au dedans : que s'il aduient qu'il ait playe apparente, subit qu'on la touchera, on la sentira sans comparaison plus froide que le reste du corps, comme dit Pline[2] : pource que subit la substance spiritueuse tou-

[1] Cet article a été ajouté en 1579.

[2] *Liu.* 2. *chap.* 24. — A. P.

chée est dissipée par le vent tres-subtil et violent que la foudre chasse et pousse tousiours deuant soy : aussi la foudre laisse tousiours certaine marque de brusleure, pource que nulle foudre est sans feu, soit en bruslant ou en noircissant. Or comme ainsi soit que tous animaux frappés de foudre tombent de l'autre costé, le seul homme ne meurt point du coup, s'il ne tombe sur la partie frappée de foudre, ou s'il n'est tourné par force du costé dont la foudre vient. L'homme qui en veillant est frappé de foudre demeure les yeux fermés : au contraire ils luy demeurent ouuerts s'il est foudroyé en dormant, comme dit Pline [1].

Philippes de Comines a laissé par escrit que les corps frappés de foudre ne sont point suiets à corruption comme les autres : et que partant les anciens n'auoient de coustume les brusler ny enterrer. Car ainsi que le sel garde de corruption les corps qui sont salés, ainsi le soulphre que la foudre charge et porte quant et soy, entretient long temps les corps en leur estre, sans pourriture, pour la chaleur ignée et seicheresse toute contraire à la pourriture.

Pour faire rapport infaillible qu'vn corps soit mort de peste [2].

C'est qu'on trouue vne grande mollesse en tout le corps, à cause d'vne putrefaction indicible, laquelle durant la vie rendoit le corps fort lasche et mollasse, et après la mort elle s'augmente encore d'auantage comme estant venue à sa perfection. Aussi tels corps se rendent pourris et puants subitement. D'auantage, à

plusieurs après la mort apparoissent bubons, charbons et pourpre qui estoient cachés dedans le corps : à raison que la chaleur putredineuse, qui s'engendre par la pourriture, pousse et iette hors de la peau les excremens desquels sont faits les bubons, charbons et pourpres. Plus . on voit la couleur du nez, des oreilles et des ongles plus noire, et mesmement tout le corps, qu'elle n'a accoustumé d'estre aux morts d'autres maladies. Semblablement le visage est fort hideux à regarder, et à bien grande peine le peut on reconnoistre : et qu'en peu de temps le corps se corrompt et pourrit, accompagné d'vne puanteur cadauereuse, et principalement en temps chaud. Si telles choses se monstrent, fais ton rapport que le malade est mort de peste.

Autre rapport d'vn corps trouué mort et blessé, ou noyé, ou pendu après sa mort [1].

Semblablement le Chirurgien peut estre appellé pour faire rapport d'vn corps mort, ayant des playes penetrantes dans le corp , et autres non, pour sçauoir s'il les a receuës estant vif ou après la mort. Donc si les playes luy ont esté faites pendant qu'il viuoit, elles seront trouuées rouges et sanguinolentes, et les léures d'icelles tumefiées et plombines. Au contraire, si on les luy a données après la mort, elles ne seront rouges sanglantes, ny tumefiées, ny liuides : parce que le corps estant mort, Nature cesse toutes ses œuures, et n'enuoye plus de sang ny esprits aux lieux vulnerés. Et partant le Chirurgien fera son rapport que les playes auront esté données pendant la vie ou

---

[1] Plin. *au lieu mesme.* — A. P.
[2] Article ajouté en 1585.

[1] Nous retombons dans le texte de 1575; mais ce titre n'a été ajouté qu'en 1579.

aprés la mort, selon les signes qu'il trouuera.

Pareillement si le Chirurgien est appelé pour faire rapport d'vn corps mort trouué pendu, sçauoir s'il a esté pendu vif ou mort. S'il a esté pendu vif, le vestige du cordeau à la circonference du col sera trouué rouge, liuide et noirastre, et le cuir d'autour amoncellé, replié et ridé, pour la compression qu'aura faite la corde : et quelquesfois le chef de la trachée artere rompu et laceré, et la seconde vertebre du col hors de sa place. Semblablement les bras et iambes seront trouuées liuides, et toute la face, à raison que tous les esprits tout à coup ont esté suffoqués : aussi pareillement il sera trouué de la baue en la bouche, et de la morue yssant du nez, là enuoyée tant par l'expression du poulmon eschauffé et suffoqué, que par la commotion conuulsiue du cerueau, de mesme qu'en l'epilepsie. Au contraire, si le personnage a esté pendu estant mort, on ne trouuera les choses telles : car le vestige du cordeau ne sera rouge ny liuide, mais de couleur des autres parties du corps, à cause qu'aprés la mort, la chaleur ny esprits ne sang ne courent plus aux parties blessées. Pareillement la teste et le thorax sont trouues pleins de sang [1].

D'auantage, si le Chirurgien est appelé pour faire rapport d'vn corps mort tiré hors de l'eau, pour sçauoir s'il a esté noyé vif ou ietté en l'eau mort. Les signes qu'il aura esté ietté vif, sont qu'on trouuera l'estomach et le ventre remplis d'eau, et sort du nez quelque excrement morueux, et par la bouche escumeux et baueux, et le plus souuent saignera du nez. D'abondant il aura l'extremité des doigts et le front escorchés, à raison qu'en mourant il gratte le sable au fond de l'eau, pensant prendre quelque chose pour se sauuer, et qu'il meurt comme en furie et rage. Au contraire s'il a esté ietté en l'eau mort, il n'aura aucune tumeur en l'estomach, ny au ventre, parce que tous les conduits sont affaissés et estoupés, et qu'il n'inspire plus, et aussi n'aura morue au nez, ny baue en la bouche, ny vestige aux doigts ny au front [1]. Parquoy, selon ces signes, le Chirurgien pourra faire rapport fidelement des corps morts trouués en l'eau, s'ils ont esté iettés morts ou viuans. Et quant aux corps morts qui s'esleuent sur l'eau, c'est adonc qu'ils sont ia cadauereux et remplis d'air, qui les fait esleuer sur l'eau comme vne vessie remplie de vent.

Or quant à faire rapport si vne personne est morte de venin ou non, on le pourra faire par les signes cy dessus escrits au liure *des Venins* [2].

[1] Ces mots : *ny au front*, ont été ajoutés en 1579.

[2] Il y avait ici dans l'édition de 1575 un fort long article retranché dès 1579, et commençant par cette phrase, qui en indique très bien l'objet :

« *Or quant a faire rapport si vne personne est morte de venin ou non, il est fort difficile à cognoistre, si ce n'est par coniectures qu'on prendra par ce petit discours.* »

Nous allons analyser rapidement ce *petit Discours*, indiquant seulement les endroits du livre actuel *des Venins* où le texte en a été reporté ; mais nous rencontrerons chemin faisant des passages supprimés d'une haute importance, et que nous reproduirons avec le plus grand soin.

L'auteur commençait donc par exposer son but en témoignant son horreur pour *les*

[1] Ces derniers mots : *pareillement*, etc., qui se rapportent manifestement au cas de pendaison durant la vie, ont été ajoutés en 1585.

Exemple de rapport de ceux qui auront esté en danger d'estre estouffés par la vapeur et fumée du feu de charbon.

Le 10 de mars 1575, ie fus appellé auec monsieur Greaulme, Docteur Regent en la faculté de Medecine, en la maison de monsieur du Hamel, Aduocat en la Cour de Parlement à Paris, vour visiter et faire rapport de deux siens seruiteurs, l'vn Clerc, et l'autre palefrenier, lesquels on esti-

inuenteurs de poison et de la diabolique poudre à canon; sauf cette assimilation de la poudre aux poisons, on retrouvera les principaux traits de ce paragraphe au chapitre Ier du livre actuel *des Venins*.

Puis il indiquait les signes généraux des poisons : *Nous cognoissons en general vn homme auoir esté empoisonné*, etc.; c'est presque absolument le premier paragraphe du chap. 5 du livre actuel, terminé par ces mots : *la racine est au cueur*.

« *Quant aux signes de venin de chaude, froide, seiche, et humide qualité, i'en ay traicté suffisamment par cy-deuant*, » ajoutait-il, et il renvoyait en marge *au liure des Venins*. Après quoi venant aux poisons en particulier, il traitait successivement de l'*Apium risus*, du *Napellus*, du *Solanum manicum*, de l'*Aconit*, de la *Iusquiame*, des *Champignons*, de l'*Ephemerum*, et de la *Mandragore* et du *Pauot noir*. Tout cela a été reproduit en 1579 au chap. 44 du livre *des Venins*, avec des additions trop peu importantes pour que nous nous attachions à les préciser. Seulement on voit qu'en 1575 Paré avait passé sous silence la *ciguë*, l'*if* et le *noyer;* il avait été aussi fort bref sur l'aconit. En revanche, il avait un article sur *la Salemandre*, qui manque dans toutes les autres éditions; le voici :

« *Salemandre.*

« Ceux qui ont pris de la salemandre tombent en vne grande inflammation de la langue, et deuiennent brets ou begues : ils sentent tout le corps amorti, et tombent en vn frisson et tremblement, en vne resolution et paralysie de tout le corps : sur la plus part des parties de leur corps aduiennent des taches blanches, qui deuiennent rouges et puis noires: lesquelles en fin tombant en pourriture, font tomber le poil de tout le corps, mesme si le poison demeure gueres dans le corps, ils tombent en pieces. Le bezahar sont les œufs de la tortue tant marine que terrestre : aussi le ius de grenoüilles dans lequel on aura cuict la racine d'eryngium. »

Entre l'histoire de la mandragore et du pauot noir, il avait placé l'histoire de l'*orpin;* et bien qu'il y soit revenu au chap. 46 du livre actuel *des Venins*, le texte est assez différent pour mériter d'être reproduit.

« *Orpin.*

« L'orpin, ou orpiment, que les Grecs appellent *Arsenicum*, la sandaracha, causent non seulement de grandes passions et erosions en l'estomach et boyaux, mais aussi engendrent vne alteration insatiable, vne aspreté grande à la gorge et en la bouche auec vne toux, difficulté et puanteur d'haleine, conioincte à vne dysenterie et suppression d'vrine. Vrayement l'arsenic a vne vertu si corrosiue que mesme appliqué par debors, il ronge la racine des cheueux et les fait tomber, comme escrit Dioscoride. Son bezahar est la pouldre du crystal mineral, bien puluerisee, prenant vne drachme de ceste poudre auec l'huile d'amandes douces, comme escrit le Conciliator. »

Après le pauot noir, vient l'histoire du *Reagal*, ou *Risalgar*, à très peu près telle qu'on la lit encore aujourd'hui au chap. 46. Puis immédiatement un long article consacré au bezahar, et dont le commencement, jusques et y compris l'histoire du cuisinier empoisonné, a été reproduit presque textuellement dans le chap. 45 du livre actuel; il faut en excepter toutefois un passage du paragraphe qui précède cette histoire, où, à la place de la citation de Mathiole et d'Abdanalarach, l'auteur disait seulement.

« *Car quant à ce qu'en escrit Mathiole sur le cinquiesme de Dioscoride, est pour la plu*

moit estre morts : parce que outre ce qu'il n'y auoit aucune apparence de poulx en eux, ils auoient vne froi-deur vniuerselle de tout le corps, sans parler, et sans mouuoir aucune-ment : ayans au reste la face teinte

part fabuleux et sans ordre, experience, et distincte cognoissance. »

Mais après cette histoire du cuisinier, l'édition de 1575 en contenait deux autres, retranchées depuis, et dont la première surtout a un intérêt capital pour l'histoire d'A. Paré. On ne savait pas qu'à tous ses périls, ses souffrances, après avoir été mordu d'une vipère, attaqué de la peste, il avait encore réuni cette terrible et doulou-reuse épreuve de passer par le poison. Et d'un autre côté, un mot de cette histoire ignorée semble trancher d'une manière décisive la question de savoir si, du moins à une époque de sa vie, Paré avait été huguenot. Voici le texte fidèle des deux histoires :

« Apres la prise de Rouen me trouuay à disner en quelque compaignie, où en auoit quelques vns qui me hayoyent à mort pour la Religion : on me presenta des choux où il y auoit du sublimé ou arsenic : de la pre-miere bouchee n'en apperceu rien : la se-conde, ie senti vne grande chaleur et cuis-eur, et grande astriction en la bouche, et principalement au gosier, et saueur puante de la bonne drogue : et l'ayant apperceuë, subit ie pris vn verre d'eau et de vin, et lauay ma bouche, aussi en auallay bonne quantité, et promptement allay chez le pro-che apoticaire : subit que fus parti, le plat aux choux fut ietté en terre. Là donc chez ledit Apoticaire ie vomi, et tost apres beu enuiron vn posson d'huile, et la garday quelque temps en mon estomach, puis de-rechef la vomi : ladicte huile empescha que le sublimé n'adherast aux parois de l'esto-mach : cela faict, ie mangeay et beu assez bonne quantité de laict de vache, auquel auois mis du beurre et le iaune de deux œufs : et voila comme ie me garanti de la main de l'empoisonneur : et depuis ne voulu manger des choux, ny autre viande en la-dicte compagnie.

« Monsieur de Castellan, Medecin ordi-naire du Roy, et maistre Iean d'Amboise, Chirurgien ordinaire du Roy, et moy, fus-

mes enuoyez pour ouurir le corps d'vn cer-tain personnage qu'on doubtoit auoir esté empoisonné, à cause qu'auparauant souper faisoit bonne chere, ne se ressentant d'au-cune douleur. Et tost apres souper disoit sentir vne grande douleur en l'estomach, criant qu'il estouffoit, et tout le corps de-uint iaune et enflé, ne pouuant auoir son haleine, et haletoit comme vn chien qui a grandement couru : parceque le diaphragme (principal instrument de la respiration) ne pouuant auoir son mouuement naturel, re-double incontinent, et fait haster le cours de la respiration et expiration : puis luy suruint vertigine, spasme, et defaillance de cœur, et parconsequent la mort. Or verita-blement le matin on nous presenta le corps mort, lequel estoit tout enflé, ainsi qu'vn mouton qu'on a soufflé pour l'escorcher. Ledict d'Amboise fist la premiere incision, et me retiray en arriere, sçachant qu'il en sortiroit vne exhalation puante et cadaue-reuse, ce qui se feit, dont tous les assistans à peine la pouuoyent endurer : les intestins, et generalement toutes les parties interieu-res estoyent fort enflees et remplies d'air : et ainsi trouuasmes grande quantité de sang espandu entre les entrailles, et en la capa-cité du thorax, et fut conclu que ledict per-sonnage pouuoit auoir esté empoisonné du poison crapaudin.

» Les remedes contre telle poison ont esté declarés cy-deuant, au liure *des piqueures et morsures de bestes veneneuses.* »

Il s'agit là du venin du crapaud, et je ne sais pourquoi Paré n'a pas fait usage de cette histoire dans ses éditions nouvelles, au lieu de celle qu'on lit au chap. 32 du livre *des Venins* et qu'il rapporte sur un ouï-dire.

Enfin, après ces deux histoires, nous ren-controns un long passage sur les *venins bail-lez par odeurs et parfums,* et qui a été trans-porté tout entier à la fin du chap. 11 du livre *des Venins* actuel. Il n'y a eu d'ajouté en 1579 que l'histoire des deux Thériacleurs, d'après Mathiole, et le vœu de Paré que les

de couleur plombine, de fait que lors que ie les pinçois ou tirois le poil rudement, ils n'en sentoient rien, tellement que tous les assistans les estimoient estre morts. Mais la dispute estoit sur la façon de mort : car ledit du Hamel disoit iceux auoir esté estouffés : autres pensoient qu'ils se fussent meurdris l'vn l'autre, autres philosophoient iceux auoir esté surprins d'apoplexie. Ie demanday s'ils auoient point fait du feu de charbon, à quoy vn chacun me respondant n'en sçauoir rien, ledit du Hamel preste l'oreille à ce propos, et s'auança luy mesme de chercher en leur estude (qui estoit fort petite et bien close) où il trouua sous la table vne grande terrine où il y auoit encore quantité de charbon, non du tout bruslé. Quoy veu, fut de tous conclu et arresté que la cause de tel desastre ne prouenoit d'ailleurs que de la fumée maligne du charbon ardent, qui les auoit ainsi assopis et estouffés. Parquoy leur ayant posé la main sur la region du cœur, et tant par la chaleur qui y restoit encore assez manifeste que par le petit battement qui s'y apperceuoit, ayant conneu iceux estre encore en vie, fut aduisé de les secourir promptement. Pour à quoy paruenir, on leur fit par artifice ouurir la bouche (qu'ils tenoient fort close, et les dents serrées) en laquelle, tant auec vne cuiller qu'auec vne syringue, on ietta de l'eau de vie rectifiée en laquelle on auoit fait dissoudre de la biere et theriaque, pour la leur faire aualler : lors ils commencerent à se mouuoir, et ietter certains excremens pituiteux

parfumeurs empoisonneurs fussent chassés *hors du Royaume de France*, et envoyés *auec les Turcs et infideles*.

et visqueux, tant par la bouche que par le nez : puis commencerent à raller, comme l'on oit choux bouillans dans vn pot. Adonc on leur fit aualler des medicamens vomitoires, et bonne quantité d'oxymel, leur battant de la main et genoüil assez rudement sur le dos, vers la derniere vertebre d'iceluy et premiere des lombes, auquel lieu respond l'orifice du ventricule se retournant en la partie posterieure : à fin que tant par la vertu de ces vomitoires, que par la conuulsion de l'estomac, ils fussent contraints à rendre gorge : ce qui aduint, et ietterent du phlegme visqueux, de couleur iaune, auec sang spumeux. Pareillement leur fut ietté auec vn tuyau de plume d'oye dedans le nez, de la poudre d'euphorbe, à fin de stimuler la vertu expulsiue du cerueau à se descharger, et par ce moyen tost après esternuerent, et ietterent grande quantité de morue par le nez : à quoy ils furent encore d'auantage esmeus par de l'huile de menthe, tirée par quinte-essence, leur en estant frotté le palais, voire iusqu'à la gorge et gosier, d'vne plume de laquelle l'empan auoit esté graissé de quelques gouttes de ladite huile. Au reste leur fut pourueu par frictions faites aux bras, cuisses et iambes, et le long de l'espine du dos : aussi par clysteres acres et forts, par le moyen desquels se deschargea leur ventre copieusement : et lors commencerent à parler et reuenir à soy, et à boire, et manger, et retourner à leur naturel peu à peu : en l'execution de toutes lesquelles choses fusmes merueilleusement bien aidés par Iacques Guillemeau, Chirurgien iuré à Paris[1], et maistre Iean de Saint-

[1] Le nom de Guillemeau n'a été ajouté ici

Germain, maistre Apoticaire à Paris, homme de bien et secourable des malades. Sur l'aprés-disnée furent appelés Monsieur Thibault, et Monsieur Hautin, Docteurs Regens en la faculté de Medecine (hommes doctes, tant en la Medecine qu'en la Chirurgie) pour consulter auec nous de ce qui restoit à faire : lesquels ayans de point en point approuué tout ce que nous auions fait, furent d'aduis auec nous de leur pouruoir quant au reste, par cardiaques restauratifs et confortatifs d'esprits, pour suruenir aux parties tant vitales qu'animales manifestement offensées.

Le reste de la consultation fut consommé sur la recherche de la cause d'vn tel effect : car que les hommes puissent estouffer de la fumée de charbon allumé, ce n'est chose fort nouuelle, alleguans auoir leu dans Fulgose, liure 9. chap. 12, Volaterran liure 23, dans Egnatius, que Iouian Empereur se hastant pour aller à Rome, en temps d'hyuer, se sentant las et trauaillé du chemin, s'arresta pour loger en vne petite bourgade, nommée Dadastanes, qui est entre Galatie et Bithynie, où il coucha en vne chambre nouuellement bastie et enduite de chaux, où l'on auoit fait brusler force charbon pour seicher ladite chambre : fut sur la minuict estouffé de la vapeur dudit charbon, le huitiéme mois de son Empire, qui estoit le trentiéme de son aage, et le vingtiéme iour d'Aoust.

Mais icy ne nous faut tant soucier de la preuue des anciens, attendu que de recente memoire, en la maison de Iean de Begine, maistre Orféure à Paris, demeurant sous la tournée du pont au Change, moururent trois de ses seruiteurs, pour auoir fait du feu de charbon en vne petite chambre où il n'y auoit point de cheminée : et qui en voudroit faire recherche, on trouueroit grand nombre de telles histoires.

Quant aux causes, celles cy furent mises en auant. Aucuns estimerent tel accident se faire seulement par la vapeur du charbon allumé, laquelle enclose en vn lieu non ventilé, donne à celuy qui la reçoit tels ou presque semblables accidens comme fait la vapeur du vin nouueau, sçauoir douleur de teste et vertiginosités. Car ces deux vapeurs ont puissance de bien tost remplir l'origine des nerfs, et faire grandes conuulsions, parce qu'elles sont chaudes et de substance espaisse. Et partant Hippocrates, parlant des accidens qui prouiennent de la vapeur de vin, a hardiment prononcé ces mots : *Si ebrius quispiam derepente obmutuerit, conuulsus moritur, nisi febre corripiatur, aut nisi vocem recuperet tunc cum crapulæ soluuntur*[1]. Si quelqu'vn ayant fort beu, iusques à s'estre enyuré, perd la parole à coup et soudainement : si la fiéure ne luy suruient, ou s'il ne recouure la parole à l'heure qu'il peut et doit auoir cuué, dormi, et digeré son vin, il meurt par conuulsion[2]. Autant en peut on dire de la vapeur du charbon occupant le cerueau de ces deux malades, lesquels soudainement faits muets, immobiles et insensibles comme yurongnes, fussent morts, si par remedes chauds mis en syringues par la bouche et le nez, on n'eust attenué l'espaisseur de la vapeur, et

qu'en 1579, bien que l'histoire ait paru en 1575.

[1] *Aphor.* 5. — A. P.
[2] Cette traduction de l'aphorisme a été ajoutée en 1579.

excité la faculté expultrice pour iet ter hors ce qui luy nuisoit. Et combien qu'il semble de prime face, que par l'inspiration de la vapeur maligne le poulmon soit blessé plus que toutes autres parties, toutes fois que le plus grand mal qui en aduient aux poulmons en ce cas cy venoit principalement pour la connexion et mutuelle amitié et accord qu'il a auec le cerueau, lequel estoit grandement offensé : car ces deux malades tout subit furent faits murts, priués de sens et de mouuement, chose qui aduient au malade quand la première origine des nerfs est occupée de quelque matiere estrange que ce soit, et non pas quand les poulmons sont offensés. Et tout ainsi que les apoplectiques ne meurent sinon que par faute de respirer, combien que le poulmon en soy ne soit offensé : ainsi de ceste maladie ces deux malades fussent morts faute de respirer, non pour vice du poulmon, mais pour le cerueau et nerfs blessés, qui donnent à tout le corps mouuement et sentiment, et principalement aux instrumens de la respiration.

Les autres estimoient que telle chose pouuoit aduenir, non du vice du cerueau, mais par defaut de l'esprit vital, lequel n'estant plus porté du cœur au cerueau, à cause des conduits du poulmon bouchés, ne pouuoit plus fournir de matiere à l'esprit animal. Parquoy, disoient-ils, ces jeunes hommes mouroient suffoqués par faute de respiration, sans laquelle la vie est nulle : car outre ce, qu'en tel cas le cœur ne se pouuoit descharger des excremens fuligineux, le poulmon restant bouché de ceste crasse et espaisse fumée de charbon, l'inspiration ne se faisoit bonnement, de tant qu'elle se fait d'air ambiens, qui pour faire ce qui est requis, sçauoir est, temperer l'ardeur du cœur, doit auoir quatre conditions : la première, qu'il soit attiré en competente quantité, la seconde, qu'il soit frais de qualité, la tierce, qu'il soit de consistence ténue et subtile, la quarte, qu'il soit de substance douce et benigne. Or toutes ces quatre conditions defailloient pour lors à l'air qui estoit attiré par ces deux jeunes hommes : car premierement il n'estoit en quantité competente, de tant qu'en ceste petite estude, si peu qu'il y en auoit, estoit deuoré par le feu de charbon allumé, comme celuy d'vne ventouse par la chandelle flamboyante : secondement, il n'estoit frais de sa qualité, ains eschauffé et comme ignifié par l'ardeur du feu allumé : tiercement, il n'estoit de consistence ténue, ains crasse et espaisse, espaissi par le meslange et permixtion des vapeurs grossieres du charbon : car telle est la nature de l'air et de tous autres corps ténus de leur nature, d'estre aisément alterés, et receuoir promptement la forme de tous corps qui les abordent : quartement, il n'estoit de substance douce et benigne, ains maligne, à cause que le charbon est fait de bois allumé en vne fosse en terre, et estouffé, estant esteint en sa fumée mesme, comme entendent ceux qui ont hanté les charbonnieres.

Or toutesfois, pour conclure quelque chose sus ces opinions qui semblent aucunement differentes, tous deux auoient raisons pertinentes de se maintenir en leur aduis. Car pour le moins il est tout euident que les conduits qui sont communs des parties pectorales au cerueau, estoient bouchés de la crassitie et espaisseur de telle vapeur charbonniere, dont aduenoit que les vnes et les autres parties estoient mal affectées : comme ainsi soit que telles parties , ni autres quelconques de nostre corps , ne puissent demeurer en leur integrité sans l'aide de l'autre , pour la grande colligance et intelligence qu'a tout le corps en soy et en ses parties. Parquoy les arteres carotides et ventricules du cerueau , et bronchies du poulmon estans ainsi estoupées , et l'entrée au cerueau estoit deniée à l'esprit vital , et l'issue à l'esprit animal , dont s'ensuiuit le defaut de toutes les facultés necessaires à la vie.

Rapport des filles, si elles sont vierges ou non [1].

Or quant à faire rapport si vne fille est pucelle ou non, cela est fort diffi-

[1] Cet article est une addition de 1579.
Laurent Joubert a agité fort longuement cette question dans son traité *des Erreurs populaires*, publié à Bordeaux en 1570, liv. V, chap. 4, *s'il y a certaine cognoissance du pucellage d'vne fille*, et il conclut par la négative comme Paré. Je renverrai à l'ouvrage même ceux qui voudront suivre cette discussion; mais il ne sera pas sans intérêt, puisqu'il s'agit ici de Rapports, de reproduire trois rapports sur ce sujet qu'il nous a conservés. Le premier est fait par des matrones béarnaises.

Nous Iouanne del Mon, et Iouanne Verguire, et Beatrix Laurade, de la parroquie d'Espoire en Bearn, matrones et meyroulieres , interrogades et esprouuades. Certifican à tous et à toutes que appartiendro , que par ordonnance de iustice , et commandement du haut Magistrat, monsieur lou iuge del dit loc d'Espere, que lou quinziéme iour del mes de May , l'an mil cinq cens quarante cinq , nous matrones susdittes , auen trouuade, visitade et regardade Mariette de Garigues, de l'aage de quinze ans ou enuiron , sus asso, que ladite Mariette disie , que ero forsade, desflorade, et depuiselade. De là ou nous meyroulieres sudittes , auen tout visitat et regardat, dam tres caudelous alucats, toucat dab las mas, et espiat dablous oueils, et

cile : toutesfois les matrones tiennent pour chose asseurée qu'elles le peuuent connoistre , parce qu'elles disent trouuer vne ruption d'vne taye, qui se rompt au premier combat venerique. Mais i'ay icy deuant monstré au liure *de la Generation* , chap. 50. que de vingt mille femmes on ne trouue ceste taye. Partant nos matrones ne doiuent estre creuës pour leur imperitie : la preuue gist en l'experience, et à la grandeur ou angustie du col de la matrice : mais elles y peuuent estre bien deceuës et trompées. Car selon la grandeur du corps et de l'aage de la fille, l'ouuerture sera plus grande ou plus petite : parce que vne grande fille doit auoir son ouuerture plus grande qu'vne petite. Car toutes

arreuirat dab lous digts. Et auen trouuat, que non eron pas, lou 1 broquadés podads , ny lou 2 haillon delougat , ny la 3 barbole abaissade , ny 4 l'entrepé ridal, ny lou 5 reffiron vbert, ny lou 6 gingibert findut, ny lou 7 pepillon recoquillat , ny la 8 dame dau miech retirade , ny lous tres 9 desuiadés , ny lou 10 vilipendis pelat, ny lou 11 guilleuard alargat, ny la 12 barreuidau desuiade, ny l'oz 13 bertrand romput, ny lou 14 bipendix aucunement escorgeat. Lou lou nous matrones et meyroulieres sudittes ainsi disen per nostre rapport, et iugement adrect.

« Voila , dit Joubert , quatorze notes qui signifient le pucellage, selon les Bearnoises. Voyons maintenant la deposition des Parisiennes, qui font leur rapport d'vne qui estoit defloree. »

Nous Marion Teste, Iane de Meaux, Iane de la Guigans , et Magdaleine de la Lippue, matrones iurees de la ville de Paris , certifions à tous qu'il appartiendra, que le quatorziéme iour de Iuin , mil cinq cens trente deux, par l'ordonnance de monsieur le Preuost de Paris, ou son lieutenant en ladite ville, nous sommes transportees en la rue de Frepaut , ou pend pour enseigne la pantoufle , ou nous auons veue et visitee Henriette Peliciere, ieune fille , aagee de quinze ans , ou enuiron , sur la plainte par

les parties de nostre corps se doiuent rapporter les vnes aux autres : vne aagée de quinze ans l'aura plus grande que celle de douze.

Ioubert escrit qu'à la ville de Lectoure en Gascongne, vne fille enfanta à neuf ans, et est encore viuante, nommée Ianne du Perie, qui fut mariée à Videau Beche, en son viuant Receueur des amendes pour le Roy de Nauarre audit lieu : qui est argument qu'aucunes filles sont plus aptes à auoir la compagnie de l'homme à neuf ans qu'autres à quinze, à raison qu'elles ont leur ouuerture plus ample. Aussi celle qui aura mis quelquesfois son doigt bien profondement au col de sa matrice pour quelque prurit qu'elle y auroit, ou y auroit mis

elle faite à iustice contre Simon le Bragard, duquel elle a dit auoir esté forcee et defloree. Et le tout veu et visité au doigt et à l'œil, nous trouuons qu'elle a les 1 barres froissees, le 2 haleron demis, la 3 dame du milieu retiree, le 4 ponnant debiffé, les 5 toutons denoyez, 6 l'enchenart retourné, la 7 babolle abbatue, 8 l'entrepent riddé, 9 l'arriere fosse ouuerte, le 10 guilboquet fendu, le 11 lippon recoquillé, le 12 barbidaut tout escorché, et tout le 13 lipandis pelé, le 14 guilleuard eslargi, les 15 balunaus pendans. Et le tout veu et visité fueillet par fueillet, auons trouué qu'il y auoit trace de vit. Et ainsi nous dittes matrones certifions estre vray, à vous monsieur le Preuost, au serment qu'auons à ladite ville.

« En voilà quinze de bon conte, poursuit Joubert, qui respondent assez bien aux quatorze signes des Bearnoises, sauf le dernier *Balunaus*, qui n'a son respondant que le sçache. » Et enfin il ajoute la déposition des matrones de Carcassonne :

Nous autras Guillaumine et Iano iuradas de la ville basse de Carcassonne, pressas d'offici per monsieur l'official del dit Carcassonne, per visitar Margarite d'Astorguin, si ella ero deflorado et desuerginado, disen et attesten à tous aquels et aquellos que aquestas leittras

quelque pessaire ou nodulus, à cause de la retention de ses môis ou autre disposition, et que par ce moyen son ouuerture lui fust trouuée plus grande, seroit-elle pour cela moins pucelle ? nenny : parce qu'il n'y aura difference entre y auoir mis vn pessaire, ou le doigt, ou autre chose de la grosseur de la verge virile, qui puisse remarquer ces differences : parquoy il me semble qu'on ne peut à la verité iuger du pucelage d'vne fille.

D'auantage les matrones ny Chirurgiens ne peuuent iuger vne fille n'estre pucelle, à laquelle on trouuera auoir du laict aux mammelles : Car Hippocrates dit qu'vne femelle sans estre grosse, ou auoir enfanté,

veyran et legiran, que lou iour de huey, nous hen transportadas en la maison de ladite d'Astorguin, et l'auen trouuado calcado sur vn liech, et apres auer fach allucar tres candelas de cero, l'auen regardado en lous yols, palpado et tocado en lous digts. Auen trouat que l'os Bertrand és romput et fendut, la donno del miech és reuirado, lous tres pels deuiades, lou quinqueral tout esquinsat, lous intrans et pindourlets tous escoussendus, lous bons dals coustats pla maserats, lous pels de dessus tous recoquillats. Per so disen, que ladite Margarite, per y auer estat passat lou bout del mescle, és ben deflorado et desuerginado. A tal disen et attesten.

On voit combien le langage vulgaire était riche à cette époque, et je doute que la langue française de nos jours pût traduire exactement ces Rapports sans recourir aux termes scientifiques. Mais je l'avoue, malgré le secours de Joubert, malgré les glossaires de Rabelais et autres, je n'ai pas même pu comprendre en son entier le rapport français. J'ai donné ici ces trois pièces comme specimen de la médecine légale de l'époque, et pour qu'on puisse mieux juger le point de départ où Paré la trouva.

peut auoir du laict, si sa purgation naturelle est empeschée [1]. Sur le commentaire de cest Aphorisme, Galien dit, pource que les glandules des mammelles estans exangues, conuertissent le sang menstruel qui y regorge en humeur semblable à elles en couleur, par leur vertu lactifiante. Semblablement Aristote dit [2] que l'on voit à quelques hommes du laict aux mammelles, qu'on peut succer et espandre.

Cardan dit auoir veu à Venise [3] vn nommé Anthoine Busse, aagé de trente ans, lequel auoit du laict en ses mammelles assez suffisamment pour nourrir vn enfant, et ne couloit pas seulement, mais le faisoit rayer, ainsi que fait vne nourrice de ses mammelles. Ces choses considerées, il me semble qu'on ne peut veritablement iuger du pucelage d'vne fille : partant les Magistrats y doiuent bien aduiser, et plus encore les Medecins et Chirurgiens à ce deputés : dont s'il y a faute, le tout en est plus sur eux qui en ont mal rapporté, qu'aux Iuges qui en donnent sentence.

Rapport de l'impuissance, tant de l'homme que de la femme [4].

Souuent il se fait des procés pour

separer les mariages, parce que la femme tient que son mary est impuissant, ne faisant pas la besongne de la maison : l'homme dit qu'il ne tient à luy, et que sa femme n'est pas assez percée, en sorte qu'il ne peut entrer au cabinet priué, et partant le defaut ne procede pas de son impuissance.

Là dessus les Iuges ordonnent visitation estre faite tant de l'vne que de l'autre des parties, par Medecins, Chirurgiens, Matrones, Prestres de l'Officialité. Après auoir veu et diligemment visité leurs parties dediées à generation, et si on leur trouue defectuosité en leurs dimensions : à sçauoir, en largeur, longueur, grosseur, profondité et situation : et si on trouue lesdites parties en leur integrité, le rapport en sera fait à messieurs de la Iustice, lesquels pour estre mieux asseurés, ordonnent de rechef que lesdits mariés coucheront ensemble en la presence desdits Medecins et autres cy dessus nommés, pour sçauoir s'ils pourront accomplir le ieu de Venus.

Or il me semble que telle espreuue n'est bien asseurée, et que ledit ieu ne se peut pas accomplir en la presence de tant de gens que l'on craint, et auec vne femme que l'on n'aime point. Ioint que telle action ne depend ny de nostre esprit, ny de nostre corps, ny de volonté : de sorte que les parties destinées à telle action n'obeïssent à nostre volonté comme les autres membres. Car quelque asseurance que tout homme se puisse promettre, si confessera-il qu'il n'est en sa puissance de se faire paroistre capable du mariage en la presence de tant de compagnie, et, comme i'ay dit, auec vne femme que l'on n'aime point, pour le different qu'ils ont en-

---

[1] *Aph.* 39., liu. 5. — A. P.

[2] *Liu.* 4, *histoire des Animaux*, chap. 20. — A. P.

[3] *Liu.* 12, *de Subtilitate.* — A. P.

[4] Cet article se lit pour la première fois dans l'édition posthume de 1598 ; il y a cependant quelque probabilité qu'il avait été écrit bien auparavant. J'ai noté à la fin du chap. 46 du livre *de la generation*, tome II, page 739, qu'en 1579 Paré avait annoncé à la table un chapitre sur ce sujet qu'on ne trouve pas dans le texte. Il me paraît assez vraisemblable qu'il s'agissait de l'article actuel, que Paré n'osa publier de son vivant, peut-être de peur d'indisposer les magistrats.

semble : veu pareillement que telles actions requierent d'elles mesmes vne asseurance et vn secret, et vne amitié entre l'homme et la femme. Parquoy cela depend de la conscience de la femme plustost que de la probation du congrés, pour les raisons alleguées•

Exemple d'vn rapport d'vn lepreux confirmé[1].

Nous Chirurgiens iurés à Paris, par l'ordonnance de Monsieur le Procureur du Roy de Chastelet, donnée le vingt huitiéme iour d'Aoust mil cinq cens quatre vingts et trois., par laquelle auons esté nommés pour faire rapport, sçauoir si G. P. est lepreux : partant l'avons examiné comme s'ensuit. Premierement auons trouué la couleur de son visage couperosée, blaffarde et liuide, et pleine de saphirs : aussi auons tiré et arraché de ses cheueux, et du poil de sa barbe et sourcils, et auons veu qu'à la racine du poil estoit attachée quelque petite portion de chair. Es sourcils et derriere les oreilles auons trouué des petites tubercules glanduleuses : le front ridé, son regard fixe et immobile, ses yeux rouges, estincelans, les narines larges par dehors et estroittes par dedans, quasi bouchées auec petites vlceres crousteuses: la langue enflée et noire, et au dessus et au dessous auons trouué petits grains, comme on voit aux pourceaux ladres : les genciues corrodées, et les dents descharnées, et son haleine fort puante, ayant la voix enroüée, parlant du nez. Aussi l'auons veu nud, et auons trouué tout son cuir crespy et inegal, comme celui d'vne oye maigre plumée, et en certains lieux plusieurs dartres. D'auantage nous l'auons piqué assez profondement d'vne aiguille au tendon du talon, sans l'auoir à peine senti. Par ces signes tant vniuoques qu'equiuoques, disons que ledit G. P. est ladre confirmé. Parquoy sera bon qu'il soit separé de la compagnie des sains, d'autant que ce mal est contagieux. Le tout certifions estre vray, tesmoings nos seings manuels cy mis le sixiéme May mil cinq cens quatre vingts et trois.

Autre rapport d'vn souspçonné lepreux.

Nous sous-signés Chirurgiens iurés à Paris, par le commandement de nos seigneurs de la Cour de Parlement, certifions auoir veu et visité diligemment, par toutes les parties du corps maistre Iacques, etc., pour faire rapport sur la disposition et santé de son corps : sçauoir principalement s'il y a en luy aucun souspçon, signe tant vniuoque que equiuoque, de la maladie appellée vulgairement ladrerie : lequel auons trouué en couleur de tout le corps, grosseur, charactere, et actions, pur et net de ladite maladie. Fait sous nos seings, le vingt quatriéme Aoust mil cinq cens octante trois.

---

[1] Ce rapport et celui qui vient ensuite sont des additions de 1585.

DE LA FAÇON D'EMBAVMER LES CORPS MORTS.

I'ay bien voulu adiouster à cest OEuure ce petit enseignement d'embaumer les corps morts, pour le ieune Chirurgien, à fin qu'il fust accompli de tout ce qui est à faire enuiron le corps humain, tant vif que mort [1]. Car bien à peine s'est-il trouué nation, tant barbare fust elle, qui n'ait eu soin d'embaumer les corps, non pas mesme les Scythes, qui semblent en barbarie auoir surpassé le reste des hommes. Car iceux, comme raconte Herodote liure quatriéme de son Histoire, n'enterrent point le corps de leur Roy, que premierement ils ne l'ayent mis en cire, aprés auoir curé le ventre et nettoyé, puis rempli de cyprés concassé, d'encens, de graine de persil, et d'anis, et en aprés recousu. De ceste mesme chose les Ethiopiens se sont monstrés curieux, faisans leurs sepultures de verre en ceste sorte : aprés qu'ils auoient vidé et descharné les corps de leurs amis defuncts, ils les accoustroient et liçoient de plastre, sur lequel ils iettoient aprés vne peinture qui approchoit le vif tant qu'il leur estoit possible. Et ce fait, ils enfermoient le corps ainsi peint et plastré dans vne colonne de verre creux : le corps ainsi enchassé paroissoit au trauers le verre, sans rendre mauuaise odeur, et sans desagreer aucunement, encores qu'on n'y conneust qu'vne peinture morte. Les plus proches parens le gardoient chez eux l'espace d'vn an, en luy faisant offrandes et sacrifices, et au bout de l'an le transportoient et alloient planter és enuirons de la ville, comme escrit Herodote liure troisiéme.

Mais ce soin et curiosité est entré plus auant dans le cœur des Egyptiens, que d'aucune autre nation [1]. Dont ils ont merité grande loüange, s'estant montrés tant affectionnés à la memoire de leurs peres, que pour la conseruation d'icelle ils estoient coustumiers d'embaumer les corps entiers d'iceux en vaisseaux de verre, diaphanes et transparans, et les mettre en lieu le plus honnorable et eminent de leurs maisons, pour en auoir la memoire tousiours representée deuant les yeux, et leur seruir d'aiguillon et stimule domestique, pour ensuiure et imiter les bonnes parties et vertus d'iceux, à fin de ne degenerer et forligner de leur naturel et bonne inclination. Et d'auantage seruoient iceux corps ainsi embaumés de souuerains gages et asseurance de leur foy : si bien que s'il estoit aduenu qu'aucun Egyptien eust affaire de quelque grosse somme d'argent, il ne failloit point de la trouuer à emprun-

---

[1] Tout ce qu'on va lire jusqu'au paragraphe, *Or pour embaumer*, etc., a été depuis répeté à satiété par Paré dans son Discours de la Mumie et dans la Préface de ce Discours, *voyez* ci-devant pag. 470 et 476; mais du moins en retrouvons-nous ici la première origine en 1575.

[1] Tout le reste de ce paragraphe a été ajouté en 1579.

ter vers ses voisins , sur le gage d'vn corps de l'vn de ses ayeulx : se tenans tous asseurés les crediteurs , que moyennant tel gage le debiteur manqueroit plustost de vie que de foy, tant ils auoient à cœur de retirer tel gage. Et si la fortune faisoit, et le malheur fust si grand, qu'aucun s'oubliast de tant en ses necessités que de ne vouloir ou sçauoir trouuer moyen de retirer son gage, il tomboit en tel deshonneur et infamie , qu'il n'eust pas esté bon à manger aux chiens, et ne se fust osé monstrer en public : car on luy faisoit la huée , comme l'on faҷt à vn loup ou chien enragé , et de liberté tomboit en ignominieuse seruitude, comme ayant desauoüé et renoncé sa race et origine. Ce qui est tesmoigné par Claude Paradin , en la Preface du liure qu'il a fait *des Alliances genealogiques des Roys et Princes de Gaule.*

D'auantage comme escrit Herodote, iceux Egyptiens reconnoissans ceste vie estre de peu de durée, au regard de celle que nous auons à viure après la separation du corps d'auec l'ame, estoient fort negligens à bastir maisons pour eux loger, mais au reste si magnifiques à edifier Pyramides, desquelles ils se vouloient seruir pour leurs sepultures, que pour le bastiment d'vne qui fut entreprise par Cheopés l'vn de leurs Roys, trauailloient cent mille hommes l'espace de chacun trois mois par le temps de vingt ans : laquelle auoit de profondeur cinq stades , et estant de forme quarrée, auoit en chacun front huit cens pieds de large, et autant de haut, estant chacune pierre le plus ordinairement de trente pieds, fort bien ouurée , comme raconte Herodote liure 2. Or deuant qu'enfermer les corps dans ces tant superbes sepulchres, ils

les portoient auec pompe magnifique vers les salleurs et embaumeurs , qui estoient offices bien salariés du peuple. Ils l'embaumoient de drogues aromatiques, puis ils cousoient les incisions et refermoient le tout : cela fait, ils salloient tres-bien le corps , et couuroient le salloir iusques à soixante et dix iours : lesquels reuolus, ils retournoient prendre le corps, lequel laué et nettoyé, le lioient de bandes faites d'vn drap de soye, collées auec certaine gomme : alors les parens reprenoient le corps, et luy faisoient faire vn estuy de bois moullé en effigie d'homme, dans lequel ils l'estuyoient : et voila comment ils embaumoient les riches. De ceste mesme curiosité nos François esmeus et incités, font pour la plus part embaumer les corps des Roys et grands Seigneurs : Ce que chrestiennement, comme toute autre chose, ils ont euidemment tiré tant du nouueau que du vieil Testament, et façon ancienne de faire des Iuifs : car il est dit au noüueau Testament [1], que Ioseph acheta vn linceul, et que Nicodeme apporta vne mixtion de myrrhe et d'aloés, iusqu'au poids enuiron de cent liures, de laquelle auec autres odeurs aromatiques ils embaumerent et enseuelirent le corps de IESVS CHRIST (comme la coustume des Iuifs estoit d'enseuelir leurs morts embaumés, qui estoit signe de ceste incorruption qu'ils esperoient en la resurrection des Morts) ce que mesme depuis eux voulurent faire les Maries. Ce qu'ils auoient appris de leurs peres anciens : car Ioseph au vieil Testament commanda à ses Medecins d'embaumer son pere [2].

[1] S. Iean , 20. 39. — A. P.
[2] *Genes.* 50. 2. — A. P.

Or pour bien embaumer vn corps , premierement il faut vuider tous les entrailles et visceres : reseruant le cœur particulierement , à fin de l'embaumer et mettre à part, ainsi qu'il sera aduisé par les amis du defunct : il faudra pareillement vuider le cerueau , aprés auoir coupé le crane , ainsi qu'on fait és dissections et anatomies. Ce fait , il faut faire des incisions pro'ondes et longues és bras, dos, fesses, cuisses, iambes, et principalement à l'endroit des grandes veines et arteres, à fin d'en faire sortir le sang qui se corromproit , et pareillement aussi d'y plonger des poudres : cela fait, il faut exactement lauer tout le corps auec vne esponge imbue d'eau de vie et fort vinaigre , dans lequel auront boüilli absinthe, aloé, pommes de coloquintes, et sel commun et alum : en aprés faudra remplir lesdites incisions et toutes les ouuertures , et les trois ventres , des choses qui s'ensuiuent, assez grossement puluerisées.

℞. Pul. rosat. camomil. melil. balsami, menthæ, aneth. saluiæ, lauand. roris. maior. thymi , absinth. cyperi, calam. aromat. gent. ireos Flor. assæ odoratæ, caryophyl. nuc. mosc. cinamo. storac. calam. benioin, myrrhæ, aloës, sandal. omnium.

En aprés les incisions seront cousues : puis faut oindre tout le corps de terebenthine liquefiée auec huile de camomille et de rose, y adioustant, si bon semble, huiles aromatiques, tirées par quinte-essence : puis au reste sera en tout saupoudré auec portion des poudres dessus dites : en fin sera enueloppé d'vn linceul, et aprés de toile cirée, et pour fin de tout l'appareil , sera mis en un cercueil de plomb bien ioint et soudé, rempli de bonnes herbes aromatiques seiches. Et si le Chirurgien estoit en quelque lieu où il ne peust recouurir les susdites poudres, comme en quelque place assiegée, il se contentera des suiuantes.

℞. Calcis ext. ciner. communis aut querc.

Au reste, le corps estant en tout et par tout laué de vinaigre, ou de lexiue en lieu de vinaigre, telles choses conserueront le corps vne bonne espace de temps, pourueu que ne soit en temps de grande chaleur, et qu'il ne soit situé en lieu chaud et humide : ce que i'ay fait quelquesfois.

Qui est cause qu'à present les Roys, Princes, et grands Seigneurs n'estans bien embaumés, et vuidés, et laués d'eau de vie et de vinaigre , et saupoudrés de choses grandement aromatiques , neantmoins tout cela, en cinq ou six iours, plus ou moins, sentent si mal qu'on ne peut endurer estre au lieu où ils sont, et est-on contraint les enfermer en plomb. Cela aduient par-ce qu'ils ne sont longuement gardés en saumure auec lesdites choses aromatiques, comme anciennement on faisoit, et aussi par la grande multitude de gens qui entrent pour les voir, et le grand nombre de torches et luminaires estans iour et nuit : cela eschauffe si fort l'air, que le corps n'ayant esté imbu de choses qui gardent la pourriture , cela fait qu'en peu de iours se corrompent et pourrissent, et de leur pourriture s'esleue vne vapeur puante et cadauereuse , qui offense grandement ceux qui la sentent [1].

Parquoy ma façon de bien et deuëment embaumer et garder les corps

---

[1] Ce paragraphe a été ajouté en 1579 ; en 1575 le suivant commençait tout simplement : *Or ma façon*, etc.

morts fort long-temps, c'est qu'aprés les auoir vuidés comme dessus, il les coulent poser en vn vaisseau de bois bien ioint, rempli de fort vinaigre auquel on aura fait boüillir sel et herbes aromatiques et ameres, comme aluine, rue, aloës, coloquinte : puis adiouster eau de vie deux ou trois quartes, et laisser tremper les corps en ceste misture l'espace de vingt iours : aprés les faut mettre debout, et les laisser en lieu sec et non humide. Le vinaigre garde de pourriture, d'autant qu'il est froid et sec, qui sont deux choses repugnantes à putrefaction : ce que l'experience monstre. Car en iceluy on garde les herbes, fleurs, fruits, et autres choses sans qu'elles se pourrissent. Ie proteste auoir vn corps, lequel me fut donné par le Lieutenant Criminel, aprés auoir esté execu-té, il y a 25. ans et plus [1], que i'a-natomisay, et leuay presque tous les muscles du corps de la partie dextre (à fin que lors que ie veux faire quelque incision, voyant les parties de recente memoire, que ie sois plus as-seuré en mes œuures) la partie se-nestre laissée en son entier : toutes-fois à fin de le mieux conserver, ie le piquay d'vn poinçon en plusieurs en-droits, à fin que la liqueur penetrast au profond des muscles et autres parties : et voit-on encore entiers les poumons, cœur, diaphragme, esto-

mach, ratelle, reins, et semblable-ment le poil de la barbe, de la teste, et d'autres parties, voire les ongles, lesquels i'ay apperceus euidemment croistre, aprés les auoir par diuerses fois rongnés [1].

Par ces miracles en la nature (tels osé-ie les appeler, puis que les corps priués de leur ame et substance, qui est le sang, poussent encor leurs ex-cremens, à sçauoir le poil et les on-gles) ayant fini mon œuure, i'ay eu aussi esgard à l'ordre tenu en la poursuite d'iceluy. Car ayant declaré ce qui estoit necessaire pour la con-seruation de ce corps estant en vie, et pour le remettre en vigueur, y ayant quelque alteration : c'estoit bien raison aussi que la fin de ce Dis-cours fust du corps mort, et des moyens de le conserver en son en-tier sans pourriture, et sans y em-ployer des frais si exorbitans que faisoient iadis les Roys (par trop scru-puleux) d'Egypte, qui employoient toutes les drogues aromatiques que l'Orient produit, pour embaumer leurs corps : et dressoient des basti-

[1] Cette histoire a été également rapportée au livre de la Mumie ; et comme je n'en sa-vais pas la première origine, j'avais pré-sumé que cette préparation avait dû être faite vers 1557. Comme le texte auquel cette note se rapporte a paru en 1575, c'est donc avant 1550 que Paré avait préparé son ca-davre, et probablement à l'époque où il dis-séquait avec Thierry de Héry pour les le-çons de la Faculté de médecine.

[1] L'édition de 1575 ajoutait ici : « *La fi-gure duquel t'est encore ceste fois representee tant du deuant que du derriere. L'explication des lettres ont esté declarees cy deuant en l'A-natomie.* » On voyait en effet à la suite une figure intitulée : *Figure d'vn corps anatomisé et embaumé il y a vingt-cinq ans et plus, sans sentir aucune feteur.*

C'était un sujet debout, couvert de la peau du côté gauche, les muscles disséqués du côté droit, et du reste la même figure qu'il avait employée dans son anatomie pour la démonstration des muscles ; ce qui fait douter que vraiment ce fût là le dessin de son cadavre. Au reste, cette figure fut effa-cée en 1579, et le livre complété par le long article que j'ai reproduit.

mens admirables pour leur seruir de
sepulture [1].

Ayant donc conduit mon œuure iusqu'à la fin et periode, et en iceluy
(par la grace de Dieu) tout ce que
i'ay pu ramasser, tant des anciens qui
ont sceu vrayement la chirurgie, que
des medecins, hommes experimentés,
et de ce que moy-mesme en ay pratiqué : ie prieray tout lecteur bening,
candide et de bon naturel, de s'arrester plus à ma bonne intention que
aux fautes qu'il pourroit trouuer en
mon liure. Car estant homme, comme
ie suis, il est aussi impossible que ie
ne sois suiet à faillir, n'y ayant rien
de parfait parmy l'imperfection des
choses de ceste masse terrestre. Et ie
proteste que ie n'ay rien fait, ny pour
desplaire, ny pour paroistre plus ha-

[1] Là se termine le livre dans l'édition de
1585 et dans toutes celles qui ont suivi depuis.
Mais en 1579, Paré complétait son œuvre
par une sorte d'épilogue, où il se montrait
tout entier, modeste, mais confiant en sa
force, amoureux de la gloire, non seulement
pour lui-même, mais pour son pays; animé
surtout du désir d'être utile, et rendant à
Dieu un pieux hommage des talents qu'il en
avait reçus. La traduction latine faite sur
cette édition de 1579 n'avait gardé de ce
morceau que les lignes suivantes, où l'on ne
reconnaît pas même la pensée de Paré.

*Atque immensi hujus nostri laboris hæc
meta, hæc per Dei gratiam sit requies, cui soli
optimo maximo, immortali, et inuisibili honor
et gloria in sæcula sæculorum. Amen.*

Pourquoi cet épilogue fut-il retranché
en 1585? Probablement parce que la Collection ne finissait plus en cet endroit, se
trouvant alongée et complétée par la grande
Apologie. Mais comme le vrai Canon scientifique de notre auteur se termine avec le livre
des Rapports, je n'ai pas voulu dérober au
texte un des morceaux les plus remarquables de pensée et de style qui soient sortis
de la plume d'A. Paré.

bile que les autres : seulement à fin
que la connoissance des choses que
Dieu m'a donnée ne demourast enseuelie, et que ce thresor peust profiter et à ceux qui ores viuent et à la
posterité; croyant que si ĺeusse teu et
supprimé cecy, mon nom eust plus
merité de blasme que de los [1], puisque i'eusse enuié le salut à nos ne-
ueux, et denié aux suruiuans ce de
quoy l'experience m'a fait largesse.
D'autant que nous ne sommes nés
pour nous seuls, ains pour profiter
aux autres, et que la raison veut
qu'on connoisse à l'auenir que nous
auons esté quelquesfois, en laissant à
la posterité vne viue memoire de nostre estre et de nostre diligence. Au surplus, si i'ay fait quelque faute, ou dit
des choses mal seantes ou desplaisan-
tes (comme il est impossible de complaire à chacun) on me fera vn singulier bien, plaisir et faueur de marquer
le lieu de ma faute, et m'en informer
chrestiennement, et sans vser d'inuec-
tiues et parolles medisantes, et m'aider des raisons qui seront à leur censure : d'autant que tout vieil que ie
suis, encor veux-ie imiter Socrate et
les autres anciens philosophes, et apprendre l'amour, quoique i'aye (comme l'on dit) vn pied dedans la fosse. Et
ie proteste à foy d'homme de bien dé
leur en sçauoir bon gré, leur en rendre graces, et de corriger ma faute,
si auec raison ils me monstrent que
ie ne la puisse defendre, sans que ie
m'opiniastre ni abeurte en mes seuls
aduis, ou que ie sois vn presomp-
tueux loüangeur de ce que i'entens
ou de ce que ie sçay faire. A tant ie
mettray fin, suppliant Dieu qu'il
luy plaise adoucir le cœur de ceux
qui me portent haine, et les reduire

[1] *Que de los, que de loüange.*

à faire comme moy , et à publier ce qu'ils sçauent à la gloire de sa diuine Maiesté, et profit des François et honneur de la France : laquelle sera de tant plus illustrée parmy les nations estranges qu'il y aura de sçauans escriuains nés , nourris, et instruits en icelle , et que les estrangers auront de moyen de puiser le sçauoir et l'experience és escoles et Vniuersités de ce royaume. Prie aussi ceste diuine bonté qu'il luy plaise dresser nos actions selon sa sainte volonté , et me faire la grace qu'elle ait mon seruice pour agreable.

APOLOGIE, ET TRAITÉ

CONTENANT

LES VOYAGES FAITS EN DIVERS LIEVX [1],

PAR AMBROISE PARÉ, DE LAVAL,

CONSEILLER ET PREMIER CHIRVRGIEŃ DV ROY.

Veritablement ie n'eusse mis la main à la plume pour escrire de telle maniere, n'eust esté que quelqu'vn m'a taxé et iniurié impudemment, èt mesprisé par haine et affection particuliere plus que de bon zele qu'il deuoit auoir au public, de ma maniere de lier les veines et arteres, escriuant ce qui s'ensuit :

Malè igitur et nimium arroganter, inconsultus et temerarius quidam, vasorum vstionem post emortui membri resectionem, à veteribus omnibus plurimùm commendatam, et semper probatam, damnare ausus est : nouum quemdam deligandi vasa modum, contra veteres omnes medicos sine ratione, sine experientia et iudicio, docere cupiens,

[1] Voici, comme il a été dit dans mon Introduction, le dernier opuscule publié par Paré de son vivant. Il parut dans la quatrième édition des œuvres complètes, en 1585; et la date de quelques observations qu'on trouvera rapportées plus bas (pages 681 et suiv.) fait voir qu'il n'a pu être écrit avant l'année 1584. Le livre de Gourmelen, auquel Paré répond, avait paru en 1580 sous ce titre, qui en explique assez l'esprit : *Stephani Gourmeleni Curiosolitæ Parisiensis medici Chirurgicæ artis, ex Hippocratis et aliorum veterum Medicorum decretis, ad rationis normam redactæ Libri III.* C'était l'adoration des doctrines hippocratiques et galéniques poussée jusqu'à l'absurde; c'était le mauvais côté de l'école représentée par Paré, et l'écueil où elle devait périr. Aussi Paré, qui, comme tous les hommes vraiment éminents, tout en résumant en lui l'esprit philosophique de son époque, le sentait trop étroit pour son génie, et pressentait l'époque à venir, Paré se roidit contre cette servilité aveugle ; après avoir vengé sa propre doctrine, il attaque certaines des doctrines anciennes reproduites par son adversaire ; il critique, il condamne ces puissantes autorités, Paul d'Egine, Celse, et jusqu'à Hippocrate même ; il donne enfin aux chirurgiens du xvie siècle l'exemple d'une critique aussi large et aussi hardie que l'époque pouvait peut-être la comporter. J'ai dit dans mon Introduction que sans doute Paré avait eu communication de la traduction de Courtin. Il parait d'après une indication de Du Verdier, rapportée par Haller, que cette traduction avait paru la même

*nec animaduertit maiora multò peri-
cula ex ipsa noua vasorum deligatione
(quam acu partem sanam profundè
transfigendo administrari vult) im-
minere , quam ex ipsa vstione : Nam si
acu neruosam aliquam partem, vel ner-
uum ipsum pupugerit , dum ita nouo et
inusitato modo renam absurde conatur
constringere , noua inflammatio neces-
sario consequetur, à qua conuulsio, et
à conuulsione cita mors. Quorum symp-
tomatum metu Galenus non ante trans-
uersa vulnera suere audebat(quod tamen
minus erat periculosum) quàm muscu-
lorum* ἀποντυρώσεις denudasset. Adde quod
forcipes , quibus post sectionem iterum
carnem dilacerat , cùm retracta versus
originem vasa se posse.extrahere som-
niat , non minorem afferunt dolorem ,
quàm ignita ferramenta admota. Quod
si quis nouum hunc laniatum exper-
tus incolumis euaserit, is Deo optimo
maximo, cuius beneficentia, crudelitate
ista et carnificina liberatus est, maxi-
mas gratias et habere, et semper agere
debet [1].*

Qui est à dire :

« Mal doncques et trop arrogam-
ment , indiscrettement , et temerai-

année que l'ouvrage même, c'est-à-dire en
1580; et on verra que Paré la cite lui-même,
à la page 686, sous le titre que Courtin lui
avait donnée, le *Guide des Chirurgiens.*

Du reste , cette Apologie comprend deux
parties bien distinctes , la polémique et les
voyages. Paré n'ayant pu en revoir une
seconde édition , nous y trouverons peu de
variantes ; par la nature même du sujet, cet
opuscule se refusait à des annotations bien
nombreuses ; et la plupart des notes qui s'y
rattachent appartiennent à Paré lui-même.

[1] Ce texte est copié de l'ouvrage de Gourmelen , page 124 et suivantes. J'ai seulement rétabli deux ou trois mots omis sans
doute par oubli, car ils n'ajoutent ni ne re-
tranchent rien au sens.

rement , vn certain personnage a
voulu condamner et blasmer la bruslure des vaisseaux après l'amputation d'vn membre corrompu et pourri , fort loüée et recommandée des
anciens , et tousiours approuuée :
nous voulant et desirant monstrer et
enseigner sans raison, sans iugement
et experience , vne nouuelle maniere
de lier les vaisseaux , contre l'opinion
de tous les anciens Medecins : ne s'estant pas donné de garde ny aduisé ,
qu'il suruient beaucoup plus grands
perils et accidens de ceste nouuelle
façon de lier les vaisseaux (laquelle il
veut estre faite d'vne aiguille perçant
profondement la partie saine) que de
la bruslure et vstion desdits vaisseaux. Car si par l'aiguille on pique
quelque partie nerueuse, voire mesme
le nerf , quand il veut par ce moyen
nouueau et inusité , lourdement contraindre la veine en la liant , necessairement il s'ensuiura vne nouuelle
inflammation , de l'inflammation la
conuulsion, de la conuulsion la mort :
pour crainte desquels accidens, Galien n'a iamais osé coudre les playes
transuersales (ce que toutesfois estoit
moins dangereux) deuant que descouurir les aponeuroses des muscles.
Ioint que les pincettes auec lesquelles,
après la section, de rechef il deschire
la chair, pendant qu'il pense pouuoir
tirer dehors les vaisseaux qui se sont
retirés vers leur origine, n'apportent
moins de douleur que les fers ardens.
Et si quelqu'vn ayant experimenté
ceste façon nouuelle de cruauté, en a
esté guari, celuy-là doit rendre graces
à Dieu à tout iamais, par la bonté duquel il est reschappé de telle cruauté,
sentant plus son bourreau que Chirurgien methodique [1]. »

[1] Cette traduction n'est pas de Courtin,

O quels beaux mots ! pour vn homme ancien qui se dit sage, et Docteur. Il ne se souuient pas que sa barbe blanche l'admoneste de ne dire aucune chose indigne de son aage, et qu'il doit despouiller et chasser hors de soy toute enuie et rancune conceuë contre son voisin.

Or maintenant ie luy veux prouuer par authorité, raison et experience, que lesdites veines et arteres se doiuent lier.

lequel a rendu moins fidèlement le texte, en atténuant quelque peu la grossièreté des expressions de Gourmelen. Mais il est vraiment remarquable que ni Gourmelen ni Courtin n'aient connu au juste la véritable méthode de Paré, et que celui-ci n'ait pas relevé dans son adversaire ce défaut de conscience et de bonne foi. On peut voir en effet aux chapitres 22 à 24 du livre des Contusions (t. II, p. 224 et suiv.), que l'aiguille n'était entre les mains de Paré qu'une ressource extrême, et même qu'il ne l'employait pas comme l'indiquent les deux docteurs régents de la Faculté. Mais les chirurgiens de Paris même, qui auraient dû *me prester la main*, dit le bon Paré, qui auraient dû embrasser avec ardeur cette magnifique découverte, les chirurgiens la laissèrent perdre et mettre en oubli ; et voici ce que ces vaillants opérateurs lui avaient substitué, sans attendre pour ainsi dire que leur maître à tous eût fermé les yeux.

Dans une annotation qui suit l'article de Gourmelen, Courtin écrit :

« ... La question est plus grande de la façon d'arrester le sang à l'amputation des membres. L'autheur en veut à Maistre Ambroise Paré, qui a esté inuenteur de la liaison des vaisseaux faicte par vn fil double, et tors, tiré d'vne aiguille qu'on met et fiche au-dessous du vaisseau, et va d'outre en outre, ou d'vn costé à l'autre, à fin que le fil se puisse lier des deux costez. On met entre le fil et la peau vn peu de linge, mais la difficulté est que l'aiguille peut rencontrer quelque nerf, lequel piqué fera les accidens rapportez par l'Autheur : à quoy on peut

AUTHORITÉS.

Quant aux authorités, ie viendray à celle de ce grand personnage Hippocrates, lequel veut et commande guarir les fistules du siege par ligature, tant pour absumer la callosité, que pour euiter l'hemorrhagie [1].

Galien en sa *Methode* [2], parlant du flux de sang fait par cause externe, duquel voicy les paroles : c'est (dit-il) le plus seur de lier la racine du vaisseau, laquelle i'entens estre celle qui est plus prés ou du foye, ou du cœur.

Auicenne commande de lier la veine et l'artere, après l'auoir descouuerte vers son origine [3].

Guy de Cauliac parlant de la playe des veines et arteres, enioint au Chirurgien de faire la ligature du vaisseau [4].

Monsieur Hollier parlant du flux de sang, commande expressément de lier les vaisseaux [5].

respondre que les nerfs sont à demy retirez, et glissent fort aisément sous la pointe de l'aiguille, bref on n'en a point veu arriuer d'accidens, depuis que ceste practique est en vsage. Il est vray que maintenant on a trouué vn autre expedient, de ietter de la poudre de bol armene dessus les vaisseaux et toute la chair de la partie coupppee, puis auec plumaceaux, estouppes, couuertes encores d'astringens, auec le repos, et le regime, on garantit le malade de perte de sang et de l'application rigoureuse de fer chaud, ou de la piqueure dangereuse des nerfs. »

Voyez le Guide des Chirurgiens, édition de 1819, p. 162.

[1] *Au liu. des Fistules du siege.* — A. P.

[2] *Au chap. 3. liu. 5.* — A. P.

[3] *Liu. 4. fueil. 4. tract. 2. chap. 17.* — A. P.

[4] *Traité 3. doct. 1. chap. 3.* — A. P.

[5] *Au liu. 3. chap. 5. de sa Matiere de Chirurgie.* — A. P.

Calmetbée au chap. *des Playes des veines et arteres*, traite vn tres-seur moyen d'arrester le flux de sang par ligature du vaisseau [1].

Celse, duquel ledit Medecin a la plus grand' fpart rapsodié son Liure, recommande expressément de lier les vaisseaux au flux de sang suruenant aux playes, comme remede tres-facile et plus seur [2].

Vesalius en sa Chirurgie, veut que l'on lie les vaisseaux au flux de sang [3].

Iean de Vigo traitant de l'hemorrhagie aux playes recentes, commande de lier la veine et l'artere [4].

Tagaut traitant les moyens d'arrester vn flux de sang, commande de pinser la veine ou l'artere auec vn bec de Corbin ou de Perroquet, puis la lier auec vn fil assez fort [5].

Pierre de Argilata de Boulogne, discourant du flux de sang et de la maniere de l'arrester, donne vn quatriéme moyen expressément, qui se fait par ligature du vaisseau [6].

Ioannes Andreas à Cruce Venitien, fait mention d'vne methode d'arrester le flux de sang par ligature du vaisseau [7].

D'Alechamp commande de lier les veines et arteres [8].

Or voila, mon petit bon homme, des authorités qui vous commandent lier les vaisseaux. Quant aux raisons, je les veux debattre.

L'hemorrhagie n'est pas tant à craindre (dites-vous [1]) à la section de l'epiploon, à celle des varices, et incision des arteres temporales, qu'aprés l'amputation d'vn membre. Or vous mesmes commandez, qu'en coupant les varices, l'on arreste le flux de sang par ligature du vaisseau. Le mesme vous commandez, parlant de la suture auec l'amputation et section de la coëffe alterée de l'air ambient; voicy vos paroles [2]: *Aprés cela, il faut aduiser à la coëffe, car s'il y en a quelque partie gastée, pourrie, corrompue, ternie et noirastre: premierement l'ayant liée, de peur du flux de sang, et le reste.* Vous ne dites pas *aprés l'avoir cauterisée*: mais à dire vray, vous auiez les yeux fermés et tous les sens hebetés, lors que vous auez voulu mesdire d'vne si seure methode, et que ce n'est que par ire et mauuaise volonté : car il n'y a rien qui aye plus de puissance de chasser la raison de son siege, que la cholere et l'ire : ioint que, comme l'on vient à brusler la partie amputée, le plus souuent quand l'eschare vient à cheoir, il suruient vn nouueau flux de sang, comme i'ay apperceu plusieurs fois, n'ayant encore esté inspiré de Dieu d'vn si seur moyen, lorsque i'vsois du feu. Que si vous n'auez trouué ou entendu ceste methode aux liures des anciens, vous ne la deuez ainsi fouler aux pieds, et parler sinistrement d'vn qui toute sa vie a preferé le profit du public au sien particulier. N'est-il pas plus que raisonnable de se fonder au dire d'Hippocrates, de l'authorité duquel vous vous seruez [3], qui est

---

[1] *Au liu. des Playes, chap.* 12. — A. P.
[2] *Au chap.* 26. *du* 5. *liu.* — A. P.
[3] *Au chap.* 4. *du* 3. *liu.* — A. P.
[4] *Au liu.* 1. *traict.* 1. *chap.* 2. — A. P.
[5] *Au chap.* 12. *du* 2. *liu.* — A. P.
[6] *Au traité* 4. *chap.* 11. *liu.* 1. — A. P.
[7] *Au liv.* 1. *sect.* 1. *chap.* 16. p. 5. — A. P.
[8] *Sur le* 28. *chap. du liu. de Paul.* — A. P.

[1] *Au liu.* 2. *chap. de l'Angeologie, fueil.* 176. — A. P.
[2] *Au liu.* 1. *chap. de la Suture.* — A. P.
[3] *Au chap. de la Breusleure, liu.* 2. *fueil.* 266. — A. P.

telle : *que ce que le medicament ne guarit point, le fer le fait, et ce que le fer n'amende point, le feu l'extermine.* C'est vne chose qui ne sent point son Chrestien, de brusler tout du premier coup sans s'arrester aux plus doux remedes, comme vous mesmes escriuez [1], parlant des conditions requises au Chirurgien pour bien guarir, lequel passage vous empruntez d'ailleurs [2] : car ce qui se peut faire doucement sans feu, est bien plus recommandable qu'autrement. N'est-ce pas vne chose que toute l'Eschole tient comme vn axiome, qu'il faut tousiours commencer aux plus aisés remedes? et s'ils ne sont suffisans, l'on viendra aux extremes, suiuant la doctrine d'Hippocrates. Galien recommande tant, au lieu preallegué [3], de traiter les malades tost, seurement, et auec le moins de douleur que faire se pourra.

VENONS MAINTENANT A LA RAISON.

Or est-il qu'on ne sçauroit appliquer les fers ardens qu'auec vne extreme et vehemente douleur, en vne partie sensible, exempte de gangrene, qui seroit cause d'vne conuulsion, fiéure, voire souuent la mort. Et d'auantage seroient aprés les pauures patiens long temps sans estre guaris, à raison que par l'action du feu il se fait eschare qui se fait de la chair suiette, laquelle estant tombée, il faut que Nature regenere vne autre chair nouuelle au lieu de celle qui aura esté bruslée, ioint que l'os demeure nud et descouuert, et par ce moyen y reste le plus souuent vn vlcere incurable.

[1] *Au liu. 1. fueil. 5.*
[2] Galien, *au liu. 4. de la Methode et au liu. de Arte.*—Hippocrates, *Aph. 6. liu. 1.*—A. P.
[3] *Au liu. de Arte parua.* — A. P.

Encore y a-il vn autre accident : c'est que souuent l'eschare tombée, la chair n'estant bien regenerée, le sang en sort autant ou plus qu'auparauant : et quand on les aura liés, la ligature ne tombera que premierement la chair ne les aye recouuerts. Ce qui est prouué par Galien [1], disant que les medicamens escharotiques qui engendrent crouste toutesfois et quantes qu'ils tombent, delaissent la partie plus nue que sa naturelle habitude ne requiert. Car la generation de crouste prouient des parties suiettes, et qui sont situées à l'entour, demy bruslées, par maniere de dire. Parquoy d'autant que la partie est bruslée, d'autant perd-elle sa chaleur naturelle.

Or, dites vous, *quand il est necessaire d'vser de medicamens escharotiques, ou de ferremens ardens, c'est quand le flux de sang est concité par erosion, ou quelque gangrene ou putrefaction.* Or est-il ainsi qu'aux playes recentes il n'y a nulle gangrene ni putrefaction : *Ergo,* les cauteres n'y doiuent estre appliqués. Et lors que les anciens ont commandé de mettre les fers ardens en la bouche des vaisseaux, ce n'a seulement esté pour arrester le sang, mais principalement pour corriger la malignité ou pourriture gangreneuse qui pourroit gaster les parties voisines. Et faut icy noter que si i'eusse conneu tels accidens venir, qu'auez declaré en vostre liure, pour tirer et lier les vaisseaux, iamais ie n'eusse esté trompé deux fois, et n'eusse voulu laisser à la posterité par mes escrits telle maniere d'arrester le flux de sang : mais ie l'ay escrit aprés l'auoir veu faire, et fait plusieurs fois auec heureux succés. Voila

[1] *Au 5. de la Methode.* — A. P.

ce qui peut aduenir de vostre conseil inconsideré, et sans examiner et s'arrester sur la facilité de lier lesdits vaisseaux. Car voicy vostre but et proposition : *Lier les vaisseaux aprés l'amputation est vn remede nouueau*, dites vous , *donc il n'en faut vser*: c'est mal argumenté pour vn Docteur.

Quant à ce qu'il faut (dites vous) *vser du feu aprés les amputations des membres, pour consommer et tarir la putrefaction qui est commune aux gangrenes et mortifications* : cela à la verité n'a point de lieu, d'autant que la pratique est d'amputer tousiours la partie au dessus de ce qui est mortifié et corrompu, comme escrit et commande Celse [1], de faire l'amputation sur ce qui est sain , plustost que de laisser quelque chose du corrompu. Ie vous demanderois fort volontiers , si lors qu'vne veine est coupée à trauers, et qu'elle s'est retirée fort auant vers son principe, vous ne feriez point de conscience de brusler iusques à ce qu'eussiez trouué l'orifice de la veine ou artere , et s'il n'est pas plus facile auec vn seul bec de Corbin de pincer et tirer le vaisseau et le lier? En quoy vous monstrez apertement vostre ignorance [2], et qu'auez vostre ame saisie d'vne grande animosité et cholere. Nous voyons pratiquer tous les iours, auec heureux succés, ladite ligature du vaisseau aprés l'amputation d'vne partie : ce que ie veux maintenant verifier par experiences et histoires de ceux à qui ladite ligature a esté faite, et personnes viuantes.

[1] *Au liu. 5. chap. 26. et au liu. 7. chap 33.* — A. P.

[2] *Au chap. de la Coupeure , liu. 2.* — A. P.

EXPERIENCE.

Histoire notable. — Operation faite par Charbonnel.

Le seiziéme iour de Iuin mil cinq cens quatre vingts et deux , en la presence de maistre Iean Liebauld, Docteur en la faculté de Medecine de Paris , Claude Viard , Chirurgien iuré , maistre Mathurin Huron, Chirurgien de monsieur de Souuray, et moy, Iean Charbonnel, maistre Barbier Chirurgien à Paris , bien entendu à la theorique et pratique de Chirurgie, a fort dextrement amputé la iambe senestre à vne femme, trauaillée il y auoit plus de trois ans d'vne extreme douleur, à cause d'vne grande carie qui estoit aux os astragal , cyboïde, grand et petit focile , et par toutes les parties nerueuses, d'où elle sentoit des douleurs intolerables iour et nuit. Elle s'appelle Marie d'Hostel , aagée de vingthuit ans ou enuiron, femme de Pierre Herué, Escuyer de cuisine de madame la Duchesse d'Vzés , demeurant rue des Verbois, par delà sainct Martin des champs, à l'enseigne du chef sainct Iean : à laquelle ledit Charbonnel coupa ladite iambe à quatre grands doigts au dessous du genoüil : et aprés qu'il eust incisé la chair et scié l'os , il pinça auec le bec de corbin la veine, puis l'artere, puis les lia : dont ie proteste à Dieu (comme la compagnie qui y estoit le pourra tesmoigner) qu'en toute l'operation qui fut soudainement faite, il n'y eut pas vne pallette de sang perdue : et commanday audit Charbonnel d'en laisser couler d'auantage, suiuant le precepte d'Hippocrates, qu'il est bon en toute playe et vlcere, mesme inueterée, de laisser fluer le sang [1] :

[1] *En la sent. 7. du liu. des Vlceres.* — A. P.

par ce moyen la partie est moins sujette à inflammation. Ledit Charbonnel continua de la traiter et medicamenter, laquelle a esté guarie en
deux mois, sans que iamais il soit
suruenu aucune hemorrhagie ou flux
de sang, ny autre mauuais accident:
et vous est allée voir en vostre logis,
estant toute guarie.

Autre histoire.— Operation faite par Viard.

Autre histoire de recente memoire,
d'vn chantre de Nostre Dame, nommé
monsieur Poulain, qui se rompit les
deux os de la iambe, qui estoient brisés en plusieurs esclats, de façon
qu'il n'y auoit nulle esperance de le
guarir. Pour obuier à la gangrene et
mortification, et par consequent à la
mort, monsieur Helin, Docteur Regent en la faculté de Medecine,
homme d'honneur et de bon sçauoir,
Claude Viard et Simon Pietre, Chirurgiens iurés à Paris, hommes bien
exercés en Chirurgie, et Balthasar
de Lestre et Leonard de Leschenal,
maistres Barbiers Chirurgiens, aussi
bien experimentés és operations de
Chirurgie, fusmes tous d'auis, pour
obuier aux accidens predits, luy faire
entiere amputation de la iambe, vn
peu au dessus des os rompus et es-
clattés, et des nerfs, veines, et arteres dilacerées. L'operation fut dextrement faite par ledit Viard, et le sang
estanché par la ligature des vaisseaux,
en la presence dudit Helin, et de
monsieur Tonsard, grand vicaire de
Nostre Dame: et fut continuellement
pensé par ledit Leschenal, et ie l'al-
lois voir par fois. Il fut heureusement
guari sans l'application des fers ardens, et chemine gaillard sur vne
iambe de bois.

Autre histoire.

L'an mil cinq cens quatre vingts et
trois, le dixiéme iour de Decembre,
Toussaint Posson, natif de Roinuille,
à present demeurant à Beauuois prés
Dourdan, auoit la iambe toute vlcerée et tous les os carieux et pourris,
me pria que pour l'honneur de Dieu
ie luy eusse à couper la iambe, pour
la grande douleur qu'il ne pouuoit
plus tolerer. Aprés estre preparé, luy
fis couper la iambe à quatre doigts
prés la rotule du genoüil, par Daniel
Poullet, l'vn de mes seruiteurs, pour
l'apprendre et enhardir à faire telle
œuure, là où il lia bien dextrement
les vaisseaux pour estancher le sang,
sans application de fers ardens, en la
presence de Iacques Guillemeau, Chirurgien ordinaire du Roy, et Iean
Charbonnel, maistre Barbier Chirurgien à Paris. Et pendant la cure,
a esté veu et visité par messieurs Laf-
filé et Courtin, Docteurs regens en
la faculté de Medecine à Paris. Ladite operation fut faite en la maison
de Iean Gohel hostelier, demeurant
à l'enseigne du Cheual blanc en
Grèue.

Ie ne veux oublier icy à dire que
madame la Princesse de Montpensier,
sçachant qu'il estoit pauure, et qu'il
estoit entre mes mains, luy donna de
l'argent pour payer sa chambre et
sa nourriture. Il a esté bien guari,
Dieu mercy, et s'en est retourné en
sa maison auec vne iambe de bois.

*Autre histoire.—Gangrene suruenue de cause
antecedente.*

Vne gangrene suruint à la moitié
de la iambe, à vn nommé Nicolas
Mesnager, aagé de soixante et seize
ans, demeurant rue sainct Honoré, à
l'enseigne de la Hotte, laquelle luy

suruint de cause interne, et fut-on contraint de luy amputer la iambe, pour luy sauuer la vie. Et fut amputée par Antoine Renaud, maistre Barbier Chirurgien à Paris, le seiziéme iour de decembre mil cinq cens quatre vingts et trois, en la presence de messieurs le Fort et la Nouë, Chirurgiens iurés à Paris. Et le sang fut estanché par la ligature des vaisseaux, et est à present guari, et se porte bien, cheminant auec vne iambe de bois.

Autre histoire. — Operation faite par Guillemeau.

Vn passeur d'eau, au port de Nesle, demeurant prés monsieur du Mas, contrerolleur des Postes, nommé Iean Boussereau, à qui vne barquebuse se creua en la main, qui luy brisa entierement les os, et dilacera toutes les autres parties, en sorte qu'il fust besoin et necessaire luy faire amputation de la main deux doigts au dessus du carpe [1]. Ce qui fut fait par Iacques Guillemeau, à present Chirurgien ordinaire du Roy, qui demeuroit pour lors auec moy. L'operation fut pareillement faite dextrement, et le sang estanché par la ligature des vaisseaux, sans les fers ardens. Il est encore à present viuant.

Autre histoire. — Operation faite par l'Autheur.

Vn marchand grossier, demeurant rue sainct Denys, à l'enseigne du gros Tournois, nommé le Iuge, lequel tomba sur la teste, où il se fit vne playe prés le muscle temporal, où il eust vne artere ouuerte, de laquelle

[1] L'édition de 1585 dit seulement : *luy faire amputation du bras.*

sortoit le sang fort impetueusement, de façon que les remedes communs pour l'estancher n'y sçeurent seruir : i'y fus appellé, où ie trouuay messieurs Rasse, Cointeret, Viard, Chirurgiens iurés à Paris, pour estancher le sang : où promptement ie pris vne aiguille enfilée, et luy liay l'artere, et depuis ne saigna, et fut tost guari. Tesmoin en sera monsieur Rousselet, n'agueres Doyen de vostre faculté, qui le traitoit auec nous.

Autre histoire.

Vn sergent du Chastelet, demeurant prés sainct André des Arts, qui eut vn coup d'espée à la gorge au pré aux Clercs, qui coupoit tout en trauers la veine iugulaire externe, subit qu'il fut blessé, posa son mouchoir sur la playe, et me vint trouuer en ma maison : et lors qu'il osta son mouchoir, le sang iaillissoit d'vne grande impetuosité. Subit liay la veine vers sa racine : par ce moyen fust estanché, et guarist graces à Dieu. Et si on eust suiui vostre maniere d'estancher le sang par les cauteres, ie laisse à penser s'il fust guari : ie crois qu'il fust mort entre les mains de l'operateur.

Si ie voulois reciter tous ceux ausquels on a lié les vaisseaux pour arrester le sang, lesquels ont esté guaris, ie n'aurois de long temps fait : et me semble que voila assez d'histoires alleguées, pour vous faire croire que l'on estanche seurement le sang des veines et arteres, sans appliquer les cauteres actuels.

Du Bartas.

Celuy là qui combat contre l'experience,
N'est digne du discours d'vne haute science.

Or, mon petit maistre, quant à ce que me reprochez que ie n'ay pas

mande le mesme. Ce que ie ne trouue expedient, prenant indication des parties suiettes : car là où l'on veut brusler, c'est à l'endroit des quatre muscles gemeaux, au dessous desquels passe le gros nerf descendant de l'os sacrum, lequel estant bruslé, ie vous laisse à penser ce qui en aduiendroit, comme remarque Galien [1], expressément parlant de l'vstion qu'il faut faire en l'humerus.

Huitiéme.

En la luxation des vertebres faite en dehors, Hippocrates [2] commande que l'on attache droit l'homme sur vne eschelle, les bras et iambes liés et garrotés : puis aprés auoir monté l'eschelle au haut d'vne tour ou d'vn faiste de la maison, auec vn gros cable en vne poulie, qu'on laisse tomber à plomb sur le paué dur et ferme le patient : ce qu'Hippocrates dit qu'on faisoit de son temps. Or ie ne monstre pas vne telle maniere de donner l'estrapade aux hommes : mais ie monstre au Chirurgien en mes OEuures [3], la maniere de les reduire séurement et sans grande douleur.

D'auantage ie serois marry de suiure le dire dudit Hippocrates, au 3. liure *De morbis*, lequel commande qu'à la maladie dite *Voluulus*, faut faire enfler le ventre auec vn soufflet, mettant le canon dans l'intestin droit, puis y souffler iusques à ce que le ventre soit bien tendu, par aprés bailler vn clystere emollient, et estouper le cul d'vne esponge. Telle pratique ne se fait point auiourd'huy;

partant ne vous esmerueillez si ie n'en ay voulu parler.

Et ne vous estant pas contenté de rapsodier les operations des autheurs susdits, en auez aussi pris plusieurs en mes OEuures, comme chacun peut connoistre : qui monstre apertement qu'il n'y a rien de vostre inuention en vostre *Guide des Chirurgiens*.

Ie laisse à part vne autre infinité d'operations inutiles que vous cottez dans vostre liure, sans sçauoir quelles bestes sont, pour ne les auoir iamais veu pratiquer : mais pour-ce que vous auez trouué cela escrit és liures des anciens, vous les auez mis en vostre liure.

D'auantage vous dites que me monstrerez ma leçon aux operations de Chirurgie. Il me semble que ne sçauriez : par ce que ne l'ay pas apprise seulement en mon estude, et d'auoir ouy par plusieurs et diuerses années les leçons des Docteurs en medecine : mais comme i'ay escrit cy deuant en l'epistre au Lecteur, i'ay fait residence en l'Hostel Dieu de Paris par l'espace de trois ans, où i'ay eu le moyen de voir et apprendre beaucoup d'œuures de Chirurgie sur vne infinité de malades, ensemble l'anatomie sur vne grande quantité de corps morts, ainsi que souuent i'en ay fait preuue très-suffisante publiquement aux Escholes de medecine de Paris. Mon bonheur m'a fait voir encore plus outre. Car estant appellé au seruice des Rois de France (quatre desquels i'ay serui) me suis trouué en compagnie, aux batailles, escarmouches, assauts et sieges des villes et forteresses, comme aussi i'ay esté enclos és villes auec les assiegés, ayant charge de traiter les blessés. D'auantage, i'ay demeuré longues

[1] *Sur la sent.* 49. *de la* 1. *sect. du liure des Articles.* — A. P.

[2] *Sent.* 22 *et* 23 *de la* 3. *sect. du liu. des Articles.* — A. P.

[3] *Ch.* 16 *du* 15. *liu.* — A. P. — T. II, p. 363;

années en ceste grande et fameuse ville de Paris, où graces à Dieu i'ay tousiours vescu en tres-bonne reputation entre tous, et n'ay tenu le dernier rang entre ceux de mon estat, veu qu'il ne s'est trouué cure tant grande et difficile fust-elle, que ma main et mon conseil n'ayent esté requis, ainsi que ie fais voir par ce mieu œuure. Or oserez-vous (ces choses entendues) dire que m'apprendrez à executer les œuures de Chirurgie, attendu que n'auez iamais parti de vostre estude?

Les operations d'icelle sont quatre en general (comme bien auons declaré cy deuant) où vous n'en faites que trois, à sçauoir, ioindre le separé, separer le continu, et oster le superflu: et la quatriéme que ie fais, autant necessaire que d'industrieuse inuention, est d'adiouster ce qui defaut, comme i'ay monstré cy dessus.

Aussi vous voulez que le Chirurgien ne fasse que les trois operations susdites, sans s'entremettre d'ordonner vn simple cataplasme, disant que c'est ce qui vous est venu à vostre part de la Medecine : et que les anciens (au discours qu'auez fait au Lecteur) ont diuisé la suitte du Medecin en trois bandes, à sçauoir, Viuandiers , Apoticaires , et Chirurgiens. Mais ie vous demanderois volontiers qui est celuy qui en a fait le partage : et où aucun en seroit fait, qui sont ceux qui se sont contentés de leur part, sans quelque entreprise sur l'autre? Car Hippocrates, Galien, Ætius, Auicenne, bref tous les Medecins , tant grecs , latins, qu'arabes, n'ont iamais traité de l'vn qu'ils n'ayent traité de l'autre, pour la grande affinité et liaison qu'il y a entre les deux : et seroit bien difficile en faire autrement. Or quand vous voulez mettre si bas la Chirurgie, vous contredites à vous mesmes. Car en l'epistre liminaire que vous auez dediée à defunct monsieur de Martigues, vous dites que la Chirurgie est la plus noble partie de la Medecine, tant à raison de son origine , antiquité, necessité, que certitude en ses actions : car elle opere *luce aperta*, comme escrit doctement Celse au commencement du 7. liure. Partant il est à croire que n'auez iamais sorti de vostre estude que pour enseigner la theorique (si l'auez peu faire).

Les operations de chirurgie s'apprennent à l'œil et au toucher.

Ie diray que vous ressemblez à vn ieune garçon bas Breton, bien fessu et materiel [1], qui demanda congé à son pere de venir à Paris pour prendre France. Estant arriué, l'Organiste de nostre Dame le trouua à la porte du Palais, qui le print pour souffler aux orgues, où il fut trois ans. Il veit qu'il parloit aucunement françois, il s'en retourne vers son pere, et luy dit qu'il parloit bonne France, et d'auantage qu'il sçauoit bien iouër des orgues. Le pere le reçoit, bien ioyeux dequoy il estoit en si peu de temps si sçauant : il s'en alla vers l'Organiste de leur grande Eglise, et le pria de permettre à son fils de iouër des orgues , à fin de sçauoir si son fils estoit bon maistre , ainsi qu'il disoit : ce que le maistre Organiste accorda volontiers. Estant entré aux orgues, il se iette de plein saut aux soufflets : le maistre Organiste luy dit qu'il iouast, et que luy souffleroit. Alors ce bon Organiste luy dit qu'il ne sçauoit autre chose que souffler.

Ie croy aussi, mon petit maistre,

[1] *Belle similitude.* — A. P.

que ne sçauez autre chose que ca-
queter en vne chaire : mais moy ie
iouëray sur le clauier, et feray re-
sonner les orgues, c'est à dire que ie
feray les operations de Chirurgie, ce
que ne sauriez nullement faire, pour
n'auoir bougé de vostre estude, et
des escholes, comme i'ay dit : et aussi
comme cy deuant i'ay escrit en l'epistre au Lecteur, que le laboureur a
beau parler des saisons, discourir de
la façon de cultiuer la terre, deduire
quelles semences sont propres à chacun terroir : car tout cela n'est rien
s'il ne met la main aux outils, et
n'accouple ses bœufs, et ne les lie à
la charrue. Aussi ce n'est pas grande
chose si ne sçauez la pratique : car
vn homme feroit bien la Chirurgie,
encore qu'il n'eust point de langue,
comme bien a noté Cornelius Celsus
au liu. 1. quand il dit, *Morbos non
eloquentia, sed remedijs curari: quæ
si quis elinguis, vsu discretus bene
norit, hunc aliquanto maiorem medi-
cum futurum, quàm si sine vsu lin-
guam suam excoluerit.* C'est à dire,
Cornelius Celsus dit, les maladies
estre guaries non par eloquence, mais
par les remedes bien et deuëment
appliqués : lesquels si quelqu'vn sage
et discret, n'ayant point mesme de
langue, connoisse bien par bon vsage, celuy-là à l'aduenir sera plus
grand Medecin, que si sans vsage il
ornoit bien sa langue. Ce que vous
mesmes confessez en vostre dit liure
par vn quatrain qui est tel [1] :

> *Ce n'est pas tout en Chirurgie
> De iargonner : mais le plus beau
> Est que les bandes on manie,
> Le feu, les las, et le ciseau.*

[1] J'ai déjà dit et répété que Paré faisait
erreur en attribuant ce quatrain français à
Gourmelen. Dans l'édition de Courtin déjà

Aristote, liure premier *de la Méta-
physique*, chapitre premier, dit l'experience estre presque semblable à la
science, et par icelle l'art et la science
auoir esté inuentées. Et de fait nous
voyons ceux qui sont experimentés
paruenir plus tost à ce qu'ils preten-
dent, que ceux qui ont la raison sans
l'experience, à cause qu'icelle experience est vne connoissance des choses
singulieres et particulieres, et la science au contraire vne connoissance des
choses vniuerselles. Or ce qui est particulier est plus sanable que ce qui
est vniuersel. Partant ceux qui ont
l'experience, sont plus sages et plus
estimés que ceux qui en ont defaut :
d'autant qu'ils sçauent ce qu'ils font.
Dauantage ie dis que :

> *Science sans experience,
> N'apporte pas grande asseurance [1].*

Alciat, Docteur Milanois, se glori-
fiant vn iour que sa gloire estoit plus
grande et illustre que celles des
Conseillers, Presidens, et Maistres des
requestes, parce qu'il disoit les faire,
et que c'estoit de luy qu'ils venoient
tels : luy fut respondu par vn Conseiller, qu'il ressembloit à la queu,
qui rendoit le cousteau aiguisé et
prest à couper, elle ne le pouuant
faire : et luy allegua les vers d'Horace, que

> *... Fungebatur vice cotis, acutum
> Reddere quæ ferrum valet, exors ipsa secandi.*

Or voila, mon petit maistre, ma
response à vos calomnies : et vous

citée, on lit ce quatrain au *verso* du titre,
avec ces trois mots, qui ne laissent aucun
doute : *Quatrain du Translateur.*

[1] C'est un des canons de Paré que l'on a
lu plus haut, page 649.

prie, si auez l'ame bonne, de vouloir (pour le public) reuoir et corriger vostre liure le plustost que pourrez, pour ne tenir les icunes Chirurgiens en cest erreur par la lecture d'iceluy, où vous les enseignez, d'vser de fers ardens aprés l'amputation des membres pour estancher le sang, attendu qu'il y a vn autre moyen non si cruel, et plus seur et aisé : ioint que si aujourd'huy, aprés vn assaut de ville où plusieurs soldats ont eu bras et iambes rompues, et emportées de coups d'artilleries, ou de coutelas, ou d'autres machines, pour estancher le sang vous falloit vser de fers ardens, il faudroit pour ce faire vne forge et beaucoup de charbon pour les chauffer : et aussi que les soldats vous auroient en telle horreur pour ceste cruauté, qu'ils vous assommeroient comme vn veau, ainsi que jadis fut l'vn des premiers Chirurgiens de Rome. Ce qu'on trouuera escrit cy dessus au chap. 2. de l'Introduction de Chirurgie. Or, de peur que les sectateurs de vos escrits ne tombent en tel inconuenient, ie leur prie suiure la methode cy dessus dite, laquelle ay monstrée estre vraye et certaine, et approuuée par authorité, raison, et experience.

LE VOYAGE DE THVRIN [1]. — 1536.

D'auantage ie veux icy monstrer aux lecteurs les lieux et places où i'ay peu apprendre la Chirurgie, pour tousiours mieux instruire le ieune chirurgien.

Et premierement, en l'an mil cinq cens trente six, le grand Roy François enuoya vne grande armée à Thurin, pour reprendre les villes et chasteaux qu'auoit pris le marquis du Guast, lieutenant general de l'Empereur : où monsieur le Connestable, lors grand Maistre, estoit lieutenant general de l'armée, et monsieur de Montejan Colonnel general des gens de pied, duquel lors i'estois Chirurgien. Vne grande partie de l'armée arriuée au pas de Suze, trouuasmes les ennemis qui tenoient le passage, et auoient fait certains forts et tranchées, de façon que pour les faire debusquer et quitter la place, il conuint combattre, où il y eut plusieurs tués et blessés, tant d'vne part que d'autre : mais les ennemis furent contraints de se retirer et gaigner le chasteau, qui fut pris en partie par le capitaine Le Rat, qui grimpa auec plusieurs soldats de sa compagnie sur vne petite montagnette, là où ils tiroient à plomb sur les ennemis : il receut vn coup d'harquebuse à la cheuille du pied dextre, où tout subit tomba en terre, et alors dit : *A ceste heure Le Rat est pris.* Ie le pensay, et Dieu le guarist [1].

Nous entrasmes à foulle en la ville, et passions par sus les morts, et quelques vns ne l'estans encore, les oyons crier sous les pieds de nos cheuaux, qui me faisoient grande compassion

---

[1] C'est ici le lieu de rappeler une note que Paré avait placée à la suite de l'*Errata* de la quatrième édition, et qui a été oubliée dans toutes les autres :

« *Touchant les Voyages, le Lecteur ne s'ar-* restera à l'ordre des années, lequel n'y a esté gardé, toutesfois les *Histoires et Discours* n'en sont de rien changés ny corrompus. »

[1] Voilà le premier exemple de la fameuse phrase dont on a fait à juste titre si grand honneur à la modestie de Paré.

en mon cœur. Et veritablement ie me repenti d'estre parti de Paris, pour voir si piteux spectacle.

Estant en la ville, i'entray en vne estable pour cuider loger mon cheual et celuy de mon homme, là où ie trouuay quatre soldats morts, et trois qui estoient appuyés contre la muraille, leur face entierement defigurée, et ne voyoient, n'oyoient, ny ne parloient, et leurs habillemens flamboyoient encore de la poudre à canon qui les auoit bruslés. Les regardant en pitié, il suruint vn vieil soldat qui me demanda s'il y auoit moyen de les pouuoir guarir : ie dis que non . subit il s'approcha d'eux et leur coupa la gorge doucement et sans cholere. Voyant ceste grande cruauté, ie luy dis qu'il estoit vn mauuais homme. Il me fit response, qu'il prioit Dieu, que lorsqu'il seroit accoustré de telle façon, qu'il se trouuast quelqu'vn qui lui en fit autant, à fin de ne languir miserablement.

Et pour reuenir sur nos brisées, les ennemis furent sommés de se rendre, ce qu'ils firent, et sortirent seulement la vie sauue, le baston blanc au poing : dont la plus grande partie s'en alla gaigner le chasteau de Villane, où il y auoit enuiron deux cens Espagnols. Monsieur le Connestable ne le voulut laisser en arriere, à fin de rendre le chemin libre. Ce chasteau est assis sur vne petite montagne, qui donnoit grande asseurance à ceux de dedans qu'on ne pourroit asseoir l'artillerie pour les battre: et furent sommés de se rendre, ou qu'on les mettroit en pieces : Ce qu'ils refuserent tout à plat, faisans response qu'ils estoient autant bons et fideles seruiteurs de l'Empereur, que pouuoit estre monsieur le Connestable du Roy son maistre [1]. Leur response entendue, on fit de nuit monter deux gros canons à force de bras, auec cordages, par les Suisses et Lansquenets : où le malheur voulut qu'estans les deux canons assis, vn canonnier mist par inaduertance le feu dedans vn sac plein de poudre à canon, dont il fut bruslé, ensemble dix ou douze soldats, et en outre la flamme de la poudre fut cause de descouurir l'artillerie, qui fit que toute la nuit ceux du chasteau tirerent plusieurs coups d'harquebuses à l'endroit où ils auoient peu descouurir les deux canons, dont tuerent et blesserent quelque nombre de nos gens. Le lendemain de grand matin on fit batterie, qui en peu d'heure fit breche. Estant faite, demanderent à parlementer, mais ce fut trop tard : car cependant nos gens de pied François, les voyans estonnés monterent à la breche et les mirent tous en pieces, excepté vne fort belle, ieune et gaillarde Piémontoise, qu'vn grand Seigneur voulut auoir pour luy tenir compagnie de nuit, de peur du loupgarou. Le Capitaine et Enseigne furent pris en vie, mais bien tost aprés pendus et estranglés sur les creneaux de la porte de la ville, à fin de donner exemple et crainte aux soldats Imperiaux de n'estre si temeraires et si fols, vouloir tenir telles places contre vne si grande armée [2].

Or tous les susdits soldats du chasteau, voyans venir nos gens d'vne tresgrande furie, firent tout deuoir de se defendre, tuerent et blesserent vn grand nombre de nos soldats à coups de piques, de harquebuses et de

---

[1] *Braue response de soldats.* — A. P.
[2] *Punition exemplaire.* — A. P.

pierres, où les Chirurgiens eurent beaucoup de besogne taillée. Or i'estois en ce temps-là bien doux de sel, ie n'auois encores veu traiter les playes faites par harquebuses, pour le premier appareil. Il est vray que i'auois leu en Iean de Vigo, liure premier *des Playes en general*, chapitre huitiéme, que les playes faites par bastons à feu participent de venenosité, à cause de la poudre : et pour leur curation commande les cauteriser auec huile de Sambuc toute boüillante, en laquelle soit meslé vn peu de theriaque : et pour ne faillir, parauant qu'vser de ladite huile, sçachant que telle chose pourroit apporter au malade extreme douleur, ie voulus sçauoir premierement que d'en appliquer, comme les autres Chirurgiens faisoient pour le premier appareil, qui estoit d'appliquer ladite huile la plus boüillante qu'il leur estoit possible dedans les playes, auec tentes et setons : dont ie pris la hardiesse de faire comme eux [1]. En fin mon huile me manqua, et fus contraint d'appliquer en son lieu vn digestif fait de iaune d'œuf, huile rosat et terebenthine. La nuit ie ne peus bien dormir à mon aise, craignant par faute d'auoir cauterisé, de trouuer les blessés où i'auois failli à mettre de ladite huile morts empoisonnés, qui me fit leuer de grand matin pour les visiter, où outre mon esperance trouuay ceux ausquels i'auois mis le medicament digestif, sentir peu de douleur, et leurs playes sans inflammation ny tumeur, ayans assez bien reposé la nuit : les autres où l'on auoit appliqué ladite huile boüillante, les trouuay febricitans, auec grande douleur et tumeur aux enuirons de leurs playes. Adonc ie me deliberay de ne iamais plus brusler ainsi cruellement les pauures blessés des harquebusades.

Estant à Thurin, trouuay vn Chirurgien qui auoit le bruit par dessus tous de bien traiter les plaies faites par harquebuses, en la grace duquel trouuay façon de m'insinuer pour auoir la recepte qu'il appelloit *son baume*, dont il traitoit les plaies d'harquebuses : et me fit faire la cour deux ans auant que pouuoir tirer sa recepte. En fin auec dons et presens me la donna, qui estoit faire boüillir dans de l'huile de lys des petits chiens nouuellement nés, et des vers de terre preparés auec de la terebenthine de Venise. Alors ie fus bien ioyeux, et mon cœur assouui d'auoir entendu son remede, qui se rapportoit au mien que i'auois trouué par cas fortuit.

Voila comme i'appris à traiter les playes faites par harquebuses, non par les liures.

Mondit seigneur le Mareschal de Montejan demeura Lieutenant general pour le Roy en Piémont, ayant dix ou douze mille hommes en garnison par les villes et chasteaux, lesquels se battoient souuent à coups d'espée, et d'autres bastons, et mesme à coups de harquebuses : et s'il y auoit quatre blessés i'en auois tousiours les trois, et s'il estoit question de couper vn bras ou vne iambe, ou trepaner, ou reduire vne fracture ou dislocation, i'en venois bien à bout. Mondit seigneur le Mareschal m'enuoyoit tantost d'vn costé, tantost de l'autre, pour penser les soldats signalés qui s'estoient battus tant aux autres villes qu'à Thurin, de sorte que i'estois tousiours par les champs d'vn costé et d'autre. Monsieur le Mareschal

---

[1] *Experience rend l'homme hardy.* — A. P.

enuoya querir à Milan vn Medecin qui n'auoit pas moins de reputation que defunct monsieur le Grand pour bien faire la medecine. pour le traiter d'vn flux hepatique, dont à la fin en mourut. Ce Medecin fut quelque temps à Thurin pour le traiter, et estoit souuent appellé pour visiter les blessés où tousiours m'y trouuoit : et consultois auec luy et quelques autres Chirurgiens, et lors qu'auions resolu de faire quelque œuure serieuse de la Chirurgie, c'estoit Ambroise Paré qui y mettoit la main, là où ie le faisois promptement et dextrement, et d'vne grande asseurance : dont ledit Medecin m'admiroit d'estre si adextre aux operations de chirurgie, veu le bas aage que i'auois. Vn iour deuisant auec mondit seigneur le Mareschal, luy dit [1] :

Signor, tu hai vn Chirurgico giouane di anni, ma egli è vecchio di sapere é di esperientia : Guardalo bene perche egli ti fara seruicio et honore.

C'est à dire, Tu as vn ieune Chirurgien d'aage, mais il est vieil de sçauoir et experience : gardes le bien, car il te fera seruice et honneur. Mais le bon homme ne sçauoit pas que i'auois demeuré trois ans à l'hostel Dieu de Paris, pour y traiter les malades.

En fin monsieur le Mareschal mourut de son flux hepatique. Estant mort, le Roy enuoya monsieur le Mareschal d'Annebaut pour estre en sa place, lequel me fit cest honneur de me faire prier de demeurer auec luy, et qu'il me traiteroit autant bien ou mieux que monsieur le Mareschal de Montejan. Ce que ie ne voulois point, pour le regret que i'a-

uois d'auoir perdu mon maistre, qui m'aimoit intimement, et moy luy pareillement [1]. Ainsi m'en reuins à Paris.

VOYAGE DE MAROLLE ET DE BASSE-BRETAGNE. — 1543.

Ie m'en allay au camp de Marolle auec defunct monsieur de Rohan, où i'estois Chirurgien de sa compagnie, là où le Roy François estoit en personne. Il fut aduerti par monsieur d'Estampes, Gouuerneur de Bretagne, comme les Anglois auoient fait voile pour descendre en la basse Bretagne : et le prioit de vouloir enuoyer pour secours messieurs de Rohan et de Laual, attendu que c'estoient les Seigneurs du pays. et que par leur faueur ceux du pays pourroient repousser l'ennemy, et garder qu'il ne prinst terre. Ayant receu cest aduertissement, depescha lesdits Seigneurs pour aller en diligence au secours de leur patrie, et leur fut donné à chacun autant de pouuoir comme au Gouuerneur, de façon qu'ils estoient tous trois Lieutenans du Roy. Ils prindrent volontiers ceste charge, et partirent promptement en poste, et me menerent auec eux iusques à Landreneau, là où nous trouuasmes tout le monde en armes, le tocsein sonnant de toutes parts, voire à cinq ou six lieuës autour des haures, à sçauoir, Brest, Couquet, Crozon, le Fou, Doulac, Laudanec, chacun bien munis d'artillerie, comme canons, doubles canons, bastardes, mousquets, passe-volants, pieces de campagne, couleurines, serpentines,

---

[1] *Tesmoignage de la dexterité de l'Autheur.* — A. P.

[1] Ces derniers mots, *et moy luy pareillement,* sont de la première édition posthume.

basilicques, sacres, faulcons, faulconneaux, flustes, orgues, harquebuses à croc : somme que toutes les aduenues estoient bien munies de toutes sortes et façons d'artilleries, et plusieurs soldats, tant Bretons que François, pour la defense que les Anglois ne feissent leur descente, ainsi qu'ils auoient deliberé au partir d'Angleterre. L'armée de l'ennemy vint iusques à la portée du canon, et lors qu'on les aperceut voulans aborder en terre, on les salua à coups de canon, et descouurirent nos gens de guerre, ensemble nostre artillerie. Ils voltigerent sur la mer, où i'estois bien ioyeux de voir leurs vaisseaux faisans voile, qui estoient en bon nombre et bon ordre, et sembloit estre vne forest marcher sur la mer. Ie vis aussi vne chose dont ie fus bien esmerueillé, qui estoit que les balles de bien grosses pieces faisoient de grands bonds et trottoient sur l'eau comme elles font sur la terre. Or, pour le faire court, nos Anglois ne nous firent point de mal, et s'en retournerent en Angleterre sains et entiers : et nous laissans en paix, nous demeurasmes en ce pays là en garnison, iusques à ce que nous fusmes bien asseurés que leur armée estoit rompue.

Ce pendant nos gendarmes s'exerçoient souuent à courir la bague, autresfois combattoient à l'espée d'armes, en sorte qu'il y en auoit tousiours quelqu'vn qui auoit quelque chinfreneau, et tousiours auois quelque chose à m'exercer. Monsieur d'Estampes, pour donner passe temps et plaisir à mesdits Seigneurs de Rohan et de Laual, et autres gentilshommes, faisoit venir aux festes grande quantité de filles villageoises pour chanter des chansons en bas Breton, où leur harmonie estoit de coaxer comme grenoüilles, lorsqu'elles sont en amour. D'auantage leur faisoit dancer le triori de Bretagne, et n'estoit sans bien remuer les pieds et fesses. Il les faisoit moult bon ouyr et voir. Autresfois faisoit venir les luitteurs des villes et villages, où il y auoit prix : le ieu n'estoit point acheué qu'il n'y eust quelqu'vn qui eust vn bras ou iambe rompue, ou l'espaule ou hanche demise.

Il y eust vn petit bas Breton bien quadraturé, fessu et materiel, qui tint long temps le berlan, et par son astuce et force en ietta cinq ou six par terre. Il suruint vn grand Datiuo, magister d'eschole, qu'on disoit estre l'vn des meilleurs luitteurs de toute la Bretagne : il entre en lice, ayant osté sa longue iaquette, en chausse et en pourpoint, et estant prés le petit homme, il sembloit que s'il eust esté attaché à sa ceinture il n'eu·t pas laissé de courir. Toutesfois quand ils se prindrent collet à collet, ils furent long temps sans rien faire, et pensoit-on qu'ils demeureroient esgaux en force et astuce : mais le petit fessu se ietta en sursaut et d'amblée sous ce grand Datiuo, et le chargea sur son espaule, et le ietta en terre sur les reins tout estendu comme vne grenoüille : et alors tout le monde commença à bien rire de la force et astuce du petit fessu. Ce grand Datiuo eut grand despit d'auoir esté ainsi ietté par terre par vn si petit hommet : il se releua tout en cholere, et voulut auoir sa reuanche. Ils se prindrent de rechef collet à collet, et furent encore vn bien long temps à leurs prises, ne se pouuans mettre par terre : en fin ce grand homme se laissa tomber sur le petit, et en tombant mit son coude au creux de l'estomach, et luy creua le cœur, et le tua tout mort. Et sçachant luy auoir donné le coup de la mort. reprint sa longue iaquette, et s'en alla la queuë entre les iambes, et s'eclipsa. Voyant que le cœur ne reuenoit point au petit homme, pour vin et vinaigre ny autre chose qu'on luy presentast, ie m'approchay de luy, tastay le poux qui ne battoit nullement, alors dis qu'il estoit mort. A donc les Bretons qui assistoient à la luitte, dirent tout haut en leur baragouyn, *Andraze meuraquet enes rac vn bloa so abeudeux henelep e barz an gouremon enel ma hoa engoustun:* c'est à dire, cela n'est pas du ieu. Et quelqu'vn dit que ce grand Datiuo estoit coustumier de ce faire, et qu'il n'y auoit qu'vn an qu'il auoit fait le semblable à vne luitte. Ie voulus faire ouuerture du corps mort, pour sçauoir qui auoit esté cause de ceste mort si subite: ie trouuay beaucoup de sang espandu au thorax et au ventre inferieur, et m'efforçay de connoistre quelque ouuerture du lieu d'où pouuoit estre sorti telle quantité de sang, ce que ie ne sceu, pour quelque diligence que i'eusse sceu faire [1]. Or ie crois que c'estoit *per Diapedesin* ou *Anastomosin*, c'est à dire par l'ouuerture des bouches des vaisseaux, ou par leurs porosités. Le pauure petit luitteur fut enterré.

Ie pris congé de messieurs de Rohan, de Laual, et d'Estampes. Monsieur de Rohan me fit present de cinquante doubles ducats et d'vne hacquenée, et monsieur de Laual d'vn courtaut pour mon homme, et monsieur d'Estampes d'vn diamant de valleur de trente escus : et ie m'en reuins en ma maison à Paris.

[1] *I'eusse bien voulu, mon petit maistre, vous voir pour sçauoir trouuer l'ouuerture.* — A. P.

VOYAGE DE PARPIGNAN. — 1545.

Quelque temps après monsieur de Rohan me mena en poste auec luy au camp de Parpignan. Estant là, les ennemis firent vne sortie, et vindrent encloüer trois pieces de nostre artillerie, là où ils furent repoussés iusques prés la porte de la ville : ce qui ne fut sans qu'il y eust beaucoup de tués et de blessés, entre les autres monsieur de Brissac (qui lors estoit grand maistre de l'artillerie) d'vn coup d'harquebuse à l'espaule. S'en retournant à sa tente, tous les blessés le suiuirent, esperans estre pensés des Chirurgiens qui le deuoient penser. Estant arriué à sa tente et posé sur son lit, la balle fut cherchée par trois ou quatre Chirurgiens les plus experts de l'armée, lesquels ne la peurent trouuer, et disoient estre entrée dedans le corps. En fin il m'appella pour sçauoir si ie pourrois estre plus habile qu'eux, pource qu'il m'auoit conneu en Piémont. Incontinent ie le fis leuer de dessus son lit, et luy dis qu'il se meist en mesme situation qu'il estoit lors qu'il fut blessé [1] : ce qu'il fit, et print vn iauelot entre ses mains, tout ainsi qu'alors il auoit vne pique pour combattre. Ie posay la main autour de sa playe, et trouuay la balle en la chair, faisant vne petite tumeur sous l'omoplate : l'ayant trouuée, ie leur monstray l'endroit où elle estoit, et fut tirée par M. Nicole Lauernault, Chirurgien de monsieur le Dauphin, qui estoit Lieutenant du Roy en ceste armée : toutesfois l'honneur m'en demeura de l'auoir trouuée.

[1] *Addresse de l'Autheur.* — A. P.

Ie vis vne chose de grande remarque : c'est qu'vn soldat donna en ma presence vn coup de halebarde sur la teste d'vn de ses compagnons, penetrant iusques à la cauité du ventricule senestre du cerueau, sans qu'il tombast en terre. Cestuy qu'il frappa disoit qu'il auoit entendu l'auoir pippé aux dez, et auoit tiré de luy vne grande somme d'argent, et estoit coustumier de pipper. On m'appella pour le penser : ce que ie fis, comme par acquit, sçachant que bien tost il deuoit mourir. L'ayant pensé, il s'en retourna tout seul en sa loge, où il y auoit pour le moins deux cens pas de distance : ie dis à vn de ses compagnons qu'il enuoyast querir vn prestre, pour disposer des affaires de son ame : il luy en bailla vn qui l'accompagna iusques au dernier souspir. Le lendemain le malade m'enuoya querir par sa gouge habillée en garçon, pour le penser : ce que ie ne voulu, craignant qu'il ne mourust entre mes mains. Et pour m'en desfaire, ie luy dis qu'il ne falloit leuer son appareil que le troisième iour, d'autant qu'il mourroit, sans plus y toucher. Le troisième iour, il me vint trouuer tout chancelant, en ma tente, accompagné de sa garse, et me pria affectueusement de le penser : et me monstra vne bourse où il y pouuoit auoir cent ou six vingts pièces d'or, et qu'il me contenteroit à ma volonté. Non encore pour tout cela ie differois à leuer son appareil, craignant qu'il ne mourust sur l'heure. Certains gentilshommes me prierent de l'aller penser, ce que ie fis à leur requeste : mais en le pensant mourut entre mes mains en conuulsion. Or ce prestre l'accompagna iusques à la mort, qui se saisit de la bourse, de peur qu'vn autre ne la priast, disant qu'il en diroit des messes pour sa pauure ame. D'auantage il s'empara de ses hardes et de tout le reste.

I'ay récité ceste histoire comme chose monstrueuse, que le soldat, ayant receu ce grand coup, ne tomba en terre, et ratiocina iusques à la mort.

Tost aprés le camp fut rompu pour plusieurs causes : l'vne que nous fusmes aduertis qu'il estoit entré quatre compagnies d'Espagnols dans Parpignan : l'autre, que la peste commençoit fort à nostre camp : et nous fut dit par gens du pays qu'en bref il se feroit vn grand desbordement de la mer, qui nous pourroit tous noyer : et le presage qu'ils en auoient estoit vn bien grand vent marin qui s'esleua, de sorte qu'il ne demeura vne seule tente qu'elle ne fust rompue et renuersée par terre, quelque diligence et force qu'on y peust mettre : et les cuisines estans toutes descouuertes, le vent esleuoit les poussieres et sables qui saloient et saupoudroient nos viandes, de façon qu'on n'en pouuoit manger, et nous les falloit faire cuire en pots et autres vaisseaux couuerts. Or nous ne decampasmes point de si bonne heure, qu'il n'y eust beaucoup de charrettes et chartiers, mulets et muletiers, submergés en la mer, auec grande perte de bagage.

Le camp rompu, ie m'en reuins à Paris.

VOYAGE DE LANDRESY. — 1544.

Le Roy François leua vne grande armée pour enuictuailler Landresy.

De l'autre costé, l'Empereur n'auoit pas moins de gens, voire beaucoup plus : à sçauoir, dix huit mille Allemans, dix mille Espagnols, six mille Walons, dix mille Anglois, et de treize à quatorze mille cheuaux. Ie vis les deux armées proches les vnes des autres, à la portée du canon, et pensoit on qu'ils ne se partiroient iamais sans donner bataille. Il y eut quelques fois gentils-hommes qui se voulurent approcher au camp de l'ennemy : il leur fut tiré des coups de passe-volans, aucuns demeurerent sur la place, autres eurent les bras et iambes emportés. Le Roy ayant fait ce qu'il desiroit, qui estoit auoir renuictuaillé Landresy, se retira auec son armée à Guise, qui fut le lendemain de la Toussaints, mil cinq cens quarante quatre : et de là ie m'en reuins à Paris [1].

_____

VOYAGE DE BOVLOGNE. — 1545.

Peu de temps après nous allasmes à Boulogne, où les Anglois, voyans nostre armée, quitterent les forts qu'ils auoient, à sçauoir : Moulambert, le petit Paradis, Monplaisir, le fort de Chastillon, le Portet, le fort Dardelot. Vn iour, allant par le camp pour penser mes blessés, les ennemis qui estoient en la Tour d'ordre tirerent vne piece d'artillerie, pensans tuer deux hommes d'armes qui estoient arrestés pour deuiser ensemble. Aduint que la balle passa fort prés de l'vn d'iceux, qui le renuersa

[1] Dans l'édition de 1585 ce _Voyage de Landresy_ venait après le _Voyage de Boulogne_; mais sans le moindre changement dans la rédaction.

par terre, et pensoit-on que ladite balle luy eust touché : ce qu'elle ne fit nullement, mais seulement le vent de ladite balle au milieu de sa tassette, qui fit telle force, que toute la partie exterieure de la cuisse deuint liuide et noire, et ne se pouuoit soustenir qu'à bien grand peine. Ie le pensay, et luy fis plusieurs scarifications pour euacuer le sang meurtri qu'auoit fait le vent de ladite balle : et des bonds qu'elle fit sur terre, tua quatre soldats demeurans tous morts en la place.

Ie n'estois pas loin de ce coup, de façon que i'en sentis aucunement l'air agité, sans me faire aucun mal que d'vne peur qui me fit baisser la teste assez bas, mais la balle estoit ja bien loin. Les soldats se moquerent de moy d'auoir peur d'vne balle qui estoit ja passée. Mon petit maistre, ie croy que si eussiez esté là, que ie n'eusse eu la peur tout seul, et qu'en eussiez eu vostre part.

Que diray plus? Monseigneur le Duc de Guise, François de Lorraine, fut blessé deuant Boulogne d'vn coup de lance qui au dessus de l'œil dextre, declinant vers le nez, entra et passa outre de l'autre part, entre la nuque et l'oreille, d'vne si grande violence que le fer de la lance, auec portion du bois, fut rompue et demeura dedans : en sorte qu'il ne peust estre tiré hors qu'à grand'force, mesme auec des tenailles de mareschal. Nonobstant toutesfois ceste grande violence, qui ne fut sans fracture d'os, nerfs, veines, et arteres, et autres parties rompues et brisées, mondit seigneur, par la grace de Dieu, fut guari. Ledit seigneur alloit tousiours guerroyer à face descouuerte : voila pourquoy la lance passa outre de l'autre part.

VOYAGE D'ALLEMAGNE. — 1552.

Ie m'en allay au voyage d'Allemagne, l'an 1552, auec monsieur de Rohan, Capitaine de cinquante hommes d'armes, où i'estois Chirurgien de sa compagnie, ce que i'ay dit cy dessus. En ce voyage monsieur le Connestable estoit General de l'armée : monsieur de Chastillon, depuis Admiral, estoit chef et Colonel de l'infanterie, ayant quatre regimens de Lansquenets sous la conduite des Capitaines de Recrod et Ringraue, ayans chacun deux regimens : chaque regiment estoit de dix enseignes, et chacune enseigne de cinq cens hommes. Et outre ceux cy estoit le Capitaine Chartel, lequel conduisoit les trouppes que les Princes Protestans auoient enuoyées au Roy. Ceste infanterie estoit fort belle, accompagnée de quinze cens hommes d'armes, auec la suitte chacun de deux Archers, qui pouuoient faire quatre mil cinq cens cheuaux : et outre deux mille cheuaux legers, et autant de harquebusiers à cheual, desquels estoit General monsieur d'Aumalle, sans le grand nombre de noblesse qui y estoit venue pour son plaisir. D'abondant le Roy estoit accompagné de deux cens gentils-hommes de sa maison, ausquels commandoit le sieur de Boisy, et l'autre le sieur de Canappe, et pareillement de plusieurs Princes. A sa suite y auoit encore pour luy seruir d'escorte les gardes Françoises, et Escossoises, et Suisses, montans à six cens hommes de pied : et les compagnies de monsieur le Dauphin, messieurs de Guise, d'Aumalle et du Mareschal S. André, qui montoient à quatre cens lances, qui estoit vne chose merueilleuse de voir vne si belle compagnie : et en cest equipage le Roy entra dans Thoul et Mets.

Ie ne veux laisser à dire qu'il fut ordonné que les compagnies de messieurs de Rohan, du Comte de Sancerre, de Iarnac (qui estoient chacune de cinquante hommes d'armes) chemineroient sur les ailes du camp : et Dieu sçait comme nous auions disette de viures, et proteste à Dieu que par trois diuerses fois ie cuiday mourir de faim : et n'estoit faute d'argent, car i'en auois assez, et ne pouuions auoir viures que par force, à raison que les paysans les retiroient dedans les villes et chasteaux. Vn des seruiteurs du Capitaine enseigne de la compagnie de monsieur de Rohan, alla auec d'autres pour cuider entrer en vne Eglise où les paysans s'estoient retirés, pensant trouuer des viures par amour ou par force : mais entre les autres cestuy là fut bien battu, et s'en reuint auec sept coups d'espée à la teste : le moindre penetroit la seconde table du crane : et en auoit quatre autres sur les bras, et vn sur l'espaule droite, qui coupoit plus de la moitié de l'omoplate ou paleron. Il fut rapporté au logis de son maistre, lequel le voyant ainsi nauré, et qu'aussi deuoit-on partir le lendemain dés la pointe du iour, et n'estimant pas qu'il deust iamais guarir, fit cauer vne fosse, et le vouloit faire ietter dedans, disant qu'aussi bien les paysans le massacreroient et tueroient. Meu de pitié [1], ie luy dis qu'il pourroit encore guarir s'il estoit bien pensé : plusieurs gentils-hommes de la compagnie le prierent de le faire mener auec le bagage, puis

---

[1] *Charité de l'Autheur.* — A. P.

que l'auois ceste volonté de le penser : ce qu'il accorda, et aprés que ie l'eus habillé, fut mis en vne charrette, sur vn lict bien couuert et bien accommodé, qu'vn cheual trainoit. Ie luy fis office de Medecin, d'Apoticaire, de Chirurgien, et de cuisinier : ie le pensay iusques à la fin de la cure, et Dieu le guarist : dont tous ceux de ces trois compagnies admiroient ceste cure. Les hommes d'armes de la compagnie de monsieur de Rohan, la premiere monstre qui se fit, me donnerent chacun vn escu, et les archers demy escu.

VOYAGE DE DANVILLIERS — 1552.

Au retour du camp d'Allemagne, le Roy Henry assiegea Danuilliers, et ceux du dedans ne se vouloient rendre. Ils furent bien battus : la poudre nous manqua, ce pendant tiroient tousiours sur nos gens. Il y eut vn coup de couleurine qui passa au trauers de la tente de monsieur de Rohan, qui donna contre la iambe d'vn gentilhomme qui estoit à sa suitte, qu'il me fallut paracheuer de couper, qui fut sans appliquer les fers ardens.

Le Roy manda querir de la poudre à Sedan : estant arriuée, on commença la batterie plus grande qu'auparauant, de façon qu'on fit breche. Messieurs de Guise et le Connestable estans à la chambre du Roy, luy dirent et conclurent que le lendemain il falloit donner l'assaut, et estoient asseurés qu'on entreroit dedans : et falloit tenir cela secret, de peur que l'ennemy n'en fust aduerti : et promirent chacun de n'en parler à personne. Or il y auoit vn valet de chambre du Roy, qui s'estant couché sous son lict de camp pour dormir, entendit qu'on auoit resolu donner le lendemain l'assaut. Subit le reuela à vn certain Capitaine, et luy dist que pour certain le lendemain on donnerait l'assaut, et l'auoit entendu du Roy, et pria ledit Capitaine de n'en parler à personne : ce qu'il promit, mais sa promesse ne tint pas, et de ce pas s'en alla le declarer à vn Capitaine, et du Capitaine à vn Capitaine, et des Capitaines à quelques-vns de leurs soldats, disans tousiours : n'en dites mot. Cela fut si bien celé, que le lendemain du grand matin, on voyoit la plus grand'part des soldats auec leurs rondaches et leurs chausses coupées au genoüil, pour mieux monter à la breche. Le Roy fut aduerti de ce bruit qui couroit parmy ce camp qu'on deuoit donner l'assaut : dont il fut fort esmerueillé, attendu qu'ils n'estoient que trois en cest aduis, qui auoient promis l'vn à l'autre n'en parler à personne. Le Roy enuoya querir monsieur de Guise, pour sçauoir s'il n'auoit point parlé de cest assaut : il luy iura et affirma qu'il ne l'auoit declaré à personne. Autant en dist monsieur le Connestable, lequel dist au Roy qu'il falloit expressément sçauoir qui auoit declaré ce conseil secret, attendu qu'ils n'estoient que trois. Inquisition fut faite de Capitaine en Capitaine, enfin on trouua la verité : car l'vn disoit, ç'a esté vn tel qui me l'a dit : vn autre autant, tant que l'on vint au premier qui declara l'auoir appris du valet de chambre du Roy, nommé Guyard, natif de Blois, fils d'vn Barbier du defunct Roy François. Le Roy l'enuoya querir en sa tente, en la presence de monsieur de Guise et de monsieur le Connestable, pour entendre de luy d'où il tenoit et qui luy auoit dit qu'en deuoit donner cest assaut. Le Roy luy dist que s'il ne disoit la verité, qu'il le feroit pendre. Alors il declara qu'il s'estoit mis sous son lict pensant dormir : l'ayant entendu , l'auoit dit à vn Capitaine qui estoit de ses amis, à fin qu'il se preparast auec ses soldats d'aller des premiers à l'assaut. Alors le Roy conneut la verité, et luy dist que iamais ne s'en seruiroit, et qu'il auoit merité le pendre, et que iamais plus il ne se trouuast à la cour.

Mon valet de chambre s'en alla auec ce bonnet de nuict, et couchoit auec vn chirurgien ordinaire du Roy, nommé maistre Louys de la coste sainct André : la nuict se donna six coups de cousteau, et se coupa la gorge , sans que ledit Chirurgien s'en apperceust iusques au matin, qu'il trouua son lict tout ensanglanté, et le corps mort auprés de luy. Dont il fut fort esmerueillé de voir ce spectacle à son resueil, et eut peur qu'on eust dit qu'il fust cause de ce meur-tre. Mais subit fut deschargé, con-noissant la cause, qui fut par vn desespoir d'auoir perdu la bonne ami-tié que luy portoit le Roy. Ledit Guyard fut enterré.

Et ceux de Danuilliers, lorsqu'ils virent la breche raisonnable pour entrer dedans , et les soldats preparés à l'assaut, se rendirent à la discretion du Roy. Les chefs furent prisonniers, et les soldats renuoyés sans armes.

Le camp rompu, ie m'en retournay à Paris, auec mon gentilhomme au-quel auois coupé la iambe : ie le pen-say, et Dieu le guarist. Ie le renuoyay en sa maison, gaillard, auec vne iambe de bois : et se contentoit, disant

¹ *Que c'est de receler les secrets des Princes.* — A. P.

qu'il en estoit quitte à bon marché, de n'auoir esté miserablement bruslé pour luy estancher le sang, comme escriuez en vostre liure, mon petit maistre.

VOYAGE DE CHASTEAV LE COMTE. — 1552.

Quelque temps aprés, le Roy Henry fit leuer vne armée de trente mille hommes, pour aller faire degast à l'entour de Hedin. Le Roy de Nauarre, qu'on appelloit pour lors monsieur de Vendosme, estoit chef de l'armée, et Lieutenant du Roy. Estant à S. Denys en France, attendant que les com-pagnies passoient, m'enuoya querir à Paris pour aller parler à luy. Estant là , me pria (sa priere m'estoit com-mandement) de le vouloir suiure à ce voyage : et voulant faire mes ex-cuses, disant que ma femme estoit au lit malade, me fit response qu'il y auoit des Medecins à Paris pour la traiter, et qu'il laissoit bien la sienne, qui estoit d'aussi bonne maison que la mienne, me promettant qu'il me traiteroit bien : et des lors fit com-mandement que fusse couché en son estat. Voyant ceste grande affection qu'il auoit de me mener auec luy, ie ne l'osay refuser.

Ie l'allay trouuer au Chasteau le Comte, trois ou quatre lieuës prés de Hedin, là où il y auoit des Imperiaux soldats en garnison auec nombre de paysans d'alentour. Il les fit sommer de leur rendre : ils firent response qu'il ne les auroit iamais que par pie-ces, et qu'ils fissent du pis qu'ils pourroient, et eux feroient du mieux à se defendre. Ils se fioient en leurs fossés qui estoient pleins d'eau : et en deux heures , auec grand nombre de fascines et certains tonneaux , on fit chemin pour passer les gens de pied, quand il faudroit aller à l'assaut : et furent battus de cinq canons, et fit on breche aucunement suffisante pour y entrer : où ceux de dedans receurent l'assaut bien viuement, et ne fut sans tuer et blesser grand nombre de nos gens de coups d'harquebuses, de piques, et de pierres. En fin quand ils se virent forcés, ils mirent le feu en leurs poudres et munitions, qui fut cause de brusler beaucoup de nos gens , et d'entr'eux semblablement , et furent presque tous mis au fil de l'espée. Toutesfois quelques - vns de nos soldats en auoient pris vingt ou trente , esperans en auoir rançon. Cela fut sceu , et arresté par le conseil qu'il seroit crié à son de trompe parmy le camp, que tous soldats qui auoient des Espagnols prisonniers eussent à les tuer , sur peine d'estre pendus et estranglés. Ce qui fut fait de sang-froid.

De là nous nous en allasmes brusler plusieurs villages, dont les granges estoient toutes pleines de grain , à mon tres-grand regret. Nous nous en allasmes iusques à Tournahan , où il y auoit vne bien grosse tour, où les ennemis se retiroient , mais il n'y fut trouué personne : tout fut pillé, et fit-on sauter la tour par vne mine, auec la poudre à canon, qui la renuersa s'en-dessus-dessous. Aprés cela, le camp se rompit, et m'en retournay à Paris.

Ie ne veux encore oublier à escrire, que le lendemain que Chasteau le Comte fut pris, monsieur de Vendosme enuoya vn gentil-homme signalé deuers le Roy, pour luy faire rapport de tout ce qui estoit passé : et entre autres propos dist au Roy. que i'auois grandement fait mon deuoir à penser les blessés, et que ie luy auois monstré dixhuit balles que i'auois tirées des corps des blessés : et qu'il y en auoit encore bien d'auantage que ie n'auois pas pu trouuer ni tirer , et luy dist plus de bien de moy, qu'il n'y en auoit la moitié. Alors le Roy dist qu'il vouloit que ie fusse à son seruice , et commanda à monsieur du Goguier , son premier Medecin, qu'il eust à m'escrire qu'il me retenoit à son seruice pour l'vn de ses Chirurgiens ordinaires, et que ie l'allasse trouuer à Reims dedans dix ou douze iours. Ce que ie fis : là où il me fit cest honneur de me commander que i'eusse à demeurer auprés de luy, et qu'il me feroit du bien. Alors ie le remerciay bien humblement de l'honneur qu'il luy plaisoit me faire de m'appeler à son seruice.

___

VOYAGE DE METS. — 1552.

L'Empereur ayant assiegé Mets auec plus de six vingts mille hommes, et au plus fort de l'hyuer, comme chacun sçait de recente memoire : et y auoit en la ville de cinq à six mille hommes, et entre autres sept Princes, à sçauoir monsieur le duc de Guise, Lieutenant du Roy, messieurs d'Anguien , de Condé, de Montpensier, de la Roche-sur-Yon, monsieur de Nemours, et plusieurs autres gentils-hommes, auec vn nombre de vieux Capitaines et gens de guerre : lesquels faisoient souuent des saillies sur les ennemis (comme nous dirons cy aprés) où n'estoit sans qu'il en demeurast beaucoup tant d'vne part que d'autre. Nos gens blessés mouroient quasi tous, et pensoit-on que les drogues dont ils estoient pensés fussent empoisonnées. Qui fut cause que monsieur de Guise, et messieurs les Princes, firent tant qu'ils demanderent au Roy que s'il estoit possible, on m'enuoyast vers eux auec des drogues, et qu'ils croyoient que les-leurs fussent empoisonnées, veu que de leurs blessés peu reschappoient. Ie croy qu'il n'y auoit aucune poison : mais les grands coups de coutelas, et d'harquebuses, et l'extreme froid, en estoient cause. Le Roy fit escrire à monsieur le Mareschal de sainct André, qui estoit son Lieutenant à Verdun, qu'il trouuast moyen de me faire entrer à Mets, par quelque façon que ce fust. Le seigneur Mareschal de sainct André, et monsieur le Mareschal de Vieille-Ville, gaignerent vn Capitaine Italien, lequel leur promit m'y faire entrer, ce qu'il fit : et pour ce, eut quinze cens escus. Le Roy ayant entendu la promesse qu'auoit fait le Capitaine Italien, m'enuoya querir, et me commanda de prendre de son Apothicaire nommé Daigne, tant et telles drogues que ie verrois estre necessaires pour les blessés assiegés : ce que ie fis, tant qu'vn cheual de poste en pouuoit porter. Le Roy me donna charge de parler à monsieur de Guise, et aux Princes et Capitaines qui estoient à Mets.

Estant arriué à Verdun, quelques iours aprés monsieur le Mareschal de sainct André me fit bailler des cheuaux pour moy et pour mon homme, et pour le Capitaine Italien, lequel parlait fort bon Alleman, Espagnol, et Walon, auec sa langue maternelle. Lors qu'estions à huit ou dix lieuës prés de Mets, n'allions que de

nuit : où estant prés du camp ie vis à plus d'vne lieuë et demie des feux allumés autour de la ville, ressemblant quasi que toute la terre ardoit, et m'estoit aduis que nous ne pourrions iamais passer au trauers de ces feux sans estre descouuerts, et par consequent estre pendus et estranglés, ou mis en pieces, ou payer grosse rançon. Pour vray dire, i'eusse bien et volontiers voulu estre encore à Paris, pour le danger eminent que ie preuoyois. Dieu conduit si bien nostre affaire, que nous entrasmes en la ville à minuit, auec vn certain signal que le Capitaine auoit auec vn autre Capitaine de la compagnie de monsieur de Guise : lequel seigneur i'allay trouuer en son lict, qui me receut de bonne grace, estant bien ioyeux de ma venue. Ie luy fis ma legation de tout ce que le Roy m'auoit commandé luy dire. Ie luy dis que i'auois vne petite lettre à luy bailler, et que le lendemain ie ne ferois faute la luy donner. Cela fait, commanda qu'on me donnast logis, et que ie fusse bien traité, et me dist que ie ne faillisse le lendemain me trouuer sur la breche, où ie trouuerois tous les Princes et Seigneurs et plusieurs Capitaines : ce que ie fis : et me receurent auec vne grande ioye, me faisans cest honneur de m'embrasser, et me dire que i'estois le bien venu : adioustans qu'ils n'auoient plus de peur de mourir s'il aduenoit qu'ils fussent blessés.

Monsieur le prince de la Roche-sur-Yon fut le premier qui me festoya, et s'enquist de moy ce qu'on disoit à la Cour de la ville de Mets. Ie luy dis tout ce que ie voulus. Puis subit me pria d'aller voir l'vn de ses gentils-hommes, nommé monsieur de Magnane, à present Cheualier de l'ordre du Roy et Lieutenant des gardes

de sa Majesté, lequel eut la lambe rompue d'vn esclat de canon. Ie le trouuay au lit, sa lambe ployée et courbée, sans aucun appareil dessus : parce qu'vn gentil-homme luy promettoit guarison, en ayant son nom et sa ceinture, auec certaines paroles : et le pauure gentil-homme pleuroit et crioit de douleur qu'il sentoit, ne dormant ne iour ne nuit, il y auoit quatre iours. Alors ie me mocquay fort de ceste imposture et faulse promesse : promptement ie racoustray et habillay si dextrement sa iambe, qu'il fut sans douleur et dormit toute la nuit : et depuis fut, graces à Dieu, guari, et est encore à present viuant, faisant seruice au Roy. Ledit seigneur de la Roche-sur-Yon m'enuoya vn tonneau de vin, plus gros qu'vne pipe d'Anjou, en mon logis, et me fit dire que lors qu'il seroit beu, il en enuoyeroit d'autre. C'estoit à qui me traiteroit, me faisans tous bonne chere.

Cela fait, monsieur de Guise me bailla vne liste de certains Capitaines et Seigneurs, et me commanda de leur dire ce que le Roy m'auoit donné en charge : ce que ie fis : qui estoit faire ses recommandations, et vn remerciement du deuoir qu'ils auoient fait, et faisoient à la garde de sa ville de Mets, et qu'il le reconnoistroit. Ie fus plus de huit iours pour acquitter ma charge, parce qu'ils estoient plusieurs. Premierement à tous les Princes et autres, comme le Duc Horace, le Comte de Martigues, et son frere monsieur de Baugé, les seigneurs de Montmorency, et d'Anuille, à present Mareschal de France, monsieur de la Chapelle aux Vrsins, Bonniuet, Carouge auiourd'huy gouuerneur de Rouen, le vidasme de Chartres, le comte de Lude, monsieur de Biron, à present mareschal de France, monsieur de Randan, la Roche-foucaut, Bordaille, d'Estrés le ieune, monsieur de sainct Iehan en Dauphiné, et plusieurs autres qui seroient trop longs à reciter : et mesmes à plusieurs Capitaines qui auoient tous bien fait leur deuoir, à la defense de leurs vies et de la ville. Ie demanday puis apres à monsieur de Guise, qu'il luy plaisoit que ie feisse des drogues que i'auois apportées : il me dist que ie les departisse aux Chirurgiens et Apoticaires, et principalement aux pauures soldats blessés, qui estoient en grand nombre à l'hostel Dieu : ce que ie fis : et puis asseurer que ne pouuois assez tant faire que d'aller voir les blessés, qui m'enuoyoient querir pour les visiter et penser.

Tous les seigneurs assiegés me prierent de solliciter bien soigneusement sur tous les autres, monsieur de Pienne, qui auoit esté blessé sur la breche, d'vn esclat de pierre d'vn coup de canon, à la temple, auec fracture et enfonceure de l'os. On me dist que subit auoir receu le coup, tomba en terre comme mort, et ietta le sang par la bouche, par le nez et par les oreilles, auec grands vomissemens, et fut quatorze iours sans pouuoir parler, ny ratiociner : aussi luy suruindrent des tressaillemens approchans de spasme, et eut tout le visage enflé et fort liuide. Il fut trepané à costé du muscle temporal, sur l'os coronal. Ie le pensay auec autres Chirurgiens, et Dieu le guarist : et auiourd'huy est encore viuant, Dieu merci.

L'Empereur faisoit faire la batterie de quarante doubles canons, où la poudre n'estoit espargnée iour ny nuit. Subit que monsieur de Guise vit l'artillerie assise et braquée pour faire breche , fit abbattre les maisons les plus proches pour remparer, et les poultres et soliues estoient arrengées bout à bout, et entre deux des fascines, de la terre, des liéls et balles de laine : puis on remettoit encore par dessus autres poultres et soliues , comme dessus. Or beaucoup de bois des maisons des faulx bourgs qui auoient esté mises par terre (de peur que l'ennemy ne s'y logeast au couuert, et qu'ils ne s'aidassent du bois), seruit bien à remparer la breche. Tout le monde estoit empesché à porter la terre pour la remparer iour et nuict. Messieurs les Princes, Seigneurs , et Capitaines , Lieutenans, Enseignes, portoient tous la hotte, pour donner exemple aux soldats et citoyens à faire le semblable : ce qu'ils faisoient, voire iusques aux dames et damoiselles , et ceux qui n'auoient des hottes s'aidoient de chauderons, panniers, sacs, linceuls, et tout ce qu'ils pouuoient pour porter la terre : en sorte que l'ennemy n'auoit point si tost abbatu la muraille, qu'il ne trouuast derrière vn rempart plus fort. La muraille estant tombée, nos soldats crioient à ceux de debors, Au regnard , au regnard , au regnard : et se disoient mille iniures les vns aux autres. Monsieur de Guise fit defense sous peine de la vie, que nul n'eust à parler à ceux de dehors, de peur qu'il n'y eust quelque traistre qui leur donnast aduertissement de ce qu'on faisoit dedans la ville. La defense faite, attacherent des chats viuans au bout de leurs piques, et les mettoient sur la muraille, et crioient auec les chats, Miaut, miaut, miaut. Veritablement les Imperiaux auoient grand despit d'auoir esté si long temps à faire breche auec grande despense, qui estoit large de quatre vingts pas,

pour entrer cinquante hommes de front, où trouuerent vn rempart plus fort que la muraille. Ils se iettoient sur les pauures chats, et les tiroient à coups de harquebuses comme l'on fait au papegault.

Nos gens faisoient souuent des sorties, par le commandement de monsieur de Guise. Vn iour deuant il y auoit presse à se faire enroller de ceux qui deuoient sortir, et principalement la ieune noblesse , menés par Capitaines experimentés, de manière que c'estoit leur faire vne grande faueur de permettre de sortir et courir sus l'ennemy : et sortoient touiours en nombre de cent ou de six vingts bien armés , auec rondaches, coutelas , harquebuses et pistoles, piques, pertuisanes, et halebardes : lesquels alloient iusques aux tranchées les resueiller en sursaut. Là où l'alarme se donnoit en tout leur camp, et leurs tabourins sonnoient *plan*, *plan*, *ta*, *ti ta*, *ta*, *ta*, *ti*, *ta*, *tou*, *touf*, *touf*. Pareillement leurs trompettes et clairons ronfloient et sonnoient *boutte selle*, *boutte selle*, *boutte selle*, *monte à cheual*, *monte u cheual*, *monte à cheual*, *boutte selle*, *monte àcaual*, *à caual*. Et tous leurs soldats crioient à l'arme, à l'arme, à l'arme , aux armes, aux armes, aux arme, à l'arme, aux armes, à l'arme, aux armes , à l'arme, comme l'on fait la huée après les loups, et tous diuers langages, selon les nations : et les voyoit-on sortir de leurs tentes et petites loges, drus comme fourmillons lors qu'on descouure leurs fourmillieres , pour secourir leurs compagnons qu'on degosilloit comme moutons. La caauallerie pareillement venoit de toutes parts au grand gallop, *patati*, *patata*, *patati*, *patata*, *pa*, *ta*, *ta*, *patata*, *pata*, *ta*, et leur tardoit bien qu'ils ne **fussent**

à la meslée où les coups se depar-
toient, pour en donner et en receuoir.
Et quand les nostres se voyoient
forcés, reuenoient en la ville tousiours en combattant, et ceux qui couroient aprés estoient repoussés à
coups d'artillerie, qu'on auoit chargée
de cailloux et gros carreaux de fer
de figure quarrée et triangle. Et nos
soldats qui estoient sur ladite muraille, faisoient vne escopeterie et pleuuoir leurs balles sur eux dru comme
gresle, pour les renuoyer coucher,
où plusieurs demeuroient en la place
du combat : et nos gens aussi ne s'en
reuenoient tous leur peau entiere, et
en demeuroient tousiours quelques-
vns pour la disme, lesquels estoient
ioyeux de mourir au lict d'honneur.
Et là où il y auoit vn cheual blessé,
il estoit escorché et mangé par les soldats : c'estoit en lieu de bœuf et de
lard. Et pour penser nos blessés, c'estoit à moy à courir. Quelques iours
aprés on faisoit autres sorties, qui
faschoient fort les ennemis, pource
qu'on les laissoit peu dormir à seureté.

Monsieur de Guise fit vn strata-
geme ou ruse de guerre : c'est qu'il
enuoya vn paysan, qui n'estoit pas
trop habile homme, auec deux paires
de lettres vers le Roy, auquel il
donna dix escus, et promesse que le
Roy luy en donneroit cent, pourueu
qu'il luy baillast ses lettres En l'vne
il luy mandoit que l'ennemy ne faisoit
nul semblant de se retirer, et à toutes
forces faisoit vne grande breche :
qu'il esperoit la bien garder, iusques
à y employer sa vie et celle de tous
ceux qui estoient dedans : et que si
l'ennemy eust aussi bien assise son
artillerie en vn certain lieu qu'il
nommoit, à grande difficulté l'eust
on peu garder qu'il n'eust entré dedans, attendu que c'estoit le lieu le
plus foible de toute la ville : mais
bien tost il esperoit de le bien remparer, en sorte qu'on n'y pourroit
entrer. L'vne de ces lettres luy fut
cousue en la doublure de son pourpoint, et luy fut dit qu'il se donnast
bien garde de le dire à personne : et
luy en fut donné vne autre, là où
mondit seigneur de Guise mandoit au
Roy, que luy et tous ses assiegés esperoient de bien garder la ville, et
autre chose que ie laisse icy à dire. Il
fit sortir ce paysan la nuit, où il fut
pris par vn corps de garde, et mené
au duc d'Albe, pour prendre langue
de ce qu'on faisoit en la ville : et luy
fut demandé s'il auoit des lettres : dist
que ouy, et leur en bailla vne : et
l'ayant veuë, luy fut demandé par
serment s'il n'en auoit point d'autre,
dist que non : lors fut foüillé, et luy
fut trouuée celle qu'il auoit cousue à
son pourpoint, et le pauure messager
fut pendu et estranglé.

Lesdites lettres furent communiquées à l'empereur, lequel fit [appel-
ler son conseil, là où il fut resolu,
puisque on n'auoit peu rien faire à la
premiere breche, que promptement
l'artillerie seroit menée à l'endroit
qu'on estimoit le plus foible : là où ils
firent grands efforts à refaire vne
autre breche, et sapperent et mine-
rent la muraille, et taschoient à surprendre la tour d'Enfer, neantmoins
n'oserent venir à l'assaut. Le duc
d'Albe remonstra à l'Empereur, que
tous les iours les soldats mouroient,
voire au nombre de plus de deux
cens, et qu'il y auoit aussi peu d'esperance d'entrer en la ville, veu le
temps, et le grand nombre de gens
de guerre qui y estoient L'Empereur
demanda quelles gens c'estoient qui
se mouroient, et si c'estoient gentils-

hommes et hommes de remarque : luy fut fait response que c'estoient tous pauures soldats. Alors dist qu'il n'y auoit point de danger qu'ils mourussent, les comparant aux chenilles, sauterelles et hannetons qui mangent les bourgeons et autres biens de la terre, et que s'ils estoient gens de bien, ils ne seroient en son camp pour six liures par mois, et partant qu'il n'y auoit nul danger qu'ils mourussent. D'auantage, disoit qu'il ne partiroit iamais de deuant la ville qu'il ne la prist, par force ou par famine, quand il deuroit perdre toute son armée : à cause du grand nombre de Princes qui y estoient enfermés, auec la plus grande part de la noblesse de France, desquels il esperoit qu'ils payeroient au quadruple sa despense, et iroit encore vne fois à Paris pour visiter les Parisiens, et se faire Roy de tout le royaume de France.

Monsieur de Guise auec les Princes, Capitaines et soldats, et generalement tous les citoyens de la ville, ayans entendu l'intention de l'Empereur qui estoit de nous tous exterminer : alors il ne fut permis aux soldats et citoyens, et mesme aux Princes et Seigneurs, de manger marée fraiche ny venaison : pareillement aucunes perdrix, becaces, alloüettes, francolins, pluuiers et autres gibiers, de peur qu'ils eussent acquis quelque air pestilent, qui nous eust peu donner vne contagion : mais auroient à se contenter de l'amonition, à sçauoir du biscuit, bœufs, vaches salées, lards, ceruelas, iambons de Maïence : semblablement poissons, comme molues, merlus, saulmons, alouses, tonnine, balaine, anchois, sardines, harencs : aussi poix, féues, ris, ails, oignons, pruneaux, fromages, beurre, huile

et sel : poyure, gingembre, maniguet, et autres espiceries pour mettre en nos paticories : principalement des cheuaux, qui sans cela auroient vn tres-mauuais goust. Plusieurs citoyens ayans des iardins en la ville, y auoient enterré grosses raues, nauets, carottes et porreaux, qu'ils gardoient bien et cherement, pour l'extreme necessité de la faim. Or toutes ces munitions estoient distribuées par poids, mesure et iustice, selon la qualité des personnes, parce que nous ne sçauions pas combien de temps le siege dureroit. Car ayant entendu de la bouche de l'Empereur qu'il ne partiroit iamais de deuant Mets qu'il ne l'eust prise par force ou par famine : alors les viures furent retranchés, en sorte que ce qu'on distribuoit à trois soldats estoit baillé pour quatre : et defense à eux de vendre le reste qui pouuoit demeurer de leur repas, mais permis le donner à leurs goujats. Et se leuoient tousiours de table auec appetit, de peur qu'ils fussent suiets à prendre medecine. Et auparauant nous rendre à la mercy des ennemis, auions deliberé de manger plustost les asnes, mulets et cheuaux, chiens, chats et rats, voire nos bottes et collets, et autres cuirs qu'on eust peu amollir et fricasser. Generalement tous les assiegés delibererent de valeureusement se defendre auec toutes machines de guerre : à sçauoir, de braquer et charger l'artillerie (à la pantiere de la breche) de boulets, cailloux, clous de charrette, carreaux, et chaisnes de fer : aussi toutes especes et differencés d'artifices de feu, comme boëttes, bariquades, grenades, pots, lances, torches et fusées, cercles entourés de chaussestrappes, fagots bruslans : d'abondant eau boüillante et plomb fondu, et poudre de chaux viue, pour leur creuer les yeux. Aussi eust-on percé les maisons de costé et d'autre pour y loger des harquebusiers, pour les battre en flanc et les haster d'aller, ou les faire du tout demeurer. Pareillement on eust donné commission aux femmes de depauer les rues, et leur ietter par les fenestres des miches de sainct Estienne, busches, tables, treteaux, bancs et escabelles, qui leur éussent effondré la ceruelle. D'auantage il y auoit vn peu plus auant vn gros corps de garde remparé de charrettes et palissades, tonnes et tonneaux, et bariquades remplis de terre pour seruir de gabions, entrelardés de fauconneaux et faucons, pieces de campagne, harquebuses à croq, et harquebuses et pistoles, et artifices de feu, qui leur eussent rompu iambes et cuisses, de façon qu'ils eussent esté battus en teste, en flanc et en quenë : et où ils eussent forcé ce corps de garde, il y en eust eu d'autres aux carrois des rues, de cent pas en cent pas, qui eussent esté autant mauuais garçons ou plus que les premiers : et n'eust esté sans faire beaucoup de femmes vefues et orfelins. Et si la fortune eust tant voulu contre nous, qu'ils eussent fendu et rompu nos corps de gardes, il y eust eu encore sept gros hocs et bastillons ordonnés en quarré et en triangle, pour combattre tous ensemble, accompagnés chacun d'vn Prince, pour leur donner hardiesse de mieux combattre et mourir tous ensemble, iusques au dernier souspir de leur ame. D'auantage, ils estoient tous resolus que chacun porteroit leurs thresors, bagues et ioyaux, et leurs meubles les meilleurs et plus riches et plus beaux, pour les brusler en la grande place et les mettre en cendres, de peur que

les ennemis ne s'en preualussent et en fissent trophée. Pareillement il y auoit gens qui eussent eu charge de mettre le feu et brusler toutes les munitions, ensemble d'effondrer aux caues tous les vaisseaux à vin : autres de mettre le feu en chacune maison, pour brusler nos ennemis et nous ensemble. Les citoyens l'auoient ainsi tous accordé, plustost que de voir le cousteau sanglant sur leur gorge, et leurs femmes et filles violées et prendre à force, par les Espagnols cruels et inhumains.

Or nous auions certains prisonniers que monsieur de Guise renuoya sur leur foy, ausquels taciturnement on auoit voulu qu'ils conceussent nostre derniere volonté et desespoir, lesquels estant arriués en leur camp, ne differerent de la publier : qui fut cause de refrener la grande impetuosité et volonté des soldats, de non plus vouloir entrer dans la ville pour nous couper la gorge, et s'enrichir de nostre pillage. L'Empereur ayant entendu ceste deliberation de ce grand guerrier monsieur de Guise, mit de l'eau en son vin, et refrena sa grande cholere, disant qu'il ne pourroit entrer en la ville sans faire vne bien grande boucherie et carnage, et espandre beaucoup de sang, tant des defendans que des assaillans, et fussent tous morts ensemble, et à la fin il n'eust sceu auoir autre chose que des cendres : et qu'aprés on eust peu dire que c'eust esté vne pareille destruction que celle de la ville de Ierusalem, faite jadis par Titus et Vespasian. L'Empereur donc ayant entendu nostre derniere resolution, et voyant le peu qu'il auoit auancé par sa batterie, sappes et mines, et la grand' peste qui estoit en tout son camp, et l'indisposition du temps, et la necessité de viures et d'argent, et que ses soldats se desbandoient et par grandes troupes s'en alloient : conclud en fin se retirer, accompagné de la cauallerie de son auant-garde, auec la plus grande part de son artillerie et de la bataille. Le Marquis de Brandebourg fut le dernier qui deslogea, soustenu de quelques bandes d'Espagnols, de Boëmiens, et ses compagnies d'Allemans, et y demeura aprés vne iournée et demie, au grand regret de monsieur de Guise, lequel fit sortir de la ville quatre pieces d'artillerie qu'il fit tirer sur luy à tort et à trauers, pour le haster d'aller : ce qu'il fit bien tost, auec toutes ses troupes. Estant à vn quart de lieuë de Mets, fut espris d'vne frayeur, craignant que nostre caaullerie ne luy donnast sur la queuë : qui fut cause qu'il fit mettre le feu en ses poudres de munition, et laisser quelques pieces d'artillerie, et beaucoup de bagage qu'il ne sceut faire mener, pource que l'auant-garde et la bataille et les gros canons auoient rompu et effondré les chemins. Nostre gendarmerie vouloit à toutes forces sortir de la ville pour luy aller donner en queuë : mais monsieur de Guise ne le voulut iamais permettre, ains au contraire leur dist qu'on leur deuoit plustost applanir les chemins, et leur faire des ponts d'or et d'argent pour les laisser aller, ressemblant au bon pasteur et berger, qui ne veut perdre vne seule de ses ouailles.

Voila comme nos chers et bien aimés Imperiaux s'en allerent de deuant Mets, qui fut le lendemain de Noel, au grand contentement des assiegés, et loüange des Princes, Seigneurs, Capitaines, et soldats, qui auoient enduré les trauaux de ce siege l'espace de deux mois. Toutesfois ne s'en allerent pas tous, il s'en fallut plus de vingt mille, qui estoient morts tant par l'artillerie et coups de main, que de la peste, du froid, et de la faim (et de despit et grand rage qu'ils ne pouuoient entrer en la ville pour nous couper la gorge, et en auoir le pillage) et aussi moururent grand nombre de leurs cheuaux, desquels en auoient mangé la plus grand part, en lieu de bœuf et de lard. On alla où ils auoient campé, où l'on trouua plusieurs corps morts non encore enterrés, et la terre toute labourée, comme l'on voit le cimetiere sainct Innocent durant quelque grande mortalité. En leurs tentes, pauillons et loges, y auoient laissé pareillement plusieurs malades. Aussi boulets, armes, charrettes, chariots et autres bagages, auec vn grand nombre de pains de munition, gastés et pourris par les neiges et pluyes : encore les soldats n'en auoient pas que par mesure et compas. Et semblablement laisserent grande prouision de bois, du reste des maisons qu'ils auoient demolies et abbatues, des villages à deux et à trois lieuës d'alentour : pareillement plusieurs autres maisons de plaisance, appartenans aux citoyens, accompagnées de iardins et beaux vergers, remplis de diuers arbres fruitiers : aussi sans cela ils fussent tous transis et morts du froid, et eussent esté contraints de leuer plustost le siege. Mondit seigneur de Guise fit enterrer les morts, et traiter leurs malades. Pareillement les ennemis laisserent en l'Abbaye de S. Arnoul beaucoup de leurs soldats blessés, qu'ils n'eurent moyen de faire emmener. Mondit seigneur de Guise leur enuoya à tous viures à suffisance, et me commanda et aux autres Chirurgiens de les aller penser et medicamenter : ce que nous faisions de bonne volonté : et croy qu'ils n'eussent fait le semblable enuers les nostres, parce que l'Espagnol est tres-cruel, perfide et inhumain, et partant ennemy de toutes nations : ce qui se preuue par Lopez Espagnol et Benzo Milanois, et autres qui ont escrit l'histoire de l'Amerique et Inde Occidentale, ont esté contraints confesser que la cruauté, auarice, blasphemes et meschanceté des Espagnols, ont du tout aliené les pauures Indiens de la religion que lesdits Espagnols disoient tenir : et tous escriuent qu'ils valent moins que les Indiens Idolatres, par le cruel traitement fait ausdits Indiens.

Et quelques iours après, enuoya vne trompette à Thionuille vers les ennemis, qu'ils eussent à renuoyer querir leurs blessés en bonne seureté : ce qu'ils firent auec charrettes et chariots, mais non à suffisance. Monsieur de Guise leur fit bailler charrettes et chartiers, pour les aider à conduire audit Thionuille. Nosdits chartiers estans de retour, nous rapporterent que les chemins estoient tous paués de corps morts, et n'en ramenerent iamais la moitié, car ils mouroient en leurs charrettes : et les Espagnols les voyans estre aux traits de la mort, auparauant qu'ils eussent ietté le dernier souspir, les iettoient hors leurs charrettes, et les enseuelissoient en la boüe et fange, disans qu'ils n'auoient nulle commission de remmener les morts. D'abondant nosdits chartiers disoient auoir trouué par les chemins beaucoup de charrettes embourbées, chargées de bagages, qu'ils n'osoient renuoyer querir, craignans que ceux de Mets ne leur courussent sus.

Ie veux encore retourner à la cause de leur mortalité, qui estoit principalement de la faim, peste, et du froid : car la neige estoit sur la terre plus de hauteur de deux pieds, et estoient logés en des cauernes sous terre, couuertes d'vn peu de chaume seulement. Neantmoins que chacun soldat auoit son lit de camp et vne couuerture toute semée d'estoiles luisantes et brillantes, plus claires que fin or : et tous les iours auoient draps blancs, et logés à l'enseigne de la Lune, et faisoient bonne chere quand ils auoient dequoy : et payoient si bien leur hoste des le soir, que le matin s'en alloient quittes, secoüant les oreilles. Et ne leur falloit nul peigne pour destacher le duuet et la plume de contre leurs barbes et cheueux : et trouuoient tousiours nappe blanche, perdans de bons repas par faute de viandes. Aussi la plusgrande part n'auoit bottes, ny bottines, pantoufles, chausses, ny souliers : et plusieurs aimoient mieux n'en auoir point que d'en auoir, pource qu'ils estoient tousiours en la fange iusques à my-iambes : et à cause qu'ils alloient nuds pieds, nous les appellions les *Apostres de l'Empereur*.

Après que le camp fut entierement rompu, ie distribuay mes malades entre les mains des Chirurgiens de la ville, pour les paracheuer de penser : puis ie pris congé de monsieur de Guise, et m'en reuins deuers le Roy, qui me receut auec bon visage, lequel me demanda comme i'auois peu entrer en sa ville de Mets. Ie luy racontay entierement tout ce que i'auois fait. Il me fit donner deux cens escus, et cent que i'auois eu au partir : et me dist qu'il ne me laisseroit iamais pauure. Alors ie le remerciay tres-humblement du bien et de l'honneur qu'il luy plaisoit me faire.

VOYAGE DE HEDIN. — 1553.

L'Empereur Charles fit assieger la ville de Theroüenne, où monsieur le Duc de Sauoye estoit general de toute l'armée. Elle fut prise d'assaut, où il y eut de nos gens grand nombre de tués et de prisonniers.

Le Roy, voulant preuoir que l'ennemy ne vint aussi assieger la ville et chasteau de Hedin, enuoya messieurs le Duc de Boüillon, le Duc Horace, le Marquis de Villars, et vn nombre de Capitaines, et enuiron dixhuit cens soldats : et pendant le siege de Theroüenne, lesdits seigneurs firent fortifier ledit chasteau de Hedin, de façon qu'il sembloit estre imprenable. Le Roy m'enuoya vers lesdits seigneurs pour les secourir de mon art, si d'aduenture ils en auoient affaire.

Or tost aprés la prise de Theroüenne, nous fusmes assiegés de l'armée. Il y auoit vne viue et claire fontaine à la portée de nostre canon, où il y auoit enuiron quatre vingts ou cent goujats et putains de nos ennemis, qui estoient autour de ceste fontaine pour puiser de l'eau. l'estois sur vn rampart regardant asseoir le camp : et voyant ceste multitude de faineants autour de ladite fontaine, ie priay monsieur du Pont, commissaire de l'artillerie, de faire tirer vn coup de canon à ceste canaille : il m'en fit grand refus, me remonstrant que toute ceste maniere de gens ne vaudroit point la poudre qu'on y despendroit. De rechef le priay de braquer le canon, luy disant que plus de morts moins d'ennemis, ce qu'il fit par ma priere : et de ce coup en furent tués quinze ou seize, et beaucoup de blessés. Nos soldats firent saillies sur les ennemis, où il en fut beaucoup de tués et blessés de coups d'harquebuses et de main, tant d'vne part que d'autre : et nos soldats faisoient souuent des saillies sur les ennemis, auparauant que leurs tranchées fussent faites, là où i'eus beaucoup de besongne taillée : de façon que n'auois repos ny iour, ny nuit, à penser les blessés.

Et diray cecy en passant, que nous en auions mis beaucoup en vne grosse tour, couchés sur vn peu de paille : et leurs oreillers estoient de pierres, leurs couuertures estoient manteaux, à ceux qui en auoient. Lors que la batterie se faisoit, autant de coups que leurs canons tiroient, les malades disoient sentir douleur en leurs playes, comme si on leur eust donné des coups de baston : l'vn crioit la teste, l'autre le bras, et ainsi des autres parties : et à plusieurs leurs playes resaignoient, voire en plus grande abondance qu'à l'heure qu'ils furent blessés, et lors c'estoit à moy à courir pour les estancher. Mon petit maistre, si vous eussiez esté là, vous eussiez esté bien empesché auec vos fers ardens. Il vous eust fallu beaucoup de charbon pour les rougir, et croy qu'on vous eust assommé comme vn veau pour ceste cruauté. Or par ceste tempeste diabolique de l'echo de ceste machine canonique, et grande et vehemente agitation de la collision de l'air, retentissant aux playes de ces blessés, plusieurs mouroient : et d'autres parce qu'ils ne pouuoient reposer, à cause des clameurs et cris qu'ils faisoient iour et nuit, et aussi faute de bons alimens, et autres traitemens necessaires aux blessés. Or mon petit maistre, si vous eussiez esté là, vous eussiez bien peu leur donner de la gelée, restaurans, coulis, pressis, panade, orge-mondés, amandes, blanc-manger, pruneaux, raisins de damas, et autres viandes propres aux malades : vostre ordonnance eust esté seulement accomplie en papier, mais à l'effet ils n'eussent sceu autre chose auoir que de la chair de vieilles vaches empreintes, qui furent prises autour de Hedin pour nostre munition, salées et demy cuites : en sorte que qui la vouloit manger, il la falloit tirer à force de dents, comme font les oiseaux de proye leur viande.

Ie ne veux laisser leurs linges dont ils estoient pensés, qui estoient seulement relaués tous les iours et seichés au feu, partant endurcis comme parchemin. Ie laisse à penser comme leurs playes se deuoient bien porter. Il y auoit quatre grosses putains de haute graisse, à qui fut donnée la charge de blanchir le linge, qui s'en acquittoient à coups de baston : et aussi qu'elles n'auoient l'eau à commandement, ny moins le sauon. Voila comme les pauures malades mouroient, par faute d'alimens et autres choses necessaires.

Vn iour nos ennemis feignirent de nous donner vn assaut general, pour attirer nos soldats sur la breche, à fin de reconnoistre nostre contenance : tout le monde y courut : nous auions fait grande prouision d'artifices de feu pour defendre la breche. Vn prestre de monsieur le Duc de Boüillon print vne grenade, pensant la ietter sur les ennemis, et y mit le feu plustost qu'il ne deuoit : elle se creua, et le feu se mit en nos artifices qui estoient en vne maison prés la breche, qui nous fut vn merueilleux desastre, pource qu'il brusla beaucoup de pauures soldats : mes-

mes se print en la maison, et eussions esté tous bruslés, n'eust esté le secours qu'on fit pour l'esteindre. Il n'y auoit qu'vn seul puits là où il y eust de l'eau en nostre chasteau, qui fut presque du tout tari, et en lieu d'eau on prit de la biere pour l'esteindre. Puis aprés eusmes grande disette d'eau : et pour boire le reste qui demeura, il la nous falloit passer au trauers des seruiettes. Or l'ennemy, voyant ceste foudre et tempeste de ces artifices qui ietterent vne merueilleuse flambe et tintamarre, estimoient que nous eussions mis le feu exprés pour la defense de nostre breche, pour les brusler, et que nous en auions bien d'autres. Cela leur fit prendre autre opinion de nous auoir par autre voye que par assaut : ils firent des mines, et sapperent la plus grande partie de nos murailles : tellement que cela estoit pour renuerser entierement nostre chasteau s'en-dessus-dessous : et lors que les sappes furent acheuées de faire, et que leur artillerie tiroit, tout nostre chasteau branloit sous nous, comme vn tremblement de terre, qui nous estonna fort. D'auantage, ils auoient braqué cinq pieces d'artillerie qu'ils auoient assises sur vne petite colline pour nous donner à dos, lors que fussions allés pour la defense de la breche.

Le Duc Horace eut vn coup de canon à vne espaule, qui luy emporta le bras d'vn costé et le corps de l'autre, sans que iamais sceust dire vne seule parole. Ceste mort là nous fut vn grand desastre, pour le rang qu'il tenoit en ceste place. Semblablement monsieur de Martigues eut vn coup de boulet qui luy perça les poulmons : ie le pensay, comme ie diray cy aprés. Alors nous demandasmes à parlementer, et fut enuoyé vne trompette vers le Prince de Piémont, pour sçauoir quelle composition il luy plaisoit nous faire. Sa response fut que tous les Chefs, comme Gentilshommes, Capitaines, Lieutenans, Enseignes, seroient pris à rançon, et les soldats sortirojent sans armes : et que s'ils refusoient ce beau et honneste party, le lendemain nous deuions estre asseurés qu'on nous auroit par assaut ou autrement. Le conseil fut tenu, où ie fus appellé, pour sçauoir si ie voulois signer, comme plusieurs Capitaines, Gentilshommes, et autres, que la place fust rendue. Ie fis response qu'elle n'estoit pas tenable, et que ie le signerois de mon propre sang, pour le peu d'esperance que i'auois que l'on ne peust resister aux forces des ennemis, et aussi pour le grand desir que i'auois d'estre hors de cest enfer et grand tourment : car ie ne dormois ne nuict ne iour, pour la grande quantité des blessés, qui pouuoient estre en nombre de deux cens. Les morts rendoient vne grande putrefaction, estans entassés les vns sur les autres comme fagots, n'estans point couuerts de terre, à cause que n'en auions pas. Et si i'entrois en vn logis, il y auoit des soldats qui m'attendoient à la porte lors que i'en sortirois, pour en penser d'autres : c'estoit à qui m'auroit, et me portoient comme vn corps sainct, ne touchant du pied en terre, malgré les vns des autres, et ne pouuois satisfaire à ce grand nombre de blessés : ioint que ie n'auois ce qui m'estoit necessaire pour les medicamenter. Car il ne suffit au Chirurgien faire son deuoir enuers les malades, mais il faut que le malade face le sien, et les assistans, et les choses exterieures, tesmoin

Hippocrates, Aphorisme premier. Or ayant entendu la resolution de la reddition de nostre place, ie conneu que nostre affaire n'alloit pas bien : et de peur d'estre conneu, ie donnay vn saye de velours, vn pourpoint de satin, vn manteau d'vn fin drap, paré de velours, à vn soldat qui me donna vn meschant pourpoint tout deschiré et deschiqueté d'ysure, et vn collet de cuir bien examiné, et vn meschant chappeau, et vn petit manteau : ie barboüillay le collet de ma chemise auec de l'eau où i'auois destrempé vn peu de suye. Pareillement i'vsay mes chausses auec vne pierre à l'endroit des genoüils et au-dessus des tallons, comme si elles eussent longtemps esté portées : i'en fis autant à mes souliers, de façon qu'on m'eust plustost prins pour vn ramonneur de cheminée que pour vn Chirurgien de Roy. Ie m'en allay en cest equippage vers monsieur de Martigues : où ie le priay qu'il fist en sorte que ie demeurasse auprés de luy pour le penser, ce qu'il m'accorda bien volontairement : et auoit aussi grande enuie que ie demeurasse auprés de luy que moy-mesme.

Tost aprés les Commissaires qui auoient charge d'eslire les prisonniers, entrerent dedans le Chasteau, le dix-septiéme iour de Iuillet mil cinq cens cinquante trois : où ils firent prendre Messieurs le duc de Boüillon, le Marquis de Villars, de Roye, le Baron de Culan, monsieur du Pont, Commissaire de l'artillerie : et de Martigues, et moy auec luy (par la priere qu'il leur en fit) et tous les Gentils-hommes qu'ils peurent reconnoistre pouuoir payer quelque rançon, et la plus grand'part des soldats et chefs des compagnies, ayans des prisonniers tant et tels qu'ils voulurent. Aprés, les soldats Espagnols entrerent par la breche sans aucune resistance : les nostres estimoient qu'ils tiendroient leur foy et composition qu'ils auroient la vie sauue : ils entrerent dedans d'vne grande furie pour tout tuer, piller et saccager : ils en retindrent quelques vns, esperans en auoir rançon, leur lierent les coüillons auec leurs cordes d'harquebuses, qui estoient iettées par dessus vne pique que deux tenoient sur leurs espaules, puis tiroient ladite corde par vne grande violence et derision, comme s'ils eussent voulu faire sonner vne cloche, leur disans qu'il falloit qu'ils se meissent à rançon, et dire de quelles maisons ils estoient : et s'ils voyoient n'en auoir aucun profit, les faisoient mourir cruellement entre leurs mains : ou tost aprés leurs parties genitales tomboient en gangrene et en totale mortification. Et les tuerent tous à coups de dagues, et leur coupoient la gorge. Voila leur grande cruauté et perfidie : qui s'y fie qui voudra.

Or pour retourner à mon propos, estant mené du chasteau en la ville auec monsieur de Martigues, il y eut vn gentilhomme de monsieur de Sauoye qui me demanda si la playe de monsieur de Martigues se pourroit guarir : ie luy dis que non, et qu'elle estoit incurable. Promptement s'en alla le dire à monseigneur le duc de Sauoye. Or ie pensois bien qu'il enuoyeroit des Medecins et Chirurgiens pour visiter et penser monsieur de Martigues : cependant ie fis vn discours en mon ame, si ie deuois faire le niais, et ne me donner à connoistre estre Chirurgien, de peur qu'ils ne me retinssent pour penser leurs blessés, et qu'en fin ie fusse conneu estre Chirurgien du Roy, et qu'ils ne me

fissent payer vne grosse rançon. D'autre costé, ie craignois que si ie ne me montrois estre Chirurgien et auoir bien pensé le seigneur de Martigues, qu'ils ne me coupassent la gorge : subit ie prins resolution de leur faire paroistre qu'il ne mourroit pas par defaut d'auoir esté bien pensé et secouru.

Tost aprés voicy arriuer plusieurs Gentils-hommes, accompagnés d'vn Medecin et vn Chirurgien de l'Empereur, et ceux dudit seigneur de Sauoye, auec six autres Chirurgiens suiuans l'armée, pour voir la blessure dudit seigneur de Martigues, et sçauoir de moy comme ie l'auois pensé et medicamenté. Le Medecin de l'Empereur me dit que i'eusse à declarer l'essence de la playe, et comme ie l'auois traitée. Or toute l'assistance auoit l'oreille fort attentiue, à sçauoir si la playe estoit mortelle ou non.

Ie commence à leur discourir, que monsieur de Martigues regardant par dessus la muraille, pour reconnoistre ceux qui la sappoient, receut vn coup d'harquebuse au trauers du corps, où tout subit ie fus appellé pour le penser : ie vis qu'il iettoit le sang par la bouche et par ses playes. D'auantage, il auoit vne grande difficulté de respirer et expirer : et iettoit le vent par lesdites playes, auec vn sifflement, en sorte qu'il eust peu es teindre vne chandelle : et disoit auoir vne tres-grande douleur poignante à l'entrée de la balle. I'estime et croy que ce pouuoient estre quelques esquilles, qui piquoient les poulmons lors qu'ils faisoient leur systolé et diastolé. Ie luy mis le doigt dedans, où ie trouuay que l'entrée de la balle auoit rompu la quatriéme coste en son milieu, et des esquilles que ladite balle auoit poussées au dedans : et la sortie auoit semblablement rompu la cinquiéme coste, auec des esquilles qui auoient esté chassées du dedans au dehors. l'en tiray quelques vnes, et non toutes, à cause qu'elles estoient trop profondes et adherantes. Ie mis à chacune playe vne tente ayant la teste assez grosse, attachée par vn filet, de peur que par l'inspiration ne fussent attirées en la capacité du thorax : ce qu'on a conneu par experience, au detriment des pauures blessés : car estans tombées dedans, on ne les peut retirer, qui est cause qu'elles engendrent vne pourriture, comme chose estrange à nature. Lesdites tentes furent ointes d'vn medicament fait de iaune d'œuf et terebenthine de Venise, auec vn peu d'huile rosat. Mon intention d'y mettre lesdites tentes estoit pour arrester le sang, et pour garder que l'air exterieur n'entrast dans la poitrine, qui eust peu refroidir les poulmons, et par consequent le cœur : lesdites tentes y estoient mises aussi à fin de donner issue au sang respandu dedans le thorax. Ie mis sur les playes vne grande emplastre de diachalciteos, en laquelle i'auois fait fondre de l'huile rosat et vinaigre, à fin d'euiter l'inflammation : puis aprés ie mis de grandes compresses trempées dedans de l'oxycrat, et le banday, non pas fort, à fin qu'il respirast à son aise. Cela fait, ie luy tiray cinq pallettes de sang de la veine basilique du bras droit, à fin de faire reuulsion du sang qui decouloit de ses playes dans le thorax, ayant premierement prins indication des parties blessées, et principalement des vertus, considerant sa ieunesse et son temperament sanguin. Tost aprés alla à ses affaires, et par ses vrines et selles ietta grande quantité de sang. Et quant à la douleur qu'il disoit sentir à l'entrée de la balle, comme s'il eust esté piqué d'vn poinçon : cela se faisoit à cause que les poulmons, par leurs mouuemens, battoient contre les esquilles de la coste rompue. Or les poulmons sont couuerts d'vne tunique venant de la membrane pleuretique, estant issue des nerfs de la sixiéme coniugaison du cerueau, qui estoit cause de la douleur qu'il sentoit.

Pareillement auoit vne grande difficulté de respirer et expirer, qui prouenoit du sang espandu en la capacité du thorax et sur le diaphragme, principal instrument de la respiration : et de la dilaceration des muscles qui sont entre chacune coste, qui aident aussi à faire la respiration et expiration : et pareillement à cause que les poulmons estoient vulnerés, et rompus et dilacerés par la balle, qui a fait qu'il a tousiours craché vn sang noir et pourri en toussant.

La fléure le print tost aprés qu'il fut blessé, auec defaillance de cœur. Ladite fléure me sembloit prouenir des vapeurs putredineuses esleuées du sang qui est hors de ses vaisseaux, qui a decoulé et decoulera encore. La playe du poulmon est aggrandie et aggrandira, parce qu'il est en perpetuel mouuement, soit en dormant ou en veillant, et se dilate et comprime pour attirer l'air au cœur et ietter les vapeurs fuligineuses dehors. Par la chaleur estrange est faite inflammation : puis la vertu expulsiue s'efforçant à ietter par la toux ce qui luy nuit. Car le poumon ne se peut purger qu'en toussant, et en toussant la playe se dilate tousiours et aggrandit d'auantage : dont le sang en sort en plus grande abondance, lequel sang est attiré du cœur par la veine arterieuse, pour leur donner nourriture, et du cœur de la veine caue. Son manger estoit de l'orge mondé, des pruneaux auec du succre, autresfois de la pannade : son boire estoit de la ptisane. Il ne se peut tenir couché que sur le dos : qui demonstre auoir grande quantité de sang espandu en la capacité du thorax : et s'espanchant au long de l'espine, ne comprime tant les poumons comme il se fait, estant couché sur les costes, ou assis.

Que diray-ie plus ? c'est que mondit seigneur de Martigues, depuis qu'il fut blessé, iamais n'a sceu reposer vne seule heure, et a tousiours ietté ses selles et vrines sanguinolentes. Ces choses considerées, Messieurs, on ne peut faire autre prognostic, sinon qu'il mourra en briefs iours, qui est auec mon grand regret.

Ayant acheué mon discours, ie le pensay comme i'auois accoustumé. Ayant descouuert ses playes, les Medecins et Chirurgiens, et autres assistans presens, conneurent la verité de ce que ie leur auois dit. Lesdits Medecins ayans touché le pouls, et conneu ses forces quasi prosternées et abbattues, conclurent auec moy qu'en peu de iours il mourroit. Et de ce pas s'en allerent tous vers mondit seigneur de Sauoye, où ils dirent que ledit seigneur de Martigues mourroit en brief temps. Il leur fit response, que possible s'il eust esté bien pensé, il en eust peu reschapper. Alors tous d'vne voix dirent, qu'il auoit esté tres-bien pensé et sollicité de tout ce qu'il appartenoit, pour la guarison de ses playes, et ne pouuoit estre mieux : et qu'il estoit impossible de le pouuoir guarir, et que sa playe estoit mortelle de necessité. Alors monseigneur de Sauoye monstra

estre fort desplaisant, et pleura, et leur demanda de rechef si pour certain ils le tenoient tous pour deploré. Ils respondirent que ouy.

Là se presenta vn imposteur Espagnol, qui promit sur sa vie qu'il le guariroit, et s'il failloit à le guarir, qu'on le meist en cent pieces : mais qu'il ne vouloit auoir nuls Medecins, ny Chirurgiens, ni Apothicaires auec luy : et sur l'heure ledit seigneur de Sauoye dit aux Medecins et Chirurgiens qu'ils n'allassent aucunement voir ledit seigneur de Martigues. Aussi m'enuoya vn gentilhomme me defendre, sur peine de la vie, de ne toucher aucunement à monsieur de Martigues : ce que ie lui promis faire : dequoy ie fus fort ioyeux, voyant qu'il ne mourroit pas entre mes mains : et commanda à cest imposteur de penser ledit seigneur de Martigues, et qu'il n'y auroit autres Medecins ny Chirurgiens que luy. Il arriua bien tost aprés vers ledit seigneur de Martigues, qui luy dist :

Senor Cauallero, el senor Duque de Saboya me ha mandado que viniesse à curar vostra herida, yo os iuro à Dios, que antes de'ocho dias yo'os haga subir à cauallo con la lansa, en puno con'tal que no ayo que yo qu'os toque Comereis y bebereis todas comidas que fueren de vostro gusto, y yo hare la dieta pro v. m. y desto' os de veis aseguirar sobre de mi : yo he sanado munchos que tenian mayores heridas que la vostra. C'est à dire : Seigneur Cheualier, Monseigneur le Duc de Sauoye m'a commandé de te venir penser de ta blesseure. Ie te iure Dieu, que deuant huit iours ie te feray monter à cheual, la lance au poing, pourueu qu'il n'y ait que moy qui te touche. Tu mangeras et boiras toutes viandes qui seront à ton goust : ie feray diette pour toy, et de ce, tu te dois asseurer sur ma promesse. I'en ay guari plusieurs, qui auoient de plus grandes playes que la tienne.

Et les seigneurs luy respondirent : Dieu vous en donne la grace.

Il demanda vne chemise dudit seigneur de Martigues, et la mit en petits lambeaux, qu'il posa en croix, marmotant et barbotant certaines paroles sur les playes : et l'ayant habillé, luy permit manger et boire tout ce qu'il voudroit, luy disant qu'il feroit diette pour luy : ce qu'il faisoit, ne mangeant que six pruneaux et six morceaux de pain pour repas, ne beuuant que de la biere. Neantmoins deux iours aprés ledit seigneur de Martigues mourut : et mon Espagnol le voyant en agonie s'eclipsa, et gaigna le haut sans dire à Dieu à personne : et croy que s'il eust esté attrappé, il eust esté pendu et estranglé, pour la fausse promesse qu'il auoit faite à monseigneur le Duc de Sauoye et à plusieurs autres Gentils-hommes.

Il mourut sur les dix heures du matin : et sur l'apres - disnée ledit seigneur de Sauoye renuoya des Medecins et Chirurgiens, et son Apothicaire, avec quantité de drogues pour l'embaumer. Ils vindrent accompagnés de plusieurs Gentils-hommes et Capitaines de l'armée.

Le Chirurgien de l'Empereur s'approcha de moy, et me pria bien affectueusement d'en faire l'ouuerture : ce que ie refusay, luy remonstrant que ie ne meritois pas de porter son estuy aprés luy : il me pria de rechef que ie le feisse pour l'amour de luy, et qu'il l'auroit fort aggreable. Ie voulus encore d'auantage m'excuser, que puis qu'il n'auoit ceste volonté de l'embaumer, qu'il donnast ceste charge à vn autre Chirurgien de la compagnie. Il me fit encore response qu'il vouloit que ce fust moy, et où ie ne le voudrois faire, que ie m'en pourrois bien repentir. Connoissant ceste sienne affection, de crainte qu'il ne me fist quelque desplaisir, ie prins le rasoir, et le presentay à tous en particulier, leur remonstrant que ie n'estois bien stilé à faire telle operation : ce qu'ils refuserent tous.

Le corps posé sur vne table, veritablement ie me proposay de leur monstrer que i'estois anatomiste, leur declarant beaucoup de choses, qui seroient icy trop longues à reciter. Ie commençay à dire à toute la compagnie, que i'auois tenu pour asseuré que la balle auoit rompu deux costes et auoit passé au trauers des poulmons, et qu'on trouueroit la playe fort aggrandie, parce qu'ils sont en perpetuel mouuement, soit en dormant ou en veillant, et, par ce mouuement, la playe se dilacere d'auantage : aussi qu'il y auoit grande quantité de sang respandu en la puitrine et sur le diaphragme : et des esquilles des costes fracturées, que l'entrée de la balle auoit poussées dedans, et la sortie les auoit poussées en dehors. Or veritablement tout ce que ie leur auois dit fut trouué en ce corps mort.

L'vn des Medecins me demanda par où pouuoit passer le sang, pour estre ietté par les vrines, estant contenu au thorax. Ie luy fis response qu'il auoit vn conduit manifeste : c'est que la veine Azygos, ayant nourri toutes les costes, son reste descend sous le diaphragme, et du costé gauche se conioint avec la veine emulgente, qui est la voye par laquelle la matiere de la pleuresie, et la boüé des empyemes, se vuident manifestement par les vrines et par le siege : comme on voit pareillement le laict pur des mamelles des femmes nouuellement accouchées, descendre par les veines mammillaires, et estre vacué embas par le col de la matrice, sans se mesler auec le sang [1] : et telle chose se fait (comme par vn miracle de Nature) par sa vertu expulsiue et sequestrice. Ce qui se voit par experience de deux vaisseaux de verre, appelés Monte-vins, que l'vn soit rempli d'eau et l'autre de vin clairet, et soient posés l'vn sur l'autre, à sçauoir celuy qui sera rempli d'eau, sur l'autre rempli de vin : on voit à l'œil le vin monter au haut du vaisseau au trauers de l'eau, et l'eau descendre au trauers du vin, et aller au fond du vaisseau, sans meslange des deux. Et si telle chose se fait ainsi exterieurement et apertement, au sens de nostre veuë, par choses inanimées, il faut croire en nostre entendement que Nature peut faire passer la bouë et le sang ayant esté hors de ses vaisseaux, par les veines, voire au trauers des os, sans qu'ils soient meslés auec le bon sang [2].

Nostre discours fini, i'embaume le corps, et fut posé en vn cercueil. Aprés cela, le Chirurgien de l'Empereur me tira à part, et me dist que si ie voulois demeurer auec luy, qu'il me traiteroit bien, et qu'il m'habilleroit tout à neuf : aussi qu'il me feroit aller à cheual. Ie le remerciay bien fort de l'honneur qu'il me faisoit, et que ie n'auois aucune enuie de faire seruice aux estrangers de ma patrie [3] : alors il

me dist que i'estois vn fol, et que s'il estoit prisonnier comme moy, qu'il seruiroit vn diable pour estre mis en liberté. En fin ie luy dis tout à plat que ie ne voulois point demeurer auec luy.

Le Medecin de l'Empereur s'en retourna vers ledit seigneur de Sauoye, où il declara la cause de la mort dudit seigneur de Martigues, et luy dist qu'il estoit impossible à tous les hommes qui sont au monde de l'auoir peu guarir : et luy confirma encore que i'auois fait tout ce qu'il estoit necessaire de faire, et le pria me retirer à son seruice, et luy dist plus de bien de moy qu'il y en auoit.

Ayant esté persuadé me prendre à son seruice, il donna la charge à l'vn de ses maistres d'hostels, nommé monsieur du Bouchet, me dire que si ie voulois demeurer à son seruice, qu'il me traiteroit bien : ie luy fis response que ie le remerciois bien humblement, et que i'auois deliberé de ne demeurer auec nul estranger. Ceste mienne response entendue par le Duc de Sauoye, se colera aucunement, et dist qu'il me falloit enuoyer aux galeres.

Monsieur de Vaudeuille, Gouuerneur de Graueline, et Colonel de dix-sept enseignes de gens de pied, le pria de me donner à luy, pour le penser d'vne vieille vlcere qu'il auoit à vne iambe, il y auoit six ou sept ans. Monsieur de Sauoye lui dist, pour ce que ie vallois, qu'il estoit content : et que si ie luy mettois le feu à la iambe, que ce seroit bien fait. Il luy respondit que s'il en apperceuoit quelque chose, qu'il me feroit couper la gorge.

Bien tost aprés, ledit seigneur de Vaudeuille m'enuoya querir par quatre hallebardiers Allemans de sa

---

[1] Galien, *de Decretis*, et Hippocrates, *de Locis affectis.* — A. P.

[2] Cette comparaison était familière à Paré; nous l'avons vue employée à diverses reprises : t. I, p. 55; t. II, p. 501, etc.

[3] *Braue response.* — A. P.

garde, lesquels m'estonnerent bien fort, ne sçachant où ils me menoient : ils ne parloient non plus François que moy Alleman. Estant arriué à son logis, il me dit que i'estois le bien venu, et que i'estois à luy : et que si tost que ie l'aurois guari d'vn vlcere qu'il auoit à la iambe, qu'il me donneroit mon congé sans prendre aucune rançon de moy. Ie luy dis que ie n'auois nul moyen de payer aucune rançon.

Lors il fit appeler son Medecin et Chirurgien ordinaire, pour me monstrer sa iambe vlcerée. L'ayant veuë et considerée, nous retirasmes à part en vne chambre, où ie commençay à leur dire, que ladite vlcere estoit annuelle, n'estant simple, mais compliquée, à sçavoir de figure ronde et obstracqueuse, ayant les bords durs et calleux, caue et sordide, accompagnée d'vne grosse veine variqueuse, qui perpetuellement l'abreuuoit : d'abondant, vne grosse tumeur et intemperature phlegmoneuse et douloureuse en toute la iambe, en vn corps de temperature fort colerique, comme le poil de sa barbe et son visage le demonstroient. La methode de la guarir (si guarir se pouuoit) est qu'il falloit commencer aux choses vniuerselles, à sçavoir à la purgation, et à la saignée, et à sa maniere de viure : qu'il n'vsast nullement de vin, ny de viandes sallées et de haut goust, et generalement de celles qui eschauffent le sang. Aprés, qu'il falloit commencer la cure en faisant plusieurs scarifications autour de ladite vlcere : et couper totalement les bords calleux, et donner vne figure longue ou triangle. Car la ronde ne se peut que difficilement guarir, comme les anciens ont laissé par escrit, ce qu'on voit par expe-

rience. Cela fait, il falloit mondifier la sordicie et chair pourrie de l'vlcere, qui se feroit auec l'onguent egyptiac, et par dessus vne compresse trempée en jus de plantin et de morelle et oxycrat : et falloit bander sa iambe, commençant au pied et finissant au genoüil, et n'oublier à mettre vne petite compresse sur la veine variqueuse, à fin qu'il ne fluast rien de superflu à ladite vlcere. D'auantage, qu'il se tint à repos sur le lict, ce qui est commandé par Hippocrates, qui dit que ceux qui ont mal aux iambes ne se doiuent tenir debout ny assis, mais couchés. Et aprés ces choses faites, et l'vlcere bien mondifié, on luy appliqueroit dessus vne lamine de plomb, frottée et blanchie de vif-argent. Voila les moyens par lesquels ledit seigneur de Vaudeuille pourra guarir de son vlcere.

Tout cela trouuerent-ils bon. Lors le Medecin me laissa auec le Chirurgien, et s'en alla vers le seigneur de Vaudeuille, luy dire qu'il s'asseurast que ie le pourrois guarir, et luy dist tout ce que i'auois deliberé de faire pour la guarison de son vlcere, dont il fut fort ioyeux. Il me fit appeler, et me demanda si i'auois opinion de la cure de son vlcere : ie luy dis que ouy, pourueu qu'il fust obeïssant à faire ce qu'il falloit : il me fit promesse qu'il feroit entierement ce que ie voudrois luy faire et ordonner, et que si tost que son vlcere seroit guari, qu'il me donneroit liberté de m'en retourner, sans payer aucune rançon. Alors ie le suppliay venir à vne meilleure composition auec moi, luy remonstrant que le temps me seroit trop long, pour estre en liberté, iusquesà ce qu'il fust entierement guari, et que dedans quinze iours i'esperois faire que son vlcere seroit diminuée de plus de moitié, et seroit sans douleur : et ce qui resteroit, son Chirurgien et Medecin paracheueroient de le guarir. Il s'y accorda : et dés lors ie pris vn peu de papier pour prendre la grandeur de son vlcere, que ie luy baillay, et en retins autant par deuers moi. Ie luy priay qu'il me tint promesse lors qu'il connoistroit besogne faite. Il me iura foy de gentil-homme, qu'il le feroit : adonc ie me deliberay de le bien penser, selon la methode de Galien, qui fut qu'aprés auoir osté les choses estranges de l'vlcere, et qu'il ne resteroit que repletion de chair, ie ne le pensois plus qu'vne fois le iour : et trouuoit cela bien estrange, et pareillement son Medecin ; qui estoit bien doux de sel, lequel me vouloit persuader auec le malade, de le penser deux ou trois fois le iour. Ie luy priay qu'il me laissast faire, et ce que i'en faisois n'estoit pour allonger la cure, au contraire de l'abreger, pour le desir que i'auois d'estre en liberté : et qu'il regardast en Galien, au 4. liure *De la composition des medicamens selon les genres*, qui dit, que si vn medicament ne seiourne long temps sur la partie, il ne profite si bien comme lors qu'il y est laissé long temps : chose qu'aucuns medecins ont ignoré, et ont pensé qu'il est mieux de remuer les emplastres souuent : et ceste mauuaise coustume est tant inueterée et enracinée, que les malades mesme accusent souuent les Chirurgiens de negligence, qu'ils ne changent plus souuent les emplastres : mais ils sont deceus. Car comme auez entendu et leu en plusieurs lieux de mes œuures, les qualités de tous corps qui s'entretouchent, agissent l'vne contre l'autre : et tous deux patissent quelque chose, fust l'vne d'icelle beaucoup plus forte que l'autre : au moyen dequoy lesdites qualités s'vnissent et familiarisent auec le temps, combien qu'elles soyent de beaucoup differentes : de maniere que la qualité du medicament s'vnit, et quelquesfois deuient semblable à celle du corps, qui est chose fort vtile. Parquoy doit-on beaucoup loüer celuy qui premier a inuenté de n'vser si souuent de nouuelles emplastres, d'autant qu'on a conneu par experience ceste inuention estre bonne. D'auantage, dit qu'on fait encore grande faute d'habiller souuent les vlceres, les essuyant bien fort : car on oste non seulement l'excrement inutile, qui est la boüe ou sanie des vlceres, mais aussi la matiere dont est faite la chair. Parquoy pour les raisons susdites, il n'est besoin de si souuent penser les vlceres.

Ledit seigneur de Vaudeuille voulut entendre si ce que i'alleguois de Galien estoit vray, et commanda audit Medecin d'y regarder, et qu'il le vouloit sçauoir : il se fit apporter le liure sur la table, où mon dire fut trouué veritable, où lors ledit Medecin fut trouué honteux, et moy bien ioyeux. Alors ledit seigneur de Vaudeuille ne desira plus d'estre pensé qu'vne fois le iour : de façon que dedans les quinze iours son vlcere estoit presque tout cicatrisé. La composition entre nous faite, ie commençay à me resioüir. Il me faisoit manger et boire à sa table, lors qu'il n'y auoit point de plus de gens de bien que luy et moy.

Il me fit donner vne grande escharpe rouge, qu'il me commanda de porter. Ie puis dire que i'en estois autant ioyeux, comme vn chien à qui on baille vn tribal, de peur qu'il n'aille aux vignes manger les raisins.

Le Medecin et Chirurgien me menoient parmy le camp pour visiter
leurs blessés, où ie prenois garde que
faisoient nos ennemis : ie reconneu
qu'ils n'auoient plus de grosses pieces
de batterie, mais seulement vingt-
cinq ou trente de campagne.

Monsieur de Vaudeuille tenoit monsieur de Baugé prisonnier, frere de
monsieur de Martigues qui mourut à
Hedin. Ledit seigneur de Baugé estoit
prisonnier au chasteau de la Motte au
Bois, appartenant à l'Empereur, lequel auoit esté pris à Therouenne par
deux soldats espagnols. Ledit seigneur de Vaudeuille l'ayant enuisagé,
concluoit deuoir estre quelque gentil-
homme de bonne maison : le fit des-
chausser, et voyant ses chausses et
pieds nets, avec la petite chaussette
bien blanche et deliée, telle chose le
confirma d'auantage estre homme à
payer quelque bonne rançon. Il demanda ausdits soldats, que s'ils vouloient trente escus de leur prisonnier,
qu'il les bailleroit presentement : ce
qu'ils accorderent volontiers, par-ce
qu'ils n'auoient pas moyen de le garder, et moins de le nourrir, ioint
qu'ils ne sçauoient sa valeur : partant liurerent leur prisonnier entre
les mains dudit sieur de Vaudeuille,
lequel subit par quatre soldats de sa
garde l'enuoya audit chasteau de la
Motte au Bois, auec autres prisonniers gentils-hommes des nostres. Le
seigneur de Baugé ne se vouloit descouurir qu'il estoit, et endura beaucoup, estant au pain et à l'eau, et
couchoit sur vn peu de paille. Ledit
seigneur de Vaudeuille, après la prise
de Hedin, enuoya vers ledit seigneur
de Baugé, et autres prisonniers,
comme la place de Hedin auoit esté
prise, et la liste de ceux qui auoient
esté tués, et entre les autres monsieur

de Martigues : et lors que ledit seigneur de Baugé entendit sonner à ses
oreilles que son frere monsieur de
Martigues estoit mort, commença à
s'escrier, pleurer et lamenter. Ses
gardes luy demandoient pourquoy il
faisoit tant de si piteuses lamenta-
tions : il leur declara que c'estoit pour
l'amour de monsieur de Martigues
son frere. Ayant entendu cela, le capitaine du chasteau despescha soudain
vn homme pour annoncer à monsieur de Vaudeuille qu'il auoit vn
bon prisonnier : lequel ayant receu
ceste bonne nouuelle, s'en resiouit
grandement, et le lendemain m'enuoya auec quatre soldats et son Medecin au chasteau de la Motte au
Bois, pour sçauoir si son prisonnier
luy vouloit donner quinze mil escus
de rançon, le renuoyeroit libre en sa
maison, et que pour le present il ne
demandoit qu'vne response de deux
marchans d'Anuers qu'il nommeroit.
Ledit de Vaudeuille me persuada que
ie fisse accorder cela à son prisonnier :
voila pourquoy il m'enuoya au chasteau de la Motte au Bois. Il commanda au capitaine du chasteau de
le bien traiter et mettre en vne chambre tapissée : aussi qu'on renforçast
sa garde, et dés lors on luy fit bonne
chere, à ses despens.

La response dudit seigneur de
Baugé fut, que de se mettre à rançon
il ne pouuoit, et que cela dependoit
de monsieur d'Estampes son oncle,
et de mademoiselle de Bressure sa
tante, et qu'il n'auoit nul moyen de
payer telle rançon. Ie retournay auec
mes gardes vers ledit seigneur de Vaudeuille, et luy fis la response de sondit
prisonnier : lequel me dit, que possible ne sortiroit il à si bon marché. Ce
qui fut vray, car il fut descouuert :
dont subit la Royne de Hongrie et

monsieur le duc de Sauoye mande-- rent audit seigneur de Vaudeuille que ce morceau estoit un peu trop gros pour luy, et qu'il eust à leur enuoyer (ce qu'il fit), et qu'il auoit assez d'autres prisonniers sans cestuy-là. Il fut mis à rançon à quarante mil escus, sans les autres despens.

M'en retournant vers le sieur de Vaudeuille, ie passay par sainct Omer, là où ie vis leurs grosses pieces de batterie, dont la plus part estoient esuentées et rompues. Ie repassay pareillement par Theroüenne, où ie ne vis plus pierre sur pierre, fors vn vestige de la grande Eglise : car l'empereur fit faire commandement aux villageois, à cinq ou six lieuës d'alentour, qu'ils eussent à vuider et transporter les pierres : en sorte qu'à present on y charie dedans la ville. Aussi fait on à Hedin, sans nulle apparence de chasteau et forteresse. Voila le malheur qu'apportent les guerres.

Et pour retourner à mon propos, tost aprés mondit seigneur de Vaudeuille se porta bien de son vlcere, et estoit presque guari : qui fut cause qu'il me donna congé, et me fit conduire auec passeport, par vne trompette, iusques à Abbeuille : là où ie pris la poste, et m'en allay trouuer le roy Henry mon maistre à Aufimon, qui me receut auec vne allegresse, et de bonne grace.

Il enuoya querir messieurs de Guise, et Connestable, et d'Estrés, pour entendre de moy ce qui s'estoit passé à nostre prise de Hedin : et leur en fis fidele rapport, et leur asseuray auoir veu les grosses pieces de batterie qu'ils auoient menées à sainct Omer : dont le Roy fut ioyeux, parce qu'il craignoit que l'ennemy ne vint plus auant en France. Il me fit donner deux cens escus pour me retirer en ma maison : et moy fort ioyeux d'estre en liberté, et hors de ce grand tourment et bruit de tonnerre de la diabolique artillerie, et loing des soldats blasphemateurs et renieurs de Dieu.

Ie ne veux icy laisser à dire, qu'aprés la prise de Hedin, le roy fut aduerti que n'auois esté tué, et que i'estois prisonnier. Il fit escrire par monsieur du Goguier son premier Medecin à ma femme, que i'estois viuant, et qu'elle ne se donnast peine, et qu'il payeroit ma rançon.

BATAILLE DE SAINCT-QVENTIN. — 1557.

Aprés la bataille de sainct Quentin, le Roy m'enuoya à la Fere en Tartenois vers monsieur le Mareschal de Bourdillon, pour me faire donner passeport au Duc de Sauoye, pour aller penser monsieur le Connestable qui auoit esté grandement blessé d'vn coup de pistolle au dos, dont il cuida mourir : et estoit demeuré prisonnier entre les mains des ennemis. Mais iamais le Duc de Sauoye ne voulut consentir que i'allasse vers ledit seigneur le Connestable, disant qu'il ne demeureroit sans Chirurgien : et qu'il se doutoit bien que ie n'y fusse allé seulement pour le penser, mais plustost pour bailler quelque aduertissement audit seigneur le Connestable, et qu'il sçauoit que ie sçauois bien faire autre chose que la Chirurgie, et qu'il me connoissoit pour auoir esté son prisonnier à Hedin. Monsieur le Mareschal de Bourdillon aduertit le Roy du refus qu'auoit fait le Duc de Sauoye. Il escrit audit seigneur de Bourdillon, que si Madame la Connestable enuoyoit quelqu'vn de sa maison qui fust habile homme, que ie luy baillasse vne lettre, et que verbalement i'eusse aussi à luy dire de bouche ce que le Roy et monsieur le Cardinal de Lorraine m'auoient donné charge. Deux iours aprés, il arriua vn valet de chambre dudit sieur le Connestable, qui luy portoit des chemises et autres linges, auquel mondit seigneur le Mareschal fit donner passeport pour aller vers ledit seigneur Connestable. Ie fus fort ioyeux, et luy baillay ma lettre, et luy fis sa leçon de ce que deuoit faire son maistre estant prisonnier.

Ie pensois, estant deschargé de ma legation, m'en retourner vers le Roy. Mais ledit seigneur de Bourdillon me pria de demeurer à la Fere auec luy, pour penser vn bien grand nombre de blessés qui s'y estoient retirés aprés la bataille, et qu'il rescriroit au Roy la cause de ma demeure : ce que ie fis. Les playes des blessés estoient grandement puantes, et pleines de vers, auec gangrene et pourriture : où il me fallut iouer des couteaux pour amputer ce qui estoit gasté, et ne fut sans couper bras et iambes, et aussi en trepaner plusieurs. Or on ne trouuoit point nuls medicamens à la Fere, parce que les Chirurgiens de nostre camp auoient tout emporté. Ie descouuris que le chariot de l'artillerie estoit demeuré à la Fere et n'y auoit-on encore touché. Ie dis audit seigneur le Mareschal, qu'il me feist deliurer vne partie des drogues qui estoient dedans : ce qu'il fit, et m'en fut donnée la moitié seulement pour vne fois, et cinq ou six iours aprés il me fallut prendre toute la reste, encore n'y en auoit-il pas à moitié pour penser le grand nombre des blessés. Et pour corriger et arrester la pour-

riture, et tuer les vers qui estoient en leurs playes, ie les lauois d'Egyptiac dissout en vin et eau de vie, et leur faisois tout ce que ie pouuois neantmoins toutes mes diligences, il en mourut beaucoup.

Il se trouua à la Fere des gentilshommes qui auoient charge de trouuer le corps mort de monsieur de Bois-Dauphin l'aisné, qui auoit esté tué en la bataille : ils me prierent les vouloir accompagner au camp pour le choisir, s'il estoit possible, entre les morts : ce qui estoit impossible le pouuoir reconnoistre, attendu que les corps estoient tous effondrés par pourriture, et denisagés. Nous veismes plus de demie lieuë autour de nous, la terre toute couuerte de corps morts : et n'y demeurasmes gueres, pour la grande puanteur cadauereuse qui s'esleuoit des corps, tant des hommes que des cheuaux : et croy que nous fusmes cause de faire esleuer de ces corps vne si grande quantité de grosses mousches, qui s'estoient procreées de l'humidité des corps morts et de la chaleur du Soleil, ayans le cul verd et bleu, qu'estans en l'air faisoient ombre au Soleil. On les oyoit bourdonner à grand merueille, et croy que là où ils s'assirent, c'estoit pour rendre l'air pestilent, et y causer la peste.

Mon petit Maistre, ie voudrois qu'eussiez esté là comme moy, pour discerner des odeurs, et pour aussi en faire rapport à ceux qui n'y ont esté.

Il m'ennuyoit beaucoup là. Ie priay monsieur le Mareschal de me donner congé de m'en aller, et auois peur de demeurer malade, pour le trop grand trauail de puanteur des blessés, qui mouroient quasi tous, quelque diligence qu'on y peust faire. Il fit venir

III.

des Chirurgiens pour paracheuer à traiter les blessés, et m'en allay auec sa bonne grace. Il escriuit vne lettre au Roy, de la diligence que i'auois faite enuers les paunres blessés. Puis ie m'en reuins à Paris, où ie trouuay encore beaucoup de gentils-hommes qui auoient esté blessés, qui s'y estoient retirés aprés la bataille.

VOYAGE DV CAMP D'AMIENS. — 1558.

Le roy m'enuoya à Dourlan, et me fit conduire par le capitaine Gouast, auec cinquante hommes-d'armes, de peur que ie ne fusse pris des ennemis : et voyant que par chemin estions tousiours en alarmes, ie fis descendre mon homme, et fis qu'il estoit maistre. Car ie montay sur son cheual qui portoit ma malle, et alloit bien du pied s'il eust fallu gaigner le haut, et pris son manteau et chapeau, et luy baillay ma monture, qui estoit vne belle et petite haquenée. Mon homme estant dessus, on l'eust pris pour son maistre, et moy pour son valet. Ceux de Dourlan nous voyans de loin, pensoient que fussions ennemis, et nous tirerent des coups de canon. Le capitaine Gouast, mon conducteur, leur fit signe auec son chapeau que n'estions ennemis : en fin cesserent de tirer, et entrasmes à Dourlan auec vne grande ioye.

Ceux de Dourlan auoient fait vne sortie sur l'ennemy, cinq ou six iours auparauant : lesquels tuerent et blesserent plusieurs de nos Capitaines et bons soldats, et entre les autres le Capitaine sainct Aubin, vaillant comme l'espée, que monsieur de Guise aimoit fort, et pour lequel

principalement le Roy m'enuoyoit là. Lequel estant en accés de fiéure quarte, voulut sortir pour commander à la plus grande partie de sa compagnie : vn espagnol voyant qu'il commandoit, apperceut estre vn Capitaine, et luy tira vn coup d'harquebuse tout au trauers du col. Mon capitaine sainct Aubin pensoit de ce coup estre mort, et de la peur, ie proteste à Dieu qn'il perdit sa fiéure quarte, et en fut du tout deliuré. Ie le pensay auec Anthoine Portail, Chirurgien ordinaire du Roy, et plusieurs autres soldats : les vns mouroient, les autres reschappoient, quittes pour vn bras ou vne iambe, ou perte d'vn œil, et ceux-là disoit-on estre quittes à bon marché : eschappe qui peut. Lors que les ennemis eurent rompu leur camp, ie m'en retournay à Paris.

Icy ie me tais de mon petit Maistre, qui estoit plus aise en sa maison que moy à la guerre.

VOYAGE DV HAVRE DE GRACE. — 1563.

Encores ie ne veux laisser à parler du camp du Haure de Grace. Lors qu'on faisoit les approches pour asseoir l'artillerie, les Anglois qui estoient dedans tuerent quelques vns de nos soldats, et plusieurs pionniers qui gabionnoient : lesquels lors qu'on voyoit estre tant blessés qu'il n'y auoit nulle esperance de guarison, leurs compagnons les despoüilloient, et les mettoient encores viuans dedans les gabions, qui leur seruoient d'autant de remplage. Les Anglois voyans qu'ils ne pourroient soustenir vn assaut, par-ce qu'ils estoient fort

attaints de maladies, et principalement de la peste, ils se rendirent bagues saunes. Le Roy leur fit bailler
des vaisseaux pour s'en retourner en
Angleterre, bien ioyeux d'estre hors
de ce lieu infecté de peste. Il en mourut la plus grande part : et porterent la
peste en Angleterre, qui depuis n'en
ont esté exempts. Le capitaine Sarla-
bous, maistre de Camp, y fut laissé
en garnison, auec six enseignes de
gens de pied, lesquels n'auoient nulle
peur de la peste : et furent bien ioyeux
d'y entrer, esperans y faire bonne
chere.

Mon petit Maistre, si vous y eussiez
esté, vous eussiez fait comme eux.

VOYAGE DE ROVEN. — 1562.

Or quant à la prise de Roüen, ils
firent mourir beaucoup des nostres
deuant l'assaut, et à l'assaut : le lendemain mesme qu'entrasmes en la
ville, i'en trepanay huit ou neuf qui
auoient esté blessés à la breche, de
coups de pierre. Il y auoit vn air si
malin, qui estoit cause que plusieurs
mouroient, voire de bien petites bles-
seures, de façon qu'aucuns estimoient
qu'ils auoient empoisonné leurs balles. Ceux du dedans disoient le semblable de nous : car encore qu'ils fussent bien traités de leurs nécessités
dedans la ville, ils ne laissoient point
à mourir comme ceux du dehors.

Le Roy de Nauarre fut blessé quelques iours deuant l'assaut d'vn coup de
boulet à l'espaule. Ie le visitay, et ai-
day à le penser auec vn sien Chirurgien nommé maistre Gilbert, vn des
premiers de Montpellier, et autres.
On ne peust trouuer la balle : ie la

cherchay bien exactement, i'apperceu par coniecture qu'elle estoit entrée par la teste de l'os du haut du
bras, et qu'elle auoit coulé en la cauité dudit os, qui faisoit qu'on ne la
pouuoit pas trouuer. La plus grand'
part la disoient estre entrée, et perdue dedans le corps. Monsieur le
Prince de la Roche-sur-Yon, qui aimoit intimement le Roy de Nauarre,
me tira à part, et s'enquist si le coup
estoit mortel : ie luy dis que ouy,
par-ce que toutes les playes faites
aux grandes iointures, et principalement des playes contuses, estoient
mortelles, selon tous les auteurs qui
en ont escrit. Il s'enquist des autres
ce qu'il leur en sembloit, et principalement audit Gilbert : qui luy dist
auoir grande esperance que le Roy
son maistre guariroit, et fut ledit
Prince bien ioyeux. Quatre iours
aprés, le Roy et la Royne mere, et
monsieur le Cardinal de Bourbon son
frere, et monsieur le Prince de la Roche-sur-Yon, et monsieur de Guise,
et autres grands personnages, aprés
que nous eusmes pensé le Roy de
Nauarre, voulurent faire faire vne
consultation en leurs presences, où
il y auoit plusieurs Medecins et Chirurgiens. Chacun en dit ce qu'il luy
en sembloit, et n'y eut pas vn d'i-
ceux qui n'eussent bonne esperance
(disoient-ils) que le Roy guariroit :
et moy persistois tousiours au contraire. Monseigneur le Prince de la
Roche-sur-Yon, qui m'aimoit, me retira à part, et me dist que i'estois seul
contre l'opinion de tous les autres, et
me prioit de n'estre opiniastre contre
tant de gens de bien. Ie luy respons,
que lors que ie connoistrois bons
signes de guarison, ie changerois mon
aduis Plusieurs consultations furent
faites, où iamais ne changeay de pa-

role, et prognostic tel que ie l'auois fait au premier appareil, et disois tousiours que le bras tomberoit en gangrene : ce qu'il fit, quelque grande diligence qu'on y peust mettre : et rendit l'esprit à Dieu le 18. iour de sa blessure.

Monsieur le Prince de la Roche-sur-Yon, ayant entendu la mort dudit Roy, enuoya vers moy son Chirurgien et Medecin nommé le Féure, à present Medecin ordinaire du Roy et de la Royne mere, me dire qu'il vouloit auoir la balle, et qu'on la cherchast à quelque endroit que ce fust. Alors ie fus ioyeux, et leur dis que i'estois bien asseuré la trouuer bien tost : ce que ie fis en leurs presences, et de plusieurs gentils-hommes : elle estoit tout au beau milieu de la cauité de l'os du haut du bras. Mondit seigneur Prince l'ayant, la monstra au Roy et à la Royne, qui tous dirent que mon prognostic estoit trouué veritable. Le corps fut mis reposer au chasteau Gaillard : et ie m'en retournay à Paris, où ie trouuay plusieurs malades qui auoient esté blessés à la breche de Roüen, et principalement des Italiens, lesquels me desiroient fort pour les penser : ce que ie fis volontiers. Il y en eut plusieurs qui guarirent, les autres moururent.

Ie croy, mon petit Maistre, que fustes appellé pour en penser quelques-vns, pour le grand nombre qu'il y auoit.

VOYAGE DE LA BATAILLE DE DREVX.
— 1562.

Le lendemain aprés la bataille don née à Dreux[1], le Roy me commanda

[1] La bataille fut donnée le 19 décembre.

d'aller penser monsieur le Comte d'Eu, qui auoit esté blessé d'vn coup de pistole à la cuisse dextre, prés la iointure de la hanche, qui auoit fracassé et brisé l'os femoris en plusieurs esclats, dont plusieurs accidens luy suruindrent, puis la mort : qui fut à mon tres-grand regret. Le lendemain que ie fus arriué, ie voulus aller au camp où s'estoit donné la bataille, pour voir les corps morts. Ie vis à vne grande lieuë d'alentour la terre toute couuerte : on auoit en estime de vingt-cinq mille hommes ou plus : tout cela fut depesché en moins de deux heures.

Ie voudrois, mon petit Maistre, pour l'amour que ie vous porte, qu'y eussiez esté pour en raconter à vos escholiers et à vos enfans.

Or cependant que ie fus à Dreux, ie visitay et pensay grand nombre de gentils-hommes, et pauures soldats, et entre les autres beaucoup de Capitaines suisses. I'en pensois quatorze estans en vne seule chambre, tous blessés de coups de pistoles et d'autres instrumens à feu diaboliques, et n'en mourut pas vn des quatorze. Monsieur le Comte d'Eu estant mort, ie ne fis grand seiour à Dreux. Il vint des Chirurgiens de Paris, qui faisoient bien leur deuoir vers les blessés, comme Pigray, Cointeret, Hubert, et autres : et ie m'en retournay à Paris, où ie retrouuay beaucoup de gentils-hommes blessés qui s'y estoient retirés aprés ladite bataille, pour estre pensés de leurs blessures, où ne fus sans en voir plusieurs.

VOYAGE DE LA BATAILLE DE MONT-
CONTOVR. — 1569.

Pendant la bataille de Montcontour, le Roy Charles estoit au Plessis lez Tours, où il entendit l'auoir gaignée. Il se retira grand nombre de gentils-hommes et soldats en la ville et fauxbourgs de Tours, blessés, pour se faire penser et medicamenter : où le Roy et la Royne mere me commanderent en faire mon deuoir, auec les autres Chirurgiens qui lors estoient en quartier, comme Pigray, du Bois, Portail, et vn nommé Siret, Chirurgien de Tours, homme bien entendu en la Chirurgie, estant alors Chirurgien de Monseigneur frere du Roy : et pour la multitude des naurés, n'estions gueres à repos, ny les Medecins pareillement.

Monsieur le Comte de Mansfeld, gouuerneur de la duché de Luxembourg, Cheualier de l'ordre du Roy d'Espagne, fut grandement blessé à la bataille, au bras senestre, d'vn coup de pistolle qui luy rompit grande partie du coude, et s'estoit retiré à Bourgueil, prés Tours. Estant là, enuoya vn gentilhomme vers le Roy, le supplier bien affectueusement luy vouloir enuoyer vn de ses Chirurgiens pour le secourir de sa blessure. Le conseil fut tenu quel Chirurgien seroit qu'on y enuoyeroit. Monsieur le Mareschal de Montmorency dist au Roy et à la Royne, qu'il seroit bon de luy enuoyer son premier Chirurgien, et leur remonstra que ledit seigneur de Mansfeld auoit esté vne grande partie cause du gain de la bataille. Le Roy dist tout à plat, qu'il ne vouloit que i'y allasse, et vouloit que ie demeurasse prés de luy. Adonc la Royne

mere luy dist que ie ne ferois qu'aller et venir, et falloit auoir esgard que c'estoit vn seigneur estranger, qui estoit venu de la part du Roy d'Espagne pour son secours. Alors il me permit y aller, pourueu que ie reuinsse bien tost. Adonc il m'enuoya querir, et pareillement la Royne mere, et me commanderent d'aller trouuer ledit seigneur Comte de Mansfeld, la part où il seroit, pour luy seruir en tout ce que ie pourrois faire pour la guarison de sa blessure. Ie l'allay trouuer, accompagné d'vne lettre de leurs Maiestés. L'ayant veuë, il me receut de bonne volonté, et deslors donna congé à trois ou quatre Chirurgiens qui le pensoient : qui fut à mon tres-grand regret, par ce que sa blessure me sembloit estre incurable.

Or audit Bourgueil s'estoient retirés plusieurs gentils-hommes ayans esté blessés à ladite bataille, sçachans que Monsieur de Guise y estoit, qui auoit esté aussi fort blessé d'vn coup de pistolet au trauers d'vne iambe, et estans bien asseurés qu'il auroit de bons Chirurgiens pour le penser, et aussi qu'il est debonnaire et fort liberal, qu'il les assisteroit d'vne grande partie de leurs necessités. Ce que veritablement faisoit volontiers, tant de leur manger et boire, que autres necessités : et de ma part, de mon art estoient soulagés et aidés : les vns mouroient, autres guarissoient, selon leurs blessures. Le comte Ringraue mourut, qui auoit vn coup à l'espaule semblable à celuy qu'eut le Roy de Nauarre deuant Roüen. Monsieur de Bassompierre, colonel de douze cens cheuaux, fut semblablement blessé de pareil coup et endroit que celuy de monsieur le comte de Mansfeld, que ie pensay, et Dieu le guarist. Dieu benist si bien mon œuure, que dans trois sepmaines ie les ramenay à Paris, où fallut faire encore quelques incisions au bras dudit comte de Mansfeld, pour extraire les os qui estoient grandement fracassés, rompus, et carieux. Il guarist par la grace de Dieu, et me fit vn honneste present, de sorte que ie me contentay bien fort de luy, et luy de moy, comme il m'a fait paroistre depuis. Il escriuit vne lettre à monsieur le duc d'Ascot, comme il estoit guari de sa blessure, et aussi monsieur de Bassompierre de la sienne, et plusieurs autres que i'auois pensés aprés la bataille de Montcontour, qui luy conseilloit de supplier le Roy de France me permettre d'aller voir monsieur le Marquis d'Auret son frere : ce qu'il fit.

VOYAGE DE FLANDRES.

Monsieur le duc d'Ascot ne fit faute d'ennoyer vn gentilhomme vers le Roy, accompagné d'vne lettre, pour le supplier humblement luy faire tant de bien et d'honneur, que de permettre et commander à son premier Chirurgien venir voir monsieur le marquis d'Auret son frere, qui auoit receu vn coup d'harquebuse prés le genoüil, auec fracture d'os, il y auoit enuiron sept mois, et que les Medecins et Chirurgiens de par delà estoient bien empeschés à sa guarison. Le Roy m'enuoya querir, et me commanda d'aller voir ledit seigneur d'Auret, et le secourir en tout ce que ie pourrois pour la guarison de sa blessure. Ie luy dis que i'employerois tout le peu de sçauoir qu'il auoit pleu à Dieu me donner.

Ie m'en allay, conduit par deux gentilshommes, au chasteau d'Auret, qui est à vne lieuë et demie de Mons en Hainaut, où estoit ledit marquis. Subit estant arriué, ie le visitay, et luy dis que le Roy m'auoit commandé de le venir voir, et penser de sa blessure. Il me dist qu'il estoit bien ioyeux de ma venue, et estoit grandement tenu au Roy, luy ayant fait tant d'honneur de m'auoir enuoyé vers luy. Ie le trouuay auec vne grosse fiéure, les yeux fort enfoncés, auec vn visage moribonde et iaunastre, la langue seiche et aride, et tout le corps fort emacié et maigre, la parole basse comme d'vn homme fort prés de la mort : puis trouuay sa cuisse fort enflée, apostumée et vlcerée, iettant vne sanie verdoyante et fort fetide. Ie le sonday auec vne sonde d'argent. Par icelle trouuay vne cauité prés l'aine, finissant au milieu de la cuisse, et d'autres autour du genoüil sanieuses et cuniculeuses : aussi certaines esquilles d'os, les vnes separées, les autres non. La iambe estoit fort tumefiée, et imbue d'vn humeur pituiteux, froid et humide et flatulent (de sorte que la chaleur naturelle estoit en chemin d'estre suffoquée et esteinte) et courbée et retirée vers les fesses : le croupion vlceré de la grandeur de la palme de la main : et disoit y sentir vne extreme cuiseur et douleur, et semblablement aux reins : de façon qu'il ne pouuoit aucunement reposer iour ny nuit, et n'auoit nul appetit de manger, mais de boire assez. Il me fut dit, que souuent tomboit en defaillance de cœur, et quelquesfois comme en epilepsie : et auoit souuent volonté de vomir, auec vn tremblement tel qu'il ne pouuoit porter ses mains à sa bouche. Voyant et considerant tous ces grands accidens, et les vertus grandement abbattues, veritablement i'eus vn tres-grand regret d'estre allé vers luy, par-ce qu'il me sembloit auoir peu d'apparence qu'il peust reschapper de la mort. Toutesfois pour luy donner courage et bonne esperance, ie luy dis que bientost ie le mettrois debout, par la grace de Dieu, et l'aide de ses Medecins et Chirurgiens. L'ayant veu, ie m'en allay promener en vn iardin, là où ie priay Dieu qu'il me fit ceste grace, qu'il guarist : et qu'il benist nos mains et les medicamens, à combattre tant de maladies compliquées. Ie discourus en mon esprit les moyens qu'il me falloit tenir pour ce faire. On m'appela pour disner : i'entray à la cuisine, là où ie vis tirer d'vne grande marmite demy mouton, vn quartier de veau, trois grosses pieces de bœuf, et deux volailles, et vn bien gros lopin de lard, auec force bonnes herbes : alors ie dis en moy-mesme, que ce bouillon de marmite estoit succulent, et de bonne nourriture.

Aprés le disner, tous les Medecins et Chirurgiens assemblés, nous entrasmes en conference, en la presence de monsieur le duc d'Ascot, et quelques gentils-hommes qui l'accompagnoient. Ie commençay à dire aux Chirurgiens, que ie m'esmerueillois grandement comme ils n'auoient fait des ouuertures à la cuisse de monsieur le Marquis, qui estoit toute apostumée, et que la bouë qui en sortoit estoit grandement fétide et puante, qui demonstroit y estre de long temps croupie, et que i'auois trouué auec la sonde carie d'os, et des esquilles qui estoient ja separées. Ils me firent response que iamais ne l'auoit voulu consentir, et mesme

qu'il y auoit prés de deux mois qu'on n'auoit peu gaigner à mettre des draps blancs en son lit ; et n'osoit-on qu'à peine toucher à la couuerture, tant il sentoit de douleurs. Lors ie dis que pour le guarir, il falloit toucher autre chose que la couuerture du lit. Chacun dist ce qu'il luy sembloit de la maladie dudit seigneur, et pour conclusion, le tenoient tous déploré. Ie leur dis qu'il y auoit encore quelque esperance, pour sa ieunesse, et que Dieu et Nature font quelquesfois des choses qui semblent aux Medecins et Chirurgiens estre impossibles.

Ma consultation fut, que la cause de tous ses accidens estoient venus par le coup de boulet donné prés la ioin-ture du genoüil, qui auoit rompu les ligamens, tendons, et aponeuroses des muscles, qui lient ladite iointure, ensemble l'os femoris : aussi nerfs, veines, et arteres, dont s'en estoit ensuiui douleur, inflammation, aposteme, et vlcere : et qu'il falloit commencer la cure à la maladie qui estoit cause de tous les susdits accidens qu'il auoit ; à sçauoir, faire des ouuertures pour donner issue à la sanie retenue entre les spaciositez des muscles, et en leur substance (semblablement aux os) laquelle causoit vne grande corruption en toute la cuisse, dont les vapeurs en estoient esleuées et portées au cœur, qui causoient syncope et la fiéure, et de la fiéure vn feu vniuersel en tout le corps ; et par consequent deprauation de l'œconomie. Pareillement lesdites vapeurs estoient communiquées au cerueau, qui causoient l'epilepsie et tremblement, et à l'estomach nausée, et l'engardoit faire ses fonctions, qui sont principalement de digerer et cuire les viandes, et les conuertir en chyle : lesquelles si elles ne sont bien cuittes, il s'engendre des crudités et obstructions qui font que les parties ne sont nourries, et par consequent le corps desseiche et maigrit : et pour-ce aussi qu'il ne faisoit nul exercice. Et quant à l'œdeme de sa iambe, cela estoit prouenu à cause du defaut de l'aliment, et de la chaleur naturelle arrestée en toute la cuisse, et aussi faute qu'elle ne se pouuoit mouuoir : car toute partie qui n'a son mouuement, demeure languide et atrophiée : par-ce que la chaleur et esprit n'y sont point enuoyés ny attirés, dont ensuit mortification : et que pour refociller et engraisser le corps, il falloit faire des frictions vniuerselles auec des linges chauds, en haut, en bas, à dextre, à senestre, et en rond, à fin d'attirer le sang et esprits du dedans au dehors, et resoudre quelques vapeurs fuligineuses detenues entre cuir et chair : partant les parties seront puis aprés nourries et refaites (comme i'ay dit cy-deuant au liure 9. traitant *des playes d'harquebuses*). Et les falloit laisser lors qu'on verroit au cuir chaleur et rougeur, de peur de resoudre ce qu'on auroit attiré, et par consequent le rendre encore plus maigre. Or l'vlcere qu'il a sur le croupion, est venue pour auoir esté trop long temps couché dessus, sans se remuer : qui a esté cause que les esprits n'ont peu reluire. A ceste cause s'est faite inflammation, de l'inflammation aposteme, puis vlcere, voire auec deperdition de substance de la chair sujette, auec vne tres-grande douleur, à cause des nerfs qui se disseminent en ceste partie. Il faut pareillement faire tant qu'on le mette en vn autre lict bien mol, et luy bailler chemise et draps blancs : autrement toutes les choses qu'on luy pourroit faire

ne luy seruiroient de rien, à cause que ces excremens et vapeurs de la sanie retenue de si long temps en son lict, sont attirées par le systolé et diastolé des arteres qui sont disseminées par le cuir, et font que les esprits s'alterent, et acquierent vne mauuaise diathese ou qualité et corruption : ce qui se voit de quelqu'vn qui couchera en vn lit là où vn verollé aura couché et sué, lequel prendra la verolle par les vapeurs putrides qui seront imbues et demeurées aux draps et couuertures. Or quant à ce qu'il ne peut nullement dormir, et est quasi en atrophie, c'est à raison qu'il mange peu, et ne fait nul exercice, et qu'il est vexé de grandes douleurs : car il n'y a rien qui abbatte et prosterne plus les vertus que la douleur. La cause qu'il a la langue aride et seiche, cela vient par la vehemence de la chaleur de la fiéure, par les vapeurs qui montent de tout le corps à la bouche : car, comme on dit en commun prouerbe, quand on chauffe bien vn four, la gueulle s'en ressent. Ayant discouru des causes et accidens, ie dis qu'il falloit les guarir par leurs contraires : et premierement appaiser les douleurs, faisant des ouuertures à la cuisse pour euacuer la boué retenue, ne l'euacuant tout à coup, de peur que par la grande euacuation subite se fist vne resolution d'esprits, qui pourroit grandement debiliter le patient et abreger ses iours. Secondement, auoir esgard à la grande tumeur et froideur de la iambe, craignant qu'elle ne tombast en gangrene, et qu'il luy falloit appliquer vne chaleur actuelle, parce que la potentielle ne pourroit reduire l'intemperie *de potentia ad actum*. A ceste cause, qu'il falloit y appliquer autour des briques chaudes, sur lesquelles on ietteroit vne decoction faite d'herbes neruales cuittes en vin et vinaigre, puis enueloppées en quelque seruiette, et aux pieds vne bouteille de terre remplie de ladite decoction, bouchée et enueloppée en quelques linges. Aussi luy falloit faire des fomentations sur la cuisse et toute la iambe, d'vne decoction faite de sauge, rosmarin, thym, lauande, fleurs de camomille et melilot, roses rouges cuittes en vin blanc, et lexiue faite de chesne, et vn peu de vinaigre, et demie poignée de sel. Ceste decoction a vertu de subtilier, attenuer, inciser, resoudre, tarir et seicher l'humeur gros et visqueux. Lesdites fomentations se feront longuement, à fin que la resolution soit plus grande : car estant ainsi faite longuement, on resout plus qu'on n'attire, à cause qu'on liquefie l'humeur conteou en la partie, on rarefie le cuir, et la chair des muscles. Tiercement, qu'il falloit appliquer sur l'vlcere du croupion vne grande emplastre, faite de l'onguent desiccatif rouge et l'onguent *Comitissæ*, parties egales, incorporées ensemble, à fin de luy appaiser sa douleur et desseicher l'vlcere : aussi luy faire vn bourrelet de duuet qui portast le croupion en l'air, sans estre appuyé dessus. Quartement, pour rafraischir la chaleur des reins, on luy appliqueroit dessus de l'onguent refrigerant de Galien, recentement fait, et par dessus des fueilles de nenuphar recentes : puis vne seruiette trempée en oxycrat, espreinte et renouuellée souuent. Et pour la corroboration du cœur, on appliquera dessus vn medicament refrigerant, fait d'huile de nenuphar et l'onguent rosat et vn peu de saffran, dissouts en vinaigre

rosat et theriaque, estendus sur vne piece d'escarlatte. Pour la syncope qui procedoit de la debilitation des forces naturelles, faisant aussi troubler le cerueau, falloit vser de bons alimens succulens, comme œufs mollets, raisins de damas confits en vin et succre, aussi panade faite de bouillon de la grande marmite (de laquelle i'ay parlé cy deuant) auec blancs de chappon, ailes de perdrix hachées bien menu, et autres viandes rosties, faciles à digerer, comme veau, chéureau, pigeonneaux, perdreaux, griues, et autres semblables. La saulse sera orenge, verjus d'ozeille, grenades aigres : il en pourra pareillement manger de bouillis auec bonnes herbes, comme ozeille, laictuë, pourpié, cichorée, buglose, soucy, et autres semblables. La nuit, il pourra vser d'orge-mondé, auec jus d'ozeille et nenuphar, de chacun deux onces, auec quatre ou cinq grains d'opium, et des quatre semences froides conquassées, de chacun demie once, qui est vn remede alimenteux et medicamenteux, qui le prouoquera à dormir. Son pain sera de metail, et ne sera trop rassis ny tendre. Et pour sa grande douleur de teste, il faudra couper ses cheueux, et la frotter d'oxyrrhodinum vn peu tiede, et y laisser vn linge double trempé dedans. On luy fera pareillement vn frontail d'huile rosat et nenuphar et de pauot, et vn peu d'opium et vinaigre rosat, auec vn peu de camphre, et renouuellé par fois. D'auantage, on luy fera sentir au nez fleurs de iusquiame et nenuphar, broyées auec vinaigre et eau rose, auec vn peu de camphre, enueloppés ensemble en vn mouchoir, lequel sera tenu longuement contre le nez, à fin que l'odeur se puisse communiquer au cerueau : et seront ces choses continuées seulement iusques à ce que la grande inflammation et douleur soient passées , de peur de refrigerer par trop le cerueau. D'abondant on fera pleuuoir par artifice , en faisant decouler de l'eau de quelque lieu haut dans vn chauderon, et qu'elle face tel bruit que le malade le puisse entendre : par ces moyens luy sera prouoqué le dormir. Et quant à la retraction de sa iambe, il y a esperance la redresser, lors qu'on aura fait vacuation du pus et autres humeurs contenus à la cuisse, qui , par leur extension (faite par repletion) ont attiré ladite iambe : laquelle se pourra redresser, en luy frottant premierement toute la iointure du genoüil auec *vnguentum de althea* , et huile de lys, et vn peu d'eau de vie, et par dessus de la laine noire auec son suc : pareillement en mettant sous le iarret vn oreiller de plume, ployé en double, et peu à peu on luy fera estendre la iambe.

Lequel mien discours fut bien approuué des Medecins et Chirurgiens.

La consultation acheuée, nous en allasmes vers le malade, où ie luy fis trois ouuertures à sa cuisse, desquelles sortit vne bien grande quantité de boüe et sanie, et dés l'heure ie luy tiray quelque petite esquille d'os : et ne voulus laisser sortir trop grande abondance de ladite sanie, de peur de trop debiliter ses forces. Deux ou trois heures aprés , ie luy fis faire vn lict prés le sien, où il auoit de beaux draps blancs : puis vn homme fort le posa dedans : et fut ioyeux d'auoir esté tiré hors de son lict sale et puant. Tost aprés demanda à dormir, ce qu'il fit prés de quatre heures : où tout le monde de la maison se commença à resioüir, et principalement monsieur le Duc d'Ascot son frere.

Les iours suiuans, ie luy faisois des iniections au profond et catités des vlceres, faites d'Egyptiac dissout tantost en eau de vie, et autresfois en vin. l'appliquois pour mondifier et seicher les chairs spongieuses et mollasses, des compresses au fond des sinuosités , et tentes de plomb cannulées , à fin de tousiours donner issue à la sanie : et par dessus vne grande emplastre de diachalcitheos dissout en vin. Pareillement ie le bandois si dextrement qu'il n'auoit nulle douleur : laquelle sedée, la fiéure commença fort à se diminuer. Alors ie luy fis boire du vin trempé mediocrement d'eau, sçachant qu'il restaure et viuifie les vertus. Et toutes les choses que nous arrestasmes en la consultation furent accomplies selon le temps et ordre : et ses douleurs et la fiéure céssées, commença tousiours à se mieux porter. Il donna congé à deux de ses Chirurgiens et à vn de ses Medecins, de façon que n'estions plus que trois auec luy.

Or i'y demeuray enuiron deux mois, et ne fut sans voir plusieurs malades, tant riches que pauures, qui venoient à moy de trois ou quatre lieuës à l'entour. Il faisoit bailler à manger et à boire aux necessiteux : tous lesquels me recommandoit, et qu'en faueur de luy ie les secourusse. Ie proteste que ie n'en refusay vn seul, et leur faisois à tous ce qu'il m'estoit possible, dont il estoit ioyeux. Lors que ie vis qu'il commençoit à se bien porter, ie luy dis qu'il falloit auoir des violes et violons, et quelque farceur pour le resioüir : ce qu'il fit. En vn mois nous fismes en sorte, qu'il se pouuoit tenir en vne chaire, et se faisoit porter et promener en

son iardin, et à la porte de son chasteau, pour voir passer le monde. Les
villageois de deux et trois lieuës d'autour, sçachans qu'on le pouuoit voir,
venoient aux festes chanter et danser,
masles et femelles, pesle-mesle à tirelerigot, en resiouïssance de sa
bonne conualescence, estans tous
ioyeux de le voir, et n'estoit sans bien
rire et bien boire. Il leur faisoit tousiours donner vne barrique de biere,
et beuuoient tous à tirelerigot à sa
santé. Et les citoyens de Monts en
Hainault, et autres gentils-hommes
ses voisins, le venoient voir par vne
admiration, comme vn homme sortant du tombeau : et dés lors qu'il se
porta bien, ne fut sans compagnie :
et comme l'vn sortoit, l'autre y entroit pour le visiter : sa table estoit
tousiours bien couuerte. Il estoit
grandement aimé de la noblesse et
du commun peuple, tant pour sa li-
beralité, que de sa beauté et honnesteté, ayant le regard doux et la parole gracieuse, en sorte que ceux
qui l'auoient enuisagé estoient contraints de l'aimer.

Les principaux de la ville de Monts
vindrent vn samedy, pour le supplier
qu'il permist que i'allasse à Monts,
où ils auoient bonne volonté de me
festoyer et me faire bonne chere pour
l'amour de luy. Il leur dist qu'il me
prieroit d'y aller, ce qu'il fit : mais
ie luy fis response, qu'à moy n'appartenoit me faire tant d'honneur,
ioint aussi qu'ils ne me sçauroient
donner meilleures viandes que les
siennes. Et de rechef me pria bien
affectueusement d'y aller, et que ie
fisse cela pour l'amour de luy : ce
que luy accorday. Le lendemain, ils
me vindrent querir auec deux chariots : et estans arriués à Monts, trouuasmes le disner prest, et des princi-

paux de la ville auec leurs femmes,
qui m'attendoient auec bonne deuo-
tion. Nous nous mismes à table, et
me mirent au haut bout, et beuuoient
tous à moy et à la santé de monsieur
le Marquis d'Auret, disant qu'il estoit
bien-heureux, et eux pareillement,
de m'auoir recouuert pour le mettre
sus : et conneus en ceste compagnie
qu'il estoit grandement honoré et
aimé. Aprés le disner, me ramenerent
au chasteau d'Auret, où monsieur le
Marquis m'y attendoit en grande de-
uotion, pour luy raconter ce que
nous auions fait en nostre banquet :
où ie luy dis que toute la compagnie
auoit beu plusieurs fois à sa santé.
En six sepmaines il commença à se
soustenir vn peu sur des potences,
et à se bien fort engraisser, et prendre vne viue et naturelle couleur.
Vouloir luy print d'aller à Beaumont,
qui est la demeure de monsieur le
Duc d'Ascot, et se fit porter en vne
chaire à bras par huit hommes de re-
lais. Et les paysans des villages par
où nous passions, sçachans que c'estoit monsieur le Marquis, se battoient
à qui le porteroit, et nous contrai-
gnoient de boire : mais ce n'estoit
que de la biere, et croy que s'ils
eussent eu du vin, voire de l'hippocras, ils nous en eussent donné de
bonne volonté. Et estoient tous fort
ioyeux de voir ledit Marquis, et
prioient tous Dieu pour luy.

Estant arriué à Beaumont, tout le
peuple venoit au deuant de nous luy
faire la reuerence, et prioient Dieu
qu'il le benist et le tinst en bonne
santé. Nous entrasmes au Chasteau,
où il y auoit plus de cinquante Gentils-hommes que monsieur le Duc
d'Ascot auoit mandés pour venir faire
bonne chere auec monsieur son frere:
et fut trois iours entiers sa maison

ouuerte. Aprés disner les Gentils-
hommes couroient la bague, se
battoient à l'espée d'armes, et se res-
ioüissoient grandement de voir monsieur d'Auret : parce qu'ils auoient
entendu que iamais ne pourroit partir du lict, et guarir de sa blessure.
l'estois à table tousiours au haut
bout, là où tout le monde beuuoit ca-
rous à luy et à moy, pensans m'eny-
urer, ce qu'ils ne sceurent : car ie ne
beuuois que comme i'auois accoustumé.

Quelques iours aprés nous en re-
tournasmes, et pris congé de madame
la Duchesse d'Ascot, laquelle tira
vn diamant de son doigt, qu'elle me
donna en reconnoissance d'auoir bien
pensé son frere : et estoit le diamant
de la valleur de plus de cinquante
escus. Monsieur d'Auret se portoit
tousiours de mieux en mieux, et che-
minoit tout seul autour de son iardin
sur des potences. Ie luy demanday
congé par diuerses fois, pour m'en
reuenir à Paris, luy remonstrant que
ce qui restoit à faire à sa blessure,
son Medecin et Chirurgien le feroient.
Et pour commencer tousiours à m'esloigner de luy, ie luy priay qu'il me
permist d'aller voir la ville d'Anuers :
ce qu'il m'accorda bien volontiers, et
commanda à son Maistre-d'Hostel
m'y conduire, accompagné de deux
pages. Nous passasmes par Malignes
et Bruxelle, là où des principaux de
la ville prierent ledit Maistre-d'Hostel, qu'au rapasser il leur fist entendre, et qu'ils auoient volonté de m'y
festoyer, comme auoient fait ceux de
Monts. Ie les remerciay bien humblement, leur disant que ce n'estoit à
moy qu'appartenoit tel honneur. Ie
fus deux iours et demy pour visiter la
ville d'Anuers, où aucuns marchands
connoissans le Maistre-d'Hostel, le

prierent leur faire cest honneur nous
donner à disner ou souper : c'estoit
à qui nous auroit, et estoient tous
fort ioyeux d'entendre la bonne disposition de monsieur d'Auret, me
faisans plus d'honneur que ne deman-
dois. Enfin nous en reuinsmes trouuer monsieur le Marquis, faisant
bonne chere : et cinq ou six iours
après ie luy demanday congé, qu'il
m'accorda auec grand regret (ce disoit-il) : lequel me donna vn present
honneste et de grande valleur, et me
fit reconduire par sondit Maistre-
d'Hostel auec deux pages, iusques
en ma maison à Paris.

Ie me suis laissé dire que les Espagnols ont depuis ruiné et demoli son
chasteau d'Auret, saccagé, pillé et
bruslé toutes les maisons et villages
à luy appartenans, à cause qu'il n'a
voulu estre de leur meschant parti
en leurs assassinats et ruine du Pays
Bas.

VOYAGE DE BOVRGES. — 1562.

Le Roy auec son camp ne demeura
gueres à Bourges que ceux de dedans ne se rendissent : et sortirent
leurs bagues sauues. Ie ne sçache
rien digne de memoire, fors vn garçon de cuisine de la bouche du Roy,
lequel s'estant approché des murailles
de la ville auparauant que l'on eust
fait la composition, cria à haute voix :
Huguenot, huguenot, tire là, tire là.
Ayant le bras leué et la main estendue, vn soldat luy perça la main tout
outre d'vn boulet. Ayant receu ce
coup, il me vint trouuer pour le penser. Monsieur le Connestable voyant
ce garçon ayant sa main toute san-

glante et tout esploré, luy demanda qui l'auoit blessé : alors il y eut vn gentilhomme , qui ayant veu donner le coup, dist que cela estoit bien employé, parce qu'il crioit : *Huguenot frape là* , *donne là*. Alors ledit seigneur Connestable dist que ce huguenot estoit bon harquebusier et auoit l'ame bonne , parce qu'il estoit vraý semblable que s'il eust voulu tirer à la teste , il eust encore fait plus aisément qu'à la main. Ie pensay ledit cuisinier, qui fut fort malade. Il guarist, mais auec impotence de la main , et depuis ses compagnons l'appellerent *Huguenot* : il est encore viuant.

BATAILLE SAINCT DENYS. — 1567.

Et quant à la bataille S. Denys , il y en eut plusieurs de tués tant d'vne part que d'autre. Les nostres blessés se retirerent à Paris pour se faire penser, ensemble les prisonniers qu'on auoit pris , dont i'en pensay vne grande partie.

Le Roy me fit commander (par la priere de madame la Connestable) d'aller en sa maison pour penser monsieur le Connestable, qui eut vn coup de pistole au milieu de l'espine du dos: où tout subit perdit le sentiment et mouuement des cuisses et iambes, et ses excremens retenus, ne pouuant ietter l'vrine, ny rien par le siege: à raison que l'espine medullaire , de laquelle naissent les nerfs (pour bailler sentiment et mouuement aux parties inferieures) fut brisée, rompue et dilacerée par la vehemence de la balle. Il perdit pareillement l'entendement et ratiocination, et en peu de iours il mourut.

Les Chirurgiens de Paris furent long-temps empeschés pour traiter les susdits blessés. Ie croy , mon petit Maistre, que vous en vistes quelques vns.

Ie supplie ce grand Dieu des victoires, que iamais ne soyons employés en tel malencontre et desastre.

VOYAGE DE BAYONNE. — 1564.

Or ie dis encore d'auantage, que i'ay fait le voyage auec le Roy à Bayonne, où nous auons esté deux ans et plus à circuir presque tout ce royaume : où en plusieurs villes et villages i'ay esté appellé en consultation de diuerses maladies , auec defunct monsieur Chapelain , premier Medecin du Roy, et monsieur Castellan , premier de la Royne mere, hommes d'honneur et tres-sçauans en la Medecine et Chirurgie. Faisant ce voyage , ie me suis tousiours enquis aux Chirurgiens, s'ils auoient remarqué quelque chose rare en leurs pratiques, à fin d'apprendre quelque chose de nouueau.

Estant à Bayonne, il aduint deux choses de remarque pour les ieunes Chirurgiens.

La premiere, c'est que ie pensay vn gentil-homme Espagnol, lequel auoit vne aposteme grande et enorme à la gorge. Il vint pour se faire toucher au defunct Roy Charles, des escrouëlles. Ie fis ouuerture de son aposteme, où il se trouua grande quantité de vers tous groüillans, gros comme la pointe d'vn fuzeau, ayans la teste noire: et auoit grande quantité de chair pourrie. D'auantage, auoit sous la langue vne aposteme nommée *Ranula*, qui l'empeschoit à proferer sa parole, et à mascher et aualler ses viandes. Il me pria à iointes mains la luy ouurir, s'il se pouuoit faire sans peril de sa personne : ce que ie fis promptement, et trouuay sous ma lancette vn corps solide, qui estoient cinq pierres semblables à celles qu'on tire de la vessie. La plus grosse pouuoit estre d'vne petite amande, et les autres comme petites féues longuettes, qui estoient en nombre de cinq. En ceste aposteme estoit contenu vn humeur glaireux, de couleur iaunastre, en quantité plus qu'il ne pourroit entrer en quatre cuilliers d'argent. Ie le laissay entre les mains d'vn Chirurgien de la ville, pour paracheuer d'estre guari.

Monsieur de Fontaine, Cheualier de l'ordre du Roy, eut vne grande fiéure continue, pestilente, accompagnée de plusieurs charbons en diuerses parties du corps, lequel fut deux iours sans cesser de saigner du nez, et ne le pouuoit-on estancher : et par iceluy flux la fiéure cessa, auec vne tres-grande sueur, et tost aprés les charbons suppurerent : et fut par moy pensé, et par la grace de Dieu guari.

I'ay publié ceste Apologie, à fin que chacun connoisse de quel pied i'ay marché tousiours : et ne pense qu'il y ait homme si chatoüilleux qui ne prenne en bonne part ce que i'ay dit, puis que mon discours est veritable, et que l'effet monstre la chose à l'œil, la raison m'estant garand contre toutes calomnies.

LE LIVRE DES ANIMAVX,

ET

DE L'EXCELLENCE DE L'HOMME [1].

CHAPITRE I.

DE LA NATVRE DES BESTES BRVTES.

Les bestes brutes different grandement les vnes des autres, pource que leurs natures sont differentes [2]. Car des animaux les vns sont hardis, les autres timides, les vns farouches, les autres priués et comme ciuilisés, autres comme solitaires : aucuns sont armés de coquilles et escailles, comme le Crocodile et la Tortue, et plusieurs poissons : autres d'aiguillons et espines. Le cheual a l'ongle forte, et comme animal leger, superbe et courageux, il a esté pourueu et fait braue de ses crins : le corps du Lion, magnanime, hautain et cruel, est armé de dents et ongles.

Ce qui se voit au Taureau et Sanglier : car le Taureau a des cornes, et le Sanglier des dents descouuertes, comme naturelles armeures. Le Liéure, comme estant animal paoureux et craintif, a le corps desarmé, et totalement nud : mais en recompense, il est viste et soudain à la fuite : car aux animaux paoureux la vitesse leur est donnée, et aux hardis les armes. Il y a vne infinité d'autres proprietés admirables et de singulier artifice aux animaux, en sorte qu'il est impossible les comprendre et escrire [3]. Somme, les animaux ont chacun vne chose particuliere, comme le bœuf la force, le serpent l'astuce, la furie du taureau, la patience du mouton, la fierté du crapaud, la subtilité du renard, la stolidité de l'asne, la

[1] Ce livre, qui n'a nul rapport avec le reste de la Collection, et que j'en ai séparé par cette raison, avait été publié pour la première fois dans l'édition de 1579, où il formait le premier livre, placé entre l'Introduction et les Livres d'Anatomie. Il n'avait pas changé de place plus tard, et, sauf une phrase ajoutée dans la première édition posthume, il avait reçu sa forme définitive en 1585. Les changements opérés de la première à la seconde édition consistent dans quelques additions éparses, quelques suppressions par renvoi des articles au *Discours de la Licorne*, et enfin la division en deux du chapitre 20, ce qui a porté à vingt-six le nombre total des chapitres.

Je ne me suis pas beaucoup occupé de savoir où Paré avait puisé les matériaux de ce livre; il cite fréquemment nt Plutarque, Pline, et aussi Thevet. Il y avait joint les figures du *Succarath*, des *Lions conduits par la ville de Constantinople*, des *Dragons qui tuent les Elephans*, du *Herisson de mer*, du *Chameau d'Asie ayant deux bosses sur le dos*, et enfin du *Crocodile* : cette simple énumération expliquera suffisamment pourquoi j'ai retranché de l'édition actuelle ces tristes illustrations.

[2] Galien, *liu. 1. de l'Vsage des parties.* — A. P.

[3] Ce paragraphe se terminait là en 1579; ce qui suit a été ajouté en 1585.

cruauté du tigre, la douceur de la colombe, la preuoyance du fourmy, la negligence du tesson, la fidelité du chien, l'infidelité du mulet, la gloutonnie du loup, la sobriété du cameleon, la prudence de l'elephant, l'odeur de la ciuette, la puanteur du bouc, la docilité du barbet, la saleté du porc, la netteté de l'escurieu, la hardiesse du lion, la timidité du liéure, et plusieurs autres choses qui seront declarées cy aprés.

Si nous voulons contempler leurs façons de faire, nous trouuerons qu'elles sont doüées de certaines vertus naturelles en chacune affection de courage, en prudence, force, clemence, discipline. Elles se connoissent les vnes les autres, discernent entre elles, appetent les choses qui leur sont vtiles, fuyent le mal, euitent le peril, pouruoyent à l'aduenir, amassent ce qui leur est necessaire, presagent le beau et mauuais temps : elles ont monstré plusieurs choses aux hommes: elles ont vn sentiment exquis, elles chantent en musique, elles ont vne industrie et amitié à la conseruation de leurs petits, elles ont intelligence du pays où elles naissent, elles gardent vne singuliere chasteté, concorde et amour les vnes enuers les autres : elles sont armées pour combattre et se defendre, elles se laissent appriuoiser aux hommes, elles parlent et sifflent, elles connoissent la voix l'vne de l'autre, elles font entre elles comme vne petite republique : elles connoissent ce qui leur est bon ou mauuais, tant pour preseruer leur santé que pour se guarir elles mesmes : elles sçauent quelle diete il leur faut tenir, et de quelle viande elles doiuent vser, et quels remedes elles doiuent chercher contre leurs maladies : et si n'ont point

appris ceste science des hommes, mais au contraire elles ont appris en partie aux hommes. Ce qu'estant consideré de plusieurs anciens Philosophes, ils n'ont point eu de honte de disputer ou reuoquer en doute si les bestes brutes estoient participantes de raison : mesme le sage Salomon nous renuoye quelquesfois à leurs escoles, et Esaïe reproche aux Israëlites leur ingratitude enuers Dieu, leur proposant pour exemple le bœuf et l'asne qui reconnoissent leur maistre, mais Israël a mesconneu son Seigneur.

Pareillement Pline dit [1], que les hommes doiuent rendre graces aux bestes de plusieurs medecines et remedes qu'ils ont appris d'icelles : qu'ainsi soit, les cerfs nous monstrent que l'herbe nommée *Dictame* est bonne pour tirer les traits ou les pieces de fleches de celuy qui en est frappé, puis que les mesmes cerfs, quand ils en sont naurés, vsent de ce mesme remede. Aristote dit que les chéures sauuages de Candie font le semblable. La proprieté de l'herbe nommée *Esclaire* nous a esté enseignée par les hirondelles, et qu'elle estoit propre pour la veuë, voyant qu'elles en vsoient pour les yeux de leurs petits. Les serpents vsent de fenoil, et scillans les yeux en frottent les paupieres pour recouurer la veuë. La tortue mange de la sariette contre la morsure des viperes. La be-

---

[1] Pline, *liu. 8. chap. 27.* — A. P.

Voici le long article qui avait paru, en partie au moins, dans la préface de l'édition de 1575, et qui, ayant été reporté ici en 1579 avec de notables additions, avait disparu de la préface. On peut comparer le texte actuel avec la rédaction primitive que j'ai donnée en note, tome I, page 19.

lette mange de l'herbe nommée *Tapsus barbatus*, et s'en frotte tout le corps, se couchant et trainant par dessus. Les ours enuenimés pour auoir mangé des pommes de Mandragore, se guarissent en mangeant des fourmis : aussi aprés s'estre long temps veautrés, sortans de leur cauerne, mangent l'herbe appelée *Aron sauuage*, pour leur amollir le ventre, qu'ils ont eu tousiours dur et constipé pendant qu'ils ont esté en leur cauerne : et aprés s'en vont à vne fourmiliere, où ils se couchent, tirans la langue, de laquelle il degoute quelque humidité douce, la tenans tousiours tirée iusques à ce qu'ils sentent qu'elle soit couuerte de fourmis, lors qu'ils se sentent malades, puis les auallent pour se purger. Nous voyons ordinairement les chiens qui mangent de l'herbe nommée *Dent de chien*, pour se vuider par vomissement. Les pourceaux cherchent les escreuisses et les mangent, quand ils sont malades. Les ramiers, les merles, les perdrix, vsent de fueilles de laurier pour leur purgation : les pigeons, tourterelles et poullailles, pour se purger, mangent de la paritoire. L'ibis, semblable à la cicongne, nous a monstré l'vsage des clysteres, lequel, se sentant aggraué d'humeurs, estant au riuage de la mer, remplit son bec et son col d'eau marine, puis se seringue par la partie où il iette ses excremens, et peu de temps aprés se vuide et se purge. L'inuention d'abbatre les tayes des yeux, appellées cataractes, fut trouée par vne chéure qui auoit vne taye deuant la pupille, se frottant et gallant contre des espines, abbatit ladite taye de deuant la pupille, et par ce moyen recouura la veuë. L'hippopotame (qui est vn cheual de

la riuiere du Nil) nous a enseigné la phlebotomie, lequel, estant de nature gourmaud et glout, se sentant aggraué de plenitude de sang, se frotte contre les roseaux rompus les plus piquans, et s'ouure vne veine de la cuisse, pour se descharger tant que besoin luy est : puis se veautrant dedans la fange, s'estanche le sang. La tortue, lors qu'elle a mangé de la chair de serpent, mange de l'origan, autrement marjolaine sauuage.

Les anciens entre leurs secrets ont experimenté certaines choses qui resistent aux tonnerres et foudres, et entre les autres les plumes d'aigles portées en panache : aussi la ceinture de veau marin empesche que ceux qui l'ont n'en sont iamais atteints.

Or qui voudra raconter par le menu toutes les medecines et remedes que les bestes ont enseignés aux hommes, desquels Aristote et Pline, et autres semblables ont escrit, la chose seroit fort longue : car ils font un long recit des herbes et remedes qu'elles ont montrés aux hommes.

D'auantage, nos vestemens sont faits des leurs, comme peau, laine, poil, et sommes nourris de leur chair : la graisse, moëlle, os, et excremens nous seruent à nos infirmités, et guarison. Exemple des brebis. De la laine des brebis nous sommes vestus, laquelle estant blanche peut prendre toutes sortes de teintures : on en fait tapisseries, aussi fourrures, et autres choses. De leur peau on fait parchemin pour escrire, et toutes manieres de vestemens, et autres vsages à diuerses choses. Leur chair est tres-bonne et delicieuse à manger : de leur suif sont faits flambeaux, chandelles, onguens, et plusieurs autres choses : de leurs boyaux sont faites cordes seruans aux

III.

instrumens musicaux : leur decoction sert à faire clysteres et fomentations remollientes. Et quant à leurs crottes et vrines, il ne se trouve nul fiens plus excellent pour engraisser la terre. D'auantage, leurs os et moëlle seruent à faire fards pour embellir les femmes : mesmes leurs cornes seruent à faire produire des asperges en abondance, estans enterrées auec leurs racines. Et pour conclusion, les Brebis sont grandement profitables pour l'vsage des hommes. Il est escrit en l'Escriture sainte, qu'aucuns Roys furent bergers, gardans les oüailles en propres personnes, pour le profit et excellence de ces bestes : comme Abraham, Isaac, Iacob, Laban, Moyse, Dauid, et autres.

CHAPITRE II.

DV PROGNOSTIC DES ANIMAVX.

D'auantage les animaux, tant terrestres qu'aquatiques et volatilles, ont donné aux hommes la connoissance de la mutation du temps : s'il doit faire vents, pluyes, orage, et tempeste, froidure, gelée, gresle, ou beau temps : comme nous voyons les beliers et aigneaux, lors qu'ils s'entreheurtent et choquent l'vn contre l'autre, corne à corne, les pieds en l'air, auec le petit sault leur corps esbranlant, signifient changement de temps. Le pareil nous est demonstré par le bœuf, quand il se leche contrepoil, et hausse le mufle vers le ciel, et mugit, et fleure la terre, et s'efforce de manger auidement. Aussi quand les fourmis, plus dru et en plus grand nombre que de coustume, s'entrerencontrent l'vne l'autre

comme estourdies, elles denotent la pluye soudain aduenir. Si les taupes besongnent en terre plus que de coustume, et la rompent en pieces bien menues, c'est signe de pluye. Si le chat passe sa patte par dessus le col, comme s'il se peignoit, c'est signe infaillible de pluye.

Les poissons ont aussi vne merueilleuse proprieté à sentir la mutation du temps : quand en temps serain se iouent sus l'eau, en se lançant au dessus, signifient pluye. Quand les dauphins et marsoüins sautent, et se descouurent sur l'eau, c'est signe de grand orage et tempeste sur la mer : ce que voyans, les mariniers moüillent l'ancre, et donnent ordre à leurs vaisseaux. Quand on voit les orties de mer nager sur l'eau, c'est signe de tempeste : ils sont de couleur de cristal reluisant, auec du pers meslé, de substance si fragile qu'à peine en peut-on tirer d'entiere de la mer. Si on en frotte vn baston, il reluit de nuit, comme si c'estoit vne torche allumée, qui est chose admirable. Quand aussi la grenoüille chante et crie plus haut que de coustume.

Les oiseaux ne sont frustrés de ce priuilege : car on peut autant ou plus parler d'eux à ce propos, que de toutes les bestes. Si les grues volent en l'air sans faire bruit, c'est signe de beau temps : si elles crient et vont sans ordre, c'est signe contraire. Quand les oiseaux aquatiques sortent de la mer, et viennent assez auant sur terre, c'est signe de pluye et grande tempeste. Si la cheueche chante beaucoup en temps de pluye, denote que le temps se veut esclaircir, et au contraire, si elle chante en beau temps, c'est signe de pluye. Plutarque dit que quand le corbeau chante en voix enroüée, et qu'il se bat des ailes, c'est signe de vent et de tempeste. Quand les poulles et autres oiseaux domestiques se battent des ailes, sautent en chantant, c'est signe de pluye et de grands vents. Quand les oyes, canes et canars, se baignent volontiers, et s'espluchent, et dressent leurs plumes auec le bec, et ensemble jargonnent, c'est signe de pluye. Si les irondelles volent si prés de l'eau et de la terre qu'elles frappent contre, cela denote que tost il pleuura : aussi quand elles volent haut en l'air en s'esbattant, cherchans les mousches, cela signifie beau temps. Le petit roytelet, se resioüyssant plus que de coustume, sautelant et plaisamment chantant, denote la pluye aduenir. Lors que la pye crie et se tempeste prés des hayes ou buissons, demonstre qu'elle voit le loup, ou renard, ou quelque serpent. Si le coq chante incontinent aprés le soleil couchant (comme l'on dit entre chien et loup) outre sa coustume, et que sa voix soit enroüée, c'est signe de pluye. Si les mousches et puces mordent et piquent, et aiguillonnent plus que de coustume, c'est signe de pluye. Quand le heron vole fort haut, il denote beau temps, et s'il vole prés de l'eau en criant, il presage de la pluye. Lors que les pigeons se retirent au soir en leurs colombiers plus tard que de coustume, c'est presage de vent et pluye. Les milans fuyent l'air infect et pestilent, et le quittent, de sorte qu'il n'y a rien si certain qui monstre la serenité et bon air, que les lieux où les milans habitent. Pareillement autres oiseaux laissent leurs œufs et leurs petits, et s'enfuyent.

Quand les chauue souris volent au vespre, plustost que de coustume, et en plus grand nombre, c'est signe de chaleur et de beau temps pour le iour suiuant.

Le crocodile fait ses œufs iustement à la hauteur que la riuiere du Nil doit desborder et couurir la terre, de façon que le paysan qui premier les treuue de fortune, sçait et predit à ses compagnons iusques où le fleuue doit monter et desborder l'esté ensuiuant : mesurant et compassant iustement ce qui doit estre couuert d'eau, à fin que luy sans estre baigné puisse couuer ses œufs Or cela est plus vne preconnoissance de ceste beste, procedante de diuination, que de ratiocination, chose digne d'admiration.

Nous dirons en passant, quand la lune est rouge, signifie vents : palle, signifie pluyes : claire, beau temps. Et aussi qu'en la pleine lune ne faut couper le bois pour bastir, mais en la declinaison : et si on le fait, il se rend vermoulu et pourri [1].

CHAPITRE III.

DE L'ARTIFICE ET INDVSTRIE DES ANIMAVX.

Les poissons de la mer en general, toutes et quantes fois qu'ils sentent les flots ou tempestes venir, ils se chargent d'arene, à fin qu'ils soyent plus fermes, et qu'ils ne soyent si facilement transportés et agités par la tempeste suruenante. Autres se mussent en certaines cauernes et trous des rochers. Et quant à ce que les poissons nagent contre le fil de l'eau, cela aduient à fin que les ondes

[1] Ce dernier paragraphe, qui sort un peu de l'objet du Livre, est une addition de 1585.

et vagues ne leur leuent et rebour-
sent leur escaille et ouye, lesquelles
répliées ne pourroient aucunement
respirer : et par ainsi l'eau, venant
par la partie de deuant, leur serre
les ouyes, et applanit leur escaille,
qui fait que plus facilement ils nagent.

Le semblable est des grues, lesquelles volent contre le vent à fin
qu'iceluy ne souffle par le derriere
leurs plumes, qui seroit cause, estans
ainsi escartées, de rendre leurs corps
nuds et descouuerts, ce qui les empescheroit de voler.

CHAPITRE IV.

DE L'INDVSTRIE ET ARTIFICE DES OISEAVX A FAIRE LEVRS NIDS.

L'industrie et artifice, laquelle tous
les oiseaux ont à faire leurs nids, est
faite tant proprement, qu'il n'est
possible de mieux : tellement qu'ils
surpassent tous les maçons, char-
pentiers, et edificateurs : car il n'y a
homme qui sceust faire edifice plus
propre pour luy et pour ses enfans,
que ces petits animaux les font pour
eux, tellement que nous en auons vn
prouerbe, que les hommes sçauent
tout faire, sinon les nids des oiseaux.
Et ont cest artifice, qu'ils les garnissent de plume, laine, ou d'autre matiere molle, comme s'ils leur prepa-
roient vne coulte ou vn matelas pour
les loger plus à leur aise. L'irondelle
fait son nid en figure spherique et
ronde, laquelle figure est plus ferme
et contient plus que toute autre : et
les le bastissent de fange et petits
fetus, comme s'il estoit de ciment et
de chaux. Les oiseaux qui font leurs
nids sus les arbres, eslisent les branches sur lesquelles font leurs nids,
comme sur vn fondement bien asseuré, et qu'ils puissent estre bien
couuerts [1]. Or pendant que la femelle
est empeschée à couuer ses œufs et à
faire ses petits, le masle luy sert à
son tour, pour donner loisir à la femelle d'aller querre sa vie : et quand
ses petits sont esclos, le masle et la
femelle ensemble ne cessent iamais à
leur porter viande, l'ostant de leur
bec, l'espargnant pour leur bailler :
qui est cause qu'ils ne sont trop gras
lors qu'ils les nourrissent, pour le
grand soin qu'ils en ont, ne les abandonnans iusques à ce qu'ils mangent
d'eux-mesmes.

I'ay en ma maison assez bonne
quantité de passereaux qui font leurs
nids en certains pots de terre : et lors
que leurs petits sont grandelets et
couuerts de plume, i'en fais denicher
et mettre en vne cage pour le plaisir
de mes amis et de moy, à voir que le
pere et la mere les viennent appasteler, et quand il y en a vn qui ja a receu sa becquée, et neantmoins qu'il
se vienne representer ouurant le bec,
le pere et la mere le laissent, connoissans ceux à qui il en faut bailler : et
ainsi font leur distribution, comme il
appartient, selon l'ordre et regle de
iustice distributiue. I'ay fait mettre
vn passereau estranger auec les autres de mesme aage, pour connoistre
et sçauoir si le pere et la mere des
autres auroient cure de l'appasteler :
veritablement non, mais au contraire
le laissoient mourir de faim, neantmoins qu'il ouurist le bec comme les
autres legitimes.

On voit aussi les petits chéureaux
et aignelets, estans aux champs en

[1] Aristot. de Animal., liu. 6. ch. 8. — A P.

grand nombre, que chacun reconnoist sa mere, neantmoins qu'elles sont vestues toutes d'vne couleur : pareillement la mere ne permettra vne autre l'allaicter.

Le chéurean, l'aigneau, le poulain, et semblables animaux, si tost qu'ils sont nés, d'eux-mesmes cherchent et courent aux mammelles de leurs meres, sçachans naturellement que là est leur nourriture : et deuenus grands, ils choisissent de mille diuerses plantes en vn terroir et pasturage, celles qui leur sont p:opres pour les alimenter [1].

fil, ou aux nœuds indissolubles de la toile sans filamens, estant comme vne peau deliée et gluante, comme s'il y auoit de la colle. Finalement on ne croiroit iamais qu'elles fussent tant bien enseignées à retirer leurs filets, et le gouuernement de leurs ouurages : tellement que s'il y a quelque mousche ou autre proye prise à leurs filets, la sentent, et tout en vn moment retirent leur toile, et courent sus comme vn chasseur bien experimenté : ce que si ne le voyons tous les iours deuant nos yeux, on penseroit que ce fust fable.

CHAPITRE V.

DE L'ARTIFICE DES ARAIGNÉES.

L'araignée fait sa toile d'vn merueilleux artifice, trauersant maintenant d'vn costé, et maintenant de l'autre, empoignant tout ce qui luy peut seruir pour l'estendre et attacher. Et encore qu'on rompe et desface souuent son ouurage, et qu'on la dechasse d'vn costé ou d'autre, ce neantmoins elle n'est point tant craintiue qu'elle desloge de son logis pour cela, mais tousiours retourne à sa besongne, de sorte qu'on ne luy en sçauroit tant desfaire et gaster, qu'elle n'en reface et raccoustre, faisant tousiours ouurages nouueaux, et ce d'vn merueilleux artifice : tellement que les tisserans et lingeres, tapissiers et brodeurs, passementiers, pescheurs, veneurs, viennent à l'escole pour apprendre d'elles à faire leurs ouurages et rets, soit qu'on regarde à la perfection et subtilité du

CHAPITRE VI.

DES MOVSCHES A MIEL.

Ie ne veux laisser en arriere la prudence des mousches à miel : c'est qu'elles font entre elles comme vne petite republique, elles ont vn Roy, lequel est plus beau, plus gros et fessu deux fois que les autres mousches : il a les ailes courtes et les iambes droites, vn marcher plus graue que les autres, ayant vne tache au front qui luy sert de diadesme ou de couronne, qui est le signal royal d'authorité et de maiesté : il est plus poli que les autres mousches à miel. Elles ont vn aiguillon pour leurs armes et defenses, toutesfois le Roy n'en a point, ou pour le moins il n'en vse point : lors qu'il marche, il a sa garde qui l'enuironne, et toute la troupe le suit : il ne sort point de la ruche sinon quand tout son regiment doit sortir, ce qu'on connoist par le bruit qu'elles font dedans la ruche, bruyans et bourdonnans comme trompes et tabours, pour annoncer qu'il faut debusquer pour aller aux

champs. Chacune d'elles desire estre
pres le Roy, et s'il est las, le portent,
et en quelque part qu'il s'arreste, tout
le ietton s'arrestera et se campera.
S'il meurt, toutes sont tristes et mornes, et ne sortent point dehors pour
aller en queste, mais s'assemblent à
l'entour de son corps, puis le portent
dehors, et luy font compagnie comme
és funerailles, et l'enseuelissent en
terre : cela fait, en eslisent vn autre
promptement, car elles ne peuuent
viure sans Roy. Il a l'œil par tout, ce
pendant que toutes les mousches trauaillent, leur donnant cœur, volti-
geant autour de la besongne, comme
s'il vouloit exhorter les ouuriers.
Aprés qu'elles ont trauaillé, si elles
veulent sortir dehors, elles eslisent
vn temps propre, car veritablement
elles preuoyent et sentent les pluyes,
vents et tempestes, lors qu'ils doiuent venir. Elles ont cesté iustice et
equité, que sus les champs iamais ne
font mal aux animaux, tels qu'ils
soyent, et ne piquent aucun de leur
aiguillon, sinon pour la defense de
leur maison : et peut-on dire qu'elles
ont quelque portion de l'esprit diuin[1].

CHAPITRE VII.

DV GOVVERNEMENT DES MOVSCHES A MIEL.

Elles se gouuernent en leur fait
comme s'ensuit : de iour elles font
faire le guet à la porte, et reposent
de nuit iusques à ce qu'vne les re-
ueille auec deux ou trois sons de leurs
bourdonnemens, comme d'vne trompette qui leur commande ainsi qu'en
vn camp : lors s'assemblent pour voir
s'il fera beau temps : et s'il fait beau,
sortent et s'en vont en queste. Les
vnes apportent les fleurs à leurs pieds
et cuisses, les autres de l'eau en leur
bouche : les autres qui ont encore
quelque menu poil, apportent l'eau
sur leurs corps en forme de petite
rosée. Et ainsi chargées entrent dedans la ruche, où promptement il y
en a qui les deschargent, puis les
distribuent aux lieux et places à ce
ordonnées. Or celles qui vont aux
champs, sont les plus ieunes et menues : que si de fortune estans dehors
il s'esleue vent, attendent qu'il soit
passé pour estre plus aisément conduites. S'il dure trop et qu'il leur soit
contraire, se chargent d'vne petite
pierre de peur d'estre emportées, et
volent bas contre la terre.

Elles sont fort vigilantes en leurs
affaires, et ont l'œil sur celles qui
sont faitardes et ne font rien, et
quelquesfois les chastient iusques à
la mort. Les vnes bastissent, les autres polissent, autres apportent viures. Elles commencent à bastir en
leurs ruches, en voute, d'vn artifice
merueilleux, depuis le bas iusques
en haut du plancher, laissans deux
limites, l'vne pour l'entrée et l'autre
pour la sortie : et viuent toutes ensemble, à fin qu'il n'y ait inegalité
entre elles, ny en viandes, ny en trauail. Elles tiennent leur manoir fort
nettement, iettans toutes ordures
dehors : et ont vne chose encore digne d'estre bien notée, c'est qu'elles
chassent de leurs ruches les bourdons
et les abeilles bastardes, qui ne leur
seruent de rien sinon à manger leur
miel et à gaster leur ouurage, et partant elles les chassent et les tuent
comme leurs ennemis. Celles qui ont

---

[1] Ces derniers mots : *et peut-on dire*, etc.,
ont été ajoutés en 1585.

perdu leur aiguillon, sont du tout inutiles, et peu aprés leurs entrailles sortent et meurent. Elles sont de grand profit à leurs maistres, leur laissans cire et miel.

Aristomachus philosophe dit en auoir nourri cinquante huit ans, auec tres-grande diligence, pour connoistre tout ce qu'elles faisoient, et dit qu'elles sont compagnables et associables ensemble de leur nature[1].

CHAPITRE VIII.

DES FOURMIS.

Les Fourmis ne sont pas de moindre admiration que les mousches à miel, en leur industrie, prudence et diligence, de sorte que Salomon n'a pas eu honté d'enuoyer les paresseux à l'escole d'icelles. Or ce seroit chose incroyable si n'en auions l'experience pour tesmoing, que ces bestioles tant petites puissent amasser les biens qu'elles amassent pour leur prouision, et tenir entre elles vn tel ordre qu'elles tiennent. Pline dit qu'il y a entre elles ordre de republique, memoire, soing et cure[2]. N'est-ce pas vn passetemps de leur voir mordre les fruits qu'elles veulent porter? s'ils sont trop gros, elles se tournent en arriere, et s'appuyent contre leurs espaules, et les poussent de leurs pieds. Et à celle fin que les semences qu'elles cachent en terre ne puissent germer et reprendre, elles les rongent auant que les mettre en leurs greniers. Et si les grains sont trop gros, et qu'ils ne puissent facilement

entrer par leurs trous, elles les partissent par le milieu : et s'ils sont mouillés de pluye, elles les mettent dehors et les font seicher. Elles labourent de nuict quand la lune est pleine, et cessent au defaut d'icelle, en quoy elles monstrent qu'elles entendent quelque chose en Astronomie. Mais en leurs œuures, quel labeur et quelle diligence y a-il? Et pourtant qu'elles amassent leur prouision de diuers lieux, et que l'vne ne sçait rien de l'autre, Pline tesmoigne qu'elles ont certains iours de foires pour se connoistre l'vne l'autre. Vn chacun peut penser quelle course et quelle diligence il y a entre elles. Mais qui les contempleroit, ne diroit-il pas qu'elles parlent ensemble et qu'elles interroguent et respondent l'vne à l'autre? Ne voyons-nous pas les pierres et cailloux rongés et engrauées en leur chemin, de la trace de leurs pieds, et le sentier qui est fait par leur œuure? En quoy nous pouuons bien connoistre combien la diligence et exercice valent et peuuent en vne chacune chose : car si les pieds tant petits que ceux des Fourmis, vsent et cauent les pierres par force et par continuation d'aller et de venir, que peut le continuel labeur des hommes?

Mais outre tout cecy, il est encore escrit d'elles qu'elles s'ensevelissent les vnes les autres, comme les hommes. Plutarque s'accorde en ce que Pline en a escrit[1], mais aussi il monstre mieux en special et par le menu, les grandes vertus qui sont en celles petites bestes, desquelles il parle ainsi.

« Mais comment est-il possible de parler assez dignement de la disci-

---

[1] Ces derniers mots : *et dit qu'elles sont compagnables*, etc., sont une addition de 1685.
[2] Pline, *liu.* 11 et 30. — A. P.

[1] Pline, *liu.* 10 et 30. — Plutarque, *in Opuscule.* — A. P.

pline et industrie des Fourmis? si n les faut-il pas passer sans en parler aucunement : Nature n'a point de plus grand miroir des grandes et excellentes choses : car en iceluy reluit le signal de toute vertu, comme en vne pure gouttelette. Ceste communication qu'elles ont entre elles, est l'image d'amitié : ceste force et allegresse qu'elles ont aux trauaux, est vne image de force et magnanimité : somme, elles ont beaucoup de semence et de tesmoignage de temperance, et de prouidence, et de iustice : chacun peut connoistre leur beneuolence lors qu'elles se rencontrent, quand celles qui sont vuides font place aux chargées, à fin qu'elles passent à leur aise : quand aussi elles partissent en beaucoup de pieces vn fardeau trop pesant, ou à porter ou à trainer : semblablement quand elles mettent les grains au soleil pour les fairé seicher, lors qu'ils sentent qu'ils se nyellent, ou fletrissent, ou pourrissent. Et encore d'abondant le soing qu'elles ont que leurs grains ne germent, surpasse tout entendement : car elles rongent le nombril du grain, qui est la partie par laquelle il iette le germe, le chastrant long temps deuant On dit que la premiere descente et entrée de leurs cauernes n'est pas droite, à fin qu'il n'y eust point d'autres bestes qui y peussent aller, mais qu'elle est tortue, auec de grands retours et circuits, ayans plusieurs sentiers de trauers, lesquels se rendent en trois cauernes : l'vne est celle là où elles font leur assemblée et parlemens : l'autre où elles retirent leurs prouisions de toute l'année : et la tierce est le cimetiere des morts. D'auantage iamais ne font mal les vnes aux autres, et viuront cent mille ensemble en leurs petites cauernes de

terre : et deux hommes le plus souuent ne peuuent viure en paix dans la republique. »

Voila ce qu'en escrit Plutarque.

Les mousches à miel, les fourmis, et d'autres animaux recueillent pour l'hyuer, et semblent auoir quelque ombre de raison : mais ce qu'elles font n'est seulement que par vn instinct naturel, et non par prudence. Les bestes appellées insectes sont comme fourmis et autres petites bestioles, pource qu'elles ont des incisions, taillades ou decouppures par dessus le dos ou par dessous, ou en tous les deux, qui sont accouplées et coniointes d'vn petit filet creux, selon Pline et Aristote[1].

CHAPITRE IX.

DES VERS QVI FONT LA SOYE.

Nous pouuons aussi adiouster à ces bestes les vers qui font la soye, desquels les Philosophes ont escrit merueilles, à sçauoir de la maniere de faire leurs nids, et de leurs laines et toilles, desquelles elles font braues les Roys, Roynes, et autres hommes et femmes. Mais qui est celuy qui ne se doiue grandement esmerueiller de l'industrie et entendement qui sont en ces petites bestioles? La prouidence de Dieu se monstre en la nature qu'il a donnée aux animaux : elle se manifeste encore mieux en ce que les plus petits d'entre eux sont ceux ausquels il a plus donné d'industrie et de prudence, à fin que par icelle ils puissent recompenser la force qui leur defaut.

[1] Ce dernier paragraphe est une addition de 1585.

CHAPITRE X.

DE L'INDVSTRIE DES ANIMAVX, ET DE LA CONSERVATION ET AMITIÉ QV'ILS ONT, ET PRINCIPALEMENT DE LEVRS PETITS.

Les animaux portent vne extreme amitié enuers leurs faons ou petits : que souuent elles se pourroient sauuer et eschapper en fuyant le chasseur qui les veut prendre : mais s'il faut par ce moyen abandonner leurs petits, elles aiment mieux estre mises en pieces que les perdre et laisser en arriere. Et la saison qu'elles sont plus furieuses, c'est alors qu'elles les nourrissent.

Plutarque dit que toutes les bestes en general aiment ardemment ce qu'elles engendrent, et le nourrissent soigneusement, et ont vne affection et finesse singuliere en telle matiere. Et quant à l'industrie de conseruer leurs petits, les perdrix vsent en cela d'vne grande finesse : car tandis que leurs petits ne peuuent encore voler pour leur ieune aage, elles les accoustument à se coucher sur le dos, et à se couurir de mottes de terre comme de quelque couuerture. Quand les chasseurs sont prés d'elles, elles les menent d'vn autre costé, et tournoyent et volent comme à peine, et font semblant qu'elles ne peuuent plus courir, et se feignent ainsi iusques à ce qu'elles ayent retiré les chasseurs loing de leurs petits. Voila donc vne grande finesse, coniointe auec vn amour et vn grand soing enuers ses petits.

Ce que nous lisons des liéures à ce mesme propos n'est moins digne d'admiration : car les liéures se voulans re-tirer à leurs gistes, menent leurs petits l'vn à vn lieu et l'autre à vn autre : et quelquesfois ils les separent l'vn de l'autre bien d'vn arpent de terre, à fin que si d'auenture il suruient vn homme ou vn chien, ils ne soyent pas tous en vn mesme danger. Et puis aprés auoir bien traquassé et voltigé, et imprimé force traces de leurs pieds, faisant vn grand saut, ils se retirent de là, et vont en leurs gistes.

Or si le liéure est fin et caut pour la garde de ses petits, le herisson ne l'est pas moins, non seulement pour nourrir ses petits, mais aussi à se sauuer luy-mesme, et pource oyez ce que Plutarque en a escrit.

« Quand le renard poursuit le herisson, il s'enroulle dans ses espines, ainsi que la chastaigne est cachée en sa coquille ou escorce, et par ces moyens il se tient là caché en embuscade, sans pouuoir estre nullement blessé. Mais le soing et la prudence de ses petits est encore plus digne d'admiration. Il s'en va aux vignes au temps des vendanges, et auec ses pieds il abbat en terre les grains des raisins : puis il roulle par dessus et les pique de ses espines. »

Plutarque qui en a escrit ainsi introduit vn personnage auoir veu cela de ses yeux. Et pource il dit : « Il me souuient que quelque iour nous en vismes vn que nous estimions que ce fust vn raisin qui cheminast, tant il estoit chargé de graines. Quand il est entré en sa cauerne, il en met vne partie pour ses petits et retient l'autre pour soy. Il fait le semblable des pommes, poires, et autres fruits, et sçait bien choisir les meilleures et les plus meures, se roullant dessus, et en porte tant qu'il peut, et si peu qu'il luy plaist. »

Il se trouue en la Floride vne sorte

de beste, laquelle, tant pour sa rarité que deformité, ie n'ay voulu obmettre en ce traité, en ayant pris le portrait de Theuet, liure 23, chapitre 1. Tome 2. de sa *Cosmographie* Elle est nommée de ce peuple *Succarath*, et des Canibales *Su*. Cest animal là plupart du temps fait sa residence au riuage des fleuues, et est rauissante et d'vne façon fort estrange, telle que la voyez figurée. Si elle est poursuiuie, elle prend ses petits sur son dos, lesquels elle coûure de sa queuë, qu'elle a assez longue et large, et se sauue à la fuite. Toutesfois les Sauuages pour la prendre font vne fosse dedans laquelle elle tombe, sans se douter de telle embuscade.

Entre les animaux, la nature pese autant d'vn costé que d'autre, quant au courage et à la hardiesse : et ne cede point là femelle au masle, soit à supporter les trauaux pour le recouurement des viures, soit à combattre pour la defense de leurs petits.

Les biches font ordinairement leurs faons prés des grands chemins, pource que les bestes rauissantes, qui viuent de proye, n'y hantent pas communément.

CHAPITRE XI.

LE TEMPS QVE LES ANIMAVX S'ACCOVPLENT ENSEMBLE.

La prime-vere les animaux sont espris du desir de s'accoupler : car alors sont excités à mettre hors la concupiscence generatiue, ne plus ne moins qu'elle fait la seue, et les boutons des arbres et herbages, à fin de perpetuer leur semblable. Les layes attirent leurs sangliers, et les

chéures leurs boucs, et autres femelles leurs masles, par leurs propres odeurs : les oiseaux s'entrefont l'amour des ailes et du bec, les autres par leurs chants et voix diuerses s'entre-appellent chacune en leur iargon, s'entre-faisans caresses, se reiouïssans pour l'esperance qu'elles ont de s'accoupler, monstrant par cela que Nature les incite à ce faire. Ce qu'on voit aux grenoüilles, qui commençans à entrer en amour s'entre-appellent auec vn chant de nopces, d'vne voix amoureuse : puis quand le masle a fait venir sa femelle, ils attendent à s'accoupler de nuit, pour-ce que dedans l'eau elles ne peuuent habiter ny auoir compagnie l'vne de l'autre, et sur la terre elles craignent le iour qu'on ne les trouue liées ensemble : mais quand la nuit est venue, elles sortent de l'eau seurement où elles s'entre embrassent. Cela vient de la sapience diuine, qui a donné aux animaux se garder d'estre frappés, blessés ou tués, autant qu'il leur est possible.

Aelian dit que si là lionne a eu compagnie d'vn autre lion, son masle le connoist à l'odeur, et la chastie et bat cruellement.

Aucuns animaux font plusieurs petits, les autres n'en font iamais qu'vn seul en leur vie, comme l'elephant, lequel neantmoins vit deux ou trois cens ans.

CHAPITRE XII.

DE L'AMOVR ET CHARITÉ DES OISEAVX ET CHIENS.

La cicongne nourrit son pere et sa mere en leur vieillesse, et les petits sçachans bien voler aident aussi et supportent ceux d'entre eux qui ne peuuent encore bien voler. Et par ainsi ils ne sont pas seulement humains enuers leurs peres et meres, mais aussi entre eux, comme freres et sœurs les vns enuers les autres.

La poulle porte vne si grande affection à ses petits poussins, qu'elle les congrege et assemble, les gardant sous ses ailes, et s'il vient vn chien, ou vn loup, ou vn ours, qui sont de terribles bestes au prix d'elle, pour en empoigner vn, elle sautera contre eux, voire et fust vn homme armé de toutes pieces, pour les defendre, sans auoir esgard à sa vie, ny au danger auquel elle se met : autant en font toutes les autres bestes.

Il se faut esmerueiller de la loyauté que le chien tient à son maistre, et de l'affection qu'il a enuers luy, et de la memoire et nourriture qu'il en a receu : car iamais il ne l'abandonne, et quelque desplaisir que son maistre luy face, encores qu'il luy donnast cent coups de baston, si ne le peut-il delaisser qu'il ne retourne tousiours vers luy. Il n'y a beste qui connoisse si bien son maistre, encores qu'il aye esté long-temps sans le voir, il le reconnoist tousiours. Il entend la voix des domestiques. Le commun de tous chiens est de garder la maison, et abbayer aux estrangers, et estre mauuais aux pauures mal-vestus. Et s'il est question de trouuer des gardes bien seures, on n'en pourra pas trouuer de plus certaines que celles des chiens. Et pourtant Ciceron leur fait cet honneur, qu'il les appelle garde fidele par dessus tous autres animaux. Il a vn sentiment exquis, par lequel il connoist à la trace son maistre, et la proye. Aucuns chiens ont demeuré long-

temps sur le tombeau de leur maistre, tousiours hurlans piteusement, sans qu'ils en peussent estre dechassés, ne voulans manger ny boire.

Pline recite [1] qu'vn chien ne departit iamais prés du corps de son maistre, qui auoit esté executé par iustice, iettant de tristes hurlemens, enuironné d'vn grand cerne de peuple romain : et quelqu'vn luy ayant ietté de la viande, ce chien la porta à la bouche de son maistre. Puis quand on eut ietté le corps dedans le Tibre, le chien se mit à nager, essayant de le sauuer et soustenir : dont le peuple Romain fut grandement esmerueillé de la fidelité de ceste beste [2].

On lit plusieurs histoires de la fidelité des chiens, qui seroient icy trop long-temps à reciter. Ils abbayent et clabaudent oyans le bruit des trompettes, et le cry des asnes et autres grands bruits, et ce clabaudement et abbayement leur est vn pleur pour l'impatience de leur ire.

Le cheual semblablement connoist son maistre, ce que Plutarque a laissé par escrit du cheual d'Alexandre, nommé Bucefal : quand il estoit nud, enduroit bien que le palfrenier montast à poil dessus luy : mais quand il estoit paré de ses harnois royaux, et de ses riches couleurs, il n'en souffroit pas vn seul monter sur luy, qu'Alexandre tout seul, et si d'autres s'efforçoient y monter, il leur couroit sus, en ronflant et hennissant, et se cambroit sous eux, et les fouloit aux pieds, s'ils ne se hastoient bien tost de se retirer arriere et s'enfuir.

Combien que la colombe soit des

[1] Liure 8, ch. 40. — A. P.
[2] Cette histoire, empruntée à Pline, a été intercalée ici en 1580.

bestes bien fertiles, toutesfois tant le masle que la femelle garde vne singuliere chasteté, concorde et amour, et charité l'vn enuers l'autre, et ne commettent point d'adultere, et ne violent point la foy en leur mariage : si la femelle a vn masle difficile et fascheux, elle le supporte neantmoins en toute patience : aprés le courroux ils se flattent et baisent, en faisant paix, et retournent l'vn auprés de l'autre. Ils sont d'amour egale enuers leurs petits.

Les tourterelles en font autant, et d'auantage : car en signe de viduité, iamais ne couchent sus branche verte, aprés qu'elles ont perdu leur party, et demeurent en perpetuelle viduité, sans prendre autre party. Ils ont vn amour mutuel et reciproque.

CHAPITRE XIII.

DE LA FORCE DE L'ELEPHANT, DE SA RELIGION, DOCILITÉ, CLEMENCE, BONTÉ, CHASTETÉ, VENGEANCE DES MAVX QV'ON LVY A FAITS, ET RECONNAISSANCE DES BIENS.

Il ne se trouue beste terrestre plus grande, plus puissante, ny espouuantable que les elephans. Car il faut qu'ils soyent merueilleusement puissans et robustes, quand ils peuuent porter en bataille de si gros edifices et de si grosses tours de bois pleines de gens d'armes, qui combattent en icelles. Et qu'ils soyent espouuantables, quand ils viennent equippés en tel ordre, il appert par la peur et frayeur que l'armée des Romains en eut, lorsqu'Antiochus le Roy de Syrie commença premierement à les amener en bataille contre eux. Car les gens d'armes, qui n'auoient iamais veu tels monstres, conceurent grande frayeur de voir tels animaux, qu'ils ne sceurent faire que se mettre en fuite.

•Depuis, les Indiens auoient de coustume en la guerre de lier au bout de la trompe desdits elephans vne espée longue de deux coudées, auec laquelle estant chassés tuoient leurs ennemis. Ils mettoient pareillement des bats, qu'ils lioient de chaisnes de fer sous le ventre, et dessus mettoient vn chasteau de bois, en maniere de tours, où quatorze hommes estoient debout, et batailloient de toutes sortes de leurs armes et bastons. Mais depuis, sçachans leurs ennemis que les elephans craignent le feu, ceste façon est abolie, à cause des bastons à feu qu'ils ont, et aussi des torches allumées qu'ils presentent aux elephans, desquels ils sont tant espouuantés, qu'ils font plus de mal à leurs maistres en s'enfuyant, qu'ils ne font aux ennemis en bataillant.

Ce neantmoins tant estranges bestes qu'ils soient, c'est vne chose incroyable des vertus que les philosophes leur attribuent, et les choses qu'ils en racontent. Pline dit [1] qu'ils approchent fort des sens humains, et qu'ils ont quelque intelligence du langage du pays auquel ils sont nés, et qu'il y a vne grande obeïssance en eux en ce qui leur est commandé, ayans memoire des seruices et offices qu'ils ont accoustumé de faire : mais qui plus est, bonté et clemence se trouuent entre eux. Quant à la religion, Plutarque a escrit qu'ils font prieres aux dieux immortels : car de leur bon gré ils se purgent et lauent en la mer, et adorent le Soleil leuant,

[1] Pline, liu. 8. ch. 1. — A. P.

auec vne grande reuerence , leuans leur trompe en haut vers le ciel au lieu des mains. Et Pline à ce mesme propos tesmoigne qu'ils font honneur et reuerence, non seulement au Soleil, mais aussi à la Lune et aux estoiles : et aprés auoir fait leur adoration , ils s'en retournent aux bois, et portent deuant eux leurs petits ou faons qui sont las. Les Arabes en font bon tesmoignage, qui voient ordinairement la grande quantité d'elephans à la nouuelle Lune descendre à grands troupeaux aux riuieres , où ils se lauent et baignent : et aprés qu'ils sont purifiés , ils se mettent à genoux , et font leur adoration , puis s'en retournent aux bois, et le plus ancien conduit la troupe , et celuy d'aprés les assemble.

On dit aussi qu'on a trouué que de nuit pensoient à ce dequoy auoient esté chastiés de iour. Plutarque tesmoigne qu'il est tout certain, que comme aucuns elephans eussent esté instruits à Rome longtemps deuant, pour apprendre à faire des tours merueilleux , et difficiles à refaire , on en trouua vn ayant l'entendement plus dur que les autres, et pour ce il estoit hay de tous les autres et battu souuent, par-ce qu'il ne pouuoit retenir tels tours de passe-passe , lequel toutesfois les repetoit à par-soy , et s'efforçoit les faire de nuit à la Lune. Adrianus recite auoir veu vn elephant, lequel ayant deux cymbales pendues aux oreilles, les touchoit d'accord alternatiuement de son museau (ou trompe) et dansoit selon la mesure de l'accord, et les autres le suiuoient en dansant comme luy.

Les Elephans portent leurs petits deux ans en leurs matrices, pour la grande corpulence de leurs corps,

parce qu'vn gros fruit n'est si tost meur qu'vn petit [1]. Ils sont de nature tant amiables et pitoyables, que iamais ne font rien à personne, si on ne les y prouoque. Iamais le masle et la femelle ne se connoissent ensemble qu'en secret , à cause de honte qu'ils ont. On tient qu'ils ont si bon entendement, qu'ils n'entreront iamais en vn nauire, pour passer la mer et estre menés en pays estrange , que leur gouuerneur n'aye promis et iuré les ramener en leur pays. Aussi estans irrités , ils chargent les hommes sur leurs cornes, et les iettent si haut , que deuant qu'ils tombent ils sont estouffés et morts. Nous parlerons encore de la nature des Elephans cy aprés au liure des Monstres [2].

CHAPITRE XIV.

DES BESTES QVI SONT ÉS EAVX.

Aprés auoir parlé des bestes qui conuersent sur la terre, il faut pareillement dire quelque chose de celles qui font és eaux : dont la Lamproye emporte le prix , et merite la palme pardessus tous les poissons, en cas d'amour paternelle et de bonté et douceur enuers leurs petits. Premierement elles font leurs œufs, et puis les

---

[1] Aristote, *liu. 4. des Animaux.* — A. P.

[2] L'édition posthume de 1598 ajoutait ici : *où la figure de l'Elephant defaut.* En effet, cette figure , qui y existait en 1579, avait été reportée en 1582 au Discours de la Licorne. Mais le texte qui accompagnait cette figure avait été omis et oublié dans ce changement de livre, et il manque dans toutes les grandes éditions, à partir de celle de 1585. Je l'ai rétabli dans celle-ci, et on le trouvera plus loin dans l'Appendice au livre *des Monstres.*

petits ; mais elles ne mettent pas hors leurs petits, comme font les autres poissons : ains les nourrissent en leurs ventres, comme s'ils les engendroient deux fois : et quand ils sont grandelets, sont iettés dehors leur ventre, leur enseignant à nager et à s'esbatre à l'entour d'eux : puis subit elles les reçoiuent de rechef en elles mesmes par leur bouche, et leur baillent leurs corps pour habiter, leur donnant viande et refuge, tant qu'elles connoissent que leur aide leur est certaine et asseurée.

CHAPITRE XV.

QVE LES BESTES PEVVENT ESTRE APPRIVOISÉES.

Theuet en sa *Cosmographie*, Tome second, chap. v., dit que le Turc fait nourrir de toutes sortes de bestes, comme Lions, Tigres, Leopards, Loups-ceruiers, Chameaux, Elephans, Porcs-espics, et autres bestes estranges : et souuent les hommes qui les gouuernent sont en Constantinople ou au Caire. Ils les meinent par la ville auec vne grosse chaisne de fer, et principalement les Lions, ayans de petites clochettes, à fin que le peuple se retire, et que ces bestes ne gastent quelqu'vn, ce que souuentes fois est aduenu. Et si ceux qui les gouuernent sont aduertis de quelque grand seigneur ou ambassadeur qui soit arriué, ils ne faudront luy amener en son logis cesdits Lions, auec compagnie d'autres bestes estranges, ausquelles ils font faire mille passetemps : leurs maistres semblablement iouent de plusieurs sortes d'instrumens à la Turquesque, mesme iouent

Comedies, et luttent : s'asseurans tous d'auoir quelque present dudit seigneur qui aura receu tel passe-temps.

Mais ce n'est chose merueilleuse que les bestes terrestres puissent estre appriuoisées auec les hommes, veu que les Aquatiques le peuuent estre, entre lesquelles on nomme les anguilles. Plusieurs autheurs ont escrit de la Murene : semblablement que Crassus a eu vne Lamproye, laquelle estoit si appriuoisée, qu'elle luy obeissoit, dont luy auoit donné vn nom comme à vne beste domestique, et l'appellant la faisoit venir vers luy. Icelle estant morte, en pleura : ce que Domitius luy ayant reproché d'auoir ploré sa Murene, luy respondit qu'il auoit eu trois femmes sans en auoir ploré vne seule [1].

CHAPITRE XVI.

COMME LES ANIMAVX ONT APPRIS AVX HOMMES A POVRBIR ET AIGVISER LEVRS ARMEVRES, ET FAIRE EMBVSCADES.

Les guerriers sont fort songneux à contregarder leurs armes, à fin qu'elles ne se rouillent et gastent, et pour ce ils les font souuentefois fourbir : mais il y a plusieurs bestes qui ne leur doiuent de retour.

Et quant à ce point, les Porcs sangliers aiguisent leurs dents.

Les Elephans, pour ce que l'vne de leurs dents, auec laquelle ils fouillent, arrachans les plantes, herbes et racines dont ils se nourrissent, en est ordinairement moussée, vsée et espointée, ils contregardent tous-

---

[1] Plutarque. — A. P.

jours l'autre pointue et affilée, pour s'en seruir aux combats contre les Rhinoceros et autres ennemis. Ledit Rhinoceros est aussi long que l'Elephant, mais plus bas de iambes, et a son pelage de couleur de bouïs, piccoté en plusieurs endroits, et façonné et armé comme il se verra par sa figure cy aprés [1].

Les Sangliers aiguisent pareillement leurs defenses pour assaillir ou se defendre.

Le Lion chemine tousiours les pattes fermées, à fin que ses ongles soyent enserrés au dedans comme en vne gueine, de peur que la pointe ne se rompe, et aussi qu'on ne les puisse suiure à la trace : car à peine la peut on trouuer, ains seulement de petites marques de ses pieds, et peu apparentes : et ainsi les animaux contregardent leurs armes, pour s'en seruir au besoin.

Les Taureaux presentent le combat auec les cornes, et s'equippent au combat, comme vaillans gendarmes et cheualiers.

Le rat d'Inde, comme dit Plutarque, ne differe en rien d'vn gendarme pour batailler, tant bien il se sçait couurir de houë et de fange, qu'il semble proprement qu'il soit armé d'vn halecret et cuirasse, lors qu'il doit batailler contre le crocodile : neantmoins que ledit crocodile soit vne beste si forte et cruelle qu'elle mange les hommes, et ce rat d'Inde est si petit qu'il le fait fuir. Cela se fait par vne chose indicible, que Na-

ture met aux cœurs des grands animaux, pour les espouuenter d'vne peur et crainte, mesme où il n'y a point de danger pour eux : comme l'elephant est espouuenté par vn pourceau, et le lion par vn coq, veu qu'il est escrit du lion, qu'il ne se retourne point pour quelque chose que ce soit. Telles craintes autresfois sont aduenues à de bien grandes armées, prestes à combattre, qui ont esté mises en routte et fuite pour vn liéure qui sortit d'vn buisson : car depuis qu'il y en eut vn ou deux effrayés par la soudaine sortie de ce liéure, tous les autres furent semblablement effrayés et espouuentés, comme si tout eust esté perdu et desconfit, pensans qu'il y eust quelque grand danger.

On trouue à ce propos, en l'histoire de Philippe de Comines, que des chardons qui estoient en vn champ firent peur aux Bourguignons auprés de Paris, en la guerre qu'eut le Roy Loys onziéme auec le Comte de Charolois. Il aduint qu'aucuns de l'armée virent des chardons en grand nombre, plantés en vn champ prés Charenton : et pource que le temps estoit couuert et obscur, il leur sembloit que c'estoit l'armée du Roy qui estoit sortie de Paris, et là arrestée, leur faisant alte : et aprés qu'ils en eurent porté les nouuelles à leur armée, et qu'on en eut enuoyé d'autres pour les reconnoistre, trouuerent que ceste armée demeuroit tousiours là plantée sans bouger, dont la peur leur fut encore redoublée, et toute la nuit se tindrent tous en armes. Et le lendemain, le iour estant vn peu plus esclairci, ils conneurent que c'estoient chardons : parquoy ce n'estoit pas merueille s'ils auoient tenu bon sans reculer, (mais aussi ils n'auoient point

[1] L'édition de 1579 disait : *comme il se voit par ceste figure*, et donnait en effet le *Pourtraict du Rinoceros, et combat contre l'Elephant*. Cette figure avait été reportée dès 1582 au *Discours de la Licorne*, d'où vient le changement du texte qui date de 1585.

auancé) : et ceux qui en auoient porté les nouuelles furent bien fort honteux, toutesfois ils furent excusés pour l'obscurité du temps.

Les Coqs sont oiseaux royaux : aussi sont-ils couronnés, et exercent leur regne en quelque lieu qu'ils soient de leur hardiesse et courage, et bataillent du bec et des argots, comme l'experience le monstre, donnans crainte et peur aux lions, qui sont les plus nobles et courageux entre les bestes sauuages.

Les Connins ont monstré aux hommes à faire les mines sous terre, pour miner et renuerser s'en dessus-dessous les forteresses de leurs ennemis. Marc Varron dit qu'en Espagne y eut vn gros bourg, situé en pays sablonneux, qui fut tellement foui et caué par les connins, que finalement il fut ruiné et deshabité.

Les Loups ont monstré à faire la guerre aux hommes : ils se mettent en troupes, et demeurent en embuscades à l'entrée d'vn village. Il y en a vn qui entre dedans pour donner l'alarme aux chiens, puis recourt vers ses freres et compagnons, et les chiens après : et lors qu'il les a passés, retourne vers les chiens, leur faisant teste : cependant l'embuscade descoche, et prennent chacun vn chien, et luy couppent la gorge, et le mangent.

Le Regnard est le plus caut et le plus fin de toutes les bestes en general. Lors qu'il est chassé des chiens, et les sent prés de sa queué, leur iette ses excremens à leurs museaux et aux yeux : les ayant ainsi esblouïs et estonnés, il gaigne le deuant, et les laisse en arriere. Il a aussi vne astuce que pour faire desnicher les poulles, il feint de leur ietter sa queue, et par ceste peur les desniche, et à

la descente en prend vne et la deuore. Pareillement s'il veut passer vne riuiere, encore qu'elle soit gelée et prinse, marche doucement sur la glace, et approche son oreille, et s'il peut entendre aucunement le bruit de l'eau cachée, il connoist que la glace n'est pas espaisse, ny assez ferme : parquoy il s'arreste, et ne passe outre : et ainsi s'il ne peut entendre le bruit, il passe de l'autre costé hardiment. Or ne sçauroit-on dire que cela soit seulement vne viuacité de sentiment de l'ouye, sans aucun discours de raison. Car c'est vne ratiocination, et consequence tirée du sens naturel, en ceste sorte : ce qui fait bruit se remue : ce qui se remue n'est pas gelé : ce qui n'est pas gelé est liquide : ce qui est liquide ploye sous le faix, et ne tient pas ferme : *ergo*, etc.

Si les pourceaux oyent crier en vne forest l'vn d'eux, ils s'assemblent tous pour le secourir, comme si vne trompette auoit sonné pour assembler vne compagnie de gendarmes, à fin d'aller au secours de leur compagnon, et tous bataillent pour luy.

Plutarque dit des poissons appellés *Scares* et *Anthes*, qu'aussi tost qu'ils ont auallé le haim du pescheur, les autres qui lors sont presens accourent tous pour luy aider, et rongeat le filet et le petit cordeau, et ainsi eschappe. Les anthes se secourent pareillement les vns les autres auec plus grande violence : car ils iettent sur leurs espaules le filet et petit cordeau auquel l'hameçon est attaché, et dressent leurs espines et escailles, dont ils le couppent et rompent.

Il y a vne grande admiration de la societé et amitié qui est entre le poisson, appellé *Gouuerneur*, et la Balaine. Quant au gouuerneur, il n'est plus grand qu'vn goujon : lequel est tousiours auec la baleine, et va deuant elle, luy dressant son chemin, la conduisant de peur qu'elle ne se iette en quelque destroit ou en la fange, dont elle ne se puisse retirer. La baleine le suit, et souffre volontiers estre conduite par luy. S'il se veut reposer, il se met en sa gueulle et y dort, et elle aussi, ne le laissant iamais ne iour ne nuict.

Les Grues, lors qu'elles departent pour aller en pays lointain, elles se mettent si bien en ordonnance, que iamais Capitaine de gendarmerie ne sçauroit tenir meilleur ordre : car auant qu'elles delogent, elles ont leur heraut et leurs trompettes qui les assemblent : quand elles marchent, elles consentent toutes ensemble, et volent en haut pour regarder de loing : elles eslisent vn capitaine, lequel elles suiuent : elles ont aussi leur sergent de bande, et aucunes disposent au derriere de la bande pour hucher et crier chacune en son tour, à fin d'entretenir tousiours la bande en ordonnance par leur voix. Elles ont leurs veilles bien disposées, et leurs guettes qui font le guet de nuict[1]. Plutarque dit qu'elles soustiennent vne petite pierre de leurs pieds, à fin que si la guette s'endort, la pierre l'esueille en tombant, et la reprenne de sa negligence. Le Capitaine a la teste leuée et col estendu, regardant au loing, et les admoneste des dangers ausquels elles peuuent estre. Et quand elles sont en ordonnance, les plus fortes se mettent deuant pour rompre l'air, et quand les vnes sont lasses, les autres vont en leur lieu pour les soulager, et soustenir la peine à leur tour. Et pour

mieux trencher l'air, elles se mettent en ordonnance de gens de pied, estroitte de front et large par derriere, en forme de triangle. Et si ont encore ceste prudence et science d'Astronomie, qu'elles preuoyent les tempestes, et se iettent en terre subit qu'elles les sentent, et se reposent.

Les Oyes de Sicile vsent d'vne fort bonne grace, pour se garder de se descouurir par leur gazoüillement : car combien qu'il leur soit naturel, si est-ce toutesfois qu'elles ont bien sceu trouuer ce moyen pour corriger ce vice, à fin qu'il ne les mist en danger de leurs aduersaires. Plutarque dit que quand il leur faut passer la montagne nommée Taurus, craignans les Aigles, elles mettent chacune vne pierre assez large en leur bec, à fin d'empescher leur gazoüillement et bruit naturel (qu'elles feroient) iusques à ce qu'elles ayent passé leurs ennemis, lesquels elles trompent en ceste sorte.

Le Cerf se sentant pressé des chiens, se couche et met ses quatre pieds sous le ventre, et expire son haleine contre terre, tellement que les chiens passent et repassent contre luy, sans en auoir le vent ny sentiment. Voila comme Nature donne à chacun animal connoissance de sauuer leur vie.

En cest endroit les dragons n'auront pas moins de gloire, car par leur finesse et malice ils vainquent bien les elephans, qui sont les plus fortes bestes que la terre porte : ce qu'ils ne pourroient faire par leur force : et pourtant ils se mettent en embusches et au guet, et se ruent sur eux par trahison, et puis les embrassent soudain et enueloppent, et s'entortillent autour d'eux, et leur lient les iambes de leurs queuës pour leur empescher de marcher : et cachent leur

[1] Pline, liu. 10. ch. 23. — A. P.

III.

teste dedans leurs narines, leur ostant l'haleine, les piquent et mordent en la chair qu'ils trouuent la plus tendre, et leur creuent les yeux et leur succent le sang, en sorte qu'il faut que les elephans meurent. Pline dit qu'il y a des dragons en Ethiopie de dix coudées de longueur [1]. Et en Indie, il s'en est trouué de cent pieds de long, et aucuns voler si haut en l'air qu'ils prenoient les oiseaux volans [2].

Le poisson appellé *Pescheur*, à cause qu'il chasse aux autres poissons, il vse de mesme finesse que fait la seiche [3]. Il a vne petite poche qui luy pend du col, laquelle il retire et lasche : comme il luy plaist en vn moment, ainsi que fait le coq d'Inde sa creste. Or il l'allonge en forme d'vn haim, et la presente à mascher aux petits poissons qui nagent auprés de luy, puis la retire à soy petit à petit, si prés qu'il puisse happer les petits poissons de sa bouche.

. Plutarque escrit de la seiche, que combien qu'il y ait cent mille exemples de telles finesses, ruses et eschappatoires aux bestes, lesquels ie pour-

rois icy alleguer, toutesfois ie ne puis aucunement passer cestuy de la seiche : laquelle a comme vne vessie pendue au col, toute pleine d'vne liqueur fort noire comme ancre, laquelle elle vuide quand elle se sent prise, et ainsi tasche à tromper celuy qui la chasse.

CHAPITRE XVII,

DES ARMES DES BESTES.

Les bestes ont toutes leurs armeures naturelles : parquoy elles n'ont besoing d'en faire forger d'autres, ou d'emprunter, d'ailleurs comme les hommes. Il y en a mesmes de celles qui ont telles armes, qu'elles prennent par icelles ceux qui les veulent prendre. Et pour exemple, la torpille ne blesse pas seulement ceux qui la touchent à nud : mais aussi par entre les rets, elle iette vne distillation qui stupefie et engourdit les mains des pescheurs, en sorte qu'ils sont contraints de tout lascher : et par ainsi la torpille se saue.

André Theuet escrit [1] que la mer Persique, vers l'Arabie, nourrit vn poisson de la grandeur et grosseur d'vne carpe, garni d'aiguillons et pointes, comme nostre herisson, auec lesquelles il combat contre tous autres poissons. C'est chose toute asseurée, que s'il en a donné vne atteinte à vn homme ou beste, comme aussi de ses dents, en vingt et quatre heures on se peut tenir prest pour mourir [2].

---

[1] **Pline**, *liu. 8. ch. 11 et 12.* — A. P.

[2] Ici se lisent dans toutes les éditions deux histoires tirées de Jean Léon, touchant certains serpents de Calicut et du royaume de Senegua. Paré avait sans doute oublié que dans son livre *des Venins*, à partir de l'édition de 1579, il avait fait un chapitre spécial avec ces deux histoires, racontées presque absolument dans les mêmes termes. La seule différence notable est que dans le *Livre des Venins* il cite le livre d'*Afrique* de Jean Léon, tandis qu'ici il citait son livre *des Navigations*. En conséquence, j'ai cru devoir retrancher en cet endroit ces deux histoires, en renvoyant le lecteur au ch. 27 du livre *des Venins*, ci-devant, page 317.

[3] Arist. *de Nat. anim.* — A. P.

[1] *Liu.* 10. *ch.* 10. *tome* 1. *de la Cosmographie.* — A. P.

[2] Après ce paragraphe, auquel était jointe

Les cancres et escreuisses, encore qu'ils soyent petits animaux à comparer aux susdits, si est-ce qu'ils se seruent de leurs pieds de deuant, qui sont fourchus, non seulement à manger, mais aussi à se defendre ou assaillir.

CHAPITRE XVIII.

LES BESTES SONT DOCILES.

Les bestes sont dociles pour apprendre ce que les hommes leur veulent enseigner : en quoy elles nous baillent quelque tesmoignage qu'elles ne sont pas sans quelque partici-

la *Figure du Herisson de mer*, l'édition de 1579 en contenait deux autres également illustrés par des figures, qui furent transportés en 1582 dans le *Discours de la Licorne*, où ils sont restés. Le premier concerne *le Poisson nommé Vtelif*, appelé en 1579 *Stelif* et *Vtelif*; on le trouvera au chapitre 13 du Discours de la Licorne, ci-devant, page 503. Seulement, au lieu de la dernière phrase : *Plusieurs estiment ledit animal estre vne Licorne*, etc., on lisait en 1579 : *Plusieurs estiment ladite corne estre vne langue de poisson, ce que n'est pas.*

L'autre paragraphe était consacré à l'histoire du *poisson nommé Caspilly*. On peut aussi retrouver cette histoire au chapitre 12 du *Discours de la Licorne*, ci-devant, p. 502 ; mais le texte de 1579 présente des différences assez singulières pour être reproduit à part :

« Il y a vn autre poisson, qui se trouve en l'Isle du Peru, portant vne corne fort aguc, en façon d'vne espee bien tranchante, longue de plus de trois pieds. Iceluy voyant venir la Balaine, il se cache soubs les ondes, et choisit l'endroit le plus aisé à blesser, qui est le nombril, que la frappant, il la met en telle necessité, que le plus souuent meurt de telle blesseure. Laquelle ses enfant touchee au vif, commence à faire vn grand bruit, se tour-

pation de raison. On les voit estre enseignées par les hommes, y prenans leurs esbats et plaisirs outre leur naturel : comme les chiens, singes, cheuaux, passent et repassent par les cercles des basteleurs, et s'esleuent sur les pieds, sautans et dançans, et font plusieurs autres tours de passe-passe.

Plutarque recite [1] qu'vn chien seruoit à vn basteleur, lequel ioüoit vne fiction de plusieurs mines et plusieurs personnages, et ce chien y representoit plusieurs choses conuenables à la matiere suiette : mesmement l'espreuue que l'on faisoit sur luy d'vne drogue qui auoit force de faire dormir, mais ainsi que l'on supposoit

mentant et battant les ondes, escumant comme vn verrat, et va d'vne tres grande roideur (se sentant pres les traits de la mort) qu'elle culebute et renuerse les nauires qu'elle rencontre, et fait telle naufrage qu'elle les enseuelit au profond de la mer. Il se voit au goufre d'Arabie, que les Arabes nomment Caspilli, qui est presque aussi large que long, et sa longueur n'excede point deux pieds. Il a la peau comme vn petit chien de mer : il est armé d'esguillons, dont il en a vn au milieu du front long d'vn pied et demy, et aussi aigu et tranchant qu'vne lancette : et auec ce genre d'arme, quand il est affamé, il vient à se ietter contre le premier poisson qu'il trouue, et de telle façon qu'il demeure pour les gages, trainant sa proye où bon lui semble, pour en auoir sa curee, ainsi qu'escrit André Teuet, disant l'auoir veu. »

Il est évident qu'il y a là deux descriptions différentes confondues mal à propos ; et toutes les deux s'ecartent encore en quelque chose de la description du *Discours de la Licorne*. Du reste, Paré cite en marge Theuet *liu. 5. ch. 2. tom. I. de sa Cosmographie*, où les lecteurs curieux d'éclaircir cette énigme en trouueront probablement le mot.

[1] *Plutarque, tome 2.* — A. P.

faire mourir : il print le pain où la drogue estoit meslée, et peu d'espace aprés l'auoir aualé, commença, ce sembloit, à trembler comme s'il eust esté tout estourdi : finablement s'estendant et se roidissant comme s'il eust esté mort, il se laissa tirer et trainer d'vn lieu en autre, ainsi que portoit le suiet de la farce : puis quand il conneut à ce qui se faisoit et disoit qu'il estoit temps, alors il commença premierement à se remuer tout bellement, comme s'il fust reuenu d'vn profond sommeil, et leuant la teste regarda çà et là, dont chacun des assistans fut fort esbahi : puis se leuant du tout, s'en alla deuers celuy qu'il falloit qu'il receust, et le caressa : de sorte que tous les assistans, et mesmes l'Empereur Vespasien y estant, en personne dedans le theatre de Marcellus, en demeurerent tous resiouïs.

Le singe est vn animal ridicule, beau toutesfois au iugement des enfans, et leur est vn passe temps pour rire : car s'essayant d'imiter tous actes d'homme, il ne le peut faire, et partant appreste à rire à ceux qui le regardent. On a veu, dit Galien [1], vn singe s'efforcer à iouer de la fluste, danser et escrire, et faire autres choses que l'homme peut bien faire.

Il me souuient auoir veu en la maison du Duc de Some, vn gros singe malfaisant, et pource on luy couppa les deux mains, souffrant estre habillé de ses playes. Estant guari, se voyant sans mains deuint doux, affable et docile : on luy bailla vn habit verd, et ceint autour du corps : et à sa ceinture estoit pendu vn estuy de lunettes, auec vne paire de couteaux et vn mouchouër, comme l'on baille aux enfans. Estant ainsi habillé, le maistre cuisinier voulut estre son pedagogue, à cause qu'il faisoit sa demeure a la cuisine, à vn coing de la cheminée. Il l'instruit à luy faire faire plusieurs singeries : et ou il failloit, coups de baston ne luy manquoyent, non plus que la parolle, luy diminuant sa portion, le faisant souuent ieusner par cœur : car, comme dit Perse, *Le ventre est ingenieux et maistre des arts* (et celuy qui baille l'entendement). Et par ce moyen le cuisinier enseigna au singe à iouer de passe-passe, à sauter et danser au son d'vn petit flageol, courir la lance, passer et repasser entre les iambes : il portoit la viande auec les pages pour la poser sur la table auec grande reuerence, et faisoit plusieurs autres bons seruices, tenant tousiours sa vaisselle nette auec la langue, de façon qu'on l'appeloit *frere Iean factotum*. Aprés le disner et souper, on le mettoit dans vne chaire, contrefaisant le prescheur, tournant les yeux s'en dessus dessous, frappant sa poitrine de ses moignons en disant ses patenostres, claquetant des dents, et monstroit son cul, qui estoit tousiours à descouuert (à cause que son habit estoit court, de peur qu'il ne fust saffrané) : bref, faisoit plusieurs autres singeries et risées, marchant tousiours debout, à cause qu'il ne se pouuoit tenir autrement s'il n'estoit sur son cul, parce qu'il auoit perdu ses mains.

On voit semblablement les Fauconniers qui apprennent aux oiseaux de proye aller combattre en l'air autres oiseaux, et les abattre en terre : voire vollent si haut au profond des nues, qu'on les perd de veuë. Et le faucon ayant gaigné le dessus d'vn heron, et se voyant estre presque vaincu, met

[1] *Liure 1. de l'Vsage des parties.* — A. P.

son bec long et aigu sous ses ailes, la pointe en haut, à fin que le faucon le voulant abattre, donne contre iusques à entrer au trauers du corps, qui est cause que tous deux quelquesfois tombent en terre morts. Et où le faucon l'aura abattu sans estre blessé, estant descendu en terre, le fauconnier l'appellant, retourne se remettre sus son poing.

D'auantage, aucuns petits oiseaux sont enseignés à besongner des pieds et du bec, desquels ils vsent en lieu de mains, tirans de petits vaisseaux pendus à vne corde, (ausquels est leur manger et boire), comme vn homme tireroit des seaux d'vn puys auec les mains.

Et quant au Chien, chacun sçait comme il est docile, et comme il va querir vne Cane au profond de l'eau, et l'apporte à son maistre, viue ou morte : et fait encore plusieurs autres choses, outre celles deuant dites, qui seroient trop longues à descrire.

Le chameau est un animal fort domestique, qui s'appriuoise facilement, apprenant à quoy on l'addresse pour s'en seruir. Il est bien vray qu'il y en a de bien farouches et sauuages, lesquels pour n'auoir esté appriuoisés sont fascheux, et mordent et ruent aussi bien que pourroit faire le plus vicieux cheual qu'on sçauroit trouuer. Le soir qu'on est à repos, on n'a peine que les laisser en la campagne pour paistre vn peu d'herbe, ou brouter quelque espine, chardon ou rameau, et le lendemain le recharger, et si ne fera iamais faute. On ne leur met point la somme sur le dos, qu'ils n'ayent quatre ans pour le moins. Les Arabes ont ceste astuce de les chastrer ieunes, à fin qu'ils s'en seruent plus longuement : et ne sont si furieux au printemps, lors qu'ils vien-

nent en amour. Ceste beste souffre huit iours la faim et soif. Elle est de douce et amiable nature, veu que les esclaues et marchans Turcs, la voulans charger ou descharger de leur fardeau, ils ne font que toucher d'vne vergette sur le col, et soudain se couche par terre, et ne se leue qu'elle ne se sente assez chargée, ou qu'on les face releuer. Il a quatre genoux : pour ceste cause il flechit ses cuisses de derriere comme ses iambes de deuant : et partant il demeure à genoüil tant qu'il soit chargé. Telle chose a esté faite par vne grande prouidence de nature, pour satisfaire à la commodité de sa hauteur : car autrement il eust fallu des eschelles ou escabelles à l'homme pour le charger. Il y en a qui n'ont qu'vne bosse sur le dos, qui sont d'Afrique ou Arabie. Il y en a d'autres qui en ont deux, qui sont amenés d'Asie et Tartarie : les vns sont grands, et bons à porter grande charge : les autres petits, propres à faire iournée, comme nous faisons sur nos cheuaux. La viande qu'ils aiment le mieux sont les féues, et ne leur en faut que quatre poignées pour les contenter tout vn iour. C'est la plus grande richesse que les Arabes ayent, tellement que s'ils vouloient monstrer quelques vns d'entre eux estre opulent et riche, ils ne disent point : Vn tel a tant de mille escus vaillant, mais bien diront-ils : Il a tant de cent ou mille chameaux. Le grand Turc (comme dit Theuet) a vn Capitaine qui a sous luy nombre d'esclaues Mores et Chrestiens, qui a le soing des chameaux, lesquels sont pensés, frottés et estrillés par lesdits esclaues. Et me suis laissé dire, ce dit Theuet, aux Arabes, Mores, et à quelques marchands Iuifs, qui estoient du temps que Sultan Selim premier du nom vint en Egypte pour assieger et prendre la ville du Caire, qu'il auoit pour le moins soixante mille chameaux, et vn grand nombre de mulets. Et l'escurie du grand Seigneur, qui est fort superbe, à cause du grand nombre des plus beaux chameaux qui soyent au monde [1].

Le seigneur du Haillan historiographe, liure 7. en son Histoire de France, dit que les Chrestiens donnerent vne bataille contre Corbane, Lieutenant de l'armée du Roy de Perse, en laquelle demeurerent morts sur la place, cent mille des ennemis, quinze mille chameaux et iuments. Les deux Historiographes nous donnent à connoistre, que l'on se sert desdits chameaux en paix et en guerre, et qu'il s'en trouue vn nombre infiny en Arabie et Afrique.

CHAPITRE XIX.

LES OISEAVX ONT MONSTRÉ AVX HOMMES A CHANTER EN MVSIQVE.

Les rossignols sont chantres fort excellens, feignans à former la voix humaine : ils gringottent et desgorgent ainsi que peut faire le plus parfait chantre du monde, en sorte qu'on dit par excellence : *Il chante, il se degoise, il gringotte comme vn rossignol* : et partant quand les hommes veulent rendre vne belle harmonie par leur chant, ne sont-ils pas contraints de contrefaire leurs voix, et d'emprunter celles des bestes brutes ? Et partant les oiseaux ont bien l'auantage par dessus les hommes :

car Nature leur apprend à chanter sans labeur, et ne leur a point fallu tirer les oreilles à l'escole de musique pour leur apprendre leur chant, comme les Chantres les tirent aux enfans, ausquels leur font longues comme celles des asnes. Ils discernent et connoissent leurs voix par certaine connoissance qu'ils ont.

Il semble aussi qu'aucuns animaux parlent : et aussi apparence de rire est veuë en eux, quand en blandissant des oreilles, ils retirent les nazeaux et regardent doucement. Combien que l'homme parle autre langage que les bestes, toutesfois la voix et le langage qui est donné aux bestes leur sert autant en leur endroit, que celuy qui est donné aux hommes. Car toutes les bestes d'vne espece, de quelque pays qu'elles soient, s'entendent l'vne l'autre, ce que nous ne pouuons dire des hommes : car il y a autant de difference de langage entre eux, non seulement qu'il y a de diuerses nations, mais autant qu'il y a de villes et de villages, tellement qu'à peine l'vn peut entendre l'autre, mais semble, quand les hommes de pays estrange se rencontrent l'vn auec l'autre, qu'ils soyent sourds et muets : car ils ne peuuent parler le langage par lequel l'vn entende l'autre. Parquoy autant leur profite parler comme s'ils estoient muets, et celuy qui l'oit n'entend non plus que s'il estoit sourd. Or que ce soit vray, combien de fois nous trouuons-nous tous fort estonnés, quand nous passons par des pays estranges, à cause que nous ne pouuons pas demander seulement ce qu'il nous faut, ny entendre ce qui nous est dit, non plus que les bestes nous entendent ou que nous les entendons : nous ne nous pouuons seruir ny des yeux, ny

---

[1] *Liu. 9. ch. 1. tome 1. de sa Cosmographie. ... A. P.*

des oreilles, ny de la langue que le Dieu de nature nous a donnés, mais nous faut parler des yeux, de la teste, des mains et des pieds, et par signes et mines et gestes, comme si nous estions basteleurs: et nous faut contrefaire nos membres à autre vsage que Dieu les a creés, pour nous seruir au lieu de langue et d'oreilles. Les bestes ne sont point tant miserables: car encores que nous ne les entendions point, ny elles nous, toutesfois vne chacune d'elles s'entend encores mieux en son espece, ie ne dis pas seulement de diuerses nations, mais aussi ceux d'vn mesme pays.

Il seroit bien necessaire que les hommes n'eussent qu'vn langage, par lequel ils se peussent bien entendre les vns les autres. Car qui orroit vn Alleman, vn Breton bretonnant, vn Basque, vn Anglois, vn Poulonnois, vn Grec, sans les voir, il seroit fort difficile à iuger s'ils sont hommes ou bestes.

CHAPITRE XX.

DES OISEAVX QVI PARLENT, SVBLENT, ET SIFFLENT.

Les linottes, cocheuis, pies, corneilles, chucas, corbeaux, estourneaux, perroquets, et autres semblables, parlent et chantent, sifflent, et imitent la voix humaine et celle des autres animaux. Les papegaux et perroquets sont à loüer sur tous, pour parler et prononcer les parolles qu'ils oyent, et sont fort ioyeux et gais, principalement quand ils ont beu du vin. C'est aussi vn plaisir comme ils se tiennent du bec, quand ils veulent monter ou descendre.

Plutarque raconte qu'il y auoit vn Barbier à Rome, lequel auoit en sa boutique vne pie merueilleusement babillarde, laquelle sans contrainte, mais de son bon gré parloit, si elle oyoit parler les hommes, et contrefaisoit, toutes bestes qu'elle pouuoit ouyr, mesme le son des tambours, flustes, et trompettes, et autres instrumens, et ne delaissoit rien qu'elle ne s'estudiast à contrefaire et imiter.

On a veu des corbeaux parler et chanter des chansons comme les hommes, voire mesmes des pseaumes, d'vn assez long trait.

Macrobe raconte ceste histoire plaisante d'vn corbeau. Il dit que quand Auguste Cesar reuint de la guerre contre Marc Anthoine, entre ceux qui luy venoient faire feste et dire la ioye de sa victoire, il s'en trouua vn qui tenoit vn corbeau, auquel il auoit appris à dire parolles qui valent autant à dire que si nous disions: *Dieu te gard, Cesar, Empereur victorieux.* Auguste, estant esmerueillé de cest oiseau tant seruiable, l'acheta mille pieces d'argent.

Pline et Valere ont escrit, entre les prodiges, qu'on trouue les bœufs et asnes auoir parlé.

Il y a encores beaucoup de choses à escrire de la nature des animaux, qui seroient trop longues à raconter: mais il suffira d'auoir recité en bref ce que ces grands personnages, comme Aristote, Platon, Plutarque, Pline, nous ont laissé par escrit. Et veritablement ie croy que ne sont pas fables, et qu'il n'en soit quelque chose, et qu'ils n'en ayent eu quelque experience ou bon tesmoignage. Car puis qu'ils ont esté hommes sçauans, et de grande authorité et renom, il ne nous faut pas estimer qu'ils ayent escrit à l'auenture pour se faire moquer d'eux, sçachans bien que leurs escrits seroient bien examinés par plusieurs hommes de sçauoir, qui auront experimenté les choses desquelles ils ont escrit. Parquoy il ne nous faut pas reietter comme fables tout ce que n'auons pas veu, et qui nous est nouueau.

CHAPITRE XXI.

DE L'ANTIPATHIE ET SYMPATHIE [1].

Aprés auoir descrit la nature des bestes, il m'a semblé n'estre hors de propos mettre icy certaines choses remarquables qui se trouuent entre icelles, touchant leur sympathie et antipathie : c'est à dire, qu'elles ont vne certaine amitié et inimitié, non seulement estans en vie, mais aussi aprés leur mort, par vne occulte et secrette proprieté : au moyen dequoy les vnes se cherchent, les autres se fuyent, autres se font guerre mortelle, ne demandans que la ruine les vnes des autres.

Et pour preuue de ce, le Lion, prince des bestes, qui est le plus fort, et de plus grand cœur que toutes les autres : et combien qu'il soit aussi fier, et plein de grande animosité et fureur, rugissant et cruel contre les furieuses et terribles, neantmoins il a vne peur merueilleuse du coq, comme nous l'auons dit cy dessus. Car non seulement il le fuit en le voyant, mais aussi en le sentant de loin, ou l'oyant chanter. L'elephant a vne semblable peur du pourceau :

---

[1] Ce chapitre était confondu avec le précédent, sans former même un alinéa distinct, en 1579 ; il en a été séparé en 1585.

aussi ayant vne telle haine aux rats et souris, que s'il apperçoit sa pasture estre touchée ou sentie d'iceux, il ne la voudra toucher. Le rhinoceros et l'elephant ont vne guerre mortelle, lequel elephant, estant en furie, la remet et s'adoucit, ayant veu et apperceu vn mouton. Le cheual a telle horreur et inimitié et crainte du chameau, qu'il ne peut soustenir sa presence. Le chien hait le loup, le lieure le chien : la couleuure craint l'homme nud, et le poursuit estant vestu. L'aspic a vne perpetuelle guerre contre le rat d'Inde, lequel se barboüille, couure et enduit de limon de terre grasse, puis se seiche au soleil : et estant ainsi armé de plusieurs cuirasses de terre, il marche au combat, esleuant sa queuë, presentant tousiours le dos, iusques à ce qu'il aye espié la commodité de se ietter de trauers à sa gorge : ce qu'il fait pareillement au crocodile, comme nous auons dit de l'aspic. Le lezard verd est ennemi iuré et capital du serpent, et grand amy de l'homme : ainsi que par plusieurs belles histoires et discours on le pourra voir et connoistre, en lisant vn dialogue escrit par Erasme, *des diuerses sympathies et antipathies de plusieurs choses* : lequel dialogue se trouue imprimé auecques l'*Harmonie du ciel et de la terre*, n'agueres mise en lumiere par Antoine Mizault, homme de grande recherche et erudition.

Il y a vne grande inimitié et contrarieté entre l'homme et le loup, laquelle se declare en ce que, si le loup voit l'homme premier que l'homme le loup, il luy fait perdre la voix, et l'empesche de crier. La belette voulant faire guerre à son ennemy l'aspic, qui est vne dangereuse espece de serpent, se premunit et arme deuant toutes choses de l'herbe appellée Rue. Le singe a vne singuliere frayeur, crainte et horreur de la tortue, ainsi qu'on le pourra facilement connoistre d'vne plaisante histoire traitée au Dialogue d'Erasme, cy deuant allegué : comme aussi la mortelle et iurée inimitié qui est entre l'araignée, le serpent et crapaut : chose pleine de plaisir, et singuliere recreation. Il y a pareillement vne mortelle inimitié entre le chahuan et les corneilles, de façon qu'il n'ose se monstrer le iour, et ne vole que de nuict, faisant ses prouisions la nuict pour viure le iour. L'oiseau de riuiere craint si fort le faucon, que s'il le sent, et oit ses sonnettes, se laisse souuent assommer à coups de baston et de pierre plustost que s'esleuer : ce que i'ay veu plusieurs fois. L'aloüette semblablement se laisse prendre à la main de l'homme, de peur qu'elle a de l'emerillon, ou espreuier. L'aigle a pour ennemy mortel l'oiseau de proye. La crescerelle de son naturel espouuente les espreuiers, de sorte qu'ils fuyent sa veuë, et sa voix. Le corbeau et le millan ont tousiours guerre : car le corbeau luy rauit tousiours sa meilleure viande. Les poullailles haïssent amerement le renard. Le petit poullet, n'estant à grand' peine esclos, ne craint ny le cheual, ny l'elephant, mais il craint le millan : de sorte que l'ayant apperceu, voire de bien loing, soudain court et se cache sous les ailes de la poulle. L'aigneau et le cheureau s'enfuyent vers leurs meres, s'ils sentent le loup, combien que iamais ne l'ayent veu. Pareillement il y a vne telle antipathie entre le cerf et le serpent, que le cerf passant par dessus le trou où se retire le serpent, s'arreste tout court, et par son haleine l'attire hors et le tue.

Or quant à l'amitié qu'ont les bestes ensemble, cela ne merite estre escrit, parce qu'on le voit ordinairement : les grues auec les grues, les estourneaux auec les estourneaux, les pigeons auec les pigeons, les moineaux auec les moineaux : et ainsi de toutes les autres bestes de mesme espece.

Inimitiés implacables sont entre les brebis, moutons, aigneaux, et les loups : voire si grandes, qu'aprés la mort des vns et autres, si deux labourins sont faits, l'vn de peau de brebis, et l'autre de loup, estans sonnés et frappés tous deux ensemblement : bien difficilement se pourra ouyr le son de celuy de brebis, tant sont immortelles les inimitiés et discordances de ces animaux, soyent vifs ou morts. Mesmes aucuns estiment, que si vn luth ou autre instrument est monté de cordes faites de boyau de brebis et de loup, il sera impossible de l'accorder. Plusieurs disent auoir esprouué que la teste ou queuë du loup pendue sur la mangeoire ou creche des brebis, ou bien cachée en leur estable, pour la peur et frayeur qu'en conçoiuent lesdites brebis, elles ne pourront manger, et ne feront que se mouuoir et petiller, iusques à ce que tout soit dehors.

Il y a vne grande contrarieté et inimitié entre les rats et la belette, laquelle inimitié se manifeste en ce que, si l'on adiouste quelque peu de la substance de la ceruelle d'vne belette auecques la preseure pour faire formages, iamais les rats ou souris n'approcheront de tels formages, et ne se pourront aucunement corrompre. La linotte hait tellement le bruant, que l'on tient pour asseuré que leur sang ne se mesle iamais. La panthere et hyene ont vne si grande inimitié, que si les peaux de toutes deux sont pendues vis-à-vis l'vne de l'autre, tout le poil de la panthere cherra, demeurant en son entier celuy de la hyene. Tout ainsi que l'on dit estre des plumes et plumages des oiseaux meslés auec celles de l'aigle : car elle les consomme et met à neant, les siennes demeurans en leur entier.

Vn taureau farouche et furieux, attaché à vn figuier, deuient doux et appriuoisé. Les escarbots meurent à l'odeur des roses. Si on tire auec les mains la barbe d'vne chéure rangée au troupeau d'autres, tout iceluy s'arrestera, et lairra sa pasture : et toutes deuiendront estonnées, et ne cesseront de s'emarmeller, iusques à ce qu'on l'aye laissée.

Il ne se treuue seulement contrarieté entre les animaux, mais aussi entre les plantes. Exemple du chou et de la vigne. Le chou et la vigne sont pernicieux l'vn à l'autre, et leur combat est digne d'estre considéré. Car combien que la vigne par ses tendrons ou capreoles tortus, soit accoustumée d'embrasser toutes choses, neantmoins elle hait le chou, tant grande est l'inimitié qu'elle porte à ceste plante, que seulement prés de soy, elle se retourne en arriere, comme si quelqu'vn l'auoit admonestée que son ennemy fust prés d'elle. Au contraire aime les ormeaux, et les peupliers, voire si heureusement, qu'elle croist et se fait plantureuse auprés d'eux : car elle estant prés d'eux, espart ses tendrons montant en haut, et embrasse comme liens les branches, et ainsi s'esgayant apporte foison de raisins.

Il y a vne combinaison de masle et femelle aux choses vegetatiues, comme toutes sortes de plantes et arbres : ce qu'on voit s'ils sont plantés l'vne prés de l'autre, ils font grande admonestation de leur naturelle amitié : car les branches du masle se iettent hors de leur lieu naturel, pour s'encliner vers sa femelle, comme s'il la vouloit embrasser. Ceste merueilleuse amitié d'arbres se monstre fort apparente en la palme plus qu'en nulle autre : car si la palme femelle est plantée prés son masle, les branches et fueilles d'iceux s'entremeslent et ioignent si estroitement ensemble, qu'à peine on les pourroit disioindre sans les rompre[1].

Les citrouilles aiment l'eau, en sorte que si on met vn vaisseau sous leur fruit, estant pendu à leur tige, il s'allongera cuidant aller à l'eau : ce qu'on voit iournellement à ceux qui sont curieux mettre des vaisseaux remplis d'eau dessous le vin, quand la grappe commence à fleurir. Il semble aussi fleurir lors qu'il est en vn voirre. Les aulx ou oignons, et generalement toutes les plantes ayans teste, lors que les autres commencent à germer dedans la terre, mesmes pendus en l'air, germent et sentent tres-fort, pourueu qu'elles ne soient rances, seiches et pourries. Car la vertu naturelle et ingenerée qui est dedans les vnes et les autres, alors suruient.

D'auantage, le sanglier, et le cerf, lors qu'ils sont en rut, et qu'on en ait mis au salloir long temps auparauant, les faisant cuire, s'endurcissent et enflent si fort dans le pot, qu'iceluy n'estant qu'à demy plein s'enfuit par dessus, iettant vne escume de mauuaise odeur, de sorte qu'à peine on en peut manger. La peau de bouc es-

[1] Ce paragraphe sur les amours des plantes a été intercalé ici en 1886.

corchée, seichée et courroyée par les taneurs, sent le boucquin en la saison que les boucs sont en rut, conuersans auec les chéures, ainsi comme fait le bouc viuant. Ce qui demonstre vne grande sympathie et harmonie aux choses naturelles. La disposition seule de ces bestes peut faire ceste sympathie et similitude, de sentir la peau du mort, et en vn autre viuant. Parquoy on peut dire, que la premiere et principale cause de malsentir est en icelle habitude et temperament du corps : mais l'accroissement de la cause est en la coition et compagnie de leurs femelles.

L'onguent rosat et eau rose perdent leur force et odeur au temps que les roses sont en fleur et vigueur, qu'ils auoient au parauant qu'ils fussent fleuries, et paruenues à perfection : ce qui se fait par vne doleance mutuelle de nature, qui est entre les choses qui se font par sympathie.

Il y a plusieurs autres antipathies et sympathies cachées, desquelles la coniecture et pensée de l'humain entendement ne peut fureter et declarer les causes, ny les comprendre : car elles gisent enseuelies en l'obscurité de nature, et en vne maiesté cachée. Au moyen dequoy plustost on les doit admirer, que rechercher sa confusion : car elles sont seulement conneuës de l'incomprehensible puissance de la grandeur de Dieu.

Que diray-ie plus? Entre les plantes et les animaux sont les zoophytes, c'est-à-dire, plante-bestes, qui ont sentiment et mouuement, tirans leurs vies par leurs racines attachées contre les pierres comme les esponges. Entre les animaux terrestres et aquatiques sont les amphibies : comme sont les biéures, loustres, tortues, cancres, escreuisses, camphur, et

crocodile. Entre les aquatiques et les oiseaux, sont les poissons volans : et entre les autres bestes et les hommes, sont les singes. Les corails sont plantes lapidifiées, qui produisent racines et branches [1].

CHAPITRE XXII.

COMME L'HOMME EST PLVS EXCELLENT ET PARFAIT QVE TOVTES LES BESTES ENSEMBLE.

Maintenant nous viendrons à deduire la grande excellence de l'homme, et que ce grand Dieu, facteur de l'vniuers, est grandement à admirer, qui n'a point attribué à l'homme certaines commodités, comme il a fait aux animaux, sçachant que la sapience luy pouuoit rendre ce que la condition de nature luy auoit denié. Car encore qu'il vienne nud sur terre, et sans aucunes armes (ce qui n'aduient aux bestes, qui ont cornes, dents, ongles, griffes, poil, plume, et escailles) il est pour son grand profit et auantage armé d'entendement, et vestu de raison, non par dehors, mais par dedans : a mis sa defense, non au corps, mais en l'esprit : de sorte qu'il n'y a ny grandeur, ny force des bestes, ny la fermeté de leurs cornes, ny la grande masse de chair et d'os dequoy ils sont composés, qui puisse empescher qu'ils ne soient domptés, ou prins et assuiettis sous la puissance et authorité de l'homme. En luy se trouue religion, iustice, prudence, pieté, modestie, clemence, vaillance, har-

---

[1] Ce dernier paragraphe est encore une addition de 1585.

diesse, foy, et telles vertus bien autres et differentes, qui ne sont trouuées aux animaux, ce qui sera declaré presentement.

Tout ce que nous auons escrit de la nature des bestes, n'est pour donner matiere aux naturalistes, epicuriens et atheistes, qui sont sans Dieu, de conclure par ces raisons qu'il n'y a point de difference entre les hommes et les bestes : mais pour monstrer à l'homme qu'il n'a matiere de se glorifier qu'en Dieu. Car quelque chose que nous ayons dite des bestes et de l'homme, il n'y a point de comparaison de luy à elles. Car l'homme tout seul a en soy tout ce qui peut estre excellent entre tous les autres animaux, et est plus parfait que nul d'eux. Car puis qu'il a esté creé à l'image de Dieu, il n'est possible, quelque abolition qu'il ait en luy de ceste image, qu'il n'y en soit demeuré quelque trait et rayon de la puissance, sagesse, et bonté de Dieu son createur. Et iaçoit qu'il soit vne creature fort debile et foible, au pris de certains animaux, toutesfois ils n'ont puissance ne force à comparer à la sienne, si nous en voulons parler à la verité. Car Dieu a imprimé en luy vn tel caractere de sa puissance, qu'il n'y a nul de tous les autres animaux qui ne le craignent, et qui ne luy soient suiets, et contraints de luy obeïr. Et nonobstant qu'il semble par les choses deuant dites, que la raison ait esté donnée à tous animaux, toutesfois, comme dit Lactance, elle a esté donnée seulement pour la conseruation de leur vie corporelle, mais à l'homme pour viure eternellement. Et pource que celle raison est parfaite en l'homme, elle est comme sapience et sagesse, qui le fait excellent en ce, qu'à luy seul

est donné à entendre les choses diuines : de laquelle chose Ciceron a eu vraye opinion, disant, qu'en tous les genres et especes d'animaux il n'y en a aucun, excepté l'homme, qui ait connoissance de Dieu. Et luy a donné par grande excellence raison, et la parolle, et les mains : et par ces trois prerogatiues, l'a separé des autres animaux, et doüé d'vne nature plus singuliere que pas vne des autres creatures. Il a trouué premierement par raison les choses plus necessaires. Il a imposé nom à toutes choses, inuenté les lettres, dressé les arts mecaniques et liberaux, iusques à mesurer la terre et la mer, reduire par instruction la tres-ample masse du ciel, et la varieté et distinction des astres, et l'entresuite des iours et nuits, mois et ans, continuellement renaissans, et l'obseruation du cours des estoilles, et leur pouuoir qu'elles ont icy bas. Il a escrit les loix, et generalement forgé tous les instrumens des arts. A redigé par escrit les memoires et speculations des philosophes, tellement que par ce moyen nous pouuons maintenant parler et discourir auec Platon, Aristote et autres anciens auteurs.

CHAPITRE XXIII.

L'HOMME A LE CORPS DESARMÉ.

Or comme l'homme a le corps desarmé, et despourueu d'armes, aussi a-il l'ame destituée d'arts. Et en recompense de ce qu'il est nud et desarmé, il a la main [1], et en lieu que son ame n'a aucun art, il a la raison

---

[1] Galien, 1. *de V su part. chap.* 4. — A. P.

et parolle : et de ces trois estant garni, il arme son corps, le couurant, et remparant en toutes choses, et enrichit son ame de tous arts et sciences.

Or s'il auoit quelques armes naturelles, il auroit tousiours celles-là seules : semblablement si de nature il sçauoit quelque art, il n'apprendroit iamais les autres. Pource donc qu'il luy estoit trop meilleur s'aider de toutes armes, et de tous arts, Nature ne luy a donné ne l'vn ne l'autre : parquoy Aristote dit de bonne grace, la main estre l'instrument qui surpasse tous autres instrumens. Et semblablement quelqu'vn, à l'imitation d'Aristote, pourroit dire : la raison estre vn art qui surmonte tous les arts. Car ainsi que la main est instrument plus noble que tous instrumens, pource qu'elle les peut faire, manier, et mettre en besongne, combien qu'elle ne soit aucun des instrumens particuliers : aussi la raison et la parolle n'estant aucun art particulier, les comprend naturellement tous. A ceste cause, la raison est vn art qui auance tous les autres. L'homme donc seul entre tous les animaux, ayant en son ame vn art plus excellent que tous autres, à sçauoir la raison, à bon droit possede vn instrument plus noble que tous autres, sçauoir la main.

Et ainsi l'homme, animal seul diuin entre tous ceux qui sont en terre pour toutes armes defensiues a les mains, qui luy sont instrumens à tous arts, et non moins conuenables en guerre qu'en paix. Il n'a eu besoin de cornes naturelles, comme le taureau, ny de defenses, comme le sanglier, ny d'ongles, comme le cheual, ny autres armes, ainsi qu'ont les bestes : car il peut prendre auec ses mains

des armes qui sont meilleures, comme vne pique, vne espée, vne hallebarde, vne pertuisane, qui sont armes plus auantageuses, qui coupent et percent plus aisément que les cornes et les dents. Il n'a eu aussi besoin des ongles comme le cheual, car vn caillou ou vn leuier assenent et froissent mieux qu'vn ongle. En outre, on ne se peut aider de la corne ou de l'ongle que de prés : mais les hommes se seruent de leurs armes de prés et de loing, comme d'vne barquebuse et d'vne fronde et fleche, et d'vn leuier plus commodément que d'vne corne. Voire-mais, dira quelqu'vn, le lion est plus viste et leger que l'homme. Eh bien, que s'ensuit-il pour cela? L'homme auec sa main et sa sagesse, qui aura dompté le cheual, animal plus viste que le lion, maniant le cheual, il chasse et poursuit le lion : en reculant et fuyant il se sauue de deuant luy : estant assis sur le dos du cheual, comme en lieu haut et releué, il choisit et frappe, et tue le lion d'vn espieu ou d'vne pertuisane, ou d'vne pistole, ou autre arme qu'il voudra choisir. Et partant l'homme a tous moyens pour se defendre des autres animaux : il ne se rempare point seulement d'vn corcelet, mais d'vne maison, d'vne tour ou rempart. Il fait toutes armes auec ses mains : il ourdit vn habillement, il lance et tire vn rets et vn filet à pescher, et fait toutes autres choses plus commodément que les animaux, et par la puissance qu'il a cuë de Dieu son createur, il domine sus les animaux qui sont en terre. Il charge l'elephant et le rend en son obeïssance, mais aussi ceux qui sont en la mer, comme cest horrible monstre et grand, la balaine, la tue et l'ameine au riuage. Pareillement ceux qui sont en l'air : car le vol ne sauue l'aigle du trait de l'homme, combien que de loing il iette sa veuë. Et pour le dire en vn mot, il ne se trouue beste, tant soit-elle armée de forces de corps ou pourueuë de sens, que l'homme ne vienne au dessus. Ce qui est prouué par le grand poëte diuin, quand il dit [1] :

Regner le fais sur les œuures tants belles
De tes deux mains comme Seigneur d'icelles :
Tu as de vray sans quelque exception,
Mis sous ses pieds tout en subiection.

CHAPITRE XXIV.

COMME DIEV S'EST MONSTRÉ ADMIRABLE EN LA CREATION DE L'HOMME.

Dieu s'est monstré admirable et excellent en la creation de l'homme, et en sa prouidence autour d'iceluy. Car il ne l'a manifesté si grande aux bestes brutes, lesquelles il n'a creées sinon que pour seruir l'homme. Nous pouuons bien estimer combien elle est plus grande autour des hommes, et quel soin il en a d'auantage, et de quels dons il les a doués plus que les bestes brutes, veu qu'il les a creés les plus excellens de tous les animaux. Et comme son chef-d'œuure entre iceux, il a voulu faire reluire son image comme vne image de sa majesté diuine, incomprehensible à l'esprit humain. Parquoy il n'a pas esté sans bonne cause appellé d'aucuns anciens *Petit monde*, à raison qu'en iceluy, comme au grand monde, toutes choses reluisent [2] par la puissance, bonté et sagesse de Dieu Dieu creant l'homme a fait vn chef-d'œuure d'vne

[1] *Pseau.* 8. — A. P.
[2] *Le chapitre se terminait là en 1579; le reste est de 1585.*

plus excellente perfection que tout le reste, à cause des graces qu'il luy a données. Quelques sages d'Egypte appellerent l'homme Dieu terrestre, animal diuin et celeste, messager des dieux, seigneurs des choses inferieures, familier des superieures, et finalement miracle de nature.

CHAPITRE XXV.

LA CAVSE POVRQVOY LES HOMMES NE PRESAGENT COMME LES ANIMAVX.

La cause pourquoy les hommes n'ont tel sentiment pour apperceuoir la mutation du temps, c'est parce qu'ils ont prudence naturelle, par laquelle ils iugent des choses par certain iugement. Ils ne suiuent pas la disposition de l'air et du temps, comme les bestes : et pource ils pourront estre ioyeux en temps trouble et tempestueux, tristes en beau temps et clair, selon leurs apprehensions et affections qu'ils auront selon leurs affaires. Mais les bestes sont esmeuës à ioye ou à tristesse, non pas par iugement qu'elles ayent comme les hommes, mais selon que le temps est propre ou mal conuenable à leurs corps, et selon que maintenant il se relasche et ouure en elles ce qui estoit auparauant clos et serré en leurs corps : et par ainsi elles suiuent la disposition de l'air et du temps, et donnent signe de ce qu'elles en sentent.

Et quant à ce que les hommes empruntent la voix des bestes, cela n'est pas au deshonneur des hommes, mais à leur grand honneur : car ils sont à preferer aux bestes, en ce qu'ils peuuent contrefaire toutes voix.

Ils glapissent comme Regnards,
Ils miaullent comme les Chats,
Ils grongnent comme Pourceaux,
Ils mugissent comme Taureaux.
Ils muglent comme Baleines,
Ils hanissent comme Cheuaux,
Ils croüaillent comme Corbeaux,
Ils gringottent comme Rossignols,
Ils hurlent comme les Loups,
Ils gemissent comme les Ours,
Ils rugissent comme Lions,
Ils gresillonnent comme Grillons,
Ils caquettent comme Cicongnes,
Ils coquelicquent comme les Coqs,
Ils cloussent comme les Poulles,
Ils piolent comme Poullets,
Ils cageollent comme les Gays,
Ils cacabent comme Perdris,
Ils baricquent comme Elephants [1],
Ils jargonnent comme les Jars,
Ils raucoulent comme Colombes,
Ils brament comme les Cerfs,
Ils trompettent comme les Grues,
Ils puputent comme les Huppes,
Ils gazoüillent comme Hirondelles,
Ils brayent comme les Asnes,
Ils bellent comme les Chéures,
Ils sifflent comme Serpens,
Ils huyent comme Millans,
Ils coaxent comme Grenoüilles,
Ils clabaudent comme Limiers,
Ils claquetent comme Cigalles,
Ils bourdonnent comme les Mousches,
Ils abbayent comme les Chiens,
Ils crocaillent comme les Cailles [2].

Le seigneur du Bartas au cinquième
our de *la sepmaine* contrefait le chant
de l'alouette chantant, *Tire, lire, alire,
et tirelirant tire, adieu, adieu, adieu,
adieu* [3].

Et pour le dire en vn mot, les hommes contrefont toutes voix des ani-

maux. Et quant à ce que les oiseaux chantent, ce n'est rien au prix des Musiciens, lesquels resonnans ensemble, font vne voix fort melodieuse et plaisante à ouyr, voire aux oreilles des Roys et Princes, et plus harmonieuse sans comparaison que tous les oiseaux ne sçauroient faire ensemble.

D'auantage, l'homme appriuoise, non seulement les bestes domestiques, mais aussi les sauuages et les plus estranges de toutes, comme les elephants, lions, ours, tigres, leopards, partheres, crocodiles et autres. Plutarque le tesmoigne des crocodiles, qui toutesfois sont les bestes plus inhumaines et cruelles qu'on puisse trouuer.

« Les Crocodilles, dit-il, ne connoissent pas tant seulement la voix des hommes qui les appellent, mais aussi souffrent qu'ils les manient : et qui plus est, ouurent fort la gueule, et leur baillent leurs dents à curer de leurs mains, et les essuyer d'vne seruiette. »

Et combien que Nature ait appris aux bestes la science de Medecine, toutesfois c'est bien peu de chose de tout ce qu'elles en sçauent, au prix de ce qu'vn homme seul en peut sçauoir, pour peu qu'il ait estudié en Medecine, et pour peu qu'il en puisse auoir d'expérience. Il est vray qu'elles n'apprennent pas des hommes leurs medecines. d'autant qu'elles n'ont l'entendement comme les hommes. Or ce qui est escrit des Elephants, qui ont quelque religion, c'est qu'ils n'ont pas adoré le Soleil et la Lune, comme ayant la connoissance de Dieu, laquelle il a mise au cœur des hommes autrement qu'elle n'est pas és bestes brutes. Car, à parler proprement, les bestes n'ont aucune connoissance

---

[1] Ces deux lignes ont été ajoutées en 1585.
[2] Cette ligne est également une addition faite en 1585.
[3] Voilà le seul paragraphe qui ne se lise ni en 1579 ni en 1585 ; il ne date que de la première édition posthume en 1598.

de Dieu qui procede de quelque lumiere et raison, qui leur soit donnée pour estre capables de telle connoissance, laquelle a esté baillée au seul homme. Car combien que l'Elephant se tourne vers le Soleil, et qu'il semble qu'il l'adore, si l'adore-il point par intelligence, ny foy, ny par raison qu'il aye que le Soleil soit leur Dieu, et qu'ils soient tenus de lui porter bonneur et reuerence : mais le font par vn instinct et mouuement de Nature, selon qu'ils se trouuent disposés naturellement par la connenance que le Soleil a auec leur nature, et par le bien qu'ils en sentent, sans penser neanmoins à ce qu'ils font, sinon ainsi que Nature les pousse, sans religion qui soit en eux. Et pourtant lorsque nous leur attribuons religion, nous ne la prenons pas en sa propre signification, mais par vne maniere de dire, et par abusion de langage, et par comparaison, à cause de la similitude et façon de faire qu'ont les Elephants.

CHAPITRE XXVI.

L'HOMME A LA DEXTERITÉ D'APPRENDRE TOVTES LANGVES.

Nous voyons l'homme auoir telle dexterité, qu'il ne sçait seulement pas apprendre les diuers langages qui sont entre ceux de son espece, mais aussi apprend ceux des oiseaux : ce qu'on voit par experience d'aucuns bons compagnons, qui contrefont tous chants des oiseaux, et la voix de toutes bestes, comme nous auons dit cy dessus, et entendent le jargon de plusieurs autres animaux.

Et pour verifier cecy, Apollonius,

philosophe, qui estoit excellent en ceste science, vn iour estant en vne grande compagnie de ses amis où il regardoit des passereaux qui estoient branchés sur vn arbre, ausquels il vint vn autre d'ailleurs, qui commença à gazoüiller au millieu d'eux, puis s'en va, et tous les autres le suiurent : Apollonius ayant veu cela (et tous ceux qui estoient auec luy) dist : Ce passereau a annoncé à ses compagnons qu'vn asne chargé de forment estoit tombé prés la porte de la ville, et que le bled estoit versé en terre. Et ceux qui ouyrent cela, voulurent experimenter s'il disoit vray, et allerent sur les lieux, où trouuerent la chose comme il auoit dit, et quant-et-quant les passereaux, qui estoient venus pour manger le bled.

Or quant aux Corbeaux, Pies et autres oiseaux, qui parlent pour desguiser leur ramage, et leur gazoüillement, et sifflement, et son de voix humaine, ils ont bien tost dit tout ce qu'ils sçauent, et qu'ils ont appris de longtemps. Et quoy qu'ils sçachent gazoüiller, ils demeurent tousiours bestes brutes sans raison. Mais à l'homme, la raison luy a esté donnée naturellement de monter plus haut que celle des bestes, desirant tousiours sçauoir, et ne se contentant point seulement d'auoir la connoissance des choses qui appartiennent à la vie presente : mais s'enquiert des choses plus hautes, et des celestes et diuines : qui est vn certain argument que la nature de l'homme, et l'ame qui luy est donnée, est bien differente à celle des autres animaux, laquelle ne peut nullement estre conneuë. L'Homme a en son ame trois principales puissances necessairement concurrentes à toute loüable et vertueuse action : à sçauoir l'entendement, la volonté, et la memoire : vne pour comprendre ce qu'il faut faire, l'autre pour l'executer : et la memoire, comme fidele tutrice, qui garde ce qui a esté conclud et arresté en l'entendement. Aucuns philosophes l'ont appelée le thresor de science, d'autant qu'elle est comme vn cabinet auquel est gardé ce que nous apprenons et voyons. Ces puissances et perfections sont graces singulieres, et dons speciaux, prouenans de la sagesse diuine du sainct Esprit, qui ne sont données aux bestes : lesquelles puissances seront cy aprés plus amplement declarées au *Liure de la Generation*, parlant des Facultés de l'ame.

Et pour conclusion, l'Homme est ingenieux, sage, subtil, memoratif, plein de conseil, excellent en condi-

tion, qui a esté fait du souuerain Dieu, et luy seul entre tous les animaux a esté orné de raison et d'intelligence, de laquelle tous animaux ont esté priués : et en luy reuit vne image de l'essence diuine, qui ne se trouue en nulle autre creature [1].

Sentence d'Euripide [2].

L'homme a bien peu de force corporelle,
Mais sa prudence et raison naturelle
Va iusqu'au fond de la mer captiuant :
Sur terre aussi s'estend iusqu'aux especes,
Où plus y a de ruses et finesses.

[1] Ce paragraphe est de 1585.
[2] Les vers qui suivent se lisaient déjà en 1579, mais sans ce titre, et de plus ils ne présentaient pas un rhythme régulier; ils ont été arrangés ainsi en 1585.

APPENDICE

AV

LIVRE DES MONSTRES [1].

CHAPITRE I.

DES MONSTRES MARINS.

Il ne faut douter qu'ainsi qu'on voit plusieurs monstres d'animaux de diuerse façon sus la terre, aussi qu'il n'en soit en la mer d'estrange sorte : desquels les vns sont hommes depuis la ceinture en haut, nommés Tritons, les autres femmes, nommées Serenes, qui sont couuerts d'escailles, ainsi que

[1] Le travail qu'on va lire faisait suite, dans toutes les éditions de Paré, au livre *des Monstres* ; j'ai exposé ailleurs (voyez ci-devant page 1) pour quelles raisons j'avais jugé à propos de l'en séparer. Il faut dire ici un mot de sa composition.

Dans les *deux liures de Chirurgie* de 1573, il constituait le 32ᵉ chapitre du livre *des Monstres* ; et tandis que les 31 premiers chapitres étaient rangés sous ce titre courant : *des Monstres terrestres*, il portait ce titre courant spécial : *des Monstres marins*. En effet, il ne s'y agissait encore que des animaux vrais ou fabuleux que l'on disait vivre dans les eaux, à part cependant quatre petits articles sur l'autruche, l'oiseau de paradis, le rhinocéros et le caméléon, qui terminaient le chapitre et le livre.

En 1575, il y eut peu de chose de changé ; c'était toujours un chapitre unique, intitulé : *des Monstres marins*, avec l'histoire des quatre animaux indiqués en dernier lieu. Mais en 1579, avec l'histoire de l'autruche et de l'oiseau de paradis, à laquelle il ajouta deux autres articles, Paré constitua un deuxième chapitre intitulé : *des Monstres volatiles* ; avec l'histoire du rhinocéros et du caméléon, augmentée de bon nombre d'autres, il fit un troisième chapitre qui reprit l'ancien titre *des Monstres terrestres* ; le tout couronné par un quatrième consacré aux *Monstres celestes*. En 1582 et 1585, il reprit les histoires des monstres à cornes pour les transplanter dans *le Discours de la licorne* et le livre *des Venins* ; mais il ajouta un dernier chapitre sans titre, et qui n'est véritablement que la suite du quatrième, tel qu'il avait été conçu en 1579.

Il n'y a pas dans tout ceci un mot qui ait trait directement à la médecine ou à la chirurgie, sauf deux ou trois annonces de vertus fabuleuses attribuées à certains animaux. Aussi me suis-je peu occupé de rechercher les sources où avait puisé l'auteur ; il les annonce d'ailleurs lui-même presque à chaque article. Il y avait une grande quantité de figures d'animaux, les uns purement imaginaires, les autres qui représentent peut-être des êtres réels, mais grossièrement défigurés ; quelques uns enfin assez bien tracés d'après nature. J'ai tout retranché, à l'exception de la figure d'un squelette d'autruche préparé par Paré lui-même. J'ai dû en conséquence éliminer du texte

descrit Pline [1], sans toutesfois que les raisons lesquelles auons alleguées par cy-deuant, de la commixtion et meslange de semence [2], puissent seruir à la naissance de tels monstres. D'auantage on voit dans des pierres et plantes, effigies d'hommes et autres animaux, et de raison il n'y en a aucune, fors de dire que Nature se ioüe en ses œuures.

Vn triton et vne serene veus sur le Nil.

Du temps que Mena estoit gouuerneur d'Egypte, se proumenant du matin sus la riue du Nil, vit sortir vn homme hors de l'eau iusques à la ceinture, la face graue, la cheueleure iaune, entremeslée de quelques cheueux gris, l'estomach, dos, et les bras bien formés, et le reste de poisson. Le tiers iour d'aprés, vers le point du iour, vn autre monstre apparut aussi hors de l'eau auecques vn visage de femme : car la douceur de la face, les longs cheueux, et les mammelles le monstroient assez : et demeurerent si longtemps dessus l'eau, que tous ceux de la ville les virent l'un et l'autre à leur aise.

Monstre marin ayant la teste d'vn Moyne, armé et couuert d'escailles de poisson.

Rondelet, en son liure *des Poissons,* escrit, qu'on a veu vn monstre marin en la mer de Norwege, lequel si tost

qu'il fut pris, chacun lui donna le nom de Moyne, et estoit tel.

Monstre marin ressemblant à vn Euesque vestu de ses habits pontificaux.

Vn autre monstre descrit par ledit Rondelet, en façon d'vn Euesque, vestu d'escaille, ayant sa mitre et ses ornemens pontificaux, lequel a esté veu en Polongne, mil cinq cens trente et vn, comme descrit Gesnerus.

Monstre marin ayant la teste d'vn Ours et les bras d'vn Singe.

Hieronymus Cardanus ennoya ce monstre icy à Gesnerus, lequel auoit la teste semblable à vn ours, lés bras et mains quasi comme vn singe, et le reste d'vn poisson : et fut trouué en Macerie.

Lion marin couuert d'escailles.

En la mer Tyrrhene, prés la ville de Castre, fut prins ce monstre, ayant la forme d'vn lion couuert d'escailles, lequel fut presenté à Marcel [1], pour lors Euesque, lequel aprés la mort du Pape Paul troisiéme succeda au Papat. Iceluy Lion iettoit vne voix semblable à celle d'vn homme : et auec grande admiration fut amené en la ville, et tost aprés mourut, ayant perdu son lieu naturel : comme nous tesmoigne Philippe Forestus, au liure 3. *de ses Chroniques.*

Monstre marin ayant figure humaine.

L'an mil cinq cens vingt trois, le troisiéme iour de nouembre, fut veu ce monstre marin à Rome, de la grandeur d'vn enfant de cinq ou six ans,

ces fréquents renvois : *comme tu vois par ceste figure ; la figure duquel t'est icy figurée ;* et j'ai pris seulement aux titres des figures de quoi marquer chaque article d'un titre spécial, en n'ajoutant cependant en aucune manière au texte de mon auteur.

[1] Pline 9. liu. de son *Histoire naturelle.* — A. P.

[2] Voyez le chapitre 20 du livre *des Monstres,* ci-devant page 43.

[1] Ceci est le texte de 1585, suivi par les éditions postérieures ; les précédentes disaient : à *Martinus.*

ayant la partie superieure humaine
iusques au nombril, hors mis les oreilles, et l'inferieure semblable à un
poisson.

Vn Diable de mer.

Gesnerus fait mention de ce monstre marin, dont il auoit recouuert le
portrait d'vn peintre qui l'auoit veu
en Anuers au naturel, ayant la teste
fort furieuse, auec deux cornes, et
longues oreilles, et tout le reste du
corps d'vn poisson, hors les bras qui
approchoient du naturel : lequel fut
pris en la mer Illyrique, se iettant
hors du riuage, taschant à prendre
vn petit enfant qui estoit prés d'iceluy, et estant poursuiui de prés des
mariniers qui l'avoient apperceu, fut
blessé de coups de pierres, et peu
aprés vint mourir au bord de l'eau.

Vn Cheual de mer.

Ce monstre marin ayant la teste, et
les crins, et le deuant d'vn Cheual,
fut veu en la mer Oceane : la figure
duquel fut apportée à Rome, au Pape
pour lors regnant.

Vn Veau marin.

Olaus Magnus dit auoir eu ce monstre marin d'vn Gentil-homme Anglois : et auoit esté pris prés le riuage
de Bergue, lequel ordinairement y
habitoit. Encore de n'agueres on en
fit present d'vn semblable au Roy defunct [1], qu'il fit nourrir assez long-
temps à Fontainebleau, lequel sortoit

souuent hors de l'eau, puis s'y remettoit [1].

Truie marine.

Ce monstre marin, comme dit
Olaus, fut veu en la mer, prés l'isle
de Thylen, située vers le Septentrion,
l'an de grace mil cinq cens trente
huit, de grandeur presque incroyable, à sçauoir de soixante et douze
pieds de longueur, et quatorze pieds
de hauteur, ayant distance entre les
deux yeux de sept pieds ou enuiron :
son foye estoit si grand qu'on en remplit cinq tonneaux, la teste semblable
à vne Truie, ayant vn croissant situé sus le dos, au milieu de chaque
costé du corps trois yeux, et le reste
tout couuert d'escailles.

Poisson nommé Orobon [2].

Les Arabes habitans le mont Ma-
zouan, qui est le long de la Mer-
Rouge, viuent ordinairement d'vn
poisson nommé Orobon, grand de
neuf à dix pieds, et large selon la proportion de sa grandeur, ayant escailles faites comme celles du Crocodile.
Iceluy est merueilleusement furieux
contre les autres poissons. André
Theuet en fait assez ample declara-
tion en sa *Cosmographie.*

Des Crocodiles [3].

Le Crocodile, comme escrit Aristote

---

[1] *Charles 9. Roy de France.* — A. P. —
Cette fois Paré parle d'un animal qu'il a vu ;
aussi la figure qu'il en donnait représentait
fort exactement un phoque. J'ai jugé toutefois inutile de la reproduire.

[1] Il y avait ici, dans les éditions de 1573
et 1575, l'histoire et la figure d'un *sanglier
marin.* Mais en 1582, Paré la transporta dans
son *Discours de la licorne,* où elle est restée
dans les éditions suivantes.

[2] Ici se trouvait, dans les éditions de 1573
à 1575, l'histoire et la figure d'un *elephant de
mer;* Paré les a transportées en 1582 dans
son *Discours de la Licorne.*

[3] Cet article a été ajouté en 1579.

és liures de l'*Histoire et parties des ani-maux*, est vn grand animal long de quinze coudées. Il n'engendre point vn animal, mais des œufs, non plus gros que ceux d'oye : il en fait soixante au plus. Il vit longtemps, et d'vn si petit commencement sort vn si grand animal : car les petits esclos sont proportionnés à l'œuf. Il a la langue si empeschée qu'il semble n'en auoir point, qui est cause qu'il vit partie en terre, partie en eau : comme estant terrestre, elle luy tient lieu de langue, et comme estant aquatique, il est sans langue. Car les poissons, ou ils n'ont point du tout de langue, ou ils l'ont fort liée et empeschée. Le seul Crocodile entre toutes bestes, remue la machoire de dessus : celle de dessous demeure ferme, parce que les pieds ne luy peuuent seruir à prendre ny retenir [1]. Il a les yeux comme vn pourceau, les dents lon-gues qui luy sortent hors la gueulle, les ongles fort pointus, le cuir si dur qu'il n'y a fleche ne trait qui le sceust percer. On fait vn medicament du Crocodile nommé *Crocodilée*, contre les suffusions et cataractes des yeux : il guarit les lentilles, taches et bour-geons qui viennent à la face. Son fiel est bon contre les cataractes appliqué és yeux : le sang appliqué és yeux clarifie la veuë.

Theuet, en sa *Cosmographie*, tom. 1. chap. 8. dit qu'ils habitent és fontai-nes du Nil, ou en vn lac qui sort des-dites fontaines, et dit en auoir veu vn qui auoit six eniambées de long, et plus de trois grands pieds de large sur le dos, tellement que le seul re-gard en est hideux. La maniere de les prendre est telle. Subit que les

Egyptiens et Arabes voyent que l'eau du Nil deuient petite, ils lan-cent vne longue corde, au bout de laquelle y a vn hameçon de fer assez gros et large, pesant enuiron trois liures, auquel ils attachent vne piece de chair de chameau, ou d'autre beste : et lors que le Crocodile apper-çoit la proye, il ne faut à se ietter des-sus, et l'engloutir : et estant l'hame-çon auallé bien auant, se sentant pi-qué, il y a plaisir à luy voir faire des sauts en l'air, et dedans l'eau. Et quand il est pris, ces barbares le ti-rent peu à peu iusques prés le bord de la riue, ayant posé le cordeau des-sus vn palmier ou autre arbre, et ainsi le suspendent quelque peu en l'air, de peur qu'il ne se iette contre eux et ne les deuore. Ils luy donnent plusieurs coups de leuier, l'assom-ment et tuent, puis l'escorchent, et en mangent la chair qu'ils trouuent tres-bonne.

Iean de Lery, au chapitre 10. de son *Histoire de la terre du Bresil*, dit que les sauuages mangent les Croco-diles, et qu'il en a veu apporter de petits aux sauuages tous en vie en leurs maisons, à l'entour desquels leurs petits enfans se iouent, sans qu'ils leur facent aucun mal.

Deux poissons, l'vn comme vne panache, et l'autre comme vne grappe de raisin [1].

Rondelet en son liure *des poissons insectes*, c'est-à-dire qui sont de na-ture moyenne entre les plantes et animaux, baille ces deux figures, l'vne appellée *Panache de mer*, par ce qu'elle represente les panaches qu'on porte aux chapeaux : les pescheurs pour la similitude qu'elle a au bout du membre viril, l'appellent *Vit-*

[1] *Le perroquet remue son bec dessus et dessous.* — A. P.

[1] Article ajouté en 1579.

volant : estant vif il s'enfle et se rend plus gros, estant priué de vie deuient tout flétri et mollasse. Il reluist de nuit comme vne estoile.

Pline escrit qu'en la mer on trouue non seulement des figures des animaux qui sont sur la terre : mais ie croy que ce poitrait est la grappe de laquelle il parle : car par tout le dessus represente vne grappe de raisin qui est en fleur : elle est longue comme vne masse informe, pendante d'vne queüe.

L'Aloés, poisson monstrueux [1].

En la mer de l'isle Espagnolle, aux terres neuues, se trouuent plusieurs poissons monstrueux. Entre lesquels Theuet, liure 22., chap. 12., Tome 2. de sa *Cosmographie*, dit en auoir veu vn fort rare qu'ils nomment en la langue du pays aloés, et est semblable à vne oye, ayant son col haut esleué, la teste faite en pointe comme vne poire de bon chrestien , le corps gros comme celuy d'vne oye, sans escailles , ayant ses quatre nageoires sous le ventre : et diriez à le voir sur l'eau estre vne oye faisant le plonget parmy les ondes de la mer.

Limaçon de la mer sarmatique [2].

La mer Sarmatique , qu'on dit autrement Germanique orientale nourrit tant de poissons inconneus à ceux qui habitent és regions chaleureuses, et tant monstrueux que rien plus. Entre autres il s'en trouue vn tout ainsi fait qu'vn limaçon : mais gros comme vn tonneau , ayant les cornes quasi comme celles d'vn cerf, au bout

desquelles, et aux rameaux d'icelles, y a de petits boutons ronds et luysans comme fines perles. Il a le col fort gros, les yeux luy esclairent comme vne chandelle , son nez est rondelet et fait comme celuy d'vn chat , auec vn petit de poil tout autour, ayant la bouche fort fendue , au dessous de laquelle luy pend vne eminence de chair assez hideuse à voir. Il a quatre iambes , et des pattes larges et crochues qui luy seruent de nageoires, auec vne queue assez longue, toute martelée et coulourée de diuerses couleurs, comme celle d'vn tigre. Il se tient en pleine mer, de force qu'il est craintif : car ie suis asseuré qu'il est amphibie , participant de l'eau et de la terre. Quand le temps est serain , il se met en terre sur le riuage de la marine, là ou il paist, et mange de ce qu'il trouue de meilleur. La chair en est fort delicate et plaisante à manger : le sang duquel est propre contre ceux qui sont gastés du foye et qui sont pulmoniques, comme est celuy des grandes tortues à ceux qui sont atteints de lepre. Theuet dit l'auoir eu du pays de Dannemarch [1].

Du Hoga, poisson monstrueux [2].

En la grande largeur du lac Doux, sur lequel la grande ville de Themistitam, au Royaume de Mixique, est bastie sur pilotis comme Venise, se trouue vn poisson grand comme vn veau marin. Les sauuages de l'Antartique l'appellent *Andura :* les barbares du pays et Espagnols, qui se sont faits maistres de ce lieu par les conquestes de leurs terres neuues,

[1] Article ajouté en 1579.

[2] Article ajouté à la même date que le precedent.

[2] Theuet liu. 20. chap. 18. tom. 2. *de sa Cosmographie.* — A. P.

[1] Article ajouté en 1579.

l'appellent *Hoga*. Il a la teste et oreilles peu differentes d'vn pourceau terrestre : il a cinq moustaches longues de demy pied ou enuiron, semblables à celles d'vn gros barbeau ; la chair en est tres-bonne et delicieuse. Ce poisson produit ses petits en vie, à la façon de la baleine. Si vous le contemplez lors qu'il se ioüe noüant dans l'eau, vous diriez qu'il est tantost verd, ores iaune, et puis rouge, ainsi que le cameleon : il se tient plus au bord du lac qu'ailleurs, où il se nourrit des fueilles d'vn arbre appellé Hoga, dont il a pris son nom. Il est fort denteló et furieux, tuant et deuorant les autres poissons, voire plus grands qu'il n'est : c'est pourquoy on le poursuit, chasse et occit, à cause que s'il entroit aux conduits, il n'en laisseroit pas vn en vie : parquoy celuy qui plus en tue est le mieux venu. Ce qui est escrit par Theuet, chapitre 22. tome 2. de sa *Cosmographie*.

Certains poissons volans [1].

André Theuet, tome 2. de sa *Cosmographie*, chapitre 10., en nageant sur mer dit auoir veu vne infinité de poissons volans que les sauuages appellent *Bulampech*, lesquels se lancent si haut hors de l'eau d'où ils sortent, qu'on les voit cheoir à cinquante pas de là : ce qu'ils font d'autant qu'ils sont poursuiuis d'autres grands poissons qui en prennet leur curée. Ce poisson est petit comme vn macquereau [2], ayant la teste ronde, le dos de couleur azurée, et deux ailes aussi longues presque que tout le corps, lesquelles il cache sous les machoires, estans faites tout ainsi que les fanons ou ailerons auec lesquels les autres poissons s'aident pour nager. Ils volent en assez grande abondance, principalement la nuit, et en volant heurtent contre les voiles des nauires, et tombent dedans. Les Sauuages se nourrissent de leur chair.

Iean de Lery en son *Histoire de la terre du Bresil*, chapitre 3., confirme cecy, et dit auoir veu sortir de la mer et s'esleuer en l'air de grosses troupes de poissons (tout ainsi que sur terre on voit les alouettes ou estourneaux) volans presque aussi haut hors l'eau qu'vne pique, et quelquefois prés de cent pas loin. Mais aussi il est souuent aduenu que quelques-vns se heurtans contre les mats de nos nauires, tombans dedans, nous les prenions à la main. Ce poisson est de forme d'vn haranc, toutesfois vn peu plus long et plus gros : il a de petits barbillons sous la gorge, et les ailes comme d'vne chauue-souris, et presque aussi longues que tout le corps : et est de fort bon goust, et saoureux à manger. Il y a encore vne autre chose (dit-il) que i'ay obseruée : c'est que ny dedans l'eau, ny hors de l'eau, ces pauures poissons volans ne sont iamais à repos : car estans dedans la mer, les grands poissons les poursuiuent pour les manger, et leur font vne continuelle guerre : et si pour euiter cela ils se veulent sauuer en l'air, et au vol, il y a certains oiseaux marins qui les prennent et s'en repaissent.

Vn autre poisson volant fort monstrueux [1].

Entre Venise et Rauenne, vne lieuë au dessus de Quloze, en la mer des

---

[1] Article de 1579.

[2] *i'en ay vn en mon cabinet que l'on m'a donné, que ie garde pour memoire.* — A. P.

[1] Article de 1579.

Venitiens, l'an 1550, fut pris vn poisson volant terrible et merueilleux à voir, de grandeur de quatre pieds et plus, de largeur d'vne pointe à l'autre de ses ailes, deux fois autant, de grosseur d'vn bon pied en quarré. La teste estoit merueilleusement grosse, ayant deux yeux, l'vn dessus, l'autre dessous, deux grandes oreilles et deux bouches : son groüin estoit fort charnu, verd en couleur : ses ailes estoient doubles, en sa gorge il auoit cinq trous en façon de Lamproye : sa queuë estoit longue d'vne aulne, au haut de laquelle estoient deux petites aisles. Il fut apporté tout vif en ladite ville de Quioze, et presenté aux seigneurs d'icelle, comme chose qui n'auoit iamais esté veuë.

Diuerses coquilles, ensemble du poisson qui est dedans icelles, dit Bernard l'Ermite[1].

Il se trouue en la mer de si estranges et diuerses sortes de coquilles, que l'on peut dire que Nature, chambriere du grand Dieu, se iouë en la fabrication d'icelles : dont ie t'ay fait portraire ces trois, qui sont dignes de grande contemplation et admiration, dans lesquelles il y a des poissons comme limaçons en leurs coquilles : lesquels Aristote, liure 4. de l'histoire des Animaux, nomme *Cancellus*, estans compagnons des poissons couuerts de cocques, et de test dur, et semblables aux langoustes, naissant à par soy.

Rondelet en son liure de l'*Histoire des poissons*, dit qu'en Languedoc ce poisson se nomme *Bernard l'Ermite* :

il a deux cornes longuettes et menues, sous lesquelles il a ses yeux, ne les pouuant retirer au dedans comme font les Cancres, mais tousiours apparoissent aduancés au dehors : ses pieds de deuant sont fendus et fourchus, lesquels luy seruent à se defendre et à porter en sa bouche. Il en a deux autres courbés et pointus desquels il s'aide à cheminer. La femelle fait des œufs, lesquels on voit pendus par derriere comme petites patenostres enfilées, toutesfois enueloppées et liées par petites membranes.

Elian au liure 7. chapitre 31. en escrit ce qui s'ensuit : « *Cancellus* naist tout nud et sans coquille, mais après quelque temps il en choisit de propre pour y faire demeure quand il s'en trouue de vuides, comme celle de pourpre, ou de quelque autre trouuée vuide : il s'y loge, et estant deuenu plus grand en sorte qu'il n'y peut plus tenir (ou lors que nature l'incite à frayer), il en cherche vne plus grande où il demeure au large et à son aise. Souuent il y a combat entre eux pour y entrer, et le plus fort iette le plus foible, et iouit de la place. »

Le mesme tesmoigne Pline, liure 9.

Il y a vn autre petit poisson nommé *Pinothere*[1], de la sorte d'vn cancre, lequel se tient et vit touiours auec la pine qui est ceste espece de grande coquille qu'on appelle nacre, demeurant tousiours assis comme vn portier à l'ouuerture d'icelle, la tenant entre-ouuerte iusques à ce qu'il y voye entrer quelque petit poisson, de ceux qu'ils peuuent bien prendre, lequel mordant la nacre, ferme sa co-

---

[1] Les dix premières lignes de cet article se lisaient déjà en 1573 ; mais la citation d'Aristote qui termine le premier paragraphe, et tout le texte de l'article, sont des additions de 1579.

[1] *Plutarque*. — A. P.

quille : puis tous deux grignotent et mangent leur proye ensemble.

De la Lamie [1].

Rondelet, au 3. liure *des Poissons,* chap. 11, escrit que ce poisson se trouue aucunesfois si merueilleusement grand, qu'à peine peut estre trainé par deux cheuaux sur vne charrette. Il mange (dit-il) les autres poissons, et est tres-goulu, voire deuore les hommes entiers : ce qu'on a conneu par experience. Car à Nice et à Marseille, on a autresfois pris des lamies dans l'estomach desquelles on a trouué vn homme entier tout armé.

« l'ay veu (dit Rondelet) vne lamie en Xaintonge, qui auoit la gorge si grande, qu'vn homme gros et gras aisément y fust entré : tellement que si auec vn baillon on luy tient la bouche ouuerte, les chiens y entrent aisément pour manger ce qu'ils trouuent dedans l'estomach. »

Qui en voudra sçauoir d'auantage lise Rondelet au lieu allegué. Pareillement Conradus Gesnerus en ses *Histoires des animaux,* fueillet 151. ordre 10. confirme ce que Rondelet en a escrit : et dit d'auantage, s'estre trouué des chiens tous entiers dans l'estomach de ladite lamie, ayant fait ouuerture d'icelle : et qu'elle a les dents aiguës, aspres et grosses. Rondelet dit aussi qu'elles sont de figure triangulaire, decoupées des deux costés comme vne scie, disposées par six rangs : le premier duquel se monstre hors de la gueule, et tendant vers le deuant : celles du second sont droites, celles du troisiéme, quatriéme, cin

quiéme, sixiéme, sont courbées vers le dedans de la bouche pour la pluspart. Les Orféures garnissent ces dents d'argent, les appellans *dents de serpent.* Les femmes les pendent au col des enfans, et pensent qu'elles leur font grand bien quand les dents leur sortent : aussi qu'elles les gardent d'auoir peur.

l'ay souuenance d'auoir veu à Lyon, en la maison d'vn riche marchand, vne teste d'vn grand poisson, lequel auoit les dents semblables à ceste description, et ne sceu sçauoir le nom de ce poisson. Ie croy à present que c'estoit la teste d'vne lamie. l'auois proposé la faire voir au defunct Roy Charles, qui estoit fort curieux de voir les choses serieuses et monstrueuses : mais deux iours après que ie voulus la faire apporter, il me fut dit que le marchand, sa femme, et deux de ses seruiteurs estoient frappés de peste : qui fut cause qu'il ne la veit point.

Du poisson dit *Nauticus* [1].

Pline, chap. 30. liu. 9. de son *Histoire naturelle,* nomme ce poisson *Nautilus* ou *Nauticus,* auquel est grandement à considerer, que pour venir au dessus de l'eau, se met à l'enuers, remontant peu à peu pour escouler l'eau qui seroit en sa coquille, à fin de se rendre plus leger à nauiger, comme s'il auoit espuisé la sentine de son nauire. Et estant au dessus de l'eau, il recourbe en amont deux de ses pieds, qui sont ioints ensemble auec vne pellicule fort mince pour luy seruir de voile, se seruant de ses bras comme d'auirons, tenant tousiours sa queuë au milieu, au lieu de

[1] Cet article est de date plus récente que les autres ; on le lit seulement dans l'édition de 1585.

[1] Cet article est une addition de 1579.

timon : et va ainsi sur la mer, contrefaisant les fustes et galeres. Que s'il
se sent auoir peur, il serre son equipage, et remplit sa coquille d'eau en
la plongeant, et ainsi s'en va au fond.

Description de la Baleine [1].

Nous abusons aucunement du mot
de *Monstre* pour plus grand enrichis-
sement de ce traité : nous mettrons
en ce rang la Baleine, et dirons estre le plus grand monstre poisson qui
se trouue en la mer, de longueur le
plus souuent de trente six coudées,
de huit de largeur, l'ouuerture de la
bouche de dixhuit pieds, sans auoir
aucunes dents : mais au lieu d'icelles,
aux costés des maschoires, a des lames comme de corne noire, qui finissent en poils semblables à soye de
pourceau, qui sortent hors de sa bouche, et luy seruent de guide pour
monstrer le chemin, à fin qu'elle ne
se heurte contre les rochers. Ses yeux

sont distans l'vn de l'autre de quatre
aulnes, et plus gros que la teste d'vn
homme : le museau court, et au milieu du front vn conduit par lequel
attire l'air et iette vne grande quantité d'eau, comme vne nuée, de laquelle elle peut remplir les esquifs,
et autres petits vaisseaux, et les renuerser en la mer. Quand elle est
saoule, brame et crie si fort qu'on la
peut ouyr d'vne lieuë françoise : elle
a deux grandes ailes aux costés, desquelles elle nage et cache ses petits
quand ils ont peur, et au dos n'en a
point : sa queuë est semblable à celle
du Dauphin, et la remuant esmeut
si fort l'eau qu'elle peut renuerser
vn esquif : elle est couuerte de cuir
noir et dur. Il est certain par l'anatomie, qu'elle engendre ses petits vifs,
et qu'elle les allaicte : car le masle a
des testicules et membre genital, et
la femelle vne matrice et mammelles.

Elle se prend en certain temps d'hyuer en plusieurs lieux, mesmement à

---

[1] Cet article se lit déjà dans l'édition de
1573 ; mais auparavant il s'en trouvait un
autre qui a été retranché dès 1575. Il était
ainsi conçu :

« Figure d'vn chancre de mer, que les
Medecins et Chirurgiens ont comparée à la
tumeur chancreuse, à cause qu'elle est ronde
et aspre, et les venes d'autour aux pieds
tortus de cest animal : aussi lorsqu'il est
accroché contre les rochers, difficilement en
est destaché : d'auantage il est de couleur
fresque et noirastre, comme sont les tumeurs
chancreuses : et voyla pourquoy les antiens
ont donné le nom de chancre à telle tumeur, à cause de la similitude qu'ils ont l'vn
à l'autre. Les chancres sont trouués dedans
les tests durs des moulles et des huystres
et autres poissons, qui ont tests pour y estre
nourris et conserués, comme dedans des
cauernes et maisons fortes, parcequ'il n'y
a beste qui n'ait ce don de nature de pour-
chasser ce qui luy est necessaire, tant pour

se nourrir que pour se retirer et heberger.
Les pescheurs (se dict Aristote) disent qu'ils
naissent auec ceux dans les tests desquels
ils sont trouués. Les chancres ont dix pieds,
comprenant leurs deux bras fourchus, et
audedans dentelés pour s'en seruir comme
de mains. Ils ont la queue replyée par dessus : ils sont couuers de coques aspres, faictes de demys cercles : ils ont six cornes à la
teste, et les œils sortans fort audehors et
fort separés l'vn de l'autre. au printemps
ils se despoüillent de leur coque, comme vn
serpent de sa peau, et se sentans afoiblis et
desarmés, ils se tiennent cachés aux creux
des rochers iusques à ce que leur coquille
soit reuenue et dure. »

Suivait la figure du chancre, que Paré
reporta en 1575 au livre *des Tumeurs en
general*, ch. 2, et c'est pour cela sans doute
qu'il supprima en cet endroit l'histoire du
chancre, ne voulant pas en répéter la figure. Voyez tome Ier, page 362.

la coste de Bayonne, prés vn petit village distant de trois lieuës ou enuiron de ladite ville, nommé Biarris: auquel fus enuoyé par le commandement du Roy (qui estoit pour lors à Bayonne) pour traiter monseigneur le Prince de la Roche-sur-Yon, qui y demeura malade : où i'appris et confirmay le moyen qu'ils vsent pour ce faire, qu'auois leu au liure que monsieur Rondelet a escrit des poissons, qui est tel. Contre ledit village il y a vne montaignette, sus laquelle dés long temps a esté edifiée vne tour tout exprés pour y faire le guet, tant le iour que la nuit, pour descouurir les baleines qui passent en ce lieu : et les apperçoiuent venir, tant pour le grand bruit qu'elles font, que pour l'eau qu'elles iettent par vn conduit qu'elles ont au milieu du front : et l'apperceuans venir, sonnent vne cloche, au son de laquelle promptement tous ceux du village accourent auec leur equipage de ce qui leur est necessaire pour l'attraper. Ils ont plusieurs vaisseaux et nacelles, dont en d'aucuns il y a des hommes seulement constitués pour pescher ceux qui pourroient tomber en la mer : les autres dediés pour combattre, et en chacun il y a dix hommes forts et puissans pour bien ramer, et plusieurs autres dedans, auec dards barbelés, qui sont marqués de leur marque pour les reconnoistre, attachés à des cordes : et de toutes leurs forces les iettent sus la baleine, et lors qu'ils apperçoiuent qu'elle est blessée, qui se connoist pour le sang qui en sort, laschent les cordes de leurs dards, et la suiuent à fin de la lasser et prendre plus facilement : et l'attirans au bord, se resioüissent et font godechere, et partissent, chacun ayant sa portion selon le deuoir qu'il aura

fait : qui se connoist pour la quantité des dards qu'ils auront iettés et se seront trouués, lesquels demeurent dedans : et les reconnoissent à leur marque. Or les femelles sont plus faciles à prendre que les masles, pource qu'elles sont soigneuses de sauuer leurs petits, et s'amusent seulement à les cacher, et non à s'eschapper.

La chair n'est rien estimée : mais la langue, pource qu'elle est molle et delicieuse, la sallent : semblablement le lard, lequel ils distribuent en beaucoup de prouinces, qu'on mange en Caresme aux pois : ils gardent la graisse pour brusler, et frotter leurs bateaux, laquelle estant fondue ne se congele iamais. Des lames qui sortent de la bouche, on en fait des vertugales, busques pour les femmes, et manches de couteaux, et plusieurs autres choses : et quant aux os, ceux du pays en font des clostures aux iardins : et des vertebres, des marches et selles à se seoir en leurs maisons.

I'en fis apporter vne, que ie garde en ma maison comme vne chose monstrueuse.

Autre espece de Baleine [1].

Vraye portraiture de l'vne des trois Baleines qui furent prises le deuxième luillet 1577, en la riuiere de l'Escault, l'vne à Flessingues, l'autre à Saflinghe, et ceste cy à Hastinghe au Doël, enuiron cinq lieuës d'Anuers : elle estoit de couleur de bleu obscur, elle auoit sur la teste vne narine par laquelle elle ietoit l'eau : elle auoit de longueur en tout cinquante huit pieds, et seize de hauteur : la queuë large de quatorze pieds : depuis l'œil iusques au deuant du muzeau il y auoit seize pieds d'es-

[1] Cet article est de 1579.

pace. La maschoire d'embas estoit longue de six pieds, en chaque costé de laquelle estoient vingt-cinq dents Mais en haut elle auoit autant de trous, dans lesquels lesdites dents d'embas se pouuoient cacher. Chose monstrueuse, voir la maschoire superieure desgarnie de dents, qui denuoient estre opposites pour la rencontre des viandes aux dents inferieures, et en lieu d'icelles dents voir des trous inutiles. La plus grande de ces dents estoit longue de six pouces : le tout fort merueilleux et espouuentable à contempler, pour la vastité, grandeur et grosseur de tel animal.

Du Remora [1].

Pline, liure 32, chap. 1, dit qu'il y a vn petit malautru poisson, grand seulement de demy pied, nommé d'aucuns *Echeneis*, d'autres *Remora*, qui merite bien estre mis icy entre les choses merueilleuses et monstrueuses, lequel retient et arreste les vaisseaux de mer tant grands soient-ils, lorsqu'il s'attache contre, quelque effort que la mer ni les hommes sçachent faire au contraire, comme les flots et les vagues, et le vent estant en golfe des voiles, et seconde des rames ou cables, et ancres quelques grosses et pesantes qu'elles fussent. Et de fait, on dit qu'à la deffaite d'Actium, ville d'Albanie, ce poisson arresta la gallere capitainesse où estoit Marcus Antonius, qui, à force de rames, alloit donnant courage à ses gens de gallere en gallere : et pendant l'armée d'Auguste, voyant ce desordre, inuestit si brusquement celle de Marcus Antonius, qu'il luy passa sur le ventre. De mesme aduint en la gallere de l'Empereur Caligula. Ce Prince voyant que sa gallere seule entre toutes celles de l'armée n'auançoit point, et neantmoins estoit à cinq par bancs, entendit subit la cause de l'arrest qu'elle faisoit : promptement force plongeons se ietterent en mer, pour chercher à l'entour de ceste gallere ce qui la faisoit arrester, et trouuerent ce petit poisson attaché au timon : lequel estant apporté à Caligula, fut fort fasché qu'vn si petit poisson auoit le pouuoir de s'opposer à l'effort de quatre cents espaliers et galliots qui estoient en sa gallere [1].

Escoutez ce grand et sage Poëte le Seigneur du Bartas, lequel dit de bonne grace au cinquiéme liure de la *Sepmaine*, les vers qui s'ensuiuent :

---

[1] Cet article a paru pour la première fois, en grande partie du moins, en 1575.

[1] Dans les deux éditions de 1575 et 1579, on lisait à la suite de ce paragraphe ·

« Dauantage Pline au mesme liure et chapitre, dit qu'il y a vn autre poisson nommé *torpille*, lequel touchant seulement de la ligne stupefie et amortist le sentiment du bras de celuy qui tient la ligne. »

Mais en 1585, Paré voulant insérer la longue citation de Dubartas qu'on va lire, raya cette phrase qui aurait rompu le sens : retranchement d'autant plus facile qu'il a parlé en divers endroits de la torpille aux livres *des Venins* et *des Animaux*, et qu'au chapitre 28 du livre *des Venins* il cite même à son occasion d'autres vers de Dubartas.

La Remore fichant son debile museau
Contre la moitte bord du tempesté vaisseau ,
L'arreste tout d'vn coup au milieu d'vne flote
Qui suit le vueil du vent, et le vueil du pilote.
Les resnes de la nef on lasche tant qu'on peut :
Mais la nef pour cela charmée ne s'esmeut,
Non plus que si la dent de mainte ancre fichée
Vingt pieds dessous Thetis la tenoit accrochée ,
Non plus qu'vn chesne encor, qui des vents irrités
A mille et mille fois les efforts despités ,
Ferme, n'ayant pas moins pour souffrir ceste guerre
Des racines dessous que des branches sur terre.

Dy nous, arreste-nef, dy nous, comment peux-tu
Sans secours t'opposer à la iointe vertu
Et des vents, et des mers, et des cieux, et des gasches ?
Dy nous en quel endroit, ô Remore, tu caches
L'ancre qui tout d'vn coup bride les mouuemens
D'vn vaisseau combatu de tous les elemens ?
D'où tu prens cest engin, d'où tu prens ceste force,
Qui trompe tout engin , qui toute force force ?

Or qui voudra sçauoir plusieurs autres choses monstrueuses des poissons, lise ledit Pline, et Rondelet en son liure *des Poissons*.

CHAPITRE II.

DES MONSTRES VOLATILES.

De l'Autruche.

Cest oiseau est dit Autruche, et est le plus grand de tous, tenant quasi du naturel des bestes à quatre pieds, fort commun en Afrique et en Ethiopie: il ne bouge de terre pour prendre l'air, neantmoins passe vn cheual de vistesse. C'est vn miracle de nature, que cest animal digere indifferemment toutes choses Ses œufs sont de merueilleuse grandeur, iusques à en faire des vases : son pennage est fort beau, comme chacun peut connoistre et voir par ce portrait [1].

Ie ne veux laisser passer sous silence de la rarité que j'ai veu, touchant les os de l'Autruche. Le feu Roy Charles en faisoit nourrir trois au logis de monsieur le mareschal de Rets, vne desquelles estant morte, me fut donnée, et en fis vn scelette. Le portrait duquel ay voulu icy inscrer auec sa description.

[1] Ici était le portrait d'une autruche, datant, avec le paragraphe qui précède, de l'édition de 1573. Mais le reste de l'article, avec la figure du squelette de l'autruche, a été ajouté seulement en 1579, et se trouvait alors placé après l'histoire de l'oiseau de paradis. L'arrangement actuel est de 1585.

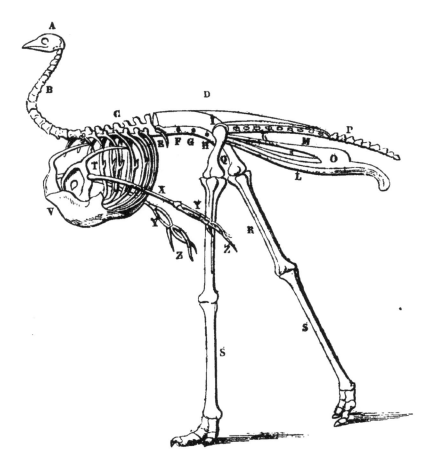

A La teste est vn peu plus grosse que celle
de la grue, longue d'un empan depuis
la sommité de la teste tirant au bec,
estant platte, ayant le bec fendu iusques enuiron le milieu de l'œil , estant
iceluy aucunement rond en son extremité.

B Son col est de longueur de trois pieds ,
composé de dix sept vertebres, lesquelles ont de chacun costé vne apophyse
transuerse tirant contre bas, de longueur d'vn bon poulce, excepté que la
premiere et seconde proche de la teste
n'en ont point , et sont coniointes par
ginglyme.

C Son dos, de longueur d'vn pied, est composé de sept vertebres.

D L'os Sacrum est de longueur de deux
pieds ou enuiron, au haut duquel y a
vne apophyse transuerse, sous laquelle
y a vn grand pertuis, E , puis trois autres moindres, F G H : suiuant lesquels
y a la boëtte où l'os de la cuisse s'insinue, I, produisant de sa partie externe

laterale vn os percé, K, quasi en son
commencement, puis est vni : après ledit os se fourche en deux, dont l'vn est
plus gros, L, et l'autre est moindre,
M, chacun de longueur de demy pied et
quatre doigts : puis se reünissent, ayant
entre le lieu où ils se fourchent et le
lieu où ils se reünissent, vn pertuis large
de quatre doigts, N, et plus long d'vn
empan : puis ce que reste de l'os est de
figure d'vne serpe ou cousteau crochu,
large de trois trauers de doigts, longue
de six poulces, O : puis en son extremité se ioint par synchondrose.

P L'os de la queuë a neuf vertebres semblables à celles de l'homme.

Il y a deux os en la cuisse, dont le premier,
Q, l'os de la cuisse, est de longueur d'vn
grand pied et gros comme celuy d'vn
cheual et plus : R, l'autre qui le suit, est
d'vn pied et demy de longueur, ayant par
haut vn petit focile de la longueur de
l'os en espointant vers le bas.

S La iambe où est attaché le pied est de la
longueur d'vn pied et demy, ayant en son
extremité deux ongles, vn grand et l'áu-
tre petit : à chacun ongle y a trois os.

T Huit costes qui s'inserent à l'os du Sternon, dont aux trois du milieu de chaque costé y a vne production osseuse
ressemblante à vn croc.

V L'os du Sternon, est d'vne piece de grandeur d'vn pied representant vne targe,
auquel se ioint vn os qui cheuauche les
trois premieres costes, qui tient le lieu
des clauicules.

X Le premier os de l'aile, est de longueur
d'vn pied et demy.

Y Au-dessus de luy y a deux autres os ressemblans au Radius et Cubitus, au bout
desquels sont attachés six os, Z, qui sont
l'extremité de l'aisle.

L'animal entier est de longueur de
sept pieds, et de sept pieds et plus de
haut, commençant au bec, et finissant aux pieds.

Il y a plusieurs autres choses remarquables, que ie laisse pour brief-
ueté.

De l'oiseau nommé Toucan [1].

Theuet, en sa *Cosmographie* [2], dit
qu'il a veu aux terres neufues vn oiseau que les Sauuages appellent en
leur gergon *Toucan*, lequel est fort
monstrueux et difforme, en tant qu'il
a le bec plus gros et plus long que
tout le reste du corps. Il vit de poiure, comme nos tourtes, merles et
estourneaux font icy de graine de
lierre, qui n'est pas moins chaude
que le poiure.

Un gentilhomme Prouençal en fit
present d'vn au feu Roy Charles neufiéme, ce qu'il ne peut faire vif, car
en l'apportant mourut : neantmoins
le presenta au Roy, lequel après l'a-
uoir veu, commanda à Monseigneur
le Mareschal de Rets me le bailler,
pour l'anatomiser et embaumer, à
fin de le mieux conseruer : toutesfois
bientost après se putrefia. Il estoit
de grosseur et plumage semblable
à vn Corbeau, reste que le bec estoit
plus grand que le reste du corps, de
couleur iaunastre transparent, fort
leger, et denielé en maniere de scie.
Ie le garde comme vne chose quasi
monstrueuse.

De l'oiseau de Paradis [3].

Hierosme Cardan, en ses liure
la Subtilité, dit qu'aux Isles des Mo-
lucques, on trouue sur la terre, ou
sur la mer, vn oiseau mort appelé *Ma-
nucodiata*, qui signifie en langue Indique, oiseau de Dieu, lequel on ne voit
point vif. Il habite en l'air haut, son bec

[1] Cet article, comme la fin du précédent,
est de 1579 ; mais il était alors placé à la fin
du chapitre.

[2] *Liu. 21. chap. 12.* — A. P.

[3] Cet article se lisait déjà dans l'édition de
1573.

et corps semblable à l'arondelle, mais orné de diuerses plumes : celles qui sont sus la teste sont semblables à l'or pur, et celles de sa gorge à celles d'vn canard : sa queuë et ailes semblables à celles d'vne panasse. Il n'a aucun pied, et si quelque lassitude le prend, ou bien qu'il vueille dormir, il se pend par ses plumes, lesquelles il entortille au rameau de quelque arbre. Iceluy vole d'vne merueilleuse vistesse, et n'est nourri que de l'air et rosée. Le masle a vne cauité sur son dos, où la femelle couue ses petits [1].

I'en ay veu vn en ceste ville, que l'on donna au feu Roy Charles neufiéme : et aussi i'en garde vn en mon cabinet, qu'on m'a donné par grande excellence.

CHAPITRE III.

DES MONSTRES TERRESTRES.

D'vne beste nommée Huspalim.

André Theuet, tome 1. liure 4. chap. 11, dit qu'en l'isle de Zocotere, qu'on voit vne beste qui s'appelle *Huspalim*, grosse comme vn marmot

[1] La fin de l'article était différente dans les premières éditions. En 1573 et 1575, on lisait :

« L'interieur de cest oiseau, comme descrit Melchior Guillaudin Beruce, est farcy et replet de graisse, et dit en auoir veu deux : Quant à moy l'en ay veu vn en ceste ville, qu'vn homme notable auoit, dont en faisoit grande estime : duquel oiseau tu as icy le portraict. »

En 1579, tout cela fut rayé, et Paré écrivait en place :

« I'en ay veu vn en ceste ville que lon donna au deffund Roy Charles. »

Et enfin le texte actuel est de 1585.

Ethiopien, fort monstrueuse, que les Ethiopiens tiennent en de grandes cages de ionc, ayant la peau rouge comme escarlate, quelque peu mouchetée, la teste ronde comme vne boule, les pieds ronds et plats sans ongles offensiues, laquelle ne vit que de vent. Les Mores l'assomment, puis la mangent, aprés luy auoir donné plusieurs coups de baston, à fin de rendre sa chair plus delicate et aisée à digerer.

Du Giraffe.

Au Royaume de Camota, d'Ahob, de Benga, et autres montaignes de Cangipu, Plimatiq, et Caragan, qui sont en l'Inde interieur, par delà le fleuue de Ganges, quelques cinq degrés par delà le Tropiq de Cancer, se trouue la beste appelée des Germains Occidentaux, *Giraffe*. Cest animal differe peu de teste et oreilles, et de pieds fendus, à nos Biches. Son col est long d'enuiron vne toise, et subtil à merueille, et differe pareillement de iambes, d'autant qu'il les a autant haut esleuées que beste qui soit sous le Ciel. Sa queuë est ronde, qui ne passe point les jarrets, sa peau belle au possible. Elle est mouchettée en plusieurs endroits, de tache tirant entre blanc et tanné, comme celle du Leopart, qui a donné argument à quelques Historiographes grecs de luy donner le nom de *Chamœleopardalis*. Ceste beste est si sauuage auant que d'estre prise, que bien peu souuent se laisse voir, se cachant par les bois et deserts du pays, où autres bestes ne repaissent point : et dés aussi tost qu'elle voit vn homme, elle tasche à gaigner au pied : mais finalement on la prend, parce qu'elle est tardiue en sa course. Au reste prise qu'elle est, c'est la beste la plus douce à gouuerner, qu'autre qui viue. Sur sa teste apparoissent deux petites cornes longues d'vn pied ou enuiron, lesquelles sont assez droites et enuironnées de poil tout autour : vne lance n'est point plus haute qu'elle leue sa teste en haut. Elle se paist d'herbes, et vit aussi de fueilles et branches d'arbres, et aime bien le pain, chose qu'atteste et figure André Theuet, liure 11, chap. 13, tome 1, de sa *Cosmographie.*

Des Elephans[1].

Les Elephans naissent en Afrique, delà les deserts, en la Mauritanie, et aussi en Ethiopie. Les plus grands sont ceux qui naissent és Indes. Ils passent en grandeur tous les autres animaux à quatre pieds : neantmoins, comme dit Aristote, ils s'apriuoisent si fort, qu'ils demeurent les plus doux et priués de toutes les bestes : on les enseigne, et entendent à faire plusieurs charges. Ils sont couuerts d'vn cuir

semblable à vn bufle, clair semé de poil de couleur cendrée. Ils ont la teste grosse, le col court, les oreilles larges de deux empans : le nez tres long et creux comme vne grande trompe, touchant presque iusques à terre, duquel se seruent en lieu de mains. Ils ont la gueule prés la poitrine, assez semblable à celle d'vn pourceau : du dessus sortent deux dents fort grandes. Leurs pieds sont ronds comme tailloirs, larges de deux ou trois empans, et autour sont cinq ongles. Ils ont les iambes grosses et fortes, non composées d'vn seul os entier comme aucuns ont estimé, mais plient les genoüils comme autres bestes à quatre pieds : et partant quand on veut monter dessus ou les charger, ils s'agenoüillent, puis ils se releuent. Ils ont la queue comme vn bufle, peu garnie de poil, longue enuiron de trois empans : par quoy ils seroient maltraités des mouches, si Nature ne les auoit pourueus d'vn autre moyen pour s'en defendre : c'est qu'alors qu'elles les mordent et piquent, ils resserrent leur cuir, qui est du tout ridé et remplié : par ainsi ils les escachent prises entre ses rides. Il n'y a homme qu'il n'atteigne, encore n'allant que son pas : sa grande corpulence en est cause, car ses pas sont si longs qu'ils outrepassent la grande vistesse des hommes. Ils viuent de fruits et fueilles d'arbres, et si il n'y a arbre si gros qu'ils n'atterrent et mettent en pieces. Ils croissent iusques à la hauteur de seize empans : pour ce ceux qui n'ont accoustumé d'aller dessus sont aussi estonnés que ceux qui n'ont coustume d'aller sur mer. Ils sont si effrenés de leur nature, qu'ils ne peuuent endurer bride quelconque, qui est cause qu'il les faut laisser aller à leur liberté : toutesfois

[1] Au lieu de cet article, l'édition de 1579 en offrait ici quatre : le premier traitant *du pyrassouppi*, le second *du camphurch*, le troisième *de l'elephant*, le quatrième *du taureau de la Floride.* Trois de ces articles ont été depuis reportés au *Discours de la licorne.* Il est à remarquer que ce déplacement se fit avec tant de négligence, que l'histoire *de la beste thanacht* avait sauté en même temps dans l'édition de 1585, et n'ayant point trouvé place au Discours de la licorne, n'avait point été remise ici, bien que la figure de la bête y fût conservée. Cette lacune a été réparée dès la première édition posthume. Mais d'un autre côté, la figure de l'éléphant ayant été aussi transportée au Discours de la licorne, le texte qui s'y rapporte avait été oublié, et il avait été conséquemment effacé d'un endroit sans être reproduit dans l'autre : je l'ai rétabli ici d'après l'édition de 1579.

ils sont fort obeïssans aux hommes de leur nation, entendans bien leur langage : parquoy il est aisé à les gouuerner par parolles. Lorsqu'ils veulent molester quelque personne, ils l'eleuent en l'air auec leur grand nez, puis d'vne ardente furie le ruent contre terre et le foulent aux pieds, iusques à ce qu'ils leur ayent fait rendre l'esprit.

Aristote dit qu'ils n'engendrent point que iusques à vingt ans [1] : ils ne sont point adulteres, car ils ne touchent iamais qu'à vne femelle, et quand ils la connoissent pleine, ils n'ont garde d'y toucher. On ne peut sçauoir combien de temps la femelle porte, car les masles les couurent en secret, de honte qu'ils ont. Les femelles font leurs petits auec douleur comme les femmes, et les leschent incontinent. Ils voient et marchent soudain qu'ils sont nés. Ils viuent deux cens ans.

On voit des dents d'Elephans, appellées Iuoire, merueilleusement grandes, en plusieurs villes d'Italie, comme à Venise, Rome, Naples, et mesmement en ceste ville de Paris, desquelles on fait coffres, lucts, peignes, et plusieurs autres choses à l'vsage de l'homme.

De la beste Thanacth.

André Theuet, tome 1. chap. 10. en sa *Cosmographie*, dit que du temps qu'il estoit sur la Mer Rouge, arriuerent certains Indiens de terre ferme qui apporterent vn monstre de grandeur et proportion d'vn Tygre, n'ayant point de queuë, mais la face toute semblable à celle d'vn homme bien formé, fors que le nez estoit camus : les mains de deuant comme d'vn homme, et les pieds de derriere res-

[1] *Liu. 6. chap. 27. de Hist. animal.* — A. P.

semblans à ceux d'vn Tygre, tout couuert de poil bazané. Et quant à la teste, oreilles, col, et bouche comme homme, ayant les cheueux bien peu noirs et crespelus, de mesme les Mores qu'on voit en Afrique. C'estoit la nouueauté que ces Indiens apportoient pour faire voir, pour l'honnesteté et courtoisie de leur terre, et nommoient ceste gentille beste *Thanacth* : laquelle ils tuent à coups de fleches, puis la mangent.

D'vne beste monstrueuse laquelle ne vit que de vent, dite Haiit.

Theuet en sa *Cosmographie*, tom. 2. chap. 13. dit qu'en Afrique se trouue vne beste, nommée des Sauuages *Haiit*, fort difforme, et est presque incredible qu'il en soit de telle qui ne l'auroit veuë. Elle peut estre de grandeur à vne grosse Guenon, ayant son ventre auallé et proche de terre, quoy qu'elle soit debout : sa face et teste sont presque semblables à celles d'vn enfant. Ce Haiit estant pris, iette de grands soupirs, ne plus ne moins que feroit vn homme atteint de quelque grande et excessiue douleur. Elle est de couleur grise, n'ayant que trois ongles à chacune patte, longue de quatre doigts, faits en forme d'arestes d'vne carpe, auec lesquelles griffes qui sont autant ou plus trenchantes que celles d'vn Lion, ou autre beste cruelle, elle monte sus les arbres, où elle fait plus sa residence qu'en terre. Elle a la queuë longue seulement de trois doigts. Au reste c'est vn cas estrange, que iamais homme ne sçauroit dire l'auoir veuë manger de chose quelconque, quoy que les Sauuages en ayent tenu longtemps dedans leurs loges, pour voir si elles mangeroient quelque chose : et disoient les Sauuages que seulement elles viuoient de vent.

D'vn animal fort monstrueux naissant en Afrique [1].

I'ay retiré de Iean Leon, en son *Histoire d'Afrique*, cest animal fort monstrueux, de forme ronde, semblable à la Tortue : et sur le dos sont croisés et signés deux lignes iaunes, en figure de croix, à chaque bout desquelles lignes est vn œil et vne oreille, tellement qu'en quatre parts et de tous costés ces animaux voient et oyent, des quatre yeux et des quatre oreilles, et toutesfois n'ont qu'vne seule bouche et ventre, où descend ce qu'ils boiuent et mangent. Ces bestes ont plusieurs pieds autour du corps, auecques lesquels peuuent cheminer de quelque costé qu'ils veulent sans contourner le corps : la queuë assez longue, le bout de laquelle est fort touffu de poil. Et afferment les habitans de ce pays que le sang de ces animaux est de merueilleuse vertu pour conioindre et consolider les playes, et n'y a baume qui ait plus grande puissance de ce faire.

Mais qui est celuy qui ne s'esmerueillera grandement de contempler ceste beste, ayant tant d'yeux, oreilles et pieds, et chacun faire son office? où peuuent estre les instrumens dediés à telles operations? Veritablement quant à moy i'y perds mon esprit, et ne sçaurois autre chose dire,

---

[1] Cet article est, comme les autres, de 1579, et il a été reproduit en 1585. Mais, par je ne sais quelle négligence, le premier paragraphe avait été omis dans la première édition posthume, et par suite dans toutes les autres. C'était une nécessité de le rétablir.

---

fors que Nature s'y est ioüée, pour faire admirer la grandeur de ses œuures.

Du Cameleon [1].

On trouue cest animal nommé *Cameleon* en Afrique, et est fait comme vn lezard, sinon qu'il est plus haut de iambes : d'auantage il a les flancs et le ventre ensemble comme les poissons : aussi a-il des arestes sur le dos, comme on voit aux poissons : il a mufle comme vn petit cochon, la queuë fort longue, qui va tousiours en appointant, ses ongles fort aigus, et marche ainsi pesamment qu'vne Tortuë, et a le corps rude et escaillé comme vn Crocodile : il ne ferme iamais l'œil, et ne bouge point la prunelle. Au reste c'est vne chose admirable de parler de sa couleur : car à toutes heures, principalement quand il s'enfle, il la change : qui se fait à cause qu'il a le cuir fort delié et mince, et le corps transparent : [2] tellement que de deux choses l'vne, ou qu'en la tenuité de son cuir transparant est aisément representée, comme en vn miroir, la couleur des choses qui

---

[1] Cet article existait déjà en 1573, où, comme nous avons dit, il terminait le chapitre et le livre ; il a cependant subi, en 1575 et 1579, quelques changements qui seront indiqués.

Immédiatement auparavant les trois éditions de 1573 à 1579 avaient un article sur *le Rhinoceros*, lequel a été reporté depuis au *Discours de la Licorne*.

[2] En 1579 l'article était plus court ; l'auteur ajoutait seulement :

« Et outre ce a vne propriété indicible pour ce faire : estant mort il est palle : i'ay obscrué ceste description, etc. »

En 1575, le paragraphe fut rédigé à peu près comme on le lit aujourd'hui ; et la citation de Matthiole est de 1579.

luy sont voisines (ce qui est le plus vraisemblable) : ou que les humeurs en luy esmeus diuersement selon la diuersité de ses imaginations, representent diuerses couleurs vers le cuir, non autrement que les pendans d'vn coq d'Inde. Estant mort il est palle.

Matthiole dit que si on luy arrache l'œil droit quand il est en vie, il nettoye les taches blanches qui sont sus la cornée, meslé auec du laict de chéure : si on se frotte de son corps, le poil tombe : son fiel digere et oste les cataractes des yeux.

I'ay obserué ceste description en celuy que i'ay en mon logis.

CHAPITRE IV.

DES MONSTRES CELESTES.

Les anciens nous ont laissé par escrit que la face du Ciel a esté tant de fois defigurée de Cometes barbues, cheuelues, de torches, flambeaux, coulonnes, lances, boucliers, batailles de nuées, dragons, duplication de Lunes et Soleils, et autres choses : ce que ie n'ay voulu obmettre, pour accomplir ce liure des Monstres : et pour ce en premier lieu ie produiray ceste histoire, figurée aux *histoires prodigieuses* de Boistuau, lequel dit l'auoir tirée de Lycosthene.

L'antiquité, dit-il, n'a rien experimenté de plus prodigieux en l'air, que la Comete horrible de couleur de sang qui apparut en Westrie, le neufiéme iour d'Octobre mil cinq cens vingt huict. Ceste Comete estoit si horrible et espouuentable, qu'elle engendroit si grande terreur au vulgaire qu'il en mourut aucuns de peur : les autres tomberent malades. Ceste estrange Comete dura vne heure et vn quart, et commença à se produire du costé du Soleil leuant, puis tira vers le Midy : elle apparoissoit estre de longueur excessiue, et si estoit de couleur de sang : à la sommité d'icelle on voyoit la figure d'vn bras courbé, tenant vne grande espée en la main, comme s'il eust voulu frapper. Au bout de la pointe il y auoit trois estoiles : mais celle qui estoit droitement sur la pointe, estoit plus claire et luisante que les autres. Aux deux costés des rayons de ceste Comete, il se voyoit grand nombre de haches, couteaux, espées coulourées de sang, parmy lesquelles il y auoit grand nombre de faces humaines hideuses, auec les barbes et cheueux herissés.

Iosephe et Eusebe escriuent qu'apres la passion de Iesus-Christ, la miserable destruction de la ville de Hierusalem fut signifiée par plusieurs signes, et mesme entre les autres vne espouuentable comete en forme d'espée luisante en feu, laquelle apparut bien l'espace d'vn an sur le temple : comme demonstrant que l'ire diuine se vouloit vanger de la nation Iudaïque, par feu, par sang, et par famine. Ce qui aduint, et y eut vne si calamiteuse famine, que les meres mangerent leurs propres enfans : et perirent en la cité, du siege des Romains, plus de douze cens mille Iuifs, et en fut vendu plus de quatre vingts dix mille [1].

Les cometes ne sont iamais apparues sans produire quelque mauuais effet, et laisser vn sinistre euenement. Le poëte Claudian :

[1] Ce paragraphe, et tout ce qui suit jusqu'aux citations des Psaumes inclusivement, sont des additions de 1585.

Oncques au ciel Comete on n'a peu voir,
Que quelque mal ne nous face apparoir.

Les astronomes ont diuisé les corps
celestes en deux bandes : l'vne appelée estoiles fixes et arrestées, que
l'on voit bluetter ou estinceler au
Ciel, comme s'ils feussent feux embrasés : les autres sont errantes, appelées planetes, qui ne bluettent
point, et sont au nombre de sept,
ayant chacune son ciel, cercle, rond,
ou estage : leurs noms sont, Saturne,
Jupiter, Mars, Sol, Venus, Mercure,
et Lune. Les estoiles sont corps sphe-
riques apparans et luisans, composés
de simple et pure matiere, comme le
Ciel, et nul n'en sçait le nombre ny
les noms, fors que Dieu. Or lesdites
planetes font leurs cours par le Zo-
diaque (qui est vn des principaux et
le plus grand cercle du Ciel, et la
vraye route du Soleil) qui trauerse
ou enuironne biaisement le Ciel, la
nuict et le iour, à fin que toutes les
contrées de la terre ioüissent alternatiuement des quatre saisons de
l'année, par le moyen du Soleil qui
sans cesse monte et deualle. esclairant
et nourrissant en l'espace d'vn an
tout le rond de la terre. Il est le chariot et fontaine de la lumiere des
corps celestes, n'en estans que petits
ruisseaux : parquoy est nommé Roy
des estoiles, et le plus grand de tous
les corps celestes. Il est de trois epicycles, c'est à dire, ciels ou estages,
au dessus de la Lune : il marche au
milieu de six planetes : si elles s'approchent de luy, pour n'empescher
sa route se retirent à l'escart au plus
haut de leurs petits epicycles ou cercles : puis luy passé, elles deuallent
au plus bas, pour l'accompagner et
accoster comme les princes font leur
Roy. Et lors ayans fait leur deuoir,

s'arrestent, et d'vne reuerence honteuse reculent en arriere, descendans
au fond de leurs epicycles, pour contempler, comme de loing, la face de
leur seigneur. Et quand il rapproche,
en reculant elles regaignent le haut
de leurs epicycles pour aller au deuant de luy : de sorte que le sentans
à quatre signes pres, elles font semblant de l'attendre, puis luy ayans
fait la bien venuë marchent deuant
luy vn peu à l'escart, pour ne donner
empeschement à sa carriere et course
naturelle.

Celle qui est nommée Saturne, par
l'estimation des astronomes, est quatre vingts dix fois ou enuiron, plus
grosse que toute la terre, de laquelle
elle est loing de plus de trente six
millions de lieuës françoises. La grandeur de celle nommée Iupiter est estimée nonante et six fois plus grosse
que le diametre de la terre, et en est
esloignée de plus de vingt deux millions de lieuës. La planete de Mars est
aussi grosse que la terre, et est esloignée d'icelle de trois millions cinquante quatre mil deux cens quatre
lieuës. La Lune signifie mois, par-ce
que tous les mois elle se renouuelle :
elle est esloignée de la terre de octante mil deux cens treize lieuës :
elle est plus espaisse et obscure que
les autres estoiles, attachée à sa
sphere qui la porte par certains mouuemens, tours et retours estans limi-
tés : creée de Dieu pour remarquer
aux hommes les temps et saisons, et
besongner par sa lumiere et mouuement és corps inferieurs.

Le globe du Soleil est soixante et
six fois plus grand que celuy de la
terre, et est presque sept mille fois
plus grand que la Lune. Ptolomée
et autres astronomes ont trouué par
inuentions geometriques qu'il estoit

cent soixante et six fois plus grand que toute la terre : il viuifie tous les animaux , non seulement ceux qui sont sus la terre, mais aussi ceux qui sont au profond des eaux. Le seigneur du Bartas l'appelle *postillon continuel, fontaine de chaleur, source de clairté, vie de l'vniuers, flambeau du monde, et ornement du Ciel.* D'auantage le Soleil fait son tour du Ciel autour de la terre en vingt quatre heures, et cause les commodités et agreables reuolutions du iour et de la nuict, pour le soulagement et contentement de l'homme, et de tous animaux.

Que le lecteur considere et adore ·icy l'admirable sagesse et puissance du Createur, en la grandeur, vistesse continuelle , incroyable rapidité , lueur et chaleur immense, et conionctions et mouuemens contraires en vn si noble corps que celuy du Soleil, qui en vne minute d'heure fait plusieurs milliers de lieuës sans qu'on l'apperçoiue bouger, et n'en reconnoist-on rien qu'aprés qu'il est fort auancé en sa course. Qui plus est, la moindre estoile est dix huit fois plus grande que toute la terre. Cecy soit dit non seulement pour vne grande speculation, mais à la loüange du Createur, et pour humilier l'homme, qui fait tant de bruit en la terre, qui n'est rien qu'vn point au regard de la machine celeste.

Outre plus il y a au Ciel douze signes, à sçauoir *Aries , Taurus, Gemini , Cancer, Leo , Virgo , Libra, Scorpius , Sagittarius, Capricornus, Aquarius , Pisces ,* tous lesquels sont differens. L'vsage d'iceux est que par leur conionction auec le Soleil, ils augmentent ou diminuent la chaleur d'iceluy, à ce que par telle varieté de chaleur soient produites les quatre

saisons de l'année, la vie et conseruation soit donnée à toutes choses. Les cieux sont vne quinte-essence des quatre elemens faits de rien, c'est à dire, sans matiere.

Hola, ma plume, arreste toy : car ie ne veux ny ne puis entrer plus auant au cabinet sacré de la diuine maiesté de Dieu. Qui en voudra sçauoir d'auantage lise Ptolomée, Pline, Aristote, Milichius, Cardan, et autres astronomes, et principalement le seigneur du Bartas, et son interprete, qui en ont tres doctement et diuinement escrit au 4. iour de *la Sepmaine,* où l'on trouuera pour se contenter : et confesse en auoir retiré les choses cy dessus mentionnées, pour instruire le ieune Chirurgien à la contemplation des choses celestes. Et icy chanterons auec ce grand prophete diuin, Psal. 19.

> Les cieux en chacun lieu
> La puissance de Dieu
> Racontent aux humains :
> Ce grand entour espars
> Publie en toutes parts
> L'ouurage de ses mains.

Et au Pseaume viij.

> Et quand ie voy et contemple en courage
> Les Cieux, qui sont de tes doigts haut ouurage,
> Estoiles , Lune , et signes differans,
> Que tu as faits et assis en leurs rangs :
> Alors ie dis à par moy, ainsi comme
> Tout esbahi : et qu'est-ce que de l'homme,
> D'auoir daigné de luy te souuenir,
> Et de vouloir en ton soing le tenir ?

D'auantage ie ne veux laisser icy à escrire choses monstrueuses et admirables qui se sont faites au ciel. Et premierement Boistuau escrit en ses histoires prodigieuses, qu'en Sugolie située sur les confins de Hongrie, il tomba vne pierre du ciel auec vn horrible esclatement, le septiéme iour de septembre 1514, de la pesanteur de deux cens cinquante liures, laquelle les citoyens ont fait enclauer en vne grosse chaisne de fer, au milieu de leur temple : et se monstre auec grand' merueille à ceux qui voyagent par leur prouince, chose merueilleuse comme l'air peut soustenir telle pesanteur.

Pline escrit que durant les guerres des Cimbres, furent oüis de l'air sons de trompettes et clairons, auec grands cliquetis d'armes. Aussi il dit d'auantage, que durant le consulat de Marius, il apparut des armées au ciel, dont les vnes venoient de l'Orient, les autres de l'Occident, et se combattirent les vnes contre les autres longuement, et que celles d'Orient repousserent celles d'Occident. Ce mesme a esté veu l'an 1535. en Lusalle, vers vn bourg nommé Iuben, sur les deux heures aprés midy. D'auantage l'an 1550, le 19. de Iuillet, au pays de Saxe, non fort loing de la ville de Witemberg, fut veu en l'air vn grand cerf[1], enuironné de deux grosses armées, lesquelles faisoient vn grand bruit en se combattant, et à l'instant mesme le sang tomba sur la terre, comme vne forte pluye : et le soleil se fendit en deux pieces, dont l'vne sembloit estre tombée en terre. Aussi auant la prise de Constantinople il apparut vne grande armée en l'air, auec vne infinité de chiens, et autres bestes.

Iulius Obsequens dit, que l'an 458. en Italie, il pleut de la chair par gros et petits lopins, laquelle fut en partie deuorée par les oiseaux du ciel, auant qu'elle tombast en terre : et le reste qui cheut à terre demeura long temps sans se corrompre, ny changer de couleur ny d'odeur. Et qui plus est, l'an 989, regnant Otton Empereur troisiéme de ce nom, pleut du ciel du froment. En Italie l'an 180, il pleut du laict et de l'huile en grande quantité, et les arbres fruitiers porterent du froment. Lycosthenes raconte, qu'en Saxe il pleut des poissons en grand nombre : et que du temps de Loys Empereur, il pleut trois iours et trois nuits durant, du sang : et que l'an 989, il tomba vers la ville de Venise, neige rouge comme sang : et que l'an 1565, en l'Euesché de Dole, il pleut du sang en grande quantité. Ce qui aduint la mesme année, le mois de Iuin, en Angleterre.

Et non seulement se fait des choses monstrueuses en l'air, mais aussi au soleil et en la lune. Lycosthenes escrit que durant le siege de Magdebourg, du temps de l'Empereur Charles cinquiéme, sur les sept heures du matin, il apparut trois soleils, desquels celuy du milieu estoit fort clair, les autres deux tiroient sur le rouge et couleur de sang, et apparurent tout le iour : aussi sur la nuict apparurent trois lunes. Ce mesme est aduenu en Bauiere, 1554.

Et si au ciel s'engendrent telles nouuelles, nous trouuerons la terre produire d'autant ou plus admirables et dangereux effets. L'an 542. toute la terre trembla, et mesme le mont Ætna vomit force flammes et flammeches, dont la plus grande part des villes, et villages, et biens de ladite Isle furent embrasés[1].

---

[1] Chapitre 17. — A. P. Ce renvoi se rapporte au livre de Boaistuau.

[1] Tout ceci est de la rédaction de 1579; mais le chapitre ne s'arrêtait point là :

« D'auantage l'an 1531 en Portugal il aduint que la terre trembla huict iours durant, et par chaque iour sept ou huict fois, tellement qu'en la seule ville de Lyspohra 1050

CHAPITRE V [1].

Abraham Ortelius, au theatre de l'vniuers, descrit qu'il y a en Sicile vne montagne bruslante, nommée Ætna : de ceste montagne ont escrit plusieurs philosophes et poëtes, parce que continuellement elle iette feu et fumée, laquelle a plus de trente lieuës d'Italie de hauteur, et plus de cent lieuës de circuit par embas : comme Facellus escrit, qui l'a tres bien regardée, et auec non moindre curiosité descrite. Par dessus de ceste continuelle flambe qui ne s'esteint point, elle iette aucunesfois telle quantité de feu, que tout le pays circonuoisin en est totalement gasté et

maisons furent ruinees, sans plus de six cents qui furent fendues et creuces : et de n'agueres la ville de Ferrare a esté presque ruinee par pareil tremblement (l'an 1551). Pline raconte et dit, que de son temps sous l'empire de Neron, que Vasseus Marcellus, cheualier Romain, auoit au territoire Marrucin quelques champs, vn de ça l'autre delà le grand chemin, l'vn estant vn pré, et l'autre planté d'oliuiers. Aduint par vne esmerueillable vertu que ces deux champs changerent de place : car les oliuiers se transporterent là où estoit le pré, et le pré au cas pareil fut veu se transporter au lieu où estoyent les oliuiers, ce qui fut iugé proceder par tremblement de terre. »

Après ceci il y avait un dernier paragraphe qui se retrouvera, au moins en partie, dans le chapitre suivant ; et le livre était terminé par une *histoire digne d'estre bien consideree, tant des Medecins que des Chirurgiens.* Cette histoire est celle d'Isabeau Rolant, reportée en 1585 au Livre *des Tumeurs en general.* Voyez tome I, page 356. Il n'y a eu d'autre changement que l'omission du nom de *Rebours*, cité en 1579 parmi les Docteurs qui avaient vu l'autopsie, et

bruslé. Mais combien de fois cela est venu, nos predecesseurs ne l'ont pas couché par memoire : neantmoins ce que les autheurs en ont escrit, nous le raconterons icy briefuement, et selon le dire de Facelle.

L'an de la fondation de la ville de Rome 350, ceste montagne vomist tant de feu, que par les brasiers et charbons qui en sortirent, furent bruslés plusieurs champs et villages : 250. ans aprés aduint le semblable : 37. ans aprés cecy elle desgorgea et ietta tant de cendres chaudes, que les toits et couuertures des maisons de la ville de Catana, située au pied de ceste montagne, de la pesanteur d'icelles furent ruinées. Elle fit semblablement grand dommage du temps de

effacé en 1585. Après cette histoire Paré poursuivait :

« A ce propos ledict sieur Milot m'a dict auoir leu vne presque semblable histoire, escrite par Iean Philippe Ingrassias, docte Medecin de Sicile, etc. »

Ceci a été également reporté au même chapitre du Livre *des Tumeurs*, tome I, p. 353, jusqu'au milieu du premier paragraphe de la page 354, après ces mots : *Ce qui est conforme à la doctrine de Galien, lequel veut les escrouelles n'estre autre chose que les glandules scirrheuses et endurcies.* Alors l'auteur ajoutait, ce qui terminait le livre :

« Or qu'il y ayt plusieurs glandules au mesentere, cela a esté demonstré cy dessus en nostre Anatomie. On a veu pareillement des femmes estant decedees auoir leur matrice toute squirrheuse et de grosseur de la teste d'vn homme, qu'on estimoit estre vne molle, ce qui n'estoit pas : aussi on en voit estre la matrice squirrheuse en vne partie seulement, tous lesquels squires sont incurables. »

[1] Ce chapitre presque tout entier est de 1585. Il ne porte pas de titre ; et en définitive il fait directement suite au dernier paragraphe du chapitre précédent.

l'Empereur Caligula, et puis aprés l'an 254. Le premier iour de feurier, l'an 1169. elle abbatit par le feu continuel qui en sortoit, plusieurs rochers, et causa tel tremblement de terre que la grande Eglise de la ville de Catana en fut demolie et abbatue : et l'Euesque, auec les Prestres, et gens qui y estoient pour lors, furent assommés et froissés. L'an 1329, le premier iour de iuillet, ayant fait nouuelle ouuerture, abbatit et ruina par ses flammes et tremblement de terre qui en aduint, plusieurs Eglises et maisons situées à l'entour de ladite montagne : elle fit tarir plusieurs fontaines, ietta dans la mer plusieurs bateaux qui estoient à terre, et au mesme instant se fendit encore en trois endroits de telle impetuosité, qu'elle renuersa et ietta en l'air plusieurs rochers, voire aussi des forests et vallées, iettant et vomissant tel feu par ces quatre conduits infernaux, qu'il decouloit de ladite montagne en bas, comme de ruisseaux bruyans, ruinant et abbattant tout ce qu'il rencontroit ou luy faisoit resistance : tout le pays circonuoisin fut couuert de cendres sortans hors de cesdites gueules ardantes au sommet de la montagne, et beaucoup de gens en furent estouffés : de maniere que lesdites cendres de ceste odeur sulphurée furent transportées du vent (qui souffloit alors du Septentrion) iusques à l'Isle de Maltha, qui est distante de 160. lieuës Italiques de ceste montagne là. L'an 1444, se demenoit de rechef fort terriblement, en vomissant feux et cailloux. Aprés ce temps là elle cessoit de ietter feux et fumée, tellement qu'on l'estimoit totalement esteinte, et ne deuoir plus brusler. Mais ce beau temps là (par maniere de dire) estoit bien tost passé. Car

l'an 1536, le 22. de mars, elle recommença à vomir force flambes ardantes, qui abbatirent tout ce qu'elles rencontrerent en chemin. L'Eglise de S. Leon, située dedans la forest, tomba par le tremblement de la montagne, et incontinent aprés elle fut tellement embrasée du feu, qu'il n'en reste plus rien, sinon vn monceau de pierres bruslées.

Tout cecy estoit vne chose bien horrible. Mais ce n'estoit encore rien au prix de ce qui est aduenu depuis en l'an 1537, le premier iour de may. Premierement toute l'Isle de Sicile trembla douze iours durant : aprés il fut oüy vn horrible tonnerre, auec vn esclat bruyant, tout ainsi que les grosses artilleries. dont plusieurs maisons se dementirent par toute ceste Isle. Cecy dura enuiron l'espace d'onze iours : aprés cela elle se fendit en plusieurs et diuers endroits, desquelles fentes et creuasses sortit telle quantité de flambes de feu, qui descendirent de ladite montagne, qu'en l'espace de quatre iours ruinerent et mirent en cendres tout ce qu'il y auoit à quinze lieuës à la ronde, voire aussi plusieurs villages furent entierement bruslés et ruinés. Les habitans de Catana, et plusieurs autres, abandonnans leurs villes s'enfuirent aux champs. Vn peu de temps aprés, le trou qui est au sommet de la montagne ietta trois iours consecutifs telle quantité de cendres, que non seulement ceste montagne en fut couuerte, mais qui plus est, elle s'espandit et fut chassée du vent iusques aux extremités de ceste isle, voire outre la mer iusques en Calabre. Certaines nauires voguans en la mer pour aller de Messina à Venize, distant de ceste isle trois cens lieuës Italiques, ont esté entachées des cendres susdites.

Voicy ce que Facelius en escrit en langue latine de ses histoires tragiques, mais beaucoup plus au long Il y a enuiron trois ans que les nouuelles vindrent à Anuers que ladite montagne auoit grandement endommagé le pays par ses feux. En ceste isle furent iadis plusieurs villes magnifiques, comme Syracuse, Agrigente et autres : pour le present Messine, Palerme, y sont les principales.

Marc Paul Venitien au 2. liure des *Pays orientaux*, chap. 64. dit que la ville de Quinsay est la plus grande ville du monde, et qu'elle a cent milles d'Italie de circuit, où il y a douze mille ponts de pierre, sous lesquels les vaisseaux à masts esleués peuuent passer. Elle est en mer comme Venize. Il affirme y auoir sciourné : ce que i'ay recueilli de l'interprete de Saluste du Bartas, en son quatriéme iour de *la Sepmaine*, fueillet cent soixante six.

Il aduient pareillement choses admirables és eaux. Car on a veu sortir des abysmes et gouffres de la mer grosses flammes de feu au trauers de l'eau, chose fort monstrueuse, comme si grande quantité d'eau ne suffoquoit le feu [1] : en cela Dieu se monstre

incomprehensible comme en toutes ses œuures. Lucio Maggio en son discours du tremblement de terre, dit qu'on a veu que par vn tremblement de terre, l'eau de la mer s'eschauffa de telle sorte qu'elle fit fondre toute la poix autour des nauires qui estoient pour lors à la rade, iusques à voir les poissons nager sur l'eau quasi tout cuits, et moururent infinies personnes et bestes par l'extreme chaleur. Pareillement on a veu en mer calme, en vn moment les nauires abysmer, à raison qu'elles passent sur quelques abysmes, où l'eau est morte et impuissante de soustenir faix. D'auantage en la mer il y a des rochers de pierre d'aimant, que si les nauires passent trop prés, à cause du fer, sont englouties et perdues au profond de la mer. Somme il se trouue d'estranges et monstrueuses choses en la mer, ce qui est prouué par ce grand Prophete Dauid, qui dit, pseaume 104.

En ceste mer nauires vont errant,
Puis la Baleine, horrible monstre et grand,
Y as formé, qui bien à l'aise y noué,
Et à son gré par les ondes se loué.

---

[1] Ce commencement du paragraphe est textuellement copié du texte de 1579. Mais tout le reste est de rédaction nouvelle ; et en 1579, voici comment l'auteur continuait :

« Dauantage les eaux se sont si estrangement et prodigieusement debordees que l'an 1580 la mer se deborda tellement en Hollande et Zelande que toute l'isle cuida estre noyee, et toutes les villes et villages furent rendues navigables par longue espace

de temps. Aussi à Rome le Tibre se deborda auec telle violence qu'il submergea vne grande partie de la ville, tellement qu'en aucunes ruës l'eau surmontoit la hauteur de trente six pieds. Et mesmes ces annees passees, le Rosne se deborda de telle façon, qu'il renuersa vne partie du pont de Lyon et plusieurs maisons de la Guillautiere. »

Je ne sais pourquoi ce passage a été retranché en 1585, et je ne l'ai retrouvé dans aucun autre endroit des œuvres de Paré.

TABLE DES MATIÈRES

CONTENUES DANS CE VOLUME.

Pages.

CHAP. III. 494

CHAP. IV. 495

CHAP. V. 497

CHAP. VI. Discord des autheurs touchant le naturel de la licorne. 498

CHAP. VII. Description du rhinocéros. 500

CHAP. VIII. Ib.

CHAP. IX. Du taureau de la Floride. 501

CHAP. X. Description du Pirassoipi, espece de licorne d'Arabie. Ib.

CHAP. XI. Elephant de mer. 503

CHAP. XII. Du poisson nommé Caspilly. Ib.

CHAP. XIII. Du poisson nommé Vietif, espece de licorne de mer. 505

CHAP. XIV. Poisson ressemblant par la teste au porc sanglier. Ib.

CHAP. XV. Question touchant les vertus pretendues de la licorne. Response. 505

CHAP. XVI. Preuue faite par authorité. 507

CHAP. XVII. Preuue faite par raison. 509

CHAP. XVIII. Des perles et pierres precieuses, suiuant l'opinion de Ioubert. 510

CHAP. XIX. Du pied d'Hellend. 511

REPLIQUE

D'Ambroise Paré, premier Chirurgien du Roy, à la response faite contre son discours de la licorne. 515

LE VINGT-CINQUIÉME LIVRE

Traitant de la faculté et vertu des medicamens simples, ensemble de la composition et vsage d'iceux. 520

PREFACE. ib.

CHAPITRE I. Que c'est que medicament, et la difference entre medicament et aliment. Ib.

CHAP. II. Diuision des medicamens selon leur matiere et substance. 521

CHAP. III. Diuision des medicamens simples selon leurs qualités et effets. 522

CHAP. IV. De la seconde faculté des medicamens. 527

CHAP. V. De la troisiéme faculté des medicamens. Ib.

CHAP. VI. De la quatriéme faculté des medicamens. 528

CHAP. VII. Des saueurs. 529

CHAP. VIII. De la façon de preparer les medicamens. 533

CHAP. IX. Des medicamens repercussifs ou repoussans. 534

CHAP. X. Des medicamens attractifs. 536

CHAP. XI. Des medicamens resolutifs. 537

CHAP. XII. Des suppuratifs. 539

CHAP. XIII. Des medicamens emolliens ou remollitifs. 540

CHAP. XIV. Des detersifs ou mondificatifs. 542

CHAP. XV. Des medicamens sarcotiques. 543

CHAP. XVI. Des medicamens epulotiques ou cicatrisatifs. 544

CHAP. XVII. Des medicamens agglutinatifs. 545

CHAP. XVIII. Des medicamens caustiques et corrosifs. 546

CHAP. XIX. Des medicamens anodyns. 547

CHAP. XX. De la composition des medicamens et de leur vsage. 550

CHAP. XXI. Des poids et mesures, et de leurs figures. 551

CHAP. XXII. Des clysteres. 552

CHAP. XXIII. Des suppositoires, noüets, et pessaires. 558

CHAP. XXIV. Des huiles. 560

CHAP. XXV. Des linimens. 562

CHAP. XXVI. Des onguens. 563

CHAP. XXVII. Des ceroüennes et emplastres. 568

CHAP. XXVIII. Des cataplasmes et pultes. 575

CHAP. XXIX. Des fomentations. 576

CHAP. XXX. Des embrocations. 577

CHAP. XXXI. Des epithemes. 578

CHAP. XXXII. Des ruptoires ou cauteres potentiels. 579

CHAP. XXXIII. Des vesicatoires. 584

CHAP. XXXIV. Des collyres. 585

CHAP. XXXV. Des errhines et sternutatoires. 586

CHAP. XXXVI. Des apophlegmatismes, ou masticatoires. 588

CHAP. XXXVII. Des gargarismes. 590

CHAP. XXXVIII. Des dentifrices. 591

CHAP. XXXIX. Des sachets. 592

CHAP. XL. Des suffumigations et parfums. 593

FIN DE LA TABLE DU TOME TROISIÈME ET DERNIER.

TABLE ANALYTIQUE.

Nota. Pour le tome premier, à part l'Introduction, la pagination seule est indiquée; pour les tomes II et III, on renvoie au tome et à la page. La table spéciale des observations contenues dans l'ouvrage se trouvera au mot *Observations*.

B

dans le traitement des fièvres ; III , 86.

CHIRURGIENS. Ils étaient compris au VIe siècle sous le nom de médecins; Int., XVII.— Dispositions des lois des Visigoths et des Lombards qui les concernaient ; Int., XVII. — Quand il leur était permis de pratiquer en Italie au XIIIe siècle ; Int., XXX.—Chirurgiens du XIIIe siècle ; Int., XXXIII. — Les simples chirurgiens considérés jusqu'au XIVe siècle presque comme des manœuvres ; Int., XLIII. — Quel était le bagage d'un chirurgien au XIVe siècle ; Int., LXVII. — Rareté des chirurgiens lettrés en France au XIVe siècle ; Int., LXXI. — Comment on les désignait en Italie au XVe siècle ; Int., LXXVI. Procès-verbal de réception d'un chirurgien au XVIe siècle ; Int., CCXXXIII. — Détails sur la réception des maîtres chirurgiens à Saint-Côme ; Int., CCLIX.—En quoi consistait l'épreuve latine; Int., CCLX. —Lettres de maîtrise ; Int., CCLXI.— Nouvelles querelles des chirurgiens avec la Faculté; Int., CCLXXXVI. — Liste des chirurgiens du roi pour 1585 ; Int., CCXCIII. —Réponse d'A. Paré aux attaques des chirurgiens, 12.—Quelle doit être la conduite du chirurgien pendant l'opération, 30.—Connaissances premières qu'il doit avoir, 31.—Il doit connaître les choses naturelles, 31. — Les annexes des choses naturelles, 60. — Les choses non naturelles, 62. — Les accidents ou perturbations de l'âme, 75. — Les choses contre nature, 80. — Les indications, 84. — Ce qui le distingue de l'empirique, 87. — Le chirurgien connaît et juge des maladies par les cinq sens , 93. — Nécessité pour le chirurgien de connaître l'anatomie, 106. — Ne doit jamais abuser le malade, 432. — Son ministère consiste à aider la nature ; III, 66. — Utilité de la connaissance des fièvres pour le chirurgien ; III, 71. — Comment doivent être choisis les chirurgiens chargés de soigner les pestiférés ; III, 378. — Précautions que doivent prendre les chirurgiens chargés de ce soin ; III , 379. — Prudence, discernement et probité nécessaires au chirurgien chargé de faire un rapport en justice ; III, 651.

CHŒRADES. Écrouelles; 82.

CHOLÈRE. Nature, consistance , couleur, saveur, usage de la cholère, 42. — De quoi et quand elle se fait, 43. — Quand elle se met en mouvement ; cholère jaune et noire, 44. — De la cholère contre nature, 46. — Caractère de l'homme cholérique, 47. — Ce qui peut donner un tempérament cholérique, 49. — Tumeurs qu'engendre cette humeur, 336 ; II , 682. — Signes indiquant que c'est la cholère qui accompagne le virus arthritique; III, 217. — Topiques pour la goutte provenant d'humeur cholérique ; III, 241.

CHOMEL. Ce qu'il dit sur la culture de la médecine en Occident avant le XIe siècle ; Int., XIX.

CHORION , 166. — Anatomie du chorion, 171. — Son usage ; II, 644.

CHRYSOLORE (Emmanuel). Son voyage en Italie, ses leçons ; Int. , CVIII.

CHUTE. Exemple d'une phrénésie guérie à la suite d'une chute, 95.—Chutes cause d'avortement ; II, 624, 714. — Influence des chutes sur la génération des monstres ; III, 27.

CHYLE. Ce que c'est, 40. — Quand il commence à prendre couleur de sang, 144.

CICATRICES des brûlures ; II , 210. — Le poil ne croît jamais sur les cicatrices ; II , 406. — Moyens pour effacer les cicatrices de la petite-vérole ; III , 263. — Moyens d'amener à cicatrice l'ulcère charbonneux ; III , 441.— Moyens de dissimuler la cicatrice ; III , 442.

CIEL. Prodiges célestes ; III, 790.

CIGOGNES. Ont inventé le clystère ; III, 557, 737.—Amour filial des cigognes ; III, 746.

CIGUE. Ses propriétés vénéneuses ; traitement des accidents qu'elle cause ; III, 347.

CIRCONCISION. De la circoncision des femmes, 169.—Manières de rallonger le prépuce des circoncis ; II, 458.

CIRE. Manière de faire l'huile de cire ; III , 631.

CIRONS. Description, origine, et manière de les détruire ; III, 270.

CIRSOCÈLE. Ce que c'est, 404, 417 ; II, 796.— Causes, signes, traitement, 417.

CISEAU. Figure d'un ciseau pour séparer le péricrâne ; II , 8. — Figures de divers ciseaux pour aplanir les os ; II, 16. — Figures de ciseaux pour couper les os ; II, 585.

CITATIONS. Inductions tirées des citations faites par A. Paré ; III, XVIII. — Liste des auteurs cités par A. Paré ; III, XX.

CLARTÉ. Action de la clarté sur l'économie ; II , 34.

CLAUDICATION. Suite ordinaire des fractures de la cuisse; II, 326. — Idem, de celles de la rotule; II, 327. — Hérédité de cette difformité ; III, 27.— Claudication simulée ; III, 50.—Résultant de la goutte ; III, 220.

CLAVICULES. Description anatomique des clavicules , 180. — Fracture de l'os claviculaire ; procédés divers de réduction ; II , 308. — Luxation de l'os claviculaire ou jugulaire ; II, 359.

CLEISAGRA ; III, 209.

CLÉMENT VI. Il appelle auprès de lui Guy de Chauliac ; Int., LXIII.

CLÉOPATRE. Mise à contribution dans le livre de Trotula ; Int., XXIV.

CLERCS. Exerçaient la médecine au VIe siècle. Où ils allaient puiser leur enseignement ; Int., XVIII. — Étaient seuls admis à prendre les degrés dans les Facultés de médecine ; Int., XXIX.—Exception faite en faveur des chirurgiens ; Int. , XXX.

CLIGNOTEMENT des yeux ; II, 415.

CLITORIS. Mention qu'en font quelques anatomistes, 169.

CLOPORTE. Histoire d'une espèce de cloporte rendu par la verge ; III, 35.

304. — Traitement de la vérole par les frictions ; II, 540. — Manière d'exécuter les frictions ; II, 543, 544 et suiv. — Emploi des frictions mercurielles dans le traitement du pourpre ; III, 426.

FRISSONS. Frissons symptômatiques des pâles couleurs ; II, 781 ; III, 123.

FROID. Son action funeste aux plaies ; 63 ; II, 118 , 177. — Son action sur l'homme ; II, 34.—Comment le froid produit la gangrène ; II, 214. — Pierres causées par le froid ; II, 465.—Influence du froid sur la production des rétentions d'urine ; II, 504. — Nécessité de préserver du froid les malades soumis aux frictions mercurielles ; II, 543.— Propriétés du froid ; II, 737.— Son influence sur le développement de la rage ; III, 304.— Remèdes contre le froid des extrémités ; III, 205.

FRONT. Figure de deux filles jumelles unies par le front; III, 10.

FRONTAUX. Fortifiants et soporatifs ; II, 167. — Pour les fébricitants; III, 184.— Contre les douleurs de tête; III, 420.

FRUITS. Procédé pour extraire l'essence des fruits; III, 629. — Fruits répercussifs; III, 534. — Suppuratifs et émollients , III, 540. — Epulotiques ; III, 545.

FUMIGATIONS. Pour les ulcères de la matrice; II, 268. — Appareil fumigatoire pour les maux de dents; II, 446. — Traitement de la vérole par les fumigations mercurielles; II, 551. — Figure d'un tonneau propre à administrer une fumigation aux parties génitales; II, 568.—Appareil fumigatoire pour le col de la matrice; II, 758. — Fumigations pour provoquer les menstrues ; II, 767.

FONGUS. Description et traitement; 359; II, 64.

GABETS. Ce que c'est; III , 280, 350.

GADDESDEN (Jean de). Premier chirurgien anglais dont les écrits nous soient connus; Int., LIII.— Son livre *Rosa medicinæ*; Int., LIV. — Opinions de Guy de Chauliac et de Freind sur Jean de Gaddesden. — Son orgueil; Int., LVI.— Son charlatanisme et son avarice; Int., LVII.

GALAC. Traitement de la vérole par la décoction de galac; II, 535. — Effets du bois de galac ; signes auxquels on reconnaît le meilleur; II, 536. — Manière de préparer la décoction de galac; II, 537. — Précautions qui doivent précéder, accompagner et suivre l'administration de cette décoction; II , 538. — Régime à observer pendant cette médication; II , 539.

GALEATIUS de Sainte-Sophie. Son époque; son commentaire de Rhasès; Int., LXXXVI.

GALIEN; Int., XVIII.—Cité par Gariopontus; Int., XXI.— Source commune qui arrivait aux Latins comme aux Arabes; mis à contribution dans le livre de Trotula; Int., XXIV. — Ses commentaires sur les Aphorismes d'Hippocrates; Int., XXV.— Ses traités traduits par Gérard de Crémone; Int., XXVII.—Suivi par Hugues

de Lucques; Int., XXXV.—Pris pour guide par Brunus; Int. XXXVI.— Ses livres, base de la doctrine de Salerne et de celle de Bologne; Int., XXXIX. — *Idem*, de celle de Guillaume de Salicet; Int., XL. — Est cité par Lanfranc; Int., XLVI. — Ses ouvrages sont traduits en latin par Nicolas de Reggio; Int. , XLVIII. — Traduction provençale de quelques uns de ses livres; Int., LXV. — Ses commentaires inconnus dans tout le XVᵉ siècle; Int., CIX. — Premières éditions de ses ouvrages; Int., CX. — Cité par Benivieni; Int., CXVIII.—Son époque, 18; III, 641. — Ses travaux; 18. — Son opinion sur la paracentèse; 397. — Sur les dragonneaux; 424. — Sa doctrine sur les fissures du crâne; II, 10. — Ce qu'il dit du bec-de-lièvre; II, 85. — Vers sur Galien; III, 642. — Aphorisme emprunté à Galien; III, 646.

GAMA (M.). Détails historiques sur Gersdorf; III, VII.

GAMAUT; 335. —Détails sur cet instrument; 389.

GAMEDIN; 390.

GANGLIONS. Description, causes et traitement des ganglions; 357.—Ganglions des paupières; II, 416.

GANGRÈNE. — Description de la gangrène sénile, par A. Benivieni; Int., CXVII; 320. —Signes de la gangrène; 323. — Moyens de prévenir la gangrène à la suite des contusions; II , 200. — Définition de la gangrène; II, 210. — Causes générales; causes particulières, primitives et externes; II, 211. — Causes antécédentes; II, 212. — Signes de la gangrène résultant d'inflammation phlegmoneuse et du froid; II, 214. — *Idem* des gangrènes faites par ligatures, luxations et grandes contusions; II, 216.—*Idem* des gangrènes, suite de morsures, piqûres, anévrismes, venins; pronostic des gangrènes; II , 216. — Cure générale; II, 217. — Cure particulière; incisions, scarifications; II, 218. — Lotions, onguents; II, 219. — Cautérisation, amputation; signes de mortification parfaite; II, 220. — Où doit commencer l'amputation; II, 221. — Moyen d'y procéder; II, 222. — Moyens hémostatiques; II, 224, 226. — Suite du traitement; II, 225. — Médicaments emplastiques; II , 226. — Suite du traitement; II , 230. —Cas d'amputation du bras dans la jointure à la suite de gangrène; II, 239. — Gangrène résultant d'une trop grande compression; II, 293.—Gangrène des yeux; II, 415.

GARGAREON; 255.

GARGARISMES pour l'esquinancie; 388.—Pour les plaies de l'œsophage; II, 91. — Pour les ulcères de la bouche; II, 262. — Pour les maux de dents; II, 446. — Ce que c'est; composition, modèles de gargarismes astringent et répercussif, anodin, mondificatif; III, 590. — Usage des gargarismes; III, 591.

GARIOPONTUS. Son *Passionnaire*; Int., XXI.

III.

M

sonnement de Paré après la prise de Rouen ; III, 662. — Histoire d'un empoisonnement présumé par le venin du crapaud, autopsie ; III, 662.

Observations. — 4° *Plaies par armes à feu.* — Ecchymose produite par le vent du boulet ; III, 696. — Gangrène des membres attribuée au vent d'un boulet ; II, 137. — Exemples de fractures des membres attribuées au vent d'un boulet ; II, 178. — Exemple d'une balle pénétrant dans la cuisse sans avoir intéressé le taffetas des chausses du blessé ; II, 136. — Exemples de balles d'harquebuses creusant dans les poumons une cavité à contenir un esteuf ; II, 104. — Exemples de balles restées dans le corps sept ou huit ans et plus ; II, 165. — Histoire de la prise du pas de Suze ; premiers essais de Paré dans le pansement des plaies d'armes à feu ; II, 126 *et suiv.* ; III, 691. — Histoire de M. de Brissac ; efficacité de la position pour l'extraction de la balle ; II, 746 ; III, 694. — Histoire de Jacques Pape ; coup de feu au col, balle restée dans le corps ; traité par Jacques Dalam, III, 28. — Histoire du capitaine Le Rat : coup de feu à la malléole droite ; guérison ; III, 689. — Histoire de M. de Magnane : fracture de jambe par un éclat de canon ; guérison ; III, 702. — Histoire du comte de Courdon : coup de feu à travers les deux cuisses guéri en trente-deux jours ; II, 129. — Histoire d'un gentilhomme blessé d'un coup de feu à la cuisse ; fistule ; escarre prise pour un morceau de linge ; guérison ; II, 272. — Histoire du comte d'Eu : coup de pistolet à la cuisse, fracture en éclats, mort ; III, 724. — Histoire du duc d'Avret : coup d'harquebuse à la cuisse à trois doigts au-dessus du genou, avec fracture en éclats du fémur, accidents graves, guérison ; II, 170 ; III, 726 *et suiv.* — Histoire d'un cuisinier : main traversée d'une balle ; guérison ; III, 732. — Histoire du comte de Mansfeldt : fracture comminutive des os du coude par un coup de pistolet ; guérison avec ankylose, abcès nombreux, II, 168 ; III, 38, 725. — Histoire de M. de Bassompière : blessure analogue à celle du précédent ; II, 170 ; III, 725. — Coups de feu à l'articulation de l'épaule, mortels ; exemples du roi de Navarre, du duc de Guise, du comte Rhingrave Philibert ; II, 311 ; III, 723, 785. — Histoire du marquis de Villars : coup de feu à l'omoplate ; cicatrice rouverte plus tard et de nouveau fermée ; II, 310. — Histoire du seigneur de Villeneuve : enfoncement du sternum par un coup de feu ; guérison ; II, 311. — Histoire du connétable de Montmorenci : coup de pistolet au milieu de l'épine du dos, mort ; III, 733. — Exemples de fractures du sacrum par un coup de feu guéries ; II, 316, 317.

— 5° *Plaies du crâne.* — Histoire d'une enfant de douze ans mordue à la tête par un lion ; II, 42. — Large lambeau du cuir chevelu

réuni par suture ; guérison ; II, 39. — Histoire du capitaine Hydron ; lambeau du crâne avec un fragment d'os réuni par suture ; II, 19. — Plaie de tête avec hémorrhagie arrêtée par la ligature médiate de l'artère ; II, 8. — Plaie de la temporale ; ligature par A. Paré ; III, 683. — Excision des parties molles du crâne dans le cas de fissure ; II, 7. — Histoire du laquais de M. de Goulaines : plaie de tête, vive inflammation, large exfoliation du crâne ; guérison ; II, 66. — Contusion du crâne, inflammation violente ; 27 palettes de sang tirées en quatre jours (plus de 81 onces) ; guérison ; II, 37. — Histoire de M. de St-Jean ; plaie pénétrante du crâne par un éclat de lance ; guérison ; II, 25. — Coup de hallebarde pénétrant dans le cerveau, sans lésion notable du sentiment et du mouvement ; mort subite le 3e jour ; III, 695. — Histoire de M. de la Bretesche : fracture de l'os temporal, trépan ; guérison ; II, 63. — Histoire de M. de Pienne : fracture du temporal, trépan, fongus de la dure-mère, guérison ; II, 63 ; III, 702. — Trépan appliqué le 7e et le 10e jour ; II, 10. — Histoire d'un serviteur de M. Grolo : large fragment osseux du crâne enfoncé, relevé et bien réuni ; II, 16. — Histoire du serviteur de M. du Mats : fracture du crâne par contre-coup ; mort le 21e jour ; autopsie ; II, 21. — Histoire d'un gentilhomme de la compagnie de M. d'Etampes : coup de feu au crâne ; fracture de la 2e table sans lésion de la 1re ; II, 22. — Histoire analogue sur un gentilhomme blessé à l'assaut de Rouen ; II, 22. — Histoire de Henri II : commotion cérébrale ; mort le 11e jour ; autopsie ; II, 25. — Histoire rapportée par Prothais Coulon : commotion cérébrale guérie au 7e jour par des sueurs, et rejet du pus par le nez, les oreilles et la bouche ; II, 70. — Amas de pus entre les deux tables du crâne ; II, 27. — Ouverture des abcès situés sous la dure-mère ; II, 48. — Histoire rapportée par Pierre Aubert : fracture de la 2e table, abcès sous la dure-mère, trépan ; guérison ; II, 72. — Abcès dans le cerveau ; II, 70. — Sphacèle du cerveau constaté à l'autopsie ; II, 28. — Abcès du foie à la suite de plaie du crâne : trois cas ; II, 31. — Histoire d'un page de M. de Montejan : plaie du crâne avec issue du cerveau, guérison ; II, 71. — Histoire de deux patients blessés à la tête avec issue du cerveau ; guérison ; II, 71, 238. — Histoire de Robert Court-Genou : plaie du crâne avec issue du cerveau ; guérison ; II, 72.

— 6° *Plaies de la face et du cou.* — Fistule des sinus frontaux, suite de fracture du coronal ; II, 43. — Histoire du duc de Guise ; coup de lance à travers la face ; guérison ; II, 25 ; III, 696. — Histoire d'un gentilhomme de M. de Biron : plaie faite par une épée boutonnée, traversant de l'orbite gauche à la quatrième vertèbre du cou ; guérison en vingt-quatre jours ;

II, 799.—Deux exemples de monstres avec deux têtes et quatre jambes ; II , 626. — Monstre à deux têtes, quatre jambes, deux bras et un seul cœur; autopsie par Paré , III , 8. — Monstre à une tête , quatre bras et quatre jambes ; III , 9. — Monstre bi-corps à trois jambes, réuni par le bassin ; III , 10. — Monstre bi-corps réuni par la poitrine et l'abdomen ; III , 11.—Pourceau monstrueux bi-corps a une tête ; III , 13. — Monstre sans jambes n'ayant que deux doigts à la main droite ; III , 21.—Monstre sans tête ; III , 21. — Monstre sans bras arrivé à l'âge adulte , et embrassant divers objets avec l'épaule et la tête ; III , 22. — Monstre femme sans bras, qui cousait ; III, 23.— Agneau à trois têtes observé par Jean Bellanger ; III, 45.

Observations.—15º *Douleurs ; migraine, sciatique*, etc.— Histoire de M. la Roche-sur-Yon : migraine guérie par l'artériotomie ; II , 411. — Migraine soufferte par Paré lui-même, guérie par le même moyen ; II, 411. — Douleur sciatique survenue à Paré lui-même ; guérison ; II , 119.—Douleur sciatique chez Paré même guérie par des topiques chauds ; III , 245. — Histoire de M. de Longemeau : sciatique guérie par l'application de limaçons cuits dans du vinaigre ; III, 242. — Histoire d'un gentilhomme génevois affecté d'une douleur à l'épaule gauche avec impotence du bras , guéri par le vomissement ; III , 225. — Douleurs de goutte apaisées par l'application de feuilles d'hièble ; III , 243. — Colique venteuse apaisée par l'injection de 3 onces d'huile et d'une balle de plomb; II, 518.

— 16º *Asphyxies.*—Histoire d'une mort subite chez une jeune mariée, attribuée à la striction trop forte du corset ; II , 293. — Histoire de cinq hommes asphyxiés dans une fosse d'aisances ; III , 358. — Histoire de deux serviteurs de l'avocat Duhamel, asphyxiés par la vapeur du charbon ; III , 661. — Histoire de trois serviteurs de Jean de Begin ; III, 664.

— 17º *Maladies de la peau ; maladies internes.* — Teigne guérie par l'emplâtre de Vigo par maître Simon Leblanc ; II , 409. — Vérole communiquée par une nourrice à l'enfant, et par celui-ci à la mère et à toute la famille ; II, 530.—Observation d'un enfant atteint d'un feu volage, traité par de l'eau pure au lieu d'eau de licorne, et guéri ; III, 508.—Exemple d'une puanteur des pieds rendue plus insupportable par le musc ; II, 601. — Épreuve des ladres par une aiguille enfoncée au talon ; III, 277.—Exemple d'un rapport de ce genre ; III , 669. — Épilepsie guérie par le séton ; II, 80. — Histoire de mademoiselle de Chalenges : pleuro-pneumonie ; douleur de tête donnée par Duret comme signe de mort ; pronostic vérifié ; II , 776. — Histoire analogue ; autopsie ; abcès entre la pie-mère et le cerveau ; II , 776.—Histoire de Tiennette Chartier : trois

vers semblables à des chenilles rendus par le vomissement ; III , 41. — Vers intestinaux rejetés par le nez ; III, 264.

— 18º *Épidémies ; peste ; petite vérole.*—Dyssenterie contagieuse au camp d'Amiens ; autopsies faites par Paré ; III, 422. — Épidémie causée par la putréfaction de cadavres accumulés dans un puits, au château de Pène, en 1562; III, 358. — Histoire de l'auteur tombé en défaillance en visitant un pestiféré ; III, 380. — Histoire de madame La Mare : bubon pestiféré disparu par métastase; mort subite ; III, 388 et 438. — Efficacité de l'armoise contre la peste ; III , 415. — Enquête faite par Paré sur les fâcheux effets de la saignée et des purgatifs dans la peste ; III , 411. — Efficacité de la semence d'anchois : histoire rapportée par Gilbert Érouard ; III , 415. — Histoire de M. de Fontaines, affecté de la peste, guéri par un abondant épistaxis ; III , 419, 734. — Frictions mercurielles essayées par Paré contre la peste ; III , 425. — Vésicatoires appliqués avec succès au-dessous des phlegmons pestiférés ; III , 428. — Histoire de Paré lui-même : charbon pestiféré au ventre ; III , 436, 472. — Observations sur l'ouverture des charbons chez les pestiférés, de l'Hôtel-Dieu ; III , 437. — Dissection de charbons disparus par métastase ; III, 437. — Histoire du gouverneur des dames de l'Hôtel-Dieu : charbon de peste à l'estomac ; mort , autopsie ; III , 439. — Observation d'un enfant suçant encore les mamelles de sa mère morte de la peste ; III, 459. — Histoire d'un individu sain transporté à l'Hôtel-Dieu comme pestiféré, et mort de désespoir ; III, 458. — Histoire d'un prêtre de Saint-Eustache, qui , dans le délire de la peste, tua trois malades à l'Hôtel-Dieu ; III , 460. — Histoire de la femme d'Amy Baton, qui, dans le délire de la peste, se jeta avec son enfant par la fenêtre ; III , 460. — Histoire de la fille de Jean de Saint-Jean, atteinte de la peste et guérie par cinq grains d'antimoine ; III , 465. — Histoire de la fille de Claude Piqué ; abcès consécutifs à la petite vérole, avec carie du sternum et des épiphyses ; autopsie ; III , 258. — Histoire de la petite fille de Rolin Marie : os des bras et des jambes pourris et fracturés en suite de la petite vérole ; III, 258. — Le seigneur de Guimenay devenu aveugle par la vérole ; III , 259. — Autopsie faite avec Richard Hubert : éruption variolique à l'intérieur du corps comme à l'extérieur ; III, 260.

— 19º *Charlatans ; maladies simulées ; traitements simulés ; guérisons bizarres.* — Histoire du juif fabricant de mumies, rapportée par Gui de la Fontaine ; III, 481. — Exemple d'un charlatan qui arrêtait le sang avec des paroles ; III, 65. — Histoire d'un charlatan qui voulait guérir M. de Martigues (Voyez aux *plaies de poi-*

blessures de la tête ; II, 33.— Régime que doivent suivre les nourrices ; II, 689. — Influence du régime sur la fécondité ; II, 734. — Régime fortifiant préservatif de la peste ; III, 365.

RÈGLES chirurgicales d'A. Paré ; III, 647.

REGMA. Ce que c'est ; II, 403.

REINESIUS. Ce qu'il dit de Gariopontus ; Int., XXII.

REINS. Substance, quantité, figure, composition, nombre, situation, connexion, tempérament et action des reins ; 253. — Ulcère des reins ; II, 265. — Symptômes accusant la présence d'un calcul dans les reins ; II, 462. — Pourquoi la pierre s'engendre le plus souvent aux reins chez les vieillards ; caractères des pierres rénales ; II, 465. — Les affections des reins peuvent occasionner des rétentions d'urine ; II, 497. — Symptômes des ulcères des reins ; II, 506. — Pronostic ; II, 507. — Exemple de pierre engendrée dans les reins ; III, 31.—Douleurs de reins des fébricitants ; III, 186. — Chaleur de reins éprouvée par les pestiférés, et moyens de la diminuer, III, 421.

RELAXATION du gros boyau culier ; 418.

RELIGION. Motifs de consolation pour les mourants, tirés de la religion ; III, 461.

REMÈDES. Les bêtes ont enseigné aux hommes plusieurs remèdes ; 19 ; III, 737. — Remèdes pour détourner le lait des mamelles ; II, 709. — Contre le mal de dents ; II, 445, 448. — Des remèdes de bonnes femmes ; III, 64. — Remèdes contre les vers intestinaux ; III, 267. — Contre la peste ; III, 368 à 375, 380, 396, 398, 400, 401, 402, 406, 407, 409, 414, 415, 418.

RÉMISSION ; III, 101.

REMORA. Histoire de ce poisson ; III, 780.

RENARD. Ruses de guerre du renard ; III, 752.

RENOUEURS. Ce que c'était ; II, 300.

RÉPERCUSSIFS (médicaments) ; 330, 331 ; III, 534. — Utilité et danger des répercussifs dans le traitement de l'esquinancie ; 388. — Cataplasmes répercussifs contre la goutte causée de pituite ; III, 235, 236. — Contre la goutte de matière chaude ; III, 239.

RÉPLÉTION. Deux sortes de réplétion ; 73.

REPOS. Inconvénients d'un repos prolongé ; 71. — Le repos peut être une cause de fièvre ; III , 78. — Doit être commandé aux fébricitants ; III, 85.

RÉSINES. Résines émollientes ; III, 541. — Manière de faire l'huile de résine ; III, 630.

RÉSOLUTIFS (médicaments) ; 331 ; III, 537. — Cataplasmes résolutifs contre la goutte causée de pituite ; 236.

RÉSOLUTION. Terminaison la plus favorable de l'esquinancie ; 337.—Terminaison ordinaire de l'œdème ; 312. — Signes de la résolution des tumeurs ; III, 323.

RESPIRATION. Du double mouvement de la respiration ; 187. — Théorie de la respiration intra-utérine ; II, 648, 717. — L'ab-

sence de la respiration n'est pas un signe certain de mort ; II, 755. — Caractères et traitement de la dyspnée symptomatique ; III , 193, 195.

RESSEMBLANCE. Théorie des ressemblances héréditaires , II, 637.

RETAILLÉS. Ce que c'était ; II, 458.

RÉTENTION. Causes intérieures des rétentions d'urine ; II, 497. — Causes extérieures ; pronostic ; II, 504. — Traitement de la rétention d'urine ; II, 507. — Des rétentions d'urines causées par les carnosités de la verge ; II, 565. — Rétention résultant de l'abus des plaisirs charnels ; II , 636.

RETORTE. Ce que c'est ; III, 630.

RÉTRACTION de la langue ; II, 455.

RÉTRÉCISSEMENT. Première mention des rétrécissements de l'urètre ; II, 564.— Traitement ; II. 566.

RETS ADMIRABLE. Description du rets admirable ; 223.

RÉUNION par première et seconde intention ; ce qu'est ; 434 — Réunion immédiate des plaies après l'amputation indiquée par Gersdorf ; III, VII.

RÊVERIES. Traitement des rêveries résultant d'un trouble menstruel ; II, 782. — Remèdes contre la rêverie des fébricitants ; III, 189.

RÉVULSION ; II, 521.

REXIS. Ce que c'est ; II, 414.

RHABILLEURS. Ce que c'était ; II, 300.

RHOEAS. Ce que c'est ; II, 419.

RHAGADIES. Définition et traitement; II, 790.

RHAGION. Espèce d'araignée ; III, 326.

RHASÈS. Livres de Rhasès traduits par Gérard de Crémone ; Int., XXVII.— Il est cité par Lanfranc ; Int., XLVI.—Son *Continent* traduit par Farragius ; Int., LIX. — Après Avicenne, c'est à Rhasès que Nicolas de Florence doit le plus ; Int., LXXV. — Il est commenté par Galeatius de Sainte-Sophie ; Int. , LXXXVI. — Par Arculanus ; Int., LXXXVIII. — Par Matthieu de Gradi ; Int., XCV. — Son opinion sur les dragonneaux ; 425.

RHINOCÉROS. Description du rhinocéros ; III , 500, 751. — Ses mœurs ; III, 501. — Son antipathie pour l'éléphant ; III, 760.

RHINOPLASTIE. Invention de la méthode italienne de Rhinoplastie par Branca fils ; Int., C. — Tagliacozzi attache son nom à cette découverte ; Int. CII. — Description du procédé de rhinoplastie italienne ; II, 605. — Appréciation de cette opération ; II, 606.

RHUBARBE. Préservatif de la peste ; III, 371. — Son efficacité dans le traitement des contusions ; III, 484. — Procédé pour extraire l'esprit de la rhubarbe ; III, 629.

RHUME ; III, 209.

RICHTER. Description des fanons ; II, 290.

RIGORD. Semble parler de l'existence d'une faculté de médecine à Paris, en 1209 ; Int., XXVIII.

RIGUEUR. Ce que c'est ; III, 123.

III.

S

V

VAISSEAUX. Substance, quantité, figure, composition, nombre, situation, tempérament, utilité des vaisseaux spermatiques ; 154. — En quoi ceux de la femme diffèrent de ceux de l'homme ; 162. — Substance, quantité, figure, composition, tempérament, situation, nombre, action des vaisseaux éjaculatoires ; 157. — En quoi les vaisseaux éjaculatoires des femmes diffèrent de ceux des hommes; 163.

VALENCE. Université de Valence; Int., XLVIII.

VALGI. Quels sont ceux que l'on appelle ainsi; II, 613. — Moyens de remédier à leur infirmité; II, 614.

VALVULES du cœur; 192.

VAPEURS. Action des vapeurs qui s'exhalent des corps en putréfaction sur l'air, III, 356. — *Idem* de celles qui s'élèvent des eaux dormantes ou de la terre; III, 357. — Action des vapeurs terrestres sur les végétaux et les animaux; III, 464.

VARI. Quels sont ceux que l'on appelle ainsi; II, 613. — Moyens de remédier à leur infirmité; II, 614.

VARICES. Définition, causes, signes ; II, 268. — Incision ; II, 269. — Varices des paupières ; II, 416.

VARICOCÈLE. Traitement des varicocèles selon Arculanus; Int., XCI.

VASE. Figure d'un vase de verre pour faire cuire au bain-marie; III, 399. — Formes et matières des vases à distiller; III, 616, 617. — Enumération des vases servant à distiller ; III, 638.

VEAU ayant la moitié du corps d'un homme; III, 45. — Veau marin ; III, 772.

VÉGÉTAUX. Action des vapeurs terrestres sur les végétaux ; III, 364.

VEILLES. Inconvénients des veilles prolongées ; 73 ; III, 376. — Action des veilles sur l'économie ; II, 35.

VEINES. Ce que c'est qu'une veine; 128. — Toutes les veines mésaraïques viennent du foie ; 142. — Substance, volume, composition, connexion, tempérament et division de la veine porte; 147. — Origine de la veine cave descendante et sa division en veines adipeuses, rénales ou émulgentes ; 151. — Spermatiques, lombaires et iliaques ; division des iliaques en musculeuses, sacrées, hypogastriques, épigastriques et honteuses; 152. — Veines de la matrice; 194. — Distribution de la veine artérielle ; 193 — Distribution de la veine cave descendante ; 164. — Subdivision en veines diaphragmatiques, coronales, artérielles, azygos, intercostales, mammillaires, cervicale; 195. — Musculeuse, thoracique, axillaire, humérale, jugulaire ; 196. — Veine *Recta*; veine *Puppis*; 197. — Veines de la langue ; 253. — Distribution de la veine céphalique ; 272. — Distribution de la veine axillaire ; 273. —

Distribution de la veine crurale ; 289. — Pronostic des plaies des veines ; 433. — Pronostic des plaies des veines jugulaires; II, 90. — Traitement ; II, 91. — Signes des blessures de la veine cave ; II, 96 ; III, 654.

VENCESLAS (roi de Bohême). Son médecin Albicius ; Int., XXI.

VENINS. Des plaies envenimées ; II, 189. — Signes de la qualité des venins ; II, 193. — Remèdes contre la morsure des bêtes venimeuses ; II, 205. — Signes des gangrènes résultant des venins ; II, 216. — C'est aux venins de plusieurs animaux qu'il faut attribuer la douleur que causent leurs piqûres; III, 210. — Objets que l'auteur s'est proposés en écrivant son traité des venins; III, 283. — Définition, mode d'action, origine; III, 285. — Raison de la rapidité avec laquelle les poisons agissent; III, 286. — S'il est possible qu'un poison donne la mort dans un délai fixe; III, 287. — La chair des animaux qui mangent des bêtes venimeuses est-elle nuisible? III, 288. — Signes généraux d'empoisonnement ; III, 289. — Signes des venins chauds; III, 290. — Signes des venins froids; III, 290, 291. — Des venins secs et des venins humides; III, 291. — Absence de signes certains des venins qui opèrent par propriétés occultes ; il n'est pas vrai que le venin des bêtes venimeuses soit froid; III, 292. — Précautions à prendre contre l'empoisonnement, et premiers remèdes à administrer ; III, 293. — Des venins en particulier; de la corruption de l'air ; III, 295. — Pronostic des venins en général ; III, 297. — Pronostic du venin des bêtes ; III, 298. — Cure des morsures et piqûres des bêtes venimeuses; III, 300. Traitement général ; III, 303. — Régime propre au traitement des morsures de chiens enragés et autres animaux venimeux ; III, 312. — Où est placé le venin des vipères ; III, 313. — Accidents qu'il cause ; remèdes ; III, 314. — Action du venin de l'aspic ; III, 319. — Violence du venin du lièvre marin ; III, 333. — Plantes vénéneuses ; III, 334. — Métaux et minéraux vénéneux ; III, 342.

VENTOSITÉS. Des ventosités qui s'engendrent dans la matrice; II, 766. — Des ventosités qui accompagnent les douleurs arthritiques, et de leurs remèdes; III, 249. Voyez *Gaz.*

VENTOUSES. Inconvénients de leur application pour le redressement des côtes; II, 313. — Emploi des ventouses contre les coliques venteuses; II, 518. — Définition, manière de les appliquer; II, 522. — Leur objet, lieux où on les applique; figure d'une ventouse; II, 523. — Application des ventouses pour détourner le lait des mamelles ; II, 710. — Emploi des ventouses pour réduire la matrice tombée; II, 740, 743. — Pour arrêter le flux menstruel excessif; II, 773. — Leur emploi dans le

FIN DE LA TABLE ANALYTIQUE
ET DU TROISIÈME ET DERNIER VOLUME.

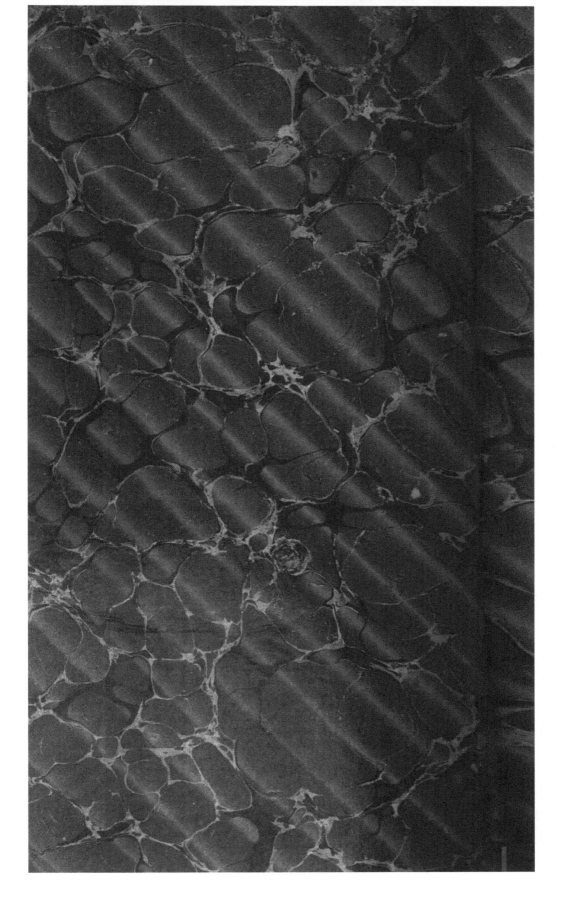

Lightning Source UK Ltd.
Milton Keynes UK
UKHW03f2112080818
326964UK00007B/515/P

9 781272 567958